भारतीय संस्कृति कोश

भारतीय संस्कृति कोश

लीलाधर शर्मा 'पर्वतीय'

भूमिका

डॉ. हरदेव बाहरी

नया संशोधित संस्करण : 2010

राजपाल

स्थापित 1912
100 वर्षों की
श्रेष्ठ प्रकाशन परम्परा

राजपाल

₹ 1250

ISBN : 9788170281672

BHARTIYA SANSKRITI KOSH (Encyclopeadia of Indian Culture)
Edited by Leeladhar Sharma 'Parvatiya'
मुद्रक : जी. एस. ऑफसेट, दिल्ली

राजपाल एण्ड सन्ज़

1590, मदरसा रोड, कश्मीरी गेट, दिल्ली-110006
फोन : 011-23869812, 23865483, 23867791
website : www.rajpalpublishing.com
e-mail : sales@rajpalpublishing.com
www.facebook.com/rajpalandsons

आत्म-निवेदन

'भारतीय संस्कृति कोश' मेरे अनेक वर्षों के परिश्रम का प्रतिफल है। ऐसे संदर्भ कोश के संकलन का विचार सर्वप्रथम लगभग 45 वर्ष पूर्व पत्रकारिता के क्षेत्र में प्रवेश के समय ही मेरे मन में आया था। परंतु कार्य आरंभ करने का अवसर बहुत वर्षों के बाद मिल सका। इस अवधि में मैं विषय से संबंधित साहित्य का अपनी सामर्थ्य-भर संकलन और अवलोकन करता रहा हूं।

भारतीय संस्कृति का क्षेत्र बहुत विस्तृत है। आदिकाल से ही उसे स्वरूप प्रदान करनेवाले तत्त्व अगणित रहे हैं। उनमें अवगाहन करके उपयुक्त संदर्भों का चयन सामूहिक प्रयत्न की अपेक्षा करता है। मैंने इसका सीमित संकलन एक विशेष उद्देश्य को सामने रखकर किया है। हमारी आधुनिक शिक्षा-प्रणाली खंडों में विभक्त है। शिक्षित व्यक्ति भी सामान्यतः अपने विषय का अच्छा ज्ञाता होते हुए भी, यदि यह विषय उसके अध्ययन-क्षेत्र का नहीं है, तो अपनी राष्ट्रीय सांस्कृतिक पृष्ठभूमि से अपरिचित रहता है और अपने गौरवशाली अतीत से मिलनेवाली प्रेरणा से वंचित रह जाता है। संस्कृति की व्यापक परिधि में आनेवाले प्रमुख प्रसंगों का विवरण एक स्थान पर उपलब्ध करानेवाले ग्रंथों की हिंदी में अभी कमी है। प्रस्तुत ग्रंथ इसी कमी को पूरा करने की दिशा में योग-दान का एक विनम्र प्रयास है।

मैंने प्रविष्टियों के चयन में 'संस्कृति' शब्द की समाजशास्त्रीय परिभाषा तक न रहकर उसका व्यापक आधार सामने रखा है। मनुष्य-जीवन के समस्त धार्मिक, सामाजिक, राजनीतिक आदि कार्य-व्यवहार सदा से संस्कृति को प्रभावित और स्वरूप प्रदान करते आये हैं। इसलिए पुस्तक में यथास्थान उन सबका समावेश किया गया है। व्यक्ति सबके मूल में है। उसी के चतुर्दिक विचारों का ताना-बाना बुनता है और समस्याएं अस्तित्व में आती हैं। इसलिए सभी क्षेत्रों के प्राचीन और आधुनिक प्रमुख व्यक्तियों का संक्षिप्त विवरण दे दिया गया है।

इसमें पाठकों को भारतीय संस्कृति की प्राचीनतम से लेकर आधुनिक काल तक की समग्रता की एक झलक मिलेगी। भारत के प्राचीनतम हिंदू वांङ्मय में

से मुख्य-मुख्य सांस्कृतिक विवरणों के साथ जैन, बौद्ध, ईसाई, इस्लाम आदि धर्मों के प्रवर्तकों, आचार्यों और धर्मग्रंथों का भी इसमें उल्लेख है। भारतीय परम्परा के संत-महात्माओं के साथ-साथ प्रमुख सूफी संतों का विवरण भी इसमें अंकित है। प्रविष्टियों के चयन में मेरे सामने व्यापक राष्ट्रीय दृष्टि रही है। देश-भर के प्रमुख तीर्थ-स्थानों, भाषाओं, साहित्यकारों, राष्ट्रनिर्माताओं को सम्मिलित करके इसे यथासंभव अद्यतन बनाने का यत्न किया गया है।

मैंने प्राचीन प्रविष्टियों को उनके उपलब्ध मूल रूप में ही रखा है। अनेक पौराणिक विवरण वर्तमान मान्यताओं की दृष्टि से अस्वाभाविक और अलौकिक से प्रतीत होते हैं। कदाचित वे प्रतीकात्मक अधिक हैं और समर्थ विद्वानों द्वारा वर्तमान परिप्रेक्ष्य में उनका भाष्य करने की आवश्यकता है। साथ ही प्राचीन विवरणों में सर्वत्र एकरूपता नहीं है। एक ही प्रसंग विभिन्न ग्रंथों में भिन्न-भिन्न प्रकार से अंकित मिलता है। पौराणिक प्रसंगों में यह बात विशेष रूप से दृष्टिगत होती है। मैंने ऐसे स्थलों पर यथासम्भव बहुप्रचलित विवरण ही दिए हैं।

इस प्रकार की रचना की पूर्णता और मौलिकता का दावा कोई नहीं कर सकता। संदर्भ कोशों का निर्माण संदर्भ साहित्य के आधार पर ही संभव होता है। मैंने भी अनेक मूल और संकलित ग्रंथों से सहायता ली है। इनके रचयिताओं के प्रति मैं अपना आभार प्रकट करता हूं।

मेरे अग्रज प्रसिद्ध भाषा-वैज्ञानिक और कोशकार डॉ० हरदेव बाहरी ने इस कार्य में बराबर मेरा पथ-प्रदर्शन किया। उन्होंने सारगर्भित भूमिका लिखकर पुस्तक का गौरव और मेरा उत्साह बढ़ाया है। इसके लिए मैं हृदय से उनके प्रति अपना आभार प्रकट करता हूं।

राजपाल एण्ड संज के श्री विश्वनाथजी ने इस पुस्तक में बड़ी रुचि दिखाई। पूरी पांडुलिपि को पढ़कर उन्होंने अनेक उपयोगी सुझाव भी दिए। इसके लिए मैं उनका कृतज्ञ हूं।

राष्ट्रीय शैक्षिक अनुसंधान तथा प्रशिक्षण परिषद् के भूतपूर्व रीडर श्री निरंजन कुमार सिंह का भी उनसे प्राप्त सहयोग के लिए मैं आभार प्रकट करता हूं।

मेरे इस प्रयास में सुधी पाठकों को न्यूनताएं और अपूर्णताएं प्रतीत हो सकती हैं। मेरा निवेदन है कि वे उनकी ओर ध्यान आकृष्ट करने का अनुग्रह करें जिससे आगामी संस्करण में उनका परिमार्जन किया जा सके।

234, राजेन्द्र नगर, **लीलाधर शर्मा 'पर्वतीय'**
लखनऊ-4

भूमिका

मुझे श्री लीलाधर शर्मा 'पर्वतीय' द्वारा रचित 'भारतीय संस्कृति कोश' देखने का अवसर मिला। मेरी दृष्टि से यह कृति हिंदी कोश जगत को एक विशिष्ट देन है। हिंदी में शब्दार्थ कोशों का अभाव नहीं है। ऐसे अनेकानेक शब्दकोश उपलब्ध हैं, किंतु संदर्भ कोशों का अभाव अवश्य खटकता है। जो संदर्भ कोश उपलब्ध हैं, उनके विषय सीमित हैं और उनमें उन्हीं प्रविष्टियों का समावेश है जो विषय से प्रत्यक्ष रूप से सम्बद्ध हैं। किंतु प्रस्तुत 'भारतीय संस्कृति कोश' एक व्यापक और बहुआयामी कोश है। इस ग्रंथ में भारतीय संस्कृति को प्रत्यक्ष या अप्रत्यक्ष रूप से प्रभावित करनेवाले प्रसंग भी दिए गए हैं। इसके आद्यंत अवलोकन के पश्चात् हमारे सामने एक ओर भारतीय संस्कृति के विविध पक्ष और दूसरी ओर उसका समग्र चित्र दोनों ही उभर आते हैं।

भारतीय संस्कृति को एक निश्चित परिभाषा में बाँध सकना बहुत कठिन है। यह भारतीय चिंतन और मानस की श्रेष्ठ साधनाओं से प्रतिफलित ऐसी विशिष्ट जीवन-शैली है जो जीवन और जगत् के प्रति हमारे विचार, चिंतन, व्यवहार और आचरण को एक दिशा प्रदान करती है। अत: इसका क्षेत्र बहुत विस्तृत है और गहन भी। इस कारण इसके संदर्भ भी बहुसंख्य, व्यापक और गहन अर्थवाले हैं। उन सभी को समेटना अथवा उनमें से सार्थक एवं सीमित संख्या में प्रविष्टियों का चयन और संकलन कर लेना बड़े ही धैर्य, परिश्रम, लगन और निष्ठा की अपेक्षा रखता है। इस दृष्टि से निस्संदेह ही रचनाकार की अंतर्दृष्टि, सूक्ष्मदर्शिता और संचयन-क्षमता का परिचय मिलता है।

भारतीय संस्कृति विश्व की प्राचीनतम संस्कृतियों में से एक रही है। साथ ही इसका अटूट प्रवाह निरंतर विकासशील रहा है। इसकी गतिशीलता, तत्कालीन जीवन-परिस्थितियों के अनुकूल परिवर्तनशीलता, विविध विचारों, जीवन-मूल्यों और दृष्टिकोणों को समन्वित और समाहृत करते रहने की क्षमता ने विश्व की अन्य संस्कृतियों की अपेक्षा इसे विशिष्ट गरिमा प्रदान की है। अपनी इस गतिशीलता और समाहारक शक्ति के कारण यह इतिहास के अनेक निर्मम

आघातों और थपेड़ों को सहते हुए भी जीवंत और विकासशील बनी रही है, जबकि विश्व की अनेक प्राचीन संस्कृतियां निस्पंद और विलुप्त सी होती चली गईं। इस गतिशीलता और विकासमान प्रवृत्ति को बल देनेवाले तथ्यों-घटनाओं-उपादानों का इस कोश की प्रविष्टियों के विवरण में विशेष ध्यान रखा गया है।

संस्कृति में हमारे जीवन की समग्रता झलकती है। इसमें हमारे जीने की कला, हमारी चित्तवृत्ति, चिंतन-पद्धति, दर्शन, जीवन-मूल्य, मानवीय संबंध, आस्था और विश्वास, आचरण, सदाचार, शिष्टाचार आदि अनेक पक्ष समाहित हैं। भारतीय संस्कृति मूलतः धर्मप्रधान रही है, अतः धर्म विषयक चिंतन और आचार-विचार इसमें विशेष रूप से प्रतिबिंबित हैं। जीवन के इन सब रूपों और कारकों के समाहित होने के कारण भारतीय संस्कृति का क्षेत्र बहुआयामी है। वह हमारे समग्र जीवन को प्रतिभासित करती है। अतः निश्चित ही जीवन को प्रभावित करनेवाले सभी पक्षों का संस्कृति के निर्माण में योगदान रहता है, यथा—इतिहास, भूगोल, समाजशास्त्र, अर्थशास्त्र, राजनीति, धर्म-दर्शन, साहित्य, कला, नैतिक मूल्य आदि। ये सभी पक्ष प्रत्यक्ष या अप्रत्यक्ष रूप से संस्कृति के निर्माण में सहायक होते हैं। अतः प्रस्तुत कोश में भारतीय संस्कृति के इन समस्त विधायक तत्त्वों, प्रसंगों, प्रकरणों और उपादानों से संबंधित प्रविष्टियों का समावेश किया गया है। संस्कृति के निर्माण और विकास में समय-समय पर अवतरित युगांतरकारी महापुरुषों, विचारकों, दार्शनिकों, धर्म-प्रवर्तकों, संतों, भक्तों, समाज सुधारकों और प्रशासकों का भी योगदान रहता है। अतः प्राचीन काल से लेकर वर्तमान काल तक के प्रमुख महापुरुषों तथा उनके द्वारा चलाये गये सामाजिक, राजनैतिक, धार्मिक एवं सांस्कृतिक आंदोलनों से संबंधित प्रविष्टियों को भी शामिल किया गया है। इनके समावेश से इस कोश का महत्त्व और उपयोगिता और भी बढ़ गई है।

संदर्भ कोशों में सामान्यतः शब्दों अथवा पदबंधों में ही तथ्यों का विवरण प्रस्तुत किया जाता है। यह सांकेतिकता संक्षिप्तता लाने की दृष्टि से अपनाई जाती है। किंतु इस कोश में पूरे-पूरे वाक्यों में प्रविष्टियों का विवरण प्रस्तुत किया गया है। इससे तथ्य, भाव या विचार सरल और स्पष्ट रूप से व्यक्त हुए हैं। उनका प्रस्तुतीकरण अधिक रोचक और सुग्राह्य बन गया है। इस कारण प्रत्येक प्रविष्टि अपने आप में एक स्वतंत्र इकाई बन गयी है।

लेखक ने प्रविष्टियों के विवरण में प्रामाणिकता का ध्यान रखा है। उनके संबंध में जो भी अद्यतन जानकारी संभव हो सकी है, उसका उल्लेख किया गया है। पौराणिक महापुरुषों एवं घटनाओं के संबंध में अभी भी अनेक विवाद हैं, क्योंकि उनमें ऐसे चमत्कारपूर्ण प्रसंग हैं, जिन पर आज के वैज्ञानिक युग में विश्वास नहीं हो पाता। उनके संबंध में ऐतिहासिक प्रमाण भी सुलभ नहीं हैं।

ऐसे प्रसंगों में लेखक ने विवादों में न जाकर बहुमान्य मतों और जीवनवृत्तों का उल्लेख किया है। यही दृष्टि समीचीन भी है। पौराणिक घटनाओं और चमत्कारों को इतिहास की तुला पर कसना ठीक भी नहीं। परंपरा से चले आ रहे वर्णन की जानकारी देना ही यथेष्ट है।

मेरा विश्वास है कि यह संदर्भ कोश अपने इस रूप में विविध शैक्षिक स्तरों के विद्यार्थियों, शोधार्थियों और अन्य जिज्ञासु पाठकों के लिए बहुत ही उपयोगी और ज्ञानवर्धक सिद्ध होगा। इस ग्रंथ द्वारा हिंदी कोश जगत् की श्रीवृद्धि के लिए श्री 'पर्वतीय' को मैं साधुवाद देता हूं।

इलाहाबाद
10 मार्च, 94

डॉ० हरदेव बाहरी

क्रम

भारतीय संस्कृति कोश

अ

अंकोरवाट

कंबोदिया या कंपूचिया का एक नगर जो भव्य और कलात्मक विष्णु मंदिर के कारण प्रसिद्ध है। इस मंदिर का 213 फुट ऊंचा शिखर दूर से ही दर्शनार्थियों को आकृष्ट करता है। इसका निर्माण कंबुज के राजा सूर्य वर्मा (1049-66ई.) ने कराया था। इस क्षेत्र में हिंदू धर्म और भारतीय संस्कृति का प्रवेश ईसा की प्रथम शताब्दी से आरंभ हो चुका था। दक्षिण भारत के पल्लव राजवंश के लोग इसके प्रथम वाहक थे। बौद्धों का प्रवेश बाद में हुआ। ग्यारहवीं शताब्दी में बने स्थापत्य और मूर्तिकला के अनुपम उदाहरण इस मंदिर से प्रकट होता है कि इस्लाम के प्रवेश से पूर्व इस क्षेत्र में वैष्णव धर्म का पूरा प्रभाव था। यह मंदिर तीन मंजिल का है और इसकी रक्षा के लिए चारों ओर दीवार और 700 फुट चौड़ी खाई बनाई गई है।

अंगिरस या अंगिरा

एक प्रसिद्ध वैदिक ऋषि, अथर्ववेद के प्रारंभकर्ता होने के कारण अथर्वा भी कहलाते हैं। अथर्ववेद का प्राचीन नाम 'अथर्वानिरस' है। इनकी गणना सप्त-ऋषियों और दस प्रजापतियों में होती है। देवताओं के पुरोहित और नक्षत्रों में बृहस्पति यही हैं। एक मत के अनुसार इनकी उत्पत्ति ब्रह्मा के मुख से हुई है। अन्यत्र इन्हें अग्नि की पुत्री आग्नेयी के गर्भ से उत्पन्न माना जाता है। ये दस पुत्रों और सप्त कन्याओं के पिता थे। भागवत् के अनुसार इन्होंने रथोतर नाम के निःसंतान क्षत्रिय की पत्नी से ब्राह्मणोपम पुत्र उत्पन्न किए और महाभारत में इनकी बनाई अंगिरसी स्मृति का और याज्ञवल्क्य स्मृति में अंगिरस कृत धर्म-शास्त्र का उल्लेख मिलता है।

कालांतर में अंगिरा नाम के एक प्रख्यात ज्योतिर्विद और धर्मशास्त्रकार भी हुए हैं। कुछ विद्वानों का मत है कि इस नाम के एक नहीं अनेक प्रसिद्ध व्यक्ति हुए हैं।

अंधक

1. पौराणिक अनुश्रुति के अनुसार कश्यप और दिति का पुत्र एक दैत्य, जिसके हजार सिर, दो हजार भुजाएं, दो हजार आंखें और दो हजार पैर थे। आँखें रहते हुए भी घमंड में चूर, अंधों की तरह चलने के कारण अंधक कहलाया। स्वर्ग से पारिजात वृक्ष चुराते समय शिवजी के हाथों मारा गया। इसने शिव के मस्तक पर गदा से प्रहार किया जिसमे पांच भैरव उत्पन्न हुए और उन्होंने इसका काम तमाम किया।

2. युधाजित नामक यादव का पुत्र जो यादवों की अंधक शाखा का पूर्वज और प्रतिष्ठाता माना जाता है। अंधक से यादवों की अंधकों की शाखा और इसके भाई वृष्णि से वृष्णियों की शाखा चली। इन दोनों गणराज्यों के मिल जाने से बाद में 'अंधक-वृष्णिक' संघ स्थापित हुआ।

अकादमी

ऐसी संस्था जो विज्ञान, साहित्य, दर्शन, इतिहास, चिकित्सा अथवा ललित-कला के किसी अंग विशेष की समृद्धि के लिए गठित की गई हो। कुछ समय पहले तक ये अकादमियां कुछ विशिष्ट व्यक्तियों की पहुंच तक ही सीमित थीं। परंतु अब ये जनजीवन के और जनसाधारण की अभिरुचि के अधिकाधिक निकट आने लगी हैं। हमारे देश की ललित-कला अकादमी, संगीत नाटक अकादमी और साहित्य अकादमी इसी प्रकार की संस्थाएं हैं।

'अकादमी' शब्द की उत्पत्ति बहुत रोचक है। प्राचीन यूनान के एथेंस नगर के एक व्यक्ति अकादिमस के निजी उद्यान का नाम 'अकादमी' था। आगे चलकर यह निजी उद्यान न रहकर व्यायाम, चिकित्सा आदि का केन्द्र बन गया। अफलातून (प्लेटो) ने अपना पहला विद्यापीठ यहीं पर स्थापित किया और कालांतर में उस विद्यापीठ का नाम ही 'अकादमी' पड़ गया। वहां जिस प्रकार की गतिविधियों का विकास हुआ, उसके कारण ऐसे उद्देश्यों के लिए बनी संस्थाएं सर्वत्र अकादमी कहलाने लगीं।

अकाली

सिक्खों का प्रमुख संगठन। सिक्ख धर्म के प्रवर्तक गुरु नानकदेव ने परमात्मा की आराधना अकाल पुरुष के रूप में की। अकाल का अर्थ है—भूत, भविष्य तथा वर्त-

मान से परे। गुरुओं ने अकाली के लिए जीवन-निर्वाह का एक बलिदानपूर्ण दर्शन बनाया जिसके कारण वे अन्य सिक्खों से पृथक् दिखाई देने लगे। 1699 ई. में गुरु गोविंदसिंह ने खालसा पंथ की स्थापना की, जिसके अनुयायी अकाली ही थे। औरंगजेब के अत्याचारों का अकालियों ने खालसा सेना के रूप में सामना किया। तभी से इनके लिए नीला वस्त्र धारण करना और पंच-ककार (कंघा, कच्छा, केश, कृपाण, कड़ा) अनिवार्य कर दिया गया। महाराजा रणजीत सिंह के समय यह सेना अपने चरम उत्कर्ष पर थी। अंग्रेजों के समय में बहुत से गुरुद्वारों और धर्मशालाओं आदि पर ऐसे लोगों का अधिकार हो गया था जो त्याग और जीवन के अकाली आदर्श पर खरे नहीं उतरते थे। अतः ऐसे लोगों को अपदस्थ करने के लिए 1920 ई. में अकाली नवयुवकों ने एक नया संगठन बनाया। आरंभ में अंग्रेजों ने मठाधीशों का पक्ष लिया। पर अंत में अकाली अपना लक्ष्य प्राप्त करने में सफल रहे। 1923 ई. में सभी गुरुद्वारे 'शिरोमणि गुरुद्वारा प्रबंधक समिति' के अधीन आ गए। इस समिति का प्रति पांचवें वर्ष निर्वाचन होता है।

सैनिक की हैसियत से अकाली निहंग (अनियंत्रित) कहलाते हैं। नीली धारीदार पोशाक, कलाई में कड़ा, ऊंची नीली पगड़ी में तेज धारवाला लोहे का चक्र, कटार, छुरी तथा लोहे की जंजीर अकालियों का बाना है। ये मांस-मदिरा का सेवन नहीं करते तथा ब्रह्मचर्य का पालन करते हैं। अमृतसर के अकाल तख्त से इनके धार्मिक कृत्यों का नियमन होता है।

अकूती

पतिव्रता और हरिभक्त के रूप में प्रसिद्ध अकूती स्वायंभुवमनु तथा शतरूपा की पुत्री थी। उत्तानपाद और प्रियव्रत इसके दो भाई थे। महर्षि रुचि के साथ इसका विवाह हुआ था। यज्ञ और दक्षिणा दोनों इसकी संतानें हैं।

अकृतव्रण

हिमालय में रहनेवाले शांत ऋषि का पुत्र जो एक बार व्याघ्र के भय से चिल्लाता हुआ भाग रहा था। उसी समय परशुराम वहाँ आ उपस्थित हुए। उन्होंने व्याघ्र को मार डाला। बाद में अकृतव्रण परशुराम का शिष्य बन गया और सदा उनके साथ लगा रहा।

अक्रूर

ये वसुदेव (दे.) के भाई बताए जाते हैं। कंस की सलाह पर श्रीकृष्ण और बलराम को यही वृन्दावन से मथुरा लाए थे। कंस का वध करने के पश्चात श्रीकृष्ण

इनके घर गए थे। वे अक्रूर को अपना गुरु मानते थे। सत्राजित नामक यादव को सूर्य से मिली स्यमंतक मणि, जिसकी चोरी का कलंक श्रीकृष्ण को लगा था, इन्हीं के पास थी। ये डरकर मणि को लेकर काशी चले गए। स्यमंतक मणि की यह विशेषता थी कि जहां वह होती वहां धन-धान्य भरा रहता था। अक्रूर के चले जाने पर द्वारका में अकाल के लक्षण प्रकट होने लगे। इस पर श्रीकृष्ण का अनुरोध मानकर अक्रूर द्वारका वापस चले आए। इन्होंने स्यमंतक मणि श्रीकृष्ण को दे दी। श्रीकृष्ण ने मणि का सार्वजनिक रूप से प्रदर्शन करके अपने ऊपर लगा चोरी का कलंक मिटाया।

अक्रूरघाट

मथुरा और वृन्दावन के बीच में ब्रह्महृद नामक एक स्थान है। श्रीकृष्ण ने यहीं पर अक्रूर को दिव्य दर्शन कराए थे। ब्रजक्षेत्र का यह भी एक प्रमुख तीर्थ माना जाता है और वैशाख शुक्ल नवमी को यहां मेला लगता है।

अक्ष

रावण और मंदोदरी का पुत्र, जो हनुमान द्वारा अशोक वन ध्वस्त किए जाने पर उन्हें पकड़ने के लिए गया। इसके पूर्व रावण के पांच योद्धा हनुमान के हाथों मारे जा चुके थे। अंत में अक्ष भी युद्ध करता हुआ मारा गया।

अक्षय चतुर्थी

जो चतुर्थी मंगलवार को पड़ती है, उसे अक्षय चतुर्थी कहते हैं। मान्यता है कि इस दिन उपवास करने से अक्षय पुण्य की प्राप्ति होती है।

अक्षय तृतीया

वैशाख शुक्ल तृतीया की तिथि अक्षय तृतीया कहलाती है। मान्यता है कि इसी तिथि से सतयुग का आरंभ हुआ था। इस दिन किए गए दान, जप आदि के फल का क्षय नहीं होता। नर-नारायण, परशुराम और हयग्रीव का अवतार इसी तिथि को हुआ था। यदि सोमवार अथवा कृतिका या रोहिणी नक्षत्र के साथ यह तिथि पड़ती है तो और भी उत्तम मानी जाती है। व्रत के रूप में अक्षय तृतीया का विशेष माहात्म्य है। प्रसिद्ध तीर्थ बदरीनाथ के कपाट इसी तिथि को खुलते हैं। इस दिन जल से पूर्ण पात्र, पंखा, जौ का सत्तू, गुड़ अथवा चीनी, दही आदि वस्तुओं के दान करने का नियम है। भविष्य पुराण के अनुसार अन्य तिथियों के बारे में सुनने से क्या लाभ होगा। केवल अक्षय तृतीया का माहात्म्य सुन लेना ही पर्याप्त है।

अक्षय नवमी

कार्तिक शुक्ल नवमी को अक्षय नवमी कहते हैं। पुराणों के अनुसार त्रेतायुग इसी तिथि से आरंभ हुआ था। इस दिन व्रत, पूजा, तर्पण तथा दान का फल अक्षय होता है। इस तिथि को आंवले के वृक्ष के नीचे पूजन करने के बाद ब्राह्मण को भोजन कराकर स्वयं सपरिवार भोजन करने का विधान है। इस दिन विष्णु ने ऊष्मांड नामक दैत्य का वध किया था।

अक्षयपात्र

युधिष्ठिर के पास एक ऐसा पात्र था जिसमें पकाया हुआ थोड़ा सा अन्न भी कभी समाप्त नहीं होता था। यह पात्र युधिष्ठिर को उनके द्वारा की गई आराधना से प्रसन्न होकर सूर्य ने दिया था।

अक्षयवट

प्रयाग (इलाहाबाद) में गंगा-यमुना के संगम पर स्थित किले के अंदर का बरगद का वृक्ष अक्षयवट के नाम से प्रसिद्ध है। पुराणों के अनुसार इस वृक्ष की पूजा से अक्षय फल की प्राप्ति होती है। पौराणिक उल्लेखों में कहा गया है कि प्रलय होने पर जब समस्त सृष्टि जलमग्न हो जाती है तब केवल अक्षयवट बच जाता है। उस समय भगवान विष्णु इसके एक पत्ते पर लेटे हुए अंगूठा चूसते हुए दिखाई देते हैं। अकबर द्वारा निर्मित किले के अंदर का वटवृक्ष उसी अक्षयवट का अवशेष बताया जाता है। चीनी यात्री ह्वेन सांग (दे.) ने भी अपने यात्रा-वर्णन में इसका उल्लेख किया है।

प्रयाग के अतिरिक्त गया में भी एक अक्षयवट है। कहा जाता है कि पांडवों ने वनवास काल में इसके दर्शन किए थे।

अक्षांश

खगोल विद्या में पृथ्वी के मध्य में भूमध्य रेखा कल्पित की गई है। इस रेखा के समानान्तर उत्तरी अथवा दक्षिणी ध्रुव की ओर जो समानान्तर रेखाएं कल्पित हैं वे अक्षांश कहलाती हैं—उत्तर की ओर उत्तरी अक्षांश और दक्षिण की ओर दक्षिणी अक्षांश। पृथ्वी के किसी स्थान से सूर्य कितनी ऊंचाई पर होगा यह उस स्थान के अक्षांश पर निर्भर करता है।

अक्षौहिणी

प्राचीन काल में सेना की गणना की प्रमुख इकाई अक्षौहिणी थी। इसमें 109350 पैदल, 65610 घोड़े, 21870 रथ और 21870 हाथी होते थे।

इनकी कुल संख्या का योग 218700 होता है। इन संख्याओं की एक विशेषता दृष्टव्य है। प्रत्येक संख्या का जोड़ 18 बनता है। उस समय सेना की गणना नीचे से ऊपर तक इस प्रकार की जाती थी—पत्ति, सेनामुख, गुल्म, वाहिनी, पृतना, चमू, अनीकिनी और अक्षौहिणी। अक्षौहिणी को छोड़कर शेष में अपने पहले के अंग से तिगुनी संख्या होती थी।

महाभारत युद्ध में कौरवों की ओर से ग्यारह और पांडवों की ओर से सात, इस प्रकार कुल अठारह अक्षौहिणी सेनाओं ने भाग लिया था।

अगति

1. प्राचीन भारतीय मान्यता के अनुसार मरणोपरांत अन्त्येष्टि क्रिया, श्राद्ध आदि करना आवश्यक है। यदि किसी कारण यह सब न किया जाए तो मृतक की आत्मा अगति की स्थिति में इधर-उधर भटकती रहती है।
2. केशवदास ने ऐसे वर्ण्य विषयों को गणना की है जो अचल या स्थिर हैं। उन्हें अगति कहते हैं। ये हैं—सिंधु, गिरि, ताल, तरु, वापि और कूप।

अगम्या

ब्रह्मपुराण के अनुसार इन स्त्रियों को पुरुष के लिए समागम के अयोग्य बताया गया है—गुरु-पत्नी, राजा की स्त्री, सौतेली माता, तथा उसकी कन्या, पुत्री, पुत्र की स्त्री, गर्भवती स्त्री, सास, बहन, भाई की पत्नी, शिष्या, भतीजी, शिष्य की पत्नी, भानजी और भतीजे की पत्नी। इस वर्जना को न मानने वाले व्यक्ति को 100 ब्रह्म हत्याओं का पाप लगता है। वह लोक और वेद में निन्दित माना जाता है तथा कुम्भीपाक नरक में जाता है।

अगलस्सोई

जिस समय सिकन्दर ने भारत पर आक्रमण किया, देश के पश्चिमी भाग में अनेक छोटे-छोटे गणराज्य थे। अगलस्सोई भी सिन्धु की घाटी के निचले भाग में शिवि के पड़ोस में अवस्थित एक गणराज्य था। जब सिकन्दर आक्रमण के बाद वापस लौट रहा था तब इस गणराज्य के नागरिकों ने अपनी शक्तिभर उसका सामना किया। सीमित शक्ति के कारण उन्हें पराजित तो होना पड़ा, पर शत्रु के हाथ में पड़ जाने के भय से सब लोग स्वयं जलकर मर गए।

अगस्त्य

पुलस्त्य ऋषि के पुत्र अगस्त्य के संबंध में पुराणों में अनेक विवरण मिलते हैं। लोक प्रसिद्धि है कि इनकी उत्पत्ति घड़े से हुई थी, इस कारण इन्हें कुम्भज तथा

घटज भी कहा जाता है। जन्म के समय इनकी लम्बाई एक अंगूठे के बराबर थी। ये ऋग्वेद की अनेक ऋचाओं के दृष्टा माने जाते हैं। विंध्याचल पर्वत और समुद्र का मान-मर्दन करने के प्रसंग में भी इनकी प्रसिद्धि है। कहा जाता है कि विंध्याचल को इस बात से बड़ी ईर्ष्या थी कि सभी लोग सुमेरु पर्वत का सम्मान करते हैं, उसका सम्मान कोई नहीं करता। इस ईर्ष्या से विंध्याचल ने अपनी ऊंचाई बढ़ाकर सूर्य का मार्ग अवरुद्ध कर दिया। इस स्थिति के निवारण के लिए देवताओं की प्रार्थना पर अगस्त्य मुनि विंध्याचल के पास पहुंचे। मुनि शाप न दे दें, इस भय से विंध्याचल उनके चरणों में झुक गया। अगस्त्य ने विंध्याचल से उस समय तक झुके रहने के लिए कहा, जब तक वे वापस न लौटें। पर अगस्त्य मुनि फिर लौटकर नहीं आए और विंध्याचल तब से झुका हुआ खड़ा है।

समुद्र से अगस्त्य एक बार क्रुद्ध हुए। देवासुर संग्राम में जब दानव सागर में छिप गए तो अगस्त्य ने क्रोध में आकर उसका सारा जल पी डाला था।

विंध्याचल के दक्षिणी प्रदेशों में आर्य संस्कृति के प्रसार का श्रेय भी अगस्त्य मुनि को दिया जाता है। दक्षिण के ऋषियों में ये सबसे अधिक सम्मान प्राप्त ऋषि थे।

महाभारत के अनुसार इनकी पत्नी का नाम लोपामुद्रा था जो बड़ी विदुषी थी। 'रामचरित मानस' में उल्लेख है कि पंचवटी पहुंचने से पहले राम अगस्त्य मुनि से मिले थे।

अगस्त्य आश्रम

अगस्त्य ऋषि के आश्रम देश में कई स्थानों पर बताए जाते हैं। एक स्थान नासिक के दक्षिण-पूर्व में है जो अगस्तीपुरी कहलाता है। महाराष्ट्र के कोल्हापुर, उत्तर प्रदेश के एटा, गढ़वाल के रुद्रप्रयाग और कुंडर में भी इनके आश्रम बताए जाते हैं।

अग्नि

आरंभिक युग के मनुष्य का अग्नि से परिचय नहीं था। वह न तो अग्नि उत्पन्न करना जानता था और न ही उसका उपयोग ही करता था। शायद जंगलों में लगी आग को देखकर वह डरता था। फिर उसने लकड़ी की रगड़ से आग का जलना देखा होगा और उसमें भुने हुए मांस का स्वाद चखा होगा। उसने अग्नि से प्राप्त होनेवाली गर्मी का भी अनुभव किया होगा। अब मनुष्य अग्नि की उपयोगिता जान गया। इसी से अग्नि के प्रति पूजा भाव की उत्पत्ति हुई।

संसार के सभी प्राचीन धर्मों में प्रतिष्ठित और प्रधान देवता के रूप में अग्नि

की पूजा होती आई है। वेदों में इसका प्रमुख स्थान सुरक्षित है। यूनान और रोम में भी अग्नि की पूजा होती थी। पारसी धर्म में तो अग्नि को इतना पवित्र माना जाता है कि कोई अशुद्ध वस्तु अग्नि में नहीं डाली जाती। भारत में अग्नि को जो स्थान प्राप्त रहा है वह अन्यत्र नहीं। वेदों में इन्द्र के बाद सबसे अधिक स्तुति अग्नि देवता की की गई है।

अग्निकुल

प्राचीन आख्यान के अनुसार ऋषियों के यज्ञ में दैत्य विघ्न डाला करते थे। इस पर रक्षक पुरुष की उत्पत्ति के उद्देश्य से ऋषियों ने महर्षि वशिष्ठ के नेतृत्व में आबू पर्वत पर एक यज्ञ किया। यज्ञकुंड से चार पुरुष उत्पन्न हुए। इनसे क्षत्रियों के इन चार कुलों का आरंभ माना जाता है—परमार, परिहार, चालुक्य या सोलंकी तथा चौहान। इन चारों की गणना अग्निकुल के अन्तर्गत होती है।

अग्नि-परीक्षा

स्कंद पुराण, रामायण आदि से पता चलता है कि प्राचीन काल में अपराधी का पता लगाने के लिए अग्नि-परीक्षा का भी प्रचलन था। अभियुक्त को आग पर चलकर अपने आपको निर्दोष सिद्ध करना होता था। जिसने अपराध न किया हो उसे आग पर चलने से कोई हानि नहीं होती थी और वह निर्दोष घोषित कर दिया जाता था। राम-रावण युद्ध के बाद इसी परंपरा के कारण सीता को भी अग्नि-परीक्षा देनी पड़ी थी।

अग्नि पुराण

अठारह पुराणों का जो क्रम निर्धारित किया गया है, उसके अनुसार अग्नि पुराण आठवां पुराण है। इसका रचनाकाल सातवीं शताब्दी के आसपास माना जाता है। विषयों के विस्तार की दृष्टि से इस पुराण को अनेक विद्वान विश्वकोश का महत्त्व देते हैं। 383 अध्याय और लगभग 16 हजार श्लोकों के इस ग्रंथ में भारतीय संस्कृति और ज्ञान का भंडार भरा है। इसमें अवतार, सृष्टि की उत्पत्ति आदि के साथ-साथ कर्मकांड, राजधर्म, आयुर्वेद, विधि-विधान, काव्य-शास्त्र, दर्शन, ज्योतिष, धनुर्वेद, मंदिर-निर्माण, सैनिक शिक्षा पद्धति आदि सभी का समावेश है। ऐतिहासिक जनश्रुतियों की दृष्टि से भी यह ग्रंथ बड़े महत्त्व का माना जाता है।

अग्निमित्र

शुंगवंश (दे.) के संस्थापक पुष्यमित्र का पुत्र, जो 149 ई. पूर्व में अपने पिता

का उत्तराधिकारी बना। इससे पूर्व अपने पिता के शासनकाल में वह नर्मदा प्रदेश का उपराजा था। उसने विदिशा (आधुनिक भेलसा) को अपनी राजधानी बनाया और अपने पड़ोसी विदर्भ (बरार) के राजा को पराजित करके अपना राज्य वर्धा नदी के तट तक फैला दिया। इसने आठ वर्ष तक राज्य किया। महाकवि कालिदास ने अपने नाटक 'मालदिकाग्निमित्र' में अग्निमित्र की प्रेम-कथा का वर्णन किया है।

अग्निवेश

ये आयुर्वेद के प्रमुख आचार्य और अपने गुरु पुनर्वसु आत्रे के सबसे प्रतिभाशाली शिष्य थे। आगे चलकर चरक ने इनके लिखे हुए आयुर्वेद के ग्रंथ 'अग्निवेशतंत्र-संहिता' का संस्कार करके उसका नाम 'चरकसंहिता' रखा। यह ग्रंथ आज भी आयुर्वेद का प्रमुख ग्रंथ माना जाता है।

अग्निवैश्य

1. अगस्त्य ऋषि का एक शिष्य, जो भरद्वाज का छोटा भाई था। द्रुपद और द्रोणाचार्य ने धनुर्वेद की शिक्षा इसी से पाई थी। उन्हें ब्रह्मसिर अस्त्र भी इसी ने दिया था!

2. भागवत के अनुसार इसके जातुकर्ष्य और कानीन नामक नाम भी मिलते हैं। इसने तपस्या के द्वारा ब्राह्मणत्व प्राप्त किया था।

अग्निहोत्र

एक विशेष प्रकार का यज्ञ जिसके दो रूप होते हैं। एक तो एक महीने की अवधि तक किया जाता है और दूसरा जीवन-भर। जीवन-भर चलनेवाले इस यज्ञ में प्रातः और सायंकाल अग्नि में हवन करते हैं। इस प्रकार के अग्निहोत्र करनेवाले व्यक्ति का दाह-संस्कार भी उसी अग्नि से किया जाता है। पहले दस चीजों से होम करने का नियम था। कलियुग में यह घटकर दूध, चावल और लपसी आदि तक ही सीमित रह गया।

अग्रदास

रामभक्ति के माधुर्य भाव को प्रकट करने में अग्रणी अग्रदास का समय 1556 ई. के आसपास माना गया है। ये स्वामी नाभादास के गुरु थे। ये बारहों महीने रास किया करते थे। इन्होंने वैष्णवों की अनेक गद्दियां स्थापित कीं। इनकी साधना-स्थली रैवासा (राजस्थान) थी। वहीं इन्होंने जानकीवल्लभ की उपासना की।

अघासुर

कंस का अनुचर एक राक्षस। इसके बड़े भाई बकासुर और बड़ी बहन पूतना को कंस ने श्रीकृष्ण के वध के लिए गोकुल भेजा था। परंतु वे दोनों कृष्ण के द्वारा मार डाले गए। तब कंस ने अघासुर को वहां भेजा। अपने भाई-बहन का बदला लेने के लिए उसने विशालकाय अजगर का रूप धारण किया और मुंह खोलकर लेट गया। कृष्ण अपने गोप-सखाओं के साथ उसी वन में विचरण कर रहे थे। अजगररूपी राक्षस की वास्तविकता न जानने के कारण जिज्ञासावश गोप बालक उसके मुख में चले गए। इसपर श्रीकृष्ण ने उसके मुख पर सीधे खड़े होकर अपनी शक्ति का इतना विस्तार किया कि अघासुर की सांस रुक गई और उसने दम तोड़ दिया।

अघोरपंथ

एक शैव मत जिसका आरंभ अथर्ववेद के काल से माना जाता है। इस मत के अनुयायी तंत्र में विश्वास करते हैं। वे गुरु और संतों की समाधि की पूजा करते हैं। श्मशान-साधना, मंत्र-साधना, पंचमकार (दे.) सेवन, चिता-भस्म रमाना इनका जीवन-क्रम होता है। मृतमांसाहार और मल-मूत्र आदि के सेवन से भी वे परहेज नहीं करते। इस प्रकार के आचरण को घोर साधना का प्रतीक मानते हैं। इन्हें सरभंग, अवधूत या कापालिक के नाम से भी जाना जाता है। इस समय इस पंथ के अनुयायी न्यूनाधिक संख्या में पूरे भारत में मिलते हैं। इस पंथ का सैद्धांतिक संबंध इस समय गोरखपंथ और तंत्रप्रधान शैव मत से माना जाता है। अघोरपंथी निर्वाणी और गृहस्थ दोनों प्रकार के होते हैं। इनकी वेश-भूषा भी अलग-अलग होती है। वर्तमान काल के अघोरपंथियों में बाबा कीनाराम का नाम प्रसिद्ध है। वे वाराणसी के निवासी और अनेक ग्रंथों के रचयिता थे।

अचल

गांधार देश के राजा का पुत्र और शकुनि का भाई। यह युधिष्ठिर के राजसूय यज्ञ में सम्मिलित हुआ था। इसने महाभारत युद्ध में भी भाग लिया और अर्जुन के हाथों मारा गया।

अचलेश्वर

उत्तर भारत में कार्तिकेय का यह एकमात्र मंदिर पंजाब में अमृतसर-पठानकोट रेलवे लाइन के निकट स्थित है। मुख्य मंदिर में शिवलिंग तथा स्वामी कार्तिकेय और पार्वती की मूर्तियां हैं। यहां एक बड़ा सरोवर है। उसके मध्य में भी शिव मंदिर बना है।

एक बार गणेश और कार्तिकेय में श्रेष्ठता के सबंध में विवाद छिड़ गया। शंकर ने कहा, दोनों भाइयों में से जो पहले पृथ्वी की प्रदक्षिणा करेगा वही श्रेष्ठ होगा। कार्तिकेय पृथ्वी की परिक्रमा के लिए निकले। इधर गणेश ने माता-पिता को पृथ्वी से श्रेष्ठ मानकर उनकी परिक्रमा कर ली और वे श्रेष्ठ मान लिए गए। कार्तिकेय को जब परिक्रमा करते समय मार्ग में यह सूचना मिली तो वे उसी स्थान पर अचल रूप में समाधि लगाकर बैठ गए। वही स्थान अब अचलेश्वर कहलाता है। यहां सिद्धों ने यज्ञ किया था और कुछ समय तक नानकदेव ने भी यहां साधना की।

अज

अयोध्या के प्रसिद्ध राजा दशरथ के पिता। इनके पिता का नाम दिलीप था। इनका विवाह विदर्भ नरेश की कन्या इंदुमती से हुआ था। कहते हैं अज को एक गंधर्व से दिव्यास्त्र प्राप्त हुआ था। इसी की सहायता से ये स्वयंवर में इंदुमती को प्राप्त कर सके। अज ने अनेक राजाओं को परास्त करके कोशल राज्य का प्रभाव बढ़ाया था। कालिदास रचित 'रघुवंश' के अनुसार इन्होंने एक पागल हाथी को मार कर उससे दिव्यास्त्र प्राप्त किया था। अज का एक अर्थ बकरा भी है।

अजंता

महाराष्ट्र प्रदेश में औरंगाबाद नगर से 103 कि. मी. दूरी पर स्थित अजंता घाटी की गुफाएं अपने भित्ति-चित्रों के लिए विश्व-भर में प्रसिद्ध हैं। यहां पर्वत अर्धचंद्राकार है और नीचे बाघोरा नदी बहती है। यह स्थान किसी समय उत्तर-दक्षिण के व्यापार मार्ग पर स्थित था। यहाँ कुल 30 गुफाओं का पता चला है। ये सब बौद्ध गुफाएं हैं। इनका निर्माण काल 200 ई. पूर्व से लेकर 600 ई. सन् तक माना जाता है। यहां के चित्रों में मानव-जीवन, पशु-पक्षी जगत् और प्रकृति का बहुरंगी चित्रण मिलता है। वास्तुकारों और कलाकारों ने प्राकृतिक गुफाओं का उपयोग न करके पश्चिमी घाट के पहाड़ों की ठोस चट्टानों को काट कर गुफाएं बनाईं। उनमें चित्र बनाने के लिए चूने की मोटी तह जमाई गई है और निकटवर्ती स्थानों में पाये जानेवाले प्राकृतिक रंगों का उपयोग किया गया है। कालक्रम के अनुसार बौद्धों के हीनयान संप्रदाय के समय की गुफाएं सादी और बाद के महायान काल की गुफाएं अधिक अलंकृत तथा गौतम बुद्ध के चित्रों से युक्त हैं। यद्यपि समय बीतने के साथ चित्र धुंधले पड़ने लगे हैं फिर भी उनके रंगों और कलात्मकता को देखकर आश्चर्यचकित रह जाना पड़ता है। जिन गुफाओं में प्रकाश की कमी है, वहाँ अब दर्शकों की सुविधा के लिए बिजली का प्रबंध हो गया है।

अजपाजाप

सिद्धों और नाथपंथियों में प्रचलित वह जप जिसमें माला फेरने या अन्य किसी प्रकार से नाम की गिनती नहीं की जाती। कबीर ने भी आने-जानेवाली सांसों से होनेवाले जप को अजपाजाप ही कहा है।

अजमल खां, हकीम

हकीम अजमल खां का जन्म दिल्ली के प्रसिद्ध हकीमी परिवार में 1865 ई. में हुआ था। शिक्षा प्राप्त करके ये भी दिल्ली के प्रसिद्ध यूनानी हकीम माने जाने लगे। इन्होंने पश्चिमी एशिया और यूरोप के देशों की यात्रा की। 1918 ई. की दिल्ली कांग्रेस के स्वागत समिति के अध्यक्ष के रूप में राजनीति में प्रवेश किया। ये गांधीजी से बहुत प्रभावित थे और खिलाफत आंदोलन (दे.) में उनके साथ रहे। हकीम अजमल खां हिंदू-मुस्लिम एकता के प्रबल समर्थक थे। इन्होंने कांग्रेस के 1921 ई. के अहमदाबाद अधिवेशन की अध्यक्षता की थी क्योंकि निर्वाचित अध्यक्ष सी. आर. दास जेल में बंद थे। ये अंतिम समय तक कांग्रेस कार्यसमिति के सदस्य रहे। 1927 ई. में इनका देहांत हो गया।

अजमीढ़

पांचाल देश के पुरुवंश के आरंभकर्ता, जिनके नाम से यह वंश अजमीढ़ वंश भी कहलाया। पांचाल के दो भाग थे। दक्षिण पांचाल में अजमीढ़ के एक पुत्र वृहदिषु ने और उत्तर पांचाल में उसके दूसरे पुत्र नील ने राज्य किया। वृहदिषु के वंश में ही द्रुपद पैदा हुए थे जिनकी पुत्री द्रौपदी पांडवों की पत्नी बनी। ये लोग मूलतः क्षत्रिय थे, किंतु वायु पुराण के अनुसार बाद में ब्राह्मण हो गए थे।

अजमुख

सती (दे.) के पिता दक्ष प्रजापति का एक नाम। इन्होंने यज्ञ में सब देवताओं को आमंत्रित किया, पर अपने जामाता शिव को नहीं बुलाया और उनका अपमान किया तो सती ने यज्ञकुंड में कूदकर देह-त्याग कर दिया था। इस पर शिव के गण वीरभद्र ने यज्ञ का ध्वंस कर दिया और दक्ष को मार डाला। बाद में शिवजी ने इन्हें जीवित तो कर दिया, पर अज यानी बकरे का मुख लगा दिया। तभी से दक्ष प्रजापति का एक नाम अजमुख भी पड़ गया।

अजातशत्रु

यह मगध के राजा बिंबसार का पुत्र और गौतम बुद्ध का समकालीन था। इसका

राज्यकाल 515 ई. पूर्व से 489 ई. पूर्व के बीच माना जाता है। कहा जाता है कि इसने बुद्ध के चचेरे भाई देवदत्त के उकसाने पर अपने पिता को बंदी बना लिया था और उसे कारागार में ही मरवा डाला था। अजातशत्रु बड़ा शक्तिशाली राजा था। उसने कोशल राज्य को पराजित करके काशी को अपने राज्य में मिला लिया। कोशल की राजकुमारी से विवाह करके मगध के प्रभाव का विस्तार किया। पाटलिपुत्र नगर की नींव भी इसी ने रखी थी। इसी के समय में जैन धर्म के प्रवर्तक महावीर और बौद्ध धर्म के प्रवर्तक गौतम बुद्ध का परिनिर्वाण हुआ। अजातशत्रु जैन और बौद्ध दोनों धर्मों का आदर करता था। बुद्ध के परिनिर्वाण के बाद इसने उनकी अस्थि प्राप्त करके राजगृह की पहाड़ी पर एक स्तूप का निर्माण कराया था। इसी के समय में बौद्ध संघ की प्रथम संगीति हुई थी और 'सुत्तपिटक' और 'विनयपिटक' का संपादन किया गया।

अजामिल

भगवत् कृपा और महिमा के वर्णन में भक्त कवियों ने अजामिल के उल्लेख द्वारा यह दिखाने का प्रयास किया है कि पापी से पापी व्यक्ति का भी भगवान् का स्मरण करने से उद्धार हो जाता है। अजामिल कन्नौज का निवासी एक ब्राह्मण था। एक दिन वह लकड़ी लेने के लिए जंगल में गया था। वहां उसने एक वेश्या और शूद्र को मद्यपान तथा प्रेमालाप करते देखा। वह वेश्या पर मुग्ध हो उठा और उसे अपने घर ले आया। वह अपनी पत्नी का परित्याग करके वेश्या की कामना पूर्ति में अंधा बन गया। शराबी, जुआरी, चोर और हिंसक बनकर उसने अपनी सारी संपत्ति नष्ट कर डाली। वेश्या के गर्भ से उसके दस पुत्र हुए। उसने सबसे छोटे पुत्र का नाम नारायण रखा। वह हर समय नारायण को पुकारा करता था। मृत्यु के समय भी उसने अपने पुत्र को 'नारायण, नारायण' कहकर पुकारा। नारायण शब्द का इतना प्रभाव हुआ कि उसे नरक ले जानेवाले यमदूत भाग खड़े हुए और ईश्वरीय दूत आकर उसे स्वर्ग ले गए। 'विनयपत्रिका' और 'कवितावली' में तुलसीदास ने तथा 'सूरसागर' में सूरदास ने इस प्रसंग का उल्लेख किया है।

अजीमुल्ला खाँ

यह 1857 की प्रथम भारतीय क्रांति के प्रसिद्ध नायक और अंतिम पेशवा बाजीराव द्वितीय (1796-1818 ई.) के दत्तक पुत्र नाना साहब (धोंडो पंत) का एक कर्मचारी था। इसने भी 1857 के स्वतंत्रता संग्राम को आगे बढ़ाने में गुप्त रूप से भाग लिया था। यूरोप में जिस समय क्रीमियों का युद्ध चल रहा था, अजीमुल्ला खां ने वहां जाकर नाना साहब और रूसियों के बीच संधि कराने

और भारत की स्वतंत्रता के लिए रूस की सहायता प्राप्त करने का प्रयत्न किया। भारत वापस आकर उसने लोगों के मन से यह मिथ्या भावना हटाने के लिए प्रचार किया कि अंग्रेज जाति को कोई पराजित नहीं कर सकता।

अज्ञातयौवना

मुग्धानायिका का एक भेद, जिसे नवयौवना भी कहते हैं। किशोरावस्था में नारी के शरीर में परिवर्तन होते हैं और हृदय में नये मनोभावों का उदय होता है। परंतु वह उनसे अच्छी तरह परिचित नहीं होती। मुग्धा की यही स्थिति अज्ञात यौवना या नवयौवना कहलाती है।

अज्ञातवाद

वेदांत का एक सिद्धांत, जिसके अनुसार यह संसार ब्रह्म का कल्पित रूप है। उदाहरणार्थ, यदि रस्सी को सर्प समझ लिया जाए तो रस्सी वास्तविक वस्तु है सर्प एक भ्रामक विश्वास। अंतिम विचार में इसका कहना है कि जो कुछ भी है वह सब ब्रह्म है। हम उसका वर्णन नहीं कर सकते, क्योंकि हमारी भाषा में वह शक्ति नहीं है। जो कुछ भी है, जैसा भी है, वह सदा से वैसा ही है।

अज्ञातवास

पांडवों को जुए में हार जाने पर बारह वर्ष वन में और एक वर्ष अज्ञात रहकर बिताना पड़ा था। अज्ञातवास की शर्त यह थी कि उन्हें इस अवधि में कोई पहचानने न पाए। यह एक वर्ष उन्होंने मत्स्य जनपद की राजधानी विराटनगर में रूप बदलकर बिताया। युधिष्ठिर ने ब्राह्मण का रूप धारण किया और राजा की सभा में जुआ खिलाने लगे। भीम रसोइया बने। अर्जुन ने नपुंसक बनकर राजकुमारी को नृत्य सिखाना आरंभ किया। नकुल ने घोड़ों की और सहदेव ने गौशाला की सेवा का काम हाथ में लिया। द्रौपदी विराटनगर की रानी की सेविका बनी। इस अवधि में नरेश के साले कीचक ने द्रौपदी के साथ दुर्व्यवहार की चेष्टा की। इस पर भीम ने अज्ञात रहते हुए महाबलशाली कीचक का वध कर दिया।

अट्टकथा

पालि ग्रंथों पर लिखे गए भाष्य अट्टकथा या अर्थकथा कहलाते हैं। अट्टकथाओं का आरंभ सर्वप्रथम श्रीलंका की सिंघली (सिंहली) भाषा में हुआ। बाद में बौद्ध धर्म की अवनति के दिनों में ये कथाएं भारत आईं तथा उसी तरह की कुछ कथाए भारत के बौद्ध विद्वानों ने भी लिखीं।

अणिमा

आठ सिद्धियों में से एक सिद्धि। आठ सिद्धियां हैं--अणिमा, महिमा, लघिमा, प्राप्ति, प्राकाम्य, ईशित्य, वशित्य और कामावसायिता। अणिमा अणु या सूक्ष्म भाग को कहते हैं। देवता, सिद्ध आदि इसी के प्रभाव से सूक्ष्म रूप धारण कर लेते हैं और इन्हें कोई देख नहीं सकता।

अणु

द्रव्य के सूक्ष्मतम कण को अणु कहते हैं। प्रत्येक पदार्थ छोटे-छोटे अणुओं से मिलकर बना है। अणु में दो या अधिक परमाणु या ऐटम रहते हैं। अणुओं के बीच खाली स्थान रहता है जिसमें अणु तीव्र गति से भ्रमण करते हैं। ठोस पदार्थ के अणु तरल पदार्थ के अणुओं की अपेक्षा अधिक निकट होते हैं, अर्थात् उनके बीच का खाली स्थान कम होता है।

अणुवाद

अणु तथा परमाणु से भारतीय विचारक बहुत पहले से परिचित थे। न्याय-वैशेषिक शास्त्र में उल्लेख आया है कि प्रथम चार वस्तुओं का सबसे छोटा अंतिम कण अणु कहलाता है। इसका आगे विभाजन नहीं हो सकता। जैन मत में भी अणु की महत्ता बताई गई है। इसके अनुसार प्रत्येक वस्तु एक ही प्रकार के अणु-समूहों से बनती है। अणु के अंदर इतनी तीव्र गति का विकास हो सकता है कि उसनें एक क्षण में विश्व के एक छोर से दूसरे छोर तक पहुंचने की क्षमता आ सकती है।

अणुव्रत

जैन धर्म में दो प्रकार के व्रत निर्दिष्ट हैं—महाव्रत और अणुव्रत। महाव्रत साधु करते हैं। श्रावक अणुव्रतों का पालन करने हैं। अणु का अर्थ है--लघु या छोटा। महाव्रतों में सर्वत्याग किया जाता है। अणुव्रतों में वे व्रत स्थूल रूप में किए जाते हैं। अणुव्रत पांच हैं—अहिंसा, सत्य, अस्तेय, ब्रह्मचर्य और अपरिग्रह।

अण्णा साहब किर्लोस्कर

आधुनिक मराठी रंगमंच के जनक अण्णा साहब किर्लोस्कर का जन्म 31 मार्च, 1843 ई. को बेलगांव जिले में हुआ था। ये आरंभ से ही रंगमंच की ओर आकृष्ट थे। साहित्यिक और सांस्कृतिक नाटकों की परंपरा इन्होंने ही डाली। इनके लिखे नाटक 'शाकुंतलम्' के मंचन की तिथि 31 अक्तूबर, 1880 ई. को

आधुनिक मराठी रंगमंच का जन्मदिन माना जाता है। इनके नाटकों के संबंध में लोकमान्य बाल गंगाधर तिलक ने कहा था—"इनके माध्यम से प्राचीन भारतीय संस्कृति का पुनरुद्धार होगा।" अण्णा साहब का केवल 42 वर्ष की उम्र में 2 नवंबर 1885 ई. को देहांत हो गया।

अतिकाय

रावण के पुत्रों में से एक। यह स्थूल शरीर का होने के कारण अतिकाय कहलाया। इसने ब्रह्म की घोर तपस्या करके दिव्य रथ प्राप्त किया और यह वरदान भी ले लिया कि इसे न तो सुर मार सकेंगे, न असुर। राम-रावण युद्ध में यह लक्ष्मण के हाथों मारा गया जो न तो देवता थे और न असुर।

अतिथि

प्राचीन भारतीय साहित्य में अतिथि को पूजनीय माना गया है। अथर्ववेद कहता है—अतिथि के खा चुकने के बाद भोजन करना चाहिए। तैतरेय उपनिषद में 'अतिथि देव' कहकर उसे माननीय बताया गया है। पुराणों के अनुसार जो निरंतर चलता है, ठहरता नहीं, वह अतिथि है। पहले से अज्ञात और घर आया व्यक्ति ही अतिथि है।

जिसके घर से अतिथि निराश होकर लौटता है, वह उस घर को पाप देकर और उसके पुण्य लेकर चला जाता है। जो व्यक्ति देश, नाम, विद्या, कुल आदि पूछकर अतिथि को अन्न देता है, उसे पुण्य नहीं मिलता।

अतिबला

प्राचीन काल में प्रचलित एक प्रमुख युद्ध-विद्या जिसके ज्ञाता का पराक्रम बढ़ता था और उसे श्रम, ज्वर आदि की बाधा का भय नहीं रहता था। ऋषि विश्वामित्र ने श्रीराम को यह विद्या सिखाई थी।

अतिरथी/अतिरथ

1. एक ऐसा असाधारण योद्धा जो अपने रथ पर बैठकर अकेला अन्य रथियों से युद्ध करने में समर्थ हो।

द्रोणाचार्य, भीष्म, भूरिश्रवा, अर्जुन, अश्वत्थामा और अभिमन्यु की गणना अतिरथियों में होती है।

2. अंगदेश के राजा सत्कर्म के पुत्र का नाम अतिरथ था। पृथा द्वारा पिटारी में रखकर बहाया हुआ शिशु इनको मिला था। इन्होंने ही उसका पालन-पोषण किया। वही शिशु बाद में कर्ण नाम से प्रसिद्ध हुआ।

अतिशा

अतिशा दीपंकर श्रीज्ञान (981-1054 ई.) नामक एक प्रसिद्ध बौद्ध भिक्षु और धर्म-प्रचारक थे। उनका जन्म बंगाल के एक संपन्न परिवार में हुआ था। बौद्ध सिद्धांतों के प्रभाव से वह 31 वर्ष की उम्र में भिक्षु बन कर 12 वर्ष तक अध्ययन और योगाभ्यास करते रहे। तदुपरांत उन्हें विक्रमशिला (बिहार) विश्वविद्यालय का कुलपति बनाया गया। वह अध्ययन-अध्यापन के लिए बर्मा और श्रीलंका भी गए। तिब्बत नरेश के आग्रह पर अतिशा 60 वर्ष की उम्र में वहां गए और वहां उन्होंने 12 वर्ष तक बौद्ध धर्म का प्रचार किया।

तिब्बती और संस्कृत भाषा में अतिशा द्वारा रचित ग्रंथों की संख्या एक सौ से अधिक बताई जाती है।

अत्यरातिजानंतपि

यद्यपि यह राजा नहीं था, फिर भी ऐन्द्र महाभिषेक के कारण सारी पृथ्वी को जीतने में समर्थ हुआ। यज्ञ के उपरांत जब पुरोहित ने इससे दक्षिणा मांगी तो इसने कहा कि उत्तर कुरुओं को जीतने के बाद संपूर्ण पृथ्वी आपको सौंप दूंगा। इस पर पुरोहित क्रुद्ध हो गए। कदाचित वे उत्तर कुरुओं की पराजय नहीं चाहते थे।

ऐतरेय ब्राह्मण के अनुसार उन्होंने इसे पदच्युत करके शिवि राजा के पुत्र के हाथों इसका वध करवा दिया।

अत्रि

अति प्राचीन युग के एक ऋषि। कहा जाता है कि इनका जन्म ब्रह्मा के नेत्रों से हुआ था। इनके पुत्र सोम के लिए भी यही प्रसिद्ध है कि वे भी अत्रि के नेत्रों से प्रकट हुए थे। अत्रि का विवाह दक्ष प्रजापति की कन्या अनुसूया (दे.) से हुआ था। इन्हीं के एक पुत्र दत्तात्रेय थे। पुत्रोत्पत्ति के लिए इन्होंने पत्नी के साथ त्रिमूर्ति की आराधना की थी और इसी से दत्तात्रेय, दुर्वासा (दे.) और सोम पैदा हुए थे।

त्रिपुर राक्षस के विनाश के लिए अत्रि ने शिव की आराधना की थी। वनवास काल में राम, सीता और लक्ष्मण चित्रकूट में इनके आश्रम में इनसे मिले थे। 'अनुसूया' के नाम से प्रसिद्ध यह स्थान आज भी तीर्थ माना जाता है।

यह भी प्रसिद्ध है कि महाभारत काल में जब भीष्म शरशय्या पर पड़े हुए थे, तब अत्रि मुनि उनसे मिलने गए थे। कुछ विद्वानों का मत है कि प्राचीन काल में अत्रि नाम की मुनि-परंपरा भी रही होगी।

अथर्ववेद

चार वेदों में यह अंतिम वेद है जिसे 'वेद' की मान्यता बहुत बाद में मिली। इसमें 730 सूक्त और लगभग 6000 मंत्र हैं। इनमें से 1200 मंत्र ऋग्वेद से लिए गए हैं।

शेष का संबंध जीवन के उचित-अनुचित, ऊंच-नीच, जनविश्वास और प्रवृत्तियों से है। इसमें मारण, उच्चाटन, जादू, झाड़-फूंक, भूत-पिशाच, दानव, रोग-विजय आदि विषयक मंत्रों का भी समावेश है।

अथर्ववेद का रचनाकाल 'महाभारत' के बाद का माना जाता है, क्योंकि इसमें परीक्षित, जनमेजय, श्रीकृष्ण आदि का भी उल्लेख मिलता है। इस वेद में पुराण, इतिहास, गाथा आदि का उल्लेख प्रथम बार हुआ है, अतः इतिहास की दृष्टि से इसका अत्यधिक महत्व है।

अथर्वा

1. स्वायंभुव मन्वंतर के एक ऋषि जो युधिष्ठिर के यज्ञ में ऋत्विज थे। इन्होंने समुद्र से अग्नि को बाहर निकाला था। ऋग्वेद में एक प्राचीन उपाध्याय के रूप में इनका उल्लेख है। इनकी गणना देवता के रूप में की गई है जिनकी सहायता इन्द्र किया करता था। इनका स्थान वैशाली राज्य बताया जाता है। अथर्ववेद का दृष्टा इन्हीं को माना जाता है। इन्हीं के नाम पर उस वेद का नाम 'अथर्ववेद' पड़ा।

2. वेदकाल में अनेक पुरोहित कुल थे। उन्हीं में से एक कुल अथर्वा भी था। इस कुल के एक परिवार का मुखिया 'अथर्वा' कहलाता था और सम्पूर्ण परिवार 'अथर्वाण'। ये लोग यज्ञ में मीठे दूध का प्रयोग करते थे।

अदिति

यह दक्ष प्रजापति की पुत्री थीं और कश्यप ऋषि को ब्याही थीं। अदिति को देवमाता कहा गया है। मित्र-वरुण, आदित्य, रुद्र, इन्द्र आदि इन्हीं की संतान बताए गए हैं।

आधुनिक दृष्टि से देखें तो अंतरिक्ष से इनका बोध होता है जिसमें सभी आदित्य भ्रमण किया करते हैं। वेद में अदिति को सीमाहीन बताया गया है। पुराण तो आकाश, वायु, माता, पिता, सर्व देवता, सर्व मानव, भूत, वर्तमान, भविष्य सब कुछ अदिति को ही बताते हैं।

कश्यप ऋषि की दो पत्नियां थीं—अदिति और दिति। अदिति के गर्भ से देव और दिति के गर्भ से दैत्य उत्पन्न हुए। श्रीकृष्ण की माता देवकी अदिति का अवतार बताई जाती हैं।

अदिति कुंड

दिल्ली अंबाला रेलवे मार्ग पर कुरुक्षेत्र से लगभग 12 कि. मी. दूर अमीन गांव के पूर्व में दो सरोवर हैं। इनमें से एक में जल भरा रहता है। पहले को सूर्य कुंड और दूसरे को अदिति कुंड कहते हैं। मान्यता है कि महर्षि कश्यप और उनकी पत्नी अदिति का आश्रम यहीं पर था।

अदृष्ट/अदृष्टवाद

नैयायिकों के अनुसार अच्छे कर्मों से पुण्य का और बुरे कर्मों से पाप का उदय होता है। पुण्य और पाप को इंद्रियों द्वारा नहीं देखा जा सकता, इसलिए इसे ही 'अदृष्ट' कहते हैं। इसी अदृष्ट के माध्यम से कर्मफल का उदय होता है। इसीलिए भाग्य को भी अदृष्ट कहा जाता है।

जो विचार बिना किसी प्रकार का तर्क-वितर्क किए दृष्ट पर शास्त्र के आधार पर विश्वास करता है, वह अदृष्टवाद कहलाता है।

अद्भुत रामायण

रामभक्ति शाखा का एक प्रमुख ग्रंथ, जिसमें सीता के शक्तिवाले रूप की बड़ी स्तुति की गई है।

इसकी रचना 'अध्यात्म रामायण' (दे.) से पहले की मानी जाती है। 'अध्यात्म रामायण' से पता चलता है कि उसके रचयिता को 'अद्भुत रामायण', 'योग वाशिष्ठ', 'भुशुंडि रामायण' आदि का पता था।

अद्वैत

एक ही तत्त्व को मूल माननेवाली भारतीय दार्शनिक विचारधारा। इसके अनुसार संसार में आत्मा और जगत् के बीच जो अंतर दिखाई देता है, वह वास्तविक नहीं है। हमें यह अंतर माया या अविद्या के कारण दिखाई देता है। संसार में जो भिन्नता है, वह सब मिथ्या है। वस्तुत: एक ही सत्ता है, एक ही सत्य है और वही ब्रह्म है। इतना ही नहीं, आत्मा और ब्रह्म भी दो नहीं हैं। वह भी एक है। यही सिद्धांत अद्वैत कहलाता है। इस सिद्धांत के सबसे प्रमुख प्रतिपादक शंकराचार्य माने जाते हैं जिन्होंने उपनिषद्, गीता और ब्रह्मसूत्र पर भाष्य लिख कर अद्वैत-वाद को दृढ़ आधार प्रदान किया। इससे पहले भी वेद और उपनिषदों में एक ब्रह्म का प्रतिपादन मिलता है। बौद्ध दर्शन की महायान शाखा भी अद्वैतवादी मानी जाती है।

आधुनिक भारतीय विचारकों में स्वामी विवेकानंद और अरविंद (दे.) इस विचारधारा के प्रमुख प्रवर्तक रहे हैं।

अधर्म

इसे ब्रह्मा का पुत्र और मृषा का पति बताया गया है। दंभ और माया इसकी संतान हैं। विष्णु पुराण ने इसे हिंसा का पति और अनृत तथा निकृत का पिता बताया है। गौतम ऋषि कहते हैं, शरीर द्वारा हिंसा और चोरी, वाणी द्वारा मिथ्या भाषण और मन द्वारा परद्रोह अधर्म है। कणाद के मत से जो कर्म लौकिक और पारलौकिक सिद्धि का विरोध करता है, वह अधर्म है। जैमिनि ने वेदविरुद्ध कर्म को और बौद्धों ने निर्वाण प्राप्ति में बाधक कर्म को अधर्म कहा है।

अधिनायकवाद

अधिनायकवाद का अर्थ शासन पर ऐसे व्यक्ति के अधिकार से है जो न तो वंश परंपरा से उस पद का उत्तराधिकारी होता है, और न जनता द्वारा उस पद के लिए चुना जाता है। यदि कभी निर्वाचन हुआ भी हो तो आगे चलकर वह पूरी शक्ति अपने हाथ में ले लेता है। अधिनायक किसी अन्य के प्रति उत्तरदायी नहीं होता।

वह स्वीकृत संविधान के अनुसार कार्य न करके अपना शासन समय-समय पर आदेश देकर चलाता है। यद्यपि अधिनायक प्रणाली का उल्लेख प्राचीन रोम के गणतंत्र में भी मिलता है, परंतु वहां किसी व्यक्ति को संकटकाल के लिए सब अधिकार देकर 'डिक्टेटर' बनाया जाता था और संकट समाप्त होने के साथ-साथ उसके अधिकार भी समाप्त हो जाते थे।

आधुनिक युग में अधिनायकवाद के दो रूप हो गए हैं—एक व्यक्ति का अधिनायकवाद जैसा कि द्वितीय विश्वयुद्ध के समय जर्मनी में हिटलर और इटली में मुसोलिनी का था। या फिर कम्युनिस्ट देशों की भांति एक दल या वर्गविशेष का अधिनायकवाद। अधिनायकवाद में न किसी राजनीतिक विचारधारा के लिए स्थान रहता है, न जनता को स्वायत्त शासन का अवसर मिलता है।

अधिमास

इसे अधिकमास, मलमास, मधुमास या पुरुषोत्तम मास भी कहते हैं। इस मास में कथा आदि धार्मिक क्रियाएं की जाती हैं। यह दो रवि संक्रांतियों के बीच का चंद्रमास है। रवि संक्रांति की शुक्ल प्रतिपदा से लेकर महीने की पूर्णिमा तक यह रहता है।

अधिरथ

अंगवंशीय सतकर्मा के पुत्र अधिरथ धृतराष्ट्र के मित्र और सारथी थे। इन्हें और इनकी पत्नी राधा को एक दिन गंगा में बहती हुई एक मंजूषा मिली। उसमें नव-

जात शिशु को देखकर नि:संतान दंपति की मनोकामना पूरी हो गई। वे उसे घर ले आए और अपने पुत्र की भांति उसका पालन-पोषण किया। वह बालक कुंती का पुत्र कर्ण था जिसे कुमारी अवस्था में पैदा होने के कारण कुंती ने जल में प्रवाहित कर दिया था।

अधिराजेंद्र

चोल वंश का अंतिम राजा जो केवल तीन वर्ष तक राज्य कर सका। वह शैवधर्मावलंबी था। उसके शासनकाल में प्रसिद्ध वैष्णवाचार्य रामानुज श्रीरंगम् में रहा करते थे। किंतु अधिराजेंद्र ने उनसे इतना वैर किया कि रामानुज को श्रीरंगम् छोड़कर चला जाना पड़ा।

अधिसाम कृष्ण

एक राजा, जिसकी राजधानी हस्तिनापुर थी। जब वह बह गई तो राजा ने कौशांबी को अपनी राजधानी बनाया। 'मत्स्य पुराण' में इसे शतानीक (दे.) का पुत्र बताया गया है। वायु पुराण की रचना इसी के शासनकाल में हुई थी।

अधीर

एक शिवभक्त राजा जिससे गलती से एक स्त्री को मृत्युदंड मिल गया और एक शिव मंदिर जल गया। इस अपराध के कारण मृत्यु के उपरांत वह पिशाच बना और उसके मुख से बराबर आग की ज्वालाएं निकला करती थीं। 'पद्म पुराण' के अनुसार बाद में शिव ने उसके कष्ट का निवारण किया और उसे अपने गणों में शामिल कर लिया।

अध्यक्ष

लोकतांत्रिक परंपरा में निर्वाचित प्रतिनिधि सभाओं के अध्यक्ष (स्पीकर) की परंपरा बहुत प्राचीन है। इसका आरंभ 13वीं-14वीं शती में ब्रिटेन में हुआ। उस समय अध्यक्ष राजा के अधीन होता था। 17वीं शताब्दी के बाद इस पद की प्रतिष्ठा बढ़ने लगी। भारत में सन् 1919 के विधान के अंतर्गत सर फ्रेडरिक ह्वाइट को उनके संसदीय प्रक्रिया संबंधी ज्ञान के कारण पहला अध्यक्ष मनोनीत किया गया था। उसके बाद विट्ठल भाई पटेल और परवर्ती सब अध्यक्ष सदस्यों द्वारा निर्वाचित होते रहे।

लोकसभा और राज्यों की विधानसभाओं के अधिष्ठाता को अध्यक्ष और राज्यसभा तथा राज्यों की विधान परिषदों के अधिष्ठाता को सभापति (चेयरमैन) कहते हैं। भारत का उपराष्ट्रपति राज्यसभा का सभापति होता है। वह

राज्यसभा के अधिवेशनों की अध्यक्षता करता है तथा इसकी कार्यवाही चलाता है।

अध्यात्म रामायण

यह 'वाल्मीकि रामायण' से भिन्न रामकथा का संस्कृत ग्रंथ है और काफी प्रसिद्ध है। कुछ लोग इसे शिव की रचना बताते हैं। कुछ का मत है कि इसकी रचना वेदव्यास ने की थी। रामायण की कथा बहुत व्यापक है। यह अठारहों पुराणों में मिलती है। कुछ विद्वानों का मत है कि ब्रह्मांड पुराण में दी हुई रामायण की कथा ही वास्तव में 'अध्यात्म रामायण' है। तुलसीदास रचित 'रामचरितमानस' पर 'अध्यात्म रामायण' का बड़ा प्रभाव माना जाता है।

अध्यात्मवाद

आदिकाल से ही मानव दृश्य जगत् के पीछे निहित शक्ति या सत्ता में विश्वास करता आ रहा है। यद्यपि जो वस्तुएं हम देखते हैं, जो घटनाएं घटित होती हैं, आधुनिक विज्ञान ने उनका कार्य-कारण संबंध बहुत कुछ खोज निकाला है, फिर भी अधिकांश लोग किसी मूलभूत सत्ता के अस्तित्व में आज भी विश्वास करते हैं। यही विश्वास अध्यात्मवाद कहलाता है। मानव के ज्ञात इतिहास से लेकर आज तक दर्शन का यह रूप निरंतर चला आ रहा है।

इस विचारधारा में 'आत्मा' को ही सबका मूल माना जाता है। यद्यपि उपनिषदों और महाभारत में इस शब्द का प्रयोग 'शरीर' के अर्थ में भी मिलता है, किंतु आगे चलकर इसका एकमात्र अर्थ चैतन्य आत्मतत्त्व रह गया। चैतन्य आत्मा सभी ज्ञान का मूलाधार है। पर इस आत्मा का जड़ विषय के साथ संबंध कैसे संभव है, इसका उत्तर देने के लिए अध्यात्मवाद विषय को ज्ञाता से पृथक मानता है। अध्यात्मवाद ने मनुष्य की संपूर्ण वृत्तियों को प्रभावित किया है। साहित्य, संगीत, सभ्यता, संस्कृति सब पर इसकी अमिट छाप है।

अध्यादेश

भारत के संविधान में कानून बनाने का अधिकार निर्वाचित संसद अथवा विधानमंडलों में निहित है। किंतु इन संस्थाओं के अधिवेशन बीच-बीच में स्थगित रहते हैं। ऐसे अवसरों पर विधि-निर्माण के तात्कालिक आदेश जारी करने का अधिकार राष्ट्रपति अथवा राज्यपालों में निहित है। इन अधिकारों के अंतर्गत निर्गत कानून 'अध्यादेश' कहलाते हैं। निर्वाचित संस्थाओं के अधिवेशन आरंभ होते ही अध्यादेशों की प्रतियां संसद अथवा विधानमंडल में रखी जाती हैं और अधिवेशन आरंभ होने के छह सप्ताह के अंदर यदि विधानमंडल ने अध्यादेश का अनुमोदन न किया तो वह स्वतः समाप्त हो जाता है।

अध्यास

अद्वैत वेदांत के इस शब्द का आशय है—एक वस्तु में दूसरी वस्तु का ज्ञान होना। जैसे, रस्सी को देखकर सर्प का ज्ञान। रस्सी के सत्य होते हुए भी उसमें सर्प का ज्ञान मिथ्या है। शंकराचार्य के अनुसार एक वस्तु को देखकर उसी के अनुरूप पहले देखी वस्तु का स्मरण होता है। यह स्मृति रूप ज्ञान ही अध्यास कहलाता है। आचार्य बृहस्पति के मतानुसार अध्यास से यद्यपि वस्तु सत्य जैसी लगती है, फिर भी उसमें वास्तविक सत्य नहीं होता। विवेक होते ही अध्यास का नाश हो जाता है।

अध्वर्यु

प्राचीन काल में किसी यज्ञ को कराने के लिए तीन पुरोहित होते थे। जो पुरोहित यज्ञ का प्रधान होता था वह 'होता' कहलाता था। देवताओं की स्तुति के मंत्र गाने वाला 'उद्गाता' कहलाता था। तीसरा पुरोहित जो 'होता' के आदेश पर अपने हाथ से यज्ञ का काम करता था, उसे 'अध्वर्यु' कहते थे।

अनंग

यह कामदेव (दे.) का पर्याय है। इसके अन्य पर्याय हैं—मन्मथ, मदन, कंदर्प, स्मर आदि। यह प्रेम का देवता है। अथर्ववेद में भी इसे शारीरिक प्रेम का देवता बताया गया है। इसी अर्थ में इसका वर्णन पुराणों आदि में मिलता है। यह धर्म और लक्ष्मी की संतान है। इसकी पत्नी रति शारीरिक भोग का प्रतीक है। वसंत का पहला महीना मधु इसका मित्र है। हर्ष और यश इसके दो पुत्र हैं। यह पुष्पों से बना धनुष-वाण धारण करता है। पहले कामदेव सशरीर अर्थात् अंगवान था। शिव को जीतने के लिए जब वह अपना वाण उन पर छोड़ना चाहता था, शिव ने तीसरा नेत्र खोलकर उसे भस्म कर दिया। वह शरीररहित (अनंग) हो गया। परंतु इससे वह संपूर्ण विश्व में फैल गया और अधिक शक्तिशाली बन गया।

अनंग त्रयोदशी

प्राचीन परंपरा में चैत्र शुक्ल त्रयोदशी को अनंग त्रयोदशी के रूप में मनाने का उल्लेख मिलता है। वर्तमान समय में उत्तर भारत में इसका प्रचलन नहीं के बराबर है। इसे मदन त्रयोदशी भी कहते हैं। अनंग अथवा मदन कामदेव का ही नाम है। इस दिन संपूर्ण दिवस उपवास करके कामदेव की प्रतिमा के पूजन का विधान है। पहले यह बारहों महीने की शुक्ल त्रयोदशी को मनाई जाती थी। चैत्र शुक्ल त्रयोदशी को बंगाल और महाराष्ट्र में अब भी इसे कहीं-कहीं मनाते हैं।

अनंगपाल

ग्यारहवीं शताब्दी का तोमर वंश का एक राजा। इसने दिल्ली नगर को स्थायी राजधानी का रूप दिया और उस स्थान पर एक किले का निर्माण करवाया, जहां इस समय कुतुबमीनार है।

अनंत

नागों के तथा पाताल के अधिपति शेषनाग का एक नाम। इसे सहस्रों फणों वाला माना जाता है। कहा जाता है कि संपूर्ण ब्रह्माण्ड इसी पर स्थित है। प्रलय के अंत में विष्णु इसी के शरीर की शय्या पर शयन करते हैं। अनंत के पिता का नाम कश्यप और मां का नाम अनंतशीर्षा था। अनंतशीर्षा के नाम पर ही अनंत चतुर्दशी का पर्व मनाया जाता है। लक्ष्मण और बलराम को शेषनाग का अवतार कहते हैं। भक्ति-साहित्य में कहीं-कहीं ब्रह्म के लिए भी अनंत विशेषण का प्रयोग पाया जाता है।

अनंत कन्हारे

इनका जन्म 1891 ई. में इन्दौर में हुआ था। केवल कक्षा छः तक शिक्षा प्राप्त करके क्रांतिकारी आंदोलन में सम्मिलित हो गए और 'अभिनव भारत' नामक क्रांतिकारी संस्था के सदस्य बन गए। उन्हीं दिनों नासिक के जिला मैजिस्ट्रेट जैक्सन ने वीर सावरकर को सख्त सजा सुनाई थी। इसका बदला लेने के लिए अनंत कन्हारे ने अपने दो साथियों—विनायक नारायण देशपांडे और कृष्णा जी कर्वे के साथ योजना बनाई और 21 दिसम्बर, 1908 ई को जैक्सन को मार डाला।

बाद में गिरफ्तार हुए और 19 अप्रैल, 1910 ई. को फांसी पर चढ़ा दिए गए।

अनंत चतुर्दशी

भाद्रपद शुक्ल चतुर्दशी को अनंत चतुर्दशी कहते हैं। इस दिन अनंत भगवान की पूजा की जाती है और अलोना व्रत रखा जाता है। चौदह तारों के शुद्ध सूत में चौदह गांठें लगाकर अनंत बनाया जाता है। अनंत की विधिवत पूजा करके उसे भुजाओं में बांधने का नियम है। पुरुष दाहिनी भुजा पर और स्त्रियां बायीं भुजा पर बांधती हैं।

अनंतवर्मा चोडगंग

पूर्वी गंगवंश का एक प्रमुख राजा, जिसका राज्य एक समय उत्तर में गंगा नदी से

लेकर दक्षिण में गोदावरी तक फैला हुआ था। यह हिंदू धर्म और संस्कृति तथा तेलुगु साहित्य का महान संरक्षक था। इसने कलिंग पर 1076 ई. से 1147 ई. अर्थात् 71 वर्ष तक शासन किया।

अनग्नि

गृहस्थ के लिए निर्दिष्ट कर्मों को त्यागकर जो व्यक्ति संन्यास ग्रहण कर लेता है और केवल आत्मचिंतन में लगा रहता है, वह अनग्नि कहलाता है। जो व्यक्ति श्रौत के लिए विहित कर्म नहीं करता, वह भी अनग्नि है।

अनरण्य

पुराणों में वर्णित अयोध्या का एक राजा, जिस पर रावण ने आक्रमण किया था। इसने पूरी शक्ति से आक्रमणकारी का सामना किया, किंतु उसकी विराट सेना के सामने टिक न सका। जब यह युद्ध त्यागकर तप कर रहा था, उस समय रावण ने इसका वध करने के लिए वार किया। मरते-मरते इसने रावण को शाप दिया कि यदि मेरा तप सत्य होगा तो मेरे वंश का दशरथपुत्र राम तेरा समस्त कुल सहित नाश करेगा।

अनल

वसु के गर्भ से उत्पन्न धर्म का एक पुत्र, जो स्वयं एक वसु (दे.) है। इसकी गणना आठ वसुओं में होती है। यह आग्नेय दिशा का स्वामी है। अन्य सात वसु हैं—कालग्नि, क्रव्यानल, वडवानल, सहस्त्रानल, विषानल, गोआनल और हरानल।

अनलहक

सूफी संप्रदाय में यह स्थिति साधना की अंतिम सीढ़ी है। इसमें पहुंचकर साधक को सत्य की प्राप्ति हो जाती है। 'दो' का भाव मिट जाता है। 'तुम' और 'मैं' का अंतर नहीं रहता। ऐसी स्थिति में साधक के मुख से 'अनलहक' अर्थात् 'मैं खुदा हूं' शब्द निकलने लगते हैं। सूफी साधना की चार श्रेणियां हैं—पहले में नमाज़, रोज़ा आदि की गणना होती है। दूसरी में वह पीर की शरण में जाता है। तीसरी में वह ज्ञानी हो जाता है और अंतिम स्थिति 'अनलहक' की है।

अनहिलपट्टन

उत्तरी गुजरात का एक नगर जिसकी नींव 746 ई. में पड़ी थी। यह कुमारपाल की राजधानी थी, जिनके दरबार में प्रसिद्ध विद्वान हेमचंद्राचार्य रहते थे। इसका

एक नाम अनहिलबाड़ा भी है।

अनागारिक धर्मपाल

एक प्रसिद्ध बौद्ध भिक्षु, जिनका जन्म 17 सितम्बर, 1864 ई. को श्रीलंका में हुआ था। इनका बचपन का नाम डान डेविड था। शिक्षा-काल में ही इनको यूरोपीय रहन-सहन तथा विदेशी शासन से घृणा हो गई। बाद मे इन्होंने बौद्ध विद्वान भदंत हिवकडुवे श्री सुमंगल नामक महास्थविर से पालि भाषा सीखी और बौद्ध धर्म में दीक्षित हो गए। अनागारिक 'संन्यासी' धर्मपाल नाम से बौद्ध धर्म का प्रचार और विदेशी वस्तुओं का बहिष्कार करते रहे। प्रथम विश्वयुद्ध के समय तत्कालीन अंग्रेज सरकार ने इनको पांच वर्ष तक कलकत्ता में नजरबंद रखा था। इनके प्रयत्न से महाबोधि सोसायटी की स्थापना हुई। बोध गया और सारनाथ के पुनरुद्धार के लिए इन्होंने अथक परिश्रम किया। 29 अप्रैल, 1933 ई. को अनागारिक का देहांत हुआ। उस समय इनका नाम भिक्षु श्री देवमित धर्मपाल था।

अनात्मवाद

यदि शाब्दिक अर्थ लिया जाए तो अनात्मवाद का अर्थ होगा आत्मा का निषेध करने वाला वाद। पर दर्शन के क्षेत्र में इसका यह अर्थ नहीं है। अनात्मवादी दर्शन के प्रमुख प्रवर्तक गौतम बुद्ध थे। बौद्ध दर्शन में अध्यात्मवाद और भौतिकवाद दोनों के मध्य का मार्ग अपनाया गया है। बुद्ध अध्यात्म का सहारा लेकर प्रचलित आचार-व्यवहार, ऊंच-नीच भाव और हिंसा के विरोधी थे। साथ ही उन्होंने आत्मा के अनस्तित्ववाद या भौतिकवाद का भी खंडन किया। इस प्रकार अनात्मवाद आत्मा को अस्वीकार करने वाले उच्छेदवाद और शाश्वतवाद दोनों से भिन्न दार्शनिक विचारधारा है। जैन दर्शन में भी आत्मवाद और अनात्मवाद का समन्वय पाया जाता है। अनात्मवाद के अन्तर्गत चार्वाक के लोकायत और श्रमण परंपरा के बौद्ध दर्शन का भी समावेश होता है।

अनाहत

यह तंत्र का शब्द है और हृदय में स्थित है। यह बारह पंखुड़ियों वाले कमल के आकार का और प्रातःकाल के सूर्य के समान प्रकाश वाला है। हठयोग में कुंडलिनी को जाग्रत किया जाता है। जब वह ऊपर की ओर होती है उस समय जो विस्फोट होता है वही अनाहत नाद है। हठयोग में यह शंखध्वनि, भ्रमरगुंजन आदि कई प्रकार से सुनाई देता है। यही 'शब्द ब्रह्म' भी कहलाता है। संत इसी को 'सोहं' कहते हैं।

अनिरुद्ध

1. श्रीकृष्ण का पौत्र और प्रद्युम्न का पुत्र जो रुक्म की कन्या के गर्भ से उत्पन्न हुआ था। इसके शरीर में दस हजार हाथियों के समान बल था। यह अपने शत्रु को पर्वत उखाड़कर उससे मारा करता था। इसका अधिकांश समय सुरा पीकर अपनी अनेक पत्नियों के बीच बीता करता था। बाणासुर की पुत्री उषा (दे.) के साथ इसने गंधर्व विवाह किया था।

2. महाभारत में अनिरुद्ध से ब्रह्मा का उद्भव बताया गया है। वहां अनिरुद्ध का चित्रण अहंकार के रूप में है। एक मान्यता यह भी है कि प्रद्युम्न और अनिरुद्ध पहले अलग-अलग देवता के रूप में पूजे जाते होंगे। बाद में इनका संबंध श्रीकृष्ण से स्थापित कर दिया गया।

अनीश्वरवाद

दर्शन की इस विचारधारा के अनुसार जगत की सृष्टि करने वाले और इसका संचालन तथा नियन्त्रण करने वाले किसी ईश्वर की सत्ता को स्वीकार नहीं किया जाता। इसके अनुसार जगत स्वयं संचालित और स्वयं शासित है। इस विचारधारा के मानने वालों का कहना है कि संसार की अनेक घटनाओं का कल्याणकारी उद्देश्य नहीं जान पड़ता। आखिर अतिवृष्टि, अनावृष्टि, अकाल, बाढ़, अग्निकांड, अकाल मृत्यु, जरा, व्याधियां और हिंसक तथा दुष्ट प्राणी क्यों हैं ? यदि पाप और पुण्य के लिए दंड और पुरस्कार की व्यवस्था होती तो पापात्माओं को दंड मिलता और ईसा जैसों को सूली पर न चढ़ाया जाता।

कुछ लोग नास्तिकों को भी अनीश्वरवादी मानते हैं। पर नास्तिक परंपरा का वास्तविक अभिप्राय रहा है—वेद निंदक। इसमें ऐसे धर्मावलंबी भी आ जाते हैं जो ईश्वर में विश्वास करते हैं। वस्तुतः ईश्वर के अस्तित्व में विश्वास और उसके अस्तित्व के प्रति शंका आरंभ से ही की जाती रही है। सांख्य दर्शन का प्राचीन रूप अनीश्वरवादी है। चार्वाक, जैन और बौद्ध दर्शन भी अनीश्वरवादी हैं।

अनु

1. ययाति का ज्येष्ठ पुत्र जिसने अपने पिता का बुढ़ापा स्वीकार नहीं किया। इसलिए इसे मुख्य राज्य का उत्तराधिकार नहीं मिला। मत्स्य पुराण के अनुसार यह उत्तर में म्लेच्छों का राजा बना। इसकी वंश परंपरा भारत में बहुत फैली। अंग, बंग, कलिंग सब इसी के अंतर्गत थे। अयोध्या नरेश दशरथ के मित्र रोमपाद (दे.) जिन्होंने दशरथ की कन्या शांता का पालन-पोषण किया था, इसी वंश के थे। इसी वंश के अधिरथ (दे.) ने कुंती पुत्र कर्ण का पालन-पोषण किया था। अयोध्या, हस्तिनापुर आदि के शासकों से इस वंश का निकट का संबंध था।

2. ऋग्वेद में वर्णित एक कारीगर जो इन्द्र का उपासक था। इन्द्र का रथ इसी ने बनाया था।

अनुगीता

भगवद्गीता तो महाभारत में है ही, एक अनुगीता भी उसमें है। इसमें गीता का अनुसरण किया गया है। शेष, विष्णु, ब्रह्मा आदि के पौराणिक स्वरूप इसमें वर्णित हैं। वराह, नृसिंह, वामन, मत्स्य, राम और कृष्ण इन छः अवतारों का उल्लेख है।

अनुदारवाद

एक राजनैतिक विचारधारा जिसमें विद्यमान सामाजिक और राजनैतिक व्यवस्था को बनाये रखने का समर्थन किया जाता है। इस विचारधारा के अनुयायी किसी व्यवस्था में आकस्मिक या क्रांतिकारी परिवर्तन का विरोध करते हैं। उनके अनुसार सदियों से संचित अनुभव का लाभ उठाना चाहिए और यदि कभी सुधार आवश्यक भी हो जाएं तो भी उन्हें परंपराओं की सीमा में ही करना चाहिए। यह विचारधारा राज्य के कार्यक्षेत्र को जहां तक संभव हो, सीमित करने का समर्थन करती है।

अनुबंध चतुष्टय

प्राचीन भारतीय परंपरा में ग्रंथ-रचना से पूर्व आरंभ में चार बातों का उल्लेख रहता था। इसे अनुबंध चतुष्टय कहते थे, जिसमें ये बातें थीं—1. ग्रंथ का प्रतिपाद्य विषय, 2. प्रतिपादन का प्रयोजन, 3. विषय का अधिकारी अर्थात् पाठक और 4. विषय का अधिकारी के साथ संबंध। यद्यपि ये बातें सामान्यतः ग्रंथ की पूर्णता के बाद लिखी जाती हैं, किंतु इनका स्थान भूमिका के रूप में आरंभ में रहता है।

अनुराधापुर

श्रीलंका का एक प्राचीन नगर जिसकी स्थापना 500 ई. पूर्व में हुई थी। सम्राट अशोक के पुत्र महेंद्र ने जिस समय लंका में बौद्ध धर्म का प्रचार किया उस समय उसकी राजधानी अनुराधापुर ही थी। यहां बहुत विशाल बौद्ध-स्तूप है। एक विशाल पीपल का वृक्ष भी है जो बोधगया के बोधिवृक्ष की शाखा से उपजाया बताया जाता है।

अनुलोम-प्रतिलोम विवाह

प्राचीन काल में भारतीय समाज बड़ा उदार था। विवाह आदि के संबंध में भी

इतनी जटिलता न थी। सभी वर्णों में परस्पर विवाह हो जाते थे। जिस विवाह में वर उच्च वर्ण का और कन्या निम्न वर्ण की हो वह विवाह अनुलोम विवाह कहलाता था। इसके विपरीत जिस विवाह में पुरुष निम्न वर्ण का और कन्या उच्च वर्ण की हो वह विवाह प्रतिलोम कहलाता था। यह विवाह शास्त्रों में मान्य था पर संतान माता के वर्ण की मानी जाती थी। परंतु बौद्ध साहित्य में माता के बदले पिता के कुल की मान्यता का उल्लेख भी पाया जाता है। अनुलोम या प्रतिलोम विवाह का उल्लेख वैदिक साहित्य में नहीं पाया जाता। बाद के ग्रंथों में इन शब्दों का प्रयोग देखकर विद्वान मानते हैं कि इस प्रथा का प्रचलन उत्तर वैदिक काल में आरंभ हुआ होगा। किंतु आगे चलकर इस प्रकार के विवाह समाज सम्मत नहीं रह गए। ऐसे संबंधों से उत्पन्न संतान नीच दृष्टि से देखी जाती थी और वर्णसंकर कहलाती थी।

अनुशाल्व

शाल्व (दे.) राजा का भाई जो श्रीकृष्ण के हाथों शाल्व के मारे जाने के कारण श्रीकृष्ण से बदला लेने का अवसर देख रहा था। पांडवों के अश्वमेध यज्ञ के समय जब श्रीकृष्ण सपरिवार हस्तिनापुर आए हुए थे, इसने गुप्त रूप से सेना एकत्र की और अश्वमेध का घोड़ा भगा दिया। इसे आशा थी कि श्रीकृष्ण घोड़े के पीछे दौड़ेंगे तब यह अपनी मनोकामना पूरी कर सकेगा। परंतु भीम, प्रद्युम्न और वृषकेतु ने इसका पीछा किया और इसे पकड़ लिया। मृत्यु-भय के कारण यह श्रीकृष्ण से मित्रता करने और अश्वमेध यज्ञ में सहायता पहुंचाने के लिए बाध्य हुआ।

अनुसूचित जातियां

भारत के संविधान में सामाजिक, आर्थिक और शिक्षा की दृष्टि से पिछड़ी हुई अनुसूचित जातियों और अनुसूचित जनजातियों के लिए विशेष सुविधाओं की व्यवस्था की गई है। संविधान की अनुसूची में ऐसी जातियों का उल्लेख है। यदि अनुसूची के अतिरिक्त किसी जाति को विशेष संरक्षण देने की आवश्यकता समझी जाती है तो राज्यपाल के परामर्श पर राष्ट्रपति अधिसूचना निर्गत करके उसका समावेश अनुसूची में कर सकते हैं। इन जातियों के लिए राज्य की सेवाओं और विभिन्न निर्वाचित संस्थाओं में विशेष आरक्षण की व्यवस्था है। इनके हितों की रक्षा के लिए एक आयुक्त भी नियुक्त किया जाता है।

अनुसूया

(1) अत्रि मुनि की पत्नी जो दक्ष प्रजापति की चौबीस कन्याओं में से एक थीं। इन्होंने ब्रह्मा, विष्णु और महेश को तपस्या करके प्रसन्न किया और ये त्रिदेव क्रमशः

सोम, दत्तात्रेय और दुर्वासा के नाम से उनके पुत्र बने। अनुसूया पतिव्रत धर्म के लिए प्रसिद्ध हैं। वनवास काल में जब राम, सीता और लक्ष्मण चित्रकूट में महर्षि अत्रि के आश्रम में पहुंचे तो अनुसूया ने सीता को पतिव्रत धर्म की शिक्षा दी थी। (2) कालिदास के नाटक 'अभिज्ञान शाकुन्तलम्' में शकुन्तला की एक सखी का नाम भी अनुसूया है।

अन्तेवासी

गुरु के पास रहकर अध्ययन करने वाला छात्र अन्तेवासी कहलाता था। वह ब्रह्मचारी होता था और गुरु के घर में रहकर वेदादि का अध्ययन करता था। उसकी देखभाल का पूरा उत्तरदायित्व गुरु के ऊपर था। उपनिषद के अनुसार अन्तेवासी को गुरु की सेवा, गुरु की आज्ञा का पालन, समिधा जुटाना, गायों को चराना आदि काम करने पड़ते थे।

अन्तर्दशा

ज्योतिषशास्त्र के अनुसार मनुष्य की एक सौ बीस वर्ष की पूरी आयु को नौ ग्रहों का भोग-काल माना गया है। इसे महादशा कहते हैं। हर एक ग्रह के भोग-काल के अंतर्गत नौ ग्रहों का भोग-काल पुनः नियत किया गया है जो अन्तर्दशा कहलाता है।

अन्त्यज

प्राचीन काल में सभ्य लोगों की बस्तियों के बाहर स्थित जंगल और पर्वतीय प्रदेश 'अन्त्य' कहलाते थे। जो लोग इन अन्त्यों में निवास करते उनकी संज्ञा 'अन्त्यज' थी। यद्यपि आचार-विचार की अपवित्रता के कारण वे अस्पृश्य भी माने जाते थे किन्तु समाज के उच्चतम वर्ण तक पहुंचने का मार्ग उनके लिए बंद नहीं था। पहले वे शूद्र वर्ण में प्रवेश पाते। फिर शूद्र से सच्छूद्र, सच्छूद्र से वैश्य, वैश्य से क्षत्रिय और क्षत्रिय से ब्राह्मण होने का प्रावधान था—यद्यपि इसमें कई पीढ़ियां गुजर जातीं। बाद में यह क्रम रुक गया। आधुनिक काल में नव-चेतना के कारण वर्ण-व्यवस्था की ये जटिलताएं समाप्त हो चुकी हैं।

अन्त्येष्टि संस्कार

सोलह संस्कारों में से यह अंतिम संस्कार है और अनिवार्य है। अन्त्येष्टि की क्रियाएं समय के अनुसार बदलती रही हैं। पहले शव को ऐसे ही छोड़ देते या पानी में बहा देते थे। फिर पेड़ की डाल पर लटकाने की प्रथा चली। बाद में जमीन में गाड़ने लगे। वेदों के समय में जब यज्ञ की प्रधानता हुई तो यज्ञ की अग्नि से दाह-

संस्कार होने लगा।

हिन्दुओं में मान्यता है कि मोक्ष के लिए विधिपूर्वक अन्त्येष्टि संस्कार आवश्यक है। इसलिए बहुत से लोग संन्यास आश्रम में प्रवेश करने से पहले या वैसे भी अपना अन्त्येष्टि संस्कार स्वयं कर देते हैं। इसमें पुतला बनाकर उसका दाह होता है और शेष संस्कार सामान्य रूप से किए जाते हैं।

अन्नकूट

अन्नकूट और गोवर्धन की पूजा दीपावली के बाद कार्तिक शुक्ल प्रतिपदा को होती है। उस दिन घरों में तथा देव मंदिरों में भांति-भांति के व्यंजन बनाए जाते हैं और उनका शिखर या ढेर (कूट) बनाकर भगवान को भोग लगाया जाता है। इसके दूसरे दिन यमद्वितीया को चित्रगुप्त आदि चौदह यमों की पूजा होती है। बहुत प्राचीन काल से चली आ रही प्रथा के अनुसार इस दिन भाई बहिनों के घर भोजन करते हैं।

अन्नप्राशन

शिशु को प्रथम बार अन्न चटाने का यह संस्कार बालिका के लिए पांचवें या सातवें महीने में और बालक के लिए छठे या आठवें महीने में होता है। पुराणों के अनुसार अन्नप्राशन के दिन वैदिक मंत्रों के साथ भोज्य पदार्थ पकाए जाने चाहिए। उसके बाद अग्नि को आहुति देकर तब शिशु को अन्न चटाना चाहिए। मार्कंडेय पुराण का कहना है कि प्रथम बार शिशु को मधु और घी से युक्त खीर खिलानी चाहिए।

अन्नमय-कोष

हमारे शरीर में आत्मा का जो तत्व है वह उपनिषदों के अनुसार पांच आवरणों से घिरा है: ये पंचकोष कहलाते हैं। ये हैं—अन्नमय कोष, प्राणमय कोष, मनोमय कोष, विज्ञानमय कोष और आनंदमय कोष। अन्नमय कोष आत्मा का सबसे बाहरी घेरा है। यह भोज्य पदार्थों (अन्न) के संयोग से बनता है। जो लोग शरीर को ही सब कुछ समझते हैं, वे अन्नमय कोष के धरातल पर ही जीते हैं।

अन्नादुरै

तमिलनाडु के लोकप्रिय नेता अन्नादुरै (1909-1969 ई.) का पूरा नाम कांजीवरम नटराजन अन्नादुरै था। पत्रकारिता से जीवन आरंभ करके ये प्रसिद्ध राजनेता और अपने प्रदेश के पहले गैर कांग्रेसी मुख्यमंत्री बने। 'द्रविड़ मुन्नेत्र कड़गम' दल के संस्थापक यही थे। राजनीतिक कारणों से ये हिन्दी के प्रबल विरोधी हो गए थे। एक समय इन्होंने भारतीय संविधान को जलाने का आंदोलन

भी चलाया था। पर जब इनके दल को चुनाव में विजय मिली तो इन्होंने संविधान के प्रति निष्ठा की शपथ ली और उसका पालन किया। मद्रास प्रदेश का नाम इन्हीं के मुख्यमंत्रित्व काल में 'तमिलनाडु' रखा गया। अन्नादुरै जीवन भर दलितों के उत्थान के लिए प्रयत्न करते रहे। अंतिम दिनों में इनके विचारों की कट्टरता कुछ कम होने लगी थी और अपने दल की सदस्यता के द्वार इन्होंने उत्तर भारतीयों और ब्राह्मणों के लिए भी खोल दिए थे।

अन्यदेशीय

किसी भी देश में दो प्रकार के व्यक्ति रहते हैं—उस देश के नागरिक और ऐसे व्यक्ति जो नागरिक तो नहीं हैं, पर उस देश की सरकार की विशेष अनुमति पर वहां निवास करते हैं। ऐसे व्यक्ति जो नागरिक नहीं हैं, 'अन्यदेशीय' कहलाते हैं। इन्हें मतदान और राजनीतिक गतिविधियों में भाग लेने के अतिरिक्त सभी नागरिक सुविधाएं प्राप्त रहती हैं। पर इनको निवास का 'अधिकार' नहीं होता, संबंधित देश की सरकार के अनुग्रह से ही ये वहां रहते और काम करते हैं। सरकार जब चाहे, इन्हें देश छोड़कर जाने के लिए कह सकती है।

अपभ्रंश

यह छठी से बारहवीं शताब्दी के बीच उत्तर भारत की बोलचाल और साहित्य रचना की प्रमुख भाषा थी। इसे आर्य भाषा (संस्कृत) के मध्यकाल की अंतिम अवस्था और प्राकृत तथा आधुनिक भाषाओं के बीच की कड़ी माना जाता है। यह नाम उस समय तिरस्कार-सूचक समझा जाता था और संस्कृत से भिन्न प्रयोगों को 'अपभ्रंश' कहा गया। इसी कारण कहीं-कहीं इसे 'अपभ्रष्ट' की भी संज्ञा दी गई है।

अपभ्रंश में नब्बे प्रतिशत शब्द प्राकृत भाषा के हैं। पर व्याकरण की दृष्टि से विद्वान इसे आधुनिक भाषाओं के निकट मानते हैं। इस भाषा की प्राप्त अधिकांश रचनाएं जैन काव्य हैं। कुछ रचनाएं बौद्ध सिद्धों की भी मिलती हैं। अब तक लगभग डेढ़ सौ ग्रंथ इस भाषा में लिखे हुए मिल चुके हैं जिससे इसकी अपने समय की समृद्ध परंपरा का परिचय मिलता है।

अपराध

मोटे तौर पर अपराध का अर्थ किसी देश के कानून के विरुद्ध काम करना लिया जाता है। किन्तु यह अर्थ सीमित है। आरंभ में नैतिक, सामाजिक तथा धार्मिक नियमों का उल्लंघन समान रूप से अपराध माना जाता था। फिर यह कहा गया कि समुदाय के प्रति व्यक्ति के जो कर्तव्य हैं उनकी अवज्ञा करना अपराध है।

पहले अपराध करनेवाले के लिए दंड का ही विधान था। अब उसे बहुत से मामलों में रोगी मानकर चिकित्सा का पात्र समझा जाता है। इसीलिए जेलों को 'सुधार गृह' की संज्ञा दी गई है। 'अपराधी से नहीं, अपराध से घृणा करो' यह बहुप्रचलित उक्ति है। फिर भी सामान्यतः अपराध का निर्णय कानून की कसौटी पर ही होता है।

अपर्णा

हिमालय की बड़ी कन्या जिसने शिव को वर रूप में पाने के लिए घोर तप किया। पहले यह केवल पत्ते खाकर रही। बाद में पत्ते (पर्ण) खाना भी छोड़ दिया। तभी से इसका नाम 'अपर्णा' पड़ा। पुत्री की दशा देखकर मां ने इसे रोकने के लिए कहा था 'उ मा' अर्थात् ऐसा मत करो। तभी से एक नाम उमा भी पड़ गया। बाद में प्रसन्न होकर शिवजी ने इसे अपनी अर्धांगिनी बना लिया।

अपाला

ऋग्वेद में वर्णित एक ब्रह्मवादिनी स्त्री जो अत्रि ऋषि की पुत्री थी। कुष्ट रोग से पीड़ित हो जाने पर यह अपने पिता की आज्ञा से इन्द्र को प्रसन्न करने के लिए तप करने लगी। सोम को इन्द्र की प्रिय वस्तु जानकर इसने नदी के किनारे उसे खोज लिया। इन्द्र ने अपाला से सोम प्राप्त किया और उसे आशीर्वाद दिया। इससे उसका कुष्ट रोग दूर हो गया। साथ ही पिता का गंजापन भी मिट गया।

अप्पय दीक्षित

अद्वैत संप्रदाय की परंपरा के चोटी के विद्वान अप्पय दीक्षित का जीवन-काल संवत 1608 से 1680 वि. तक रहा है। अद्वैत मत में शिक्षित होते हुए भी ये परम शिव-भक्त थे। साथ ही इनकी रचनाओं में भक्ति भाव के साथ विष्णु की वंदना भी मिलती है। ये मीमांसा के धुरंधर विद्वान थे। इनके लिखे हुए विभिन्न विषयों के 30 उच्चस्तरीय ग्रंथ पाए जाते हैं।

अप्पर

अप्पर तमिल के प्रसिद्ध शैव भक्त थे। इनका बचपन का नाम 'मरुलनीकिअर' था। इनका कार्यकाल छठी-सातवीं शताब्दी माना जाता है। अप्पर तमिल, संस्कृत और प्राकृत के प्रकांड विद्वान थे। बीच में कुछ समय के लिए ये जैन धर्म के प्रभाव में आ गये थे और पाटलिपुत्र जाकर वहां आचार्य के पद पर प्रतिष्ठित रहे। बाद में इन्होंने शैव मत का प्रचार किया। ये वैष्णव अलवारों (दे.) के समकक्ष समझे जाते हैं। अलवारों की भांति ये भी शिव भक्ति में डूबे हुए गायक

कवि थे। इनका काम था एक मंदिर से दूसरे में घूमना, अपनी रची हुई स्तुतियों का गान करना और भाव-विभोर होकर शिव-पार्वती की मूर्तियों के चारों ओर नाचना। इनके पीछे भीड़ चला करती थी। ये भाषण देने की कला के भी मर्मज्ञ थे। इनकी अनेक रचनाएं उपलब्ध हैं। उनमें भक्ति का दास्य भाव प्रकट होता है। ये अप्पर स्वामिलिंगम के नाम से भी प्रसिद्ध हैं।

अप्सरा

प्राचीन भारतीय वाङ्मय में अप्सराओं का उल्लेख अनेक बार आया है। गंधर्वों की एक जाति थी जिसे अर्ध-देवयोनि कहा जाता था। ये स्वर्ग के गायक थे। इनकी पत्नियां अप्सरा कहलाती थीं। ये अलौकिक सौंदर्य की स्वामिनी थीं और स्वर्ग में नृत्य किया करती थीं। प्रधान अप्सराएं थीं—रम्भा, उर्वशी, मेनका, तिलोत्तमा और घृताची। जब किसी ऋषि की तपस्या देखकर इन्द्र को अपना सिंहासन छिन जाने का भय होता था तो वह अप्सराओं को भेजकर ऋषियों को तपभ्रष्ट कर दिया करता था।

अबुलकलाम आज़ाद

मक्का में सन् 1888 ई. में जन्मे मौलाना आजाद का पूरा नाम 'अबुलकलाम अहमद मुहीयुद्दीन' था। ये बड़े प्रतिभाशाली थे। 12 वर्ष की उम्र में ही इन्होंने अरबी-फारसी का असाधारण ज्ञान प्राप्त करके कलकत्ता से एक पत्रिका निकाल डाली। आप उग्र राजनीतिक विचारों के व्यक्ति थे। अंग्रेजों ने 1916 ई. से 1919 ई. तक रांची में नजरबंद रखा। 1921 ई. में फिर गिरफ्तार हुए। 1923 ई. और 1939 ई. में भारतीय राष्ट्रीय कांग्रेस के अध्यक्ष निर्वाचित हुए। 1948 ई. के 'भारत छोड़ो आंदोलन' में पुनः गिरफ्तार किए गए। देश के स्वतंत्र होने पर भारत के प्रथम शिक्षामंत्री बने। 22 फरवरी 1958 को आपका देहांत हुआ।

राजनीति के साथ-साथ साहित्य और पांडित्य के क्षेत्र में भी आपका बड़ा नाम था। आप उर्दू के प्रसिद्ध गद्यकार माने जाते हैं।

अबुल फ़ज़ल (1551—1602 ई.)

यह अकबर के शासन काल में उसका वजीर और सलाहकार था। अबुल फ़जल की सबसे अधिक ख्याति उसकी लिखी 'आइने अकबरी' और 'अकबरनामा' नामक पुस्तकों के कारण है। ये पुस्तकें अकबर के साम्राज्य और उस समय के इतिहास की प्रसिद्ध और प्रामाणिक पुस्तकें मानी जाती हैं। शाहजादा सलीम के उकसाने पर 1602 ई. में इसकी हत्या कर दी गई।

अबुल फ़ैज (1547—1595 ई.)

यह अबुल फ़जल का भाई और अकबर का दरबारी तथा विश्वासपात्र था। इसकी अरबी साहित्य, काव्य और औषधियों के ज्ञान के लिए ख्याति थी। इसकी लिखी हुई विभिन्न विषयों की 101 रचनाएं बताई जाती हैं। अरबी-फारसी के साथ-साथ यह संस्कृत का भी ज्ञाता था। फ़ैज की गणना अमीर खुसरो (दे.) के बाद दूसरे नंबर के भारत-ईरानी कवि के रूप में होती है।

अब्द

यह शब्द वर्ष, संवत् और सन् के अर्थ में प्रयुक्त होता है। अब्द, संवत् या सन् की परंपरा बहुत प्राचीन है। सबसे प्राचीन संवत् सप्तर्षि संवत् कहलाता है। दूसरा कलियुग संवत् है जिसका आरंभ ई. पू. 3102 से माना जाता है। ईस्वी सन् को मिलाकर अब्दों की ज्ञात संख्या 35 है। भारत में प्रचलित मुख्य संवत् ये हैं :

विक्रमी संवत्—इसका आरंभ ई. पू. 57 से हुआ।

शक संवत्—इसमें 135 जोड़ने से विक्रमी संवत् और 79 जोड़ने से ईस्वी सन् बनता है।

सौर वर्ष—इसका मान 365 दिन, 15 घड़ी, 31 पल और 30 विपल माना जाता है।

हिजरी सन्—इसका आरंभ 15 जुलाई, 622 ई. से हुआ।

बंगला सन्—इसमें 594 जोड़ने से ईस्वी सन् और 651 जोड़ने से विक्रमी संवत् बनता है।

ईस्वी सन्—यह ईसामसीह के जन्म से आरंभ माना जाता है।

अब्दुल कादिर

मुहम्मद अब्दुल कादिर का जन्म 1917 ई. में केरल में हुआ था। उन्होंने 1938 ई. में त्रावनकोर राज्य में लोकप्रिय शासन की स्थापना के आंदोलन में भाग लिया। दूसरा विश्व-युद्ध आरंभ होने से पहले ही वे मलाया चले गए थे। बाद में 'आजाद हिंद फौज' (दे.) में भर्ती हो गए। अब्दुल कादिर को गुप्तचरी के काम के लिए पनडुब्बी में भारत भेजा गया। उन्होंने कालीकट के तट पर भारत में प्रवेश किया, लेकिन ब्रिटिश अधिकारियों द्वारा गिरफ्तार कर लिए गए। बाद में इस देशभक्त को मद्रास में फांसी पर लटका दिया गया।

अब्दुल गफ्फार खां (1890—1988 ई.)

अखंड भारत के पश्चिमोत्तर सीमाप्रांत के राष्ट्रवादी नेता जो 'बादशाह खान' और 'सीमांत गांधी' के नाम से भी प्रसिद्ध थे। इन्होंने अंग्रेजों के विरुद्ध स्वतंत्रता संग्राम

में महत्वपूर्ण हिस्सा लिया। बंदूक से बात करनेवाले पठानों को 'खुदाई खिदमतगार' नामक संगठन बनाकर गांधीजी के अहिंसक आंदोलन का स्वयंसेवक बना दिया। 1947 में भारत के विभाजन के समय इनका प्रदेश पाकिस्तान में सम्मिलित हो गया। बादशाह खान देश के विभाजन के कट्टर विरोधी थे। पाकिस्तान बनने पर इन्हें अपने शेष जीवन के 40 वर्षों का अधिकांश समय पाकिस्तान की जेलों में बिताना पड़ा। इनकी इच्छा के अनुसार मृत्यु के बाद इनका शव पाकिस्तान में न दफनाकर अफगान प्रदेश में दफनाया गया। भारत सरकार ने उन्हें 'भारत रत्न' से सम्मानित किया।

अब्दुल रहीम खानखाना

देखें, रहीम।

अब्राहम

यहूदी जाति के पितामह अब्राहम का समय लगभग 1800 ई. पू. माना जाता है। बाइबिल में इनकी महत्ता का वर्णन है। ये यहूदी जाति के प्रवर्तक थे और ईसा इनके सबसे महान वंशज थे। अब्राहम को ईश्वर का दास और मित्र भी कहा गया है। ये ईश्वर में आस्था रखनेवालों के आध्यात्मिक पिता माने जाते हैं।

अभंग

महाराष्ट्र में विष्णु को बिट्ठल या विठोबा कहते हैं। पंढरपुर में इनका प्रसिद्ध मंदिर है। वहां जानेवाले यात्री लोकभाषा में रचे हुए एक विशेष प्रकार के पद गाते हैं। यही पद 'अभंग' कहलाते हैं। संत तुकाराम, मुक्ताबाई और नामदेव द्वारा रचित अभंग अधिक प्रसिद्ध हैं।

अभिचार

अथर्ववेद में दिए हुए ऐसे मंत्र जिनका प्रयोग शत्रु को मारने के लिए किया जाता था। अभिचार के छह प्रकार बताए गए हैं—मारण, मोहन, स्तम्भन, विद्वेषण, उच्चाटन और वशीकरण।

अभिजात तंत्र

शासन तंत्र का एक प्राचीन स्वरूप जिसमें संपूर्ण सत्ता कुलीन अर्थात ऊंचे कुल वालों के हाथ में रहती थी। उस काल की यह मान्यता थी कि जो कुलीन है, वही धन का संचय कर सकता है। अतः अभिजात तंत्र का आशय था, धनिकों का शासन। यद्यपि सत्ता प्राप्ति के साधन के रूप में आज भी अधिकांश देशों में धन-

संपत्ति का महत्वपूर्ण हाथ रहता है, पर यह अभिजात तंत्र नहीं है। क्योंकि अब अंततः वही सत्ता में पहुंचता है, जिसे जनता निर्वाचित करती है।

अभिज्ञान शाकुन्तल

यह महाकवि कालिदास रचित संस्कृत भाषा का विश्व प्रसिद्ध नाटक है। इसमें उन्होंने राजा दुष्यंत और शकुंतला के मिलन, प्रेम, वियोग और पुर्नमिलन का मार्मिक वर्णन किया है।

चंद्रवंशी राजा दुष्यंत और कण्व ऋषि के आश्रम में पली शकुंतला की मूल कथा 'महाभारत' में वर्णित है। इसे आधार बनाकर कालिदास ने ऐसे नाटक की रचना की जो अभिनेयता, काव्य-कौशल, रोचकता आदि विशेषताओं के कारण संस्कृत का सर्वोत्तम नाटक माना जाता है।

अभिधर्म

बौद्ध धर्म के तीन पिटकों में से तोसरा पिटक। अट्ठकथा की परंपरा के अनुसार बुद्ध के निर्वाण के बाद धम्मपद, सुत्तनिपात आदि छोटे-छोटे ग्रंथों का एक अलग संग्रह बना दिया गया था। इसे 'अभिधर्म' (अतिरिक्त धर्म) नाम दिया गया। जब 'धम्मसंगणि' आदि विशिष्ट ग्रंथों का भी इसमें समावेश हो गया तो उसका अपना अलग पिटक--'अभिधर्म पिटक' बना दिया गया। प्रथम दो पिटक हैं—सूत्र-पिटक और विनय-पिटक।

अभिनव गुप्त

दर्शन और काव्यशास्त्र के आचार्य अभिनव गुप्त के पूर्वज कश्मीर से आकर गंगा-यमुना के दोआब में आकर बस गए थे। इनकी साहित्य रचना का समय 980 ई. से 1020 ई. तक माना जाता है। इनके रचित 11 ग्रंथ प्रकाशित हैं और अप्रकाशित ग्रंथों की संख्या 28 है। इन्होंने दार्शनिक, साहित्यिक और तांत्रिक विषयों पर महत्वपूर्ण रचनाएं की हैं।

अभिभाषण

भारत के संविधान में यह व्यवस्था है कि संसद या विधानमंडल के प्रथम अधिवेशन को केन्द्र में राष्ट्रपति और राज्यों में राज्यपाल संबोधित करेंगे। यह संबोधन 'अभिभाषण' कहलाता है। अभिभाषण में राष्ट्रपति या राज्यपाल अपना व्यक्तिगत मत प्रकट नहीं करते। इसके द्वारा मंत्रिमंडल अपनी नीतियों पर प्रकाश डालता तथा कार्यक्रम प्रस्तुत करता है। मंत्रिमंडल द्वारा पूर्व स्वीकृत भाषण ही राष्ट्रपति अथवा राज्यपाल पढ़ते हैं।

अभिमन्यु

अर्जुन और सुभद्रा (श्रीकृष्ण की बहिन) का पुत्र। इसका विवाह राजा विराट की पुत्री उत्तरा से हुआ था। अभिमन्यु ने महाभारत युद्ध में बड़ी वीरता का परिचय दिया। युद्ध में पांडव-पक्ष बराबर भारी पड़ रहा था। कौरव इससे बड़े चिंतित थे। युद्ध के तेरहवें दिन जब अर्जुन लड़ते-लड़ते दूर चले गए तो कौरवों के सेनापति द्रोणाचार्य ने 'चक्रव्यूह' की रचना करके पांडवों को उसे तोड़ने या पराजय स्वीकार करने के लिए ललकारा। पांडवों में अर्जुन के अतिरिक्त चक्रव्यूह तोड़ना और कोई नहीं जानता था।

वे बड़े चिंतित हुए। अभिमन्यु उस समय सोलह वर्ष का था। जब वह गर्भ में था, अर्जुन ने सुभद्रा को चक्रव्यूह भेदन की कला सुनाई थी। अभिमन्यु ने भी उसे सीख लिया था। पर सुभद्रा के सो जाने के कारण वह व्यूह से बाहर निकलना नहीं सीख पाया। उसने संकट की इस स्थिति में युधिष्ठिर आदि की आज्ञा लेकर बड़ी वीरता के साथ चक्रव्यूह का भेदन किया। परंतु अंदर ही कौरव पक्ष के कई महारथियों ने घेरकर उसे मार डाला। इसका बदला अर्जुन ने जयद्रथ का वध करके लिया।

अभिमन्यु की मृत्यु के समय उत्तरा गर्भवती थी। बाद में उसे परीक्षित (दे.) नामक पुत्र उत्पन्न हुआ। महाभारत युद्ध के बाद पांडवों के हिमालय चले जाने पर परीक्षित ही गद्दी पर बैठा था।

अभिमन्यु खेड़ा

थानेश्वर के निकट वर्तमान अनिल नाम का स्थान ही प्राचीन काल का अभिमन्यु खेड़ा बताया जाता है। महाभारत के समय कौरवों ने यहीं पर चक्रव्यूह की रचना की थी और अभिमन्यु को मार डाला था। अदिति ने यहां तप किया और सूर्य को जन्म दिया था।

अभिषेक

प्राचीन काल में साम्राज्य की शक्ति प्राप्ति के लिए मंत्रपाठ के साथ पवित्र जल छिड़का जाता था अथवा उससे स्नान किया जाता था। सामान्यतः यह अभिषेक सम्राटों का होता था, किंतु युवराजों के अभिषेक के भी उदाहरण मिलते हैं। राम के युवराज्याभिषेक की तैयारी, जो कैकेयी के कारण संपन्न न हो सका, इसका प्रमाण है।

यजुर्वेद में भी इस प्रथा का उल्लेख है। पुराणों और महाकाव्यों में विस्तार-पूर्वक बताया गया है कि इस धार्मिक अनुष्ठान में किस-किस सामग्री का प्रयोग किया जाता था।

अभिसार

हिमालय की उपत्यका में आधुनिक कश्मीर के दक्षिण में स्थित एक गणराज्य। यहां का राजा सिकंदर के आक्रमण के समय केकय नरेश पोरस की सहायता करना चाहता था किंतु उसके पहुंचने से पहले ही पोरस पराजित हो चुका था।

अभिव्यक्ति की स्वतंत्रता

लोकतंत्र में अभिव्यक्ति की स्वतंत्रता का बड़ा महत्व है। इसका आशय है कि प्रत्येक व्यक्ति को वाणी से, लेखनी से, पुस्तक-पुस्तिकाओं से, चित्रों से, समाचार पत्रों से या किसी अन्य प्रकार से अपने विचार प्रकट करने का अधिकार है। किंतु इस अधिकार के साथ कुछ प्रतिबंध भी हैं। इस स्वतंत्रता का उपयोग किसी को अपमानित करने, राष्ट्र की सुरक्षा या सार्वजनिक शांति को भंग करने, अपराधपूर्ण कार्यों का समर्थन करने आदि के लिए नहीं किया जा सकता। भारत के संविधान में अभिव्यक्ति की स्वतंत्रता की पूरी गारंटी है और इसे एक मूल अधिकार माना जाता है।

अभ्यग्नि ऐतिशायन

ऐतश (दे.) का पुत्र। एक बार जब ऐतश मंत्र-पाठ कर रहा था तब उन मंत्रों को असंबद्ध और अश्लील समझकर इसने पिता के मुख पर हाथ रखकर मंत्र-पाठ बंद करा दिया। इस पर क्रोधित होकर ऐतश ने इसे शाप दिया कि सब लोग तुम्हें और तुम्हारी संतति को पापी समझेंगे। ब्राह्मण ग्रंथों में ऐतिशायन को और्व कुल का बताया गया है तथा इसका भृगु कुल से निकट का संबंध प्रतीत होता है।

अमरकंटक

मध्य प्रदेश में नर्मदा (रेवा) नदी का उद्गम स्थल होने के कारण पवित्र तीर्थ माना जाता है। पुराण के अनुसार सरस्वती का जल पांच दिनों में, यमुना का सात दिनों में और गंगा का जल तत्काल पवित्र करता है परंतु नर्मदा के जल के दर्शन मात्र से मनुष्य पवित्र हो जाता है। कहते हैं कि इस स्थान पर भगवान शंकर तथा व्यास, भृगु, कपिल आदि मुनियों ने तपस्या की थी। अमरकंटक की चोटी पर बहुत से पुराने मंदिर हैं। मंदिरों से घिरा हुआ एक कुंड है जिससे नर्मदा नदी का आरंभ होता है। बहुत से यात्री अमरकंटक से आरंभ करके नर्मदा के मुहाने तक की परिक्रमा करते हैं। नर्मदा के उद्गम स्थल को कोटि तीर्थ भी कहते हैं। यहां पर नर्मदेश्वर और अमरकंटकेश्वर के प्रसिद्ध मंदिर हैं। यहीं से कुछ दूर शोणभद्र नदी का उद्गम है।

अमरकोश

अमरकोश संस्कृत भाषा का सबसे प्रसिद्ध कोश है जिसमें लगभग दस हजार नाम हैं। यह श्लोकबद्ध रचना है। प्राचीन काल में किसी भी ज्ञान को कंठस्थ करने की परंपरा थी और छंदबद्ध रचना को कंठस्थ करना सरल होता है।

अमरदास गुरु

सिक्खों के तीसरे गुरु अमरदास का जन्म अमृतसर के निकट 1480 ई. में हुआ था। ये जाति के खत्री थे और वैष्णव धर्म के पक्के अनुयायी थे। नित्य सालिग्राम की पूजा करते थे। एक दिन इनके कानों में गुरु अंगद की पुत्री के गाये हुए नानक देव के भजन पड़े। उसके बाद ही अमरदास गुरु अंगद के पास पहुंचे और उनके शिष्य बन गए। ये बड़े गुरुभक्त थे। गुरु अंगद ने इन्हें ही अपनी गद्दी का उत्तराधिकारी बनाया। अकबर भी एक बार इनके दर्शनों के लिए गया था। इन्होंने सिक्ख धर्म के प्रचार के लिए बाईस केंद्र खोले। अपनी गद्दी इन्होंने अपने योग्य शिष्य और दामाद जेठा को सौंप दी थी जो गुरु रामदास के नाम से प्रसिद्ध हुए। उसके बाद के सभी गुरु जेठा की वंश परंपरा में ही हुए हैं। गुरु रामदास ने 'संतोषसर' नामक तालाब बनवाया था जो गुरु अमरदास के नाम पर अब अमृतसर कहलाता है। गुरु अमरदास के कुछ पद गुरु ग्रंथ साहब में संग्रहीत हैं।

अमरनाथ

कश्मीर का एक प्रसिद्ध शैव तीर्थ। पहलगांव से 27 मील दूर बर्फ से ढके हुए स्थान में एक बड़ी प्राकृतिक गुफा है। उसी गुफा के अंदर एक हिमनिर्मित प्राकृतिक शिवलिंग है। यात्री इसके दर्शनों के लिए जाते हैं। यहां कोई मंदिर नहीं है। रक्षा-बंधन के दिन अमरनाथ के दर्शन करने की एक परिपाटी चल गई है। इस अवसर पर राज्य सरकार की ओर से भी यात्रियों की सुविधा के लिए प्रबंध किए जाते हैं। यों, यहां की यात्रा जुलाई, अगस्त मास भर चलती रहती है। इस शिवलिग के संबंध में यह धारणा गलत है कि लिंग अमावस्या को नहीं रहता तथा शुक्ल पक्ष की प्रतिपदा से बनना आरंभ होकर पूर्णिमा को पूरा होता है। लोगों ने अलग-अलग तिथियों में जाकर देखा है। हिम का लिंग जाड़ों में अपने आप बनता तथा ऋतु बदलने पर धीरे-धीरे छोटा होता जाता है, लेकिन पूरी तरह कभी समाप्त नहीं होता। इस यात्रा में तीर्थयात्री प्राकृतिक सौंदर्य का भी पूरा आनंद उठाते हैं।

अमर सिंह

महाराणा प्रताप का पुत्र और उत्तराधिकारी। अपने पिता की भांति उसने भी स्वतंत्रता के लिए अकबर से युद्ध किया। पर 1599 ई. में पराजित हो गया।

लेकिन उसने संघर्ष जारी रखा और 1614 ई. तक मुगल सेनाओं से लोहा लेता रहा। इस बीच अकबर की मृत्यु हो चुकी थी और जहांगीर शासक बन गया था। जहांगीर ने मेवाड़ के राणा के मुगल दरबार में उपस्थित होने और किसी राजकुमारी को मुगल हरम में भेजने की अपमानजनक शर्त नहीं रखी थी। अतः अपनी असफलता को देखते हुए अमर सिंह ने उसके साथ संधि कर ली। यह संधि औरंगजेब के सत्ता में आने के समय तक चलती रही।

अमरावती

1. पुराणों के अनुसार सुमेरु पर्वत पर स्थित देवताओं की नगरी जहां जरा, मृत्यु, शोक, ताप आदि किसी को नहीं होता। इसे इन्द्रपुरी, पूषभासा, महेन्द्रनगरी, अमरा तथा सुरपुरी भी कहते हैं।
2. महाराष्ट्र प्रदेश का एक नगर जहां हिंदुओं तथा जैनियों के अनेक मंदिर हैं। इनमें अम्बा देवी का मंदिर सबसे महत्वपूर्ण है।
3. आंध्र प्रदेश के गुंटूर जिले का नगर जो सातवाहन राजाओं के शासनकाल में हिंदू संस्कृति का केंद्र था। अशोक की मृत्यु के बाद लगभग चार शताब्दी तक दक्षिण में सातवाहन वंश (दे.) का शासन रहा। इस बीच अमरावती में वास्तुकला और मूर्तिकला की नवीन शैली का विकास हुआ। यहां की प्राचीन संगमरमर की रेलिंग तथा स्तूप शिल्पकला के उत्तम नमूने हैं। प्राप्त शिलालेख के अनुसार अमरावती का पहला स्तूप 200 ई. पूर्व में बना था।

यहां का अमरेश्वर का मंदिर भी प्रसिद्ध है। इस नगरी का एक प्राचीन नाम धान्यघर बताया जाता है।

अमलानंद

अद्वैत मत के समर्थक अमलानंद तेरहवीं शताब्दी के अंत में हुए थे। इनका जन्म दक्षिण भारत के देवगिरि नामक राज्य में हुआ था। इनके लिखे हुए तीन ग्रंथ मिलते हैं। इनमें 'वेदान्त कल्पतरु' सबसे प्रसिद्ध है। यह अद्वैत मत का प्रामाणिक ग्रंथ है और बाद के आचार्यों ने भी इससे प्रेरणा ली।

अमावसु

1. पुरुरवा का पुत्र अमावसु कान्यकुब्ज कुल का मूल पुरुष माना जाता है।
2. एक रूपवान पितर जिसको देखकर पितरों की मानस-कन्या अच्छोदा (दे.) मोहित हो गई। परंतु अमावसु ने उसका अनुरोध स्वीकार नहीं किया। इस कारण अच्छोदा को योग-भ्रष्ट होकर वसु की कन्या काली या सत्यवती के रूप में जन्म लेना पड़ा।

अमावस्या

कृष्ण पक्ष की अंतिम तिथि जिस दिन चंद्रमा और सूर्य एक साथ रहते हैं। चंद्रमा और सूर्य के परस्पर मिलन को ही अमावस्या कहते हैं। जिस अमावस्या की चन्द्रकला दिखाई दे उसे 'सिनीवाली' और जिसकी चन्द्रकला दिखाई न दे उसे 'कुहू' कहते हैं।

अमिताभ

बौद्ध मत के महायान संप्रदाय में वर्तमान जगत का अभिभावक तथा अधीश्वर अमिताभ बुद्ध को माना जाता है। आदि बुद्ध की ध्यानावस्था में जो पांच बुद्ध उत्पन्न हुए उनमें अमिताभ अन्यतम हैं। अन्य ध्यानी बुद्ध हैं—वैरोचन, अक्षोभ्य, रत्नसंभव और अमोघसिद्धि। वर्तमान जगत के विशिष्ट बुद्ध अमिताभ ही इसके अधिपति और विजेता माने गए हैं। उनका स्वर्गलोक पश्चिम में है जो 'सुखावती' कहलाता है। यह केवल योगभूमि नहीं है। यह एक शिक्षण केंद्र भी है जहां जीव अपने पापों का प्रायश्चित करके अपने को सद्गुण संपन्न बनाता है।

अमित्रजित

एक राजा जिसके राज्य में सर्वत्र शिव मंदिर थे। स्कंद पुराण के अनुसार इसकी शिवभक्ति से प्रसन्न होकर नारद ने इसे बताया कि चम्पकावती नगर की मलयगंधनी नामक गंधर्व कन्या का कंकालकेतु राक्षस हरण करना चाहता है। कन्या का कहना है कि जो उसकी राक्षस से रक्षा करेगा उसी के साथ वह विवाह करेगी। यह सुनकर अमित्रजित ने युद्ध में कंकालकेतु को पराजित किया और गंधर्व कन्या से विवाह कर लिया।

अमीचंद

कलकत्ते का एक व्यापारी जो अमृतसर का रहनेवाला था और लंबे समय से कलकत्ते में रह रहा था। अपने स्वार्थ के लिए इसने अंग्रेजों को बंगाल में सत्ता हथियाने में बड़ी सहायता दी। यद्यपि उसके घर की तेरह स्त्रियों की अंग्रेज आक्रमणकारियों ने हत्या कर दी थी, फिर भी अमीचंद ने उनका साथ दिया। कलकत्ता में जब अंग्रेजों को पराजय का मुख देखना पड़ा तो इसी ने उन्हें शरण दी थी। उनका दूत बनकर मुर्शिदाबाद जाने और महाराजा नंदकुमार को अंग्रेजों की ओर मिलानेवाला भी यही था। मीरजाफर के साथ मिलकर अंग्रेजों ने जो षड्यंत्र रचा उसमें भी इसका बड़ा हाथ था। परंतु अंत में अंग्रेजों ने इसे भी धोखा दिया और इसे एक नकली संधिपत्र जिसमें धन देने का कोई उल्लेख नहीं था, पकड़ा दिया। पलासी के युद्ध के बाद जब अमीचंद को इस धोखाधड़ी का पता

चला तो वह निराशा की अवस्था में पागल होकर मर गया। अपने कारनामों के कारण अमीचंद भारतीय इतिहास में देशद्रोही के रूप में जाना जाता है।

अमीर खुसरो (1254—1325 ई.)

अमीर खुसरो का पूरा नाम अबुल हसन था। पर उन्हें लोग उपनाम अमीर खुसरो से ही जानते हैं। खुसरो का जन्म उत्तर प्रदेश के एटा जिले के पटियाली गांव में हुआ था। इनके पूर्वज मध्य एशिया के तुर्क थे जो चंगेज खां के आक्रमणों के भय से शरणार्थी के रूप में भारत आ गए थे।

खुसरो की ख्याति कवि के रूप में बीस वर्ष की उम्र में ही हो गई थी। वे निजामुद्दीन औलिया के शिष्य थे। खुसरो गुलाम, खिलजी और तुगलक तीन राजवंशों के शासकों के आश्रित रहे। वे मुख्य रूप से फारसी भाषा के कवि थे। पर उस समय प्रचलित खड़ी बोली 'हिंदवी' में भी उन्होंने रचनाएं कीं जिनके कारण खुसरो को जनसामान्य में भी ख्याति प्राप्त हुई और आज भी उनकी रची पहेलियां लोगों में प्रचलित हैं। कहा जाता है अमीर खुसरो ने कुल 99 ग्रंथों की रचना की थी जिनमें से 22 उपलब्ध हैं।

अमृत

अमरत्व प्रदान करनेवाले इस पदार्थ की उत्पत्ति पृथ्वी रूपी गौ से बताई जाती है। कहते हैं, राजा पृथु के भय से जब पृथ्वी गौ बन गई, उस समय देवताओं ने इन्द्र को बछड़ा बनाया और सोने के कलश में अमृत रूपी दूध दुहा। किन्तु दुर्वासा के शाप से वह समुद्र में चला गया। बाद में समुद्र-मंथन के समय धन्वंतरि उसे लेकर बाहर आए थे।

तांत्रिक साधना में महासुख को अमृत माना गया है। तांत्रिक क्रियाओं में यह मदिरा का प्रतीक है। वैष्णव भक्त मुक्ति को अमृत मानते हैं।

अमृतमंथन

एक बार दुर्वासा के शाप से इंद्र सहित सभी देवताओं का वैभव नष्ट हो गया और वे वृद्ध हो गए। उनके और असुरों के बीच संग्राम होते रहते थे। चौथे देवासुर संग्राम में पराजय के बाद विष्णु को साथ लेकर देवों ने असुरों के साथ समुद्रमंथन की योजना बनाई। इसके लिए मंदर पर्वत की मथनी और वासुकी नाग की रस्सी बनाई गई। मंथन में चौदह रत्न निकले। अमृतकलश लेकर धन्वंतरि भी इसी में प्रकट हुए थे। विष्णु ने स्त्री का रूप धारण करके असुरों को भ्रम में डाल दिया और अमृत देवों को पिला दिया।

अमृत निकलने के कारण इसे अमृत मंथन भी कहते हैं।

अमृतयोग

ज्योतिषशास्त्र में आनंद आदि 28 योगों का वर्णन है। अमृतयोग उनमें 21वां योग है। जब ये स्थितियां हों तब अमृतयोग माना जाता है— 1. रविवार उत्तराषाढ़ा नक्षत्र, 2. सोमवार शतभिषा नक्षत्र, 3. मंगलवार अश्विनी नक्षत्र, 4 बुधवार मृगशिरा नक्षत्र, 5. बृहस्पति श्लेषा नक्षत्र, 6. शुक्रवार हस्त नक्षत्र, और 7. शनिवार अनुराधा नक्षत्र। इस योग को अमरत्व फल देनेवाला तथा यात्रा आदि शुभ-कार्यों के लिए श्रेष्ठ कहा गया है।

अमृतसर

पंजाब में अमृतसर सिक्खों का सबसे बड़ा तीर्थ है। चौथे गुरु रामदास ने 1579 ई. में इसकी स्थापना की। उन्होंने अकबर से प्राप्त भूमि पर एक सरोवर खुदवाया और उसका नाम 'अमृतसर' रखा। गुरु अर्जुनदेव ने सरोवर के बीच में मंदिर का निर्माण कराया और उसमें गुरु ग्रंथ साहब को विराजमान किया। इस मंदिर को दरबार साहब, हरिमंदिर साहब, निशान साहब और स्वर्ण मंदिर भी कहते हैं। मंदिर के निकट ही संगमरमर का बना दूसरा भवन अकाल तख्त कहलाता है। सिक्खों के धार्मिक और सामाजिक मामलों का निर्णय यहीं पर होता है।

अमृतसर का जलियांवाला बाग राष्ट्रीय तीर्थ बन गया है। 13 अप्रैल, 1919 ई. को इसी जगह अंग्रेज सरकार की गोलियों से लगभग दो हजार व्यक्तियों को अपने प्राणों से हाथ धोना पड़ा था।

कुछ कथाओं में अमृतसर का संबंध राम के समय से जोड़ा जाता है। राम के अश्वमेध यज्ञ का घोड़ा छुड़ाते समय लव-कुश से युद्ध में भरत, शत्रुघ्न और लक्ष्मण मूर्छित हो गए। राम भी अपने रथ में मूर्छा का बहाना करके पड़े रहे। तब लव-कुश ने इंद्र से अमृत प्राप्त करके सबको सचेत किया। शेष अमृत उसी जगह गाड़ दिया गया। वर्तमान समय में गुरु रामदास ने उसी जगह सरोवर खुदवाया।

अमोघवर्ष

दक्षिण के राष्ट्रकूट राजवंश में इस नाम के तीन राजा हुए हैं। अमोघवर्ष प्रथम ने 814 से 877 ई. तक राज्य किया। वह अपनी राजधानी नासिक से हटाकर मालखेड़ा ले गया। अरब सौदागर सुलेमान ने 857 ई. में उसे संसार का सबसे बड़ा चौथा राजा बताया था।

अमोघवर्ष प्रथम के पौत्र अमोघवर्ष द्वितीय ने 917 से 918 ई. तक केवल एक वर्ष राज्य किया और भाई के द्वारा गद्दी से हटा दिया गया।

अमोघवर्ष तृतीय अमोघवर्ष द्वितीय के पौत्र का पुत्र था। वह 934 से 939 ई. तक गद्दी पर रहा। इसके शासनकाल में राष्ट्रकूटों और चोल राजाओं में शत्रुता आरंभ हो गई थी।

अमोघा

शांतनु ऋषि की पत्नी। एक बार ऋषि की अनुपस्थिति में ब्रह्मदेव उनके आश्रम में गए। ऋषि-पत्नी ने उनकी पूजा की। अमोघा की सुंदरता देखकर ब्रह्मदेव अपनी उत्तेजना न रोक सके। बाद में अमोघा के गर्भ से लोहित नामक तीर्थाधिपति की उत्पत्ति हुई। विष्णु को लगा हुआ क्षत्रिय-वध का पाप इसी तीर्थ में स्नान करने से छूटा था।

अयन

1. पृथ्वी के दो गोलार्द्ध माने गए हैं—उत्तर और दक्षिणी। सूर्य आधे वर्ष तक आकाश के उत्तरी गोलार्द्ध में रहता है, जिसे उत्तरायण कहते हैं और आधे वर्ष तक दक्षिणी गोलार्द्ध में जो दक्षिणायण कहलाता है। दक्षिणी गोलार्द्ध से उत्तरी गोलार्द्ध में जाते समय आकाश में सूर्य का केंद्र जिस बिंदु पर रहता है उसे वसंत-विषुव कहते हैं। यह तारों की भांति स्थिर नहीं है। यह धीरे-धीरे खिसकता रहता है। इसी को विषुव अयन या संक्षेप में अयन कहते हैं। अयन का अर्थ है : चलना। वसंतविषुव से चलकर और एक चक्कर लगाकर जब सूर्य फिर वहीं लौटता है तो यह समय सायनवर्ष कहलाता है। जब सूर्य किसी तारे से चलकर वहीं लौट आता है तो उसे नाक्षत्र वर्ष कहते हैं।

2. अयन के अस्थिर न रहने से दोनों वर्षों में कुछ मिनटों का अंतर रहता है। इसी विसंगति को दूर करने के लिए भारत सरकार ने राष्ट्रीय पंचांग में 365.2422 दिनों का सायनवर्ष स्वीकार किया है।

अयोध्या

भारत की सात पवित्र पुरियों में सर्वप्रथम अयोध्या देश के प्राचीनतम नगरों में से है। अथर्ववेद में लिखा है कि देवताओं के द्वारा बनाई गई अयोध्या स्वर्ग के समान है। कालांतर में सूर्यवंशी राजाओं ने इसे अपनी राजधानी बनाया। दशरथ यहीं के राजा थे। श्रीराम यहीं पैदा हुए। वाल्मीकि के अनुसार इसे मनु ने बसाया था। कहते हैं, वर्तमान अयोध्या का निर्माण चंद्रगुप्त विक्रमादित्य ने कराया था। यह ज्ञात होने पर कि यही प्राचीन साकेत नगर है, उन्होंने मंदिर आदि के निर्माण के आदेश दिए।

अयोध्या घाटों और मंदिरों की प्रसिद्ध नगरी है। सरयू नदी यहां से होकर

बहती है। उसके किनारे 14 प्रमुख घाट हैं। इनमें गुप्तद्वार घाट, कैकेयी घाट, कौशल्या घाट, पापमोचन घाट, लक्ष्मण घाट आदि विशेष उल्लेखनीय हैं। मंदिरों में 'कनक भवन' सबसे सुंदर है। लोकमान्यता के अनुसार कैकेयी ने इसे सीता को 'मुंह दिखाई' में दिया था। ऊंचे टीले पर हनुमानगढ़ी आकर्षण का केंद्र है। इस नगर में रामजन्मभूमि-स्थल की बड़ी महिमा है। इस स्थान पर विक्रमादित्य का बनवाया हुआ एक भव्य मंदिर था किंतु बाबर के शासनकाल में वहां पर मस्जिद बना दी गई। जिसे 6 दिसंबर 1992 को कुछ कट्टरपंथियों ने गिरा दिया। इस विवादास्पद स्थान पर इस समय रामलला की मूर्ति स्थापित है। सरयू के निकट नागेश्वर का मंदिर शिव के बारह ज्योतिर्लिंगों में गिना जाता है। 'तुलसी चौरा' वह स्थान है जहां बैठकर तुलसीदासजी ने रामचरित मानस की रचना आरंभ की थी। प्रह्लाद घाट के पास गुरु नानक भी आकर ठहरे थे।

अयोध्या जैन धर्मावलंबियों का भी तीर्थ-स्थान है। वर्तमान युग के चौबीस तीर्थंकरों में से पांच का जन्म अयोध्या में हुआ था। इनमें प्रथम तीर्थंकर ऋषभदेव भी सम्मिलित हैं।

अयोनिज

जिनका जन्म स्त्री-पुरुष के संयोग से या मां की कोख से न हुआ हो। पुरुषों में विष्णु, ब्रह्मा, शिव और अगस्त्य तथा नारियों में द्रोपदी (अग्नि से प्रकट) तथा सीता (धरती से उत्पन्न) अयोनिज मानी जाती हैं।

अयोमुखी

वाल्मीकि रामायण के अनुसार एक राक्षसी का नाम। सीता की खोज में जब राम और लक्ष्मण मतंग ऋषि के आश्रम की ओर जा रहे थे, तब इसने लक्ष्मण के निकट जाकर प्रणय निवेदन किया। इस पर लक्ष्मण ने इसकी भी वही दशा की जो सूर्पणखा की की थी। उसके बाद ही यह वहां से भाग खड़ी हुई।

अरबुदगिरि

राजस्थान के आबू पर्वत का प्राचीन नाम। यहां वशिष्ठ तथा अन्य अनेक ऋषियों ने तप किया था। जब राक्षस उनके तप में विघ्न डालने लगे तो ऋषियों की प्रार्थना पर महादेव ने अग्नि से परिहार, परमार, सोलंकी और चौहान क्षत्रिय उत्पन्न किए जिन्होंने राक्षसों का नाश किया। ये सब क्षत्रिय अग्नि कुल के कहे जाते हैं।

जैन धर्म में इस पर्वत की पांच पवित्र पर्वतों में गणना होती है। देलवाड़ा के प्रसिद्ध जैन मंदिर यहीं पर हैं। देलवाड़ा से 10 कि. मी. दूर राणा सांगा का बनाया हुआ अचलेश्वर महादेव का प्रसिद्ध मंदिर है।

अरविंद (1872—1950 ई.)

महर्षि अरविंद घोष वर्तमान भारत के देशभक्त, क्रांतिकारी, ज्ञानी और योगी के रूप में विख्यात हैं। उन्होंने इंगलैंड में शिक्षा पाई। घुड़सवारी में उत्तीर्ण न हो सकने के कारण आई. सी. एस. बनने से रह गए। भारत आकर वे बड़ौदा कालेज में नियुक्त हुए तथा देश की राजनीति में भी भाग लेने लगे। उनकी मान्यता थी कि शक्ति के द्वारा विदेशियों से सत्ता छीनी जा सकती है। 1902 ई. में उन्होंने बड़ौदा में रहते हुए बंगाल में गुप्त क्रांतिकारी संगठन बनाने में सहायता पहुंचाई।

बाद में अरविंद स्वयं भी कलकत्ता चले गए। यहां नेशनल कालेज के प्रधानाचार्य रहते हुए उन्होंने अपने राजनीतिक विचारों के प्रचार के लिए 'वंदेमातरम्' और 'कर्मयोगी' पत्रों का संपादन किया। उनकी प्रेरणा से बंगाल में अनेक क्रांतिकारी कार्य हुए। अलीपुर बम कांड के लिए अन्य लोगों के साथ-साथ अरविंद पर भी मुकदमा चला। यद्यपि ब्रिटिश सरकार उनके विरुद्ध अभियोग सिद्ध करने में सफल नहीं हुई, पर उनकी भावनाओं को देखते हुए उन्हें जेल से बाहर भी नहीं रहने देना चाहती थी।

इस बीच अरविंद के विचारों में आमूल परिवर्तन आ गया। वे सक्रिय राजनीति से हटकर ज्ञान और योग के क्षेत्र में चले गए। अंग्रेजों की जेल में न रहना पड़े, यह सोचकर वे 1909 ई. में पांडिचेरी चले गए। पांडिचेरी उस समय फ्रांस के अधिकार में था और ब्रिटिश सरकार वहां हस्तक्षेप नहीं कर सकती थी। उन्होंने वहां आश्रम की स्थापना की। अरविंद के विचारों ने विश्व-भर के विचारकों का ध्यान अपनी ओर खींचा और अरविंद आश्रम अंतर्राष्ट्रीय आकर्षण का केंद्र बन गया। विभिन्न प्रवृत्तियों का यह आश्रम आज भी लोगों को उच्चस्तरीय आध्यात्मिक जीवन बिताने की प्रेरणा दे रहा है।

अराजकतावाद

एक राजनीतिक सिद्धांत जिसका उद्देश्य राज्य को समाप्त करके व्यक्तियों, समूहों और मध्य स्वतंत्र और सहज सहयोग द्वारा समस्त मानवीय संबंधों में न्याय स्थापित करना है। इसके अनुसार अनुशासन का आरोपण ही सामाजिक और नैतिक बुराइयों का जनक है। मनुष्य स्वभाव से अच्छा है, पर हिंसा पर आश्रित राज्य और उसकी संस्थाएं मनुष्य को भ्रष्ट कर देती हैं।

इस संबंध में अनेक विचारकों ने अपने मत व्यक्त किए हैं। एक ने राज्य रहित समाज की स्थापना पर जोर दिया। दूसरी शताब्दी के एक विचारक ने राज्य के साथ-साथ निजी संपत्ति के उन्मूलन की भी बात कही। उसके अनुसार सरकार और निजी संपत्ति ऐसी दो बुराइयां हैं जो मनुष्य को स्वाभाविक पूर्णता प्राप्त करने से रोकती हैं। स्वतंत्रता और सत्ता में विरोध है और राज्य अशुभ ही

नहीं, अनावश्यक भी है। वैयक्तिक व्यवहार को सीमित करने वाले सभी नियम व्यक्तित्व के स्वस्थ विकास के मार्ग की बाधा हैं। एक अन्य विचारक का कहना था कि वर्तमान समाज दो वर्गों में विभक्त है : संपन्न वर्ग जिसके हाथ में राज्य सत्ता रहती है और विपन्न वर्ग जो भूमि, पूंजी और शिक्षा से वंचित रहकर, पहले वर्ग की निरंकुशता के अधीन स्वतंत्रता से भी वंचित रहता है। अतः दूसरों को अधीन रखनेवाली हर प्रकार की सत्ता का विरोध आवश्यक है। एक आधुनिक विचारक के मत से आदर्श समाज में कोई राजनीतिक संगठन नहीं होगा, व्यक्ति और समाज की क्रियाएं जनमत से नियंत्रित होंगी। जनमत छोटी इकाइयों में ही प्रभावकारी हो सकता है, अतः आदर्श समाज गांवों का समाज होगा। नीचे से स्वतंत्र व्यक्तियों के समुदाय संगठित होते हुए अंत में विश्व-राष्ट्र की स्थापना करेंगे।

अरावली

एक पर्वत श्रेणी जो राजस्थान में उत्तर-पूर्व से दक्षिण-पश्चिम तक 400 मील की लंबाई में फैली हुई है। यह पृथ्वी के इतिहास के आरंभिक काल में ऊपर उठी थी और वैज्ञानिकों के मत से इसकी कुछ चोटियां अब भी उठने के क्रम में हैं। अरबुदगिरि या आबू पर्वत शिखर सबसे ऊंचा है। इसकी ऊंचाई 5650 फीट है। इस पर्वतमाला में स्लेट, संगमरमर, ग्रेनाइट आदि पाए जाते हैं।

अरिष्टनेमि

वृषभासुर नाम के एक राक्षस का नाम जो बैल का रूप धारण करके श्रीकृष्ण को मारने के लिए गया था, परंतु उनके हाथों स्वयं मारा गया। इसे कहीं पर बलि का पुत्र और कहीं पर दनु का पुत्र बताया गया है जो देवासुर संग्राम में बलि की ओर से लड़ा था।

अरिष्टा

दक्ष प्रजापति की पुत्री जिसका विवाह कश्यप ऋषि के साथ हुआ था। गंधर्व और अप्सराएं इसी की संतानें थीं। कश्यप ऋषि की पत्नी का नाम कहीं पर प्राधा भी मिलता है। पर संतानोत्पत्ति के विवरण से विदित होता है कि दोनों एक ही हैं।

अरुंडेल

जार्ज सिडनी अरुंडेल एक अंग्रेज युवक थे जो 25 वर्ष की उम्र में ऐनी बेसेंट (दे.) के प्रभाव से भारत की सेवा के लिए और जीवन-भर के लिए यहीं के बनकर रह गए। दिसंबर 1878 में जन्मे अरुंडेल ने पहले काशी के सेंट्रल हिन्दू स्कूल में

शिक्षक का काम किया। फिर ऐनी बेसेंट की 'होमरूल लीग' के सचिव के रूप में राजनीति में आए। ऐनी बेसेंट के साथ ब्रिटिश सरकार ने इन्हें भी नजरबंद कर दिया था।

अरुंडेल ने दक्षिण भारत की एक कलाकार रुक्मिणी नाम की लड़की से विवाह किया। ऐनी बेसेंट की मृत्यु के बाद वे अंतर्राष्ट्रीय थियोसोफिकल सोसाइटी (दे.) के अध्यक्ष चुने गए। पोशाक, रहन-सहन, विचारों आदि में वे पूरी तरह से भारतीय बन गए थे। 1945 ई. में आपका देहांत हुआ।

अरुण

1. सूर्य का सारथी और गरुड़ का भाई जो विनिता तथा कश्यप का पुत्र था। इसने तामरा की कन्या श्येनी से विवाह किया। उससे इसे संपात्ति, जटायु आदि पुत्र प्राप्त हुए।
2. एक दानव जिसने हजारों वर्ष तक गायत्री मंत्र का जाप करके युद्ध में न मारे जाने का वरदान प्राप्त किया था। बाद में देवताओं के प्रयत्न से वृहस्पति ने इसे फुसलाकर गायत्री मंत्र का जाप छुड़वा दिया। तभी यह मारा गया।
3. नरकासुर का पुत्र जो अपने पिता की मृत्यु का बदला लेने के लिए छह भाइयों सहित श्रीकृष्ण पर झपटा था। परंतु सब भाई उनके हाथों मारे गए।

अरुणाचल प्रदेश

भारत का सुदूर पूर्व में स्थित यह प्रदेश तीन ओर भूटान, चीन और बर्मा से लगा हुआ है। पहले यह 'नार्थ ईस्ट फ्रंटियर एजेंसी' या 'नेफा' के नाम से जाना जाता था। 1972 ई. में यह केंद्र शासित इकाई बना और 1986 ई. में इसे पूर्ण राज्य का दर्जा मिला। इसकी राजधानी ईटानगर है।

यह एक पहाड़ी प्रदेश है; जहां की भूमि का दो तिहाई भाग घने वनों से छाया हुआ है। यहां की जनसंख्या में 79 प्रतिशत अनुसूचित जातियों का है। इस राज्य में 17 भाषाएं बोली जाती हैं और लगभग इतने ही जनजातीय कबीले हैं। लोगों का मुख्य व्यवसाय कृषि है और अधिकतर लोग अभी 'झूम' खेती करते हैं।

अरुणाचलम्

इसका तमिल नाम 'तिरुवण्णमलै' है जो गुडूर के आगे इसी नाम के रेलवे स्टेशन के पास है। यह पर्वत बड़ा पवित्र माना जाता है। लोग इसकी परिक्रमा करते हैं। कार्तिक पूर्णिमा के कई दिन पहले से पर्वत के शिखर पर कई मन कपूर जलाया जाता है। कपूर की ऊंची अग्निशिखा पर्वत शिखर पर उठती रहती है। वह अग्नि-शिखा ही भगवान शंकर का 'अग्नितत्व लिंग' मानी जाती है। लोग दूर से ही

उसके दर्शन करके प्रणाम करते हैं।

अरुणाचलम् पर्वत के नीचे अरुणाचलेश्वर का विशाल मंदिर है। कहते हैं, इस मंदिर का गोपुर दक्षिण भारत का सबसे चौड़ा गोपुर है। मंदिर में पांच द्वारों के भीतर शिवलिंग के दर्शन होते हैं। अरुणाचलेश्वर मंदिर के घेरे में ही पार्वती का बहुत बड़ा मंदिर है।

अरुंधती

1. कर्दम मुनि की पुत्री जिसका विवाह महर्षि वशिष्ठ के साथ हुआ था। यह नारद की बहिन थी। सतियों में देवी समझी जाने वाली अरुंधती ने 100 पुत्रों को जन्म दिया। यह स्थायी विवाह-संबंध का प्रतीक मानी जाती है। इसीलिए विवाह के समय सप्तपदी के बाद वर-वधू को आकाश में अरुंधती नक्षत्र का दर्शन कराया जाता है।
2. एक नक्षत्र जो आकाश में सप्त ऋषियों के बीच में वशिष्ठ के पास चमकता रहता है।

अरुंधती व्रत

यह व्रत चैत्र शुक्ल प्रतिपदा अर्थात् नवरात्रि की प्रतिपदा अर्थात् नवरात्रि की प्रतिपदा से आरंभ होता और तृतीया को समाप्त होता है। इसे करने का अधिकार केवल स्त्रियों को है। नारी जाति की नैतिक शक्ति के उत्थान में इस व्रत का महत्वपूर्ण योग माना जाता है। इसे महिलाएं अखंड सौभाग्य की कामना से करती हैं। अखंड सौभाग्यवती देवियों में वशिष्ठ-पत्नी अरुंधती के यश की चर्चा धार्मिक ग्रंथों में अनेक बार आई है। तृतीया के दिन शिव-पार्वती की पूजा के बाद यह व्रत समाप्त किया जाता है।

अरूरसिंह

इनका जन्म 1890 ई. में पंजाब के जालंधर जिले में हुआ था। आरंभ से ही ये क्रांतिकारी पार्टी के लिए काम करने लगे थे। 1912 ई. में दिल्ली में वाइसराय पर बम फेंकने की घटना से इनका भी संबंध था। लगभग डेढ़ वर्ष तक ये भूमिगत रहे और पुलिस की पकड़ में नहीं आए। बाद में 1916 में गिरफ्तार हुए और उसी वर्ष फांसी पर लटका दिए गए।

अर्चि

भागवत् के अनुसार वेन राजा की देह का मथन करने से उत्पन्न पृथु राजा की पत्नी का नाम। यह लक्ष्मी का अवतार मानी जाती है।

अर्जुन

पांडवों में से एक भाई जो सबसे कुशल धनुर्धारी थे। पांडु की जेष्ठ पत्नी वासुदेव कृष्ण की बुआ कुंती थी जिसने इंद्र के संसर्ग से अर्जुन को जन्म दिया। कुंती का एक नाम पृथा था, इसलिए अर्जुन 'पार्थ' भी कहलाए। बाएं हाथ से भी धनुष चलाने के कारण 'सव्यसाची' और उत्तरी प्रदेशों को जीतकर अतुल संपत्ति प्राप्त करने के कारण 'धनंजय' के नाम से भी प्रसिद्ध हुए।

द्रोणाचार्य के ये प्रिय शिष्य थे। परशुराम से भी इन्होंने शस्त्रास्त्र विद्या सीखी थी। हिमालय में तपस्या करते समय किरात वेशधारी शिव से इनका युद्ध हुआ था। शिव से इन्हें पाशुपत अस्त्र और अग्नि से आग्नेयास्त्र, गांडीव धनुष तथा अक्षय तुणीर प्राप्त हुआ। वरुण ने इनको नंदिघोष नामक विशाल रथ प्रदान किया।

इंद्रपुरी में अप्सरा उर्वशी इन पर मोहित हो गई थी। पर उसकी इच्छापूर्ति न करने के कारण इन्हें एक वर्ष तक नपुंसक रहकर बृहन्नला के रूप में विराट की कन्या उत्तरा को नृत्य की शिक्षा देनी पड़ी थी। नागकन्या उलूपी से इन्हें इरावत नामक पुत्र प्राप्त हुआ। मणिपुर के राजा की कन्या चित्रांगदा से विवाह करके उससे बभ्रुवाहन को जन्म दिया। श्रीकृष्ण की बहन सुभद्रा भी अर्जुन की पत्नी थी। जिसके गर्भ से अभिमन्यु (दे.) पैदा हुआ। स्वयंवर में द्रौपदी को जीतनेवाले लक्ष्यभेदी के रूप में तो अर्जुन की ख्याति है ही।

महाभारत युद्ध में कृष्ण अर्जुन के सारथी थे। युद्ध के आरंभ में अपने ही बंधु-बांधवों को प्रतिपक्ष में देखकर अर्जुन मोहाच्छन्न हो गए थे। तब श्रीकृष्ण ने गीता का संदेश देकर उन्हें कर्त्तव्य-पथ पर लगाया। महाभारत में पांडवों की विजय का बहुत कुछ श्रेय अर्जुन को है। महाभारत युद्ध के बाद वे भी अपने भाइयों के साथ हिमालय चले गए और वहीं उनका देहांत हुआ।

आधुनिक युग में भारत सरकार द्वारा पराक्रमी अर्जुन के नाम पर ही श्रेष्ठ खिलाड़ियों को प्रतिवर्ष 'अर्जुन पुरस्कार' से सम्मानित किया जाता है।

अर्जुनदेव (गुरु)

सिक्खों के पांचवें गुरु अर्जुनदेव चौथे गुरु रामदास के पुत्र थे। इनका जन्म 1563 ई. में हुआ। 18 वर्ष की उम्र में ये गुरु की गद्दी पर आसीन हुए। इन्होंने अपने पिता द्वारा आरंभ किए गए अमृतसर के निर्माण कार्य को पूरा कराया। हरमंदर साहब की नींव इन्हीं के समय में पड़ी। इनका सबसे बड़ा कार्य गुरु ग्रंथ साहब (दे.) का संकलन था। इन्हीं के समय में गुरु ग्रंथ साहब की स्थापना हरमंदर में हुई। तरनतारन का निर्माण भी इन्होंने ही कराया।

गुरु अर्जुनदेव को जीवन-भर संघर्ष करना पड़ा। इनके तीन प्रवल विरोधी थे

—बीरबल, इनका बड़ा भाई पृथिया और अकबर का अर्थमंत्री चंदूशाह। बीरबल को इनसें धार्मिक द्वेष था। पृथिया गद्दी न मिलने से दुश्मन बन गया। चंदूशाह की पुत्री को इन्होंने अपने पुत्र के लिए स्वीकार नहीं किया था। पृथिया और चंदूशाह के षड्यंत्र से, मिथ्या अभियोग लगाकर जहांगीर ने इन्हें गिरफ्तार करा लिया। जेल में इनको अमानुषिक यातनाएं दी गईं। जलती हुई रेत इनके ऊपर डाली गई। लाल गरम कड़ाही में इन्हें बैठाया गया। परंतु ये टस से मस न हुए। अंत में सिपाहियों के पहरे में रावी नदी में स्नान करके, जपुजी का पाठ करते हुए 45 वर्ष की उम्र में इन्होंने अपना चोला छोड़ दिया।

अर्जुनदेव ने बड़ी संख्या में रचनाएं कीं। इनके रचे हुए पद और 'सलोक' 6000 से अधिक हैं। 'सुखमनी' नामक इनकी रचना बड़ी प्रसिद्ध है।

अर्थवाद

पूर्वमीमांसा दर्शन में अर्थवाद का अर्थ है प्रशंसा, स्तुति अथवा किसी कार्य को सिद्ध कराने के उद्देश्य से इधर-उधर की बातें जो कार्य को पूरा करने में प्रेरक हों। अन्यत्र अर्थवाद के तीन प्रकार बताए गए हैं: 1. गुणवाद—जिसमें मनुष्यों के साधारण ज्ञान के विरुद्ध वस्तुओं के गुणों का वर्णन मिलता है। 2. भूतार्थवाद—जिसमें वे वाक्य आते हैं जो मनुष्यों को ऐसी बातें बतलाते हैं जिनका ज्ञान वेद-वाक्यों के अतिरिक्त और किसी प्रमाण द्वारा नहीं हो सकता। 3. अनुवाद—वे वाक्य जिनमें उन वाक्यों का वर्णन है जिनका ज्ञान मनुष्यों को पहले से है। मीमांसकों के मतानुसार ब्रह्म, ईश्वर, जीव, देवता, लोक-परलोक संबंधी वर्णन अर्थवाद मात्र हैं। परंतु शंकराचार्य ने इसका खंडन किया है।

अर्थशास्त्र

वह शास्त्र जिसमें मनुष्यों के अर्थ संबंधी सब कार्यों का क्रमबद्ध अध्ययन किया जाता है। इसका ध्येय विश्व-कल्याण और दृष्टिकोण अंतर्राष्ट्रीय होता है। भारत में यह शास्त्र प्राचीन काल से ही विकसित था। विष्णु पुराण में 18 विद्याओं में अर्थशास्त्र की भी गणना है। बृहस्पति के अर्थशास्त्र विषयक अनेक सूत्र उपलब्ध हैं। आचार्य कौटिल्य (चाणक्य) ने आज से ढाई हजार वर्ष पूर्व 'अर्थशास्त्र' नामक ग्रंथ की रचना की जिसके विषयों की व्यापकता किसी अन्य अर्थशास्त्री की रचना में नहीं मिलती।

आधुनिक काल में गांधीजी के नेतृत्व में भारत ने अर्थशास्त्र में 'सर्वोदय' की नई विचारधारा का सूत्रपात किया। इसमें मुख्यतः ग्राम-स्वराज्य, स्वावलंबन, सह-अस्तित्व तथा परिवर्तन के लिए एकमात्र अहिंसा की प्रणाली का समावेश है।

अर्धनारीश्वर

शिव-पार्वती की ऐसी मूर्ति जिसके आधे भाग में शिव और आधे में पार्वती उत्कीर्ण हैं। इस भारतीय प्रतीक का स्पष्ट वैज्ञानिक आधार है। सृष्टि के लिए समस्त जीवधारियों और वनस्पतियों में नर-तत्व और नारी-तत्व आवश्यक है। इसके बिना सृष्टि आगे नहीं बढ़ सकती। अर्धनारीश्वर के रूप में ही इसी चिरंतन सत्य को चित्रित किया गया है। भारत में अर्ध नारीश्वर की अनेक आकर्षक मूर्तियाँ उपलब्ध हैं। इनमें ऐलोरा (दे.) के कैलास मंदिर में और मथुरा में प्राप्त मूर्तियां विशेष रूप से उल्लेखनीय हैं।

अर्हंत

जैन और बौद्ध श्रमणों की एक पदवी। जो साधक आध्यात्मिक दृष्टि से बहुत ऊँचा स्तर प्राप्त कर लेते थे और अपने जीवनकाल में निर्वाण प्राप्त कर लेते थे, वे 'अर्हंत' कहलाते थे।

अलंकार

यह शब्द काव्यशास्त्र के संदर्भ में अधिक प्रयुक्त होता है। अलंकार का आशय है—भूषण। जिससे शोभा बढ़े, जो भूषित करे वही अलंकार है। काव्य में अलंकार के प्रयोग से उसके शाब्दिक और अर्थ-संबंधी दोनों सौंदर्य बढ़ जाते हैं। कथनीय वस्तु को अच्छे-से-अच्छे रूप में प्रस्तुत करने के लिए अलंकार प्रयुक्त होते हैं। अलंकार के मुख्य भेद दो हैं—शब्दालंकार और अर्थालंकार। जिस उक्ति में शब्दालंकार और अर्थालंकार दोनों की विशेषता हो वहां एक तीसरा अलंकार—उभयालंकार भी माना जाता है। आचार्यों ने इन अलंकारों के अनेक सूक्ष्म भेद और उपभेद किए हैं।

अलंबल

एक नरभक्षक राक्षस जो जटासुर का पुत्र था। इसके पिता को भीमसेन ने मार डाला था। इसलिए महाभारत के युद्ध में यह दुर्योधन की ओर से लड़ा। यह बड़ा महारथी और मायावी था किंतु घटोत्कच (दे.) ने इसका सिर काटकर दुर्योधन के पास फेंक दिया।

अलंबुसा

एक स्त्री देवता। ब्रह्मा की सभा में नृत्य करते समय हवा से इसके वस्त्र उड़ गए थे। यह देखकर विधुना नाम के वसु के मन में विकार उत्पन्न हो गया। ब्रह्मा के शाप से इन दोनों को अलग-अलग स्थान में मनुष्य रूप में जन्म लेना पड़ा। मनुष्य

रूप में दोनों का विवाह भी हो गया। गर्भवती अलंबुसा जब लाल रंग के कुए में स्नान करके निकली, उसे पका फल समझकर एक पक्षी ने उठाया और उदयाचल पर्वत की गुफा में डाल दिया। जब जमदग्नि ने अलंबुसा का विलाप सुना तो उसे अपने आश्रम में ले गए। वहीं पर अलंबुसा ने उदयन नामक पुत्र को जन्म दिया। इसके पति सहस्रानीक को जब पता चला तो वह दोनों को अपने नगर ले गया। उदयन को राजगद्दी पर बैठाकर पति-पत्नी चक्रतीर्थ में स्नान करके पूर्व स्थिति को प्राप्त हो गए।

अलकनंदा

गंगा की प्रधान सहायक नदी जो उत्तराखंड में बदरीनाथ के पास से निकलती है। बदरीनाथ के निकट इसका पाट लगभग बीस फुट चौड़ा और उथला है। यही जब देवप्रयाग में भागीरथी से मिलती है, लगभग 150 फीट चौड़ी हो जाती है। अलकनंदा के किनारे उत्तराखंड के प्रसिद्ध पंचप्रयाग हैं। बदरीनाथ सबसे प्रधान तीर्थ है। गढ़वाल की प्राचीन राजधानी श्रीनगर भी इसी के किनारे है। देवप्रयाग में अलकनंदा और भागीरथी के संगम के बाद इसका नाम गंगा हो जाता है।

अलक्ष्मी

पद्मपुराण के अनुसार कालकूट के बाद यह समुद्र से निकली थी। यह वृद्ध और अत्यन्त क्रूर थी। देवताओं ने इसे वरदान दिया कि जिस घर में कलह होगा वहीं तुम रहो। अभक्ष-भक्षक, गुरु, देव और अतिथि का सम्मान न करने वाले, परस्पर कलह करने वाले पति-पत्नी तथा जुआ खेलने वालों को दरिद्री बना दो। इसका विवाह उद्दालक के साथ हुआ था। परंतु उसने इसे छोड़ दिया क्योंकि इसे मद्यपान और छूत ही पसंद था। यह पीपल के वृक्ष के नीचे रहने लगी। कहते हैं हर शनिवार को इसकी बहन लक्ष्मी इससे मिलने आती है। इसीलिए पीपल शनिवार को लक्ष्मीप्रद तथा अन्य दिनों दरिद्रता देनेवाला माना जाता है।

अलखनामी

गोरखपंथियों के एक संप्रदाय का नाम। यह लोग अलख-अलख कहकर भीख मांगते हैं, कहीं रुकते नहीं। इनकी पहचान है सिर पर जटा, गेरुआ वस्त्र, शरीर में भस्म और कमर में ऊन की सेली।

अलबेरुनी (973-1048 ई.)

इसका असली नाम अबूरैहान मुहम्मद था, पर प्रसिद्ध अलबेरुनी नाम से ही है जिसका अर्थ होता है—उस्ताद। यह सुल्तान महमूद की सेना के साथ भारत आया

था और अनेक वर्षों तक भारत रहा। अलबेरुनी बड़ा प्रतिभासम्पन्न व्यक्ति था। भारत आकर इसने संस्कृत भाषा सीखी और शास्त्रों का अध्ययन किया। अपने अध्ययन का निचोड़ इसने 'तहकीक-ए-हिन्द' अर्थात् भारत की खोज नामक पुस्तक में दिया है। इससे मुसलमानों के आक्रमण से पहले की भारतीय संस्कृति और इतिहास का परिचय मिलता है। अलबेरुनी की लिखी हुई अनेक पुस्तकें अब प्राप्त नहीं हैं। 'पुरानी कौमों का इतिहास' नामक प्राप्त पुस्तक उसकी विद्वता पर अच्छा प्रकाश डालती है।

अलर्क

1. पुराणों में वर्णित काशी के राजा दिवोदास का प्रपौत्र और वत्स का पुत्र जो ब्राह्मणों का बड़ा सम्मान करता था और सत्यप्रतिज्ञ भी था। वाल्मीकि रामायण के अनुसार एक बार एक अंधे ब्राह्मण के मांगने पर इसने अपनी आंखें भी दे दीं थीं। लोपामुद्रा (दे.) की इस पर बड़ी कृपा थी। इससे यह हमेशा तरुण रहा और दीर्घजीवी बना। निशुंभ के शाप से निर्जन बनी काशी को इसने पुनः बसाया।

2. ऋतुध्वज और मदालसा का पुत्र जो दत्तात्रेय की सहायता से निवृत मार्ग का अनुगामी बना। इसके बड़े भाई सुबाहु ने जब इसके ऊपर आक्रमण किया तो मारकंडे पुराण के अनुसार भाई को राज्य सौंपकर यह स्वयं संन्यासी बन गया।

अलायुध

महाभारत के अनुसार एक मनुष्य भक्षक राक्षस जो युद्ध में कौरवों के पक्ष में था। एक बार जब युद्ध में घटोत्कच के हाथों कर्ण के प्राण संकट में दिखाई दिए तो कर्ण की रक्षा के उद्देश्य से इसने पांडवों को पराजित करने का बीड़ा उठाने की घोषणा की और भीम से भिड़ गया। इससे लड़ते हुए भीम जब थकते दिखाई दिए तो श्रीकृष्ण के कहने पर घटोत्कच ने आकर इसे मार डाला।

अल्लूरि सीताराम राजू

इनका जन्म 1857 ई. में आंध्र प्रदेश के पश्चिमी गोदावरी जिले में हुआ था। अंग्रेजों की पुलिस और अधिकारियों द्वारा आदिवासियों पर हो रहे अत्याचारों के विरोध में राजू को सशस्त्र संघर्ष करने के लिए विवश होना पड़ा। उनके नेतृत्व में आदिवासियों ने अंग्रेजों की पुलिस के खिलाफ कई सशस्त्र हमले किए। छापामार लड़ाई में ये बड़े प्रवीण थे। इनकी गिरफ्तारी के लिए एक ओर दस हजार रु. का इनाम रखा गया और दूसरी ओर आदिवासियों को अमानुषिक रूप से सताया गया। अपने अनुयायियों पर अत्याचार होते देखकर राजू ने स्वयं को पुलिस के

हवाले कर दिया और 1924 ई. में उन्हें गोली मार दी गई।

अल्लप्रभु

कर्नाटक के वीरशैव संप्रदाय के आदि आचार्य। इनका समय बारहवीं शताब्दी का मध्य भाग माना जाता है। मान्यता है कि तपस्या काल में स्वयं पार्वती ने आकर इनके वैराग की परीक्षा ली थी। अल्लप्रभु बाह्य कर्मकांड के विरोधी थे। अहिंसा के इतने बड़े समर्थक थे कि इन्होंने जमीन जोतने तक का निषेध किया। इसमें भूमि के अंदर के कीड़ों के मरने की आशंका रहती थी। कहते हैं, अल्लप्रभु की गोरखनाथ से भेंट हुई थी और दोनों ने एक-दूसरे के चमत्कार देखे थे। गोरखनाथ (दे.) ने इनसे दीक्षा भी ली थी। वीरशैव मत के प्रतिष्ठापक वसव (दे.) अल्लप्रभु के ही शिष्य थे।

अल्लाह

इस शब्द को अरब के लोग इस्लाम के उदय के पहले से जानते थे। मक्का की मूर्तियों में अल्लाह की भी एक मूर्ति थी। सृष्टि कार्य इसी से संबंधित माना जाता था और कुरेशी कबीले को यह मूर्ति विशेष रूप से मान्य थी।

इस्लाम के उदय के बाद इस शब्द के अर्थ में बड़ा परिवर्तन हुआ। कुरान शरीफ में अल्लाह के गुण सृष्टि करना, शिक्षा देना, दया, न्याय, पोषण, शासन आदि बताए गए हैं। इस्लाम के अनुसार अल्लाह एक है और उसके कामों और गुणों में कोई उसका साझीदार नहीं है। इस्लाम का यह मौलिक सिद्धांत है और इसे मानना हर मुसलमान के लिए अनिवार्य है।

अवंतिका

मध्य प्रदेश का वर्तमान उज्जैन नगर प्राचीन काल में अवंती या अवंतिका कहलाता था। इसका इतिहास बड़ा गौरवशाली रहा है। बुद्ध-काल के सोलह जनपदों में इसका महत्वपूर्ण स्थान रहा था। अशोक और विक्रमादित्य यहां की प्रांतीय राजधानी के प्रमुख रहे थे। चन्द्रगुप्त द्वितीय ने भी पांचवीं शताब्दी में इसे अपनी राजधानी बनाया। परमार वंश के राजा भोज के समय इसने पुनः अपना गौरव प्राप्त किया। इस स्थान को पृथ्वी का नाभि-देश कहा गया है। भारतीय ज्योतिष में देशांतर की शून्य रेखा इसी स्थान से आरंभ मानी जाती थी।

अवंतिका सात पवित्र पुरियों में से एक है। शिव के द्वादश ज्योतिर्लिंगों में से एक महाकाल लिंग यहीं है। हरिसिद्ध देवी के मंदिर में 51 शक्तिपीठों में से एक पीठ भी है, जहां सती की कोहनी गिरी थी। यहीं पर महर्षि सांदीपनी का आश्रम है, जहां श्रीकृष्ण और बलराम ने शिक्षा पाई थी। क्षिप्रा नदी के किनारे अनेक

घाट और मंदिर हैं।

महाकाल का मंदिर भारत प्रसिद्ध है। महाकाल के अतिरिक्त अन्य दर्शनीय स्थल हैं—बड़े गणेश, हरिसिद्ध देवी, चौबीस खंभा, गोपाल मंदिर, गढ़कालिका, भर्तृहरि गुफा, कालभैरव, सिद्धवट, संदीपनी आश्रम आदि। यहां चित्रगुप्त का भी एक प्राचीन मंदिर है। जैनियों के चौबीसवें तीर्थंकर महावीर स्वामी ने भी यहां के श्मशान में तपस्या की थी। प्रति बारह वर्ष बाद यहां कुंभ का मेला लगता है।

अवतार

विष्णु द्वारा समय-समय पर अवतार लेने का उल्लेख भारतीय धर्म-ग्रंथों में अत्यंत प्राचीन काल से मिलता है। वामनावतार का संकेत प्रकारांतर से ऋग्वेद में भी पाया जाता है। ब्राह्मण ग्रंथों और उपनिषदों में भी इसके विवरण प्राप्त हैं। अवतार का आशय है—ईश्वर द्वारा विशिष्ट कार्य के हेतु मनुष्य या किसी संसारी प्राणी का शरीर धारण करना। गीता में उल्लेख है कि ईश्वर अपनी इच्छा से दुष्कृतों के विनाश और साधुओं के परित्राण के लिए अवतार लेता है। भागवत् के अनुसार अवतारों की संख्या इतनी है कि उनकी गणना करना संभव नहीं। पुराणों में अवतारों की संख्या चौबीस दी गई है। वे हैं—(1) नारायण (विराट अवतार), (2) ब्रह्मा, (3) सनत या सनककुमार, (4) वटनारायण, (5) कपिल, (6) दत्तात्रेय, (7) सुयज्ञ, (8) हयग्रीव, (9) ऋषभ, (10) पृथु, (11) मत्स्य, (12) कूर्म, (13) हंस, (14) धन्वंतरि, (15) वामन, (16) परशुराम, (17) मोहिनी, (18) नृसिंह, (19) वेदव्यास, (20) राम, (21) बलराम, (22) कृष्ण, (23) बुद्ध, (24) कल्कि।

इनमें से दस अवतार प्रमुख माने जाते हैं और इनकी मान्यता सभी पुराण, ग्रंथों में है।

1. मत्स्य—इस अवतार में विष्णु ने जलप्रलय के समय मनु के पोत की रक्षा की थी। मनु ने अपना पोत मत्स्य के शृंग में बांध दिया और प्रलय का जल घटने तक वह पोत मत्स्य रूपधारी विष्णु के सहारे तैरता रहा। इस प्रकार सृष्टि की रक्षा हुई।

2. कूर्म—प्रलय में नष्ट हुई वस्तुओं के उद्धार के लिए विष्णु ने कछुए का रूप धारण करके मंदर पर्वत को अपनी पीठ में रख लिया और स्वयं सागरतल पर बैठ गए। देवों और दानवों ने कच्छपरूपी विष्णु की पीठ पर स्थापित इसी मंदर पर्वत की मथनी बनाकर सागर मंथन किया और चौदह रत्न (अमृत, धन्वंतरि (वैद्य) लक्ष्मी, सुरा, चंद्रमा, रंभा, उच्चैःश्रवा नामक घोड़ा, कौस्तुभ मणि, पारिजात वृक्ष, सुरभि, ऐरावत हाथी, शंख, कामधेनु और विष प्राप्त किए।

3. वराह—हिरणाक्ष्य नामक दैत्य जब पृथ्वी को घसीटकर समुद्र के जल में ले गया तो विष्णु ने वराह अवतार लिया। एक हजार वर्ष तक युद्ध के बाद दैत्य को मारकर उन्होंने पृथ्वी का उद्धार किया।

4. नृसिंह—हिरणाक्ष्य के भाई दैत्य हिरण्यकशिपु को ब्रह्मा से यह वरदान मिल गया था कि उसे कोई देवता, मानव या पशु किसी भी अस्त्र-शस्त्र से दिन अथवा रात्रि में आकाश या पृथ्वी पर मारने में समर्थ न होगा। इससे उसका अत्याचार बढ़ गया और जब अपने विष्णु-भक्त पुत्र प्रह्लाद को भी उसने मारना चाहा तो विष्णु ने संध्या समय सभा भवन के खंभे से नृसिंह रूप में प्रकट होकर हिरण्यकशिपु को अपने घुटनों पर पटककर नखों से मार डाला।

5. वामन—हिरण्यकशिपु के पौत्र और प्रह्लाद के पुत्र दैत्यराजा बलि ने तप करके पृथ्वी, आकाश और पाताल पर अधिकार कर लिया था। उसके दर्प का दमन करने के लिए विष्णु ने वामन रूप धारण करके दो पगों से पृथ्वी और आकाश नाप लिया और तीसरा पग बढ़ाकर पाताल भी नापना चाहा, किंतु दैत्यराज को शरणागत पाकर इसे उसके लिए छोड़ दिया।

6. परशुराम—ब्राह्मणों की रक्षा के लिए विष्णु ने परशुराम का अवतार लिया और कार्तवीर्य द्वारा अपने पिता ऋषि जमदग्नि का अपमान देखकर उसकी एक हजार भुजाएं काट डालीं तथा उसे मार डाला। परशुराम द्वारा इक्कीस बार क्षत्रियों के संहार की कथा प्रसिद्ध है।

7. राम—राक्षसों से धरती को मुक्त करने तथा मर्यादा की स्थापना के लिए विष्णु ने रघुवंशी राजा दशरथ के घर में राम का अवतार लिया।

8. कृष्ण—दुष्टों का दमन करने और धर्म की स्थापना के लिए विष्णु ने कृष्ण का अवतार लिया। इसी अवतार में अनासक्ति योग का संदेश भी दिया जो भगवद् गीता के नाम से विख्यात है।

9. बुद्ध—यह अवतार वर्णाश्रम के नाम पर हो रहे भेदभाव को दूर करने के लिए कपिलवस्तु के राजा शुद्धोधन के घर में गौतम बुद्ध के रूप में हुआ। बुद्ध ने वेदों को प्रमाण नहीं माना। उनकी महिमा इतनी बढ़ी कि हिन्दुओं ने उन्हें अवतार की कोटि में रखकर उनका पृथक् प्रभाव कम कर दिया।

10. कल्कि—यह अवतार अभी हुआ नहीं है। पुराणों के अनुसार कलियुग के अंत में कल्कि अवतार होगा और दुष्टों का संहार करके पवित्रता की स्थापना करेगा।

अवध

अवध शब्द अयोध्या से निकला है। उत्तर प्रदेश का यह भाग कोशल कहलाता था। दशरथ यहां के राजा थे और अयोध्या उनकी राजधानी थी। इतिहास में

उत्तर-भारत के जिन सोलह जनपदों का उल्लेख है, उनमें यह भी था और श्रावस्ती इसकी राजधानी थी। बाद में इसको जीतकर नंदों और मौर्यों ने मगध राज्य का अंग बना लिया। चौथी शताब्दी में अवध गुप्त साम्राज्य का और सातवीं में हर्षवर्धन के साम्राज्य का अंग था। नवीं शताब्दी में गुर्जर-प्रतिहारों ने इसे अपने साम्राज्य में मिला लिया।

सन् 1192 में शहाबुद्दीन मुहम्मद गोरी के एक सहायक ने अवध को जीता तो उसके बाद मुसलमान अमीरों का यहां बसना आरंभ हो गया। मुहम्मद तुगलक के शासन काल में सबसे अधिक व्यक्ति आए। 1340 ई. में अवध को दिल्ली के शासन का अंग बना लिया और यह स्थिति 1724 ई. तक रही। इस वर्ष अवध के मुगल सूबेदार सआदत खां ने अपने को दिल्ली से स्वतंत्र करके अवध के नवाब वंश की नींव डाली। तीन पीढ़ियों तक शासन करने के बाद इस वंश का प्रसिद्ध नवाब शुजाउद्दौला 1764 ई. में अंग्रेजों से हार गया। इसके बाद नवाबों की शक्ति घटती गई और ईस्ट इंडिया कंपनी का पंजा कसता गया। अंतिम नवाब वाजिदअली शाह को अंग्रेजों ने 1856 ई. में कुशासन का अभियोग लगाकर अवध की गद्दी से उतार दिया और यह भाग ब्रिटिश भारत का अंग बन गया। 1902 ई. में आगरा और अवध को मिलाकर 'संयुक्त प्रांत आगरा व अवध' बनाया गया। भारत के स्वतं होने पर इस प्रांत का नाम उत्तर प्रदेश पड़ा।

अवध के नवाबों के शासन काल में यहां मुसलिम संस्कृति का पर्याप्त प्रसार हुआ। उन्होंने अनेक मसजिदों और भवनों का निर्माण किया जो आज भी राजधानी लखनऊ तथा अन्य निकटवर्ती नगरों का आकर्षण हैं।

अवधी

अवध क्षेत्र की भाषा अवधी कहलाती है, जो हिन्दी की एक उपभाषा है। अवधी का प्राचीन साहित्य बड़ा संपन्न है। इसमें भक्तिकाव्य और प्रेमाख्यान काव्य दोनों का विकास हुआ। भक्तिकाव्य का शिरोमणि ग्रंथ गोस्वामी तुलसीदास कृत 'रामचरितमानस' है। मलूकदास आदि संतों ने भी इसी भाषा में रचनाएं कीं। प्रेमाख्यान का प्रतिनिधि ग्रंथ मलिक मुहम्मद जायसी रचित 'पद्मावत' है, जिसकी रचना रामचरितमानस से चौंतीस वर्ष पहले हुई। अवधी की यह संपन्न परंपरा आज भी चली आ रही है।

अवधबिहारी

आपका जन्म सन् 1869 में दिल्ली में हुआ था। अध्यापन का कार्य करते हुए क्रांतिकारी आंदोलन में सम्मिलित हो गए। रासबिहारी बोस के सहयोगी रहे और पंजाब तथा उत्तर प्रदेश में क्रांतिकारी गतिविधियों को संगठित करने में योग

दिया। दिल्ली में वाइसराय पर बम फेंकने की योजना में भी सम्मिलित थे। वाइसराय की हत्या का अभियोग लगाकर दो अन्य साथियों मास्टर अमीरचन्द्र और वसंतकुमार विश्वास के साथ अवधबिहारी को भी मौत की सजा देकर 11 मई, 1915 ई. को अंबाला जेल में फांसी दे दी गई।

अवधूत

इस शब्द का प्रयोग साधुओं के दो वर्गों के लिए होता है। इनमें शैव और वैष्णव दोनों साधु सम्मिलित हैं, पर अधिक संख्या शैवों की है। अवधूत उसे कहते हैं जो भली-भांति परिष्कृत हो चुका है, जिसने पुराने रूप को त्यागकर धार्मिक जीवन अपना लिया है। शैव अवधूत संन्यासी कठोर तापस का जीवन बिताते हैं। वे अपने केश जटा के रूप में बढ़ाते हैं। न्यूनतम वस्त्र पहनकर कपड़े की कमी भस्म रमाकर पूर्ण करते हैं तथा मौन व्रत धारण करते हैं।

वैष्णव संप्रदाय में स्वामी रामानंद ने अपने शिष्यों को जाति-भेद से हटाकर जब दीक्षित किया तो उन्हें भी 'अवधूत' की संज्ञा दी। इसका आशय यह था कि नया धार्मिक जीवन स्वीकार करके इन अवधूतों ने समाज और प्रकृति के बंधनों को तोड़ दिया है। रामानंदी साधुओं का जीवन बड़ा अनुशासनबद्ध होता है।

अवनीन्द्रनाथ ठाकुर

प्रसिद्ध कलाकार अवनीन्द्रनाथ ठाकुर का जन्म कलकत्ता के प्रसिद्ध ठाकुर परिवार में हुआ था। महाकवि रवीन्द्रनाथ ठाकुर आपके चाचा लगते थे। अवनीन्द्रनाथ ने अपने चित्रों के द्वारा एक प्रकार से भारतीय चित्रकला का पुनरुद्धार किया और आधुनिक चित्रकला के साथ नए संबंधों की स्थापना की। उन्होंने पश्चिम की चित्रकला की शिक्षा प्राप्त करके उसके साथ भारतीय परंपरा को जोड़ा। आपका निधन 1951 ई. में हुआ।

अविक्षित

करंधम का पुत्र जिसने बृहस्पति के पौरोहित्य में सौ अश्वमेध यज्ञ किए थे। विशाल की कन्या वैशाली को इसने स्वयंवर में जीता, किंतु अन्य उपस्थित राजाओं ने इसे बंदी बना लिया। इस पर इसके पिता करंधम ने राजाओं को पराजित करके इसे मुक्त कराया। इसके पुत्र मरुत ने एक बार सर्पों को मारना आरंभ किया। क्योंकि उन्होंने कई ऋषि-पुत्रों को मार डाला था। इस पर अविक्षित और उसकी पत्नी ने पुत्र को इस कार्य से रोका। इस अनुग्रह के कारण सर्पों ने मरे हुए ऋषि-पुत्रों को पुनः जीवित कर दिया।

अविद्या

अद्वैतवाद के अनुसार ब्रह्म ही एकमात्र सत्य है। आत्मा एवं विश्व, आत्मा एव पदार्थ में द्वैत की स्थापना अविद्या का कार्य है। अविद्या वह शक्ति है जो मानव के लिए संपूर्ण दृश्यजगत का सर्जन या भान कराती है। इसी को माया, भ्रम या अज्ञान भी कहा गया है। अविद्या व्यक्तिगत भ्रम का कारण है। यह दो प्रकार से बाधा डालती है—1. वास्तविक रूप को ढक लेती है, 2. उस पर दूसरी वस्तु का आरोप कर देती है; जिस प्रकार रस्सी में सांप का भ्रम होता है, उसी प्रकार अविद्या आत्मा में अनात्म वस्तु का आरोप करती है। यह ब्रह्म के स्थान पर नानात्व का बोध कराती है। वास्तविकता और भ्रम को ठीक-ठीक जानने को ही वेदांत में ज्ञान कहते हैं। अतः ब्रह्म और अविद्या का ज्ञान ही विद्या है। विद्या का मूल अर्थ है, सत्य का ज्ञान, परमार्थ तत्व का ज्ञान या आत्मज्ञान। विद्या के भी अपरा और परा दो रूप हैं।

संपूर्ण दृश्यमान जगत् अविद्या का साम्राज्य है। जब मनुष्य इसके ऊपर उठकर अंतर्दृष्टि और अनुभव में प्रवेश करता है, तब अविद्या का आवरण हट जाता है और अद्वैत सत्य ब्रह्म का साक्षात्कार होता है।

योगशास्त्र इसे पांच क्लेशों में से एक बताता है, यथा—अनित्य में नित्य, अशुचि में शुचि, दुःख में सुख और अनात्मा में आत्मा का भाव मानना ही अविद्या है।

अवेस्ता

1. यह उस भाषा का नाम है जिसमें जरथुस्त्र धर्म का साहित्य रचा गया। इसके 'गाथासाहित्य' की वैदिक संस्कृत से अत्यंत निकट की समानता है। विद्वानों का मत है कि इसके मूल में दोनों जातियों की आदिकालीन निकटता है। एक अनुमान यह है कि पहले सब लोग एक ही स्थान पर निवास करते थे, जो आर्यों का आदि-देश कहलाता था।

बाद में शीत के प्रकोप से बचने और बढ़ती जनसंख्या के भार को बांटने के लिए ये अलग-अलग दिशाओं में बढ़ गए। कुछ पश्चिमी एशिया में रह गए जहां अवेस्ता भाषा पनपी, कुछ भारत आकर संस्कृत भाषा के संवर्धन में लगे। वैदिक संस्कृत की भांति अवेस्ता भी, लेखन के आविष्कार से पूर्व श्रुति और स्मृति के सहारे ही सुरक्षित रही।

2. पारसी लोगों के मूल धर्म-ग्रंथ का नाम अवेस्ता है। इसकी वेदों से बड़ी निकटता है। दोनों ग्रंथों में अनेक देवताओं और धार्मिक ग्रंथों की समानता से विदित होता है किसी समय ईरान के पारसी और भारतीय आर्य एक ही मूल स्थान के निवासी और परस्पर भाई-भाई हैं।

अशफाकउल्ला खान

प्रसिद्ध क्रांतिकारी अशफाकउल्ला का जन्म 1900 ई. में शाहजहांपुर (उत्तर प्रदेश) के एक प्रसिद्ध मुसलमान खानदान में हुआ था। बचपन से ही वे स्वतंत्र प्रकृति के थे और शीघ्र ही क्रांतिकारी आंदोलन में सम्मिलित हो गए। वे पूरी तरह से इसमें डूब गए थे। दल की ओर से जो भी कार्यवाही होती उसमें अशफाक आगे बढ़कर हिस्सा लेते। 9 अगस्त, 1925 ई. को लखनऊ के निकट काकोरी स्टेशन के पास रेलगाड़ी से जो सरकारी खजाना लूटा गया उसमें अशफाक का भी प्रमुख हाथ था। इस घटना के बाद बहुत-से साथी पकड़े गए और उन पर मुकदमा चलने लगा। अशफाक की गिरफ्तारी कुछ समय बाद हुई और मुकदमा भी अलग से चला। जब इनके कुछ लोगों ने इन्हें सरकारी मुखबिर बनकर जान बचा लेने की राय दी तो अशफाक बोले—"मुझे फख्र है कि मैं अकेला मुसलमान हूं जो इस काम में आया हूं।" जब फांसी की सजा सुनाई गई तो उन्होंने कहा—"मेरी खुशकिस्मती है कि मुझे हुब्बेवतन का आलातरीन इनाम मिला। मुझे इस बात का फख्र है कि मैं पहला मुसलमान हूंगा जो इस तरह आजादी के लिए फांसी पा रहा हूं।" अशफाकउल्ला खान को 19 दिसंबर, 1927 ई. को फैजाबाद जेल में फांसी पर लटका दिया गया।

अशोक

प्राचीन भारत के मौर्य सम्राट बिंदुसार का पुत्र जिसका जन्म लगभग 297 ई. पूर्व में माना जाता है। भाइयों के साथ गृहयुद्ध के बाद 272 ई. पूर्व में अशोक को राजगद्दी मिली और 232 ई. पूर्व तक उसने शासन किया। आरंभ में अशोक भी अपने पितामह चंद्रगुप्त मौर्य और पिता बिंदुसार की भांति युद्ध के द्वारा साम्राज्य विस्तार करता गया। कश्मीर, कलिंग तथा कुछ अन्य प्रदेशों को जीतकर उसने संपूर्ण भारत में अपना साम्राज्य स्थापित कर लिया जिसकी सीमाएं पश्चिम में ईरान तक फैली हुई थीं।

परंतु कलिंग युद्ध में जो जनहानि हुई उसका अशोक के हृदय पर बड़ा प्रभाव पड़ा और वह हिंसक युद्धों की नीति छोड़कर धर्मविजय की ओर अग्रसर हुआ। अशोक की प्रसिद्धि इतिहास में उसके साम्राज्य विस्तार के कारण नहीं धार्मिक भावना और मानवतावाद के प्रचारक के रूप में अधिक है।

उसने बौद्ध धर्म ग्रहण किया, इस धर्म के उपदेशों को न केवल देश में वरन् विदेशों में भी प्रचारित करने के लिए प्रभावशाली कदम उठाए। अपने पुत्र महेंद्र और पुत्री संघमित्रा को अशोक ने इसी कार्य के लिए श्रीलंका भेजा था।

अशोक ने अपने कायकाल में अनेक शिलालेख खुदवाए जिनमें धर्मोपदेशों को उत्कीर्ण किया गया। राजशक्ति को सर्वप्रथम उसने ही जनकल्याण के विविध

कार्यों की ओर अग्रसर किया। अनेक स्तूपों और स्तंभों का निर्माण किया गया। इन्हीं में से सारनाथ का प्रसिद्ध सिंहशीर्ष स्तंभ भी है जो अब भारत के राजचिह्न के रूप में सम्मानित है।

कुछ इतिहासकारों का मत है कि अशोक ने धार्मिक क्षेत्रों की ओर ध्यान देकर राष्ट्रीय दृष्टि से अधिक हित साधन नहीं किया। इससे भारत का राजनीतिक विकास रुका जबकि उस समय रोमन साम्राज्य के समान विशाल भारतीय साम्राज्य की स्थापना संभव थी। इस नीति से दिग्विजयी सेना निष्क्रिय हो गई और विदेशी आक्रमण का सामना नहीं कर सकी। इस नीति ने देश को भौतिक समृद्धि से विमुख कर दिया जिससे देश में राष्ट्रीयता की भावनाओं का विकास अवरुद्ध हो गया।

दूसरी ओर अन्य का मत इससे विपरीत है। वे कहते हैं इसी नीति से भारतीयता का अन्य देशों में प्रचार हुआ। घृणा के स्थान पर सहृदयता विकसित हुई, सहिष्णुता और उदारता को बल मिला तथा बर्बरता के कृत्यों से भरे हुए इतिहास को एक नई दिशा का बोध हुआ। लोकहित की दृष्टि से अशोक ही अपने समकालीन इतिहास का एकमात्र ऐसा शासक है जिसने न केवल मानव की वरन् जीवमात्र की चिंता की।

इस मत-विभिन्नता के रहते हुए भी यह विचार सर्वमान्य है कि अशोक अपने काल का अकेला सम्राट था जिसकी प्रशस्ति उसके गुणों के कारण होती आई है बल के डर से नहीं।

अशोक वाटिका

रावण की लंका की एक अत्यंत रमणीय और सुसज्जित वाटिका का नाम। पंचवटी से सीता का अपहरण करके रावण उन्हें लंका ले गया और इसी वाटिका में रखा। सीता की खोज करते हुए हनुमान को विभीषण ने बताया कि सीता अशोक वाटिका में हैं। हनुमान ने सीता से यहीं भेंट की और बाद में अशोक वाटिका को उजाड़ दिया तथा लंका में भी आग लगा दी।

अशोक स्तंभ

सम्राट अशोक (दे.) ने अपने शासन काल में अनेक स्तंभ स्थापित कराए और उन पर राजाज्ञाएं तथा धर्मोपदेशों को उत्कीर्ण करवाया। इन स्तंभों की वर्तमान स्थिति इस प्रकार है—

1. दिल्ली में फिरोजशाह कोटला पर। इसे फिरोजशाह अंबाला से लाया था।
2. दिल्ली के उत्तर पश्चिम ढांग पर, यह मेरठ से आया।

3. कौशांबी में जैन मंदिर के पास।
4. इलाहाबाद के किले में।
5. सारनाथ के बौद्ध भग्नावशेषों में।
6. मुजफ्फरनगर के बरबीरा गांव में।
7. चंपारन के लौरियानंदगढ़ गांव में।
8. चंपारन के रड़िया गांव में।
9. चंपारन के रमपुरबा गांव में।
10. लुंबिनी, नेपाल तराई में।
11. नगलीवा गांव, नेपाल तराई में।
12. सांची, मध्य प्रदेश।

इनके अतिरिक्त संकिषा (फर्रुखाबाद), काशी का लाट भैरव, पटना की पुरानी बस्ती और बोधगया के पास उपलब्ध आकृतियां भी अशोक की लाट का अंश बताई जाती हैं।

अश्व (घोड़ा)

मानव जातियों के द्रुत गति से प्रसार में अश्व का बड़ा योगदान रहा है। एक मान्यता के अनुसार तीव्र गति से दौड़नेवाले घोड़ों को लेकर ही आर्य भारत में प्रविष्ट हुए थे और यहां के मूल निवासी उनके सामने पीछे हटने को बाध्य हुए। वेद, रामायण, महाभारत आदि में 'हयदल' का उल्लेख मिलता है। चाणक्य के 'अर्थशास्त्र' के अनुसार युद्ध में अश्व-सेना शत्रु-सेना को घेरने और उसकी भागती हुई सेना को नष्ट करने का काम करती थी। चंद्रगुप्त मौर्य और हर्षवर्धन की हय सेना बड़ी सुदृढ़ थी।

अश्व इसी महत्व के कारण किसी समय गौ की भांति संपत्ति का सूचक माना जाता था। ऋषि द्वारा छात्र से अश्वों की गुरु दक्षिणा मांगने का उल्लेख मिलता है। (दे. मालव) समुद्र मंथन में 'उच्चैःश्रवा' नाम का घोड़ा भी निकला था जो सूर्य को सौंप दिया गया। वैदिक मंत्रों में इंद्र, वरुण आदि के वाहन के रूप में भी अश्व का उल्लेख मिलता है।

अश्व को किसी भूपति के प्रताप का सूचक भी माना जाता था। अश्वमेध यज्ञ का घोड़ा अपने स्वामी की कीर्ति-पताका फहराता हुआ चारों ओर घूमकर चुनौती देता था।

प्राचीन वाङ्मय से ज्ञात होता है कि उस समय अश्व के गुण-दोषों के विचार के लिए पूरा 'अश्व विज्ञान' ही विकसित हो चुका था।

वैज्ञानिकों ने जीवाष्म देखकर मत व्यक्त किया है कि आरंभ में घोड़ा द्रुतगामी नहीं था। उसका आकार आजकल की लोमड़ी की तरह था और अगले पैरों में

पांच और पिछले पैरों में तीन अंगुलियां होती थीं। लगभग साढ़े पांच करोड़ वर्ष के विकास-क्रम में घोड़ा अपने वर्तमान रूप में पहुंचा है।

अश्वघोष

ई. पू. दूसरी शताब्दी के प्रसिद्ध बौद्ध विद्वान और भिक्षु। काव्य, संगीत, दर्शन, नाट्यशास्त्र और धार्मिक विषयों के कुशल वक्ता अश्वघोष का बौद्ध समुदाय में बड़ा आदर था। उनके रचित 'बुद्ध चरित' को धार्मिक महाकाव्य की ख्याति प्राप्त है। इनके समय तक बौद्ध-धर्म हीनयान और महायान दो शाखाओं में विभक्त हो चुका था। अश्वघोष महायान विचारधारा के अनुयायी थे। इनके जन्मस्थान के संबंध में दो मत प्रचलित हैं। कुछ लोग इन्हें अयोध्या (साकेत) का निवासी बताते हैं। अन्य के अनुसार इनका जन्म मगध में हुआ था। बाद में ये कुषाणसम्राट कनिष्क की सभा में पेशावर चले गए और वहीं रहने लगे। इन्होंने पेशावर में कनिष्क द्वारा आयोजित 'बौद्ध संगीति' में भी भाग लिया था।

अश्वतीर्थ

मुनि ऋचीक और सत्यवती के विवाह का स्थान, इसे कन्नौज के पास गंगा और और काली नदी के संगम पर बताया जाता है। मुनि ऋचीक ने विश्वामित्र के पिता गाधि से उनकी कन्या सत्यवती का हाथ मांगा। इस पर गाधि ने कहा, तुम मुझे एक हजार श्यामकर्ण के घोड़े ला दो तो में तुम्हें अपनी कन्या दे दूंगा। ऋचीक ने वरुण की कृपा से गंगा जल से घोड़े प्रकट कर लिए। इस प्रकार दोनों का विवाह संपन्न हुआ।

अश्वत्थ

हिंदुओं और बौद्धों द्वारा पूजित पीपल वृक्ष। हिंदुओं का विश्वास है कि इसमें देवता निवास करते हैं। किसी व्यक्ति के अंतिम क्रियाकर्म के अवसर पर, उसकी आत्मा की तृप्ति के लिए सभी बंधु-बांधवों द्वारा पीपल पर जल चढ़ाने का विधान है।

गौतम बुद्ध को बोधगया में पीपल के वृक्ष के नीचे ही ज्ञान प्राप्त हुआ था। भारत में यह वृक्ष लगभग पूरे देश में पाया जाता है। श्रीलंका और बर्मा में बौद्ध धर्मावलंबी भारत से इसे ले गए। भारतीय भाषाओं में इसके अलग-अलग नाम हैं।

अश्वत्थामा

कौरवों और पांडवों के गुरु द्रोणाचार्य का पुत्र। इसकी माता का नाम कृपी था। कहा जाता है कि जन्म के समय इसके कंठ से हिनहिनाने जैसी ध्वनि हुई। इस

कारण इसका नाम अश्वत्थामा पड़ा। महाभारत युद्ध में यह कौरव पक्ष का सेनापति था। युद्ध में इसके पिता द्रोणाचार्य का वध द्रुपद-पुत्र धृष्टद्युम्न ने किया था। इसका बदला लेने के लिए अश्वत्थामा एक रात पांडवों के शिविर में गया और पांडवों के पांचों पुत्रों तथा अभिमन्यु की पत्नी उत्तरा के गर्भस्थ शिशु का वध कर डाला (उत्तरा के पुत्र को श्रीकृष्ण ने जीवित कर दिया था जो बाद में राजा परीक्षित के नाम से विख्यात हुआ)।

पुत्रों का वध होने के कारण द्रोपदी विलाप करने लगी। इस घटना से क्रुद्ध होकर अर्जुन ने अश्वत्थामा को युद्ध के लिए चुनौती दी और उसका वध करने के लिए ब्रह्मास्त्र उठाया। इससे उसका अंत निश्चित था किंतु व्यास, नारद और युधिष्ठिर आदि ने अर्जुन को इस प्राणघातक अस्त्र के प्रयोग से रोका। तब अर्जुन ने अश्वत्थामा को मणिहीन करके उसे अपमानित जीवन जीने के लिए छोड़ दिया।

अश्वनि

यह पौराणिक अश्वनीकुमारों का ही वैदिक नाम है। वेदों में इन्हें दो भाई बताया गया है जो उषा के निकट संबंधी हैं। ये देवताओं के चिकित्सक हैं, रोगों से मुक्ति देते हैं, दृष्टिदान करते हैं और शारीरिक क्षय की पूर्ति करते हैं। विपत्ति में ये लोगों के सहायक हैं इन्होंने बूढ़े च्यवन ऋषि को युवक बनाकर अनेक कुमारियों का पति बनने में समर्थ बनाया। पुराणों में भी इन्हें सूर्य की अश्वरूपी पत्नी संज्ञा (दे.) का युगल पुत्र और देवताओं का वैद्य बताया गया है।

अश्वपति

कैकय देश का एक तत्ववेत्ता राजा। यह समष्टिवाद के सिद्धांत का पोषक था। इसके अनुसार आकाश परमात्मा का मस्तक है, सूर्य आंखें हैं, वायु प्राण और पृथ्वी पैर है। इसके पास एक बार एक विद्वान् आत्मज्ञान प्राप्त करने के उद्देश्य से गया। अश्वपति जब उचित सम्मान करने के बाद दक्षिणा देकर विद्वान् को विदा करने लगा तो उसने दक्षिणा लेना अस्वीकार कर दिया। अश्वपति के यह कहने पर कि मेरे किसी दोष के कारण ही आपने दक्षिणा लेना अस्वीकार किया होगा, आगत व्यक्ति ने बताया कि वह दक्षिणा के लिए नहीं आत्मज्ञान प्राप्त करने आया है। इस पर राजा ने उसे दान दिया। इस राजा के राज्य में न्याय और सदाचार का बोलबाला था और संपन्नता व्याप्त थी।

2. महाभारत में वर्णित सावित्री के पिता का नाम। इनकी पुत्री ने अपनी तपस्या से अपने मृत पति सत्यवान को पुन: जिला लिया था।

3. अयोध्या नरेश दशरथ की पत्नी कैकेयी के पिता जो पक्षियों की भाषा भी समझते थे।

अश्वमेध

प्राचीन भारत का प्रमुख यज्ञ जिसे राजा सर्वविजयी होने पर किया करते थे। ऋग्वेद में भी इसका उल्लेख है। राम, युधिष्ठिर और राजा बलि के अश्वमेध यज्ञ प्रसिद्ध हैं। राजा जब विजय के बाद स्वयं को सार्वभौम घोषित करना चाहता तो अश्वमेध यज्ञ का आयोजन करता था, इसमें एक घोड़े के मस्तक पर 'जयप्रभा' बांधकर उसे छोड़ दिया जाता जो पूरे वर्ष-भर इच्छानुसार विचरण करता। राजा स्वयं या उसके प्रतिनिधि के नेतृत्व में सैन्यदल भी घोड़े के पीछे-पीछे चलता। जिस राज्य से बिना रोकटोक के घोड़ा निकल जाता उस राज्य को अधीन मान लिया जाता था। जिस राजा को अश्वअधिपति का आधिपत्य स्वीकार नहीं होता था वह घोड़े को पकड़कर बांध लेता था और युद्ध करता था। अश्वअधिपति की सेना उसे पराजित करके घोड़ा छुड़ाती और घोड़ा आगे बढ़ता था। इस प्रकार वर्ष-भर राजाओं को अधीन करके घोड़े के साथ सैन्यदल राजधानी वापस आता। पराजित राजा भी साथ आते। जो यज्ञ होता उसमें उस अश्व की चर्बी से हवन किया जाता था। इसी से इसका नाम 'अश्वमेध' पड़ा।

गौतम बुद्ध ने इस प्रथा की निंदा की थी। पर कुछ समय रुकने के बाद पुन: इसका प्रचलन आरंभ हो गया। पुष्यमित्र सुंग, चंद्रगुप्त, कामरूप के महेंद्र वर्मा तथा गुप्त राजा आदित्यसेन के अश्वमेध यज्ञों का उल्लेख मिलता है। दक्षिण में चालुक्यों ने भी यह यज्ञ किया था। इस प्रकार सातवीं शताब्दी तक अश्वमेध होते रहे।

अश्वसेन

सर्पराज तक्षक का पुत्र जिसका आधा शरीर पांडवों द्वारा खांडव वन में आग लगाने के कारण जल गया था। मूसलाधार वर्षा करके इंद्र ने इसके प्राण तो बचा लिए किंतु इसकी माता जल मरी। इसी का बदला लेने के लिए यह महाभारत युद्ध में कर्ण के बाण पर आसीन हो गया। परंतु पहले प्रहार में श्रीकृष्ण की सावधानी से अर्जुन बच गए और दुबारा कर्ग ने अश्वसेन आसीन वाण को चलाना अस्वीकार कर दिया। बाद में यह अर्जुन के हाथों मारा गया।

अश्विनी कुमार

ये सूर्य की पत्नी प्रभा के गर्भ से उत्पन्न दो जुड़वां भाई थे। इनके नाम के संबंध में प्रसिद्ध है कि प्रभा सूर्य के तेज से भयभीत होकर एक बार अश्विनी (घोड़ी) का रूप धारण करके तपस्या करने चली गई। इसका पता चलने पर सूर्य भी अश्व का रूप धारण करके उसके पास पहुँचा। इस अश्व दंपति से उत्पन्न दोनों पुत्र अश्विनी कुमार कहलाते हैं। इनकी प्रसिद्धि देवताओं के वैद्य और च्यवन ऋषि

का कायाकल्प करनेवाले के रूप में विशेष है। यह भी उल्लेख मिलता है कि इन्होंने एक ऋषि का कटा हुआ सिर भी जोड़ दिया था। च्यवन ऋषि के प्रयत्न से इन्हें वैदिक देवताओं में स्थान प्राप्त है। पांच पांडवों में से दो भाई नकुल और सहदेव अश्विनी कुमारों के ही पुत्र बताए जाते हैं।

अश्विनीसुत

यह विवरण भी अश्विनी कुमारों (दे.) की कथा से मिलता-जुलता है। सुतपस भारद्वाज ऋषि की पत्नी जब तीर्थयात्रा कर रही थी, सूर्य ने उसके साथ बलात्कार किया जिससे अश्विनीसुत नामक सुंदर पुत्र उत्पन्न हुआ। यात्रा से लौटने पर जब ऋषि-पत्नी ने यह बात अपने पति को बताई तो उसने पत्नी और पुत्र दोनों का त्याग कर दिया। स्त्री गोदावरी नदी बन गई और पुत्र सूर्य की कृपा से ज्योतिषी बन गया।

अष्टक वैश्वामित्र

माधवी के गर्भ से उत्पन्न ऋषि विश्वामित्र का परम विद्वान् पुत्र। ये चार भाई थे। एक बार चारों रथ में बैठकर जा रहे थे तो मार्ग में नारद मिल गए। महाभारत के अनुसार इसके पूछने पर नारद ने बताया कि तुमने मुझे जो दान दिया, उसका तुमको अभिमान हो गया है। इसलिए चारों भाइयों में सबसे पहले तुम्हारा पतन होगा। इसका नाना ययाति (दे.) आत्मप्रशंसा के कारण स्वर्ग से च्युत हो गया था। तब इसने अपना पुण्य देकर उसे स्वर्ग भेज दिया।

अष्टग्रही योग

जव मंगल, शनि, चंद्र, रवि, बुध, शुक्र, केतु और गुरु किसी एक राशि में आ जाते हैं तो वह योग अष्टम योग कहलाता है। मान्यता है कि इस योग में बड़ी अशांति फैलती है और रक्तपात होता है। सामान्यत: यह 800 वर्षों में एक बार होता है। महाभारत और पृथ्वीराज चौहान के समय यही योग था। पिछली बार 12 अप्रैल, 1962 को जब यह योग पड़ा तो इसके प्रभाव पर विश्वास करनेवाले लोग बड़े भयभीत थे।

अष्टछाप

ब्रजभाषा के आठ प्रसिद्ध भक्त कवि जिन्होंने श्रीकृष्ण के चरित्र के आधार पर उत्कृष्ट काव्य और संगीत की रचना की। ये आठ कवि हैं—सूरदास, परमानंद-दास, कुम्भनदास, कृष्णदास, नंददास, चतुर्भुजदास, गोविन्द स्वामी और छीतस्वामी। इनमें से सूरदास, कुम्भनदास, परमानंददास और कृष्णदास

वल्लभाचार्य जी के शिष्य थे। शेष चार ने उनके उत्तराधिकारी पुत्र गोस्वामी विट्ठलदास से दीक्षा ली। गोस्वामी विट्ठलदास ने इन आठ कवियों की भक्ति, काव्य और संगीत की प्रतिभा को विशिष्टता की छाप लगाकर सराहा और तभी से यह मंडली 'अष्टछाप' के नाम से विख्यात हुई। सूरदास इनमें प्रमुख हैं। अष्ट-छाप के इन कवियों की प्राप्त रचनाओं का समय सन् 1500 से सन् 1586 ई. के बीच माना जाता है।

अष्टधातु

आठ धातुओं का मिश्रण। इसका उपयोग देव प्रतिमाओं के निर्माण के लिए किया जाता रहा है। ये आठ धातु हैं—सोना, चांदी, तांबा, रांगा, जस्ता, सीसा, लोहा और पारा। प्रतिमा-निर्माण के लिए पारा के स्थान पर पीतल लगाया जाता था।

अष्टप्रधान

मराठा राज्य के संस्थापक शिवाजी की आठ मंत्रियों की परिषद् 'अष्टप्रधान' कहलाती थी। शासन-कार्य के संचालन में सहायता प्रदान करनेवाली इस परिषद् में निम्नांकित अधिकारी सम्मिलित थे--पेशवा अथवा प्रधान मंत्री, आमात्य, मंत्री, सचिव, सामंत, सेनापति, पंडितराव और न्यायाधीश।

अष्टमूर्ति

शिव का एक नाम। इनकी आठ मूर्तियों के नाम कालिका पुराण में इस प्रकार दिए गए हैं—अग्नि, सूर्य, चन्द्रमा, भूमि, जल, वायु, यजमान और आकाश। इनके ये नाम भी मिलते हैं—1. क्षितिमूर्ति शिव, 2. जलमूर्ति भव, 3. अग्नि-मूर्ति रुद्र, 4. वायुमूर्ति उग्र, 5. आकाशमूर्ति भीम, 6. यजमानमूर्ति पशुपति, 7. चंद्रमूर्ति महादेव और 8. सूर्यमूर्ति ईशान।

अष्टसिद्धि

ये अलौकिक सिद्धियां मानी जाती हैं, जो योग से सिद्ध होती हैं। ये हैं—1. अणिमा—जिसमें योगी अणु के समान सूक्ष्म रूप धारण कर सकते हैं। 2. महिमा—जिसमें विशाल रूप धारण कर सकते हैं। 3. गरिमा--जिसमें अपनी इच्छा के अनुसार भारी बन सकते हैं। 4. लघिमा—जिसमें इच्छा के अनुसार हल्के बन सकते हैं। 5. प्राप्ति---इसमें इच्छानुसार पदार्थ प्राप्त हो सकता है। 6. प्राकाम्य—इसमें इच्छानुसार आकाश में उड़ सकते या पृथ्वी में समा सकते हैं। 7. ईशित्व—इसमें सब पर शासन करने की सामर्थ्य प्राप्त होती है। 8. वशित्व--

इसमें दूसरों को वश में करने की शक्ति प्राप्त होती है।

अष्टांग

देवमंदिर में दर्शन करने का एक ढंग जिसमें आठों अंगों से प्रणाम किया जाता है। इसे अष्टांग प्रणिपात कहते हैं। इसमें देवता या गुरु को प्रसन्न करने के लिए पेट के बल सामने लेट जाते हैं और इसी रूप में फिर-फिर लेटते हुए एक स्थान से दूसरे स्थान पर जाते हैं। अष्टांग प्रणाम का अर्थ है—छाती, मस्तक, नेत्र, मन, वचन, पैर, जंघा और हाथ इन आठों अंगों से झुकते हुए प्रणाम करना।

अष्टांग योग

चित्तवृत्ति के निरोध के लिए की जानेवाली योग-क्रिया के आठ उपाय या अंग माने जाते हैं। इनमें से पांच वहिरंग कहलाते हैं, यथा—यम, नियम, आसन, प्राणायाम और प्रत्याहार। तीन अंतरंग कहलाते हैं—ध्यान, धारण और समाधि। योग या साधना के क्रम में वहिरंग 'अंगों' के परिपालन के बाद ही अंतरंग अंगों का क्रम आता है। प्रत्याहार का अर्थ है इंद्रियों का बाहरी विषयों से हटकर अंतर्मुखी हो जाना। देह के किसी अंग या इष्ट की मूर्ति पर ध्यान केन्द्रित करना 'धारणा' कहलाता है।

अष्टाध्यायी

संस्कृत भाषा का प्रसिद्ध व्याकरण ग्रंथ जिसकी रचना पाणिनि ने की थी। इसमें आठ अध्याय हैं, इसीलिए इसका नाम 'अष्टाध्यायी' रखा गया। पाणिनि ने अपने इस ग्रंथ में भाषा का जो मानक रूप निरूपित किया और शब्दों के अर्थ निर्धारित किए उसका पूरा प्रभाव बाद की संस्कृत भाषा पर पड़ा है।

पाणिनि के समय के संबंध में मतभेद है। कोई उन्हें सातवीं शताब्दी ई. पू. का मानता है, कोई पांचवीं शताब्दी ई.पू. का। इस ग्रंथ में व्याकरण के साथ-साथ प्रकारांतर से ऐतिहासिक और सांस्कृतिक महत्व की सामग्री भी उपलब्ध है।

अष्टावक्र

उद्दालक (दे.) की पुत्री सुजाता का विवाह वेदपाठी पंडित कहोड़ नाम के ब्राह्मण के साथ हुआ था। एक दिन वेदपाठ करते समय कहोड़ ने मंत्र का अशुद्ध उच्चारण किया। इस पर सुजाता के गर्भ में स्थित बालक ने पिता को टोक दिया। इससे कहोड़ क्रुद्ध हो उठा और उसने गर्भस्थ शिशु को अष्टावक्र (आठ स्थानों से टेढ़े शरीरवाला) होने का शाप दे दिया।

अष्टावक्र बड़ा प्रतिभावान था। एक बार शास्त्रार्थ में पराजित हो जाने के कारण इसके पिता को पानी में डुबा दिया गया था। 12 वर्ष के अष्टावक्र ने पिता को पराजित करनेवाले पंडित को शास्त्रार्थ में हराकर पिता का उद्धार किया। अष्टावक्र एक बार मिथिला नरेश जनक की सभा में गया। वहां उपस्थित विद्वानों की मंडली उसके टेढ़े-मेढ़े शरीर को देखकर हँस पड़ी। इस पर अष्टावक्र ने कहा—मैं तो यह समझकर आया था कि यह विद्वानों की सभा है। पर यहां तो सब चर्मकार बैठे हैं। जनक ने जब उससे इस कथन का कारण पूछा तो अष्टावक्र बोला—आपकी सभा में बैठे लोग केवल चमड़े के पारखी हैं, आत्मा और उसके गुणों की परख उनको नहीं है। यह सुनकर उनका उपहास करनेवाले बहुत लज्जित हुए। एक विवरण के अनुसार संमगा नामक नदी में स्नान करने से बाद में इसकी वक्रता दूर हो गई थी।

असमंजस

भागवत और पुराणों में वर्णित सगर राजा का एक पुत्र जो केशिनी के गर्भ से उत्पन्न हुआ था। पिछले जन्म में कुसंगति के कारण यह योगभ्रष्ट हो गया था। इस जन्म में भी कुसंग से पाला न पड़ जाए, इसने अपना व्यवहार असामान्य बना लिया। यह पिशाच की तरह व्यवहार करने लगा। लोग इससे डरते और दूर रहते। इसने बच्चों को सरयू में डुबाना भी शुरू कर दिया। जब इसकी शिकायत राजा सगर से की गई तो उसने इसे घर से निकाल दिया। लेकिन वन जाते समय असमंजस ने सरयू में डुबाए सब बच्चों को जीवित करके उनके माता-पिताओं को लौटा दिया। उसकी यह सिद्धि देखकर लोगों को बड़ा आश्चर्य हुआ।

असम

पूर्वी भारत का एक प्रदेश। महाभारत और पुराणों में इसका उल्लेख प्रागज्योतिषपुर और कामरूप नाम से मिलता है। पुराणों के समय नरकासुर (दे.) यहां का विख्यात राजा था। उसके पुत्र भगदत्त ने महाभारत युद्ध में कौरवों की ओर से भाग लिया था। उस समय यहां अनार्य लोगों का राज्य था जो दानव या असुर कहलाते थे। यहां की भौगोलिक स्थिति के कारण चारों तरफ के लोग आकर बसते रहे। तेरहवीं शताब्दी के आरंभ में बरमा की अहोम जाति ने कब्जा करके छः सौ वर्षों तक यहां राज्य किया। उन्होंने पठान और मुगल आक्रमणकारियों को असम में घुसने नहीं दिया। अहोम जाति के नाम पर ही इस प्रदेश का नाम असम पड़ा है।

अंग्रेजों ने 1838 ई. में असम को अपने साम्राज्य में मिलाकर वृहत्तर बंगाल प्रांत का अंग बना लिया। 1905 ई. के 'बंगभंग' (दे.) के समय भी इसे पूर्वी

बंगाल के साथ मिलाया गया था। सन् 1912 में यह अलग प्रदेश बना। किंतु इस प्रशासनिक इकाई में भाषा-भेद और सांस्कृतिक पृष्ठभूमि में अंतर के कारण विवाद होते रहे। इसी कारण किसी समय स्वतंत्रता के बाद इसी बड़े राज्य में से नागालैंड, मेघालय, मिजोरम और अरुणाचल प्रदेश बने हैं।

असम खनिजों की दृष्टि से एक समृद्ध राज्य है। खनिज तेल काफी बड़े भाग में मिलता है। चाय यहां की प्रमुख उपज है। ब्रह्मपुत्र यहां की सबसे बड़ी नदी और गोवाहाटी सबसे बड़ा नगर है। दिसपुर इसकी राजधानी है।

असमियां

असम प्रदेश में बोली जानेवाली भाषा। संस्कृत परिवार की इस भाषा का साहित्यिक रूप 13वीं शताब्दी से मिलता है। उस अवधि का महाभारत के कुछ अंशों का अनुवाद उपलब्ध है। 15वीं शताब्दी में वैष्णव भक्ति आंदोलन से इस भाषा को भी प्रोत्साहन मिला। इस अवधि में शंकरदेव ने अपनी रचनाओं के द्वारा असमियां भाषा को संपन्न किया। 17वीं शताब्दी में गद्य में रामायण की रचना हुई। 1836 से 1872 ई. तक प्रशासन और शिक्षा में बंगला भाषा का प्रभाव रहने से असमियां की प्रगति में कुछ रुकावट आई। परंतु मिशनरियों द्वारा असमियां में बाइबिल का अनुवाद करने से इस भाषा के गद्य का एक नया रूप सामने आया। तब से असमियां में अनेक उच्चकोटि की रचनाएं आ चुकी हैं।

असहयोग आंदोलन

भारतीय राजनीति में महात्मा गांधी द्वारा व्यापक रूप से अपनाया गया मार्ग जिसकी परिणति 1947 ई. में अंग्रेजों के यहां से हटने और देश की स्वाधीनता में ई। यद्यपि विदेशी शासकों से असहयोग के प्रयत्न इससे पहले भी हुए थे, इस विषय ग्रंथ-रचना भी हो चुकी थी, भारत में ही नामधारी सिक्खों के गुरु गुरुनामसिंह ने अंग्रेजों के विरुद्ध इसका प्रयोग किया था। पर गांधीजी का असहयोग आंदोलन सर्वथा नवीन धरातल पर था। जिस समय उन्होंने देश को यह कार्यक्रम दिया, उस समय और कोई अन्य मार्ग नहीं था। प्रार्थना-पत्रों की राजनीति अपनी मृत्यु मर चुकी थी। क्रांतिकारी आंदोलन ने देश में व्यापक जागृति तो उत्पन्न की, परंतु ब्रिटिश साम्राज्य की सैनिक शक्ति के सामने उससे लक्ष्य की प्राप्ति की संभावना नहीं थी। प्रथम विश्वयुद्ध में विजय के बाद अंग्रेजों ने दमनचक्र और भी तेज कर दिया। ऐसे अवसर पर 1919-20 ई. में गांधीजी ने असहयोग का कार्यक्रम देश के सामने रखा। इसके मुख्य अंग थे —(1) सरकारी स्कूलों-कालेजों का बहिष्कार, (2) सरकारी नौकरी का वहिष्कार, (3) सरकारी अदालतों का वहिष्कार, (4) सरकारी उपाधियों का वहिष्कार, (5) तत्कालीन सरकारी कौंसिलों और धारा-

सभाओं का वहिष्कार, (6) विदेशी वस्तुओं का वहिष्कार और स्वदेशी वस्तुओं का उपयोग।

अहिंसा इस आंदोलन का प्राण थी और प्रतिपक्षी के प्रति भी मैत्रीभाव इसका मूलमंत्र था। सारा आंदोलन अंग्रेजों की साम्राज्यवादी नीति के विरुद्ध था, अंग्रेज जाति के विरुद्ध नहीं। स्वयं कष्ट सहना इसका आधार था, परपीड़ा के लिए इसमें स्थान नहीं था। इतिहास में प्रथम बार इतने व्यापक क्षेत्र में व्यवस्थित रूप से यह आंदोलन चला और समाप्त हुआ। इससे उत्पन्न जागृति से ही देश स्वतंत्रता प्राप्त कर सका।

असित कश्यप

कश्यप ऋषि का यह पुत्र देवल काश्यप भी कहलाता है। इसने युधिष्ठिर के यज्ञ में पुरोहित का काम किया था। श्रीकृष्ण तथा बलराम से मिलने के लिए भी यह गया था। यह आदित्य तीर्थ में गृहस्थ के रूप में रहता और योगसाधना किया करता था। एक बार जैगीषव्य नामक ऋषि भिखारी का वेश बनाकर इसके आश्रम में आए और बिना एक शब्द बोले इसके आतिथ्य का उपभोग करते रहे। ऋषि के निरंतर मौन रहने के कारण देवल मन-ही-मन उनकी अवहेलना करने लगा। किंतु ऋषि के एक-के-बाद-एक चमत्कार देखकर वह आश्चर्यचकित रह गया, बाद में असित की प्रार्थना पर जैगीषव्य ऋषि ने इसे उपदेश दिया और संन्यास की दीक्षा दी।

असिधारा व्रत

जिस प्रकार तलवार की धार पर चलने के लिए सतर्कता आवश्यक है। उसी प्रकार की सतर्कता से किया जानेवाला व्रत असितधारा व्रत कहलाता है। इस व्रत को पांच दिन, दस दिन, चार मास, एक वर्ष अथवा बारह वर्ष तक करने का विधान है। इसमें बिछावन रहित भूमि पर शयन करना, केवल रात्रि में भोजन करना और पत्नी के रहते हुए भी ब्रह्मचर्य व्रत का पालन करना होता है। व्रत करनेवाले को क्रोधमुक्त रहकर ईश्वर के ध्यान में तल्लीन रहने से ही व्रत का पूर्ण लाभ मिलता है। पुराण के अनुसार जो व्यक्ति बारह वर्ष तक इस व्रत का आचरण करता है उसकी विश्व में पूजा होती है।

असीरगढ़

मध्य प्रदेश के नीमाड़ जिले के इस स्थान का प्राचीन नाम अश्वत्थामागिरि था। अश्वत्थामा गुरु द्रोणाचार्य का पुत्र था। महाभारत युद्ध में इसने दुर्योधन का साथ दिया था। सोते हुए पांडव-पुत्रों का सिर काटने के कारथ पांडवों ने इसे मणिहीन

बनाकर अपमानित जीवन जीने के लिए छोड़ दिया। कहते हैं यह अमर है।

असुर

प्राचीन साहित्य में यह शब्द दो भिन्न अर्थों में प्रयुक्त हुआ है। अधिकांश स्थानों में इसका वह अर्थ नहीं है जो बाद में हुआ। विद्वानों ने गणना की है कि ऋग्वेद में इस शब्द का 105 बार प्रयोग हुआ है और 90 बार यह प्राणशक्ति से संपन्न वैदिक देवताओं का शुभ सूचक विशेषण है। केवल 15 स्थानों पर देवों के शत्रु असुर कहलाए हैं।

इसी नाम की एक जाति भी प्राचीन काल में पूर्वी ईराक में बसती थी। इस सामी जाति ने अपनी विजय-पताका दूर-दूर तक फहराई। आरंभ में आर्य और असुर सहभागी थे। कालांतर में दोनों जातियों में विस्तार और अस्तित्व रक्षा के लिए जो व्यापक संघर्ष हुआ, उसी का परिणाम यह प्रतीत होता है कि असुर शब्द आर्य देवताओं में शत्रुओं का बोधक बन गया।

यद्यपि बाद के साहित्य में असुर दैत्य और दानव में कोई अंतर नहीं मिलता। परतु आरंभ में दैत्य और दानव असुर जाति के दो विभाग थे। कश्यप की पत्नी दिति के गर्भ से उत्पन्न पुत्र दैत्य और दनु के गर्भ से उत्पन्न पुत्र दानव कहलाते थे।

रामायण के अनुसार सुरा का सेवन करने के कारण देवता सुर कहलाते थे और जो लोग सुरा पान नहीं करते थे, वे असुर नाम से जाने जाते थे। लेकिन ये दोनों ही प्रजापति के पुत्र हैं और असुर देवों के बड़े भाई हैं। अभिलेखों के माध्यम से असुर सभ्यता का दसवीं शताब्दी ई. पू. से लेकर पांचवीं शताब्दी ई. पू. तक का समृद्ध ऐतिहासिक विवरण मिलता है।

असुरगण

वायु पुराण के अनुसार प्रजापति की जांघ से उत्पन्न असुरगण देवताओं के समान ही पराक्रमी थे। आरंभ में हिरण्यकशिपु, बलि और प्रह्लाद ये तीन असुर इंद्र भी हुए। दस युगों तक तीनों लोकों पर असुरों का शासन रहा। यज्ञ-विरोधी असुरगणों का निवास पाताल लोक में बताया जाता है। किसी समय देवताओं के समकक्ष समझे जानेवाले असुरगणों का वामन अवतार के बाद पतन हो गया।

असुराचार्य

भृगु ऋषि और हिरण्यकशिपु की पुत्री दिव्या के पुत्र जो शुक्राचार्य (दे.) के नाम से अधिक विख्यात हैं, असुरों के आचार्य होने के कारण ये असुराचार्य भी कहलाए। इन्होंने एक हजार अध्यायों के बार्हस्पत्यशास्त्र की रचना की थी। वामन अवतार

में यही राजा बलि के संकल्प के समय उसकी झारी की टोंटी में बैठकर अपनी एक आंख गंवा चुके थे। शंकर की आराधना करके इन्होंने ही मृतसंजीवनी विद्या प्राप्त की थी।

अस्त्र-शस्त्र

आत्मरक्षा तथा शिकार के लिए मनुष्य अस्त्र-शस्त्रों का प्रयोग आदिकाल से ही करता आ रहा है। वैज्ञानिक खोजों से ज्ञात होता है कि आरंभिक अस्त्र-शस्त्र हड्डी, पत्थर और लकड़ी के होते थे। धातु का पता चलने पर सर्वप्रथम तांबे के और बाद में लोहे के बनने लगे।

अस्त्र वे हथियार कहलाते हैं, जो फेंके जाते हैं, जैसे—भाला या वाण, गुलेल आदि से फेंके जानेवाले हथियार। शस्त्र वे हथियार हैं, जो फेंके नहीं जाते, जैसे—तलवार, फरसा आदि काटनेवाले, बरछा, त्रिशूल आदि भोंकनेवाले और गदा जैसे कुंद हथियार। वैदिक काल में न फेंके जानेवाले शस्त्र 'अमुक्ता' कहलाते थे। फेंके जानेवाले शस्त्रों का नाम 'मुक्ता' था। दोनों प्रकार से प्रयोग में आनेवाले शस्त्रों को 'मुक्तामुक्त' कहते थे। ऐसे भी शस्त्र थे जो फेंककर लौटाए जा सकते थे। उन्हें 'मुक्तसंनिवृत्ती' कहते थे। आत्मरक्षा के लिए कवचों का भी उल्लेख मिलता है।

मानव सभ्यता के विकास के साथ संघर्ष भी बढ़ते गए। इसलिए आक्रामक और रक्षात्मक अस्त्र-शस्त्रों में निरंतर वृद्धि होती गई। 1294 ई. में बारूद के आविष्कार के साथ अस्त्र-शस्त्रों के एक नए युग का आरंभ हुआ। भारत में पानीपत के युद्ध (1526 ई.) में बाबर ने पहली बार तोपों का प्रयोग किया था। अब अस्त्र-शस्त्रों में टैंक, राकेट और परमाणु बम और हाइड्रोजन बम जैसी महाविनाशक चीजों के साथ छोटे आग्नेयास्त्रों की एक लंबी शृंखला सम्मिलित हो चुकी है और इसमें निरंतर वृद्धि होती जा रही है।

अहंकार

सांख्य-दर्शन के अनुसार प्रकृति-पुरुष संयोग से 'महत्' उत्पन्न होता है। महत् से अहंकार की उत्पत्ति होती है। इसी से सूक्ष्म और स्थूल प्रकृति पैदा होती है। 'मैं', 'मेरा' की भावना यही अहंकार है। इसके सत्वगुणप्रधान होने पर सत्कर्म होते हैं। रजःप्रधान होने पर पाप कर्म होते हैं और तमःप्रधान होने पर मोह होता है। विज्ञानचक्षु के अनुसार सात्विक अहंकार से मन, राजस से दस इंद्रियां तथा तामस से पंचतन्मात्राएं उत्पन्न होती हैं। दर्शनों में अहंकार को पतन का कारण माना गया है। 'साधन संहिता' के अनुसार इसके पांच भेद होते हैं—देहाहंकार, प्रज्ञाहंकार, जोवाहंकार, आत्माहंकार तथा शिवाहंकार। पारमार्थिक जगत् में अहंकारमुक्त

होना चाहिए, पर व्यावहारिक जगत् में अहंकार के बिना निर्वाह संभव नहीं है।

अहम्

तत्त्वदर्शन की दृष्टि से अहम् या अहंवाद उस दार्शनिक सिद्धांत का नाम है जिसके अनुसार केवल ज्ञात एवं ज्ञाता की मनोदशाओं की सत्ता है, दूसरी किसी वस्तु की नहीं। दूसरे शब्दों में वह व्यावहारिक, अविद्या से सीमित, अनात्म से एकीकृत है, जो 'मैं' और 'मेरे' की भावना उत्पन्न करती है। इसके अनुसार केवल ज्ञाता अथवा आत्मा का ही अस्तित्व है। आत्म का ज्ञान ही निश्चित सत्य है, बाह्य विश्व तथा ईश्वर केवल अनुमान के विषय हैं।

अहमद खां, सर सैयद (1817-1898 ई.)

अलीगढ़ मुसलिम विश्वविद्यालय के संस्थापक सर सैयद अहमद खां का जन्म दिल्ली में हुआ। ये ब्रिटिश सरकार की सेवा में थे। सेवाकाल से ही ये अपनी मुसलमान कौम की उन्नति के कामों में लगे रहे। मुरादाबाद और गाजियाबाद में मुसलमान लड़कों को अंग्रेजी पढ़ाने के लिए स्कूल खोले। ये इंग्लैंड भी गए थे। सेना से अवकाश लेने पर इन्होंने 1877 ई. में अलीगढ़ कॉलेज कायम किया जो बाद में विश्वविद्यालय बन गया। सर सैयद उर्दू के अच्छे लेखक थे।

अहल्या

गौतम ऋषि की पत्नी अहल्या की गणना उन पांच साध्वी महिलाओं में की गई है, जिनका प्रातःकाल स्मरण करने से महापातक नष्ट हो जाता है। ये पांच महिलाएं हैं—अहल्या, द्रोपदी, तारा, कुन्ती और मन्दोदरी। पर अहल्या को अपने पति के शाप के कारण पत्थर की शिला बन जाना पड़ा। कहा जाता है कि ब्रह्म ने संसार की सबसे सुंदर वस्तुओं का सार लेकर उनसे अहल्या की रचना की थी। 'हल' का अर्थ कुरूप होता है, इसके विपरीत रूप की पूर्णता के कारण उसका अहल्या नाम बड़ा सार्थक था। कथा प्रसिद्ध है कि अहल्या के सौंदर्य पर इंद्र की कुदृष्टि थी। अपनी इच्छा पूर्ति के लिए एक बार उसने रात्रि में ही प्रातःकाल का भ्रम उत्पन्न कर दिया। इस पर गौतम ऋषि निद्रा त्यागकर स्नान-ध्यान आदि के लिए चल दिए और इंद्र ने गौतम का रूप धारण करके अहल्या का सतीत्व नष्ट कर दिया। लौटने पर जब ऋषि को इस कुकृत्य का पता चला तो उन्होंने दोनों को शाप दे दिया। इससे इंद्र के पूरे शरीर पर स्त्री जननेंद्रिय के चिह्न बन गए और अहल्या शिला हो गई।

त्रेता युग में जब इस शिला को राम के चरणों का स्पर्श मिला, तब कहीं अहल्या का उद्धार हुआ।

कुछ विद्वान् इस आख्यान को रूपक मानते हैं। उनका मत है कि इंद्र सूर्य का और अहल्या रात्रि का प्रतीक है।

अहल्या कुंड

बिहार के दरभंगा जिले का एक स्थान। प्राचीन काल में यहां गौतम ऋषि का आश्रम था। कहते हैं इंद्र ने यहीं आकर ऋषि-पत्नी अहल्या का सतीत्व नष्ट किया था। यहां पर एक वृक्ष के नीचे अहल्या का चौरा बना है। यहीं पर राम-लक्ष्मण का मंदिर भी है। अहल्या कुंड से लगभग पांच कि. मी. दूर गौतम कुंड सरोवर है, जिसके चारों ओर घाट बने हैं।

अहिंसा

भारतीय दृष्टि से अहिंसा का अर्थ है—मन, वचन और कर्म से अहिंसक रहना। हिन्दू शास्त्र में पांच बातों को सार्वकालिक और सार्वभौम महाव्रत कहा गया है। ये हैं—अहिंसा, सत्य, अस्तेय (चोरी न करना), ब्रह्मचर्य और अपरिग्रह (संग्रह न करना), इन्हें यम-नियम कहते हैं। इन सबमें अहिंसा का प्रथम और सर्वोपरि स्थान है।

जैन और बौद्ध धर्मों में भी अहिंसा की पूरी प्रतिष्ठा है। वस्तुतः वैदिक काल के हिंसामूलक जिन यज्ञों का उपनिषदकारों ने विरोध आरंभ किया था उसी का विकास जैन और बौद्ध धर्मों में हुआ। ईसाई धर्म भी अहिंसा की शिक्षा देता है। ईसामसीह ने कहा था कि यदि कोई तुम्हारे एक गाल पर चांटा मारे तो उसके सामने दूसरा गाल भी बढ़ा दो। वर्तमान काल में अहिंसा का सबसे व्यापक प्रयोग महात्मा गांधी ने किया।

अहिछत्र

उत्तर प्रदेश के वर्तमान रामनगर नामक कस्बे का वर्तमान नाम। इस स्थान पर भगवान बुद्ध ने नागराज को सात दिन तक उपदेश दिया था। इसको जैन धर्म के तेइसवें तीर्थंकर पार्श्वनाथ की तप और दीक्षा की भूमि भी बताया जाता है। जिस समय पार्श्वनाथ ध्यान में बैठे थे, धरणेंद्र तथा पद्मावती नाम के नागों ने छत्र के रूप में उनके ऊपर अपना फण लगा दिया था। तभी से इस स्थान का नाम अहिछत्र पड़ा। यहां एक जैन मंदिर है और कार्तिक मास में मेला लगता है। एक अन्य विवरण के अनुसार गुरु द्रोणाचार्य ने द्रौपदी के पिता राजा द्रुपद को हराकर उत्तर पांचाल अपने अधीन कर लिया था और अहिछत्र को अपनी राजधानी बनाया था। यहां किले के पुराने खंडहर और प्राचीन जैन मूर्तियां भी मिली हैं।

अहिपति

काली नाग या कालिय नाग का एक नाम। पहले यह नागों के निवास-स्थान मणक द्वीप में रहता था, पर गरुड़ के भय से ब्रज में यमुना नदी के एक दह में जाकर रहने लगा। आज भी यह स्थान 'कालिय दह' के नाम से प्रसिद्ध है। एक बार कृष्ण खेलते-खेलते इस दह में गिर पड़े। (कहीं उनकी गेंद गिरने और कृष्ण के गेंद लाने के लिए कूदने का भी उल्लेख मिलता है)। कालिय नाग तथा अन्य नागों ने बालक कृष्ण को घेर लिया। यह देखकर नंद, यशोदा और ब्रजवासी चिंतित हो उठे। पर कृष्ण ने शीघ्र ही कालिय को वश में कर लिया और वे उसके फण पर खड़े होकर नृत्य करने लगे। कहते हैं, नागों के शरीर पर उनके चरण-चिह्न आज भी विद्यमान हैं।

जब अहिपति यमुना छोड़कर चला गया तो इन्हीं चिह्नों के कारण गरुड़ ने उस पर आक्रमण नहीं किया।

अहिल्याबाई

इंदौर के महाराजा मल्हारराव होल्कर की विधवा पुत्रवधू अहिल्याबाई की गणना आदर्श शासकों में की जाती है। इनके पति का निधन मल्हारराव के जीवन काल में ही हो गया था, अतः उनकी मृत्यु पर पुत्रवधू अहिल्याबाई 1764 ई. में गद्दी पर बैठी तथा 1795 ई. में मृत्यु के समय तक शासन करती रहीं। उदार व्यवहार और धार्मिक कार्यों के लिए इनकी बड़ी ख्याति थी। अन्नपूर्णा मंदिर (वाराणसी) तथा विष्णु मंदिर (गया) इनके बनवाए हुए मुख्य मंदिरों में से हैं। इनके पुत्र का भी असमय में ही निधन हो गया था अतः अहिल्याबाई की मृत्यु के बाद सेनापति तुकोजी होल्कर गद्दी पर बैठा।

अहिरावण

अहिरावण और महिरावण लंका नरेश रावण के दो मित्र थे और पाताल में निवास करते थे। लंका-युद्ध के समय जब राम और लक्ष्मण एक शिला पर सो रहे थे, ये दोनों वध करने के उद्देश्य से उन्हें शिला सहित उठाकर ले गए। हनुमान ने उनका पीछा किया। हनुमान से उनका युद्ध हुआ, किंतु राक्षसों के रक्त से नये-नये राक्षस पैदा होने लगे। इस पर अहिरावण की पत्नी नागकन्या ने बताया कि इनको भ्रमर जीवित रखे हुए हैं। भ्रमरों को मारकर ही इन्हें मारा जा सकता है। हनुमान ने पहले भ्रमरों को और बाद में इन्हें मारा।

एक अन्य विवरण के अनुसार ये दोनों राम के बाणों से मारे गए थे। नागकन्या राम से विवाह करने की इच्छुक थी, पर हनुमान की युक्ति से राम इस संकट से बच सके।

अहिवृत्र

दनु का पुत्र वृत्र, इंद्र का सबसे बड़ा शत्रु है। ऋग्वेद के अनुसार वृत्र उन बादलों का प्रतीक है जो आवृष्टि के दानव कहलाते हैं और आकाश में छाए रहते हैं। इंद्र अपने वज्र से वृत्र की पैदा की हुई इस बाधा को दूर करके वर्षा का मार्ग प्रशस्त कर देता है। प्राचीन साहित्य में कदाचित यह रूपक इंद्र की श्रेष्ठता वताने के लिए रचा गया है।

अहेलिया

गंगा-यमुना के दोआब में रहनेवाली एक शिकारी और खानाबदोश जाति। ये लोग वाल्मीकि मुनि को अपना महात्मा मानते और 'मेघासुर' नाम के देवता की पूजा करते हैं। इनके रीति-रिवाज बहुत कुछ भीलों से मिलते-जुलते हैं। पत्तल, टोकरी, शहद, गोंद आदि बेचना इनका मुख्य पेशा है। इनके सब विवादों का निपटारा पंचायत में होता है।

अहोम

एक जाति जो 13वीं शताब्दी में पूर्व से आकर असम (दे.) में बस गई थी। इसी के नाम पर उस प्रदेश का नाम पड़ा। इस जाति के शासन में पहले राज-कर शारीरिक श्रम के रूप में लिया जाता था। ये लोग जीव-जंतुओं के पूजक थे, किंतु बाद में हिंदू देवी-देवताओं को मानने लगे।

आ

आंगिरस

1. छांदोग्य उपनिषद के अनुसार अंगिरस वंश की एक उपाधि जिसे अनेक आचार्यों ने ग्रहण किया, यथा—कृष्ण, आजीगर्ति, च्यवन, अयास्य, सुधन्वा आदि।
2. अंगिरस के द्वारा रतिरथ की पत्नी से उत्पन्न ब्राह्मण-क्षत्रिय संतति आंगिरस कहलाती है।
3 अंगिरा ऋषि के पुत्र वृहस्पति, उतथ्य और संवर्त का नाम।
4. अथर्ववेद का एक सूत्र जिसके द्रष्टा अंगिरा ऋषि थे।

5. भागवत के अनुसार एक यज्ञ जिसे ब्राह्मणों ने वृन्दावन के निकट किया था।

आंडाल

नवीं शताब्दी की दक्षिण भारत की अत्यंत प्रसिद्ध संत कवयित्री जो दक्षिण की मीरा कहलाती है। कहते हैं यह बच्ची अपने पालक पिता विष्णुचित्त आलवार को तुलसी के पौधे के नीचे मिली थी। उन्होंने इसका नाम 'जोदै' रखा। यही बाद में आंडाल (वह व्यक्ति जिसका उद्धार हो चुका हो) के नाम से प्रसिद्ध हुई। यह बचपन से ही कृष्णभक्ति की कविताएं रचकर गाया करती थीं। भक्तिविभोर होकर पहले फूल-माला स्वयं पहनती, तब उसे कृष्ण की मूर्ति को पहनाती थीं। इन्होंने तमिल भाषा में कृष्ण-भक्ति की अनगिनत रचनाएं की हैं जिन्हें 'आंडाल पासुरंगल्' कहते हैं। मंदिरों में आज भी उनका मान होता है। मान्यता है कि भावविभोर आंडाल एक ज्योति के रूप में श्रीरंगम में भगवान रंगनाथ की मूर्ति में समा गई थी।

आंध्र प्रदेश

यह क्षेत्रफल और जनसंख्या दोनों की दृष्टि से भारत का पांचवां बड़ा राज्य है। इसका इतिहास बड़ा प्राचीन है। मौर्य साम्राज्य के एक भाग के रूप में इसका उल्लेख मिलता है। चौदहवीं शताब्दी तक यहां काकतियों का प्रभुत्व था। बाद में तुगलकों ने इस पर कब्जा किया।

वर्तमान आंध्र प्रदेश का ही एक भाग हैदराबाद कहलाता था जो निजाम के अधीन स्वतंत्र बन गया था। बाद में इस राज्य ने अंग्रेजों के अधीन रहना स्वीकार कर लिया। भारत के स्वतंत्र होने के बाद भी हैदराबाद का निजाम अपनी अलग और स्वतंत्र सत्ता छोड़ने के लिए तैयार नहीं हुआ। इस पर 1948 ई. में सीमित सैनिक कार्रवाई के बाद इस क्षेत्र को भारतीय संघ में मिला लिया गया।

यह मुख्यतः तेलुगु भाषी प्रदेश है। परंतु इस भाषा के बोलनेवाले मद्रास राज्य और निजाम की रियासत में बंटे हुए थे। एक आंदोलन के बाद राज्य पुनर्गठन की सिफारिशों को ध्यान में रखते हुए 1956 ई. में पूरा तेलुगु भाषी क्षेत्र 'आंध्र प्रदेश' के नाम से नया प्रदेश बना दिया गया। निजाम की राजधानी हैदराबाद इसकी राजधानी बनी। भाषा के आधार पर बननेवाला यह भारत का पहला राज्य था।

क्षेत्रीय दृष्टि से इसके तीन भाग हैं—समुद्रतटीय 8 जिलों को 'आंध्र' कहा जाता है। भीतरी क्षेत्र के 4 जिले 'रायल सीमा' कहलाते हैं। राजधानी हैदराबाद और उससे लगे हुए 9 जिले 'तेलंगाना' क्षेत्र हैं।

आइने अकबरी

अकबर के शासन काल में अबुल फजल (दे.) द्वारा लिखित फारसी भाषा का प्रसिद्ध ग्रंथ जो पांच बार संशोधन के उपरांत 1598 ई. में पूरा हुआ। यह अकबर के समय के राजनीतिक, आर्थिक और सामाजिक इतिहास के अध्ययन के लिए प्रामाणिक कोश माना जाता है। पांच भागों में विभक्त इस ग्रंथ में शासन के सभी अंगों पर प्रकाश डालने के साथ-साथ हिन्दुओं की सामाजिक स्थिति, उनके धर्म, दर्शन, साहित्य आदि का भी उल्लेख है। इसमें हर एक सूबे, जिले और परगनों तक के आंकड़े दिए हुए हैं। तत्कालीन अन्य इतिहास ग्रंथों से यह इसकी एक और विशेषता है।

आकाशगंगा

स्वच्छ और अंधेरी रात में आकाश के बीचोंबीच झिलमिलाती हुई तारों की या प्रकाश की सरिता जैसी दिखाई देती है, यही आकाशगंगा है। इसे मंदाकिनी, स्वर्गगंगा, सुरसरि आदि भी कहते हैं। पौराणिक कथा के अनुसार भगीरथ की प्रार्थना पर इसी की एक धारा पृथ्वी पर गंगा के रूप में आई थी। यह आकाशगंगा करोड़ों तारों का झुंड है जो गुरुत्वाकर्षण शक्ति से परस्पर जुड़े हुए हैं। अंतरिक्ष में कितनी आकाशगंगाएं हैं, निश्चित रूप से यह कोई नहीं कह सकता। खगोल-शास्त्रियों का अनुमान है कि ब्रह्मांड के जितने भाग का अब तक पता चला है, उसमें इस आकाशगंगा की तरह अरबों आकाशगंगा हैं।

आकाशवाणी

पौराणिक आख्यानों में अदृश्य देवताओं की सुनाई देनेवाली वाणी को आकाशवाणी कहा गया है। मान्यता रही है कि देवता आकाशचारी होते हैं और वे कहीं भी किसी समय अचानक प्रकट हो सकते हैं, या अप्रकट रहकर ही वाणी का उद्घोष कर सकते हैं। ऐसे विशेष अवसरों पर उनकी वाणी आकाश से आती प्रतीत होती थी, इसलिए उसे आकाशवाणी की संज्ञा दी गई।

आधुनिक अर्थ में यह 'ऑल इंडिया रेडियो' का भारतीय भाषाओं में प्रयुक्त नाम है। भारत में यद्यपि रेडियो प्रसारण 23 जुलाई, 1927 ई. से आरंभ हो गया था, पर इसकी स्थापना संस्था के रूप में 8 जून, 1936 ई. को हुई। तभी इसे 'ऑल इंडिया रेडियो' नाम दिया गया। 1935 ई. में मैसूर की देशी रियासत में एक अलग रेडियो स्टेशन स्थापित किया गया था और उसे 'आकाशवाणी' नाम दिया गया था। जब देशी रियासतों के रेडियो स्टेशनों का 'ऑल इंडिया रेडियो' में विलय हुआ तो यह नाम भी ले लिया गया।

आकाशवाणी की ओर से 1 अक्तूबर, 1939 से विदेशी श्रोताओं के लिए

प्रसारण तथा 1957 ई. से 'विविध भारती' नामक मनोरंजक कार्यक्रम आरंभ किया गया। व्यापारिक विज्ञापनों का प्रसारण 1967 ई. से आरंभ हुआ। इसी संगठन के अंतर्गत सर्वप्रथम 15 सितंबर, 1969 से 'दूरदर्शन' सेवा का भी आरंभ हुआ।

यह उल्लेखनीय है कि रेडियो की आज की लोकप्रियता का इतिहास बहुत पुराना नहीं है। प्रथम विश्वयुद्ध से पूर्व जो प्रयोग हुए थे उनमें रेडियो प्रसारण भी 'तार' की भांति संकेतों से होता था। आकाशवाणी से नियमित प्रसारण सर्वप्रथम 1920 ई. में अमरीका और 1922 ई. में ब्रिटेन में आरंभ हुए थे।

आक्रमण

राजनीतिक शब्दावली में आक्रमण का अर्थ एक देश का दूसरे देश पर सैनिक बल के द्वारा हस्तक्षेप तो है ही, इस शब्द का प्रयोग कुछ अन्य अर्थों में भी होता है। यदि कार्यपालिका विधायिका के क्षेत्र में हस्तक्षेप करती है तो यह भी 'आक्रमण' की परिभाषा में आता है। यदि कोई समुदाय किसी अन्य समुदाय की प्रथाओं अथवा स्थिति विशेष में हस्तक्षेप करता है तो यह भी 'आक्रमण' है। भारतीय संविधान की संघीय व्यवस्था में केंद्र और राज्यों के अधिकार क्षेत्र परिभाषित हैं। यदि केंद्र राज्य के अधिकार क्षेत्र में हस्तक्षेप करे तो यह भी 'आक्रमण' कहलाता है।

आगम

भारतीय संस्कृति के दो आधार माने गए हैं—निगम (वेद) और आगम (तंत्र)। ये दोनों स्वतंत्र और साथ-ही-साथ परस्पर एक-दूसरे के पोषक भी हैं। पहला ज्ञान और उपासना के स्वरूप पर प्रकाश डालता है तो दूसरा इनके साधनों का वर्णन करता है। कहते हैं, कलिकाल के मानवों के हितार्थ शिव ने पार्वती को आगम का उपदेश दिया था। वैदिक धर्म में वैष्णव, शैव और शाक्त तीन आगम माने गए हैं। शैव मत के आगम सबसे अधिक हैं। इसमें 28 आगम और 198 उपागम हैं। शैवों में मूर्ति-निर्माण, मंदिर-निर्माण आदि शाक्त विचारों का प्रचलन आगमों के द्वारा ही हुआ है। वेदों की दुरूहता कम करने के लिए रचे गए आगमों के रचनाकाल का ठीक-ठीक पता नहीं चलता। ऐसा अनुमान है कि महाभारत काल से लेकर बहुत बाद तक इनकी रचना होती रही।

आगा खां

यह एक पदवी है जो फारस के हसन अलीशाह (1800-1881 ई.) को उस देश के राजदरबार से मिली थी और बाद में वंश-परंपरागत हो गई। हसन अलीशाह

हजरतअली और उनकी पत्नी आएशा (जो पैगंबर मुहम्मद की पुत्री थीं) के वंशज थे। पहले इनका फारस में बड़ा प्रभाव था, पर बाद में इन्हें अपना देश छोड़कर भारत की अंग्रेज सरकार का आश्रय लेना पड़ा। इसलामिया समुदाय पर इनका प्रभाव देखकर अंग्रेजों ने इन्हें उस समुदाय का 'इमाम' स्वीकार कर लिया। आगा खां ने अफगानिस्तान और सिंध में ब्रिटिश प्रभुत्व की स्थापना में बड़ी मदद पहुंचाई। 1857 ई. में भी वे भारत में अंग्रेजों के प्रबल सहायक सिद्ध हुए।

आगा खां की वंश परंपरा में अब तक चार व्यक्ति हो चुके हैं। आगा खां के अनुयायियों का एक अलग समुदाय है।

आग्निध्र

जंबूद्वीप का अधिपति जो प्रियव्रत बर्हिष्मती के दस पुत्रों में सबसे बड़ा था। इसने पुत्र-प्राप्ति के लिए मंदराचल पर्वत पर ब्रह्मा की आराधना की। प्रसन्न होकर ब्रह्मा ने देवलोक की अप्सरा पूर्वचित्ति को इसके पास भेज दिया। दीर्घकाल तक आग्निध्र के पास रहने और इसे नौ संतानें देने के बाद जब अप्सरा ब्रह्मलोक चली गई तो विरह-व्याकुल राजा ने अपना राज्य संतानों में बांट दिया और स्वयं तपस्या करने चला गया। हिमवर्ष अर्थात् हिन्दुस्तान नामक क्षेत्र उसने अपने पुत्र नामी को दिया था।

आग्रेय

सतलुज नदी के पूर्व में स्थित एक प्राचीन गणराज्य जिसने 40 हजार सैनिकों और 30 हजार घुड़सवारों को लेकर सिकंदर का सामना किया था।

आचार

धर्म के क्षेत्र में श्रुति और स्मृति के बाद आचार का महत्व माना जाता है। एक अन्य मत के अनुसार धर्म आचार से उत्पन्न होता है, इसलिए आचार का स्थान प्रथम है। याज्ञवल्कि स्मृति में आचार के बारह भाग बताए गए हैं, जिनमें तीन मुख्य हैं—देशाचार, जात्याचार और कुलाचार। भारत के कुछ भागों में मामा की कन्या से विवाह का प्रचलन देशाचार का उदाहरण है। कुछ जातियों में सगोत्र विवाह की मान्यता जात्याचार की ओर संकेत करती है। किसी कुल विशेष में प्रचलित आचार कुलाचार है। धर्मशास्त्र कहता है कि राजा को इन आचारों को मान्यता देनी चाहिए।

आजाद हिंद फौज

आरंभ में इसकी स्थापना द्वितीय विश्वयुद्ध के दिनों में रासविहारी वोस (दे.) ने

की थी। जापानियों से हारकर अंग्रेज जिन भारतीय सिपाहियों को सिंगापुर आदि में छोड़कर भाग आए थे, उन्हीं को इस फौज में संगठित किया गया था। 1941 ई. में भारत से अदृश्य होकर अफगानिस्तान, रूस और जर्मनी होते हुए नेताजी सुभाषचंद्र बोस (दे.) दक्षिण-पूर्व एशिया पहुंचे। 1943 ई. में उन्होंने आज़ाद हिंद फौज के प्रधान सेनापति का पदभार संभाला। उनके प्रयत्नों से यह संगठन भारत की स्वतंत्रता के लिए लड़नेवाला सैनिक संगठन बन गया। इस फौज के सिपाहियों ने भारत की पूर्वी सीमा में देश के अंदर आकर भी अंग्रेजों की फौज से टक्कर ली। यद्यपि आजाद हिंद फौज को साधनों की कमी के कारण युद्ध के मोर्चे पर अधिक सफलता नहीं मिली, किंतु देश में, विशेष रूप से सेना में, स्वतंत्रता की भावना बढ़ाने में इस संगठन ने महान् योग दिया। 1945 ई. में अंग्रेजों ने दिल्ली के लाल किले में आजाद हिंद फौज के अधिकारियों पर जो मुकदमा चलाया, उसने देश के भीतर नई चेतना उत्पन्न करने में विशेष योग दिया।

आजीवक

बुद्ध से पहले वैदिक मान्यताओं के विरोध में उत्पन्न एक श्रमण संप्रदाय। आजीवकों के तीर्थंकर मस्करी गोपाल ने बुद्ध और महावीर का भी प्रबल विरोध किया। इस संप्रदाय में मस्करी गोपाल को चौबीसवां तीर्थंकर कहा गया है। आजीवक श्रमण नग्न घूमा करते थे। वे पुरुषार्थ पर विश्वास नहीं करते थे। ईश्वर में भी उनका विश्वास नहीं था। वे मनुष्य की सभी स्थितियों के लिए नियति को उत्तरदायी मानते थे। यद्यपि अशोक के समय तक इस संप्रदाय की गणना होती थी और उसके पोते ने गया के निकट तीन गुफा मंदिर आजीवकों को दान में दिए थे, फिर भी आजीवक कभी विशेष प्रभावकारी नहीं रहे।

आडि

1. विश्वामित्र द्वारा हरिश्चंद्र को दिए हुए कष्ट के कारण वशिष्ठ ने विश्वामित्र को पक्षी हो जाने का शाप दिया। यही शाप विश्वामित्र ने वशिष्ठ को भी दे दिया। इस पर दोनों आडि और बक नामक पक्षी बनकर युद्ध करने लगे। ब्रह्मा ने यह कहकर उनके विवाद का समाधान किया कि यद्यपि हरिश्चंद्र को अत्यंत कष्ट हुआ, किंतु अंत में उनके लिए स्वर्ग का मार्ग प्रशस्त हो गया। मत्यपुराण में आडि और बक दो समुदायों के नाम बताए गए हैं।

2. अंधकासुर के पुत्र का नाम। यह ब्रह्मा से वर प्राप्त करके शंकर से अपने पिता की मृत्यु का बदला लेने के लिए कैलास पहुँचा। वहां वीरभद्र से वचने के लिए यह सर्प का रूप धारण करके भीतर घुस गया। फिर इसने पार्वती का रूप धारण किया और शंकर के सामने पहुंचा। किंतु शंकर ने पहचान कर इसका वध कर डाला।

आत्मदेव

तुंगभद्रा नदी के किनारे रहनेवाला एक ब्राह्मण। यह संतान न होने के कारण चिंतित रहा करता था। एक बार किसी ने पुत्रोत्पत्ति के लिए इसकी पत्नी को एक फल दिया। पत्नी ने वह फल अपनी बहिन को दिया तो बहिन ने उसे गाय को खिला दिया। कालांतर में इसकी पत्नी ने धुंधकारी नामक पुत्र को जन्म दिया और गाय ने गोकर्ण नामक पुत्र को। धुंधकारी बड़ा अत्याचारी था। उसके अत्याचारों से त्रस्त होकर गोकर्ण ने वैराग्य ले लिया जिससे उसे मोक्ष की प्राप्ति हो गई।

आत्मवाद

भारतीय दर्शन की एक महत्वपूर्ण धारा जिसके अंतर्गत समस्त हिंदू दर्शन आ जाता है। इसके अनुसार आत्मा नित्य है, अजर-अमर है, सभी वस्तुओं की साक्षी है। यह चेतन है और अपरिवर्तनशील है। शंकराचार्य के अनुसार यह सबको व्याप्त करती है, ग्रहण करती है और विषयों को भोगती है। याज्ञवल्क्य के अनुसार स्वाध्याय, युक्तिपूर्वक विचार और सतत चिंतन से आत्मा को जाना जा सकता है तथा आत्मा को जान लेने पर सभी वस्तुओं का ज्ञान हो जाता है।

बौद्ध और चार्वाक दर्शन आत्मवाद में विश्वास नहीं करते। वे अनात्मवादी हैं। उनके अनुसार आत्मा या तो है ही नहीं, या वह नश्वर और परिवर्तनशील है। जैन दर्शन में इन दोनों दृष्टियों को मिला लिया गया है।

आत्मा

भारतीय दर्शन में आत्मा के संबंध में अलग-अलग विचार मिलते हैं। यह जीव और ब्रह्म दोनां में व्याप्त है। इसका प्रयोग जीवात्मा और विश्वात्मा दोनों अर्थो में होता है। उपनिषद इसे विश्व का आधार और उसका मूल कारण मानता है। आचार्य शंकर की दृष्टि में आत्मा स्वयंसिद्ध है, अर्थात् उसका अपना स्वतः प्रयास ही उसके अस्तित्व का प्रमाण है। उसको सिद्ध करने के लिए किसी बाहरी प्रमाण की आवश्यकता नहीं है। आत्मा वास्तव में ब्रह्म से अभिन्न और सच्चिदानंद है। चार्वाक चैतन्य विशिष्ट देह को ही आत्मा कहता है। सांख्यशास्त्र की दृष्टि में यह प्रकृति से भिन्न एक अतीन्द्रिय पदार्थ है।

आत्मा की तीन मुख्य स्थितियां हैं—बद्ध, मुमुक्षु और मुक्त। जब वह संसार में लिप्त रहती है तो यह उसकी बद्धावस्था है। मुमुक्षु की अवस्था में आत्मा संसार से विमुक्त होकर मोक्ष की ओर उन्मुख रहती है। अविद्या और अज्ञान से छूटकर अपने स्वरूप को प्राप्त कर लेना आत्मा की मुक्तावस्था है। मुक्तावस्था की भी दो स्थितियां बताई गई हैं—जीवन मुक्त और विदेह मुक्त। सगुणोपासना

में मोक्ष की कल्पना निर्गुणोपासना से भिन्न है। सगुणोपासक भगवान् का सामीप्य चाहता है, पूर्ण विलय नहीं; क्योंकि पूर्ण विलय की स्थिति में आत्मा भगवान् की निकटता के आनंद से वंचित रह जाती है।

आत्रेय

1. उपनिषद काल के एक पुरोहित जो पूर्व मीमांसा के आचार्य थे। इनके नाम से कृष्ण यजुर्वेद की मैत्रायणी शाखा की एक शाखा प्रचलित है। ब्रह्मसूत्रकार ने इनके मत का खंडन करते हुए कहा है कि यज्ञ का फल यजमान को मिलता है, इसलिए सभी उपासनाएं स्वयं यजमान को करनी चाहिए।

2. अंगराज के पुरोहित आत्रेय का भी उल्लेख मिलता है। जैमिनी सूत्रों में भी एक आत्रेय वर्णित है। वैद्यक में भी धन्वंतरि से पहले एक आत्रेय का नाम आता है। यह स्पष्ट नहीं है कि ये सब अलग-अलग व्यक्ति हैं या एक ही व्यक्ति का नाम है।

आत्रेयी

अत्रि ऋषि की कन्या जो अग्नि के पुत्र अंगिरा को ब्याही गई थी। अंगिरा आत्रेयी को नित्य कटु वचन सुनाया करता था। जब आत्रेयी ने इसकी शिकायत अपने श्वसुर से की तो उसने कहा—अग्निपुत्र होने के कारण तेरा पति बहुत तेजस्वी है।

तू जल से स्नान करा कर उसे शांत किया कर। इस पर आत्रेयी ने परुषिणी नदी का रूप धारण कर लिया और पति को शांत करती रही।

आदम

मनुष्य की उत्पत्ति के संबंध में अलग-अलग धर्मों की अपनी-अपनी मान्यताएं हैं। इस्लाम और यहूदी धर्म के अनुसार मनुष्य का आदिपुरुष 'आदम' था। ईश्वर ने सर्वप्रथम आदम को और उसके बाद उसकी बीबी 'हव्वा' को बनाया। आदम को सात सौ वर्ष की उम्र मिली थी। कहा जाता है कि आदम और हव्वा एक संतान प्रातः और एक संतान सायंकाल पैदा करते थे। आदम नौ गज लंबे थे। और उनकी खाल इतनी कड़ी थी जितने कड़े हमारे नाखून होते हैं। आदम की इस खाल की निशानी मनुष्य को नाखूनों के रूप में मिली है और इसीलिए हम 'आदम' कहलाते हैं।

आदिकवि

(देखें बालमीकि)

आदिग्रंथ

सिक्खों का पवित्र धर्म-ग्रंथ जिसे 'गुरु ग्रंथ साहब' भी कहते हैं। इसे 1604 ई. में चौथे गुरु अर्जुनदेव ने संग्रहीत कराया था। दसवें गुरु गुरु गोविंद सिंह ने गुरु-प्रणाली को जारी रखना ठीक नहीं समझा। इसके स्थान पर उन्होंने 'गुरु ग्रंथ साहब' या 'आदिग्रंथ' की स्थापना की। 'आदिग्रंथ' में पांच प्रथम गुरुओं की बानियों के साथ-साथ नवें गुरु तथा 14 भगतों और शेखों की बानियां भी संग्रहीत हैं। सिक्ख इसे गुरु स्वरूप ही मानते हैं और इसके निर्देशों पर चलना अपना कर्तव्य समझते हैं। आदिग्रंथ को स्वच्छ रेशमी वस्त्र में लपेटकर किसी ऊंची गद्दी पर पधराया जाता है, उसकी आरती उतारी जाती है। उसके ऊपर चंवर डुलाया जाता है, फूल चढ़ाए जाते हैं। सिर खुला रखकर 'गुरु ग्रंथ साहब' के सामने जाने का निषेध है। बड़ी श्रद्धा के साथ इसका पाठ किया जाता है।

आदित्य

एक प्रसिद्ध वैदिक देवता जो अदिति के पुत्र थे। पहले इनका नाम त्वष्टा था। वैवस्वत मन्वंतर में यह आदित्य हो गया। पहले मित्र, अर्यमन, भग, वरुण, दक्ष और अंश ये छह आदित्य माने जाते थे। फिर प्रत्येक मास के लिए एक-एक आदित्य माना जाने लगा। तैत्तिरीय ब्राह्मण अंश, भग, धातृ, इंद्र, विवस्वन, मित्र, वरुण और अर्यमन इन आठ आदित्यों का उल्लेख करता है। ऐसा अनुमान किया जाता है कि एक पूरे देव-वर्ग का, जिसके प्रमुख विष्णु थे, नाम ही आदित्य था।

आदिपुराण

यह जैन धर्म का प्रसिद्ध पुराण है। इसमें प्रथम तीर्थंकर ऋषभदेव के जीवन की घटनाओं का वर्णन मुख्य रूप से किया गया है। इसके रचयिता जिनसेन ने शंकराचार्य के अद्वैत सिद्धांत का खंडन किया है। इससे आदिपुराण की रचना शंकराचार्य के बाद की मानी जाती है। (शंकराचार्य का जन्म 788 ई. में और स्वर्गवास 820 ई. में हुआ था)। ऋषभदेव को अवतार माना गया है। श्रीमद्-भागवत में जिन 24 अवतारों का वर्णन है, उनमें इनका आठवां स्थान है। ऋषभदेव अवधूत योगी थे और दिगंबर रहा करते थे।

आदिबुद्ध

गौतम बुद्ध से पहले के पांच आदिबुद्धों की कल्पना आस्तिक मतों के बहुदेववाद से प्रेरित प्रतीत होती है। मान्यता है कि इस विचार का आरंभ दसवीं शताब्दी मे नालंदा विहार से हुआ। कुछ इसे पहली शताब्दी का विचार बताते हैं। इसमें पंचाध्यायी अर्थात् पांच बुद्धों की कल्पना की गई है जो रूप, वेदना, संज्ञा, संस्कार

और विधान के मूर्तरूप हैं। इस कल्पना के बाद ही मूर्तियां भी बनने लगीं। स्वयंभू पुराण के अनुसार बुद्धों में सर्वप्रथम (आदिबुद्ध) नेपाल के कालीदह क्षेत्र में एक ज्वाला के रूप में प्रकट हुए थे। उस स्थान पर स्वयंभू चैत्य के रूप में आज भी एक मंदिर है, जहां पर ज्वाला की पूजा की जाती है।

आदिवराह

विष्णु के अवतारों में तीसरा अवतार। कश्यप और अदिति का पुत्र हिरणाक्ष एक बार पृथ्वी को लेकर पाताल चला गया। तब पृथ्वी के उद्धार के लिए विष्णु को वराह का रूप धारण करना पड़ा। उन्होंने वराह का रूप धारण करके पृथ्वी को पाताल से निकाला। भागवत और विष्णु पुराण में यह कथा भिन्न प्रकार से मिलती है। एक बार ब्रह्मा ने स्वयंभुव मनु से कहा कि वे अपने समान गुणवान पुत्र उत्पन्न करके पृथ्वी का पालन करें। मनु ने कहा—मेरी संतति रहेगी कहां, क्योंकि सारी पृथ्वी जल में डूबी हुई है। यह सुनकर ब्रह्मा सोचने लगे कि पृथ्वी को कैसे निकालूं। उसी समय उनकी नाक से एक वराह शिशु निकला। उसका आकार अंगूठे के बराबर था। धीरे-धीरे बढ़कर वह हाथी के आकार का हो गया। वस्तुतः वह विष्णु का वराह रूप था। विष्णु जल को अपने खुरों से चीरते हुए पाताल में पहुंचे और अपनी दाढ़ों से पृथ्वी को उठा लाए। इससे पूर्व विष्णु के मत्स्य और कूर्म नामक दो अवतार हो चुके थे।

आदिवासी

इस शब्द का प्रयोग दो अर्थों में होता है—ऐसे निवासी जो किसी क्षेत्र के मूल निवासी हों और ऐसे निवासी जो प्राचीनतम निवासी हों। दूसरी कोटि के व्यक्तियों के लिए किसी क्षेत्र का मूल निवासी होना आवश्यक नहीं है। भारत में 292 आदिवासी समूहों की गणना की गई है। आमतौर पर देश की सामान्य धारा से संबद्ध होते हुए भी इनके अनेक रीति-रिवाज अब भी भिन्न हैं।

आनंद

गौतम बुद्ध के चचेरे भाई जो उनके निकटतम शिष्य थे। जीवन के उत्तरार्ध में उन्होंने 25 वर्षों तक बुद्ध की सेवा की। अपनी प्रतिभा के कारण उन्हें भिक्षु संघ में भी प्रथम स्थान प्राप्त था। गौतम बुद्ध के परिनिर्वाण के बाद धर्म-साहित्य का संग्रह करने में उन्होंने ही संघ का नेतृत्व किया।

आनंदपाल

शाहिय राजकुल का राजा जो जयपाल (दे.) का पुत्र था। जयपाल ने महमूद

गजनी से हारकर अग्नि में अपने प्राण दे दिए तो आनंदपाल गद्दी पर बैठा। अपने पिता की भांति इसने भी विदेशी आक्रमण (1008 ई.) का सामना करने के लिए हिंदू राजाओं को आमंत्रित किया। पर यह सम्मिलित शक्ति भी हमलावर के सामने न टिक सकी। यह राजवंश 1026 ई. में समाप्त हो गया। इसी वंश को किसी समय गुप्त सम्राटों ने विदेशी कहकर गुजरात और मालवा से हटाया था। यही वंश शताब्दियों तक भारत के पश्चिमी द्वार पर विदेशी आक्रमण को रोके रहा।

आनंदपुर

उत्तरी गुजरात का एक नगर जहां सर्वप्रथम महादेव के अचलेश्वर नाम के लिंग की स्थापना हुई थी। भद्रबाहु ने यहीं पर 411 ई. में कल्पसूत्र नामक ग्रंथ की रचना की थी।

आनागंदी

तमिलनाडु का यह स्थान प्राचीन काल में सुग्रीव की राजधानी किष्किंधा के नाम से प्रसिद्ध था। सुग्रीव से मित्रता करके यहीं पर राम ने बालि का वध किया था और वर्षा ऋतु में ऋष्यमूक पर्वत पर निवास किया था।

आपवशिष्ठ

वशिष्ठ कुल में उत्पन्न वरुण का पुत्र। यह हिमालय के निकट रहता था। इसकी पर्णकुटी जलाने के कारण कार्तवीर्य को शाप भोगना पड़ा। अष्टभुजाओं ने इसकी कामधेनु सुरभि चुरा ली थी। इसलिए उन्हें भी इसके शाप के कारण पृथ्वीलोक में जन्म लेना पड़ा।

आपस्तंब

इनके नाम का उल्लेख वैदिक संहिताओं में नहीं पाया जाता, इसलिए इन्हें ऋषि न मानकर सूत्रकार मानते हैं। इसकी दो रचनाएं विशेष प्रसिद्ध हैं—आपस्तंब गृह्य-सूत्र और आपस्तंब धर्मसूत्र। इन सूत्रों में यज्ञों का और गर्भाधान से लेकर अंत्येष्टि तक के संस्कारों का वर्णन है। विवाह के आठों प्रकारों—ब्राह्म, दैव, आर्ष, प्राजापत्य, आसुर, गांधर्व और राक्षस का भी उल्लेख है। धर्मसूत्र का समाज-शास्त्र और विधि की दृष्टि से भी बड़ा महत्व है। जीवन का कोई भी पक्ष इनकी परिधि से नहीं छूटा है। अनुमान है कि आपस्तंब आंध्र प्रदेश के निवासी थे। इनकी रचनाओं का समय 500 ई. पू. माना जाता है। आज भी आपस्तंबी शाखा के ब्राह्मण नर्मदा नदी के दक्षिण में अधिक हैं।

आपस्तंब धर्मसूत्र वैदिक संप्रदाय का सबसे प्राचीन धर्मसूत्र है। इस संप्रदाय के केवल पांच धर्म-सूत्र उपलब्ध हैं—आपस्तंब, हिरण्यकेशी, बौधायन, गौतम और वशिष्ठ। आपस्तंब धर्मसूत्र कृष्ण यजुर्वेद की तैत्तिरीय शाखा से संबंधित है।

आपातकालीन स्थिति

हमारे संविधान में यह प्रावधान है कि राष्ट्रपति द्वारा देश में आपात स्थिति की घोषणा की जा सकती है। ऐसी घोषणा तीन परिस्थितियों में हो सकती है—1 युद्ध, बाहरी आक्रमण या आंतरिक अशांति की स्थिति में, 2. जब किसी राज्य में संवैधानिक व्यवस्था विफल हो जाए, अथवा 3. जब देश या किसी राज्य की वित्तीय स्थिति संकटापन्न हो जाए।

पहली परिस्थिति में घोषित आपातकालीन स्थिति में केंद्र सरकार को व्यापक अधिकार मिल जाते हैं। वह राज्यों को आदेश दे सकता है कि वे किस प्रकार कार्य करें। संसद उन विषयों पर भी कानून बना सकती है जो अन्यथा राज्यों के कार्य-क्षेत्र में आते हैं। इस प्रकार की स्थिति में न्यायालयों को राष्ट्रपति की घोषणा के औचित्य पर विचार करने का अधिकार नहीं रहता। इस घोषण को पुष्टि के लिए संसद के दोनों सदनों के समक्ष रखा जाता है। यदि संसद अनुमोदन न करे तो घोषणा दो मास तक ही लागू रहती है। यदि लोकसभा का विघटन हो चुका हो तो नई लोकसभा के गठन के 30 दिन के अंदर अनुमोदन आवश्यक होता है। संसदीय प्रणाली में प्रधानमंत्री की सलाह पर ही राष्ट्रपति आपातकालीन स्थिति की घोषणा करते हैं।

दूसरी परिस्थिति तब आती है जब सामान्यत: किसी राज्य का राज्यपाल केंद्र सरकार के गृह मंत्रालय को यह रिपोर्ट भेजता है कि उस राज्य में संविधान के अनुसार मंत्रिपरिषद् द्वारा शासन-कार्य नहीं चलाया जा सकता। पर राज्यपाल की रिपोर्ट की अनिवार्यता नहीं है। राष्ट्रपति का स्वयं का समाधान चाहे राज्यपाल की रिपोर्ट से हो, चाहे किसी अन्य सूचना से, राष्ट्रपति इस स्थिति में घोषणा द्वारा प्रदेश का शासन अपने हाथ में ले लेते हैं। इसी को 'राष्ट्रपति का शासन' लागू होना कहते हैं।

इस स्थिति में केंद्र सरकार न्याय-व्यवस्था को छोड़कर राज्य के प्रशासन के सब काम अपने हाथ में ले सकती है। राज्य के संबंध में अध्यादेश (दे.) जारी करने का अधिकार राष्ट्रपति के हाथ में आ जाता है और संसद उसके लिए कानून बना सकती है।

तीसरे प्रकार की आपात स्थिति में राष्ट्रपति द्वारा उस क्षेत्र विशेष के सेवा-कर्मियों के वेतन, भत्ते आदि के नियमन के आदेश दिए जा सकते हैं।

आबू

राजस्थान में अरावली पर्वत का सर्वोच्च शिखर जैन धर्मावलंबियों का प्रमुख तीर्थ स्थान है। पर्वत के ऊपर तथा पार्श्व में अवस्थित ऐतिहासिक स्मारकों, धार्मिक तीर्थ, मंदिरों एवं कलाभवनों में शिल्प-चित्र-स्थापत्य की स्थायी भित्तियां हैं। यहां की एक गुफा में अंकित पदचिह्न को लोग भृगु का पदचिह्न मानते हैं। पर्वत के मध्य में संगमरमर के दो विशाल जैन मंदिर हैं। मान्यता है कि इस पर्वत पर वशिष्ठ तथा अन्य ऋषियों ने तपस्या की थी।

आभीर

पतंजलि (दे.) के महाभाष्य में सबसे पहले आभीरों का उल्लेख मिलता है। यह एक घुमक्कड़ जाति थी जो बाहर से भारत में आई थी। आगे चलकर इन लोगों ने हिन्दू धर्म स्वीकार कर लिया और उपजातियों में बंट गए। इनका उल्लेख अनेक शिलालेखों में भी मिलता है। ये शासक भी रहे हैं और कुछ भागों में ईसा की चौथी शताब्दी तक इनका राज्य था। विद्वानों का मत है कि आजकल की अहीर जाति ही प्राचीन आभीर हैं।

आमलकी एकादशी

फाल्गुन शुक्ल एकादशी आमलकी एकादशी कहलाती है। इस दिन आंवले के वृक्ष की पूजा-अर्चना करने का विधान है। आंवले के वृक्ष के निकट विष्णु की प्रतिमा स्थापित करके उसकी पूजा-अर्चना की जाती है।

आमात्य

भारतीय राजनीति में यह शब्द राजा के सचिव अथवा मंत्री के पर्याय के रूप में प्रयुक्त हुआ है। प्राचीन वाङ्मय से ज्ञात होता है कि आमात्य (सदा साथ रहने-वाला) शब्द बहुत पुराना है। ऋग्वेद में भी इसका उल्लेख मिलता है।

आमेर

यह राजस्थान में जयपुर के निकट एक प्रसिद्ध शक्तिपीठ है। इसका प्राचीन नाम अंबानगर है। यहां काली का प्रसिद्ध मंदिर है। निकट ही एक अन्य पहाड़ी पर टीला है, जिसे लोग गालब मुनि (दे.) की तपोभूमि कहते हैं। यहां अनेक झरने हैं।

आम्भि

सिकंदर ने जब ई. पूर्व 327-26 में भारत पर आक्रमण किया, उस समय आम्भि तक्षशिला का राजा था और उसका राज्य सिंधु तथा झेलम नदियों के बीच फैला

हुआ था। झेलम के पूर्व के राजा पुरु या पोरस को यह अपना प्रतिद्वंद्वी समझता था। अत: इस प्रतिद्वंद्विता तथा अपनी कायरता के कारण आम्भि ने न केवल सिकंदर के सामने आत्मसमर्पण किया वरन् पुरु के विरुद्ध युद्ध में सिकंदर का साथ भी दिया। विजयी सिकंदर ने उसे काफी बड़े क्षेत्र का राजा मान लिया था, जिसे बाद में चन्द्रगुप्त मौर्य ने अपने अधिकार में लिया।

आम्रपाली

वैशाली की प्रसिद्ध नृत्यांगना जिसका नाम अंबपाली भी था। उस समय राज नर्तकी को बड़े सम्मान की दृष्टि से देखा जाता था। उच्च वर्ग के लोग भी उसकी कृपादृष्टि के लिए लालायित रहते थे। आम्रपाली गौतम बुद्ध की भक्त थी। बुद्ध उसका निमंत्रण स्वीकार करके उसके निवास पर गए और उसे 'आर्या अंबा' कहकर संबोधित किया। आम्रपाली ने उसी समय अपना विख्यात उपवन बौद्ध संघ को प्रदान कर दिया था। इसके बाद उसने जीवन-पर्यन्त बौद्ध भिक्षुणी का जीवन बिताया। बाद के भारतीय साहित्य में आम्रपाली के जीवन पर अनेक रचनाएं मिलती हैं।

आयु

1. उर्वशी के गर्भ से उत्पन्न पुरुरवा के पुत्रों में सबसे ज्येष्ठ। इसने सौ वर्ष तक दत्तात्रेय की सेवा की। सेवा से प्रसन्न होकर ऋषि ने इसे एक फल दिया जो इसने अपनी पत्नी इंदुमती को खिला दिया। कहीं पर राहू की पुत्री प्रभा को इसकी पत्नी बताया गया है। पत्नी के गर्भ से नहुष (दे.) पैदा हुआ। नहुष को कुंड नामक दैत्य चुरा ले गया था किंतु नारद के यह बताने पर कि नहुष के हाथों कुंड मारा जाएगा, इसे संतोष हुआ।

2. रोहिणी के गर्भ से उत्पन्न श्रीकृष्ण के दस पुत्रों में से एक का नाम।

3. एक देव जो अंगिरा और सुरूपा का पुत्र था।

आयुर्वेद

भारत में विकसित चिकित्सा की प्राचीन पद्धति। एक परंपरा के अनुसार इस विद्या का आरंभ ब्रह्मा से हुआ था। ब्रह्मा ने इसे दक्ष प्रजापति को दिया। दक्ष प्रजापति से अश्विनी कुमारों को और उनसे इंद्र को यह विद्या प्राप्त हुई। पुराणों की परंपरा के अनुसार प्रजापति ने चारों वेदों पर विचार करने के बाद पंचम वेद की रचना की जो आयुर्वेद कहलाया। प्रजापति से भास्कर को तथा उनसे धनवंतरि आदि को इसका ज्ञान मिला।

वेदों में भी इस विषय का वर्णन मिलता है। ऋग्वेद में अश्विनी कुमारों का

उल्लेख है जिन्होंने एक स्त्री को नकली टांग लगा दी थी। अथर्ववेद में अनेक वनस्पतियों तथा उनसे दूर होनेवाले रोगों का वर्णन किया गया है। इसी प्रकार ब्राह्मण, उपनिषद तथा रामायण-महाभारत में भी आयुर्वेद से संबंधित अनेक विवरण मिलते हैं। चरक, सुश्रुत और बाणभट्ट रचित ग्रंथत्रयी आयुर्वेद के प्रसिद्ध ग्रंथ हैं। इनके अतिरिक्त आयुर्वेद-संहिता के नाम से विभिन्न रचनाकारों के 18 ग्रंथ भी प्रसिद्ध हैं। चरक-संहिता सबसे प्राचीन मानी जाती है। इसकी रचना चरक ने ईसा की पहली शताब्दी में की थी। कुछ लोग चरक को सम्राट कनिष्क (दे.) का राजवैद्य बताते हैं। आयुर्वेद का प्राचीन अर्थ चिकित्साशास्त्र तक सीमित न था। भारत में इसका बड़ा व्यापक अर्थ लिया जाता था। इसका उद्देश्य था—शरीर, इंद्रिय, मन तथा आत्मा के संयोग की रक्षा करना।

आरण्यक

वेदों के बाद ब्राह्मण ग्रंथ, ब्राह्मण ग्रंथों के बाद आरण्यक, और आरण्यकों के बाद उपनिषद यह प्राचीन ग्रंथों की रचना का एक क्रम रहा है। इस प्रकार आरण्यक ब्राह्मण ग्रंथों और उपनिषदों का मध्यवर्ती साहित्य है। ये ग्रंथ तीनों वेदों से संबद्ध हैं। ऋग्वेद के आरण्यक हैं—ऐतरेय आरण्यक, कौषीतकी आरण्यक। यजुर्वेद के तैत्तरीय तथा वृहदारण्यक हैं। और सामवेद के आरण्यक का नाम छांदोग्य है।

इन ग्रंथों की रचना वन में हुई अथवा इनका अध्ययन-स्थल वन थे, इसलिए इनको आरण्यक कहते हैं। इनमें धार्मिक क्रियाओं का वर्णन है तथा कहीं-कहीं उनकी रहस्यपूर्ण व्याख्या मिलती है। ब्राह्मण ग्रंथों के निर्माणकाल में ही चिंतकों का एक ऐसा समुदाय उत्पन्न हो गया था जो बड़े-बड़े यज्ञों के स्थान पर तपस्या और ध्यान को अधिक महत्व देने लगा था। इसीलिए इन ग्रंथों की रचना हुई जिनमें यज्ञों के अनुष्ठान की आध्यात्मिक व्याख्या की गई। इन्हीं से आगे चलकर उपनिषदों का विकास हुआ।

आरा

बिहार के इस जिला मुख्यालय का प्राचीन नाम 'एकचक्रपुर' अथवा 'आरामनगर' था। पांडवों ने वनवास के कुछ दिन यहां बिताए थे और भीम के हाथों यहीं बकासुर का वध हुआ था। महाभारत के अनुसार जब पांडव एक ब्राह्मण के घर पर टिके हुए थे, उन्होंने एक दिन उस परिवार में रोना-पीटना देखा। पूछने पर पता चला कि बकासुर नामक राक्षस के पास उसके भोजन के रूप में गांव से प्रतिदिन एक व्यक्ति भेजा जाता है। उस दिन ब्राह्मण की बारी थी। यह सुनकर ब्राह्मण के बदले भीम वहां चले गए और उन्होंने बकासुर को मार डाला।

गौतम बुद्ध के गुरु अलाड़कलाम यहीं के निवासी थे और बुद्ध ने यहां के दैत्यों से मनुष्य-भक्षण छुड़ाया था।

आरुणि

औपवेसी गौतम के पुत्र और द्यौम्य ऋषि के शिष्य आरुणि वैदिककाल के प्रसिद्ध आचार्यों में से एक हैं। कहीं पर इन्हें अरुण का पुत्र और याज्ञवल्क्य ऋषि का गुरु भी बताया गया है। इनके पुत्र का नाम श्वेतकेतु था। ये ब्रह्मविद्या के विशेष अधिकारी, सामाजिक विधि-निषेध के प्रवर्तक और गुरु-भक्त के रूप में प्रसिद्ध हैं। एक बार वर्षाकाल में गुरु ने इन्हें खेत की मेंड़ की रक्षा के लिए भेजा। हाथों से मिट्टी डालकर जब आरुणि पानी का प्रवाह न रोक सके तो स्वयं उस जगह लेट गए। वर्षा बंद हो जाने पर जब गुरु इनकी खोज के लिए निकले तो इनकी गुरु-भक्ति देखकर उन्होंने इन्हें 'उद्दालक' (दे.) नाम प्रदान किया।

आरोविल

पांडिचेरी के निकट निर्माणाधीन एक आदर्श अंतर्राष्ट्रीय नगर जो 15 वर्ग मील के घेरे में बन रहा है। श्री अरविंद के आदर्शों के इस नगर में निम्नांकित भाग होंगे—निवास, सांस्कृतिक क्षेत्र, अंतर्राष्ट्रीय क्षेत्र और औद्योगिक क्षेत्र। अंतर्राष्ट्रीय क्षेत्र में सब देश अपने-अपने मंडप बना रहे हैं। इस नगर की योजना यूनेस्को द्वारा स्वीकृत है और 122 देशों के प्रतिनिधियों ने सन् 1968 ई. में इसका शिलान्यास किया। इस नगरी में लोग मानवता की सेवा के लिए कार्य करेंगे और अपनी रुचि के किसी भी धर्म का पालन करने के लिए स्वतंत्र होंगे।

आर्चिक

यज्ञ में मंत्रपाठ करने वाला उद्गाता सामवेद के जिन मंत्रों को कंठस्थ करता था उनका संग्रह आर्चिक कहलाता था। कौन मंत्र, किस स्वर से और किस क्रम से गाया जाएगा इसकी शिक्षा शिष्यों को आचार्य से मिलती थी। वस्तुतः सामवेद में ऋग्वेद के जितने मंत्र आए हैं वे 'आर्चिक' कहलाते हैं और यजुर्वेद के मंत्रों को 'स्तोम' कहते हैं। आर्चिक के दो भाग हैं—'ग्रामगेय गान' और 'आरण्यगान' ग्रामगेय गान बस्तियों में गाया जाता था परंतु आरण्यगान केवल वन के एकांत में ही होता था।

आर्य

इस शब्द से जिस मानव प्रजाति, भाषा, परिवार और संस्कृति-सभ्यता का बोध होता है, उसके संबंध में विद्वानों में मतैक्य नहीं है। प्रथम दो के संबंध में तो बहुत

ही भिन्न विचार व्यक्त किए जाते हैं। शरीर में समरूपता और भाषा में बहुत कुछ साम्य के कारण कुछ लोग आर्य परिवार में जर्मनों आदि के सहित यूरोप की समस्त श्वेत जातियों से लेकर एशिया और भारतीय उपमहाद्वीप तक के समस्त निवासियों की गणना करते हैं। दूसरा मत केवल भारत और ईरान के निवासियों को ही आर्य की संज्ञा देता है। एक वर्ग इस प्रजाति को 'आर्य' न कहकर 'भारोपीय' कहना अधिक उपयुक्त समझता है।

आर्य धर्म और संस्कृति की प्राचीन परंपरा के भारत, ईरान, यूनान, रोम, जर्मनी आदि में प्रचलन के जो प्रमाण मिलते हैं उनसे इतना प्रकट है कि भले ही यह आर्य जाति आरंभ में एक रही हो या नहीं, इसका आदिस्थान एक हो या अनेक हों, इनके बीच निकट का पारस्परिक संपर्क अवश्य विद्यमान था।

आर्यों के आदि-देश के बारे में भी मतैक्य नहीं है। लोकमान्य तिलक उत्तरी ध्रुव प्रदेश को आर्यों का मूल-निवास बताते हैं। अन्य विद्वान् इन्हें मध्य एशिया, आस्ट्रिया, हंगरी, जर्मनी, नार्वे, स्वीडन तक के मूलनिवासी सिद्ध करते हैं। कुछ का मत है कि आर्यावर्त ही अर्थात् हिमालय और विंध्याचल के बीच का भूभाग ही आर्यों का मूलनिवास था। कुछ अन्य के मत में सप्तसिंधु प्रदेश आर्यों का आदि-देश था। जो हो, इस जाति ने मानव सभ्यता के विकास में, विशेषतः नागर सभ्यता के विकास में जो योगदान दिया वह अविस्मरणीय है।

आर्य अष्टांगिक मार्ग

गौतम बुद्ध द्वारा प्रतिपादित आठ मार्ग जिनसे सभी दुःखों की मूल कारण तृष्णा से मुक्ति मिल सकती है। ये हैं—सम्यक् दृष्टि, सम्यक् संकल्प, सम्यक् वचन, सम्यक् कर्म, सम्यक आजीविका, सम्यक् व्यायाम, सम्यक् स्मृति और सम्यक् समाधि।

आर्यक

कद्रु का पुत्र जिसकी कन्या मारीषा यदुकुल के राजा शूरसेन को ब्याही गई थी। पृथा जो आगे चलकर कुंती के नाम से प्रसिद्ध हुई, इसी शूरसेन की कन्या थी। दुर्योधन ने जब भीम को विष-मिला अन्न खिलाकर नदी में डुबाया था तो नागों के डसने के कारण उसके शरीर से विष का असर जाता रहा। किंतु नाग पुनः उसको डसने को तैयार हो गए। यह सूचना मिलते ही आर्यक वहां पहुंचा और भीम को पहचानकर उसे पाताल लोक ले गया तथा अमृतपान कराया। आर्यक ने ही भीम को सहस्र नागों के समान बलशाली होने का आशीर्वाद दिया था।

आर्यभट्ट

प्राचीन भारत के महान् गणितज्ञ, ज्योतिषशास्त्र के प्रकांड विद्वान आर्यभट्ट का

जन्म 476 ई. में पटना के निकट कुसुमपुर में हुआ था। 23 वर्ष की अल्पायु में ही इन्होंने 'आर्यभट्टीय' नामक ग्रंथ की रचना की थी। पृथ्वी प्रतिदिन अपनी धुरी पर घूमती है जिससे दिन-रात होते हैं तथा पृथ्वी सूर्य के चारों ओर परिक्रमा करती है, इस तथ्य का पता सर्वप्रथम आर्यभट्ट ने ही लगाया था। वे जानते थे कि चन्द्रमा में स्वयं अपना प्रकाश नहीं है और वह सूर्य की किरणों से प्रकाशित होता है। सूर्य और चंद्रग्रहण क्यों होते हैं, इसका भी वास्तविक ज्ञान उन्हें था।

आर्यभट्ट द्वितीय नाम के एक और विद्वान हुए हैं जिनका समय शक संवत् 872 के आसपास माना जाता है। इनका 'महासिद्धांत' नामक ग्रंथ प्रसिद्ध है। इसमें भूगोल, खगोल और अंकगणित के विविध अंगों का वर्णन किया गया है।

भारत ने अंतरिक्ष में भेजे अपने प्रथम उपग्रह का नाम 'आर्यभट्ट' रखकर इस महान् गणितज्ञ के प्रति सम्मान प्रकट किया है।

आर्यसत्य

यह बौद्ध-दर्शन का मूल सिद्धांत है। आर्यसत्य चार हैं—दुःख, समुदय (विषयों के प्रति तृष्णा), निरोध (तृष्णा से मुक्ति), और मार्ग (तृष्णा के न रहने से दुःख और पुनर्जन्म से मुक्ति)।

आर्यसमाज

उन्नीसवीं शताब्दी के तीसरे चरण में भारत में जागृति के जो चतुर्दिक आंदोलन आरंभ हुए, उनमें आर्यसमाज का बड़ा महत्वपूर्ण स्थान है। इस संस्था की स्थापना 10 अप्रैल 1875 ई. को दयानंद महर्षि (दे.) ने बंबई में की थी। यह भारत के धार्मिक और सामाजिक पुनर्जागरण के प्रतीक के रूप में सामने आई। महर्षि दयानंद वेदों को अपौरुषेय तथा ईश्वरीय ज्ञान मानते थे। आर्यसमाज के निम्नांकित दस सिद्धांत मुख्य हैं—

1. सभी शक्ति और ज्ञान का प्रारंभिक कारण ईश्वर है।
2. ईश्वर ही सर्व सत्य है, सर्व व्याप्त है, पवित्र है, सर्वज्ञ है, सर्वशक्तिमान है और सृष्टि का कारण है। केवल उसी की पूजा होनी चाहिए।
3. वेद ही सच्चे ज्ञान ग्रंथ हैं।
4. सत्य को ग्रहण करने और असत्य को त्यागने के लिए सदा तत्पर रहना चाहिए।
5. उचित-अनुचित के विचार के बाद ही कार्य करना चाहिए।
6. मनुष्य मात्र को शारीरिक, सामाजिक और आत्मिक उन्नति के लिए कार्य करना चाहिए।

7. प्रत्येक के प्रति न्याय, प्रेम और उसकी योग्यता के अनुसार व्यवहार करना चाहिए।
8. ज्ञान की ज्योति फैलाकर अंधकार को दूर करना चाहिए।
9. केवल अपनी उन्नति से संतुष्ट न होकर दूसरों की उन्नति के लिए भी यत्न करना चाहिए।
10. समाज के कल्याण और समाज की उन्नति के लिए अपने मत तथा व्यक्तिगत बातों को त्याग देना चाहिए।

इनमें से प्रथम तीन सिद्धांत धार्मिक हैं और अंतिम सात नैतिक हैं। आगे चल कर व्यवहार के स्तर पर आर्यसमाज में भी विचार-भेद पैदा हो गया। एक वर्ग 'दयानंद एंग्लो वैदिक कालेज' की विचारधारा की ओर चला और दूसरे ने 'गुरु-कुल' की राह पकड़ी।

यह उल्लेखनीय है कि देश के स्वतंत्रता-संगाम में आर्यसमाज ने संस्था के रूप में तो नहीं, पर इस संस्था के अधिकांश प्रमुख सदस्यों ने व्यक्तिगत स्तर पर महत्वपूर्ण भूमिका अदा की।

आर्यावर्त

इसका शाब्दिक अर्थ है—जहां आर्य निवास करते हैं। प्राचीन वांङ्मय में इस स्थान के बारे में विभिन्न मत हैं। ऋग्वेद इसे 'सप्तसिंधु प्रदेश' बताता है। उप-निषद काल में यह काशी और विदेह जनपदों तक फैल गया था। मनुस्मृति में इसकी परिभाषा देते हुए कहा गया है कि पूर्व में समुद्र तट, पश्चिम में समुद्र तट, उत्तर में हिमालय से दक्षिण में विंध्याचल तक के प्रदेश को विद्वान आर्यावर्त कहते हैं। पतंजलि के मत से गंगा और यमुना के मध्य का भू-भाग आर्यावर्त है। इन कथनों से विदित होता है कि उस समय उत्तर भारत के सभी जनपद इसमें सम्मिलित थे और आर्य संस्कृति का विस्तार इतना ही था। पुराणों का समय आते-आते यह देशव्यापी हो गई और भारतवर्ष और आर्यावर्त पर्यायवाची माने जाने लगे।

आलंदी

महाराष्ट्र प्रदेश के पूना जिले का एक स्थान जहां प्रसिद्ध संत ज्ञानदेव अथवा ज्ञानेश्वर का जन्म हुआ था। इन्होंने 15 वर्ष की आयु में गीता का 'ज्ञानेश्वरी' नामक भाष्य लिखा था जो महाराष्ट्र में आज भी घर-घर प्रचलित है। आरंभ में ज्ञानदेव को आलंदी में बड़े ही कष्ट और अपमान का जीवन बिताना पड़ा था। किंतु बाद में इनके चमत्कारों से परिचित होने पर यहां के निवासियों ने हृदय खोलकर इनका स्वागत किया।

आलवार

तमिल प्रदेश के प्रसिद्ध वैष्णव संत जिनके जीवन का उद्देश्य विष्णु की भक्ति में स्वयं लीन होना और अपने उपदेशों से दूसरे साधकों को भी लीन करना था। इनका आविर्भाव सातवी से दसवीं शताब्दी के बीच हुआ। इनकी संख्या बहुत बड़ी थी जिनमें से 12 मुख्य माने जाते हैं। इनमें कुलशेखर नामक केरल के राजा थे। आंडाल (गोदा) भी इन्हीं में से थी जिसने आजीवन कुमारी रहकर रंगनाथ को ही अपना प्रिय माना। आंडाल तमिल प्रदेश की 'मीरा' कहलाती है।

आल्हाखंड

जगनिक नामक कवि द्वारा रचित काव्यग्रंथ। महोबा के वीर आल्हा और ऊदल के चरित्र का यह वर्णन उत्तर भारत में बहुत प्रचलित और लोकप्रिय है। जगनिक का समय 1173 ई. के आसपास माना जाता है। जगनिक को कुछ लोग भाट बताते हैं और कुछ के अनुसार वे महोबा के दरबारी कवि थे। इस ग्रंथ के मूल लेखक द्वारा लिखित कोई अंश उपलब्ध नहीं है। जनमानस ने इसके प्रचलित रूप में समय-समय पर परिवर्तन किए हैं। इसीलिए इसकी भाषा का रूप बदलता हुआ आधुनिक हो गया है। किंतु इसकी गेय लोकप्रियता विद्यमान है।

आविष्कार

मनुष्य में तथा अन्य जीवों में बहुत बड़ा अंतर यह है कि मनुष्य औजारों का उपयोग करता है। ये औजार उसके अपने बनाए हुए हैं। मनुष्य ने इन्हें बनाया या इनका आविष्कार किया। 'आविष्कार' (इनवेंशन) और 'खोज' (डिस्कवरी) में बड़ा अंतर यह है कि खोज वह है जिसमें प्रकृति में मौजूद किसी चीज का पता लगाया जाए। शायद मानव का पहला आविष्कार यह था कि उसने टूटे हुए पत्थर के तेज धारवाले टुकड़े का किसी चीज को काटने के लिए उपयोग किया। आगे चलकर, आज से लगभग पांच लाख वर्ष पूर्व वह पत्थर की कुल्हाड़ी बना सका। अगला आविष्कार आग का था जब उसने यह जाना कि लकडी के दो टुकड़ों को रगड़कर आग पैदा की जा सकती है। लगभग दो लाख वर्ष पहले वह दो चीजों को रगड़-रगड़कर कर आग पैदा करने लगा।

आविष्कारों के क्षेत्र में ईसा पूर्व 4000 वर्ष में पहिए का आविष्कार सबसे बड़ा माना जाता है। तब से आज तक जितनी भी मशीनों का निर्माण हुआ, किसी न-किसी रूप में उनमें पहिया काम में आता है।

यद्यपि मनुष्य पहले भी अपनी भावना प्रकट करने के लिए चित्रों का उपयोग करता था, पर अक्षर लेखन को जिस रूप में हम आज जानते हैं, उसका आरभ लगभग ईसा पूर्व 1500 में माना जाता है। छपाई की मशीन तो बहुत ही बाद में

(1440 ई.) बनी। बीच में एक लंबे समय तक कोई महत्वपूर्ण आविष्कार नहीं हुआ। आ विष्कारों की बाढ़ सोलहवीं शताब्दी के बाद आई है।

आशापूर्णा देवी

बंगला भाषा की प्रतिष्ठित और मूर्धन्य कथाशिल्पी श्रीमती आशापूर्णा देवी का जन्म 8 जनवरी, 1909 ई. को कलकत्ता के एक मध्यवर्गीय परिवार में हुआ। तत्कालीन सामाजिक बंधनों के कारण इन्हें विद्यालय में जाकर अध्ययन करने का अवसर नहीं मिला। किन्तु पारिवारिक जीवन-यापन करने हुए स्वाध्याय के बल पर आशापूर्णा देवी ने जो करके दिखाया, वह किसी के लिए भी आदर्श हो सकता है। अब तक कथा-साहित्य की इनकी दो सौ से अधिक रचनाएं प्रकाशित हो चुकी हैं। इन्होंने उपन्यास, कहानी, बाल साहित्य आदि सभी विधाओं में लिखा है।

'प्रथम प्रतिश्रुति', 'सुवर्णलता' और 'बकुल कथा' नामक इनके 'त्रिवेणी ग्रंथ' आत्मकथा शैली में लिखे गए हैं। 'प्रथम प्रतिश्रुति' पर इन्हें ज्ञानपीठ पुरस्कार से सम्मानित किया गया है। आशापूर्णा देवी का साहित्य मानव मन की, विशेषत: नारी-मन की व्यथा की कथा है। इन्होंने अपनी रचनाओं में मध्यवर्गीय समाज की छोटी-छोटी घटनाओं को लेकर विद्रोह का स्वर मुखरित किया है। आशापूर्णदेवी ने गृहिणी और साहित्यकार दोनों के दायित्व का समान रूप से निर्वाह किया है। इनका कहना है कि मैंने घर के अंदर का बंदी-जीवन जिया है और एक खिड़की से ही बाहर के संसार का दर्शन कर सकी हूं।

आशुतोष मुखर्जी

प्रसिद्ध शिक्षाविद् और न्यायशास्त्री आशुतोष मुखर्जी का जन्म 29 जून 1864 ई. को कलकत्ता के निकट भवानीपुर में हुआ था। शिक्षा समाप्त करके आपने पहले वकालत की। बाद में कलकत्ता उच्च न्यायालय में न्यायाधीश नियुक्त हो गए। आपने बंगाल की लेजिस्लेटिव कौंसिल के सदस्य के रूप में भी काम किया। परंतु आपका मुख्य योगदान शिक्षा के क्षेत्र में माना जाता है। अनेक वर्षों तक वे कलकत्ता विश्वविद्यालय के कुलपति रहे और इस संस्था को वर्तमान रूप दिया।

आशुतोष मुखर्जी सुधारवादी विचारों के व्यक्ति थे। उन्होंने अपनी विधवा पुत्री का फिर से विवाह कर दिया था जो उस समय एक बड़ी क्रांतिकारी बात थी। 25 मई 1925 ई. को आपका देहांत हो गया।

आश्वलायन

1. एक प्राचीन सूत्रकार ऋषि जिन्होंने 'आश्वलायन ग्रहसूत्र' और 'आश्वलायन श्रौतसूत्र' की रचना की थी। इन रचनाओं में वैदिक काल के विविध धार्मिक तथा

सामाजिक अनुष्ठानों का वर्णन मिलता है। ग्रहसूत्र में संस्कारों, यज्ञों और उत्सवों का भी विस्तार के साथ वर्णन है। महाभारत का सबसे प्राचीन उल्लेख 'आश्वलायन ग्रहसूत्र' में ही मिलता है।

2. वायु पुराण के अनुसार भगवान का सहिष्णु अवतार आश्वलायन कहलाता है। यह छब्बीसवें द्वापर युग में पाराशर व्यास के समय हुआ था।

आश्रम

1. आश्रम-व्यवस्था भारतीय संस्कृति की अपनी विशेषता रही है। यहां जीवन का चार आश्रमों में विभाजन किया गया था—ब्रह्मचर्य, गार्हस्थ्य, वानप्रस्थ और संन्यास। आश्रम का अर्थ था वह स्थिति जिसमें कर्तव्यपालन के लिए पूर्ण परिश्रम किया जाए।

आश्रम-व्यवस्था का क्रमशः विकास हुआ है। वैदिक काल में कर्मकांड की प्रधानता थी और संन्यास को अधिक महत्व नहीं दिया जाता था। उपनिषदों में भी संन्यास आश्रम के प्रति उपेक्षा का ही भाव था। सूत्रों और स्मृतियों ने चारों आश्रमों पर जोर दिया। मनुष्य की उम्र 100 वर्ष की मानकर उसे चार बराबर भागों में बांटा गया। प्रथम 25 वर्ष ब्रह्मचर्याश्रम में गुरुकुल में शिक्षा प्राप्त करने के बाद व्यक्ति गृहस्थाश्रम में प्रवेश करता था। 50 वर्ष की उम्र तक गृहस्थी रहने के बाद वह वानप्रस्थी बनता और समाजसेवा की ओर अभिमुख होता। अंतिम संन्यास आश्रम में घर-परिवार को छोड़कर व्यक्ति अकेला ही मोक्ष के लिए यत्नशील होता था। वानप्रस्थ को निवृत्ति-मार्ग का प्रथम और संन्यास को अंतिम चरण बताया गया है।

आश्रम-व्यवस्था के तीन रूप पाए जाते थे—समुच्चय, विकल्प और वाध। 'समुच्चय' में सभी आश्रमों का क्रमशः पालन किया जाता था। 'विकल्प' में व्यक्ति को छूट थी कि वह ब्रह्मचर्य के बाद गृहस्थ बने या सीधे संन्यास ग्रहण कर ले। 'वाध' का अर्थ था आश्रम-व्यवस्था को ही स्वीकार न करना।

सूत्रों में गृहस्थाश्रम को प्रधान आश्रम माना गया है। ब्रह्मचर्य उसकी भूमिका है तथा अंत के दो आश्रम गौण हैं।

2. ऋषि-मुनियों के निवास के पवित्र स्थान भी आश्रम कहलाते हैं।

3. प्राचीन आचार्यों के अनुसार जहां सम्यक् प्रकार से श्रम किया जाए, वह आश्रम है। जीवन की उस स्थिति को भी आश्रम कहा गया है जिसमें कर्तव्य-पालन के लिए पूर्ण श्रम किया जाए। भारत में आश्रम-व्यवस्था सामाजिक जीवन का प्रमुख स्तंभ रही है। जीवन की सार्थकता के लिए चार पुरुषार्थ माने गए हैं—धर्म, अर्थ, काम और मोक्ष। व्यक्तिगत संस्कारों के नियमन के लिए जीवन चार आश्रमों में विभक्त रहा है—ब्रह्मचर्य, गार्हस्थ्य, वानप्रस्थ और संन्यास। इन चार आश्रमों का

महत्व समय-समय पर न्यूनाधिक होता रहा है। उपनिषदों में संन्यास को वय के नहीं, भावना के साथ अधिक जोड़ा गया और वैराग्य की प्रेरणा होते ही उधर अग्रसर होने को प्रोत्साहित किया गया है। बौद्ध और जैन मत में ब्रह्मचर्य और गार्हस्थ्य की अनिवार्यता नहीं मानी गई। फलतः समाज में संन्यासियों की संख्या में वृद्धि हुई। मनुस्मृति में पुनः आश्रम-व्यवस्था पर जोर दिया गया है। व्यवहार में पूर्णतः परिपालित न होते हुए भी भारत की यह गरिमामय व्यवस्था विश्व में अनुपम रही है।

आसफउद्दौला

अवध का नवाब जिसका शासन काल 1775 से 1797 ई. तक रहा। इसने अवध की राजधानी फैजाबाद से लखनऊ स्थानांतरित की और इस नगर को सजाने-संवारने में कोई कसर उठा न रखी। उसके समय में लगभग 400 उद्यानों और अनेक भवनों का निर्माण हुआ। प्रसिद्ध बड़ा इमामबाड़ा भी इसी समय बना। लखनऊ की कला और संस्कृति की भी बड़ी उन्नति हुई।

कुछ इतिहासकारों के अनुसार आसफउद्दौला एक अयोग्य शासक था। उसमें अपनी रियासत को बचाकर रखने की क्षमता भी न थी। इसलिए उसने अंग्रेजों से कहकर दो रेजिमेंट फौज अवध में नियुक्त कराई और बदले में ईस्ट इंडिया कंपनी को 74 लाख रुपए सालाना देना स्वीकार किया। इस प्रकार अवध अंग्रेजों के प्रभाव में आ गया। जब अपने कुप्रबंध के कारण नवाब यह रकम अदा न कर सका तो उसने एक और निंदनीय काम किया। उसके पिता शुजाउद्दौला का जो धन उसकी मां और दादी के पास था, उसे प्राप्त करने के लिए उसने वारेन हेस्टिंग्ज (दे.) से मदद मांगी। वारेन हेस्टिंग्ज ने बेगमों का फैजाबाद के महल से बाहर निकलना रोककर और उन पर अनेक दबाव डालकर उन्हें यह धन आसफउद्दौला को सौंपने के लिए बाध्य किया। मां और दादी को अपमानित करने की इस बदनामी के साथ 1797 ई. में वह मर गया।

आसुर

1. स्मृति में आठ प्रकार के विवाह बताए गए हैं। उन्हीं में से एक प्रकार का विवाह आसुर भी है। इसमें कन्या के माता-पिता, भाईबंधु आदि को अथवा स्वयं कन्या को ही धन देकर उसके साथ विवाह किया जाता था। यद्यपि यह विवाह धर्मसम्मत माना जाता था, फिर भी कन्यादान में एक प्रकार के यज्ञ का जो भाव है, वह इसमें नहीं था। ज्यों-ज्यों कन्यादान का महत्व बढ़ा, आसुर विवाह की प्रथा कम होती गई, परंतु अभी यह निर्मूल नहीं हुई है।

2. गीता के अनुसार समस्त जीवधारियों के दो भाग हैं—देव और आसुर।

आसुरों को आचरण-भ्रष्ट, असत्य भाषी और भोगों में लिप्त बताया गया है।

आसुरि

प्राचीन काल के एक आचार्य जिन्हें कहीं पर भारद्वाज का, कहीं पर याज्ञवल्क्य का और कहीं पर सांख्यकार कपिल का शिष्य बताया गया है। इन्होंने सायंकालीन होम का समर्थन किया है और प्रातःकालीन होम की निंदा की है। युधिष्ठिर के राजसूय यज्ञ में इन्होंने भाग लिया था। कहते हैं, इन्हें आध्यात्मिक ज्ञान अपनी पत्नी से मिला था।

आस्तिक

सामान्यतः ईश्वर में विश्वास रखनेवाले को आस्तिक कहा जाता है। परंतु वास्तव में आस्तिक वह है जो वेद की प्रामाणिकता में आस्था रखता है। आस्तिक होने के लिए ईश्वर में विश्वास रखने की अनिवार्यता नहीं है। हां, वेद में विश्वास रखना अनिवार्य है। भारत में ऐसे दर्शनशास्त्र हैं जो सृष्टि को चलानेवाले किसी ईश्वर में विश्वास नहीं करते। सांख्य और पूर्व मीमांसा इसी प्रकार के दर्शन हैं। परंतु वे वेद में विश्वास करते हैं इसलिए आस्तिक दर्शन कहलाते हैं। शंकराचार्य के अनुसार मोक्ष और वेद में श्रद्धा रखना ही आस्तिकता है।

दर्शनों में वैशेषिक, न्याय, सांख्य, योग, पूर्व मीमांसा और वेदांत ये छह आस्तिक दर्शन कहलाते हैं। दूसरी ओर चार्वाक, माध्यमिक, योगाचार्य, सौत्रांतिक, वैभाषिक और अर्हत दर्शन नास्तिक हैं। बौद्ध और जैन भी आस्तिक नहीं हैं।

आस्तीक

तक्षक नाग की बहन के गर्भ से उत्पन्न एक ऋषि जिसने मां के गर्भ में ही शंकर से उपदेश प्राप्त कर लिया था। इसका नाम जनमेजय के नाग यज्ञ के संदर्भ में आता है। सर्पदंश से अपने पिता की मृत्यु का बदला लेने के लिए जनमेजय ने सब सर्पों को यज्ञकुंड में डालकर भस्म कर डाला। अंत में तक्षक नाग की बारी आई। इसकी सूचना मिलने पर आस्तीक की माता ने अपने पुत्र से तक्षक को बचाने के लिए कहा। उधर इस बीच तक्षक इंद्र की शरण में जा चुका था। परंतु जब यज्ञ में इंद्र के सहित तक्षक की आहुति देने का मंत्र पढ़ा जाने लगा और इंद्र भी तक्षक के साथ हवनकुंड की ओर खिंचने लगा तो भयभीत इंद्र ने तक्षक को छोड़ दिया। आस्तीक पहले ही जनमेजय के पास पहुंचकर तक्षक की प्राणरक्षा का वचन ले चुका था। इसलिए जब मंत्रबल से तक्षक यज्ञकुंड के पास पहुंचा तो आस्तीक को दिए वचन के कारण नागयज्ञ बंद करके तक्षक को छोड़ देना पड़ा। प्रतिवर्ष इसी के उपलक्ष्य में नागपंचमी मनाई जाती है।

आह्निक

नित्य किया जानेवाला धार्मिक क्रिया-समूह। धर्मशास्त्र ग्रंथों में दैनिक धार्मिक कर्मों का पूरा विवरण पाया जाता है। रघुनंदन भट्टाचार्य रचित 'आह्निकाचार तत्व' में दिन-रात के आठो यामों के कर्तव्यों का वर्णन है। कुछ प्राचीन ग्रंथों के प्रकरण-समूह को भी, जिसका अध्ययन दिन भर में हो सके, आह्निक कहते हैं।

इ

इंगला

संत साहित्य में पद-पद पर इड़ा और पिंगला नाम की दो नाड़ियां उल्लिखित हैं। संतों ने अनुप्रास बैठाने के लिए इड़ा को पिंगला के साथ 'इंगला' नाम दे दिया है। सुषुम्ना की बाईं ओर की नाड़ी इंगला है और दाहिनी ओर की पिंगला। इंगला को सूर्यनाड़ी और पिंगला को चंद्रनाड़ी भी कहते हैं। इंगला बाएं नथुने से श्वास बाहर निकालती है।

इंडियन एसोसिएशन

इस संस्था की स्थापना सुरेन्द्रनाथ बनर्जी ने (दे.) 1876 ई. में कलकत्ता में की थी। इसका उद्देश्य भारतवासियों के राजनीतिक हितों की रक्षा के लिए प्रबल जनमत का निर्माण करना था। यद्यपि इसके संस्थापक उस समय की भारतीय राजनीति में उग्र विचारों के व्यक्ति माने जाते थे, परंतु एसोसिएशन में सदा नम्र विचारधारा की ही प्रधानता रही।

इंडियन नेशनल कांफ्रेंस

इंडियन एसोसिएशन ने 28-30 दिसंबर 1883 ई. को कलकत्ता में यह कान्फ्रेंस बुलाई थी। इसका ऐतिहासिक महत्व है। यह पहला अवसर था जबकि पूरे देश के प्रतिनिधियों ने एकत्र होकर सार्वजनिक प्रश्नों पर विचार किया। इसमें जिन विषयों की विशेष रूप से चर्चा हुई वे थे—इंडियन सिविल सर्विस में भारतीयों के लिए अधिक स्थान, औद्योगिक तथा तकनीकी शिक्षा की व्यवस्था, न्यायपालिका और कार्यपालिका को पृथक् करना तथा देश में प्रतिनिधिमूलक सरकार की स्थापना।

इसका दूसरा सम्मेलन सन् 1885 ई. में हुआ और जब उसी वर्ष भारतीय राष्ट्रीय कांग्रेस की स्थापना हो गई तो यह संस्था भी उसी में मिल गई।

इंडियन सिविल सर्विस

इंडियन सिविल सर्विस जो अपने संक्षिप्त आई.सी.एस. नाम से अधिक जानी जाति थी, भारत में ईस्ट इंडिया कंपनी (दे.) के समय में आरंभ हुई। कंपनी को अपनी व्यापारिक लिखा-पढ़ी के लिए क्लर्कों की आवश्यकता थी और इसके लिए कंपनी के डायरेक्टरों की सिफारिश पर बीस वर्ष से कम उम्र के अंग्रेज लड़कों को भारत लाया जाता था। ये बहुत कम पढ़े-लिखे होते थे। 1757 ई. में पलासी के युद्ध के बाद इन्हीं क्लर्कों को जीते हुए क्षेत्रों का प्रशासन सौंप दिया गया। इन नवनियुक्त अफसरों ने बड़ा भ्रष्टाचार फैलाया और बेईमानी करने लगे तो कंपनी की ओर से इनसे ईमानदारी से काम करने के करार पर हस्ताक्षर कराए गए। यह सेवा तब 'कावेनेंट (करार) सिविल सर्विस' कहलाने लगी।

लार्ड कार्नवालिस (दे.) ने इस सेवा में सुधार किया। वेतन बढ़ाए गए और भरती लोगों को प्रशिक्षित करने की भी कुछ व्यवस्था की गई। पर उम्मीदवार कंपनी के डाइरेक्टरों के नामजद होते थे और उनमें आवश्यक योग्यता का अभाव रहता था। अत: 1853 ई. में सार्वजनिक प्रतियोगिता के माध्यम से इसमें प्रवेश के द्वार सब अंग्रेज युवकों के लिए खोल दिए गए। उसी वर्ष इसका नाम भी 'इंडियन सिविल सर्विस' रखा गया। आरंभ में इस प्रतियोगिता में केवल अंग्रेज ही बैठ सकते थे। पहले भारतीय महाकवि रवीन्द्रनाथ ठाकुर के भाई सतेन्द्रनाथ ठाकुर थे जो 1864 ई. में इंडियन सिविल सर्विस की प्रतियोगिता में सफल हुए। धीरे-धीरे देश में अंग्रेजी शिक्षा की वृद्धि के साथ कुछ अधिक संख्या में भारतीयों को इसमें प्रवेश मिलने लगा। यह भारत की केंद्रीय प्रशासनिक सेवा थी। स्वतंत्रता के बाद केंद्रीय प्रशासनिक सेवा का नाम बदलकर 'इंडियन एडमिनिस्ट्रेटिव सर्विस' (आई. ए. एस.) कर दिया गया।

इंडिया ऑफिस लाइब्रेरी

लंदन में स्थित भारतीय साहित्य, संस्कृति, कला आदि की सामग्री का बहुमूल्य संग्रह जिसका आरंभ भारत में अंग्रेजों के प्रभुत्व-स्थापन के समय हुआ। अपने दीर्घ शासनकाल में उन्हें इस देश में ऐतिहासिक महत्व की जो भी सामग्री—पुस्तकें, पांडुलिपियां, चित्र, मूर्तियां तथा अन्य वस्तुएं—मिलती रही उन सबका संग्रह उन्होंने लंदन की इस लाइब्रेरी में कर लिया। इसमें 35 हजार से भी अधिक पांडुलिपियां हैं, यह सामग्री इतनी संपन्न है कि भारत के संबंध में किसी भी पक्ष का ऐतिहासिक अध्ययन इसके उपयोग के बिना अपूर्ण रह जाता है। देश के स्वतंत्र

होने के बाद से ही भारत सरकार इस लाइब्रेरी को भारत वापस लाने के लिए प्रयत्न कर रही है, किंतु अब तक भारत की यह संपत्ति भारत को वापस करने के लिए ब्रिटिश सरकार तैयार नहीं है।

इंशाअल्ला खां (1756-1817 ई.)

ये उर्दू, फारसी के बड़े विद्वान् और शायर थे। कुछ वर्षों तक दिल्ली के मुगल दरबार में रहने के बाद ये 1791 ई. में लखनऊ चले आए/अपनी काव्य चातुरी के कारण यहां भी इन्हें राज-दरबार में प्रवेश मिल गया। इंशा की रचनाएं हास्य-प्रधान होती थीं। एक दिन इनकी रचना से रुष्ट होकर नवाब ने इन्हें दरबार से अलग कर दिया।

इंशाअल्ला का हिन्दी के प्रारंभिक गद्य लेखक के रूप में बड़ा महत्व है। हिंदी भाषा में लिखी इनकी पुस्तक 'रानी केतकी की कहानी' भाषा और शैली की दृष्टि से ऐतिहासिक महत्व की मानी जाती है।

इक्ष्वाकु

प्रथम सूर्यवंशी राजा इक्ष्वाकु वैवस्वत मनु के पुत्र थे। इन्होंने ही अयोध्या में कोशल राज्य की स्थापना की थी। इनके सौ पुत्र थे। इनमें से पचास ने उत्तरापथ में और पचास ने दक्षिणापथ में राज्य किया। कहते हैं कि इक्ष्वाकु का जन्म मनु की छींक से हुआ था।

इसीलिए इनका नाम इक्ष्वाकु पड़ा। इनके वंश में आगे चलकर रघु, दिलीप, अज, दशरथ और राम जैसे प्रतापी राजा हुए।

बौद्ध साहित्य में एक काशी नरेश का नाम भी इक्ष्वाकु मिलता है। वह सुबंध का पुत्र था। उसकी उत्पत्ति इक्षुदंड से बताई जाती है।

इड़ा

1. इड़ा या इला का उल्लेख ऋग्वेद में मिलता है। वहां इसे मनुष्यों की शिक्षिका और यक्षों की अधिष्ठात्री देवी बताया गया है। 'शतपथ ब्राह्मण' में इसके जन्म की कथा उपलब्ध है। प्रजा की सृष्टि के लिए जब मनु ने यज्ञ किया तो उनके यज्ञ-कुंड से ही इड़ा नाम की सुंदरी उत्पन्न हुई। इसने और मनु ने मिलकर मानव जाति उत्पन्न की। इसका उल्लेख अन्य प्रकार से भी आया है जैसे—राजा इक्ष्वाकु की पुत्री, दक्ष प्रजापति की एक कन्या, इन्द्र की एक पत्नी, ध्रुव की रानी और वसुदेव की पत्नियों में से एक।

2. मनुष्य के शरीर में पाई जानेवाली नाड़ियों—इड़ा, पिंगला और सुषम्ना को क्रमशः गंगा, यमुना और सरस्वती का प्रतीक माना गया है।

इतिहास

छांदोग्य उपनिषद में इतिहास और पुराण को पांचवां वेद कहा गया है। ऐतरेय ब्राह्मण के भाष्यकार के अनुसार वेद के अंतर्गत देवासुर संग्राम का जो वर्णन है वह इतिहास कहलाता है। शंकराचार्य भी पुरुरवा, उर्वशी आदि के संवादभाग को इतिहास कहते हैं। वायुपुराण में जिन 18 विद्याओं की गणना की गई है उनमें इतिहास का नाम अलग से नहीं है। अधिकांश विद्वान् प्राचीन काल के इतिहास का आशय रामायण और महाभारत से लेते हैं किंतु इनमें वर्णित वृतांत भी पुराणोक्त चमत्कारों से अप्रभावित नहीं हैं। इसलिए प्राचीन इतिहास की एक बहुत कुछ सर्वमान्य परिभाषा यह थी कि लौकिक वर्णन को इतिहास की श्रेणी में रखा जाए और अलौकिक को पुराण की।

इत्मादुद्दौला

यह आगरा का एक बहुत सुंदर मकबरा है जिसे जहांगीर की बेगम नूरजहां ने अपने पिता मिर्जा गयासबेग की स्मृति में बनवाया था। गयासबेग ईरान का मूल निवासी तथा अकबर का दरबारी था। जहांगीर ने गद्दी पर बैठने पर उसे 'इत्मादुद्दौला' की उपाधि दी थी। गयासबेग की मृत्यु 1622 ई. में हुई। नूरजहां के बनवाए इस मकबरे के संबंध में कहा जाता है कि मुगल इमारतों में इसके जोड़ की और कोई दूसरी इमारत नहीं है।

इत्सिंग

बौद्ध धर्म का आकर्षण जिन चीनी यात्रियों को प्राचीन काल में भारत खींच लाया उनमें इत्सिंग भी था। इसने सुमात्रा की ओर से समुद्री मार्ग द्वारा 675 ई. में भारत की यात्रा की थी। दस वर्षों तक नालंदा के प्रसिद्ध विश्वविद्यालय में इसने बौद्ध दर्शन और संस्कृत भाषा का अध्ययन किया। इसका 691 ई. में लिखा ग्रंथ बौद्ध धर्म और संस्कृति, साहित्य के इतिहास का आधार ग्रंथ माना जाता है।

इन्दिरा गांधी

पं. जवाहरलाल नेहरू और कमला नेहरू की एकमात्र संतान जिनका जन्म 19 नवम्बर 1917 ई. को आनंदभवन इलाहाबाद में हुआ था। उन्होंने भारत और विदेशों की संस्थाओं में शिक्षा प्राप्त की। स्वतंत्रता संग्राम में सहायता पहुंचाने के लिए 1930 ई. में बच्चों की 'वानर सेना' का गठन किया। 1942 ई. के 'भारत छोड़ो' आंदोलन में सक्रिय भाग लिया और जेल में बंद रहीं। 1956 ई. में कुछ समय के लिए और 1978 से 1984 ई. तक कांग्रेस की अध्यक्ष थीं श्री लालबहादुर शास्त्री के मंत्रिमंडल में सूचना एवं प्रसारण मंत्री के रूप में सम्मिलित की गई।

शास्त्री जी के निधन के बाद 25 जनवरी 1966 ई. को उन्होंने देश के प्रधानमंत्री का पद संभाला।

1971 ई. में बंगला देश की मुक्ति के युद्ध में उन्हें बड़ी ख्याति मिली। 1974 में भारत द्वारा परमाणु का भूमिगत विस्फोट उनके कार्यकाल की एक और उपलब्धि थी। पुराने नेताओं के प्रभाव से स्वयं को मुक्त करके बैंकों का राष्ट्रीयकरण, राजाओं के प्रीविपर्स पर पाबंदी और नीति के प्रश्न पर कांग्रेस के विभाजन का खतरा उठाना भी उनके समय की कुछ अन्य प्रमुख घटनायें थीं।

लोकसभा के लिए 1971 के उनके निर्वाचन को एक तकनीकी आधार पर 1975 ई. में इलाहाबाद हाईकोर्ट ने रद्द कर दिया था। यद्यपि बाद में उच्चतम न्यायालय ने सर्वसम्मति से इस निर्णय को निरस्त कर दिया था, किंतु विपक्षी दल इन्दिराजी की सरकार के विरुद्ध आंदोलन चलाते रहे। इस स्थिति में देश में आपातस्थिति की घोषणा की गई। इसका मतदाताओं के एक बड़े वर्ग पर प्रतिकूल प्रभाव पड़ा और 1977 ई. के चुनाव में इंदिराजी पराजित हो गईं। किंतु 1980 में पुनः भारी बहुमत से विजयी हुईं और प्रधानमंत्री बनीं।

पंजाब में बढ़ते हुए आतंकवाद का सामना करने के लिए उनकी सरकार को स्वर्णमंदिर परिसर में आपरेशन बिल्यू स्टार के तहत सेना भेजनी पड़ी थी। इसके कुछ समय बाद ही 31 अक्टूबर 1984 ई. को उनके दो सिक्ख अंगरक्षकों ने प्रधानमंत्री निवास में ही गोली मारकर उनकी हत्या कर दी।

इन्दीवराक्ष

एक गंधर्व जिसको ब्रह्ममित्र ने आयुर्वेद की शिक्षा देना स्वीकार नहीं किया। परन्तु जब ब्रह्ममित्र अपने अन्य शिष्यों को पढ़ाता तो इन्दीवराक्ष छुपकर सुनता और सुन-सुनकर छिपे-छिपे इसने सारी विद्या सीख ली थी।

जब ब्रह्ममित्र को इसका पता चला तो उन्होंने इसे राक्षस बन जाने का शाप दे डाला। किंतु अपनी कन्या के प्रयत्न से इन्दीवराक्ष शाप से मुक्त हो गया।

इन्दुमती

सूर्यवंशी राजा अज की पत्नी जिनके गर्भ से अयोध्या नरेश दशरथ का जन्म हुआ था। विदर्भराज भोज इनके भाई थे। पूर्वजन्म में ये हरिणी नाम की अप्सरा थीं जिन्हें इन्द्र ने तृणविंदु ऋषि की तपस्या भंग करने के लिए भेजा था। ऋषि के शाप से इन्हें मनुष्य-योनि में जन्म लेना पड़ा। इनके बहुत अनुनय-विनय करने पर ऋषि ने कहा कि जब इन्हें स्वर्गीय पुष्प के दर्शन होंगे, ये पुनः इन्द्रलोक चली जाएंगी। कहते हैं कि एक बार पुष्पवाटिका में इनके ऊपर आकाशमार्ग से जाते हुए नारद की वीणा पर लिपटी पारिजात पुष्प की माला गिर पड़ी। उसी समय

इन्दुमती की मृत्यु हो गई और वे इन्द्रलोक चली गईं।

इन्द्र

वैदिक काल के प्रमुख देवता। उस समय अग्नि, सूर्य और वरुण के साथ ही इनका नाम लिया जाता था। ऋग्वेद के लगभग 250 मंत्र इन्द्र से संबंधित हैं। इनकी उत्पत्ति के संबंध में प्राचीन साहित्य में विविध उल्लेख मिलते हैं। अथर्ववेद में इंद्र के पिता का नाम सोम बताया गया है। 'शतपथ ब्राह्मण' इन्हें प्रजापति की संतान कहता है तो पुराणों के अनुसार ये कश्यप और अदिति के पुत्र हैं। देवों के राजा होने के कारण देवेन्द्र कहलाते हैं। ऋग्वेद में स्थान-स्थान पर इन्द्र से दासों और दस्युओं के नगर ध्वस्त करने की प्रार्थना की गई है। ये बादलों और आकाश के प्रतीक भी माने जाते हैं। इन्द्र द्वारा वृत्तासुर को पराजित करने का उल्लेख ऋग्वेद में भी पाया जाता है। इसी प्रसंग को पुराणों में दधीचि की हड्डियाँ दान में प्राप्त करके उनका वज्र बनाने की कथा के साथ विस्तारपूर्वक दिया गया है।

वेदकाल के इस देवता का महत्व बाद में घटता गया। इनके चरित्र की दुर्बलता के भी प्रसंगों का वर्णन मिलता है। छल से गौतम की पत्नी अहिल्या का सतीत्व हरण करने की कथा बहुप्रचलित है। इसके कारण इन्द्र को ऋषि का शाप भोगना पड़ा था। महाभारत काल में कृष्ण ने गोवर्धन धारण करके इन्द्र की महत्ता और भी घटा दी। फिर भी इन्द्र का नाम प्राचीन भारतीय संस्कृति का अभिन्न अंग है।

इन्द्रकील

मंदराचल पर्वत का एक नाम इन्द्रकील भी है। पांडव जब जुए में अपना सर्वस्व गंवा बैठे तो पश्चाताप करते हुए तपस्या करने के लिए हिमालय पर चले गए। अर्जुन ने इन्द्रकील नामक पर्वत पर घोर तप किया। यहीं किरात वेश में भ्रमण करते हुए शिव से अर्जुन का युद्ध हुआ था। इसमें अर्जुन की वीरता से प्रसन्न होकर शिव ने उसे पाशुपत अस्त्र प्रदान किया। प्रसिद्ध है कि समुद्रमंथन में देवों और दानवों ने मंदराचल पर्वत से ही मथनी का काम लिया था।

इन्द्रद्युम्न

यह प्रसिद्ध है कि पुरी (उड़ीसा) के जगन्नाथ मंदिर का निर्माण इन्द्रद्युम्न ने कराया था। वे मालवा के राजा थे। उनके बनवाए मंदिर में मूर्ति का निर्माण स्वयं विश्वकर्मा ने आकर किया था। इन्द्रद्युम्न ब्रह्मा के पास पहुंचे और उनसे मूर्ति-स्थापना की प्रार्थना की। राजा की प्रार्थना पर ब्रह्मा इस कार्य के लिए तैयार हो गए, पर राजा से एक मुहूर्त ठहरने के लिए कहकर संध्या करने चले गए। ब्रह्मा

का एक मुहूर्त साठ हजार वर्ष का होता है। संध्या करके लौटने पर ब्रह्मा ने इनसे कहा, एक बार अपने राज्य तक जाकर वापस आओ। राजा अपने राज्य में लौटे तो इस बीच वह इतना बदल चुका था कि वे उसे पहचान तक न सके। बाद में उन्हें पूर्वकथा का स्मरण हो आया। वे पुनः राजा बने और उन्होंने पत्थर का जगन्नाथ का मंदिर बनवाया। ब्रह्मा से राजा ने सुन रखा था कि कृष्ण ने जिस वृक्ष के नीचे प्राण त्यागे वह वृक्ष बहकर समुद्र के किनारे पहुंचेगा। एक दिन राजा के दूत ने समुद्र तट पर लकड़ी के तैरने की सूचना दी। राजा को ब्रह्मा के कथन का स्मरण हो आया। वे बहते हुए काष्ठ को समारोहपूर्वक उठवा लाए और उसी से जगन्नाथ की मूर्ति का निर्माण कराया।

इन्द्रप्रयाग

यह स्थान उत्तर प्रदेश के टिहरी जिले में अलकनंदा के समीप बताया जाता है। एक बार जब इन्द्र राज्य से च्युत हो गया था तो उसने यहीं पर तपस्या करके अपना राज्य पुनः प्राप्त किया। नहुष (दे.) को भी इसी स्थान पर कठोर तप करने से इन्द्र का राज्य मिला था।

इन्द्रप्रस्थ

पांडवों की राजधानी जो वर्तमान नई दिल्ली के दक्षिण में स्थित थी। इन्दरपत गांव आज भी उसका स्मरण दिलाता है। इसे पांडवों ने खांडव वन को जलाकर बसाया था। बारहवीं शताब्दी तक इसकी गणना उत्तर भारत के प्रसिद्ध तीर्थों में होती थी। मेहरौली जिसका प्राचीन नाम 'मिहरावली' (सूर्य-मंडल) था, के निकट पाए जानेवाले ध्वंसावशेषों से इसकी धार्मिक प्राचीनता का पता चलता है। बाद में तुर्कों के आक्रमण से इसका यह स्वरूप जाता रहा।

इन्द्रवर्मन

महाभारत में वर्णित मालवा का एक राजा जिसने युद्ध में कौरवों का साथ दिया था। इसी के हाथी का नाम अश्वत्थामा था जिसके मारे जाने की घोषणा युधिष्ठिर ने की थी।

इन्द्राणी

यह असुर पुलोमा (दे.) की पुत्री थी जिसका वध करके इन्द्र ने इससे विवाह किया। इसके शची या कौलोमी नाम भी मिलते हैं। इन्द्राणी की गणना मातृकाओं में की जाती है। मातृकाएँ विभिन्न देवताओं से संबंधित हैं और शाक्त मत में सर्वप्रथम इन्हीं की पूजा होती है। मातृकाओं की संख्या अलग-अलग दी

हुई है। देवी भागवत के अनुसार 7 मातृकाएँ हैं—ब्राह्मी, माहेश्वरी, कौमारी, वैष्णवी, वाराही, इन्द्राणी और चामुंडा (दे. मातृका)।

इब्नबतूता

प्रसिद्ध अरब यात्री जिसके यात्रा वृतांतों से तत्कालीन भारतीय इतिहास के संबंध में महत्वपूर्ण सामग्री मिलती है। इसका पूरा नाम मुहम्मद बिन अब्दुला इब्नबतूता था। सन् 1304 ई. में अफ्रीका के मोरक्को प्रदेश में जन्मे इब्नबतूता ने अपने समय में कदाचित सबसे लंबी यात्राएं कीं। अनुमानतः वह कुल 7530 मील घूमा था।

भारत में वह 1333 ई. में मुहम्मद तुगलक के समय आया था। मुहम्मद तुगलक ने उसे बड़ा सम्मान दिया। पहले दिल्ली का प्रधान काजी नियुक्त किया और 1342 ई. में अपने राजदूत के रूप में चीन भेजा। 1377 ई. में बतूता की मृत्यु हो गई।

इमामबाड़ा

लखनऊ के हुसैनाबाद में स्थित विशाल प्राचीन इमारत जिसका निर्माण नवाब आसफउद्दौला (दे.) ने 1784 ई. के दुर्भिक्ष में पीड़ित जनता की सहायता के उद्देश्य से कराया था। लोकोक्ति है कि दिन में जितना निर्माण कार्य होता था, रात में लगभग उतना ही गिरा दिया जाता था जिससे लोगों को लंबी अवधि तक काम मिलता रहे। अपनी निर्माण शैली और बिना खंभों के सहारे के टिके हुए 162 फुट लंबे और 53 फुट 5 इंच चौड़े मंडप के लिए यह भवन विश्वविख्यात है।

इमामबाड़े का धार्मिक महत्व भी है। यह भवन हजरतअली और उनके बेटों—हसन और हुसेन की स्मृति में बनाया जाता है। उनकी स्मृति में शिया संप्रदाय के मुसलमान प्रतिवर्ष शोक मनाते हैं। ताजिये निकाले जाते हैं जो या तो करबला में गाड़े जाते हैं या इमामबाड़े में रखे जाते हैं।

इम्पीरियल लेजिस्लेटिव कौंसिल

ब्रिटिश शासन काल में भारत के वाइसराय की कार्यकारिणी समिति का यही नाम था। इसकी स्थापना 1861 ई. में की गई थी और पटियाला, बनारस तथा ग्वालियर रियासतों के राजा इसके प्रथम भारतीय सदस्य थे।

6 सदस्यों से आरंभ होकर 1909 ई. में इसकी सदस्य-संख्या 60 हो गई और इस संस्था का नाम इंडियन लेजिस्लेटिव कौंसिल कर दिया गया। 1919 में इसे असेम्बली का रूप देकर सदस्य संख्या 145 कर दी गई। क्रमशः इस संस्था

के अधिकारों में भी वृद्धि होती गई।

इरा

भागवत पुराण के अनुसार कश्यप ऋषि की पत्नी जो वनस्पतियों की माता मानी जाती है। ब्रह्मपुराण के अनुसार इनकी लता, अलता और बीरुधा नामक तीन कन्याएं थीं। वहां भी इन्हें वृक्षों, पौधों और घास की माता बताया गया है।

इरावल

अर्जुन के एक पुत्र का नाम जिसका जन्म नागकन्या स्नुषा उलूपी के गर्भ से हुआ था। इसका बचपन नागलोक में ही बीता। बहुत समय बीतने पर ही यह अर्जुन से मिला था। महाभारत युद्ध में शकुनि के छः भाई इसी के हाथों मारे गए थे।

इरावती

1. जनमेजय की माता जो उत्तर की पुत्री थी, राजा परीक्षित को ब्याही गई थी।
2. हिमालय क्षेत्र की एक पवित्र नदी जो त्रिपुरारि के साथ में रहती थी।
3. ब्रह्मपुराण के अनुसार पुलह की पत्नी जिसके ऐरावण, अंजन, वामन और कुमुद नामक चार पुत्र थे।
4. इंद्र के वाहन ऐरावत की माता जो कश्यप ऋषि की पुत्री थी।

इर्विन, लार्ड

लार्ड इर्विन 1926 से 1931 ई. तक भारत का गवर्नर जनरल और वाइसराय था। इसका कार्यकाल देश के स्वतंत्रता संग्राम के इतिहास में बहुत घटनापूर्ण रहा। इसी अवधि (1927 ई.) में अंग्रेजों ने साइमन कमीशन (दे.) भारत भेजा जिसका देश भर में बहिष्कार किया गया और विदेशी शासन ने जनता का अत्यधिक दमन किया। इसी अवधि में सरदार भगतसिंह के दल ने सांडर्स की हत्या कर दी।

भारत ने 26 जनवरी, 1929 ई. को कांग्रेस के लाहौर अधिवेशन में 'पूर्ण स्वराज्य' प्राप्त करने के निश्चय की घोषणा की। इसी बीच 6 अप्रैल, 1930 ई. से गांधीजी ने 'डांडी मार्च' करके नमक सत्याग्रह आरंभ किया जिसमें उनके साथ हजारों व्यक्ति गिरफ्तार करके जेलों में बंद किए गए। परंतु इससे राष्ट्रीय भावना में और वृद्धि होते देखकर अंग्रेजों ने समझौता करने का बानक रचा। 5 मार्च, 1931 ई. को गांधी-इर्विन समझौता हुआ। सरकार ने गिरफ्तार कार्यकर्ताओं को छोड़ दिया और गांधीजी लंदन के गोलमेज सम्मेलन में भाग लेने गए। गांधीजी से समझौते के एक महीने बाद ही इर्विन वाइसराय के पद से मुक्त

होकर इंग्लैंड चला गया।

इला

यह मनु का पुत्र इल था जो स्त्री बन गया था। शिवजी के विहार का एक वन था जो 'काम्यवन' कहलाता था। उन्होंने शाप दे रखा था कि जो भी पुरुष उनके काम्यवन में प्रवेश करेगा, वह स्त्री बन जाएगा। एक दिन इल भ्रमण करते हुए इसी वन में जा पहुंचा और स्त्री इला बन गया। बाद में सोम (चंद्रमा) के पुत्र बुध के साथ इला का विवाह हुआ। इस विवाह से पुरुरवा (दे.) का जन्म हुआ। यही पुरुरवा ऐल कहलाया और ऐल अथवा चंद्रवंश का आरंभकर्ता बना। इस वंश की राजधानी प्रतिष्ठानपुर (प्रयाग के पास वर्तमान झूसी) थी।

कालांतर में विष्णु के आशीर्वाद से इला पुनः पुरुष हो गई और इसका नाम सुद्युग पड़ा।

इलाहाबाद

उत्तर प्रदेश में गंगा, यमुना और अदृश्य सरस्वती के संगम पर स्थित यह शहर राजनीतिक और धार्मिक दोनों दृष्टियों से प्राचीन काल से ही प्रसिद्ध रहा है। पहले इसका नाम प्रयाग था। नगर का एक भाग अब भी इसी नाम से जाना जाता है। प्रति बारहवें वर्ष लगनेवाला यहां का कुंभ मेला विश्वविख्यात है। यहां प्राप्त अशोक के स्तंभ लेख से इस स्थान की प्राचीनता का बोध होता है। चौथी-पांचवीं शताब्दी में गुप्त सम्राटों के समय इसे राजधानी होने का भी गौरव मिला। सातवीं शताब्दी के सम्राट हर्षवर्धन प्रति पांचवें वर्ष प्रयाग में समारोहपूर्वक अपनी सारी संपत्ति का दान किया करते थे। 1583 ई. में अकबर ने इलाहाबाद के किले का निर्माण कराया। तभी नगर का नाम भी प्रयाग से बदलकर इलाहाबाद कर दिया। अंग्रेजों ने 1801 ई. में इस पर कब्जा किया और 1858 ई. में इसे उत्तर-पश्चिमी प्रांतों की राजधानी बनाया।

इल्तुतमिश

यह 1211 से 1236 ई. तक दिल्ली का सुल्तान रहा। इल्तुतमिश ने दिल्ली के सुल्तान कुतुबद्दीन ऐवक के गुलाम के रूप में जीवन आरंभ किया। पर अपनी योग्यता से वह सुल्तान का दामाद और बदायूं का हाकिम बन गया। कुतुबुद्दीन की मृत्यु के बाद इल्तुतमिश ने उसके उत्तराधिकारी को पराजित करके दिल्ली की गद्दी पर अधिकार कर लिया। इसके बाद वह अपने साम्राज्य को सुदृढ़ करने में जुट गया। विद्रोही मुसलमान सरदारों का उसने दमन किया तथा रणथम्भौर और ग्वालियर के हिंदू शासकों से उनके राज्य भी छीन लिए। अपनी नीतिमत्ता से

उसने अपने कार्यकाल में भारत को चंगेजखां के आक्रमण से बचा लिया था।

कुछ इतिहासकारों का मत है कि दिल्ली की कुतुबमीनार का निर्माण इसी ने मुस्लिम संत ख्वाजा कुतुबुद्दीन के सम्मान में कराया था।

इसिपत्तन

वाराणसी के निकट स्थित प्रसिद्ध बौद्ध तीर्थ सारनाथ का नाम पालि-साहित्य में इसिपत्तन है। ऋषियों का पत्तन या नगर होने के कारण इसका यह नाम ऋषिपत्तन पड़ा जो बाद में बदलकर इसिपत्तन रह गया। कुछ लोगों का कथन है कि आकाशमार्ग से जाते हुए कुछ सिद्ध योगी निर्वाण प्राप्त करके यहां गिर पड़े थे, इसलिए यह नाम पड़ा। बाद में एक सुवर्ण शरीरधारी बोधिसत्व के नाम से इसका नाम सारनाथ हो गया।

इस्लाम

विश्व में प्रचलित धर्मों में अपेक्षाकृत नया धर्म। इसका प्रवर्तन हजरत मुहम्मद ने किया। 612 ई. से 632 ई. तक के 20 वर्षों में यह धर्म अस्तित्व में आया। इस अवधि के प्रथम 10 वर्ष मुहम्मद साहब मक्का में रहे और उन्होंने वहां उपदेश दिए। शेष 10 वर्ष इस्लामी राज्य के नियंत्रक के रूप में वे मदीना में रहे।

इस्लाम धर्म का एकमात्र ग्रंथ कुरान शरीफ है। यह ईश्वरीय प्रेरणा के क्षणों में, मुहम्मद साहब द्वारा कहे वचनों का, जिसे 'इलहाम' भी कहते हैं, संग्रह है। इस्लाम की प्रमुख विशेषता केवल एक ईश्वर में आस्था है। यह धर्म केवल अल्लाह (दे.) को और उसके पैगंबर मुहम्मद साहब को मानता है। अरब की तत्कालीन परिस्थितियां अनुकूल होने के कारण इस्लाम का प्रसार बहुत तेजी से हुआ और आगे चलकर राजशक्ति का सहारा मिलने पर इसको विश्वभर में फैलने का अव- सर मिल गया।

ई

ईद

मुसलमानों का सबसे बड़ा त्योहार। हजरत मुहम्मद साहब ने एक महीने मक्का में एक गुफा के अंदर भूखे-प्यासे रहकर खुदा की आराधना की थी। उसी की याद में

महीने भर रोजा रखा जाता है। जिस महीने में रोजा रखा जाता है, उसे रमजान का महीना कहते हैं। रोजा रखनेवाले सूर्य डूबने के बाद ही कुछ खाते-पीते हैं। सवेरे भी सूर्योदय से पहले ही कुछ खा लेते हैं। दिन भर पानी भी नहीं पिया जाता निश्चित समय पर कई बार नमाज पढ़ी जाती है। 30 दिन बाद नया चांद निकलने के दूसरे दिन ईद का त्यौहार मनाया जाता है। इस ईद को 'ईदुलफित्र' कहते हैं।

एक ईद और होती है जो 'ईदुज्जुहा' या 'बकरीद' कहलाती है। इसमें कुर्बानी (बलि) देने का नियम है।

ईशावास्य उपनिषद

यह उपनिषदों में सबसे पहला माना जाता है। वेदांत साहित्य में इसका विशेष स्थान है। इसमें कुल 18 मंत्र हैं और यह शुक्ल यजुर्वेद संहिता का अंतिम चालीसवां अध्याय है। इस ग्रंथ में परम तत्व की सर्वव्यापकता, निष्काम कर्म की महत्ता, भोगवाद की क्षणभंगुरता तथा आत्मा के सर्वव्यापक रूप का निरूपण किया गया है। ईश्वर और जीव का स्वरूप क्या है, उनका परस्पर क्या संबंध है, इसका मर्म जानने और शाश्वत आनंद प्राप्त करने के लिए विद्वानों ने ईशावास्य उपनिषद पर अनेक भाष्य लिखे हैं। रचना-क्रम में उपनिषद ब्राह्मण-ग्रंथों के बाद गिने जाते हैं, परंतु यह उपनिषद ब्राह्मण ग्रंथों से पहले का और वैदिक संहिता का भाग माना जाता है।

ईशोपनिषद

ईशावास्य उपनिषद (दे.) का संक्षिप्त नाम।

ईश्वर

भारतीय दर्शन में ईश्वर शब्द का प्रयोग सृष्टि के रचयिता, पालनकर्ता और संहार-कर्ता के लिए होता है। वह सर्वोच्च है, शक्तिमान है और सब कुछ करने में समर्थ है। वह जीवों को उनके कर्म का फल देता है और दुःखों से मुक्ति दिलाता है।

परंतु हिन्दू दर्शन इस संबंध में भी बड़ा उदार और स्वतंत्र चिंतन वाला रहा है। उसमें ईश्वर का अस्तित्व न माननेवाले के लिए भी सम्मान का स्थान है। मीमांसा में ईश्वर के अस्तित्व को स्वीकार नहीं किया जाता। न्याय-वैशेषिक उसे सगुण मानता है। सांख्य सृष्टि की रचना के लिए ईश्वर की आवश्यकता स्वीकार नहीं करता। पूर्व मीमांसा में कहा गया है कि कर्मफल के लिए ईश्वर की आवश्य-कता नहीं। अद्वैतवादी भी ईश्वर को लेकर कई मतों में बंटे हुए हैं। शैव मत में शिव को ही ईश्वर या महेश्वर कहा गया है। गीता कहती है कि ईश्वर पुरुषोत्तम

अर्थात् उत्तम पुरुष है। उसके धाम में जिसका प्रवेश हो जाता है, उसका फिर पुनर्जन्म नहीं होता।

ईश्वरचंद्र विद्यासागर

प्रसिद्ध शिक्षाविद और समाज सुधारक ईश्वरचंद्र का जन्म 1820 ई. में बंगाल में हुआ था। वे बड़ी कुशाग्र बुद्धि के थे। अल्पकाल में ही उन्होंने गंभीर विषयों का अध्ययन कर लिया था। इसी पर विद्वानों ने उन्हें 'विद्यासागर' की उपाधि दी। विद्यासागर का अधिकांश समय शिक्षक के रूप में बीता। उन्होंने बंगाल में शिक्षा-प्रसार से बालिकाओं की शिक्षा के क्षेत्र में बहुत काम किया। विद्यासागर समाज-सुधार के क्षेत्र में भी अग्रणी थे। उन्होंने अपने एकमात्र पुत्र का विधवा से विवाह करके आदर्श उपस्थित किया। उन्होंने 52 ग्रंथों की रचना की जिनमें से 17 संस्कृत भाषा में थीं। उनके विचारों से तत्कालीन समाज बहुत प्रभावित हुआ। 1891 ई. में इनका निधन हो गया।

ईश्वरसेन

उत्तर-पश्चिमी महाराष्ट्र में सातवाहन वंश का शासन समाप्त करनेवाला एक राजा जिसका समय ईसा की दूसरी शताब्दी का अंतिम भाग माना जाता है। इसने जो राजवंश स्थापित किया उसी ने 248 ई. में 'त्रैकूट' नामक संवत्सर चलाया था।

ईश्वरी अवतार

प्राचीन साहित्य में नौ प्रकार के ईश्वरी अवतारों का उल्लेख मिलता है : लीलावतार, पुरुषावतार, अंशावतार, कलावतार, गुणावतार, युगावतार, आवेशावतार, बिभवावतार और अर्चावतार।

ईसा मसीह

ईसाई धर्मग्रंथों के अनुसार ईसामसीह की माता मरियम विवाह से पहले ही, कुंवारी रहते हुए, ईश्वरी प्रभाव से गर्भवती हो गईं। ईश्वर की ओर से संकेत पाकर यूसुफ ने उनसे विवाह कर लिया। उसे स्वप्न में देवदूत का संदेश मिला था कि गर्भ में विद्यमान शिशु को पवित्र आत्मा समझो।

ईसा का जन्म बेथलेहम में संभवत: 6 ई. पू. में हुआ था। उसके बाद घटित कुछ अलौकिक घटनाओं के कारण अत्याचारी राजा हिरोद को भय होने लगा और उसने आस-पास में जन्मे दो वर्ष तक के बच्चों को मार डालने का आदेश

दिया। यूसुफ और मेरी बालक को लेकर जेरूसलम चले गए।

ईसा की अलौकिकता से लोग अनभिज्ञ थे। वे 30 वर्ष तक यूसुफ की तरह बढ़ई का काम करते रहे। फिर उन्होंने यह काम छोड़ दिया और भ्रमण करके उपदेश देने लगे। उनकी सरल भाषा और सीधे-सादे उदाहरणों का लोगों पर प्रभाव पड़ने लगा। वे जटिल कर्मकांड के विरोधी थे। उनका कहना था कि परमात्मा पर भरोसा रखो और किसी से बैर न करके सबको भाई-बहन समझो। उन्होंने स्वयं को मसीहा अर्थात ईश्वर का पुत्र बताया और इस बात पर बल दिया कि स्वर्ग के राज्य पर यहूदियों का एकाधिकार नहीं है। उनके इन विचारों का तत्कालीन यहूदी समाज ने विरोध किया। वे गिरफ्तार करके सूली पर चढ़ा दिए गए और उनका शव दफना दिया गया। किंतु दफनाने के तीसरे दिन कब्र खाली पाई गई। श्रद्धालुओं का विश्वास है कि ईसा पुनर्जीवित हुए और उन्होंने अपने शिष्यों को धर्म-प्रचार का आदेश दिया। उनका स्वर्गारोहण पुनरुत्थान के चालीसवें दिन हुआ।

ईसाई धर्म

ईसामसीह (दे.) द्वारा प्रतिपादित धर्म जिसके अनुयायी इस समय संसार में सबसे अधिक हैं। यद्यपि इस धर्म का आरंभ एशिया में हुआ, परंतु विस्तार सबसे अधिक पश्चिमी देशों में हुआ है। ईसामसीह के ईश्वरी गुणों से उनके शिष्य उनके जीवन-काल में ही प्रभावित होने लगे थे। किंतु जब सूली पर चढ़ने के बाद वे पुनर्जीवित हो उठे तब तो उनकी ईश्वरीय शक्ति में शिष्यों को कोई संदेह ही नहीं रहा। अपने स्वर्गारोहण से पूर्व ईसा ने शिष्यों को आदेश दिया कि वे संसार को मुक्ति का संदेश सुनाए। यही ईसाई धर्म का आरंभ था।

बाइबिल इस धर्म का धर्मग्रंथ है। इसमें इन बातों पर विशेष बल दिया गया है : पापी से नहीं, पाप से घृणा करो। भलाई से बुराई को जीतो। दुश्मन को भी प्यार करो। जो बैर करे, उसका भी भला करो। बीमारों की सेवा करो। अपने लिए धन न बटोरकर दौलत को गरीबों में बांट दो। इस ग्रंथ के पूर्वार्ध में यहूदियों के धर्मग्रंथ की बातें अंकित देखकर कुछ लोग ईसाई धर्म को यहूदी धर्म का विकास मानते हैं। धीरे-धीरे विचार-भेद के कारण इस धर्म में सात संप्रदाय हो गए हैं। जिनमें रोमन कैथोलिक और प्रोटेस्टेंट मुख्य है।

ईसाई मिशनरी

अपने धर्म का प्रचार करने के लिए ईसाई मिशनरी पहली ईस्वी सदी में भारत आ गए थे। तब तक यूरोप में ईसाई धर्म नहीं पहुंचा था और ये मिशनरी सीरिया से यहां आए थे। इन्होंने सर्वप्रथम दक्षिण भारत में प्रवेश किया। सोलहवीं शताब्दी

से इनका व्यवस्थित रूप से आना आरंभ हो गया। 1813 ई. के बाद तो ईस्ट इंडिया कंपनी (दे.) के प्रोत्साहन पर इंग्लैंड, जर्मनी, अमेरीका तथा यूरोप के अन्य देशों के मिशनरी बराबर यहां आते रहे। उन्होंने शिक्षा और चिकित्सा के लिए संस्थाएं खोलकर लोगों को अपनी ओर आकृष्ट किया। इसका लोगों पर प्रभाव भी पड़ा। किंतु भारतीय धर्म पर आक्षेप करने और विदेशी साम्राज्यवादियों के धर्म के प्रचारक होने के कारण वे बहुधा आलोचना और संदेह के पात्र भी बने रहे।

ईस्ट इंडिया कंपनी

लंदन के व्यापारियों ने पूर्वी देशों में व्यापार करने का एकाधिकार प्राप्त करने के लिए यह कंपनी बनाई थी। इंग्लैंड की महारानी ने भी इसकी पुष्टि की। इस कंपनी का पहला जहाज 1608 ई. में सूरत पहुंचा। पर पुर्तगाल के व्यापारी यहां पहले आ चुके थे। अंग्रेजों की कंपनी पुर्तगालियों को पराजित करके 1612 ई. में सूरत में अपना व्यापार आरंभ कर सकी। इसके बाद उसके कार्यक्षेत्र का विस्तार होता गया। ब्रिटिश नरेश का दूत सर टामस रो जहांगीर (दे.) से विशेष सुविधाएं प्राप्त करने में सफल हुआ और 1640 ई. में मद्रास नगर का स्थान उसे मिल गया। 1668 ई. में बंबई का टापू भी कंपनी के अधिकार में आ गया। 1690 ई. में कंपनी ने कलकत्ता नगर की नींव रखी। इस प्रकार ये तीन सर्वोत्तम बंदरगाह इसके अधिकार में आ गए।

व्यापार के लिए आई इस कंपनी को भारत पर छल-बल से राजनीतिक प्रभुत्व जमाने का पूरा अवसर मिला। केन्द्र का मुगल शासन कमजोर होता जा रहा था। देश अनेक छोटे-छोटे राज्यों में बंटा था। इन राज्यों में परस्पर एकता और केंद्रीय शासन के प्रति निष्ठा का अभाव था। कंपनी ने इसका लाभ उठाया। 1757 ई. में पलासी का युद्ध जीतने के बाद उसका बंगाल, बिहार और उड़ीसा पर प्रभुत्व स्थापित हो गया। इसने 1829 ई. में असम, 1843 ई. में सिंध, 1849 ई. में पंजाब और 1852 ई. में बर्मा के दक्षिणी भाग पर भी अधिकार कर लिया। इस प्रकार यह व्यापारिक कंपनी पूरे भारत का शासन भी ब्रिटेन के नरेश के नाम पर करने लगी। 1857 ई. में अंग्रेजों के विरुद्ध भारत में जो प्रथम स्वतंत्रता संग्राम छिड़ा, उसे देखकर ब्रिटिश सरकार को कंपनी की कार्य क्षमता पर विश्वास नहीं रहा। 1858 ई. में ईस्ट इंडिया कंपनी को समाप्त करके ब्रिटिश नरेश ने भारत के शासन का दायित्व अपने हाथ में ले लिया।

ईस्टर

ईसाइयों का एक त्यौहार जो अप्रैल मास में पड़ता है। ईसाई धर्मावलंबियों के

विश्वास के अनुसार सूली पर चढ़ाए जाने की घटना के बाद ईस्टर के दिन ही ईसामसीह फिर से जीवित हो उठे थे।

ईहामृग

नाटक का एक भेद। विद्वानों के इस संबंध में अपने-अपने मत हैं। धनंजय के अनुसार इसमें किसी दिव्य नारी को अपहरण आदि द्वारा प्राप्त करने की घटना दिखाई जाती है। इसमें चार अंक होते हैं। मनुष्य या दिव्य पुरुष में से कोई नायक अथवा प्रतिनायक हो सकता है। नायक मृग के तुल्य कामिनी की ईहा करता तथा उसका अपहरण करना चाहता है। प्रबल उत्तेजना के कारण युद्ध की स्थिति उत्पन्न हो जाने पर भी संघर्ष का टल जाना दिखाया जाता है। भरत मुनि का भी यही मत है। विश्वनाथ और अभिनव गुप्त के अनुसार इसमें एक ही अंक होता है। भारतेन्दु हरिश्चंद के मत से चार अंक होते हैं और नायक ईश्वर का अवतार तथा नायिका देवी मानी जाती है।

उ-ऊ

उंछवृत्ति

महाभारत में वर्णित एक दरिद्र ब्राह्मण जिसने भिक्षा में मिले सत्तू का अपना और अपने पुत्र का पूरा हिस्सा ब्राह्मण के वेश में आए धर्मराज को खिला दिया था। इससे प्रसन्न होकर धर्मराज ने उसे सकुटुंब स्वर्ग भेज दिया।

उग्र

एकादश रुद्रों में से एक रुद्र और शंकर का एक नाम। शिव की अष्टमूर्तियों में से एक मूर्ति जो वायुपुराण के अनुसार वायुमूर्ति है। एक वर्ण-संकर जाति भी उग्र कहलाती है जिसकी उत्पत्ति क्षत्रिय पुरुष द्वारा शूद्र स्त्री से हुई।

उग्रतम

पद्मपुराण में वर्णित एक ऋषि। गोपियों के साथ रमण कर रहे कृष्ण का ध्यान ककारने के रण इनका जन्म सुनंद गोप की कन्या के रूप में गोकुल में हुआ था। वहां भी ये कृष्ण की सेवा करते रहे।

उग्रतारा

उग्रमय भाव से भक्तों की रक्षा करनेवाली देवी भगवती का एक रूप। शुंभ और निशुंभ नामक राक्षस देवताओं का यज्ञभाग चुराकर दिग्पाल बन बैठे थे। उनके अत्याचारों से त्रसित देवता मातंग ऋषि के पास पहुंचे। उन्होंने देवी की आराधना की। प्रसन्न होकर देवी ने मातंग मुनि की पत्नी के रूप में अवतरित होना स्वीकार किया। उनके शरीर से उत्पन्न तेज द्वारा ही शुंभ और निशुंभ का वध हुआ। उग्रतारा के चार हाथ थे। वे गले में मुंडमाला धारण करती थीं। उनका बायां पैर शव की छाती पर और दायां सिंह की पीठ पर रहता था। उनका एक नाम मातंगी भी मिलता है।

उग्रसेन

1. ये मथुरा के राजा आहुक और रानी काश्या के पुत्र थे। उग्रसेन के नौ पुत्र और पांच पुत्रियां हुईं। पुत्रों में कंस सबसे बड़ा था। उसका विवाह जरासंध की पुत्रियों के साथ हुआ था। कंस ने अपने ससुर की सहायता से अपने पिता उग्रसेन को वंदी बना लिया और स्वयं मथुरा का राजा बन बैठा। जब श्रीकृष्ण के हाथों कंस मारा गया तो उन्होंने मथुरा की राजगद्दी पुनः उग्रसेन को सौंप दी।

2. नंदवंश का प्रथम सम्राट जिसने पांचालों, शूरसेनों, काशी जनपद, कलिंग, चेदि आदि को परास्त करके अपना साम्राज्य स्थापित किया था। इसकी ख्याति सुनकर ही सिकंदर ने मगध पर आक्रमण करने का साहस नहीं किया।

उग्रायुध

1. पांडवों के पक्ष का एक राजा जो महाभारत के युद्ध में कर्ण के हाथों मारा गया।

2. धृतराष्ट्र के सौ पुत्रों में से एक का नाम।

3. नीप या कृत का पुत्र जिसने शांतनु की मृत्यु के बाद सत्यवती की मांग की थी और भीष्म के हाथों मारा गया।

उच्च न्यायालय

हमारे देश के वर्तमान उच्च न्यायालय (हाईकोर्ट) भारत की प्राचीन न्याय-प्रणाली का विकसित रूप न होकर अंग्रेजों द्वारा उनके शासन काल में स्थापित न्याय प्रणाली के परिणाम हैं। पहले उन्होंने प्रेसिडेंसी नगरों अर्थात् कलकत्ता, मद्रास और बंबई में न्यायालय स्थापित किए जो उच्चत्तम न्यायालय (सुप्रीम कोर्ट) कहलाते थे। ईस्ट इंडिया कंपनी ने दूसरे ढंग के न्यायालय स्थापित किए थे। ये दोनों समवर्ती तथा स्वतंत्र न्यायालय थे जिनके निर्णय कभी-कभी परस्पर

विरोधी भी हो जाते थे।

1861 ई. में ब्रिटेन की संसद ने इस स्थिति में परिवर्तन के लिए एक अधिनियम बनाया। इसके अनुसार निम्नलिखित उच्च न्यायालय स्थापित किए गए—कलकत्ता (मई 1861), बंबई (जून 1862), मद्रास (जून 1862), आगरा (मार्च 1866)। 1875 ई. में आगरा का न्यायालय इलाहाबाद आ गया और जुलाई 1948 में अवध चीफ कोर्ट को भी इसमें सम्मिलित कर दिया गया। इसके अतिरिक्त जनवरी 1916 में नागपुर, फरवरी 1916 में पटना, मार्च 1919 में लाहौर (पाकिस्तान) के उच्च न्यायालय अस्तित्व में आए। भारत के संविधान में उच्च न्यायालयों की कार्यप्रणाली का पूरा विवरण अंकित है। इस समय देश के प्रत्येक राज्य में उच्च न्यायालय है या एक से अधिक राज्य उच्च न्यायालय के अधिकार क्षेत्र में रखे गए हैं जैसे पूर्वी भारत के कुछ राज्य।

उच्चाटन

इस प्रकार का मंत्र-प्रयोग जो प्रेत, पिशाच, डाकिनी आदि के नियंत्रण या निवारण के लिए किया जाता है। आदिम विश्वास के अनुसार इनकी कुदृष्टि से रोग उत्पन्न होते हैं और इनके निवारण (उच्चाटन) से रोगों का शमन और दुःखों का निवारण होता है। यह तंत्र के मारण, मोहन आदि छह अभिचारों या प्रयोगों में से एक है। दूसरे के मन को अन्यत्र लगा देना, उसे अन्यमनस्क कर देना उच्चाटन की एक क्रिया मानी जाती है। इस पर विश्वास करनेवाले लोग विधिपूर्वक कृष्ण चतुर्दशी तथा अष्टमी की तिथि और शनिवार को इसकी क्रियाएं करते हैं।

उच्चायुक्त

सामान्यतः किसी स्वतंत्र देश का जो प्रतिनिधि दूसरे देश में नियुक्त होता है उसे राजदूत कहते हैं। किंतु ब्रिटेन के औपनिवेशिक शासन से जो देश स्वतंत्र हुए उन्होंने पूर्व ऐतिहासिक स्थिति को दृष्टि में रखते हुए ब्रिटेन से समानता के स्तर पर संबंध स्थापित करके 'राष्ट्रमंडल' नामक संगठन बनाया है। राष्ट्रमंडल के देशों के जो प्रतिनिधि दूत कर्म के लिए मंडल के किसी अन्य सदस्य देश में नियुक्त होते हैं, वे उच्चायुक्त कहलाते हैं।

उच्चैश्रवा

देवताओं और दानवों द्वारा समुद्रमंथन से जो चौदह रत्न निकले उन्हीं में से एक उच्चैश्रवा नामक घोड़ा भी था। यह देवराज इन्द्र को प्राप्त हुआ। इसका वर्ण श्वेत था, कान खड़े थे और इसके सात मुंह थे। इसकी कीर्ति बड़ी शीघ्रता से चारों ओर फैली। इसी से इसका नाम उच्चैश्रवा पड़ गया।

उज्जनक

नैनीताल जिले में काशीपुर के निकट एक स्थान। यहां 'भीमशंकर' नामक शिव का मंदिर है। मंदिर का शिवलिंग इतना ऊंचा है कि दूसरी मंजिल तक चला गया है। इसकी मोटाई दो बांहों में भी नहीं समाती। मोटाई के कारण इसे 'मोटेश्वर नाथ' भी कहते हैं।

मान्यता है कि द्रोणाचार्य ने कौरवों और पांडवों को इसी जगह धनुर्विद्या सिखाई थी। कहते हैं इस शिवलिंग की स्थापना भी द्रोणाचार्य के कहने पर भीम ने की थी

कुछ विद्वान् भीमशंकर के इस स्थान को बारह ज्योतिर्लिंगों का भीमशंकर मानते हैं। अन्य के मत से भीमशंकर असम में कामाख्या के निकट है।

उज्जैन

देखिए 'अवंतिका'।

उडुपीपुर

कर्नाटक के मंगलूर जिले का एक स्थान जहां संवत् 1295 वि. में आचार्य माध्वाचार्य का जन्म हुआ था। लोग इन्हें वासुदेव का अवतार मानते हैं। अल्पकाल में ही अनायास संपूर्ण ज्ञान अर्जित करके इन्होंने ग्यारह वर्ष की उम्र में संन्यास ले लिया था। ये अद्वैत मत के समर्थक, भगवद् भक्ति के प्रचारक, मायावाद का खंडन करनेवाले और वेदों की प्रामाणिकता के पक्षधर थे। उडुपीपुर में माध्वाचार्य का बनवाया हुआ तेरहवीं शताब्दी का श्रीकृष्ण का एक मंदिर भी था।

उड़िया

संस्कृत परिवार की उड़िया भाषा का उद्‌गम कुछ विद्वान् नवीं शताब्दी से मानते हैं, लेकिन इसकी काव्य-कृतियां तेरहवीं शताब्दी से ही प्राप्त होती हैं। उत्तर भारत की भाषाओं में अरबी-फारसी का सबसे कम प्रभाव उड़िया पर पड़ा है। इसकी आरंभिक रचनाएं बौद्ध, शैव, शाक्त और वैष्णव सभी धार्मिक विचारों से प्रभावित हैं। चौदहवीं शताब्दी के सरलादास को उड़िया भाषा में वही स्थान दिया जाता है जो संस्कृत में व्यास को—यद्यपि वे अर्धशिक्षित किसान थे। उन्होंने अपने काव्य में महाभारत का रूपांतर किया। सोलहवीं शताब्दी तक चैतन्य और जयदेव से भी उड़िया साहित्य प्रभावित हुआ। गद्य का आरभ अंग्रेजों के शासन काल से माना जाता है। फकीर मोहन सेनापति (निधन 1918 ई.) इस काल के प्रमुख साहित्यकार हैं। आधुनिक काल में उड़िया भाषा में सभी विधाओं में उच्चकोटि की रचनाएं की जा रही हैं।

उड़ीसा

वर्तमान उड़ीसा का प्राचीन नाम कलिंग था। एक समय कलिंगवासियों ने समुद्र-यात्राओं और देश के बाहर राज्यों की स्थापना में प्रमुख भाग लिया। नंदवंश (दे.) के शासन काल में यह मगध साम्राज्य का एक भाग था। उस वंश के पराभव पर कलिंग स्वतंत्र हो गया। किंतु मौर्य सम्राट अशोक ने गद्दी पर बैठने के बाद कलिंग को फिर जीत लिया। इसी कलिंग-विजय में हुए भीषण नर-संहार का अशोक के हृदय पर इतना प्रभाव पड़ा कि भविष्य में युद्ध न करने का निश्चय करके उसने बौद्ध धर्म स्वीकार कर लिया। चौथी शताब्दी में उड़ीसा गुप्त साम्राज्य का और सातवीं शताब्दी में हर्षवर्धन के साम्राज्य का अंग था। ग्यारहवीं शताब्दी में यहां पूर्वी गंगवंश के राजा राज्य करते थे। इसी वंश के शासक अनंत वर्मा चोलगंग (1076-1148 ई.) ने पुरी के प्रसिद्ध जगन्नाथ मंदिर का निर्माण कराया था। 1568 ई. में उड़ीसा को भी मुगल साम्राज्य के अंतर्गत आना पड़ा। कुछ दिन तक मराठों का प्रभाव रहने के बाद 1803 ई. में अंग्रेजों ने इस पर कब्जा कर लिया। पहले यह बंगाल और बिहार के साथ था। 1912 ई. में इसे बंगाल से पृथक् करके बिहार के साथ मिला दिया गया। 1936 ई. में यह पृथक् राज्य बना। पहले राजधानी कटक थी बाद में भुवनेश्वर ले जाई गई। यह प्रदेश अपने मंदिरों के लिए प्रसिद्ध है। भुवनेश्वर का लिंगराज मंदिर, कोणार्क का प्राचीन सूर्यमंदिर, पुरी का जगन्नाथ मंदिर विशेष उल्लेखनीय हैं। इस समुद्र-तटीय राज्य का 43 प्रतिशत क्षेत्र वनों से ढका है। हीराकुंड का प्रसिद्ध बांध और राउरकेला का इस्पात का कारखाना इसी प्रदेश में है। इसकी राजधानी भुवनेश्वर है।

उतंग

1. वेद मुनि के एक शिष्य। गुरु की अनुपस्थिति में गुरु-पत्नी ने उतंग के सामने कामेच्छा पूरी करने का प्रस्ताव रखा, परंतु उतंग ने उसे अस्वीकार करके अपनी चारित्रिक दृढ़ता का परिचय दिया था। गुरु-दक्षिणा में इनसे गुरु-पत्नी ने पौष्यराज की पत्नी के कुंडलों की मांग की। उतंग जब पौष्यराज से कुंडल मांगकर गुरु-आश्रम की ओर जा रहे थे, तक्षक ने वेष बदलकर उन्हें ले लिया और पाताललोक चला गया। इस पर उतंग ने इंद्रलोक से वज्र प्राप्त किया और उसके सहारे पाताललोक से कुंडल लाकर गुरु-दक्षिणा चुकाई। बाद में इनकी प्रेरणा से ही तक्षक को मारने के उद्देश्य से जनमेजय ने सर्पयज्ञ कराया था।

2. मतंग ऋषि के एक शिष्य जो गुरु की आज्ञा से राम के दर्शन होने तक दंडकारण्य मे तप करते रहे।

3. गौतम ऋषि के एक शिष्य जिनके साथ ऋषि ने अपनी कन्या का विवाह

किया था। ये सदा गुरु की सेवा में लगे रहे। वयोवृद्ध होने पर ही गुरु ने इन्हें अपने घर जाने की आज्ञा दी।

उत्तर

मत्स्यराज विराट का पुत्र। पांडवों ने अज्ञातवास का एक वर्ष विराट के यहां ही बिताया था। अज्ञातवास की अवधि समाप्त होने को थी कि कौरवों ने विराट की गायों का अपहरण कर लिया। उनसे लड़ने के लिए विराट-पुत्र उत्तर गया। वृहन्नला बने अर्जुन उसके सारथी बने। जब कौरवों की विशाल सेना देखकर उत्तर घबराया तो अर्जुन ने उसे अपना वास्तविक परिचय देकर उत्साहित किया। अर्जुन स्वयं युद्ध करने को तैयार हो गए। इस पर कौरव पक्ष को पीछे हटने के लिए बाध्य होना पड़ा।

उत्तरकाशी

उत्तर प्रदेश के हिमालय क्षेत्र का एक जिला और जिला मुख्यालय का नाम जिसकी सीमा उत्तर में तिब्बत से मिलती है। 1962 ई. में चीनी आक्रमण के बाद इस क्षेत्र का पृथक् जिला बना दिया गया है। उत्तरकाशी एक प्रमुख तीर्थस्थान है। विश्वनाथ मंदिर के साथ-साथ यहां गोपेश्वर, परशुराम, दत्तात्रेय और अन्नपूर्णा आदि के भी मंदिर हैं। यह नगर भागीरथी के तट पर बसा है। गंगोत्री यात्रा का मार्ग उत्तरकाशी से होकर ही जाता है।

उत्तर कुरु

'ऐतरेय ब्राह्मण ग्रंथ' में इस नाम के भारतीय आर्यों के एक भाग का उल्लेख है। ये लोग हिमालय के उस पार रहते थे।

उत्तर प्रदेश

भारत के सबसे अधिक जनसंख्या वाले इस प्रदेश का इतिहास अत्यंत प्राचीन है। मिर्जापुर, बुंदेलखंड, प्रतापगढ़ और मेरठ जिलों में प्राप्त अवशेष इसके इतिहास को 'नवीन पाषाण युग' तक ले जाते हैं। पहले यह 'मध्यदेश' कहलाता था। भारत की मनीषा ने इसे सदा पवित्र और आदरणीय माना है। राम, कृष्ण, महावीर, गौतम सब यहीं हुए। प्राचीन सोलह महाजनपदों (दे.) में से आठ इसी की परिधि में थे। उनमें काशी, कोशल (अवध) और वत्स का बड़ा नाम था। इनके अतिरिक्त अनेक जनपदों का भी उल्लेख मिलता है।

ये महाजनपद परस्पर लड़ते रहे। कोशल ने काशी पर अधिकार कर लिया। अवंति ने वत्स राज्य छीन लिया। बाद में कोशल और अवंति दोनों को मगध की

अधीनता स्वीकार करनी पड़ी। शक्तिशाली नंदवंश (दे.) का शासन यहां 321 ई.पू. तक रहा। इसके बाद चंद्रगुप्त मौर्य का समय आया। बिंदुसार और अशोक के समय यहां सुख-शांति रही। अशोक के स्तंभ लेख उत्तर प्रदेश में सारनाथ, इलाहावाद, मेरठ, कोशांबी, सकिला, कालपी, बस्ती और मिर्जापुर में पाए गए हैं।

पतंजलि महाभाष्य के अनुसार यूनानियों ने एक बार अयोध्या तक आक्रमण किया था, किंतु वसुमित्र ने उन्हें पीछे हटने के लिए बाध्य कर दिया। यूनानी राजा मिलिंद के साम्राज्य में मथुरा लंबे समय तक एक प्रमुख शहर था। बाद में शकों और कुषाणों के आक्रमण हुए और वे भी इस क्षेत्र में फैल गए। कुषाण काल में मथुरा कला का प्रमुख केंद्र था। कनिष्क (दे.) की दो राजधानियां थीं—पुरुषपुर (पेशावर) और मथुरा। चौथी शताब्दी में गुप्तवंश के समय भी मध्यदेश में शांति बनी रही। उसके बाद कन्नौज के मौखीयों ने इस क्षेत्र के काफी बड़े भाग पर शासन किया। स्थानेश्वर के हर्षवर्धन (दे.) के समय कन्नौज और स्थानेश्वर परस्पर मिल गए और कन्नौज को बड़ा महत्व प्राप्त हुआ।

हर्ष के बाद का इतिहास राजाओं के पारस्परिक कलह और विदेशियों से पराजित होने का इतिहास है। कुछ समय तक गुर्जर-प्रतिहार यहां के शासक थे। 1018-19 ई. में महमूद गजनवी ने उन्हें पराजित कर डाला। बाद में मुहम्मद गोरी के हाथों पहले पृथ्वीराज को और उसके बाद अदूरदर्शी जयचंद को पराजित होना पड़ा। 1206 ई. में कुतुबुद्दीन ऐबक गद्दी पर बैठा और पूरा मध्यदेश उसके साम्राज्य का अंग बन गया। 1556 ई. में अकबर के गद्दी पर बैठने तक रुक-रुककर राजनीतिक उथल-पुथल होती रही। अकबर की नीति से कुछ शांति का युग आया तो औरंगजेब के कारण फिर अस्थिरता पैदा हो गई।

तब तक अंग्रेज आ चुके थे। अवध के नवाब ने रुहेलों को दबाने के लिए उनकी सहायता लेकर उनके उत्तर प्रदेश में आधिपत्य के द्वार खोल दिए। यद्यपि 1857 ई. में विदेशी सत्ता को उखाड़ फेंकने का एक जोरदार प्रयत्न हुआ, किंतु संगठन के अभाव और असाधारण दमन के कारण उस समय सफलता नहीं मिली। अंग्रेजों के समय यह क्षेत्र पहले 'उत्तर पश्चिम प्रदेश, आगरा व अवध' कहलाया। बाद में 'संयुक्त प्रांत आगरा व अवध' नाम पड़ा। फिर कुछ दिन तक केवल 'संयुक्त प्रांत' था। स्वतंत्रता के बाद 12 जनवरी 1950 ई. से यह 'उत्तर प्रदेश' के नाम से प्रसिद्ध हुआ।

उत्तर प्रदेश सांस्कृतिक दृष्टि से भारत का हृदय प्रदेश कहलाता है। यहां बदरीनाथ, केदारनाथ, हरिद्वार, अयोध्या, प्रयाग, काशी, मथुरा-वृन्दावन, नैमिषारण्य आदि प्रसिद्ध तीर्थ हैं। गंगा, यमुना, सरयू (घाघरा) जैसी सरिताओं का उद्गम इसी प्रदेश में होता है। राम, कृष्ण, महावीर और गौतम की जन्म,

कर्म और लीलाभूमि तो यह है ही, वैदिककाल के भारद्वाज, याज्ञवल्क्य, वशिष्ठ, विश्वामित्र, वाल्मीकि जैसे ऋषि भी यहीं हुए। आधुनिक काल के तुलसी और कबीर जैसे संत भी यहीं के हैं।

स्वतंत्रता संग्राम में इस प्रदेश का सदा महत्वपूर्ण स्थान रहा। स्वतंत्रता के बाद देश को अब तक (अक्तूबर 1989) यह प्रदेश पांच प्रधानमंत्री दे चुका है। इसकी राजधानी लखनऊ है।

उत्तर मीमांसा

भारत में प्राचीन काल से चिंतन की जो छह प्रणालियां प्रचलित हैं वे 'षट्दर्शन' कहलाती हैं। इन्हीं में से एक 'मीमांसा' भी है। इसके दो भाग हैं—पूर्व मीमांसा और उत्तर मीमांसा। पूर्व मीमांसा का संबंध कर्मकांड से है और उत्तर मीमांसा का दार्शनिक तत्वों की खोज से। उत्तर मीमांसा का संबंध भारत के संपूर्ण दार्शनिक इतिहास से है। इसका आदिग्रंथ वेदांतसूत्र अथवा ब्रह्मसूत्र कहलाता है। उत्तर मीमांसा की मान्यता है कि जिस प्रकार मकड़ी अपने भीतर से ही जाल तानती है, उसी प्रकार ब्रह्म भी इस जगत को अपनी शक्ति से उत्पन्न करता है। इसके अनुसार ब्रह्म का चिंतन सच्चे ज्ञान का मार्ग है और कर्म का फल प्राप्त करने के लिए पुनर्जन्म होता है।

उत्तरा

राजा विराट की पुत्री जिसका विवाह अर्जुन के पुत्र अभिमन्यु (दे.) के साथ हुआ था। अज्ञातवास के समय अर्जुन ने वृहन्नला का वेश धारण करके उत्तरा को संगीत और नृत्य की शिक्षा दी थी। महाभारत युद्ध में अभिमन्यु की मृत्यु के समय उत्तरा गर्भवती थी। बाद में उसने राजा परीक्षित (दे.) को जन्म दिया।

उत्तराखंड

प्राचीन काल में भारत को दिशाओं के आधार पर चार भागों में बांटा जाता था। उत्तर दिशा का क्षेत्र 'उत्तराखंड' कहलाता था। वराहमिहिर और राजशेखर जैसे विद्वानों ने उत्तराखंड का पूरा वर्णन किया है। 'काव्यमीमांसा' के अनुसार उस समय उत्तराखंड में ये जनपद थे—शक, केकय, वोक्काण, हूण, वनायुज, कंबोज, वाह्लीक, पह्लव, लिपाक, कलूत (कुल्लू), कीर, तंगण, तुषार, तुरुष्क, हरहूख, हूहुक, सहुड़, हंसमार्ग, रमठ, करंकट आदि। तुरुष्क का आशय तुर्किस्तान से था।

अव इस शब्द का प्रयोग सीमित अर्थ में होता है। उत्तर प्रदेश के कुमाऊं और गढ़वाल मंडल के 8 जिले (नैनीताल, अल्मोड़ा, पिथौरागढ़, चमोली,

उत्तरकाशी, गढ़वाल, टिहरी और देहरादून) सम्मिलित रूप से उत्तराखंड कहलाते हैं।

उत्तरायण

सूर्य की मकर रेखा से उत्तर की ओर की गति उत्तरायण कहलाती है। क्रम से सूर्य के दो अयन होते हैं—उत्तरायण और दक्षिणायण। सूर्य 23 दिसंबर से दक्षिण अयन सीमा से उत्तर की ओर बढ़ने लगता है और 21 जून को उत्तरी अयन-सीमा पर पहुंचता है।

इसी परिवर्तन से ऋतुओं में भी परिवर्तन होता है। धार्मिक विश्वासों और क्रिया-कलापों में भी इसका महत्व है। उत्तरायण या दक्षिणायण के आरंभ में दान की बड़ी महिमा बताई गई है।

उत्तानपाद

स्वयंभुव मनु के पुत्र उत्तानपाद की दो पत्नियां थीं—सुनीति और सुरुचि। सुनीति के गर्भ से ध्रुव का जन्म हुआ था और सुरुचि का पुत्र था उत्तम। उत्तानपाद सुरुचि को अधिक चाहते थे और सुरुचि सुनीति के पुत्र ध्रुव से बहुत चिढ़ती थी। एक दिन जब ध्रुव अपने पिता की गोद में बैठे थे, सुरुचि ने बड़े ही अपमानजनक ढंग से उन्हें पिता की गोद से उतार दिया। इस पर ध्रुव को बड़ा दुःख हुआ। वे तपस्या करने चले गए। उन्हें ईश्वर का साक्षात्कार हुआ और उन्हीं से राजा उत्तानपाद को ज्ञान की प्राप्ति हुई।

उत्पलाचार्य

कश्मीरी शैव मत की 'प्रतिभिज्ञा' शाखा का प्रवर्तन सोमानंद ने किया था। उत्पलाचार्य उन्हीं के पुत्र और शिष्य थे। इनका समय नवीं शताब्दी का अंतिम काल माना जाता है।

इन्होंने अनेक ग्रंथों की रचना की जिनका विद्वानों और जनसामान्य में समान समादर हुआ।

उदंत मार्तण्ड

हिंदी भाषा का यह साप्ताहिक पत्र मई 1826 ई. में कलकत्ता से प्रकाशित हुआ। कानपुर के निवासी श्री जुगलकिशोर शुक्ल इसके संपादक थे। इसके कुल 79 अंक प्रकाशित हुए और उसके बाद पत्र बंद हो गया। हिंदी का सर्वप्रथम पत्र होने के कारण इसका ऐतिहासिक महत्व है। पत्र में ब्रजभाषा और खड़ी बोली दोनों का प्रयोग किया जाता था।

उदबाड़ा

पश्चिमी रेलवे की बंबई-खाराघोड़ा लाइन में उदबाड़ा स्टेशन है। यहां की बस्ती पारसी लोगों का प्रधान तीर्थ है। पारसी लोग जब ईरान से भारत आए तो अपने साथ पवित्र अग्नि भी लाए थे। उस अग्नि को उन्होंने उदबाड़ा में ही स्थापित किया।

वह तभी से बराबर आज भी जल रही है, बुझने नहीं पाई। यहां पर एक प्राचीन अग्निमंदिर भी है।

उदय

मगध का एक शासक जिसका समय 443 ई.पू. बताया जाता है। यह दर्शक का पुत्र और अजातशत्रु (दे.) का पौत्र था। पाटलिपुत्र से कुछ दूर, इसने गंगा के किनारे कुसुमपुर नामक नगर की स्थापना की थी। बाद में यह नगर भी पाटलिपुत्र का ही भाग बन गया।

उदयगिरि

मध्य प्रदेश में भेलसा के निकट उदयगिरि नामक पर्वत है। इस पर्वत में 20 गुफाएं हैं। दो गुफाओं में जैन मूर्तियां हैं और शेष का संबंध सनातन धर्म से है। इन्हीं में एक वराह गुफा है। इसमें वराह की प्राचीन विशाल मूर्ति है।

उदयन

पुरु के वंशज तथा वत्स के राजा उदयन की राजधानी कौशांबी थी। संस्कृत के महाकवि भास ने इनको नायक बनाकर अपने साहित्य की रचना की है। उदयन वीणा-वादन में अत्यंत कुशल थे। वे वीणा बजाकर हाथी को पकड़ने जा रहे थे कि उज्जयिनी के अवंतिराज ने इन्हें छल से पकड़कर बंदीगृह में डाल दिया। अवंतिराज की पुत्री वासवदत्ता उदयन के प्रति अनुरक्त हो गई। बंदीगृह से बाहर निकलने पर जब उदयन को वासवदत्ता के मनोभावों का पता चला तो उन्होंने उसका अपहरण करके उसके साथ विवाह कर लिया।

उदयपुर

मेवाड़ के राणाओं की राजधानी उदयपुर ऐतिहासिक नगर होने के साथ-साथ वीरतीर्थ, सतीतीर्थ और भगवत्तीर्थ भी हैं। यह राणाप्रताप का निवास स्थान था। उनका खड्ग, कवच और भाला यहां सुरक्षित है। राणा के घोड़े चेतक की जीन भी यहां है। झील के किनारे महासती का स्थान है जहां महारानियों की छतरियां हैं। महल के निकट पीतांबररायजी के मंदिर में मीराबाई के उपास्य गिरिधर

गोपाल की मूर्ति के दर्शन होते हैं। वैष्णवों के निम्बार्क संप्रदाय की आचार्यपीठ भी यहां हैं।

उदयसिंह

ये मेवाड़ के राणा संग्रामसिंह के पुत्र और राणाप्रताप के पिता थे। इनका जन्म पिता के देहांत के बाद हुआ था। इनकी माता कर्णवती द्वारा हुमायूं को राखीबंद भाई बनाने का प्रसंग इतिहास-प्रसिद्ध है। उदयसिंह 1541 ई. में मेवाड़ के राणा हुए। 1567 ई. में अकबर ने मेवाड़ पर चढ़ाई करके चित्तौड़ को घेर लिया। चार महीने के घेरे के बाद चित्तौड़ अकबर के अधिकार में आ गया। कुछ इतिहासकारों का मत है कि उदयसिंह ने न तो आक्रमण के समय चित्तौड़ की सुरक्षा में व्यक्तिगत रूप से कोई भाग लिया, न अपनी खोई हुई राजधानी को पुनः प्राप्त करने के लिए कोई प्रयत्न किया। अकबर के आक्रमण के अंतिम दिनों में वे चित्तौड़ छोड़कर अरावली के जंगलों में चले गए। वहां नदी की बाढ़ को रोककर उदयसागर नामक सरोवर का निर्माण कराया और 1572 ई. में अपनी मृत्यु के समय तक भोग-विलास में लीन रहकर उदयपुर के शासक बने रहे।

उदासी

सिक्खों के दो संप्रदाय हैं—सहजधारी और सिंह। उदासी सहजधारी सिक्खों की ही एक शाखा है। इसके प्रवर्तक गुरु नानकदेव के पुत्र श्रीचंद थे जिन्होंने अपने जीवन का अधिकांश समय नग्न रहकर घूमते हुए अपने विचारों के प्रचार में लगाया। इस मत का प्रारंभ 15वीं शताब्दी में हुआ। उदासी लोग या तो नागा हुआ करते हैं, या परमहंस। ये गुरुग्रंथ साहब को विशेष महत्व देते और घंटा-घड़ियाल बजाकर उसकी आरती करते हैं। पाकिस्तान स्थित साधुवेला तीर्थ मुख्यतः इसी संप्रदाय का है। इसके अनुयायी सिंध और पंजाब में अधिक हैं। उत्तर प्रदेश में काशी, हरिद्वार और वृन्दावन इनके प्रमुख स्थान हैं। ये लोग अनेक मामलों में सनातनी हिंदुओं के अधिक निकट हैं।

उदीपी

दक्षिण भारत में पश्चिमी घाट और अरब सागर के बीच गोकर्ण से लेकर कन्याकुमारी तक का क्षेत्र 'परशुराम क्षेत्र' कहलाता है। इसी क्षेत्र में मंगलूर के निकट उदीपी है। इसका प्राचीन नाम उड्डुप्पा था। द्वैत मत की प्रतिष्ठा करने वाले माध्वाचार्य का जन्मस्थान यहां से निकट ही है। अनंतेश्वर यहां का मुख्य मंदिर है जिसकी उपासना माध्वाचार्य ने भी की थी। यहीं पर चंद्रमा ने शिव की आराधना की जिससे प्रसन्न होकर शिव ने चंद्रमा को अपने शीश पर धारण कर

लिया। अनंतेश्वर मंदिर के अतिरिक्त यहां माध्वाचार्य के आठ मठ और अनेक दर्शनीय मंदिर हैं।

उद्दालक

देखिए आरुणि।

उद्धव

यादवों के मंत्री जिन्होंने बृहस्पति से नीतिशास्त्र की शिक्षा पाई थी। श्रीकृष्ण के प्रिय सखा तो ये थे ही, कहीं पर इन्हें कृष्ण का चचेरा भाई और कहीं पर मामा बताया गया है। जब श्रीकृष्ण गोकुल से मथुरा चले आए तो नंद-यशोदा और गोप-गोपियों को आश्वस्त करने के लिए श्रीकृष्ण ने उद्धव को ही भेजा था। उन्होंने विरहाकुल गोपियों को यह कहकर समझाया कि श्रीकृष्ण आत्मरूप में सदैव तुम्हारे पास हैं। वे शरीर से तुमसे इसलिए दूर हैं कि तुम शुद्ध मन से ध्यान करके उन्हें प्राप्त कर सको।

श्रीकृष्ण जब द्वारका गए, तब उद्धव भी उनके साथ थे। यदुवंशियों के भावी नाश की सूचना भी श्रीकृष्ण ने इन्हें ही दी थी और अधीर न होने का उपदेश दिया था। उद्धव वहां से लौटकर जब मथुरा में यमुना तट पर घूम रहे थे, उन्हें विदुर मिले। विदुर के चले जाने पर उद्धव और भी दुःखी हुए और अंत में बद्रीनाथ चले गए। जहां वृद्धावस्था में उन्होंने शरीर छोड़ा। भागवत में उद्धव के संबंध में श्रीकृष्ण का यह कथन अंकित है—'मेरे इस लोक से चले जाने पर उद्धव ही मेरे ज्ञान की रक्षा कर सकेंगे क्योंकि वे मुझसे गुणों में तनिक भी कम नहीं हैं।'

उनाई माता

पश्चिमी रेलवे के उनाई-बांसदारोड स्टेशन के निकट यह उष्ण तीर्थ है। यहां गरम पानी का कुंड और उनाई माता तथा श्रीराम का मंदिर है। मकरसंक्रांति और चैत्र पूर्णिमा को यहां मेला लगता है। इस स्थान पर पहले महर्षि शरभंग का आश्रम बताया जाता है। महर्षि को कुष्ट रोग हो गया था। जब राम वनवास के समय यहां आए तो उन्होंने बाण मारकर पृथ्वी से गर्म जल का स्रोत उत्पन्न किया। उस जल में स्नान करने से ऋषि शरभंग का रोग दूर हो गया था।

उपकोसल

उपनिषद् में वर्णित प्रसंग के अनुसार कमल का पुत्र उपकोसल सत्यकाम जाबाल (दे.) के पास शिक्षा ग्रहण करने के लिए गया। बारह वर्ष के बाद भी जब जाबाल ने समावर्तन करके इसे घर जाने की अनुमति नहीं दी तो इसने अन्न त्याग दिया।

इस पर गुरु की अनुपस्थिति में अग्नि ने इसको आत्मज्ञान की शिक्षा दी। यह जानकर गुरु ने भी इसे उपदेश देकर विदा किया।

उपक्रम

पुराण के अनुसार ऐसा आदित्य जिसकी 12000 किरणें हैं और जो चैत्र मास में प्रकाशित होता है। इसकी पत्नी का नाम कीर्ति है।

उपगुप्त

एक प्रसिद्ध बौद्ध भिक्षु जिनके पिता वाराणसी निवासी गुप्त नाम के एक इत्र-विक्रेता थे। 17 वर्ष की आयु में इन्होंने संन्यास लेकर साधना की। कहते हैं कि साधना-काल में ही इन्हें गौतम बुद्ध के दर्शन हुए थे। बौद्ध धर्म के प्रचार के लिए उपगुप्त ने बहुत प्रयत्न किया। इनके द्वारा 18 लाख व्यक्तियों को बौद्ध धर्म में दीक्षित करने का उल्लेख मिलता है।

सम्राट अशोक को बौद्ध धर्म में दीक्षित करने का श्रेय भी उपगुप्त को दिया जाता है। ये अशोक को साथ लेकर लुंबिनी, कपिलवस्तु, सारनाथ, कुशीनगर, श्रावस्ती, जेतवन आदि बौद्ध तीर्थों की यात्रा पर गए थे।

उपग्रह

उपग्रह ऐसे छोटे ग्रहों को कहते हैं जो बड़े ग्रहों की परिक्रमा करते हैं। आकाश में दिखाई पड़नेवाला चंद्रमा अगर पृथ्वी का उपग्रह है तो पथ्वी भी सूर्य का उपग्रह है क्योंकि यह सूर्य की परिक्रमा करती है। सूर्य विज्ञान के अनुसार एक चमकता तारा या नक्षत्र है, किंतु भारतीय ज्योतिषशास्त्र में उसे ग्रह माना गया है।

प्राकृतिक उपग्रहों के अतिरिक्त मानव निर्मित उपग्रह भी होते हैं। ऐसे उपग्रह आधुनिक विज्ञान की देन हैं। पृथ्वी या किसी अन्य ग्रह की परिक्रमा करनेवाले इन उपग्रहों को राकेट द्वारा अंतरिक्ष में प्रक्षिप्त किया जाता है। इनका उपयोग संचार साधन के रूप में सूचनाएं प्राप्त करने के उद्देश्य से किया जाता है।

उपचरिवसु

कुरुवंश का एक राजा जिसने यादवों से चेदि देश जीत लिया था। इसका नाम वसु था और पदवी उपचरि। इसके तप से संतुष्ट होकर इंद्र ने इसे स्फटिकमय विमान और कभी न मुर्झाने वाली कमल की माला दी थी। मत्स्यगंधा सत्यवती इसी के अंश से उत्पन्न बताई जाती है। इसका शुक्र मछली के उदर में जाने से कन्या पैदा हुई जिसे धीवर ने पाला। इसके वृहद्रथ, प्रत्यग्रह, कुशांब, मणिवाहन और यदु नामक पांच पुत्र थे। यह नृहस्पति का शिष्य था और इसके यज्ञ में

नारायण ने स्वयं दर्शन देकर इसे परम पद प्रदान किया।

उपनयन

यह एक हिन्दू संस्कार है। इसका आशय है ब्रह्मचारी रह कर आचार्य के पास विद्याभ्यास करना। इस संस्कार के बाद ही बालक द्विज (दो जन्मों वाला) कहलाने का अधिकारी होता है। उसका भौतिक जन्म तो माता-पिता से होता है परंतु बौद्धिक और नैतिक जन्म आचार्य से प्राप्त होता है। इसके लिए आदर्श उम्र पांच वर्ष की और अधिकतम 24 वर्ष की निर्धारित की गई है। अधिकतम उम्र तक उपनयन न होने से बालक 'व्रात्य' अर्थात् पतित और समाज से बहिष्कृत माना जाता है।

प्राचीन काल में इस संस्कार के बाद ब्रह्मचारी आचार्य के कुल में ही रहता और वहीं से भोजन व वस्त्र भी प्राप्त करता था। बदले में वह गुरु की गाएं चराता, तथा भिक्षा आदि एकत्र किया करता था। ब्रह्मचर्य जीवन को 24 वर्ष से बढ़ाने के भी उदाहरण मिलते हैं।

हिंदुओं में उपनयन संस्कार अब भी होता है। उसका शिक्षा से कोई संबंध नहीं रह गया है। उत्तर भारत में इसे जनेऊ या यज्ञोपवीत संस्कार कहते हैं। यह विवाह के पूर्व किसी भी समय कर लिया जाता है। प्राचीन ग्रंथों में 'यज्ञोपवीत' का कोई उल्लेख नहीं मिलता। हां, यज्ञ के समय उत्तरीय धारण करने का उल्लेख मिलता है। जनेऊ या यज्ञोपवीत इसी उत्तरीय का स्थानापन्न है।

उपनिर्वाचन

जिन संस्थाओं में निर्वाचन के द्वारा सदस्य बनते हैं, उनकी सदस्यता की एक अवधि निर्धारित होती है। इस अवधि के पूरा होने पर सदस्यों का पुनः निर्वाचन होता है। किंतु कभी-कभी किसी सदस्य का स्थान, विभिन्न कारणों से समय से पहले रिक्त हो जाता है। ये कारण कई प्रकार के हो सकते हैं—सदस्य त्यागपत्र दे दे, उसका निर्वाचन अवैध घोषित हो जाए, उसकी सदस्यता नियमानुसार समाप्त कर दी जाए या उसकी मृत्यु हो जाए। ऐसी स्थिति में शेष समय के लिए सदस्य के लिए किया जानेवाला निर्वाचन उपनिर्वाचन कहलाता है।

उपनिवेश

यह अंग्रेजी के शब्द 'कालोनी' का पर्याय है और कई अर्थों में प्रयुक्त होता है। यदि किसी राज्य के निवासी किसी अन्य देश में बस्ती बनाकर रहते हैं; तो उसे कालोनी कहते हैं। किसी एक व्यवसाय या पेशे के व्यक्तियों के लिए बनाए गए स्थान भी कालोनी कहलाते हैं, जैसे 'कैनाल कालोनी', 'लेबर कालोनी' आदि।

राजनीति में इस शब्द का अपना रूढ़ि अर्थ है। इसका आशय उन देशों से लिया जाता है जिन पर किसी बाहरी देश ने अधिकार कर लिया है और वह अधिकृत देश के साधनों का अपने साम्राज्यवादी हितों के लिए दोहन करता है। औद्योगिक क्रांति के बाद प्राप्त शक्ति के सहारे यूरोप के देशों ने एशिया, अफ्रीका और अमेरिका में ऐसे अनेक उपनिवेश स्थापित किए। पहले के सम्राट जहां सैनिक शक्ति के सहारे अपनी सत्ता स्थापित करते थे, वहां इन नए उपनिवेशवादियों ने व्यापार के और धर्मप्रचार के बहाने से इन देशों में प्रवेश किया और कालांतर में कूटनीति और युद्ध-नीति दोनों का प्रयोग करके अपनी सर्वोच्च सत्ता स्थापित करने में सफलता प्राप्त की। उपनिवेशों पर आधिपत्य के लिए साम्राज्यवादी देशों में परस्पर भी युद्ध हुए और इस प्रकार उपनिवेशवाद के शिकार देशों को एक से अधिक साम्राज्यवादी शक्तियों का शिकार होना पड़ा। द्वितीय विश्वयुद्ध के बाद स्थिति में परिवर्तन आया है। भारत की स्वतंत्रता प्राप्ति को इस परिवर्तन का अग्रदूत माना जाता है। उसके बाद विश्व के विभिन्न अंचलों में एक के बाद एक उपनिवेश स्वतंत्र होते गए हैं।

उपनिवेशवाद

किसी विदेशी शक्ति द्वारा अन्य देश पर छल-बल से राजनीतिक आधिपत्य स्थापित करके उसके साधनों का अपने हित के लिए शोषण उपनिवेशवाद कहलाता है। यद्यपि अब अंतर्राष्ट्रीय जनमत और विभिन्न देशों की राष्ट्रीय जागृति के कारण विश्व में यत्रतत्र ही इस प्रथा के अवशेष रह गए हैं, परंतु आधुनिक इतिहास इस प्रकार के औपनिवेशिक शोषण के वृत्तांतों से भरा हुआ है। इंग्लैंड, फ्रांस, स्पेन, पुर्तगाल, हालैंड आदि देशों ने अपनी संपन्नता एशिया और अफ्रीका में स्थापित उपनिवेशों के निर्मम शोषण से ही अर्जित की है।

उपनिषद्

वैदिककाल में प्रचलित यज्ञ आदि धार्मिक कर्मकांडों के बाद ऋषि-मनीषियों का ध्यान जीव-जगत, आत्मा-परमात्मा, ब्रह्मज्ञान आदि आध्यात्मिक चिंतन की ओर गया। इसी चिंतन का सार उपनिषदों में संकलित है। इस विचार का कर्मकांड या यज्ञ की क्रियाओं से कोई संबंध नहीं है। भारतीय दर्शन की विभिन्न शाखाओं का विकास उपनिषदों से ही माना जाता है। यद्यपि इनका रचनाकाल वेदों के बाद का है, पर इनको वेदों के समान ही महत्व प्राप्त है और इन्हें 'वेदांत' भी कहते हैं।

उपनिषदों का चिंतन अत्यंत उच्चस्तर का है। उनका मर्म समझना सरल नहीं। इसलिए बाद के दार्शनिकों ने उन पर भाष्य लिखकर उनकी विस्तृत व्याख्या

की है। उनकी संख्या के संबंध में विद्वान् एकमत नहीं हैं। इस समय लगभग 150 उपनिषदों की जानकारी है। इनमें से बारह पर शंकराचार्य ने भाष्य लिखे हैं और यही प्रमुख उपनिषद् माने जाते हैं ऐतरेय, कौषीतकी, छांदोग्य, केन, तैत्तरीय, कठ, श्वेताश्वतर, वृहदारण्यक, ईश, प्रश्न, मुंडक और मांडूक्य।

उपनिषदों के रचनाकाल के संबंध में भी अनेक मत हैं। प्रारंभिक उपनिषदों को ई. पू. 1000 के आस-पास का और कुछ को ई. पू. 300 के आस-पास का माना जाता है।

उपपुराण

पुराण 18 हैं जिनकी रचना वेदव्यास द्वारा बताई जाती है। इनके अतिरिक्त भी और पुराण हैं जो उपपुराण कहलाते हैं। उपपुराणों की संख्या के संबंध में विद्वान् एकमत नहीं हैं। निम्नांकित 29 उपपुराण विशेष प्रसिद्ध हैं—सनत्कुमार, नरसिंह, बृहन्नारदीय, शिव अथवा शिवधर्म, दुर्वासा, कपिल, मानव, औशनस, वारुण, कालिका, साम्ब, ननिकेश्वर, सौर, पाराशर, आदित्य, ब्राह्माण्ड, माहेश्वर, भागवत, वसिष्ठ, कौर्म, भार्गव, आदि, मुद्‌गल, कल्कि, देवी, वृहद्‌धर्म, परानन्द, पशुपति और हरिवंश।

उपराष्ट्रपति

भारत के संविधान में एक निर्वाचित उपराष्ट्रपति की भी व्यवस्था है। इस पद के प्रत्याशी में इन योग्यताओं का होना आवश्यक है—1. भारत की नागरिकता 2. 35 वर्ष की पूरी आयु, 3. राज्यसभा का सदस्य निर्वाचित होने की योग्यता, 4. किसी सरकारी अथवा सरकार के अधीन किसी संस्था में लाभ का पद न होना, 5. संसद या विधानमंडल का सदस्य न होना। यदि वह सदस्य है तो पदारूढ़ होने से पहले सदस्यता त्यागनी होती है।

उपराष्ट्रपति का निर्वाचन संसद के दोनों सदन सानुपातिक प्रणाली के आधार पर गुप्त मतदान के द्वारा करते हैं। यह निर्वाचन पांच वर्ष के लिए होता है। उपराष्ट्रपति पदेन राज्यसभा का सभापति होना है।

वह मृत्यु, अनुपस्थिति, पदत्याग, बीमारी आदि की स्थिति में राष्ट्रपति के पद का भार संभालता है।

उपवर्ष

पारिणी (दे.) का गुरुभाई जो पाटलिपुत्र के शंकरस्वामी का पुत्र था। इसका रचित पूर्व मीमांसा सूत्र का भाष्य प्रसिद्ध है। कुछ विद्वान् इसे और बोधायन (दे.) को एक ही मानते हैं।

उपवेद

प्राचीन ग्रंथों में प्रत्येक वेद का एक-एक उपवेद बताया गया है। वेदों के ज्ञान की पूर्णता के लिए उपवेदों का अध्ययन भी आवश्यक माना गया है। चारों वेदों के उपवेद इस प्रकार हैं—ऋग्वेद का आयुर्वेद (मुख्य रचयिता : धन्वंतरि), यजुर्वेद का धनुर्वेद (रचयिता : विश्वामित्र), सामवेद का गंधर्ववेद या संगतिवेद (प्रधान रचयिता : भरतमुनि), अथर्ववेद का अर्थशास्त्र इसमें राजनीति, दंडनीति और शिल्पशास्त्र का भी समावेश है। (प्रधान आचार्य हैं—बृहस्पति, विशालाक्ष, भारद्वाज, कौटिल्य आदि)।

उपांग

प्राचीन प्रमाणों में वेदों के चार उपांग माने गए हैं—1. इतिहास-पुराण, 2. धर्मशास्त्र, 3. न्याय, 4. मीमांसा। किंतु न्याय और मीमांसा की गणना दर्शनों में होती है। इसलिए इन्हें एक ही उपांग-दर्शन भी मान लिया जाता है। और चौथा स्थान तंत्रशास्त्र को देते हैं। यह चौथा उपांग शिव-प्रणीत है और इसके तीन मुख्य भाग हैं—आगम, यामल और तंत्र।

कहीं-कहीं पुराण, न्याय, मीमांसा और धर्मशास्त्र को उपांग कहा गया है। जैन साहित्य में 12 उपांग गिनाए गए हैं।

उपागम

शैवों के कुल 28 आगम (शास्त्र अथवा तंत्र या नीतिशास्त्र) हैं। इनमें से प्रत्येक के कई उपागम हैं। उपागमों की संख्या 198 है।

उपालि

गौतम बुद्ध का प्रमुख शिष्य जिसका जन्म कपिलवस्तु के एक नाई परिवार में हुआ था। गौतम बुद्ध ने राजपुत्रों से पहले इसे दीक्षा दी और राजकुमारों से उपालि का अभिनंदन करने के लिए कहा। वे यह जताना चाहते थे कि बौद्ध संघ में महत्व व्यक्ति की धर्मनिष्ठा का है, न कि उसकी पहले की सामाजिक स्थिति का।

उपासना

उपासना का आशय है व्यक्ति की ब्रह्म के साथ व्यक्तिगत निकटता। वेदों का अधिकांश भाग कर्म और उपासना से संबंधित है, शेष ज्ञान है। जो साधक आरंभ-कर्ता है उसके लिए कर्म, जो मध्यम स्थिति में है उसके लिए उपासना और कर्म दोनों तथा जो उत्तम स्थिति में पहुंच गया है उसके लिए कर्म, उपासना और ज्ञान तीनों है। उत्तम स्थिति का व्यक्ति कर्म और उपासना को निष्काम-भाव से करता

है। व्यक्तिगत क्षमता के आधार पर उपासना के कई रूप हैं, जैसे—वरिवस्या, शुश्रुषा, परिचर्या और उपासना। उपासक को अपनी चिंता नहीं करनी पड़ती। गीता के अनुसार निष्काम भाव से उपासना करनेवाले का योगक्षेम स्वयं भगवान वहन करते हैं।

उपोसथ

बौद्ध संघ में भिक्षुओं और भिक्षुणियों द्वारा सार्वजनिक रूप से अपने दोषों की स्वीकृति की व्यवस्था थी। इस कार्य के लिए संघ के सब सदस्यों की जो सभा आयोजित होती थी उसे 'उपोसथ' कहते थे। पहले यह मास में चार दिन होती थी। बाद में पूर्णिमा और अमावस्या को दो दिन होने लगी। दोष स्वीकृति के बाद उसकी गंभीरता के अनुसार क्षमा या दंड मिलता था।

उभय भारती

मिथिला निवासी मंडन मिश्र की पत्नी का नाम। ये शारदा अथवा सरसवाणी भी कहलाती थीं। अपनी भारतयात्रा में जब शंकराचार्य ने शास्त्रार्थ में मंडन मिश्र को पराजित कर दिया तो उभय भारती ने उन्हें कामशास्त्र पर शास्त्रार्थ करने की चुनौती दी। इस विषय से अनभिज्ञ होने के कारण शंकर तत्काल यह चुनौती स्वीकार न कर सके। बाद में उन्होंने इस विषय का अध्ययन किया। (लोक प्रचलित मत के अनुसार इसके लिए शंकराचार्य ने परकाया प्रवेश करके व्यावहारिक ज्ञान प्राप्त किया था) बाद में उन्होंने उभय भारती को भी शास्त्रार्थ में पराजित किया। इस पर पति-पत्नी दोनों ने शंकराचार्य का शिष्यत्व ग्रहण कर लिया।

उपमन्यु

वसिष्ठ कुल में उत्पन्न उपमन्यु व्याघ्रपाद और अम्बा के पुत्र थे। ये अपनी गुरुभक्ति के लिए प्रसिद्ध हैं। ये बड़े स्थूलकाय थे और गुरु की आज्ञा से उनकी गाएं चराया करते थे और भीक्षा मांगकर जीविका चलाते थे। एक दिन गुरु ने इनके मुटापे का कारण पूछा और भीक्षा मांगकर खाने से मना कर दिया। परीक्षा लेने के लिए गुरु धौम्य (दे.) ने इन्हें निराहार रहने का आदेश दिया। एक दिन भूख से पीड़ित होकर उपमन्यु ने आक का पत्ता खा लिया इससे वे अंधे हो गए और कुएं में गिर गए। जब गुरु ने इन्हें कुएं में देखा तो इन्हें अश्वनीकुमारों की प्रार्थना करने का आदेश दिया। प्रार्थना से प्रसन्न होकर अश्वनीकुमारों ने जब इन्हें औषधि दी तो उपमन्यु गुरु की आज्ञा के बिना उसे ग्रहण करने के लिए भी तैयार नहीं हुए। ऐसी गुरुभक्ति देखकर अश्वनीकुमारों ने इन्हें दिव्यचक्षु प्रदान किए। गुरु की कृपा से ये वेदशास्त्रों के ज्ञाता बने। शिवाष्टक, शिवस्तोत्र, अर्धनारीश्वराष्टक आदि

इनके प्रसिद्ध ग्रंथ हैं।

उमरखय्याम

फारसी भाषा में लिखी अपनी रुबाइयों के लिए विश्वभर में प्रसिद्ध उमरखय्याम का पूरा नाम अबुलफतह बिन इब्राहीम अल खय्यामी था। इसके जन्म के समय के संबंध में निश्चित सूचना उपलब्ध नहीं है। अनुमानतः इसका जन्म उत्तर फारस के खुरासान प्रांत में 1048-1049 ई. में किसी समय हुआ था और मृत्यु 1131-32 ई. में हुई।

उमरखय्याम बड़ा विद्वान् था। ज्योतिषी, गणितज्ञ और वैज्ञानिक के रूप में इसकी बड़ी ख्याति थी। उसने गणित और दर्शन के अनेक ग्रंथों की रचना की और राजदरबारों में चिकित्सक भी रहा। पर उसको सर्वाधिक ख्याति अपनी रुबाइयों के कारण मिली।

संसार की लगभग सब भाषाओं में इन रुबाइयों का अनुवाद हो चुका है। इनमें सुरा-सुंदरी, प्रेम तथा विषयवासना के भावों का आधिक्य देखकर कुछ लोग खय्याम को नास्तिक और भोगवादी मानते हैं। लेकिन अन्य के मतानुसार वह स्वतंत्र विचारों का सूफी था जिसने ईश्वर की भी परवाह न करके रूढ़ियों और अंधविश्वासों का विरोध किया।

उमा

शिव की अर्धांगिनी पार्वती जिनका नाम अंबिका तथा रुद्राणी भी है। पूर्वजन्म में ये दक्ष प्रजापति की पुत्री थीं और सती कहलाती थीं। पिता के यज्ञ में अपने पति शिवजी की निंदा सुनकर इन्होंने प्राण त्याग दिए और हिमालय के घर में मेनका के गर्भ से जन्म लिया। इस जन्म में भी शिव को पाने के लिए उमा ने कठिन तपस्या की। इनके कठोर तप को देखकर मां ने इनसे कहा—'उ मा' (ऐसा न करो) तब से इनका नाम ही उमा पड़ गया। बाद में उमा का शिवजी के साथ विवाह संपन्न हो गया।

उमापति शिवाचार्य

तमिल के प्रसिद्ध चार शैव आचार्यों में से एक। अन्य तीन हैं—मयकंडदेव, अरुलनंदी और मरइज्ञानसंबंध। उमापति शिवाचार्य ब्राह्मण कुल में पैदा हुए थे और चिदंबर मंदिर के पुजारी थे। इन्होंने मरइज्ञानसंबंध से जो शूद्र थे, दीक्षा ली और उनका जूठा खाने के कारण जाति से निकाल दिए गए। इनका समय 1300 ई. के आसपास माना जाता है। ये अपने समय के तमिल और संस्कृत के सर्वमान्य लेखक थे। इन्होंने शैव सिद्धांत पर आठ ग्रंथों की रचना की। 'पोष्कर-

संहिता' इनका प्रमुख ग्रंथ है। इसमें इन्होंने शिव को ऐसा एकमात्र देवता बताया है जिसकी पूजा सभी को करनी चाहिए।

उमा-महेश्वर व्रत

भाद्रपद शुक्ल पूर्णिमा को यह व्रत किया जाता है। कर्नाटक प्रदेश में इसका प्रचलन अधिक है। इस व्रत में प्रातः, दोपहर और सायंकाल शिव की पूजा की जाती है। रात्रि के पिछले पहर में धागे में बिल्वपत्र बांधकर पंद्रह गांठें लगाते हैं। उमा-महेश्वर की प्रतिमाएं कलश में स्थापित की जाती हैं। और ये कलश किसी शैव ब्राह्मण को दान में दे दिया जाता है।

इस संबंध में प्रचलित एक कथा के अनुसार बिल्वपत्र की माला का उचित सम्मान न करने के कारण दुर्वासा के शाप से विष्णु को बैकुंठ से पदच्युत होना पड़ा था।

बाद में जब उन्होंने गौतभ ऋषि के परामर्श पर उमा-महेश्वर व्रत का अनुष्ठान किया। तभी वे पुनः अपना पद पा सके।

उमावन

वह वन जहां उमा और शिव ने विवाह के उपरांत विहार किया था। इसे देवीकोट, कोटिवर्ष, बाणपुर, शोणितपुर और काम्यवन भी कहते हैं। इस वन के संबंध में शिव का शाप था कि यदि कोई पुरुष इसमें प्रवेश करेगा तो वह स्त्री हो जाएगा। इसी कारण मनु के पुत्र इल को इला (दे.) वन जाना पड़ा।

उमाशंकर जोशी

गुजराती भाषा के प्रमुख कवि उमाशंकर जेठालाल जोशी का जन्म 1911 ई. में हुआ था। विद्यार्थी जीवन में ही आप गांधीजी के असहयोग आंदोलन में सम्मिलित हो गए थे। उसके बाद ही आपका प्रथम काव्य-ग्रंथ 'विश्वशांति' प्रकाशित हुआ। 6 खंडों में प्रकाशित इस ग्रंथ में अहिंसा और शांति के लिए किए गए गांधीजी के प्रयत्नों की महिमा का वर्णन है।

'विश्वशांति' के प्रकाशन को गुजराती भाषा के काव्य-क्षेत्र में एक नए युग का आरंभ माना जाता है।

प्रतिभाशाली कवि के रूप में विख्यात उमाशंकर जोशी ने साहित्य के अन्य अंगों को भी पुष्ट किया है। आपने कहानी, नाटक, उपन्यास, समालोचना और निबंधों की रचना के साथ-साथ 'संस्कृति' नामक पत्रिका का संपादन भी किया। आपके प्रमुख काव्य-ग्रंथ हैं—विश्वशांति, गंगोत्री, निशीथ, गुले पोलांड, प्राचीना, आतिथ्य और वसंत वर्षा। आप 'वासुकि' उपनाम से भी लिखते रहे हैं।

उर्दू

उर्दू भाषा और हिंदी भाषा में भाषा विज्ञान की दृष्टि से मूलत: कोई अंतर नहीं है, किंतु साहित्यिक दृष्टि से दोनों में बहुत अंतर हो गया है। आज उर्दू शब्द का प्रयोग उस भाषा के लिए किया जाता है जो पाकिस्तान की राजभाषा है और भारत के शिक्षित मुसलमान जिसे अपनी साहित्यिक और सांस्कृतिक भाषा मानते हैं। यह देवनागरी से भिन्न अरबी लिपी में लिखी जाती है और इसमें अरबी और फारसी के शब्दों का प्रयोग बहुत अधिक होता है। बहुधा इस भाषा में व्याकरण भी उन्हीं भाषाओं का अपनाया जाता है।

उर्दू तुर्की भाषा का शब्द है। इसका प्रयोग उस बाजार के लिए होता था जो शाही सेना के साथ-साथ एक स्थान से दूसरे स्थान पर चलता रहता था। बाद में इस शब्द का प्रयोग ऐसी जगहों में बोली जानेवाली मिली-जुली भाषा के लिए होने लगा। उर्दू का विकास उस क्षेत्र में हुआ जिसमें आज पश्चिमी उत्तर प्रदेश, दिल्ली, हरियाणा और पूर्वी पंजाब सम्मिलित हैं। मुसलमानों के भारत आने और बस जाने के कारण इस क्षेत्र की बोलचाल की भाषा में अरबी और फारसी के शब्द सम्मिलित होने लगे और धीरे-धीरे उसने एक पृथक् रूप धारण कर लिया। दक्षिण में बीजापुर, गोलकुंडा आदि मुसलमानी राज्यों ने इसे सरकारी भाषा के रूप में अपनाया और वहां भी इसका प्रसार हुआ। उर्दू के प्रसार में मुसलमानी सेना के सैनिकों और शासकों के साथ-साथ निर्गुण संतों का भी योगदान रहा है।

उर्मिला

लक्ष्मण की पत्नी उर्मिला के संबंध में प्राचीन साहित्य में कोई विशेष विवरण नहीं मिलता। रामायण के अनुसार ये जनकनंदनी सीता की छोटी बहन थीं और सीता के विवाह के समय ही दशरथ और सुमित्रा के पुत्र लक्ष्मण को ब्याही गई थीं। इनके अंगद और चन्द्रकेतु नाम के दो पुत्र तथा सोमदा नाम की एक पुत्री थी।

आधुनिक साहित्यकारों ने उर्मिला को विविध कलाओं में पारंगत और कर्तव्यपरायण नारी के रूप में चित्रित किया है। राम के साथ लक्ष्मण के भी चौदह वर्ष के लिए वन जाने पर उर्मिला ने अपनी विरह-व्यथा को जीव-जन्तुओं के प्रति सहानुभूति में बदल दिया।

उर्व

1. च्यवन के वंश के एक ऋषि जो ऋचीक के पिता थे। महाभारत में इनका स्मरण एक तेजस्वी कुलवर्धक के रूप में किया गया है।

2. पुराण के अनुसार एक भार्गव जिन्होंने अयोध्या-नरेश सगर को उस समय संरक्षण दिया जब उन्हें हैहय तालजंग ने राजच्युत कर दिया था।

3. और्व वंश के प्रवर्तक जिन्होंने अपनी जंघा से और्व अग्नि नामक पुत्र उत्पन्न किया था।

उर्वशी

इंद्रपुरी की अप्सरा उर्वशी अपने रूप और सौंदर्य के लिए प्रसिद्ध है। एक बार जब वह इंद्र की सभा में नृत्य कर रही थी, राजा पुरुरवा भी सामने बैठे थे। उर्वशी उन पर मोहित हो गई और उसके नृत्य के ताल में अंतर पड़ गया। इससे रुष्ट होकर इंद्र ने उसे शाप दे दिया कि वह मर्त्यलोक में जाकर रहे। उर्वशी स्वर्ग से गिर पड़ी और मर्त्यलोक में जाकर उसने पुरुरवा से विवाह कर लिया। विवाह के समय उसने यह शर्त रखी कि यदि वह पुरुरवा को निर्वस्त्र देख लेगी या वे उसकी इच्छा के प्रतिकूल उससे संपर्क करेंगे या उसके दो मेष एक स्थान से दूसरे स्थान पर रख दिए जाएंगे तो वह राजा को छोड़कर स्वर्ग जाने के लिए स्वतंत्र रहेगी।

जब उर्वशी को स्वर्गलोक छोड़े बहुत समय बीत गया तो गंधर्वों को उसका अभाव खलने लगा। उन्होंने उर्वशी के मेष चुराने का षड्यंत्र रचा। जिस समय गंधर्वों का भेजा हुआ विश्वावसु मेष चुरा रहा था, पुरुरवा वस्त्ररहित थे। वे आहट पाकर उसे पकड़ने के लिए दौड़े और इसी समय गंधर्वों ने प्रकाश फैला दिया। निर्वसन पुरुरवा पर उर्वशी की दृष्टि पड़ गई और शर्त के अनुसार वह पुरुरवा को छोड़कर स्वर्गलोक चली गई।

उर्वशी के संबंध में एक और कथा प्रसिद्ध है। एक बार जब अर्जुन इंद्र से अस्त्र-विद्या सीखने गए थे तो उर्वशी उन पर मोहित हो गई परंतु अर्जुन ने उसे आदरभाव से देखा और उसकी इच्छापूर्ति में असमर्थता प्रकट की। इस पर कुपित होकर उर्वशी ने उन्हें एक वर्ष तक नपुंसक होने का अभिशाप दे दिया। अर्जुन को अपने अज्ञातवास के समय वृहन्नला बनकर यह शाप सहना पड़ा था।

उर्वशीकुंड

बदरीनाथ मंदिर के पीछे पर्वत पर चरणपादुका नामक स्थान है। इसी के ऊपर उर्वशीकुंड है। यहीं पर भगवान ने अपनी जंघा से उर्वशी को प्रकट किया था। उर्वशीकुंड से अत्यंत कठिन मार्ग से आगे बढ़ने पर कूर्मतीर्थ और नर-नारायण आश्रम मिलते हैं।

उर्स

किसी फकीर, महात्मा, पीर आदि की मृत्यु के दिन उसकी मजार पर मुसलमान

जो समारोह करते हैं, उसे उर्स कहा जाता है। उस दिन पीर की दरगाह को खूब सजाया जाता है। लोग दोये जलाते हैं और कब्र पर बड़ी-बड़ी चादरें चढ़ाते हैं। कव्वाली का गायन ऐसे अवसरों पर अवश्य होता है। मुसलमान कव्वाल इस मौके पर गाना अपना फर्ज समझते हैं।

भारत में अजमेर स्थित ख्वाजा नईमुद्दीन चिश्ती की दरगाह, जिसे दरगाह शरीफ भी कहते हैं, बहुत प्रसिद्ध है। यहां प्रतिवर्ष मार्च-अप्रैल में उर्स का मेला लगता है। इसमें लाखों श्रद्धालु भाग लेते हैं।

उलूपी

एक नाग कन्या जिसका विवाह एरावत नाग के पुत्र से हुआ था। किंतु विवाह के कुछ समय बाद ही इसके पति को गरुड़ ने मारकर खा लिया और उलूपी विधवा हो गई। कुछ समय बाद जब अर्जुन तीर्थयात्रा पर निकले तो उलूपी उन पर आसक्त होकर उन्हें पानी में खींच ले गई। उसकी प्रार्थना स्वीकार करके अर्जुन ने उसके साथ गंधर्व विवाह किया और अर्जुन से उसे इरावान नामक पुत्र प्राप्त हुआ। पांडवों के अश्वमेध यज्ञ के समय जब बभ्रुवाहन ने अर्जुन को अचेत कर दिया तो संजीवनी मंत्र का जाप करके इसने उन्हें पुनर्जीवित कर लिया था।

उशना

असुरों का कुलगुरु जिसके पिता का नाम कवि और माता का ख्याति था। इसके शुक्र, कवीन्द्र, ग्रह आदि नाम भी मिलते हैं। यह कुछ वेदसूत्रों का भी द्रष्टा है। इसके कुल को संजीवनी विद्या ज्ञात थी। एक बार उशना ने कुबेर का धन लूट लिया। इस पर शंकर ने इसे निगल लिया। तब यह शंकर के शिश्न से बाहर निकल आया और शंकर का पुत्र कहलाया। यह एक धर्मशास्त्रकार भी था। राजनीति विषयक इसका 'शुक्रनीति' नामक ग्रंथ प्रसिद्ध है।

उषा

1. राजा बलि की पौत्री और बाणासुर की पुत्री। युवावस्था में सोते समय स्वप्न में इसने एक अति सुंदर युवक को अपने पास उपस्थित पाया। जागने पर वह विरह-व्याकुल हो उठी। उसकी सखी चित्रलेखा ने उषा के वर्णन के आधार पर सुंदर युवकों के चित्र बनाने आरंभ किए। उसने ज्यों ही श्रीकृष्ण के पौत्र अनिरुद्ध का चित्र बनाया, उषा ने स्वप्न में आए युवक को पहचान लिया। उसके अनुरोध पर चित्रलेखा रातों-रात योगमाया के बल से होते हुए अनिरुद्ध को द्वारका से उठाकर ले आई। दोनों ने गंधर्व विवाह कर लिया। जब बाणासुर को अनिरुद्ध की उपस्थिति का पता चला तो उसने उसे कैद कर लिया।

द्वारका में अनिरुद्ध की खोज हो रही थी। जब उसके बाणासुर द्वारा कैद किए जाने की सूचना मिली तो श्रीकृष्ण ने वाणासुर पर आक्रमण कर दिया। बाणासुर की माता और रुद्र के अनुरोध पर कृष्ण ने उसे जीवनदान दे दिया और बाणासुर ने उषा और अनिरुद्ध का बड़ी धूमधाम से विवाह कर दिया।

उत्तर प्रदेश में केदारनाथ के मार्ग के निकट स्थित ऊखीमठ वह स्थान बताया जाता है जहां पर उषा और अनिरुद्ध का विवाह हुआ था।

2. आर्यों की प्रधान देवी का नाम भी उषा है। ऋग्वेद में सबसे अधिक मंत्र उषा की प्रशस्ति में ही आए हैं। आदि ऋषियों ने उषा का स्मरण अत्यंत आकर्षक तरुणि के रूप में भी किया है।

उषापति

कामदेव के अवतार प्रद्युम्न का पुत्र अनिरुद्ध जिसने वाणासुर की पुत्री उषा (दे.) से विवाह किया था। कुछ विद्वान् बाणासुर को असीरिया देश का शासक बताते हैं।

ऊखीमठ

उत्तर प्रदेश के चमोली जिले का एक प्रसिद्ध स्थान जहां राजा नल ने तपस्या की थी। यहीं पर सूर्यवंशी राजा युवनास्य के पुत्र मान्धाता को भी सिद्धि प्राप्त हुई थी।

शीत ऋतु में जब केदारनाथ के पट छह महीनों के लिए बंद हो जाते हैं, उनकी चलमूर्ति यहीं लाकर रखी जाती है और यहीं पूजा होती है।

ऊखीमठ को बाणासुर की राजधानी भी बताया जाता है। उसकी कन्या उषा (दे.) का श्रीकृष्ण के पौत्र अनिरुद्ध से यहीं विवाह हुआ था। कुछ लोग उषा-अनिरुद्ध की प्रणय लीला का स्थान केदारनाथ के पंडों के निवासस्थल शोणितपुर को बताते हैं।

ऊदल

आल्हा और ऊदल दो भाई थे। वे कालिंजर और महोबा के राजकुल में बड़े हुए, परंतु दरबार के षड्यंत्र के कारण महोबा छोड़कर जयचंद के दरबार में कन्नौज चले गए।

कुछ समय बाद जब दिल्ली के चौहान पृथ्वीराज ने चंदेलों पर चढ़ाई की तो दोनों भाई स्वदेश-प्रेम के कारण पुनः महोबा लौट आए। उन्होंने युद्ध में बड़ी वीरता दिखाई और अपने प्राणों की आहुति दी। उनकी वीरता का बड़ा सजीव वर्णन जगनिक कवि ने अपने 'आल्हाखंड' नामक काव्य-ग्रंथ में किया है।

ऊधमसिंह

भारत के इस महान् शहीद का जन्म 1903 ई. में पटियाला के निकट हुआ था। बचपन में ही माता-पिता की मृत्यु हो जाने के कारण इन्हें अमृतसर के एक अनाथालय में रहना पड़ा। 1919 ई. में पंजाब के गवर्नर माइकेल ओ डायर के समय जलियांवाला बाग (दे.) का हत्याकांड और पंजाब की दमनकारी घटनाएं घटी थीं जिन्हें बालक ऊधमसिंह ने अपनी आंखों से देखा था। उसी समय उन्होंने इसका बदला लेने की शपथ ले ली थी।

ऊधमसिंह पहले लकड़ी के एक व्यापारी के साथ अफ्रीका गए। वहां से लौटे तो भगतसिंह आदि स्वतंत्रता सेनानियों से संपर्क हुआ। अमेरिका में गठित गदर-पार्टी के लिए भी इन्होंने काम किया। हथियार रखने के आरोप में एक बार पंजाब में गिरफ्तार भी हुए। जेल से छूटते ही नकली पासपोर्ट बनवाकर 1937-38 में इंग्लैंड चले गए। वहां उन्होंने एक हाल के अंदर घुसकर सभा में बैठे हुए माइकेल ओ डायर को गोली मार दी जिससे उसकी तत्काल मृत्यु हो गई। 13 जुलाई 1940 को फांसी पर चढ़कर वे शहीद हो गए।

ऋ

ऋक्षराज

बालि और सुग्रीव का पिता, एक बंदर जो समाधिस्थ ब्रह्मा के आंसुओं से पैदा हुआ था। एक सरोवर में कूदने पर यह स्त्री बन गया और सूर्य तथा इंद्र दोनों इस पर मोहित हो गए। इंद्र का शुक्र उसके बालों पर और सूर्य का उसकी गर्दन पर गिरा। इसी से बालि और सुग्रीव पैदा हुए। बाद में वह पुनः वानर हो गया और ब्रह्मा की कृपा से उसे किष्किधा का राज्य मिल गया।

ऋग्वेद

चार वेदों में सबसे प्राचीन ऋग्वेद आर्यधर्म तथा दर्शन का मूल ग्रंथ है। इसे विश्व-साहित्य का सबसे प्राचीन ग्रंथ होने का भी महत्व प्राप्त है। ऋग्वेद का शाब्दिक अर्थ है—ज्ञान के सूत्र। अन्य तीन वेदों की भांति यह भी चार भागों में विभक्त है—संहिता, ब्राह्मण, आरण्यक और उपनिषद्। ऋग्वेद का प्रभाव अन्य तीन वेदों

पर भी पड़ा है। सामवेद तो पूरा ऋग्वेद से ही लिया गया है। इसी तरह यजुर्वेद का पद्यात्मक अंश भी ऋग्वेद का ही है। अथर्ववेद के कुछ अंश भी ऋग्वेद से मिलते हैं।

ऋग्वेद में अनेक विषयों का समावेश है। इसमें देवस्तुति है, यज्ञ का विधान है। यह हिन्दू धर्म और दर्शन की आधारशिला है। भारतीय कला और विज्ञान दोनों का उदय ऋग्वेद से ही होता है। इसमें भारतीय आर्यों के प्राचीनतम युग के इतिहास और उस युग की धार्मिक, सामाजिक, आर्थिक और राजनीतिक स्थिति का विवरण उपलब्ध है। इस वेद के रचना-काल के संबंध में विद्वानों के विभिन्न मत हैं। कुछ इसकी रचना 2500 ई. पू. से 1500 ई. पू. तक मानते हैं। लोकमान्य बालगंगाधर तिलक ने ऋग्वेद का रचना-काल 8000 ई. पू. माना है।

हिन्दू वेदों को अपौरुषेय मानते हैं। उनके अनुसार वेद सनातन हैं और ऋषि उनके द्रष्टा अर्थात् दर्शन करनेवाले थे, रचयिता नहीं।

ऋचा

सामान्यतः ऋचा का अर्थ होता है स्तुति या पूजा और इस शब्द का प्रयोग सभी वैदिक मंत्रों के लिए किया जाता है। किंतु ऋग्वेद के मंत्रों के लिए यह विशेष रूप से प्रयुक्त होता है जिनमें अग्नि, इंद्र, वरुण, विष्णु, सविता आदि देवों की स्तुति की गई है।

ऋचीक

भृगु वंश का एक प्रसिद्ध ऋषि। इस वंश के लोग कार्तवीर्य के वंशजों द्वारा सताए जाने पर मध्यदेश में चले गए थे। लगभग उसी समय ऋचीक का जन्म हुआ और वह भार्गवों का मुखिया बन गया। वेदाध्ययन और तप के बाद एक बार तीर्थ-यात्रा करते समय ऋचीक ने कान्यकुब्ज नरेश गाधिराज की कन्या सत्यवती देखी और उस पर मुग्ध हो गया। गाधिराज ने एक हजार श्यामकर्ण घोड़ों के बदले यह विवाह करना स्वीकार किया। ऋचीक ने वरुण की तपस्या करके घोड़े प्राप्त किए और सत्यवती से विवाह कर लिया। जहां पर वरुण ने अश्व प्रदान किए थे वह स्थान कान्यकुब्ज प्रदेश में गंगा के किनारे 'अश्वतीर्थ' (दे.) कहलाता है।

पत्नी के अनुरोध पर ऋचीक ने ब्राह्मणोचित और क्षत्रियोचित स्वभाव की संतानोत्पत्ति के लिए दो चरु सिद्ध करके सत्यवती को दिए। परंतु सत्यवती ने अपना चरु अपनी मां को दे दिया और मां के हिस्से का स्वयं खा लिया। परिणाम-स्वरूप सत्यवती के गर्भ से जमदग्नि सहित सौ पुत्र उत्पन्न हुए। वे सब शांत प्रवृत्ति के थे। सत्यवती के लिए निर्दिष्ट जो चरु गाधि की पत्नी और सत्यवती की माता

ने खा लिया था, उससे विश्वामित्र उत्पन्न हुए जिन्होंने अपनी तपस्या से ब्राह्मणत्व प्राप्त किया।

ऋत

1. स्वाभाविक व्यवस्था, भौतिक और आध्यात्मिक निश्चित दैविक नियम अथवा विधि को ऋत कहते हैं। इस विधि का पालन सभी देवताओं, प्रकृति आदि के द्वारा नियमपूर्वक किया जाता है। ऋत की सभी शक्तियां वरुण देवता में निहित हैं। वह नियमों का पालन करने वालों को पुरस्कार और उल्लंघन करने वालों को दंड देता है। ऋत के तीन क्षेत्र हैं—विश्व-व्यवस्था, नैतिक नियम और कर्मकांडी नियम। विश्व-व्यवस्था के अंतर्गत ब्रह्मांड के सभी पिंड अपने क्षेत्र में नियमपूर्वक कार्य करते हैं। नैतिक नियमों के अंतर्गत व्यक्तियों के परस्पर संबंधों का निर्वाह होता है और कर्मकांडीय व्यवस्था में सभी धार्मिक क्रियाएं आती हैं।
2. दक्ष प्रजापति की पुत्री के गर्भ से उत्पन्न धर्म का एक पुत्र।
3. भूत और भविष्य के छह मनुओं में से एक मनु का नाम।

ऋतध्वज/ऋतुध्वज

मार्कंडेय पुराण के अनुसार यह शत्रुजित का पुत्र था। गालव ऋषि ने इसे अपने आश्रम के कष्ट-निवारण का काम सौंपा। सूकर के रूप में आए पातालकेतु के साथ यह पाताललोक पहुंचा। वहां इसने अपहृत कर लाई गई, विश्वावसु गंधर्व की कन्या मदालसा से विवाह किया और उसे अपने घर ले आया। इस पर पाताल-केतु के भाई तालकेतु ने धोखे से ऋतध्वज का गले का कंठा उससे मांग लिया और मदालसा को दिखाकर ऋतध्वज की मृत्यु की घोषणा कर दी। मदालसा सती हो गई। लेकिन अश्वतर नाग ने शिव को प्रसन्न करके मदालसा के समान ही दूसरी कन्या मांगकर उसे ऋतध्वज को दे दिया। इनके चार पुत्र हुए जिन्हें मदालसा ने योगमार्ग का उपदेश दिया।

ऋतुपर्ण

शफाल का राजा जो भंगाश्विन का पुत्र था। यह अश्वविद्या में अत्यंत प्रवीण था। राजा नल अज्ञातवास के समय बाहुक नाम से इसी के पास रहा था और इसके सारथी का काम किया था।

ऋतुसंहार

यह संस्कृत भाषा के महाकवि कालिदास (दे.) की आरंभिक रचना है। इसमें कवि ने छह सर्गों में अलग-अलग छह ऋतुओं का वर्णन किया है। ग्रीष्म की प्रचंडता से

आरंभ करके वसंत ऋतु की मादकता में समाप्त इस लघुकाव्य में कालिदास ने अपनी प्रिया को संबोधित करके ऋतुओं का उद्दीपन के रूप में वर्णन किया है। इस ग्रंथ की भाषा और उसमें वर्णित उद्‌दाम भावना के चित्रण को देखकर कुछ विद्वान् इसके कालिदास की रचना होने में संदेह करते हैं। परंतु अन्य का मत है कि यह उनकी प्रारंभिक रचना है और कवि ने इसमें अपनी आरंभिक काव्य प्रतिभा का अच्छा परिचय दिया है।

ऋषभदेव

जैन धर्म के प्रथम तीर्थंकर ऋषभदेव 'आदिदेव' भी कहलाते हैं। ये इक्ष्वाकु वंशी राजा नाभि के पुत्र थे। इनका विवाह इंद्र की पुत्री जयंती से हुआ था जिससे 100 पुत्र प्राप्त हुए। ज़ेष्ठ पुत्र का नाम भरत था। जैन मतानुसार इन्हीं भरत के नाम पर देश का नाम भारत पड़ा। ऋषभदेव ने शास्त्रोक्त विधि से राज्य का संचालन करने के बाद उसे यथासमय अपने पुत्रों को सौंप दिया और स्वयं संन्यासी बन गए। भागवत में ऋषभदेव को विष्णु के 22 अवतारों में आठवां अवतार माना गया है।

ऋषि

इस शब्द का आशय है—दर्शन करनेवाला, तत्वों की साक्षात अनुभूति करनेवाला। भारतीय साहित्य में ऋषि की उपाधि ऐसे व्यक्तियों को दी गई है जिन्होंने योग तथा तपस्या के बल पर अपने अंतःकरण का इतना विस्तार कर लिया है कि परम तत्व स्वयं उनके हृदय में प्रकट हो जाता है। मान्यता है कि ऐसे ही व्यक्ति वेदों के द्रष्टा थे।

वेद अपौरुषेय कहे जाते हैं। वे ऋषियों की रचना नहीं हैं। ऋषि उनके द्रष्टा हैं—देखनेवाले। प्राचीन काल में कुछ महिलाओं ने भी ऋषि-पद प्राप्त किया था। यह माना जाता है कि कलियुग में ऋषि नहीं होते। अतः इस युग में किसी नई स्मृति का साक्षात्कार भी नहीं हो सकता।

ऋषिकेश

हरिद्वार के निकट ऋषिकेश एक मनोरम तीर्थ स्थान है। बदरीनाथ आदि उत्तराखंड के तीर्थों की यात्रा यहीं से आरंभ होती है। इस नगर में संत-महात्माओं के कई आश्रम और धर्मशालाएं हैं। यहां बड़ी संख्या में साधु आते-जाते रहते हैं। मान्यता है कि राक्षसों के उत्पात से पीड़ित ऋषियों की प्रार्थना पर द्रवित होकर भगवान ने राक्षसों का नाश करके यह साधना-भूमि ऋषियों को प्रदान की थी। इसी से इसका नाम ऋषिकेश पड़ा।

ऋषिपंचमी

भाद्रपद मास की शुक्ल पंचमी ऋषिपंचमी कहलाती है। इस दिन महिलाएं जाने में या अनजाने में किए गए पापों की शांति अथवा प्रायश्चित्त के लिए यह व्रत करती हैं।

इस व्रत के पुण्य से सब पाप नष्ट हो जाते हैं। यद्यपि यह व्रत स्त्रियों के लिए ही है, किन्तु यदि किसी कारणवश वे नहीं कर पातीं तो उनके स्थान पर पति भी इसे कर सकता है। उस दिन 108 या 8 बार चिड़चिड़े की दातून करके तथा मिट्टी से स्नान करके पंचगव्य (दे.) का सेवन करने का विधान है। इस व्रत में गौतम, भारद्वाज, विश्वामित्र, जमदग्नि, वशिष्ठ, कश्यप और अत्रि तथा अरुंधती की पूजा करते हैं। भोजन में केवल उसी भूमि में उत्पन्न फल एवं अन्न ग्रहण करते हैं, जिसमें हल न चला हो।

ऋष्यमूक पर्वत

दक्षिण भारत का एक पवित्र पर्वत जिसके निकट तुंगभद्रा नदी धनुषाकार बहती है। इस स्थान पर नदी में चक्रतीर्थ माना जाता है। पास की पहाड़ी को मतंग पर्वत कहते हैं। इस पर्वत पर मतंग (दे.) ऋषि का आश्रम था। पहाड़ी के नीचे राम का मंदिर है।

तुंगभद्रा के उस पार दुंदुभि पर्वत दिखाई देता है जिसके सहारे सुग्रीव ने राम के बल की परीक्षा कराई थी। रामायण की घटनाओं से संबंधित ये स्थान तीर्थ माने जाते हैं।

ऋष्यश्रृंग

विभांडक ऋषि के पुत्र ऋष्यश्रृंग के जन्म के संबंध में एक विवरण मिलता है। एक बार स्नान करते समय उर्वशी अप्सरा को देखकर विभांडक उत्तेजित हो गए और जल में उनका रेतःपात हो गया। उन्हीं के आश्रम में पल रही एक मृगी ने जल के साथ उसे पी लिया और वह गर्भवती हो गई। वह मृगी एक शापग्रस्त देवकन्या थी। उसने जिस बालक को जन्म दिया उसके सिर पर सींग होने के कारण उसका नाम ऋष्यश्रृंग पड़ा। विभांडक ने उसे वेद-वेदांगों की शिक्षा दी। मृगयोनि में पैदा होने के कारण वह आश्रम से बाहर जाने में डरता था।

एक बार अंग देश में वर्षा न होने के कारण वहां के राजा ने बहकाकर ऋष्यश्रृंग को अपने राज्य में बुलाया जिससे वहां वर्षा हो गई। अंग नरेश ने विभांडक को सूचना दिए बिना ही ऋष्यश्रृंग को बुलाया था। इस बात का पता चलने पर जब विभांडक वहां गए तो भयभीत राजा लोमपाद ने अयोध्या नरेश दशरथ की पुत्री का विवाह ऋष्यश्रृंग से कर दिया। दशरथ की शांता नामक इस

पुत्री को लोमपाद ने दत्तक पुत्री के रूप में ग्रहण किया था। बाद में लोमपाद के परामर्श पर दशरथ ने पुत्रेष्ठि यज्ञ में ऋष्यशृंग को यज्ञ का पुरोहित बनाया था। इसी यज्ञ के बाद उन्हें राम सहित चार पुत्रों की प्राप्ति हुई।

ए

एकडंडी

शंकराचार्य ने दसनामी संन्यासियों की स्थापना की थी। इनमें प्रथम तीन—तीर्थ, आश्रम और सरस्वती विशेष सम्मानजनक माने जाते हैं और इस वर्ग में केवल ब्राह्मण ही सम्मिलित हो सकते हैं। शेष सात वर्गों में यद्यपि अन्य वर्ण के लोग भी सम्मिलित होते हैं किंतु दंड धारण करने का अधिकार केवल ब्राह्मण को ही है। दंड धारण करने की दीक्षा अत्यन्त कठिन है। जो इसमें दीक्षित होते हैं वे एकडंडी कहलाते हैं। वैष्णव संन्यासी त्रिदंड धारण करते हैं और 'त्रिडंडी' नाम से पुकारे जाते हैं।

एकदंत

गणेश का एक नाम जिनका केवल एक ही दांत था। दूसरा दांत परशुराम ने उखाड़ दिया था। ब्रह्मवैवर्त पुराण के अनुसार एक बार शिव और पार्वती एकांत सेवन कर रहे थे और गणेश द्वारपाल का काम कर रहे थे। उसी समय परशुराम आ गए और शिव के दर्शनों के लिए जाने लगे। गणेश ने उन्हें रोका। इस पर दोनों में युद्ध छिड़ गया। परशुराम ने खींचकर परशु फेंका जिससे गणेश का एक दांत टूट गया। एक अन्य विवरण के अनुसार परशु के प्रहार को निष्फल करके गणेश उस दिव्यास्त्र की अप्रतिष्ठा नहीं करना चाहते थे इसलिए उन्होंने प्रहार को अपने दांत पर ले लिया।

एकनाथ (1533-1599 ई.)

प्रसिद्ध मराठी संत जिनका जन्म मूल नक्षत्र में हुआ था और कहते हैं कि इनके जन्म के कुछ महीने बाद ही माता-पिता दोनों की मृत्यु हो गई। एकनाथ उच्चकोटि

के संत और मानवता की उदार भावना से प्रेरित थे। उनका जन्म कट्टर ब्राह्मण परिवार में हुआ था किंतु उन्होंने उस युग में जातिभेद की घोर निंदा की। महाराष्ट्र में 'महार' अन्त्यज माने जाते थे पर एकनाथ ने इस जाति के व्यक्ति के साथ भोजन करके सामाजिक अन्याय का प्रतिरोध किया। एकनाथ अद्वैतवादी संत होने के साथ-साथ उच्चकोटि के कवि भी थे। मराठी में इनका भागवतपुराण बहुत प्रसिद्ध है। शिवाजी के नेतृत्व के अभ्युदय में भी एकनाथ की कविताओं का बड़ा हाथ था। उन्होंने संत ज्ञानेश्वर के धार्मिक कार्य को आगे बढ़ाने में भी महत्त्व-पूर्ण योग दिया।

एकलव्य

यह व्याधराज हिरण्यधनु का पुत्र था। उस समय द्रोणाचार्य कौरवों और पांडवों को धनुर्विद्या सिखा रहे थे। उनके अध्यापन कौशल की ख्याति के कारण दूर-दूर के राजकुमार उनके पास आते थे। इसी ख्याति से आकृष्ट होकर एकलव्य भी उनके पास पहुंचा। व्याधपुत्र होने के कारण द्रोणाचार्य उसे शिष्य बनाने को तैयार न हुए। इस पर दृढ़ निश्चयी एकलव्य ने द्रोण की एक मिट्टी की मूर्ति बनाकर उसे गुरु मान लिया और उसके सामने निरन्तर अभ्यास करने लगा।

द्रोण अपने शिष्यों में अर्जुन को सबसे अधिक चाहते थे और उसे ही धनुर्विद्या में सर्वोच्च स्थान दिलाने के लिए वचनबद्ध थे। एक दिन वह जब शिष्यों को लेकर जंगल में गए तो उनके साथ का कुत्ता आगे निकल गया और एकलव्य को देखकर भोंकने लगा। इस पर एकइव्य ने उसके मुंह में सात बाण इस तरह मारे कि कुत्ते के चोट तो न लगे परंतु उसका भोंकना बंद हो जाए। कुत्ता इसी स्थिति में लौट-कर द्रोण के पास आया। स्पष्टतः धनुर्विद्या में एकलव्य अर्जुन से आगे निकल गया था। द्रोण को जब ये ज्ञात हुआ कि एकलव्य मन ही मन उन्हें गुरु मानता है तो उन्होंने बड़ी चालाकी से वचनबद्ध करके उसके दाहिने हाथ का अंगूठा गुरुदक्षिणा में मांग लिया। इस प्रकार अर्जुन से श्रेष्ठ धनुर्विद्या का प्रदर्शन करने से एकलव्य सदा के लिए वंचित हो गया।

एकलिंग

उदयपुर से लगभग 24 कि. मी. दूर एकलिंग का मंदिर है। एकलिंग की मूर्ति के चारों ओर मुख हैं। एकलिंगजी मेवाड़ के राजाओं के आराध्य हैं। इनका शृंगार प्रतिदिन विभिन्न रत्नों से किया जाता है। मुख्य मंदिर के परकोटे के अंदर और भी कई मंदिर हैं जिनमें राणा कुंभा का बनवाया हुआ विष्णु मंदिर विशेष रूप से उल्लेखनीय है। लोग इसे मीराबाई का मंदिर भी कहते हैं। कुछ दूरी पर वनवासी देवी का मंदिर है। एकलिंग के मंदिर में वर्षभर दर्शनार्थी आते रहते हैं।

एकांकी

एक अंक की नाटकीय रचना को एकांकी कहते हैं। इसमें एक अंक में जीवन की किसी धारा, मनुष्य के चरित्र की किसी विशेषता, किसी मर्मस्पर्शी घटना या उत्तेजक प्रसंग को उपस्थित किया जाता है। दूसरे शब्दों में एकांकी जीवन के किसी पक्ष का अभिनय चित्रण है। इसमें थोड़े से चरित्रों का आश्रय लिया जाता है और उनमें भी एकाध पक्ष का ही उद्घाटन हो पाता है। हां, संवाद अधिकाधिक अर्थपूर्ण होते हैं। एकांकी की सबसे प्रथम विशेषता यह है कि वह रंगमंच पर अथवा रेडियो या दूरदर्शन के माध्यम से अभिनय के योग्य होता है। कथावस्तु भी ऐसी होती है जिसकी घटनाएं रंगमंच पर अभिनीत होकर लोगों को प्रभावित करती हैं।

एकेश्वरवाद

इस सिद्धांत में यह माना जाता है कि ईश्वर एक है। एकेश्वरवादी एक ही ईश्वर में विश्वास करता है और उसी की उपासना करता है। वह एक ही ईश्वर की सत्ता मानता है। इसके विपरीत सर्वेश्वरवाद में ईश्वर और जगत् दोनों की सत्ता मानी जाती है। विकासक्रम से यह माना जाता है कि वैदिक युग में बहुदेववाद और उत्तर वैदिक युग में एक परमशक्ति की कल्पना की जाने लगी। जैसे-जैसे धर्म चिंतन में गंभीरता आती गई, चिंतन की प्रवृत्ति एकेश्वरवाद की ओर बढ़ती गई और एक ही ईश्वर अथवा शक्ति का सिद्धांत प्रमुख हो गया। पहले ब्रह्मा, विष्णु और महेश तीनों अलग-अलग माने जाते थे परंतु कालांतर में केवल शिव में ही ब्रह्मा और विष्णु के गुण भी आरोपित कर दिए गए।

अद्वैतवाद और एकेश्वरवाद बहुत कुछ समानार्थी हैं।

एलिफेंटा

यह स्थान बंबई के आगे अरब सागर में एक द्वीप है। बंबई से स्टीमर में बैठकर यहां तक की यात्रा की जाती है। एलिफेंटा अपने गुफा-मंदिरों के लिए प्रसिद्ध है। पहले गुफा मंदिर के बाहर हाथी की मूर्ति थी। उसी को देखकर अंग्रेजों ने इसका नाम एलिफेंटा रख दिया। लगभग 8 कि. मी. घेरे के इस द्वीप का प्राचीन नाम धारापुरी है।

यहां पांच मंदिर हैं। ये पर्वत काटकर ही बनाए गए हैं। इनमें त्रिमूर्ति मंदिर मुख्य है। यह एक विशाल गुफा है। इसमें पास-पास ब्रह्मा, विष्णु और शिव की मूर्तियां बनी हैं। यहीं एक कमरे में अर्धनारीश्वर शिव की सोलह फुट ऊंची मूर्ति है। यहां रावण के कैलास उठाने और शिव के गणों द्वारा दक्ष का यज्ञ ध्वंस करने की मूर्तियां भी हैं। व्याघ्र मंदिर में सीढ़ियों पर दोनों ओर बाघ बने हैं, यहां की अधिकतर मूर्तियां खंडित हैं।

एलोरा

महाराष्ट्र में औरंगाबाद से लगभग 35 कि. मी. दूर स्थित एलोरा ठोस शिलाखंडों से निर्मित मंदिरों, गुफाओं और मूर्तियों के लिए विश्वविख्यात है। गुप्तकाल के बाद इतना भव्य मूर्तिनिर्माण और कहीं नहीं हुआ। यह निर्माण कई शताब्दियों में पूरा हुआ है। चार-पांच सदियों के बीच में एलोरा में बौद्ध, जैन और हिंदू मंदिर बनते गए।

यहां का सबसे प्रसिद्ध कैलास मंदिर आठवीं सदी में बना। शेष मंदिर 600 ई. और 750 ई. के बीच बने बताए जाते हैं। दाहिनी ओर से संख्या 1 से 13 तक की गुफाएं बौद्ध धर्म की हैं। बीच में संख्या 14 से 29 तक पौराणिक या हिंदू गुफाओं का समूह है। संख्या 30 से 34 तक की गुफाएं जैन धर्म से संबंधित हैं।

एलोरा की मूर्तिकला अनुपम है। शिव परिवार के सदस्यों के विभिन्न रूपों को बड़ी सजोवता से उत्कीर्ण किया गया है। कैलास मंदिर इनमें सर्वोत्कृष्ट है। ठोस चट्टान को ऊपर से काटकर इस दुमंजिले मंदिर का एक ही पत्थर से निर्माण किया गया है।

एलोरा का दो कि. मी. का परिवेश इतना बड़ा है कि समूचा ताजमहल अपने आंगन के साथ इसमें रखा जा सकता है। देशी-विदेशी पर्यटकों की यहां वर्षभर भीड़ रहती है। खुले में होने के कारण यहां की मूर्तियों और मंदिरों पर समय का प्रभाव दिखाई देने लगा है।

एवरेस्ट

यह नेपाल में तिब्बत के निकट स्थित हिमालय का सर्वोच्च शिखर है। अलग-अलग विधियों से इसकी दो ऊंचाइयां निकाली गई हैं। एक के अनुसार यह चोटी 29028 फीट (8848 मीटर) ऊंची है। दूसरी के अनुसार इसकी ऊंचाई 29141 फीट या लगभग साढ़े पांच मील है। संसार में जितनी भी पर्वत चोटियों का पता चला है, उनमें यह सबसे ऊंची है और सदा बर्फ से ढकी रहती है। नेपाल में इसका नाम 'सरगमाथा' है। भारत में इसे गौरीशंकर भी कहते हैं। इसकी ऊंचाई सबसे पहले 1841 ई. में भारत के सर्वेयर जनरल जार्ज एवरेस्ट ने ज्ञात की थी। उन्हीं के नाम पर इसका नामकरण हुआ।

एवरेस्ट सदा से मनुष्य के लिए एक चुनौती रहा है। 1922 से 1952 ई. तक इसकी चोटी को छूने के अनेक असफल प्रयत्न हुए। प्रथम बार 29 मई, 1953 ई. को भारत के नागरिक तेनसिंह नोरके और न्यूजीलैंड के एडमंड हिलारी को इस अभियान में सफलता प्राप्त हुई।

एशियाटिक सोसाइटी ऑफ बंगाल

कलकत्ता में इस संस्था की स्थापना प्राच्य विद्या के अध्ययन को प्रोत्साहित करने के उद्देश्य से 1784 ई. में सर विलियम जोन्स ने गवर्नर जनरल वारेन हेस्टिंग की सहायता से की थी। यह संस्था न केवल भारत, वरन् पूरे एशिया से संबंधित अनुसंधान को आगे बढ़ाने का काम करती है। संस्था के विशाल पुस्तकालय में बड़ी संख्या में दुर्लभ पांडुलिपियां और पुस्तकें उपलब्ध हैं। इसने अनेक बहुमूल्य ग्रंथों का पुन: प्रकाशन कराया है। यहां से संस्कृत और फारसी पांडुलिपियों के अंग्रेजी अनुवाद भी प्रकाशित हुए हैं। प्राच्य विषयों के शोधार्थियों को इस पुस्तकालय से बड़ी सहायता मिलती है। 1857 ई. के बाद जब देश का शासन ईस्ट इंडिया कंपनी से ब्रिटिश सरकार ने अपने हाथों में ले लिया था तो इस संस्था का नाम बदलकर 'रायल एशियाटिक सोसाइटी' कर दिया गया था। देश की स्वतंत्रता के बाद यह पुन: अपने मूल नाम 'एशियाटिक सोसाइटी ऑफ बंगाल' के नाम से जानी जाती है।

एस. सत्यमूर्ति

प्रसिद्ध स्वतंत्रता सेनानी एस. सत्यमूर्ति का जन्म तमिलनाडु राज्य में 19 अगस्त, 1887 ई. को हुआ था। शिक्षा पूरी करके उन्होंने वकालत शुरू की पर शीघ्र ही उसे छोड़कर कांग्रेस में सम्मिलित हो गए। 1919 ई. में कांग्रेस की ओर से और 1925 ई. में स्वराज्य पार्टी की ओर से देश का पक्ष प्रस्तुत करने के लिए इंग्लैंड गए। सत्यमूर्ति स्वतंत्रता की लड़ाई विधानमंडलों के अंदर भी लड़ने के पक्षपाती थे। 1923 से 1930 ई. तक वे मद्रास कौंसिल के और 1935 ई. में केंद्रीय असेंबली के सदस्य रहे। 1931 ई. के बाद हर स्वतंत्रता संग्राम में उन्होंने भाग लिया और जेल गए। 1942 ई. में आपका निधन हो गया।

ऐ

ऐंग्लो-इंडियन

ग्रेट ब्रिटेन और यूरोप के अन्य देशों के अनेक व्यक्तियों ने भारत आकर यहीं अपना स्थायी निवास बना लिया और भारतीय महिलाओं से वैवाहिक संबंध स्थापित

कर लिए। ऐसे माता-पिता की संतान 'ऐंग्लो-इंडियन कहलाती है।

भारत के संविधान में राष्ट्रपति और राज्यपालों को यह अधिकार दिए गए हैं कि लोकसभा अथवा विधानसभाओं में निर्वाचन प्रक्रिया के द्वारा ऐंग्लो-इंडियन समुदाय को यदि प्रतिनिधित्व नहीं मिल पाता तो वे इस समुदाय से सदस्य नामजद कर सकते हैं।

ऐतरेय

मांडूक्य ऋषि की इतरा नामक पत्नी के गर्भ से उत्पन्न पुत्र जो बचपन से ही भगवान के नाम का जाप करता था। यह किसी से बोलता भी न था। इस पर मांडूक्य ने दूसरा विवाह कर लिया और दूसरी पत्नी पिंगा से उसे चार पुत्र प्राप्त हुए। सपत्नी द्वारा अपमानित इसकी मां ने जब देहत्याग का विचार किया तो भगवान विष्णु ने मां-बेटे दोनों को दर्शन दिए। विष्णु के परामर्श पर ऐतरेय ने कोटितीर्थ में हो रहे यज्ञ में वेदार्थ पर प्रवचन दिया।

ऐतरेय के नाम से ऋग्वेद का ऐतरेय ब्राह्मण ग्रंथ तथा आरण्यक और उपनिषद् प्रसिद्ध हैं। ऐतरेय ब्राह्मण में ऋग्वेद के उन मंत्रों का स्पष्टीकरण है, जिनका उपयोग यज्ञ आदि कर्मकांड में होता था। आरण्यक में ज्ञान विषयक वर्णन है तथा उपनिषद् में ब्रह्मज्ञान की विवेचना की गई है। विद्वान् आरण्यक और उपनिषद् को एक ही ग्रंथ के दो भाग मानते हैं।

ऐतिहासिक भौतिकवाद

इस विचारधारा के प्रवर्तक पश्चिम के प्रसिद्ध विचारक कार्ल मार्क्स हैं। उन्होंने मानव इतिहास की नवीन व्याख्या की है। इस विचारधारा के अनुसार किसी समय की आर्थिक, राजनीतिक और भौगोलिक परिस्थितियां मनुष्य के सामाजिक जीवन को प्रभावित करती हैं। इनमें भी आर्थिक परिस्थितियों का प्रभाव सर्वाधिक रहता है। जीवनयापन के साधन और उनके लिए अपेक्षित उत्पादन प्रणाली से संपूर्ण सामाजिक जीवन का नियमन होता है। जब-जब उत्पादन के साधनों पर विभिन्न वर्गों का अधिकार हुआ, तत्कालीन संपूर्ण सामाजिक ढांचे को उसने विशेष स्वरूप प्रदान किया। इस विचारधारा के अनुसार भौतिक परिस्थितियां और मानव-मस्तिष्क दोनों का एक-दूसरे पर प्रभाव पड़ता है।

ऐरावत

1. इंद्र के हाथी का नाम जो समुद्रमंथन से निकला, यह श्वेत वर्ण का, चार दांतोंवाला और पूर्व की दिशा का दिग्गज है। एक बार श्रीकृष्ण और इंद्र के युद्ध में यह गरुड़ से हार गया था।

2. महाभारत के अनुसार भारत के उत्तरी भूभाग का नाम। जैन साहित्य में भी यही नाम आया है।
3. हिमालय से निकली और इंद्र के द्वारा सेवित एक अति सुंदर नदी ऐरावती का पुत्र जो अपनी मां के नाम के कारण ऐरावत कहलाया।

ओ-औ

ओंकारेश्वर

मध्य प्रदेश में इसी नाम के स्टेशन के पास एक प्रसिद्ध तीर्थ जो बारह ज्योतिर्लिंगों में से एक है।

यहां दो ज्योतिर्लिंग हैं—ओंकारेश्वर और अमलेश्वर। परंतु द्वादश ज्योतिर्लिंगों की गणना में इन्हें एक ही माना जाता है। ओंकारेश्वर नर्मदा और उसकी एक सहायक कावेरी से घिरे हुए एक स्थान पर स्थित हैं। कहते हैं, विंध्य पर्वत की आराधना से प्रसन्न होकर भगवान शंकर ने यहां पर ज्योतिर्लिंग के रूप में निवास करना स्वीकार किया था। ओंकारेश्वर की मूर्ति अनगढ़ है और मंदिर का द्वार बहुत छोटा है।

अमलेश्वर का मंदिर अहिल्याबाई (दे.) का बनवाया हुआ है। पहले ओंकारेश्वर का, उसके बाद अमलेश्वर का दर्शन किया जाता है। यहां के अन्य प्रसिद्ध स्थान हैं—चौबीस अवतार, कुबेर भंडारी, सात माया और सीता वाटिका।

ओणम

दक्षिण भारत, विशेष रूप से केरल प्रदेश का एक प्रसिद्ध त्यौहार जो नववर्ष के उत्सव के रूप में मनाया जाता है। इसे विष्णु के वामनावतार का जन्मदिन माना जाता है। यह राजा बलि की दानशीलता का भी द्योतक है। पूरा प्रदेश बड़े उत्साह और धूमधाम से इसे मनाता है। घर-घर में 'तृक्काक्करप्पन' की पूजा होती है।

लोग सज-धजकर उत्तम भोजन का आनंद उठाते हैं। नौका-दौड़ इस त्यौहार का विशेष आकर्षण है।

ओरछा

बुंदेलखंड का यह नगर राम मंदिर और चतुर्भुज मंदिर के लिए प्रसिद्ध है। राम मंदिर के संबंध में मान्यता है कि यहां की मूर्ति ओरछा की रामभक्त रानी गणेशकुंवर को अयोध्या में सरयू स्नान के समय मिली थी। मूर्ति उनकी गोद में स्वयं आ गई थी।

राम मंदिर के चौक में ही वह स्थान है जहां पर रानी के हाथ से विष खाकर हरदौल ने स्वयं को निर्दोष सिद्ध करने के लिए प्राण दे दिए थे।

ओलंपिक खेल

प्रति चौथे वर्ष 16 दिनों के लिए आयोजित होनेवाले ओलंपिक खेलों का इतिहास बहुत पुराना है। ईस्वी सन् से कई सौ वर्ष पहले से ये यूनान के ओलंपिया के मैदानों में आयोजित होते थे। 776 ई. पू. में आयोजित खेलों का प्रमाण उपलब्ध हो चुका है। अनुमान है कि इससे भी सैकड़ों वर्ष पहले से ये आयोजित होते आ रहे थे।

लगभग दो हजार वर्ष पूर्व केवल दौड़ हुआ करती थी और यूनान के निवासी ही इसमें भाग ले सकते थे। धीरे-धीरे अन्य खेल भी सम्मिलित किए गए और जो देश यूनान के अधिकार में थे, वहां के निवासियों को भी इसमें भाग लेने का अवसर दिया गया।

यूनान की राजसत्ता समाप्त होने पर 393 ई. में रोम के सम्राट ने इन पर रोक लगा दी। लोग ओलंपिक खेलों को भूल चुके थे। लेकिन बैरन पेरे डी कोबर्टिन (1863-1937 ई.) नामक व्यक्ति के प्रयत्न से इनका फिर से प्रचलन हुआ। उसके प्रयास से खेलों में रुचि रखनेवाले देशों की पेरिस में बैठक हुई और 1896 ई. में यूनान के ऐथेंस नामक स्थान में पहली बार ओलंपिक खेल हुए। उस समय इनमें 13 देशों के केवल 285 खिलाड़ियों ने भाग लिया था। तब से यह विश्व का सर्वाधिक प्रतिष्ठित खेल-समारोह बन गया है। ओलंपिक के लिए चुना जाना कोई भी खिलाड़ी अपने लिए गर्व की बात समझता है। विजय से खिलाड़ी और उसके राष्ट्र, दोनों का सम्मान बढ़ता है। भारत भी इन खेलों में भाग लेता है।

औघड़

गोरखनाथ ने नाथपंथ की अघोरपंथी शाखा चलाई। इसी की एक उपशाखा औघड़ भी है। एक विवरण के अनुसार योगी जब तक कान फड़वाकर 'मुद्रा' धारण नहीं कर लेता, वह औघड़ बना रहता है। औघड़ पंथ के अनुयायी भक्षाभक्ष का विचार नहीं करते। इसलिए इन्हें अधिक आदर-सम्मान के साथ नहीं देखा

जाता। वस्तुतः लोग इनसे डरते और बचकर रहते हैं। इन्हें प्राचीन पाशुपत संप्रदाय का विकृत अनुयायी माना जाता है।

औद्योगिक क्रांति

खेती के स्थान पर यंत्रों की सहायता से उद्योग-धंधों का विकास औद्योगिक क्रांति कहलाता है। संसार के विभिन्न देशों में यह परिवर्तन अलग-अलग समयों में हुआ है। कुछ में अभी भी यह क्रम जारी है और वह आरंभिक कुपरिणामों से मुक्त भी है।

सर्वप्रथम औद्योगिक क्रांति का आरंभ 17वीं शताब्दी के मध्य में ब्रिटेन में हुआ। इसको पूर्णता प्राप्त करने में लगभग दो सौ वर्षों का समय लगा।

मानव सभ्यता के विकास की तीन मुख्य स्थितियां हैं—पहले मनुष्य शिकारी रहा, फिर उसने खेती करना सीखा और तीसरी स्थिति में वह वस्तुओं का निर्माण करने लगा। पहले वह अपने उपयोग की सब वस्तुएं स्वयं तैयार करता था। बाद में कुछ अधिक साधनोंवाले लोगों ने दूसरों से काम लेना आरंभ किया। इस प्रकार का सम्मिलित उत्पादन, यद्यपि आरंभ में बिना मशीनों के, वस्त्र निर्माण के क्षेत्र में शुरू हुआ।

अलग-अलग व्यक्तियों ने कताई, रंगाई और बुनाई में विशेष योग्यता प्राप्त कर ली। इस प्रकार एक स्थान पर उत्पादन कार्य और विशेष योग्यता औद्योगिक क्रांति का आरंभ थी। धीरे-धीरे विभिन्न वस्तुओं के निर्माण में सहायक यंत्र बनने लगे और उत्पादन बढ़ता गया। 1769 ई. में वाष्प इंजन के आविष्कार ने इसे और भी गति दी। ब्रिटेन के बाद फ्रांस और बेलजियम इस क्षेत्र में आए। जर्मनी और अमेरिका में यह क्रांति बाद में हुई।

इस नई उत्पादन-व्यवस्था ने विश्व के सामाजिक, आर्थिक और राजनीतिक वातावरण को अत्यधिक प्रभावित किया। उद्योगों में काम करने के लिए देहात से लोग शहरों में आए और इस सम्मिलन ने अनेक सामाजिक समस्याएं पैदा कीं। कुछ लोगों के हाथों में अत्यधिक धन जमा होने और श्रमिकों को उनके उत्पादन का पूरा भाग न मिलने से असंतोष बढ़ा और आर्थिक वर्ग-संघर्ष का उदय हुआ। औद्योगिक देश इतना अधिक सामान बनाने लगे कि उसे अन्य देशों के बाजारों में बेचना आवश्यक हो गया। बाजारों की इस खोज और कच्चे माल की आवश्यकता का ही परिणाम था कि संसार के बहुत बड़े भाग पर संपन्न देशों ने अपने साम्राज्य स्थापित कर लिए।

अब यंत्र-आधारित उद्योग जीवन का अंग बन गए हैं और साम्राज्य स्थापना का पिछला दौर भी बीत गया। भारत में 1853-54 ई. में रेल और तार प्रणाली के आरंभ होने के साथ औद्योगिक क्रांति का आरंभ माना जाता है। यद्यपि प्रथम

और द्वितीय विश्वयुद्ध में कुछ प्रगति हुई, परंतु वास्तविक प्रगति का आरंभ स्वतंत्रता के बाद पंचवर्षीय योजनाओं के अंतर्गत ही हुआ है।

औपनिवेशिक स्वराज्य

सन् 1908 में भारतीय राष्ट्रीय कांग्रेस ने मांग की थी कि भारतवासियों को आंतरिक मामलों में, कनाडा की भांति, स्वशासन का अधिकार दिया जाए। इसका आशय यह था कि संवैधानिक रूप से ब्रिटिश सम्राट के अधीन रहते हुए भी देश का शासन प्रबंध पूर्णतः भारतवासियों के हाथों में रहना चाहिए। इस प्रकार की व्यवस्था 'औपनिवेशिक स्वराज्य' कहलाती है। ब्रिटिश सरकार ने उस समय इसे स्वीकार नहीं किया। यद्यपि 1929 ई. में वाइसराय लार्ड इर्विन की घोषणा में कहा गया था कि ब्रिटिश सरकार के सामने भारत को औपनिवेशिक स्वराज्य देने का लक्ष्य है, पर यह स्पष्ट नहीं किया गया कि औपनिवेशिक स्वराज्य से उनका आशय क्या था। साथ ही गांधीजी के नेतृत्व में कांग्रेस 1908 ई. की अपनी स्थिति और नीति से बहुत आगे बढ़ चुकी थी। उसी वर्ष कांग्रेस ने अपना लक्ष्य 'पूर्ण स्वाधीनता' घोषित कर दिया। 1935 ई. में ब्रिटिश सरकार ने भारतवासियों को कुछ अधिकार देने का कानून बनाया, मार्च 1942 में सर स्टैफर्ड क्रिप्स भी औपनिवेशिक स्वराज्य के नाम पर कुछ प्रस्ताव लेकर भारत आए, पर देश पूर्ण स्वतंत्रता के लिए कटिबद्ध हो चुका था।

औरंगजेब

शाहजहां का पुत्र औरंगजेब भारत का छठा मुगल बादशाह था और वह 1659 ई. से 1707 ई. तक गद्दी पर रहा। अपने चार भाइयों में वह तीसरे नंबर पर था, पर जब 1657 ई. में शाहजहां बीमार पड़ा तो औरंगजेब ने गद्दी के लालच में विभिन्न युद्धों में अपने तीनों भाइयों को मार डाला। यही नहीं, उसने अपने पिता और बादशाह शाहजहां को भी 1658 ई. में जिंदगी-भर के लिए कैद में डाल दिया और स्वयं गद्दी पर बैठ गया।

अपने 48 वर्ष के शासनकाल के पहले तीस वर्षों में औरंगजेब ने भी बराबर साम्राज्य-विस्तार का प्रयत्न किया। इसमें उसे सफलता भी मिली। असम, बंगाल, मेवाड़, बीजापुर, गोलकुंडा और मराठों की राजधानी रायगढ़ पर मुगलों का आधिपत्य हो गया। 1691 ई. में उसने तंजौर और त्रिचनापल्ली के हिंदू राजाओं को भी खिराज देने के लिए बाध्य किया।

परंतु 'अजगर की तरह लीले हुए इस साम्राज्य को औरंगजेब हजम नहीं कर सका।'

उसकी अनीति के कारण उसके जीवनकाल में ही उसके साम्राज्य का

विघटन आरंभ हो गया। इसका मुख्य कारण था औरंगजेब की संकीर्ण और सांप्रदायिक नीति। अकबर ने सहिष्णुता और राजपूतों से मेल-मिलाप की जिस नीति से अपने साम्राज्य की शक्ति बढ़ाई थी, उसे औरंगजेब ने त्याग दिया। उसने सत्ता का उपयोग इस्लाम धर्म के प्रचार के लिए किया। हिंदुओं का दमन आरंभ हुआ, उन पर फिर से 'जजिया' कर लगाया गया, उनके मंदिर तोड़े गए, देवी-देवताओं की मूर्तियों को मुसलमानों के पैरों से रौंदने के लिए मसजिदों की सीढ़ियों के नीचे रखवाया। मंदिरों के निर्माण पर रोक लगा दी, बहुत से पुराने प्रसिद्ध मंदिर जिनमें मथुरा का केशवदेव का मंदिर और वाराणसी का विश्वनाथ का मंदिर भी था, तोड़ डाले गए। सिक्खों के गुरु तेगबहादुर को इस्लाम धर्म स्वीकार न करने पर फांसी दे दी गई।

उसके जीवनकाल में ही मुगल साम्राज्य के विभिन्न भागों में विद्रोह होने लगा था। इस्लाम के प्रचार की धुन में वह देश के अंदर बढ़ती जा रही विदेशियों की शक्ति का अनुमान लगाने में भी असफल रहा। विदेशी विभिन्न स्थानों में अपनी व्यापारिक बस्तियां बनाते जा रहे थे जो उनके राजनीतिक विस्तार का केंद्र बनीं।

यदि औरंगजेब ने अपनी अदूरदर्शिता के कारण जनता को असंतुष्ट न किया होता और समय रहते विदेशी खतरे की ओर ध्यान दिया होता तो बड़े मुगल बादशाहों में वह अंतिम न होता। 1707 ई. में उसकी मृत्यु हुई और इसके आधी शताब्दी के अंदर ही विदेशी शक्ति ने मुगल वंश का शासन समाप्त करके देश में अपनी सत्ता स्थापित कर ली।

औरस

अपने अंश से अपनी धर्मपत्नी के गर्भ से उत्पन्न संतान औरस कहलाती है। याज्ञवल्क्य के अनुसार विवाहित स्त्री से जो पुत्र उत्पन्न किया जाता है, उसे सर्व-श्रेष्ठ औरस पुत्र कहते हैं। स्मृतियों में भी 12 प्रकार के जो पुत्र कहे गए हैं, उनमें औरस सर्वश्रेष्ठ माना गया है।

और्व

1. पुराणों के अनुसार वह दक्षिणी भाग जिसमें सब नरक हैं और जहां दैत्यों का निवास है।
2. पांच प्रवर ऋषियों में से एक।

औलूक्य

उलूक अर्थात कणाद ऋषि का वैशेषिक दर्शन। (देखें कणाद।)

क

कंक

1. वरुण देवता के पुत्र एक प्रकार के केतु। इनकी संख्या 62 बताई जाती है। आकृति में ये बांस की जड़ के गुच्छों के समान होते हैं।
2. युधिष्ठिर का उस समय का नाम, जब वे अज्ञातवास के समय ब्राह्मण बनकर राजा विराट के यहां रहते थे।

कंधार

अफगानिस्तान के इस बड़े शहर का भारत के इतिहास से भी निकट का संबंध रहा है। यह पूर्व और पश्चिम के बीच स्थल मार्ग से होनेवाले व्यापार की प्रमुख मंडी भी था। 326 ई. पूर्व में भारत पर आक्रमण करते समय सिकंदर ने इसे जीता था। उसकी मृत्यु के बाद सेनापति सेल्यूकस ने इसे चंद्रगुप्त मौर्य को दे दिया। अशोक के साम्राज्य का भी यह एक भाग था और उसका एक शिलालेख यहां मिला है। कुषाण और शकों का भी यहां अधिकार रहा। बीच में अफगानों के कब्जे में रहने के बाद 1507 ई. में बाबर ने इसे जीत लिया और 1625 ई. तक यह दिल्ली शासन के अधिकार में रहा। भारत की ब्रिटिश सरकार ने 1839 ई. में इस पर कब्जा किया जो 1881 ई. तक बना रहा। उसके बाद कंधार अफगानिस्तान का भाग है।

कंपिल

उत्तर प्रदेश में फरुखाबाद जिले में गंगा के तट पर स्थित यह नगर प्राचीन काल से ही बड़ा प्रसिद्ध रहा है। यजुर्वेद, पुराण, जातक, रामायण आदि अनेक ग्रंथों में विविध संदर्भों में इसका उल्लेख मिलता है। यह स्थान जैन धर्म के तेरहवें तीर्थंकर विमलनाथ, द्रौपदी और द्रोणाचार्य की जन्मस्थली है। द्रौपदी का स्वयंवर भी यहीं हुआ था। श्वेतांबर और दिगंबर जैन मंदिर यहां के दर्शनीय स्थल हैं। इनके अतिरिक्त परशुराम मंदिर, दुर्गा और आनंदी देवी के मंदिर भी लोगों के आकर्षण के केंद्र हैं। यहां स्थित द्रौपदी कुंड, कपिल मुनि का आश्रम और रामेश्वर धाम मंदिर भी उल्लेखनीय है। गंगा की धारा अब कंपिल से दूर चली गई है।

कंबन

तमिल भाषा में 'रामावतारम्' नाम से राम की कथा लिखनेवाले कवि कंबन चोल राजा कुलोत्तुंग तृतीय (1178—1202 ई.) के दरबार में थे। इनकी राम-कथा में एक हजार पद हैं। इसमें उत्तरकांड नहीं है। कथा राम के राज्याभिषेक तक ही है। कंबन की गणना तमिल भाषा के महान् स्तंभों में होती है।

कंबुज देश

आधुनिक कंबोडिया में भारतीयों द्वारा स्थापित एक प्राचीन हिंदू राज्य जिसकी स्थापना कौंडिल्य नामक भारतीय ने दूसरी शताब्दी ई. में की थी। कहते हैं भारत से सैकड़ों ब्राह्मण वहां गए और मूल निवासियों की कन्याओं से विवाह कर लिया। वे लगभग नौ शताब्दियों तक इस देश पर शासन करते रहे। इनमें चार राजा विशेष प्रतापी हुए—जयवर्मा प्रथम और द्वितीय, यशोवर्मा और सूर्यवर्मा। आरंभ में यहां हिंदू और बौद्ध दोनों धर्म प्रचलित थे। बाद में बौद्ध धर्म का प्राधान्य हो गया।

कंस

यह मथुरा के राजा उग्रसेन का पुत्र था। पुराणों के अनुसार वास्तव में यह उग्रसेन की पत्नी को द्रुमिल नामक दानव से प्राप्त हुआ था। यह बड़ा शूरवीर और शास्त्रों में पारंगत था। मगधराज जरासंध ने अपनी दोनों पुत्रियों का इसके साथ इस शर्त पर विवाह कर दिया कि कंस मथुरा का राजा बन जाए। कंस ने जरासंध तथा कुछ अन्य असुरों की सहायता से अपने पिता उग्रसेन को कैद कर लिया और स्वयं मथुरा का राजा बन बैठा। कंस के चाचा देवक की कन्या देवकी का वसुदेव से विवाह संपन्न हुआ।

जिस समय वसुदेव देवकी को ब्याह करके ले जा रहे थे, कंस स्वयं उनका रथ हांकने लगा। उसी समय आकाशवाणी हुई कि जिसका रथ तुम हांक रहे हो उसी का आठवां गर्भ तुम्हारा वध करेगा। इस पर कंस ने वसुदेव और देवकी को कैदखाने में डाल दिया और एक-एक कर उनकी सात संतानें मार डालीं। देवकी के गर्भ से आठवीं संतान कृष्ण पैदा हुए। उनका पालन-पोषण गोकुल में देवक की दूसरी कन्या, देवकी की बहन, यशोदा ने किया। कंस को जब श्रीकृष्ण के गोकुल में पलने की सूचना मिली तो उसने उन्हें मरवाने के लिए कई असफल प्रयत्न किए। अंत में कृष्ण ने मथुरा आकर कंस का वध किया।

कच

दानवों के गुरु शुक्राचार्य मृत संजीवनी विद्या के ज्ञाता थे। उस समय दानवों

और देवताओं में संघर्ष होता रहता था। देवता इससे बड़े परेशान थे क्योंकि जितने दानव मरते शुक्राचार्य उन्हें पुनः जीवित कर देते। इसपर इंद्र तथा अन्य देवताओं ने यह विद्या सीखने के लिए बृहस्पति के पुत्र कच को शुक्राचार्य के पास भेजने का निश्चय किया। वे समझते थे कि रूप, गुण और सौंदर्य से कच शुक्राचार्य की पुत्री देवयानी को प्रभावित करके उसकी सहायता से मंत्र ज्ञात कर लेगा।

कच शुक्राचार्य के पास पहुंचकर शिक्षा प्राप्त करने लगा और पांच सौ वर्ष तक उनकी सेवा में रहा। इस बीच देवयानी कच पर आसक्त भी हो गई। दानवों को जब यह ज्ञात हुआ कि कच को देवताओं ने भेजा है तो उन्होंने उसका वध कर डाला। पर देवयानी के अनुरोध पर शुक्राचार्य ने उसे जीवित कर दिया। दूसरी बार दानवों ने उसे मारकर जला दिया और उसकी भस्म को किसी पेय में मिलाकर शुक्राचार्य को पिला दिया। जब शुक्राचार्य मंत्र-बल से कच को ढूंढ़ने लगे तो वह उनके पेट के अंदर से बोला। आचार्य ने वहीं उसे संजीवनी मंत्र का ज्ञान कराया। इसके बाद कच शुक्राचार्य का पेट फाड़कर बाहर निकल आया। फिर उसने मंत्र-बल से शुक्राचार्य को भी जीवित कर दिया। देवयानी ने कच से विवाह का अनुरोध किया पर उसने गुरु-कन्या से विवाह करना स्वीकार नहीं किया। इससे रुष्ट होकर देवयानी ने कच को शाप दे दिया कि सीखी हुई विद्या उसके लिए फलवती न हो। कच ने भी देवयानी को शाप दिया कि उसे कोई ब्राह्मण पति नहीं मिलेगा। (दे. देवयानी)।

कजरी

लोकगीत जो सावन मास में गाए जाते हैं। इनके प्रचलन का समय अज्ञात है। फिर भी उत्तर प्रदेश के पूर्वी अंचल में डेढ़-दो सौ वर्ष पहले से कजरी के प्रचलन का विवरण मिलता है। ये लोकगीत दो दलों में विभक्त होकर गाए जाते हैं और इनमें प्रश्नोत्तर का क्रम भी चलता है। कजरी के गीतों में शृंगार रस की प्रधानता होती है।

कठ

पंजाब का एक प्राचीन गणराज्य जो आधुनिक अमृतसर के आसपास स्थित था। इस गणतंत्र के लोगों ने बड़ी वीरता के साथ सिकंदर के आक्रमण का सामना किया और सत्रह हजार लोग युद्ध में बलिदान हो गए।

इस जाति के चिंतकों द्वारा रचित 'कठोपनिषद' प्रसिद्ध है। नचिकेता (दे.) भी इसी जाति का था। कठ लोग बड़े सौंदर्य प्रेमी थे और इस जाति के स्त्री-पुरुष स्वेच्छा से विवाह करते थे।

कठोपनिषद्

नचिकेता और उद्दालक के आख्यान को लेकर पद्य में रचा गया यह उपनिषद् बड़ा महत्वपूर्ण माना जाता है। इसमें यमराज नचिकेता के आग्रह पर उसे ईश्वर के अद्वैत तत्व का ज्ञान कराते हैं। दो अध्यायों के इस उपनिषद् में बताया गया है कि परमेश्वर सनातन तथा सर्वव्यापी और संसार के गहन वन में छिपा हुआ है। उसे प्राप्त करने के लिए मनुष्य को योग साधना का मार्ग अपनाना चाहिए। इस साधना से व्यक्ति के ऊपर संसार के हर्ष और शोक का प्रभाव नहीं पड़ता।

कड़ा

इलाहाबाद जिले में गंगा के किनारे एक कस्बा। 1200 ई. में मुसलमानों ने कौशांबी के स्थान पर इसे सूबे की राजधानी बना लिया था। इसका प्राचीन नाम करकोटम था। जब शिव सती का शव लेकर क्रुद्ध भाव से घूम रहे थे, सती का हाथ यहीं पर गिरा था। कहते हैं, नौ ओखलों में से एक ओखल यहां है, जहां से प्रलय के समय जल निकलकर सारी पृथ्वी को डुबो देगा। मलूकदास (दे.) का जन्म भी यहीं हुआ था और यहां पर उनकी समाधि है।

कणाद

प्राचीन भारत में दर्शन-शास्त्र की जो छः विचारधाराएं प्रचलित हुईं, उनमें से एक अर्थात् वैशेषिक दर्शन के प्रवर्तक कणाद मुनि थे। इनके प्रसिद्ध ग्रंथ 'वैशेषिक सूत्र' का रचनाकाल 300 ई. पूर्व का माना जाता है। कहते हैं, इन्होंने केवल चावल के कण खाकर ईश्वर की आराधना की और उसी के आधार पर वैशेषिक दर्शन की रचना की। इसी से इनका नाम कणाद पड़ा। इनके दर्शन का मुख्य विषय परमाणुवाद है।

कण्व

1. कश्यप गोत्र में उत्पन्न प्राचीन काल के एक प्रसिद्ध ऋषि जिनका आश्रम मालिनी नदी के तट पर था। एक बार महर्षि विश्वामित्र की तपस्या से भयभीत होकर इंद्र ने मेनका नाम की अप्सरा को उनका तप भंग करने के लिए भेजा। मेनका और विश्वामित्र के संयोग से एक कन्या का जन्म हुआ, जिसे मेनका ने पैदा होते ही नदी तट पर छोड़ दिया। शकुंतों अर्थात् पक्षियों ने उस नवजात कन्या की रक्षा की। इसी से उसका नाम शकुंतला पड़ा। बाद में वह महर्षि कण्व को मिली।

कण्व ने अपने आश्रम में लाकर बड़े स्नेह से उसका पालन-पोषण किया। शकुंतला का विवाह बाद में सम्राट दुष्यंत से हुआ। शकुंतला के पुत्र भरत की आरंभिक शिक्षा-दीक्षा भी कण्व के आश्रम में ही हुई थी। ऋग्वेद में भी कण्व ऋषि

का उल्लेख है और वे अनेक सूक्तों के द्रष्टा बताए गए हैं।

2. कश्यप के पुत्र जिन्होंने कलियुग आरंभ होने के एक हजार वर्ष बाद जन्म लिया। उनकी पत्नी देवकन्या आर्यावती थी। इनके पुत्रों के नाम हैं—उपाध्याय, दीक्षित, पाठक, मिश्र, अग्निहोत्री, द्विवेदी, त्रिवेदी और चतुर्वेदी।

कण्व वंश

मगध का एक राजवंश जो 73 ई. पूर्व में शासनारूढ़ था। इस वंश की स्थापना शुंगवंश के अंतिम राजा देवभूति के वासुदेव नामक आमात्य ने की थी। इस वंश में कुल चार राजा हुए और उन्होंने 45 वर्ष तक राज्य किया। 28 ई. पू. में राजसत्ता इस वंश के हाथ से आंध्रवंश के संस्थापक सिभुकि ने अपने हाथों में ले ली।

कथासरित्सागर

भारतीय कला साहित्य की एक प्रसिद्ध पुस्तक जिसकी रचना सोमदेव कवि ने सन् 1063 और 1081 के बीच की। इसमें भारतीय वणिक पुत्रों द्वारा दक्षिण पूर्व एशिया के समुद्रों में की गई अनेक साहसिक यात्राओं का विवरण अंकित है।

कदलीव्रत

भाद्र शुक्ल चतुर्थी को किए जानेवाले इस व्रत में केले के वृक्ष की पूजा करते हैं। मान्यता है कि इससे सौंदर्य और संतति में वृद्धि होती है। कुछ वर्गों में यह व्रत कार्तिक, माघ अथवा वैशाख मास की पूर्णिमा के दिन किया जाता है।

कद्रू

दक्ष प्रजापति की कन्या जिनका विवाह कश्यप ऋषि के साथ हुआ था। पुराणों में इन्हें अत्यंत गुणवान तथा रूपवती बताया गया है। इन्होंने एक हजार नागों को जन्म दिया, जिनमें वासुकी और शेषनाग प्रसिद्ध थे।

कनखल

हरिद्वार के निकट एक छोटा-सा कस्बा जो तीर्थस्थान के रूप में प्रसिद्ध है। हरिद्वार से आनेवाली गंगा की नीलधारा और ऊपरी गंगा नहर यहीं पर आकर मिलती हैं। यहां का दक्ष प्रजापति का मंदिर प्रसिद्ध है। मान्यता है कि दक्ष प्रजापति ने वह यज्ञ यहीं पर किया था, जिसमें शिव का अपमान करने पर सती ने प्राण त्याग दिए थे और वीरभद्र आदि शिव के गणों ने यज्ञ का ध्वंस कर दिया।

कनवेंट

यह ऐसे पुरुषों या स्त्रियों—भिक्षु या भिक्षुणियों—का समूह है जिन्होंने सांसारिक जीवन त्यागकर धार्मिक कार्यों के लिए व्रत लिया है। भारत में भी बौद्ध विहारों की परंपरा वहुत प्राचीन रही है। ईसाइयों का प्रथम कनवेंट ईसा के जन्म के लगभग 300 वर्ष बाद सेंट-एंटोनी मिस्र में स्थापित किया था। आजकल कनवेंट साधारणतः ईसाई भिक्षुणियों के समूह को कहते हैं। कनवेंट दो प्रकार के हैं—'आवृत्त' और अनावृत्त।

कनारक

उड़ीसा प्रदेश के पुरी जिले के अंतर्गत कोणार्क नामक प्रसिद्ध स्थान का प्राचीन नाम। इसे अर्कक्षेत्र, सूर्यक्षेत्र तथा मित्रवन भी कहते हैं। इस समय कोणार्क सूर्य मंदिर के लिए प्रसिद्ध है।

कनिंघम (1814-1893 ई.)

सर अलेक्जंडर कनिंघम ने भारत के पुरातत्व विभाग के निदेशक के रूप में 1870 से 1885 ई. तक काम किया। उसकी रुचि विविध विषयों में थी। 1833 ई. में एक सैनिक शिक्षार्थी के रूप में वह ब्रिटेन सें भारत आया, सैनिक इंजीनियर बनकर युद्धों में भाग लिया तथा बाद में बर्मा और पश्चिमोत्तर प्रांत का मुख्य अभियंता रहा। 1861 ई. में सेवानिवृत्त होने पर वह पुरातत्व के काम में लगा तथा अपने अध्ययन के आधार पर मृदाशास्त्र का अधिकारी विद्वान् माना जाने लगा। उसने अनेक पुरातत्व-स्थलों की खोज की तथा इस विषय पर कई ग्रंथ लिखे, जिनका महत्व आज भी है।

कनिष्क

हिन्दकुश के पास बसे यूहारी नामक कबीले की एक शाखा ने भारत पर आक्रमण करके यहां कुषाण (दे.) राजवंश की स्थापना की थी। कनिष्क इसी राजवंश का सबसे प्रसिद्ध और प्रतापी राजा हुआ।

कनिष्क के समय के बारे में मतैक्य नहीं है। कुछ का मत है कि उसका शासन काल 78 ई. में आरंभ हुआ और तभी से शक संवत् चला। कुछ लोग उसका शासन काल 120 ई. से 144 ई. तक मानते हैं। उसका साम्राज्य काबुल से लेकर वाराणसी तक और दक्षिण में विंध्याचल तक फैला था। पुरुषपुर अर्थात् पेशावर उसकी राजधानी थी। एक मत यह भी है कि उसने पाटलिपुत्र पर भी आक्रमण किया था और वहां से प्रसिद्ध बौद्ध विद्वान् अश्वघोष को अपने साथ ले गया। चीनी तुर्किस्तान के सरदारों को भी उसने पराजित किया।

कनिष्क के अनेक सिक्के मिले हैं, जिन पर विभिन्न देवी-देवताओं के चित्र अंकित हैं। पर उसकी मुख्य आस्था बौद्ध धर्म में थी। अशोक के बाद बौद्धों की चौथी 'संगीति' कश्मीर में उसी के कार्यकाल में हुई जहां 'हीनयान' और 'महायान' दो बौद्ध संप्रदाय अलग-अलग हुए। वह विद्वानों का संरक्षक था। बौद्ध विद्वान् अश्वघोष, नागार्जुन आदि के अतिरिक्त प्रसिद्ध आयुर्वेदाचार्य चरक भी उसके दरबार की शोभा थे। कश्मीर तथा मथुरा में उसने अनेक कलाकृतियों का निर्माण कराया।

यद्यपि कनिष्क विदेशी था, पर यहां आकर वह पूरी तरह से भारतीय बन गया और भारतीय सभ्यता, संस्कृति और कला के विकास में उसने बड़ा योग दिया।

कन्नड़

मुख्य रूप से कर्नाटक में बोली जानेवाली भाषा जो प्राचीनता के आधार पर संस्कृत और तमिल के बाद तीसरे क्रम में गिनी जाती है। इसका विकास पांचवीं शताब्दी में हो चुका था। इस भाषा के आरंभिक साहित्य पर महाभारत, रामायण जैसे संस्कृत काव्यों का प्रभाव स्पष्ट दिखाई देता है। कन्नड़ के पहले व्याकरण की रचना 1260 ई. में हुई। पन्द्रहवीं शताब्दी में रचित 'भारत कथा मंजरी' एक प्रसिद्ध महाकाव्य है। आधुनिक काल में कन्नड़ के अनेक साहित्यकारों को देशव्यापी ख्याति प्राप्त हुई है।

कन्याकुमारी

भारत की मुख्य भूमि के सबसे दक्षिणी सिरे पर, तमिलनाडु प्रदेश में स्थित कन्याकुमारी तीन ओर समुद्र से घिरा है। यहां पर अरब सागर, हिंद महासागर और बंगाल की खाड़ी तीनों परस्पर मिलते हैं। इसी स्थान पर कन्याकुमारी का प्रसिद्ध मंदिर है।

मंदिर में स्थापित मूर्ति शिल्पकला का बड़ा मनमोहक नमूना है। मंदिर के चार द्वारों में मे पूर्व का द्वार सदा बंद रहता है, क्योंकि मंदिर के प्रकाश से नाविकों को भ्रम होता था।

महाभारत और पुराणों में इस तीर्थ का वर्णन है। सीता को खोजते हुए राम भी यहां पहुंचे थे। शिव से अमर होने का वरदान प्राप्त करके वाणासुर नामक राक्षस ने जब सबको आतंकित कर दिया तो भगवती ने कन्याकुमारी के रूप में अवतार लेकर यहीं उसका वध किया था।

विवेकानंद शिला-स्मारक और गांधी मंडप कन्याकुमारी के आधुनिक आकर्षण है। शिला-स्मारक किनारे से हटकर समुद्री चट्टान पर बना है।

कन्हैयालाल माणिकलाल मुंशी

देशभक्त, प्रशासक, राजनीतिज्ञ और भारतीय संस्कृति के प्रबल समर्थक श्री मुंशी का जन्म 30 दिसंबर, 1887 ई. को हुआ था। शिक्षा समाप्त करके आप बंबई में वकालत करने लगे और साथ ही राजनीति में भी भाग लेना आरंभ किया। 1902 ई. में कांग्रेस के संपर्क में आए। 1927 ई. में बंबई लेजिस्लेटिव कौंसिल के सदस्य चुने गए। सरदार पटेल के साथ 'बारदोली सत्याग्रह' में भाग लिया और गिरफ्तार हुए। 1932 ई. के आंदोलन में भी जेल की सजा भोगी। 1937 ई. में बंबई सरकार के गृहमंत्री बनाए गए। उसी समय आपने 'भारतीय विद्याभवन' की नींव डाली। यह संस्था अब भी बहुत काम कर रही है।

मुंशीजी ने भारत के संविधान की रचना में भी प्रमुख रूप से भाग लिया। आप केंद्र सरकार में मंत्री भी रहे। हैदराबाद को देश के साथ मिलाने के लिए जो 'पुलिस कार्रवाई' की गई, उसके बाद आपको ही वहां का प्रधान शासक नियुक्त किया गया। 1952 ई. में आप उत्तर प्रदेश के राज्यपाल पद पर नियुक्त हुए।

बहुज्ञ मुंशीजी की ख्याति साहित्यकार के रूप में बहुत है। आपकी गणना गुजराती साहित्य के स्तंभों में होती है। 8 फरवरी, 1972 ई. को बंबई में आपका निधन हो गया।

कपालकुंडला

कपालों (खोपड़ियों) का कुंडल धारण करनेवाली साधिका को कपालकुंडला कहते हैं। प्राचीन समय में कापालिक मत के साधक और साधिका दोनों ही कपालों की माला धारण करते थे। आठवीं शताब्दी में लिखे गए 'मालती माधव' नामक नाटक का मुख्य पात्र अघोरघंट कापालिक संन्यासी है। वह चामुंडा देवी के मंदिर का पुजारी था और कपालकुंडला उसकी शिष्या थी।

कपिल

महर्षि कपिल ने सांख्य दर्शन का प्रतिपादन किया। पर इनका महत्व केवल इतना ही नहीं है। भागवत में इन्हें विष्णु का पांचवां अवतार कहा गया है। गीता में श्रीकृष्ण स्वयं को सिद्धों में कपिल मुनि कहते हैं। महाभारत में एक स्थान पर कपिल को ब्रह्मा का पुत्र और दूसरे स्थान पर अग्नि का अवतार बताया गया है। कहीं इन्हें शिव का अवतार भी माना गया है। इसीलिए कुछ विद्वानों का मत है कि कपिल ऐतिहासिक व्यक्ति नहीं हैं। परंतु शंकराचार्य ने इन्हें सांख्य दर्शन का आरंभिक उपदेशकर्ता माना है।

कपिल मुनि का लिखा 'सांख्य सूत्र' ग्रंथ अपने विषय का आधार ग्रंथ माना जाता है। इस दर्शन में ज्ञान का ही विशेष रूप से वर्णन किया गया है, ईश्वर का

कुछ विशेष उल्लेख नहीं पाया जाता। इसलिए कुछ लोग सांख्य को अनीश्वरवादी दर्शन मानते हैं।

एक पौराणिक आख्यान के अनुसार कपिल मुनि के शाप से राजा सगर के साठ हजार पुत्र भस्म हो गए थे। मुनि ने ही बाद में यह भी बताया था कि भस्म हुए सगर-पुत्रों की मुक्ति गंगाजल से हो सकेगी। परंतु शंकराचार्य ने सगर-पुत्रों को भस्म करनेवाले और सांख्य दर्शन के प्रवर्तक कपिल को अलग-अलग व्यक्ति माना है।

कपिलवस्तु

शाक्य गणराज्य की राजधानी कपिलवस्तु गौतम बुद्ध का जन्मस्थान होने के कारण प्रसिद्ध है। इस स्थान के संबंध में विद्वानों में मतभेद रहा है। कुछ लोग नेपाल की तराई में कपिलवस्तु बताते रहे हैं। परंतु नवीन खुदाई से पुष्ट हो गया है कि वास्तव में उत्तर प्रदेश के बस्ती जिले का पिपरावा नामक स्थान ही पुराना कपिलवस्तु है। यहां पर शाक्यों द्वारा निर्मित स्तूप पाया गया है। गौतम बुद्ध 29 वर्ष तक कपिलवस्तु में रहे थे। बुद्धत्व प्राप्ति के दूसरे वर्ष राजा शुद्धोदन के निमंत्रण पर वे कपिलवस्तु वापस आए। पंद्रहवां चतुर्मास भी उन्होंने यहीं बिताया था और अपने पुत्र राहुल के सहित सैकड़ों शाक्यों को दीक्षा दी थी। कुछ विद्वान् कपिलवस्तु का संबंध कपिल मुनि से जोड़ते हैं।

कबंध

दंडकारण्य में रहनेवाला एक दैत्य जो पहले गंधर्व था, किंतु रुष्ट होकर इंद्र ने इसका सिर और जंघाएं इसके पेट में घुसेड़ दी थीं। बाल्मीकि रामायण के अनुसार यह मस्तकविहीन था। केवल कबंध (धड़) होने के कारण इसका यह नाम पड़ा। इसके पेट में विकराल दांत थे। वक्षस्थल में एक भयानक आंख थी। सीता की खोज करते हुए जब राम और लक्ष्मण मतंग मुनि के आश्रम में पहुंचे तो कबंध ने उन पर आक्रमण कर दिया। इस पर राम ने उसकी भुजाएं काट डालीं और उसकी इच्छानुसार उसका शरीर जला दिया। भस्म होते ही कबंध विश्वावसु नामक गंधर्व बन गया और राम की सुग्रीव से मैत्री कराने में सहायक बना।

कबीर

कबीर की गणना उत्तर भारत के भक्ति आंदोलन को जनता की भाषा में लोगों तक पहुंचानेवाले प्रमुख संतों में होती है। इनका जन्म वाराणसी में 1398 ई. में हुआ था। इनके माता-पिता के संबंध में कुछ पता नहीं है। नीरू नाम के जुलाहे और उसकी पत्नी नीमा ने इनका पालन-पोषण किया। जुलाहे का यह कुल कुछ ही

पहले मुसलमान बना था। नीरू जब अपनी पत्नी का गौना कराके घर आ रहा था तो काशी के लहरतारा तालाब पर एक हाल का जन्मा बालक मिला। यही बालक आगे चलकर कबीरदास के नाम से विख्यात हुआ।

कबीर स्वामी रामानंद के शिष्य थे। ज्ञान भक्ति की सतत साधना करते हुए भी इन्होंने कपड़ा बुनने का अपना घरेलू व्यवसाय नहीं छोड़ा। उन्होंने अपनी रचनाओं में तत्कालीन समाज में प्रचलित रूढ़ियों पर तीव्र प्रहार किए हैं। वे हिंदू-मुस्लिम भेद-भाव से ऊपर थे। जन-जन तक अद्वैत की भावना पहुंचानेवाले कबीर के संबंध में भी अन्य महात्माओं की तरह अनेक चमत्कारपूर्ण लोककथाएं प्रचलित हैं।

कहा जाता है कि काशी में प्राण छोड़ने से मुक्ति मिलती है। और मगहर (जिला बस्ती) में मरने से नरक। किंतु कबीर मरने के लिए मगहर ही पहुंचे। वे 96 वर्ष की उम्र पाकर परलोक सिधारे। हिंदू-मुसलमान दोनों ही उन्हें अपना मानते थे। कहते हैं कि उनके अंतिम संस्कार के लिए जब विवाद शुरू हुआ तो कफन के नीचे शव के स्थान पर कुछ पुष्प ही मिले, जिन्हें हिंदू और मुसलमान दोनों ने ही बांट लिया। मगहर में एक ही चहारदीवारी के अंदर मंदिर और मसजिद बने हैं जो कबीर की धार्मिक एकता के प्रतीक हैं।

कबीर का चलाया हुआ पंथ आज भी विद्यमान है। उन्होंने अपने अधिकांश विचार हिंदू धर्म से लिए हैं, साथ ही मुसलमान सूफी संतों का भी उन पर प्रभाव पड़ा है। कबीर ने प्रेम के पंथ का उपदेश दिया, जिसमें विभिन्न जातियों और धर्मों में कोई भेद-भाव नहीं किया जाता। वे धार्मिक बाह्याडंबरों में विश्वास नहीं करते थे। उनकी दृष्टि में ईश्वर प्राप्ति का सबके लिए एक ही मार्ग था—छल, कपट और पाखंड से दूर रहना। कबीरपंथी इन्हें अविवाहित मानते हैं, किंतु अन्य लोग इनकी पत्नी का नाम लोई और पुत्र तथा पुत्री का नाम कमाल और कमाली मानते हैं।

कम्युनिज्म

शासन का एक प्रकार जिसमें उत्पादन के सभी साधनों—जैसे भूमि, उद्योग, वाणिज्य तथा वितरण और आर्थिक विनिमय के साधनों—बैंक आदि पर सरकार का अधिकार होता है। सिद्धांत रूप में यह माना जाता है कि कम्युनिस्ट व्यवस्था में प्रत्येक वस्तु पर हर नागरिक का समान अधिकार है। इसका उद्देश्य है—प्रत्येक से उसकी सामर्थ्य के अनुसार लेना और प्रत्येक को उसकी आवश्यकता के अनुसार साधन उपलब्ध कराना। इसका अंतिम लक्ष्य शासनविहीन समाज की स्थापना है जिसमें सरकार की आवश्यकता ही नहीं रह जाएगी और वह स्वतः विलीन हो जाएगी।

कम्युनिज्म की वर्तमान विचारधारा का जनक जर्मन विचारक कार्ल मार्क्स (1818-1883 ई.) था। उसे अपने विचारों के कारण देश के बाहर रहना पड़ा और उसका अधिकांश समय इंग्लैंड में बीता। उसने अपने विचार सर्वप्रथम 1848 ई. में प्रकाशित 'कम्युनिस्ट घोषणा-पत्र' के द्वारा और फिर 'दास कपिटैल' नामक युग-निर्माणकारी ग्रंथ के द्वारा प्रकट किए। मार्क्स का कथन था कि पूंजीवादी व्यवस्था, जिसमें संपत्ति पर थोड़े से व्यक्तियों का अधिकार होता है और वे अन्य बहुसंख्यक जनता के श्रम का दोहन करते हैं, समाज की सारी बुराइयों की जड़ हैं। श्रमिक वर्ग की क्रांति के द्वारा ही यह व्यवस्था समाप्त की जा सकती है और सर्वहारा की अधिनायक सत्ता की स्थापना की जा सकती है।

मार्क्स के इन विचारों का उन देशों में तीव्रता से प्रचार हुआ जहां उद्योगों की स्थापना के कारण श्रमिक एकत्र हो चुके थे। परंतु प्रथम कम्युनिस्ट सरकार की स्थापना 1917 ई. में सोवियत रूस में हुई। धीरे-धीरे पूर्वी यूरोप के अन्य देशों में भी इस विचारधारा का प्रचार हुआ। एशिया में चीन और दक्षिण अमेरिका में क्यूबा और चिली ने भी इस प्रणाली को अपनाया परंतु परिस्थितियों में परिवर्तन के कारण इन देशों के व्यावहारिक कम्युनिज्म और मार्क्स के विचारों में पर्याप्त अंतर दिखाई देता है। साथ ही एक देश की विचारधारा दूसरे से मेल नहीं खाती। रूस और चीन के मतभेद इसके प्रमाण हैं। व्यवहार में आज कम्युनिज्म पहले की भांति अन्तर्राष्ट्रीय आंदोलन न रहकर बहुत कुछ इन देशों की राष्ट्रीय नीति का रूप ले चुका है। साथ ही 1989 ई. में रूस और पूर्वी यूरोप में जो नवीन सुधारवादी आंदोलन शुरू हुए हैं उन्होंने भविष्य के लिए इस विचारधारा की व्यावहारिकता पर प्रश्नचिह्न खड़ा कर दिया है। अब सोवियत रूस तथा योरोप के देशों ने इस विचारधारा को त्याग दिया है।

करणीदेवी

बीकानेर नरेशों की कुलदेवी करणीजी का मंदिर बीकानेर से लगभग 40 कि. मी. दूर स्थित है। इस विशाल मंदिर में सोने के सिंहासन पर योगमाया की मूर्ति विराजमान है।

इस मंदिर में चूहे बहुत हैं। दर्शनार्थी उनको दबने से बचाकर भीतर जाते हैं। ये चूहे पवित्र माने जाते हैं। इनको 'कावा' कहा जाता है। यात्री इन्हें भोजन देते हैं। यह मंदिर चूहों के मंदिर के नाम से भी प्रसिद्ध है।

इस क्षेत्र में करणीजी के चमत्कारों की अनेक कथाएं प्रचलित हैं। महौजी नामक एक देवीभक्त चारण के घर में उन्होंने पुत्री के रूप में जन्म लिया। समय आने पर पिता ने जब उनका विवाह किया तो करणीजी ने अपने पति को देवी रूप का दर्शन देकर उसका अपनी बहन के साथ विवाह करा दिया। मान्यता है

कि करणीजी के आशीर्वाद से बीकानेर राज्य स्थापित हुआ।

करतारसिंह सरावा

इनका जन्म पंजाब के लुधियाना जिले में 1896 ई. में हुआ था। पहले ये गदर पार्टी के सदस्य के रूप में अमेरिका में काम करते रहे। भारत लौटने पर आगरा, मेरठ, वाराणसी, कानपुर, इलाहाबाद आदि शहरों की यात्रा की और छावनियों में जाकर भारतीय सैनिकों को अंग्रेजों के विरुद्ध भड़काया। इसी अभियोग में गिरफ्तार करके इनकी सारी संपत्ति जब्त कर ली गई और 16 नवंबर 1915 को इन्हें फांसी दे दी गई।

करवाचौथ

यह व्रत कार्तिक कृष्ण चतुर्थी को तब किया जाता है जब चंद्रोदय के समय भी चतुर्थी हो, यदि चंद्रोदय व्यापनी चतुर्थी दो दिन हो या दोनों में किसी भी दिन न हो तो तृतीया व्यापनी चतुर्थी को ही व्रत किया जाता है। यह व्रत केवल सौभाग्यवती स्त्रियां ही करती हैं। इसमें शिव, पार्वती, कार्तिकेय और चंद्रमा की पूजा होती है।

नैवैद्य के रूप में मिट्टी के कच्चे करवे, लड्डू, पुआ आदि रखते हैं। करवे के प्रयोग के कारण ही इसका नाम 'करवाचौथ' पड़ा। महिलाएं इस दिन दिनभर उपवास करती हैं और सायंकाल चंद्रमा के उदय के बाद पूजा करके भोजन करती हैं। एक कथा के अनुसार अर्जुन के बाहर जाने पर श्रीकृष्ण द्वारा इंद्राणी का उदाहरण देने पर, अर्जुन के कुशल मंगल के लिए द्रौपदी ने भी यह व्रत किया था।

करिकाल

दक्षिण के चोल राजाओं में अब तक ज्ञात सबसे प्राचीन राजा। इसका समय 100 ई. माना जाता है। कहते हैं, इसने पुहार नगर की स्थापना की थी और कावेरी नदी के किनारे सौ मील लंबा बांध बनवाया था।

कर्कोटक

एक प्रधान सर्प जो दक्ष प्रजापति की पुत्री और कश्यप की पत्नी कद्रू के गर्भ से उत्पन्न हुआ था। इसी ने राजा नल को अयोध्या नरेश ऋतुपर्ण से द्यूत खेलने की कला सीखने का परामर्श दिया था।

वे पहचाने न जा सकें, इसके लिए कर्कोटक ने नल को डस कर विकृत रूप का बना दिया था।

कर्जन (1859-1925 ई.)

ब्रिटिश सरकार ने कर्जन को 1899 ई. में भारत का गवर्नर जनरल नियुक्त किया था। 1904 ई. में उसका कार्यकाल समाप्त होने पर उसे इसी पद पर पुनः नियुक्त कर दिया गया। लेकिन कमांडर-इन-चीफ से मतभेद हो जाने तथा ब्रिटिश सरकार का समर्थन न मिलने के कारण उसे भारत में अपना पद छोड़ना पड़ा।

लार्ड कर्जन के कार्यकाल में अनेक घटनाएं घटीं। उसने 'सीमाप्रांत' नामक नए प्रांत की स्थापना की। तिब्बत में ब्रिटिश सेना भेजकर उसे संधि करने के लिए बाध्य किया। कलकत्ता में विक्टोरिया मेमोरियल हाल का निर्माण कराया तथा एडवर्ड सप्तम के राज्याभिषेक के अवसर पर दिल्ली में दरबार आयोजित किया। उसके कार्यकाल का सबसे आपत्तिजनक कार्य था—'बंग-भंग' (दे.)। राष्ट्रीय भावना को दबाने तथा साम्प्रदायिक भेदभाव बढ़ाने के लिए उसने बंगाल प्रांत के दो भाग कर दिए। परंतु उसका यह कदम पूरी तरह से असफल रहा। अपने इन कार्यों से उसने देश में विदेशी शासन के विरुद्ध असंतोष को और भी भड़काया।

कर्ण

कुंती से उत्पन्न सूर्य का पुत्र। दुर्वासा ऋषि के दिए हुए मंत्र के द्वारा कुंती ने कुमारी अवस्था में ही सूर्य का आह्वान किया था जिससे कर्ण पैदा हुआ। कुंती ने लोक-लाजवश नवजात शिशु को नदी में बहा दिया। नदी में बहता हुआ शिशु अधिरथ नामक सूत को मिला। सूत द्वारा पालित-पोषित होने के कारण कर्ण को 'सूतपुत्र' भी कहा जाता है। अधिरथ की पत्नी का नाम राधा था इसलिए कर्ण को 'राधेय' भी कहते हैं।

कर्ण ने भी द्रोणाचार्य से ही शस्त्र विद्या सीखी थी पर सूत-पुत्र होने के कारण द्रोणाचार्य ने उसे ब्रह्मास्त्र का प्रयोग नहीं सिखाया। इसके लिए कर्ण परशुराम के पास गया और स्वयं को ब्राह्मण बताकर उनसे ब्रह्मास्त्र विद्या सीखी। जब परशुराम को वास्तविकता का ज्ञान हुआ तो उन्होंने शाप दे दिया कि आवश्यकता के समय कर्ण इस विद्या को भूल जाएगा।

कर्ण महाभारत के पात्रों में अपने पराक्रम, श्रेष्ठ धनुर्विद्या और दानवीरता के लिए प्रसिद्ध है। द्रौपदी के स्वयंवर में कर्ण ने अर्जुन से पहले ही मत्स्य भेदन कर दिया था परंतु उसके सूतपुत्र होने के कारण द्रौपदी ने उसके साथ विवाह करना स्वीकार नहीं किया।

राजा न होने के कारण जब कर्ण के शस्त्र विद्या के प्रदर्शन में भाग लेने पर आपत्ति की गई तो दुर्योधन ने उसे कलिंग देश का अधिपति बनाकर उसे राजा की श्रेणी प्रदान कर दी।

कर्ण का जन्म कुंडल और कवच के साथ हुआ था। इन्द्र ब्राह्मण वेष में छलपूर्वक कर्ण से कुंडल और कवच मांगने गए थे। यद्यपि कर्ण को इस छल का पता चल गया था फिर भी उसने दोनों चीजें इन्द्र को देकर अपनी दानवीरता का परिचय दिया। इन्द्र ने बदले में उसे एक बार ही प्रयोग के लिए एकघ्नि शक्ति दी थी। कर्ण इससे अपने प्रतिद्वन्दी अर्जुन को मारना चाहता था परंतु दुर्योधन के कहने पर भीमपुत्र घटोत्कच को मारने के लिए उसका प्रयोग करना पड़ा। कर्ण की बचपन से ही कौरवों के साथ मैत्री और अर्जुन से प्रतिद्वंद्विता थी। महाभारत युद्ध के अंतिम दिनों में वह कौरव सेना का सेनापति भी बना और अर्जुन के हाथों मारा गया।

कर्णप्रयाग

उत्तर प्रदेश के उत्तराखंड क्षेत्र में स्थित एक स्थान जहां पर पिंडर नदी और अलकनंदा का संगम होता है। स्कंद पुराण के अनुसार यहीं पर कुंती पुत्र कर्ण ने यज्ञ किया था। यहीं पर उन्हें सूर्य ने अभेद्य कवच, अक्षय तूणीर और अजेय बने रहने का वरदान दिया। कर्णप्रयाग उत्तराखंड के पांच पवित्र प्रयागों में से एक है।

कर्णाट

प्राचीन काल में दक्षिण में मैसूर के उत्तर से लेकर बीजापुर तक फैला हुआ प्रदेश कर्णाट कहलाता था। कुछ लोग कावेरी से रामेश्वरम् तक फैले प्रदेश को भी कर्णाट मानते हैं। गरुड़ पुराण के अनुसार कर्णाटक नाम का एक राज्य दक्षिण-पश्चिम में स्थित था। भागवत में पाण्ड्य, चालुक्य, पल्लव आदि वंशों का यहां राज्य बताया गया है।

कर्णावती

मेवाड़ की एक प्रसिद्ध वीर रानी जिसने 1535 ई. में बाहरी आक्रमण के समय चित्तौड़ के किले की रक्षा की व्यवस्था की थी। गुजरात का शासक बहादुरशाह हुमायूं और मेवाड़ दोनों का शत्रु था। इसलिए कर्णावती ने मुगल बादशाह हुमायूं से संधि करके संयुक्त रूप से बहादुरशाह का सामना करने का प्रस्ताव किया। किंतु हुमायूं इसके लिए तैयार नहीं हुआ। फलस्वरूप रानी कर्णावती चित्तौड़ की रक्षा तो न कर सकी परंतु हुमायूं को भी गुजरात से लौटने के लिए बाध्य होना पड़ा।

कर्तव्य

सामाजिक क्षेत्र में कर्तव्य का प्रयोग बड़े व्यापक अर्थ में होता है। इसकी परिधि में व्यक्ति के अपने कर्तव्य से लेकर समाज और राष्ट्र के प्रति उसके कर्तव्य सम्मि-

लित हैं। व्यक्ति के रूप में प्रत्येक को कायिक और मानसिक विकास की ओर ध्यान देना पड़ता है। परिवार के प्रत्येक प्राणी के प्रति भी व्यक्ति के कर्तव्य होते हैं। ग्राम, नगर आदि से होते हुए राष्ट्र के प्रति भी वह कर्तव्यों से बंधा होता है। कर्तव्यों का संबंध अधिकारों से भी जोड़ा जाता है। परंतु अधिकांश विचारकों का मत है कि कर्तव्य पूरा करने से अधिकारों की प्राप्ति स्वतः हो जाती है। साथ ही व्यापक क्षेत्र के प्रति कर्तव्य के सामने सीमित कर्तव्य का महत्व कम हो जाता है।

कर्दम

1. ब्रह्मा की छाया से उत्पन्न एक प्रजापति जिन्हें ब्रह्मा ने सृष्टि बढ़ाने का आदेश दिया था। इन्होंने दीर्घकाल तक तप करने के बाद स्वायंभुव मनु की पुत्री देवहूती से विवाह किया जिसके गर्भ से अनुसूया, अरुन्धती आदि नौ पुत्रियों ने जन्म लिया। कर्दम ने इन सबका विवाह श्रेष्ठ ऋषियों के साथ कर दिया और स्वयं वन में जाकर ध्यान में लीन हो गए।

2. एक प्रजापति जिनकी पत्नी का नाम ब्रह्मपुराण में शिनिवाली दिया गया है। शिनिवाली कर्दम को छोड़कर सोम के साथ चली गई थी।

कर्नाटक

भारतीय संघ का आठवां सबसे बड़ा राज्य जिसका नाम पहले मैसूर था। कर्नाटक का इतिहास बहुत पुराना है। चौथी शताब्दी ई पूर्व में यह मौर्य साम्राज्य का अंग था। बाद में यहां सातवाहन, कदम्ब और गंग राजवंशों का आधिपत्य हुआ। छठी शताब्दी में चालुक्य सत्ता में आए। फिर अलाउद्दीन ने इसे अपने राज्य में मिलाया। बाद में यह विजयनगर के हिन्दू राज्य का अंग बन गया।

सन् 1399 ई. में मैसूर के शासक यदुराय ने 'वाडियार' राजवंश की नींव डाली। बीच-बीच के कुछ उलट-फेरों के बाद यही राजवंश ब्रिटिश साम्राज्य के संरक्षण में मैसूर की देशी रियासत का शासक रहा। स्वतंत्रता के बाद यह भारतीय संघ में मिल गया। नवम्बर 1953 को प्रदेश का नाम मैसूर से बदलकर कर्नाटक हुआ। 1956 ई. में राज्य पुनर्गठन आयोग की सिफारिश पर निकटवर्ती क्षेत्रों के कन्नड़भाषी भाग भी इसमें मिला दिए गए। इसकी वर्तमान राजधानी बंगलौर है।

कर्नाटक युद्ध

भारत में अपना प्रभुत्व स्थापित करने के लिए अंग्रेजों और फ्रांसीसियों में तीन बड़े युद्ध हुए। ये मुख्यतः कर्नाटक की भूमि में लड़े गये इसलिए कर्नाटक युद्ध कहलाते हैं।

पहला युद्ध 1746 ई. में आरंभ हुआ और फ्रांसीसियों ने मद्रास पर अधिकार कर लिया। अंग्रेजों ने फ्रांस अधिकृत पांडिचेरी पर आक्रमण किया पर उसमें भी वे असफल रहे। 1748 ई. की संधि के द्वारा यह युद्ध समाप्त हुआ।

दूसरे युद्ध का आरंभ 1751 ई. में हुआ। इस बार दोनों पक्ष कर्नाटक और हैदराबाद की गद्दी के लिए अलग-अलग उत्तराधिकारियों के समर्थन में लड़ते रहे। इसके पीछे भी मुख्य उद्देश्य अपना प्रभाव बढ़ाना था। इसमें फ्रांसीसियों को कर्नाटक पर अपने सब अधिकार त्यागने पड़े और 1754 ई. में यह युद्ध समाप्त हुआ।

तीसरा युद्ध 1756 ई. में आरंभ हुआ और अंग्रेजों की पूर्ण विजय के साथ 1763 ई. में समाप्त हुआ। 1763 ई. की पेरिस संधि में पांडिचेरी का क्षेत्र इस शर्त के साथ फ्रांस को वापस किया गया कि वे वहां सेना न रखकर केवल व्यापार करेंगे।

कर्म

गीता दो प्रकार के कर्मों का उल्लेख करती है—सकाम और निष्काम। इसी के अन्य भेद संचित एवं प्रारब्ध, दैव एवं पित्र्य और प्रवृत्त तथा निवृत्त हैं। जैन मत में धाति और अधाति को कर्म माना जाता है। इनमें पहला मुक्ति मार्ग की बाधा है। इसके शुभ और अशुभ भेद भी किए जाते हैं। मीमांसा 'गुणकर्म' और 'अर्थ-कर्म' विभेद करती है। अर्थकर्म के भी नित्य, नैमित्यिक और काम्य तीन भेद हैं। वेदांत ने कायिक, वाचिक, मानसिक, कृत और अकृत ये पांच भेद बताए हैं तंत्र में जागरण, मारण, उच्चाटन, मोहन, स्तंभन और विध्वंशन तथा हठयोग में धौति, वस्ति, नेति, नौलि, कपालभस्ति और त्राटक ये छह-छह भेद वर्णित हैं। पुराणानुसार पुनर्जन्म, स्वर्ग अथवा मोक्ष कर्म के अनुसार ही होता है।

कर्मकांड

वैदिक धर्म के तीन कांडों में से एक जिसका संबंध मूलतः मनुष्य के सभी प्रकार के कर्मों से है जिनमें धार्मिक क्रियाओं का भी समावेश है। जिन कर्मों से दिखाई देनेवाले लोकहित के फल मिलते हैं उन्हें 'पूर्त' कहते हैं। जिनके करनेवाले को इस लोक में अभीष्ट फल और मृत्यु के उपरांत पर्याप्त सुख मिले वे यज्ञ कर्म कर्मकांड कहलाते हैं। यजुर्वेद में अधिकांशतः कर्मकांड और उपासना का ही उल्लेख है। कनिष्ठ अधिकारी कर्मकांड का, मध्यम अधिकारी उपासना और कर्म-कांड का तथा उत्तम अधिकारी कर्म, उपासना और ज्ञान तीनों का पात्र माना गया है। 'पूर्व मीमांसा' में सर्वप्रथम आचरणीय कर्मकांड का विवरण है। पूर्व आचरणीय हाने के कारण ही इसका नाम पूर्व मीमांसा पड़ा। ज्ञान विषयक मीमांसा

को 'उत्तर मीमांसा' अथवा 'वेदांत' कहते हैं।

कर्मनाशा

बिहार प्रदेश की एक नदी जो शाहाबाद जिले से निकल कर चौसा के पास गंगा से मिलती है। यह नदी अपवित्र मानी जाती है। मान्यता है कि जो इसके जल का स्पर्श करता है, उसके सभी पुण्यों का नाश हो जाता है।

कर्ममार्ग

मोक्ष के तीन मार्गों में से एक। अन्य दो मार्ग हैं—ज्ञान मार्ग एवं भक्ति मार्ग। उपनिषद्, सांख्य दर्शन और बौद्ध तथा जैन दर्शन जो मार्ग बताते हैं, वह ज्ञान मार्ग कहलाता है।

अन्य भारतीय दर्शनों में कर्त्तव्य पालन सर्वप्रमुख बताया गया है और इसे धर्म की संज्ञा दी गई है। गीता में वर्णित कर्मयोग का सिद्धांत प्रसिद्ध है। उसके अनुसार जो व्यक्ति वेदों में निर्दिष्ट कर्म करता है, उसे उनका इस लोक या उस लोक में उन कर्मों अथवा यज्ञों के लिए निर्धारित फल ही मिलता है। परंतु जो व्यक्ति निष्काम भाव से कर्म करता है, उसे मोक्ष प्राप्त होता है।

कर्म मीमांसा

इसका उद्देश्य धर्म के विषय में कर्त्तव्यों को निश्चित करके उन्हें बताना है। यद्यपि वैदिक ऋचाओं और ब्राह्मण ग्रंथों में धर्म और यज्ञों के संबंध में जानकारी है, फिर भी 'कर्म मीमांसा' में उन्हें क्रमबद्ध किया गया है जिससे पुरोहित यज्ञों का अनुष्ठान विधिपूर्वक कर सकें। इसमें कर्म-सिद्धांत पर इतना जोर दिया गया है कि आवागमन से मुक्ति पाना कठिन जान पड़ता है। चूंकि एक सर्वज्ञ की धारणा नहीं की जा सकती, इसलिए कर्म मीमांसा या पूर्व मीमांसा में ईश्वर की सत्ता का भी विरोध है।

कर्मयोग

जीवन के तीनों मार्गों—कर्म, ज्ञान और भक्ति का समन्वय आवश्यक है। यद्यपि मोक्ष-मार्ग के अनुयायी यह भी मानते हैं कि कर्म से बंधन होता है, इसलिए मोक्ष प्राप्ति के लिए कर्म का त्याग करना चाहिए। दूसरी ओर कर्मयोगियों का मानना है कि ज्ञानपूर्वक भक्तिभाव से, अनासक्त रहकर जो कर्म किया जाता है, वह बंधन नहीं है।

गीता में अर्जुन को उपदेश देते हुए श्रीकृष्ण ने कर्मयोग का महत्व बताया है। वे कहते हैं—कर्म न करने की अपेक्षा कर्म करना श्रेष्ठ है।

कर्म-विपाक

पुराणों के अनुसार पूर्व जन्म में किए कर्मों के आधार पर फल भोगना कर्म-विपाक कहलाता है। प्राणियों को जन्म लेने के बाद इस पृथ्वी पर सुख मिलता है, अथवा दुःख यह उनके पूर्व जन्मों के कर्मों का ही प्रतिफल है।

कर्वे, महर्षि

भारत में स्त्री शिक्षा के प्रमुख समर्थक महर्षि कर्वे का जन्म महाराष्ट्र में 18 अप्रैल, 1858 ई. को एक गरीब परिवार में हुआ था। कक्षा 6 की परीक्षा देने के लिए वे अपना सामान सिर पर लादकर 170 कि.मी. दूर पैदल गए थे। शिक्षा पूरी करके वे अध्यापन कार्य करने लगे और गोपाल कृष्ण गोखले (दे.) के निमंत्रण पर 23 वर्ष बंबई के फर्गुसन कालेज में अध्यापक रहे।

स्त्रियों की स्थिति सुधारने की ओर उनका आरंभ से ही ध्यान था। पत्नी की मृत्यु हो जाने पर, सामाजिक बहिष्कार का सामना करते हुए उन्होंने स्वयं विधवा से विवाह किया। बंबई का प्रसिद्ध एस.एन.डी. टी. महिला विश्वविद्यालय महर्षि कर्वे का सबसे बड़ा योगदान है। यह अपने ढंग की एकमात्र संस्था है। आपकी सेवाओं का सम्मान करते हुए 1958 ई. में आपको देश के सर्वोच्च सम्मान 'भारत रत्न' से अलंकृत किया गया था। 104 वर्ष की उम्र में 9 नवंबर, 1962 ई. को आपका देहांत हुआ।

कलकत्ता

भारत का सबसे बड़ा औद्योगिक और व्यापारिक नगर जो पश्चिम बंगाल राज्य की राजधानी भी है। यह देश के पूर्व में हुगली नदी के तट पर बसा हुआ एक बड़ा बंदरगाह भी है। कलकत्ता का इतिहास बहुत पुराना नहीं है। ईस्ट इंडिया कंपनी व्यापार के बहाने से भारत में घुस चुकी थी। स्थान-स्थान पर उसने कारखाने स्थापित किए, पर उसे मुगलों का भय बना रहता था। इसलिए इस क्षेत्र के अपने कारखानों को उन्होंने हुगली के किनारे सुटानाटी नामक गांव में हटा लिया। अपनी समुद्री शक्ति के कारण वे इस स्थान को सुरक्षित समझते थे। बाद में उन्होंने औरंगजेब के पुत्र आजिम से सुटानाटी, कालीकाता और गोविंदपुर गांव खरीद लिए। इन्हीं तीन गांवों ने विकसित होकर वर्तमान कलकत्ता शहर का रूप ले लिया है। एक मत के अनुसार कालीकाता गांव से ही नगर कलकत्ता कहलाता है। अन्य मत से काली का मंदिर होने के कारण यह नाम पड़ा है।

1707 ई. तक कलकत्ता एक नगर बन चुका था। 1756 ई. में बंगाल के नवाब शुजाउद्दौला के आक्रमण से इसे बहुत हानि पहुंची। पर प्लासी के युद्ध में विजय के बाद ईस्ट इंडिया कंपनी की शक्ति बढ़ने के साथ-साथ कलकत्ता भी

बढ़ता गया। वर्तमान फोर्ट विलियम 1773 ई. में बनकर तैयार हुआ। उस समय नगर में अन्य मकानों की संख्या केवल 70 थी।

1857 ई. के प्रथम स्वतंत्रता संग्राम के बाद जब ब्रिटिश सरकार ने भारत के शासन विधान की बागडोर अपने हाथ में ले ली तो कलकत्ता भारतीय ब्रिटिश साम्राज्य की राजधानी बन गया। कलकत्ता में ही अंग्रेजों ने सर्वप्रथम अंग्रेजी शिक्षा आरंभ की, लोगों का पश्चिम के नवीन विचारों से संपर्क हुआ और वे स्वतंत्रता की भाषा में सोचने लगे। इस जागृति को रोकने के लिए 1905 ई. में लार्ड कर्जन ने बंगाल का विभाजन कर दिया। इस पर स्वदेशी आंदोलन और बढ़ा। दादा भाई नौरोजी ने 1906 ई. की कलकत्ता कांग्रेस में ही सर्वप्रथम स्वराज्य की मांग की थी। 1920 ई. में महात्मा गांधी ने असहयोग आंदोलन चलाने की घोषणा भी कलकत्ता में ही की थी। यहां की राजनीतिक जागृति देखकर अंग्रेज 1912 ई. में राजधानी हटाकर नई दिल्ली (दे.) ले गए।

यह नगर शिक्षा का भी प्रमुख केंद्र है। विश्वविद्यालय की स्थापना यहां 1857 ई. में हो चुकी थी। 1784 ई. में एशियाटिक सोसाइटी (दे.) अस्तित्व में आई। अलीपुर में एशिया का सबसे बड़ा चिड़ियाघर है। अनेक ऐतिहासिक इमारतों के अतिरिक्त यहां काली का मंदिर, जैन मंदिर, स्वामी विवेकानंद का वेलूर मठ, रामकृष्ण परमहंस का दक्षिणेश्वर मंदिर, धर्मतीर्थंकर विहार आदि प्रमुख धार्मिक स्थल हैं। इस नगर में भारत के नहीं अन्य देशों के निवासी भी बसे हुए हैं। हावड़ा का पुल भारत का सबसे व्यस्त पुल बताया जाता है। कलकत्ता निरंतर बढ़ता जा रहा है।

कलचुरि वंश

वर्तमान मध्य प्रदेश के अधिकांश भाग में 11वीं-12वीं शताब्दी में 'चेदि' नाम का एक राज्य था। मालवा और उत्तरी महाराष्ट्र में फैले इस राज्य के शासक कलचुरि वंशी या हैहय वंशी कहलाते थे। कलचुरि वंश का सबसे प्रसिद्ध राजा गांगेयदेव था जिसने 1015 से 1040 ई. तक राज्य किया। इस वंश के एक शासक कर्णदेव ने मालवा नरेश राजाभोज को भी पराजित किया था। कलचुरियों ने किसी समय गोरखपुर के आसपास भी अपना एक छोटा-सा राज्य स्थापित कर लिया था। 1181 ई. के बाद इस वंश का कुछ पता नहीं चलता। अनुमानतः पालों की शक्ति के सामने कलचुरि बिखर गए।

कला

कला के दो भेद किए जाते हैं—ललित कला और उपयोगी कला। ललित कला के पांच अंग हैं—वास्तु अथवा स्थापत्य कला, मूर्ति कला, चित्र कला, संगीत कला

और काव्य कला। उपयोगी कलाओं में उन वस्तुओं को लिया जाता है जिनका संबंध मनुष्य की भौतिक आवश्यकताओं की पूर्ति से भी है। इनमें भी सौंदर्य का ध्यान रखा तो जाता है, पर वह गौण होता है। अतः कला शब्द से सामान्यतः ललितकलाओं का ही आशय लिया जाता है।

कलिंग

वर्तमान उड़ीसा (दे.) राज्य प्राचीन काल में कलिंग के नाम से प्रसिद्ध था। पहले यह नंदवंश के शासक महापद्मनंद के साम्राज्य का एक अंग था। कुछ समय के लिए मगध साम्राज्य से अलग हो गया था, परंतु अशोक (दे.) ने गद्दी पर बैठने के आठवें वर्ष इसे पुनः जीत लिया। इस युद्ध में कलिंगवासियों ने अशोक की सेना का असाधारण प्रतिरोध किया। कलिंग के एक लाख व्यक्ति मारे गए, डेढ़ लाख बंदी बनाए गए और इससे कहीं अधिक संख्या में, युद्ध से हुए विनाश के कारण, बाद में मर गए। इसी विनाश को देखकर अशोक युद्ध के बदले धर्म-विजय की ओर प्रवृत्त हुआ था। धौलगिरि नामक स्थान पर जहां अशोक की सेना का शिविर था और बाद में जहां उसने बौद्ध धर्म की दीक्षा ली थी, अब एक आकर्षक स्तूप, मंदिर और शिलालेख विद्यमान हैं।

आगे की शताब्दियों में कलिंग ने अनेक परिवर्तन देखे। कभी खारवेल यहां के शासक बने तो कभी यह गुप्त साम्राज्य में मिला। 6वीं-7वीं शताब्दी में थोड़े समय के लिए यहां की सत्ता हर्षवर्धन के हाथों में भी रही।

कलि

एक देवता जिसके नाम पर चौथे युग का नाम कलियुग पड़ा। 'कल्कि पुराण' में कलि के जन्म का विवरण इस प्रकार दिया गया है—द्वापर के अंत में ब्रह्मा की पीठ से अधर्म की उत्पत्ति हुई। अधर्म और उसकी पत्नी मिथ्या ने दंभ नामक पुत्र को जन्म दिया। दंभ ने अपनी बहन माया से विवाह किया जिससे क्रोध नामक पुत्र और हिंसा नाम की पुत्री उत्पन्न हुई। क्रोध और हिंसा ने भी परस्पर विवाह किया और इन्होंने कलि नाम के पुत्र और दुरुक्ति नाम की कन्या को जन्म दिया। ये दोनों भी विवाह-संबंध में बंधे और मय नामक पुत्र तथा मृत्यु नामक कन्या के माता-पिता बने। आर्यभट्ट के अनुसार कलियुग के अंत में कल्कि अवतार होगा।

कलियुग

भारतीय ज्योतिष और पुराणों की परंपरा के आधार पर सृष्टि के संपूर्ण काल को चार भागों में बांटा गया है—सतयुग, त्रेता, द्वापर और कलियुग। आर्यभट्ट के अनुसार महाभारत का युद्ध 3109 ई. पू. में हुआ था और उसके अंत के साथ ही

कलियुग का आरंभ हो गया। कुछ विद्वान कलियुग का आरंभ महाभारत युद्ध के 625 वर्ष पहले से मानते हैं। फिर भी सामान्यत: यही विश्वास किया जाता है कि महाभारत युद्ध के अंत, श्रीकृष्ण के स्वर्गारोहण और पांडवों के हिमालय में गलने के लिए जाने के साथ ही कलियुग का आरंभ हो गया। इस युग के प्रथम राजा परीक्षित (दे.) हुए।

इस काल विभाजन को कुछ लोग जीवन की स्थितियों की लाक्षणिक अभिव्यक्ति मानते हैं। उनके अनुसार सोता हुआ कलि है, जम्हाई लेता हुआ द्वापर, उठता हुआ त्रेता और चलता हुआ सतयुग है।

प्राचीन काल में युगों के अतिरिक्त काल का विभाजन युग, मन्वंतर और कल्प के क्रम से भी होता रहा है।

कल्कि

विष्णु का एक अवतार जो भागवत पुराण के अनुसार जो संभल (दे.) में वर्तमान कलियुग के अंत में होगा। यह अश्वारूढ़ और खड्गधारी होगा। इसका प्रादुर्भाव कलियुग का अंत करने के लिए होगा। यह नए सतयुग का आरंभ करेगा। इसके हाथों अधर्म का नाश और धर्म की वृद्धि होगी। अपना अवतार-कार्य समाप्त करने पर यह तप करने के लिए वन चला जायगा।

कल्प

सतयुग, त्रेता, द्वापर और कलयुग के अतिरिक्त समय की गणना के लिए भारत में कल्प का मापदंड भी माना जाता रहा है। चारों युगों का एक महायुग होता है और एक हजार महायुग मिल कर एक कल्प बनाते हैं। ब्रह्मा का एक दिन भी कल्प कहलाता है।

उसके बाद प्रलय होता है। इस प्रकार कल्प का अर्थ हुआ—विश्व की रचना से लेकर उसके नाश तक की आयु। कहते हैं आज तक ब्रह्मा के 50 वर्ष बीते हैं। 51वें वर्ष के तीन युग समाप्त हुए हैं और चौथे अर्थात् कलियुग का प्रथम चरण चल रहा है। युगों की जो कालावधि निर्धारित की गई है, उसके अनुसार एक कल्प में चार अरब, बत्तीस करोड़ वर्ष होते हैं।

कल्पवृक्ष

देव-दानवों द्वारा किए समुद्रमंथन से जो चौदह रत्न निकले, उनमें एक कल्पवृक्ष भी था। यह इन्द्र को दे दिया गया था। यह विश्वास रहा है कि इस वृक्ष का कभी नाश नहीं होता और इससे मांगी हुई कोई भी वस्तु प्राप्त हो जाती है। जैन धर्म के विश्वास के अनुसार प्रथम सृष्टि में मनुष्यों के जो जोड़े पैदा हुए वे जीविका के

लिए कोई उद्यम नहीं करते थे। उनकी सब इच्छाएं कल्पवृक्ष से पूरी हो जाती थीं।

कल्पसूत्र

वेदांत छह हैं—शिक्षा, कल्प, व्याकरण, निरुक्त, छंद और ज्योतिष। इनमें कल्पसूत्र के तीन विभाग हैं—श्रोतसूत्र, गृह्यसूत्र और धर्मसूत्र। इनमें धार्मिक कर्मकांडों, यज्ञों के विधानों और संस्कारों की व्याख्या का समावेश है। इन ग्रंथों की रचना अलग-अलग ऋषियों ने वेदों की प्रत्येक शाखा के लिए की है। इनको संकलित करने का श्रेय लोमहर्षक ऋषि को दिया जाता है।

कल्पेश्वर

उत्तराखंड के केदार क्षेत्र में कल्पेश्वर महादेव के मंदिर की गणना 'पंच केदारों' में होती है। स्कंद पुराण के अनुसार दुर्वासा ऋषि के शाप से ग्रस्त इन्द्र ने यहीं पर महादेव का पूजन किया था। शंकर-पार्वती ने प्रसन्न होकर यहीं पर इन्द्र को कल्पवृक्ष दिया। तभी से इस स्थान का नाम कल्पेश्वर पड़ा।

कल्माषपाद

अयोध्या नरेश सुदास का पुत्र जिसके यज्ञ में एक राक्षस ने गुरु वशिष्ठ का रूप धारण करके नर-मांस की मांग की थी। इस पर वशिष्ठ ने राजा को राक्षस हो जाने का शाप दिया। राजा भी ऋषि को शाप देना चाहता था, पर रानी के रोकने पर उसने हाथ लिया हुआ जल अपने पैरों में डाल लिया। इससे उसके पैर काले पड़ गए और उसका नाम कल्माषपाद हो गया यद्यपि उसका वास्तविक नाम 'मित्रसह' था। ऋषि के शाप के कारण वह 12 वर्ष तक प्रति तीसरे दिन राक्षस बनकर जंगल में विचरता और नर-मांस खाता रहा। इसी अवस्था में एक ऋषि को खा जाने के कारण ऋषि-पत्नी ने उसे स्त्री-प्रसंग से मर जाने का शाप दे दिया था। इस पर वशिष्ठ ने राजा की पत्नी में गर्भाधान किया। रानी ने सात वर्ष बाद पत्थर मार कर उस गर्भ को बाहर निकाला था।

कल्हण

कश्मीर निवासी कल्हण, जिनका वास्तविक नाम कल्याण था, संस्कृत के श्रेष्ठ ऐतिहासिक महाकाव्यकार माने जाते हैं। इनकी प्रसिद्ध पुस्तक 'राजतरंगिणी' में, जिसकी रचना 1148 से 1150 ई. के बीच हुई, कश्मीर के आरंभ से लेकर रचना के समय तक का क्रमबद्ध इतिहास अंकित है। आरंभिक भाग में यद्यपि पुराणों के ढंग का विवरण अधिक मिलता है, परंतु बाद की अवधि का विवरण पूरी ऐति-

हासिक ईमानदारी से दिया गया है। अपने ग्रंथ के आरंभ में कल्हण लिखता है—"वही श्रेष्ठ कवि प्रशंसा का अधिकारी है जिसके शब्द एक न्यायाधीश के पादक्य की भांति अतीत का चित्रण करने में घृणा अथवा प्रेम की भावना से मुक्त होते हैं।" अपने ग्रंथ में कल्हण ने इस आदर्श को सदा ध्यान में रखा है इसलिए कश्मीर के ही नहीं, तत्काल भारतीय इतिहास के संबंध में भी राजतरंगिणी में बड़ी महत्वपूर्ण और प्रमाणिक सामग्री प्राप्त होती है।

कवच

1. पूजा के स्तोत्रों में से एक स्तोत्र। ये हैं—कवच, अर्गला, कीलक आदि। देवी की पूजा में पढ़े जानेवाले कवच, कीलक और अर्गला स्तोत्र मार्कंडेय और वराह पुराण से लिए गए हैं।

2. भूर्जपत्र या किसी अन्य चीज में लिखा हुआ मंत्र जो किसी डिबिया में रखकर गले अथवा बांह में बांधा जाता है।

कव्वाली

सामूहिक गान की एक धुन जो ईरान से भारत आई। कव्वाल शब्द फारसी के 'कौल' शब्द से बना है जिसका अर्थ होता है कहना या प्रशंसा करना। प्रारंभ में सूफी साधकों ने गान की इस विधि को अपनाया। बाद में पेशेवर कव्वाल भी बनने लगे। इस देश में कव्वाली का आरंभ ख्वाजा मुईउद्दीन चिश्ती के समय से माना जाता है। सर्वप्रथम उनकी लिखी फारसी की गजलें अजमेर की उपासना सभाओं में सामूहिक रूप से गाई गईं। अब इस धुन में हर विषय की रचनायें गाई जाती हैं।

कश्मीर

इस प्रदेश का पूरा नाम 'जम्मू और कश्मीर' है। यह देश के धुर उत्तर में स्थित एक सीमांत प्रदेश है। इसकी सीमायें पाकिस्तान, अफगानिस्तान और तिब्बत से मिलती हैं। यह प्रदेश अपनी प्राकृतिक शोभा के लिए जग-विख्यात है। भारत के लिए सामरिक दृष्टि से भी इसका बड़ा महत्व है।

कश्मीर का इतिहास कल्हण की राजतरंगिणी सहित संस्कृत के कई ग्रंथों में मिलता है। यह माना जाता है कि कश्मीर पहले एक झील था। कश्यप मुनि ने झील के पानी के निकलने का मार्ग बनाया और लोगों को भूमि पर बसाया। अशोक ने भिक्षुओं को भेजकर यहां बौद्ध-धर्म का प्रचार किया था। 1346 ई. तक कश्मीर का शासन हिंदू राजाओं के हाथ में रहा। बाद में यह कुछ दिन तक भारत के मुगल साम्राज्य का अंग रहा। फिर सिक्ख यहां के शासक बने। 1846

में रणजीतसिंह ने यह प्रदेश राजा गुलाबसिंह को दे दिया। तब से यह अंग्रेजों के अधीन एक देशी रियासत बना रहा। 1947 में भारत के स्वतंत्र होने पर कश्मीर के राजा पहले भारत में विलय को टालते रहे परंतु जब पाकिस्तानी सेना ने घुसपैठियों के रूप में भेष बदलकर आक्रमण कर दिया तो राजा को भारत में विलय के लिए राजी होना पड़ा और भारतीय सेना ने आक्रमणकारियों से इस प्रदेश की रक्षा की। पाकिस्तानी आक्रमण का विवाद संयुक्त राष्ट्रसंघ में पहुंच जाने के कारण कश्मीर के बहुत बड़े भाग पर अभी पाकिस्तान का कब्जा है जिसे वह आजाद कश्मीर कहता है।

कश्मीरी

कश्मीरी भाषा का विकास अपभ्रंश से 10वीं शताब्दी में हुआ। यह भाषा अपनी मौखिक परंपरा और लोक-साहित्य के लिए प्रसिद्ध रही है। कश्मीरी में कविता का आरंभ ग्यारहवीं शताब्दी से माना जाता है। चौदहवीं शताब्दी में इस्लाम के आगमन के साथ यहां की राजभाषा 600 वर्षों तक फारसी रही। इसलिए कश्मीरी को विकसित होने का अवसर कम मिला और वह साधारण स्तर के साहित्य की अभिव्यक्ति तक सीमित रह गई। बाद में उर्दू का प्रभाव पड़ा और कश्मीरी भाषा की रचनायें उर्दू की परंपरा से प्रभावित होने लगी। अब भी जम्मू-कश्मीर की राजभाषा उर्दू होने के कारण शिक्षित वर्ग में कश्मीरी भाषा में दक्षता प्राप्त करने की लालसा कम दिखाई देती है।

कश्यप

इस नाम के कई ऋषि हुए हैं जिनमें से एक की गणना प्रजापतियों में होती है। इस ऋषि ने दक्ष की दिति, अदिति, दनु आदि नाम की ग्यारह कन्याओं से विवाह किया था। अदिति के गर्भ से देवता उत्पन्न हुए। दिति ने दैत्यों को और दनु ने दानवां को जन्म दिया।

कश्यप एक गोत्र का भी नाम है। यह गोत्र इतना व्यापक है कि जिसके गोत्र का पता नहीं चलता, उसका गोत्र कश्यप मान लिया जाता है क्योंकि सभी जीवधारियों की उत्पत्ति कश्यप से ही मानी जाती है।

कश्यप का एक पुत्र मुर नाम का दानव था। इसका वध करने के कारण ही श्रीकृष्ण 'मुरारी' कहलाए।

कस्तूरबा

राष्ट्रपिता गांधीजी की पत्नी कस्तूरबा का जन्म 1869 ई. में पोरबन्दर में हुआ था। गांधीजी से जिस समय उनका विवाह हुआ, दोनों की उम्र बारह-तेरह वर्ष

की थी। कस्तूरबा पढ़ी-लिखी न थीं। बाद में उन्होंने थोड़ा-बहुत गुजराती पढ़ना-लिखना सीखा। लेकिन वे बड़ी दृढ़ निश्चय की महिला थीं। वे गांधीजी के साथ दक्षिण अफ्रीका गईं और वहां हठ करके सत्याग्रह आंदोलन में भाग लिया तथा जेल की यातना सही।

भारत में भी कस्तूरबा ने 1930 के नमक सत्याग्रह में भाग लिया और 1932 में भी वे गिरफ्तार की गईं। 'भारत छोड़ो' आंदोलन के समय 1942 में उन्हें गिरफ्तार करके गांधीजी के साथ आगा खां महल, पूना में रखा गया था। वहीं 22 फरवरी 1944 ई. को बंदी की अवस्था में ही कस्तूरबा का देहांत हो गया। उनकी समाधि आगाखां महल के अंदर ही बनी है, जहां पर अंग्रेजों की सरकार ने उनका दाह-संस्कार किया था।

कस्तूरीरंगा अय्यंगार

प्रसिद्ध पत्रकार और देशभक्त कस्तूरीरंगा अय्यंगार का जन्म 15 दिसम्बर 1859 को दक्षिण भारत के तंजावुर जिले में हुआ था। शिक्षा समाप्त करके आप कुछ दिन सरकारी कर्मचारी रहे। पर वहां के बंधन रास न आने पर वकालत करने लगे। शीघ्र ही आपका ध्यान पत्रकारिता की ओर गया। 'हिंदू' समाचार-पत्र में प्रवेश किया और 1905 ई. में उसे खरीद लिया तब से जीवनपर्यन्त पत्र के माध्यम से राष्ट्र की सेवा करते रहे। तत्कालीन सरकार की देश विरोधी नीतियों के आप कटु आलोचक थे। कांग्रेस के निकट और तिलक के विचारों के अनुयायी थे। अंग्रेजों की भेद-भाव पूर्ण नीति के विरोध में आपने 1911 ई. के दिल्ली दरबार का निमंत्रण ठुकरा दिया था। 12 दिसम्बर 1923 ई. को आपका देहांत हो गया।

कांगड़ा

पठानकोट से लगभग 60 मील दूर कांगड़ा में महामाया का मंदिर है। इसे बजेश्वरी या विद्येश्वरी भी कहते हैं। यह देवी के 51 शक्तिपीठों में गिना जाता है। कहते हैं यहां पर सती का मुंड गिरा था।

कांग्रेस

भारतीय राष्ट्रीय कांग्रेस की स्थापना भारतवासियों द्वारा स्वशासन का अधिकार प्राप्त करने के उद्देश्य से दिसंबर 1885 ई. में की गई थी। आरंभ में कांग्रेस का घोषित उद्देश्य तत्कालीन स्थिति के कारण ब्रिटिश साम्राज्य के अंतर्गत भारतवासियों के लिए सुविधाएं प्राप्त करना था। परंतु इस संगठन के मूल में वह राष्ट्रीय असंतोष विद्यमान था जिसका विस्फोट 1857 ई. में हो चुका था। अंग्रेज

अधिकारियों को इस बढ़ते असंतोष की भनक लग गई थी इसलिए तत्कालीन वाइसराय लार्ड डफरिन की सहमति और आशीर्वाद से ह्यूम नाम के एक सेवा निवृत्त ब्रिटिश अधिकारी ने भी कांग्रेस की स्थापना में पहल की।

आरंभिक वर्षों में कांग्रेस अपने प्रस्तावों के द्वारा विभिन्न सुविधाओं की मांग करती रही। जिनकी ब्रिटिश सरकार ने हमेशा उपेक्षा की। सरकार के इस व्यवहार से स्पष्ट हो गया था कि बिना संघर्ष के कुछ भी प्राप्त नहीं हो सकता। कांग्रेस में राष्ट्रीयता का स्वर अधिक मुखरित होने लगा। दूसरी ओर विदेशी सरकार के दमन पराकाष्ठा पर पहुंच गए। बंग-भंग, जलियांवाला बाग आदि की घटनाएं इसी के उदाहरण थे। देश में सशस्त्र क्रांति के भी प्रयत्न हुए परंतु शस्त्र-सज्जित सत्ता का सीमित साधनों से सामना करना भारतवासियों के लिए संभव न था।

इन्हीं परिस्थितियों ने कांग्रेस को गांधीजी के रूप में नया नेता दिया। उन्होंने देश को प्रतिपक्षी पर प्रहार करने की नहीं उसके प्रहार को सहने की शक्ति प्रदान की। इसमे कांग्रेस संगठन को नई दिशा मिली। वह निरंतर सुदृढ़ होती गई। दमन ने उसकी शक्ति का और भी बल प्रदान किया। असहयोग आंदोलन, सविनय अवज्ञा आंदोलन, नमक कानून तोड़ने का आंदोलन और 1942 का भारत छोड़ो आंदोलन इसी की कड़ी थे। स्वतंत्रता संघर्ष की इस लंबी अवधि में कांग्रेस देश की एकमात्र संगठित संस्था थी। उसी के नेतृत्व में 1947 ई. में भारत स्वतंत्रता प्राप्त करने में समर्थ हुआ।

कांची/कांजीवरम्

हिंदुओं में जो सात नगर पवित्र माने जाते हैं उनमें से कांची भी एक है। इसे कांचीपुरम भी कहते हैं। दक्षिण भारत के इस प्रसिद्ध नगर सर्वप्रथम उल्लेख समुद्रगुप्त के शिलालेख में मिलता है। पल्लव राजाओं की इस राजधानी में 640 ई. में चीनी यात्री ह्वेनसांग भी यहां आया था। उसके विवरण के अनुसार यह नगर 8-10 कि.मी. के घेरे में बसा हुआ था और यहां अनेक हिंदू, बौद्ध तथा जैन मंदिर थे।

बौद्ध आचार्य धर्मपाल यहीं पैदा हुए थे। प्रसिद्ध वैष्णव आचार्य रामानुज ने यहीं शिक्षा पाई। देवी के 51 शक्तिपीठों में से एक पीठ यहां है। आगे चलकर पल्लव और चालुक्य राजवंशों के बीच बराबर संघर्ष चलते रहने के कारण कांची को बड़ी क्षति पहुंची। इस समय इस नगर के दो भाग माने जाते हैं—शिवकांची और विष्णुकांची। वस्तुतः ये दो मुहल्ले हैं शिवकांची में एकामेश्वर का प्रसिद्ध शिव मंदिर है। यह मुहल्ला बड़ा है। विष्णुकांची में बरदराजस्वामी का विष्णु मंदिर है। कांचीपुरम रेशमी साड़ियों के लिए बहुत प्रसिद्ध है। यहां के रेलवे

स्टेशन का नाम है कांजीवरम और नगर का नाम है कांचीपुरम जिसे संक्षेप में कांची कहते हैं।

काकभुसुंडि

इनका उल्लेख रामकथा के प्रसंग में आता है। तुलसीकृत रामचरितमानस के अनुसार शंकर ने हंस का रूप धारण करके काकभुसुंडि नामक कौए से रामकथा सुनी थी। काकभुसुंडि पहले ब्राह्मण थे लेकिन लोमस ऋषि के शाप से कौए की योनि में आ गए। वे महान् ज्ञानी और राम के परम भक्त थे। कहते हैं एक बार वे राम के हाथ से खाना छीनकर ले उड़े थे। जब गरुड़ ने इनका पीछा किया तो तीनों लोकों में इन्हें कहीं शरण नहीं मिली। अंत में वे प्राणरक्षा के लिए राम की ही शरण में आए।

काकासाहेब खाडिलकर

मराठी के प्रसिद्ध नाटककार और देशभक्त काकासाहेब का वास्तविक नाम कृष्णाजी प्रभाकर खाडिलकर था। आपका जन्म 23 नवंबर 1872 ई. को हुआ था। आप लोकमान्य तिलक के प्रमुख सहयोगी थे और उनके जेल जीवन में 'केसरी' पत्र का संपादन करते रहे। काका साहेब बड़े तेजस्वी लेखक और क्रांतिकारी भी थे। राजद्रोह के अभियोग में आपको सजा भी हुई थी। बंग-भंग को सामने रखकर आपने जो लोकप्रिय नाटक लिखा वह भी जब्त कर लिया गया। देश के स्वतंत्रता संग्राम के प्रबल समर्थक काकासाहेब का देहांत 26 अगस्त 1948 ई. को हुआ।

काजी नजरुल इस्लाम

बंगला भाषा के विद्रोही कवि के रूप में प्रसिद्ध काजी नजरुल इस्लाम का जन्म 24 मई 1899 ई. को आसनसोल के निकट हुआ था। ये बचपन से ही अपनी दीवानगी के लिए प्रसिद्ध थे। दस-बारह वर्ष की उम्र में साथियों को लेकर गांव-गांव गीत गाते फिरते थे। इससे इनको संगीत का भी अभ्यास हो गया।

नजरुल ने तत्कालीन परंपरा से हटकर नवीन विषयों पर काव्य की रचना की। इनके अनुभव का क्षेत्र बड़ा विस्तृत था। कोयले के खान मजदूरों के निकट रहने तथा सेना में भर्ती होकर मोर्चे पर जाने के व्यक्तिगत अनुभव ने इनके काव्य को नई दिशा दी जो रवीन्द्र से भिन्न थी। इनकी भाषा में उर्दू और अरबी-फारसी के शब्दों का प्रयोग मिलता है।

देशभक्ति और विद्रोही कविताओं के कारण नजरुल को जेल भी जाना पड़ा था। इन्होंने कीर्तन, काली संगीत और प्रयाण गीतों की भी रचना की है। इनकी

मुख्य काव्यकृतियां हैं—अग्नि वीणा, सर्वहारा, साम्यवादी, संचिता, प्रलमशिखा आदि।

इन्होंने रुमानी कविताएं भी लिखी हैं जिनमें मस्तिष्क के विद्रोह के साथ-साथ हृदय के रोमांटिक भावों का बड़ा मर्मस्पर्शी चित्र उभरकर सामने आता है। कविता के साथ-साथ इन्होंने उपन्यास और कहानियों की भी रचना की है। कई पत्रों का संपादन भी किया।

बंगाल के विभाजन के बाद भी पूरे बंगला-भाषी क्षेत्र में नजरुल की लोकप्रियता बनी हुई है। 29 अगस्त 1976 ई. को ढाका के एक अस्पताल में नजरुल का देहान्त हो गया।

नजरुल ने 1920 से 1942 ई. के बीच के 22 वर्षों में सबसे अधिक रचनाएं कीं। इस अवधि में रचे उनके गीतों की संख्या 3500 से ऊपर है। उन्हें प्राचीन भारतीय संस्कृति का अच्छा ज्ञान था और इसका प्रभाव उनकी रचनाओं में दिखाई देता है।

काणे, पांडुरंगवामन

अंतर्राष्ट्रीय ख्याति प्राप्त संस्कृत के विद्वान् पांडुरंगवामन काणे का जन्म महाराष्ट्र के नीलगिरि जिले में 1880 ई. में हुआ था। अपने दीर्घ जीवन में आपने उच्च न्यायालय के अधिवक्ता, संस्कृत के विभागाध्यक्ष, कुलपति, राज्य सभा के सदस्य आदि के रूप में कार्य किया। परंतु श्री काणे की सर्वाधिक ख्याति उन ग्रंथों के कारण है जिनके द्वारा आपने भारत के रीति-रिवाज-धर्म आदि का परिचय संपूर्ण विश्व को दिया है। इनमें प्रमुख हैं—उत्तररामचरित, कादंबरी, हर्षचरित, संस्कृत काव्यशास्त्र का इतिहास और धर्मशास्त्र का इतिहास। श्री काणे की महान साहित्यिक सेवाओं के लिए 1963 ई. में इन्हें देश के सर्वोच्च सम्मान 'भारत रत्न' से अलंकृत किया गया था। 92 वर्ष की उम्र में 1972 ई. में श्री काणे का देहांत हुआ।

कात्यायन

इस नाम के अनेक व्यक्तियों का उल्लेख मिलता है जिनमें तीन मुख्य हैं—(1) विश्वामित्र के वंशज कात्यायन। इन्हें याज्ञवल्क्य का पुत्र बताया गया है। इन्होंने श्रौतगृह धर्मसूत्रों की रचना की। (2) गोभिल पुत्र कात्यायन। इनके रचे ग्रंथ—गृह्य संग्रह तथा कर्मप्रदीप प्रसिद्ध हैं। (3) वररुचि कात्यायन। इन्होंने पाणिनि के सूत्रों पर वार्तिक लिखा है। विद्वानों का मत है कि इस वार्तिक के बिना 'अष्टाध्यायी' अधूरी रह जाती। इनका समय कुछ लोग चौथी शताब्दी ई.पू. और कुछ दूसरी शताब्दी ई.पू. मानते हैं।

कात्यायिनी

एक देवी जिनका जन्म ब्रह्मा, विष्णु और शिव के मुखों से निकले तेज से महिषासुर के वध के लिए हुआ था। महर्षि कात्यायन द्वारा सर्वप्रथम पूजित होने के कारण ये कात्यायिनी कहलाई।

मार्कण्डेय पुराण के अनुसार कात्यायिनी का जन्म आश्विन कृष्ण चतुर्दशी को हुआ था और नवमी को देवताओं ने इनकी पूजा की थी तथा दशमी को देवी ने महिषासुर का वध कर डाला।

कादंब

तीसरी शताब्दी ईस्वी में कर्नाटक के उत्तरी, दक्षिणी और पश्चिमी भाग में राज्य करनेवाला एक कुल। इनके पहले राजा का नाम मयूर शर्मा और राजधानी का नाम बनवासी अथवा वैजयंती था। ये लोग जन्म से ब्राह्मण थे पर कर्म से क्षत्रिय माने जाते थे। धीरे-धीरे इनका अलग अस्तित्व समाप्त हो गया। कुछ लोग इस वंश का संबंध विजयनगर के राजाओं से मानते हैं।

कान्यकुब्ज

प्राचीन कान्यकुब्ज (उत्तर प्रदेश का वर्तमान कन्नौज नगर) बहुत प्राचीन और ऐतिहासिक नगर है। महाभारत, पतंजलि के 'महाभाष्य', चीनी यात्री फाहियान और ह्वेनसांग के यात्रा-वर्णनों में कान्यकुब्ज का विस्तार से उल्लेख मिलता है। गंगा के किनारे बसे इस नगर में चीनी यात्रियों को सैकड़ों हिंदू और बौद्ध मंदिर मिले थे।

सम्राट हर्षवर्धन (दे.) ने जब इसे अपनी राजधानी बनाया तो कान्यकुब्ज की श्री में और भी वृद्धि हुई। 816 ई. से 1090 ई. तक यह प्रतिहार राठौर राजाओं की राजधानी रहा। बारहवीं शताब्दी में इस नगर पर, इतिहास में राठौर नाम से प्रसिद्ध गहड़वाल राजपूतों का आधिपत्य स्थापित हुआ। इस वंश का अंतिम राठौर राजा जयचंद 1194 ई. में जब शहाबुद्दीन मुहम्मद गोरी से पराजित हो उसके हाथों मारा गया तो कन्नौज की महत्ता जाती रही। इसकी प्राचीन भव्यता के खंडहर अब भी विद्यमान हैं। इस समय यह कस्बा इत्र-निर्माण के लिए प्रसिद्ध है।

कान्यकुब्ज का सांस्कृतिक दृष्टि से भी महत्व रहा है। गाधि को एक सहस्र श्यामकर्ण अश्व देकर उसकी कन्या से ऋचीक ने यहीं विवाह किया था। इन्हीं गाधि के पुत्र विश्वामित्र और ऋचीक के पुत्र जमदग्नि थे। जमदग्नि के पुत्र परशुराम हुए। नगर में गौरीशंकर, क्षेमकरी देवी, फूलमती देवी और सिंहवाहिनी के मंदिर हैं।

हिन्दू देवी-देवता और प्रतीक चिह्न

ब्रह्मा (पृ. 623)

विष्णु (पृ. 853)

शिव (पृ. 896)

नंदी (पृ. 466)

सूर्य (पृ. 985)

वरुण (पृ. 816)

वायु (पृ. 826)

अग्नि (पृ. 17)

सोम (पृ. 977)

बलराम (पृ. 582)

राम (पृ. 775)

परशुराम (पृ. 517

गौतम बुद्ध (पृ. 300)

कृष्ण (पृ. 232)

विश्वकर्मा (पृ. 849)

कार्तिकेय (पृ. 200)

गणेश (पृ. 27(

यम (पृ. 740)

हनुमान (पृ. 1001)

कुबेर (पृ. 219)

कामदेव (पृ. 198)

इन्द्र (पृ. 118)

मत्स्यावतार (पृ. 666)

वराह (पृ. 815)

कूर्मावतार पृ. 229)

नृसिंह अवतार (पृ. 498)

वामन अवतार (पृ. 824

कल्कि (पृ. 188)

काली (पृ. 206)

दुर्गा (पृ. 426)

मातंगी (पृ. 701)

मातृका (पृ. 702)

तारा (पृ. 383)

भैरवी (पृ. 654)

कात्यायनी (पृ. 196)

छिन्नमस्ता (पृ. 342)

सरस्वती (पृ. 946)

लक्ष्मी (पृ. 801)

पार्वती (पृ. 530)

गंगा (पृ. 261)

बुध (पृ. 610)

मंगल (पृ. 657)

बृहस्पति (पृ. 612)

लिंग (पृ. 806)

रुद्राक्ष (पृ. 792)

स्वस्तिक (पृ. 998)

कापालिक

शैव संप्रदाय की कापालिक और पाशुपत दो शाखाएं मानी जाती रही हैं। कापालिक महेश्वर को अपना देवता मानते थे। ये मनुष्य की खोपड़ी में खाना-पीना करते हैं। यह मत दक्षिण और उत्तर में गुप्त साधना के रूप में फैला था। शाक्तों और वज्रयानी सिद्धों की तरह इनका भी 'पंचमकारों' से संबंध था। इनके संबंध में प्रचलित है कि कापालिक जटाएं रखते हैं, जटाओं में चंद्रमा की प्रतिमा रहती है और हाथ में नर-कपाल का कमंडलु लिए रहते हैं। पुराणों की एक कथा के अनुसार शिव ने ब्रह्मा का वध कर दिया था। इसका प्रायश्चित करने के लिए उन्होंने कपाली व्रत धारण किया और ब्रह्मा का कपाल उनके हाथ में पड़ा रह गया, इसी से कापालिक मत की उत्पत्ति हुई। कापालिकों का सबसे पुराना उल्लेख महाभारत में मिलता है, पर वहां शैव रूप चित्रित है, वीभत्स रूप नहीं।

काम करने की स्वतंत्रता

किसी भी स्वतंत्र देश के नागरिक को यह अधिकार है कि वह अपनी आजीविका अर्जित करने के लिए कहीं भी कोई काम करे। हां, यह बंधन अवश्य रखा जाता है कि उसके इस कार्य से किसी व्यक्ति या समाज का अहित न हो। भारत के संविधान में भी देश के नागरिकों को यह अधिकार दिया गया है। हां, कुछ मामलों में आगे चलकर इस पर कुछ न्यायिक प्रतिबंध लगे हैं। इसी से काम करने के अधिकार का प्रश्न भी जुड़ा है। हमारे संविधान के नीति-निर्देशक तत्वों ने शासन से ऐसी स्थिति उत्पन्न करने की अपेक्षा की गई है जिसमें प्रत्येक नर-नारी को जीविका के पर्याप्त साधन उपलब्ध हों। परंतु काम के इस अधिकार को, 'अधिकार' के रूप में कुछ साम्यवादी देशों को छोड़कर अन्यत्र संवैधानिक स्वीकृति नहीं मिली है।

कामदगिरि

उत्तर प्रदेश के बांदा जिले में चित्रकूट क्षेत्र का एक पर्वत जो अत्यंत पवित्र माना जाता है। मान्यता है कि राम, लक्ष्मण और सीता ने वनवास का अधिकांश समय यहीं बिताया था। इसे कामतानाथ भी कहते हैं और यात्री पवित्र भाव से इसकी परिक्रमा करते हैं।

कामदा एकादशी

चैत्र शुक्ल पक्ष की एकादशी कामदा या फलदा एकादशी कहलाती है। मान्यता है कि इसका व्रत करने से समस्त कामनाएं पूरी हो जाती हैं।

कामदेव

प्रेम का देवता। अथर्ववेद के अनुसार सर्वप्रथम कामदेव ही उत्पन्न हुआ और उसके समान कोई देवता नहीं है। तैत्तिरीय ब्राह्मण में काम को श्रद्धा का और हरिवंश पुराण में लक्ष्मी का पुत्र कहा गया है। वह इंद्र की सभा का सदस्य था। इंद्र जब किसी का तप भंग करना चाहता था तो कामदेव को भेजता था। उसकी पत्नी का नाम रति था। उर्वशी, मेनका, रंभा आदि अप्सराएं उसकी साधन थीं। कामदेव को अनंग भी कहते हैं क्योंकि वह शिव की कोपाग्नि से भस्म हो गया था और तब से शरीर रूप में न रहकर एक भाव के रूप में है।

एक बार कामदेव ने ब्रह्मा को इतना पीड़ित किया कि वे अपनी पुत्री पर ही आसक्त हो उठे। इस पर ब्रह्मा ने उसे शाप दिया कि तुम शिव के द्वारा भस्म कर दिए जाओगे। जब कामदेव ने कहा कि इसमें मेरा कोई दोष नहीं है, मैंने तो अपने कर्त्तव्य का पालन किया है। तब ब्रह्मा ने उसे बताया कि शंकर द्वारा भस्म होने पर भी तुम इन स्थानों में वास करोगे—स्त्रियों के नेत्र-कटाक्ष, जंघा, स्तन, स्कंध, अधरोष्ठ आदि शरीर के भाग तथा वसंत ऋतु. कोकिल कंठ, चंद्रिका, वर्षा ऋतु, चैत्र और बैसाख मास।

शिव हिमालय में तपस्या कर रहे थे। रूपगर्विता पार्वती ने सोचा, वह अपने हाव-भाव से उन्हें मोहित कर लेगी। वह कामदेव को लेकर शिव के पास पहुंची और कामदेव ने शिव की तपस्या भंग कर दी। शिव ने जब नेत्र खोले तो पार्वती के रूप-सौंदर्य का उन पर कोई प्रभाव नहीं पड़ा। इस पर शिव ने सोचा—समाधि भंग का कारण उनके अंदर नहीं, कहीं बाहर होना चाहिए। तभी सामने वृक्ष पर पुष्प का बाण लिए कामदेव दिखाई दिया। शिव का तीसरा नेत्र खुला और कामदेव वहीं पर भस्म हो गया। जब उसकी पत्नी रति विलाप करने लगी तो शिव ने कामदेव को अंगहीन (अनंग) होकर जीवित रहने की अनुमति दे दी। बाद में शिव को पाने के लिए पार्वती को कठिन तपस्या करनी पड़ी थी।

द्वापर युग में कामदेव का जन्म श्रीकृष्ण की पत्नी रुक्मिणी के गर्भ से प्रद्युम्न के रूप में हुआ था।

कामधेनु

इसके संबंध में कई प्रकार के उल्लेख मिलते हैं। एक के अनुसार यह समुद्रमंथन से निकली एक गाय है जो मनोवांछित फल देती है। यह दक्ष प्रजापति और अश्विनी की पुत्री मानी जाती है। ब्रह्मा की उपासना करके कामधेनु ने अमरत्व प्राप्त किया था। यह वशिष्ठ और विश्वामित्र के बीच युद्ध का भी कारण बनी। एक बार वशिष्ठ ने कामधेनु के प्रताप से अपने आश्रम में विश्वामित्र का बड़ा सत्कार किया। विश्वामित्र के मांगने पर जब वशिष्ठ कामधेनु उन्हें देने को तैयार

नहीं हुए तो दोनों में युद्ध छिड़ गया था। एक प्राचीन मान्यता के अनुसार संसार के संपूर्ण गौवंश की जननी कामधेनु ही है।

कामरूप

असम प्रदेश का प्राचीन नाम। पुराणों में इसे महापीठ स्थान कहा गया है। यहां वराह-विष्णु तथा पृथ्वी के पुत्र नरकासुर ने एक राजवंश की स्थापना की थी। इसके नाम के संबंध में प्रसिद्ध है कि भगवती कामरूपिणी सती जहां विराजमान हैं, वह कामरूप है। यहां का कामाख्या मंदिर प्रसिद्ध है।

कामाख्या

असम प्रदेश में गुवाहाटी से 10 कि. मी. दूर स्थित एक प्रसिद्ध शक्तिपीठ। यह पर्वत, जिस पर मंदिर स्थित है, कामगिरिया नीलांचल कहलाता है। महाभारत-काल में राजा नरकासुर ने यहां पर मंदिर बनवाया था। प्राचीन मंदिर को काला पहाड़ (दे.) ने तोड़ डाला था। वर्तमान मंदिर कूचविहार के राजा ने बनवाया। मंदिर में कोई मूर्ति नहीं है। देवी भागवत के अनुसार जब भगवान शंकर सती का शव कंधे पर उठाकर उन्मत्त की भांति भ्रमण कर रहे थे, उनका मोह भंग करने के लिए विष्णु ने शव के विभिन्न अंग अपने चक्र से काटकर गिरा दिए। सती का योनिमंडल यहां पर गिरा था। कामाख्या तांत्रिकों की आराध्या है। शाक्त और शैव दोनों इसे मानते हैं। यहां अब भी पशुबलि दी जाती है। चैत्र और आश्विन की नवरात्रियों में यात्रियों की सबसे अधिक भीड़ होती है।

कायाकल्प

प्राचीन काल में प्रचलित चिकित्सा की एक पद्धति। कुछ आयुर्वेदाचार्यों के मत से इस पद्धति के द्वारा व्याधि को समूल नष्ट किया जाता था। इससे शरीर के अंदर वे तत्व पहुंचा दिए जाते थे, जिनकी कमी रोग का कारण थी या वे तत्व बाहर निकाल दिए जाते थे, जिनका आधिक्य रोगों का जनक था। इस प्रणाली से स्वास्थ्य, स्मृति और सौंदर्य में वृद्धि होती थी। इसके दो प्रकार थे—'वातातपिक' जो किसी भी स्थान पर करना संभव था। दूसरा 'कुटीर प्रावेशिक' जिसके रोगी को कुछ समय निश्चित नाप की विशेष प्रकार की कुटी में रहना पड़ता था। इस चिकित्सा में आहार, औषधि के साथ-साथ विभिन्न रसायनों का सेवन कराया जाता है।

कार्तवीर्य

हैहय राजा कृत्तवर्मा के 100 पुत्रों में से एक जो सहस्रार्जुन भी कहलाता था।

पुराणों के अनुसार जन्म के समय इसके अंग पूरे नहीं थे। गणेश की आराधना या दत्तात्रेय की सेवा से इसे एक सहस्र हाथ प्राप्त हुए। एक बार इसने अपने हाथों से नर्मदा का पूरा जल रोक दिया। इससे नदी के तट पर तपस्या कर रहे रावण का तप भंग हो गया।

रावण ने कार्तवीर्य को युद्ध के लिए ललकारा, पर रणक्षेत्र में इसने रावण को बंदी बना लिया। जब पुलस्त्य ऋषि ने अपने पौत्र को छोड़ देने का अनुरोध किया, तभी इसने रावण को मुक्त किया था।

कार्त्तवीर्य मदमत्त होकर मनमानी करने लगा था। इस पर विप्ररूपधारी आदित्य ने इसे परशुराम के हाथों मारे जाने का शाप दिया। एक दिन कार्तवीर्य शिकार की खोज में घूमता हुआ परशुराम के पिता जमदग्नि ऋषि के आश्रम में पहुंचा। ऋषि दंपति ने इंद्र से प्राप्त कामधेनु की कृपा से उसका यथेष्ट सत्कार किया। लौटते समय कार्तवीर्य बलपूर्वक कामधेनु को अपने साथ ले जाने लगा। परंतु कामधेनु ने अपने सींगों के प्रहार से उसकी सारी सेना को नष्ट कर दिया और स्वयं इंद्रलोक चली गई।

परशुराम को जब अपने पिता के आश्रम में घटी इस घटना का पता चला तो उन्होंने युद्ध में कार्तवीर्य को मार डाला। दूसरी ओर अपने पिता की मृत्यु का बदला लेने के लिए कार्यवीर्य के पुत्रों ने जमदग्नि ऋषि की उस समय हत्या कर दी जब वे ध्यान में बैठे थे। इस पर पिता की हत्या से क्रुद्ध परशुराम ने इक्कीस बार क्षत्रियों का नाश करने की प्रतिज्ञा की थी।

कार्तवीर्य का राज्य बहुत विस्तृत था। महिष्मती उसकी राजधानी थी।

कार्तिक पूर्णिमा

शरद ऋतु की अंतिम तिथि जिसे बहुत पवित्र माना जाता है। इस दिन स्नान और दान का बड़ा महत्व है। दान न केवल ब्राह्मणों अपितु निर्धन संबंधियों, बहिन, बहिन के पुत्र, पिता की बहिन आदि को देने का विधान है। इस अवसर पर उत्तर भारत में कई मेले लगते हैं जिनमें सोनपुर, गढ़मुक्तेश्वर, बटेश्वर, पुष्कर आदि के मेले अधिक प्रसिद्ध हैं। कार्तिक पूर्णिमा के अवसर पर वाराणसी, पुष्कर और कुरुक्षेत्र में स्नान और दान का विशेष महत्व मानते हैं।

कार्तिकेय

शिव के पुत्र जिनका पालन-पोषण कृतिकाओं ने किया था। ये बड़े पराक्रमी थे। इस कारण देवताओं के सेनापति बनाए गए। इन्होंने तारक नामक राक्षस का वध किया और कृष्ण तथा बाणासुर के युद्ध में भी सम्मिलित हुए थे। पुराणों में इनके अनेक नाम मिलते हैं—कुमार, स्कंद, सुब्रह्मण आदि। मयूर तथा कुक्कुट इनके

वाहन बताए जाते हैं। प्राचीन भारतीय कला में कार्तिकेय की बहुत मूर्तियां मिलती हैं।

कार्नवालिस (1738—1805 ई.)

भारत में ब्रिटिश सरकार का गवर्नर जनरल और बंगाल का कमांडर-इन-चीफ। यह पहले अमेरिका में नियुक्त था। पर वहां के स्वाधीनता संग्राम में इसे 1781 ई. में आत्मसमर्पण करना पड़ा। बाद में यह सात वर्षों तक उक्त पदों पर रहा। 1805 ई. में इसे पुनः गवर्नर जनरल बनाकर यहां भेजा गया, पर पांच महीने बाद ही उत्तर प्रदेश के गाजीपुर नामक स्थान पर उसकी मृत्यु हो गई।

कार्नवालिस के कार्यकाल में दक्षिण में ब्रिटिश साम्राज्य का विस्तार हुआ। इसकी सबसे बड़ी देन अपनी सरकार के शासन प्रबंध को संगठित करना और भूमि का नया बंदोबस्त करना था। देश में जमींदारी की प्रथा इसी के समय आरंभ हुई थी। इसने जमींदारों का एक ऐसा वर्ग पैदा किया जिनके और ईस्ट इंडिया कंपनी के हित समान थे। इसने 1793 ई. में बंगाल और उड़ीसा में जो भूमि-व्यवस्था लागू की, ब्रिटिश शासन काल में पूरे भारत में वही चलती रही।

कार्यपालिका

वर्तमान समय में शासन के तीन अंग माने जाते हैं—विधायिका, न्यायपालिका और कार्यपालिका। कार्यपालिका जिसमें सर्वोच्च अधिकारी से लेकर सबसे नीचे के कर्मचारी तक सबकी गणना होती है, राज्य के निर्णय लागू करने का काम करती है। संसदीय लोकतंत्र में इसके दो भाग होते हैं—(1) राज्य का अध्यक्ष और मंत्रिपरिषद तथा (2) राजकीय कर्मचारी।

कार्यपालिका अत्यधिक अधिकार संपन्न होती है। एक अंश तक वह विधायिका के काम में भी व्यवधान डाल सकती है क्योंकि विधानमंडल के निर्णय की अंतिम पुष्टि शासनाध्यक्ष द्वारा ही की जाती है। अल्प अवधि के लिए ही सही, उसे अध्यादेश (दे.) निर्गत करने का भी अधिकार है। न्यायपालिका के न्यायाधीशों की नियुक्ति भी कार्यपालिका द्वारा ही की जाती है। उसे न्यायपालिका के द्वारा दंडित व्यक्ति को क्षमा करने का भी अधिकार है। भारत में कार्यपालिका के सर्वोच्च अधिकारी राष्ट्रपति सेना के तीनों अंगों के सर्वोच्च सेनापति भी हैं। हां, लोकतांत्रिक पद्धति में कार्यपालिका के कामों पर संसद अथवा विधानमंडल का नियंत्रण रहता है क्योंकि मंत्रिमंडल का अस्तित्व इन संस्थाओं के समर्थन पर निर्भर है।

कार्ली और भाजा की गुफाएं

बंबई-पूना रेलमार्ग पर मलावली स्टेशन के पास कार्ली और भाजा की बौद्ध गुफाएं हैं। इन्हें पर्वतों को काटकर बनाया गया है। गुफाओं में स्थान-स्थान पर गौतम बुद्ध की मूर्तियां हैं। कार्ली की चैत्य गुफा भाजा की अपेक्षा अधिक कलापूर्ण है।

कालका

1. भागवत के अनुसार वैश्वानर की कन्या जो कालकेय नामक असुरगण की माता थी।

2. अश्वमेध यज्ञ का एक बलि-पशु जो कदाचित एक प्रकार का पक्षी था।

3. उत्तर भारत का एक नगर जहां कालका देवी का मंदिर है। मान्यता के अनुसार जब पार्वती के शरीर से कौशिकी देवी प्रकट हुईं तो उनका वर्ण श्याम हो गया था और वे यहीं आकर स्थित हो गईं।

कालनेमि

रावण की लंका का एक राक्षस। वह इच्छानुसार रूप बदल लेता था। राम-रावण युद्ध में जब लक्ष्मण को शक्ति लगी थी तो हनुमान को औषधि लाने के लिए भेजा गया। हनुमान के मार्ग में बाधा डालने के लिए रावण ने कालनेमि को भेजा था। हनुमान जहां जल पीने के लिए रुके थे, कालनेमि ऋषि का वेश बनाकर वहां बैठ गया और उसने हनुमान को बातों में उलझाकर रोकना चाहा। पर हनुमान को इस षड्यंत्र का पता चल गया और उन्होंने तत्काल कालनेमि को मार डाला।

कालपी

उत्तर प्रदेश के जालौन जिले में यमुना नदी के किनारे स्थित एक प्राचीन स्थान जो इस समय एक नगर है। मान्यता है कि कृष्ण द्वैपायन व्यास का जन्म यहीं हुआ था।

पराशर मुनि और सत्यवती के सहवास का स्थल यही है। आधुनिक इतिहास में भी कालपी का महत्वपूर्ण योगदान रहा है। 1857 ई. के स्वतंत्रता संग्राम में नाना साहब पेशवा और झांसी की रानी लक्ष्मीबाई ने यहां पर भी अंग्रेजी सेना से मोर्चा लिया था।

कालपी के एक व्यक्ति ने काफी धन जमा करके लंका का निर्माण कराया है। इसकी ऊंची मीनार बहुत दूर से दिखाई देती है। संसार भर में रावण का शायद यही अकेला स्मारक है।

कालभैरव अष्टमी

यह व्रत मार्गशीर्ष के कृष्णपक्ष की अष्टमी के दिन किया जाता है। देवताओं के कोतवाल भैरव का जन्म इसी दिन हुआ था। भैरव रुद्र के गण हैं। अत्यंत उग्र और क्रोधी रुद्र का वाहन कुत्ता है। इनका एक नाम दंडपाणि भी है। इन्हें रक्त प्रिय है और सदा युद्ध-भूमि में उपस्थित रहते हैं। शैव मत में भैरव-पूजा का विशेष महत्व है। यदि भैरव अष्टमी मंगल और रविवार को पड़ती है तो उसे और भी महत्वपूर्ण माना जाता है। एक कथा के अनुसार शिव को छोड़कर अन्य सभी देवता भैरव से डरते हैं क्योंकि उन्होंने एक बार शिव के कहने पर पंचमुख ब्रह्मा का एक मुख काट लिया था।

कालमुख

यह कापालिकों का एक कट्टरपंथी उपसंप्रदाय बताया जाता है। इनका मुख्य लक्षण है— कपाल-भोजन, चिता-भस्म लेपन, दंडधारण, सुरापात्र धारण और सुरापात्र में भैरव-पूजन। ये लोग मुंडमालाधारी नीलकंठ शिव की पूजा करते हैं।

कालयवन

गार्ग्य और गोपाली का पुत्र एक प्राचीन राजा, जिसके जन्म के संबंध में एक कथा मिलती है। महर्षि गर्ग के पुत्र गार्ग्य ब्रह्मचारी थे। एक बार यादवों की सभा में नपुंसक कहकर उनका उपहास किया गया। इससे क्षुब्ध होकर उन्होंने बारह वर्ष तक लौह चूर्ण खाकर तपस्या की। कालयवन की प्राप्ति इसी तपस्या से हुई। वह अंधकों और वृष्णियों (यादवों) का घोर शत्रु बन गया। शैशव में निःसंतान यवन राजा ने इसका पालन-पोषण किया था। इसलिए इसका नाम कालयवन पड़ा।

कालयवन बड़ा पराक्रमी था। जरासंध के साथ इसने भी यादवों पर चढ़ाई की। इन्हीं आक्रमणों के कारण श्रीकृष्ण यादवों की राजधानी मथुरा से द्वारका ले गए। एक बार जब वे मथुरा आए तो कालयवन ने कृष्ण को देखकर उनका पीछा किया। कृष्ण भागते हुए एक गुफा के अंदर चले गए, जहां मांधाता के पुत्र मुचकंद (दे.) सोए हुए थे। कृष्ण ने अपने वस्त्र मुचकंद के ऊपर डाल दिए और स्वयं ओट में छिप गए। उनके पीछे-पीछे कालयवन भी गुफा में घुसा। वस्त्र देखकर उसने सोए हुए मुचकंद को ही कृष्ण समझकर लात मारी। इससे मुचकंद की नींद भंग हुई और ज्यों ही उन्होंने आंख उठाकर कालयवन की ओर देखा, वह जलकर भस्म हो गया।

कालरात्रि व्रत

यह व्रत आश्विन शुक्ल अष्टमी को रखा जाता है। सामर्थ्य भर इसे सभी वर्णों

द्वारा सात दिन, तीन दिन अथवा एक दिन रखने का विधान है। इस दिन गणेश, मातृदेवों और शिव की पूजा के उपरांत किसी शैव ब्राह्मण से हवन कराते और आठ कन्याओं को भोजन कराते हैं।

काला पहाड़

मुर्शिदाबाद (बंगाल) के नवाब दाऊद का एक सेनापति जो पहले ब्राह्मण था। बाद में किसी नवाब की कन्या के प्रेम में मुसलमान बन गया। वह पुन: हिंदू होना चाहता था, परंतु ब्राह्मणों ने इसे स्वीकार नहीं किया। इसलिए वह अत्यंत क्रूर और कट्टर बन गया। 1568 ई. में उसने उड़ीसा पर चढ़ाई की, वहां के राजा को पराजित किया और पुरी के जगन्नाथ मंदिर को तोड़ डाला। असम में वह तेजपुर तक बढ़ा और गोवाहाटी के निकट कामाख्या (दे.) के मंदिर को नष्ट कर दिया। परंतु 1583 ई. में अकबर की सेना के सामने वह पराजित हुआ और मार डाला गया।

कालिंजर

उत्तर प्रदेश के बांदा जिले में स्थित एक दुर्ग जिसका धार्मिक और ऐतिहासिक महत्व है। महाभारत और पुराणों में इसकी धार्मिक महत्ता का वर्णन है। कालिंजर में नीलकंठ महादेव और कालभैरव की दर्शनीय मूर्तियां हैं। यह दुर्ग कब बना इस संबंध में मतैक्य नहीं है। परंतु इस क्षेत्र के राजनीतिक परिवर्तनों में सभी राजवंशों द्वारा इस दुर्ग के उपयोग का वर्णन मिलता है।

कालिंदी

प्राचीन भारतीय साहित्य में कालिंदी का उल्लेख अनेक संदर्भों में मिलता है। कहीं पर उसे कलिंग पर्वत से निकलनेवाली यमुना नदी कहा गया है तो कहीं पर अयोध्या-नरेश असित की पत्नी और राजा समर की माता। कहीं पर यह सूर्यपुत्री है तो कहीं पर श्रीकृष्ण की एक पत्नी जिसका हस्तिनापुर में द्रौपदी ने स्वागत किया था। उड़ीसा के एक वैष्णव संप्रदाय का नाम भी कालिंदी है। आधुनिक साहित्य में कालिंदी का प्रयोग यमुना नदी के लिए ही होता है।

कालिका

चंडिका का एक रूप। कालिका पुराण के अनुसार इंद्र सहित सभी देवता शुंभ और निशुंभ असुरों से छुटकारा पाने के लिए मातंग ऋषि के आश्रम में देवी की स्तुति कर रहे थे। इससे प्रसन्न होकर मातंग की काया से अत्यंत श्याम वर्ण की देवी प्रकट हुई। वही कालिका कहलाई। वही उग्रतारा भी कहलाती है।

कालिका पुराण

शाक्त मत का आधारभूत ग्रंथ जिसका प्रचलन बंगाल में अधिक है। इसमें देवी को इन पशुओं की बलि देने का निर्देश है—पक्षी, कच्छप, घड़ियाल, मत्स्य, भैंसा, बकरा, जंगली सुअर, गैंडा, काला हिरन, बारहसिंगा आदि। इस क्षेत्र के शाक्त मंदिरों में किसी-न-किसी रूप में पशुबलि अभी भी प्रचलित है।

कालिदास

संस्कृत साहित्य और भारतीय प्रतिभा के उज्ज्वल नक्षत्र। कालिदास के जीवन-वृत्त के विषय में अनेक मत प्रचलित हैं। कुछ लोग उन्हें बंगाली मानते हैं। कुछ का कहना है, वे कश्मीरी थे। कुछ उन्हें उत्तर प्रदेश का भी बताते हैं। परंतु बहुसंख्यक विद्वानों की धारणा है कि वे मालवा के निवासी और उज्जयनी के सम्राट विक्रमादित्य के नव-रत्नों में से एक थे। विक्रमादित्य का समय ईसा से 57 वर्ष पहले माना जाता है जो विक्रमी संवत् का आरंभ भी है। इस वर्ष विक्रमादित्य ने भारत पर आक्रमण करनेवाले शकों को पराजित किया था।

कालिदास के संबंध में यह किंवदंती भी प्रचलित है कि वे पहले निपट मूर्ख थे। कुछ धूर्त पंडितों ने षड्यंत्र करके उनका विवाह विद्योत्तमा नाम की परम विदुषी से करा दिया। पता लगने पर विद्योत्तमा ने कालिदास को घर से निकाल दिया। इस पर दुखी कालिदास ने भगवती की आराधना की और समस्त विद्याओं का ज्ञान अर्जित कर लिया।

कालिदास रचित ग्रंथों की तालिका बहुत लंबी है। पर विद्वानों का मत है कि इस नाम के और भी कवि हुए हैं जिनकी ये रचनाएं हो सकती हैं। विक्रमादित्य के नवरत्न कालिदास की सात रचनाएं प्रसिद्ध हैं। इनमें से चार काव्य-ग्रंथ हैं—रघुवंश, कुमारसंभव, मेघदूत और ऋतुसंहार। तीन नाटक हैं—अभिज्ञान शाकुंतलम्, मालविकाग्निमित्र और विक्रमोर्वशीय।

इन रचनाओं के कारण कालिदास की गणना विश्व के सर्वश्रेष्ठ कवियों और नाटककारों में होती है। उनकी रचनाओं का साहित्य के साथ-साथ ऐतिहासिक महत्व भी है। संस्कृत साहित्य के 6 काव्य ग्रंथों की गणना सर्वोपरि की जाती है। इनमें अकेले कालिदास के तीन ग्रंथ—रघुवंश, कुमारसंभव और मेघदूत है। ये 'लघुत्रयी' के नाम से भी जाने जाते हैं। शेष तीन में भारवि (किरातार्जुनीय), माघ (शिशुपाल वध) और श्रीहर्ष (नैषधीयचरित) की रचनाएं आती हैं।

कालिय नाग

कद्रु का पन्नग जाति का एक नागराज जो पहले रमण द्वीप में रहता था। गरुड़—सर्प जिसका भक्ष है—इसे न सताएं इसलिए कालिय प्रतिमास उसका भोजन भेज

दिया करता था। एक बार वह स्वयं गरुड़ का भक्ष खा गया। इससे कुपित गरुड़ ने कालिय पर आक्रमण कर दिया। भयभीत कालिय नंदगांव के पास यमुना में जा छिपा। उसके विष से यमुना का जल जहरीला हो गया। उसे पीकर गाएं और गोप मरने लगे।

एक बार जव खेलते समय गेंद यमुना में गिर जाने से कृष्ण उसे निकालने के लिए यमुना में कूदे तो वे कालिय के फण पर नाचने लगे। उन्होंने गरुड़ से निर्भयता का वरदान देकर कालिय को पुनः रमण द्वीप भेज दिया। यमुना का यह स्थान आज भी 'कालियदह' कहलाता है।

काली

एक देवी, पुराणों के अनुसार जिनके चार हाथ हैं। वे बाघ का चर्म पहनती हैं और शव इनका वाहन है। यह शक्ति का ही एक रूप है। द्वितीय शताब्दी ई. पू. से ही काली-पूजा के प्रमाण मिलते हैं। गुण-रूप के अनुसार इनके अनेक नाम प्रचलित हैं—महाकाली, दक्षिणाकाली, भद्रकाली, गुह्यकाली, रक्षाकाली श्मशानकाली आदि। तांत्रिक संप्रदाय में काली की पूजा अधिक प्रचलित है और इसमें सुरा का उपयोग होता है।

काली मंदिर

कलकत्ता के कालीघाट में स्थित काली मंदिर बहुत प्रसिद्ध है। इसे शक्तिपीठ माना जाता है। मान्यता है कि यहां पर सती (दे.) का दाहिना पैर और चार ऊंगलियां गिरी थीं। मुख्य मंदिर नष्ट होने के बाद जो मंदिर बना है, उसमें शिखर नहीं हैं। इस मंदिर के दोनों ओर ग्यारह शिव मंदिर हैं, जो एकादश रुद्र मंदिर कहलाते हैं।

कावी

भरुच (दे.) के आगे स्थित यह स्थान सास और बहू के बनवाए हुए दो जैन मंदिरों के लिए प्रसिद्ध है। सास ने आदिनाथ का मंदिर बनवाया था और बहू ने रत्न तिलक मंदिर जिसमें धर्मनाथ स्वामी की मूर्ति स्थापित है। दोनों ही मंदिर बड़े कलापूर्ण हैं।

कावेरी

दक्षिण भारत की प्रसिद्ध नदी जो कुर्ग जिले में ब्रह्मगिरि पहाड़ी से निकलकर कर्नाटक और तमिलनाडु राज्यों में होती हुई बंगाल की खाड़ी में गिरती है। इसे दक्षिण की गंगा कहते हैं। इसकी गणना भारत की सात पवित्र नदियों (गंगा,

गोदावरी, सरस्वती, नर्मदा, सिंधु, कावेरी) में होती है। श्रीरंगपट्टन (दे.) और शिवसमुद्र द्वीप इसी नदी में हैं और पवित्र तीर्थ माने जाते हैं। इसकी घाटी बड़ी उपजाऊ है।

काव्य

पुराणों में वर्णित असुरों के गुरु का नाम काव्य भी था। शुक्र (दे.) और उशनादेव भी यही कहलाते थे। देवताओं से बार-बार हारने पर इन्होंने ही असुरों को सांत्वना दी थी। महादेव की तपस्या करके इन्होंने विजय मंत्र प्राप्त किया। संग्राम में जब देव पराजित हो गए और असुर पक्ष बलवान हो गया तो उसे परास्त करने के लिए विष्णु को बार-बार अवतार लेना पड़ा।

काशी

संसार के सबसे पुराने नगरों में से एक, जिसकी गणना सात पवित्र पुरियों में होती है। कहा जाता है कि यह शंकर के त्रिशूल पर बसी है और प्रलय में भी इसका नाश नहीं होता। वरुणा और असि नामक नदियों के बीच में बसी होने के कारण इसे वाराणसी कहते हैं। यह भारत का प्राचीनतम विद्या केन्द्र और सांस्कृतिक नगर है। धार्मिक विषयों में काशी के विद्वानों की व्यवस्था पूरे देश में मानी जाती रही है।

यहां शंकर का विश्वनाथ नामक बारह ज्योतिर्लिंगों में से एक लिंग है। 51 शक्तिपीठों में से एक शक्तिपीठ (मणिकर्णिका पर विशालाक्षी) यहीं है। यहां पर सती का कर्णकुंडल गिरा था। काशी को मंदिरों का नगर कहते हैं। यहां गली-गली में मंदिर हैं। गंगा यहां कुछ दूर तक अर्धचंद्राकार बहती है। आरंभ में काशी उसके तट तक ही सीमित थी। अब नगर का बहुत विस्तार हो गया है।

गंगा के किनारे यहां 41 घाट बने हुए हैं। इनमें पंचगंगा घाट, मणिकर्णिका घाट, दशाश्वमेध घाट, केदारघाट, तुलसीघाट आदि अधिक प्रसिद्ध हैं। तुलसीघाट पर गोस्वामी तुलसीदास बहुत दिन तक रहे और यहीं पर उन्होंने संवत् 1680 में शरीर त्यागा। काशी के मुख्य मंदिर हैं—विश्वनाथ मंदिर, अन्नपूर्णा, ढुंढिराज गणेश, गोपाल मंदिर, कालभैरव, दुर्गाजी, संकटमोचन आदि। मुख्य शिवलिंगों की संख्या 59 बताई जाती है।

काशी जैन धर्मावलंबियों का भी तीर्थ है। 23वें तीर्थंकर पार्श्वनाथजी का जन्म यहीं हुआ था।

पुराणों में काशी के संबंध में एक कथा मिलती है। सम्राट दिवोदास यहां के राजा थे। पार्वती की प्रसन्नता के लिए शिवजी ने यहां बसने का निश्चय किया और अपने गण निशुंभ से इसे निर्जन करा दिया। शिव आए तो उनके साथ देवता

और नाग भी यहीं आ बसे। इस पर राजधानी से वंचित दिवोदास ने ब्रह्मा की तपस्या करके वर प्राप्त किया कि देवता अपने दिव्यलोक में और नाग पाताल लोक में। पृथ्वी मनुष्यों के लिए रहे। इस पर शिवजी को काशी छोड़कर मंदराचल चला जाना पड़ा। परंतु काशी का मोह उनसे नहीं छूटा। उन्होंने विभिन्न प्रकार से दिवोदास को प्रभावित करके इसे अपना स्थायी निवास बना ही लिया।

काशी का प्राचीन विश्वनाथ मंदिर विदेशी आक्रमण के समय नष्ट कर दिया गया था। वर्तमान मंदिर 1777 ई. में इंदौर की रानी अहिल्याबाई ने बनवाया। इसके 30 मीटर ऊंचे शिखर पर पंजाब के महाराजा रणजीतसिंह ने सोने का पत्तर मढ़वाया था।

काशी हिन्दू विश्वविद्यालय के भीतर बना नया विश्वनाथ मंदिर और भारतमाता मंदिर भी दर्शनीय है। इस नगर में तीन विश्वविद्यालय हैं। संत कबीर यहीं पैदा हुए थे।

काशीखंड

यह स्कंदपुराण का एक भाग है। इसके अनुसार तीर्थ तीन प्रकार के होते हैं—(1) जंगम—इसमें पवित्र स्वभाव वाले, सबका हित चाहने वाले ब्राह्मण और गाय आते हैं। (2) मानस—इसमें सत्य, क्षमा, शम, दम, दया, दान, संतोष, ब्रह्मचर्य, ज्ञान, धैर्य, तपस्या आदि का समावेश होता है। (3) स्थावर—इनमें गंगा नदी, पवित्र सरोवर, अक्षयवट आदि पवित्र वृक्ष, गिरि, कानन, समुद्र आदि की गणना होती है।

काशीखंड में बड़ी संख्या में तीर्थों और उनके इतिहास तथा महात्म्य का वर्णन किया गया है। पद्मपुराण इस धरती के तीर्थों की संख्या साढ़े तीन करोड़ बताता है। (दे. तीर्थ)

काशीपुर

उत्तर प्रदेश के नैनीताल जिले का एक बड़ा शहर। इसके समीप **भगवान बुद्ध** ने उपदेश दिया था और उनके स्मारक एक स्तूप में रखे गए थे। इससे कुछ दूर पर प्राचीन नगर अहिछत्र (दे.) था। चीनी यात्री ह्वेनसांग के अनुसार उस समय यहां 30 देवमंदिर और दो संघाराम थे।

काशीपुर के बाहर 'द्रोणसागर' के पास ज्वालादेवी का मंदिर है जो 'उज्जैनी देवी' भी कहलाती है। इसकी बड़ी मान्यता है। लोग गंगोत्री यात्रा से पूर्व इसके दर्शन करने के लिए आते हैं।

काश्यप मातंग

भारत के बाहर बौद्ध धर्म का प्रचार करने में काश्यप मातंग का बड़ा महत्त्वपूर्ण

योगदान रहा है। यह पहला भिक्षु था जो सन् 67 ई. में चीन गया। कहते हैं, चीन के सम्राट मिंग (58-75 ई.) ने अपने दूत भारत भेजे थे। उन्हीं के निमंत्रण पर मातंग चीन गया। इसका जन्म मगध में हुआ था, पर चीन जाते समय यह गंधार में रहता था।

काषाय देवी

उत्तर प्रदेश में अल्मोड़ा नगर के निकट स्थित एक मंदिर जो काषाय या कौशिकी देवी का मंदिर कहलाता है। दुर्गासप्तशती के अनुसार शुंभ और निशुंभ नामक दैत्यों का वध करने के लिए पार्वती के शरीर से कौशिकी देवी प्रकट हुई थी।

किंपुरुष

1. रामायण में वर्णित एक प्राचीन जाति जिसके सदस्य कंद-मूल-फल पर जीवन निर्वाह करते और पहाड़ों में झोंपड़ियां बनाकर रहा करते थे।
2. दक्ष कन्याओं की संतति और कुबेर के सेवक जो उसके आमोद-प्रमोद स्थल की रक्षा में नियुक्त थे। इन्हें बौने कद का बताया गया है।
3. भागवत और अन्य पुराणों में वर्णित एक भूखंड जहां के नर-नारी अत्यन्त सुंदर और दीर्घ आयु के होते थे।

किदवई, रफी अहमद

उत्तर प्रदेश के बाराबंकी जिले के निवासी रफी अहमद किदवई का जन्म 18 फरवरी 1894 ई. को हुआ था। वे स्वतंत्रता संग्राम और भारतीय राजनीति के चर्चित व्यक्ति रहे हैं। गांधीजी के आह्वान पर इन्होंने विश्वविद्यालय की पढ़ाई छोड़ी और असहयोग आंदोलन में भाग लेकर जेल चले गए। 1926 ई. में ये स्वराज्य पार्टी के टिकट पर केन्द्रीय असेम्बली के सदस्य चुने गए और वहां पार्टी के मुख्य सचेतक रहे। स्वतंत्रता के बाद उत्तर प्रदेश के राजस्व मंत्री और केन्द्र के खाद्य, कृषि, संचार, नागरिक उड्डयन मंत्री के रूप में ख्याति अर्जित की।

कांग्रेस की राजनीति में किदवई का व्यक्तित्व बड़ा विवादास्पद था। वे दल में रहते हुए भी कभी-कभी दल के निर्णयों के विपरीत कार्य करते थे। उन्होंने कांग्रेस छोड़ी और फिर कांग्रेस में सम्मिलित हो गए। वे पं० जवाहरलाल नेहरू का बड़ा सम्मान करते थे। अक्तूबर 1964 ई. में श्री किदवई का देहान्त हो गया।

किन्नर

महाभारत और पुराणों में हिमालय क्षेत्र में बसनेवाली इस जाति का नामाल्लेख है। किन्नरों को देवताओं का गायक और भक्त कहा गया है। यक्षों और गंधर्वों की

तरह वे भी नृत्य और गान में प्रवीण थे। उनके नाम के संबंध में कहा गया है कि वे मंगोल रक्त-प्रधान लोग रहे होंगे जिनमें पुरुषों के मूंछ-दाढ़ी नहीं के बराबर निकलती है और कभी-कभी चेहरा देखकर तत्काल स्त्री-पुरुष में अंतर ज्ञात नहीं होता। शतपथ ब्रह्मण में एक ऐसे किन्नर का उल्लेख है, जिसका शरीर तो मानव का था, किन्तु मुख अश्व का।

किरात

पूर्वी हिमालय के पर्वतीय प्रदेश में रहनेवाली एक प्राचीन अनार्य जाति जिसकी जीविका का मुख्य साधन आखेट था। इन्हें सर्प-विष उतारने में भी प्रवीण बताया गया है। ये गुफाओं में निवास करते थे। इनमें महिलाओं के शरीर का रंग स्वर्ण के समान बताया गया है। इससे प्रतीत होता है कि ये लोग मंगोल रक्त के थे। कालांतर में देश के अन्य भागों में भी फैल गए। सिक्किम के पश्चिम में आज भी किरात नाम की एक जाति निवास करती है।

किष्किधा

दंडकारण्य में स्थित एक वानर राज्य, जहां का राजा बालि था। श्रीराम ने बालि को मार कर सुग्रीव को वहां का राजपाट दिलाया था। महाभारत के अनुसार जब सहदेव दिग्विजय के लिए निकले, उस समय वहां के राजा भेद और द्विविद नाम के वानर थे। दक्षिण में तुंगभद्रा नदी के तट पर अनेगुंदी नाम के स्थान को प्राचीन किष्किधा बताया जाता है।

किसा गौतमी

भगवान बुद्ध की एक शिष्या। एक समय यह अपने एकमात्र पुत्र की मृत्यु पर उसका शव लेकर भटक रही थी। किसी ने इससे कहा कि तुम गौतम बुद्ध के पास जाओ। वे तुम्हारे पुत्र को जीवित कर देंगे। किसा भगवान बुद्ध के पास पहुंची और उन्हें अपना दुख बताया। बुद्ध बोले—तुम किसी ऐसे घर से एक मुठ्ठी अन्न ले आओ जहां कभी कोई मरा न हो। मैं तुम्हारे मृत पुत्र को जीवित कर दूंगा। दिन भर भटकने पर भी गौतमी को ऐसा घर नहीं मिला। उसे निराश देखकर गौतम ने कहा—जन्म-मृत्यु का चक्र निरंतर चलता रहता है। तुम इसे भूल कर धर्म का आश्रय ग्रहण करो। इस पर किसा गौतमी उनकी शिष्या बन गई।

कीचक

कैकयराज का पुत्र और मत्स्य देश के राजा विराट का साला और सेनापति जो अपने बल और पराक्रम के लिए प्रसिद्ध था। वनवास काल में जब पांडवों ने अज्ञात-

वास का एक वर्ष वेश और नाम बदलकर राजा विराट के यहां बिताया। इसी अवधि में कीचक द्रौपदी पर कुदृष्टि रखने लगा था। उसके इस नीच मनोभाव से क्रुद्ध होकर भीम ने उसका वध कर डाला।

कीर्तन

वैष्णव संप्रदाय में ईश्वर की उपासना की संगीत और नृत्य की एक मिली-जुली विशेष प्रणाली कीर्तन कहलाती है। यह मुख्य रूप से बंगाल में विकसित हुई। चैतन्य महाप्रभु के समय इसका प्रचलन और भी बढ़ा। महाराष्ट्र में कीर्तन करने वाले 'हरिदास' कहलाते हैं। वे करताल की ताल पर कीर्तन करते हैं। बंगाल के कीर्तन में जहां कृष्ण के नाम और उनकी लीलाओं का वर्णन रहता है, महाराष्ट्र में सभी देवताओं के स्तवन के साथ ज्ञानेश्वर, तुकाराम आदि की रचनाओं का भी गायन होता है। कीर्तन के तीन प्रकार बताए गए हैं—गुण कीर्तन, लीला कीर्तन और नाम कीर्तन।

कीर्तिमान

काशी का एक राजा जो इक्ष्वाकुवंश के राजा नग का पुत्र था। भागवत् और पुराणों में वसुदेव-देवकी के प्रथम पुत्र का नाम भी कीर्तिमान बताया गया है। आठवें पुत्र को ही अपना काल मानकर कंस ने पहले इस संतान का वध नहीं किया था। किंतु बाद में नारद के कहने पर मार डाला।

कीर्तिवर्मा

इस नाम के तीन नरेश हुए हैं—

1. कीर्तिवर्मा (प्रथम)—चालुक्य वंश के नरेश पुलकेशी प्रथम के पुत्र और उत्तराधिकारी जिन्होंने 566 ई. से 597 ई. तक राज्य किया। इनके समय में चालुक्यों की राजनीतिक शक्ति में काफी वृद्धि हुई।

2. कीर्तिवर्मा (द्वितीय)—इस चालुक्य नरेश ने 745 ई. से 755 ई. तक राज्य किया। इसके समय में चालुक्य शक्ति का ह्रास होने लगा। इसे पांड्य राजा और राष्ट्रकूट दोनों से पराजित होना पड़ा और सत्ता चालुक्यों के हाथ से निकलकर राष्ट्रकूटों के हाथ में चली गई।

3. कीर्तिवर्मा (चंदेल)—इस चंदेल नरेश ने कालंजर पर 1060 से 1100 ई. तक राज्य किया। इसके समय में कलचुरि शासकों द्वारा छीनी हुई सत्ता पुनः चंदेलों के हाथ में आई।

कीर्तिस्तंभ

भारत में कीर्तिस्तंभ या विजयस्तंभ बनाने की बड़ी पुरानी परिपाटी रही है। अशोक के समय के कई कीर्तिस्तंभ मिले हैं। इनमें सबसे प्राचीन कौशांबी का वह स्तंभ है जो इस समय इलाहाबाद के किले के अंदर स्थित है। दिल्ली में कुतुबमीनार के परकोटे का लौहस्तंभ भी प्रसिद्ध है। इसमें किसी चंद्रराजा की दिग्विजय का उल्लेख है।

विद्वान् इसे सम्राट चंद्रगुप्त विक्रमादित्य का कीर्तिस्तंभ बताते हैं। चित्तौड़ का विजयस्तंभ अर्वाचीन और वास्तुशिल्प तथा देव प्रतिमाओं के अलंकरण बहुत प्रसिद्ध है। दिल्ली की कुतुबमीनार भी एक विजयस्तंभ ही है जिसका निर्माण पृथ्वीराज चौहान के पितामह वीसलदेव के समय आरंभ हुआ था।

कुंचन नंबियार

मलयालम भाषा के इस विख्यात कवि का समय 1705 से 1770 ई. तक माना जाता है। ये त्रिवांकुर के शासक मार्तंड वर्मा के दरबार में थे। इन्होंने अपनी रचनाओं के लिए इतिहास और पुराणों से विषय चुने और उन्हें समकालीन सामाजिक जीवन की पृष्ठभूमि में चित्रित किया। जनमानस में उनकी रचनाएं इतनी लोकप्रिय हुईं कि उनकी अनेक पदोक्तियां आज भी लोकोक्तियों की तरह उद्धरित की जाती हैं।

कुंजर

1. हनुमान की माता अंजना के पिता जिनका एक नाम विरज भी मिलता है।
2. कपाली रुद्र के हाथों मारा गया एक असुर जो तारकासुर का श्रेष्ठ सेनापति था।
3. मलय पर्वतमाला की एक चोटी जहां पर अगस्त्य ऋषि का आश्रम था।

कुंजर भारती

सुब्रह्मण्य भारती के पुत्र और तमिल भाषा के विख्यात कवि जिनका समय 1810 से 1896 ई. तक था। ये सुंदर कल्पना और मधुर पदावली के लिए प्रसिद्ध हैं। शिवगंगा के राजा ने इन्हें 'कवि कुंजर' की उपाधि प्रदान की थी।

कुंडलिनी

तांत्रिक मत के अनुसार परमेश्वर की जो पराशक्ति प्रत्येक जीव के देह में सोई पड़ी है उसी का नाम कुंडलिनी है। कुंडलिनी शक्ति मानव-देह में मेरुदंड के नीचे मूलाधार में स्थित है। ध्यान लगाकर इस कुंडलिनी के सिर को ऊपर की ओर

करके योगी सफल मनोरथ होते हैं। इसी क्रम की एक क्रिया कुंडलिनी जाग्रत करना कहलाती है।

कुंडलपुर

बिहार प्रदेश के पटना जिले का एक स्थान जो प्रसिद्ध जैन तीर्थ है। जैन धर्म के चौबीसवें तीर्थंकर महावीर स्वामी का जन्म यहीं हुआ था। यहां से लगभग तीन मील दूर पावापुरी में उनका निर्वाण हुआ। प्राचीन नालंदा विश्वविद्यालय का स्थान भी यहां से लगभग एक मील दूर है। कुंडलपुर को सभी जैन धर्मावलंबी पवित्र तीर्थ मानते हैं। यहां श्वेताम्बर और दिगम्बर दोनों संप्रदायों के मंदिर और धर्मशालाएं हैं।

कुंडिनपुर

महाराष्ट्र के अमरावती जिले का एक गांव वर्धा नदी के किनारे स्थित है। प्राचीन काल में इसका नाम कौडिण्यपुर था। यह रुक्मिणी के पिता विदर्भ नरेश भीष्मक की राजधानी थी। यहीं रुक्मिणी का जन्म हुआ। और यहीं से श्रीकृष्ण उसे हर ले गए। पहले रुक्मिणी का विवाह चेदि नरेश शिशुपाल से तय हुआ था परंतु रुक्मिणी की ओर से संदेश मिलने पर श्रीकृष्ण ने उसका हरण किया और उसे अपनी पटरानी बनाया। बाद में रुक्मिणी के पुत्र प्रद्युम्न ने भी रुक्मिणी के भाई रुक्मी की पुत्री सुंदरी से विवाह किया। किसी समय इस नगर का नाम विदर्भ नगरी था और यह दमयंती के पिता की राजधानी थी।

वर्धा नदी के किनारे अंबिका का वह मंदिर अब भी है जहां श्रीकृष्ण द्वारा हरण से पहले रुक्मिणी पूजा के लिए गई थी। संत रामदास की समाधि भी यहां पर है।

कुंडेश्वर

मध्य प्रदेश में टीकमगढ़ के निकट यमद्वार नदी के किनारे बसा एक स्थान। यहां के शिवमंदिर की मूर्ति पन्द्रहवीं शताब्दी में एक कुंड से प्रकट हुई। मूर्ति मिलने की सूचना पाकर बल्लभाचार्य ने तैलंग ब्राह्मणों से उसका संस्कार कराया और स्थापित किया। कुंड से मिलने के कारण इसे कुंडेश्वर कहते हैं। शिवरात्रि, मकर-संक्रांति और वसंतपंचमी को यहां भारी मेला लगता है।

कुंतल

महाभारत काल में इस नाम के तीन जनपद थ। 1. काशी और कोशल के निकट चुनार के आसपास का क्षेत्र। 2. दक्षिण में कृष्णा नदी के निकट का क्षेत्र।

जिसका उल्लेख 11वीं और 12वीं शताब्दी के चालुक्य वंश के अभिलेखों में भी आया है। 3. कोंकण और बरार के बीच का क्षेत्र।

कुंतिभोज

एक राजा जिसे वसुदेव की बहन पृथा (कुंती) दत्तक दी गई थी। यह कुंती की बुआ का पुत्र था। कुंती का पालन-पोषण इसी के यहां हुआ। इसी से उसका नाम पृथा से कुंती पड़ा। एक बार दुर्वासा ऋषि कुंतिभोज के यहां आए। राजा ने उनके स्वागत-सत्कार की व्यवस्था का भार कुंती को सौंप दिया। कुंती से प्रसन्न होकर दुर्वासा ने उसे मंत्र दिया जिसके द्वारा वह किसी भी देवता का आह्वान करके उसे अपने पास बुला सकती थी। इसी मंत्र बल से आगे चलकर पांडवों की उत्पत्ति हुई। (दे. कुंती)।

कुंती

राजा शूरसेन की पुत्री और श्रीकृष्ण की बुआ। इनका पालन-पोषण राजा कुंतिभोज ने किया था। इसीलिए ये कुंती के नाम से प्रसिद्ध हुईं। (दे. कुंतिभोज) इन्हें दुर्वासा ऋषि से एक मंत्र मिला था। इस मंत्र की परीक्षा करने के लिए कुमारी कुंती ने सूर्य का आह्वान किया था। सूर्य और कुंती के संसर्ग से प्रसिद्ध वीर कर्ण का जन्म हुआ। लोकलाजवश कुंती ने शिशु कर्ण को नदी में बहा दिया। नदी में वह कौरवों के सारथी अधिरथ को मिला जिसने उसका पालन-पोषण किया।

कुंती का विवाह हस्तिनापुर के राजा पांडु से हुआ था। वैवाहिक जीवन में कुंती ने मंत्र द्वारा आह्वान करके क्रमशः धर्म से युधिष्ठिर, पवन से भीम और इंद्र से अर्जुन को जन्म दिया। पांडु की दूसरी पत्नी माद्री को भी कुंती ने दुर्वासा द्वारा दिया गया मंत्र बताया और उसने भी अश्विनीकुमारों का आह्वान करके नकुल और सहदेव दो पुत्र प्राप्त किए। ये पांचों मिलकर पांडव कहलाए।

महाभारत युद्ध के बाद कुंती धृतराष्ट्र और उनकी पत्नी गंधारी के साथ वन में चली गई। वहां दावाग्नि में उसका देहावसान हुआ। कुंती की गणना पंच-कन्याओं में होती है।

कुंभकर्ण

लंकापति रावण का भाई। प्रसिद्ध है कि यह जन्म लेते ही हजारों व्यक्तियों को खा गया। इस पर हाहाकार सुनकर इंद्र ने उस पर वज्र चलाया परंतु वज्र बेकार गया और उसने इंद्र के हाथी ऐरावत का दांत उखाड़कर इंद्र पर दे मारा। इस उत्पात से बचने के लिए लोगों ने ब्रह्मा से प्रार्थना की। ब्रह्मा ने कुंभकर्ण को सदा

सोते रहने का शाप दे दिया। जब रावण ने बहुत अनुनय-विनय की तो ब्रह्मा ने कहा कि छः महीने पर इसकी नींद टूटती रहेगी।

राम-रावण युद्ध के समय इसे जगाने का बहुत प्रयत्न किया गया। कहते हैं कि एक हजार हाथियों ने वह रस्सी खींची जो इसके गले में बंधी थी। कान और नाक में पानी डाला गया। खीझकर रावण इस पर प्रहार करने लगा तब कहीं यह जागा।

इसके सोने के संबंध में एक अन्य कथा भी मिलती है। कुंभकर्ण की तपस्या से प्रसन्न होकर ब्रह्मा ने उससे वर मांगने को कहा। इस आशंका से कि यह कोई अनर्थकारी वरदान न मांग ले, सरस्वती इसके कंठ में बिराज गई और कुंभकर्ण ने केवल यही वर मांगा कि मैं लंबी अवधि तक सो सकूं और केवल एक दिन भोजन करूं।

कुंभकर्ण बड़ा निर्भीक था। उसने सीताहरण के लिए रावण की भर्त्सना की और सीता को लौटा देने की सलाह दी पर रावण ने उसका कहा नहीं माना और कुंभकर्ण को राम से युद्ध करना पड़ा। युद्धभूमि में राम के हाथों उसकी मृत्यु हुई।

कुंभकोणम

कावेरी नदी के तट पर स्थित यह दक्षिण भारत का एक प्रमुख तीर्थ है। प्रति वारह वर्ष के बाद यहां कुंभ का मेला लगता है। उसमें लाखों यात्री भाग लेते हैं। यहां के मंदिरों में पांच मंदिर मुख्य हैं—कुंभेश्वर (तीर्थ का मुख्य मंदिर), सारंगपाणि, नागेश्वर, रामस्वामी और चक्रपाणि।

पुराणों के अनुसार ब्रह्मा ने एक घड़े (कुंभ) में अमृत भरकर रखा था। कुंभ की नासिका अर्थात् मुख के समीप एक छेद से अमृत चूकर बाहर निकल गया और उससे वहां की पांच कोस भूमि भीग गई। तभी से इसका नाम कुंभकोणम पड़ गया। भगवान शंकर अमृत से भीगी इस भूमि को पवित्र तीर्थ मानकर यहां लिंग के रूप में प्रकट हुए। यह लिंग कुंभेश्वर नामक मंदिर में स्थापित है।

प्रचलित कथा के अनुसार जब भृगु की लात सहकर भी विष्णु क्रुद्ध नहीं हुए तो लक्ष्मी ने रूठकर यहां एक ऋषिकन्या के रूप में जन्म लिया। बाद में नारायणजी यहां आए और उन्होंने ऋषिकन्या से विवाह कर लिया। एक अन्य कथा के अनुसार प्रलय काल में ब्रह्मा ने सृष्टि की मूल प्रकृति को यहीं एक घड़े में बचाकर रखा था।

कुंभज

एक प्राचीन आख्यान जिसके अनुसार अगस्त्य ऋषि ने क्रोध में आकर तीन अंजुलि

में सारा समुद्र पी लिया था। एक चिड़िया समुद्र को उलीचने के उद्देश्य से प्रतिदिन अपनी चोंच में पानी भरकर बाहर फेंका करती थी। ऋषि अगस्त्य के पूछने पर उसने बताया कि समुद्र उसके बच्चे बहा ले गया। ऋषि ने कहा—मैं समुद्र की दुष्टता का बदला लूंगा। एक दिन समुद्र की लहरें ऋषि की पूजा की सामग्री बहा ले गईं। फिर क्या था, ऋषि ने समुद्र का सारा पानी पी लिया। इससे जो सूखा पड़ा उससे चारों ओर त्राहि-त्राहि होने लगी। अंत में देवताओं की प्रार्थना पर ऋषि ने लघुशंका करके सारा समुद्र फिर भर दिया।

कुंभनदास

अष्टछाप (दे.) के कवियों में इन्होंने ही सबसे पहले दीक्षा ली थी। ये मूलतः किसान थे। पुष्टिमार्ग में दीक्षित होने के बाद श्रीनाथजी के मंदिर में कीर्तन किया करते थे। ये किसी से दान नहीं लेते थे। कहते हैं राजा मानसिंह एक गांव, सोने के आरसी और एक हजार स्वर्ण मुद्राएं इन्हें देना चाहते थे। परंतु कुंभनदास ने लेने से इंकार कर दिया। इन्हें मधुरभाव की भक्ति प्रिय थी और इनके रचे हुए लगभग 500 पद उपलब्ध हैं।

कुंभ मेले

देश के चार कुंभ मेले सर्वाधिक प्रसिद्ध हैं। ये राशियों के हिसाब से लगते हैं। प्रत्येक का क्रम बारहवें वर्ष में आता है।

हरिद्वार—कुंभ राशि के शुरू में, मेष के सूर्य में।
प्रयाग—वृष राशि के शुरू में, मकर के सूर्य में।
उज्जैन—सिंह राशि के शुरू में, मेष के सूर्य में।
नासिक—सिंह राशि के शुरू में, सिंह के सूर्य में।

कुंवरसिंह, बाबू

1857 ई. के प्रथम भारतीय स्वतंत्रता संग्राम के प्रमुख सेनानियों में से एक बाबू कुंवरसिंह का जन्म 1782 ई. में बिहार के जगदीशपुर में हुआ था। वे एक बड़े जमींदार परिवार के थे। 1857 ई. में जब आंदोलन आरंभ हुआ तो अंग्रेज अधिकारियों ने सहयोग के लिए अन्य जमींदारों के साथ बाबू कुंवरसिंह को भी आमंत्रित किया, परंतु वे उस बैठक में नहीं गए। कमल और रोटी भेजकर आंदोलनकारी इन्हें पहले ही निमंत्रित कर चुके थे।

कुंवरसिंह की अनुपस्थिति से संशंकित अंग्रेजों ने उन्हें विद्रोही घोषित करके गिरफ्तार करना चाहा, पर वे अपने सिपाहियों को लेकर पहले ही फरार हो चुके थे। उन्होंने आरा शहर पर कब्जा करके जेल के कैदी रिहा कर दिए। इसके बाद

रीवा पर अधिकार करते हुए वे कानपुर पहुंचे और वहां नाना साहब, रानी लक्ष्मीबाई तथा तांत्या टोपे से मिले। उन्होंने बांदा, सुल्तानपुर, गोंडा, लखनऊ, इलाहाबाद, वाराणसी, गाजीपुर आदि जिलों में क्रांति की लहर फैलाई। अंग्रेजों के कब्जे से अपनी रियासत को भी छुड़ा लिया। परंतु इस संघर्ष में उनके हाथ में गोली लग चुकी थी, जिससे 25 अप्रैल, 1858 ई. को उनकी मृत्यु हो गई।

कुकुर

महाभारत और कौटिल्य अर्थशास्त्र में वर्णित एक प्राचीन भारतीय जनजाति जिसने स्वयं को मौर्य साम्राज्य की परिधि में आने से बचा लिया था। पश्चिमी भारत में प्राप्त कुछ अभिलेखों के अनुसार इस जाति का, जो संघ शासन की अनुयायी थी, अस्तित्व पहली शताब्दी ई. पू. में भी था। महाभारत में इसे अंधक-वृष्णि गणराज्य की एक शाखा बताया गया है। इस जाति ने कुरुक्षेत्र के युद्ध में भी भाग लिया।

कुणाल

1. इसे अशोक का पुत्र बताया जाता है, परंतु अशोक या उसके किसी उत्तराधिकारी के शिलालेख में इसका उल्लेख नहीं है। कहते हैं, कुणाल को अपनी सौतेली मां तिष्यरक्षिता का कोपभाजन बनना पड़ा। उसने कुणाल की आंखें तक फोड़वा दीं।

कारण यह था कि तिष्यरक्षिता उम्र में अशोक से बहुत छोटी थी और स्वभाव में अति चंचल। वह युवक कुणाल की ओर आकृष्ट हुई। पर कुणाल ने उसका प्रस्ताव ठुकरा दिया। तिष्यरक्षिता ने इसका बदला लेने की ठानी।

एक बार जब अशोक ने विद्रोह को दबाने के लिए कुणाल को तक्षशिला भेजा, तभी तिष्यरक्षिता ने तक्षशिला के मंत्रियों को आदेश भेजकर कुणाल की आंखें निकलवा दीं।

2. हिमालय की सात प्रसिद्ध झीलों में से एक का नाम।

3. सुंदर आंखोंवाला एक पक्षी।

कुणिंद

रामायण, महाभारत और पुराण आदि में वर्णित प्राचीन भारत का एक प्रसिद्ध जनसमूह, जिसका पहली और चौथी शताब्दी के बीच महत्वपूर्ण गणराज्य था। इनके कई सौ कुल थे। युधिष्ठिर के राजसूय यज्ञ में इन्होंने भेंट दी थी। ये लोग गंगा और यमुना के उद्‌गम प्रदेश में रहते थे। प्राप्त सिक्कों से ज्ञात होता है कि ये चित्रेश्वर (शिव) के नाम पर अपना शासन चलाते थे। चित्रेश्वर का मंदिर आज

भी कुमाऊं में विद्यमान है। इससे अनुमान लगाया जाता है कि कुणिंद जनसमूह का निवास-स्थान कुमाऊं, गढ़वाल और निकटवर्ती क्षेत्र था।

कुतबन

हिंदी के सूफी कवि जिनके रचित 'मिरगावती' काव्य का कुछ ही अंश प्राप्त हुआ है। प्राप्त प्रमाणों के आधार पर मुल्ला दाऊद हिंदी के प्रथम सूफी कवि और कुतबन दूसरे कवि माने जाते हैं। विद्वानों का अनुमान है कि इन्होंने अपने काव्य में जौनपुर के तत्कालीन शासक की ओर संकेत किया है। इस आधार पर इन्हें उत्तर प्रदेश में जौनपुर के आसपास का निवासी माना जाता है। कहते हैं, वाराणसी के कुतबन शहीद नामक मुहल्ले में इन्हीं की मजार है। 'मिरगावती' या मृगावती के उपलब्ध अंश से कुतबन की काव्य प्रतिभा का पता चलता है। परवर्ती सूफी कवियों ने उनसे प्रेरणा ली है।

कुतुबमीनार

दिल्ली के निकट स्थित इस भव्य और ऊंची मीनार का निर्माण राय पिथौरा के किले और मंदिर को गिराकर कुतुबुद्दीन ऐबक ने बारहवीं शताब्दी के अंत में करवाया था। उसी समय इसका नाम 'कुतुबमीनार' रखा गया। परंतु इतिहासकारों का कथन है कि इस मीनार का निर्माण पृथ्वीराज चौहान के पितामह बीसलदेव विग्रहराज ने अपनी दिल्ली विजय की स्मृति में कराया था। बाद में इसके एक खंड का निर्माण स्वयं पृथ्वीराज ने करवाया। उसकी कन्या यमुना के दर्शन किए बिना अन्न-जल ग्रहण नहीं करती थी। मीनार का एक खंड और बन जाने से उसे मीनार के ऊपर चढ़कर वहीं से यमुना के दर्शनों की सुविधा हो गई।

बाद में इल्तुतमिश ने इस लाट को ऊंचा कराया और इसका नाम रखा 'माजेना' अर्थात् अजान देने का स्थान। कुतुबमीनार में पहले सात तल्ले थे। सातवां तल्ला 1368 ई. में सुल्तान फीरोजशाह ने बनवाया था। 1782 ई. में आंधी और भूचाल के कारण ऊपर की मंजिलें गिर पड़ीं। 1829 ई. में सरकार ने इसकी मरम्मत कराई। इस समय मीनार केवल पांच खंडों की है। इसमें जगह-जगह लगे अभिलेखों के सूक्ष्म निरीक्षण से ज्ञात होता है कि ये बाद के बादशाहों के समय में लगाए गए हैं। इसके द्वार भी उत्तर की ओर हैं, जबकि अजान के लिए बनी दीवारों के द्वार पूर्व की ओर होते हैं।

कुछ विद्वान् इस मीनार को प्रसिद्ध भारतीय ज्योतिषविद वराहमिहिर की वेधशाला बताते हैं, जिनका समय 507 और 587 ई. के बीच माना जाता है। जनश्रुति के अनुसार वे उज्जैन के प्रसिद्ध राजा विक्रमादित्य के दरबार में थे।

कुतुबुद्दीन ऐबक

तुर्किस्तान का मूल निवासी कुतुबुद्दीन ऐबक गुलाम के रूप में खरीदकर शहाबुद्दीन मुहम्मद गोरी के पास लाया गया था। अपनी योग्यता से वह शीघ्र ही मुहम्मद गोरी का विश्वासपात्र सेनापति बन गया। 1192 ई. में मुहम्मद गोरी भारत में विजय-अभियान जारी रखने का कार्य कुतुबुद्दीन को सौंपकर खुरासान वापस चला गया तो उसने बड़ी वीरता से यह काम किया। 1193 ई. में दिल्ली पर अधिकार करने के बाद ऐबक ने दस वर्षों में कन्नौज, ग्वालियर, अजमेर, कालिंजर पर अधिकार कर लिया और अपने एक सहायक के द्वारा बिहार और बंगाल को भी गोरी के राज्य में मिला लिया।

गोरी का वंशज न होते हुए भी वह इतना प्रभावशाली हो गया कि गोरी की मृत्यु के बाद वह दिल्ली के प्रथम मुसलमान सुल्तान के रूप में गद्दी पर बैठ गया और 1206 से 1210 ई. में मृत्यु तक राज्य करता रहा। अपना प्रभाव बनाए रखने के लिए ऐबक ने प्रमुख परिवारों से वैवाहिक संबंध स्थापित किए। कुतुबमीनार (दे.) का निर्माण इसी ने कराया।

कुबलयापीढ़

कंस का एक पागल हाथी। कंस के निमंत्रण पर जब श्रीकृष्ण गोकुल से मथुरा गए तो उन्हें मरवाने के उद्देश्य से इस हाथी को द्वार पर खड़ा कर दिया गया था। हाथी ने श्रीकृष्ण पर प्रहार करने की चेष्टा की, किंतु उनके हाथों मारा गया।

कुबेर

उत्तर दिशा के दिग्पाल और अधिष्ठाता देवता कुबेर यक्षराज, गुह्यपति, निधिपति आदि नामों से भी जाने जाते हैं। ये यज्ञ, धन और अलकानगरी के स्वामी हैं। इनका जन्म तीन चरण और आठ दांतों के साथ हुआ था। ऐसा कुत्सित शरीर होने के कारण ही इनका नाम 'कुबेर' पड़ा। इनके पिता मुनि विश्रवा और माता इलविड़ा थीं। कुबेर को धन के अतिरिक्त शक्ति का भी प्रतीक माना जाता है। लोकदेवता के रूप में भी प्रतिष्ठित कुबेर अपने भक्तों को शक्ति और समृद्धि प्रदान करते हैं। बौद्ध और जैन धर्म में भी क्रमश: 'जंभाल' और 'मल्लिकानाथ' तीर्थंकर के यक्ष के रूप में कुबेर का उल्लेख मिलता है। भारतीय कला में कुबेर की मूर्तियां बड़ी संख्या में उत्कीर्ण हुई हैं।

कुछ पुराण कुबेर को शिव का भाई और मित्र बताते हैं। लंका का निर्माण विश्वकर्मा से कुबेर ने ही कराया था। रावण के डर से, जिसने कुबेर का पुष्पक विमान भी छीन लिया था, कुबेर को लंका छोड़कर अलकापुरी चले जाना पड़ा।

वेदों में भी कुबेर का उल्लेख है। वहां इन्हें दैत्यों और दानवों का नायक कहा गया है।

कुब्जा

कंस की दासी का नाम। पीठ पर कूबड़ होने के कारण इसका कुब्जा नाम पड़ा। इसका शरीर कई जगह से टेढ़ा था। श्रीकृष्ण की कृपा से वह सीधा हो गया और कुब्जा अत्यंत रूपवती हो गई। यह कथा भी प्रचलित है कि कुब्जा बाल-विधवा थी और उसने साठ वर्षों तक पुण्य-कर्म और तपस्या का जीवन व्यतीत किया। इससे उसे बैकुंठ प्राप्त हुआ। बाद में राक्षसों के वध के लिए उसने तिलोत्तपरं नाम की सुंदरी अप्सरा के रूप में जन्म लिया। राक्षसों के वध के बाद ब्रह्मदेव ने उसे सूर्यलोक भेज दिया।

कुमार

1. ब्रह्मा के मानस-पुत्र जो विष्णु ुराण के अनुसार परम ब्रह्म का रहस्य समझ पाए थे। इनमें सनक, सनंदन, सुजात आदि की गणना होती है। ये सदा बालक रहकर विचरते और धर्म का प्रचार करते हैं।

2. देवताओं के सेनापति स्कंद (दे.) का एक नाम जिन्होंने तारकासुर का वध किया था। 6 कृतिकाओं द्वारा पाले जाने के कारण ये कार्तिकेय (दे.) भी कहलाते हैं।

कुमारगुप्त

इस नाम के दो सम्राट हुए हैं।

1. कुमारगुप्त प्रथम चंद्रगुप्त विक्रमादित्य का पुत्र और उत्तराधिकारी था। वह 414-15 ई. में सम्राट बना और 40 वर्षों तक शासन करता रहा। उसके शासन के अंतिम दिनों में पुष्यमित्रों और हूणों के दो असफल आक्रमण हुए। कुमारगुप्त ने दो अश्वमेध यज्ञ किए। वह सहिष्णु और उदार शासक था और उसके समय देश में सुख-समृद्धि रही। कुछ लोग उसे नालंदा विश्वविद्यालय का संस्थापक मानते हैं।

2. कुमारगुप्त द्वितीय कुमारगुप्त प्रथम का प्रपौत्र था। वह 473 ई. में गद्दी पर बैठा और एक ही वर्ष शासन कर सका। विशाल गुप्त साम्राज्य सिमटकर पूर्वी प्रांतों तक ही सीमित रह गया था। पुत्रहीन कुमारगुप्त की मृत्यु के बाद गुप्तवंश की सीधी परंपरा समाप्त हो गई।

कुमारजीव

भारत के बाहर बौद्ध धर्म का प्रचार करनेवाला प्रमुख विद्वान् जिसका जन्म 344 ई. में हुआ था। उसका पिता कुमार अथवा कुमारायण और माता मध्य एशिया के कूचा के राजा की बहिन राजकुमारी जीवा थी। कुमारायण कूचा का राजगुरु हो गया था। कुमारजीव कश्मीर में शिक्षा ग्रहण करके 20 वर्ष की उम्र में बौद्ध भिक्षु हो गया। उसे आक्रमण में बंदी बनाकर चीनी अपने देश ले गए। वहां के सम्राट के कहने पर कुमारजीव चीन में बौद्ध धर्म का प्रचारक बन गया। अनेक चीनी विद्वान् उसकी सहायता के लिए नियुक्त किए गए। इनकी सहायता से कुमारजीव ने 98 संस्कृत ग्रंथों का चीनी भाषा में अनुवाद किया। उसके चीनी शिष्यों की भी बहुत बड़ी संख्या थी। फाहियान (दे.) उसी के परामर्श पर 405-411 ई. के बीच भारत आया।

कुमारपाल

1. गुजरात का एक शासक जिसने 1143 से 1172 ई. तक शासन किया। अहनिलवाड़ उसकी राजधानी थी। वह जैन धर्म का पक्का अनुयायी और आचार्य हेमचंद का संरक्षक था। उसने अनेक जैन मंदिरों का निर्माण कराया। अहिंसा के प्रचार का वह ऐसा उन्मादी था कि जीव-हत्या करनेवाले अनेक लोगों को उसने स्वयं सूली पर चढ़ा दिया।

2. बंगाल के पाल वंश का एक राजा जो 1120 ई. में सिंहासन पर बैठा और पांच वर्ष तक गद्दी पर रहा। उसके समय में पाल वंश की अवनति आरंभ हो गई थी।

कुमारव्यास

15वीं शताब्दी के पूर्वार्द्ध में पैदा हुए कन्नड़ भाषा के लोकप्रिय कवि का मूल नाम 'नारणप्प' था। इन्होंने व्यास रचित महाभारत के आधार पर लिखित अपने ग्रंथ का नाम 'कुमार व्यास भारत' रखा। तभी से ये कुमारव्यास के नाम से प्रसिद्ध हुए। अपने ग्रंथ में इन्होंने मानव जीवन की जटिलता और भगवान की इच्छा की लीला का बड़ा सुंदर वर्णन किया है।

कुमारसंभव

कालिदास रचित 'कुमारसंभव' महाकाव्य में शिव और पार्वती के विवाह का वर्णन किया गया है। विद्वानों का मत है कि कालिदास ने इसे केवल आठ सर्गों में लिखा था। इस समय 17 सर्गों का जो ग्रंथ उपलब्ध है, उसमें शेष अंशों को वे बाद के किसी प्रतिभाशाली का जोड़ा हुआ मानते हैं। किंवदंती के अनुसार कवि ने

आठ सर्गों में शिव-पार्वती के विवाह के बाद की स्थिति का जो वर्णन किया, उससे रुष्ट होकर पार्वती ने उसे शाप दे दिया और काव्य अधूरा रह गया।

कुमारस्वामी

यह स्थान बंगलौर-पूना रेलमार्ग पर तोरणगल्लू स्टेशन के पास है। यहां पर्वत पर कार्तिकेय स्वामी का मंदिर है। दक्षिण भारत के कार्तिकेय (सुब्रह्मण्य) तीर्थों में यह प्रधान माना जाता है। इस पर्वत को कोंचगिरि कहते हैं। विशाल मंदिर में पांच गोपुरों के बाद विस्तृत प्रांगण में कुमारस्वामी का निज मंदिर है। मूर्ति बड़ी भव्य है।

कहते हैं, रिद्धि-सिद्धि के साथ गणेश का पहले विवाह हो जाने के कारण रुष्ट होकर कार्तिकेय ने कैलास छोड़ दिया। वे दक्षिण चले आए और कोंचगिरि पर निवास करने लगे। बाद में उनके स्नेहवश शंकर और पार्वती भी दक्षिण आकर श्रीशैल पर स्थित हो गए।

कुमारस्वामी, डा. आनंद के. (1887—1947 ई.)

विश्वविख्यात कलामर्मज्ञ डा. आनंद के. कुमारस्वामी का जन्म 22 अगस्त, 1887 ई. को कोलंबो (श्रीलंका) में हुआ था। इनके पिता सर मुतुकुमार स्वामी पहले हिंदू थे, जिन्होंने एक अंग्रेज महिला से विवाह किया। आनंद दो ही वर्ष के थे कि पिता का देहांत हो गया। अंग्रेज माता ने इन्हें विज्ञान की उच्च शिक्षा दिलाई। परंतु असाधारण और बहुमुखी प्रतिभा के धनी आनंद विज्ञान छोड़कर दर्शन, पराविद्या, धर्म, मूर्ति और चित्रकला, भारतीय साहित्य, इस्लामी कलाम आदि के क्षेत्रों में अधिक विख्यात हुए। विविध विषयों पर लिखी इनकी पुस्तकें अपने क्षेत्र में मानक मानी जाती हैं।

कुमारिल भट्ट

मीमांसा दर्शन के अंतर्गत तीन विशिष्ट मतों में से भाट्ट मत के प्रवर्तक कुमारिल भट्ट थे। इनका समय 600 से 650 ई. के मध्य माना जाता है। कहते हैं, कुमारिल पहले बौद्ध धर्म के अनुयायी थे। बाद में उन्होंने हिंदू धर्म ग्रहण कर लिया और बौद्ध सिद्धांतों का खंडन करके वेद और वेदों में प्रवर्तित हिंदू धर्म का मंडन किया। मंडन मिश्र, जिनका शंकराचार्य से शास्त्रार्थ प्रसिद्ध है, इन्हीं के शिष्य बताए जाते हैं। मृत्यु से पूर्व शंकराचार्य भी इनसे मिलने के लिए आए थे।

कुमारी पूजन

यह शाक्तों की पूजा-विधि का एक अनिवार्य अंग माना गया है। इस व्रत का

अनुष्ठान नवरात्रि में होता है। इसमें शक्ति का रूप मानकर एक से सोलह वर्ष तक की कन्याओं के पूजन का उल्लेख मिलता है। वय क्रम से इनको ये नाम दिए गए हैं—संध्या, सरस्वती, त्रिधामूर्ति, कालिका, सुभगा, उमा, मालिनी, कुब्जिका, कालसंकर्षा, अपराजिता, रुद्राणी, भैरवी, महालक्ष्मी, पीठनायिका, क्षेत्रज्ञा और अन्नदा।

कुंभा

मेवाड़ के राणा कुंभा ने 1431 ई. से 1469 ई. तक शासन किया। उसके कार्यकाल की एक विशेष बात यह रही कि उसने मालवा और गुजरात के सुलतानों को मेवाड़ में नहीं फटकने दिया। वास्तुनिर्माता के रूप में भी उसकी बड़ी ख्याति है। मेवाड़ की रक्षा के लिए उसने 32 दुर्गों का निर्माण कराया था। शासक और योद्धा के रूप में विख्यात कुंभा कवि, विद्वान् और संगीतज्ञ भी था। 'कीर्तिसंत' उसी का बनवाया हुआ है।

कुरानशरीफ़

यह मुसलमानों की पवित्र धार्मिक पुस्तक है। अरबी भाषा में कुरान शब्द का अर्थ है—पढ़ना। मुसलमानों का विश्वास है कि कुरान की आयतें अल्ला के अपने शब्द हैं जो फरिश्ते गैब्रियल के जरिए पैगंबर मुहम्मद साहब को मिले। पहले हिस्से का ज्ञान उन्हें 610 ई. के लगभग मक्का में हुआ और अंतिम का मदीना में। पैगंबर मुहम्मद की मृत्यु के बाद खलीफा अबूबक्र के आदेश से इसे पुस्तक के रूप में संकलित किया गया।

कुरानशरीफ अरबी भाषा में पद्यबद्ध रचना है और इसमें 114 खंड हैं। यह ग्रंथ इस बात पर जोर देता है कि 'अल्ला के अलावा और कोई ईश्वर नहीं है', कुरान में इस बात के भी निर्देश हैं कि एक मुसलमान को अपना दैनिक व्यवहार कैसा रखना चाहिए। इसमें चार कर्त्तव्य विशेष रूप से बताए गए हैं—दिन में पांच बार नमाज पढ़ना, गरीबों को दान देना, रोजे नियमित रूप से रखना और मक्का की यात्रा करना।

कुरु

1. एक प्राचीन देश जिसका हिमालय के उत्तर का भाग 'उत्तर कुरु' और हिमालय के दक्षिण का भाग 'दक्षिण कुरु' के नाम से विख्यात था। भागवत के अनुसार युधिष्ठिर का राजसूय यज्ञ और श्रीकृष्ण का रुक्मिणी के साथ विवाह यहीं हुआ था।

2. वैदिक साहित्य में उल्लिखित एक प्रसिद्ध चंद्रवंशी राजा जो संवरण तथा

तपती का पुत्र था। जनमेजय इसी का पांचवां और कनिष्ठ पुत्र था जिसके वंशज धृतराष्ट्र और पांडु हुए। सामान्यत: धृतराष्ट्र की संतान को ही 'कौरव' संज्ञा दी जाती है, पर कुरु के वंशज कौरव-पांडव दोनों ही थे।

कुरुक्षेत्र

महाभारत युद्ध के कारण प्रसिद्ध कुरुक्षेत्र अंबाला शहर से 40 कि. मी. पूर्व में स्थित है। प्राचीन काल में ब्रह्मा ने यहां यज्ञ किया था। वशिष्ठ और विश्वामित्र को यहीं ज्ञान की प्राप्ति हुई। यहीं पर श्रीकृष्ण ने अर्जुन को गीता का उपदेश दिया था।

प्राचीन कुरुक्षेत्र एक सरोवर या स्थान न होकर एक विस्तृत भूखंड था। महाराज कुरु के आने से पहले यह ब्रह्मा की उत्तरवेदी कहलाता था। हर्षवर्धन (दे.) के समय तक कुरुक्षेत्र की बड़ी उन्नति थी। मेगस्थनीज (300 ई. पू.) ने इसका वर्णन किया है। प्राचीन काल में यहां सात वन थे—काम्यकवन, अदितिवन, व्यासवन, फलकीवन, सूर्यवन, मधुवन और शीतवन। अब इनका नामोनिशान नहीं है।

इनके स्थान पर गांव बस गए हैं। वामन पुराण सरस्वती के सहित सात नदियों का उल्लेख करता है। ब्रह्मसर के सहित चार पवित्र सरोवर बताए गए हैं। अब न सरस्वती के दर्शन होते हैं, न ब्रह्मसर नामक सरोवर के अतिरिक्त किसी पुराने सरोवर के।

ब्रह्मसर नामक सरोवर का बड़ा महत्व है। विशेष रूप से सूर्यग्रहण के समय दूर-दूर के यात्री यहां स्नान के लिए पहुंचते हैं। भागवत के अनुसार महाभारत युद्ध से पहले श्रीकृष्ण यदुवंशियों के सहित ब्रह्मकुंड में स्नान करने के लिए कुरुक्षेत्र आए थे। कुरुक्षेत्र की परिधि में छोटे-बड़े 307 तीर्थ बताए जाते हैं। इनमें से कुछ प्रमुख हैं—थानेश्वर, चंद्रकूप, कालीभद्र मंदिर, बाणगंगा, रत्नयज्ञ, कुबेरतीर्थ, दधीचितीर्थ, सूर्यकुंड, सोमतीर्थ, विष्णुपद, ज्योतिसर आदि।

कुलीनवाद

इस शब्द का प्रयोग राजनीति और धर्मशास्त्र दोनों क्षेत्रों में होता है। राजनीति में इसका आशय है—शासन-सत्ता पर उच्च वर्ग का आधिपत्य। यह वर्ग आर्थिक, सामाजिक तथा जातीय दृष्टि से बहुसंख्यक जनता से कहीं अधिक सुविधा की स्थिति में होता है।

धर्मशास्त्र के अनुसार कुलीन वह है जिसके परिवार में कई पीढ़ियों से वेद, वेदांग आदि का अध्ययन चल रहा है। बंगाल में धार्मिक कुलीनता ने विवाह के मामले में बड़ा विकृत रूप ले लिया था।

कुलूत

एक प्राचीन भारतीय गणराज्य जिसका उल्लेख महाभारत में भी है। इस गण का नाम कश्मीर, सिंध, गंधार आदि के साथ आया है। कहीं पर हूण आदि के साथ भी इसका उल्लेख है। ऐसा माना जाता है कि कुलूत लोग हिमाचल प्रदेश के कांगड़ा जिले की कुल्लू घाटी में निवास करते थे। ये उत्तर-पश्चिम की आक्रामक जाति रहे होंगे जो यहां आकर बस गए। सिक्कों से, जिनमें अभिलेख संस्कृत भाषा में है, ज्ञात होता है कि इस जाति का गणराज्य पहली-दूसरी शताब्दी में था।

कुल्लू

हिमाचल प्रदेश का एक सुंदर नगर जो व्यास नदी के तट पर स्थित है। विजया-दशमी के अवसर पर यहां रामलीला का वहुत बड़ा मेला लगता है। यह दस दिन तक चलता है और देश के विभिन्न भागों से लोग इसे देखने आते हैं।

कुवलयाश्व

1. एक सूर्यवंशी राजा जिन्होंने धुंध नाम दानव का वध किया था। यह राक्षस ऋषियों के यज्ञ में बाधा पहुंचाता था। धूल उड़ाकर हर यज्ञ-कर्म को नष्ट कर देता था। मंतग ऋषि से इसकी सूचना मिलने पर कुवलयाश्व ने उसका सामना किया। यद्यपि उसे युद्ध में अपने 97 पुत्र गंवाने पड़े पर अंततः दानव को मार डाला।

2. मार्ककण्डेय पुराण में वर्णित एक घोड़ा जिसने सूर्य के आदेश पर पाताल जाकर पातालकेतु का वध किया।

कुश

सीता के गर्भ से उत्पन्न राम के दो पुत्रों में से ज्येष्ठ पुत्र कुश का जन्म भी वाल्मीकि के आश्रम में हुआ था। वाल्मीकि ने ही इन्हें अस्त्र-शस्त्र की शिक्षा दी और रामायण की कथा कंठस्थ कराई। राम के अश्वमेध यज्ञ के लिए जव अयोध्या से घोड़ा छोड़ा गया तो कुश और लव ने उसे पकड़ लिया। पहले इन्होंने घोड़े की रक्षा के लिए आए हुए शत्रुघ्न और लक्ष्मण को पराजित किया। अंत में राम स्वयं आए और वाल्मीकि ने उन्हें कुश और लव का सही परिचय दिया। राम से इन्हें कोशल राज्य का अधिकार मिला और पिता के स्वर्ग जाने के बाद ये अयोध्या के राजा हुए।

कुशनाभ

अयोध्या नरेश कुश और रानी वैधर्बी के पुत्र। इन्होंने 'महोदयपुर' नाम का नगर

बसाया था। इनकी रानी घृताची के गर्भ से एक सौ कन्याएं और गाधि नाम का एक पुत्र पैदा हुआ। इनकी सौ कन्याओं से वायु विवाह करना चाहता था। परंतु कुशनाभ ने इसे अस्वीकार कर दिया। इस पर वायु ने सब कन्याओं को कुबड़ी हो जाने का शाप दिया। तभी से महोदयपुर नगर का नाम कान्यकुब्ज पड़ गया।

इसी गाधि की पुत्री से च्यवन वंश के ऋषि ऋचीक ने विवाह किया था जिससे जमदग्नि पैदा हुए। जमदग्नि के पुत्र ही परशुराम थे जो ब्राह्मण होते हुए भी क्षत्रिय धर्म में प्रवृत्त हुए।

कुश-लव

सीता के गर्भ से उत्पन्न राम के जुड़वां पुत्र जिनका जन्म तमसा नदी के किनारे महर्षि वाल्मीकि के आश्रम में हुआ था। अपने पिता राम से इनके मिलन के संबंध में दो प्रकार के विवरण मिलते हैं। एक के अनुसार इन्होंने राम के अश्वमेध यज्ञ का घोड़ा पकड़ लिया था। इसी प्रसंग में राम से इनकी भेंट हुई (दे. कुश)।

अन्य विवरण के अनुसार महर्षि बाल्मीकि ने कुश-लव को रामकथा सिखा रखी थी। राम के राजसूय यज्ञ में महर्षि के साथ ये भी अयोध्या गए। ये वहां नियमित रूप से रामायण काव्य का पाठ किया करते। यदि कोई इनके माता-पिता या कुल के बारे में पूछते तो कहते—हम बाल्मीकि के शिष्य हैं। रामायण सुनने से ही राम को ज्ञात हो गया कि ये उन्हीं के पुत्र हैं।

कुशिक

1. महोदयपुर (दे. कुशनाभ) के नरेश। ऋग्वेद में इन्हें ऋषि विश्वामित्र का पिता बताया गया है। पर महाभारत के अनुसार यह पितामह थे। एक बार ऋषि च्यवन को ध्यानबल से ज्ञात हुआ कि कुशिक वंश के कारण उनके ब्राह्मण वंश में क्षत्रित्व की वर्णसंकरता होगी। इसलिए वे उस वंश को नष्ट करने के लिए महोदयपुर पहुंचे। परंतु वहां राजा कुशिक और उनकी पत्नी ने ऋषि के अत्याचारों की ओर ध्यान न देकर उनका अत्यधिक आतिथ्य किया। इससे प्रसन्न होकर ऋषि ने वरदान दिया कि कुशिक का पौत्र ब्राह्मणत्व प्राप्त करेगा। इसी वरदान से आगे चलकर विश्वामित्र ब्रह्मर्षि हुए। किंतु ध्यानबल से ज्ञात बात भी सत्य सिद्ध हुई क्योंकि च्यवन के वंश में उत्पन्न परशुराम जन्म से ब्राह्मण होते हुए भी कर्म से क्षत्रिय थे।

2. प्राचीन काल के कान्यकुब्ज राजाओं में से एक का नाम जो कौशिक वंश के आदि पुरुष थे। इसी से कान्यकुब्ज को कुशिक तीर्थ भी कहते हैं। राजधानी के साथ-साथ मध्य युग तक इसकी गणना प्रसिद्ध तीर्थों में होती थी और इसे उत्तर भारत के पंचतीर्थों में माना जाता था।

3. लकुली के चार शिष्यों में से एक का नाम जिन्हें उन्होंने पाशुपत योग की शिक्षा दी थी। लकुली का एक नाम लकुलीश भी मिलता है और ये शिव के एक अवतार माने जाते हैं।

कुशीनगर

उत्तर प्रदेश के गोरखपुर नगर के लगभग 65 कि. मी. पूर्व में स्थित कुशीनगर बौद्ध धर्म के चार पवित्र तीर्थों में से एक है। लुंबनी गौतम बुद्ध के जन्म के कारण, बोधगया ज्ञान प्राप्ति के कारण, सारनाथ प्रथम धर्मोपदेश के कारण और कुशीनगर गौतमबुद्ध के महापरिनिर्वाण के कारण प्रसिद्ध है।

यह स्थान आजकल कसिया के नाम से जाना जाता है। इसका प्राचीन नाम कुशीनारा भी मिलता है। यह मल्ल गणराज्य की राजधानी थी। यहां खुदाई में भगवान बुद्ध की लेटी हुई बीस फीट लंबी मूर्ति मिली है। जिस मंदिर में यह मूर्ति मिली है उसकी दीवारों की मोटाई 9 फीट 9 इंच बताई जाती है। इस मूर्ति की स्थापना कुमारगुप्त (दे.) प्रथम के समय हरिबल नामक बौद्ध भिक्षु ने कराई थी। मौर्य काल में कुशीनगर बड़ी उन्नति पर था। चंद्रगुप्त विक्रमादित्य के समय भी यहां अनेक विहारों और मंदिरों का निर्माण हुआ। वर्तमान समय में कुशीनगर या कसिया को बौद्ध तीर्थ और पर्यटक स्थल के रूप में विकसित किया गया है।

कुषाण

यूहारी नामक एक फिरंदर कबीला था, जो बाद में बैक्ट्रिया में वस गया। इसी कबीले की एक शाखा कुषाण थी। कुषाणों ने ई. सन् के आरंभ से ही भारत पर आक्रमण आरंभ किया और विशाल साम्राज्य स्थापित कर लिया। इसका विस्तार भारत में वाराणसी और विंध्याचल पर्वत से लेकर पश्चिम में अफगानिस्तान और ईरान तक था। कनिष्क (दे.) इस वंश का सबसे प्रतापी सम्राट हुआ है। कुषाण 300 वर्षों तक शासन में रहे।

वे बौद्ध धर्मावलंबी थे और भारत से धर्म के बंधन से बंधे हुए थे। उन्होंने भारतीय आर्यों की शासन प्रणाली भी अपना ली थी। इनके समय में भारतीय कला-कौशल की बड़ी वृद्धि हुई और यहां के धार्मिक विचार भी विदेशों तक पहुंचे।

कूका

एक सिक्ख संप्रदाय जिसकी स्थापना रामसिह (जन्म 1824 ई.) नामक एक लुहार ने की थी। सिक्ख धर्म के उस समय के प्रचलित रूप से वह संतुष्ट नहीं था। अतः समान विचारवाले लोगों का एक अलग संप्रदाय बन गया। इस कूका

संप्रदाय ने आगे चलकर क्रांतिकारी राष्ट्रीय दल का रूप ले लिया। रामसिंह ने अपने अनुयायियों को आदेश दिया कि वे ब्रिटिश सरकार से असहयोग करें। यह 1864 ई. की बात है। इसके बाद कूका संप्रदाय के लोगों ने पंजाब में स्वतंत्र शासन स्थापित करने का प्रयत्न किया। जब ब्रिटिश सरकार ने कूका आंदोलन पर प्रतिबंध लगाया तो ये लोग गुप्त रूप से काम करने लगे। इन्होंने भारतीय सेना में भी असंतोष फैलाने के प्रयत्न किए।

1872 ई. में इन लोगों ने गोबध का विरोध किया। इससे सांप्रदायिक संघर्ष हो गया। अब अंग्रेज सरकार को बहाना मिला। उसने रामसिंह को गिरफ्तार करके बर्मा भेज दिया। 1885 ई. में वहीं उनका देहांत हो गया। यह आंदोलन स्वतंत्रता संग्राम में कूका विद्रोह के नाम से प्रसिद्ध है। अब ये लोग एक छोटे-से धार्मिक संप्रदाय के रूप में ही रह गए हैं। इन्हें नामधारी भी कहते हैं।

कूचबिहार

बिहार प्रदेश में गया जिले का एक स्थान जिसका उल्लेख ह्वेनसांग और फाहियान दोनों चीनी बौद्ध यात्रियों ने किया है। यह गौतम बुद्ध के प्रधान शिष्य महाकश्यप का निवास-स्थान था और यहीं उन्होंने निर्वाण प्राप्त किया। प्राचीन काल में इसे कुक्कुटपादगिरि अथवा गुरुपादगिरि भी कहते थे। गया से लगभग सौ मील दूर इस स्थान में प्राचीन काल के बहुत-से अवशेष मिले हैं।

कूटनीति

दो राष्ट्रों के पारस्परिक संबंधों के निर्वाह में कुशलतापूर्वक जिस नीति का अनुसरण किया जाता है उसे कूटनीति कहते हैं। वस्तुतः इसका संबंध किसी राष्ट्र की परराष्ट्रनीति से होता है। सामान्यतः दूसरे देश में नियुक्त दूतावास के अधिकारी अपने राष्ट्र की नीति के अनुसार जिस कार्यप्रणाली और विचार-व्यवहार का अनुसरण करते हैं वही कूटनीति है। अंतर्राष्ट्रीय क्षेत्र में किसी देश का हित काफी अंश तक उसकी कूटनीतिक सफलता पर निर्भर करता है।

कूर्म

विष्णु का एक अवतार जिसे कहीं पर दूसरा और कहीं पर ग्यारहवां अवतार बताया गया है। एक बार दुर्वासा ऋषि की दी हुई पारिजात की माला का इंद्र ने अपमान किया। इस पर ऋषि ने शाप दिया कि तुम्हारा वैभव नष्ट होगा। इस शाप के कारण पृथ्वी समुद्र में लुप्त हो गई। उसे प्राप्त करने के लिए विष्णु ने बताया कि मंदराचल पर्वत की मथनी और वासुकी नाग की डोर बनाकर देव और दैत्य समुद्रमंथन करें। उस समय कूर्म का रूप लेकर मैं मंदराचल को अपनी

पीठ पर धारण करूंगा। मंथन के समय जब मंदराचल नीचे को जाने लगा तो विष्णु ने कूर्म अवतार लेकर उसे अपनी पीठ पर रोका। मान्यता है कि यह कूर्म अवतार उत्तर प्रदेश में कुमायूं के लोहाघाट नामक स्थान पर हुआ था। समुद्रमंथन से पृथ्वी में वैभव लौट आया।

कूर्मपुराण

इसका पुराणों के क्रम में पंद्रहवां स्थान है। समुद्रमंथन के समय विष्णु द्वारा मंदराचल को अपनी पीठ पर धारण करने की कथा इसमें विस्तारपूर्वक दी हुई है। कूर्मपुराण में विष्णु को शिव के रूप में चित्रित करके उन्हें प्रमुख स्थान दिया गया है, यद्यपि अन्य देवताओं का भी सम्मानपूर्वक उल्लेख है। प्रसंगवश इस पुराण में एक अध्याय में कहा गया है कि सीता को रावण के कारागार में अग्निदेव ने मुक्त कराया। सीता के संबंध में ऐसा उल्लेख अन्यत्र नहीं मिलता।

कूर्मांचल

यद्यपि वर्तमान समय में उत्तर प्रदेश में कुमायूं और गढ़वाल नाम के दो पृथक् प्रशासनिक मंडल बन गए हैं, किंतु प्राचीनकाल से कूर्मांचल में यह पूरा क्षेत्र गिना जाता था। पुराणों के अनुसार दक्ष ने यहीं यज्ञ किया था जिसमें अपने पति महादेव का अपमान देखकर सती अग्नि में प्रविष्ट हो गई थी। महाभारत के बाद पांडवों ने यहीं से स्वर्गारोहण किया।

पहले यहां किन्नर, किरात और नाग लोग रहते थे। बाद में खस लोगों ने बाहर से आकर बहुत दिनों तक राज्य किया। नवीं शताब्दी में शकों का कतूरी वंश अस्तित्व में आया। वे लगभग 1050 ई. तक रहे। उसके बाद कई छुटपुट राज्य स्थापित हुए। 1400 ई. के लगभग चंद्रवंश यहां का शासक बना। अठारहवीं शताब्दी में रुहेलों ने आक्रमण करके यहां बड़ी लूट मचाई। उसके बाद कुछ समय तक नेपाल के गोरखा इस क्षेत्र पर अमानुषिक अत्याचार करते रहे। 1815 ई. में अंग्रेजों ने गोरखों से लेकर इसे स्थायी रूप से अपने भारतीय साम्राज्य में मिला लिया।

कूर्मावतार

देखिए कूर्म।

कूष्मांड

1. पुराणों में वर्णित एक प्रेतात्मा जो बच्चों को कष्ट पहुंचाता है और इंद्र की सलाह पर ध्रुव की तपस्या में विघ्न डालने गया था।

2. शिव का एक गण जो काशी के रक्षकों में से एक था। इसे नाना रूपधारी बताया जाता है।

कृच्छ्र व्रत

यह व्रत मार्गशीर्ष शुक्ल चतुर्थी को आरंभ किया जाता है। यह चार वर्ष का अनुष्ठान है। एक वर्ष तक चतुर्थी को एक समय भोजन करते हैं। दूसरे वर्ष रात्रि में भोजन किया जाता है। तीसरे वर्ष जो कुछ मिल जाए उसे खाते हैं और चौथे वर्ष चतुर्थी के दिन पूरा उपवास रखा जाता है। पुराणों के अनुसार यह व्रत पाप निवारण करता है।

कृतयुग

वैदिक धर्म में विश्व की चार सीमाएं मानी गई हैं, जिन्हें 'युग' कहते हैं। ये हैं—कृत, त्रेता, द्वापर और कलियुग। कृतयुग ही सतयुग भी कहलाता है। कृतयुग चारों में सर्वोत्तम है। कृत की आयु 4400 दिव्य वर्ष है, त्रेता की 3300, द्वापर की 2200 और कलियुग की 1100 दिव्य वर्ष है। एक दिव्य वर्ष 1000 मानव वर्ष के बराबर होता है।

कृतयुग में मनुष्य 4000 वर्ष जीता था। संघर्ष और अविवादों से मुक्त यह युग मनुष्य जाति की सबसे सुखी अवस्था मानी गई है। सूर्य, चंद्रमा और बृहस्पति तीनों नक्षत्र एक राशि में हों, तभी कृतयुग आरंभ होता है। इसमें मनुष्य हंस जाति के होते हैं। धर्म के प्रचारार्थ विष्णु ने इस युग में वृषभ का रूप धारण किया था।

कृतवर्मा

कृष्ण के समय के एक राजा जिन्हें श्रीकृष्ण ने बाणासुर के आक्रमण के समय मथुरा के पूर्वी द्वार की रक्षा का भार सौंपा था। भागवत के अनुसार ये श्रीकृष्ण के दूत बनकर हस्तिनापुर गए थे और वहां का समाचार श्रीकृष्ण को सुनाया था। इनके पुत्र का विवाह रुक्मिणी की एक पुत्री चारुवती के साथ हुआ था। विष्णुपुराण के अनुसार इनकी मृत्यु भी यादवों के गृहयुद्ध में हुई।

कृतवास

कृत अर्थात् गजचर्म को वस्त्र के रूप में धारण करने के कारण शिव का यह नाम पड़ा। स्कंदपुराण के अनुसार शिव ने गजानन नामक दानव का वध करके उसकी खाल ओढ़ ली थी।

कृतवीर्य

हैहय वंश का एक राजा जिसके 100 पुत्र च्यवन ऋषि के शाप से मर गए थे। बाद में सूर्य के अनुग्रह से उसे एक पुत्र प्राप्त हुआ, जिसका नाम कार्तवीर्य (दे.) था।

कृतिका

1. भारतीय ज्योतिष के अनुसार सत्ताईस नक्षत्रों में से तीसरा नक्षत्र। इसमें छह तारे हैं जो संयुक्त रूप से अग्निशिखा के आकार के जान पड़ते हैं। पुराणों में कृतिका को दक्ष की पुत्री, चंद्रमा की पत्नी और कार्तिकेय की धात्री बताया गया है। कार्तिकेय का नाम कृतिका के नाम पर ही पड़ा है।

2. आकाश में वृष राशि के समीप दिखाई देनेवाला एक तारापुंज। कोरी आंखों से भी ध्यान से देखने पर इसमें छह तारे पृथक्-पृथक् दिखाई देते हैं। कृतिका तारा-पुंज पृथ्वी से लगभग 500 प्रकाशवर्ष दूर है।

कृतिवास

एक प्रसिद्ध कवि जिनकी बंगला भाषा में रचित रामायण प्रसिद्ध है। प्रकटतः यह ग्रंथ वाल्मीकि रामायण का बंगला अनुवाद है। किंतु कृतिवास ने उसे बंगाल की रीति-नीति, आमोद-प्रमोद और अनुष्ठान आदि के आख्यानों से सज्जित करके पूर्णतः बंगालवासियों की रुचि के अनुकूल बना दिया है। बंगाल में 'कृतिवास रामायण' अत्यंत लोकप्रिय है। बड़ी श्रद्धा-भक्ति से इसका पाठ होता है।

कृतिवास की सही जन्म-तिथि ज्ञात नहीं है। कोई इन्हें 1385 से 1400 ई. के बीच का बताता है तो कोई पंद्रहवीं शताब्दी के उत्तरार्ध का।

कृत्या

एक भयंकर राक्षसी जिसका वर्णन वेदों और पुराणों में मिलता है। शत्रुओं का नाश करने के लिए तांत्रिक लोग इसे मंत्रबल से उत्पन्न करते हैं। दुर्वासा मुनि ने अंबरीष को मारने के लिए इसे अपने बाल से उत्पन्न किया था। विष्णु ने सुदर्शन चक्र से इसे भस्म करके अंबरीष की रक्षा की थी।

कृपाचार्य

महर्षि गौतम के पुत्र जिनका जन्म एक देवकन्या के गर्भ से हुआ था। जन्म लेते ही माता-पिता इन्हें जंगल में छोड़ गए थे। वहां से महाराज शांतनु ले गए और कृपापूर्वक इनका पालन-पोषण किया। इसी से इनका नाम कृप पड़ गया। बाद में महर्षि गौतम इन्हें अपने आश्रम में ले गए और अस्त्र-शस्त्र की विद्या में पारंगत

किया। द्रोणाचार्य के पास अध्ययन करने से पूर्व कौरव-पांडवों ने कृपाचार्य से ही धनुर्विद्या सीखी थी। महाभारत के युद्ध में ये कौरवों की ओर से लड़े, यद्यपि हृदय से पांडवों के समर्थक थे। युद्ध की समाप्ति के बाद इन्होंने राजा परीक्षित को अस्त्र-शस्त्र की शिक्षा दी थी।

कृष्ण

देवकी के गर्भ से उत्पन्न वसुदेव के आठ पुत्रों में सबसे कनिष्ठ कृष्ण कहीं पर विष्णु के तेइसवें और कहीं बीसवें अवतार बताए गए हैं। इनसे पहले देवकी की सात संतानें उसके चचेरे भाई कंस ने मार डाली थीं। जन्मते ही वसुदेव ने इन्हें गोकुल में नंद के घर पहुंचा दिया।

बाल्यकाल से ही कृष्ण के पराक्रम के प्रमाण मिलने लगे थे। कंस ने इनके वध के लिए अनेक प्रयत्न किए पर सब असफल रहे। अंत में इन्होंने ही कंस का वध कर डाला। कंस जरासंध का दामाद था। उसके वध का बदला लेने के लिए जरासंध ने बार-बार मथुरा पर आक्रमण किए। इन आक्रमणों से हो रही जन-धन की हानि के कारण यदुवंशियों की राजधानी मथुरा से समुद्र के किनारे द्वारका ले गए।

कृष्ण पांडवों के मित्र थे। कौरव-पांडवों के बीच युद्ध रोकने के लिए उन्होंने अनेक प्रयत्न किए, अंत में पांडवों का साथ दिया। महाभारत के रणक्षेत्र में दिया हुआ इनका गीता का संदेश कृष्ण के दार्शनिक होने का द्योतक है।

इनकी आठ पटरानियां थीं। नरकासुर का वध करके उसके कारागृह की सोलह हजार स्त्रियों से भी इन्होंने विवाह किया। पद्मपुराण के अनुसार कृष्ण के अस्सी हजार पुत्र थे। जरासंध का वध करने के लिए ये भीम और अर्जुन के साथ ब्राह्मण भेष धारण करके गए। शिशुपाल का वध इन्होंने उसके कटु वचनों की सीमा पार होने पर किया। कण्व ऋषि के शाप के कारण जब यादव आपस में ही लड़ मरे तो एक वृक्ष के नीचे बैठे कृष्ण को बहेलिए का तीर लगा और वे बैकुंठधाम चले गए। उस समय उनकी उम्र 125 वर्ष थी। कृष्ण के स्वर्गारोहण के साथ ही कलियुग आरंभ हो गया और द्वारका समुद्र में समा गई।

कृष्ण चतुर्दशी

फाल्गुन कृष्ण चतुर्दशी को शिव का यह व्रत करते हैं। उस दिन शिव के चौदह नामों का जप किया जाता है। इस व्रत को केवल महिलाएं करती हैं। बिल्वपत्रों से शिव की पूजा की जाती है। यह व्रत एक वर्ष या चौदह वर्ष तक करने का विधान है।

कृष्ण चैतन्य

गौड़ीय वैष्णव संप्रदाय के प्रवर्तक कृष्ण चैतन्य का जन्म बंगाल के नवद्वीप नामक सांस्कृतिक केंद्र में हुआ था। इनका बचपन का नाम विश्वंभर था। आरंभ में ही माध्व संन्यासी से प्रभावित होकर इन्होंने भक्ति का मार्ग अपनाया और राधा को अपने विचार तथा आराधना में प्रधानता दी। संन्यास लेकर ये 'कृष्ण चैतन्य' के नाम से प्रसिद्ध हुए। ये शिष्यों को लेकर नगर-नगर भाव-विभोर होकर कीर्तन किया करते थे।

कृष्ण चैतन्य के दो प्रमुख शिष्य थे—रूप और सनातन जिन्होंने इनके मत के सिद्धांतों को दार्शनिक रूप दिया। श्रीकृष्ण चैतन्य का कहना था कि लोगों का हृदय स्पर्श करने के लिए राधा-कृष्ण की कथा से अच्छी और कोई कथा नहीं है। ये चैतन्य महाप्रभु भी कहलाते हैं।

कृष्णजयंती

देवताओं या महापुरुषों के जन्मोत्सव अथवा उनके अवतरण की तिथि के दिन मनाया जानेवाला उत्सव 'जयंती' कहलाता है। श्रीकृष्णजयंती भाद्रपद कृष्ण अष्टमी को पड़ती है। इसी दिन उनका जन्म हुआ था। अर्धरात्रि में अष्टमी तिथि और रोहिणी नक्षत्र होने पर इस पर्व को 'कृष्णजयंती' कहते हैं। यदि इस योग में कुछ अंतर हो जाए तो यह 'कृष्ण जन्माष्टमी' कहलाती है। इस दिन व्रत रखा जाता है, भगवान की मूर्ति सजाई जाती है, उसे झूले पर झुलाया जाता है। भजन-कीर्तन और भागवत का पाठ होता है। रात के बारह बजे जन्म हो जाने के बाद प्रसाद ग्रहण करते हैं।

कृष्णदास

अष्टछाप (दे.) के एक प्रसिद्ध कवि जो प्रथम चार कवियों में अंतिम माने जाते हैं। इनका जन्म 1495 ई. में हुआ था। 13 वर्ष की उम्र में इन्होंने अपने पिता द्वारा की गई एक चोरी जगजाहिर कर दी। इस पर पिता ने इन्हें घर से निकाल दिया और ये भटकते हुए ब्रजक्षेत्र में चले आए। यहां बल्लभाचार्यजी से दीक्षा ली और श्रीनाथजी के मंदिर के अधिकारी बन गए। तब इनका नाम ही कृष्णदास अधिकारी पड़ गया। आगे चलकर इनमें कुछ दुर्बलताएं आ गई थीं, फिर भी ये कृष्ण-लीला के अपने पदों के लिए प्रसिद्ध हैं। ये पद-रचना में सूरदास से प्रतिस्पर्धा किया करते थे।

कृष्णदास कविराज

बंगाल के इस प्रसिद्ध वैष्णव कवि का समय कुछ लोग 1496-1598 ई. और कुछ

1517-1615 ई. मानते हैं। इन्हें बचपन से ही वैराग्य हो गया। वृन्दावन जाकर संस्कृत का अध्ययन किया और उस भाषा में भी ग्रंथों की रचना की। इनका सबसे महत्वपूर्ण ग्रंथ महाप्रभु चैतन्य के जीवन पर लिखा हुआ 'चैतन्य चरितामृत' महाकाव्य है। इनका बंगाल में वही स्थान है जो स्थान हिंदीभाषी क्षेत्रों में तुलसीदास का।

कृष्णदेव राय

विजयनगर के एक प्रसिद्ध राजा जिनका शासन-काल 1509 से 1529 ई. तक माना जाता है। इनके समय में विजयनगर साम्राज्य के अंतर्गत सारा मद्रास प्रांत, उड़ीसा का एक भाग और सारा मैसूर राज्य आ गया था। इस अवधि में विद्या और कला की बड़ी उन्नति हुई और दक्षिण में हिंदू धर्म का पुनरुत्थान हुआ। इन्होंने अपने पंडितों से वेदों पर भाष्य लिखवाए, दर्शनों तथा स्तुतियों का संग्रह कराया और कर्ममीमांसा का उद्धार किया। इनके दरबार में सायण नाम के वैदिक विद्वान् और माधव नाम के दर्शनशास्त्री विद्यमान थे।

कृष्ण यजुर्वेद

चार वेदों में दूसरे वेद यजुर्वेद के दो भाग हैं—कृष्ण यजुर्वेद तथा शुक्ल यजुर्वेद। कृष्ण यजुर्वेद को तैत्तिरीय-संहिता भी कहते हैं। इसमें मंत्रों के साथ ब्राह्मण भाग भी मिला हुआ है। सोम, प्रजापति आदि इस वेद के देवता हैं। इसमें अश्वमेध, राजसूय, अतिरात्र आदि यज्ञों का वर्णन है। इस वेद के ब्राह्मण को तैत्तिरीय-ब्राह्मण और आरण्यक को तैत्तिरीय आरण्यक कहते हैं। इसका ज्ञान कांड तैत्तिरीय-उपनिषद् कहलाता है।

कृष्ण द्वैपायन

वेदांत दर्शन और ब्रह्मसूत्र के रचनाकार बादरायण को वेदव्यास और कृष्ण द्वैपायन भी कहा जाता है। भारतीय परंपरा इन्हें वैदिक संहिताओं का संकलनकर्ता और संपादक तथा पुराणों और महाभारत का रचयिता मानती है। महाभारत के अनुसार ये ऋषि पराशर और धींवर कन्या, जो मत्स्यगंधा भी कहलाती थी, सत्यवती से उत्पन्न हुए थे। माता ने संकोचवश इनका पालन-पोषण एक द्वीप में रखकर किया। इसी से इनका नाम द्वैपायन पड़ा। कृष्णवर्ण के होने के कारण कृष्ण द्वैपायन कहलाए।

कृष्णा

दक्षिण भारत में पश्चिमी घाट से निकलकर पूर्व की ओर बहनेवाली एक प्रमुख

नदी जो आंध्र प्रदेश में गुंटूर के निकट बंगाल की खाड़ी में गिरती है। तुंगभद्रा इसकी प्रमुख सहायक है। इन दोनों नदियों के बीच का क्षेत्र बहुत उर्वरक है। इस पर अधिकार के लिए विजयनगर साम्राज्य और बहमनी राज्य में वर्षों तक संघर्ष चलता रहा।

कृष्णावतार

यह भगवान विष्णु का आठवां और पूर्ण अवतार माना जाता है। इस अवतार से पहले पृथ्वी असुरों के अत्याचारों से त्रस्त थी। कंस, जरासंध, शिशुपाल, दंतवक्र जैसे असुरों और अत्याचारी राजाओं के अत्याचारों से पीड़ित पृथ्वी गाय के रूप में ब्रह्मा के पास गई। इस पर ब्रह्मा आदि सब देवताओं ने भगवान से इस संकट का निवारण करने की प्रार्थना की। इस प्रकार पृथ्वी के उद्धार और धर्म की रक्षा के लिए श्रीकृष्ण का पूर्णावतार हुआ।

बलराम भी भगवान के अवतार माने जाते हैं, पर वे अंशावतार थे।

केकय

पंजाब में झेलम नदी के पूर्व का एक गणराज्य। इसके राजा पोरस ने सिकंदर से हारकर उसकी अधीनता स्वीकार की।

प्राचीन काल में अयोध्या नरेश दशरथ की रानी कैकेयी इसी गणराज्य के नरेश की कन्या थी।

एक मत के अनुसार इस देश के प्राचीन राजा का नाम धृष्टकेतु था। इसे श्रीकृष्ण का श्वसुर भी बताया जाता है। इसके पांच पुत्रों ने महाभारत युद्ध में भाग लिया।

केतु

1. नवग्रहों में से एक ग्रह का नाम। एक अन्य मत से केतु नाम का एक दैत्य है जिसका केवल एक धड़ है। पुराणों के अनुसार समुद्रमंथन के बाद जब देवता अमृतपान करने के लिए बैठे तो केतु भी उन्हीं के बीच जा बैठा। पर सूर्य और चंद्रमा ने उसे पहचान लिया। इस पर विष्णु ने उसका सिर काट डाला। पर अमृत की बूंदें उसके गले के नीचे उतर चुकी थीं। अतः कटने पर भी वह मरा नहीं। उसका सिर 'राहु' और धड़ 'केतु' के नाम से जीवित रहा। सूर्य और चंद्रमा से बदला लेने के लिए ये दोनों ग्रह सूर्य-चंद्र को ग्रसित करते हैं।

2. ऋषभदेव के सौ पुत्रों में से एक का नाम। तापस मनु का पुत्र भी केतु था जो तपोधन भी कहलाता था।

3. एक विवरण के अनुसार प्रजा की संख्या वृद्धि देखकर ब्रह्मा ने उसे कम करने

के लिए मृत्यु नामक कन्या उत्पन्न की। पर इससे व्यापक जन-नाश हुआ जिसे देखकर ब्रह्मा चिंतित हो उठे और तप करने लगे। तपस्या के बीच उन्हें अनुभूति हुई कि इस प्रजा-नाश से उनको कोई पाप नहीं लगेगा। इस आश्वासन से ब्रह्मा ने तीव्र श्वास ली जिससे केतु की उत्पत्ति हुई।

केदारनाथ

उत्तराखंड का एक प्रसिद्ध शिवमंदिर जो लगभग छह महीने बर्फ से ढका रहता है। यहां पहुंचने के लिए ऋषिकेश से गौरीकुंड तक मोटर-मार्ग बन गया है। शेष चौदह किलोमीटर की पहाड़ी यात्रा पैदल की जाती है। मंदिर के निकट की भूमि दलदली है। इसे केदार कहते हैं। कदाचित इसीलिए मंदिर का यह नाम पड़ा। मंदिर के पीछे का पहाड़ बारहों महीने बर्फ से ढका रहता है।

केदारनाथ में परंपरागत शिवलिंग नहीं है। एक उभरी हुई शिला है, यात्री जिसका श्रद्धापूर्वक दर्शन और स्पर्श करते हैं। मान्यता है कि महाभारत युद्ध की समाप्ति पर जब पांडव इधर आए तो अपने बंधु-बांधवों की हत्या के उन दोषियों को शिव दर्शन देना नहीं चाहते थे। वे महिष का रूप धारण करके वहां चर रहे पशुओं में मिल गए। परंतु भीम ने उन्हें पहचान लिया और पीठ से पकड़ लिया। केदारनाथ के मंदिर की शिला इसी महिषरूपी शिव की पीठ मानी जाती है। शेष शरीर वाराणसी में और सिर पशुपतिनाथ (नेपाल) में बताया जाता है।

केदारनाथ की गणना द्वादश ज्योतिर्लिंगों में होती है। मान्यता है कि इस मंदिर का निर्माण पांडवों ने कराया था। प्रतिवर्ष अप्रैल-मई मास में बर्फ पिघलने पर मंदिर के पट खुलते हैं और दीपावली के आस-पास बंद हो जाते हैं। यात्राकाल में यहां यात्रियों को सब प्रकार की सुविधाएं उपलब्ध रहती हैं। आदि शंकराचार्य ने यहीं आकर शरीर त्यागा था। मंदिर के निकट उनकी एक छोटी-सी समाधि बनी है। जिस अवधि में पट बंद रहते हैं, केदारनाथ की पूजा ऊखीमठ (दे.) नामक स्थान पर होती है।

इस क्षेत्र में पांच केदार प्रसिद्ध हैं जो पंचकेदार कहलाते हैं। ये हैं—केदारनाथ, मद्महेश्वर, तुंगनाथ, रुद्रनाथ और कल्पेश्वर।

केन नदी

यमुना की इस सहायक नदी का नाम कर्णवती भी है। यह कैनूर पहाड़ियों के उत्तरी ढाल से निकलकर बुंदेलखंड में प्रवाहित होती हुई यमुना से जा मिलती है।

केनोपनिषद

दस प्रधान उपनिषदों में से एक। सामवेदीय उपनिषदों में छांदोग्य और केन

उपनिषद् प्रसिद्ध हैं। इन दोनों पर शंकराचार्य तथा अन्य विद्वानों ने वृत्तियां और टीकाएं लिखी हैं। इस उपनिषद् का 'केन' नाम इसलिए पड़ा कि इसका प्रारंभ 'केन' (किसके द्वारा) शब्द से होता है। इसमें संपूर्ण विश्व का धारण और संचालन करनेवाली सत्ता का अन्वेषण किया गया है।

केंद्र-राज्य संबंध

भारत के संविधान में राज्य के विषयों को तीन भागों में बांटा गया है—

1. संघ सूची—इसमें 97 विषय सम्मिलित हैं और इनके संबंध में कानून बनाने का अधिकार केवल संसद को है।

2. समवर्ती सूची—इसमें 47 विषय हैं जिनके संबंध में संसद और राज्यों के विधानमंडल दोनों ही कानून बना सकते हैं।

3. राज्य सूची—इसमें 66 विषय हैं और इन विषयों पर कानून बनाने का अधिकार केवल राज्यों के विधानमंडलों को है।

राज्यों का वित्तीय नियंत्रण राष्ट्रपति द्वारा नियुक्त भारत के नियंत्रक और महालेखाकार के हाथ में रहता है।

केबिनेट मिशन

भारत के स्वतंत्रता संग्राम और आजाद हिंद फौज आदि के कारण भारतीय सेना में भी विदेशी सत्ता के प्रति असंतोष का भाव उत्पन्न हो गया था। द्वितीय विश्व-युद्ध के बाद ब्रिटिश सरकार ने देखा कि भारत को अधिक दिन तक अधीन रखना संभव नहीं है। उसने सत्ता हस्तांतरण की वार्ता के लिए ब्रिटेन के तीन मंत्रियों का एक मंडल भारत भेजा। इस केबिनेट मिशन के तीन सदस्य थे—लार्ड पैथिकेलारेंस, सर स्टेफर्ड क्रिप्स और ए. बी. अलेक्जेंडर। यह मिशन 23 मार्च, 1946 को भारत पहुंचा था और 24 जून, 1946 तक यहां रहा।

मिशन ने भारत के प्रमुख राजनीतिक दलों के बीच समझौता कराने की चेष्टा की। परंतु मुस्लिम लीग के रुख और ब्रिटिश सरकार के इरादे नेक न होने के कारण समझौता नहीं हो सका। इस पर मिशन ने भारत की नई संवैधानिक व्यवस्था के लिए अपने प्रस्ताव रखे। इन प्रस्तावों में भी सांप्रदायिक संस्थाओं को तुष्ट करने की बात ही मुख्य थी। मुस्लिम लीग को प्रसन्न करने के लिए अल्पमत को ऐसे अधिकार दिए गए थे जिससे वह बहुमत को कभी आगे न बढ़ने दे। कांग्रेस ने इन प्रस्तावों को अस्वीकार कर दिया। फिर भी केबिनेट मिशन ने जो सिलसिला आरंभ किया था, उसी की परिणति अगस्त 1947 में भारत की स्वतंत्रता में हुई। इस दृष्टि से असफल होते हुए भी इस मिशन का ऐतिहासिक महत्व है।

केरल

भारत के धुर दक्षिण-पश्चिमी तट पर स्थित एक छोटा प्रदेश जिसका क्षेत्रफल भारत के कुल क्षेत्रफल का 1.8 प्रतिशत है। परंतु जनसंख्या 3.71 प्रतिशत है। यहां साक्षरता सबसे अधिक (69.17 प्रतिशत) है। चाय, कॉफी, रबड़, कालीमिर्च, केला, काजू, गन्ना, नारियल और टेपियोका यहां की मुख्य फसलें हैं। केरल अपनी हरियाली के लिए भी प्रसिद्ध है। 44 नदियों और अनेक झीलों के कारण यहां पानी की कमी नहीं।

पहले यह प्रदेश त्रावनकोर और कोचीन नाम की दो देशी रियासतों में बंटा था। इसके एक भाग मलाबार का प्रबंध ब्रिटिश सरकार ने सीधे अपने हाथ में रखा था। स्वतंत्रता के बाद 1 जुलाई, 1949 को दोनों रियासतें मिलाकर 'त्रावनकोर-कोचीन' नामक राज्य बना। मलाबार मद्रास प्रदेश में था। 1 नवंबर, 1956 को राज्यों के पुनर्गठन के समय मलाबार को भी इसमें मिला दिया गया और केरल नाम का प्रदेश बना। इसकी राजधानी तिरुअनंतपुरम् या त्रिवेंद्रम है।

केश

सिक्खों द्वारा धारण किए जानेवाले पांच उपादानों में से पहला। ये पांच उपादान 'पंच ककार' भी कहलाते हैं। ये हैं—केश, कृपाण, कड़ा, कच्छा और कंघा। पूरे केश रखना खालसा सिक्खों का प्रमुख चिह्न है। इसका आरंभ दसवें गुरु गोविंदसिंह ने किया था। ये केश कभी कटाए नहीं जाते।

केशनी

1. अंधकासुर के साथ देवों के संग्राम में रक्त की बूंदों से आसुरी माया के कारण बहुत से असुर पैदा होने लगे। तब अंधकासुर के रक्त को भूमि में गिरने से पहले ही पान कर लेने के लिए शिव ने केशनी नामक एक मातृका की सृष्टि की। इसका एक नाम कौमारी भी है।

2. पृथा की पुत्री एक अप्सरा जो कश्यप ऋषि की पत्नी बनी।

3. सूर्यवंशी राजा सगर की ज्येष्ठ रानी और असमंजस की माता जो विदर्भ राज्य की पुत्री थी।

केशरी

गोकर्ण पर्वत पर रहनेवाले एक वानरवंशीय वीर और पराक्रमी का नाम। इस पर्वत पर ऋषिगण तपस्या किया करते थे किंतु सम्ब साधन नामक असुर उन्हें बहुत सताता था। ऋषियों के अनुरोध पर केशरी ने उसका वध कर डाला। इससे प्रसन्न होकर ऋषियों ने केशरी को आशीर्वाद दिया कि उसे एक परम पराक्रमी

और भगवान का भक्त पुत्र प्राप्त होगा। इसी आशीर्वाद के फलस्वरूप केशरी और उसकी पत्नी अंजनि को हनुमान पुत्र के रूप में प्राप्त हुए।

केशव

विष्णु का एक नाम। हरिवंश पुराण के अनुसार केशी नामक राक्षस का वध करने के कारण यह नाम पड़ा। एक भाष्य के अनुसार 'क' (जल) में सोने से यह नाम पड़ा। भागवत पुराण में परब्रह्मशक्ति को केशव कहा गया है। विष्णु के पूर्णावतार श्रीकृष्ण का एक नाम भी केशव है।

केशवचंद्र सेन

बंगाल के प्रसिद्ध समाज सुधारक केशवचंद्र सेन का जन्म 19 नवंबर 1838 ई. को कलकत्ता में हुआ था। वे बचपन से ही गंभीर स्वभाव के और आध्यात्मिक चर्चाओं में रुचि लेने वाले व्यक्ति थे। 19 वर्ष की उम्र में ही राजा राममोहन राय (दे.) द्वारा स्थापित 'ब्रह्मसमाज' में सम्मिलित हो गए। उन्होंने पुनर्जागरण के इस आंदोलन को आगे बढ़ाने में अपनी पूरी शक्ति लगा दी। आपने महिलाओं की दशा सुधारने के लिए बहुत काम किया। आपका कहना था—स्त्री और पुरुष दोनों बराबर हैं। दोनों के सही विकास से ही समाज का विकास होगा। अपने विचारों के प्रचार के लिए आप इंग्लैंड भी गए। वहां आपका 'भारत का आध्यात्मिक राजदूत' कहकर स्वागत हुआ।

केशवचंद्र सेन का देहांत केवल 46 वर्ष की उम्र में 18 जनवरी 1883 ई. को हो गया।

केशवदास

हिंदी के प्रमुख कवि और आचार्य जिन्होंने संस्कृत काव्यशास्त्र का परिचय कराने वाले ग्रंथों की रचना की। इनका जन्म 1556 ई. और मृत्यु 1608 ई. के आसपास मानी जाती है। केशवदास बुदेलखंड के निवासी थे। ये अलंकार संप्रदाय के आचार्य थे। अलंकारों के प्रति विशेष आग्रह के कारण इनका काव्यपक्ष दब गया है और ये सहृदय कवि नहीं माने जाते। इनकी रचनायें अत्यन्त क्लिष्ट हैं। इसी कारण कुछ आलोचकों ने केशवदास को 'कठिन काव्य का प्रेत' कहा है। इनके द्वारा रचित नौ काव्य-ग्रंथ प्राप्त हैं।

केशवराय पाटण

राजस्थान के कोट नामक स्थान के पास चंबल नदी में यह विष्णु तीर्थ है। नदी से 59 सीढ़ी ऊपर मंदिर का द्वार है और 20 सीढ़ी और चढ़ने पर मंदिर मिलता

है। इसमें भगवान केशवराय की चतुर्भुज मूर्ति के दर्शन होते हैं। कहते हैं पहले यहां जंगल था। विराटनगर जाते समय पांडव कुछ दिन यहां ठहरे थे। वह स्थान तथा यज्ञशाला आज भी है। रंतिदेव (दे.) स्वप्न में मिले आदेश के अनुसार चंबल के किनारे-किनारे यहां आए और नदी में उन्हें दो बड़े-बड़े पत्थर मिले। पत्थरों को तोड़ने पर उनके अंदर से श्याम और श्वेत वर्ण की दो चतुर्भुज मूर्तियां निकलीं। वही मूर्तियां यहां स्थापित हैं। यह स्थान परशुराम की तपस्याभूमि है। वर्तमान मंदिर 1630 ई. के आसपास का बना बताया जाता है।

केशवसुत

मराठी काव्य के युग प्रवर्तक कवि केशवसुत का जन्म 1866 ई. में हुआ था। पारिवारिक परिस्थितियों के कारण उनकी शिक्षा में व्यवधान पड़ता रहा किंतु इससे कवि की जन्मजात प्रतिभा पर कोई प्रभाव न पड़ा। उन्होंने पुरानी परंपरा को तोड़कर मराठी कविता को एक नई दिशा प्रदान की। उनका मराठी साहित्य में वही स्थान माना जाता है जो हिंदी में भारतेन्दु का और तमिल में सुब्रह्मण्य भारती का है। केशवसुत 39 वर्ष की अल्पायु में ही 1905 ई. में दिवंगत हो गए।

केशी

दक्ष कन्या दनु के गर्भ से उत्पन्न कश्यप का पुत्र जो सभी दानवों में अधिक प्रतापी था। महाभारत के अनुसार इसने प्रजापति की कन्या दैत्यसेना का अपहरण करके उससे विवाह कर लिया था। यह कंस का अनुचर था। इसने दीर्घकाय घोड़े का रूप धारण करके वृन्दावन में गौओं और गोपों को मारकर बड़ा आतंक मचाया। अंत में श्रीकृष्ण ने इसका वध किया। केशी का वध करने के कारण ही श्रीकृष्ण का एक नाम केशव पड़ा।

कैकयी

कैकेय नरेश की पुत्री और अयोध्या नरेश दशरथ की तीन रानियों में से सबसे छोटी। वाल्मीकि ने उसका चित्रण अति सुंदर, स्वाभिमानिनी, सांसारिक सुख-सुविधाओं में लिप्त महिला के साथ-साथ वीर और साहसी वीरांगना के रूप में किया है। प्रसिद्ध है कि एक बार युद्धक्षेत्र में दशरथ के रथ की धुरी टूट जाने पर उसने अपने हाथ का सहारा देकर रथ को चलाए रखा। दशरथ ने प्रसन्न होकर उससे दो वरदान मांगने के लिए कहा। कैकेयी ने उस समय तो वरदान नहीं मांगे पर भविष्य में उन्हें लेने का वचन राजा दशरथ से ले लिया। राम के राज्याभिषेक के समय कैकेयी ने वे दोनों वरदान मांगे—राम को चौदह वर्ष के लिए बनवास और अपने पुत्र भरत को राजसिंहासन। दशरथ को अपना वचन पूरा करना

पड़ा पर वे इस आघात को सह न सके और शोकविह्वल होकर उन्होंने अपने प्राण त्याग दिए।

कैटभ

मधु और कैटभ नाम के दो राक्षस भाई थे जिनकी उत्पत्ति सोते समय विष्णु के दो कानों से बताई जाती है। एक बार वे ब्रह्मा को मारने के लिए दौड़े तो विष्णु ने उन्हें नष्ट कर दिया। विष्णु का मधुसूदन नाम तभी से पड़ा। कैटभ को मारने के कारण उमा कैटभा कहलाती हैं। एक पुराण के अनुसार इन दोनों राक्षसां के मेदा के कारण पृथ्वी का नाम मेदिनी पड़ा।

कैनिंग (लार्ड)

लार्ड कैनिंग ईस्ट इंडिया कंपनी का अंतिम गवर्नर जनरल और भारत का प्र [illegible] वाइसराय (सम्राट का प्रतिनिधि) था। वह डलहौजी के बाद 1856 ई. में गवर्नर जनरल के पद पर नियुक्त होकर भारत आया और 1862 ई. तक भारत में रहा।

उसका कार्यकाल बहुत ही घटना प्रधान रहा है। ईस्ट इंडिया कंपनी के अत्याचारों के विरुद्ध 1857 ई. में भारत में प्रथम स्वतंत्रता संग्राम हुआ। इसके फलस्वरूप ईस्ट इंडिया कंपनी की सत्ता समाप्त हो गई और यहां का शासन ब्रिटिश सम्राट ने अपने हाथ में ले लिया। कैनिंग को प्रथम वाइसराय बना दिया गया। उसने अस्थिर राजनीतिक स्थिति को अपनी दृष्टि से सुधारने के लिए अनेक कदम उठाए। नोटों का प्रचलन किया, भारतीय दंड विधान और जाब्ता फौज-दारी बनवाया। मद्रास, बम्बई और कलकत्ता में हाईकोर्ट कायम किए। इन शहरों में उसने 1857 ई. में विश्वविद्यालयों की भी स्थापना की। उसी के समय 1861 ई. का इंडियन कौंसिल एक्ट बना और विधानमंडलों में भारतीय प्रतिनिधियों के प्रवेश का आरंभ हुआ।

कैयट

कशमीर के एक प्रकांड विद्वान् जिनका समय ग्यारहवीं शताब्दी माना जाता है। महाभाष्य पर इनकी टीका अत्यन्त महत्वपूर्ण मानी जाती है। पहले महाभाष्य अत्यन्त दुरुह ग्रंथ समझा जाता था। कैयट की टीका से ही बाद के विद्वान् उसे समझ पाने में समर्थ हुए।

कैलास मंदिर

एलोरा (दे.) के गुफा मंदिरों के बीच स्थित वास्तुकला की एक अद्भुत रचना।

यहां एक ही चट्टान को काटकर यह आश्चर्यजनक और अद्वितीय मंदिर बनाया गया है। इसकी संपूर्ण रचना और सारा अलंकरण एक ही पहाड़ी के भाग को काटकर बनाया गया है। कहते हैं इसका निर्माण राष्ट्रकूट राजा कृष्ण प्रथम ने कराया था जो 760 ई. में गद्दी पर बैठा था। यह मंदिर देशी और विदेशी सभी पर्यटकों के आकर्षण का एक मुख्य केन्द्र है।

कैलास-मानसरोवर

कैलास और मानसरोवर का भारत की संस्कृति से प्राचीन काल से ही निकट का संबंध रहा है। ये दोनों हिमालय में स्थित पवित्र तीर्थ हैं। मानसरोवर तिब्बत के पठार में स्थित एक सरोवर का नाम है। वस्तुतः सरोवर दो हैं—राक्षसताल और मानसरोवर। मान्यता है कि रावण ने राक्षसताल में खड़े होकर ही शिव की तपस्या की थी। यह ताल टेढ़े-मेढ़े किनारों का है। इसके विपरीत मानसरोवर लगभग गोल या अंडाकार है। इसका जल अत्यंत स्वच्छ और नीलाभा लिए हुए है। इसे एक शक्तिपीठ भी माना जाता है। कहते हैं, सती की दाहिनी हथेली इसी में गिरी थी।

मानसरोवर में हंस बड़ी संख्या में हैं। प्रत्यक्षतः मानसरोवर से कोई नदी नहीं निकलती। विद्वानों का मत है कि भीतर ही भीतर दूर जाकर यहां का जल नदियों के स्रोत में बदलता होगा।

कैलास पर्वत मानसरोवर से लगभग 20 मील की दूरी पर स्थित है। इसे भगवान शंकर का दिव्यधाम माना जाता है, ठीक उसी प्रकार जैसे अयोध्या और ब्रज क्रमशः राम और कृष्ण के लीलाधाम हैं। कैलास पर्वत की आकृति एक विराट शिवलिंग जैसी है जिसे चारों ओर से पर्वतों ने घेर रखा है। यात्री श्रद्धापूर्वक इसकी परिक्रमा करते हैं। कैलास और मानसरोवर के ऊंचाई पर स्थित होने के कारण यहां छोटी घास और कंटीली झाड़ियों के अतिरिक्त और कोई वनस्पति नहीं मिलती। मानसरोवर का जल सामान्य शीतल है। यात्री उसमें स्नान कर सकते हैं।

कैलास मानसरोवर की यात्रा का मार्ग उत्तर प्रदेश के पिथौरागढ़ जिले से होकर जाता है। काफी दूर तक बर्फ पर चलना पड़ता है। पहले इस यात्रा पर कोई प्रतिबंध नहीं था। परंतु तिब्बत पर चीन के अधिकार के बाद निश्चित तिथियों में भारत सरकार सीमित रूप में इस यात्रा का प्रबंध करती है।

पुराणों और तंत्र ग्रंथों में कैलास की बड़ी महिमा बताई गई है। स्कंद पुराण के अनुसार इसका स्मरण मात्र फलदायी होता है।

कैवल्य

मोक्ष अथवा मुक्ति की वह अवस्था जब सब उपाधियों से रहित होकर केवल

शुद्धमात्र का भाव रहता है। पातंजलि के योगसूत्र के अनुसार जब सत्व, रज और तम का कार्य समाप्त हो जाता है, सभी विकारों से रहित वह स्थिति कैवल्य कहलाती है। योगशास्त्र में इसका अर्थ है, आत्मा के वास्तविक स्वरूप का साक्षात्कार। राम-भक्ति साहित्य में भी मोक्ष के अर्थ में इसका प्रयोग है। देश के अन्य दर्शनों में भी ज्ञान या विद्या द्वारा आत्मा के स्वरूप के साक्षात्कार को कैवल्य की संज्ञा दी गई है।

कोंकण

पश्चिमी भारत का वह भाग जिसमें महाराष्ट्र के थाणा, कोलाबा, बंबई तथा गोवा प्रदेश और उसके दक्षिण का कुछ भाग सम्मिलित है, कोंकण कहलाता है। कहते हैं, परशुराम की माता कुंकणा के नाम पर यह नाम पड़ा। इस नाम का उल्लेख महाभारत, पुराणों, राजतरंगिणी और अलबरूनी जैसे विदेशियों के संस्मरणों में पाया जाता है। यह बहुत उपजाऊ क्षेत्र है।

कोंकणी

भारत के पश्चिमी तट पर स्थित कोंकण क्षेत्र की एक स्वतंत्र भाषा। यह मराठी और हिन्दी के काफी निकट है। इस क्षेत्र के एक महत्वपूर्ण भाग गोवा पर शताब्दियों तक पुर्तगालियों का शासन रहा। उन्होंने बलपूर्वक लोगों का धर्मपरिवर्तन भी कराया और भाषा तथा संस्कृति को भी छिन्न-भिन्न करने की चेष्टा की। परंतु लोगों में अपनी भाषा का मोह बना रहा। इसलिए ईसाई मिशनरियों को भी बाध्य होकर अपना धार्मिक साहित्य कोंकणी में प्रस्तुत करना पड़ा। पुर्तगालियों के कारण उनके आने से पूर्व का साहित्य नष्ट हो गया। इसलिए 17वीं शताब्दी से पहले का इस भाषा का कोई साहित्य उपलब्ध नहीं है। कोंकणी को कुछ विद्वान् आर्य परिवार की स्वतंत्र भाषा मानते हैं।

कोंडा वेंकटप्पय्या

आंध्र प्रदेश के समाज सुधारक और पृथक् प्रदेश की मांग का समर्थन करने वाले कोंडा वेंकटप्पय्या का जन्म 7 फरवरी 1865 ई. को हुआ था। पेशे से आप वकील थे, किन्तु समाजसुधार, हिन्दीप्रचार और राष्ट्र उत्थान के कार्यों में सदा अग्रणी रहे। इन्हीं सेवाओं के कारण वे 'देशभक्त' के उपनाम से अधिक प्रसिद्ध हुए। वेंकटप्पय्या ने साइमन कमीशन के बहिष्कार के आंदोलन में भाग लिया। तेलुगु भाषियों के लिए पृथक राज्य की मांग के संबंध में उनका कहना था कि इससे राज्यों में प्रगति की स्वस्थ स्पर्धा को बल मिलेगा। 15 अगस्त 1949 ई. को आपका देहान्त हो गया।

कोकला व्रत

इसमें आश्विन पूर्णिमा को संकल्प करके एक मास तक एक समय भोजन करने का विधान है। इस बीच तिलों की कोकला के रूप में गौरी बनाकर उसका पूजन किया जाता है। मान्यता है कि शिव की इच्छा के विरुद्ध अपने पिता दक्ष के यज्ञ में जाने के कारण शिव ने गौरी को कोकला हो जाने का शाप दिया था। इस व्रत में उसी कोकला रूप की पूजा की जाती है। सुख-समृद्धि के लिए यह व्रत मुख्यतः महिलाएं करती हैं।

कोचीन

मलाबार समुद्र तट पर स्थित 16वीं शताब्दी का एक हिंदू राज्य जिसने पुर्तगाली यात्री कैब्रराल को आश्रय दिया और उस देश के साथ व्यापारिक संबंध स्थापित किए। पुर्तगालियों ने शीघ्र ही वहां एक कोठी स्थापित करके हिंदू राजा को प्रभावहीन बना दिया। कुछ ही समय बाद डच वहां आ गए और उन्होंने पुर्तगालियों को भगा दिया। 18वीं शताब्दी में कोचीन की स्थिति मैसूर राज्य के एक सामंत की हो गई थी। बाद में टीपू सुलतान (दे.) की पराजय के बाद अंग्रेजों ने इस पर अधिकार कर लिया।

कोजागर

यह व्रत आश्विन शुक्ल पूर्णिमा को किया जाता है। इसका उद्देश्य धन-संपत्ति की देवी महालक्ष्मी और देवराज इन्द्र को प्रसन्न करना है। लोग यह व्रत दरिद्रता और विपत्ति के निवारण के लिए करते हैं। रात में लक्ष्मी और इन्द्र की पूजा की जाती है। घर और घर के बाहर, जितना संभव हो मंदिर, जलाशय, चौराहा, बाग-बगीचा, तुलसी और पीपल वृक्ष के पास दिये जलाए जाते हैं। दूसरे दिन प्रातःकाल पुनः पूजा करके ब्राह्मणों को स्वादिष्ट भोजन कराते और दान देते हैं। लिंगपुराण के अनुसार उस दिन रात्रि में लक्ष्मी प्रत्येक घर के सामने आकर पूछती हैं—'को जाग्रति' अर्थात् कौन जाग रहा है? इसलिए इस व्रत के दिन रात्रि-जागरण का विधान है।

कोटितीर्थ

1. श्रीराम द्वारा गंधमादन पर्वत पर स्थापित एक तीर्थ जिसे उन्होंने अपने धनुष की कोटि से पृथ्वी को भेद कर प्रकट किया था। स्कंदपुराण के अनुसार कंस के वध के बाद नारद के परामर्श पर श्रीकृष्ण ने यहां आकर प्रायश्चित किया था।

2. प्रयाग का कौरवी देवी का क्षेत्र। कहते हैं, यहां शरीर छोड़ने से मुक्ति मिलती है।

3. अवंतिका, चित्रकूट और रामेश्वरम के तीर्थ विशेष। यहां इन स्थानों का बड़ा महत्व है।

कोणार्क

जगन्नाथपुरी से 29 कि. मी. दूर कोणार्क सूर्यमंदिर के लिए प्रसिद्ध है। इस मंदिर का निर्माण 13वीं शताब्दी में राजा नरसिंहदेव ने कराया था। इसके निर्माण में 1200 कारीगर 12 वर्षों तक लगे रहे और राज्य की 12 वर्षों की आमदनी इस पर खर्च हुई।

यह मंदिर सूर्य के रथ के आकार का बना है। पत्थर के 12 विशाल पहियों वाले रथ को सात घोड़े खींचते हुए दिखाए गए हैं। मंदिर के चारों ओर पत्थरों पर विभिन्न मुद्राओं में मूर्तियां उत्कीर्ण हैं। कालांतर में आक्रामकों के प्रभाव से मंदिर उपेक्षित हो गया। इसका ऊपरी भाग गिर गया या गिरा दिया गया। पत्थर के विशाल हाथी-घोड़े सब मिट्टी के नीचे दब गए। बाद में पुरातत्ववेत्ताओं ने 1837 ई. में खुदाई करके इस मंदिर को बाहर निकाला। यद्यपि मंदिर बहुत कुछ खंडित अवस्था में है, फिर भी जो कुछ है, वह इसकी विशालता और अद्भुत कलात्मकता का प्रतीक है।

कोमागाटामारू

कोमागाटामारू की घटना भारत के स्वतंत्रता संग्राम में बहुत प्रसिद्ध है। 'कोमागाटामारू' एक जापानी जहाज का नाम था जिसे भारत से बाहर गए क्रांतिकारियों ने चार महीने के लिए जापान से किराये पर लिया था। अंग्रेजों को बलपूर्वक देश से बाहर निकालने के उद्देश्य से प्रवासी भारतीयों ने अमेरिका में 'गदर पार्टी' नामक एक संस्था बनाई। ये लोग 'कोमागाटामारू' जहाज में शस्त्र लेकर भारत की ओर रवाना हुए। रास्ते में जापान से भी भारी मात्रा में शस्त्रास्त्र लिए गए। 21 फरवरी 1915 ई. का दिन अंग्रेजों से सत्ता छीनने का निश्चित किया गया। यह योजना बनाने वालों में भाई परमानन्द, रासबिहारी बोस आदि प्रमुख थे। परंतु इसी बीच किसी गद्दार ने सारी योजना की सूचना निर्धारित तिथि से दो दिन पहले अंग्रेज सरकार को दे दी। जहाज के सब लोग पकड़े गए। उनमें से लगभग 300 व्यक्तियों को मौत के घाट उतार दिया गया। यद्यपि योजना असफल हो गई परंतु लोगों में स्वतंत्रता की भावना जगाने में इस घटना ने भी बड़ा योग दिया।

कोल्हापुर

महाराष्ट्र प्रदेश का यह नगर कई कारणों से प्रसिद्ध रहा है। शैव महात्मा रेणुका-

चार्य, जिनसे मिलने के लिए जगत्‌गुरु शंकराचार्य भी आए थे, यहां निवास करते थे। अगस्त्य ऋषि ने भी यहां निवास किया था। समर्थगुरु रामदास कोल्हापुर पधारे थे। देवी भागवत के अनुसार दक्षिण में सह्याद्रि पर्वत पर कोल्हापुर नगर में सदा लक्ष्मी का वास रहता है। आज भी शहर में पुराने राजमहल के निकट लक्ष्मी का विशाल मंदिर है। इसे अंबा का मंदिर भी कहते हैं। यह नगर दत्तात्रेय का स्थान भी माना जाता है। लोगों की मान्यता है कि दत्तात्रेय अब भी यहां निवास करते हैं। किसी समय यहां शिवाजी के दूसरे पुत्र का शासन था।

कोष

उपनिषदों में वर्णित आत्मा के पांच कोष जो, उसके आवरण माने गए हैं। इनके भेदन से ही जीवात्मा अपना स्वरूप पहचानता है। इन सबका आधार आत्मा है और वह इन सबसे परे है। ये कोष हैं—1. अन्नमय कोष (स्थूल शरीर जो अन्न से बनता है), 2. प्राणमय कोष (शरीर के भीतर का वायु तत्व), 3. मनोमय कोष (मन की संकल्प और विकल्प की क्रिया), 4. विज्ञानमय कोष (बुद्धि की विवेचना की क्रिया) और 5. आनंदमय कोष (आनंद की स्थिति)।

कोशल

गौतम बुद्ध के समय तक भारत जिन सोलह महाजनपदों (दे.) में विभाजित था, उनमें कोशल भी एक था। यहां के प्रथम सूर्यवंशी शासक मनु के पुत्र इक्ष्वाकु बताए जाते हैं। इसी क्रम में दिलीप, रघु, दशरथ और राम हुए। इक्ष्वाकु वंश के राजाओं का उल्लेख वेदों में मिलता है। अयोध्या कोशल की राजधानी थी। साकेत तथा श्रावस्ती दो अन्य प्रधान नगर थे। ऐतिहासिक काल में कोशल का पहला राजा प्रसेनजित था और मगध का बिंबसार। दोनों गौतम बुद्ध के समकालीन थे और दोनों में बड़ी प्रतिद्वंद्विता थी। अजातशत्रु के राज्यकाल में इसे मगध ने हड़प लिया।

कोसी नदी

गंगा की यह सबसे बड़ी सहायक नदी ऐवरेस्ट और कंचनजंघा के मध्य से प्रवाहित होकर जयनगर नामक स्थान पर मैदान में उतरती है। इसकी धारा बड़ी भयानक है। यह बहुत तेजी से अपना मार्ग बदलती रहती है। 200 वर्ष पहले यह बिहार में पूर्णिया नगर के निकट बहती थी। अब यह लगभग 70 मील पश्चिम में खिसक गई है। इसमें बिहार में प्रतिवर्ष बड़ी विनाशकारी बाढ़ आती है। इसे उत्तर भारत की 'समस्या वाली नदी', 'भटकती नदी' और बिहार की 'शोक की नदी' कहते हैं।

कोहिनूर

यह भारत का एक प्रसिद्ध हीरा है। 14वीं शताब्दी से पहले का इसका कोई विवरण ज्ञात नहीं है। यद्यपि बाबर के साथ भी इसका नाम जुड़ता है, पर निश्चित प्रमाण यह है कि यह औरंगजेब के पास था। 1739 ई. में दिल्ली की लूट के समय नादिरशाह कोहिनूर को भी लूटकर ले गया। उसकी मृत्यु के बाद यह काबुल के एक अमीर के पास रहा जिससे 1813 ई. में पंजाब के महाराजा रणजीतसिंह को मिल गया। 1849 ई. में महाराजा रणजीतसिंह की मृत्यु के बाद जब ईस्ट इंडिया कंपनी ने पंजाब पर अधिकार किया तो कोहिनूर को लंदन ले जाकर तत्कालीन महारानी विक्टोरिया को भेंट कर दिया। आजकल यह लंदन के एक किले में सुरक्षित है।

क्रौंच

1. पुराणों के अनुसार एक पर्वत जो मैनाक का पुत्र और हिमालय का नाती है।

2. पुराणों में वर्णित सात द्वीपों में से एक द्वीप। इसके सात खंडों को धृतपृष्ठ राजा ने अपने सात पुत्रों में बांटा था।

3. एक पर्वत का नाम जो इस समय दक्षिण के कृष्णा जिले का मल्लिकार्जुन बताया जाता है। गणेश का विवाह पहले हो जाने से रुष्ट होकर कार्तिकेय यहीं आकर रहने लगे।

4. मय दानव का पुत्र जिसका स्कंद ने वध किया।

क्रोधवशा

कश्यप ऋषि की पत्नी जो दक्ष प्रजापति की पुत्री थी। इसने दंदशूक आदि नागों को जन्म दिया। इसकी पुत्री का विवाह पुलह ऋषि से हुआ था जिनसे भूत, पिशाच, किन्नर, बानर आदि वंश आरंभ हुए। मत्स्य पुराण के अनुसार इसके कुछ पुत्रों का भीमसेन ने वध किया था।

कौटिल्य

एक आचार्य जिसका नाम विष्णुगुप्त था। यह 'चाणक्य' के गोत्रज नाम से तथा राजनीतिशास्त्र में कुटिलनीति का प्रवर्त्तक होने के कारण 'कौटिल्य' भी कहलाता है। यह तक्षशिला का निवासी एक ब्राह्मण था। एक बार जब यह पाटलिपुत्र आया तो राजा नंद ने इसका अपमान किया। इस अपमान का बदला लेने के लिए यह चंद्रगुप्त मौर्य से मिल गया और नंद को पराजित करने तथा चंद्रगुप्त को गद्दी पर बैठाने में प्रमुख सहायक हुआ। कुछ का मत है कि यह चंद्रगुप्त मौर्य को शासनकार्य चलाने में भी सहायता देता रहा। कुछ लोग इसे चंद्रगुप्त का मंत्री भी बताते हैं।

कौटिल्य की सबसे बड़ी देन संस्कृत साहित्य का 'राजनीतिशास्त्र विषयक ग्रंथ 'कौटिल्य अर्थशास्त्र' है। इसमें राज्यशासन के अंतर्गत आनेवाले परराष्ट्रीय, युद्ध शास्त्रीय, वैधानिक, वाणिज्य, राजस्व आदि सभी अंगों पर विस्तृत विवेचना की गई है। दीर्घकाल तक यह ग्रंथ अप्राप्त था। दक्षिण के विद्वान् डॉ. शामशास्त्री ने इसे खोजकर 1909 ई. में प्रकाशित कराया।

कौण्डिल्य

1. मलाया प्रायद्वीप में जंबुक राज्य की स्थापना करनेवाला भारतीय जो इंद्रप्रस्थ के राजा आदित्यसेन का पुत्र था। उसने मलय देश में जाकर नागराज की कन्या शोभा से विवाह किया और वहां के लोगों को वस्त्र धारण करना सिखाया। उसका समय ईसा की पहली शताब्दी बताया जाता है।
2. एक ऋषि जिन्हें विष्णु ने शंकर के कोप से बचाया था।
3. युधिष्ठिर की राज्यसभा के एक सदस्य ऋषि।

कौरव

सामान्यत: धृतराष्ट्र (दे.) के पुत्र कौरव कहलाते हैं, किंतु वास्तव में यह नाम कुरु (दे.) के सभी वंशजों के लिए प्रयुक्त होता है। धृतराष्ट्र और पांडु विचित्रवीर्य की पत्नियों अंबिका और अंबालिका के गर्भ से सत्यवती के पुत्र व्यास द्वारा पैदा किए गए थे क्योंकि विचित्रवीर्य की मृत्यु नि:संतान अवस्था में हो गई थी। धृतराष्ट्र के दुर्योधन आदि सौ पुत्र हुए जो कौरव कहलाए। पाडु के पांच पुत्रों की सामूहिक संज्ञा पांडव थी। कौरवों और पांडवों के बीच महाभारत युद्ध हुआ।

कौलाचार्य

शाक्तों के वाममार्गी संप्रदाय की एक शाखा कौल कहलाती है। इस शाखा का आचरण ही कौलाचार्य है। इस विचारधारा के अनुसार कीचड़ और चंदन में, मित्र और शत्रु में, घर और श्मशान में, सोने और तृण में जो भेद नहीं मानता वह कौल कहलता है। कौलाचार्य में 'पंच मकारों' (मद्य, मांस, मत्स्य, मुद्रा और मैथुन) का खुलकर प्रयोग होता है। इन्हीं पंच मकारों से पूजा की जाती है। इस मत के अनुसार काली या तारा का मंत्र लेने के बाद जो व्यक्ति पंच मकार का सेवन नहीं करता वह कलयुग में पतित है, मूर्ख है और होम आदि करने का अधिकारी नहीं है।

वस्तुत: आरंभ में पंचमकार रूपकालक था, किंतु बाद की विकृतियों ने इसे स्थूल रूप दे दिया।

कौशल्या

1. कोशल नरेश भानुमान की कन्या जो अवधनरेश दशरथ की पटरानी और राम की माता थी। कोशल देश की कन्या होने के कारण ये कौशल्या कहलाईं। कैकेयी के कहने पर राम वन चले गए। वाल्मीकि रामायण के अनुसार इस पर कौशल्या ने दशरथ से कई मर्मस्पर्शी बातें कहीं। इस पर दशरथ ने कौशल्या के सामने हाथ जोड़ लिए। यह देखकर कौशल्या को अपनी भूल का स्मरण हो आया। पति के सुख से वंचित तथा सौत द्वारा सताए जाने से वे उदासीन रहती थीं। वनवास से लौटकर रामचंद्र ने अश्वमेध यज्ञ कराया। यज्ञ की समाप्ति के बाद कौशल्या का देहांत हो गया।
2. श्रीकृष्ण की एक पत्नी का नाम।
3. धृतराष्ट्र की माता का नाम।

कौशांबी

इलाहाबाद के दक्षिण में स्थित प्राचीन काल के प्रसिद्ध वत्स्य जनपद की राजधानी जिसका नाम अब कोशल है। इसे पुरुरवा की दसवीं पीढ़ी में जन्मे कुशुंब ने बसाया था।

जब हस्तिनापुर नष्ट हो गया तो अर्जुन से आठवीं पीढ़ी में उत्पन्न राजा चक्र ने इसे अपनी राजधानी बनाया था। भगवान बुद्ध ने ज्ञान-प्राप्ति के बाद छठा और नौवां चातुर्मास यहीं बिताया। जैन धर्म के छठे तीर्थंकर के जन्म लेने तथा कैवल्य ज्ञान प्राप्त करने का स्थान यही था। यह किसी समय प्रसिद्ध राजा उदयन (दे.) की भी राजधानी था। यहां की खुदाई में बहुत-सी मूर्तियां और प्राचीन काल के अवशेष मिले हैं।

कौशिक सूत्र

यह अथर्ववेद से संबंधित गृह्यसूत्र है जिसमें ऐंद्रजालिक उत्सवों का भी विशेष रूप से वर्णन है।

संहिता के पांच सूत्र ग्रंथों में से यह एक है। बहुत से सूत्र ग्रंथों में अथर्ववेद का विषय बड़े दुर्बोध रूप में वर्णित है। कौशिक सूत्र में उसे सुबोध और स्पष्ट किया गया है।

कौषीतकी उपनिषद

ऋग्वेद से संबंधित इस उपनिषद का रचनाकाल 12 से छठी शताब्दी ई. पू. के बीच माना जाता है। इसमें मोक्ष, सामाजिक रीतियों, उपासनाओं और इच्छित वस्तुएं प्राप्त करने के लिए धार्मिक अनुष्ठानों का वर्णन है।

कौस्तुभ मणि

भागवत के अनुसार समुद्र-मंथन से निकली एक श्रेष्ठ मणि जिसे विष्णु सदैव अपने गले में धारण करते हैं। इसका रंग लाल कमल के समान कांतिवाला है। इसे पद्मराग या माणिक्य भी कहते हैं।

क्रतु

1. एक सप्तर्षि जिनकी उत्पत्ति ब्रह्मा के हाथ से हुई थी। कर्दम प्रजापति की पुत्री क्रिया से इनका विवाह हुआ था।

इसी युगल से साठ हजार बालखिल्य ऋषि पैदा हुए थे।

2. ब्रह्मा के नौ मानस पुत्रों में से एक जो पौष मास के सूर्य के रथ में रहता है। इसका विवाह क्षमा से हुआ था।

३. दारुवन के एक ऋषि जिन्होंने अन्य ऋषियों के साथ त्रिपुर के नाश के लिए शिव की आराधना की थी।

क्रांति

बलपूर्वक सत्ता पर अधिकार करने और शासन तथा समाज की व्यवस्था में मूलभूत परिवर्तन को क्रांति कहते हैं। परंतु बाद के इतिहास में इस शब्द का प्रयोग भिन्न अर्थों में भी होने लगा है। भारत ने अहिंसक क्रांति के द्वारा स्वतंत्रता अर्जित की। उद्योग और कृषि के क्षेत्र में जो परिवर्तन हुए, चाहे पश्चिमी देशों में हुए हों या पूर्वी देशों में, वे भी क्रांति कहलाते हैं—जैसे औद्योगिक क्रांति, हरित क्रांति आदि।

क्रिसमस

प्रतिवर्ष 25 दिसंबर को मनाए जानेवाले इस त्यौहार को 'बड़ा दिन' भी कहते हैं। ईसाई धर्मावलंबी ईसामसीह के जन्म की स्मृति में यह पर्व मनाते हैं। पहले वे यहूदियों के प्रमुख त्यौहार पास्का के अवसर पर ही ईसामसीह की स्मृति में त्यौहार मनाया करते थे। अनुमान है कि चौथी शताब्दी के आरंभ से यह 25 दिसंबर को मनाया जाने लगा। इसे सारे संसार के ईसाई गिरजाघरों और अपने-अपने निवास पर बड़ी धूमधाम से मनाते हैं। उस दिन ईसा की मूर्ति को आकर्षक रूप से सजाया जाता है।

क्लाइब (1725-1774 ई.)

लार्ड राबर्ट क्लाइब भारत में ब्रिटेन की सत्ता के संस्थापकों में गिना जाता है। वह ईस्ट इंडिया कंपनी के क्लर्क की हैसियत से भारत आया, पर बाद में कंपनी की

सेना में भर्ती हो गया। उसने दक्षिण में फ्रांसीसियों के विरुद्ध युद्ध में अंग्रेजों को विजय दिलाई।

बीच में वह दो वर्ष के लिए इंग्लैंड चला गया था। लौटने पर वह बंगाल गया और छल-बल से अपनी सत्ता स्थापित की। 1765 ई. में कंपनी ने उसे अपना प्रधान सेनापति और बंगाल का गवर्नर नियुक्त कर दिया। इस हैसियत से क्लाइब ने कंपनी की स्थिति दृढ़ करने के साथ-साथ अपने लिए भी बहुत संपत्ति अर्जित की। 1767 ई. में वह अंतिम रूप से इग्लैंड चला गया। वहां उसकी कटु आलोचना हुई। बंगाल-शासन की अवधि में उसके अनेक शत्रु पैदा हो गए थे—कुछ उसके जाल-फरेब के कारण और कुछ अपार संपत्ति अर्जित करने से। इस चतुर्दिक निंदा का परिणाम यह हुआ कि 1774 ई. में क्लाइब ने गला काटकर आत्महत्या कर ली।

क्षत्रप

यह उत्तर भारत के कई क्षेत्रों में राज्य करनेवाले शक शासकों की उपाधि थी। इनके तीन वर्ग बताए जाते हैं—1. काबुल की घाटी में कापिशी के क्षत्रप, 2. पश्चिमी पंजाब अथवा तक्षशिला के क्षत्रप और 3. मथुरा के क्षत्रप। इनमें पंजाब का क्षत्रप कुल अपेक्षाकृत बड़ा था। यद्यपि क्षत्रपों के नाम सिक्कों और खंडित अभिलेखों में मिलते हैं, किंतु इनके संबंध में विशेष जानकारी अभी तक उपलब्ध नहीं है। विद्वानों का मत है कि इन्होंने कुषाणों (दे. कुषाण) से पहले राज्य किया।

क्षत्रिय

भारतीय आर्यों में प्राचीन काल में प्रचलित वर्ण-व्यवस्था में चार वर्ण माने गए हैं—ब्राह्मण, क्षत्रिय, वैश्य और शूद्र। समाजशास्त्रवेत्ताओं का मत है कि यह वर्ण-भेद आरंभ में कार्य-भेद के कारण था जो आगे चलकर जन्म पर आधारित माना जाने लगा।

क्षत्रिय उसे कहते थे जो दूसरों को क्षति पहुंचाने से बचाए। ये सूरमा होते थे और समाज व्यवस्था में ब्राह्मणों के बाद इनका क्रम आता था। लेकिन जब ब्राह्मणों के प्रभाव के विरुद्ध प्रतिक्रिया हुई तो उसका नेतृत्व बौद्ध और जैन धर्म के प्रवर्तकों ने किया जो दोनों क्षत्रिय कुल में पैदा हुए थे। इसलिए इनके ग्रंथों में दी हुई वर्ण-व्यवस्था में क्षत्रियों को ब्राह्मण से पहले स्थान दिया गया है। पर इसका स्थायी प्रभाव नहीं पड़ा और वर्णाश्रम में क्षत्रिय दूसरे स्थान के ही अधिकारी माने गए।

वैदिक साहित्य में क्षत्रिय का प्रारंभिक प्रयोग राज्याधिकारी या दैवी

अधिकारी के रूप में हुआ है। इनके तीन वर्गों का उल्लेख मिलता है—राजकुल, प्रशासक और सैनिक। ये दार्शनिक और ज्ञानी भी थे जैसे जनक, कैकेय आदि। भक्तिमार्ग इन्हीं का चलाया हुआ बताया जाता है। धर्मशास्त्रों में यज्ञ करने और दान देने के अतिरिक्त शस्त्र द्वारा जीविकोपार्जन तथा पृथ्वी की रक्षा इनका कर्तव्य बताया गया है।

क्षत्री

इस शब्द का प्रयोग कई अर्थों में मिलता है। ऋग्वेद में यह एक देवता है जो अच्छी वस्तुएं प्रदान करता है। संहिता और ब्राह्मण इसे राजसेवक बताते हैं। वाजसनेयी संहिता में यह द्वारपाल है। कहीं इसे रथवाहक बताया गया है और कहीं अंतःपुर का अध्यक्ष। बाद में यह शब्द एक वर्गसंकर जाति के लिए भी प्रयुक्त होने लगा।

क्षमा

दक्ष प्रजापति की एक पुत्री जिसका विवाह पुलह ऋषि के साथ हुआ था। कर्दम, अंबरीष आदि इसी की संतान थे। पुराणों में एक ब्रह्मराक्षसी का नाम भी क्षमा मिलता है।

क्षीरसागर

पुराणों में वर्णित सात समुद्रों में से एक समुद्र जो सदा दूध से भरा रहता है। यह भगवान् विष्णु का स्थान है। यहां वे शेषनाग की शय्या बनाकर विश्राम करते हैं और लक्ष्मी उनके चरण दबाती है।

क्षुद्रक

व्यास नदी के किनारे मालव (दे.) गण का पड़ोसी एक गणराज्य। यद्यपि मालव और क्षुद्रक में वैमनस्य था किंतु सिकंदर के आक्रमण का सामना दोनों ने मिलकर किया। यद्यपि युद्ध में ये विजयी नहीं हुए फिर भी सिकंदर ने इनके साथ सम्मान-जनक संधि की।

क्षुप

1. महाभारत में वर्णित एक प्रजापति जिनका जन्म ब्रह्मा की छींक से हुआ था। शिव ने इन्हें प्रजा का अधिपति और ब्रह्मा ने अपने यज्ञ का पुरोहित बनाया। इन्हें इक्ष्वाकु का पूर्वज बताया जाता है।
2. सत्यभामा के गर्भ से उत्पन्न श्रीकृष्ण के एक पुत्र का नाम।

क्षेत्रपाल

एक देवता जो खेत अथवा भूमिखंड का रक्षक माना जाता है। गृहप्रवेश या शांति-कर्मों के समय बलि देकर क्षेत्रपाल को प्रसन्न करने का विधान है। इसके लिए सिंदूर, दीपक, दही, भात आदि सजाकर चौराहे पर रखने की भी प्रथा है। खेत जोतने-बोने से पहले क्षेत्रपाल की पूजा करने का भी विशेष रूप से विधान था। आज भी यह प्रथा प्रचलित है।

क्षेत्रीय परिषद

नया संविधान लागू होने के बाद प्रादेशिक सीमाओं आदि के विवादों को सुलझाने तथा भाषावार प्रदेशों की मांग की समस्या के समाधान के लिए 'राज्य पुनर्गठन आयोग' की स्थापना की गई थी। उसी की सिफारिश पर देश में पांच क्षेत्रीय परिषदें बनाई गई हैं। इनके अंतर्गत देश के सभी प्रशासनिक क्षेत्र सम्मिलित हैं।

भारत सरकार के गृहमंत्री इन परिषदों के अध्यक्ष होते हैं। ये परिषदें अन्य बातों के साथ-साथ इन विषयों पर विचार करके विशेष रूप से सिफारिशें करती हैं—सीमाविवाद, भाषायी अल्पसंख्यक, अंतर्राज्य परिवहन, आर्थिक और सामाजिक नियोजन आदि।

क्षेमक

1. वाराणसी को उजाड़नेवाले एक राक्षस का नाम।
2. चंद्रवंश के अंतिम राजा का नाम।
3. ऐलवंश का अंतिम राजा जिसके साथ ब्रह्मक्षत्रिय वंश समाप्त हो गया।

क्षौरकर्म

केश, दाढ़ी-मूंछ और नखों को कतरकर देह को सजाना क्षौरकर्म के अंतर्गत आता है। व्रत के लिए इसका विधान है। ब्रह्मवैवर्त पुराण के अनुसार व्रत, उपासना, श्राद्ध आदि में जो क्षौरकर्म नहीं करता, वह अपवित्र बना रहता है। प्राचीन मान्यता के अनुसार रविवार को क्षौरकर्म दुःख और सोमवार को सुख, मंगल को मृत्यु और बुध को धन उत्पन्न करता है। गुरुवार को क्षौरकर्म से मान का हनन होता है और शुक्रवार को शुक्र का क्षय होता है। शनिवार को क्षौर से सभी दोष होते हैं। भोजन के उपरांत क्षौर का निषेध है। पर व्रत और तीर्थ में यह निषेध नहीं माना जाता।

ख

खंडकाव्य

काव्य की वह रचना है जिसमें जीवन की संपूर्णता का चित्रण न करके उसके किसी अंश विशेष का चित्रण किया जाता है। खंडकाव्य में सामान्यत: आदि से अंत तक एक ही छंद का प्रयोग किया जाता है, पर अनेक रचनाएं इसका अपवाद भी है। समालोचक 'महाकाव्य' और 'खंडकाव्य' में वही अंतर मानते हैं जो उपन्यास और कहानी में है। उपन्यास समग्र जीवन का चित्रण है, कहानी उसके एक खंड का। खंडकाव्य भी जीवन के खंड-दृश्य की रचना है।

खंडगिरि-उदयगिरि

उड़ीसा प्रदेश में पुरी जिले के निकट उदयगिरि और खंडगिरि नामक दो पर्वत हैं। इन पर्वतों में जैन धर्म से संबंधित 66 गुफायें पाई गई हैं। यहां ऐतिहासिक महत्व के कुछ शिलालेख भी मिले हैं। इन गुफाओं का निर्माणकाल ईसा पूर्व दूसरी-पहली शताब्दी माना जाता है। ये गुफायें पर्यटकों के आकर्षण का केंद्र है।

खगोलविद्या

ब्रह्मांड के आकाशीय पिंडों का अध्ययन खगोलविद्या का विषय है। इसमें पिंडों की ज्योति, रचना और व्यवहार का अध्ययन किया जाता है। हमारा यह ब्रह्मांड असीम है। अब तक उसके जितने भाग का पता चला है। उसमें लगभग 19 अरब आकाश गंगायें होने का अनुमान है। इनमें से प्रत्येक आकाशगंगा में लगभग 10 अरब तारे बताये जाते हैं। इसी अध्ययन से यह भी ज्ञात हुआ है कि पृथ्वी पर आरंभिक जीव 2 अरब वर्ष पहले पैदा हुआ था। मनुष्य आज से 10 से 20 लाख वर्ष पहले पैदा हुआ। नवीन यांत्रिकी ने खगोल विद्या की सामर्थ्य को बहुत बढ़ा दिया है। इसी के सहारे मनुष्य अन्तरिक्ष में घूम रहा है। वह चन्द्रमा तक हो आया है और अब दूर के ग्रहों में पहुंचने के प्रयत्न में लगा है।

खजुराहो

मध्य-प्रदेश में छतरपुर जिले के निकट स्थित खजुराहो चदेलों की राजधानी थी। चंदेलों का शासन नवीं शताब्दी के आरंभ से तेरहवीं शताब्दी के अंत तक रहा।

उन्होंने कालिंजर का किला बनवाया और खजुराहो के आकर्षक मंदिरों का निर्माण करवाया। इन मंदिरों का निर्माण सन् 950 और 1050 ई. के बीच हुआ। यहां 85 मंदिरों का समूह था जिनमें से अब केवल लगभग 25 ही सुरक्षित रह गए हैं। इनमें से आठ जैन मंदिर हैं। हिंदू मंदिरों में कंडरिया महादेव का मंदिर सबसे विशाल और सुंदर है। अलंकरण की दृष्टि से खजुराहो के देवमंदिर अतुलनीय हैं। इनके बाहरी हिस्सों में देवताओं, नायिकाओं, अप्सराओं, नागकन्याओं आदि की मूर्तियां कला का सर्वोत्कर्ष उदाहरण हैं। अकेले कंडरिया महादेव के मंदिर के बाहरी हिस्से में दो फुट से ऊंची मूर्तियों की संख्या 872 है। छोटी तो हजारों हैं।

खट्वांग

1. शिव के एक आयुध का नाम। इसमें एक डंडे के सिरे पर मनुष्य की खोपड़ी लगी रहती है।
2. भिक्षा मांगने का एक खप्पर जिसका उपयोग प्रायश्चित्त करते समय किया जाता है।
3. भागवत में उल्लिखित एक सूर्यवंशी राजा जिसने देवासुर संग्राम में भी भाग लिया था।

खड़ी बोली

भारतीय संविधान में जिस भाषा को राष्ट्रभाषा का पद दिया गया है, वही खड़ी बोली है। विभिन्न विद्वानों ने इसे समय-समय पर वर्णाकूलर हिंदुस्तानी, जनपदीय हिंदुस्तानी, साधुहिंदी, नागरी आदि नाम दिए हैं। खड़ी बोली का सर्वप्रथम प्रयोग लल्लूजी लाल कृत प्रेमसागर में मिलता है। साहित्य के संदर्भ में बृज, अवधी, भोजपुरी, बुंदेली आदि के साहित्य का हिंदी साहित्य से अलग बोध कराने के लिए आधुनिक हिंदी साहित्य को खड़ी बोली का साहित्य कहते हैं। वर्तमान काल में खड़ी बोली का साहित्य वह है जो देवनागरी लिपि में लिखा जाता है और जिसमें संस्कृत, पालि, प्राकृत के साथ-साथ देश की अन्य भाषाओं और बोलियों के शब्दों का समावेश है।

खर-दूषण

खर और दूषण रावण के सौतेले भाई थे। दूषण को रावण का एक सेनापति भी बताया गया है। खर और दूषण रावण की आज्ञा से लंका की रक्षा के लिए दक्षिण भारत के जंगलों में रहते थे। पंचवटी में राम और लक्ष्मण से प्रणय निवेदन करने वाली राक्षसी सूर्पणखा इनकी बहन थी। लक्ष्मण ने उसके नाक-कान काट लिए तो

वह इन दोनों के पास पहुंची। इस पर खर और दूषण राम-लक्ष्मण से लड़ने आए और मारे गए।

खरोष्ठी

एक प्राचीन भारतीय लिपि जो अरबी लिपि की तरह दांयें से बांयें को लिखी जाती थी। चौथी-तीसरी शताब्दी ई. पू. में भारत के उत्तर-पश्चिमी सीमा प्रांतों में इस लिपि का प्रचलन था। शेष भागों में ब्राह्मी लिपि का प्रचलन था जो बांये से दांये को लिखी जाती थी। इस लिपि के प्रसार के कारण खरोष्ठी लिपि लुप्त होगई। इस लिपि में लिखे हुए कुछ सिक्केऔर अशोक के दो शिलालेख प्राप्त हुए हैं।

खस

प्राचीन भारत की एक जाति जिसे शकों की उपजाति बताया जाता है। मनु का कहना है कि खस क्षत्रिय थे किंतु संस्कार-लोप हो जाने के कारण उनकी गणना शूद्रों में होने लगी। कल्हण ने राजतरंगिणी में लिखा है कि खस लोग नेपाल में रहते थे। कुछ विद्वानों का मत है कि या तो खस जाति के लोग अर्धसंस्कृत अवस्था हिमालय क्षेत्र में बसते थे या तिब्बत और नेपाल के रास्ते भारत आए। बाद में उन्होंने हिंदू-धर्म अपना लिया।

खांडव वन

महाभारत के अनुसार राजा श्वेतकि ने बारह वर्ष तक यज्ञ किया। इसमें बड़ी मात्रा में घृत का भोजन करने के कारण अग्नि को अजीर्ण हो गया और उसमें यज्ञ वस्तुओं के भक्षण की सामर्थ्य न रही। जब अग्नि क्षीण होने लगी तो ब्रह्मा ने उसे खांडव-वन जलाकर अपना अजीर्ण मिटाने और देवताओं को कष्ट पहुंचाने वाले जंतुओं का भक्षण करने की अनुमति दे दी।

अग्नि की प्रार्थना पर श्रीकृष्ण और अर्जुन उसके कार्य में सहायता देने के लिए तैयार हो गए क्योंकि इन्द्र द्वारा रक्षित वन होने के कारण अकेले अग्नि में उसे जलाने की सामर्थ्य न थी। पन्द्रह दिन तक इस वन में अग्नि प्रज्वलित रही। बाद में यहीं पर पांडवों ने 'खांडवप्रस्थ' या 'इन्द्रप्रस्थ' नामक अपनी राजधानी बनाई।

मय नाम का दनुज इसी वन में रहता था। अर्जुन ने उसे जलने से बचा लिया। इसी उपकार के बदले में मय ने ऐसे मायावी सभाभवन की रचना की जिसमें दुर्योधन को जल में थल और थल में जल का भ्रम हुआ था।

जिस समय खांडव वन जल रहा था, इन्द्र ने उसे बचाने का प्रयत्न किया। इस पर इन्द्र और अर्जुन में युद्ध हुआ और इन्द्र को भाग जाना पड़ा।

खाकीपंथ

उत्तर भारत का एक वैष्णव पंथ जिसके आराध्य राम, सीता और हनुमान हैं। इस पंथ की स्थापना कृष्णदास पंचहारी के शिष्य कील्ह ने की थी। इस पंथ के लोग मिट्टी अथवा राख में रंगा हुआ वस्त्र पहनते हैं। शैवों की भांति जटा धारण करते हैं और शरीर में भी राख लपेटते हैं। इनका मानना है कि साधु को नदी के प्रवाह की भांति गतिशील रहना चाहिए और किसी एक स्थान पर ठहरना नहीं चाहिए।

खाकी साधु

दादूपंथी साधुओं की पांच श्रेणियों में एक श्रेणी खाकी साधुओं की भी है। ये भस्म लपेटे रहते हैं और अनेक प्रकार की तपस्या करते हैं। भस्म या खाक लपेटने के कारण ही ये खाकी कहलाते हैं। इस प्रकार रहने वाले साधु यद्यपि शैव और वैष्णव साधुओं में भी याए जाते हैं परंतु खाकी साधु संज्ञा मुख्यतः दादूपंथियों की है।

खान अब्दुल गफ्फार खां

दे. अब्दुल गफ्फार खां।

खारवेल

यह कलिंग का एक राजा था जो चेदिवंश का बताया जाता है। 24 वर्ष की उम्र में वह गद्दी पर बैठा और अपने राज्य के विस्तार में लग गया। उसने दक्षिण और पश्चिम के राज्यों पर आक्रमण करके उन्हें अपने अधीन किया। 185 ई. पू. में मगध के राजा को भी उसके हाथों परास्त होना पड़ा। मथुरा के सातवाहन वंशी राजा पर भी खारवेल ने विजय प्राप्त की। इस जैन धर्मावलंबी राजा के संबंध में उड़ीसा के उदयगिरि में प्राप्त शिलालेख से जानकारी प्राप्त हुई है।

खालसा

सिक्खों के धार्मिक सैनिक दल का नाम। 1715 ई. में मुगलों द्वारा वीर बंदा बैरागी की हत्या कर दिए जाने पर कपूरसिंह नामक सिक्ख नेता ने यह सैनिक दल आरंभ किया। धीरे-धीरे यह सिक्खों की प्रमुख सैनिक शक्ति के रूप में विकसित हो गया। आरंभ में आंतरिक मतभेदों के कारण संगठन के अंदर भी संघर्ष हो जाया करता था। पर महाराजा रणजीतसिंह ने (1798-1839 ई.) सबको अपने नेतृत्व में संगठित करके एकता प्रदान की। उनके समय में संपूर्ण सिक्ख समुदाय खालसा कहलाने लगा था। 1848-49 ई. के द्वितीय सिक्ख युद्ध के बाद सैनिक शक्ति के रूप में खालसा दल का विघटन हो गया।

खासिया

मेघालय प्रदेश की जयंतिया पहाड़ियों में रहनेवाली एक मातृमूलक जनजाति। इसमें विवाह होने पर पति अपनी ससुराल में जाकर रहता है। विवाह के पहले की उसकी कमाई पर मां के परिवार का और विवाह के बाद की कमाई पर पत्नी के परिवार का अधिकार होता है। वंशावली नारी से चलती है और वही संपत्ति की स्वामी होती है। विवाह भी बड़ा आसान है। लड़की और उसके माता-पिता की सहमति से लड़का उसके घर आना-जाना शुरू कर देता है। जब संतान पैदा हो जाती है तो स्थायी रूप से वहां रहने लगता है। संतान पर पिता का कोई अधिकार नहीं होता। ये लोग सुख-दुख सभी अवसरों पर पशुबलि देते हैं और काली तथा महादेव सहित अनेक स्थानीय देवताओं को पूजते हैं।

खिलजी

तुर्कों का एक कबीला जो भारत के उत्तरी भाग पर मुसलमानों के अधिकार के बाद यहां आकर बस गया था। जब दिल्ली के गुलाम वंश के शासकों का पतन आरंभ हुआ और वे भोग-विलास में ही रमे रहे तो खिलजी लोगों ने अवसर का लाभ उठाया। उनके नेता जलालुद्दीन ने, जो सेना का उच्च अधिकारी भी था, गुलामवंश के अंतिम सम्राट को मरवा कर सत्ता अपने हाथ में ले ली। जलालुद्दीन फीरोज खिलजी 1290 ई. में गद्दी पर बैठा और इस वंश के हाथों में 1320 ई. तक सत्ता रही। अलाउद्दीन खिलजी इस वंश का सबसे प्रसिद्ध बादशाह हुआ। वह जलालुद्दीन का भतीजा और दामाद था। पर उसने अवसर मिलते ही अपने चाचा की, जो उसका ससुर भी था, हत्या कर दी और 1296 ई. में स्वयं बादशाह बन बैठा। अलाउद्दीन 1316 ई. तक गद्दी पर रहा।

खिलाफत आंदोलन

इस आंदोलन का आरंभ भारत में मुसलमानों के धार्मिक आंदोलन के रूप में हुआ था। यह ब्रिटिश सरकार के विरुद्ध था, इसलिए समान शत्रु सामने होने के कारण गांधीजी के नेतृत्व में आरंभ हुए असहयोग आंदोलन के भी खिलाफत आंदोलन निकट आ गया। खिलाफत के प्रसिद्ध नेता शौकतअली और मुहम्मदअली कांग्रेस में सम्मिलित हो गए और गांधीजी ने भी 'खिलाफत' के प्रश्न को अपने असहयोग आंदोलन की मांगों में जोड़ लिया था। प्रथम विश्वयुद्ध (1914-18) के समय तक तुर्की का सुल्तान मुसलिम जगत का धर्मगुरु भी माना जाता था और उसका पद 'खलीफा' का था। युद्ध की समाप्ति पर, जिसमें तुर्की मित्र राष्ट्रों के विरुद्ध जर्मनी की ओर से लड़ा था, जब अंग्रेज विजयी हुए तो उन्होंने अपने सह-योगियों के साथ तुर्की का साम्राज्य बांट लेने की गुप्त संधि कर ली। इसी समय

यह समाचार भी फैला कि 'खलीफा' का पद भी अंग्रेज नहीं रहने देंगे। भारत के मुसलमानों ने इसी के विरुद्ध आंदोलन आरंभ किया था।

बाद की घटनाओं से सिद्ध हो गया कि यह आंदोलन भारत में बहुत कुछ गलत-फहमी पर आधारित था। सुल्तान की सत्ता समाप्त करने के लिए, जो खलीफा भी होता था, अतातुर्क कमालपाशा के नेतृत्व में तुर्की की जनता ही प्रयत्नशील थी। अंग्रेज तो उल्टे सुल्तान की सहायता ही कर रहे थे। जब तुर्की की नवनिर्वाचित असेम्बली ने इन हरकतों के लिए सुल्तान पर मुकदमा चलाने का निश्चय किया तो 1922 ई. में सुल्तान ने भाग कर इंग्लैंड में शरण ली। उसके बाद उसके भतीजे को 'खलीफा' का पद दिया गया, पर वह भी राष्ट्रीय सरकार के विरोधियों को आशीर्वाद देने लगा। इस पर तुर्की की राष्ट्रीय असेम्बली ने 1924 ई. में 'खलीफा' का पद ही समाप्त कर दिया। इस नए खलीफा ने भी इंग्लैंड में जाकर शरण ली। इन परिस्थितियों में भारत में यह आंदोलन अपने आप समाप्त हो गया।

खुदा

फारसी भाषा में ईश्वर को 'खुदा' कहते हैं। अरबी में इसके लिए 'अल्ला' शब्द है। इस्लाम के अनुयायी इन दोनों शब्दों का प्रयोग करते हैं। इस्लाम धर्म में ईश्वर की कल्पना इस प्रकार की गई है—उसका कोई सहयोगी नहीं है। वह भूत, वर्तमान और भविष्य का ज्ञाता है। वह सर्वशक्तिमान है और जो चाहे कर सकता है।

खुदीराम बोस

प्रसिद्ध क्रांतिकारी खुदीराम बोस का जन्म बंगाल के मिदनापुर जिले में 1889 ई. में हुआ था। वे विद्यार्थी जीवन में ही क्रांतिकारी दल के सदस्य बन गए थे। उन्होंने 1905 ई. के 'बंगभंग' के विरोध में उठ खड़े हुए आंदोलन में भाग लिया। 1906 ई. में उन्हें गिरफ्तार कर लिया गया था, किंतु पुलिस पर हमला करके वे भाग निकले। उसके बाद अनेक क्रांतिकारी कार्यों में भाग लेते रहे।

खेचरी

1. आकाश में विचरण करने वाली एक देवी का नाम।
2. आकाश में उड़ने की शक्ति जो एक सिद्धि होती है जो योगियों को प्राप्त होती है
3. हठयोग की एक मुद्रा या शारीरिक स्थिति। इसमें जीभ को उलट कर तालू के मूल में लगाते हैं और दृष्टि दोनों भौंहों के बीच ललाट पर लगाई जाती है।

इसे प्रतीकात्मक पद्धति में 'गोमांस भक्षण' भी कहते हैं।

4. तंत्र में उंगलियों की एक मुद्रा।

खेचरी गुटिका

तंत्र के अनुसार एक प्रकार की गोली जिसके संबंध में कहा जाता है कि इसे मुंह में रखने पर आदमी आकाश में उड़ सकता है।

खेड़ा सत्याग्रह

1918 ई. में गुजरात के खेड़ा क्षेत्र में अकाल के कारण फसल मारी गई। जब अंग्रेज सरकार ने छूट और राहत की किसानों की मांग स्वीकार नहीं की तो गांधीजी ने किसानों को असहयोग और सत्याग्रह करने का परामर्श दिया। इस आंदोलन का संचालन करने के लिए लल्लभ भाई पटेल अपनी चलती वकालत छोड़कर सार्वजनिक क्षेत्र में उतर आए थे। सरकारी दमन के सामने संगठित किसान डटे रहे। अंत में सरकार को उनकी न्यायोचित मांगें स्वीकार करने के लिए बाध्य होना पड़ा। इस आंदोलन की सफलता के बाद ही बल्लभ भाई पटेल 'सरदार' पटेल के नाम से विख्यात हुए।

ख्याति

दक्ष प्रजापति की पुत्री और महर्षि भृगु की पत्नी। इसने धाता और विधाता नाम के दो पुत्रों और लक्ष्मी नाम की पुत्री को जन्म दिया। यह लक्ष्मी वामन अवतार के समय कमला और परशुराम अवतार के समय धरणी कहलाई। यही रामावतार में सीता थी और कृष्णावतार में रुक्मिणी। इसका उल्लेख नारायण की पत्नी के रूप में भी मिलता है।

ख्याल

लोकनाट्य की एक शैली जिसमें पात्र नगाड़ा, सारंगी, ढोलक आदि वाद्ययंत्रों के साथ प्रदर्शन करते हैं। कथोपकथन मूलतः पद्यबद्ध होता है, गद्य का प्रयोग नाम-मात्र को किया जाता है। गायकी की शैली के आधार पर इसके कई भेद हैं। यह कुछ-कुछ उत्तर प्रदेश की नौटंकी और मालवा के नाच से मिलती-जुलती लोक-गायन शैली है।

वह गवैया जो ख्याल गाने में निपुण हो उसे ख्यालिया कहा जाता है।

ग

गंग

1. अकबर के दरबार के हिन्दी कवि। इनकी गंग पदावली, गंग पचीसी और गंग रत्नावली नाम की रचनाएं उपलब्ध हैं। रहीम, बीरबल, मानसिंह, टोडरमल आदि इनका बड़ा सम्मान करते थे। किंतु इनकी स्पष्टवादिता और निर्भयता के कारण नूरजहां का भाई इनसे रुष्ट हो गया था। इस कारण ये नूरजहां के भी कोपभाजन बने और उसने इन्हें हाथी से कुचलवाकर मरवा डाला। कुछ लोग कहते हैं कि इन्हें मरवाने वाला औरंगजेब था।

2. दक्षिण भारत का एक प्रसिद्ध राजवंश जिसने 350 ई. से 1004 ई. तक राज्य किया।

गंगवंश

1. मैसूर के अधिकांश भाग का एक शासक वंश जो चौथी से ग्यारहवीं शताब्दी तक शासनारूढ़ रहा। इस वंश के प्रथम शासक कोंगिनवर्मा ने अनेक युद्धों में विजय प्राप्त करके अपने राज्य का विस्तार किया। दसवीं शताब्दी के गंग राजाओं ने जैन धर्म को बहुत प्रोत्साहन दिया। इसी वश के एक राजा के मंत्री चामुंडराय ने 983 ई. में श्रवणवेलगोल (दे.) में गोमटेश्वर की साढ़े छप्पन फुट ऊंची विशाल प्रतिमा का निर्माण कराया।

2. इसी वंश की एक शाखा 'पूर्वी गंगवंश' कहलाती है। इसने कलिंग अथवा उड़ीसा पर शासन किया। इस वंश के पास बड़ी शक्तिशाली नौसेना भी थी। पूर्वी गंग शासक कला के महान् संरक्षक थे। पुरी का जगन्नाथ मंदिर और भुवनेश्वर का एकलिंग मंदिर इन्हीं के शासनकाल में बना था। इस वंश के अंतिम राजा नरसिंह चतुर्थ ने 1402 ई. तक शासन किया और इसके बाद इस राजवंश को तुर्कों ने उखाड़ फेंका।

गंगा

भारत की नदियों में सर्वाधिक पवित्र माने जानेवाली गंगा हिमालय के गोमुख नामक स्थान से निकलकर गंगासागर के पास बंगाल में समुद्र में मिलती है। भागवत पुराण की कथा के अनुसार कपिल मुनि के शाप से भस्म राजा सगर के

साठ हजार पुत्रों के उद्धार के लिए राजा भगीरथ घोर तपस्या करके गंगा को स्वर्ग से पृथ्वी पर लाने में समर्थ हुए थे। इसीलिए इसका एक नाम 'भागीरथी' पड़ा। गंगा के वेग से पृथ्वी न वह जाए इसलिए सर्वप्रथम शंकर ने इसे अपनी जटाओं में धारण किया। गंगासागर की ओर प्रवाह के समय जह्नु ऋषि ने इसका पान कर लिया था। किंतु जब भगीरथ ने बड़ी प्रार्थना की तो उन्होंने इसे अपनी जंघा से बाहर निकाल दिया। इसी से गंगा 'जाह्नवी' भी कहलाती है। एक विश्वास के अनुसार इसकी सृष्टि विष्णु के चरणनख से हुई थी। इसलिए इसका एक नाम 'विष्णुपदी' भी है। गंगा को 'त्रिपथगा' भी कहते हैं क्योंकि कुछ पुराणों के अनुसार इसकी तीन धारायें हैं—स्वर्गगंगा (मंदाकिनी), भूगंगा (भागीरथी) और पातालगंगा (भोगवती)।

वर्तमान में गंगा अपने उद्गम स्थल पर भागीरथी ही कहलाती हैं। देवप्रयाग में बदरीनाथ की ओर से आनेवाली अलकनंदा इससे मिलती है। वहीं से गंगा नाम पड़ता है। हरिद्वार के निकट यह मैदान में उतरती है। प्रयाग में यमुना से इसका संगम होता है। गाजीपुर के निकट गोमती और छपरा के निकट घाघरा गंगा में मिलती है। पटना के पास सोनका और उसके आगे गंडक और कोसी का भी इससे संगम होता है। बंगाल की खाड़ी में समुद्र में मिलने से पूर्व यह कई धाराओं में बंट जाती है जिनमें पद्मा, हुगली और भागीरथी मुख्य हैं। समुद्र में मिलने से पहले गंगा नदी 97 कि. मी. चौड़ा मुहाना बनाती है। गंगा नदी की कुल लम्बाई 2071 कि.मी. है।

इसके किनारे हरिद्वार, प्रयाग, वाराणसी आदि अनेक तीर्थ हैं। गंगा का जल बड़ा पवित्र माना जाता है और धार्मिक लोग गंगास्नान को बड़ा महत्व देते हैं। वर्तमान समय में गंगा के किनारे घनी आबादी वाले नगरों के बसने तथा कल-कारखानों की स्थापना से इसके जल के प्रदूषण की बड़ी समस्या उत्पन्न हो गई है।

गंगा दशहरा

ज्येष्ठ मास की शुक्ल दशमी गंगा दशहरा कहलाती है। मान्यता है कि इस दिन गंगा में स्नान करने से मनुष्य अपने दस पापों से मुक्त हो जाता है। कहते हैं इसी तिथि को गंगा धरती में अवतीर्ण हुई थी। इस दिन यदि गंगा तक पहुंचना संभव न हो तो किसी भी नदी में स्नान किया जा सकता है। स्कंदपुराण के अनुसार इस तिथि को स्नान करने वाले को विष्णु लोक की प्राप्ति होती है। ज्येष्ठ मास, शुक्ल पक्ष, दसमी तिथि, बुध दिन, हस्त नक्षत्र, व्यतीपात, गर और आनंद योग तथा कन्या राशि में चंद्रमा और वृष राशि में सूर्य, गंगा दशहरा को पड़ने वाले इन योगों से दस पापों से छुटकारा मिलता है।

गंगाधर मेहरे

उड़िया भाषा के प्रसिद्ध कवि जिनका जन्म 9 अगस्त 1862 ई. को एक निर्धन जुलाहा परिवार में हुआ था। इन्होंने कपड़े बुनते कविता करना सीखा। इनके अनेक काव्य ग्रंथों में 'प्रणय वल्लरी' और 'तपस्विनी' सर्वाधिक प्रसिद्ध हैं। इन्हें उड़िया भाषा का कालिदास कहा जाता है। मेहरे का 4 अप्रैल 1924 ई. को देहांत हो गया।

गंगानाथ झा (1872-1941 ई.)

संस्कृत और आधुनिक अनेक भाषाओं के प्रकांड विद्वान् महामहोपध्याय डा. गंगानाथ झा ने 18 वर्ष की उम्र में ही संस्कृत में पद्यात्मक ग्रंथ लिखकर अपनी प्रतिभा का परिचय दे दिया था। वे अनेक उच्च शिक्षा-संस्थाओं से संबद्ध रहे। 1923 से 1932 ई. तक इलाहाबाद विश्वविद्यालय के कुलपति का भार संभाला। हिंदी साहित्य सम्मेलन के अध्यक्ष चुने गए। आपने हिंदी, अंग्रेजी, संस्कृत और मैथली में अनेक उच्चकोटि के ग्रंथों की रचना की। संस्कृत के दुरुह ग्रंथों का अंग्रेजी में अनुवाद करके विश्व को भारतीय विचारधारा से परिचित कराने का आपको बड़ा श्रेय है।

गंगाराम, सर

सुप्रसिद्ध इंजीनियर और समाजसुधारक सर गंगाराम का जन्म पश्चिमी पंजाब के शेखूपुर जिले में 13 अप्रैल 1851 ई. को हुआ था। उन्होंने इंजीनियरी की शिक्षा प्राप्त करके बड़ा नाम कमाया। पर उनका सबसे बड़ा योगदान वह काम है जो सेवा निवृत्त होकर उन्होंने 60 वर्ष की उम्र के बाद किया। वे पंजाब में वैज्ञानिक खेती के आरंभकर्ता थे। उन्होंने जल विद्युत उत्पन्न की, सिंचाई के साधन बढ़ाए और खेती में मशीनों का प्रचलन किया इससे बड़ी संपत्ति भी अर्जित की। उस समय पचास लाख रुपए से महिलाओं की स्थिति सुधारने और शिक्षा प्रसार के लिए लाहौर में एक ट्रस्ट बनाया। देश के विभाजन पर यह सब संस्थाएं पाकिस्तान में रह गईं। 10 जुलाई 1927 ई. को इनकी मृत्यु होने पर गांधीजी ने कहा था—भारत निश्चय ही इस पर गर्व कर सकता है कि सर गंगाराम उसके एक प्रतिष्ठित सपूत थे।

गंगालहरी

पंडितराज जगन्नाथ रचित गंगा की स्तुति जिसमें 521 श्लोक हैं। इसमें कवि ने गंगा से अपने उद्धार के लिए विनती की है। एक प्रचलित कथा के अनुसार पंडित जगन्नाथ ने मुसलमान स्त्री से विवाह किया था। दिल्ली दरबार में रहकर सुख

भोगने के बाद वृद्धावस्था में जब वे वाराणसी आए तो विवाह के कारण काशी के पंडितों ने उन्हें बहिष्कृत कर दिया। इस पर वे पत्नी के साथ गंगा किनारे बैठकर 'गंगालहरी' का पाठ करने लगे। प्रसन्न होकर गंगा आगे बढ़ने लगीं और अंतिम श्लोक पढ़ते-पढ़ते उसने पति-पत्नी दोनों को अपने में समा लिया। 'गंगालहरी' अब अत्यन्त लोकप्रिय है और बहुत से लोग इसका नित्यपाठ करते हैं।

गंगासागर

बगाल में गंगा नदी जहां सागर से जाकर मिलती है वहीं गंगासागर का प्रसिद्ध तीर्थ है। यहां कोई मंदिर नहीं है। मकर संक्रांति के अवसर पर स्नान के लिए मेला लगता है। कलकत्ता के डायमंड हारबर स्टेशन से यहां नाव या जहाज द्वारा जाना पड़ता है। यहां घना वन है। मेले के अवसर पर जंगल काटकर यात्रियों के लिए स्थान बना दिया जाता है। सागरद्वीप में थोड़े से साधु निवास करते हैं।

कपिल मुनि (दे.) के शाप से राजा सगर (दे.) के साठ हजार पुत्र यहीं पर भस्म हुए थे। भगीरथ के प्रयत्न से जब गंगा धरती पर आई तभी उनको मोक्ष मिला था और तभी से गंगासागर महत्वपूर्ण तीर्थ बन गया। यह उक्ति प्रचलित है कि 'सारे तीर्थ बार-बार गंगासागर एक बार'।

गंगोत्तरी

उत्तराखंड का एक प्रसिद्ध तीर्थ जहां गंगा कुछ दूर तक उत्तर दिशा की ओर बहती है। यहां ऋषिकेश से उत्तरकाशी (दे.) होकर पहुंचा जाता है। यह स्थान उत्तरकाशी से लगभग 60 कि. मी. दूर है। भगीरथ ने गंगा को पृथ्वी पर लाने के लिए यहीं पर तपस्या की थी। 'भगीरथशिला' इसका स्मरण दिलाती है। यहां के गंगामंदिर में आदि शंकराचार्य द्वारा स्थापित गंगा की मूर्ति है। गंगामंदिर के पास ही भैरवनाथ का भी मंदिर है। गंगोत्तरी भी शीतकाल में बर्फ से ढक जाता है। गंगोत्तरी से लगभग 22 कि. मी. आगे गोमुख नामक स्थान है। यहां पर भागीरथी की धारा हिमनद से निकलती दिखाई देती है।

गंडक नदी

नेपाल से निकलनेवाली यह नदी पहाड़ों में शालिग्रामी और मैदानों में नारायणी भी कहलाती है। यह त्रिवेणी नामक स्थान पर शिवालिक पर्वतमाला को पार करती है और पटना के निकट गंगा में मिल जाती है। यह नदी अपना मार्ग बदलती रहती है और इसमें बाढ़ बहुत आती है। यह अपने साथ शालग्राम के आकार के पाषाण खंडों को लाने के कारण ही नारायणी कहलाती है। इसका एक नाम सदानीरा भी है। वराह पुराण के अनुसार इसकी तपस्या से प्रसन्न होकर

विष्णु ने शालग्राम के रूप में अपने होने का वर दिया था।

गंधमादन

पुराणों के अनुसार इलाव्रत और भद्राश्व खंड के बीच स्थित एक पवित्र पर्वत। यहां नर और नारायण निवास करते हैं। ब्रह्मांड पुराण के अनुसार विष्णु ने यहीं पर तप करके उर्वशी को उत्पन्न किया था। देवी भागवत के अनुसार यह भगवती कामाक्षी का पीठ है। सुचरित मुनि को संपूर्ण तीर्थों का फल मिलने का वरदान शिवजी ने यहीं पर दिया था। इसका एक नाम मानसतीर्थ भी है। श्रीकृष्ण के कहने पर उद्धव यहीं तपस्या करने आए थे।

गंधर्वगण

1. अरिष्टा के गर्भ से उत्पन्न कश्यप मुनि के इन पुत्रों की उपासना शरीर का सौंदर्य बढ़ाने के लिए की जाती है। पुराणों के अनुसार ये वृक्षों पर रहते हैं और इंद्र ने इन्हें मार्कंडेय ऋषि की तपस्या भंग करने के लिए भेजा था।

2. वेदों में गंधर्वों को सोम का रक्षक, मधुरभाषी और संगीतज्ञ बताया गया है। कहीं पर ये देवजन और पितरों के साथ वर्णित हैं तो कहीं पर इन्हें अप्सराओं का पति बताया गया है। रामायण, महाभारत और पुराणों के अनुसार ये देव-गायक हैं। कुछ ग्रंथों में इनके दो भेद बताए गए हैं--देव गंधर्व और मनुष्य गंधर्व। गंधर्वों के विभिन्न रूपों का उल्लेख जैन और बौद्ध साहित्य में भी मिलता है।

गंधर्व विवाह

प्राचीन स्मृतियों में आठ प्रकार के विवाहों का वर्णन मिलता है। उन्हीं में एक गंधर्व विवाह भी है। इसे आधुनिक प्रेम-विवाह का ही एक रूप कहा जा सकता है। इस विवाह में युवक और युवती परस्पर राजी होने पर अग्नि के तीन फेरे करने से ही विवाह-सूत्र में आबद्ध हो जाते थे। अग्नि को साक्षी देकर किया हुआ विवाह भंग नहीं किया जा सकता था। इसलिए वे निःसंकोच इसकी घोषणा करते थे और अभिभावक भी इसे स्वीकार कर लेते थे। प्राचीन काल के शकुंतला-दुष्यंत, पुरुरवा-उर्वशी, उदयन-वासवदत्ता आदि के गंधर्व विवाह प्रसिद्ध हैं।

गंधार

इस प्रदेश का उल्लेख महाभारत और अशोक के शिलालेखों में मिलता है। महाभारत के अनुसार धृतराष्ट्र की रानी और दुर्योधन की माता गांधारी गंधार की राजकुमारी थीं। आजकल यह पाकिस्तान के रावलपिंडी और पेशावर जिलों का क्षेत्र है। तक्षशिला और पुष्करावती यहीं के प्रसिद्ध नगर थे। अशोक के

साम्राज्य का अंग रहने के बाद कुछ समय यह फारस के और कुषाण (दे.) राज्य के अंतर्गत रहा। यह पूर्व और पश्चिम के सांस्कृतिक संगम का स्थल था और यहां कला की 'गांधार शैली' का जन्म हुआ।

गंभीरनाथ

नाथ पंथ के एक प्रसिद्ध योगी जो उन्नीसवीं शताब्दी में किसी समय हुए थे। ये धनी परिवार में पैदा हुए थे, किंतु युवावस्था में ही वैराग्य उत्पन्न हो जाने के कारण गोरखपुर आकर गोरखपंथ में दीक्षित हो गए। इनकी आध्यात्मिक उपलब्धि बड़े ऊंचे स्तर की मानी जाती है।

गज-ग्राह

भागवत पुराण की कथा के अनुसार पूर्वजन्म में दक्षिण का पांड्यवंशी राजा इंद्रद्युम्न था। उसे तपस्वियों की भांति उपासना करता हुआ देखकर अगस्त्य मुनि ने उसे हाथी की योनि में जन्म लेने का शाप दे दिया। राजा हाथी की योनि में जन्म लेकर अपने परिवार के साथ त्रिकूट नामक सुरम्य पर्वत पर निवास करता था। ग्रीष्म ऋतु में शरीर का ताप मिटाने के लिए सरोवर में घुसा तो एक ग्राह (मगरमच्छ) ने उसका पैर पकड़ लिया और उसे जल में घसीटकर ले जाने लगा। हाथी को अपनी शारीरिक शक्ति का बल था। वह स्वयं को छुड़ाने का यत्न करने लगा, पर असफल रहा। इस पर उसे पूर्वजन्म के स्तोत्रों का स्मरण हो आया। उसने उनका पाठ करके भगवान से अपनी मुक्ति के लिए याचना की। इस पर विष्णु गरुड़ को छोड़कर तत्काल उस सरोवर में प्रविष्ट हुए और ग्राह के सहित गज को बाहर निकाल लाए। उन्होंने चक्र से ग्राह का मुंह फाड़कर गज को मुक्त करा दिया। यह घटना 'गजेन्द्र मोक्ष' कहलाती है।

गजनवी

इस वंश के शासकों ने 1160 ई. तक गजनी में शासन किया। 1160 ई. में बहरामशाह के पुत्र खुसरो ने गजनी को छोड़ दिया और पंजाब में अड्डा जमाकर लाहौर को अपना मुख्यालय बनाया। परंतु वह अधिक दिन तक वहां न रह सका। 1180 ई. में शहाबुद्दीन गोरी के हाथों खुसरो की हार के साथ ही गजनवी वंश का अंत हो गया।

गजल

उर्दू में कविता-रचना का एक विशेष प्रकार। गजल में बराबर के दो टुकड़ों के स्वयं पूर्ण 'शे'र' होते हैं। जिनमें अंत का शब्द एक हो और अंत से पहले का शब्द

एक ही ध्वनि का हो, उनको एक साथ लिखते हैं। सामान्यत: ऐसे पांच से सत्रह शे'रों का समूह गजल कहलाता है। पर व्यवहार में संख्या की यह सीमा नहीं भी मानी जाती।

गढ़मुक्तेश्वर

मेरठ के पास गंगा के दाहिने किनारे पर स्थित एक नगर जो मुक्तेश्वर शिव मंदिर के लिए प्रसिद्ध है। मंदिर के अदर स्थित नृगकूच में स्नान का महात्म्य माना जाता है। इसके अतिरिक्त यहां लक्ष्मीनारायण, श्रीकृष्ण, राम, दाऊजी, दुर्गा, गौरीशंकर आदि के भी मंदिर हैं। गंगा के भी तीन मंदिर हैं। कार्तिक पूर्णिमा को यहां वहुत बड़ा मेला लगता है।

गणगौर

सौभाग्यवती स्त्रियों का एक प्रमुख व्रत जो राजस्थान में राष्ट्रीय पर्व के रूप में मनाया जाता है। कन्याएं मनोनुकूल वर के लिए और विवाहिताएं अखंड सौभाग्य क लिए यह व्रत करती हैं। पुराणों के अनुसार चैत्र शुक्ल तृतीया के दिन शंकर ने पार्वती को अखंड सौभाग्य का वर दिया था। इस दिन सौभाग्यवती स्त्रियां दोपहर तक व्रत रखती हैं। उसके वाद बालू की गौरी की प्रतिमा बनाकर सिंदूर आदि सौभाग्यसूचक वस्तुओं से उसकी पूजा करती और भोग लगाती हैं। वे गणगौर को समर्पित सिंदूर अपनी मांग में धारण करके गायन-वादन करती हैं। गणगौर का प्रसाद बालकों और पुरुषों को नहीं दिया जाता।

मारवाड़ में कन्याएं होलिकोत्सव के दिन प्रातःकाल गाते-बजाते अपने घरों से निकलती हैं और होलिकादहन की राख ले आती हैं। उस राख में गोवर मिलाकर आठ गोलियां बना ली जाती हैं और आठ दिनों तक उनकी पूजा होती है। आठ दिन बाद कुम्हार के यहां की बर्तन बनाने की मिट्टी लाकर उसकी शिव-पार्वती की मूर्तियां बनातीं और पूजा करती हैं। अंत में गणगौर की सभी मूर्तियों का बड़ी धूमधाम के साथ सरोवर में विसर्जन किया जाता है।

गणतंत्र दिवस

अंग्रेजों की दमनकारी नीति से यह स्पष्ट हो जाने पर कि उनके साथ सहयोग संभव नहीं है, भारत ने कांग्रेस के झंडे के नीचे 31 दिसंबर, 1929 ई. को देश की पूर्ण स्वतंत्रता की घोषणा कर दी। उसके बाद 26 जनवरी, 1930 ई. को देश-भर में सभाएं करके स्वतंत्रता की प्रतिज्ञा दोहराई गई। प्रतिवर्ष यह प्रतिज्ञा दोहराई जाती थी और 26 जनवरी 'स्वतंत्रता दिवस' कहलाता था। 15 अगस्त, 1947 ई. को भारत स्वतंत्र हुआ। इसलिए 'स्वतंत्रता दिवस' अब 15 अगस्त को

मनाया जाने लगा।

स्वतंत्र भारत की संविधान सभा ने 26 नवंबर, 1949 ई. को देश का संविधान बनाने का काम पूरा किया। अब इस संविधान को लागू करना था। 26 जनवरी को देश 1930 ई. से ही प्रतिवर्ष स्वतंत्रता की प्रतिज्ञा दोहराता आ रहा था। हमारे स्वतंत्रता संग्राम में यह तिथि महत्वपूर्ण बन चुकी थी। इसलिए नया संविधान 26 जनवरी, 1950 ई. से लागू किया गया।

संविधान में देश को गणतंत्र घोषित किया गया है। इसलिए 26 जनवरी को प्रतिवर्ष देशभर में बड़ी धूमधाम के साथ 'गणतंत्र दिवस' मनाया जाता है। मुख्य समारोह दिल्ली के विजयचौक में होता है। इसमें राष्ट्रपति सेनाओं की सलामी लेते हैं और आकर्षक शोभायात्रा निकाली जाती है।

गणदेवता

नौ प्रकार के देवता जो गण या समूह बनाकर रहते हैं। ये हैं—आदित्य 12, विश्वेदेवा 10, वसु 8, तुषित 36, अभास्वर 64, अनिल 49, महाराजिक 220, साध्य 12 और रुद्र 11। कहीं पर इन्हें देवता अथवा रुद्र के अनुचर गण कहा गया है। वहां 12 आदित्य, 10 विश्वेदेव, 8 वसु, 49 मरुत और 11 रुद्र की गणना गणदेवता में की गई है।

गणपतिक्षेत्र

भारत में 21 गणपतिक्षेत्र प्रसिद्ध हैं—मोरेश्वर, प्रयाग, काशी, कलंब, अदोष, पाली, पारिनेट, गंगामसले, राक्षसभुवन, येयूर, सिद्धकेक, राजनगांव, विजयपुर, कस्यपासम, जलेसपुर, लेह्याद्रि, वेरोल, पद्मालय, नामलगांव, राजूर और कुंभकोणम।

गणपति चतुर्थी

भविष्य पुराण में प्रत्येक चतुर्थी को गणपति चतुर्थी का व्रत करने का निर्देश है। यदि भाद्र शुक्ल चतुर्थी की गणेश की पूजा की जाती है तो इसे शिवा चतुर्थी कहते हैं। माघ शुक्ल चतुर्थी की पूजा शांता चतुर्थी कहलाती है। यदि उस दिन मंगल हो तो उसे सुखा चतुर्थी कहते हैं। यह पूजा डेढ़ दिन, पांच दिन, सात दिन अथवा अनंत चतुर्दशी तक की जाती है। अंतिम दिन गाजे-बाजे के साथ गणपति की मूर्ति को जल में विर्सजित करते हैं।

गणपति मुनि (1878—1936 ई.)

तमिलनाडु के इस प्रख्यात विद्वान् ने चौदह वर्ष की उम्र में ही संस्कृत, गणित,

ज्योतिष, पंचमहाकाव्य और साहित्य शास्त्र का पूरा अध्ययन कर लिया था। कुछ समय गोदावरी के तट पर तपस्या करने के उपरांत ये काशी आए। वहां लोग इनकी प्रतिभा से बड़े प्रभावित हुए। नवद्वीप (बंगाल) जाकर इन्होंने विद्वानों से शास्त्रार्थ किया। इनके लिखे हुए स्त्रोत ग्रंथ, धर्म ग्रंथ, दर्शन ग्रंथ बड़ी संख्या में उपलब्ध हैं। आयुर्वेद और ज्योतिष पर भी इन्होंने ग्रंथ रचना की।

गणराज्य

प्राचीन भारत में राजाधीन राज्यों के साथ-साथ गणों के अधीन राज्यों की भी बड़ी सुदृढ़ परंपरा थी। ये गणराज्य पश्चिम, उत्तर पूर्व, तराई और राजस्थान तक फैले हुए थे। क्षुद्रक और मालव गणराज्यों ने सिकंदर का जोरदार विरोध करके उसे घायल कर दिया था।

श्रीकृष्ण का जन्म अंधक-वृष्णियों के गणराज्य में हुआ था। गौतम बुद्ध भी शाक्यगण में पैदा हुए थे। लिच्छवियों का गणराज्य, जिसकी राजधानी वैशाली थी, सबसे शक्तिशाली था। गौतम बुद्ध के समय के प्रमुख गणराज्य थे—लिच्छवि, वृज्जि, विदेह, शाक्य, मल्ल, कोलिय, मोरिय, बलि, भग्ग आदि। धीरे-धीरे राजाधीन राज्यों ने इन्हें आतमसात कर लिया। चंद्रगुप्त विक्रमादित्य के बाद, जो स्वयं मालवगण राज्य का प्रमुख था, गणों का युग समाप्त हो गया।

गणों की इकाई कुल थी जिसका एक व्यक्ति गणसभा का सदस्य होता था। गणसभा में शलाकाओं द्वारा मतदान करके निर्णय लिया जाता था। महाभारत में राजाधीन और गणाधीन शासन का विवेचन किया गया है। राजाधीन राज्य में सत्ता एक व्यक्ति के हाथ में रहती थी जबकि गणाधीन राज्य में प्रत्येक परिवार का एक-एक 'राजा' या कुलवृद्ध होता था जो गणसभा के सदस्य के रूप में शासन-व्यवस्था चलाने में भाग लेता था। नियम-निर्माण का दायित्व गणसभा के ऊपर होता था नियमों को लागू करने के लिए अंतरंग अधिकारी नियुक्त किए जाते थे।

गणिका

कथा प्रचलित है कि जीवंती नाम की एक वेश्या अपने तोते को बहुत प्यार करती थी। एक दिन अनजाने ही एक महातमा उसके घर पर भिक्षा के लिए चले गए। पहुंचने पर उन्हें ज्ञात हुआ कि वह वेश्या का घर है, साथ ही यह भी पता चला कि वेश्या अपने तोते को बहुत प्यार करती है। उन्होंने वेश्या से कहा कि तुम इसे राम नाम पढ़ाया करो। राम नाम का मर्म न जानते हुए भी वेश्या महात्मा की बात मानकर तोते को पढ़ाने लगी। राम नाम के उच्चारण में उसकी जीभ इतनी अभ्यस्त हो गई थी कि मृत्यु के समय भी अनायास उसके मुख से राम नाम निकला और उसे मोक्ष प्राप्त हो गया।

गणेश

गणेश ऐसे देवता हैं जिनको पूजा हिंदू धार्मिक समारोहों में सबसे पहले की जाती है। ये विद्या और बुद्धि के अधिष्ठाता हैं। ये शिव और पार्वती के पुत्र हैं। चार हाथ, एक दांत, बड़ी-सी ताद, तीन आंख और ललाट पर अर्धचंद्रवाले गणेश का सिर हाथी का है। चूहा इनका वाहन है। मोदक (लड्डू) इनका प्रिय भोजन है। शिव के गणों के नायक ये गणपति या गणाधिपति कहलाते हैं। इनके विघ्नेश्वर, एकदंत, गजानन, लंबोदर आदि भी अनेक नाम हैं। गणेश शीघ्र लिखने के लिए प्रसिद्ध हैं। कहते हैं, व्यासजी ने महाभारत इन्हीं को बोलकर लिखवाया था। गणेश केवल भारतीय देवता नहीं हैं। जावा, बर्मा, चीन, जापान, तिब्बत आदि देशों में भी विभिन्न नामों से उनकी पूजा होती है।

कुछ आधुनिक विद्वान् गणेश को कृषि का देवता बताते हैं। उनके मत से गणेश के बड़े-बड़े कान सूप के और एक दांत हल का प्रतीक है। यह भी अनुमान लगाया गया है कि प्रारंभिक गणराज्यों में गणपतियों के संबंध में जो भावना थी, उसी के आधार पर देवमंडल में भी गणपति की कल्पना की गई। कुछ लोग गणेश को आर्येतर देवता मानते हैं जिन्हें सांस्कृतिक समन्वय के क्रम में आर्य देवकुल में सम्मिलित कर लिया गया। एक कल्पना यह भी है कि प्राचीन काल में शिव भूतान (भूटान) के शासक थे। तभी वे भूतनाथ भी कहलाते हैं। भूटानी लोग गजमुख का मुखौटा लगाते थे। इसी कारण से शिवपुत्र गणेश की गजानन के रूप में कल्पना की गई।

गणेश का हाथी का सिर होने के संबंध में प्रचलित कथा के अनुसार पार्वती के कहने पर जब शनि ने बालक का सुंदर चेहरा देखा तो उसका सिर कट गया। व्याकुल पार्वती की सांत्वना के लिए जो जीव सर्वप्रथम मिला (हाथी) उसका सिर गणेश को लगा दिया गया। एक अन्य कथा के अनुसार जब स्नान कर रही पार्वती के पास, द्वार पर पहरा देते हुए गणेश ने शिव को नहीं जाने दिया तो क्रुद्ध शिव ने उसका सिर काट डाला। बाद में पार्वती को प्रसन्न करने के लिए सर्वप्रथम मिले जीव हाथी का सिर लगा दिया।

इसी प्रकार एक दांत टूटने के संबंध में भी कथा प्रचलित है। परशुराम शिव का दर्शन करने के लिए कैलास गए। शिव शयनकक्ष में थे और गणेश द्वार की रक्षा कर रहे थे। परशुराम भीतर जाना चाहते थे पर गणेश ने उन्हें रोका। इस पर संघर्ष में परशुराम को अपने दांतों से उठाकर पटक दिया। परशुराम ने शिव का दिया परशु उन पर चलाया। गणेश अपने पिता के दिए अस्त्र का अपमान नहीं करना चाहते थे अतः उस परशु को उन्होंने अपने दांत पर ले लिया जिससे वह टूट गया।

गणेश उत्सव

जिस प्रकार बंगाल में दुर्गा पूजा का, उड़ीसा में रथयात्रा का, दक्षिण में पोंगल का महत्व है उसी प्रकार महाराष्ट्र में गणेश उत्सव का भी राष्ट्रीय और धार्मिक महत्व है। सामुदायिक रूप से गणेश उत्सव मनाने का आरंभ मध्य युग में मराठा शक्ति के उदय से हुआ था। बाद में स्वतंत्रता संग्राम के दिनों में लोकमान्य तिलक ने जनचेतना और सामाजिक पुनरुत्थान के लिए इसे व्यापक आधार पर संगठित करना आरंभ किया। अब यह उत्सव एक सप्ताह तक प्रतिवर्ष महाराष्ट्र प्रदेश में पूजन, कथा, व्याख्यान और सांस्कृतिक कार्यक्रमों के साथ बड़े उत्साह से मनाया जाता है।

गणेशशंकर विद्यार्थी (1890–1931 ई.)

हिंदू-मुस्लिम एकता के लिए जीवन उत्सर्ग करनेवाले अमर शहीद गणेशशंकर विद्यार्थी का जन्म अपनी ननिहाल प्रयाग में अक्तूबर 1890 ई. में हुआ था। आपमें बचपन से ही साहित्यिक रुचि उत्पन्न हो गई थी। योग्य पात्र समझकर श्री महावीर प्रसाद द्विवेदी ने अपने साथ 'सरस्वती' में रखा। राजनीति में रुचि बढ़ने से कुछ दिन 'अभ्युदय' में काम किया। 1913 ई. में साप्ताहिक 'प्रताप' निकाला और उसका संपादन करने लगे। यह पत्र राष्ट्रीय जागरण का अग्रदूत था। जनता में स्वतंत्रता की भावना जगाने में इसने बड़ा काम किया। बाद में 'प्रभा' पत्रिका का दोबारा प्रकाशन भी विद्यार्थी जी ने किया।

विद्यार्थी जी देश और सब धर्मों की एकता के प्रबल समर्थक थे। 1931 ई. में कानपुर में हुए सांप्रदायिक दंगे में असहाय व्यक्तियों को बचाने के प्रयत्न में उन्हें अपनी जान देनी पड़ी (25 मार्च 1931)। इस पर गांधीजी ने कहा था–भाई गणेशशंकर की मृत्य से ईर्ष्या होती है।

गद

भागवत के अनुसार रोहिणी के गर्भ से उत्पन्न वसुदेव के एक पुत्र और श्रीकृष्ण के भाई का नाम। अन्यत्र इसे वसुदेव और देवरक्षिता का पुत्र बताया गया है। इसने जरासंध के मथुरा पर आक्रमण और रुक्मिणी हरण के समय बड़ी वीरता का परिचय दिया था। भागवत में ही एक स्थान पर इसका उल्लेख श्रीकृष्ण के भक्त के रूप में आया है।

गदा

प्राचीन काल का एक प्रमुख आयुध जिसमें एक लंबा डंडा और सिरे पर गोलाकार भारी हिस्सा होता था। उस समय इसकी बड़ी प्रतिष्ठा थी और इसके प्रयोग के लिए पर्याप्त बल और कुशलता अपेक्षित थी। महाभारत में अनेक संदर्भों में

गदा का उल्लेख आया है। भीम, दुर्योधन, बलराम, जरासंध आदि गदा-युद्ध में बड़े प्रवीण थे। हनुमान का भी एकमात्र आयुध गदा ही था। पुराणों में आकार-प्रकार के अनुसार गदा के अनेक नाम मिलते हैं, जैसे—प्रभृत, गोमूत्र, नमित, आवृत्त, परावृत्त, वामदक्षिण, हंसमार्ग आदि।

अब आयुध के रूप में गदा की उपयोगिता समाप्त हो गई है, किंतु अखाड़ों में व्यायाम करने के लिए गदा का उपयोग होता है।

गदाधर

1. विष्णु का एक नाम। गदासुर नामक राक्षस की हड्डियों से बनी गदा धारण करने के कारण विष्णु गदाधर कहलाए। गदाधरदेव ने ही धर्म की पुत्री धर्मव्रता को, जो पति के शाप से पत्थर बन गई थी, मोक्ष दिलाया।

2. विभिन्न विषयों के पंडित, ग्रंथकार और टीकाकार गदाधर का समय 17वीं शताब्दी ई. माना जाता है। इन्होंने न्याय-दर्शन के विषय में अनेक महत्वपूर्ण और मौलिक ग्रंथों की रचना की है।

3. एक गदाधर प्राचीन वैद्यक ग्रंथ के रचयिता भी हैं। चैतन्य महाप्रभु के एक शिष्य का नाम भी गदाधर था।

गया

बिहार प्रदेश में हिंदुओं का प्रसिद्ध तीर्थ जिसे मत्स्य पुराण में पितृतीर्थ कहा गया है। वायुपुराण में भी गया के महात्म्य का विशद वर्णन है। विद्वानों का मत है कि गया के वर्तमान पवित्र स्थलों का निर्माण आठवीं-नवीं शताब्दी में हो चुका था। महाभारत और स्मृतियों में गया का उल्लेख इसकी और भी प्राचीनता सिद्ध करता है।

पुराण की एक कथा के अनुसार यहां धर्म की एक पुत्री धर्मवती एक दिन अपने पति महर्षि मरीचि के चरण दबा रही थी। उसी समय ब्रह्मा पहुंचे। धर्मवती उनके सम्मान में उठ खड़ी हुई। महर्षि ने इसे पतिसेवा त्यागने का अपराध माना और पत्नी को शिला होने का शाप दे दिया। बाद में एक हजार वर्ष तक धर्मवती की तपस्या से प्रसन्न होकर नारायण ने उसे वरदान दिया कि उसकी शिलारूपी देह में सभी देवता वास करेंगे। तब से गया में सब देवता वास करते हैं।

एक अन्य कथा के अनुसार गय नामक असुर ने दीर्घकाल तक तपस्या करके यह वरदान प्राप्त कर लिया कि उसकी देह समस्त तीर्थों से भी अधिक पवित्र हो जाए। किंतु उसने फिर भी तप करना जारी रखा। इस पर भयभीत देवताओं की ओर से ब्रह्मा ने यज्ञ करने के लिए गय से उसकी देह मांगी। परंतु यज्ञ पूरा होने

पर गय असुर फिर उठने लगा। देवताओं ने धर्मवती शिला उसके ऊपर रख दी और इसपर भी जब उसने उठने का प्रयत्न किया तो गदाधर विष्णु सभी देवताओं सहित उसके ऊपर स्थित हो गए।

यहां फल्गु नदी के किनारे और विष्णुपद मंदिर में श्राद्ध किया जाता है। मान्यता है कि यहां तर्पण करने से पितरों को मोक्ष प्राप्त होता है।

बौद्ध साहित्य में भी गया का उल्लेख श्रद्धा के साथ किया जाता है। अश्वघोष ने अपने 'बुद्धचरित' में लिखा है कि कश्यप ऋषि के गया स्थित आश्रम में महात्मा बुद्ध गए थे तथा यहीं उन्हें संबोधि की प्राप्ति हुई थी। यह स्थान बोधिगया (दे.) के नाम से विख्यात है।

गयासुद्दीन तुगलक

तुगलक वंश का संस्थापक गयासुद्दीन 1320 से 1325 ई. तक दिल्ली की गद्दी पर रहा। इसका पिता सुल्तान बलबन के यहां एक तुर्क गुलाम था। बाद में गुलामी से मुक्त होकर उसने एक जाट स्त्री से विवाह कर लिया था।

गयासुद्दीन का बचपन का नाम गाजी मलिक था। अलाउद्दीन खिलजी ने इसकी योग्यता से प्रभावित होकर इसे अपने शासन में उच्च पदों पर नियुक्त किया। अनेक युद्धों में विजय प्राप्त करने के बाद गाजी मलिक ने खिलजी वंश के अंतिम शासक मुबारक को मार डाला और गयासुद्दीन तुगलक के नाम से स्वयं गद्दी पर बैठ गया। पांच वर्ष के शासनकाल में उसने शासन-व्यवस्था में अनेक सुधार किए। अमीर खुसरो उसी के दरबार में था।

गरीबदास (1717—1782 ई.)

एक महात्माजी जो रोहतक जिले के चुरनी गांव में रहते थे। इनका संप्रदाय आज भी प्रचलित है। इनके मतावलंबियों को 'गरीबदास' ही कहते हैं। ये लोग भी निर्गुण निराकार के उपासक हैं और ये पंथ कबीरपंथ से प्रभावित है। इस पंथ में केवल द्विज ही सम्मिलित हो सकते हैं। सर्वसाधारण इस पंथ की सदस्यता नहीं प्राप्त कर सकता।

गरुड़

पुराणों के अनुसार गरुड़ भगवान विष्णु का वाहन है। जिसकी आकृति पुरुष और पक्षी के मिले-जुले रूप में दिखाई जाती है। विष्णु की मूर्ति के साथ और अलग से भी गरुड़ की मूर्तियां पाई जाती हैं। यह पक्षियों का राजा है। पक्षियों की उत्पत्ति गरुड़ की पांच पत्नियों के गर्भ से मानी जाती है। इसके पिता कश्यप और माता का नाम सुपर्णा विनिता था जो दक्ष प्रजापति की पुत्री थी। गरुड़ की विमाता कद्रू

के गर्भ से सर्प या नाग उत्पन्न हुए। कद्रू गरुड़ की माता से वैरभाव रखती थी। इसलिए गरुड़ और सर्पों में भी वैरभाव था। गरुड़ के डर से ही कालिय नाग यमुना के दह में जा छिपा था जहां सौरभ ऋषि के शाप के कारण गरुड़ नहीं जा सकता था।

गरुड़ के दो बार इंद्रपुरी जाने का उल्लेख मिलता है। एक बार वह अपनी मां को कद्रू की दासता से मुक्त करने के उद्देश्य से अमृत लेने के लिए गया था परंतु उसमें असफल रहा। दूसरी बार श्रीकृष्ण को लेकर पारिजात लाने के लिए वह इंद्रलोक गया और वहां ऐरावत हाथी को परास्त करके पारिजात लेकर कृष्ण सहित द्वारका लौटा।

कुछ विद्वानों का अनुमान है कि गरुड़ और नागों की कथा प्रतीक है। वस्तुतः गरुड़ ज्योति के देवता हैं और नाग तम के प्रतीक। प्रकाश और अंधकार का निरंतर संघर्ष ही गरुड़ और नागों के संघर्ष की इस कथा का मूल है

गरुड़पुराण

पुराणों के क्रम से यह 17वां पुराण है। इसमें विष्णु ने अपने वाहन गरुड़ पक्षी को विश्व की सृष्टि का उपदेश दिया है। उपदेश सुननेवाला गरुड़ होने के कारण ही यह पुराण गरुड़पुराण कहलाता है। लगभग 18 हजार श्लोकों के इस पुराण को पौराणिक महाकोश माना जाता है क्योंकि इसमें सभी उपयोगी विषय वर्णित हैं। पुराण के पूर्व खंड में आराधना, ज्योतिष, आयुर्वेद, यहां तक कि पशु-चिकित्सा का भी उल्लेख है। कृष्णलीला का भी वर्णन किया गया है।

दूसरा खंड जिसे प्रेतकल्प भी कहते हैं, मृत्यु के बाद की स्थिति से संबंधित है। हिंदुओं में किसी व्यक्ति की मृत्यु के बाद इस पुराण का पाठ करने का प्रचलन है। इस कारण यह पुराण बहुत प्रसिद्ध है।

गरुड़स्तंभ

जो विष्णु मंदिर दक्षिण भारत की प्रसिद्ध 'श्रीरंगम शैली' के बनते हैं, उनमें देव मूर्ति के सामने सभामंडप के बाहर एक ऊंचा स्तंभ बनाया जाता है। इसे गरुड़ स्तंभ कहते हैं। लकड़ी के इस स्तंभ पर धातु, प्रायः सोने का पत्र चढ़ा रहता है। इस पर भगवान विष्णु के वाहन गरुड़ का आवास माना जाता है।

गर्ग

यादवों के पुरोहित और एक प्रसिद्ध ज्योतिर्विद कहते हैं इन्होंने श्रीकृष्ण का नामकरण और उपनयन संस्कार किया था। श्रीकृष्ण चरित पर इनका लिखा हुआ बारह हजार श्लोकों का एक ग्रंथ बताया जाता है। 'गर्ग-संहिता' नामक ज्योतिष

ग्रंथ भी इन्हीं का लिखा हुआ माना जाता है। इन्होंने ज्योतिष की विद्या शेषनाग से पाई थी। गार्गी इन्हीं की पुत्री थी।

गवर्नर जनरल

भारत में ब्रिटेन की ईस्ट इंडिया कंपनी का अधिकार स्थापित हो जाने के बाद शासन-प्रबंध चलाने के लिए इस पद का सृजन किया गया। सबसे पहले 1774 ई. में वारेन हेस्टिंग्स की इस पद पर नियुक्ति हुई। कुल 33 अंग्रेजों ने इस रूप में काम किया जिनमें अंतिम लार्ड माउंटबैटन थे। 1858 ई. में जब भारत का प्रबंध ब्रिटेन की महारानी ने अपने हाथ में लिया। गवर्नर जनरल इस पदनाम के साथ 'वाइसराय' (राज-प्रतिनिधि) भी कहलाने लगा।

1947 ई. में देश के स्वाधीन होने तथा 26 जनवरी, 1950 ई. को गणतंत्र घोषित होने के बीच की कुछ अवधि के लिए श्री राजगोपालाचारी भी देश के गवर्नर जनरल रहे, पर वे वाइसराय (ब्रिटिश सम्राट के प्रतिनिधि) नहीं थे। वाइसराय के रूप में प्रथम नियुक्ति 1858 ई. में लार्ड केनिंग की और अंतिम नियुक्ति मार्च 1947 में लार्ड माउन्टबैटन की हुई। भारत का नया संविधान लागू होने पर गवर्नर जनरल का पद भी समाप्त हो गया।

गाहड़वाल

उत्तर भारत का प्रसिद्ध राजपूत वंश जो गाहड़वाल भी कहलाता है। 1104 से 1194 ई. तक इस वंश ने वर्तमान उत्तर प्रदेश और बिहार के अधिकांश भाग पर राज्य किया। कन्नौज इसकी राजधानी थी। जयचंद इसी वंश का राजा था, जिसकी पुत्री संयोगिता का अजमेर के चौहान राजा पृथ्वीराज ने अपहरण कर लिया था। इससे दोनों राजवंशों के संबंधों में कटुता उत्पन्न हो गई। तुर्कों ने जब पृथ्वीराज पर आक्रमण किया तो जयचंद ने उसकी कोई सहायता नहीं की। पहले तुर्कों ने 1192 ई. में पृथ्वीराज को पराजित किया और 1194 ई. में जयचंद को पराजित करके कन्नौज को लूटकर नष्ट कर डाला। जयचंद की पराजय के साथ ही यह वंश भी समाप्त हो गया।

गांडीव

अर्जुन के धनुष का नाम। यह धनुष खांडववन दहन के समय अग्नि ने अर्जुन को दिया था। अर्जुन ने प्रतिज्ञा कर रखी थी कि इस धनुष की निंदा करनेवाले को वे जीवित न छोड़ेंगे। महाभारत में इस धनुष की प्रचंडता का बार-बार उल्लेख आता है। गांडीव की शक्ति श्रीकृष्ण के जीवनकाल तक ही रही। कृष्ण के स्वर्गारोहण के बाद गांडीव भी प्रभावहीन हो गया।

गांधार

1. सिंध नदी के पश्चिम में बसा हुआ एक प्राचीन गणराज्य। धृतराष्ट्र की पत्नी गांधारी यहीं के नरेश सुबल की कन्या थी। सिकंदर के आक्रमण के समय यहां हस्ति नाम का राजा राज्य करता था। इस बलशाली राज्य की राजधानी पुष्करावती को जीतने में सिकंदर को एक महीने का समय लगा था।

2. सिंध नदी के पूर्व का एक जनपद। यह भी गांधार कहलाता था और तक्षशिला इसकी राजधानी थी। यहां के राजा आम्भि ने स्वयं सिकंदर की अधीनता स्वीकार कर ली थी (दे. गंधार)।

गांधारी

गांधार या गंधार देश के राजा सुबल की कन्या। इसने बाल्यावस्था में ही रुद्र की आराधना करने से सौ पुत्र पैदा होने का वरदान प्राप्त कर लिया था। उन दिनों कुरुवंश की जनसंख्या कम थी। इसलिए भीष्म आदि के अनुरोध पर सुबल ने गांधारी का विवाह धृतराष्ट्र से कर दिया। धृतराष्ट्र जन्मांध था। इसलिए गांधारी भी जीवन भर अपनी आंखों में पट्टी बांधे रही।

रुद्र के वरदान के अनुसार वह गर्भवती थी। उसी समय उसे समाचार मिला कि कुंती ने युधिष्ठिर को जन्म दे दिया है। जल्दी में उसे भी पुत्र उत्पन्न हो, इस उद्देश्य से गांधारी ने बलपूर्वक अपना गर्भ बाहर निकाल लिया। वह मृतप्राय-सा मांसपिंड था। इतने में व्यास ने गांधारी पर दया करके उस पिंड के सौ टुकड़े कर दिए और उन्हें घृतकुंड में रख दिया। समय आने पर इन्हीं टुकड़ों से दुर्योधन आदि सौ कौरव और दुःशला नाम की कन्या हुई, इस प्रकार गांधारी की 101 संतानें हुईं।

महाभारत युद्ध में दुर्योधन की मृत्यु के समय गांधारी ने श्रीकृष्ण को शाप दिया कि 36 वर्षों में तुम्हारे कुल का क्षय होगा। युद्ध की समाप्ति पर वह पांडवों के साथ रहने लगी थी। बाद में उसे वैराग्य उत्पन्न हो गया और वह धृतराष्ट्र के साथ वन में चली गई। वहीं वह धृतराष्ट्र और कुंती के साथ दावाग्नि में जलकर मर गई।

गांधर्ववेद

यह सामवेद का एक उपवेद है। इसके चार आचार्य प्रसिद्ध हैं—सोमेश्वर, भरत, हनुमान और कल्लिनाथ। सामवेद की 100 शाखाओं में से केवल 18 शाखाएं पाई जाती हैं और वे आचार्य हनुमान के मत की हैं। गांधर्ववेद संगीत विद्या का वेद है। प्राचीन काल में संगीत को भी वेदों का सम्मान प्राप्त था। ऋषियों के लिए मर्यादाबद्ध विद्या गांधर्ववेद कहलाई। वर्तमान काल में सर्वसाधारण के

व्यवहार में आने पर उसी का नाम संगीतविद्या हो गया।

गांधीजी (महात्मा गांधी)

महात्मा गांधी का पूरा नाम मोहनदास कर्मचंद गांधी था। गांधीजी का जन्म 2 अक्तूबर, 1869 ई. को गुजरात के पोरबंदर नामक नगर में हुआ। उनके पिता करमचंद गांधी (कबा गांधी) पोरबंदर रियासत के दीवान थे। गांधीजी जब केवल 13 वर्ष के थे और स्कूल में पढ़ते थे, उस समय के प्रचलन के अनुसार उनका विवाह कस्तूरबाई (कस्तूरबा) के साथ हो गया। 18 वर्ष की उम्र में वे एक पुत्र के पिता भी बन चुके थे।

1888 ई. में गांधीजी पढ़ने के लिए इंग्लैंड गए और 3 वर्ष तक कानून का अध्ययन करके उन्होंने बैरिस्टरी की परीक्षा पास की। भारत लौटने पर कुछ समय तक राजकोट और बंबई में वकालत करने के बाद 1893 ई. में एक भारतीय व्यापारी का मुकदमा देखने के लिए दक्षिण अफ्रीका चले गए। दक्षिण अफ्रीका में बहुत से भारतीय रहते थे, जिन्हें अंग्रेज काम देने के बहाने से भारत से ले गए थे। इन भारतीयों के साथ रंगभेद के कारण वहां बड़ा अमानुषिक व्यवहार किया जाता था। उनमें से चाहे कोई कितना ही धनी हो, सुशिक्षित हो, उसे हर प्रकार से अपमानित किया जाता था।

दक्षिण अफ्रीका पहुंचते ही गांधीजी को भी इस अपमान का पग-पग पर सामना करना पड़ा। उन्हें प्रथम श्रेणी का रेल टिकट होने पर भी ट्रेन से नीचे उतार दिया गया, गोरे नाई ने बाल काटने से इनकार किया, उपद्रवियों ने उन पर सड़े अंडे तक फेंके। भारतीयों का यह अपमान देखकर गांधीजी ने संकल्प किया कि वे उन्हें सम्मानपूर्ण जीवन जीने का अवसर दिलाकर रहेंगे। उन्होंने अपनी चलती वकालत छोड़ दी। 1893 से 1914 ई. तक बीस वर्ष दक्षिण अफ्रीका में रहकर सत्याग्रह आंदोलन का आरंभ में सफल संचालन किया। वे अनेक बार जेल गए। इन सब प्रयत्नों से अंततः गोरी सरकार झुकी और 1914 ई. में जब गांधीजी भारत लौटे, उस समय तक अनेक काले कानून रद्द हो चुके थे।

दक्षिण अफ्रीका में उन्होंने आत्मनिर्भरता, सादगी, आश्रम जीवन और ब्रह्मचर्य के अनेक व्रत आरंभ किए जो जीवन भर चलते रहे।

दक्षिण अफ्रीका की गांधीजी की सफलता असाधारण थी। उनकी 'सत्याग्रह' की नवीन प्रणाली की सफलता के कारण भारत उनके आगमन की बाट जोह रहा था। परंतु देश लौटकर वे तुरंत स्वतंत्रता संग्राम में सक्रिय नहीं हुए। आरंभ के कुछ वर्ष वे देश की राजनीतिक स्थिति का अध्ययन करते रहे। इस बीच चंपारन के किसानों को नील का व्यापार करनेवाले गोरों के अत्याचारों से छुटकारा दिलाकर और अहमदाबाद के मजदूरों के न्यायसम्मत पक्ष का समर्थन करके

उन्होंने देशवासियों का ध्यान अपनी ओर आकृष्ट किया।

लोकमान्य तिलक और उनके कुछ अनुयायियों को छोड़कर राजनीतिक आंदोलन उस समय तक प्रस्तावों और आवेदन-पत्रों के घेरे में ही सीमित था। गांधीजी ने इसे थोड़े से अंग्रेजी जाननेवाले लोगों के घेरे से निकालकर जनसाधारण तक पहुंचा दिया। इससे यद्यपि कुछ नरमपंथी मुख्यधारा से हट गए, परंतु संपूर्ण देश का जनमानस स्वतंत्रता संग्राम से जुट गया। रौलट बिल (दे.) और 1919 ई. के जलियांवाला बाग (दे.) हत्याकांड से लेकर 1947 ई. में देश की स्वतंत्रता तक भारत के स्वतंत्रता संग्राम का नेतृत्व गांधीजी के ही हाथों में रहा। उन्होंने समय-समय पर सविनय अवज्ञा, सत्याग्रह, हरिजनोद्धार, हिन्दू-मुस्लिम एकता आदि को अपने कार्यक्रम का आधार बनाया। अनेक बार जेल की यातना सही और लाखों व्यक्तियों के प्रेरणास्रोत रहे। 1921 ई. के सविनय अवज्ञा आंदोलन और 1931 ई. के सत्याग्रह के बाद का समय गांधीजी ने खादी और स्वदेशी प्रचार, ग्रामोद्धार, हरिजनोत्थान जैसे रचनात्मक कार्यों में लगाया। अंग्रेज हरिजनों को हिंदुओं से पृथक् राजनीतिक इकाई बनाना चाहते थे। गांधीजी ने आमरण अनशन करके इसे रुकवाया।

1942 ई. का 'भारत छोड़ो' आंदोलन उनके जीवन का अंतिम और निर्णायक आंदोलन था। इसी से उत्पन्न स्थिति के कारण, द्वितीय विश्वयुद्ध में विजयी होने पर भी अगस्त 1947 में अंग्रेजों को भारत से अपनी सत्ता हटा लेने के लिए बाध्य होना पड़ा।

देश की स्वतंत्रता के बाद भी गांधीजी ने शासन में कोई पद ग्रहण नहीं किया। वे विभाजन के कारण हुए दंगों के पीड़ित लोगों को सांत्वना देते हुए घूमते रहे। वे मानव-मानव में कोई भेद नहीं मानते थे। उनके लिए सब धर्मावलंबी समान थे। वे साधन और साध्य की पवित्रता में विश्वास करते थे। अपने इसी विश्वास के लिए उन्होंने अपने प्राणों की आहुति दे दी। 30 जनवरी, 1948 ई. को सायंकाल जब वे दिल्ली में अपनी नित्य की प्रार्थना सभा में सम्मिलित होने के लिए जा रहे थे, एक धर्मांध हिंदू ने उन्हें गोली मार दी और 'हे राम' शब्दों का उच्चारण करते हुए उन्होंने प्राण त्याग दिए। समस्त विश्व इससे स्तब्ध रह गया। पंडित जवाहरलाल नेहरू ने कहा था—'हमारे जीवन से प्रकाश चला गया है और आज चारों तरफ अंधेरा छा गया है।'

गांधीवाद

इस शब्द का प्रयोग गांधीजी के विचारों के लिए किया जाता है। गांधीजी का कहना था कि वे किसी 'वाद' का प्रवर्तन नहीं कर रहे हैं। उनकी मान्यता थी कि मानव ने विकास के विभिन्न सोपानों से गुजरते हुए जो भी अर्जित किया, उसके

उत्तमांस को जीवन का क्रियात्मक रूप देने के लिए वे प्रयत्नशील हैं। फिर भी उनके चिंतन की पद्धति को विद्वानों ने 'गांधीवाद' का नाम दिया है।

गांधीजी का व्यक्तित्व बहुमुखी था। वे साधक थे, समाज-सुधारक थे, राजनीतिक नेता थे, आर्थिक और शिक्षाविषयक नवीन दृष्टि के प्रणेता थे। वे व्यावहारिक व्यक्ति थे। लोगों ने उनके प्रयोगों में सिद्धांत खोजे, सिद्धांतों के निर्धारण के बाद प्रयोग के प्रयत्न गांधीजी ने नहीं किए।

सर्वोदय उनका लक्ष्य था और सत्य तथा अहिंसा इस लक्ष्य तक पहुंचने के साधन थे। वर्णव्यवस्था को उन्होंने अस्वीकार किया, संपत्ति को 'ट्रस्टीशिप' के घेरे में बांधा, श्रम को प्रतिष्ठा दी, साध्य की प्राप्ति के लिए साधन की पवित्रता पर विशेष जोर देते रहे। गांधीवादी विचारधारा में हिंसा के लिए स्थान नहीं है। वहां प्रतिपक्षी का हृदय-परिवर्तन कराया जाता है। यदि इसमें आसानी से सफलता नहीं मिलती तो आत्मत्याग करके उसके उत्तमांस को जागृत किया जाता है। इसी का अंतिम रूप उपवास या अनशन है। गांधीवाद 'पापी' से नहीं, 'पाप' से घृणा करता है। इस विचारधारा के अनुसार जीवनयापन का सर्वोत्तम मार्ग इन ग्यारह व्रतों में निहित है :

सत्य, अहिंसा, अस्तेय (चोरी न करना), ब्रह्मचर्य, अपरिग्रह, शरीरश्रम, अस्वाद, अभय, सर्वधर्मसम भाव, स्वदेशी और अस्पृश्यता।

गाजीदास

निर्गुणधारा के सुधारक पंथों में सतनामी पंथ प्रमुख है। यद्यपि इस पंथ के आरंभ का विवरण नहीं मिलता, किंतु महात्मा जगजीवनदास, जिनका समय संवत् 1800 के आसपास माना जाता है, इस पंथ के पुनरुद्धारक थे। इन्हीं की शिष्य परंपरा में गाजीदास हुए। गाजीदासजी का जन्म छत्तीसगढ़ के एक चमार परिवार में हुआ था। उन्होंने आज से लगभग डेढ़ सौ वर्ष पहले इस पंथ को पुनर्गठित किया।

गाणपत्य

गणेश को अनंत ब्रह्म मानकर उनकी पूजा कब से आरंभ हुई, यह विवादास्पद है। याज्ञवल्क्य स्मृति में इसका उल्लेख है। गणपति उपनिषद् और गणेश पुराण इस मत के प्रामाणिक ग्रंथ हैं। छठी और आठवीं-नवीं शताब्दी के अभिलेख इस मत की प्राचीनता पर प्रकाश डालते हैं। यद्यपि चौदहवीं शताब्दी से यह संप्रदाय अवनत होने लगा, परंतु देवता-समूह में विघ्नविनाशक और सिद्धिदाता के रूप में गणेश का स्थान अक्षुण्ण है।

'श्री गणेशाय नमः' का मंत्र और मस्तक पर लाल तिलक इसका चिह्न है।

सभी मांगलिक कार्यों में सर्वप्रथम गणपति की उपासना तथा पूजा होती है।

गाधि

कान्यकुब्ज देश के अधिपति गाधि कुशिक राजा के पुत्र थे। कुशिक ने इंद्र के समान पुत्र की कामना से तप किया। गाधि की उत्पत्ति इंद्र के अंश से मानी जाती है। गाधि ऋषि विश्वामित्र के पिता थे। इनकी पुत्री का नाम सत्यवती था। ऋचीक ऋषि सत्यवती से विवाह करना चाहता था। गाधि ने उसे अयोग्य और असमर्थ समझकर यह शर्त रखी कि यदि ऋषि एक हजार श्यामकर्ण घोड़े दे तो राजा सत्यवती का उसके साथ विवाह कर देगा। वरुण ने ऐसे घोड़े प्राप्त करने में ऋषि की सहायता की और सत्यवती के साथ उसका विवाह हो गया।

गायत्री

1. यह वेद का सबसे अधिक प्रचलित और प्रसिद्ध मंत्र है। इसे सर्वाधिक पुनीत माना जाता है और वेदमाता कहा जाता है। मंत्र इस प्रकार है :

"ओ३म् भूभर्वः स्वः तत्सवितुर्वरेण्यम् भर्गोदेवस्य धीमहि। धियो यो नः प्रचोदयात्।"

मंत्र का आशय है—हम उस परम तेजमय सूर्य के उस तेज की उपासना करते हैं कि वह हमारे मन और बुद्धि को प्रकाशित करे।

2. ब्रह्मा की एक पत्नी का नाम। कहते हैं, एक बार ब्रह्मा पुष्कर में यज्ञ करने जा रहे थे। यज्ञारंभ के समय जब उनकी पत्नी सावित्री को आने में कुछ विलंब हुआ तो ब्रह्मा ने इंद्र द्वारा लाई हुई एक ग्वालिन के साथ विवाह करके यज्ञ आरंभ कर दिया। ब्रह्मा की यह पत्नी गायत्री कहलाई। आने पर सावित्री ने ब्रह्मा को शाप दिया कि उसकी कहीं भी पूजा नहीं होगी (दे. ब्रह्मा)।

गार्गी

उपनिषद् काल की एक विदुषी महिला। गर्ग ऋषि के गोत्र में उत्पन्न होने के कारण गार्गी नाम पड़ा। एक बार यज्ञ के समय राजा जनक ने घोषणा की कि जो व्यक्ति स्वयं को सबसे महान् ज्ञानी सिद्ध करेगा, उसे स्वर्णपत्रों से जड़े सींगोंवाली एक हजार गाएं उपहार में दी जाएंगी। कोई विद्वान् आगे नहीं आया। इस पर ऋषि याज्ञवल्क्य ने अपने शिष्य से उन गायों को आश्रम की ओर हांक ले जाने के लिए कहा। तब उपस्थित विद्वानों का याज्ञवल्क्य से शास्त्रार्थ हुआ। उनसे प्रश्न पूछनेवालों में गार्गी भी थी। उसके पूछे हुए ब्रह्मविषयक प्रश्नों से गार्गी की विद्वता का पता चलता है। उसके एक प्रश्न से उत्तेजित याज्ञवल्क्य ने कहा—गार्गी अब तू प्रश्न की सीमा का अतिक्रमण कर रही है। अब आगे मत पूछ। अन्यथा

कहीं तेरा सिर कटकर न गिर पड़े। परंतु फिर भी उसने दो प्रश्न किए और उनके उत्तर में याज्ञवल्क्य को अपने दर्शन का प्रतिपादन करना पड़ा था।

गार्ग्य

1. आचार्य वाष्कल के एक शिष्य, निःसंतान होने के कारण जिनका उपहास किया गया था। इन्होंने शंकर की उपासना की। शंकर के आशीर्वाद से यवन रानी के गर्भ से इन्हें पुत्र की प्राप्ति हुई जो कालयवन (दे.) के नाम से प्रसिद्ध हुआ।

2. भागवत में वर्णित एक क्षत्रिय वंश जिससे ब्राह्मणों के नए वंश का आरंभ हुआ।

गालव

1. विश्वामित्र का शिष्य एक ऋषि जो अपनी हठवादिता के लिए प्रसिद्ध है। शिक्षा पूरी करने पर जब यह गुरुदक्षिणा देने के लिए हठ करने लगा तो क्रुद्ध होकर विश्वामित्र ने आठ सौ श्यामकर्ण घोड़े मांगे। इसे अपनी शक्ति से बाहर देखकर गालव ने विष्णु की आराधना की। विष्णु ने इसकी सहायता के लिए गरुड़ को भेजा। गरुड़ गालव को लेकर राजा ययाति के पास गया। ययाति अश्व तो न दे सका, पर उसने अपनी कन्या माधवी सौंपते हुए कहा कि इसे किसी सुयोग्य वर को देकर उससे अश्व प्राप्त कर लेना। गालव माधवी को लेकर क्रमशः हर्यष्य, दिवोदास और उशीनर राजाओं के पास गया। तीनों ने बारी-बारी से माधवी से विवाह किया और गालव को दो-दो सौ घोड़े दिए। माधवी को विवाह के बाद भी कुमारी बने रहने का वरदान था। अंत में गालव ने राजाओं से प्राप्त 600 अश्व और शेष 200 अश्वों के बदले में माधवी विश्वामित्र को सौंपकर गुरुदक्षिणा पूरी की।

2. विश्वामित्र के पुत्र का नाम। एक बार अकाल पड़ गया, पर विश्वामित्र अपनी पत्नी और तीन पुत्रों के निर्वाह का विचार किए बिना तपस्या करने चल दिए। जब उदर-पूर्ति का कोई उपाय नहीं रहा तो ऋषि-पत्नी इस पुत्र के गले में रस्सी बांधकर इसे बेचने के लिए निकली। मार्ग में सूर्यवंशी राजा सत्यव्रत से भेंट हुई। उन्होंने विश्वामित्र के लौटने तक उनके परिवार के भरण-पोषण की व्यवस्था कर दी।

गालिब (1797—1869 ई.)

उर्दू के विख्यात कवि गालिब का पूरा नाम मिर्जा असदुल्ला खां था। इनका जन्म 27 दिसम्बर को आगरा में हुआ। गालिब की शिक्षा फारसी भाषा में हुई। आरंभ में

शायरी भी ये फारसी भाषा में ही किया करते थे, जो बहुत क्लिष्ट हुआ करती थी। बाद में इन्होंने उर्दू में लिखना आरंभ किया और उस भाषा के युगप्रवर्तक शायर माने गए।

'दीवाने गालिब' इनकी सर्वाधिक प्रसिद्ध कृति है। गालिब ने अपने पूर्ववर्तियों से भिन्न मार्ग निकाला। ये काव्य के क्षेत्र में नित्य नए प्रयोग करते रहे। इनका काव्य जीवन-संघर्ष का काव्य है। इन्होंने अपनी अनोखी शैली में समाज के बंधे नियमों तथा रीतियों का खुलकर उपहास किया है। निराशा इनके काव्य में नहीं मिलती।

गालिब ने उर्दू गद्य को भी नई दिशा दी और अपने परवर्तियों के लिए आदर्श उपस्थित किया। उनकी रचनाएं आज भी लोकप्रिय हैं। जीवन-यापन के लिए गालिब विभिन्न दरबारों से मिलने वाली वृत्ति पर निर्भर रहे।

गिरमिट प्रथा

अंग्रेजों ने जब संसार के विभिन्न भागों में अपने उपनिवेश बसाए तो वहां काम करने के लिए उन्हें मजदूरों की आवश्यकता पड़ी। इन मजदूरों के साथ पांच या सात वर्ष के लिए ठेका या 'एग्रीमेंट' होता था। बोलचाल में मजदूर इसी ऐग्रीमेंट को 'गिरमिट' कहने लगे। भारत से इस गिरमिट प्रथा के अधीन मारिशस, फिजी, मलाया श्रीलंका, कोनिया, टांगानिका, उगांडा, दक्षिण अफ्रीका, ट्रिनिडाड, जमायका और ब्रिटिश गायना को बड़ी संख्या में मजदूर भेजे गए। इन लोगों ने उन देशों को समृद्ध बनाने में असाधारण योग दिया। ऐग्रीमेंट की अवधि पूरी होने पर शर्तों के अनुसार अधिकांश लोग इन्हीं देशों में बस गए। इस प्रकार यहां भारत मूल के लोगों की बहुत बड़ी संख्या है। जब तक ये लोग गोरों के लिए काम करते थे, सब ठीक था। जब इन्होंने स्वयं अपने लिए परिश्रम करना आरंभ किया तो गोरों को इनसे ईर्ष्या होने लगी। फलतः भेदभाव की अनेक समस्याएं पैदा हो गईं जिनमें से कई अब भी विद्यमान हैं।

गिरिनार

गुजरात में जूनागढ़ के निकट गिरिनार प्राचीनकाल से ही अत्यंत पवित्र स्थान रहा है। श्रीकृष्ण जब द्वारका में थे, तब यह पर्वत यादवों की क्रीड़ाभूमि था। योगी यहां तपस्या करने में सम्मान समझते थे। प्रसिद्ध भक्त नरसी मेहता का जन्म यहीं जूनागढ़ में हुआ था। दामोदर कुंड, रेवती कुंड, भर्तृहरि गुफा, अंबिकाशिखर, महाकाली शिखर और गोरखनाथ की तपोभूमि गोरक्षशिखर यहां के प्रमुख स्थल हैं।

जैनियों का भी यह पवित्र तीर्थ है। तीर्थंकर नेमिनाथ की दीक्षा, ज्ञान प्राप्ति

और निर्वाण यहीं हुआ था। गिरिनार पर्वत पर पांच स्मृति चिह्न हैं जिन्हें 'टोंक' कहते हैं। इनके दर्शनों के लिए 9999 सीढ़ियां चढ़नी पड़ती हैं।

गीतगोविन्द

संस्कृत भाषा के इस अत्यंत ललित और सरस काव्यग्रंथ की रचना महाकवि जयदेव ने की। वे 12वीं शती में बंगाल के अंतिम हिंदू राजा लक्ष्मणसेन के सभा-रत्न थे। इस काव्य के आदर्श नायक और नायिका श्रीकृष्ण और राधा हैं। यह ग्रंथ अपनी ललित पदावली के कारण बड़ा लोकप्रिय है।

गीता

भगवत गीता स्वतंत्र ग्रंथ नहीं, वरन् महाभारत के 'भीष्म पर्व' का अंश है। परंतु अब यह एक बहुमान्य स्वतंत्र ग्रंथ हो गया है। 700 श्लोक और 18 अध्यायों की गीता की लोकप्रियता विश्वव्यापी है। संसार की लगभग सभी भाषाओं में इसका अनुवाद हो चुका है। इसका निष्काम कर्मयोग का सिद्धांत प्रत्येक देश में पहुंचा है। भारत में किसी अन्य ग्रंथ की इतनी टीकाएं नहीं लिखी गईं, जितनी गीता की। शंकराचार्य का गीता भाष्य बहुत प्रसिद्ध है। आधुनिक काल में लोकमान्य तिलक, महात्मा गांधी, श्री अरविंद, विनोबा भावे आदि के भाष्य बहुत लोकप्रिय हुए हैं। गीता के भक्तों की मान्यता है कि वेद, उपनिषद् आदि तो ऋषियों द्वारा प्रकट हुए, पर गीता तो स्वयं भगवान के मुख से निकली पवित्र वाणी है। कुरुक्षेत्र की रणभूमि में कर्तव्य-विमुख अर्जुन का मोह दूर करने के लिए श्रीकृष्ण ने अनासक्त कर्मयोग का जो उपदेश दिया, वह आज भी उतना ही प्रासंगिक है और यही गीता की लोकप्रियता का भी कारण है।

गीति रामायण

असमिया भाषा का दुर्गाधर कायस्थ द्वारा रचित प्रसिद्ध रामकाव्य। इसकी एक विशेषता यह है कि इसमें सीता को देवी के रूप में नहीं दर्शाया गया है। वे पूरी तरह से मानवी हैं। कवि ने उनके चित्रण में मानवीय आशा-निराशा, विचार और विकार सबका बड़ा मार्मिक चित्रण किया है। इसको असम में गान पद्धति से गाया जाता है।

गुजरात

पश्चिमी भारत का एक प्रदेश जो जनसंख्या की दृष्टि से देश में दसवें नम्बर पर है। अशोक आदि के शिलालेखों में इसका उल्लेख नहीं मिलता। पांचवीं शताब्दी ईस्वी में गुर्जर लोगों के यहां आकर बसने के बाद यह नाम प्रचलित हुआ। गुर्जर

प्रतिहार (दे.) राजाओं के समय गुजरात बहुत विख्यात था। किन्तु बाद में महमूद गजनवी (दे.) द्वारा सोमनाथ मंदिर की लूट के बाद गुजरात में सत्ता-परिवर्तन होता रहा। तीसरे मराठा युद्ध (1817-18 ई.) के बाद अंग्रेजों ने इसे अधिकार में लेकर बंबई प्रांत में मिला दिया।

स्वतंत्रता के बाद बंबई प्रदेश के गुजराती भाषा-भाषी जिलों को मिलाकर 1 मई, 1960 ई. को वर्तमान गुजरात प्रदेश अस्तित्व में आया। यह उद्योग, कृषि तथा पशुपालन तीनों दृष्टियों से बड़ा उन्नत प्रदेश है। कपास और मूंगफली के उत्पादन का यह मुख्य केन्द्र है। वस्त्र, रसायन, उर्वरक, औषधि आदि के उत्पादन में भी यह अग्रणी है। यहां सोमनाथ, द्वारका, डाकोर आदि प्रसिद्ध तीर्थ हैं। गांधीजी के जन्म स्थान पोरबंदर और उनके द्वारा स्थापित 'साबरमती आश्रम' का राष्ट्रीय महत्व है।

गुजराती

गुजरात प्रदेश में बोली जाने वाली भाषा। मान्यता है कि शककुल गुर्जर नाम की एक जाति पांचवीं-छठी शताब्दी में पंजाब से राजपूताना होती हुई गुजरात की ओर बढ़ी। मुसलमानों के आक्रमण के कारण उन्हें दसवीं शताब्दी में राजस्थान छोड़कर पूरी तरह गुजरात में बस जाना पड़ा। इस प्रकार इस क्षेत्रीय भाषा का आरंभ हुआ। 1250 ई. तक गुजरात के स्वतंत्र राजनीतिक इकाई बन जाने पर इस भाषा को विकसित होने का पूरा अवसर मिला। इसकी समृद्धि में विभिन्न कालों में अनेक व्यक्तियों का योगदान रहा है। नरसी मेहता, मीराबाई, आदि की रचनाओं ने गुजराती को समृद्ध किया। आधुनिक काल में महात्मा गांधी ने गुजराती के गद्य को नया रूप दिया। कन्हैयालाल माणिकलाल मुंशी, उमाशंकर जोशी, काका कालेलकर जैसे चोटी के साहित्यकारों का योगदान भी उल्लेखनीय है।

गुण

वैशेषिक दर्शन में पदार्थ छह बताए गए हैं—द्रव्य, गुण, कर्म, सामान्य, विशेष और समवाय। शाक्त मत सृष्टि की प्रथम अवस्था में क्रिया और भूति इन दो रूपों में शक्ति का जागरण मानता है। इसके बाद ये छह गुण प्रकट होते हैं—ज्ञान, शक्ति, प्रतिभा, बल, पौरुष और तेज। सांख्य दर्शन के अनुसार प्रकृति के तीन गुण हैं—सत्व (प्रकाश अथवा ज्ञान), रज (गति अथवा क्रिया) और तम (अंधकार अथवा जड़ता)। जिस प्रकार तीन धागों से रस्सी बंटती है, उसी प्रकार सृष्टि भी इन तीन गुणों में समाहित है।

गुणवर्मा

कश्मीर के एक राजकुमार का नाम जो बाद में बौद्ध भिक्षु हो गया था। इसने अपना पूरा जीवन सुदूर पूर्व के देशों में बौद्ध धर्म का प्रचार करने में लगाया। यह लंका और जावा होता हुआ अंत में चीन पहुंचा। चीन में उपलब्ध विवरण के अनुसार जावा के लोगों को इसी ने बौद्ध बनाया था।

गुणाढ्य

'बड्डकथा' (बृहत्कथा) नामक पैशाची भाषा के ग्रंथ के संकलनकर्ता जिनका महत्व सब स्वीकार करते हैं, किन्तु इनके समय के संबंध में बड़ा विवाद है। 'बड्ड-कथा' मूल रूप में उपलब्ध नहीं है किन्तु प्राचीन ग्रंथों में उसका उल्लेख बहुत बार आया है। विद्वानों का मत है कि प्राचीन काल में दो साहित्यिक धाराएं समानांतर चलती थीं। एक वेदों, पुराणों आदि से जुड़ी हुई थी और दूसरी लोक-प्रचलित कथाओं से। गुणाढ्य ने इसी लोक-प्रचलित धारा को सबसे पहले जनभाषा में संग्रहीत किया। इसलिए कुछ विद्वान् उनका महत्व भी व्यास और वाल्मीकि के समान ही मानते हैं। इनका समय अलग-अलग लोगों ने 300 ई. पू. से लेकर 7वीं शताब्दी ईस्वी तक माना है।

गुदना

शरीर में घाव करके रंगीन आकृतियां बनाना गुदना कहलाता है। इसे अंकन भी कहते हैं। संसार भर की प्राचीन जातियों में किसी-न-किसी रूप में इसका प्रचलन पाया जाता है। अधिकांशतः यह रंगीन अंकन महिलाओं के अंगों पर बनता है। अनेक स्थानों में इसका विवाह से निकट का संबंध है। सोलोमन द्वीप में चेहरे और वक्षस्थल में गुदने के बाद ही लड़कियों का विवाह होता है। न्यूगिनी में भी यही प्रथा है। न्यूजीलैंड की मोओरी जाति ने इसे उच्चकला का रूप दिया है। अनेक पुरुष भी गुदने से हाथ पर अपना या किसी प्रियजन का नाम अंकित करा लेते हैं। गुदने की प्रथा का आरंभ कुछ विद्वान् वस्त्रों के आविष्कार से पहले का मानते हैं। कुछ का मत है कि इसका संबंध जादू-टोने से हो सकता है।

गुप्तकाशी

उत्तरखंड में केदारनाथ के मार्ग का एक तीर्थ जो मंदाकिनी के दाएं तट पर स्थित है। प्राचीन काल में भगवान शिव के दर्शनों के लिए ऋषियों ने यहां तप किया था। यहां के शिव मंदिर में अर्धनारीश्वर की सुन्दर मूर्ति है। इसके ऊपर गंगा और यमुना नाम की दो जल-धाराएं गिरती हैं।

गुप्तकाशी के सामने मंदाकिनी नदी के बाईं ओर ऊखीमठ (दे.) है। यहां

शीतकाल में केदारनाथ की पूजा होती है।

गुप्त गोदावरी

चित्रकूट क्षेत्र की दो गुफाएं। इनमें से एक में निरंतर पानी बहता रहता है और दूसरी सूखी है। दस-पन्द्रह मीटर भीतर जाने पर काफी चौड़ी जगह मिलती है जहां जलवायु के प्रभाव से चट्टानें कटकर विभिन्न आकर्षक आकृतियां बन गई हैं। लोकमान्यता के अनुसार बनवास के समय राम इन्हीं गुफाओं के अंदर स्थानीय लोगों से मंत्रणा किया करते थे। अब ये गुफाएं पर्यटकों के आकर्षण का केन्द्र हैं।

गुप्त वंश

उत्तर भारत का प्रसिद्ध राजवंश जिसका शासन-काल भारतीय इतिहास का स्वर्ण युग कहलाता है। साहित्य और संस्कृति के क्षेत्र में इस अवधि का योगदान आज भी सम्मानपूर्वक स्मरण किया जाता है। कालिदास इसी युग की देन है। अमरकोश, रामायण, महाभारत, मनुस्मृति तथा अनेक पुराणों का वर्तमान रूप इसी काल की उपलब्धि है। महान् गणितज्ञ आर्यभट्ट तथा वराहमिहिर गुप्त काल के ही उज्ज्वल नक्षत्र हैं। दशमलव प्रणाली का आविष्कार तथा वास्तुकला, मूर्तिकला, चित्रकला और धातु-विज्ञान के क्षेत्र की उपलब्धियों पर आज भी लोगों को आनंद और आश्चर्य होता है।

गुप्त वंश की स्थापना 320 ई. के लगभग चंद्रगुप्त प्रथम ने की थी और 510 ई. तक यह वंश शासन में रहा। आरम्भ में इनका शासन केवल मगध पर था, पर बाद में गुप्त वंश के राजाओं ने संपूर्ण उत्तर भारत को अपने अधीन करके दक्षिण में कांजीवरम के राजा से भी अपनी अधीनता स्वीकार कराई। इस वंश में अनेक प्रतापी राजा हुए। कालिदास के संरक्षक सम्राट चन्द्रगुप्त द्वितीय (380-415 ई.) इसी वंश के थे। यही 'विक्रमादित्य' और 'शकारि' नाम से भी प्रसिद्ध हैं। नृसिहगुप्त बालादित्य (463-473 ई.) को छोड़कर सभी गुप्तवंशी राजा वैदिक धर्मावलंबी थे। बालादित्य ने बौद्ध धर्म अपना लिया था।

गुरु

धार्मिक संप्रदाय का आचार्य जिसे सर्वप्रथम तांत्रिक युग में महत्ता प्राप्त हुई। बाद में जब तंत्र के प्रभाव से सभी संप्रदायों में साधना की गोपनीय पद्धति का प्रवेश हुआ तो गुरु का स्थान वहां भी महत्वपूर्ण बन गया। बौद्धकाल से पूर्व गुरु को वह स्थान नहीं मिला था। गुरु के संबंध में पूछने पर गौतम बुद्ध ने कहा था—मैंने सब कुछ अपने अभिज्ञान से प्राप्त किया है। नाथों और संतों में गुरु का बड़ा महत्व

है। सभी यह मानते हैं कि जो गुरुहीन है, उसे ब्रह्म की उपलब्धि नहीं हो सकती। कुछ संतों ने तो गुरु को गोविन्द से अधिक महत्व दिया है क्योंकि गुरु ही गोविन्द तक पहुंचने का मार्ग बताता है।

गुरुकुल

प्राचीन भारत की शिक्षा-व्यवस्था में गुरुकुलों का बड़ा महत्व था। 6 से 11 वर्ष की उम्र के बालक गुरुओं के पास जाते और वहीं रहकर विभिन्न विषयों का ज्ञान प्राप्त करते। वे 25 वर्ष की उम्र तक अंतेवासी बनकर गुरु के आचरण और व्यक्तित्व से शिक्षा ग्रहण करते। गुरुकुलों के भरण-पोषण का दायित्व राज्य का था। अंतेवासी विद्यार्थी कुलपति के परिवार का सदस्य होता और उसके चतुर्दिक विकास का पूरा उत्तरदायित्व कुलपति के ऊपर रहता। विदेशी यात्रियों के वर्णनों से विदित होता है कि गुरुकुलों में दूर-दूर के विद्यार्थी अध्ययन के लिए आया करते थे।

गुरुग्रंथ साहिब

गुरुग्रंथ साहिब में जिसे 'आदिग्रंथ' भी कहते हैं, छह सिक्ख गुरुओं की वाणी संग्रहीत है। पांचवें गुरु अर्जुनदेव (दे.) ने आदिगुरु नानकदेव की वाणी से लेकर अपनी निज की बानी तक का संग्रह करा कर भाई गुरुदास के द्वारा गुरुमुखी लिपि में लिखवाया था। यही महान् ग्रंथ 'गुरुग्रंथ साहिब' या 'आदिग्रंथ' के नाम से प्रसिद्ध हुआ। आदिग्रंथ का संकलन भादों सुदी शक संवत् 1661 को पूर्ण हुआ था।

गुरु नानक के बाद जिन गुरुओं ने समय-समय पर रचनायें कीं उन्होंने नम्रतावश अंत में अपना नाम न देकर सब जगह नानक ही नाम दिया है। कौन-सी रचना किस गुरु की है यह कठिनाई देखकर गुरु अर्जुनदेव ने उन रचनाओं के ऊपर 'महला 1', 'महला 2', 'महला 3', आदि संकेत लिखा दिए। इसका अर्थ यह हुआ कि महला 1 गुरु नानकदेव की बानी है, महला 2 गुरु अंगद की। आदिग्रंथ में जयदेव, कबीर, रैदास, शेख फरीद आदि भक्तों की चुनी हुई बानियां भी शामिल की गई हैं।

ग्रंथ में इन सब बानियों को गुरुओं के क्रमानुसार न देकर 31 रागों के अनुसार संकलित किया गया है। किंतु नानक रचित 'जपुजी' तथा कुछ अन्य रचनाओं को रागों में नहीं बांधा गया।

गुरुग्रंथ साहिब में भाषा की विविधता है। गुरु नानक, अंगद और रामदास की रचनाएं पंजाबी भाषा बहुल हैं। गुरु तेगबहादुर की सारी रचनाएं हिंदी में हैं। गुरु नानक के नाम से हिंदी पद्य संग्रहों में जितने भी पद्य मिलते हैं उनमें से

अधिकांश नवें गुरु तेगबहादुर के रचे हुए बताए जाते हैं।

गुरुग्रंथ साहिब का स्थान सिक्ख धर्म में सर्वोपरि और गुरु के समान है।

गुरुपूर्णिमा

आषाढ़ शुक्ल पक्ष की पूर्णिमा को गुरुपूर्णिमा का पर्व पड़ता है। यह गुरु की पूजा का दिन है। प्राचीन भारतीय साहित्य में गुरु का स्थान माता-पिता से भी ऊंचा बताया गया है। उन्हें ब्रह्मा, विष्णु तथा महेश के समान देवता समझकर पूजा करने का विधान है। इस दिन शिष्य विद्यादान से जीवन को संवारने वाले गुरु की विनयपूर्वक पूजा करते हैं और उनका आशीर्वाद ग्रहण करते हैं परंतु यह आदर्श अब पुस्तकों तक सीमित रह गया है। संस्कृत पाठशालाओं के विद्यार्थी इस परंपरा को जीवित रखे हुए हैं। आधुनिक शिक्षा पद्धति में गुरु भक्ति प्रकट करने का यह रूप पूर्णतः लुप्त हो चुका है।

गुरु प्रभाकर

कर्म मीमांसा के प्रसिद्ध विद्वान् जिनका समय छठी से आठवीं शताब्दी के बीच माना जाता है। इनका नाम प्रभाकर था किंतु विद्वता के कारण गुरु प्रभाकर के नाम से प्रसिद्ध हुए। इसी काल के दूसरे प्रसिद्ध विद्वान् का नाम कुमारिल था जिनकी ख्याति कुमारिल भट्ट के नाम से हुई। इन दोनों से ही मीमांसा के दो संप्रदायों का नाम हुआ।

गुरु वायूर

दक्षिण में त्रिचूर रेलवे स्टेशन से लगभग 40 कि.मी. दूर स्थित गुरु वायूर अति प्रसिद्ध वैष्णव तीर्थ है। मान्यता है कि इसका निर्माण मूलतः देवताओं ने विश्वकर्मा से कराया था। लगभग 500 वर्ष पूर्व किसी पांड्य राजा ने इसका पुनर्निर्माण कराया। कहते हैं कि इस पुनर्निर्माण के कारण ही राजा सर्पदंश से होने वाली अवश्यंभावी मृत्यु से बच गया।

यहां की मूर्ति वही है जिसकी पूजा श्रीकृष्ण के माता-पिता वसुदेव और देवकी किया करते थे। द्वारका के समुद्र में डूबने से पहले उद्धव के द्वारा श्रीकृष्ण का संदेश पाकर देवगुरु बृहस्पति इस मूर्ति को द्वारका से ले आए और इस स्थान पर स्थापित किया। तभी से इसका नाम गुरु वायूर पड़ा। देश भर के दर्शनार्थी यहां आते रहते हैं।

गुर्जर

एक जनजाति। विश्वास किया जाता है कि ये लोग हूणों के साथ बाहर से भारत

आए और छठी शताब्दी के बाद इन्होंने भारत के इतिहास में अपना महत्वपूर्ण स्थान बना लिया। ह्वेनसांग के यात्रा वर्णनों और पुलकेशी के शिलालेखों में इनका उल्लेख मिलता है। गुर्जरों ने पंजाब, मारवाड़ और भड़ोंच में अपनी रियासतें स्थापित कर ली थीं।

गुर्जर प्रतिहार

गुर्जर (दे.) जनजाति की एक शाखा। गुर्जर प्रतिहार वंश की स्थापना नागभट्ट नामक एक सामंत ने 725 ई. में की थी। इस वंश का क्षेत्राधिकार तेजी से बढ़ा और गुजरात से लेकर गंगा की घाटी तक अधिकार करते हुए इस वंश के राजाओं ने कन्नौज को अपनी राजधानी बनाया। यह राजवंश ग्यारहवीं शताब्दी के मध्य तक शासन करता रहा। इस वंश का सबसे प्रतापी राजा भोज प्रथम (836-886 ई.) था। अपने पचास वर्ष के शासन में उसने प्रतिहार साम्राज्य का पूर्व में उत्तरी बंगाल से लेकर पश्चिम में सतलुज नदी तक विस्तार कर लिया था। महमूद गजनवी के कन्नौज पर आक्रमण के बाद इस राजवंश की अवनति होने लगी। फिर भी भारत के इतिहास में गुर्जर-प्रतिहार वंश का बड़ा योगदान माना जाता है। अरबों ने 712 ई. में सिंध प्रदेश पर विजय प्राप्त कर ली। परंतु गुर्जर प्रतिहारों ने उन्हें आगे नहीं बढ़ने दिया।

गुलाम वंश

दिल्ली के सिंहासन पर यह वंश 1206 ई. से 1290 ई. तक आरूढ़ रहा। इसका संस्थापक कुतुबुद्दीन ऐबक मुहम्मद गोरी का तुर्क दास था। पर उसकी योग्यता देखकर गोरी ने उसे दासता से मुक्त कर दिया। कुतुबुद्दीन मूलतः गुलाम था। इसलिए यह राजवंश गुलाम वंश कहलाता है। वह 1210 ई. तक गद्दी पर रहा। कहते हैं, दिल्ली की कुतुबमीनार का निर्माण-कार्य उसने ही आरंभ कराया था। वह योग्य शासक माना जाता है।

इस वंश का दूसरा प्रसिद्ध शासक इल्तुतमिश था जिसने 1211 ई. से 1236 ई. तक शासन किया। उसके समय में साम्राज्य का बहुत विस्तार हुआ और उत्तर से नर्मदा तक तथा बंगाल से सिंधु तक का भू-भाग गुलाम वंश के अधीन आ गया। इल्तुतमिश के बेटे बड़े विलासी थे। अतः कुछ समय बाद (1236 ई. में) उसकी पुत्री रजिया बेगम गद्दी पर बैठी। रजिया बड़ी बुद्धिमान महिला थी। वह मर्दाने वस्त्र पहनकर दरबार में बैठती थी। पर षड्यंत्रों से अपने को नहीं बचा सकी और 1240 ई. में उसकी हत्या कर दी गई।

इसी वंश में एक और प्रमुख शासक हुआ—सुलतान गयासुद्दीन बलबन। बलबन भी मूलतः इल्तुतमिश का गुलाम था। इसने 1266 से 1287 ई. तक

शासन किया। इसके समय में राज्य में शांति व्यवस्था की स्थिति बहुत अच्छी हो गई थी। अमीर खुसरो गुलाम शासकों के ही संरक्षित विद्वान् थे।

गुलाल साहब

उत्तर भारत के संत गुलाल साहब का जन्म सत्रहवीं शताब्दी के अंत में उत्तर प्रदेश के गाजीपुर जिले में हुआ था। ये प्रसिद्ध संत बुल्ला साहब के शिष्य थे। बुल्ला साहब पहले बुलाकीराम कुर्मी के नाम से इनके यहां हल चलाया करते थे। बाद में अपनी आध्यात्मिक चेतना के कारण बुल्ला साहब के नाम से प्रसिद्ध हुए। उनकी मृत्यु के उपरांत उनकी गद्दी गुलाल साहब ने ही संभाली। यह गद्दी 'भरपुड़ा की गद्दी' के नाम से प्रसिद्ध है। गुलाल साहब ने अनेक भक्तिपरक पदों की रचना की है।

गुह

शृंगवैरपुर नामक नगर का निषादराज जो राजा दशरथ का परम मित्र था। वनवास के समय अयोध्या से निकलकर दंडकारण्य जाते समय राम, लक्ष्मण और सीता ने एक रात्रि इसके घर पर बिताई थी। वनवासकाल में परान्न सेवन न करने की प्रतिज्ञा के कारण राम ने गुह का आतिथ्य स्वीकार नहीं किया। सोए हुए राम, लक्ष्मण और सीता का गुह रात-भर पहरा देता रहा। दूसरे दिन उसने उन तीनों को गंगा के दक्षिणी तीर पर पहुंचा दिया। जब भरत सेना और अयोध्यावासियों के साथ राम को वापस बुलाने के लिए आए तो उन्हें आक्रमण-कारी समझकर गुह ने अपनी सेना तैयार कर ली थी। बाद में वास्तविकता जानकर वह भी भरत के साथ चित्रकूट गया था।

गुह्यक

कुबेर के अनुचरों का एक भेद जिनकी गणना अर्धदेवयोनि में होती है। इन्हें इस बात का प्रतीक माना जाता है कि काम का वशीभूत व्यक्ति किस प्रकार कामिनियों के चरणों के नीचे दब जाता है। अजंता के भित्तिचित्रों में गुह्यकों का चित्रण हुआ है। इन्हें शाल भंजिकाओं के पैरों के नीचे अनंग बौनों के रूप में दिखाया गया है। इनके साथ पक्षी, वानर आदि भी अंकित दिखाई देते हैं।

गुह्य समाज

वामाचारी साधकों का एक समुदाय। तांत्रिक साधकों के इस समुदाय में बहुत-सी क्रियाएं अत्यंत गोपनीय होती हैं जिनका ठीक-ठीक अर्थ या स्वरूप समझना कठिन होता है। इस समुदाय के लोग गुफाओं और गुप्त स्थानों में ही साधना करते हैं।

विधिवत दीक्षा लिए बिना किसी भी साधक को इस समाज में प्रवेश नहीं मिलता।

गृध्रकूट

बिहार के राजगृह नामक स्थान के पांच पवित्र पर्वतों में से एक पर्वत जो गौतम बुद्ध को बहुत प्रिय था। जब भी वे राजगृह में होते, चातुर्मास इसी पर्वत की गुफा में बिताया करते थे। इसके नामकरण के संबंध में दो मत हैं—1. इसका शिखर गिद्ध के आकार का है। 2. गौतमबुद्ध ने यहां पर अपने प्रिय शिष्य आनंद की, गिद्ध का रूप धारण करके डरानेवाले मार से रक्षा की थी, इसलिए यह नाम पड़ा। चीनी यात्री फाहियान ने अपने यात्रावर्णन में गृध्रकूट का उल्लेख किया है।

गृहस्थ

स्मृतियों और पुराणों में गृहस्थ के लक्षण और कर्तव्यों पर विस्तार से प्रकाश डाला गया है। मनुस्मृति के अनुसार आयु के प्रथम चतुर्थ भाग को गुरुगृह में व्यतीत करने के बाद द्वितीय चतुर्थ भाग में विवाह करके पत्नी के साथ घर में रहना चाहिए। ऐसा व्यक्ति गृहस्थ कहलाता है। गरुड़ पुराण के अनुसार कुटुंब के भरण-पोषण में नियमपूर्वक लगा हुआ गृहस्थ साधक होता है। वह स्वाध्याय द्वारा ऋषिऋण, यज्ञ द्वारा देवऋण और संतानोत्पत्ति द्वारा पितृऋण से मुक्त होकर मोक्ष की कामना करता है। उसके लिए नित्य पंच महायज्ञों का अनुष्ठान है—ब्रह्मयज्ञ, देवयज्ञ, पितृयज्ञ, अतिथियज्ञ और भूतयज्ञ अर्थात् जीवधारियों की सेवा।

गृह्यसूत्र

धार्मिक जीवन के लिए कर्तव्य निर्धारित करनेवाले वे ग्रंथ जिनमें पारिवारिक यज्ञों तथा अन्य आवश्यक कृत्यों का वर्णन है। ये ग्रंथ चार प्रकार के हैं—श्रौत, गृह्य, धर्म और इंद्रजालिक। गृह्यसूत्रों के तीन भाग हैं—पहले में छोटे यज्ञों का वर्णन है जिन्हें व्यक्ति अपने घर पर स्वतः कर सकता है। दूसरे भाग का संबंध जन्म से आरंभ होनेवाले सोलह संस्कारों से है। तीसरे भाग में गृहनिर्माण, श्राद्ध, पितृयज्ञ आदि बातें वर्णित हैं। इसमें दैवी विपत्तियों से मुक्ति पाने के मंत्र भी हैं।

गो

1. वैदिक काल से ही पवित्र माना जानेवाला पशु जो प्राचीन काल में संपन्नता का प्रतीक तथा वस्तुओं के मूल्यांकन और विनिमय का भी साधन था। ऋग्वेद से लेकर पुराणों तक गाय या गो के दान की महिमा का बखान मिलता है। वैदिक काल में गायों को रंग के अनुसार विभिन्न नामों से पुकारा जाता था जैसे रोहित, शुक्ल, कृष्णा आदि। गोदान का विवाह, श्राद्ध आदि में आज भी बड़ा महत्व माना

जाता है। गाय के गोबर से लीपा हुआ स्थान, पंचामृत, पंचगव्य आदि पवित्रता के प्रतीक हैं।

2. भागवत में गो की उत्पत्ति भगवान के उदर और बगलों से बताई गई है और इसे हरि का अंश माना जाता है। श्रीकृष्ण की सारी बाललीला गो-समूह और ग्वालों के साथ हुई। गोवंश का वृषभ शंकर का वाहन है।

गोकर्ण

बंगलौर-पूना रेलमार्ग पर हुबली से लगभग 200 कि. मी. दूर समुद्रतट पर छोटी पहाड़ियों के बीच गोकर्ण नामक तीर्थ है। मान्यता है कि पाताल में तपस्या करते हुए रुद्र यहां पर गाय रूपधारी पृथ्वी के कान के छेद से प्रकट हुए थे। इसी से इस क्षेत्र का नाम गोकर्ण पड़ा। यहां का शिवलिंग भी मृग के सींग के समान है। गोकर्ण में महाबालेश्वर मंदिर, कोटितीर्थ, कालभैरव, अगस्त्य मुनि की गुफा, वैंकटरमण मंदिर आदि दर्शनीय स्थल हैं। इस क्षेत्र की परिक्रमा का भी विधान है।

कहते हैं, मृग रूप में छिपे हुए शिव को ढूंढ़ने में ब्रह्मा, विष्णु और इंद्र के हाथ शिवरूपी मृग के सींग के तीन टुकड़े आए। उनमें से दो टुकड़े गोलागोकर्णनाथ (दे.) में स्थापित हैं और तीसरा टुकड़ा यहां पर गोकर्ण में है।

गोकुल

मथुरा से लगभग 8 कि. मी. दूर यमुना के दूसरे तट पर स्थित है। यहां वल्लभ संप्रदाय के अनेक मंदिर हैं। गोकुल से लगभग 10 कि.मी. दूर बलदेव में श्रीकृष्ण के भाई बलराम का मंदिर है जो दाऊजी का मंदिर कहलाता है।

गोकुलनाथ

वल्लभ संप्रदाय के गोस्वामी विट्ठलदास के पुत्र गोकुलनाथ अपने संप्रदाय के प्रचारक के रूप में विख्यात हैं। वैष्णवों में प्रचलित है कि जहांगीर ने एक वेदांती संन्यासी के कहने पर वैष्णवों की माला, कंठी और तिलक पर रोक लगा दी थी। गोकुलनाथजी के प्रयत्न से यह रोक हट गई। इससे पुष्टिमार्गी संत-समाज में उनका महत्व बहुत बढ़ गया। संप्रदाय की परंपराओं के अनुसार इन्होंने ही सर्वप्रथम 'चौरासी वैष्णवन की व्रार्ता' मौखिक रूप से शिष्यों को सुनाई थी। संवत् 1697 में इनका निधन हुआ।

गोत्र

गोत्र शब्द के प्रचलन के संबंध में दो मत हैं। एक के अनुसार प्राचीन काल में जितने कुटुंब अपनी गाएं एक गोठ या गोष्ठ में बंधते थे, उनका एक 'गोत्र' माना

जाता था। परंतु बहुमत इसे वंश परंपरा से संबंधित मानता है। किसी एक वास्तविक या कल्पना के आरंभिक पुरुषों से वंश परंपरा आरंभ होती है और इसी के नाम पर गोत्र का नाम चलता है। गोत्रों के आदिपुरुष ब्राह्मण ऋषि माने जाते हैं। अन्य वर्णों के गोत्र उनके पुरोहित के गोत्र के अनुसार ही होते हैं। 'गोत्रप्रवर मंजरी' के अनुसार पौरोहित्य परंपरा विच्छिन्न हो जाने या किसी अन्य कारण से जिनके गोत्र का पता नहीं होता वे सब 'कश्यप' गोत्र के मान लिए जाते हैं क्योंकि कश्यप ऋषि को सबका पूर्वपुरुष माना जाता है।

गोदान

हिंदू धर्म में गाय सरलता, शुद्धता और सात्विकता की मूर्ति मानी गई है। इसका एक कारण आरंभिक समाज का कृषिजीवी होना हो सकता है। उस समय गाय सम्पन्नता की भी द्योतक थी। यज्ञ आदि अनुष्ठानों में ऋषियों को दक्षिणा के रूप में गाएं दी जाती थीं। शास्त्रार्थ में विजयी विद्वान् का सम्मान भी गोदान से किया जाता था। कालांतर में गोदान पुण्य का साधन समझा जाने लगा और गायों को सामर्थ्यानुसार सोने, चांदी तथा बहुमूल्य वस्तुओं से अलंकृत करके उनका दान किया जाता।

अब गोदान हिंदू संस्कार का एक अंग बन गया है। मृत्युशय्या पर पड़े व्यक्ति के लिए भी गोदान आवश्यक माना जाता है। कुछ प्राचीन ग्रंथों में गोदान का अर्थ क्षौरकर्म भी दिया गया है। गोदान-विधि (सिर का मुंडन) युवावस्था की प्राप्ति अथवा विवाह के अवसर पर संपन्न होती थी।

गोदावरी

दक्षिण भारत की सबसे बड़ी और पवित्र मानी जाने वाली नदी जिसे गौतमी भी कहते हैं। जिस प्रकार गंगा को धरती पर लाने का श्रेय राजा भगीरथ को है, उसी प्रकार शंकरजी की कृपा से महर्षि गौतम ने गोदावरी को धरती पर अवतीर्ण किया था। एक अन्य पुराण के अनुसार एक ब्राह्मणी ही तप करते-करते गोदावरी बन कर बह गई। गोदावरी की गणना भारत की सात पवित्र नदियों में होती है।

इसका उद्गम महाराष्ट्र के नासिक जिले के पश्चिमी घाट पर बसे एक गांव त्र्यंबक से होता है। लगभग साढ़े चौदह सौ कि. मी. मार्ग पार करके और सात धाराओं में बंट कर यह बंगाल की खाड़ी में मिलती है। गोदावरी के किनारे थोड़ी-थोड़ी दूर पर तीर्थ हैं। इसके तट पर बसे राजमंद्री नामक स्थान में प्रति बारहवें वर्ष एक बड़ा मेला लगता है। आयुर्वेद के अनुसार इसका जल भी गंगाजल के समान ही अनेक रोगों को दूर करता है।

गोपथ ब्राह्मण

यह अथर्ववेद का एकमात्र ब्राह्मण ग्रंथ है। कुछ विद्वान् इसे सबसे बाद का और कुछ बहुत पुराना ग्रन्थ मानते हैं। उनके मतानुसार इसका रचनाकाल ई. पू. चार हजार वर्ष है। इस ग्रंथ में अथर्ववेद को सभी वेदों में श्रेष्ठ सिद्ध किया गया है। गायत्री और ओम्‌कार की महिमा, यज्ञों के नियम तथा उनसे सम्बद्ध कथाएं इसमें उल्लिखित हैं।

गोपबंधुदास

आधुनिक उड़ीसा के निर्माता माने जाने वाले 'उत्कलमणि' और 'दरिद्रसखा' गोपबंधुदास का जन्म पुरी जिले में 9 अक्तूबर 1877 ई. को हुआ था। शिक्षा पूरी करके वे वकालत करने लगे और स्वतंत्रता संग्राम में भी भाग लेने लगे। आपने अनेक बार जेल-यात्राएं कीं। गोपबधु ने उड़ीसा के उत्थान के लिए अनेक संस्थाएं बनाईं। उनका मुख्य कार्य शिक्षा और साहित्य-निर्माण संबंधी था। अपने प्रदेश का प्रथम पत्र भी आपने ही प्रकाशित किया। सत्यवादी नामक स्थान में आपने एक 'वन-विद्यालय' की स्थापना की। यहां वे वकुलवन में छात्रों को स्वतंत्र ढंग से शिक्षा दिया करते थे। गांधीजी के संपर्क में आने से पूर्व आपका खुदीराम बोस जैसे क्रांतिकारियों से भी संपर्क रहा। 1928 ई. में आपकी मृत्यु पर गांधीजी ने कहा था—गोपबंधु ने वास्तव में अपने को होम कर दिया है।

गोपाल

सामान्यतः गोपाल का आशय श्रीकृष्ण से लिया जाता है और वासुदेव तथा कृष्ण को एक ही माना जाता है। परंतु कुछ विद्वानों ने यह मत व्यक्त किया है कि कृष्ण और वासुदेव दो अलग-अलग व्यक्ति हैं। वासुदेव छठी शताब्दी ई. पू. या उससे भी पहले हुए। वे सात्वत कुल के प्रमुख व्यक्ति थे। उन्होंने लोगों को एकेश्वरवाद की शिक्षा दी। उनका लोगों पर इतना प्रभाव पड़ा कि उनके अनुयायी उन्हें ही ईश्वर मानने लगे। वही वासुदेव आगे चलकर लोकमानस में नारायण, विष्णु और अंत में मथुरा के गोप देवता 'गोपाल कृष्ण' के रूप में बस गए। परंतु जनमानस कृष्ण को ही गोपाल और वासुदेव मानता है।

गोपाल कृष्ण गोखले

भारत के राष्ट्रवादी नेता गोखले का जन्म 1866 ई. में कोल्हापुर (महाराष्ट्र) में हुआ था। वे इतिहास और अर्थशास्त्र के विद्वान् थे और लंबे समय तक अध्यापन कार्य भी करते रहे। आधुनिक भारत में राष्ट्रीय चेतना का प्रादुर्भाव करने वालों में आपका प्रमुख स्थान है। गांधीजी गोखले को अपना राजनीतिक गुरु मानते थे।

भारतीय राष्ट्रीय कांग्रेस से आपका आरंभ से ही संबंध था। 1905 ई. मेंवे इसके अध्यक्ष भी चुने गए। बंबई विधान परिषद और वाइसराय की केन्द्रीय परिषद के सदस्य के रूप में उन्होंने स्मरणीय कार्य किया।

गोखले ने देश-सेवा का कार्य करने वाले व्यक्तियों को संगठित करने के लिए 1905 ई. में 'भारत सेवक समाज' (सर्वेंट्स आफ इंडिया सोसाइटी) की स्थापना की। आपके कार्यकाल में राजनीति मुख्यतः नरम विचारों की थी। परंतु धीरे-धीरे लोगों के विचार बदलने लगे और लोकमान्य तिलक के नेतृत्व में उग्र विचारों के व्यक्ति सामने आने लगे। 1907 ई. की सूरत कांग्रेस में दोनों दलों के बीच शक्ति-परीक्षा हुई। इसमें गोखले की नरम विचारधारा के व्यक्ति विजयी हुए और गरम दल वालों को संगठन छोड़ देना पड़ा। परंतु 1915 ई. में गोखले की मृत्यु से संवैधानिक सुधारों की विचारधारा के व्यक्ति कमजोर पड़ते गए और देश की राजनीति में 'गांधी युग' का प्रादुर्भाव हुआ।

गोपाल गणेश आगरकर

आगरकर का जन्म 14 जुलाई 1856 ई. को महाराष्ट्र के एक अत्यंत गरीब परिवार में हुआ। आपने अपने ही अध्यवसाय से उच्च शिक्षा प्राप्त की। तिलक और आगरकर सहपाठी थे। दोनों ने मिलकर प्रसिद्ध विद्वान् विष्णु शास्त्री चिपलूणकर के साथ पुणे में न्यू इंगलिश हाईस्कूल (आज का फर्ग्यूसन कॉलेज) स्थापित किया और मराठी में 'केसरी' और अंग्रेजी में 'मराठा' नामक पत्र निकाले। आगरकर का कहना था कि समाज-सुधार के बिना स्वतंत्रता व्यर्थ है। इस विचार के कारण वे महिलाओं की स्थिति सुधारने के काम में लग गए। इसमें उन्हें कट्टरपंथियों का सामना करना पड़ा। आगरकर का 17 जून 1895 ई. को देहांत हो गया।

गोपी

प्राचीन साहित्य में 'गोपी' शब्द का प्रयोग पशुपालक जाति की स्त्री के अर्थ में हुआ है। इस जाति के कुलदेवता 'गोपाल कृष्ण' थे (दे. गोपाल)। भागवत की प्रेरणा लेकर पुराणों में गोपी-कृष्ण के प्रेमाख्यान को आध्यात्मिक रूप दिया गया है। इससे पहले महाभारत में यह आध्यात्मिक रूप नहीं मिलता। इसके बाद की रचनाओं—हरिवंश पुराण तथा अन्य पुराणों, में गोप-गोपियों को देवता बताया गया है जो कृष्ण के ब्रज में जन्म लेने पर पृथ्वी पर अवतरित हुए। धीरे-धीरे कृष्ण भक्त संप्रदायों (विशेषतः गौड़ीय वैष्णव चैतन्य संप्रदाय) में गोपी का चित्रण कृष्ण की शक्ति तथा उनकी लीला में सहयोगी के रूप में होने लगा।

कृष्ण-भक्त कवियों ने अपने काव्य में गोपी-कृष्ण की रासलीला को प्रमुख

स्थान दिया है। सूरदास के राधा और कृष्ण प्रकृति और पुरुष के प्रतीक हैं और गोपियां राधा की अभिन्न सखियां हैं। राधा कृष्ण के सबसे निकट दर्शाई गई है, पर अन्य गोपियां उससे ईर्ष्या नहीं करतीं। वे स्वयं को कृष्ण से अभिन्न मानती हैं।

गोपीचंद

1. नाथ संप्रदाय के नौ नाथों में से अंतिम गोपीचंद थे। इनके बनाए भजन भिक्षुक योगियों में आज भी बहुत प्रचलित हैं। इन नाथों के बारे में मान्यता है कि ये अभी तक जीवित हैं और कभी-कभी साधकों को इनके दर्शन हो जाते हैं। इन्हें चिरकैशोर्य भी प्राप्त है और ये इच्छानुसार किशोर या बालरूप में रहते हैं।
2. बंगाल के एक प्राचीन राजा जिन्हें भर्तृहरि की बहिन मैनावती का पुत्र बताया जाता है। इन्होंने मां के उपदेश पर राज्य त्याग कर वैराग्य ले लिया था। जोगी इनके जीवन की घटनाएं गीत बनाकर गाया करते हैं।

गोपीचंदन

द्वारका के पास गोपीतालाब में मिलने वाली एक प्रकार की मिट्टी जो बड़ी पवित्र मानी जाती है और जिसे लोग चंदन की तरह मस्तक पर लगाते हैं। कहते हैं, जिस समय गोपियों ने श्रीकृष्ण के स्वरूप में अपने को लीन कर दिया, उस समय उनके अंगों की धूल यहां पर गिरी थी। इसी से यहां की मिट्टी गोपीचंदन कहलाती है। इसका तिलक भागवत संप्रदाय का चिह्न है जिसे धारण करके भगवान के गोपीभाव की उपासना की जाती है। गोपीचंदन नाम का एक उपनिषद् भी है।

गोपीनाथ साहा

पश्चिमी बंगाल के हुगली जिले में जन्मे गोपीनाथ साहा छात्र जीवन में ही क्रांतिकारी आंदोलन में सम्मिलित हो गए थे। उन्होंने 1921 ई. के असहयोग आंदोलन में भाग लिया। कलकत्ता पुलिस कमिश्नर टेगार्ट को गोली मारने की घटना में भी ये सम्मिलित थे। कमिश्नर बच गया, पर एक अन्य अंग्रेज को गोली लगी। इसी अभियोग में ये गिरफ्तार कर लिए गए और 1 मार्च, 1924 ई. को अलीपुर जेल में फांसी दे दी गई।

गोपुरम्

हिंदू मंदिरों के निर्माण की दो शैलियां विशेष रूप से प्रचलित हैं—नागर शैली जिसमें शिखर उच्च होता है और दक्षिणात्य शैली जिसमें गर्भगृह से पहले प्रवेश-

द्वारों पर कई मंजिल के ऊंचे और अलंकृत गोपुरम् बनाए जाते हैं। इन गोपुरों पर देवी-देवताओं की आकर्षक मूर्तियां बनाई जाती हैं। दक्षिण भारतीय मंदिर निर्माण-शैली का यह अभिन्न अंग है। चोल राजाओं द्वारा निर्मित मंदिरों के गोपुर बड़े विशाल होते थे।

गोपेश्वर

उत्तराखंड के चमोली जिले का मुख्यालय। प्राचीन काल में यह गोस्थल नाम से भी प्रसिद्ध था। स्कंदपुराण के अनुसार शिव ने कामदेव को यहीं भस्म किया था। यहां एक प्राचीन शिवमंदिर है। मंदिर के प्रांगण में एक अति प्राचीन त्रिशूल गड़ा हुआ है, जिसे शिव का त्रिशूल बताया जाता है। बदरीनाथ जाने वाले बहुत से यात्री गोपेश्वर के दर्शन के लिए भी जाते हैं।

गोमती

इस नदी का नामोल्लेख ऋग्वेद और महाभारत में हुआ है। ऋग्वेद में इसे सिंधु की सहायक बताया गया है। कुछ ग्रंथों में यह वैदिक सभ्यता का केन्द्र-स्थल है और कुरुक्षेत्र में बहती है। वर्तमान गोमती उत्तर प्रदेश के पीलीभीत जिले से निकल कर नेमिषारण्य और लखनऊ होती हुई जौनपुर के निकट गंगा में मिलती है। इससे प्रतीत होता है कि किसी एक ही नाम की अलग-अलग नदियां रही हैं। स्कंदपुराण के काशी खंड में गोमती का उल्लेख गंगा के पर्याय के रूप में हुआ है। ब्रह्मांड पुराण के उल्लेख के अनुसार क्षेमक राक्षस से त्रस्त होकर काशिराज दिवोदास इसी गोमती के तट पर जा बसे थे।

गोमटेश्वर

कर्नाटक राज्य में श्रवण बेलगोला की पहाड़ी को तराश कर 56·5 फीट ऊंची जैन मूर्ति बनाई गई है। यही मूर्ति गोमटेश्वर के नाम से प्रसिद्ध है। दसवीं शताब्दी के गंगवंश के शासक जैन धर्म के प्रबल समर्थक थे। इन्हीं के एक मंत्री चामुंडराय ने 983 ई. में काले पत्थर की इस विशाल मूर्ति का निर्माण कराया जो अपनी कलात्मकता के लिए विश्व प्रसिद्ध है।

गोभिल

सामवेद से संबंधित एक धर्मशास्त्रीय ऋषि जिनका धर्मसूत्र और स्मृति प्रसिद्ध है। सामवेदी धर्मसूत्र ऋषि गौतम का भी है और गोभिल को गौतम के बाद का माना जाता है।

गोमुख

1. उत्तराखंड में गंगोत्तरी के आगे वह स्थान जहां पर हिमनद से पहली बार भागीरथी का जल निकलता दिखाई देता है। यहां पर पहाड़ की आकृति गाय के मुख के समान होने के कारण यह नाम पड़ा है। नियमित यात्रा-मार्ग न होने और पहाड़ी प्रदेश तथा कठोर शीत के कारण बहुत कम यात्री यहां पहुंचते हैं।

2. हठयोग का एक प्रकार का आसन। इस आसन को करते समय गोमुख की आकृति बन जाती है।

गोरखनाथ

नाथ संप्रदाय के आदि प्रवर्तक आदिनाथ थे, जिन्हें इस संप्रदाय में शिवरूप माना जाता है। आदिनाथ के शिष्य मत्स्येन्द्रनाथ और उनके शिष्य गोरखनाथ हुए। मत्स्येन्द्रनाथ बाद में किसी ऐसी साधना में फंस गए जहां पंच मकारों का स्थूल अर्थ लिया जाने लगा। गोरखनाथ ने अपने गुरु का वहां से उद्धार किया। इनका समय नवीं शताब्दी के आस-पास का है। गोरखनाथ ने भी हठयोग का प्रचार किया, किंतु वामाचार की क्रियाएं उसमें प्रवेश न कर पाईं। उन्होंने अखंड ब्रह्मचर्य और शील-सदाचार पर ही बल दिया। गोरखनाथ के विचारों का तेजी से प्रचार हुआ। इनके अनुयायी अब 12 शाखाओं में विभक्त हैं। ये लोग कान फड़वाकर उनमें मुद्रा पहनते हैं। इसलिए इन्हें कनफटा जोगी भी कहते हैं।

गोरखपंथियों का नेपाल में अधिक प्रचार है। गोरखनाथ की शिष्यता के कारण ही नेपाल की एक पूरी जाति का नाम गोरखा पड़ गया। गोरखनाथ के नाम से संस्कृत और आधुनिक भारतीय भाषाओं में 40 से अधिक ग्रंथ मिलते हैं। शंकराचार्य के बाद गोरखनाथ के समान प्रभावशाली और महिमामंडित महापुरुष भारत में दूसरा नहीं हुआ। भक्ति आंदोलन से पहले सबसे शक्तिशाली धार्मिक आंदोलन गोरखनाथ का योग आंदोलन ही था।

गोरखा

हिमालय की ढलानों पर विशेष रूप से नेपाल में बसे हुए लोग जिनकी आकृति मंगोलों से मिलती है। पहले ये लोग क्षत्रिय राजाओं की अधीनता में रहते थे, परंतु क्षत्रिय राजवंशों की आपसी कलह का लाभ उठाकर इन्होंने 1768 ई. में गोरखा शासन की स्थापना कर ली। भारत में ईस्ट इंडिया कंपनी जब नेपाल की सीमा तक पहुंच गई तो राज्य-विस्तार की गोरखों की योजना में बाधा पड़ने लगी। यद्यपि वे कुमायूं और गढ़वाल पर कब्जा कर चुके थे। परंतु अंग्रेजों के कारण दक्षिण में बढ़ना कठिन हो गया। गोरखों ने 1814 ई. में उत्तर प्रदेश के बस्ती जिले के तीन पुलिस थानों पर आक्रमण करके अंग्रेजों की सत्ता को चुनौती

दी। अंत में उन्हें 1816 ई. में पराजित होकर कुमायूं और गढ़वाल अंग्रेजों को सौंपना पड़ा और उनसे मित्रता की संधि करनी पड़ी। तब से वे निरंतर ब्रिटिश सरकार के विश्वासपात्र बने रहे। 1857 ई. के प्रथम भारतीय स्वतंत्रता संग्राम को दबाने में भी अंग्रेजों को गोरखों से बड़ी सहायता मिली।

गोरात्रि व्रत

तीन रात्रि का यह व्रत भाद्रपद शुक्ल त्रयोदशी में आरंभ होता है और पूर्णिमा को समाप्त होता है। धर्मशास्त्रों के अनुसार इस व्रत को करनेवाले गृहस्थों को सुख-संपत्ति और संतति की प्राप्ति होती है। इस व्रत में लक्ष्मीनारायण की धातु प्रतिमा स्थापित करके उसकी पूजा और बछड़े सहित गाय की प्रदक्षिणा करते हैं। प्रचलित कथा के अनुसार महर्षि वशिष्ठ के कहने पर सूर्यवंशी राजा दिलीप ने संपन्नता और संतति प्राप्ति के लिए सर्वप्रथम यह व्रत किया था।

गोलकुंडा

दक्षिण भारत में हैदराबाद के निकट एक ध्वस्त नगर और किला। पहले गोदावरी और कृष्णा नदियों के बीच का पूरा क्षेत्र गोलकुंडा कहलाता था। किसी समय यह काकतीय साम्राज्य का अंग था। 1310 ई. में अलाउद्दीन खिलजी ने इस पर कब्जा किया। बाद में यह बहमनी शासन में मिला लिया गया। 1518 ई. में बहमनी शासन का कुतुबशाह नाम का तुर्क हाकिम स्वतंत्र बन बैठा और उसने गोलकुंडा को अपनी राजधानी बनाया। 1687 ई. में औरंगजेब ने गोलकुंडा को अपने साम्राज्य में मिला लिया। यह स्थान हीरों के लिए प्रसिद्ध है।

गोलमेज सम्मेलन

भारत की स्वतंत्रता के लिए चल रहे संघर्ष के दिनों में इस प्रश्न पर विचार करने के लिए ब्रिटिश सरकार 1930 और 1932 ई. के बीच लंदन में तीन सम्मेलन बुलाए। ये गोलमेज सम्मेलन कहलाते हैं। इनमें भारत के विभिन्न राजनीतिक दलों और वर्गों के प्रतिनिधियों को भी आमंत्रित किया गया। दूसरा गोलमेज सम्मेलन सबसे महत्वपूर्ण था। यह 2 सितंबर, 1931 ई. से 2 दिसंबर, 1931 ई. के बीच हुआ। इसमें कांग्रेस के एकमात्र प्रतिनिधि के रूप में गांधीजी सम्मिलित हुए। इस सम्मेलन में कोई समझौता नहीं हो सका। इस स्थिति का लाभ उठाकर ब्रिटिश सरकार ने अपना 'सांप्रदायिक निर्णय' घोषित कर दिया। इसमें मुसलमानों के साथ-साथ हरिजनों को भी हिंदुओं से अलग मानकर प्रतिनिधित्व देने की बात कही गई थी। गांधीजी ने इसके विरोध में आमरण अनशन किया और सरकार को अपना निर्णय बदलने के लिए बाध्य होना पड़ा। भारत की दृष्टि से ये सम्मेलन

पूरी तरह असफल रहे और देश को गांधीजी के नेतृत्व में आंदोलन का मार्ग अपनाना पड़ा।

गोलागोकर्णनाथ

पूर्वोत्तर रेलवे के उत्तर प्रदेश में स्थित इसी नाम के रेलवे स्टेशन के निकट गोलागोकर्णनाथ महादेव का विशाल मंदिर है। वराह पुराण की कथा के अनुसार एक बार शंकरजी मृग का रूप धारण करके विचरण कर रहे थे। ब्रह्मा, विष्णु और इंद्र उन्हें ढूंढ़ने आए। पहचानने पर शंकर तो अंतर्धान हो गए, किंतु उनके तीन सींग इन देवताओं के हाथ में आ गए। उन्हीं में से दो सींगों को गोलागोकर्णनाथ में स्थापित करके उनकी पूजा की गई। मान्यता है कि मंदिर में आज भी उन्हीं की पूजा होती है। गोकर्ण क्षेत्र के आसपास और भी कई मंदिर तथा पवित्र कुंड हैं।

गोलोक

विष्णु के धाम का नाम जिसकी कल्पना ऋग्वेद से आरंभ होती है। विष्णुसूत्र में सूर्य की किरणों की उपमा बहुत सींगोंवाली गायों से दी गई है और विष्णु सूर्य का ही एक रूप है। इसलिए विष्णु का लोक गोलोक कहलाता है। पद्मपुराण में राधा-कृष्ण को सभी स्वर्गों से ऊपर गोलोक का निवासी बताया गया है। निम्बार्क मत में राधा और गोप-गोपी सदा श्रीकृष्ण के साथ गोलोक में रहते हैं। तंत्र ग्रंथों में भी गोलोक का उल्लेख मिलता है।

गोवर्धन

मथुरा से लगभग 26 कि. मी. दूर एक पहाड़ी जो लंबी तो 7 कि. मी. है परंतु ऊंची नाममात्र को रह गई है। यहीं पर श्रीकृष्ण ने लोगों को अपनी धरती से जुड़ने की प्रेरणा दी थी। पशु ब्रजवासियों का मुख्य धन थे। उन्हें चारा और पानी भूमि से मिलता था। पर लोग इसके लिए देवराज इंद्र का उपकार मानते और उसी की पूजा करते थे। श्रीकृष्ण ने लोगों को इस बात के लिए राजी किया कि वे इंद्र की पूजा करना छोड़कर अपने वनों और पर्वतों की पूजा करें—उनकी देखभाल करें।

पुराणों में इस घटना का बड़ा रोचक वर्णन है। गोवर्धन की पूजा होते देखकर इंद्र कुपित हो उठा। उसने मूसलाधार वर्षा करके ब्रज को बहा देना चाहा। तब श्रीकृष्ण ने गोवर्धन पर्वत को अपनी अंगुली पर उठा लिया और ब्रजवासी अपने पशुओं के सहित इस छत्र के नीचे सुरक्षित बचे रहे।

दीपावली की अमावस्या और अन्नकूट के दिन यहां बहुत बड़ा उत्सव होता है। लोग मनोकामना पूर्ति के लिए गिरिराज गोवर्धन की परिक्रमा भी करते हैं।

गोवर्धनराम त्रिपाठी

गुजराती के मूर्धन्य उपन्यासकार जिनका जन्म 20 अक्टूबर, 1855 ई. को नदियाड (गुजरात) में हुआ था। अपने निश्चय के अनुसार 40 वर्ष की उम्र तक वकालत करने के बाद ये साहित्य सेवा में लग गए। इनका सबसे प्रमुख उपन्यास 'सरस्वतीचन्द्र' दो हजार पृष्ठों का है। यह गुजराती की सर्वश्रेष्ठ और युगप्रवर्तक रचना मानी जाती है। आपका निधन 4 फरवरी, 1907 ई. को हुआ।

गोवा

भारत के पश्चिमी तट पर स्थित इस राज्य का इतिहास तीसरी शताब्दी ई. पूर्व मौर्य साम्राज्य के समय से मिलता है। तब इसका नाम गोपट्टन, गोमंत या गोपपुरी था। दूसरी शताब्दी में यह गोवा कहलाने लगा। अनेक उथल-पुथल के बीच से गुजरते हुए 1510 ई. तक बीजापुर के सुल्तान के अधिकार में था। तभी पुर्तगालियों ने इस पर कब्जा कर लिया। मुगल पुर्तगालियों से इसे वापस न ले सके। 1889 ई. में अंग्रेजों ने इस पर कब्जा कर लिया था परंतु एक संधि के अंतर्गत इसे पुनः पुर्तगालियों को लौटा दिया।

भारत के स्वतंत्रता संग्राम के साथ-साथ गोवा में भी स्वतंत्रता आंदोलन चल रहा था पर देश के स्वतंत्र हो जाने पर भी पुर्तगाली गोवा से हटने को तैयार न हुए। इसी बीच भारत सरकार को सूचना मिली कि पुर्तगाली गवर्नर जनरल और पाकिस्तान के सेनाध्यक्ष के बीच संपर्क हुआ है। इस पर 18 दिसंबर, 1961 ई. की रात में सीमित सैनिक कार्यवाही करके गोवा को भारतीय संघ में मिला लिया गया। कुछ समय तक गोवा, दमन और दियु केंद्रशासित प्रदेश रहे। 12 अगस्त, 1987 ई. को गोवा को पूर्ण राज्य का दर्जा मिला और दमन तथा दियु केंद्रशासित प्रदेश हैं।

गोवा काजू और नारियल के लिए प्रसिद्ध है। यह लौह और मैंगनीज अयस्क निर्यात करनेवाला भी प्रमुख प्रदेश है।

गोविंदचंद्र

कन्नौज के गहरवार वंश के संस्थापक चंद्रदेव का पौत्र जिसने 1114 से 1154 ई. तक राज्य किया। इसके राज्य में वर्तमान उत्तर प्रदेश का अधिकांश भाग और बिहार सम्मिलित था। इसके समय के सिक्के अनेक स्थानों में पाए गए हैं। मुसलमानों के आक्रमण का सामना करने के लिए इसने जनता पर एक विशेष कर लगाया था।

गोविंद प्रथम

1. उड़ीसा के भोई बंश का संस्थापक। यह वंश 1542 से 1559 ई. तक शासनारूढ़ रहा। पहले यह वहां के राजा का मंत्री था, बाद में राजा प्रतापरुद्र के बंशजों को हराकर स्वयं राजा बन बैठा। इसके बाद इसके पुत्र और दो पौत्रों ने भी शासन किया।

2. दक्षिण के राष्ट्रकूट (दे.) वंश के संस्थापक दंतिदुर्ग का पूर्वज। इस बंश ने 753 ई. से 973 ई. तक शासन किया।

गोविंद द्वितीय

राष्ट्रकूट वंश का आरंभिक राजा। यह कृष्ण प्रथम का पुत्र था और 775 ई. से 779 ई. तक गद्दी पर रहा।

गोविंद तृतीय

793 ई. से 815 ई. तक राष्ट्रकूट वंश का शासक रहा। इसने अपने राज्य का विस्तार उत्तर में मालवा तक और दक्षिण में कांजीवरम् तक किया।

गोविंद चतुर्थ

राष्ट्रकूट वंश के अंतिम दिनों का राजा था। यह 918 ई. से 934 ई. तक गद्दी पर रहा। इसके 40 वर्ष बाद इस वंश का अंत हो गया।

गोविंदबल्लभ पंत

आधुनिक उत्तर प्रदेश के निर्माता और राष्ट्रीय कांग्रेस के प्रमुख नेता गोविंदबल्लभ पंत का जन्म 30 अगस्त, 1887 ई. को अल्मोड़ा जिले के खूंट नामक गांव में हुआ था। (यद्यपि सार्वजनिक रूप से 1946 ई. के बाद उनका जन्मदिन 10 सितंबर को मनाया जाने लगा।) इलाहाबाद में शिक्षा पूरी करके आपने पहले अल्मोड़ा और फिर नैनीताल में वकालत आरंभ की। साथ ही सामाजिक और राष्ट्रीय कार्यों में भी भाग लेते रहे। आपके प्रयत्न से उत्तराखंड में प्रचलित 'कुलीबेगार' की अपमानजनक प्रथा समाप्त हुई।

पंतजी ने स्वतंत्रता संग्राम में आगे बढ़कर भाग लिया और अनेक बार जेल गए। 1928 ई. में लखनऊ में साइमन कमीशन (दे.) का बहिष्कार करते हुए पं. जवाहरलाल नेहरू के साथ पंतजी को पुलिस की लाठियों की मार सहनी पड़ी। इसका असर उनके ऊपर जीवनभर रहा। पंतजी 1937 ई. में उत्तर प्रदेश के 'प्रधानमंत्री' (प्रीमियर) बने। 1945 ई. में जेल से छूटने पर वे पुन: उत्तर प्रदेश के मुख्यमंत्री चुने गए और 1954 ई. तक इस पद पर रहे। मुख्यमंत्री के रूप में

पंतजी ने उत्तर प्रदेश में जमींदारी प्रथा समाप्त की, नए उद्योग-धंधे आरंभ कराए और कृषि के लिए नई सुविधाए जुटायीं।

1955 ई. में नेहरूजी के आग्रह पर आपने भारत सरकार के गृहमंत्री का पदभार संभाला। नेहरूजी का आप पर बड़ा विश्वास था। राष्ट्रपति ने आपको देश के सर्वोच्च सम्मान 'भारत रत्न' से सम्मानित किया। 7 मार्च, 1961 ई. को पंतजी का देहात हो गया।

गोविंदशयन व्रत

इस व्रत का आरंभ आषाढ़ शुक्ल एकादशी से होता है। इसी दिन से चातुरमाष्य व्रत भी आरंभ होता है। इस दिन विष्णु की प्रतिमा को किसी शय्या अथवा क्यारी में स्थापित करते हैं। यह क्रिया 'गोविंदशयन' कहलाती है। गोविंदशयन के बाद शुभ कार्य—जैसे उपनयन, विवाह, चूड़ाकर्म, गृहप्रवेश आदि चार महीने तक वर्जित रहते हैं। इन चार महीनों में व्रत के सामान्य नियमों का पालन किया जाता है।

गोविंदसिंह, गुरु (1666-1708 ई.)

सिक्खों के दसवें और अंतिम गुरु जिनका जन्म पटना में हुआ था। ये नवें गुरु, गुरु तेगबहादुर की संतान थे। गुरु गोविंदसिंह बड़ी दूरदृष्टि के साधक, राजनेता तथा समाजसुधारक थे। हिंदू धर्म की आध्यात्मिक पुष्टता के साथ-साथ जाति व्यवस्था जैसी दुर्बलताओं को उन्होंने भलीभांति समझ लिया था। उन्होंने 'खालसा पंथ' की स्थापना की और निम्नलिखित सिद्धांत प्रतिपादित किए :

1. सभी सिक्ख समान हैं और उनकी एक ही जाति है और वह है 'सिंह'। इसलिए सभी के नाम के आगे सिंह लगाया जाए।
2. सभी 'सत श्री अकाल' कहकर एक ही ढंग से अभिवादन करें।
3. 'गुरु ग्रंथ साहिब' को छोड़कर अन्य बाहरी वस्तुओं की पूजा न की जाए।
4. केवल एक 'अमृतसर' ही तीर्थ हो।
5. सिर में साफा बांधना आवश्यक हो।
6. कोई सिंह तम्बाकू का सेवन न करे।
7. प्रत्येक सिंह केश, कंघा, कृपाण, कड़ा और कच्छा धारण करे।

गुरु गोविंदसिंह की इस व्यवस्था ने सिक्खों को संगठित होने का अनुपम अवसर प्रदान किया। वे जीवनपर्यंत अन्याय और अत्याचार से जूझते रहे। अपने चारों बेटों को कुर्बान करके उन्होंने पिता तेगबहादुर की शहादत की परंपरा को आगे बढ़ाया। उनका कहना था—'मैंने अपने चारों बेटों को इसलिए कुर्बान किया

है कि मेरे हजारों-लाखों बेटे आनंद के साथ जिंदगी बिता सकें।"

गुरु गोविंदसिंह ने 1708 ई. में घायल कर दिए जाने पर देह-त्याग किया।

गोष्ठीपूर्ण

विशिष्टाद्वैत मत के प्रवर्तक स्वामी रामानुज के दूसरे दीक्षागुरु गोष्ठीपूर्ण थे जिन्होंने श्रीरंगम् में रामानुज को दीक्षा दी। गोष्ठीपूर्ण का आदेश था कि रामानुज किसी दूसरे को दीक्षामंत्र न सुनाएं। परंतु रामानुज ने मंदिर की छत पर चढ़कर सैकड़ों नर-नारियों के सामने मंत्र का उच्चारण आरंभ कर दिया। वे जानते थे कि इस मंत्र के श्रवण मात्र से मनुष्यों का उद्धार हो जाएगा। गोष्ठीपूर्ण को जब यह ज्ञात हुआ तो वे रुष्ट होकर रामानुज से बोले—'तुम्हें अनंत काल तक नरक की यातना भोगनी होगी।' रामानुज ने विनयपूर्वक उत्तर दिया—'सबके मुक्त हो जाने के बाद यदि मैं अकेला नरक में पड़ा रहूं तो यही मेरे लिए उत्तम है। इस पर प्रसन्न होकर गुरु ने आशीर्वाद दिया कि आज से संप्रदाय का नाम 'रामानुज संप्रदाय' होगा।

गोसांई

यह एक शैव संप्रदाय था। 19वीं शताब्दी के पूर्वार्ध में जब देश में अव्यवस्था व्याप्त थी और अशांति का वातावरण था, गोसांई लोगों ने शस्त्र धारण किए थे। हिम्मत बहादुर के नेतृत्व में ये लोग शिंदे की सेना में सम्मिलित हो गए।

गोस्वामी

1. हिंदू साधुओं के समुदाय का नाम जिनमें शैव और वैष्णव दोनों हैं। शैव गोस्वामी शंकराचार्य के आध्यात्मिक उत्तराधिकारी माने जाते हैं। ये मठधारी भी हैं और घरबारी भी। मठधारी तीर्थों में अपने मठों या अखाड़ों में रहते हैं। घरबारी मठधारियों से दीक्षा लेकर व्यापार आदि करते तथा पारिवारिक जीवन बिताते हैं। शिवरात्रि पर इनके संप्रदाय की दीक्षा होती है। वैष्णव गोस्वामी भी मठधारी और घरबारी दोनों होते हैं।

2. चैतन्य संप्रदाय के नेताओं की एक उपाधि। इन्होंने अनेक ग्रंथों की रचना करके अपने मत का प्रचार किया।

3. वीतराग संतों और वल्लभ कुल के गुरुओं की धार्मिक उपाधि। इसका शब्दार्थ है—गो अर्थात इंद्रियों का स्वामी। जिसने अपनी इंद्रियों पर विजय प्राप्त कर ली, वही गोस्वामी है।

4. जो साधु-संत एक बार विरक्त होने के बाद पुनः विवाह करते और गृहस्थ जीवन में प्रवेश करते हैं, उनके वंशज भी गोस्वामी (गुसांई) कहलाते हैं।

गौड़

1. इस शब्द का प्रयोग बंगाल क्षेत्र और उसकी राजधानी दोनों के लिए मिलता है। स्कंद पुराण के अनुसार गौड़देश बंगाल से उड़ीसा तक था। इसकी राजधानी कभी गौड़नगर रही और कभी उससे 20 मील दूर पांडुवा। गौड़ का एक नाम लखनौती भी था। हिंदू शासन-काल में यह नगर संस्कृत का केंद्र था। महाकवि जयदेव, गोवर्धनाचार्य, उमापतिधर और प्रसिद्ध कोशकार का संबंध इसी नगरी से था।

गुप्त साम्राज्य के पतन के बाद गौड़ राजाओ का विशेष उल्लेख मिलता है। गोपोचंद, समाचारदेव इनमें प्रमुख थे। सातवीं शताब्दी में गौड़ नरेश शशांक ने थानेश्वर पर आक्रमण करके राजवर्धन को मार डाला था। इसका बदला लेने के लिए हर्षवर्धन (दे.) ने शशांक पर आक्रमण किया। इसके बाद गौड़ राज्य में अधिकतर अव्यवस्था रही और मुसलमानों के आधिपत्य के बाद इसका पृथक् अस्तित्व नहीं रहा। इस नगर के खंडहर बंगाल के मालदा नगर के निकट प्राप्त हुए हैं।

2. वराह पुराण के अनुसार ये पांच ब्राह्मण वर्ग पंचगौड़ कहलाते हैं—सारस्वत, कान्यकुब्ज, गौड़, उत्कल और मैथिल।

गौड़पाद

अद्वैत सिद्धांत के प्रधान प्रवर्तक गौड़पाद का जन्म बंगाल में हुआ था। उनके द्वारा प्रतिपादित अद्वैत के सिद्धांत की विस्तृत व्याख्या शंकराचार्य ने अपने ग्रंथों में की। गौड़पाद के मत से जगत् सनातन है। उसकी उत्पत्ति ही नहीं हुई। केवल एक अखंड सत्ता हमें मोहवश प्रतीत होती है। सत और असत किसी भी प्रकार के प्रपंच की उत्पत्ति सिद्ध नहीं हो सकती। इसलिए न उत्पत्ति है, न प्रलय है। न साधक है, न मुक्ति है। बस एक वस्तु है जो समस्त कल्पनाओं का अधिष्ठान है। यह माया की महिमा है कि हमें रस्सी में सर्प की, सीप में चांदी की और सोने में आभूषणों की प्रतीति होती है।

गौड़पाद ने, जिनका समय अनुमानत: 500 ई. के आस-पास माना जाता है, अपने चिंतन में बौद्धों की तर्कपद्धति और उपनिषदों की आत्मा की अद्वैतता दोनों का समावेश किया। उन्होंने श्रुति को तो प्रमाण माना ही, साथ ही बौद्धों के अनुभव की भी उपेक्षा नहीं की। समन्वय की यह दृष्टि भारतीय दर्शन को गौड़पाद की सबसे बड़ी देन मानी जाती है।

गौतम

प्राचीन समय में गौतम नाम के दो ऋषि प्रसिद्ध हुए हैं। एक का नाम शतानंद

था। ये गौतम ऋषि के पुत्र होने के कारण गौतम कहलाए। प्राचीन ग्रंथों में प्राप्त कथा के अनुसार इंद्र के साथ अनुचित संबंध रखने के कारण इनके पिता गौतम ने अपनी पत्नी अहिल्या को शाप देकर पत्थर बना दिया था। रामचंद्र के चरण-स्पर्श से इसी अहिल्या का उद्धार हुआ था।

दूसरे प्रमुख गौतम हैं—न्याय-शासन के आचार्य। इनका समय चौथी शताब्दी ई. पू. माना जाता है। गौतम रचित ग्रंथ 'न्यायसूत्र' अपने विषय का आधार-ग्रंथ है। इन्हीं गौतम का दूसरा नाम अक्षयपाद भी था।

गौतम धर्मसूत्र

धर्मसूत्रों में सबसे प्राचीन इस धर्मसूत्र का संबंध सामवेद से है। इसका रचना-काल ई. पू. 600 से 400 के बीच माना जाता है। इसके प्रतिपाद्य विषय इस प्रकार हैं—धर्म के उपादान, उपनयन काल, यज्ञोपवीत विहीन तथा ब्रह्मचारी के नियम, विवाह का समय, गृहस्थ के नियम, विवाह के आठों प्रकार, विवाहोपरांत संयोग के नियम, ब्राह्मणों के विशेषाधिकार, नारियों का कर्त्तव्य, नियोग के नियम, विविध प्रकार के पापों का प्रायश्चित आदि।

गौतम बुद्ध

बौद्ध धर्म के संस्थापक गौतम बुद्ध का जन्म ई. पू. 563 के लगभग नेपाल की तराई में स्थित लुंबिनी गांव में हुआ था। इनके पिता शुद्धोदन शाक्यवंश के क्षत्रिय राजा थे और कपिलवस्तु उनकी राजधानी थी। गौतम का बचपन का नाम सिद्धार्थ था और वे गौतम गोत्र के थे। शाक्यवंश में जन्म लेने के कारण ये 'शाक्य मुनि' भी कहलाए।

सिद्धार्थ बचपन से ही बड़े विचारशील थे। इनकी वैराग्य की प्रवृत्ति देखकर इनके पिता ने 16 वर्ष की उम्र में यशोधरा से इनका विवाह कर दिया। वैवाहिक जीवन के आरंभिक तेरह वर्ष इन्होंने राजसी ठाठबाट से बिताए। पर वैराग्य की वृत्ति भीतर-भीतर पनपती रही। इसी बीच इन्हें एक वृद्ध मनुष्य, एक रोगी और एक मुर्दे को देखकर बड़ा दुख हुआ। उन्होंने समझ लिया कि एक दिन हम सबकी यही दशा होगी। इस विचार के उठते ही सिद्धार्थ नवजात पुत्र, सुंदर पत्नी तथा राजसी सुख त्यागकर जीवन का रहस्य जानने के लिए घर से निकल पड़े। उस समय उनकी उम्र 29 वर्ष थी।

उन्होंने दर्शनशास्त्रों का अध्ययन किया, ब्राह्मणों के साथ घूमे, पर चित्त को शांति नहीं मिली। वे गया (दे.) पहुंचे और कठोर तप करके पांच वर्षों में उन्होंने अपना शरीर सुखाकर हड्डियों का ढांचा मात्र बना दिया। पर उन्हें अनुभव हुआ कि यह मार्ग भी चित्त शांति का नहीं है। अंत में लंबा अनशन व्रत तोड़कर वे

बोध गया में निरंजना नदी के तट पर पीपल वृक्ष के नीचे समाधि लगाकर बैठ गए। समाधि टूटते ही उनके हृदय में एक प्रकाश-सा जान पड़ा और उन्हें सांसारिक दुखों से मुक्ति का साधन मिल गया। इस प्रकार वे बुद्ध अर्थात् ज्ञानी हो गए। सिद्धार्थ से अब उनका नाम 'गौतम बुद्ध' हो गया।

गया से गौतम वाराणसी के निकट सारनाथ गए और यहां 'मृगदाय' में उन्होंने पहला उपदेश दिया। पांच व्यक्ति बुद्ध के पहले शिष्य बने। इसके बाद का अपना शेष जीवन गौतम बुद्ध ने उत्तर प्रदेश और बिहार में पदयात्राएं करके धर्म-प्रचार में लगा दिया। लगभग 45 वर्षों तक वे भ्रमण करते रहे। अंत में ई.पू. 483 के लगभग कुशीनगर (उत्तर प्रदेश का वर्तमान कसिया नामक स्थान) में गौतम बुद्ध ने शरीर त्याग दिया। इस समय वे 80 वर्ष के थे। गौतम बुद्ध के बाद उनके धर्म का अत्यधिक प्रचार हुआ। (दे. बौद्ध धर्म)

गौतमी पुत्र सातकरणी

सातवाहन वंश के इस राजा ने दूसरी शताब्दी के आरंभ में लगभग 25 वर्षों तक शासन किया। इसके अधीन मालवा, काठियावाड़, गुजरात, उत्तरी कोंकण, बरार और वह पूरा क्षेत्र था जहां तक गोदावरी से सिंचाई होती थी। इस पराक्रमी राजा ने विदेशी शकों, ग्रीकों और पार्थियनों को पराजित करके राष्ट्र का गौरव बढ़ाया। यह सभी धर्मावलंबियों को उदारतापूर्वक दान देता था और इसने वर्णाश्रम धर्म की मर्यादा पुनः स्थापित की। महाक्षत्रप नैहपान को भी इसने पराजित किया।

गौतमी

1. द्रोणाचार्य की पत्नी और अश्वत्थामा की माता जो कृपाचार्य की बहिन थी।

2. अहल्या (दे.) का एक नाम जो गौतम ऋषि की पत्नी थी और पति के शाप के कारण पत्थर बन गई थी।

गौरी

1. युवनाश्व की पत्नी जो अंतिनार की पुत्री थी। मान्धाता इसी का पुत्र था। पति के शाप से यह नदी हो गई थी। वायुपुराण में इसे रंतिनार और सरस्वती की पुत्री बताया गया है।

2. वेदों में उल्लिखित एक नदी जो प्राचीन काल में भारत की उत्तर-पश्चिमी सीमा पर बहती थी।

3. शिव की पत्नी पार्वती का नाम।

गौरीकुंड

केदारनाथ मंदिर से लगभग 14 कि.मी. पहले स्थित गौरीकुंड नामक तीर्थ में दो जल-कुंड हैं। इनमें एक का जल गर्म है। दूसरे का पानी ठंडा और पीले रंग का है। ठंडे पानी के कुंड को अमृत कुंड कहते हैं। लोक विश्वास के अनुसार गौरी कुंड पार्वती का जन्मस्थान है। कहते हैं, इन कुंडों में पार्वती ने स्नान किया था। यह अभी तक (1989 ई.) केदार-मार्ग की बस-यात्रा का अंतिम पड़ाव है। इससे आगे की यात्रा पैदल की जाती है।

गौरी अत

आश्विन मास से आरंभ होनेवाले इस व्रत में व्रती व्यक्ति दूध, दही, घी और गन्ने का रस ग्रहण नहीं करता। इसके बदले इन पदार्थों को पात्रों में भरकर दान देने का नियम है।

महिलाएं इस व्रत का पालन वर्षपर्यन्त करती और विभिन्न नामों से गौरी का पूजन करती हैं। भविष्य पुराण के अनुसार केवल महिलाओं को विशेष रूप से वैशाख, भाद्र और माघ मास की तृतीया को यह व्रत करना चाहिए। उस दिन अलोना भोजन किया जाता है।

ग्रंथ लिपि

दक्षिण (तमिलनाडु) में प्रचलित एक लिपि जिसमें कई रूपांतर हुए हैं। इसी से वर्तमान मलयालम और तेलुगु लिपियों का भी विकास हुआ है। एक विवरण के अनुसार यह लिपि मद्रास के उत्तरी और दक्षिणी क्षेत्र अर्काट्य से सेलम, तिरुचिरापल्ली, मदुरा और तिन्नेवेली जिलों में मिलती है।

ग्रह

यह कर्म के संदर्भ में ग्रहों का महत्व वैदिक काल से ही चला आ रहा है। प्रत्येक धार्मिक कर्म के लिए शुभ मुहूर्त की आवश्यकता होती है। इसीलिए ज्योतिष का विकास हुआ और उसे वेदांग में स्थान दिया गया। मांगलिक कार्यों का दिन ग्रहों की स्थिति देखकर ही निर्धारित होता है। ग्रहों का शुभ और अशुभ दोनों प्रकार का प्रभाव माना जाता है। इसलिए नवग्रहों की पूजा का विधान है।

वराहमिहिर ने सात ग्रह बताए हैं—सूर्य, चंद्र, मंगल, बुध, वृहस्पति, शुक्र और शनि। बाद में इनमें राहु और केतु जुड़ गए। फिर यूरेनस, नैप्चून और प्लूटो नजर आए। ग्रह वे तारे कहलाते हैं जो सूर्य का चक्कर लगाते हैं। कुछ तारे जो ग्रहों का चक्कर लगाते हैं, उपग्रह कहलाते हैं।

ग्रहण

पुराणों में ग्रहण का जो कारण दिया गया है, उसके अनुसार राहु और केतु जब सूर्य या चंद्रमा को ग्रसते हैं, तब ग्रहण लगता है। इन अवसरों पर सूर्य अथवा चंद्रमा का कष्ट दूर करने के लिए दान-पुण्य किया जाता है। ग्रहण-काल में भोजन करने का निषेध है।

वैज्ञानिक खोजों से यह सिद्ध हुआ है कि जब चंद्रमा और सूर्य के मध्य में पृथ्वी आ जाती है, तब चंद्रमा पर पड़नेवाला सूर्य का प्रकाश रुक जाता है और चंद्रमा में छाया दिखाई देती है। यही चंद्रग्रहण है। इसी प्रकार सूर्य और पृथ्वी के बीच में चंद्रमा आ जाने से सूर्यग्रहण होता है। सूर्यग्रहण सदा अमावस्या के दिन और चंद्रग्रहण पूर्णमासी की रात को लगता है। जब सूर्य या चंद्रमा पूरी तरह से ढक जाते हैं तो ऐसा ग्रहण 'खग्रास' कहलाता है। ग्रहण वर्ष में कम-से-कम दो बार और अधिक-से-अधिक सात बार लगते हैं। ऐसा नहीं है कि सब ग्रहण सर्वत्र दिखाई दें।

ग्राह

यह पहले हूहू नाम का गंधर्व था। देवल ऋषि के शाप के कारण इसे ग्राह बनकर त्रिकूट पर्वत के एक सरोवर में रहना पड़ा। गज-ग्राह युद्ध (दे.) में जब विष्णु गज की सहायता के लिए पहुंचे तो गज को छुड़ाकर उन्होंने दोनों का उद्धार किया। ग्राह पुनः गंधर्व बन गया और अपने लोक चला गया।

घ

घंटाकर्ण

पाशुपत संप्रदाय के एक आचार्य। उनके संबंध में प्रचलित है कि कान में 'शंकर' के अतिरिक्त और कोई शब्द न पड़े, इसके लिए कानों के पास दो घंटे लटकाए रहते थे। घंटों की आवाज के कारण कोई दूसरा शब्द नहीं सुनाई देता था। शैव पुराणों के अनुसार वे केदार क्षेत्र के निवासी थे। वे.व्यास ने इनसे पाशुपत की शिक्षा ली। उसके बाद ये काशी जाकर रहने लगे। व्यास काशी का 'घंटाकर्ण' तालाब, हाथ में शिवलिंग लिए घंटाकर्ण की मूर्ति और काशी का 'कर्णघंटा'

मुहल्ला आज भी इनकी स्मृति दिलाता है।

घटोत्कच

'महाभारत' के अनुसार यह हिडिम्ब राक्षस की बहिन हिडिम्बा के गर्भ से उत्पन्न भीम का पुत्र था। हिडिम्बा भीम पर आसक्त हो गई थी और भीम ने हिडिम्ब का वध करके उससे विवाह किया। महाभारत युद्ध में घटोत्कच ने बड़ी वीरता का परिचय दिया। इससे कौरव-पक्ष के अश्वत्थामा जैसे पराक्रमी योद्धा भी भयभीत हो उठे थे। दुर्योधन के कहने पर कर्ण ने इंद्र से प्राप्त एकघ्नि नामक अमोघ शक्ति चलाकर घटोत्कच को मार डाला। कर्ण इस शक्ति का प्रयोग अर्जुन पर करना चाहता था। घटोत्कच पर चला देने के बाद कर्ण के हाथ से यह अर्जनघाती अस्त्र जाता रहा, क्योंकि इसका केवल एक बार उपयोग किया जा सकता था।

घननाद

मंदोदरी के गर्भ से उत्पन्न रावण के एक पुत्र का नाम। इसी का एक नाम मेघनाद भी था। इस पराक्रमी ने एक बार देवराज इंद्र को पराजित कर दिया था। इसलिए 'इंद्रजीत' कहलाया। राम-रावण युद्ध में इसने दो बार राम को भी पीछे हटा दिया था और अंत में लक्ष्मण के हाथों मारा गया।

घनानंद

हिंदी भाषा के रीतिकालीन कवि घनानंद के जीवन के संबंध में निश्चित जानकारी उपलब्ध नहीं है। कुछ लोग इनका जन्मस्थान उत्तर प्रदेश के जनपद बुलंदशहर को बताते हैं। जन्म का समय भी 1658 और 1689 ई. के बीच और मृत्यु 1739 ई. में मानी जाती है। इनका निधन अब्दाली दुर्रानी द्वारा मथुरा में किए गए कत्लेआम में हुआ था।

घनानंद रोमांटिक धारा के कवि हैं। ये सखीभाव से श्रीकृष्ण की उपासना करने लगे थे। विरक्त होकर मथुरा आने से पूर्व ये बहादुरशाह के मीर मुंशी थे। कहते हैं, वहीं इनका सुजान नाम की नर्तकी से प्रेम हो गया। कवि ने मुख्यत: उसी को संबोधित करके काव्य रचना की है। अपने पदों में इन्होंने प्रेयसी का उल्लेख बड़ी तन्मयता के साथ किया है। पर कुछ विद्वान् इन पदों में आध्यात्मिकता का पुट बताते हैं।

घाघ

उत्तर भारत में खेती संबंधी कहावतों के लिए प्रसिद्ध घाघ अकबर के शासन काल

में थे। इनका जन्म कन्नौज के पास चौधरी सराय नामक गांव में एक दूबे ब्राह्मण परिवार में हुआ था। इनकी कहीं हुई बहुत सी कहावतें उत्तरीय भारत में प्रसिद्ध हैं। ये कहावतें खेती-बारी, ऋतु काल तथा लग्न, मुहूर्त आदि के संबंध में हैं और देहातों में बहुत प्रचलित हैं। ये कहावतें आज भी कसौटी पर खरी उतरती हैं। इनकी लिखी कोई पुस्तक अभी तक प्राप्त नहीं हुई किंतु बाद में लोक प्रचलित कहावतों को संग्रहीत किया गया है।

घाघरा

यह नदी हिमालय में तकलाकोट के निकट स्थित हिमनद से निकलती है। शारदा का जल लेती हुई अयोध्या से होकर यह छपरा के निकट गंगा में मिल जाती है। अयोध्या में यह सरयू कहलाती है और बड़ी पवित्र मानी जाती है।

घुड़चढ़ी

हिंदुओं में विवाह की एक रीति जिसमें वर घोड़े पर चढ़कर दुल्हिन के घर जाता है और वर-पक्ष के लोग आगे-आगे नाचते-गाते जाते हैं।

घुश्मेश्वर

प्रसिद्ध एलोरा गुफाओं के निकट स्थित घुश्मेश्वर शिव के द्वादश ज्योतिर्लिंगों में से एक है। इसके महत्व के संबंध में एक कथा मिलती हैं—देवगिरि के पास सुधर्मा नामक ब्राह्मण ने संतान के लिए दूसरा विवाह किया। उसकी दूसरी पत्नी घुश्मा नित्य पार्थिव पूजा करके उन मिट्टी के लिंगों को एक तालाब में विसर्जित कर देती थी। समय आने पर उसने पुत्र को जन्म दिया तो उसकी सौत ने बालक को मारकर उसी तालाब में डाल दिया। किंतु जब घुश्मा पार्थिव विसर्जन के बाद लौटने लगी तो पुत्र जीवित होकर उसके पास आ गया। शिव ने भी उसे दर्शन दिए और घुश्मा की प्रार्थना पर ज्योतिर्लिंग के रूप में वहां स्थापित हो गए।

घोषा

ऋग्वेद की एक प्रमुख महिला ऋषि। उनके पुत्र सुहस्त्य का भी ऋग्वेद में उल्लेख है। घोषा को अश्विनी कुमारों द्वारा संरक्षित बताया गया है। एक मंत्र के अनुसार अश्विनों ने वृद्धा कुमारी घोषा को एक पति दिया। अन्य विवरण के अनुसार घोषा कक्षिवान की कन्या थी। कुष्ट रोग हो जाने के कारण बहुत दिनों तक उसका विवाह नहीं हो पाया। बाद में देवताओं के वैद्य अश्विनों की चिकित्सा से ठीक होकर वह विवाह कर सकी।

च

चंगेज खां

एक मंगोल सरदार जिसका मूल नाम तामूचिन था। इसका जन्म 1162 ई. में हुआ था। इसने कुछ ही वर्षों में चीन के बहुत बड़े भू-भाग के सहित मध्य एशिया के सभी बड़े-बड़े राज्यों को जीत लिया। इसी के डर से पश्चिमी एशिया का बादशाह जलालुद्दीन भागकर दिल्ली के सुल्तान इल्तुतमिश के पास शरण लेने के लिए आया था, किंतु इल्तुतमिश इसके लिए राजी नहीं हुआ। इसका एक लाभ यह हुआ कि चंगेज खां सिंधु नदी से ही वापस चला गया और भारत उसके आक्रमण से बच गया। 1227 ई. में मृत्यु के समय तक उसने यूरोप के अनेक भागों को जीत लिया था। उसके वंशजों ने बाद में इस्लाम धर्म स्वीकार कर लिया।

चंड

कुबेर के आठ पुत्रों में से एक का नाम। पुराणों के अनुसार कुबेर ने इसे शिव की पूजा के लिए फूल लाने भेजा। यह फूलों को सूंघ-सूंघकर लाया। इस पर कुपित होकर पिता ने इसे शाप दे दिया। इस शाप के कारण यह कंस के भाई के रूप में पैदा हुआ और श्रीकृष्ण के हाथों मारा गया।

चंडकौशिक

1. कुक्षिवान ऋषि का पुत्र जिसके प्रसाद से वृहद्रथ को जरासंध प्राप्त हुआ था। कहीं पर इसे गौतम का पौत्र भी बताया गया है।
2. एक नाटक जिसमें हरिश्चंद्र और विश्वामित्र की कथा है।
3. एक मुनि का नाम।
4. एक विषधर सर्प जिसने महावीर स्वामी के दर्शनों के बाद डसना छोड़ दिया था।

चंडमुंड

दो असुर जो शुंभ-निशुंभ के सेनापति थे। इन दोनों ने शुंभ की ओर से देवताओं से युद्ध किया। एक बार एक सुंदर स्त्री दिखाई दी तो शुंभ-निशुंभ ने उसे वश में

करने के लिए इन्हें ही भेजा। वह स्त्री मायावी रूप में कालिका देवी थी। कहीं पर उसे चंडी का रूप बताया गया है। दुर्गा सप्तशती के अनुसार ये दोनों उसी देवी के हाथों मारे गए।

चंडी

1. दुर्गा की पूजा कई रूपों में होती है। वह कभी दयालु रूप में पूजी जाती है तो कभी भयानक रूप में। दयालु रूप में दुर्गा को उमा, गौरी, पार्वती, हेमवती, जगन्माता, भवानी आदि नामों से पूजते हैं। भयावने या उग्र रूप में वही देवी काली अथवा श्यामा, चंडी अथवा चंडिका, भैरवी आदि कहलाती है। चैत्र और आश्विन के नवरात्रों में देश के विभिन्न भागों में देवी के इन्हीं रूपों की पूजा होती है।
2. शुंभ-निशुंभ के वध के लिए देवताओं ने अपनी शक्ति से एक कन्या की सृष्टि की। इसी दुर्गा ने महिषासुर का वध करने के लिए चंडी का रूप धारण किया। चंडी के गणों में भूत, प्रेत, पिशाच आदि सम्मिलित हैं।

चंडीगढ़

यह छोटा-सा केन्द्र शासित प्रदेश 1966 ई. में बनाया गया। इस समय (1989 ई.) पंजाब और हरियाणा दोनों राज्यों की राजधानियां यहीं हैं। दोनों के उच्च-न्यायालय और विश्वविद्यालय भी चंडीगढ़ में ही हैं। यह एक आधुनिक नगर है जिसका निर्माण स्वतंत्रता के बाद हुआ। फ्रांस के प्रसिद्ध वास्तुविद लेकारव्यूजियर ने इसकी योजना बनाई थी। एक समझौते के अनुसार पंजाब के कुछ भाग हरियाणा को और चंडीगढ़ पंजाब को मिला था। परंतु उसका कार्यान्वयन रुका हुआ है।

चंडीदास

इनकी बंगाल में बड़ी प्रसिद्धि है। इन्हें कृष्ण और राधा के लीलामय साहित्य का आदि कवि माना जाता है। इनकी पदावलियां लोग भजन-कीर्तन में गाया करते थे। बाद में उनके प्रकाशित होने पर चंडीदास की रचनाओं का साहित्यिक महत्व स्वीकार किया गया। अनुमान है कि इस नाम के एक से अधिक व्यक्ति हुए हैं। किंतु प्रामाणिक विवरण उपलब्ध नहीं है।

चंदबरदाई

दिल्ली और अजमेर के शासक पृथ्वीराज चौहान (दे.) के दरबारी कवि के रूप में इनकी प्रसिद्धि है। इनके रचित 'पृथ्वीराज रासो' की गणना हिंदी साहित्य के आरंभिक काव्य ग्रंथों में होती है। चंदबरदाई ने इसमें पृथ्वीराज चौहान की वीरता,

उनके विवाहों और मुसलमानों के साथ उनके युद्धों का वर्णन किया है।

चंदेल

चंदेल राजपूत पहले गुर्जर प्रतिहारों (दे.) के सामंत थे। बाद में विंध्याचल और यमुना के मध्य में स्थित प्रदेश में इनका शासन स्थापित हुआ। धंग (950-1008 ई.) इस वंश का सबसे प्रतापी राजा हुआ। उसी के शासनकाल में खजुराहो (दे.) के प्रसिद्ध मंदिर बने। चंदेल राजाओं ने स्थापत्य कला की शैली को नया रूप दिया। इनका अधीनस्थ प्रदेश 'जैजाक भुक्ति' के नाम से प्रसिद्ध था। कालिंजर का सुदृढ़ दुर्ग इनके अधिकार में था। इस राजवंश ने महमूद गजनवी के आक्रमण का भी सामना किया किंतु इस वंश के अंतिम राजा परमाल को पृथ्वीराज चौहान के हाथों पराजित होना पड़ा। 1203 ई. में कुतुबुद्दीन ऐबक ने चंदेलों के कालिंजर दुर्ग पर अधिकार कर लिया। पर बुंदेलखंड के स्थानीय शासक के रूप में चौदहवीं शताब्दी तक चंदेलों का उल्लेख मिलता है।

चंद्र

1. अत्रि और अनुसूया का पुत्र जो सोम नाम से भी प्रसिद्ध हुआ। दक्ष प्रजापति की सत्ताईस पुत्रियों का इसके साथ विवाह हुआ था। इन पत्नियों के नाम से ही सत्ताईस नक्षत्रों का नाम पड़ा। इनमें से रोहिणी में चंद्र विशेष रूप से अनुरक्त रहता था। अन्य पत्नियों ने जब अपने पिता से इसकी उपेक्षा की शिकायत की तो इसे क्षय होने का शाप दे दिया।

सोम या चंद्र से ही सब वनस्पतियां पनपती थीं। दक्ष के शाप से जब चंद्रमा की कलाएं घटने लगीं तो पृथ्वी में हाहाकार मच गया। देवताओं ने दक्ष से सोम को क्षमा करने का अनुरोध किया। इस पर दक्ष ने कहा कि सोम को पश्चिमी सागर के तट पर उपासना करके समुद्र स्नान करना पड़ेगा। साथ ही सब पत्नियों को समान मानना पड़ेगा। तभी उसका पंद्रह दिन क्षय होगा और पंद्रह दिन वृद्धि होगी। सोम ने सोमनाथ के निकट तप किया। इससे उसकी प्रभा पुनः लौट आई। इसी कारण वह क्षेत्र 'प्रभास क्षेत्र' कहलाया।

एक अन्य आख्यान के अनुसार सोम देवगुरु बृहस्पति की पत्नी तारा का अपहरण कर ले गया। ब्रह्मा की मध्यस्थता से उसने तारा लौटा दी।

2. भारत के दो प्राचीन राजवंशों—सूर्य और चंद्रवंशों—में चंद्रवंश का प्रथम राजा सोम था। इसकी पत्नी का नाम रोहिणी था। प्रयाग इसकी राजधानी थी। सोम वंश का आरंभ वैवस्वत मनु की पत्नी इला से हुआ था। वह सोम के पुत्र बुध को ब्याही थी।

3. दिल्ली की कुतुबमीनार के पास जो लौहस्तंभ है उसमें किसी चंद नाम के

राजा की कीर्ति अंकित की गई है। यह राजा कौन था, इस संबंध में विद्वानों में मतैक्य नहीं है। उपलब्ध विवरण और लेख की लिपि से सामान्यतः यह माना जाता है कि यह स्तंभ-लेख चंद्रगुप्त विक्रमादित्य से संबंधित है। लेख के अनुसार इसे खोदते समय राजा जीवित नहीं था। लेख का समय लगभग 375-415 ई. के बीच माना जाता है।

चंद्रकांत

1. लक्ष्मण के पुत्र चंद्रकेतु की राजधानी का नाम।
2. एक ऐसी मणि जो चंद्रमा के सामने रखने पर पसीजने लगती है।
3. उत्तर कुरु का एक पर्वत जो इंद्र के डर से समुद्र में जा छिपा था।

चंद्रकांता संतति

देवकीनंदन खत्री (1861-1913 ई.) का प्रसिद्ध तिलस्मी हिंदी उपन्यास जो पहली बार 1896 ई. में प्रकाशित हुआ था। यह कुल 7 खंडों में है। प्रथम खंड 'चंद्रकांता' के नाम से और अगले 6 खंड 'चंद्रकांता संतति' के नाम से हैं। इनमें रानी चंद्रकांता की इंद्रजीतसिंह और आनंदसिंह नामक संतानों की कहानी वर्णित है। कदाचित लेखक ने इसीलिए ग्रंथ को यह नाम दिया है। 6 खंडों और 24 भागों का यह वृहत् उपन्यास अपनी रोचकता तथा रहस्यात्मकता के कारण अत्यधिक लोकप्रिय सिद्ध हुआ। इसकी मनोरंजक और कुतूहलवर्धक सामग्री के कारण 19वीं शताब्दी के अंत में लाखों पाठकों ने इसे पढ़ा। हजारों व्यक्तियों ने 'चंद्रकांता संतति' का आनंद उठाने के लिए ही हिंदी भाषा सीखी। पाठकों का एक वर्ग अब भी इसे बड़ी रुचि से पढ़ता है।

चंद्रकीर्ति

छटी शताब्दी के उत्तरार्ध में दक्षिण में पैदा प्रसिद्ध बौद्ध विद्वान् जिन्होंने नालंदा में शिक्षा प्राप्त की और वहीं आचार्य भी हो गए। इनके ग्रंथ बौद्ध धर्म की महायान शाखा को समझने के लिए उतने ही महत्वपूर्ण माने जाते हैं, जितने ब्रह्मसूत्रों को समझने के लिए शंकराचार्य के भाष्य। नागार्जुन रचित 'माध्यमिक कारिका' पर चंद्रकीर्ति का भाष्य बहुत प्रसिद्ध है।

चंद्रगुप्त प्रथम

यह इतिहास प्रसिद्ध गुप्त वंश का प्रवर्तक और प्रथम शासक था। इस वंश का आरंभ 26 जनवरी 320 ई. को माना जाता है। कदाचित इसी तिथि को चंद्रगुप्त प्रथम का राज्याभिषेक हुआ था।

चंद्रगुप्त ने, जिसका शासन पहले मगध के कुछ भागों तक सीमित था, अपने राज्य का विस्तार इलाहाबाद तक किया। महाराजाधिराज की उपाधि धारण करके इसने पाटलिपुत्र को अपनी राजधानी बनाया। 330 ई. में चंद्रगुप्त प्रथम की मृत्यु हो गई और उसका पुत्र समुद्रगुप्त गद्दी पर बैठा।

चंद्रगुप्त मौर्य

अपने समय का सबसे प्रतापी सम्राट चंद्रगुप्त मौर्य 325 ई. पू. में गद्दी पर बैठा। कुछ लोग इसे मुरा नाम की शूद्र स्त्री के गर्भ से उत्पन्न नंद सम्राट की संतान बताते हैं। पर बौद्ध और जैन साहित्य के अनुसार यह मौर्य (मोरिय) कुल में जन्मा था और नंद राजाओं का महत्वाकांक्षी सेनापति था।

सिकंदर के भारत आक्रमण के समय चंद्रगुप्त मौर्य की उससे पंजाब में भेंट हुई थी। किसी कारणवश रुष्ट होकर सिकंदर ने चंद्रगुप्त को कैद कर लेने का आदेश दिया था। पर चंद्रगुप्त उसकी चंगुल से निकल आया। इसी समय इसका संपर्क कौटिल्य या चाणक्य से हुआ। चाणक्य नंद राजाओं से रुष्ट था। उसने नंद राजाओं को पराजित करके अपनी महत्वाकांक्षा पूर्ण करने में चंद्रगुप्त मौर्य की पूरी सहायता की।

चंद्रगुप्त ने मगध पर आक्रमण करके नंद वंश को समाप्त कर दिया और स्वयं सम्राट बन गया। इस बीच सिकंदर की मृत्यु हो गई और चंद्रगुप्त ने यूनानियों के अधिकार से पंजाब को मुक्त करा लिया। अपनी विशाल सेना लेकर वह उत्तर भारत, गुजरात और सौराष्ट्र तक फैलता गया।

सिकंदर की मृत्यु के बाद उसका सेनापति सेल्यूकस यूनानी साम्राज्य का शासक बना और उसने चंद्रगुप्त मौर्य पर आक्रमण कर दिया। पर उसे मुंहकी खानी पड़ी। काबुल, हेरात, कंधार और बलूचिस्तान के प्रदेश देने के साथ-साथ वह अपनी पुत्री हेलना का विवाह चंद्रगुप्त से करने के लिए बाध्य हुआ। इस पराजय के बाद अगले सौ वर्षों तक यूनानियों को भारत की ओर मुंह करने का साहस नहीं हुआ।

चंद्रगुप्त मौर्य का शासन-प्रबंध बड़ा व्यवस्थित था। इसका परिचय यूनानी राजदूत मेगस्थनीज के विवरण और कौटिल्य के 'अर्थशास्त्र' से मिलता है। लगभग 300 ई. पू. में चंद्रगुप्त ने अपने पुत्र बिंदुसार को गद्दी सौंप दी।

चंद्रगुप्त विक्रमादित्य

समुद्रगुप्त (दे.) का पुत्र चंद्रगुप्त द्वितीय के नाम से गद्दी पर बैठा। उसका शासन काल 375 ई. से 413 ई. तक रहा। वह अपने वंश में बड़ा पराक्रमी शासक हुआ। मालवा, काठियावाड़, गुजरात और उज्जयिनी को अपने साम्राज्य

में मिलाकर उसने अपने पिता के राज्य का और भी विस्तार किया। शकों पर विजय प्राप्त करके उसने 'विक्रमादित्य' की उपाधि धारण की। वह 'शकारि' भी कहलाया।

चंद्रगुप्त विक्रमादित्य का शासन-काल भारत के इतिहास का बड़ा महत्वपूर्ण समय माना जाता है। चीनी यात्री फाह्यान उसके समय में 6 वर्षों तक भारत में रहा। वह बड़ा उदार और न्याय-परायण सम्राट था। उसके समय में भारतीय संस्कृति का चतुर्दिक विकास हुआ। महाकवि कालिदास (दे.) उसकी दरबार की शोभा थे। वह स्वयं वैष्णव था, पर अन्य धर्मों के प्रति भी उदार-भावना रखता था। गुप्त राजाओं के काल को भारतीय इतिहास का 'स्वर्ण युग' कहा जाता है। इसका बहुत कुछ श्रेय चंद्रगुप्त विक्रमादित्य की शासन-व्यवस्था को है।

चंद्रधर शर्मा गुलेरी (1883-1922 ई.)

'उसने कहा था' हिंदी कहानी के प्रसिद्ध लेखक चंद्रधर शर्मा गुलेरी बड़े प्रतिभाशाली थे। उन्हें संस्कृत, हिंदी, अंग्रेजी, पालि, प्राकृत और अपभ्रंश के साथ-साथ मराठी, बंगला, लैटिन. फ्रेंच और जर्मन भाषा का भी बहुत अच्छा ज्ञान था। आपने अनेक वर्षों तक अध्यापन कार्य किया और फिर साहित्य की शोध पत्रिकाओं का संपादन करते रहे। किंतु सबसे अधिक प्रसिद्धि 'उसने कहा था' शीर्षक कहानी से ही हुई।

चंद्रनगर

यह बंगाल का वह स्थान है जहां सन् 1690-92 ई. के बीच फ्रांसीसियों ने भारत में अपना पहला व्यापारिक केन्द्र स्थापित किया था। यह स्थान उन्हें 1664 ई. नवाव शाइस्ता खां से मिला था। बाद में अग्रेजों ने इस पर कब्जा कर लिया। लेकिन 1763 ई. में इस निर्देश के साथ पुनः फ्रांसीसियों को दे दिया गया कि वे इसका केवल व्यापारिक केन्द्र के रूप में ही उपयोग करेंगे। तब से भारत के स्वतंत्र होने तक देश के कतिपय अन्य क्षेत्रों की तरह चंद्रनगर पर भी फ्रांस का शासन बना रहा। 1930 ई. में इसका भारत में विलय हुआ।

चंद्रभागा

पंजाब की वर्तमान चिनाव नदी जो प्राचीन काल में चंद्रभागा कहलाती थी। सिंधु से इसके संगम—स्थल पर चंद्रभागा तीर्थ था। श्रीकृष्ण के पुत्र शाम्व ने यहां पर सूर्य मंदिर की स्थापना की थी। विदेशी आक्रमणकारियों द्वारा जब यह तीर्थ नष्ट कर दिया गया तब इसे उत्कल (उड़ीसा) ले जाया गया। आज भी इस नाम की एक छोटी नदी उड़ीसा में है जो अन्त में बंगाल की खाड़ी में मिलती है। वहीं

चंद्रभागा तीर्थ और कोणार्क का सूर्य मंदिर बना।

चंद्रमा

यह पृथ्वी का अकेला उपग्रह है, लेकिन उससे बहुत छोटा। पृथ्वी का व्यास 1,27,000 कि. मी. है जबकि चंद्रमा का केवल 3475 कि. मी.। इसकी गुरुत्वाकर्षण शक्ति भी कम है। यह पृथ्वी के चारों ओर अंडाकार घूमता है। चंद्रमा के प्रकाश को पृथ्वी तक पहुंचने में 1·3 सैकेंड लगते हैं।

चंद्रमा के निर्माण के संबंध में कई मत हैं। एक के अनुसार यह पृथ्वी के टूटने से बना है। अन्य मत के अनुसार यह सौरमंडल में कहीं और से भटक कर आया और पृथ्वी के गुरुत्वाकर्षण में बंध गया। एक अन्य मत के अनुसार पृथ्वी और चंद्रमा का निर्माण समान कारणों से हुआ है। जुलाई 1960 ई. में मनुष्य के चंद्रमा पर उतरने के बाद चंद्रमा संबंधी प्राचीन पौराणिक मान्यतायें समाप्त हो गईं। इसमें न पानी है न वायुमंडल। वैज्ञानिक धीरे-धीरे ग्रह पर से पर्दा हटाते जा रहे हैं।

चंद्रवंशी

चंद्रवंश में उत्पन्न क्षत्रिय चंद्रवंशी कहलाए। एक विवरण के अनुसार काशी के राजा इंद्रजीत के पुरोहित की कन्या हेमवती अत्यन्त सुंदरी थी। एक दिन जब वह कुंड में स्नान कर रही थी उसे देखकर चंद्रमा मोहित हो गया। दोनों के मिलन से एक पुत्र पैदा हुआ। चंद्रवर्मा नाम के इस पुत्र का पालन-पोषण खजुराहो के राजा के यहां हुआ था। इसी चंद्रवर्मा के वंशज चंद्रवंशी कहलाये।

चंद्रशेखर आजाद

प्रसिद्ध क्रांतिकारी चंद्रशेखर आजाद का जन्म 23 जुलाई 1906 ई. को मध्यप्रदेश में झाबुआ जिले के बहोरा गांव में हुआ था। उनके पिता उत्तर प्रदेश के उन्नाव जिले के बदरका गांव के मूल निवासी थे। बचपन में चंद्रशेखर को संस्कृत पढ़ने के लिए काशी भेजा गया। वे कुछ दिन तक काशी विद्यापीठ के स्कूल में भी रहे। 1921 ई. में जब गांधीजी ने पहला असहयोग आंदोलन आरंभ किया तो चौदह वर्ष के चंद्रशेखर उसमें कूद पड़े और गिरफ्तार कर लिए गए। मजिस्ट्रेट ने जब उनसे नाम पूछा तो बोले—मेरा नाम 'आजाद' है, मेरे पिता का नाम 'स्वाधीनता' है और मेरा पता 'जेलखाना' है। तभी से वे आजाद के नाम से प्रसिद्ध हो गए। मजिस्ट्रेट ने उन्हें पन्द्रह बेंतों की सजा दी। हर बेंत का प्रहार उन्होंने महात्मा गांधी की जय बोलकर सहा।

1922 ई. में चंद्रशेखर, क्रांतिकारी दल में सम्मिलित हो गए और शीघ्र ही

'हिन्दुस्तान सोशलिस्ट रिपब्लिकन एसोसिएशन' के कमांडर बन गए। लाला लाजपतराय की मृत्यु का बदला लेने के लिए पुलिस सुपरिन्टेंडेण्ट सांडर्स को गोली मार दी। 'काकोरी कांड' में आगे बढ़कर हिस्सा लिया। दिल्ली के असेंबली बम कांड में भी उनका हाथ था। काकोरी कांड के अन्य साथी पकड़े गए, परंतु चंद्रशेखर को बहुत दिन तक पुलिस नहीं खोज सकी। अंत में एक साथी ने विश्वास-घात किया। आजाद की गिरफ्तारी के लिए तीस हजार रु० का इनाम रखा गया था। उसने पुलिस को सूचना दे दी कि आजाद इस समय इलाहाबाद के अलफ्रेड पार्क में हैं। पुलिस ने उन्हें घेर लिया। दोनों ओर से गोलियां चलीं। इसी में 27 फरवरी 1931 ई. को चंद्रशेखर आजाद शहीद हो गए। एक जनश्रुति यह है कि जीवित पुलिस के हाथों में न पड़ जायें इसलिए आजाद ने अपने रिवाल्वर की अंतिम गोली स्वयं अपने ऊपर चला ली थी।

चंद्रहास

केरल नरेश सुधार्मिक का पुत्र जिसका जन्म मूल नक्षत्र में हुआ था। इसके पैर में दरिद्रतासूचक छः उंगलियां थीं। शत्रुओं ने इसके पिता का वध करके इसकी मां के साथ दुराचार किया। अनाथ बालक को एक दाई छिपाकर वन में ले गई। किंतु वहां इसकी भी मृत्यु हो गई। वन में भटकते हुए बालक को राजा मंत्री धृष्टबुद्धि ने देख लिया। उसने उसे मारने के लिए जल्लाद नियुक्त किए पर बालक को देखकर उन्होंने उसकी छठी उंगली मात्र काटकर छोड़ दिया। बाद में चंद्रहास को कुलिंद देश के राजा ने पाला और शिक्षा दी। राजमंत्री धृष्टबुद्धि को जब चंद्रहास के जीवित रहने और उसके पराक्रम का पता चला तो पुनः उसने उसके मारने का षड्यंत्र रचा। किंतु इसमें राजमंत्री का पुत्र मारा गया और चंद्रहास बच गया। बाद में राजमंत्री की पुत्री ने चंद्रहास पर मोहित होकर उससे विवाह कर लिया। कुलिंद देश के राजा ने भी अपनी कन्या चंपकमालिनी अपने राज्य के सहित चंद्रहास को सौंप दी थी। उसकी राजधानी का नाम चंदनावती था जो बड़ौदा का प्राचीन नाम बताया जाता है। कुछ लोग इसे ग्वालियर के निकट बताते हैं।

चंपापुर

बिहार प्रदेश में स्थित नाथनगर नामक कस्बे का प्राचीन नाम। महाभारत के समय यह देश कर्ण के अधिकार में था और चंपा उसकी राजधानी थी। तीर्थंकर महावीर स्वामी ने तीन चातुर्यमास यहां बिताए थे। बिम्बसार की मृत्यु के बाद अजातशत्रु ने चंपा को ही अपनी राजधानी बनाया था। गौतम बुद्ध के समय चंपा की गणना देश के छह बड़े नगरों में होती थी। अन्य पांच नगर थे—राजगृह,

श्रावस्ती, अयोध्या, कौशाम्बी और काशी। इस समय भी नाथनगर में दो बड़े जैन मंदिर हैं।

चंपारन

बिहार प्रदेश के तिरहुत डिवीजन का यह जिला, जो नेपाल की सीमा से लगा हुआ है, अनेक ऐतिहासिक घटनाओं का दर्शक रहा है। सम्राट अशोक ने अपनी नेपाल यात्राओं की स्मृति में इसी जिले में शिलालेख लगवाये थे। 1857 ई. के प्रथम स्वतंत्रता संग्राम में विदेशियों ने इस जिले में भी बड़ा नरसंहार किया था। आधुनिक समय में चंपारन के नील की खेती कराने वाले अंग्रेजों के विरुद्ध आंदोलन आरंभ करके महात्मा गांधी ने देश की राजनीति में सक्रिय भाग लेना आरंभ किया। उनका 'चंपारन का सत्याग्रह' हमारे स्वतंत्रता संग्राम का एक मील का पत्थर है।

चंपाराज्य

वर्तमान वियतनाम देश में प्रवासी भारतीयों द्वारा दूसरी शताब्दी ई. में स्थापित एक हिंदू राज्य। इसकी राजधानी का नाम भी चंपा था। यह राज्य 150 ई. से 1471 ई. तक लगभग 1300 वर्ष कायम रहा। यहां के निवासी मुख्यतः हिंदू धर्म मानते थे यद्यपि बौद्धों की संख्या भी काफी थी। इस अवधि में यहां हिंदू देवताओं के अनेक मंदिरों का निर्माण हुआ। पंद्रहवीं शताब्दी में मंगोल भाषी अनामियों के हाथों यह हिंदू राज्य समाप्त हो गया। यहां के अभिलेख संस्कृत भाषा और देवनागरी लिपि में मिलते हैं।

चंबल

मध्य प्रदेश में मऊ के निकट से निकलकर यह नदी बूंदी, कोटा, धवलपुर होती हुई उत्तर प्रदेश में इटावा से लगभग 40 कि. मी. दूर यमुना में मिलती है। पुराणों और महाभारत के अनुसार राजा रंतिदेव ने इसके किनारे अतिथि-यज्ञ किया था। इस नदी को पशुओं और चमड़े से बना बतलाया जाता है। इसमें भी बहुत बाढ़ आती है। इसके किनारे दूर-दूर तक बड़े-बड़े वीहड़ हैं जो बहुधा समाज विरोधी तत्वों के आश्रय स्थल बन जाते हैं। इसका प्राचीन नाम चर्मणवती या चर्मावती है।

चक्र

1. विष्णु का मुख्य अस्त्र। उनके अन्य आयुध हैं शंख, गदा, पद्म। इसका पूरा नाम सुदर्शन चक्र है। यह गति अथवा प्रगति का भी द्योतक है।

2. शाक्त मत में देवी की आराधना का एक प्रकार। चार प्रकारों में पहले मंदिर में देवी की जनपूजा, दूसरे में चक्रपूजा, तीसरे में साधना और चौथे में अविचार द्वारा पूजा होती है। चक्रपूजा जिसे आजकल वामाचार कहते हैं, महत्वपूर्ण तांत्रिक साधना है। इसमें समान संख्या में स्त्री और पुरुष चाहे वे किसी भी जाति के हों या निकट संबंधी हों, गुप्त स्थान पर वृत्ताकार बैंठते हैं। देवी का यंत्र बीच में रखा जाता है और पंच मकार—मदिरा, मांस, मत्स्य, मुद्रा एवं मैथुन का सेवन होता है।

चक्रतीर्थ

दे. नैमिषारण्य।

चक्रपाणि

ग्यारहवीं शती का यह विद्वान चिकित्साशास्त्र का विशेषज्ञ था। इसने चरक और सुश्रुत की संहिताओं पर बड़ी उपयोगी टीका लिखी। ये पुस्तकें 'आयुर्वेद दीपिका' और 'भानुमती' के नाम से प्रसिद्ध हैं।

चक्रवर्ती

प्राचीन काल में जिस राजा के रथ का चक्र बिना किसी रोक-टोक के समुद्र पर्यंत चलता था वह चक्रवर्ती कहलाता था। भारत में ऐसे कई राजा हुए। मान्धाता, ययाति की गणना प्रथम चक्रवर्तियों में होती है। इन्होंने सबसे पहले भारत को एक शासन सूत्र में बांधा था। ऐसे ही राजाओं को अश्वमेध या राजसूय यज्ञ करने का अधिकार होता था।

कभी-कभी शास्त्रों के प्रकांड विद्वानों को भी चक्रवर्ती की उपाधि दी जाती थी।

चक्रव्यूह

एक विशेष प्रकार की युद्ध व्यूह रचना जो महाभारत युद्ध में द्रोणाचार्य ने की थी। इस व्यूह का भेदन करके उससे बाहर निकलने का ज्ञान केवल अर्जुन को था। अर्जुन को अन्यत्र व्यस्त करके पांडवों को संकट में डालने के लिए ही कौरव पक्ष ने यह चाल चली थी। अर्जुन पुत्र अभिमन्यु इसे भेदता हुआ अंदर घुस गया और वहीं मारा गया।

चतुरंगिणी

प्राचीन भारत में सेना के चार अंग होते थे—हाथी, घोड़े, रथ और पैंदल। जिस

सेना में ये चारों अंग होते थे, वह चतुरंगिणी कहलाती थी। सेना की गणना अक्षौहिणी से भी होती थी। एक अक्षौहिणी में 21870 हाथी, 21870 रथ, 65610 घोड़े और 109350 पैदल होते थे। कुरुक्षेत्र के युद्ध में इस प्रकार की 18 अक्षौहिणी सेना ने भाग लिया था।

चरक

आयुर्वेद के आचार्य महर्षि चरक की गणना भारतीय औषधि विज्ञान के मूल प्रवर्तकों में होती है। प्राचीन साहित्य में इन्हें शेषनाग का अवतार बताया गया है। इनका रचा हुआ ग्रंथ 'चरक संहिता' आज भी वैद्यक का अद्वितीय ग्रंथ माना जाता है। इन्हें ईसा की प्रथम शताब्दी का बताते हैं। कुछ विद्वानों का मत है कि चरक कनिष्क (दे.) के राजवैद्य थे परंतु कुछ लोग इन्हें बौद्ध काल से भी पहले का मानते हैं। एक मत के अनुसार चरक व्यक्ति न होकर कृष्ण यजुर्वेद की शाखा का नाम है और 'चरक संहिता' का संकलन उसी शाखा के किसी व्यक्ति ने किया हो। जो भी हो चरक के ग्रंथ की ख्याति विश्व-व्यापी रही है। आठवीं शताब्दी में इस ग्रंथ का अरबी भाषा में अनुवाद हुआ और यह शास्त्र पश्चिमी देशों तक पहुंचा। चरक संहिता में व्याधियों के उपचार तो बताए ही गए हैं, प्रसंगवश स्थान-स्थान पर दर्शन और अर्थशास्त्र के विषयों का भी उल्लेख है।

चरणदास

संत चरणदास का पहले का नाम रणजीतसिंह था। इनका जन्म 1703 ई. में मेवात (राजपूताना) में हुआ था। भक्ति-भाव इनके अंदर बचपन से ही था। कहते हैं कि उन्नीस वर्ष की उम्र में जब ये भगवान् के विरह में एक दिन रो रहे थे, एक मुनि ने इन्हें दर्शन दिए और भगवत् भक्ति का उपदेश दिया। वस्तुतः इन्होंने सुखानंद नाम के एक महात्मा से गुरुमंत्र लिया था।

चरणदास ने अनेक तीर्थों की यात्रा की और कुछ समय तक बृज में भी रहे। भागवत् के ग्यारहवें स्कंध पर इनकी भारी श्रद्धा थी। इनकी कुल 21 रचनाएं बताई जाती हैं। निर्गुण मार्गी होते हुए भी श्रीकृष्ण पर इनकी अगाध भक्ति थी। सहजोबाई (दे.) दयाबाई (दे.) इनकी प्रधान शिष्याएं थीं। इनके 52 शिष्यों ने अलग-अलग स्थानों पर शाखाएं स्थापित कीं।

चांद बीबी

बीजापुर के पांचवें सुल्तान अली आदिरशाह (1557-80) की पत्नी जो अहमदनगर के निजामशाह की पुत्री थी। पति की मृत्यु के कुछ समय बाद वह अपनी जन्मभूमि अहमदनगर चली गई। 1593 ई. में जब अकबर की फौजों ने

अहमदनगर राज्य पर आक्रमण किया तो चांद बीबी के नेतृत्व में अहमदनगर की सेना ने अकबर के पुत्र मुराद की फौजों को जोरदार टक्कर दी। उस समय साधनों की कमी के कारण चांद बीबी को बरार देकर मुगलों से संधि करनी पड़ी, लेकिन शीघ्र ही फिर युद्ध छिड़ गया। इस बार चांद बीबी ने अहमदनगर की सुरक्षा का प्रबंध इतना सुदृढ़ कर रखा था कि उसके जीतेजी मुगल सेना उसपर कब्जा नहीं कर सकी। बाद में उग्र भीड़ द्वारा चांद बीबी की हत्या कर देने के बाद ही अकबर की सेना अहमदनगर के किले में घुस पाई।

चांदव्रत

यह व्रत कई प्रकार से किया जाता है। कोई अमावस्या के दिन से आरंभ करके वर्ष-भर इसका आचरण करते हैं। इसमें सूर्य और चंद्रमा की प्रतिमाओं का पूजन किया जाता है। कोई इसे मार्गशीर्ष पूर्णिमा से आरंभ करते हैं। वर्ष-भर वे पूर्णिमा के दिन उपवास और चंद्रमा का पूजन करते हैं। जो पंद्रह वर्ष तक प्रत्येक पूर्णिमा को यह व्रत कर सकते हैं, वे किसी भी पूर्णिमा से इसे आरंभ कर लेते हैं।

चांद्रायण व्रत

यह एक कठिन व्रत है जो प्राचीन काल में शारीरिक अथवा मानसिक पापों का प्रायश्चित करने के लिए किया जाता था। इसमें चंद्रमा के घटने के साथ एक-एक कौर भोजन घटाया और वृद्धि के साथ एक-एक कौर बढ़ाया जाता है। पूरे महीने में व्यक्ति को आंवले के आकार के कुल 240 कौर भोजन करने को मिलता था। भोजन में भी वही चीज लेनी पड़ती थी, जिसका हवन हो सकता है। मनु, पाराशर, गौतम आदि स्मृतिकारों ने इस व्रत का बहुत उल्लेख किया है।

चाणक्य

देखिए कौटिल्य।

चाफेकर बंधु

पूना के हरि चाफेकर के तीन पुत्र हुए—दामोदर (जन्म 1869 ई.), बालकृष्ण (जन्म 1873 ई.) और वासुदेव (जन्म 1880 ई.)। तीनों समान रूप से राष्ट्रवादी थे। अंग्रेजों के प्रति घृणा के कारण उनसे बदला लेने की ताक में रहते। उन्होंने युवकों को सैनिक प्रशिक्षण दिलाने के लिए संस्था भी बनाई थी। 1897 ई. में पूना में प्लेग फैला। उस समय अंग्रेज कमिश्नर रैंड ने जनता के साथ बड़ी जोर-जबरदस्ती की। इससे उसके विरुद्ध बड़ा आक्रोश था। चाफेकर बंधुओं को अवसर मिल गया। 22 जून, 1897 ई. को जब रैंड विक्टोरिया की ताजपोशी के उत्सव

से घर आ रहा था, चाफेकर बंधुओं की गोली से रास्ते में ही ढेर हो गया। फिर तो गिरफ्तारियां हुईं और तीनों भाई बारी-बारी से 1899 ई. में यरवदा जेल में फांसी पर लटका दिए गए।

चामुंडराय

पृथ्वीराज का एक प्रमुख सामंत जिसकी वीरता से उस समय के अनेक राजा परिचित थे। इसे पृथ्वीराज ने कुछ समय के लिए कैद कर लिया था, किंतु अपने जीवन के अंतिम युद्ध से पूर्व रिहा कर दिया। चामुंडराय ने इस युद्ध में भी वीरता का परिचय दिया और युद्ध-भूमि में ही मारा गया।

चामुंडा

शिव की पत्नी के अनेक नाम हैं—देवी, उमा, गौरी, पार्वती, दुर्गा, भवानी, काली, कपालिनी और चामुंडा। अन्य देवों की पत्नियों से शिव-पत्नी का महत्व कहीं अधिक है। इनको शिव के समान ही प्रतिष्ठा प्राप्त है। इसी समानता से अर्ध-नारीश्वर की कल्पना हुई है। जिसमें दायां अंग शिव का और बायां अंग पार्वती का है। यही नहीं, जिस प्रकार शिव दयालुता और क्रूरता दोनों के प्रतीक हैं, आवश्यक-तानुसार पार्वती भी दोनों रूप धारण कर लेती हैं। चामुंडा रूप की उत्पत्ति, मार्कंडेय पुराण के अनुसार चंड-मुंड नामक राक्षसों का वध करने के लिए हुई थी।

चारण

देशी रियासतों, विशेषत: राजस्थान के राजाओं की स्तुति करनेवाले चारणों का उल्लेख अत्यंत प्राचीन समय से मिलता है। रामायण, महाभारत, पुराण आदि ग्रंथों में सर्वत्र इनकी चर्चा है। ब्रह्मपुराण के अनुसार देवताओं की पवित्र जाति के और सुमेरू पर्वत पर रहनेवाले चारणों को महाराज पृथु ने हिमालय से लाकर बसाया और ये लोग देवताओं की स्तुति छोड़कर राजा-महाराजाओं की स्तुति करने लगे। आधुनिक विद्वान् चारणों का समय ग्यारहवीं-बारहवीं शताब्दी के बाद मानते हैं। राजस्थान में चारण आज भी आदर और विश्वास के पात्र माने जाते हैं। ये लोग शक्ति के पूजक हैं और 'करणी देवी' (दे.) इनकी आराध्या हैं।

चार धाम

बदरीनाथ, द्वारका, जगन्नाथपुरी और रामेश्वरम् ये चार धाम कहलाते हैं।

चारुमति

सम्राट अशोक की पुत्री चारुमति का विवाह देवपाल क्षत्रिय के साथ हुआ था,

किंतु वह भिक्षुणी बन गई। ई. पू. 250 में वह अपने पिता के साथ नेपाल की यात्रा पर गई और वहीं रह गई। वहां उसने अपने दिवंगत पति के नाम पर एक नगर की स्थापना की और स्वयं पशुपतिनाथ मंदिर के उत्तर में विहार बनाकर भिक्षुणी के रूप में वहां रहने लगी। उसके नाम का यह विहार आज भी विद्यमान है।

चार्वाक

एक प्रसिद्ध प्राचीन भारतीय भौतिकवादी दार्शनिक। वह ईश्वर की सत्ता में विश्वास नहीं करता था तथा नास्तिक (वेदों को न माननेवाला) और तर्कशास्त्र का ज्ञाता था। वह प्रत्यक्ष पर विश्वास करता था, अनुमान पर नहीं। उसके मत से संसार में दुःख की उपस्थिति देखकर जो मनुष्य सुख का उपभोग नहीं करते वे मूर्ख हैं।

चार्वाक को बृहस्पति का शिष्य बताया जाता है। कहते हैं, असुरों को बहकाने के लिए बृहस्पति के परामर्श पर चार्वाक ने इस मत का प्रवर्तन किया। पर वास्तविकता यह है कि चार्वाक के नाम से प्रचलित विचार भारतीय संस्कृति में नए नहीं थे। 'लोकायत' के नाम से व्याप्त इन विचारों का उल्लेख किसी-न-किसी रूप में वेदों, उपनिषदों और पुराण ग्रंथों में भी पाया जाता है। भौतिक सुखवाद पर आधारित चार्वाक की विचारधारा की परिचायक यह उक्ति बड़ी प्रसिद्ध है—

यावज्जीवेत् सुखं जीवेत्,
ऋणं कृत्वा घृतं पिवेत्।
भस्मीभूतस्य देहस्य,
पुनरागमनं कुतः॥

(जब तक जिओ, सुख से जिओ। ऋण लेकर भी घृत पिओ क्योंकि भस्म हुआ शरीर फिर नहीं आ सकता)।

चार्वाक दर्शन पर कोई प्राचीन ग्रंथ उपलब्ध नहीं है। अन्य दार्शनिकों ने अपने ग्रंथों में इस मत का खंडन करते हुए जो विचार व्यक्त किए हैं, उन्हीं से चार्वाक के विचारों का पता चलता है।

चार्वाक दर्शन

इस दर्शन के संबंध में पुराणों में एक कथा मिलती है। शुक्राचार्य (दे.) की तपस्या में विघ्न डालने के लिए इंद्र ने अपनी कन्या जयंती को आचार्य के पास भेजा। आचार्य उस पर आसक्त हो गए। इस संसर्ग से जयंती ने देवयानी (दे.) को जन्म दिया। तत्पश्चात् शुक्राचार्य पुनः शिव की आराधना में लीन हो गए। अवसर पाकर बृहस्पति ने आचार्य के शिष्य दानवों को संजीवनी विद्या के नाम पर चार्वाक

दर्शन की शिक्षा देकर पथ से विमुख करना आरंभ किया।

यह नास्तिक दर्शन है। न वेदों को प्रमाण मानता है, न ईश्वर की सत्ता में विश्वास करता है। इसके अनुसार केवल दृश्य जगत ही सत्य है। लौकिक सुख प्राप्त करना ही परम पुरुषार्थ है। अदृश्य कुछ नहीं है। परलोक की भी कोई सत्ता नहीं है।

चालुक्य वंश

इस राजवंश का उदय छठी शताब्दी ईस्वी में मध्य दक्षिणी भारत में हुआ। ये लोग स्वयं को चंद्रवंशी राजपूत और अयोध्या के प्राचीन शासक बताते थे। किसी-न-किसी रूप में, कभी उत्कर्ष और कभी अपकर्ष के साथ, बारहवीं शताब्दी तक यह राजवंश शासन करता रहा। यद्यपि ये लोग कट्टर हिंदू थे, फिर भी इन्होंने बौद्ध और जैन धर्म को प्रश्रय दिया। याज्ञवल्क्य स्मृति की 'मिताक्षरा' व्याख्या, जो बंगाल को छोड़कर शेष भारत में हिंदू कानून का सबसे प्रामाणिक ग्रंथ माना जाता है, इन्हीं राजाओं की राजधानी में लिखा गया था।

चिकित्सा (भारतीय)

इस समय देश में चार चिकित्सा पद्धतियां प्रचलित हैं—आयुर्वेदिक, ऐलोपैथिक, होमियोपैथिक और यूनानी। प्राचीन काल में चिकित्सा के क्षेत्र में भी भारत ने बड़ी उन्नति की थी। प्राचीन वाङ्मय ऐसे विवरणों से भरा हुआ है। गणेश के सिर पर हाथी का मस्तक जोड़ देना, च्यवन ऋषि और राजा ययाति की कथा से यही सिद्ध होता है। देवताओं के वैद्य धन्वंतरि आयुर्वेद के प्रवर्तक माने जाते हैं। उनकी महत्ता सिद्ध करने के लिए उन्हें समुद्र से निकला हुआ बताया गया है। अश्विनी कुमारों (दे.) और चरक (दे.) तथा सुश्रुत का भी इसी के प्रसंग में उल्लेख मिलता है।

चिकित्सा और शल्यक्रिया के प्रवर्तक काशिराज दिवोदास को उनकी प्रतिभा के कारण धन्वंतरि का अवतार माना गया। वे वानप्रस्थी रहकर राज्य का संचालन करने के साथ-साथ आयुर्वेद की शिक्षा देते तथा रोगियों की चिकित्सा किया करते थे। उनकी सफलता के कारण यह मान्यता हो गई थी कि काशी जाने से व्यक्ति के कष्ट दूर हो जाते हैं। तभी से काशी को मुक्तदायिनी नगरी का श्रेय मिला।

दिवोदास के अनुसार रोगियों को रोग से मुक्त करना तथा स्वास्थ्य की रक्षा करना आयुर्वेद का मुख्य प्रयोजन है। उस समय शिक्षा की सुविधा की दृष्टि से आयुर्वेद इन आठ खंडों में विभाजित था—1. शल्य तंत्र (सर्जरी), 2. शलाक्य तंत्र (आंख, कान, नाक आदि की चिकित्सा), 3. काय चिकित्सा (ज्वर आदि की

चिकित्सा), 4. भूत विद्या (मानसिक रोगों की चिकित्सा), 5. कौमारभृत्य (धातु-विज्ञान तथा शिशु चिकित्सा), 6. अगत तंत्र (विष चिकित्सा), 7. रसायन तंत्र (बुढ़ापे से बचने के उपाय) तथा 8. बाजीकरण (शरीर को दृढ़ एवं बलवान बनाने के उपाय)। यद्यपि राजनीतिक स्थिति तथा अन्य चिकित्सा प्रणालियों के प्रचलन से अब आयुर्वेद पद्धति की उतनी मान्यता नहीं रह गई है, फिर भी देश की जनता का एक बड़ा वर्ग इस पद्धति पर विश्वास करता है। इसे शासकीय स्वीकृति प्राप्त है और इसके अध्ययन-अध्यापन की भी व्यवस्था है।

ऐलोपैथिक पद्धति का विकास वैज्ञानिक क्रांति के साथ पश्चिमी देशों में हुआ और अंग्रेजों के भारत आगमन के साथ यह भारत आई। शासकीय प्रोत्साहन के कारण इसने भारत में जड़ें जमाईं और निरंतर के शोध और वैज्ञानिक उपकरणों के उपयोग से यह आज सर्वाधिक मान्य और प्रचलित पद्धति है। भारत के चिकित्सक इस पद्धति की शल्यक्रिया और चिकित्सा की उच्चतम विधियों का प्रयोग करने में सक्षम हैं। देश में बड़ी संख्या में मेडीकल कालेज हैं तथा अस्पतालों और निजी चिकित्सा-सुविधाओं का जाल बिछा हुआ है।

होमियोपैथी भी पश्चिम की देन है। इसका आविष्कार जर्मन ऐलोपैथिक चिकित्सक सेमुअल हनीमैन ने 1790 ई. के आसपास किया था। इसका सिद्धांत है—रोग उन्हीं दवाओं से निरापद रूप से ठीक होता है जिनमें उस रोग के लक्षणों को उत्पन्न करने की क्षमता होती है। यह अपेक्षाकृत सस्ती चिकित्सा पद्धति है और देश में इसका प्रचलन बढ़ रहा है। इसे भी शासकीय स्वीकृति प्राप्त है तथा इस पद्धति के नियमित अध्ययन-अध्यापन की व्यवस्था है।

यूनानी चिकित्सा पद्धति मुसलमानों के शासनकाल में भारत आई और उस समय इसे प्रोत्साहन भी मिला। किंतु अब इसका प्रचलन बहुत सीमित है।

चित्त

दार्शनिकों ने चित्त के संबंध में गंभीरता से विचार किया है। पतंजलि कहते हैं कि मन, बुद्धि और अहंकार से मिलकर चित्त बनता है। इसकी पांच वृत्तियां होती हैं—प्रमाण, विपर्यय, विकल्प, निद्रा और स्मृति। पांच प्रकार की भूमियां भी होती हैं—क्षिप्त, मूढ़, विक्षिप्त, निरुद्ध और एकाग्र। इनमें से अंतिम दो की स्थिति में ही योग की साधना होती है। योग का उद्देश्य चित्त के निरोध द्वारा आत्मा का अपने स्वरूप में लय हो जाना है। इस प्रकार चित्तवृत्तियों के निरोध को ही योग कहते हैं। योग के आठ अंग हैं—यम, नियम, आसन, प्राणायाम, प्रत्याहार, धारणा, ध्यान और समाधि।

चित्तरंजन दास (1870-1925 ई.)

कलकत्ता के प्रसिद्ध देशभक्त जो देशबंधु चित्तरंजन दास के नाम से अधिक प्रसिद्ध हैं। गांधीजी द्वारा चलाए गए असहयोग आंदोलन में सम्मिलित होने के लिए उन्होंने अपनी चलती हुई वकालत छोड़ दी और पूरी तरह से राष्ट्रीय आंदोलन में सम्मिलित हो गए। 1922 ई. की गया कांग्रेस के अध्यक्ष वही थे। 1923 ई. में पंडित मोतीलाल नेहरू से मिलकर उन्होंने 'स्वराज्य पार्टी' बनाई और उसकी ओर से देश भर में चुनाव लड़े। आंदोलन में जेल जाने से उनका स्वास्थ्य बिगड़ गया था और 1925 ई. में देहांत हो गया।

चित्तौड़

मेवाड़ के राणाओं की राजधानी चित्तौड़ का गढ़ सबसे मजबूत था। सदियों तक मुस्लिम आक्रमणकारी इस पर कब्जा न कर सके। 1567 ई. में अकबर ने चित्तौड़ का घेरा डाला और उसे चार महीने बाद इस दुर्ग पर विजय प्राप्त करने में सफलता मिली। चित्तौड़ का जब-जब पतन हुआ, महल की सभी रानियां-दासियों सहित अपनी लाज बचाने के लिए दुर्ग के भीतर चिता जला कर सती हो गईं। विजय प्राप्त करने के बाद अकबर यहां से दुर्ग के फाटक को, विशाल नगाड़े को जिसकी आवाज मीलों दूर तक जाती थी और देवी के मंदिर के दीपदान को अपने साथ आगरा ले गया। वीरान चित्तौड़ को राणा जगतसिंह ने एक बार फिर बनाया परंतु 1654 ई. में शाहजहां के आदेश पर वह फिर ढहा दिया गया।

चित्तौड़ किले के भीतर के अवशेषों में महाराणा प्रताप का जन्म स्थान, रानी पद्मिनी, पन्नाधाय और मीराबाई के महल, कीर्ति स्तम्भ, जलस्तंभ, जयशंकर महादेव का मंदिर आदि दर्शनीय स्थल हैं। कीर्ति स्तम्भ कला की दृष्टि से भी बड़ा महत्वपूर्ण है। गिरिधर गोपाल का मंदिर, जहां मीराबाई आराधना करती थीं, अभी विद्यमान है। पहाड़ी पर अचल खड़ा यह किला राजपूतों की शौर्यगाथा सुनाता हुआ हजारों दर्शकों को आकृष्ट करता है।

चित्रकला

कामसूत्र में चित्रकला के छह अंग बताए गए हैं—रूपभेद, प्रमाण, लावण्य, भाव-योजना, सादृश्य और वर्णप्रयोग। रेखा-माधुर्य प्रमाण आदि चित्र के गुण हैं। प्रमाण-भंग, अयोग्य वर्णसंस्कार, बेजोड़रेखा आदि को चित्रकला का दोष माना जाता है। भारत में प्राचीन काल से ही चित्रकला का व्यापक प्रचार रहा है। अजंता के कला-चित्र इसका प्रमाण हैं। ऐसा चित्रांकन सिद्धहस्त कलाकार ही कर सकते हैं।

चित्रकला भारतीय

आत्माभिव्यक्ति मानव की प्राकृतिक प्रवृत्ति है। अपने अंतर् के भाव प्रकट किए बिना वह रह नहीं सकता। और, भावों का आधार होता है, मनुष्य का परिवेश। विद्वानों की मान्यता है कि आदिम काल में जब भाषा और लिपि-चिह्नों का आविर्भाव नहीं हुआ था, रेखाओं के संकेत से ही व्यक्ति स्वयं को अभिव्यक्त करता था। गुफाओं के अंदर आज जो शिलाचित्र मिलते हैं, वे ही चित्रकला के आदि प्रमाण हैं। तब का मानवजीवन पशुओं आदि के अधिक निकट था, जीवन के अन्य पक्ष अभी विकसित होने थे, इसलिए तत्कालीन भारतीय चित्रांकन भी इतने तक ही सीमित मिलता है।

किंतु सभ्यता के विकास के साथ परिस्थितियां बदलती गईं। भारत धर्म और आध्यात्म की ओर आकृष्ट हुआ। यहां बाह्य सौंदर्य की अपेक्षा आंतरिक भावों को प्रधानता दी गई। इसलिए भारत की चित्रकला में भाव-भंगिमा, मुद्रा तथा अंग-प्रत्यंगों के आकर्षण के अंदर से भावपक्ष अधिक स्पष्ट उभरकर सामने आया।

कालांतर में राजनीतिक कारणों से भारत की चित्रकला पर ग्रीक कला का प्रभाव पड़ा। फिर आया भारतीय संस्कृति का स्वर्ण युग। इस युग की चित्रकला की सर्वोत्तम कृतियां हैं—अजंता के चित्र, देवी-देवताओं की मूर्तियां आदि जिनको देखकर लोग आश्चर्यचकित रह जाते हैं।

इस्लाम धर्म चित्रकला के प्रति उदासीन ही नहीं वरन् वर्जना-भाववाला रहा है। इसलिए मुस्लिम शासन के आरंभिक काल में भारतीय चित्रकला का विकास रुक-सा गया। किंतु अकबर के समय में इसमें परिवर्तन हुआ। धर्मग्रंथों के अलंकरण के रूप में चित्रकला फिर पनपने लगी। साथ ही फारसी शैली का भी उस पर प्रभाव पड़ा। मुगल शासन के अवसान के बाद यह चित्रकला देशी राज्यों तक सीमित रह गई। इसी बीच राजस्थानी शैली, कांगड़ा या पहाड़ी शैली के चित्र बने। राग-रागनियों के चित्रों के निर्माण का भी यही समय है।

अंग्रेज यथार्थवादी भौतिक संस्कृति लेकर भारत आए। उनकी चित्रकला बाह्य को ही यथावत उतारती है। इसका प्रभाव भारत के चित्रकारों पर भी पड़ा। रवि वर्मा (1848-1905 ई.) के चित्र इसके प्रमाण हैं।

इसके बाद भारत के नवजागरण से प्रभावित चित्रकला का नया रूप सामने आया। इसके मुख्य प्रवर्तक रहे हैं—अवनीन्द्रनाथ ठाकुर, नंदलाल वसु, रवीन्द्रनाथ ठाकुर, यामिनी राय, असित हालदार, अमृता शेरगिल आदि। इस युग से कला राजपूताना या कांगड़ा शैली के नख-शिख चित्रण से हटकर रंग और रेखाओं के माध्यम से भावनाओं को व्यक्त करने की ओर अभिमुख हुई और आज के भारतीय चित्रकारों की कृतियां इस प्रयोगवादी शैली से प्रभावित हैं।

वर्तमान समय में अभिव्यक्ति और अलंकरण के आधार पर चित्रकला दो

मोटे भागों में बांटी जाती है—'फाइन आर्ट' जिसमें भावाभिव्यक्ति की प्रधानता है और 'कॉमर्शियल आर्ट' जो अलंकरण प्रधान है।

चित्रकूट

उत्तर प्रदेश के बांदा जिले में स्थित इस प्राचीन तीर्थ का वर्णन महाभारत, रामायण और विभिन्न पुराणों में भी मिलता है। यह आरंभ से ही तपोभूमि रहा है। महर्षि अत्रि का यहां आश्रम था। चित्रकूट में मंदाकिनी नदी बहती है जिसे पयस्विनी भी कहते हैं। वनवास के समय श्रीराम यहां ठहरे थे। मान्यता है कि महर्षि वाल्मीकि भी यहां रहे थे। चित्रकूट में पयस्विनी के किनारे का स्थान सीतापुर कहलाता है। यहां पर नदी के किनारे 24 घाट हैं। कहते हैं, तुलसीदास को यहीं पर श्रीराम के दर्शन हुए थे।

मंदाकिनी या पर्यास्विनी का उद्गम मंद्राचल पर्वत से होता है। इस पहाड़ी अंचल में सती अनुसुइया, अत्रि, दत्तात्रेय और हनुमान के मंदिर हैं। काफी ऊंचाई पर—360 सीढ़ियां चढ़ने के बाद हनुमानधारा है। कामदगिरि की लोग श्रद्धापूर्वक परिक्रमा करते हैं। मान्यता है कि राम, लक्ष्मण और सीता ने यहां निवास किया था। जानकी कुंड, स्फटिक शिला और कुछ दूर पर स्थित भरत कूप और गुप्त गोदावरी (दे.) भी लोगों के आकर्षण के केन्द्र हैं।

चित्रकेतु

1. सूरसेन देश का एक चक्रवर्ती राजा। निःसंतान चित्रकेतु को अंगिरा ऋषि द्वारा संपन्न पुत्रेष्टि यज्ञ से पुत्र प्राप्ति हुई। किंतु यज्ञ के समय ही ऋषि ने बता दिया था कि यह पुत्र तुम्हें हर्ष और शोक दोनों प्रदान करने वाला होगा। यथा-समय पुत्र उत्पन्न होने पर राजा की प्रसन्नता की सीमा न रही। किन्तु रानी की सौतों ने बालक को विष देकर मार डाला। बालक की मृत्यु से राजा-रानी पर दुख का पहाड़ टूट पड़ा। उसे शोक-संतप्त देखकर महर्षि अंगिरा ने कहा—तुम्हारी आसक्ति देख कर मैंने तुम्हें पुत्र दिया। अब तुम समझ गए हो कि पुत्र के कारण कितना दुख होता है। स्त्री, संतान, घर, धन आदि ऐश्वर्य की वस्तुएं कितनी दुखदायी हैं।

नारद भी वहां उपस्थित थे। उन्होंने बालक को जीवित करके कहा कि तुम अपने दुखी पिता का शोक दूर करो। किन्तु पुनर्जीवित बालक बोला—मेरे कारण इनको कष्ट हुआ, अतः ये मेरे प्रति शत्रुभाव क्यों नहीं रखते ? फिर मैं जिस देह को एक बार त्याग चुका हूं, उससे अब मेरा कोई नाता नहीं। इतना कहकर जीव पुनः शरीर से निकल गया। अंत में नारद से उपदेश प्राप्त करके राजा ने अपना राज-पाट त्याग दिया।

एक बार इसने पार्वती को सबके सामने शिव की जंघा पर बैठे देखा तो यह हंस पड़ा। इस पर क्रुद्ध होकर पार्वती ने इसे शाप दिया और अगले जन्म में यह वृत्तासुर के रूप में पैदा हुआ था।

2. लक्ष्मण के एक पुत्र का नाम।
3. जाम्बवती का एक पुत्र।

चित्रखंडी ऋषि

यह सात ऋषियों का सामूहिक नाम है। इसमें मरीचि, अंगिरा, अत्रि, पुलस्त्य, पुलह, क्रतु और वशिष्ठ सम्मिलित हैं। इन ऋषियों ने 'पांचराज शास्त्र' का संकलन किया। इसमें वेदों का निष्कर्ष निकाल कर रखा गया है। इस शास्त्र में धर्म, अर्थ, काम और मोक्ष चारों पुरुषार्थों का विवेचन है। यह ग्रंथ आजकल उपलब्ध नहीं है। अन्य ग्रंथों में ही इसका उल्लेख मिलता है।

चित्रगुप्त

पुराणों में चित्रगुप्त का उल्लेख यमराज के यहां मनुष्यों के पाप-पुण्य का लेखा-जोखा रखने वाले लिपिक के रूप में मिलता है। इनके जन्म के संबंध में कथा प्रचलित है कि ध्यानमग्न ब्रह्मा की काया से लेखनी और मसिपात्र लिए हुए, अनेक रंगों से चित्रित एक पुरुष प्रकट हुआ। जब उसने ब्रह्मा से अपने लिए काम पूछा तो ब्रह्मा ने आदेश दिया कि यमलोक जाकर मनुष्यों के पाप-पुण्य का विवरण तैयार करो। काया से उत्पन्न होने के कारण चित्रगुप्त को कायस्थ भी कहते हैं। वर्तमान कायस्थ जाति के लोग इन्हें अपना पूर्व पुरुष मानते और यम द्वितीया को इनकी पूजा करते हैं। भीष्म पितामह को चित्रगुप्त की आराधना से ही इच्छा-मृत्यु का वरदान मिला था।

एक अन्य मत के अनुसार चित्रगुप्त मित्र नामक कायस्थ के पुत्र थे। इन्होंने सूर्य की तपस्या करके ज्ञान प्राप्त किया। यमराज ने इन्हें धर्म का रहस्य समझाया और अपने यहां लिपिक पद पर रख दिया।

चित्रलेखा

वाणासुर के मंत्री उष्मांड की पुत्री। यह वाणासुर की कन्या उषा की सहेली थी। चित्रकला में यह अत्यन्त प्रवीण थी। जब उषा ने स्वप्न में देखे अनिरुद्ध का इससे वर्णन किया तो इसने उसका यथावत् चित्र बना दिया था। बाद में यही सोते हुए अनिरुद्ध को योगमाया से द्वारका से शोणितपुर ले आई थी।

चित्रसेन

विश्वावसु के पुत्र एक गंधर्व जिनकी गणना देव ऋषियों में होती है। ये संगीत कला के आचार्य थे। इन्द्रलोक में इन्होंने ही अर्जुन को संगीत और नृत्य की शिक्षा दी थी। इस शिक्षा का प्रयोग अर्जुन ने अज्ञातवास के समय राजा विराट की पुत्री को संगीत सिखाने के लिए किया था।

चित्रांगदा

मणिपुर के पांड्य राजा चित्रवाहन की कन्या जिसका विवाह अर्जुन के साथ हुआ था। तीर्थ यात्रा के क्रम में चित्रांगदा को देखकर अर्जुन उस पर मोहित हो गए और उससे विवाह कर लिया। अर्जुन से चित्रांगदा को वभ्रूवाहन नामक पुत्र प्राप्त हुआ। महाभारत के युद्ध में वभ्रूवाहन का अश्वत्थामा ने वध किया था। पांडवों के महाप्रस्थान के समय चित्रांगदा अपने पिता के घर वापस आ गई।

रावण की एक पत्नी का नाम भी चित्रांगदा था जिसके गर्भ से वीरबाहु नामक पुत्र पैदा हुआ।

चिदम्बरम

चिदम्बरम रेलवे स्टेशन भी है और दक्षिण भारत का प्रमुख तीर्थ भी है। इसकी प्रसिद्धि शिव की नटराज मूर्ति के कारण है। नटराज शिव का मंदिर लगभग 100 बीघे के घेरे में है। गोपुरम् के ऊपर नाट्यशास्त्र की विभिन्न नृत्य मुद्राओं की मूर्तियां वनी हैं। चार घेरे पार करने के बाद नटराज शंकर की सोने की मूर्ति के दर्शन होते हैं। बाहरी घेरे में शिवगंगा सरोवर है। और उसके निकट ही पार्वती का मंदिर। पार्वती को वहां 'शिवकाम सुंदरी' कहते हैं। पार्वती के मंदिर के समीप सुब्रह्मण्यम का मंदिर है जिसके बाहर एक मयूर मूर्ति बनी है।

चिदम्बरम पिल्लै

दक्षिण भारत के प्रसिद्ध स्वतंत्रता सेनानी जिनका जन्म सितम्बर 1872 ई. में तमिलनाडु के तिन्नेवेल्लि जिले में हुआ था। बंगभंग के विरुद्ध आंदोलन के समय वे राजनीति में आए। वे लोकमान्य तिलक के अनुयायी थे और 'दक्षिण के तिलक' के नाम से प्रसिद्ध हुए। वे स्वदेशी के प्रबल समर्थक थे। इनके प्रयत्न से देश में पहली स्वदेशी जहाजरानी कंपनी की स्थापना हुई। इससे अपने व्यवसाय में बाधा देखकर ब्रिटिश सरकार ने उन पर राजद्रोह का मुकदमा चलाया और छः वर्षों के लिए जेल में बंद कर दिया था। वे अच्छे कवि और लेखक भी थे। कवि भारती ने चिदम्बरम पिल्लै पर अनेक कवितायें लिखी हैं। जून 1936 में पिल्लै का निधन हो गया।

चिदानंद

एक प्रसिद्ध भगवत प्रेमी कवि जो अठारहवीं शताब्दी के मध्य में थे। इनकी गणना माध्व संप्रदाय के प्रमुख वैष्णवों में होती है। इन्होंने कन्नड़ भाषा में श्रीकृष्ण के संबंध में गीतों की रचना की। 'हरिभक्त रसायन' और 'हरिकथासार' इनके दो प्रसिद्ध ग्रंथ हैं।

चिदाभास

अद्वैतवासियों का मत है कि अंतःकरण पर पड़ने वाला चैतन्य स्वरूप परब्रह्म का आभास ही चिदाभास है। इसी प्रतिबिम्ब के पड़ने से ज्ञान उत्पन्न होता है और यह ज्ञान माया के संयोग से अनेक रूपों में दिखाई देता है।

वेदांत में चिदाभास की छह अवस्थाएं बताई गई हैं—अज्ञान, आवरण, परोक्ष-ज्ञान, शोकनाश, विक्षेप और आनंदव्याप्ति।

चिनाब नदी

हिमालय से इसका आरंभ चंद्रा और भागा नाम की दो छोटी नदियों के रूप में होता है। बाद में ये दोनों धारायें मिलकर हिमाचल प्रदेश के चंबा जिले में पश्चिम की ओर बहती हैं। कुछ ही दूर जाकर यह नदी संकीर्ण घाटी के रूप में परिवर्तित होती हुई पाकिस्तान में प्रविष्ट कर जाती है। भारत में इसका प्रवाह क्षेत्र बहुत कम है।

चिपलूणकर, विष्णु कृष्ण (1850-1882 ई.)

मराठी भाषा के 'शिवाजी' के नाम से प्रसिद्ध चिपलूणकर ने अपने अल्प जीवन में जन जाग्रति के लिए बड़ा काम किया। इनकी रचनाओं के कारण जब ब्रिटिश सरकार ने असंतोष प्रकट किया तो चिपलूणकर सरकारी सेवा से अलग हो गए। बाद में इन्होंने 'मराठा' और 'केसरी' नामक दो समाचार पत्रों का प्रकाशन आरंभ किया।

बाद में इन्हीं दो पत्रों का संपादन अपने हाथ में लेकर लोकमान्य तिलक ने अंग्रेजों की नींद हराम कर दी थी।

चीनी यात्री

बौद्ध धर्म का प्रसार पूर्वी एशिया के देशों और चीन-जापान में भी व्यापक रूप से हुआ। बौद्ध धर्म के चीनी अनुयायी मार्ग के यात्रा संकटों की उपेक्षा करके भारत आते रहे। इनका उद्देश्य बौद्ध तीर्थों का दर्शन करना और बौद्ध ग्रंथों को चीन ले

जाना था। सबसे पहले फाह्यान चंद्रगुप्त द्वितीय (375-413 ई.) के शासन काल में आया और 401 से 410 ई. तक भारत में रहा। तब से लेकर 700 ई. तक समय-समय पर चीन से बौद्ध यात्री आते रहे। उन्होंने तक्षशिला, नालंदा और विक्रमशिला जैसे विश्वविद्यालयों में पठन-पाठन किया। इन्हीं यात्रियों में इत्सिंग (दे.) और ह्वेनसांग (दे.) थे।

चुनार

उत्तर प्रदेश के मिर्जापुर जिले में गंगा के किनारे स्थित वर्तमान चुनार पहले 'चरणाद्रि' के नाम से जाना जाता था। इसे भर्तृहरि की तपोभूमि बताया जाता है। कहते हैं, 'वैराग्य शतक' की रचना उन्होंने यहीं की थी। यहां पहाड़ी के ऊपर एक प्राचीन किला है। मध्य काल तक इस किले का महत्व बना रहा। किले के अन्दर स्थित मंदिर को राजा विक्रमादित्य का बनवाया हुआ माना जाता है। यहां के एकांत में वल्लभाचार्य जी ने आराधना की थी। 'महाप्रभु जी की बैठक' इसकी याद दिलाती है और वैष्णव इसे अपना तीर्थ मानते हैं। अंग्रेजों ने नाना साहब के पिता को चुनार के किले में ही आजन्म कैद रखा था।

चेतसिंह

बनारस का राजा जो पहले अवध के नवाब का सामंत था लेकिन बाद में उसने अंग्रजों की ईस्ट इंडिया कंपनी से मेलजोल बढ़ा लिया। अंग्रेजों के साथ इसकी जो संधि हुई उसमें चेतसिंह ने प्रति वर्ष साढ़े बाइस लाख रुपया नजराना देना स्वीकार किया। बदले में ब्रिटिश कंपनी ने कहा कि वह न तो कभी इससे अधिक धन मांगेगी और न किसी को बनारस राज्य में दखल देने देगी।

लेकिन वारेन हेस्टिंग्स ने इस संधि की उपेक्षा करके चेतसिंह से अधिक धन और फौज की मांग की। जब राजा इसकी व्यवस्था न कर सका तो उस पर पचास हजार रुपया जुर्माना ठोंक कर हेस्टिंग्स वसूल करने के लिए स्वयं बनारस जा पहुंचा। चेतसिंह को कैद कर लिया गया परंतु उसके सिपाहियों ने हेस्टिंग्स के साथ आई ब्रिटिश टुकड़ी का सफाया कर डाला। हेस्टिंग्स जान बचाकर चुनार भागा और वहां से कुमुक लेकर उसने बनारस के किले को लूट लिया। चेतसिंह पकड़ में नहीं आया। हेस्टिंग्स ने उसके भतीजे को इस शर्त पर बनारस रियासत का राजा बनाया कि वह प्रति वर्ष चालीस लाख रुपये का नजराना कंपनी को देगा।

चेदि

गंगा और नर्मदा के बीच के क्षेत्र का प्राचीन नाम चेदि था। बौद्ध ग्रंथों में जिन सोलह महाजनपदों का उल्लेख है उनमें यह भी था। कलिचुरि वंश ने भी यहां

राज्य किया। किसी समय शिशुपाल यहां का प्रसिद्ध राजा था। उसका विवाह रुक्मणी से होने वाला था कि श्रीकृष्ण ने रुक्मणी का हरण कर लिया। इसके बाद ही जब युधिष्ठिर के राजसूय यज्ञ में श्रीकृष्ण को पहला स्थान दिया तो शिशुपाल ने उनकी घोर निंदा की। इस पर श्रीकृष्ण ने उसका बध कर डाला। मध्य प्रदेश का ग्वालियर क्षेत्र में वर्तमान चंदेरी कस्बा ही प्राचीन काल के चेदि राज्य की राजधानी बताया जाता है।

चेन्नम्मा

रानी लक्ष्मीबाई से बहुत पहले रानी चेन्नम्मा ने अंग्रेजों से टक्कर लेकर अपना मस्तक ऊंचा किया था। चेन्नम्मा का जन्म 1778 ई. में दक्षिण भारत के काक-तीय राजवंश में हुआ था। वर्तमान कर्नाटक के अंतर्गत स्थित किन्तूर के राजा मल्लसर्ज के साथ उनका विवाह हुआ। चेन्नम्मा बड़ी सुंदर तो थी ही, बचपन से ही उसे घुड़सवारी, शस्त्र चलाने आदि युद्ध की कलाओं का बड़ा शौक था।

राजा मल्लसर्ज की पहले मृत्यु हुई। बाद में उनका पुत्र भी चल बसा। पुत्र निःसंतान मरा। यद्यपि उसने एक बालक को गोद ले लिया था, पर राजा के मरते ही अंग्रेजों की ईस्ट इंडिया कंपनी ने गोद के पुत्र का अधिकार अस्वीकार करके किन्तूर को हड़पना चाहा। अपने पति की मृत्यु के बाद चेन्नम्मा बराबर राज-कार्यों में भाग ले रही थी। उसने स्पष्ट कह दिया कि जीते जी वह किन्तूर पर विदेशियों का आधिपत्य न होने देगी।

चेन्नम्मा ने अपनी सेना को मजबूत करना शुरू किया। अंग्रेजों ने कुछ समय के बाद किले को घेर लिया। पर इससे रानी ने साहस न छोड़ा। 23 सितम्बर 1824 ई. की बात है। अंग्रेज कलेक्टर ने चौबीस घंटे में आत्म-समर्पण करने की चेतावनी दी। इसके उत्तर में रानी मर्दाना भेष में अपने सिपाहियों के साथ अकस्मात किले के फाटक खोलकर विदेशियों पर ऐसी टूटी कि उन्हें भागने का भी समय नहीं मिला। कलेक्टर वहीं पर मारा गया। इसी प्रकार मद्रास और बंबई से कुमुक मंगाकर जब अंग्रेजों ने दुबारा हमला किया तो उन्हें फिर मुंह की खानी पड़ी। लेकिन तीसरी बार अपने ही देश के गद्दारों के शत्रुओं से मिलने के कारण रानी हार गई। उसे गिरफ्तार करके जेल में डाल दिया गया। राज्य पर अंग्रेजों का कब्जा हो गया। वीर रानी चेन्नम्मा की जेल में ही 21 फरवरी 1829 ई. को मृत्यु हो गई।

चैतन्य महाप्रभु

वैष्णव दर्शन के महत्वपूर्ण संप्रदाय 'चैतन्यमत' के प्रवर्तक चैतन्य महाप्रभु का जन्म बंगाल के नवद्वीप नामक स्थान में 1485 ई. में हुआ था। कहीं इनका पूरा नाम

विश्वम्भर मिश्र और कहीं श्रीकृष्ण चैतन्य चन्द्र मिलता है। चैतन्य ने चौबीस वर्ष की उम्र में वैवाहिक जीवन त्याग कर संन्यास ग्रहण कर लिया था। वे कर्मकांड के विरोधी और श्रीकृष्ण के प्रति आस्था के समर्थक थे। चैतन्य मत का एक नाम 'गोडीय वैष्णव मत' भी है। चैतन्य ने अपने जीवन का शेष भाग प्रेम और भक्ति का प्रचार करने में लगाया। उनके पंथ का द्वार सभी के लिए खुला था। हिंदू और मुसलमान सभी ने उनका शिष्यत्व ग्रहण किया। उनके अनुयायी चैतन्यदेव को विष्णु का अवतार मानते हैं। अपने जीवन के अठारह वर्ष उन्होंने उड़ीसा में बिताये। छह वर्ष तक वे दक्षिण भारत, वृन्दावन आदि स्थानों में विचरण करते रहे। 48 वर्ष की अल्पायु में उनका देहांत हो गया। मृदंग की ताल पर कीर्तन करने वाले चैतन्य के अनुयायियों की संख्या आज भी पूरे भारत में पर्याप्त है। (दे. कृष्ण चैतन्य)।

चैतन्य संप्रदाय

इस संप्रदाय के आरंभकर्ता चैतन्य महाप्रभु अथवा कृष्ण चैतन्य 1533 ई. में परमपद को प्राप्त हो गए थे। बाद में नित्यानंद और उनके पुत्र वीरचंद्र के समय में इस संप्रदाय की वृद्धि हुई। वीरचंद्र ने एक ही दिन में दो हजार पांच सौ बौद्धों को चैतन्य संप्रदाय में दीक्षित कर लिया था। चैतन्य के कुछ अनुयायी उनके जीवन काल में ही वृन्दावन आ गए थे। अकबर की उदार धार्मिक नीति के कारण भी इस संप्रदाय को बढ़ने का मौका मिला।

चैतन्य ने अपने मत के प्रचार के लिए स्वयं कोई ग्रंथ नहीं लिखा। इस मत की दार्शनिक विवेचना जीवगोस्वामी ने की। इस मत के अनुसार हरि अथवा भगवान ही परम तत्व या अंतिम सत्य है। राधा-कृष्ण की युगल मूर्ति में हरि पूर्ण रूप में प्रकट हैं। इन दोनों में प्रेम और भक्ति का अनिवार्य बंधन है।

इस संप्रदाय के मंदिरों में कृष्ण और राधा की मूर्तियों के साथ कृष्ण चैतन्य की मूर्ति भी स्थापित की जाती है।

चैत्य

मृत व्यक्ति के चिता-स्थल पर या उसकी राख लेकर अन्यत्र बनाया जाने वाला स्मृति भवन। कालान्तर में इसका आशय बौद्ध और जैन संन्यासियों के समाधि स्थल पर निर्मित विशेष प्रकार के भवन से लिया जाने लगा। पहले चैत्य लकड़ी के बनते थे। बाद में स्थायी रूप देने के लिए पत्थर के बनने लगे। अनेक बौद्ध और जैन चैत्य पहाड़ों को तराश कर गुफाओं के अंदर बनाये गए। देश के मध्य पश्चिमी भाग में ऐसे चैत्य बड़ी संख्या में हैं। इनका निर्माण दूसरी शताब्दी ई. पूर्व से लेकर सातवीं शताब्दी तक हुआ था।

चोल

दक्षिण का एक प्राचीन राज्य और राजवंश। स्वतंत्र राज्य के रूप में इसका उल्लेख अशोक के अभिलेखों में भी मिलता है। इस तमिल भाषी राज्य में अशोक ने बौद्ध भिक्षुओं को भेजा था। लगभग 100 ई. के एक चोल राजा का उल्लेख मिलता है जिसने श्रीलंका से लंबे समय तक युद्ध किया और वहां के युद्धबंदियों से कावेरी (दे.) के तट पर 100 मी. लंबा बांध बंधवाया था। चोल राजा किसी न किसी रूप में चौदहवीं शताब्दी तक शासन करते रहे, यद्यपि सातवीं शताब्दी के पूर्वार्ध में जब ह्वेनसांग ने इस प्रदेश की यात्रा की तो उस समय चोल राज्य केवल कुडप्पा जिले तक सीमित रह गया था।

चोलों की शासन व्यवस्था बहुत संगठित थी। वह पंचायत प्रणाली पर आधारित थी। गांव की महासभा का प्रतिवर्ष निर्वाचन होता था। स्वर्ण मुद्राओं अथवा अनाज के रूप में लगान वसूल किया जाता था। चोलों के समय में कला की भी बहुत उन्नति हुई। तंजौर का राजराजेश्वर शिव मंदिर, मदुराई, श्रीरंगम्, रामेश्वरम् आदि के मंदिर आज भी चोलों की वास्तुकला के जीवंत प्रमाण हैं।

चोली-मार्ग

वाम मार्ग का वह भेद या सम्प्रदाय जिसमें उपासिकाओं की चोलियाँ एक बरतन में ढक कर रख दी जाती हैं, और तब निकालने पर जिस स्त्री की चोली जिस उपासक के हाथ में आती है, उसी के साथ संभोग करता है।

चौथ

भाद्रपद शुक्ल चतुर्थी का चंद्रमा चौथ का चंद्रमा कहलाता है। मान्यता है कि जो व्यक्ति उस दिन चंद्रमा को देखता है उसे कलंक लगता है। चौथ का चंद्रमा देखने से ही श्रीकृष्ण को स्यमंतक मणि की चोरी लग गई थी। अतः कुछ क्षेत्रों में लोग उस दिन चंद्रमा पर दृष्टि नहीं पड़ने देते।

चौरंगीनाथ

चौरासी सिद्धों में से एक जो मत्स्येन्द्रनाथ के शिष्य और गोरखनाथ के गुरुभाई थे। इनका समय नवीं-दसवीं शताब्दी माना जाता है। इनका जन्म स्यालकोट के राजा शालिवाहन के घर हुआ था। किंतु विधाता ने बचपन में ही इनके पैर कटवा दिए। इनकी लिखी पुस्तकों में 'प्राण संकली' अधिक प्रसिद्ध है। इसमें उस समय के कुछ ऐतिहासिक संकेत भी मिलते हैं।

चौरासी वैष्णवन की वार्ता

ब्रज भाषा के इस ग्रंथ का संग्रह संवत् 1608 वि. में गोस्वामी गोकुलनाथजी ने किया था। बल्लभ संप्रदाय के इस ग्रंथ में श्रीकृष्ण चरित्र से संबंधित कथाओं के प्रेम तत्व पर अधिक बल दिया गया है। यह ऐतिहासिक महत्व का ग्रंथ है। इसमें संकलित वार्ताओं से अनेक भक्त कवियों का समय निर्धारिन करने में सहायता मिली है ?

चौरासी सिद्ध

ये सिद्ध बौद्ध धर्म की वज्रयान शाखा से संबंधित हैं। इनके समय तक शील और समाधि का मार्ग छोड़ चुके थे। नीति और औचित्य का भी उनकी साधना में कोई महत्व न था। वे चमत्कारिक सिद्धियां प्राप्त करने लगे थे। इनमें से बहुतों को सुरापान और परस्त्री गमन में भी आपत्ति न थी। रजकी, भिल्लनी, डोमनी आदि साधिकाओं में से किसी एक के सहयोग से ये वाममार्ग पर चलकर डाकिनी आदि की सिद्धि करते थे। इन सिद्धों में नरोपा तिलोपा, जालंधरपा आदि विशेष प्रसिद्ध हैं।

चौरीचौरा कांड

1920 ई. में देश की स्वतंत्रता के लिए गांधीजी के नेतृत्व में असहयोग आंदोलन आरंभ हुआ। गांधीजी की पहली शर्त यह थी कि आंदोलन में किसी प्रकार की हिंसा नहीं होगी। किंतु गोरखपुर के निकट चौरीचौरा स्थान पर परिस्थितियां ऐसी बनीं कि हिंसा हो गई। सत्याग्रहियों की एक भीड़ जब 5 फरवरी, 1922 ई. को शांति के साथ चौरीचौरा थाने के सामने से जा रही थी, पुलिस ने उस पर गोलियां चलाना आरंभ कर दिया। 26 सत्याग्रही वहीं मारे गए और सैकड़ों घायल हो गए। जब गोलियां समाप्त हो गईं तो पुलिस ने बंदूकों के कुंदों से लोगों को मारना शुरू किया। यह देखकर भीड़ में से एक व्यक्ति ने ललकारा—आखिर हम कब तक इस तरह मरते रहेंगे। पुलिसवालों ने जब भीड़ में प्रतिशोध की भावना देखी तो वे थाने के अंदर बंद हो गए। तभी किसी ने मिट्टी का तेल डालकर थाने में आग लगा दी। 21 सिपाही और एक थानेदार भीतर ही जलकर मर गए।

गांधीजी को जब यह सूचना मिली तो उन्होंने असहयोग आंदोलन वापस ले लिया। इसके बाद ही गांधीजी गिरफ्तार कर लिए गए और हिंसा भड़काने के आरोप में उन्हें 6 वर्ष की सजा दे दी। इस कांड से असहयोग आंदोलन को बड़ा धक्का लगा।

चौल कर्म

बालक के प्रथम मुंडन या चूड़ाकरण संस्कार को कहते हैं। यह जन्म के एक वर्ष के भीतर या फिर तीसरे वर्ष किसी शुभ मुहूर्त में किया जाता है। उस दिन कर्मकांड में निर्दिष्ट पूजा के बाद नापित द्वारा केश उतारे जाते हैं और शिर के ऊपर शिखा के रूप में कुछ बाल छोड़ दिए जाते हैं। शिखा के संबंध में आयुर्वेद में कहा गया है कि जहां शिखा रखी जाती है, उसके नीचे मनुष्य-शरीर का मर्मस्थल है। शिखा उसकी रक्षा के लिए रखते हैं।

चौहान

राजपूतों का एक कुल जिसका आरंभ पंवारों, प्रतिहारों और सोलंकियों की तरह राजपूताना में आबू पर्वत के एक यज्ञकुंड से माना जाता है। कुछ विद्वान् इन्हें गुर्जरों और श्वेत हूणों के बंशज मानते हैं जो पांचवीं शताब्दी में भारत आकर बस गए और जिन्होंने हिन्दू धर्म स्वीकार कर लिया। बाद में शासक और योद्धा होने के कारण वे क्षत्रिय माने गए।

च्यवन

च्यवन ऋषि ऋग्वेद के अनेक मंत्रों के द्रष्टा माने जाते हैं। ऋग्वेद के अनुसार ये भृगु के पुत्र थे और जीर्णावस्था में पड़े हुए अश्विनी कुमारों को मिले। उनकी कृपा से च्यवन को पुनः पौरुष और स्वास्थ्य प्राप्त हुआ। शतपथ ब्राह्मण के अनुसार राजा शर्याति द्वारा उपहास किए जाने पर च्यवन रौद्र रूप धारण करके राजा को शाप देने को उद्यत हो गए। इस पर राजा ने अपनी युवती पुत्री सुकन्या सौंपकर ऋषि का क्रोध शांत किया।

महाभारत में यह कथा अन्य प्रकार से वर्णित है। भृगु की पत्नी पुलोमा को उसकी गर्भावस्था में एक राक्षस उठा ले गया। भय के कारण उसका गर्भस्थ शिशु गिर पड़ा। इसी सेउ सका नाम च्यवन (गिरा हुआ) पड़ा। च्यवन एक बार नर्मदा के तट पर तपस्या कर रहे थे। उनका शरीर दीमकों की बांबी से ढक गया था, केवल जुगनू की तरह दो आंखें चमक रही थीं। शर्याति की पुत्री सुकन्या ने कौतूहल वश तिनकों से च्यवन की आंखें फोड़ डालीं। क्रुद्ध च्यवन ने राजा को शाप दे डाला। अंत में अपनी पुत्री सौंपकर राजा ने ऋषि के शाप से मुक्ति पाई।

वृद्ध च्यवन और युवती सुकन्या में कोई वय-साम्य नहीं था। अश्विनी कुमारों द्वारा भरमाए जाने पर भी जब सुकन्या च्यवन से विमुख नहीं हुई तो उन्होंने औषधि द्वारा च्यवन ऋषि को स्थायी यौवन प्रदान कर दिया। इन्हीं च्यवन ऋषि के नाम पर 'च्यवनप्राश' नामक पौष्टिक आयुर्वेदिक औषधि प्रसिद्ध है।

छ

छंद

वेद के छह अंग हैं—शिक्षा, कल्प, व्याकरण, निरुक्त, ज्योतिष और छंद। ज्योतिष वेदों की आंख है, निरुक्त कान है, व्याकरण मुख है, शिक्षा नाक है, कल्प हाथ है और छंद पांव है। छंद से ठीक उच्चारण और पठन का ज्ञान होता है। ऋग्वेद, सामवेद और अथर्ववेद तीनों पद्य में हैं। यजुर्वेद में पद्य और गद्य दोनों हैं। छंद का संबंध पद्य से है। प्राचीन काल में जब श्रुति और स्मृति (सुनने और याद रखने) से ज्ञान की निरंतरता बनी रहती थी, छंदोबद्ध रचना का बड़ा महत्व था। इसलिए वेदाध्ययन में छंद का ज्ञान अनिवार्य माना जाता है।

छत्रसाल

बुंदेला सरदार चंपतराय के पुत्र छत्रसाल ने आरंभ में शिवाजी के विरुद्ध औरंगजेब की सेना का साथ दिया। परंतु बाद में शिवाजी से प्रेरणा लेकर उसने मुगलों के विरुद्ध कई लड़ाइयां जीतीं और 1671 ई. तक पूर्वी मालवा में अपने स्वतंत्र राज्य की स्थापना कर ली। पन्ना को अपनी राजधानी बनाकर वह 1731 ई. में अपनी मृत्यु के समय तक शासन करता रहा।

छांदोग्य उपनिषद्

सामवेद से संबंधित यह ग्रंथ दो भागों में है। पहला भाग 'ब्राह्मण ग्रंथ' है, जिसमें मनुष्य के संस्कार आदि का वर्णन है। दूसरे भाग के 8 अध्याय उपनिषद् हैं। गद्य में रचित यह भाग दार्शनिक तत्वों पर प्रकाश डालता है। इसके विभिन्न अध्यायों में परमात्मा के प्रतीकों की उपासना तथा अनेक कलाएं वर्णित हैं। घोर आंगिरस द्वारा देवकी पुत्र कृष्ण को आध्यात्म ज्ञान, सत्यकाम जाबाल की कथा तथा इंद्र और विरोचन की कथा के माध्यम से ज्ञानपूर्वक कर्म की प्रशंसा की गई है।

छाया

सूर्य की दूसरी पत्नी का नाम। सूर्य की पहली पत्नी संज्ञा से यम नामक पुत्र और यमुना नामक पुत्री पैदा हुए थे। बाद में सूर्य का तेज न सह पाने पर संज्ञा अपनी संतति की देखरेख छाया पर छोड़कर अपने पिता विश्वकर्मा के पास चली गई।

किंतु पिता ने उसे पुन: पति के पास जाने का आदेश दिया।

इस पर संज्ञा अश्विनी (घोड़ी) के रूप में इधर-उधर विचरण करने लगी। दूसरी ओर छाया ने संज्ञा की संतानों की अवहेलना आरंभ कर दी। इस पर सूर्य को संज्ञा की याद आई। वह विश्वकर्मा से पता लगाकर स्वयं भी अश्व के रूप में संज्ञा से जा मिला (दे. संज्ञा, अश्विनी कुमार)।

छायावाद

आधुनिक हिंदी काव्य की एक प्रमुख धारा। इसका आरंभ 1914 ई. के आसपास हुआ। उस समय हिंदी काव्य में दो प्रवृत्तियां चल रही थीं। रीतिकालीन कविता जिसमें अलंकार, रस, गुण, ध्वनि, नायिका भेद आदि बाह्य विषय काव्य-रचना के मूलाधार थे, प्रचलन में थी। दूसरी ओर द्विवेदी युग ने उपदेशपरक, नीरस और स्थूल आदर्शवादी काव्यधारा का प्रवर्तन किया था। ये दोनों प्रवृत्तियां तत्कालीन मानव-चिंतन को तुष्ट करने में सफल नहीं हुईं और इनके प्रतिकार स्वरूप ही नई काव्यधारा का आविर्भाव हुआ, जो 'छायावाद' के नाम से जानी जाती है।

रीतिकाल के कवि बाह्य वर्णन को प्रधानता देते थे। छायावाद ने नई शैली और नवीन पद-विन्यास को अपनाकर आंतरिक अनुभूतियों को प्रकट करने का यत्न किया। वस्तुत: छायावाद 'स्थूल के विरुद्ध सूक्ष्म का विद्रोह' था। इसने चिंतन को ही सर्वाधिक अभिव्यक्ति प्रदान की। हिंदी के छायावादी कवियों में जयशंकर 'प्रसाद', सूर्यकांत त्रिपाठी 'निराला', सुमित्रानंदन पंत और महादेवी वर्मा अग्रणी रहे हैं। इस धारा का प्रभाव 1942 ई. के आसपास तक माना जाता है। उसके बाद कविता में प्रगतिशील तत्व अधिक दिखाई देते हैं।

छिन्नमस्तक गणपति

गणपति का वह रूप जिसमें उनका मस्तक कटा हुआ दिखाया जाता है। प्राचीन विवरण के अनुसार अपनी देह के अंश से पार्वती ने गणेश का निर्माण किया था। एक दिन गणेश को बाहर पहरे पर बैठाकर पार्वती स्नान करने लगीं। इतने में शंकरजी आ गए और उन्होंने अंदर जाना चाहा। जब गणेश ने उन्हें रोका तो शिवजी ने उनका सिर काट लिया। सिर कटे गणेश का मंदिर उत्तराखंड में मंदाकिनी और सोम नदी के संगम से कुछ दूरी पर स्थित है।

बाद में पार्वती के विलाप करने पर शिवजी ने हाथी के बच्चे का सिर लाकर गणेश के सिर की जगह लगा दिया। इस प्रकार गणेश गजानन बन गए।

छिन्नमस्ता

तांत्रिकों को उपास्य देवी जो दस महाविद्याओं में छठी है। इसका एक नाम प्रचंडिका भी है। इसका रूप बड़ा भयंकर है। यह अपना कटा हुआ सिर हाथ में लिए हुए अपने गले से निकली रक्तधारा चाटती है। खड्ग और मुंडमालाओं से सज्जित यह देवी नग्न रहती है।

छीतस्वामी (1510-1585 ई.)

अष्टछाप के प्रसिद्ध कवि छीतस्वामी मथुरा के निवासी चौबे थे। इनका प्रारंभिक जीवन बड़ी उच्छृंखलता में बीता। बाद में गोसाईं बिट्ठल नाथ के प्रभाव से ये कृष्ण-भक्त हो गए। छीतस्वामी बीखल के पुरोहित थे और उनसे वृत्ति प्राप्त करते थे। किंतु एक बार अपने रचित पद की बीखल से प्रशंसा न सुनकर इन्होंने वृत्ति लेना बंद कर दिया। कवित्त और संगीत दोनों पर इनका समान अधिकार था। कहते हैं कि स्वयं अकबर भेष बदलकर इनके पद सुनने के लिए आया करते थे। छीतस्वामी जीवनपर्यन्त गृहस्थ रहे और घर पर रहकर ही इन्होंने श्रीनाथजी के विरुद में पद लिखे तथा संकीर्तन किया।

ज

जंगम

दाक्षिणात्य लिंगायत शैवों के गुरु। यह शब्द जाति के सदस्य और अभ्यासी दोनों के लिए प्रयुक्त होता है। अभ्यासी जंगम ही पूज्य और गुरु होते हैं। अधिकांश जंगम विवाह करते तथा आजीविका अर्जित करते हैं। पर अभ्यासी या आचार्य का काम करनेवाले जंगम आजन्म ब्रह्मचारी रहते हैं। उन्हें किसी मठ में रहकर शिक्षा, दीक्षा लेनी पड़ती है। इनकी भी गुरुस्थल एवं विरक्त दो श्रेणियां होती हैं। गुरुस्थलों को पारिवारिक संस्कारों और गुरु का कार्य करने की शिक्षा दी जाती है। संपूर्ण लिंगायत संप्रदाय इन जंगमों के अधीन होता है।

जंबुकेश्वर

श्रीरंगम (दे.) मंदिर से लगभग दो कि. मी. दूर जंबुकेश्वर का मंदिर रंगजी के

मंदिर से प्राचीन है। यहां का शिवलिंग जलतत्व लिंग माना जाता है। मुख्य मंदिर पांचवें घेरे में है। लिंगमूर्ति के नीचे से बराबर जल ऊपर आता रहता है। कहते हैं कि आदि शंकराचार्य ने यहां पूजा आराधना की थी। वर्ष में एक बार रंगजी की उत्सव-मूर्ति को यहां लाते हैं।

मंदिर के पीछे जामुन का एक प्राचीन वृक्ष है। कहते हैं कि एक ऋषि यहां शंकर की आराधना करते थे। जामुन वृक्षों के बीच में रहने के कारण उनका नाम जंबुऋषि पड़ गया। उनकी तपस्या से प्रसन्न होकर शंकर यहां स्थित हुए और जंबुकेश्वर कहलाए।

जंबूद्वीप

पुराणों में जिन भौगोलिक प्रदेशों के नाम मिलते हैं, उनमें जंबूद्वीप का विशेष उल्लेख है। इसे सात द्वीपों से घिरा हुआ मुख्य द्वीप बताया गया है। इसके नौ खंड हैं और उनमें से एक भारतवर्ष है। महाभारत के अनुसार मेरु पर्वत को घेरकर जो सात द्वीप हैं, वही जंबूद्वीप है। कहीं-कहीं यह भी उल्लेख मिलता है कि मेरु पर्वत के चारों ओर जंबू (जामुन) के वृक्ष हैं, अतः इस प्रदेश का नाम 'जंबूद्वीप' पड़ गया।

उपर्युक्त उल्लेखों को देखते हुए यह निष्कर्ष निकालना कठिन है कि वास्तव में यह क्षेत्र कौन-सा था, इसका विस्तार कहां से कहां तक था और भारत के अतिरिक्त कौन-कौन से देश इसमें सम्मिलित थे। पर यह नाम आज भी चला आ रहा है और हिंदू विधि-विधानों एवं अनुष्ठानों के समय संकल्प में 'जंबूद्वीप' और 'भरतखंड' शब्दों का प्रयोग होता है।

जंभ

1. अथर्ववेद में वर्णित एक रोग अथवा राक्षस का नाम।
2. असुरों का एक सरदार जिसने इंद्र के हाथी को पंगु कर दिया था, अंत में इंद्र के हाथों मारा गया।
3. तारक का सेनापति जिसने मत्स्य पुराण के अनुसार कुबेर, जनार्दन आदि से लड़ने में अपने प्राण गंवाए। एक जगह इसे दैत्य बताया गया है जो महिषासुर का पिता था और इंद्र के हाथों मारा गया।

जंभनाथ

संत कवि जंभनाथ का जन्म 1451 ई. में जोधपुर राज्य के अंदर हुआ था। 34 वर्ष की उम्र तक यह एक शब्द भी नहीं बोले। जनश्रुति के अनुसार इनके माता-पिता ने नागोर देवी के मंदिर में दीप जलाकर अपने पुत्र के लिए वाणी का वरदान मांगा। इस पर एक चमत्कार हुआ। वहां उपस्थित जंभनाथ ने दीपक

बुझा दिया और वे लोगों के सामने ईश्वर के संबंध में उपदेश देने लगे। जंभनाथ ने ब्रह्मचर्य का जीवन बिताया। वे संतों की भांति घूमते और अपने विचारों का प्रचार करते रहे। जांत-पांत और कुल में उनकी कोई आस्था न थी। 1523 ई. में बीकानेर में उनकी जीवन-लीला समाप्त हुई।

जगजीवनदास

निर्गुण संत परंपरा के जगजीवनदास सतनामी का जन्म उत्तर प्रदेश के बाराबंकी जिले में 1670 ई. में हुआ था। इन्हें लोग गुलाल साहब (दे.) की परंपरा में मानते हैं। ये गृहस्थ थे और इन्होंने भौतिक जीवन तथा आध्यात्मिक साधना में पूरा समन्वय स्थापित कर लिया था। ये मानते थे कि संसार के कार्यों में लगे रहने पर भी सर्वशक्तिमान के प्रति निष्ठा होने पर शांति प्राप्त हो सकती है। इनके शिष्यों में सभी वर्ण और जाति के लोग थे। इनके लिखे हुए सात ग्रंथ प्रसिद्ध हैं

जगदीशचंद वसु

प्रसिद्ध भारतीय वैज्ञानिक जिनका जन्म 30 नवंबर, 1858 ई. को ढाका (अब बांग्लादेश) में हुआ था। आपके अंदर आविष्कार की रुचि छात्र जीवन से ही थी। इंग्लैंड में शिक्षा ग्रहण करने के बाद आपने कलकत्ता में शिक्षण और शोध का कार्य आरंभ किया। आप विश्व के प्रथम वैज्ञानिक थे जिन्होंने सिद्ध किया कि पेड़-पौधों में भी अनुभव करने की, प्रसन्नता और दुख के वेगों को प्रकट करने की शक्ति है। वे भी प्राणियों के समान सोते और जागते हैं, प्रेम और क्रोध के भावों को समझते और प्रकट करते हैं और उनमें भी नर तथा मादा होते हैं।

विश्व प्रसिद्ध वैज्ञानिक वसु का 1937 ई. में निधन हो गया।

जगन्नाथ

उड़ीसा में पुरी के मंदिर में स्थापित श्रीकृष्ण की काष्ठ मूर्ति जगन्नाथ मूर्ति कहलाती है। इस मंदिर में जगन्नाथ की मूर्ति के साथ बलराम और बहन सुभद्रा की भी मूर्तियां हैं। पुरी (दे.) में प्रतिवर्ष आषाढ़ में रथयात्रा के दिन रथ में जगन्नाथ की सवारी निकलती है। उस दिन यहां बहुत बड़ा मेला लगता है। उत्कल के जगन्नाथ का महात्म्य ब्रह्म पुराण के एक अंश में दिया हुआ है।

जजिया

प्रत्येक व्यक्ति से लिया जानेवाला यह कर पहले यहूदियों और ईसाइयों से लिया जाता था। मुस्लिम विजेताओं ने भारत में हिंदुओं पर भी जजिया लगाया। 712 ई. में सिंध पर विजय प्राप्ति के बाद मुहम्मद बिन-कासिम ने पहली बार

जजिया लगाया था। पहले ब्राह्मण इससे मुक्त थे। लेकिन फिरोजशाह तुगलक (1351—88 ई.) के राज्यकाल में ब्राह्मणों पर भी यह कर लगा दिया गया। अकबर ने 1564 ई. में इसे उठा लिया था लेकिन 1679 ई. में औरंगजेब ने इसे फिर लगा दिया। यद्यपि कानूनी रूप से यह कर जारी रहा परंतु मुहम्मदशाह (1719—48 ई.) के समय से इसकी वसूली बंद हो गई।

जटायु

1. गरुड़ जाति का एक मानव राजा जो अयोध्या नरेश दशरथ का मित्र था। रावण द्वारा सीता का हरण देखकर इसने रावण को समझाने का बहुत यत्न किया, पर वह न माना। इस पर दोनों में युद्ध हुआ। जटायु ने रावण को घायल करके रक्त से लथपथ कर दिया। उसके छोड़े हुए सब बाण जटायु ने अपने पंखों से उड़ा दिए। अंत में रावण ने जटायु के पंख काटकर उसे अधमरा कर दिया। सीता की खोज में निकले राम-लक्ष्मण से भी जटायु की भेंट हुई। उसने सीता-हरण की सूचना देते हुए बताया कि सीता का हरण विंद नक्षत्र में हुआ है, इसलिए वह आपको अवश्य प्राप्त होगी। यह कहकर उसने प्राण त्याग दिए। राम ने पूज्य मानकर उसका अंतिम संस्कार किया। बाद में अंगद आदि बानरों की सहायता से उसका भाई संपाति भी वहां आ गया।

2. हिमालय पर्वत-शृंखला के एक पर्वत का नाम।

जटासुर

महाभारत में वर्णित एक असुर। बनवास के समय इसकी बदरिकाश्रम में पांडवों से भेंट हुई। वह पांडवों के अस्त्र-शस्त्र और द्रौपदी का हरण करना चाहता था, किंतु भीम से डरता था। एक दिन जब अर्जुन इंद्रलोक और भीम जंगल में गए हुए थे, जटासुर ने ब्राह्मण का वेश धारण करके द्रौपदी का हरण करने की चेष्टा की। किंतु उसी समय भीम आ गए और उन्होंने गदा प्रहार से असुर का वध कर डाला। इसके पुत्र अलंबुश ने महाभारत में दुर्योधन का साथ दिया।

जड़ भरत

भागवत में आए वर्णन के अनुसार वे स्वयंभुववंशी ऋषभ के पुत्र थे और उनका नाम भरत था। भरत आरंभ से ही माया-मोह से विरक्त साधक का जीवनयापन करते थे। किंतु एक बार उन्हें नदी में बहता हुआ एक मृग-शावक मिल गया। भरत उसके मोह से इतने ग्रस्त हो गए कि मृत्युकाल में भी उसी का स्मरण रहा। अतः उनका अगला जन्म मृग के रूप में हुआ। तदनंतर वे पुनः मानव योनि में जन्मे। भरत संसार के मायामोह और वासनाओं से बचने के लिए जड़वत रहते

थे। वे अपने ज्ञान का परिचय किसी को नहीं देते थे। इसीलिए उनका नाम 'जड़ भरत' पड़ गया। एक बार सौवीर राजा की कपिल मुनि के आश्रम की यात्रा के समय इन्हें राजा की पालकी ढोने के लिए बेगार में पकड़ लिया गया। अन्य वाहकों की गति से न चलता देखकर राजा पहले तो इन पर बहुत क्रुद्ध हुआ, किंतु बाद में इनकी विद्वत्तापूर्ण बातों से प्रभावित होकर वह जड़भरत का शिष्य बन गया।

जनक

मिथिला नरेश जनक अपने अध्यात्म दर्शन ,के लिए विख्यात हैं। उपनिषदों में वर्णित तत्वज्ञान के प्रतिपादकों में उन्हें श्रेष्ठ स्थान प्राप्त है। याज्ञवल्क्य जैसे दार्शनिक उनके दरबार की शोभा बढ़ाते थे।

जनक सीता के पिता थे। ये 'विदेह' और 'सीरध्वज' नाम से भी प्रसिद्ध हैं। सांसारिक जीवन से अनासक्त और जीवन-मुक्त दार्शनिक होने के कारण ये 'विदेह' कहलाए। यह भी उल्लेख मिलता है कि आर्यों के अग्रणी 'विदेह' ने जब गंडक पार करके प्रथम आर्य बस्ती बसाई तो वहां के लोग 'विदेह' नाम से विख्यात हुए। इस प्रकार 'विदेह' जातिसूचक शब्द भी है। जनक की ध्वजा पर हल की आकृति होने से वे 'सीरध्वज' नाम से भी प्रसिद्ध हुए।

कहा जाता है कि जनक नाम के अनेक राजा हुए। इनके पूर्वज निमि थे। एक समय निमि ने कई सौ वर्षों में समाप्त होनेवाले यज्ञ का आयोजन किया और वशिष्ठ से उसका पुरोहित बनने का अनुरोध किया। वशिष्ठ उस समय इंद्र का यज्ञ करा रहे थे। उन्होंने निमि से प्रतीक्षा करने के लिए कहा। राजा निमि ने प्रतीक्षा न करके गौतम आदि ऋषियों को बुलाकर यज्ञ आरंभ करा दिया। इससे रुष्ट होकर वशिष्ठ ने निमि को और निमि ने वशिष्ठ को शाप दे दिया जिसके कारण दोनों के शरीर भस्म हो गए।

निमि के कोई संतान न थी। इसलिए ऋषियों ने उसके शरीर को सुरक्षित रखा और यज्ञ की समाप्ति पर उसका मंथन किया। इसी मंथन से एक पुत्र पैदा हुआ जो मृत देह से उत्पन्न होने के कारण 'जनक' कहलाया। शरीर मंथन से उत्पन्न होने के कारण इसका एक नाम 'मिथि' भी पड़ा इन्होंने ही मिथिला नगरी बसाई थी। सीता के पिता सीरध्वज जनक इनकी सातवीं पीढ़ी में उत्पन्न हुए थे।

सीरध्वज जनक के पिता का नाम ह्रस्वरोया था। जनक को सीता यज्ञभूमि पर हल चलाते समय मिली थी। युवती होने पर परम सुंदरी सीता की मांग सांकाश्या नगरी के राजा सुधन्वा ने की। जनक के अस्वीकार करने पर सुधन्वा ने मिथिला पर आक्रमण कर दिया, पर वह जनक के हाथों मारा गया और उसका राज्य जनक के भाई कुशध्वज को मिल गया।

राम ने शिवधनुष भंग करके सीता के स्वयंवर के लिए किया हुआ जनक का प्रण पूरा किया। राजा जनक की दो कन्याएं थीं—सीता और उर्मिला। इनके भाई कुशध्वज की भी दो कन्याएं थीं—मांडवी और श्रुतिकीर्ति। इन चारों का विवाह क्रमश: राम, लक्ष्मण, भरत और शत्रुघ्न के साथ हुआ।

जनकपुर

बिहार के इस वैष्णव तीर्थ का उपनिषद काल से ही बड़ा महत्व रहा है। यही प्राचीन काल की मिथिला और विदेह नगरी है। विश्वामित्र, गौतम, वाल्मीकि और याज्ञवल्क्य का इससे संबंध रहा है। सीता के पिता सीरध्वज जनक यहीं के राजा थे। इसके चारों ओर स्थित शिलानाथ, कपिलेश्वर, कुणेश्वर आदि शिव मंदिर इसके महत्व के परिचायक हैं। महाभारत काल में यहां घना जंगल था और साधु-संत यहां तपस्या किया करते थे।

जनगणना

देश की जनसंख्या की गणना प्रत्येक दस वर्ष में की जाती है। इसमें जनसंख्या के साथ-साथ जीवन की विभिन्न गतिविधियों का भी समावेश होता है। जनगणना की विधि और उसकी उपयोगिता से भारतवासी प्राचीन काल में भी परिचित थे। मेगस्थनीज के अनुसार चंद्रगुप्त मौर्य के समय (325—298 ई. पू.) पाटलिपुत्र नगरपालिका में नागरिकों के जन्म और मृत्यु का लेखा-जोखा रखा जाता था।

जनतंत्र

वह राजनीतिक प्रणाली जिसमें जनता की इच्छा सर्वोपरि होती है। इसका आदर्श रूप तो यह होता कि प्रत्येक नागरिक को कानून बनाने और प्रशासन चलाने में प्रत्यक्ष रूप से भाग लेने का अवसर मिलता। पर आधुनिक युग में जनसंख्या के प्रसार के साथ यह संभव नहीं है। जनतंत्र परोक्ष रूप से व्यवहार में आता है। लोग अपने चुने हुए प्रतिनिधियों के माध्यम से शासन-प्रबंध में भाग लेते हैं और उनका निर्धारित अवधि के लिए समय-समय पर निर्वाचन करते हैं।

जनतंत्र में प्रत्येक नागरिक को समान कानूनी अधिकार होते हैं। जाति, धर्म, वर्ग या लिंग के आधार पर उनमें भेदभाव नहीं बरता जाता। लोगों को अपने विश्वास के अनुसार राजनीतिक दल गठित करने का अधिकार होता है। जनतंत्र में लोगों को धार्मिक विश्वास, संगठन और अभिव्यक्ति की पूरी स्वतंत्रता होती है।

भारत में गणराज्य और जनतंत्र की पुरानी परंपरा रही है। 'छंद' और 'शलाकाओं' के माध्यम से लोग अपना मत प्रकट किया करते थे। यूनान के 'नगर

राज्यों' में नागरिक स्वयं उपस्थित होकर प्रशासनिक विषयों पर निर्णय करते थे। इंगलैंड में 'मैग्नाकार्टा' की स्वीकृति के साथ 1215 ई. से जनतंत्र का आरंभ माना जाता है—यद्यपि शोभा के लिए वहां आज भी 'राजतंत्र' है। अब्राहम लिंकन के शब्दों में "जनतंत्र वह शासन है जो जनता का है, जनता के द्वारा होता है और जनता के लिए होता है।"

जनतंत्र की प्रणाली ने बीच-बीच में अधिनायकवाद को चुनौती दी और लोगों को विश्व-युद्धों की विनाश-लीला से गुज़रना पड़ा। पर अंतिम विजय जनतंत्र की भावना की ही हुई है।

जनपद

आरंभ में आर्य लोग अलग-अलग समुदायों में रहते थे, जिन्हें 'जन' कहा जाता था। धीरे-धीरे क्षेत्र-विस्तार होता गया और अनेक जन मिलकर 'जनपद' बन गए। इनमें से प्रत्येक जनपद का एक प्रधान नगर (राजधानी) और एक राजा होता था। इन जनपदों की शक्ति और क्षेत्र का विस्तार होता गया। ऐसे जनपद 'महाजनपद' कहलाए। बौद्ध साहित्य में इन सोलह महाजनपदों का उल्लेख है—कुरु, पांचाल, शूरसेन, मत्स्य, कोशल, काशी, वज्जि, मल्ल, मगध, अंग, चेदि, वत्स, अवंति, अश्यक, गंधार और कबोज। साम्राज्यों के विस्तार के साथ ये महाजनपद भी उन्हीं में समा गए।

जनमेजय

1. महाभारत युद्ध के बाद पांडवों की वंश परंपरा में जनमेजय प्रसिद्ध राजा हुए। ये अर्जुन के प्रपौत्र, अभिमन्यु के पौत्र और परीक्षित के पुत्र थे। इनके पिता परीक्षित को नाग ने डस लिया था। इससे कुपित होकर जनमेजय ने तक्षशिला में नाग-यज्ञ किया और असंख्य नागों को यज्ञ की अग्नि में डाल दिया।

ऐतरेय ब्राह्मण ग्रंथ में उपलब्ध विवरण के अनुसार वस्तुतः यह दो जातियों के बीच का दीर्घकालीन संघर्ष था जिसमें नाग जाति पराजित हुई। इसी संघर्ष का उल्लेख नाग-यज्ञ के रूप में किया गया है।

2. शतपथ ब्राह्मण ग्रंथ के अनुसार कुरु वंश का एक राजा जिसकी राजधानी का नाम असंधीवत था। अनेक अश्वों के स्वामी इस राजा ने शौनक ऋषि के पौरोहित्य में अश्वमेध यज्ञ किया था।

जनार्दन

तिरुअनंतपुरम् से लगभग 40 कि. मी. दूर समुद्र के किनारे जनार्दन मंदिर है। मंदिर ऊंचाई पर है और इसका घेरा काफी बड़ा है। यहां जनार्दन की श्यामवर्ण

की मूर्ति स्थापित है। कहते हैं, ब्रह्मा समुद्र तट के निकट यहां यज्ञ कर रहे थे। उस समय जनार्दन साधु वेश में आए और भोजन मांगा। किंतु सारा भोजन समाप्त करने पर भी जब साधु तृप्त न हुए तो ब्रह्मा सावधान हो गए और अतिथि के चरणों पर गिर पड़े। प्रसन्न होकर भगवान ने चतुर्भुज रूप में दर्शन दिए और वर मांगने के लिए कहा। इस पर ब्रह्मा ने कहा—आप मेरे इस यज्ञस्थल पर इसी रूप में स्थित रहें।

जिस स्थान पर ब्रह्मा ने यज्ञ किया था, वहां पर धूप की खदान है। लोग वहां से धूप ले जाते हैं।

जन्माष्टमी

भगवान श्रीकृष्ण की जन्मतिथि के रूप में जन्माष्टमी का व्रत भाद्रपद मास की अष्टमी को पूरे देश में मनाया जाता है। अष्टमी को रात में रोहिणी नक्षत्र हो, तभी जन्माष्टमी मनाते हैं। यदि रोहणी नक्षत्र नहीं मिलता तो अष्टमी तिथि के कारण इसे मनाया जाता है। किंतु तब स्मार्तों की जन्माष्टमी पहले दिन होती है और वैष्णवों की दूसरे दिन। इस दिन दिन-भर व्रत रखने और रात्रि के बारह बजे कृष्ण जन्म के बाद पूजा करके प्रसाद ग्रहण करने का विधान है। इसे केवल व्रत के रूप में नहीं, बड़े समारोह के रूप में मनाया जाता है। मंदिरों और घरों में श्रीकृष्ण के जीवन, विशेष रूप से बाललीलाओं से संबंधित झांकियां सजाई जाती हैं। मथुरा में वृन्दावन में यह समारोह और भी उत्साह से संपन्न होता है।

जन्माष्टमी के दूसरे दिन दधिकौरों का त्यौहार होता है। कुछ लोग जन्माष्टमी के रूप में श्रीकृष्ण की छठी और बरही भी मनाते हैं।

जपुजी

पदों और भजनों का संग्रह 'जपुजी' सिक्खों की पांच प्रमुख प्रार्थना पुस्तकों में पहली है। इसका प्रातःकाल की प्रार्थना में नित्य पाठ किया जाता है। इन पदों की रचना गुरु नानक ने भगवान की स्तुति और अपने अनुयायियों की दैनिक प्रार्थना के लिए की थी। बाद में गुरु अर्जुनदेव ने भी इसमें कुछ पद जोड़े।

जफर खां

दक्षिण के बहमनी राज्य (दे.) के संस्थापक जफर खां का वास्तविक नाम हसन था। सुलतान मुहम्मद तुगलक ने 1347 ई. में उसे दौलताबाद में एक बड़ी सेना का नायक नियुक्त किया। परंतु उसने स्वयं को स्वतंत्र घोषित कर दिया और 'अबुल मुजफ्फर अलाउद्दीन बहमनशाह' की उपाधि धारण करके सुल्तान बन बैठा। वह अपने को फारस के वीर बहमन का वंशज बताता था। इसी से उसका

स्थापित किया हुआ वंश 'बहमनी वंश' कहलाता था।

जमदग्नि

इनकी गणना सप्तर्षियों में होती है। वेदों में इनका नामोल्लेख है। ये भृगु के पौत्र और ऋचीक के पुत्र थे। प्रसेनजित राजा की कन्या रेणुका से इनका विवाह हुआ था। रेणुका से इन्हें समन्वान, सुषेण, बसु, विश्वाबसु और परशुराम ये पांच पुत्र हुए। पौराणिक कथाओं के अनुसार एक बार राजा चित्ररथ को अपनी पत्नियों के साथ क्रीड़ा रत देखकर इनकी पत्नी रेणुका का मन विचलित हो गया। योगबल से जमदग्नि इस बात को जान गए। क्रुद्ध होकर उन्होंने बारी-बारी से अपने पुत्रों को रेणुका का वध करने का आदेश दिया। अन्य चार तो इसके लिए तैयार नहीं हुए, किंतु पिता की आज्ञा मानकर परशुराम ने अपने फरसे से मां का सिर धड़ से अलग कर दिया। परशुराम की पितृभक्ति से प्रसन्न होकर जब जमदग्नि ने वर मांगने के लिए कहा तो परशुराम ने माता के पुनर्जीवित होने का वर मांगा। रेणुका पुनः जीवित हो गई।

एक बार हैहय राजा कार्तवीर्य जमदग्नि को अपमानित करके उनकी गाएं चुरा ले गए थे और इस पर परशुराम ने कार्तवीर्य के हजार हाथ काट डाले थे। कार्तवीर्य के पुत्रों को जब इसका पता चला तो उन्होंने जमदग्नि को मार डाला। इसी का बदला लेने के लिए परशुराम ने इक्कीस बार क्षत्रियों का नाश किया था।

जमनालाल बजाज (1889—1942 ई.)

प्रसिद्ध गांधी-भक्त, उद्योगपति और हिंदीसेवी जमनालाल बजाज राजस्थान में पैदा हुए थे। उन्होंने स्वतंत्रता संग्राम में सक्रिय भाग लिया। गांधीजी उन्हें अपना पांचवां पुत्र कहते थे। जमनालाल जी के प्रयत्न से गांधीजी ने वर्धा में सेवाग्राम का आश्रम बनाया। वे कांग्रेस कार्यसमिति के सदस्य और अ. भा. हिंदी साहित्य सम्मेलन के अध्यक्ष रहे। दक्षिण भारत में हिंदी प्रचार के लिए उन्होंने ही धन दिया था।

जमशेदजी नौशेरवानजी टाटा

भारत में उद्योगों का प्रसार करने वाले टाटा का जन्म 3 मार्च 1839 ई. को बंबई के एक पारसी परिवार में हुआ था। जमशेदजी ने अपने पिता के साथ व्यापार आरंभ किया। शीघ्र ही उनका ध्यान नए क्षेत्रों की ओर गया। उन्होंने उस समय की तकनीकी दृष्टि से सर्वोत्तम कपड़े की मिल खोली। इसपात का कारखान खोलने और बंबई के लिए विद्युत उत्पादन का बड़ा प्रबंध करने की योजना भी उन्हीं की

थी। जमशेदजी का 13 मई 1904 ई. को निधन हो गया। जमशेदपुर का इस्पात का कारखाना 1907 ई. में आरंभ हुआ। आज टाटा कंपनी देश की सबसे बड़ी औद्योगिक कंपनी मानी जाती है।

जयंत

1. इन्द्र का पुत्र। इसका एक नाम उपेन्द्र भी था। समुद्र मंथन के समय निकले अमृत-घट को असुरों से बचाने के लिए यही ले भागा था।

एक बार राम के बल की परीक्षा लेने के उद्देश्य से जयंत ने कौवे का रूप धारण करके चित्रकूट में सीता के पैर पर चोंच से प्रहार किया। इस पर राम ने तृण का एक बाण उस पर छोड़ा। जयत जहां-जहां गया, यह बाण उसका पीछा करता रहा। इन्द्र के सहित किसी ने भी उसे आश्रय नहीं दिया। अंत में नारद के कहने पर वह राम की ही शरण में आया। यद्यपि वह मृत्यु दंड का अपराधी था, पर शरणागत समझ कर राम ने एक आंख फोड़ कर उसे छोड़ दिया।

2. पांडव जिस समय अज्ञातवास में राजा विराट के यहां रह रहे थे, भीमसेन ने अपना नाम जयंत रखा था।

जयंतिया राज्य

इस राज्य की स्थापना 1500 ई. के आसपास पर्वतराय ने की थी। यह एक हिंदू राजवंश था। इसके अंतर्गत असम का जयंतिया पहाड़ी क्षेत्र और बादक नदी के बीच का मैदान सम्मिलित था। यह राजवंश किसी न किसी रूप में 1835 ई. तक चलता रहा। बाद में यहां अंग्रेजों का कब्जा हो गया।

जयकर, एम. आर.

नरम विचारों के भारतीय राजनीतिज्ञ मुकुंद रामराव जयकर का जन्म 13 नवंबर 1873 ई. को बंबई में हुआ था। इन्होंने अपना जीवन वकालत में बिताया। जब तक राजनीतिक आंदोलन गांधी के नेतृत्व में नहीं गया था, ये राजनीति में भी रुचि लेते रहे। 1924 में स्वराज्य पार्टी की ओर से बंबई की लेजिस्लेटिव कौंसिल के सदस्य चुने गए।

जयकर और तेज बहादुर सप्रू (दे.) अपने समय के दो ऐसे राजनीतिज्ञ थे जिन पर कांग्रेस के नेताओं और ब्रिटिश सरकार के अधिकारियों का समान विश्वास था। समय-समय पर यही दोनों कांग्रेस और सरकार के बीच वार्ता कराने के माध्यम बनते और गतिरोध समाप्त कराने में सहायक होते। जयकर का मार्च 1959 में निधन हुआ।

जयचन्द

बारहवी शताब्दी के अंतिम दिनों का कन्नौज का शासक जयचंद दिल्ली और अजमेर के राजा पृथ्वीराज का समकालीन और प्रतिद्वंद्वी था। पृथ्वीराज के राजकवि चंदबरदाई के अनुसार जयचंद की पुत्री संयोगिता का पृथ्वीराज ने अपहरण कर लिया था। इस अपमान का बदला लेने के लिए जयचंद शहाबुद्दीन मुहम्मद गोरी से मिल गया। गोरी के आक्रमण में पृथ्वीराज पराजित होकर 1193 ई. में मारा गया। अगले वर्ष जयचंद को भी गोरी के सेनापति कुतुबुद्दीन के हाथों प्राण गंवाने पड़े और कन्नौज मुसलमानी शासन में आ गया।

जयपुर

वर्तमान राजस्थान राज्य की राजधानी जयपुर 1947 ई. तक इसी नाम की एक देशी रियासत की राजधानी थी। इस नगर की स्थापना महाराजा सवाई जयसिंह द्वितीय ने 1728 ई. में की थी और उन्हीं के नाम पर इसका यह नाम रखा गया। स्वतंत्रता के बाद इस रियासत का विलय भारतीय गणराज्य में हो गया।

जयपुर सूखी झील के मैदान में बसा है जिसके तीन ओर की पहाड़ियों की चोटी पर पुराने किले हैं। यह बड़ा सुनियोजित नगर है। बाजार सब सीधी सड़कों के दोनों ओर हैं और इनके भवनों का निर्माण भी एक ही आकार-प्रकार का है। नगर के चारों ओर चौड़ी और ऊंची दीवार है, जिसमें सात द्वार हैं। यहां के भवनों के निर्माण में गुलाबी रंग के पत्थरों का उपयोग किया गया है, इसलिए इसे 'गुलाबी नगर' भी कहते हैं।

जयपुर में अनेक दर्शनीय स्थल हैं, जिनमें हवा महल, जंतरमंतर और कुछ पुराने किले अधिक प्रसिद्ध हैं। प्रदेश की राजधानी बनने के बाद इस नगर का निरंतर विस्तार हो रहा है।

जयदेव

प्रसिद्ध संस्कृत काव्य ग्रंथ 'गीत गोविन्द' के रचयिता जयदेव बंगाल के राजा लक्ष्मण सेन की सभा के पंचरत्नों में से थे। लक्ष्मण सेन का समय 1119 से 1170 ई. के बीच माना जाता है।

जयदेव के संबंध में एक कहानी प्रचलित है। एक बार वे तीर्थाटन करते हुए जगन्नाथपुरी पहुंचे। वहां एक ब्राह्मण को स्वप्न हुआ कि वह अपनी कन्या पद्मावती का विवाह जयदेव से कर दे। इस विवाह के बाद जयदेव की प्रतिभा में असाधारण वृद्धि हुई।

'गीतगोविन्द' का संस्कृत साहित्य में कालिदास रचित मेघदूत और अभिज्ञान शाकुंतल की भांति ही महत्व है, भागवत और ब्रह्मवैवर्त पुराण से प्रभावित इस

रचना में कृष्णावतार की लीलाओं का वर्णन है। इसके आधार पर बाद में भी कई काव्य ग्रंथ लिखे गए।

जयद्रथ

सिंधु देश का राजा जिसका विवाह धृतराष्ट्र की कन्या दुःशला के साथ हुआ था। जिस समय पांडव वनवास काल में धौम्य ऋषि के आश्रम में रह रहे थे, जयद्रथ अपनी सेना के साथ आश्रम के निकट से गुजरा। द्रौपदी को देखकर वह उसके प्रति आकृष्ट हुआ और बलपूर्वक उसे ले जाने लगा। इसका पता चलने पर पांडवों ने जयद्रथ का पीछा किया और युद्ध में उसे पराजित किया। अपमानित जयद्रथ ने शिव की तपस्या की और यह वरदान प्राप्त कर लिया कि अर्जन की अनुपस्थिति में वह पांडवों को पराजित कर सकेगा।

महाभारत के युद्ध में जयद्रथ ने कौरवों का साथ दिया। चक्रव्यूह के अंदर घिरे हुए अभिमन्यु को मारने वालों में इसका प्रमुख हाथ था। इसी पर अर्जुन ने प्रतिज्ञा की थी कि सूर्यास्त से पहले जयद्रथ का वध न कर सका तो मैं अपने प्राण दे दूंगा। यह सुनकर कौरव पक्ष के महारथियों ने जयद्रथ को घेरे के अंदर बंद कर लिया। इसी बीच श्रीकृष्ण ने अपनी माया से सूर्यास्त का आभास कराया। यह दृश्य देखने के लिए ज्योंही जयद्रथ ने अपना सिर ऊपर किया, आकाश में सूर्य चमक उठा और उसी क्षण अर्जुन के बाण से कट कर जयद्रथ का सिर उसके पिता की गोद में जा गिरा।

जयपाल

एक हिंदू राजा जिसका राज्य हिमाचल प्रदेश के कांगड़ा जिले से लेकर अफगानिस्तान के पास तक फैला था। गजनी के अमीर सुबक्तगीन (977-997) ने जब उसके राज्य के एक हिस्से पर हमला किया तो जयपाल उसका सामना करने के लिए जा पहुंचा। यद्यपि बर्फीले तूफान के कारण उसे संधि करनी पड़ी, परंतु जयपाल का युद्ध सुबुक्तगीन के उत्तराधिकारी के साथ भी चलता रहा। अंत में पराजय का अपमान न सह सकने पर वह जीते जी चिता में कूद गया। जयपाल पश्चिमी भारत पर आक्रमण करने वाले मुसलमानों के विरुद्ध स्वयं आक्रमण की नीति अपनानेवाला अकेला हिंदू राजा था।

जयप्रकाश नारायण

प्रसिद्ध स्वतंत्रता सेनानी जयप्रकाश नारायण का जन्म बिहार के सारन जिले के सोनभद्र नामक गांव में हुआ था। आपने 1922 से 1929 ई. तक ही अमेरिका में रहकर शिक्षा प्राप्त की। भारत लौटने पर आप स्वतंत्रता संग्राम में कूद पड़े

और अनेक बार जेल गए। 'भारत छोड़ो' आंदोलन में जेल से बाहर निकल आने का साहसिक काम किया और बड़ी यातनाएं सहीं।

जयप्रकाश नारायण का देश के समाजवादी विचारकों में प्रमुख स्थान था। आप 'कांग्रेस समाजवादी पार्टी' की स्थापना में आचार्य नरेन्द्रदेव के प्रमुख सहयोगी थे। बाद में आपने आचार्य विनोबा भावे द्वारा चलाए गए 'भूदान' आंदोलन में भी प्रमुख रूप से भाग लिया। स्वतंत्रता के बाद देश में घोषित 'आपातकाल' के दिनों में आपको भी जेल में बंद रहना पड़ा। रिहाई के बाद आपने 'जनतापार्टी' के गठन में महत्वपूर्ण भूमिका निभाई। लंबी बीमारी के बाद 8 अक्तूबर 1979 ई. को आपका देहान्त हो गया।

जयमल्ल

जब अकबर की सेनाओं ने चित्तौड़ का किला घेर लिया तो उदयसिंह किले की रक्षा का भार जयमल्ल नामक वीर राजपूत को सौंप कर जंगल में भाग गया। जयमल्ल ने चार महीने तक किले की रक्षा की। अंत में वह अकबर की सेना द्वारा चलाए गए तोप के गोले से मर गया। चित्तौड़गढ़ पर अकबर का अधिकार जयमल्ल की मृत्यु के बाद ही हो सका।

जय-विजय

कर्दम प्रजापति और देवहूती के दो विष्णुभक्त पुत्र जो यज्ञ-कर्म में भी कुशल थे। एक बार मरुत राजा के यज्ञ से प्राप्त दक्षिणा के बंटवारे में दोनों लड़ पड़े। क्रुद्ध होकर जय ने विजय को मगर बनने का और विजय ने जय को हाथी बनने का शाप दे दिया। बाद में अपने इस कृत्य पर पश्चाताप करते हुए वे विष्णु के पास पहुंचे। विष्णु ने उन्हें आश्वासन दिया कि मैं तुम्हारा उद्धार करूंगा। शाप के कारण मगर बने विजय ने हाथी रूपी जय को पकड़ लिया। विष्णु के आने पर इनका उद्धार हुआ और दोनों भाई विष्णु के द्वारपाल बन गए। (भिन्न विवरण के लिए दे. 'गज ग्राह')।

एक दिन इन्होंने सनकादि ऋषियों को विष्णु के दर्शनों के लिए नहीं जाने दिया। उनके शाप से जय को तीन बार संसार में हिरणाक्ष, रावण और शिशुपाल के रूप में जन्म लेना पड़ा। इसी शाप से विजय हिरण्यकशिपु, कुंभकरण और कंस के रूप में पैदा हुआ। हर बार विष्णु के हाथों ही उनका उद्धार हुआ।

जयशंकर प्रसाद

हिंदी के प्रसिद्ध कवि और नाटककार जयशंकर प्रसाद का जन्म सं. 1946 वि. में वाराणसी में हुआ था। आपने अधिकांशतः घर पर ही रह कर संस्कृत, हिंदी

और फारसी का अध्ययन किया। प्रसाद की रुचि वचपन से ही साहित्य की ओर थी। पहले आप 'कलाधर' नाम से ब्रजभाषा में लिखने लगे। शीघ्र ही खड़ी बोली में रचनाएं करके उस समय के चोटी के साहित्यकार बन गए। आपकी 34 रचनाएं उपलब्ध हैं। इनमें 'कामायनी' महाकाव्य सर्वाधिक प्रसिद्ध है। 15 नववंर 1936 ई. को वाराणसी में ही आपका निधन हो गया।

जयापोड विनयादित्य

कश्मीर के राजा ललितादित्य (724-768 ई.) का पौत्र जो अपने शासन काल में विद्वानों का बड़ा आश्रयदाता था। उसके आश्रय में क्षीरस्वामी जैसे विद्वान रहते थे। एक बार जब वह विजय के लिए निकला तो उसके साथ के सैनिक भाग गए। इसका विनयादित्य पर गहरा प्रभाव पड़ा और वह विरक्त होकर प्रयाग चला गया।

जरा

1. तंत्रशास्त्र के अनुसार शक्ति का स्थान पाताल है। शिव ब्रह्मांड में निवास करते हैं और अंतरिक्ष में काल अवस्थित है। इस काल से ही जरा की उत्पत्ति होती है। गीता के अनुसार जन्म, जरा, व्याधि और मृत्यु ये जीव के चार दुःख हैं, जिनसे वह मुक्त नहीं हो सकता।

2. भागवत में वर्णित एक राक्षसी। इसे मगध देश की गृहदेवी भी कहा गया है। जरासंध के दो खंडों को जोड़ कर इसी ने उसे जीवित कर दिया था।

जरासंध

मगध देश का एक नरेश जो वृहद्रथ का पुत्र था। काशिराज की जुड़वा कन्याएं वृहद्रथ को ब्याही थीं। दोनों बहिनों ने आधे-आधे पुत्र को जन्म दिया तो उसे चौराहे पर फेंक दिया गया। जरा अथवा गृहदेवी नाम की राक्षसी ने दोनों टुकड़ों को जोड़ दिया तो शिशु जीवित हो उठा। इसी से उसका नाम जरासंध पड़ा। यह द्रौपदी के स्वयंवर में उपस्थित था, किंतु धनुष उठाते ही घुटनों के बल गिर ड़५ने से इसका बड़ा उपहास हुआ।

जरासंध की दो कन्याएं अस्ति और प्राप्ति कंस को ब्याही थीं। कंस के वध का समाचार सुनकर यह श्रीकृष्ण का कट्टर विरोधी बन गया। इसने अठारह बार मथुरा पर आक्रमण किया, परंतु हर बार पराजित हुआ। इसके बाद ही बार-बार के आक्रमणों के कारण हो रही जन-धन की हानि को देखकर रैवत पर्वत के पास समुद्र तट पर द्वारका में नई राजधानी बनाई।

युधिष्ठिर ने राजसूय यज्ञ करने की इच्छा प्रकट की तो श्रीकृष्ण ने कहा—

बीस हजार आठ सौ राजाओं को जरासंध ने कैद कर रखा है। उन्हें मुक्त कराए बिना राजसूय यज्ञ पूरा नहीं होता। इसके बाद ब्राह्मण का वेश धारण करके कृष्ण, अर्जुन और भीम मगध की राजधानी गिरिव्रज पहुंचे। जरासंध द्वारा पहचान लिए जाने पर उसका भीम से 27 दिनों तक युद्ध होता रहा। अंत में कृष्ण के संकेत पर भीम ने जरासंध को टांगें पकड़कर फाड़ डाला और उसकी मृत्यु हो गई।

जलंधर

समुद्र से उत्पन्न एक राक्षस जिसने बचपन में ब्रह्मा की दाढ़ी इतने जोर से खींची कि उनके आंसू निकल आए। तभी से इसका नाम जलंधर पड़ा। इसे शिव के तृतीय नेत्र की अग्नि से उत्पन्न एक राक्षस बताया जाता है। एक बार कैलास में शिव को न पहचानकर इंद्र ने उन पर वज्र प्रहार किया। इससे शिव का तीसरा नेत्र खुला और उससे निकली ज्वाला इंद्र को भस्म करने के लिए बढ़ी। अब इंद्र को अपनी त्रुटि का बोध हुआ। उसने शिव से प्रार्थना की। इंद्र पर दया करके शिव ने उस ज्वाला को समुद्र में फेंक दिया। समुद्र में गिरते ही वह भयंकर रूप में रोने वाले बालक के रूप में प्रकट हुआ। समुद्र ने उसको ब्रह्मा को सौंप दिया था कि तभी उसने ब्रह्मा की दाढ़ी नोंच डाली।

एक अन्य मतानुसार यह गंगा और समुद्र के संयोग से पैदा हुआ था। पार्वती की सुंदरता का बखान सुनकर यह उन्हें पत्नी बनाने के उद्देश्य से कैलाश को च.त । और शिव का रूप धारण करके पार्वती के पास पहुंचा। इससे पूर्व यह वृन्दा नाम की एक कन्या से विवाह कर चुका था। पार्वती जलंधर को पहचान गई और लुप्त हो गई।

जलंधर को वर प्राप्त था कि जब तक उसकी पत्नी का सतीत्व नष्ट नहीं होगा तब तक उसे कोई मार न सकेगा। इस पर विष्णु ने जलंधर का रूप धारण करके वृन्दा का सतीत्व नष्ट किया। जब वृन्दा को इस बात का पता चला तो उसने विष्णु को शाप दिया कि त्रेता युग में उनकी पत्नी का राक्षस अपहरण करेगा और वे वन-वन भटकेंगे। जलंधर विष्णु के हाथों मारा गया और उसे पुनः प्राप्त करने के लिए वृन्दा ने वृन्दावन में तप किया।

जलालुद्दीन खिलजी

खिलजी वंश के संस्थापक और दिल्ली के सुल्तान (1290-96 ई.) का मूल नाम फिरोजशाह खिलजी था। सुल्तान बनने पर वह जलालुद्दीन कहलाया। गद्दी पर बैठते समय उसकी उम्र 70 वर्ष की थी। जलालुद्दीन अपने बेटों से अधिक अपने भतीजे और दामाद अलाउद्दीन (दे.) को मानता था। लेकिन इसी दामाद

ने 1296 ई. में उसकी हत्या कर दी और दिल्ली की गद्दी पर स्वयं बैठ गया।

जलियांवाला बाग कांड

पंजाब के अमृतसर नगर में जलियांवाला बाग नामक स्थान पर अंग्रेजों की सेनाओं ने भीषण नरसंहार किया। यह घटना 13 अप्रैल 1919 ई. को हुई। उस दिन बैसाखी का त्यौहार था। रौलट एक्ट (दे.) का शांतिपूर्वक विरोध करने पर जन नेता पहले ही गिरफ्तार हो चुके थे। इस गिरफ्तारी की निंदा करने और पहले हुए गोली कांड की भर्त्सना करने के लिए जलियांवाला बाग में शांतिपूर्वक सभा हो रही थी। यह बाग चारों ओर से घिरा हुआ था। अंदर जाने का केवल एक रास्ता था। अंग्रेजी सेना के कमांडर जनरल डायर ने इसी रास्ते पर तोप लगा दी और निहत्थे नर-नारी, बालक-वृद्धों पर तब तक सेना गोली चलाती रही जब तक गोलियां समाप्त न हो गईं। कांग्रेस की जांच कमेटी के मोटे अनुमान से एक हजार से अधिक व्यक्ति वहीं मारे गए। सैकड़ों व्यक्ति कुएं में जा गिरे। गोलियां भारतीय सिपाहियों ने चलाईं पर उनके पीछे संगीनें ताने गोरे सिपाही मौजूद थे। इस हत्याकांड की सर्वत्र निंदा हुई। लेकिन ब्रिटिश हाउस आफ लार्ड्स में डायर की प्रशंसा की गई और चंदा करके उसे दो हजार पौंड का इनाम दिया गया।

जवाहरलाल नेहरू

स्वतंत्रता संग्राम के प्रमुख सेनानी तथा स्वतंत्र भारत के प्रथम प्रधानमंत्री पंडित जवाहरलाल नेहरू का जन्म 14 नवबंर 1889 ई. को इलाहाबाद में हुआ था। वे पं. मोतीलाल नेहरू (दे.) और श्रीमती स्वरूपरानी के एकमात्र पुत्र थे। प्रारंभिक शिक्षा घर पर ही प्राप्त करने के बाद पंद्रह वर्ष की उम्र में वे अध्ययन के लिए इंग्लैंड गए। 1912 में बैरिस्टर बनकर भारत लौटे और इलाहाबाद में वकालत आरंभ की। पर उनकी रुचि वकालत से अधिक राजनीति में थी।

1912 ई. की बांकीपुर (पटना) कांग्रेस में पहली बार भाग लिया और जीवन-पर्यन्त इस संस्था से जुड़े रहे। 1916 की लखनऊ कांग्रेस में गांधीजी से मिले। जलियांवाला बाग हत्याकांड (दे.) के बाद गांधीजी के नेतृत्व में असहयोग आंदोलन में भाग लिया। और जेल यात्राएं आरंभ हुईं। अंग्रेज सरकार ने नौ बार उन्हें गिरफ्तार किया और अपने जीवन के नौ वर्ष जवाहरलालजी ने जेल में बिताये।

1928 ई. में पं. नेहरू भारतीय राष्ट्रीय कांग्रेस के महामंत्री बने और 1929 ई. में लाहौर कांग्रेस के अध्यक्ष चुने गए। इसी अधिवेशन में पूर्ण स्वतंत्रता का प्रस्ताव पास हुआ था। नेहरूजी 1936, 1946 ई. और 1951

से 1954 ई. तक फिर कांग्रेस के अध्यक्ष रहे। अंतिम बार वे 1945 ई. में जेल से छूटकर बाहर आए।

केन्द्र में अंतरिम सरकार का गठन 1946 ई. में नेहरूजी की अध्यक्षता में ही हुआ। 15 अगस्त 1947 ई. को जब देश स्वतंत्र हुआ तो भारत के प्रथम प्रधानमंत्री वही चुने गए। वे सत्रह वर्ष तक इस पद पर रहे। उनकी देन चतुर्मुखी है। उन्होंने राष्ट्र के आर्थिक और वैज्ञानिक ढांचे को सुदृढ़ बनाया। अनेक योजनाएं आरंभ की गईं। सामाजिक सुधारों की ओर भी ध्यान दिया गया। समाजवादी लक्ष्य का नया संविधान बना। उन्होंने राष्ट्रीय एकता को सुदृढ़ रखा तथा पंचशील और गुटनिरपेक्षता की नीति का प्रवर्तन करके अंतर्राष्ट्रीय सहयोग के लिए नया रास्ता बनाया। भारत को विश्व समुदाय के समान्तर लाने में नेहरूजी का योगदान बहुत बड़ा था। देश की सांस्कृतिक विरासत के प्रति आस्था आधुनिक वैज्ञानिक दृष्टि, राष्ट्रीयता की भावना और अंतर्राष्ट्रीय सहयोग का उनके जीवन में आदर्श समन्वय था। गांधीजी के बाद वे आधुनिक भारत के सबसे अधिक लोकप्रिय नेता थे।

नेहरूजी बड़े उदार विचारों के व्यक्ति थे। वे उच्च कोटि के राजनीतिज्ञ ही नहीं, प्रथम श्रेणी के लेखक भी थे। उनकी लिखी हुई 'मेरी कहानी', 'विश्व इतिहास की झलक,' 'भारत की कहानी' आदि पुस्तकें विश्व प्रसिद्ध हैं। वे जीवन-भर कर्मठ रहे। अंत में 27 मई 1964 ई. को दिल्ली में उनका देहांत हो गया।

जहांगीर (1569-1627)

बादशाह अकबर का सबसे बड़ा लड़का जिसका बचपन का नाम सलीम था। इसकी मां राजपूत थी। जहांगीर ने अकबर के जीवनकाल में पिता के विरुद्ध बगावत की थी परंतु अकबर ने उसे क्षमा कर दिया। अकबर की मृत्यु होने पर 1605 ई. में वह गद्दी पर बैठा। जहांगीर ने अपने पिता के द्वारा स्थापित राज्य की सीमाओं में वृद्धि की। इसी के समय में यूरोप के व्यापारियों ने भारत आना आरंभ किया था। उसकी पत्नी नूरजहां, जो शेर अफगन की विधवा थी, शासन के कामों में काफी रुचि लेती थी। उसके नाम के सिक्के भी ढाले गए थे। न्याय-प्रिय जहांगीर ने सब लोगों की फरियाद सुनने के लिए महल के फाटक पर घंटा लटकवा दिया था। इसके समय में भी अकबर की सहिष्णुता की नीति काफी हद तक जारी रही।

जहांनारा बेगम

बादशाह शाहजहां की दो पुत्रियों में से बड़ी पुत्री। औरंगजेब ने जब गद्दी पर बैठने पर शाहजहां को कैद में डाल दिया तो कैदखाने में जहांनारा ही पिता की

सेवा करती रही। इसने आजीवन विवाह नहीं किया। यह सुसंस्कृत महिला शायरा भी थी।

जह्नु

पुरुरवा के वंश में उत्पन्न एक ऋषि जिनके पिता का नाम अजमीढ़ और माता का नाम केशनी था। एक समय जब ऋषि यज्ञ कर रहे थे, गंगा को लेकर भगीरथ वहां से गुजरे। इससे ऋषि का आश्रम जल में डूब गया। इससे क्रुद्ध होकर जह्‌नु ने गंगा को पी लिया। अपना सारा प्रयत्न असफल देखकर भगीरथ ने ऋषि की वंदना की तब कहीं उन्होंने अपनी जांघ से गंगा को निकाल दिया। तभी से गंगा का एक नाम 'जाह्नवी' पड़ा।

जांबवंत

प्रजापति तथा रक्षा का पुत्र और रीछों का राजा जिसने रामावतार के समय सीता की खोज में राम की सहायता की थी। राम के राज्याभिषेक के समय समुद्र का जल यही लाया था। राम के अश्वमेध यज्ञ के समय यज्ञ के घोड़े की रक्षा के लिए शत्रुघ्न के साथ भी यह गया था।

कृष्णावतार के समय स्यमंतक मणि के लिए कृष्ण का इससे 28 दिनों तक युद्ध हुआ। अंत में इसने श्रीकृष्ण की स्तुति की और अपनी कन्या जाम्बवती का उनसे विवाह कर दिया।

जाकिर हुसैन

भारत के तीसरे राष्ट्रपति जाकिर हुसैन का जन्म 8 फरवरी, 1897 ई. को हैदराबाद में हुआ था। परंतु वकील पिता की मृत्यु के बाद इन्हें नौ वर्ष की उम्र में ही अपने पुश्तैनी स्थान कायमगंज (जिला फरुक्खाबाद, उत्तर प्रदेश) आ जाना पड़ा। आपकी शिक्षा इटावा और अलीगढ़ में हुई। 1920 ई. में गांधीजी के आह्वान पर आपने भी अलीगढ़ से एम. ए. की पढ़ाई छोड़ दी और 'जामिया मिलिया' नामक राष्ट्रीय शिक्षा संस्था की स्थापना की। दो वर्ष वहां पढ़ाने के बाद आप जर्मनी गए और वहां से अर्थशास्त्र में पी.-एच. डी. करके आए। 29 वर्ष की उम्र में आप 'जामिया मिलिया' के कुलपति बन गए। 1937 ई. में आपको गांधीजी ने बुनियादी शिक्षा के काम में लगाया था।

डॉ० जाकिर हुसैन स्वतंत्रता के बाद अलीगढ़ विश्वविद्यालय के कुलपति और 1957 ई. में बिहार के राज्यपाल बनाए गए। 1954 ई. में आपको देश के सर्वोच्च सम्मान 'भारत रत्न' से अलंकृत किया गया। 1962 ई. में जाकिर हुसैन देश के उपराष्ट्रपति और 1967 ई. में राष्ट्रपति चुने गए। परंतु वे राष्ट्रपति का

कार्यकाल पूरा नहीं कर पाए। 3 मई, 1969 ई. को हृदयगति रुक जाने से उनका देहांत हो गया।

जागीर प्रथा

दिल्ली के सुल्तानों द्वारा आरंभ की गई इस प्रथा में सरदारों को नकद वेतन न देकर कुछ इलाके दे दिए जाते थे। इन्हें 'जागीर' कहते थे। इन इलाकों में मालगुजारी वसूल करने का अधिकार भी सरदारों को ही होता था। इस सामंती प्रथा में सरदार जनता की मनमानी लूट किया करते थे। इसका परिणाम यह हुआ कि शासन और जनता के बीच सीधे संपर्क के स्थान पर शोषकों का एक वर्ग बन गया। मुगल शासन के पतन के अनेक कारणों में से एक कारण जागीरदारी प्रथा भी रही है।

जागेश्वर

उत्तराखंड के अल्मोड़ा नगर से 33 कि. मी. दूर स्थित जागेश्वर की गणना कुछ विद्वान् शिव के द्वादश ज्योतिर्लिंगों में से करते हैं। उनका मत है कि 'दारुकावन' में स्थित 'नागेश' यही है। यह अत्यंत रमणीक स्थान है। विशालकाय देवदार वृक्षों के बीच में यहां 124 प्राचीन मंदिरों के एक समूह के दर्शन होते हैं। पर्यटन की दृष्टि से भी यह स्थान प्रसिद्ध है। वर्ष में यहां अनेक मेले लगते हैं। वर्षाकाल में तीर्थयात्रियों की संख्या बढ़ जाती है।

जाजलि

ब्रह्मपुराण में वर्णित एक गोत्र-प्रवर्तक ऋषि जिन्होंने काशी निवासी तुलाधार नामक वैश्य से ज्ञान प्राप्त किया था।

जातक कथा

पालि भाषा में लिखित जातक कथाओं में गौतम बुद्ध के पूर्वजन्म की कथाएं अंकित हैं। इनकी रचना का समय तीसरी शताब्दी ई. पूर्व से पहले का माना जाता है। सांची के स्तूपों में, जिनका निर्माण तीसरी शताब्दी ई. पूर्व में हुआ था, जातक कथाएं अंकित हैं। इन कथाओं के लेखकों का नाम अज्ञात है। इनमें रचनाकालीन भारत की राजनीतिक और सामाजिक स्थिति का विवरण भी मिलता है।

जातकर्म

प्राचीन काल में यह एक संस्कार था, जो शिशु के जन्म के समय, नाल काटने से पहले ही उसका पिता संपन्न करता था। वह मंत्र पढ़कर शिशु को मधु और मक्खन

चटाता था। मंत्र में बुद्धि के जागरण, दीर्घ आयु और शक्ति के लिए कामना की जाती थी। पिता कहता—पत्थर के समान दृढ़ हो, परशु के समान शत्रुओं के लिए विध्वंसक बनो। शुद्ध सोने के समान पवित्र रहो।

जाति

आरंभ में इसका अर्थ जन्म अथवा उत्पत्ति की समानता से रहा है। कहीं-कहीं परिवार अथवा वंश के लिए भी इसका प्रयोग हुआ है। प्राचीन काल में जाति और वर्ण की अलग-अलग व्याख्या की जाती थी। जाति का संबंध जन्म, व्यवसाय, समान भोजन, विवाह आदि से था। वर्ण की सीमा प्रकृति के आधार पर कार्यक्षेत्र के चुनाव और तदनुसार शील तथा आचार को मानते थे। प्रत्येक जाति का आचार परंपरा से निश्चित है। आचार तीन प्रकार के बताए गए हैं—देशाचार, जात्याचार और कुलाचार। महाभारत में जाति शब्द का प्रयोग मनुष्य मात्र के लिए किया गया है और कहा गया है कि जातियों के मिश्रण को देखते हुए मनुष्य का शील ही प्रधान है, उसकी जाति नहीं।

भारत में जाति प्रथा की उत्पत्ति वैदिक काल में हुई, परंतु तब यह जन्म पर नहीं, श्रम विभाजन के सिद्धांत पर आधारित थी। धीरे-धीरे यह जन्म पर आधारित हो गई, क्योंकि एक व्यक्ति के वंशजों ने सामान्यतः अपने पैतृक पेशे को ही अपनाया। कालांतर में जाति प्रथा में रूढ़ियां आ जाने के कारण यह राष्ट्रीयता के विकास में भी बाधक रही है। इसकी जड़ें, विशेषतः भारतीय समाज में, इतनी गहरी हैं कि संविधान में इसके आधार पर भेद-भाव का निषेध रहते हुए भी निर्वाचन तक में इससे छुटकारा नहीं मिल पा रहा है।

जातिभेद

समानता और विश्वबंधुत्व की भावना तथा समान नागरिकता के विचारों की विश्वव्यापी स्वीकृति के बाद भी कुछ जगह लोगों को उनके वर्ण और जाति के कारण नागरिक अधिकारों से वंचित रखा जाता है। इस समय (1989 ई.) दक्षिण अफ्रीका इसका ज्वलंत प्रमाण है। वहां की जनसंख्या में श्याम वर्ण के अफ्रीकियों का भारी बहुमत है। किंतु अल्पमत की गोरी सरकार ने उन्हें संपत्ति खरीदने, भ्रमण करने, व्यवसाय चुनने और विवाह करने जैसे नागरिक अधिकारों से भी वंचित रखा है। वे गोरों की बस्तियों में नहीं रह सकते। उनकी बस्तियां, अस्पताल, शिक्षण संस्थाएं सब अलग हैं। गांधीजी ने दक्षिण अफ्रीका में भारतीयों के साथ बरते जा रहे जातिभेद के विरुद्ध सत्याग्रह करके इस अमानुषिकता की ओर विश्व का ध्यान आकृष्ट किया था। अपने स्तर पर भारत आज भी इसका विरोध करता है।

जातिरात्रि व्रत

इस व्रत में जेष्ठ शुक्ल त्रयोदशी के बाद ब्रह्मा, विष्णु और महेश की गणों के सहित पुष्पों तथा फलों से पूजा करते हैं। जौ, तिल और अक्षत से हवन किया जाता है। मान्यता है कि सती अनुसूया ने यह व्रत किया था, इसीलिए तीनों देवताओं ने उनके यहां शिशु रूप में जन्म लिया।

जानकी

विदेह नरेश सीरध्वज जनक की पुत्री, जिसका विवाह दशरथ-पुत्र राम के साथ हुआ था। जनक की पुत्री होने के कारण जानकी भी कहलाईं (दे. सीता)।

जानकीकुंड

चित्रकूट में कामदगिरि की परिक्रमा में पहले प्रमोदवन और उसके बाद पयश्विनी के तट पर जानकीकुंड है। यहां पर सफेद पत्थरों पर बहुत से चरण-चिह्न बने हुए हैं। मान्यता है कि वनवासकाल में जब राम, लक्ष्मण और सीता चित्रकूट में निवास करते थे, जानकी इसी स्थान पर निवास किया करती थीं।

जान मथाई

आपका जन्म जनवरी 1886 ई. में त्रिवेन्द्रम में हुआ। लंदन से शिक्षा ग्रहण करने के उपरांत आपने वकालत की और अध्यापक भी रहे। 1922 ई. में मद्रास लेजिस्लेटिव कौंसिल के सदस्य चुने गए। 1950 ई. में पं. जवाहरलाल नेहरू के मंत्रिमंडल में आप वित्तमंत्री बनाए गए। मंत्रिमंडल से हटने पर डॉ. मथाई बंबई और केरल विश्वविद्यालयों के कुलपति भी रहे। 1959 ई. में आपका देहांत हो गया।

जाबालि

1. दशरथ के एक मंत्री जो राम के विवाह में उपस्थित थे, इन्होंने चार्वाक की विचारधारा के आधार पर पिता की आज्ञा का उल्लंघन करके राम को वन न जाने का परामर्श दिया था। धर्मशास्त्री तथा दार्शनिक के रूप में भी जाबालि का उल्लेख मिलता है। इनका 'जाबालनीति' नामक ग्रंथ प्रसिद्ध है।

2. एक ऋषि जिसने जंगल में तालाब के किनारे एक सुंदर और तरुण युवती को तपस्या करते देखा। उसका परिचय प्राप्त करने के लिए वह सौ वर्ष तक वहां रुका रहा। बाद में युवती से कृष्ण की उपासना का रहस्य जानकर वह स्वयं भी उपासना करने लगा। अगले जन्म में इसने गोकुल में प्रचंड नामक गोप के घर चित्रांगदा नाम की गोपी के रूप में जन्म लिया।

3. एक तपस्वी ऋषि जिसकी तपस्या भंग करने के लिए इंद्र ने रंभा को उसके पास भेजा। रंभा से उसे एक कन्या प्राप्त हुई। उस कन्या का जब चित्रांगद राजा ने हरण कर लिया तो जाबालि ऋषि ने उसे कोढ़ी हो जाने का शाप दे दिया।

जाबालिपुर

मध्य प्रदेश के आधुनिक जबलपुर नगर का प्राचीन नाम। लोकमान्यता के अनुसार प्राचीन काल में यहां जाबालि ऋषि का आश्रम था। अब भी यहां देवताल नामक प्राकृतिक सरोवर के चारों ओर अनेक मंदिर बने हैं। तांत्रिकों का प्रसिद्ध मंदिर बैजनत्था भी यहीं है।

जाबालोपनिषद्

वेदांतसूत्र और योगसूत्र की पूर्ववर्ती एक उपनिषद् जो संन्यास वर्ग की उपनिषदों में से एक लघु उपनिषद् है। इसका प्रारंभ बृहस्पति और याज्ञवल्क्य के संवाद के रूप में होता है। इस वर्ग की उपनिषदें वेदांत संप्रदाय के संन्यासियों को व्यावहारिक जीवन संबंधी नियमावलियों के सदृश हैं।

जालंधर

1. पंजाब का एक मुख्य नगर जो प्राचीन काल में एक सिद्धपीठ था। यहां विश्वपुरी देवी का मंदिर है। इसे प्राचीन 'त्रिगर्ततीर्थ' कहते हैं।

2. एक अतिपराक्रमी राक्षस जो शिव के तीसरे नेत्र से उत्पन्न हुआ था। शुक्राचार्य से इसे संजीवनी विद्या मिली थी। पत्नी वृन्दा के पातिव्रत के प्रभाव से यह अमर था। नारद से पार्वती की सुंदरता का वर्णन सुनकर इसने कैलाश पर आक्रमण करके माया से शिव का रूप धारण कर लिया। इस पर पार्वती ने विष्णु से सहायता की याचना की। तब विष्णु ने इसकी पत्नी वृन्दा का सतीत्व नष्ट करके जालंधर का वध किया। यही वृन्दा अब तुलसी के रूप में विष्णु को चढ़ाई जाती है।

जावा

दक्षिण पूर्वी एशिया के मलयद्वीप पुंज के जावाद्वीप को रामायण में यवद्वीप कहा गया है। आठवीं से ग्यारहवीं शताब्दी तक वह शैलेन्द्र हिंदू साम्राज्य का भाग था। पंद्रहवीं शताब्दी तक मजपाहित के हिंदू राजा वहां राज्य करते रहे। बाद में वहां मुसलमानों का अधिकार हो गया।

जाह्नवी

गंगा नदी का एक नाम जो जह्नु ऋषि के कारण पड़ा, जब भगीरथ गंगा को लेकर

गंगासागर की ओर जा रहे थे, मार्ग में राजर्षि जह्नु यज्ञ कर रहे थे। जब गंगा उनकी यज्ञ-सामग्री को बहाने लगी तो ऋषि ने उसे पी लिया। भगीरथ के बहुत अनुनय-विनय करने पर जह्नु ने जांघ के मार्ग से गंगा को बाहर निकाला। तभी से गंगा जाह्नवी भी कहलाई। जह्नु ऋषि का आश्रम बिहार के भागलपुर जिले में गंगा के बीच एक पहाड़ी पर था।

जिउतिया व्रत

जिउतिया अथवा जीवित पुत्र का व्रत पुत्रवती स्त्रियां आश्विन मास के कृष्ण पक्ष की अष्टमी को रखती हैं। यह व्रत पुत्र की दीर्घायु और स्वास्थ्य के लिए किया जाता है। पुराणों के अनुसार जो स्त्रियां यह व्रत करती हैं उन्हें कभी पुत्र शोक नहीं होता। इस व्रत में दिनभर निर्जल व्रत रहकर संध्या के समय सूत की बनी 'जिउतिया' पहनी जाती है। दूसरे दिन स्नान के उपरांत किसी सधवा और पुत्रवती ब्राह्मणी को दान देकर तब भोजन किया जाता है।

जिन्ना, मुहम्मद अली (1876-1948 ई.)

पराधीन भारत में मुसलमानों के एक नेता और पाकिस्तान के संस्थापक मुहम्मद अली जिन्ना पहले कांग्रेस के समर्थक थे। वे बंबई में वकालत करते थे। गोपाल कृष्ण गोखले (दे.) और दादाभाई नौरोजी (दे.) की नरमदलीय राजनीति इन्हें पसंद थी। गांधीजी के आगमन पर जनसाधारण की जो भीड़ कांग्रेस अधिवेशनों में जुटने लगी, वह ठाट-बाटवाले जिन्ना को रास न आई। वे मुस्लिम लीग में शामिल हो गए। अब स्वतंत्रता संग्राम में संलग्न कांग्रेस का विरोध करना उनका मुख्य काम था। ब्रिटिश सरकार से भी समय-समय पर उनको शह मिली। 1947 ई. में खूनखराबे के बाद देश का जो विभाजन हुआ उसके लिए काफी अंश तक मुहम्मद अली जिन्ना जिम्मेदार थे।

जिज्ञासु

भगवान के चार प्रकार के भक्तों में से एक। जिज्ञासु भक्त धन, स्त्री, पुत्र, गृह आदि की तथा रोग-संकट आदि की परवाह न करके भगवान को जानने की इच्छा से एकाग्र भाव से भगवत्-भक्ति करता है। परीक्षित, उद्धव आदि ऐसे ही भक्त थे।

जीजाबाई

छत्रपति शिवाजी की माता। ये निजाम के एक सामंत की पुत्री थीं और अत्यंत साधारण घर में इनका विवाह हुआ। वैवाहिक जीवन भी सुखी न रहा और इन्हें

अपने पुत्र को लेकर पति की पैतृक जागीर पूना में आकर रहना पड़ा। उस समय हिंदुओं पर जो अत्याचार हो रहे थे, उनका बदला लेने के लिए यह धर्मनिष्ठ और वीरमाता बराबर अपने पुत्र को तैयार करती रही। शिवाजी के व्यक्तित्व के निर्माण में जीजाबाई का बहुत बड़ा हाथ था। 17 जून, 1674 ई. को इनका देहांत हो गया।

जीव

दर्शनशास्त्र जगत् के दो भेद करता है—जड़ और चेतन। चेतन को ही जीव कहते हैं। जीव ही जड़ जगत् का भोग करता है। परंतु यह कथन अंतिम सत्य नहीं माना जाता, क्योंकि संपूर्ण विश्व एक ही सत्ता और ब्रह्म है। उसी एक सत्ता का अंश जीव है और उसी का प्रतिबिंब जड़ जगत्। वस्तुतः ब्रह्म का अंश ही जीव का रूप धारण करता है। उस अवस्था में जीव की तीन स्थितियां होती हैं—नित्य शुद्ध स्थिति में वह ब्रह्मीभूत रहता है। मुक्त अवस्था में वह संसार में लिप्त होकर फिर मुक्त हो जाता है। वृद्ध अवस्था वह है जिसमें जीव संसार से बंधकर सुख-दुःख भोगता है।

जैन धर्म में चार प्रकार के जीव बताए गए हैं—देव, मनुष्य तिर्यक (मनुष्येतर) और नाटकी। महाभारत के अनुसार जीव की बारह दशाएं होती हैं—गर्भवास, जन्म, बाल्यकाल, कौमारावस्था, पौगंड, यौवन, स्थविरता, जरा, प्राणरोध, मरण, स्वर्ग और मोक्ष। जलचर, थलचर और नभचर सब जीवों को इन अवस्थाओं से गुजरना पड़ता है—जाग्रत, स्वप्न, सुसुप्ति, मूर्च्छा और मरण।

जीवक

वैद्यक शास्त्र का प्रसिद्ध ज्ञाता और गौतम बुद्ध का उपासक। यह राजगृह की एक गणिका का पुत्र था जिसे इसकी माता ने जन्म लेते ही त्याग दिया। बिंदुसार राजा के पुत्र अभय ने इसका पालन-पोषण किया और तक्षशिला में रहकर इसने वैद्यक का अध्ययन किया। इसके परामर्श पर ही गौतम बुद्ध ने अपने भिक्षुओं से सदा चलते रहने के लिए कहा था।

जीवमातृका

माता के समान जीवन की रक्षा और उनका कल्याण करनेवाली सात देवियां। ये हैं—कुमारी, धनदा, नंदा, विमला, मंगला, बला और पद्मा।

जूनागढ़

गुजरात में गिरनार पर्वत की तलहटी में स्थित यह एक प्राचीन स्थान है। यहां

उपरकोट नामक दुर्ग प्रसिद्ध है। उपरकोट गिरनार मार्ग में 250 ई. पूर्व का बना हुआ बागेश्वरी देवी का प्राचीन मंदिर है। यह स्थान अशोक के शिलालेख, दामोदर मंदिर, दामोदर कुंड और बारहवीं शताब्दी के नेमिनाथ मंदिर के लिए भी प्रसिद्ध है।

जेजाकभुक्ति

वर्तमान बंदेलखंड का प्राचीन नाम जो यमुना और नर्मदा नदियों के बीच स्थित है। किसी समय यहां चंदेल राजा राज्य करते थे। इस क्षेत्र में प्राचीन समय के बने हुए अनेक सुंदर मंदिर, जलाशय आदि हैं। इनमें महोबा के जलाशय, कालिंजर का किला और खुजराहो के मंदिर विशेष रूप से प्रसिद्ध हैं। यह भूभाग अब उत्तर प्रदेश और मध्य प्रदेश में बंटा हुआ है।

जेतवन

श्रावस्ती के पास बौद्धों के आठ सर्वश्रेष्ठ विहारों में से एक विहार। भगवान बुद्ध ने कई चातुर्मास यहां बिताए थे। श्रावस्ती के सेठ अनाथपिंडक ने नगर के समीप का यह उद्यान राजकुमार जेत से खरीदा था। कहा जाता है कि अनाथपिंडक ने सारे बाग में अशर्फियां बिछाकर इसका मूल्य चुकाया था। सेठ ने बुद्ध के सम्मान में इस उद्यान में एक सुंदर विहार बनवाया जो 'जेतवन विहार' कहलाया। इसमें गंधकुटी और कोशंबकुटी नाम की दो इमारतें थीं जिनके अवशेष अब भी सुरक्षित हैं।

जैन धर्म

जैन धर्म का वर्तमान नाम वर्धमान महावीर के समय से चला आ रहा है। वे वैशाली के क्षत्रिय राजकुल के व्यक्ति थे। छठी शताब्दी ई.पू. में 30 वर्ष की उम्र में उन्होंने गृह त्याग किया। 12 वर्ष तक कठिन तपस्या के बाद वे 'जन' (इंद्रियजेता) कहलाए। इसी से उनका चलाया धर्म 'जैन धर्म' कहलाता है। जैन सिद्धांत बौद्ध सिद्धांतों से प्राचीन है। इस धर्म में चौबीस तीर्थंकर हुए हैं। प्रथम ऋषभदेव थे। चौबीसवें और अंतिम वर्धमान महावीर हुए।

जैन मत में ईश्वर की सत्ता स्वीकार नहीं की जाती। वे तीर्थंकरों की उपासना करते हैं। उनकी मान्यता है कि सभी जीव तीर्थंकरों के मार्ग पर चलकर उन्हीं के समान ज्ञानी और सिद्ध बन सकते हैं। जैनी कर्म और पुनर्जन्म को तो मानते हैं पर वेदों का प्रमाण नहीं मानते। इसलिए यह धर्म नास्तिक धर्म कहलाता है। इस धर्म में अहिंसा और त्याग का बड़ा महत्व है। यहां तक कि कुछ साधु वस्त्र त्याग की सीमा तक अपरिग्रही होते हैं। वेद और ईश्वर की सत्ता में विश्वास न

रखते हुए भी जैनी अपने को व्यापक हिंदू समाज का अंग मानते हैं।

पहली शताब्दी ईसा के आसपास जैन धर्म दिगंबर और श्वेतांबर दो शाखाओं में बंट गया। इनमें मुख्य भेद ये हैं—

1. दिगंबर समुदाय में मोक्ष के लिए नग्न रहना आवश्यक बताया गया है। जब कि श्वेतांबर मोक्ष पाने के लिए नग्न रहना आवश्यक नहीं मानते।

2. दिगंबरों के अनुसार स्त्री को मुक्ति नहीं मिली, जबकि श्वेतांबर परंपरा में 19वें तीर्थंकर मल्लिनाथ को मल्लिकुमारी के रूप में स्वीकार किया गया है।

3. दिगंबर श्वेतांबरों द्वारा मान्य ग्रंथों को प्रामाणिक नहीं मानते।

श्वेतांबर में दो भेद हैं—मूर्तिपूजक और स्थानकवासी।

जैन धर्म के सभी चौबीसों तीर्थंकरों ने क्षत्रिय कुल में जन्म लिया था। 22 तो इक्ष्वाकु कुल के ही थे। तीन को छोड़कर शेष सभी का निर्वाण सम्मेदशिखर (दे.) पर हुआ।

जैनुलआब्दीन

कश्मीर के इस आठवें सुल्तान का शासन काल धार्मिक सहिष्णुता के लिए प्रसिद्ध है। यह 1420 से 1460 ई. तक गद्दी पर रहा। इसने हिंदुओं पर लगे जजिया (दे.) को हटाया। मंदिर बनाने की अनुमति दी और गोबध पर रोक लगाई। उसके समय में 'महाभारत' और 'राजतरंगिणी' का संस्कृत से फारसी भाषा में अनुवाद हुआ। उसके केवल एक पत्नी थी।

जैमिनि

ऋषि जैमिनि व्यास के मुख्य शिष्य माने जाते हैं। इन्होंने ई. पूर्व चौथी-तीसरी शताब्दी में 'पूर्वमीमांसा सूत्र' की रचना की थी। वेद का प्रथम भाग कर्मकांड से संबंधित है और यही पूर्वमीमांसा कहलाता है। उत्तरभाग का संबंध ज्ञान से है और यही वेदांत भी कहलाता है।

जैमिनि ने अपने पूर्वमीमांसा धर्म सूत्र में धर्म विषय प्रमाण, एक धर्म का अन्य धर्म से भेद, यज्ञकर्ता के अधिकार आदि का विवेचन किया है।

जोशीमठ

उत्तराखंड का एक तीर्थ जो बदरीनाथ के मार्ग में पड़ता है। आदि शंकराचार्य ने देश के चार कोनों में जिन चार मठों की स्थापना की थी उन्हीं में से एक जोशीमठ या ज्योतिर्मठ में हैं। शीतकाल में जब बदरीनाथ के पट छह महीने के लिए बंद हो जाते हैं तो इस बीच बदरीनाथ की चल-मूर्ति की पूजा यहीं होती है। यहां के नृसिंह और नवदुर्गा के मंदिर प्रसिद्ध हैं। यहां एक प्राचीन वट वृक्ष है जो दो

हजार वष पुराना बताया जाता है। तिब्बत की सीमा के निकट होने के कारण रक्षा की दृष्टि से भी इस स्थान का बड़ा महत्व है।

ज्यामध

भागवत् और पुराणों में वर्णित रुचक का एक पुत्र जिसे उसके भाइयों ने निकाल दिया था। यह निःसंतान था किंतु पत्नी के भय से दूसरा विवाह भी नहीं कर पाता था। एक बार युद्ध में प्राप्त एक कन्या को लेकर घर आया तो पत्नी ने पूछा—यह कौन है ? भयवश जल्दी से इसके मुख से निकला, 'पतोहू'। तभी इसे वोध हुआ कि पत्नी तो निःसंतान है। तब इसने विश्वेदेव और पितरों की आराधना की। इससे इसे पुत्र की प्राप्ति हुई और लाई हुई कन्या से कालांतर में पुत्र का विवाह हुआ।

ज्वर

1. श्रीकृष्ण को नारद से यह सूचना मिलने पर कि उनके पौत्र अनिरुद्ध को वाणासुर ने बंदी बना लिया है, श्रीकृष्ण ने उसके ऊपर आक्रमण किया। कृष्ण वाणासुर के इस युद्ध में वाणासुर की सहायता के लिए शिव ने माहेश्वर ज्वर उत्पन्न किया। इसका सामना करने के लिए कृष्ण ने वैष्णव ज्वर उत्पन्न कर दिया। जब माहेश्वर ज्वर को वैष्णव ज्वर ने बहुत सताया तो वह भागकर श्रीकृष्ण की शरण में गया। इस पर श्रीकृष्ण ने अपना ज्वर समेट लिया और शिव के ज्वर को पृथ्वी पर ही रहने का आदेश दिया।

2. आयुर्वेद के अनुसार शरीर का वह ताप जो स्वाभाविक से अधिक हो। इसके आठ प्रकार वताए गए हैं। इसे रोगों का राजा कहते हैं।

ज्वालामुखी

यह स्थान उत्तर रेलवे के पठानकोट स्टेशन के आगे ज्वालामुखी रोड स्टेशन के पास है। ज्वालामुखी 51 शक्तिपीठों में से एक है। यहां पर सती की जिह्वा गिरी थी। यहां के मंदिर में कोई मूर्ति नहीं है। मंदिर के भीतर जमीन से ज्योति निकलती रहती है। इसी को देवी माना जाता है। मंदिर के फर्श और दीवारों से निकलनेवाली दस ज्योतियों के अतिरिक्त बाहर भी ज्योतियां निकलती हैं। मंदिर के निकट एक कुंए में जल है। इसका पानी उबलता रहता है। इसे 'गोरखनाथ की डिभी' कहते हैं। मान्यता है कि गुरु गोरखनाथ ने यहां तपस्या की थी।

आधुनिक वैज्ञानिक ऊपर निकलती ज्वालाओं को भूमि के अंदर से गैस का रिसाब वताते हैं।

ज्योतिबा फुले

महाराष्ट्र के प्रसिद्ध समाज सुधारक ज्योतिबा फुले का जन्म 1827 ई. में हुआ था। उनके एक पुरखे आजीविका के लिए माली के यहां फूलों का काम करते थे। इसी से इस परिवार का नाम 'फुले' पड़ गया।

ज्योतिबा को समाज में प्रचलित छुआछूत और महिलाओं की दयनीय स्थिति से बड़ा आघात लगा। वे जीवनपर्यन्त इसमें सुधार के लिए प्रयत्न करते रहे। 1854 ई. में उन्होंने लड़कियों के लिए एक स्कूल खोला। पूरे भारत में यह लड़कियों का पहला स्कूल था। अपना जलस्रोत हरिजनों के लिए खोलने वाले भी वे पहले व्यक्ति थे। इसके लिए उन्होंने समाज से बहिष्कृत होने की भी चिंता नहीं की। तिलक और आगरकर पर राजद्रोह के मुकदमे की पैरवी के लिए इन्होंने धन जमा किया था। फुले का 1889 ई. में देहांत हो गया।

ज्योति रार्मलिगम

दक्षिण भारत के एक प्रसिद्ध संत जिनका जन्म 15 अक्तूबर 1823 ई. को चिदंबरम के निकट हुआ था। वे बचपन से ही भगवत्-भक्ति की ओर आकृष्ट थे। 10 वर्ष की उम्र में स्तुति के गीत रचने लगे। उनका पूरा नाम रामलिंग स्वामी था। पर प्रकाश के प्रेमी होने के कारण 'ज्योति रार्मलिंगम' के नाम से विख्यात हुए। उनकी दृष्टि में करुणा सर्वोत्तम थी। वे पेड़-पौधों से लेकर जीव-जंतुओं तक सभी के प्रति करुणा का भाव रखते थे। उनका निधन 30 जनवरी 1874 ई. को हुआ। कहते हैं, वे यह कहकर कमरे में चले गए कि मैं ज्योति में लीन होने जा रहा हूं। कुछ दिन बाद कमरा खोलने पर शरीर नहीं मिला।

ज्योतिष

ज्योतिष शास्त्र की भारतीय परंपरा बहुत प्राचीन है और संसार को इस विषय का ज्ञान इसी देश से हुआ। वैदिक साहित्य में स्थान-स्थान पर ज्योतिष का उल्लेख मिलता है। उसमें सूर्य, चंद्रमा तथा नक्षत्रों की स्तुति के साथ-साथ यह भी संकेत मिलता है कि इनमें से प्रत्येक का मनुष्य पर क्या प्रभाव पड़ता है। दिनमान, लग्न, शुभाशुभ आदि के विचार ने इस विद्या को आगे बढ़ाया। ज्योतिष को छह वेदांगों में से एक माना गया है। अन्य पांच वेदांग हैं—शिक्षा, कल्प, निरुक्त, व्याकरण और छंद।

आरंभ में ज्योतिष के केवल दो भेद थे—गणित और फलित। आगे चलकर इसका पांच भागों में विकास हुआ—होरा—(जन्मकुंडली विषयक, जिसके प्रमुख आचार्य वराहमिहिर हुए), गणित, संहिता, प्रश्न तथा निमित्त। गणित में—काल गणना एवं नक्षत्रों की स्थिति; संहिता में—भूशोधन, दिशाशोधन, गृहप्रवेश,

जलाशय निर्माण, शुभमुहूर्त, ग्रहण-फल आदि; प्रश्न—लग्न तथा स्वर विज्ञान पर विचार करके प्रश्नकर्ता को तत्काल उत्तर देने; निमित्त—जिसे शकुन शास्त्र भी कहते हैं, प्रत्येक कार्य के शुभाशुभ फलों का पूर्व-ज्ञान कराने का निरूपण करता है।

वेद, सूक्त, निरुक्त आदि की ज्योतिष परंपरा का बराबर विकास होता रहा। 476 ई. में जन्मे आर्यभट्ट प्रथम अपने समय के महान ज्योतिषाचार्य थे। इसी परंपरा में वराहमिहिर (दे.) हुए। 1114 ई. के आसपास एक और प्रमुख ज्योतिर्विद भास्कराचार्य हुए हैं। यह परंपरा बराबर आगे चलती रही। जयपुर, उज्जैन, वाराणसी, दिल्ली और मथुरा में वेधशालाएं स्थापित करके आधुनिक काल में महाराजा सवाई जयसिंह ने ज्योतिष के अध्ययन को आगे बढ़ाया।

ज्ञान

जब विषय का इंद्रिय के साथ, इंद्रिय का मन के साथ और अंत में मन का आत्मा के साथ संबंध होता है तभी ज्ञान उत्पन्न होता है। ज्ञान के दो प्रकार और चार भेद हैं। दो प्रकार हैं—प्रभा और अप्रभा। प्रभा अर्थात् यथार्थ ज्ञान केवल ब्रह्म का ज्ञान है। अप्रभा अर्थात् अयथार्थ ज्ञान अलग-अलग लोगों को अलग-अलग प्रकार का होता है। चार भेद हैं—प्रत्यक्ष, अनुमान, उपमान और शब्द।

ज्ञानदेव

महाराष्ट्र के प्रसिद्ध संत जो ज्ञानेश्वर भी कहलाते हैं। इनका जन्म 1275 ई. में हुआ था। इनके पिता विट्ठल पंत ने संन्यास ले लिया था। किंतु गुरु की आज्ञा से उन्हें पुन: गृहस्थ आश्रम में प्रवेश करना पड़ा था। इसलिए ज्ञानदेव को संन्यासी पुत्र होने के कारण आरंभ से ही अपमानित होना पड़ता था। विट्ठल पंत को तो समाज की आज्ञा मानकर देह ही त्यागनी पड़ी।

ज्ञानदेव में अलौकिक प्रतिभा थी। कहते हैं, जब इन्होंने विद्वानों के सामने भैंसे के मुख से वेदों का उच्चारण करा दिया तो समाज इन्हें अपने में मिलाने के लिए बाध्य हो गया। ज्ञानदेव की सबसे अधिक ख्याति मराठी भाषा में लिखी हुई भगवत गीता की व्याख्या के कारण है। 'ज्ञानेश्वरी' नाम के इस ग्रंथ का आज भी महाराष्ट्र में घर-घर पाठ होता है।

ज्ञानमार्ग

भक्ति के दो मुख्य मार्ग माने गए हैं—सगुण और निर्गुण। ज्ञानमार्ग निर्गुण भक्ति धारा की एक शाखा है। इसका प्रवर्तन नाथ संप्रदाय के साधकों ने किया। कबीर, नानक, दादू आदि संत कवियों के काव्य में इसी का निरूपण मिलता है। इस मत के अनुसार ज्ञान का संबंध मस्तिष्क से न होकर हृदय से है और ईश्वर को जीव,

प्रकृति, परमात्मा के ज्ञान से प्राप्त किया जा सकता है।

ज्ञानलिंगम

वीर शैवों के पांच बड़े मठों में केदारेश्वर मठ पांच हजार वर्षों से अधिक पुराना माना जाता है। ज्ञानलिंगम इसी मठ के महंत थे। मठ में प्राप्त ताम्रपत्र के अनुसार जनमेजय ने इस मठ को बहुत बड़ा क्षेत्र दान में दिया था। तभी से ज्ञानलिंगम यहां के पुजारी हुए। ये जनमेजय पांडव वंशज परीक्षित के पुत्र न होकर बाद के कोई नरेश प्रतीत होते हैं।

ट

टामस रो

सर टामस रो को इंगलैंड के बादशाह जेम्स प्रथम ने अपना राजदूत बनाकर बादशाह जहांगीर के दरबार में भेजा था। उसने अजमेर, मांडू और अहमदाबाद के दरबारों में अनेक वर्ष बिताए। उसके प्रयास से अंग्रेजी कंपनी को मुगल साम्राज्य के कई नगरों में व्यापारिक कोठियां स्थापित करने की अनुमति मिल गई। यही अनुमति आगे चलकर भारत में ब्रिटिश शासन की स्थापना का आधार बनी।

टिल्लोपाद

बज्रयानी 84 सिद्धों में ये एक ऊंचे सिद्ध माने जाते हैं। इनका समय 10वीं शताब्दी ईस्वी है। टिल्लोपाद का जन्म बिहार प्रदेश में हुआ था। इनका भिक्षु नाम प्रज्ञाभद्र था, किन्तु सिद्धों की सेवा में ये तिल कूटने का काम करते थे। इसलिए इनका नाम तिलोपा या टिल्लोपा पड़ गया। मगही हिन्दी में इनके रचे हुए चार ग्रंथ मिले हैं।

टी. प्रकाशम

'आंध्र केसरी' के नाम से प्रसिद्ध स्वतंत्रता सेनानी टंगुटूरी प्रकाशम का जन्म आंध्र के गुंटूर जिले में 23 अगस्त 1869 ई. को हुआ था। आपने मद्रास में प्रसिद्ध बैरिस्टर के रूप में बड़ा यश और धन कमाया। परंतु गांधीजी के प्रभाव में

आकर स्वतंत्रता संग्राम में कूद पड़े और अनेक बार जेल गए। कुछ समय तक राजगोपालाचारी के मंत्रिमंडल में मंत्री रहने के बाद आप 1946 ई. में मद्रास के मुख्यमंत्री बने। 1953 ई. में नए आंध्र प्रदेश की स्थापना होने पर आंध्र के मुख्य-मंत्री का पद भार संभाला। टी. प्रकाशम का 1957 ई. में देहांत हुआ।

टीपू सुल्तान

मैसूर के हैदर अली का पुत्र टीपू अपने पिता की मृत्यु के बाद 1783 ई. में गद्दी पर बैठा। उस समय अंग्रेज मैसूर पर अधिकार के लिए युद्ध कर रहे थे। 1784 ई. में टीपू ने अंग्रेजों को संधि करने के लिए बाध्य किया। परंतु बाद में उसे अपना आधा राज्य, तीन करोड़ रुपए और अपने दो पुत्र बंधक के रूप में अंग्रेजों को सौंपने पड़े। फिर भी इस अपमान और पराजय का बदला लेने के लिए टीपू शक्ति संचय करता रहा। दूसरी ओर अंग्रेजों ने निजाम और मराठों से संधि करके उस पर तीन ओर से आक्रमण कर दिया। 1799 ई. में अपनी राजधानी श्रीरंगपट्टनम की रक्षा करता हुआ टीपू वीरगति को प्राप्त हो गया।

टीपू बड़ा सुयोग्य शासक था। वह एक मात्र ऐसा भारतीय शासक था जिसने किसी भी भारतीय शासक के विरुद्ध, वह चाहे हिंदू रहा हो या मुसलमान, अंग्रेजों के साथ गठबंधन नहीं किया।

टोंस नदी

इसका उद्‌गम कैनूर पर्वत श्रेणी में मेहर के निकट तमसा कुंड से होता है। इस-लिए इसका एक नाम तमसा भी है। यह अधिकतर पहाड़ी क्षेत्र में बहती है और अनेक प्रपात बनाती है। प्रपातों में 110 मीटर ऊंचा विधर प्रपात अधिक प्रसिद्ध है। यह सिरसा के निकट गंगा में मिल जाती है।

टोडरमल

बादशाह अकबर के वित्तमंत्री टोडरमल का जन्म लाहौर के एक साधारण परिवार में हुआ था। अकबर ने 1573 ई. में गुजरात को जीतने के बाद मालगुजारी का बंदोबस्त करने के लिए टोडरमल को वहां नियुक्त किया। टोडरमल ने जमीन नापने की नई प्रणाली विकसित की, उर्वरता के आधार पर जमीन का वर्गीकरण किया। लगान की दर फसल की एक तिहाई कर दी और जमींदारों के स्थान पर लगान की वसूली सीधे राज्य की ओर से होने लगी। यही प्रणाली बाद में पूरे देश में लागू की गई। टोडरमल ने बंगाल की विजय में भी भाग लिया और वह बंगाल, बिहार और उड़ीसा का सूबेदार भी रहा। उसे अकबर ने 'राजा' की उपाधि से सम्मानित किया था।

ठ

ठक्कर बापा

हरिजनों तथा पिछड़े वर्गों के अनन्य सेवक ठक्कर बापा का जन्म 27 नवंबर 1869 ई. को भावनगर (काठियावाड़) में हुआ था। उनका पूरा नाम अमृतलाल ठक्कर था, किंतु अपनी सेवापरायणता से 'ठक्कर बापा' के नाम से प्रसिद्ध हुए। आपने इंजीनियरी की शिक्षा पाई थी और 23 वर्षों तक भारत और अफ्रीका में नौकरी करते रहे। लेकिन उपेक्षित और पिछड़े लोगों की सेवा करने की भावना बचपन से ही थी। इसलिए 1914 ई. में आजीवन सेवा व्रत ले लिया। वे शीघ्र ही गांधीजी के संपर्क में आए और खादी तथा हरिजनोद्धार के काम में उनके दाहिने हाथ बन गए। गांधीजी ने उन्हें 'हरिजन सेवक संघ' का मंत्री नियुक्त किया। वे बापू के साथ हरिजन-कार्य के लिए देश भर में घूमते रहे। उन्होंने 37 वर्ष हरिजन-सेवा में लगाए और देश के हर कोने में उद्धार का कोई न कोई काम अवश्य किया। देशी राज्यों में स्वतंत्रता की भावना फैलाने में भी उन्होंने महत्वपूर्ण योग दिया। 19 जनवरी 1951 ई. को ठक्कर बापा की मृत्यु हो गई।

ड

डफरिन

1884 से 1888 ई. तक भारत का वाइसराय और गवर्नर जनरल। इसी के कार्यकाल में उत्तरी बर्मा ब्रिटिश साम्राज्य का अंग बना। इसके समय की सबसे महत्वपूर्ण घटना भारतीय राष्ट्रीय कांग्रेस की स्थापना है। जिसका प्रथम अधिवेशन 1885 ई. में बंबई में हुआ था। यद्यपि ह्यूम ने इस काम में स्वयं को आगे रखा, परतु डफरिन का भी उसे पूरा समर्थन प्राप्त था क्योंकि उसका अनुमान था कि भारतवासी इस संगठन के माध्यम से अपना आक्रोश प्रकट कर देंगे और

साम्राज्य के लिए कोई बड़ा संकट उत्पन्न न होगा।

डमरू

शिव का वाद्य। मान्यता है कि इसी को जब शिव ने चौदह बार बजाया तो पाणिनि के व्याकरण के दस सूत्र इसी की ध्वनि से निकले। पाणिनि को वह ध्वनि अक्षरों के रूप में सुनाई दी थी। इस वाद्य को कापालिक भी धारण करते हैं।

डलहौजी

लार्ड डलहौजी 1848 से 1856 ई. तक भारत का गवर्नर जनरल था। उसके शासनकाल में दूसरा सिक्ख युद्ध (1848-49 ई.) में हुआ और पंजाब ब्रिटिश साम्राज्य में मिला लिया गया। इसी ने यह नियम लागू किया कि यदि कोई राजा मर जाता है तो उसके दत्तक पुत्र को कोई अधिकार नहीं होगा और वह देशी राज्य ब्रिटिश साम्राज्य में मिला लिया जाएगा। इसी नीति के अनुसार झांसी के राजा के दत्तक पुत्र का और बिठूर के बाजीराव पेशवा के दत्तक पुत्र ढोंढू पंत (नाना साहब दे.) का अधिकार अस्वीकार कर दिया गया। डलहौजी की नीति से उत्पन्न असंतोष भी बहुत अंश तक 1857 ई. के प्रथम स्वतंत्रता संग्राम का कारण था।

डाकनी

इसकी गणना काली (दे.) के गणों में होती है। यह पीड़ा पहुंचाने वाली देवी है जो छोटे बच्चों को अधिक सताती है। ब्रह्मांड पुराण में शिव की एक अनुचरी का नाम भी डाकनी बताया गया है।

डाकोर

गुजरात में पश्चिम रेलवे का डाकोर स्टेशन है। यह नगर रणछोड़राय के मंदिर के लिए बहुत प्रसिद्ध है। यहां के विशाल मंदिर में रणछोड़राय (श्रीकृष्ण) की चतुर्भुज मूर्ति विद्यमान है। यही मूर्ति पहले द्वारका में थी। डाकोर में इस मूर्ति के आने के संबंध में एक कथा मिलती है।

एक भक्त वर्ष में दो बार द्वारका जाकर देवमूर्ति पर तुलसीदल चढ़ाते थे। 72 वर्ष की उम्र तक यह क्रम चलता रहा। जब वे अशक्त हो गए तो भगवान ने कहा, अब मैं स्वयं तुम्हारे यहां आऊंगा और मूर्ति भक्त की बैलगाड़ी में आ गई। भक्त ने डाकोर लाकर, डर के कारण मूर्ति को पहले एक तालाब में छिपा दिया। द्वारका के पुजारी मूर्ति को खोजते हुए डाकोर पहुंचे। लोभवश वे इस बात पर राजी हो गए कि उन्हें मूर्ति के भार के बराबर सोना दे दिया जाए। परंतु तोलते समय मूर्ति बहुत ही हल्की हो गई। बाद में भगवान ने पुजारियों को बताया कि

6 महीने बाद तुम्हें द्वारका में ऐसी ही मूर्ति मिल जाएगी। इस प्रकार मूल मूर्ति डाकोर में और दूसरी मूर्ति द्वारका में स्थापित हुई।

डोगरी

जम्मू-कश्मीर और हिमाचल प्रदेश में बोली जाने वाली भाषा। इसे प्राचीन संस्कृत की बोली और बाहर से आए यवन, खस आदि की बोलियों का मिश्रण मानते हैं। यह भाषा अब देवनागरी लिपि में लिखी जाती है। इसमें लोककथाओं, कहावतों की भरमार है। डोगरी की काव्य-परंपरा 16वीं शताब्दी से मिलती है। इसके साहित्यकारों में हरदत्त शास्त्री (1890-1956 ई.) सबसे प्रसिद्ध हैं। डोगरी में कविता के साथ-साथ उपन्यास, नाटक आदि विधाओं में रचनाएं हुई हैं।

ढ

ढुंढिराज

गणेश का एक रूप जिसका व्रत माघ शुक्ल चतुर्थी को किया जाता है। उस दिन गणेश को तिल के लड्डुओं का नैवेद्य चढ़ाते तथा तिल और घी की आहुतियों से होम करते हैं।

वाराणसी में काशी विश्वेश्वर के पास ढुंढ़िराज गणेश का मंदिर है। ये पुण्यात्मा व्यक्तियों को ढूंढ़कर काशी लाते हैं और विश्वनाथ का दर्शन कराकर उनके लिए मुक्ति का मार्ग प्रशस्त करते हैं।

ढोलामारू

राजस्थान की लगभग एक हजार वर्ष पुरानी लोकगाथा जिसका आधार ऐतिहासिक है। ढोला कछवाहा वंश के राजा नल का पुत्र था। एक बार पुंगल देश में अकाल पड़ने से वहां का राजा पिंगल सपरिवार नल के देश में आया। नल के पुत्र ढोला को देखकर उसने अपनी कन्या माखणी का विवाह ढोला से करवा दिया। इस गाथा में ढोला और माखणी के प्रेम का बड़ी सुंदर रीति से वर्णन किया गया है। ढोला का एक नाम साल्हकुमार भी था। कथा में ढोला का आशय

नायक से है। यह कथा मध्य प्रदेश तथा उत्तर प्रदेश में भी प्रचलित है। अन्य लोकगाथाओं की भांति इसमें भी समय-समय पर परिवर्तन होते रहे हैं। यह 1890 ई. में लिपिबद्ध हुई।

त

तंजौर

कावेरी के तट पर बसा दक्षिण भारत का तंजौर नगर वृहदीश्वर मंदिर के लिए भी प्रसिद्ध है। कहते हैं, चोलवंश के एक राजा को स्वप्न में आदेश हुआ कि नर्मदा में मेरा लिगमय महाविग्रह है, उसे लाकर स्थापित करो। इस लिंग को स्थापित करने के बाद स्वप्न में ही उसे नंदी की मूर्ति के बारे में बताया गया। इस पर राजा ने नंदी की विशाल मूर्ति भी स्थापित की। यह मूर्ति 16 फुट लम्बे, 13 फुट ऊंचे और 7 फुट मोटे एक ही पत्थर की है। 700 मन भारी यह मूर्ति 400 मील दूर से लाई गई थी।

मंदिर का कलश जिस पत्थर पर है, कहते हैं, उसका भार 2200 मन है। इस शिल्प-कौशल को देखने के लिए देश-विदेश के यात्री आते रहते हैं। यह क्षेत्र पाराशर क्षेत्र कहलाता है। तंज नामक राक्षस का विष्ण ने यहीं पर वध किया था। उसके अनुरोध पर ही इसका वर्तमान नाम पड़ा।

तंत्र

तंत्र भारतीय दर्शन की उपासना-पद्धति का एक महत्वपूर्ण अंग है। इसका आरंभ शिव से माना जाता है। इसकी अनेक परिभाषाएं दी गई हैं। ज्ञान के विस्तार को तंत्र कहते हैं। यह साधकों की प्राण रक्षा करता है, इसलिए भी तंत्र कहलाता है। इसका एक नाम 'आगम' भी है जो 'निगम' से इसकी भिन्नता का द्योतक है। निगम (वेद) से कर्म, उपासना और ज्ञान के स्वरूप का बोध होता है और आगम वह शास्त्र है जिसके द्वारा भोग और मोक्ष के उपाय बुद्धि में आते हैं।

हिंदू धर्म शास्त्र चार युगों के लिए अलग-अलग पूजा विधियों का निर्देश करते हैं। सतयुग के लिए वैदिक, त्रेता के लिए स्मार्त, द्वापर के लिए पुराण और कलियुग के लिए तांत्रिक उपासना निर्धारित की गई है। तंत्र के तीन भाग हैं—

बौद्ध, जैन और ब्राह्मण। ब्राह्मण तंत्र भी तीन भागों में विभक्त किया गया है— वैष्णवागम, शैवागम और शाक्तागम। आधुनिक तंत्र का आरंभ कनिष्क (दे.) के समय से माना जाता है। अधिकांश तांत्रिक शिव की शक्ति की उपासना करते हैं। तंत्र साधना में पंच मकारों की प्रधानता है। तंत्र में विशाल साहित्य की रचना हुई है।

कुछ विचारकों का मत है कि यद्यपि अथर्ववेद में मारण, मोहन, उच्चाटन, रक्षा, सिद्धि आदि का उल्लेख इस साधना की प्राचीनता का प्रमाण है, फिर भी तांत्रिक साधना आर्यों में प्रचलित नहीं थी। इसे आर्यों ने अनार्य आदिवासियों से विभिन्न प्रकार के सामाजिक संपर्क बढ़ने पर अपनाया। जब इसकी प्रतिकूल प्रतिक्रिया हुई तो वे और भी कट्टर हो गए और उन्होंने आर्यों के परंपरागत आचार-व्यवहार की अवहेलना की। इस क्रम में अनार्यों में प्रचलित अगणित देवी-देवता और उनकी अनुष्ठान विधियां भी आर्यों में आईं। बाद में इसका सैद्धांतिक पक्ष, जो बड़े रहस्यमय रूप में सामने आया, विकसित हुआ। वामाचार तांत्रिक साधना का एक पक्ष है।

तक्षक

कद्रु के गर्भ से उत्पन्न कश्यप ऋषि का पुत्र एक नाग। शृंग ऋषि के शाप के कारण इसने अभिमन्यु के पुत्र राजा परीक्षित को डंस लिया। परीक्षित के पुत्र जनमेजय ने अपने पिता का बदला लेने के लिए तक्षशिला में 'नाग-यज्ञ' किया। इसमें अठारह सर्प-कुल जलकर नष्ट हो गए। जब तक्षक के भी जल मरने का भय पैदा हुआ तो वह इंद्र की शरण में जा पहुंचा। परंतु ऋषियों के मंत्रोच्चार से जब तक्षक के साथ-साथ इंद्र भी हवनकुंड की ओर खिंचने लगा तो इंद्र ने तक्षक को छोड़ दिया। तक्षक खिंचता हुआ यज्ञकुंड के निकट पहुंचा ही था कि इस बीच आस्तीक ऋषि (दे.) की आज्ञा से नागयज्ञ बंद कर दिया गया और इस प्रकार तक्षक की प्राण-रक्षा हो गई।

कुछ इतिहासकारों का मत है कि प्राचीन भारत में तक्षक नाम की एक जाति थी और सर्प (नाग) उसका जातीय चिह्न था। इस जाति से हुए युद्ध में परीक्षित मारा गया। इसका बदला जनमेजय ने तक्षशिला के समीप युद्ध में तक्षक जाति को परास्त करके लिया।

तक्षशिला

एक प्राचीन नगर जो गंधार देश की राजधानी था और वर्तमान पाकिस्तान में रावलपिंडी के निकट स्थित था। तक्षशिला का प्राचीन उल्लेख वाल्मीकि रामायण में मिलता है। भरत ने इसे जीत कर अपने पुत्र तक्ष को यहीं का शासक

नियुक्त किया था। जनमेजय ने यहीं पर सर्पयज्ञ किया। विद्या और चिकित्सा शास्त्र के केन्द्र के रूप में भी तक्षशिला की बड़ी ख्याति थी। हिंदू, जैन और बौद्ध साहित्य में इसका विशेष उल्लेख हुआ है। कौटिल्य (चाणक्य) ने यहीं शिक्षा प्राप्त करके अध्यापन कार्य आरंभ किया था। अशोक के समय उसका एक प्रतिनिधि का यहां रहता था। यवन और कुषाण शासकों के काल में भी तक्षशिला राजनीति का केन्द्र बना रहा। ग्यारहवीं शताब्दी में महमूद की पंजाब-विजय के बाद यह उजड़ता गया। खुदाई में यहां बहुत से प्राचीन अवशेष मिले हैं।

तत्त्व

तत्त्व के संबंध में प्राचीन काल में विचार साम्य नहीं था। वेदांतियों ने केवल एक ही तत्त्व 'ब्रह्म' को माना। चार्वाक के अनुसार सृष्टि की उत्पत्ति करनेवाले चार तत्त्व हैं—पृथ्वी, जल, अग्नि और वायु। बौद्धों ने 'शून्य' को परमतत्त्व कहा तो जैनियों ने छह तत्त्व बताए—जीव, आकाश, धर्म, अधर्म, पुद्‌गल और अस्तिकाय। सांख्य 25 तत्त्वों की और योग 26 तत्त्वों की गणना करता है। सामान्यत: तत्त्व पांच माने गए हैं—पृथ्वी, जल, अग्नि, वायु और आकाश।

तत्त्वमसि

यह छांदोग्य उपनिषद् का वाक्य है। इसका आशय है—व्यक्तिगत आत्मा और विश्वात्मा अथवा ब्रह्म में कोई भेद नहीं है। दोनों एक ही हैं। यह उपनिषद् के संपूर्ण ज्ञान का सार है और इसका उपदेश उद्दालक आरुणि ने अपने पुत्र श्वेतकेतु को दिया था।

तप

तप का अर्थ है उपभोग की वस्तुओं का त्याग करके शरीर और मन को स्थिर रखना। इसके तीन प्रकार बताए गए हैं—(1) शारीरिक जिसमें साधु-संतों की सेवा सम्मिलित है। (2) वाचिक जिसमें वेदशास्त्रों का पाठ और वाणी का संयम आता है। (3) मानसिक में वासनाओं पर मन के निग्रह द्वारा एकाग्रता प्राप्त की जाती है। इन तीनों के भी तीन-तीन भेद हैं—सात्विक, राजसिक और तामसिक। तामसिक तप अन्य के अहित के लिए किया जाता है। राजसी तप में स्वार्थसिद्धि की भावना रहती है। इसलिए अनासक्त भाव से किया हुआ सात्विक तप ही सर्वोत्तम बताया गया है।

तपोवन

1. उत्तराखंड का एक स्थान जो जोशीमठ (दे.) से लगभग 10 कि. मी. दूर है।

कहते हैं, यहां पर महर्षि अगस्त्य और अग्नि ने तप किया था और इसी स्थान पर हनुमान के हाथों कालनेमि मारा गया। तपोवन से 10 कि. मी. दूर धवली गंगा के निकट भविष्य बदरी का मंदिर है। यह पांच बदरियों में से एक है और तप बदरी भी कहलाता है।

2. नासिक में पंचवटी से लगभग 3 कि. मी. दूर गोदावरी में कपिला नाम की नदी मिलती है। इसी संगम पर तपोवन तीर्थ है। यहीं गौतम ऋषि ने तपस्या की थी। संगम के पास ही महर्षि कपिल का आश्रम था। यहीं पर लक्ष्मण ने शूर्पणखा की नाक काटी थी। इसके पास ही अग्नितीर्थ है। कहते हैं, राम ने सीता को अग्नि-रूप में यहीं गुप्त कर दिया था और अपने साथ छाया रूपी सीता को रखा, जिसका रावण ने अपहरण किया था।

तमिल

दक्षिण भारत की एक प्राचीन भाषा जिसका साहित्य बड़ा समृद्ध है। द्रविड़ भाषाओं में संस्कृत का सबसे कम प्रभाव तमिल पर ही पड़ा है। इस भाषा के प्रथम व्याकरण ग्रंथ की रचना 500 ई. पूर्व में हो चुकी थी। तिरुवल्लुवर रचित 'तिरुक्कुरल' ग्रंथ की रचना 400 ई. पूर्व के आस-पास हुई। यह ग्रंथ तमिल भाषा का वेद कहलाता है। तीसरी शताब्दी में रचित 'कंब रामायण' तमिल का अमर काव्य ग्रंथ माना जाता है।

इस भाषा में भक्ति साहित्य की भी प्रधानता है। नयनारों ने शैव धर्म की और आलवारों ने वैष्णव धर्म की रचनाएं प्रचुर मात्रा में कीं। आधुनिक काल के प्रसिद्ध कवि सुब्रह्मण्य भारती अपने उदार प्रगतिशील और राष्ट्रवादी विचारों के कारण राष्ट्रीय कवि कहलाते हैं। तमिल भाषा के बोलनेवाले इस समय केंद्रित रूप से तमिलनाडु प्रदेश और श्रीलंका के कुछ भागों में रहते हैं। पर वे सामान्यतः विश्वभर में फैले हुए हैं और उनकी संख्या लगभग तीन करोड़ है।

तमिल भाषा की लिपि की अपनी विशेषता है। इसकी वर्णमाला में 12 स्वर, 18 व्यंजन और एक विसर्ग की तरह का अर्धस्वर है। इतनी कम वर्णमाला भारत की किसी अन्य भाषा की नहीं है।

तमिलगम्

तमिल क्षेत्र का प्राचीन नाम जिसके अंतर्गत पांड्य, चोल, चेर अथवा केरल सम्मिलित थे। ये अधिकांशतः तमिलभाषी लोग थे। बाद में संस्कृत के संपर्क में आने से तमिल भाषा पर भी संस्कृत के व्याकरण और वाक्य-विन्यास का प्रभाव पड़ा।

तमिलनाडु

देश के दक्षिण पूर्वी कोने पर स्थित प्रदेश जो विस्तार की दृष्टि से भारत का ग्यारहवां प्रदेश है। इसकी अर्थव्यवस्था कृषि प्रधान है। संसार में गन्ने का प्रति हैक्टेयर सर्वाधिक उत्पादन यहीं होता है। भारत में प्रति हैक्यटेर सबसे अधिक चावल भी यहीं पैदा होता है। उद्योगों की दृष्टि से भी यह एक प्रगतिशील प्रदेश है।

तमिलनाडु का इतिहास बहुत प्राचीन है। मान्यता है कि भारत में आर्यों के आने से पहले देशभर में द्रविड़ फैले हुए थे। आर्यों के विस्तार के साथ वे दक्षिण की ओर सिमटते गए। तमिल, तेलुगु, कन्नड़ और मलयालम भाषी उन्हीं द्रविड़ों के वंशजों में से बताए जाते हैं। चौथी शताब्दी ई. पूर्व से यहां चोल, पांड्य और चेर राजवंश राज्य करते रहे। इनके विदेशों से भी राजनयिक संबंध थे। देश में मुस्लिम सत्ता का प्रभाव तो दक्षिण पर भी पड़ा पर उत्तर के समान नहीं। बाद में अंग्रेजों का प्रभुत्व हो गया। स्वातंत्रता के समय आंध्र का बहुत-सा भाग इसी के साथ था। स्वतंत्रता के बाद आंध्र प्रदेश का पृथक् राज्य बन जाने और 1956 ई. में राज्यों के पुनर्गठन के बाद कुछ क्षेत्रों का आंध्र और केरल के साथ आदान-प्रदान होने से जो नया राज्य बना, 14 जनवरी, 1969 ई. को उस प्रदेश का नाम 'तमिलनाडु' रखा गया। इसकी वर्तमान राजधानी मद्रास है।

तरनतारन

पंजाब में अमृतसर के निकट एक तीर्थ जहां गुरु अर्जुनदेव का बनवाया हुआ गुरुद्वारा और सरोवर है। यह स्थान गुरु ने नूरुद्दीन से खरीदा था। गुरुद्वारे के लिए बनाई गई बहुत-सी ईंटों से नुरुद्दीन ने अपना मकान और सराय बना ली थी। बाद में महाराजा रणजीतसिंह ने मकान और सराय को तुड़वाकर वे ईंटें तरनतारन के सरोवर में लगवाईं।

तस्बीह

99 गुरियों की माला जिसका प्रयोग मुसलमान लोग खुदा का जाप करने के लिए करते हैं। इसका प्रयोग भारत, पाकिस्तान और फारस में अधिक होता है। इस तस्बीह के तीन भाग होते हैं और प्रत्येक भाग के 33 दाने रंग और आकार में एक-दूसरे से भिन्न होते हैं।

तांडव

यह शिव का प्रसिद्ध नृत्य है। इसका संबंध भैरव और वीरभद्र से माना जाता है। यह नृत्य श्मशान में देवी और भूत-पिशाचों के साथ किया जाता है।

आधुनिक काल में यह प्रचलित नृत्यों का एक भेद है।

तांत्या टोपे

1857 ई. के प्रथम स्वतंत्रता संग्राम में प्रमुख रूप से भाग लेनेवाले मराठा सेनानायक तांत्या टोपे नानासाहब (दे.) के प्रमुख सहयोगी थे। उन्होंने 20 हजार सैनिकों को लेकर कानपुर में अंग्रेजी सेना को पराजित किया। बाद में जब उन्हें कानपुर से हटना पड़ा तो रानी झांसी से मिलकर वे मध्य भारत में अंग्रेजों से लड़ते रहे। जब वे अपनी सेना लेकर ग्वालियर की ओर बढ़े तो सिंधिया ने भागकर आगरा में अंग्रेजों के पास शरण ले ली। स्वतंत्रता का यह संग्राम अधिक दिन तक न चल सका। झांसी की रानी युद्धभूमि में शहीद हुईं, पर तांत्या टोपे बच निकले। लेकिन सिंधिया के सामंत मानसिंह ने अप्रैल 1859 ई. में विश्वासघात करके उन्हें पकड़वा दिया और अंग्रेजों ने उन्हें फांसी दे दी।

ताजमहल

आगरा में यमुना के किनारे स्थित ताजमहल मुगल शासन का सबसे प्रसिद्ध स्मारक है। इसे शाहजहां (दे.) ने अपनी बेगम मुमताज महल की कब्र के ऊपर बनवाया था। मृत्यु के बाद शाहजहां को भी वहीं दफनाया गया। इस स्मारक का नक्शा भारतीय वास्तुकार ईसा ने बनाया था। कुछ लोगों का अनुमान है कि नक्शा बनाने में इटली अथवा फ्रांस के वास्तुकार की भी मदद ली गई थी। ताजमहल का निर्माण 1632 ई. में आरंभ हुआ और 1653 ई. में पूरा हुआ। उस समय इसके निर्माण में पचास लाख रुपए लगे थे। सफेद संगमरमर की यह कृति संसारभर में प्रसिद्ध है और पर्यटकों के आकर्षण का मुख्य केंद्र है।

ताटका

यह सुकेतु नामक यक्ष की कन्या थी। इसमें हजारों हाथियों का बल था और यक्षिणी होने के कारण इच्छानुसार जैसा चाहती रूप धारण कर लेती। ताड़का का विवाह सुंद के साथ हुआ था। मारीच और सुबाहु नामक इसके दो पुत्र थे। सुंद के अपराधों से क्रुद्ध होकर जब अगस्त्य ऋषि ने शाप द्वारा उसे नष्ट कर दिया तो ताटका ने ऋषि के आश्रम पर आक्रमण कर दिया। इस पर ऋषि ने मारीच को राक्षस होने का और ताटका को मनुष्यभक्षी राक्षसी होने का शाप दिया। अब ताटका अपने पुत्र के साथ ऋषि विश्वामित्र के यज्ञ में विघ्न डालने लगी। इससे परेशान होकर विश्वामित्र अयोध्या से राम-लक्ष्मण को लाए और राम के हाथों ताटका मारी गई। इसका प्रचलित नाम ताड़का है।

तानसेन

भारतीय संगीत के प्रसिद्ध गायक तानसेन का जन्म 1504 और 1509 ई. के बीच और निधन 1589 ई. में बताया जाता है। वे ग्वालियर के निवासी थे। उनके पिता मकरंद पांडेय संगीत के अच्छे ज्ञाता थे। कहते हैं, तानसेन ने संगीत की शिक्षा स्वामी हरिदास से ली थी। किंतु यह संदेहास्पद है क्योंकि स्वामीजी केवल ब्रह्मचारियों को ही शिष्य बनाते थे। संभव है कभी उन्होंने कुछ रागों के बारे में तानसेन से भी चर्चा की हो।

तानसेन के मधुर कंठ और गायन शैली की ख्याति सुनकर 1562 ई. के लगभग अकबर ने उन्हें अपने दरबार में बुला लिया। अबुल फजल ने 'आइने अकबरी' में लिखा है कि अकबर ने जब पहली बार तानसेन का गाना सुना तो प्रसन्न होकर पुरस्कार में दो लाख टके दिए।

तानसेन के नाम के संबंध में मतैक्य नहीं है। कुछ का कहना है कि 'तानसेन' उनका नाम नहीं, उनको मिली उपाधि थी। तानसेन मौलिक कलाकार थे। वे स्वर-ताल में गीतों की रचना भी करते थे। उनकी लिखी संगीतसार और रसमाला नामक दो पुस्तकें उपलब्ध हैं। तानसेन ने एक मुसलमान स्त्री रख ली थी। इस कारण हिंदू समाज ने उन्हें बहिष्कृत कर दिया।

ताप्ती नदी

मध्य प्रदेश के बैतूल जिले में सतपुड़ा की पहाड़ियों से निकलनेवाली यह नदी अपनी मुख्य सहायक पूर्णा का जल लेकर खंभात की खाड़ी में अरब सागर में मिल जाती है। अनुमान लगाया जाता है कि किसी समय नर्मदा और ताप्ती का खान देश में संगम होता था। परंतु अब ये दोनों नदियां अलग समुद्र में मिलती हैं।

ताम्रलिप्ति

पश्चिमी बंगाल के मिदनापुर जिले का एक स्थान जो अब समुद्र से 60 मील दूर है। किसी समय यह प्रमुख बंदरगाह और राजनगर था। महाभारत के अनुसार भीमसेन ने यहां के राजा को पराजित करके कर वसूल किया था। यह बंदरगाह भारत और मध्य एशिया को समुद्र-मार्ग से जोड़ता था। चौथी से बारहवीं शताब्दी तक यहां अनेक देशों के जहाज लदे रहते थे। बौद्ध ग्रंथों के अनुसार अशोक के समय यहीं से बोधिवृक्ष की शाखा श्रीलंका भेजी गई थी। यहीं से फाहियान (दे.) श्रीलंका गया था। इस समय हिंदू और बौद्ध दोनों इसे अपना तीर्थ मानते हैं। इस समय इसका नाम तमलुक है और यह कलकत्ता से 33 मील दक्षिण-पश्चिम में स्थित है।

तारंगाजी

मेहसाना के आगे तारंगाहिल स्टेशन से 8 कि. मी. दूर तारंगाजी पर्वत है। कहते हैं, यहां कई करोड़ मुनियों ने तप किया था। पर्वत पर एक कोटे के अंदर 13 प्राचीन जैन मंदिर हैं। निकट ही एक पहाड़ी के दो शिखरों पर पार्श्वनाथ और नेमिनाथ की मूर्तियां स्थापित हैं।

तारक

1. एक प्रसिद्ध असुर जिसने ब्रह्मा की तपस्या करके अमरत्व का वर मांगा था। परंतु इसे संभव न देखकर ब्रह्मा ने उसे वर दिया कि उसकी मृत्यु होगी परंतु केवल शिव के पुत्र के हाथों। इस वरदान से तारक ने इंद्र सहित देवताओं को पराजित करके तीनों लोकों में अपने वैभव का विस्तार किया। उसके अत्याचारों से त्रस्त देवताओं की प्रार्थना पर शिव ने पार्वती से विवाह करके स्कंद (दे.) को जन्म दिया जिसके हाथों तारक या तारकासुर मारा गया।
2. इंद्र का शत्रु एक असुर जो पुराण के अनुसार समुद्र में छिपा रहता था और समय-समय पर इंद्र को सताया करता था। मत्स्य पुराण के अनुसार बाद में विष्णु के हाथों इसका वध हुआ।

तारक द्वादशी

वर्ष-भर चलनेवाला एक व्रत जिसका आरंभ मार्गशीर्ष शुक्ल द्वादशी से होता है। इसमें रात्रि में तारों को अर्घ्य देते हैं। इस व्रत को समस्त पापों का नाश करनेवाला बताया गया है। एक राजा ने साधना में लीन तपस्वी को मृग समझकर मार दिया था। यह व्रत करने से वह पापमुक्त हो गया।

तारकेश्वर दस्तीदार

क्रांतिकारी तारकेश्वर दस्तीदार का जन्म चटगांव में हुआ था। उन्होंने 1930 ई. में चटगांव शस्त्रागार पर आक्रमण में भाग लिया। कुछ समय तक 'इंडियन रिपब्लिकन आर्मी' के प्रधान भी रहे। पुलिस से मुठभेड़ में 1933 ई. में गिरफ्तार हुए और 12 जनवरी, 1934 को उन्हें चटगांव की जेल में फांसी दे दी गई।

तारा

1. सुषेण की पुत्री और वानरराज बालि की पत्नी जो अंगद की माता थी। बालि और उसके भाई सुग्रीव में पुरानी शत्रुता थी। राम की सहायता से जब सुग्रीव ने बालि को मार डाला तो तारा ने सुग्रीव से विवाह कर लिया।
2. बृहस्पति की एक पत्नी जिसका चंद्रमा ने अपहरण कर लिया था। इन दोनों के

संभोग से 'बुध' का जन्म हुआ और गुरुपत्नी से संभोग करने के कारण चंद्रमा को कलंक लग गया। बृहस्पति के मांगने पर जब चंद्रमा ने तारा नहीं लौटाई तो दोनों ओर से घोर युद्ध हुआ। इसी बीच ब्रह्मा ने तारा बृहस्पति को वापस करा दी।

3. दस महाविद्याओं में से एक। ये विद्याएं हैं—काली, तारा, षोडशी, भुवनेश्वरी, भैरवी, छिन्नमस्ता, धूमावती, बगलामुखी, मातंगी और कमलात्मिका।

4. मायातंत्र में आठ ताराएं वर्णित हैं—तारा, उग्रा, महोग्रा, वज्रा, नीला, सरस्वती, कामेश्वरी और भद्रकाली।

तारानाथ

प्रसिद्ध तिब्बती लेखक और इतिहासकार। इनका समय 17वीं शताब्दी था। इनके रचे ग्रंथों में प्राचीन भारत का इतिहास सुरक्षित है। इन ग्रंथों से न केवल तथ्यों का पता चलता है वरन् अन्य सूत्रों से ज्ञात तथ्यों की पुष्टि करने में भी इनसे बड़ी सहायता मिलती है।

तारामती

राजा हरिश्चंद्र की पत्नी जो शैव्य देश की होने के कारण शैव्या भी कहलाई। यह अपने पति के साथ बिकने के लिए काशी गई और दासी के रूप में एक ब्राह्मण के यहां काम करती रही। अपने पुत्र का शव लेकर जब यह घाट पर गई तो इससे भी हरिश्चंद्र ने कर मांगा था। पति-पत्नी विश्वामित्र द्वारा ली जा रही परीक्षा में सफल हुए और पुत्र को जीवन और इन दोनों को पुनः राज्य मिल गया।

ताशकंद घोषणा

एक ऐतिहासिक संधि जिस पर रूस के ताशकंद नगर में भारत के प्रधानमंत्री लाल बहादुर शास्त्री और पाकिस्तान के राष्ट्रपति अयूब खां ने 11 जनवरी, 1966 ई. को हस्ताक्षर किए थे। पाकिस्तान द्वारा अकारण भारत पर आक्रमण कर देने से दोनों देशों के बीच युद्ध का विस्तार होने की आशंका थी। इस पर सोवियत रूस के प्रधानमंत्री के प्रयत्न से ताशकंद में दोनों देशों के नेताओं के बीच सहमति का यह घोषणा-पत्र स्वीकार हुआ। श्री लाल बहादुर शास्त्री का घोषणा पर हस्ताक्षर करने के कुछ घंटे बाद ही हृदय की गति रुक जाने से ताशकंद में ही देहांत हो गया।

तिरुक्कुरल

तमिल साहित्य का एक प्राचीन और विशिष्ट आध्यात्मिक ग्रंथ। इसके रचयिता

तिरुवल्लुवर (दे.) हैं। यह एक नीति काव्य है। कवि ने ग्रंथ का क्या नाम रखा था, यह अज्ञात है। वर्तमान में प्रचलित नाम का 'तिरु' हिंदी के आदरसूचक 'श्री' के समान है और 'कुरल' एक छंद विशेष का नाम है। जिसमें हिंदी के दोहा की तरह दो चरण होते हैं। धर्म, अर्थ और काम इन तीन खंडों में विभक्त 1330 कुरलों के इस ग्रंथ को तमिल क्षेत्रों में वेदों का सा सम्मान प्राप्त है।

तिरुच्चेनगोड

मद्रास-मंगलोर रेलमार्ग पर शंकरी दुर्ग स्टेशन के पास एक पर्वत पर स्थित यह स्थान अपने अर्धनारीश्वर मंदिर के लिए प्रसिद्ध है। यहां की प्रतिमा में नर और नारी दोनों के रूप सम्मिलित हैं। कहते हैं, इस प्रतिमा का निर्माण ऋषियों ने किया था। यह किस धातु की बनी है, यह अभी तक अज्ञात है। इस पर्वत को नागाचल कहते हैं। मंदिर के मार्ग में 35 फुट ऊंचा एक सर्प बना है। यहां सुब्रह्मण्यम की भी प्रतिमा है।

तिरु ज्ञान संबंधर

अनेक भक्तिपूर्ण गीतों के रचयिता, जो दक्षिण के चार शैव संप्रदायों में से एक से संबद्ध थे और महान् शिवभक्त कवि के रूप में प्रसिद्ध हुए।

तिरुनेल्वेली

दक्षिण में ताम्रपरिणी नदी के किनारे इसी नाम का नगर और रेलवे स्टेशन है। यहां का मुख्य मंदिर नीलफेश्वर मंदिर है। यह दो भागों में बंटा है। एक भाग मे शिव मंदिर है और दूसरे में पार्वती मंदिर। पार्वती को यहां 'कांतिमयी अंबा' कहते हैं। यहां कुछ अन्य मंदिर भी दर्शनीय हैं।

तिरुपति बालाजी

आंध्र प्रदेश के चित्तूर जिले में वैंकटाचल पर्वत पर स्थित बालाजी या वैंकटेश्वर का मंदिर भारत भर में प्रसिद्ध है। यह देश का सबसे धनी मंदिर है। यहां वर्ष भर में करोड़ों रुपयों का चढ़ावा आता है। तिरुपति बालाजी का मंदिर अब मोटर-मार्ग से जुड़ गया है। किंतु अब भी बहुत से यात्री 11 कि. मी. का पहाड़ी मार्ग तय करके पैदल जाते हैं। मंदिर तीन परकोटों के अंदर है। उसमें काले पत्थर की मूर्ति स्थापित है। सवा दो मीटर ऊंची इस मूर्ति के पूरे दर्शन शुक्रवार को प्रात: अभिषेक के समय होते हैं। मंदिर के निकट स्थित पुष्करणी नामक सरोवर में स्नान करने के बाद यात्री दर्शनों के लिए जाते हैं। चारों ओर सोने के पात्र, मूर्तियों

और रथ आदि देखकर दर्शक चकित रह जाते हैं। यहां दर्शनों की व्यवस्था बहुत अच्छी है।

श्रद्धालुओं का यहां तांता लगा रहता है। मंदिर की ओर से दिन-रात बसें चलती हैं। बड़ी-बड़ी धर्मशालाएं भरी रहती हैं। इस मंदिर की आय से एक विश्वविद्यालय और अन्य संस्थाएं चल रही हैं। यहां केश दान करने का बड़ा महत्व है। युवतियां तक अपने कमर तक लहराते बाल चढ़ा जाती हैं।

यह मूर्ति सन् 830 ई. तक घने वन में थी। मंदिर का निर्माण बाद में हुआ। मूर्ति की आंखें हर समय सफेद चंदन से बंद रहती हैं। कहते हैं, भगवान के नेत्रों के तेज से लोगों को बचाने के लिए यह किया जाता है। कुछ का कहना है कि एक बार अबोध बालक पुजारी ने ऐसा चंदन लगा दिया था। तब से परंपरा चल पड़ी।

तिरुवनंतपुरम्

वर्तमान केरल राज्य को राजधानी। केरल राज्य बनने से पूर्व यह त्रावनकोर रियासत की राजधानी थी। मलयालम संस्कृति का केन्द्र होने के कारण दक्षिण भारत में इसका महत्वपूर्ण स्थान है। इसका प्राचीन नाम अनंतवन था। यहां का पद्मनाभ स्वामी का मंदिर बहुत प्रसिद्ध है जिसमें विष्णु की अनंतशयनम् मूर्ति प्रतिष्ठित है।

तिरुवल्लूर

मद्रास से लगभग 50 कि. मी. दूर तमिलनाडु का सबसे विशाल वरदराज मंदिर यहीं है। इसे वीरराघव कहते हैं। मंदिर में भगवान वीरराघव की शेषशायी मूर्ति है। यह क्षेत्र पुण्यावर्त कहलाता है। कहते हैं, यज्ञ विध्वंस करने के बाद वीरभद्र के हाथों दक्ष को मरवा देने पर शंकर को ब्रह्महत्या का पाप लगा था। उससे मुक्त होने के लिए शंकर ने वरदराज मंदिर के निकट स्थित 'हृत्पापनाशन' नामक सरोवर में स्नान किया था।

तिरुवाडी

कावेरी नदी के बाएं तट पर स्थित तिरुवाडी को पुराणों में सात पवित्र स्थलों में से मुख्य बताया गया है। कहते हैं, यहां पांच पवित्र नदियां हैं जो नंदी के अभिषेक के लिए उत्पन्न हुई थी और भीतर ही भीतर बह कर कावेरी में मिल जाती हैं। पंचनंदीश्वर यहां का मुख्य मंदिर है। पुराणों के अनुसार सूर्यवंशी राजा सुरथ ने इसका निर्माण कराया था। मंदिर के घेरे के अंदर ही पंचनंदीश्वर की पत्नी धर्म संवर्धनी का मंदिर है। दक्षिण के प्रसिद्ध गायक और भक्त कवि त्यागराज ने अपना अधिकांश जीवन यहीं व्यतीत किया था।

तिरुवारूर

तजौर से लगभग 60 कि. मी. दूर यह स्थान त्यागराज मंदिर के लिए प्रसिद्ध है। कहते हैं, त्यागराज की इस मूर्ति को मुचुकंद स्वर्ग से लाए थे। यह दक्षिण भारत में त्यागराज की सात पाठस्थलियों में से एक है। मान्यता है कि इस क्षेत्र में जन्म लेने से ही मुक्ति मिल जाती है। यहां पर पार्वती, लक्ष्मी और सरस्वती तीनों ने तप किया था। यहां का अचलेश्वर शिवमंदिर भी दर्शनीय है। कहते हैं, इस मंदिर के शिवलिंग की छाया केवल पूर्व की दिशा में पड़ती है।

तिलक, लोकमान्य बाल गंगाधर (1856-1920 ई.)

लोकमान्य बाल गंगाधर तिलक भारतीय स्वतंत्रता संग्राम के प्रमुख नेता थे। उन्होंने ही देश को 'स्वराज्य हमारा जन्म सिद्ध अधिकार है' का मंत्र दिया था। शिक्षा पूरी करते ही तिलक ने विद्यालय की स्थापना में सहयोग दिया। साथ ही 'केसरी' और 'मराठा' नामक पत्रों का संपादन करते रहे। जनता के पक्ष में लेख लिखने के कारण उन्हें सर्वप्रथम 1882 ई. में जेल की सजा भोगनी पड़ी थी। बाद में प्लेग फैलने के दिनों में गोरे सिपाहियों के अन्यायपूर्ण व्यवहार का विरोध करने के कारण उन्हें फिर जेल जाना पड़ा।

तिलक शीघ्र ही कांग्रेस संगठन के प्रमुख व्यक्ति और अपने विचारों के कारण 'गरम दल' के नेता बन गए। जनता पर उनका प्रभाव बढ़ता गया। यह देखकर अंग्रेजों की सरकार ने पुनः उन पर राजद्रोह का मुकदमा चलाया और 6 वर्ष की सजा देकर बर्मा के मांडले जेल में बंद कर दिया। इसी जेल जीवन में तिलक ने अपना प्रसिद्ध ग्रंथ 'गीता रहस्य' लिखा था।

1914 ई. में जेल से छूटने पर उन्होंने पुनः राष्ट्रीय आंदोलन में भाग लेना आरंभ किया और आंदोलन को आगे बढ़ाने के लिए 'होमरूल लीग' नामक संस्था की स्थापना की। 1916 ई.में तिलक कांग्रेस संगठन के अत्यंत प्रभावशाली नेता के रूप में सामने आए। गांधीजी के देश की राजनीति में आने से पहले तक तीन नेता अग्रणी थे—लाल (लाला लाजपतराय), बाल (बाल गंगाधर तिलक) और पाल (विपिन चंद्रपाल) अर्थात् 'लाल बाल पाल'। 1 अगस्त 1920 ई. को तिलक का देहावसान हो गया।

तिलोत्तमा

एक सुन्दरी अप्सरा जो कश्यप तथा अरिष्टा की कन्या थी। पहले जन्म में यह कुब्जा नामक स्त्री थी और दीर्घ तपस्या के बाद बैकुंठ गई। कहते हैं, इसकी रचना के लिए ब्रह्मा ने संसार की सभी सुंदर वस्तुओं से तिल-तिल भर सुंदरता एकत्र की थी। तभी इसका नाम तिलोत्तमा पड़ा।

उसी समय सुंद और उपसुंद नाम के दो असुर बड़ा अत्याचार कर रहे थे। इन दोनों को ब्रह्मा से वर प्राप्त था कि उन्हें अन्य कोई मार न सकेगा। इन निर्भय असुरों के अत्याचार जब चरम सीमा पर पहुंच गए तो इनका नाश करने के लिए सुंदरता की प्रतिमूर्ति तिलोत्तमा विंध्याचल में उनके पास भेजी गई। तिलोत्तमा का सौन्दर्य देखकर दोनों उस पर मुग्ध हो गए और उसे प्राप्त करने के लिए आपस में ही लड़ कर मर गए।

तीज

दे. हरितालिका व्रत।

तीर्थंकर

जैन धर्म में 24 तीर्थंकर हुए हैं। उनके नाम हैं—1. ऋषभ या आदिनाथ, 2. अजितनाथ, 3. संभवनाथ, 4. अभिनंदननाथ, 5. सुमतिनाथ, 6. पदमप्रभु, 7. सुपार्श्वनाथ, 8. चंद्रप्रभु, 9. पुष्पदंत, 10. शीतलनाथ, 11. श्रेयांसनाथ, 12. वासूपूज्य, 13. विमलनाथ, 14. अनंतनाथ, 15. धर्मनाथ, 16. शांतिनाथ, 17. कुंथुनाथ, 18. अमरनाथ, 19. मल्लिनाथ, 20. मुनि सुव्रत, 21. नमिनाथ, 22. नेमिनाथ, 23. पार्श्वनाथ, और 24 महावीर स्वामी।

तीर्थ

तीर्थ का शाब्दिक अर्थ है—नदी पार करने का स्थान। तीर्थ को भवसागर पार करने का घाट माना जात है। इसलिए यह मान्यता है कि तीर्थ में जाकर स्नान, दान, पुण्य आदि करना चाहिए। सामान्य अर्थ में तीर्थ पवित्र स्थान को कहते हैं जिसका संबंध किसी देवता, महापुरुष, किसी बड़ी घटना, पवित्र नदी, सरोवर आदि से होता है।

भारत में तीन प्रकार के तीर्थ माने जाते हैं—जंगम (साधु आदि), मानस (सत्य, क्षमा, दया आदि) तथा स्थावर (काशी, प्रयाग, मथुरा, अयोध्या, कांची, अवंतिका, गया ये सप्तपुरियां हैं)। स्थावर तीर्थों की संख्या बहुत बड़ी है। ये देश की चारों दिशाओं में इतने अधिक फैले हुए हैं कि इनकी गणना संभव नहीं। पद्म-पुराण में साढ़े तीन करोड़ तीर्थों का उल्लेख है।

तीर्थों की यात्रा लोग भगवत् प्राप्ति के लिए करते हैं। किंतु समयानुसार नए तीर्थों की कल्पना भी की जाने लगी है।

तुंगनाथ

पांच केदारों में से एक जो उत्तराखंड में ऊखीमठ (दे.) के ऊपर की ओर स्थित

है। यहां का मंदिर निर्जन प्रदेश में है और उसमें हरिहर (विष्णु-शिव की सम्मिलित) मूर्ति स्थापित है। कहते हैं रावण ने यहीं पर तपस्या की थी। शिवलिंग के निकट ही शंकराचार्य की मूर्ति है। लोग इस मंदिर को उन्हीं के समय का बताते हैं। स्कंद पुराण के अनुसार दो योजन लंबे-चौड़े इस क्षेत्र के दर्शनों से सब पाप छूट जाते हैं।

तुंबरू

कश्यप और प्राधा के पुत्रों में से एक जो ब्रह्मा की सभा में नारद के साथ ईश्वर का गुणगान करते थे। ये संगीत विद्या में अत्यन्त निपुण थे। रम्भा इनकी पत्नी थी। रम्भा पर अति आसक्ति देखकर कुबेर ने इन्हें शाप देकर विराध नामक राक्षस बना दिया। त्रेता युग में राम के हाथों इन्हें मोक्ष मिला। इन्हें तंबूरा नामक वाद्ययंत्र का आविष्कारक माना जाता है। इन्हीं के नाम पर इस यंत्र का नाम तंबूरा पड़ा।

तुकाराम (1598-1649 ई.)

महाराष्ट्र के प्रसिद्ध संत तुकाराम अपने अभंगों (पदों) के लिए प्रसिद्ध हैं। इनका महाराष्ट्र की जनता पर आज भी अत्यधिक प्रभाव है। इन्होंने जीवन का आरंभ बड़ी साधारण परिस्थितियों में किया। अकाल में इनकी पत्नी और पुत्र भूख से तड़प कर मर गए। दूसरी पत्नी बड़ी कर्कशा आई। इस स्थिति में तुकाराम संसार से विरक्त हो गए। वे विठोबा के स्मरण में मग्न रहने लगे। बाद में एक साधु से मंत्र लेकर इन्होंने अपना शेष जीवन भागवत धर्म का प्रचार करने और लोगों को परमार्थ की ओर प्रेरित करने में बिताया।

तुकाराम के पद काव्य की दृष्टि से भी अत्यन्त उच्चकोटि के हैं। उनमें ईश्वर-भक्ति, निजतुच्छता, असीम दीनता और सामान्य मानव के हृदय में उठने वाले सुख-दुख, आशा-निराशा, राग-लोभ आदि का प्रकटीकरण दिखाई देता है। ये एकेश्वरवादी थे और सम्मान की भावना से सदा दूर रहे। एक बार शिवाजी ने इन्हें अपनी राजसभा में आमंत्रित किया, पर तुकाराम ने यह सम्मान स्वीकार नहीं किया और कुछ छंद लिखकर भेज दिए। उनके अभंग आज भी महाराष्ट्र में घर-घर गाए जाते हैं।

तुरीय अवस्था

वेदांत में प्राणियों की चार अवस्थाएं मानी गई हैं—जाग्रत, स्वप्न, सुषुप्ति और तुरीय। तुरीय अवस्था ही मोक्ष है। इसमें समस्त भेद-ज्ञान का नाश हो जाता है।

तुर्वसु

पुराणों में वर्णित राजा ययाति (दे.) का पुत्र जो देवयानी के गर्भ से उत्पन्न हुआ था। सांसारिक भोगों से अतृप्त ययाति ने जब इससे इसका यौवन मांगा तो तुर्वसु ने देने से इनकार कर दिया। इस पर पिता ने इसे अधर्मियों का राजा बनने का शाप दे दिया।

तुलजापुर

मध्य प्रदेश में खंडवा के निकट यह स्थान देवी के 51 शक्तिपीठों में से एक माना जाता है। देवी भागवत पुराण के अनुसार दुर्गा ने यहीं पर महिषासुर का वध किया था। आदि शंकराचार्य यहां पधारे थे और उस समय यह स्थान 'भवानी नगर' के नाम से जाना जाता था।

तुलसी

एक छोटा पौधा जिसे वैष्णव धर्मावलंबी अत्यंत पवित्र मानते और पूजा में इसकी पत्तियों का उपयोग करते हैं। आंगन में इसका पौधा लगाया जाता है। प्रात:काल इसमें जल चढ़ाते और सायंकाल इसके नीचे दिया जलाते हैं। तुलसी के संबंध में पुराणों में एक कथा मिलती है।

तुलसी राधा की सखी थी, किंतु राधा ने इसे शाप दे दिया। यह धर्मध्वज के घर पैदा हुई। अनुपम सौंदर्यवती तुलसी ने तप करके ब्रह्मा से वर मांग लिया कि मुझे पतिरूप में श्रीकृष्ण प्राप्त हों। पर उसका विवाह शंखचूर्ण नामक राक्षस के साथ हो गया। शंखचूर्ण को वरदान प्राप्त था कि जब तक उसकी स्त्री का सतीत्व भंग नहीं होगा, वह मर नहीं सकता। जब शंखचूर्ण का उपद्रव बहुत बढ़ गया तो विष्णु ने शंखचूर्ण का रूप धारण करके तुलसी का सतीत्व भंग कर दिया। इससे रुष्ट होकर तुलसी ने विष्णु को पत्थर बन जाने का शाप दे दिया। लेकिन विष्णु ने उसे वर दिया कि तुम्हारे केशों से तुलसी का पौधा उत्पन्न होगा और तुम मुझे लक्ष्मी के समान प्रिय होगी। कहते हैं, तभी से विष्णु के शालग्राम रूप की तुलसी की पत्तियों से पूजा होने लगी।

तुलसी का एक नाम वृन्दा है। वह अपने पातिव्रत धर्म के कारण विष्णु के लिए भी वंदनीय थी। इसी वृन्दा के नाम पर श्रीकृष्ण की लीलाभूमि का नाम वृन्दावन पड़ा।

तुलसीदास

'रामचरित मानस' के रचयिता भक्तशिरोमणि संत तुलसीदास का जन्म भाद्र शुक्ल एकादशी संवत् 1589 वि. को तथा निधन श्रावण शुक्ल सप्तमी संवत् 1680 वि.

को माना जाता है। इनके जन्मस्थान के बारे में भी विवाद है। कुल लोग राजापुर (जिला बांदा) और कुछ लोग सोरों (जिला एटा) को तुलसीदास का जन्मस्थान मानते हैं।

तुलसी का वचपन बड़े कष्टों में बीता। माता-पिता दोनों चल बसे और इन्हें भीख मांगकर अपना पेट पालना पड़ा था। इसी बीच इनका परिचय राम-भक्त साधुओं से हुआ और इन्हें ज्ञानार्जन का अनुपम अवसर मिल गया। पत्नी के व्यंग्य-बाणों से विरक्त होने की लोकप्रचलित कथा का कोई प्रमाण नहीं मिलता। तुलसी भ्रमण करते रहे और इस प्रकार समाज की तत्कालीन स्थिति से इनका सीधा संपर्क हुआ। इसी दीर्घकालीन अनुभव और अध्ययन का परिणाम तुलसी की अमूल्य कृतियां हैं, जो उस समय के भारतीय समाज के लिए तो उन्नायक सिद्ध हुई ही, आज भी जीवन को मर्यादित करने के लिए उतनी ही उपयोगी हैं।

तुलसीदास द्वारा रचित ग्रंथों की संख्या 39 बताई जाती है। इनमें रामचरित मानस, कवितावली, विनयपत्रिका, दोहावली, गीतावली, जानकीमंगल, हनुमान चालीसा, बरवैरामायण आदि विशेष रूप से उल्लेखनीय हैं।

तुलसी साहब

'साहब' पंथ के प्रवर्तक तुलसी साहब का जन्म 1760 ई. में हुआ था। कहते हैं, ये मराठा सरदार रघुनाथराव के बड़े पुत्र थे और इनका नाम श्यामराव था। पर वैराग्य का इन पर ऐसा रंग चढ़ा कि पेशवाई का लोभ छोड़कर फकीर का वेश धारण कर लिया और हाथरस आ गए। लेकिन ऐतिहासिक तथ्यों से इस कथन की पुष्टि नहीं होती। इसी प्रकार इनके पूर्वजन्म में तुलसीदास होने की बात भी कल्पनाजनित है। इनकी पुस्तक 'घररामायण' प्रसिद्ध है। इन्होंने किसी को गुरु नहीं बनाया क्योंकि इनके शब्दों में 'कोई सद्‌गुरु मिला ही नहीं।'

तुलाधार

काशी का निवासी एक वैश्य जो बड़ा ज्ञानी था। गोत्रप्रवर्तक ऋषि जाजलि (दे.) ने इसी के पास जाकर ज्ञान प्राप्त किया था।

तुलादान

मत्स्य पुराण के अनुसार एक दान जिसमें तुला में तोलकर अपने शरीर के बराबर भार का सोना-चांदी जैसा द्रव्य या अन्न आदि का दान किया जाता है। मान्यता है कि यह दान करने से विष्णुलोक प्राप्त होता है। यह सोलह महादानों में से एक माना जाता है।

तृणबिंदु

1. अलंबुसा नाम की अप्सरा का पति एक राजा जो त्रेता युग के आरंभ में था। इसके पुत्र विशाल से वैशाल वंश का आरंभ हुआ। इस वंश का अंतिम राजा सुमति था।

2. महाभारत में उल्लिखित एक ऋषि का नाम जो वनवासकाल में पांडवों से मिले थे।

तृणावर्त

भागवत में वर्णित कंस का मित्र एक दैत्य। कंस ने कृष्ण का वध करने के लिए इसे गोकुल भेजा था। यह आंधी-तूफान का रूप धारण करके गया। कृष्ण उस समय यशोदा की गोद में बैठे हुए थे। यह सोचकर कि तृणावर्त कहीं यशोदा को भी न उड़ा ले जाए, कृष्ण ने अपने शरीर का भार बढ़ाया और यशोदा ने उन्हें गोद से उतार दिया। तृणावर्त गोकुलवासियों की आंखों में धूल झोंककर श्रीकृष्ण को आकाश में ले उड़ा। कृष्ण ने अपने शरीर का भार इतना बढ़ाया कि तृणावर्त ने सोचा—शायद उसने धोखे से कोई पर्वत उठा लिया है। वह डगमगाने लगा और कृष्ण को गिराने का प्रयत्न करने लगा। पर कृष्ण ने उसका गला इतने जोर से दबाया कि उसके प्राण निकल गए। तृणावर्त का शरीर एक शिला पर गिरा और कृष्ण उसकी छाती पर खेलने लगे।

तेगबहादुर, गुरु

सिक्खों के नवें गुरु तेगबहादुर छठे गुरु हरगोविंद के सबसे छोटे पुत्र थे। आठवें गुरु के ज्योति में लीन हो जाने के बाद गुरु तेगबहादुर 45 वर्ष की उम्र में 1644 ई. में गद्दी पर बैठे। इन्होंने धर्म-प्रचार के लिए देश के विभिन्न भागों की यात्रा की। इनके समय में औरंगजेब की ओर से कश्मीर के सूबेदार शेरअफ़गान खां ने कश्मीरी पंडितों के सामने यह प्रस्ताव रखा या तो वे सबके सब इस्लाम धर्म को स्वीकार कर लें या फिर कत्ल होने के लिए तैयार हो जाएं।

कश्मीरियों के भयभीत प्रतिनिधि आनंदपुर साहब में गुरु तेगबहादुर से मिले। गुरु ने उन्हें औरंगजेब के पास यह सूचना देने के लिए भेज दिया कि यदि हमारे धार्मिक नेता तेगबहादुर इस्लाम धर्म स्वीकार कर लें तो हम भी कर लेंगे।

इस पर औरंगजेब ने गुरु तेगबहादुर को उनके पांच शिष्यों के साथ गिरफ्तार करवा लिया। उन पर धर्म-परिवर्तन के लिए जोर डाला गया। तेगबहादुर के शिष्य मतिदास को आरे से चिरवा दिया। भाई दयारा को खौलते पानी में उबलवाया। पर कोई टस से मस नहीं हुआ। अंत में 1675 ई. में दिल्ली में गुरु तेगबहादुर का सिर धड़ से अलग कर दिया। इसी जगह अब दिल्ली में चांदनी

चौक का 'शीशगंज' गुरुद्वारा है। दिल्ली के दूसरे गुरुद्वारे रकाबगंज में गुरु के शरीर का दाहसंस्कार हुआ था।

गुरु तेगबहादुर द्वारा रचित पदों की भाषा शुद्ध हिंदी और बड़ी प्रांजल तथा मधुर है। वैराग्य का भाव उनमें सर्वत्र व्याप्त है।

तेजबहादुर सप्रू

भारत के नरमदल के राजनीतिज्ञ और प्रसिद्ध वकील तेजबहादुर सप्रू का जन्म एक कश्मीरी ब्राह्मण परिवार में 8 दिसंबर, 1875 ई. को अलीगढ़ में हुआ था। शिक्षा पूरी करके आप मुरादाबाद में वकालत करने लगे थे। पर पं. मदनमोहन मालवीय (दे.) आपको इलाहाबाद ले आए। वहां वकालत खूब चली और सार्वजनिक कार्यों में भी हिस्सा लेने लगे। 1906 से 1917 ई. तक अखिल भारतीय कांग्रेस कमेटी के सदस्य भी रहे। बाद में गांधीजी की आंदोलन की कार्य-प्रणाली आरंभ होने पर उससे अलग हो गए। आपने उत्तर प्रदेश और केंद्र की असेंबली के सदस्य और भारत सरकार के 'लॉ मेंबर' के रूप में भी काम किया। यद्यपि सप्रू ने स्वतंत्रता संग्राम में प्रत्यक्ष भाग नहीं लिया, किंतु आप भारत की स्वतंत्रता की भावना के समर्थक थे। आपने और जयकर (दे.) ने मिलकर समय-समय पर सरकार और कांग्रेस के बीच के गतिरोध को कम करने के लिए प्रभावी कदम उठाए। सप्रू का 21 जनवरी, 1949 ई. को निधन हो गया।

तेरापंथ

जैनियों के श्वेतांबर संघ की एक शाखा जिसका आरंभ 1760 ई. में आचार्य संत भीखणजी से हुआ। इस शाखा के मठ नहीं होते। ये एक ही आचार्य के प्रति निष्ठावान होते हैं। इनके तीन-तीन या पांच-पांच के समूह होते हैं। पद-यात्रा इनका जीवन-व्रत है। ये किसी भी परिस्थिति में रात्रिभोज नहीं करते। हिंसा इनके यहां पाप है। मनुष्य सर्वश्रेष्ठ प्राणी माना जाता है। धर्म त्याग में है, भोग में नहीं। धर्म में जाति और वर्ण का भेद नहीं होता। इस शाखा में तपस्या का बड़ा महत्व है। एक दिन आहार और एक दिन निराहार, इस प्रकार आजीवन तपस्या करनेवाले तो अनेक साधु-साध्वियां हैं। ये केवल अपने लिए बनाया गया या खरीदा गया भोजन नहीं करते। इस शाखा के सब साधु-साध्वी वर्ष में एक बार परस्पर अवश्य मिलते हैं।

तेलुगु

दक्षिण भारत की चार भाषाओं में से एक जिसके बोलनेवाले आंध्र प्रदेश में अधिक हैं। इसकी अपनी स्वतंत्र लिपि है। कुछ विद्वान् इसे द्रविड़ परिवार की भाषा

बताते हैं और कुछ की राय में यह आर्य परिवार की भाषा है। इसका साहित्य 1050 ई. के आसपास से मिलता है। यह समुन्नत और समृद्ध भाषा है और इसके शब्द भंडार पर संस्कृत भाषा का बहुत प्रभाव पड़ा है।

तैत्तिरिय

कृष्ण यजुर्वेद की एक शाखा तैत्तिरिय कहलाती है। इसमें संहिता, ब्राह्मण, आरण्यक और उपनिषद् सम्मिलित हैं। इस शाखा का यह नाम तीतर से बना है। इस संबंध में पुराणों में एक कथा मिलती है।

वैशंपायन (दे.) को एक बार ब्रह्महत्या का पाप लगा था। उनके शिष्यों ने इसके मोचन के लिए व्रत करना चाहा। शिष्यों में याज्ञवल्क्य भी थे। वे बोले—इन साधारण शिष्यों को छोड़िए, मैं अकेला ही प्रायश्चित का मोचन करने के लिए पर्याप्त हूं। याज्ञवल्क्य का यह व्यवहार वैशंपायन को अनुचित प्रतीत हुआ। उन्होंने याज्ञवल्क्य को अपने शिष्यत्व से हट जाने का आदेश दिया। यह सुनकर याज्ञवल्क्य ने वैशंपायन से सीखी हुई सब विद्याएं उगल दीं। वैशंपायन के अन्य शिष्यों ने तीतर बनकर उन्हें चुग लिया। बाद में यही ज्ञान विभिन्न नामों से ज्ञात हुआ।

तैमूरलंग (1336-1405 ई.)

प्रसिद्ध विजेता और लुटेरा तैमूरलंग अपने पिता के सिंहासन पर 1369 ई. में समरकंद के अमीर के रूप में बैठा। कुछ समय बाद ही वह विश्व-विजय के लिए निकल पड़ा। 1398 ई. में उसने भारत पर आक्रमण किया। रास्ते में इसकी सेना ने हजारों लोगों की हत्या की और नगरों को नष्ट किया। दिल्ली के सुल्तान महमूद तुगलक की सेना को हराकर यह 18 दिसंबर, 1398 ई. को दिल्ली के अंदर घुस गया और 15 दिन दिल्ली में रहा। इस बीच इसकी सेना ने कई दिनों तक दिल्ली को लूटा। जाते समय यह हजारों छकड़ों में लादकर लूट का माल अपने देश लेता गया। जिन-जिन जगहों और देशों से इसकी सेना गुजरी, वहां काफी दिनों तक अराजकता, अकाल और महामारी फैली रही।

तैलंग स्वामी

वाराणसी के प्रसिद्ध संत जिनका जन्म दक्षिण भारत में हुआ था। वैराग्य और आत्मचिंतन की प्रवृत्ति इनमें बचपन से ही थी। माता की मृत्यु के बाद ये उसकी चिता के पास ही आसन लगाकर बैठ गए। लोगों ने वहीं पर इनके लिए कुटी बना दी। बीस वर्ष तक योग साधना के बाद ये देशाटन के लिए निकले और सभी प्रमुख तीर्थों की यात्रा के बाद काशी में पंचगंगा घाट पर रहने लगे। आज भी वहां

तैलंग स्वामी का मठ है। उस मठ में कृष्ण की एक विचित्र मूर्ति है। मूर्ति के ललाट पर शिवलिंग है और सिर पर श्रीयंत्र बना है।

तैलंग स्वामी से संबंधित अनेक चमत्कारपूर्ण घटनाएं प्रचलित हैं।

तोमर

राजपूतों की एक शाखा जिसने ग्यारहवीं शताब्दी में वर्तमान दिल्ली के आसपास के क्षेत्र पर शासन किया। इसी शाखा के राजा अनंगपाल ने ग्यारहवीं शताब्दी के मध्य में दिल्ली नगर की नींव डाली थी। वही वर्तमान लौहस्तंभ को वर्तमान स्थान पर लाया था और उसे मंदिरों के बीच में स्थापित कर दिया था। बाद में विदेशी विजेताओं ने मंदिरों को तोड़कर उस सामग्री से मस्जिद और कुतुबमीनार बनाई।

त्यागराज

दक्षिण भारत के महान् संगीतकार त्यागराज का जन्म 1767 ई. में तमिलनाडु में हुआ था, पर उन्होंने संगीत की सेवा आंध्र प्रदेश की भाषा तेलुगु में की है। व्यक्तिगत जीवन में त्यागराज को निरंतर अभावों और पारिवारिक अवहेलना का सामना करना पड़ा था। किंतु पिता से बचपन में प्राप्त राम-भक्ति के संस्कारों के कारण सांसारिक कष्टों के प्रति उदासीन रहकर वे संगीत की दुनिया में विचरते रहे। त्यागराज ने भारतीय धर्मग्रंथों का अध्ययन अल्पवय में ही कर लिया था। रामायण उन्हें सर्वाधिक प्रिय थी। वे कभी किसी राज्याश्रय में नहीं रहे, परंतु जनता के कंठहार बने रहे। भक्तिपरक संगीत रचनाओं के कारण आज भी पूरे देश में उनका नाम बड़े सम्मान से लिया जाता है। त्यागराज का निधन 1847 ई. में हुआ।

त्वष्टा

1. शिल्पकार देवता जिसका वर्णन वेदों में भी आया है। इसका कार्य सभी वस्तुओं को निश्चित आकार देना और गर्भावस्था में पिंड को आकृति प्रदान करना है। यह वंश और जननशक्ति का प्रतिनिधि है और मनुष्य, पशु सभी जीवित रूपों का जन्मदाता है।

2. सुरेण का पिता। यही सुरेण आगे चलकर संज्ञा कहलाई। त्वष्टा ने इसका आदित्य से विवाह किया था। आदित्य का तेज न सह सकने के कारण संज्ञा अश्वी बनकर विचरने लगी। तभी सूर्य ने भी अश्व रूप धारण किया और अश्विनी कुमारों (दे.) का जन्म हुआ। त्वष्टा ने सूर्य का तेज छीनकर उसी से विष्णु के चक्र का निर्माण किया था।

3. देवताओं के शिल्पी विश्वकर्मा जो सूर्य के सात सारथियों में से एक हैं।

त्रयी

पहले वेदों को तीन ही वर्गों में बांटा गया था—ऋग्वेद, सामवेद और यजुर्वेद। इसे 'वेदत्रयी' कहते थे। कौटिल्य ने अपने अर्थशास्त्र में त्रयी की गणना चार प्रमुख विद्याओं में की है—आन्वीसिकी, त्रयी, वार्ता और दंडनीति। उसके अनुसार त्रयी धर्म, सभी वर्णों और आश्रमों के लिए है तथा त्रयी द्वारा सुरक्षित प्रजा कभी कष्ट नहीं पाती।

त्रिकूट

1. भागवत के अनुसार एक पर्वत जिसकी तीन चोटियां सोना, चांदी और हिम से आच्छादित हैं। पहली चोटी में सूर्य और दूसरी में चंद्रमा आश्रय लेता है। तीसरी चोटी के दर्शन केवल धर्मात्माओं को होते हैं।

2. भगवती रूपसुंदरी का निवास एक सिद्ध स्थान। यह एक पर्वत है जिस पर लंका स्थित बताई जाती है।

त्रिगति सप्तमी

फाल्गुन शुक्ल सप्तमी से यह व्रत एक वर्ष तक चलता है। इसमें सूर्य के तीन रूपों की पूजा की जाती है—फाल्गुन से ज्येष्ठ मास तक हंस रूप की, आषाढ़ से आश्विन तक मातंड रूप की और कार्तिक से माघ तक भास्कर रूप की। इन्हीं तीन पूजाओं के कारण इसका नाम त्रिगति पड़ा। इस व्रत को ऐहिक और पार-लौकिक ऐश्वर्य का प्रदाता माना गया है।

त्रिचिनापल्ली

दक्षिण भारत के इस नगर को त्रिचि भी कहते हैं किंतु इसका शुद्ध स्थानीय नाम है त्रिरुचरापल्ली। यहां का गणेश मंदिर प्रसिद्ध है। स्टेशन से लगभग तीन कि. मी. दूर एक वहुत बड़ी चट्टान सी है जिसे दक्षिण कैलाश कहते हैं। यहीं कुछ दूरी पर पार्वती का मंदिर है जो यहां 'सुगंधि कुंतला' कहलाती हैं। शिवजी को यहां 'ता-मानवर' कहते हैं जिसका अर्थ है माता बननेवाले प्रभु। कथा प्रचलित है कि प्राचीन काल में एक शिवभक्त महिला अपनी प्रसवासन्ना पुत्री के पास जा रही थी कि मार्ग की नदी में बाढ़ आ गई और वह आगे न बढ़ पाई। तब शंकर ने उस महिला का रूप धारण करके उसकी पृत्री की सेवा की थी।

कहते हैं इस नगर को रावण के भाई और शिवभक्त त्रिशिरा नामक राक्षस ने बसाया था।

त्रिजटा

सीता का हरण करके रावण ने उन्हें लंका में अशोकवाटिका में रखा। उन पर पहरा देने के लिए जिन्हें नियुक्त किया गया उनमें विभीषण की बहन त्रिजटा भी थी। त्रिजटा राम के प्रति भक्ति-भाव रखती थी और सीता के कष्ट से द्रवित थी। उसने रावण द्वारा नियुक्त अन्य पहरेदारों को अपना यह स्वप्न सुनाकर भयभीत कर दिया था कि उसने स्वप्न में लंका का दहन और रावण का पतन देखा है। सीता ने त्रिजटा को माता कहकर संबोधित किया था।

त्रित

1. युधिष्ठिर के राजसूय यज्ञ में आमंत्रित एक ऋषि जो शरशैया पर पड़े भीष्म को देखने भी गए थे।

2. गौतम ऋषि के एक पुत्र जो जंगल में भेड़िया देखकर भागते हुए एक कुएं में गिर पड़े थे। ये वहीं साधना करने लगे और देवताओं ने आकर इन्हें कुएं से बाहर निकाला।

त्रिपिटक

भगवान बुद्ध के उपदेश तीन साहित्य खंडों में संकलित हैं। इन्हें 'त्रिपिटक' कहते हैं। ये तीन खंड हैं—विनयपिटक, सुत्तपिटक और अभिधम्मपिटक।

विनयपिटक में पांच ग्रंथ सम्मिलित हैं। इसमें बुद्ध के विभिन्न घटनाओं और अवसरों पर दिए उपदेश संकलित हैं। सुत्तपिटक में भी पांच भाग हैं और इसमें भिक्षुओं, श्रावकों आदि के आचरण से संबंधित बातों का उल्लेख है। अभिधम्मपिटक के सात भाग हैं और उसमें चित्त, नैतिक धर्म और निर्वाण का उल्लेख है। त्रिपिटक बौद्ध धर्म के आधारभूत और मुख्य ग्रंथ हैं।

त्रिपुंड्र

यह शैव और शाक्त संप्रदाय के लोगों का धार्मिक चिह्न है। भस्म की तीन रेखाएं ललाट के एक सिरे से दूसरे सिरे तक अंकित की जाती हैं। ललाट के अतिरिक्त छाती, कंठ, भुजाओं, पीठ आदि पर भी इसे धारण किया जाता है।

त्रिपुर

तारकासुर के तीन पुत्रों तारकाक्ष, कामराक्ष और विद्युन्माली। इन तीन भाइयों ने ब्रह्मा से वर प्राप्त करके मयदानव से स्वर्णमय, रजतमय और लौहमय तीन नगर बनवाए थे जो त्रिपुर कहलाए। इन भाइयों को यह भी वरदान प्राप्त था कि जो व्यक्ति एक ही बाण से तीनों नगरों को नष्ट कर देगा उसी के हाथों इनका

वध होगा। वर प्राप्ति के बाद इन्होंने चारों ओर अत्याचार करना आरंभ कर दिया। सताए हुए देवताओं की प्रार्थना पर शिव ने एक ही बाण में तीनों नगरों (त्रिपुर) को नष्ट् कर दिया। तभी से शिव का एक नाम 'त्रिपुरारि' भी पड़ गया।

त्रिपुरा

भारत के पूर्वी अंचल का एक छोटा राज्य जो लगभग पूरी तरह से बांग्लादेश से घिरा हुआ है। उत्तर-पूर्वी भाग में भूमि की एक सकरी पट्टी इसे असम और मिजोरम से जोड़ती है।

त्रिपुरा एक प्राचीन हिंदू राज्य था और पिछले 1300 वर्षों से यहां हिंदू महाराजा शासन करते आए। 15 अक्तूबर, 1949 को यह भारत संघ में सम्मिलित हो गया। 1 सितंबर, 1956 को इसे केंद्रशासित प्रदेश बनाया गया और 21 जनवरी, 1972 को पूर्ण राज्य का दर्जा दे दिया गया। त्रिपुरा में जंगल अधिक हैं। केवल 24.3 प्रतिशत भूमि खेती योग्य है। चाय और रेशम यहां का प्रमुख उद्योग है। कुटीर उद्योग में हथकरघे का महत्वपूर्ण स्थान है।

त्रिमूर्ति

ब्रह्मा, विष्णु और शिव का सामूहिक विग्रह त्रिमूर्ति कहलाता है। इन तीनों का विकास वैदिक युग से ही हुआ है।

ब्रह्मा उत्पत्ति के देवता हैं। सरस्वती (सावित्री) और गायत्री इनकी पत्नियां हैं। इनका वाहन हंस है। केवल पुष्कर में ब्रह्मा का मंदिर है। अन्यत्र कहीं ब्रह्मा की पूजा नहीं होती। वेदों में विष्णु के नाम से सूर्य का उल्लेख किया गया है। विष्णु तीन डगों से पृथ्वी को माप लेते हैं। इनकी पत्नी लक्ष्मी समृद्धि की अधिष्ठात्री हैं। भक्तों की रक्षा के लिए विष्णु ने चौबीस बार अवतार लिए। उनमें से दस मुख्य हैं—मत्स्य, कच्छप, वराह, नृसिंह, वामन, परशुराम, दासरथीराम, बलराम, बुद्ध और कल्कि। कृष्ण को लोग अवतार न मानकर साक्षात् भगवान मानते हैं।

शिव, महेश या शंकर का उल्लेख वेदों में रुद्र के नाम से मिलता है। ये अग्नि के प्रतीक है। उपनिषदों में इन्हें शिव कहा गया है। शिव के परिवार में उनकी भार्या पार्वती तथा स्कंद और गणपति दो पुत्र सम्मिलित हैं। नंदी इनका वाहन है। प्रलय के देवता होने के कारण ये श्मशान से भी संबंधित हैं।

त्रियुगी नारायण

केदारनाथ के मार्ग से थोड़ा हटकर गौरीकुंड के पास एक प्रसिद्ध तीर्थ। स्कंद पुराण के अनुसार शिव-पार्वती का विवाह इसी स्थान पर हुआ था। यहां पर एक

कुंड में सदा अग्नि जलती रहती है। लोक-मान्यता के अनुसार यह शिव-पार्वती के विवाह से जल रही है। यहीं पर भगवती ने हजार वर्ष तक केवल शाक खाकर तप किया था और वे शाकंभरी कहलाईं। यह क्षेत्र नारायण क्षेत्र के नाम से विख्यात है। इससे कुछ ही दूर शिरकटा गणेश का मंदिर है।

त्रिलोचन

ये महाराष्ट्र के वैष्णव संप्रदाय के आचार्य थे। प्रसिद्ध संत ज्ञानदेव और नामदेव ने इन्हीं से दीक्षा ली थी। कहते हैं, भगवान स्वयं सेवक बनकर इनकी सेवा किया करते थे।

त्रिविक्रम

ब्रह्मांड पुराण के अनुसार विष्णु का एक नाम। प्राचीन साहित्य में विष्णु को सूर्य का ही एक रूप माना गया है। सूर्य प्रातः, मध्याह्न और सायंकाल रूपी अपने तीन डगों से पूरे आकाश को नापने का पराक्रम दिखाता है। वेद की इसी कल्पना का आधार वामनावतार की कथा है जिसमें विष्णु ने तीन डग में राजा बलि की संपूर्ण पृथ्वी और उसकी पीठ नाप ली और वे त्रिविक्रम कहलाए।

त्रिवेणी

प्रयाग में गंगा, यमुना और अदृश्य सरस्वती का संगम। मान्यता है कि सरस्वती जो राजस्थान के रेगिस्तान में लुप्त हो गई हैं, नीचे-नीचे आकर यहां पर गंगा यमुना से मिलती हैं। महात्रिवेणी बड़ी पवित्र मानी जाती है और यहां पर माघ मास में और कुंभ पर्व पर स्नान करने का विशेष महत्व है।

त्रिशंकु

सूर्यवंशी राजा सत्यवादी हरिश्चन्द्र के पिता सत्यव्रत का नाम ही त्रिशंकु है। इनके संबंध में अनेक कथाएं प्रचलित हैं। एक के अनुसार इन्होंने तीन शंकु (पाप) किए। पराई स्त्री के साथ चांडालों के बीच रहे, अकाल में गुरु की गाय मारकर खाई और ऋषि-पुत्रों को गोमांस खिलाया। इन तीन पापों के कारण ही वे त्रिशंकु कहलाए।

एक बहुप्रचलित कथा के अनुसार त्रिशंकु सशरीर स्वर्ग जाना चाहते थे। पर इसके लिए गुरु वशिष्ठ और उनके पुत्र यज्ञ करने के लिए तैयार नहीं हुए। इस पर त्रिशंकु ऋषि विश्वामित्र की शरण में गए। विश्वामित्र के प्रयत्न से त्रिशंकु सशरीर स्वर्ग की ओर जाने लगे पर इंद्र ने उन्हें पृथ्वी की ओर लौटा दिया। इस पर विश्वामित्र ने त्रिशंकु को आकाश में ही रोक दिया। कहा जाता है कि तब से

त्रिशंकु नीचे की ओर सिर किए हुए अधर में लटके हुए हैं। उत्तर प्रदेश और बिहार की सीमा पर बहने वाली कर्मनाशा नदी त्रिशंकु के मुंह से गिरी लार से ही बनी हुई बताई जाती है। इसीलिए उसमें स्नान करने से कर्म नष्ट होने की बात आज भी प्रसिद्ध है।

त्रिशिर

1. वाणासुर और श्रीकृष्ण के युद्ध में वाणासुर की सहायता के लिए शिव द्वारा उत्पन्न एक 'ज्वर' (दे.) जिसके तीन सिर, तीन पैर, छह हाथ और नौ आंखें थीं।

2. खरदूषण के साथ दंडक वन में रहने वाला रावण का एक भाई जो लक्ष्मण के हाथों मारा गया।

3. त्वष्टा का पुत्र जिसे एक बार बृहस्पति के रुष्ट हो जाने पर देवों का आचार्य बनाया गया था।

त्रिशूल

एक प्राचीन अस्त्र, जिसमें तीन नुकीले फल लगे होते हैं। यह शिव का अत्यंत प्रिय अस्त्र था और इसीलिए वे त्रिशूलधारी कहलाए।

एक अत्याधुनिक भारतीय प्रक्षेपास्त्र भी 'त्रिशूल' नाम से जाना जाता है, जो आकाश मार्ग से जाकर शत्रु के दूरस्थ ठिकानों पर चोट करने में सक्षम है। इससे भारत की सामरिक क्षमता में वृद्धि हुई है।

त्रिस्थली

भारत के तीन तीर्थ सर्वश्रेष्ठ बताए गए हैं। ये हैं—प्रयाग, काशी और गया। कोई भी तीर्थयात्रा इन तीन स्थानों की यात्रा के बिना अधूरी मानी जाती है। ये तीनों तीर्थ 'त्रिस्थली' के नाम से प्रसिद्ध रहे हैं।

त्रेता

प्राचीन भारतीय काल गणना में चार युगों की कल्पना की गई है—सतयुग, त्रेता, द्वापर और कलयुग। दूसरे युग त्रेता की अवधि बारह लाख छियानवे हजार वर्ष मानी जाती है। इस युग का आरंभ कार्तिक शुक्ल नौमी से होता है। मनु और सतरूपा के दो पुत्र प्रियव्रत और उत्तानपाद इसी युग में हुए। ये पृथ्वी के सर्वप्रथम राजा थे। श्रीराम और परशुराम ने इसी युग में अवतार लिया। इस युग में पुण्य अधिक होता है। मनुष्य की आयु अधिक होती है। पुराणों के अनुसार दस हजार वर्ष और मनुस्मृति के अनुसार तीन सौ वर्ष।

त्रोटकाचार्य

आदि शंकराचार्य के चार प्रमुख शिष्यों में से एक जो बदरीकाश्रम क्षेत्र के ज्योतिर्मठ के मठाधीश बनाए गए थे। त्रोटक के तीन शिष्यों—सरस्वती, भारती और पुरी—की शिष्य परंपरा श्रृंगेरी मठमें हैं। इन तीनों की गणना दसनामी संन्यासियों में होती है।

त्र्यम्बकेश्वर

नासिक से लगभग 30 कि.मी. दूर त्र्यम्बकेश्वर है। महर्षि गौतम ने यहीं तपस्या की थी और शंकर को प्रसन्न करके गोदावरी को प्रकट किया। त्र्यम्बकेश्वर के मुख्य मंदिर में तीन छोटे-छोटे शिवलिंग दिखाई देते हैं जो ब्रह्मा, विष्णु और महेश के प्रतीक माने जाते हैं। सामान्यतः दर्शन अर्घा के होते हैं। यहां का कुशावर्त सरोवर बहुत पवित्र माना जाता है। सरोवर के पास ही गंगा और श्रीकृष्ण के मंदिर स्थित हैं। त्र्यम्बकेश्वर के समीप तीन और पर्वत पवित्र माने जाते हैं—ब्रह्मागिरि, नीलगिरि और गंगाद्वार। इनमें गंगाद्वार पहुंचने के लिए 750 सीढ़ी चढ़कर जाना पड़ता है।

थ

थानेश्वर

एक प्रसिद्ध प्राचीन नगर जो वर्तमान अंबाला और करनाल के बीच स्थित था। आर्यों का सबसे पहला विस्तार यहीं से हुआ था। यह ब्रह्मावर्त का केन्द्र माना जाता था। यहां एक पवित्र शिवमंदिर भी है। इसीसे इसका नाम 'स्थाणेश्वर' पड़ा। छठी शताब्दी में यह पुण्यभूति वंश की राजधानी था। बाद में हर्षवर्धन ने कन्नौज को अपनी राजधानी बनाया। सातवीं-आठवीं शताब्दी में इसे हूणों ने लूटा और 1014 ई. में सुल्तान महमूद ने लूटकर और नष्ट करके अपने राज्य में मिला लिया। शैव तीर्थ के रूप में आज भी इसकी मान्यता है।

थारू

हिमाचल प्रदेश और उत्तर प्रदेश की तराई में निवास करनेवाला एक जाति-

समुदाय। शारीरिक लक्षणों से यह एक मिश्रजाति प्रतीत होती है। पहले यह लोग महिलाओं से अपना वंशानुक्रम खोजते थे। ये स्वयं को मूलतः सिसोदिया राजपूत कहते हैं। आखेट, मछली मारना, पशुपालन और खेती इनका मुख्य व्यवसाय है। पहले इनमें वधू का मूल्य देकर या कन्या के अपहरण से विवाह होता था। अब सांस्कृतिक विवाह होने लगे है। इस समाज में स्त्री की स्थिति अच्छी है। संपत्ति पर उसे विशेष अधिकार प्राप्त हैं। ये लोग जादू-टोने में विश्वास करते हैं। इनका पुजारी जो 'भर्रा' कहलाता है, चिकित्सक का भी काम करता है।

थियोसोफिकल सोसाइटी

यह सब प्रकार के भेदभावों से रहित सत्य का अन्वेषण करने वाले साधकों की एक अंतर्राष्ट्रीय संस्था है जिसकी स्थापना 1875 ई. में न्यूयार्क (अमेरिका) में की गई थी। 1879 ई. में इसका कार्यालय बम्बई लाया गया और 1882 ई. में इसे स्थायी रूप से अडयार (मद्रास) में स्थापित कर दिया गया।

यह संस्था व्यक्तिगत मोक्ष अथवा निर्वाण पर बल न देकर समाजसेवा पर बल देती है। इसमें पूरी तरह से विचार-स्वातंत्र्य है। इस सोसाइटी के लिए व्यक्ति गौण है, केवल सत्यान्वेषण ही महत्वपूर्ण है। सोसाइटी का लक्ष्य ऐसे समाज की स्थापना करना है जिसमें सेवा, सहिष्णुता, आत्मविश्वास और समता की भावना व्याप्त हो।

थेरगाथा/थेरीगाथा

बौद्ध साहित्य के ये दो प्रसिद्ध ग्रंथ हैं। थेरगाथा में उन बौद्ध-भिक्षुओं की उपलब्धियों का वर्णन है जिन्होंने परमपद प्राप्त किया। इसमें बौद्ध संघ का सुंदर चित्रण मिलता है। संघ में दीनों की कुटियों से निकले साधारण लोग भी थे और कपिलवस्तु, वैशाली, श्रावस्ती, राजगृह आदि के राजभवनों से निकले संपन्न लोग भी। परंतु संघ में वे सब समान थे। धन, बल और पद का कोई भेदभाव न था। वे सब तथागत की शरण में आकर आध्यात्मिक समता को प्राप्त हो चुके थे।

जिस प्रकार थेर गाथाओं में भिक्षुओं के अनुभव लिपिबद्ध हैं उसी प्रकार थेरी गाथाओं में भिक्षुणियों के अनुभव अंकित हैं। इनमें जिन भिक्षुणियों का उल्लेख आया है वे अधिकतर गौतमबुद्ध की समकालीन थीं। इन गाथाओं में भिक्षुणियों के आध्यात्मिक जीवन के साथ-साथ उनके पारिवारिक और सामाजिक जीवन का भी उल्लेख मिलता है। थेरीगाथा से तत्कालीन समाज में महिलाओं की स्थिति का भी बोध होता है।

द

दंड

इक्ष्वाकु के पुत्रों में सबसे कनिष्ठ जो जन्म से ही बड़ा उन्मत्त था। एक बार यह ऋषि भार्गव के आश्रम में गया। वहां गुरु की जेष्ठ कन्या अरजा पर मोहित हो गया। अरजा ने कहा--तुम पिता से मेरी याचना करो और उनकी सम्मति लेकर मेरा वरण करो। किंतु उन्मत्त दंड ने उसकी एक न सुनी और बलात्कार करके अपने नगर भाग गया। आश्रम आने पर जब ऋषि को राजा के इस व्यवहार का पता चला तो उन्होंने शाप दिया कि एक सप्ताह के भीतर राजा अपने बल और कोष के सहित नष्ट हो जाएगा और उसके राज्य में धूल उड़ेगी। ऋषि ने अपनी पुत्री को देह-शुद्धि के लिए तप करने का और वहां के निवासियों को स्थान छोड़कर चले जाने का परामर्श दिया। कुछ दिन बाद वहां धूल की वर्षा हुई और स्थान निर्जन हो गया। तभी से इस जगह का नाम 'दंडकारण्य' पड़ा। इस स्थान का उल्लेख राम-वनवास के प्रसंग में भी आता है।

दंडकारण्य

दे. दंड।

दंडपाणि

1. काशी के भैरव। काशीखंड के अनुसार पूर्णभद्र नामक यक्ष का हरिकेश नाम का एक पुत्र था। एक बार उसने घोर तप किया। उसी समय पार्वती सहित महादेव इसके पास आए और बोले—'तुम काशी के दंडधर हो। दुष्टों पर शासन करो और साधुओं का पालन करो'। इन्हें संभ्रम और उद्भ्रम नाम के दो गण भी सहायता के लिए मिले। शिव के कथानुसार इनकी पूजा किए बिना काशी में कोई मुक्ति नहीं पा सकता। (दे. काल भैरव)।
2. गौतमबुद्ध के मामा का नाम जो देवदह का निवासी शाक्य वंशीय क्षत्रिय था। इसकी माया और प्रजापति नाम की दो बहिनें थीं।
3. पुराणों में उल्लिखित एक चंद्रवंशी राजा।
4. यम का एक नाम।

दंडी

1. संस्कृत गद्यकाव्य के प्रमुख प्रणेता दंडी का समय 600 ई. के लगभग माना जाता है। इनके रचित दो ग्रंथ प्रसिद्ध हैं—'काव्यादर्श' और 'दशकुमार चरित'। काव्यादर्श अलंकारशास्त्र का मानक ग्रंथ है और रचनाकार ने इसमें अनेक नवीन मानदंडों की स्थापना की है।

'दशकुमार चरित' में दस कुमारों की कथा का वर्णन है। पर वर्तमान समय में उपलब्ध ग्रंथ में आठ का ही वर्णन मिलता है। कथाएं परस्पर संबद्ध हैं। इनका मुख्य कथ्य यह है कि जीवन में सफलता पाने के लिए व्यक्ति को चतुर होना चाहिए। दंडी ने कथाओं के माध्यम से नैतिक शिक्षा देने का प्रयत्न नहीं किया है। उनकी इस सफल रचना का मुख्य ध्येय लोकरंजन रहा है।

2. दंड और कमंडल धारण करनेवाला संन्यासी। यह सिर मुंड़ाए रहता है, गेरुवा वस्त्र धारण करता है, कभी-कभी भस्म लगाता है तथा अग्नि और धातु का स्पर्श नहीं करता। इस प्रकार नियमपूर्वक बारह वर्ष तक रहने के उपरान्त वह दंड को जल में फेंक कर परमहंस आश्रम प्राप्त करता है।

दंश

भृगु की पत्नी को हर कर ले जाने वाला एक असुर जो मुनि के शाप से कीट की योनि में पैदा हुआ। बाद में कर्ण को गदायुद्ध सिखाते समय परशुराम की दृष्टि पड़ने पर इसे कीट योनि से मुक्ति मिली।

दक्ष

एक प्रजापति, महाभारत के अनुसार जिसकी उत्पत्ति ब्रह्मा के अंगूठे से हुई थी। उसी अंगूठे से यज्ञ-पत्नी भी पैदा हुई। दक्ष की गणना उन प्रजापतियों में होती है, जिनसे देवता उत्पन्न हुए थे।

दक्ष की दस पुत्रियों में से सती का विवाह शिव के साथ हुआ था। शिव सदा भभूत लगाए, सर्प लपेटे और मुंडमाला पहने रहते थे। उनका यह विचित्र वेश देखकर दक्ष उनसे असंतुष्ट रहता। उसने एक बार यज्ञ का आयोजन किया। उसमें अपने अन्य सभी जामाताओं को आमंत्रित किया, किन्तु शिव को नहीं बुलाया। शिव की पत्नी सती बिना बुलाए ही वहां पहुंच गई। उसने देखा कि अन्य सब देवताओं का प्राप्तांश यज्ञ में रखा गया है, पर शिव का अंश नहीं रखा गया। वह अपने पति का यह अपमान न सह सकी और उसने यज्ञकुंड में कूदकर अपनी जान दे दी। इस पर शिव के गणों ने यज्ञ ध्वंस कर डाला। शिव सती का शव लेकर उन्मत्त की भांति भ्रमण करने लगे। उनका मोह भंग करने के लिए विष्णु ने अपने चक्र से सती की मृत देह को काट-काट कर गिराना आरंभ किया।

वे अंग 51 स्थानो पर गिरे जो देवी के शक्तिपीठ कहलाते हैं।

दक्षिणा

1. प्राचीन भारत में विद्यार्थी गुरुकुलों में पढ़ने जाया करते थे। उनमें से अधिकांश गुरु और उनके परिवार की सेवा करके विद्या प्राप्त करते थे। ऐसे विद्यार्थी शिक्षा समाप्त करने पर घर लौटने लगते तो सम्मान और श्रद्धास्वरूप गुरु को अपनी शक्ति भर कुछ सामग्री अर्पित करते थे। यह 'दक्षिणा' कहलाती थी। यद्यपि इसकी अनिवार्यता नहीं थी, किंतु प्रचलन हो जाने के कारण सभी विद्यार्थी कुछ न कुछ दक्षिणा गुरु को अवश्य देते थे। इसी परिपाटी का वर्तमान रूप आषाढ़ मास की गुरुपूर्णिमा को दिखाई देता है। उस दिन विद्यार्थी फल, पुष्प, दक्षिणा आदि सहित गुरु पूजा करते हैं।

2. धार्मिक कृत्य कराने वाले पुरोहित को दिया जाने वाला द्रव्य भी 'दक्षिणा' कहलाता है। पुरोहित वर्ग नें अपने हित-साधन के लिए ऐसे नियम बनाए कि दक्षिणा देना अनिवार्य हो गया। यहां तक कहा गया कि जो तुरंत दक्षिणा नहीं चुकाता उसके पीछे और आगे की पीढ़ियों को अधोगति का सामना करना पड़ता है। आज भी यह धार्मिक कृत्यों का अनिवार्य अंग है, यद्यपि दक्षिणा कितनी होनी चाहिए यह कहीं निश्चित नहीं है।

दक्षिणायन

सूर्य भूमध्य रेखा से उत्तर की ओर चलता हुआ 21 जून को कर्क रेखा अर्थात् उत्तरी अयन सीमा पर पहुंचता है। इसे उत्तरायण (दे.) कहते हैं। फिर वह वहां से दक्षिण की ओर बढ़ने लगता है और 22 दिसंबर तक दक्षिणी अयन सीमा मकर रेखा तक पहुंच जाता है। उसकी यही यात्रा दक्षिणायन है। पुराणों में दक्षिणायन के समय कुआं, तालाव, मंदिर आदि बनवाने और देवताओं की प्राण-प्रतिष्ठा का निषेध है।

दक्षिणेश्वर

बंगाल में गंगा के किनारे स्थित यह काली का भव्य मंदिर बहुत प्रसिद्ध है। मंदिर के घेरे में 12 शिवलिंग हैं। रामकृष्ण परमहंस ने यहीं पर काली की आराधना की थी। विवेकानंद यहीं उनके पास जाया करते थे। मंदिर से लगा हुआ परमहंस का कमरा है। वहीं उनका पलंग और दूसरे स्मृतिचिह्न रखे हुए हैं। मंदिर के बाहर शारदा मां की समाधि तथा वह वटवृक्ष है जिसके नीचे रामकृष्ण परमहंस ध्यान लगाया करते थे।

दतिया

झांसी से लगभग 30 कि० मी० दूर दतिया शिशुपाल के भाई दंतवक्र की राजधानी बताई जाती है। यहां दंतवक्रेश्वर का मंदिर है जिसे मणिया महादेव कहते हैं। दूसरा मुख्य मंदिर वनखंडेश्वर का है। दतिया के निकट ही 360 सीढ़ी ऊपर हनुमानजी का भी मंदिर है।

दत्तात्रेय

एक प्रसिद्ध ऋषि जो विष्णु के चौबीस अवतारों में से एक माने जाते हैं। ये महर्षि अत्रि और अनुसूया के पुत्र थे। अनुसूया के गर्भ से इनके जन्म के संबंध में एक कथा मिलती है।

कौशिक नाम के एक कोढ़ी ब्राह्मण को, पति की आज्ञा मानकर उसकी पत्नी रात्रि में वैश्या के घर ले जा रही थी। मार्ग में कोढ़ी का पैर मांडव्य ऋषि को लग गया। इससे क्रुद्ध होकर ऋषि ने शाप दे दिया कि कोढ़ी सूर्योदय होते ही मर जाएगा। जब उसकी पतिव्रता स्त्री के प्रभाव से सूर्य का उदय रुक गया तो देवगण सहायता के लिए अत्रि की पत्नी अनुसूया के पास पहुंचे। अनुसूया ने ब्राह्मण-पत्नी को आश्वासन दिया कि उसका पति जीवित रहेगा और निरोग हो जाएगा। इसके बाद ही सूर्य का उदय हो सका। अनुसूया के इस उपकार के कारण उसे वर मिला कि ब्रह्मा, विष्णु और महेश उसके गर्भ से जन्म लेंगे। इसी से आगे चलकर ब्रह्मा ने सोम बनकर, विष्णु ने दत्तात्रेय बनकर और महेश ने दुर्वासा बनकर अनुसूया के गर्भ से जन्म लिया।

दत्तात्रेय बड़े ज्ञानी थे। पृथ्वी, जल, आकाश, वायु ही नहीं सागर, पर्वत, मछली, गिद्ध आदि को भी अपना गुरु मानते थे। उन्होंने ज्ञान प्राप्त करने के लिए गोदावरी के तट पर तपस्या की थी। वह स्थान अब ब्रह्मतीर्थ कहलाता है।

दधिमती

दधिमती देवी का मंदिर मारवाड़-बीकानेर रेल मार्ग पर नागोड़ स्टेशन के पास है। इन्हें देवताओं को अस्थिदान करने वाले महर्षि दधीचि की आराध्या बताया जाता है। पुराणों के अनुसार विकटासुर नामक असुर ने संसार के सब पदार्थों का सारतत्व दधि सागर में छिपा दिया था। देवताओं की प्रार्थना पर स्वयं आदि शक्ति ने महर्षि अथर्वा (दे.) की पुत्री के रूप में जन्म लेकर दधि सागर का मंथन करके विकटासुर का वध किया और सारतत्व पदार्थों को वापस किए। कहते हैं, इन्हीं देवी का जन्म त्रेता युग में मान्धाता के यज्ञ कुंड से हुआ था। यज्ञ कुंड को अब कपाल तीर्थ कहते हैं। कपाल तीर्थ के पास ही दधिमती देवी का मंदिर है। इसे गायत्री का सिद्ध क्षेत्र माना जाता है। नवरात्र में यहां मेला लगता है।

दधीचि

अनेक विद्याओं के ज्ञाता, तत्ववेत्ता और त्यागी ऋषि दधीचि च्यवन ऋषि और सुकन्या के पुत्र बताए जाते हैं। कहीं पर इन्हें अथर्वा का पुत्र बताया गया है और कहीं पर शुक्राचार्य का। इन्द्र से इन्होंने अनेक दुर्लभ विद्याएं सीखी थीं। पर शर्त थी कि यदि वे विद्याए दधीचि किसी अन्य को सिखाएंगे तो इन्द्र उनका सिर काट लेगा।

अश्विनी कुमार इन विद्याओं को सीखना चाहते थे। इन्द्र की शर्त को देखते हुए उन्होंने दधीचि का सिर काटकर सुरक्षित रख लिया और उनके धड़ के ऊपर घोड़े का सिर लगा दिया। अश्वमुख दधीचि से अश्विनी कुमारों ने सारी विद्या सीख ली। जब इंद्र को पता चला तो उसने दधीचि का अश्व-सिर काट लिया। बाद में अश्विनी कुमारों ने उनका असली सिर पुनः लगा दिया।

दधीचि के अस्थिदान का प्रसंग बहुत प्रसिद्ध है। इसके संबंध में दो प्रकार के विवरण मिलते हैं। एक के अनुसार वृत्तासुर का नाश करने के लिए दधीचि ने देवकल्याण के हेतु अपनी अस्थियां प्रदान कीं। इन्द्र ने इन्हीं अस्थियों का वज्र बना कर वृत्तासुर का वध किया।

अन्य विवरण के अनुसार देवासुर संग्राम के बाद देवताओं ने अपने अस्त्र दधीचि के पास रखे थे। जब वे बहुत दिनों तक उन्हें लेने नहीं आए तो दधीचि ने अस्त्रों का तेज पानी में घोल कर पी लिया। बाद में जब देवता अस्त्र मांगने आए तो ऋषि ने सारी स्थिति बताकर उन्हें अपनी अस्थियां दे दीं।

कुरुक्षेत्र का दधीचि तीर्थ प्रसिद्ध है। नैमिषारण्य में दधीचि मंदिर का शिव लिंग दधीचि द्वारा स्थापित बताया जाता है।

दनु

दक्ष प्रजापति की कन्या जो कश्यप ऋषि को ब्याही थी। यह दानवों की माता कही जाती है। वृत्तासुर, जिसके वध के लिए दधीचि ने अपना अस्थिदान किया था, इसी का पुत्र था। मत्स्य पुराण में इसके दानव पुत्रों की संख्या 40 बताई गई है। वायु पुराण में 100 पुत्रों का नामोल्लेख मिलता है। कदाचित दिति (दैत्यों की माता), दनु और दनायु तीनों ही कश्यप की पत्नी और दैत्यों तथा दानवों की जन्मदात्री थीं। इनके पुत्रों ने सदा देवताओं से संघर्ष किया और अंत में मारे गए।

दम

मार्कंडेय पुराण के अनुसार इंद्रसेना के गर्भ से उत्पन्न नारिष्यंत का पुत्र। यह मरुत राजा का पौत्र था और नौ वर्षों तक माता के गर्भ में रहा। इस कारण इसकी

माता को इस पूरे समय इंद्रियों का दमन करना पड़ा। इसीलिए इसका नाम 'दम' पड़ गया। यह वेदों का पंडित और धनुर्विद्या का आचार्य था। इसकी पत्नी दशार्ण देश के राजा चारुवर्मा की पुत्री सुमना थी।

दमन और दियु

गोवा, दमन और दियु पर 1534 ई. में पुर्तगालियों ने अधिकार कर लिया था। 1961 ई. तक ये तीनों क्षेत्र उन्हीं के अधिकार में रहे। 1961 ई. में पुर्तगाली आधिपत्य समाप्त होने के बाद 1987 ई. तक तीनों को एक राजनीतिक इकाई के रूप में केन्द्र शासित प्रदेश बनाया गया। 1987 ई. में गोवा को पृथक् राज्य का दर्जा देने के बाद दमन और दियु केन्द्र शासित प्रदेश रह गए। ये दोनों भौगोलिक दृष्टि से अलग-अलग हैं। दमन गुजरात के समुद्र तट पर स्थित है। दियु काठियाबाड़ प्रायद्वीप के दक्षिण में एक छोटा सा द्वीप है। इनका शासन प्रबंध एक उपराज्यपाल के अधीन है।

दमयंती

1. विदर्भ नरेश भीम राजा की कन्या जिसका विवाह निषध देश के राजा नल के साथ हुआ था। अपने अद्वितीय सौंदर्य से इसने सब सुंदर स्त्रियों का गर्व हरण किया इसलिए दमयंती कहलाई। इसके स्वयंवर में इन्द्र, वरुण, अग्नि आदि भी उपस्थित थे, किंतु इसने नल का ही वरण किया। नल और दमयंती अधिक समय तक सुखी न रह सके। नल को जुए में अपना सर्वस्व हार कर वन जाना पड़ा। दमयंती भी उसके साथ गई। वन के कष्टों से त्रस्त नल ने दमयंती को अकेला छोड़ दिया और अयोध्या नरेश ऋतुपर्ण के यहां सारथी का काम करने लगा। दमयंती ने नल का पता लगाने के लिए अपने पिता के यहां आकर दूसरे स्वयंवर की घोषणा की। इस पर सारथी बना नल वहां आया और पति-पत्नी का पुनर्मिलन हो गया।

2. शैव्य पुत्र संजय की कन्या जिसे उसके पिता ने चातुर्मास में नारद और पर्वत ऋषि की सेवा के लिए नियुक्त किया था। नारद और दमयंती परस्पर आसक्त हो गए। यह देखकर पर्वत ऋषि ने नारद को बानर-मुख होने का शाप दे दिया। पर नारद की आकृति बदल जाने पर भी दमयंती की आसक्ति में कोई कमी नहीं आई। उसके माता-पिता को भी उसकी पसंद स्वीकार न थी। किंतु दमयंती ने दृढ़ता से कहा—मूर्ख राजपुत्र के बदले मुझे गायन विद्या में निष्णात्, गुणग्राही और मधुरभाषी नारद का वरण ही स्वीकार है। अंत में माता-पिता ने दोनों का विवाह कर दिया और पर्वत ऋषि ने भी अपना शाप वापस ले लिया।

दयानंद सरस्वती

'आर्य समाज' के संस्थापक महर्षि दयानंद सरस्वती का जन्म 1824 ई. में काठियाबाड़ (गुजरात) के एक ब्राह्मण परिवार में हुआ था। उनका बचपन का नाम मूलशंकर था। वे असाधारण प्रतिभा संपन्न थे। बचपन में ही उन्होंने संस्कृत के अनेक ग्रंथ कंठस्थ कर लिए थे। मूलशंकर के पिता शिवभक्त थे। लेकिन एक शिवरात्रि को शिवलिंग के ऊपर चुहिया को घूमते देखकर बालक मूलशंकर की मूर्ति पूजा से श्रद्धा हट गई। वे घूमते हुए मथुरा में स्वामी विरजानंद के पास पहुंचे। वहां तीन वर्षों तक रहकर उन्होंने विभिन्न विषयों का गहन अध्ययन किया और संन्यास लेकर 'दयानंद सरस्वती' बन गए।

1863 से 1875 ई. तक स्वामीजी देश का भ्रमण करके अपने विचारों का प्रचार करते रहे। उन्होंने वेदों के प्रचार का वीणा उठाया और इस काम को पूरा करने के लिए 7 अप्रैल 1875 ई. को 'आर्य समाज' नामक संस्था की स्थापना की। शीघ्र ही इसकी शाखाएं देश-भर में फैल गईं। देश के सांस्कृतिक और राष्ट्रीय नवजागरण में आर्य समाज की बहुत बड़ी देन रही है। हिंदू समाज को इससे नई चेतना मिली और अनेक संस्कारगत कुरीतियों से छुटकारा मिला। स्वामीजी एकेश्वरवाद में विश्वास करते थे। उन्होंने जातिवाद और बाल-विवाह का विरोध किया और नारी शिक्षा तथा विधवा विवाह को प्रोत्साहित किया। उनका कहना था कि किसी भी अहिंदू को हिंदू धर्म में लिया जा सकता है। इससे हिंदुओं का धर्म परिवर्तन रुक गया।

स्वामी दयानंद सरस्वती ने अपने विचारों के प्रचार के लिए हिंदी भाषा को अपनाया। उनकी सभी रचनाएं और सर्वाधिक महत्वपूर्ण ग्रंथ 'सत्यार्थ प्रकाश' मूल रूप में हिंदी भाषा में लिखा गया। उनका कहना था––"मेरी आंख तो उस दिन को देखने के लिए तरस रही हैं जब कश्मीर से कन्याकुमारी तक सब भारतीय एक भाषा बोलने और समझने लग जाएंगे।"

स्वामीजी धार्मिक संकीर्णता और पाखंड के विरोधी थे। अत: कुछ लोग उनसे शत्रुता भी करने लगे। इन्हीं में से किसी ने 1883 ई. में दूध में कांच पीसकर पिला दिया जिससे आपका देहांत हो गया। आज भी उनके अनुयायी देश में शिक्षा आदि का महत्वपूर्ण कार्य कर रहे हैं।

दयाबाई

चरणदास की दूसरी शिष्या और सहजोबाई (दे.) की गुरुबहिन दयाबाई भी सहजोबाई की भांति गुरु की सेवा में ही रहती थीं। इन्होंने 'दयाबोध' नामक अपने काव्यग्रंथ में गुरु महिमा, प्रेम, वैराग्य आदि का वर्णन किया है। इनकी रचना

का पूरा झुकाव भक्ति की ओर है और वह सगुण उपासनापरक है। दयाबाई भी राजस्थान की थीं।

दरियासाहब

बिहार के निवासी होने के कारण ये 'दरियासाहब बिहारवाले' भी कहलाते हैं। संत परंपरा के प्रमुख विचारक दरियासाहब का जन्म 1634 और 1734 के बीच किसी समय हुआ था। 20 वर्ष की उम्र में इन्होंने विरक्त होकर संत जीवन बिताना आरंभ कर दिया। 30 वर्ष की उम्र में ये गद्दी पर बैठे। दरियापंथ की पांच गद्दियां प्रसिद्ध हैं।

दरियासाहब ने कबीर की भांति अवतार, मूर्ति पूजा, तीर्थाटन और जाति-पांति आदि का खडन किया। इनकी कुल 20 रचनाएं उपलब्ध हैं और उन पर कबीर का प्रभाव स्पष्ट दिखाई देता है। कदाचित इसीलिए इन्हें लोग कबीर का अवतार कहते हैं।

दर्शन

भारतीय दर्शन का आदिस्रोत वेद माने जाते हैं, यद्यपि वेद आधुनिक अर्थ में दर्शन-ग्रंथ नहीं हैं। इनमें तो उस समय के भारतीय जीवन के अनेक विषयों का काव्यात्मक वर्णन सम्मिलित हैं। फिर भी इनके छंदों में दार्शनिक विचार भी उपलब्ध हैं जिनसे आगे चलकर भारतीय दर्शन का विकास हुआ। वैदिक साहित्य के विकास की एक निश्चित शृंखला है--संहिता, ब्राह्मण, आरण्यक और उपनिषद। संहिता में मंत्र और स्तुतियां हैं। अन्य ग्रंथ गद्यप्रधान हैं और उनमें दार्शनिक विचारों का अधिक विकसित रूप दिखाई देता है।

भारत के 6 दर्शन प्रसिद्ध हैं—1. न्याय—जिसके प्रणेता गौतम हैं। इस दर्शन में तर्क प्रणाली का अवलंबन लिया गया है। यह ईश्वर को निमित्त कारण मानता है। 2. वैशेषिक—प्रणेता कणाद। इसमें पदार्थों और द्रव्यों का विवेचन किया गया है। 3. सांख्य—इसके प्रवर्तक कपिल हैं। यह निरीश्वरवादी दर्शन है। इसमें पुरुष और प्रकृति द्वारा सृष्टि की विवेचना है। 4. योग—इसके प्रवर्तक पतंजलि हैं। यह ईश्वरवादी दर्शन योग साधना के द्वारा मोक्ष प्राप्ति की विवेचना करता है। 5. पूर्व मीमांसा—जैमिनि द्वारा प्रतिपादित यह दर्शन कर्मकांड की व्याख्या करता है। इसकी दृष्टि में सृष्टि नित्य है। ईश्वर निरर्थक है, इसलिए यह उसे नहीं मानता। 6. उत्तर मीमांसा—इसके प्रवर्तक व्यास हैं। यह जीव और ब्रह्म की एकता का प्रतिपादन करता है।

उपरोक्त सभी दर्शन 'आस्तिक' हैं क्योंकि वेदों को मानते हैं। बौद्ध, जैन, चार्वाक आदि दर्शन वेदों को प्रमाण नहीं मानते इसलिए नास्तिक दर्शन कहलाते हैं।

दलबदल

स्वतंत्रता के वाद भारत की राजनीति में बहुत दिनों तक दलबदल का बोलबाला रहा। सदस्य निर्वाचित संस्थाओं में जिस दल के घोषणा-पत्र पर चुनकर आते, उसका त्याग करके दूसरे दल में सम्मिलित हो जाते। एक मोटा अनुमान है कि लगभग एक हजार दलबदल की घटनाओं के कारण 17 महीने की अवधि में 17 राज्य सरकारें बदल गईं। 1984 ई. के लोकसभा निर्वाचन के बाद ऐसी कार्रवाइयों पर विधि द्वारा रोक लगा दी गई है। अब यदि कोई निर्वाचित सदस्य ऐसा करता है तो वह या तो अपनी सीट से इस्तीफा देता है या फिर अध्यक्ष उसके स्थान को रिक्त घोषित कर देता है। हां, यदि दल में बड़ा विभाजन होता है अर्थात् एक तिहाई या उससे अधिक सदस्य हटते हैं तो वह दलबदल की परिभाषा में नहीं आता।

दशकुमार चरित

संस्कृत के महाकवि दंडी रचित 'दशकुमार चरित' प्रसिद्ध गद्यकाव्य ग्रंथ है। विद्वानों का मत है कि ग्रंथ का मध्य भाग ही, जिसमें आठ कुमारों की कथा वर्णित है, दंडी की रचना है कदाचित मूल ग्रंथ के आदि और अंत के अंशों के नष्ट हो जाने पर किसी बाद के कवि ने उन्हें जोड़ा है। 'पंचतंत्र' आदि की भांति नीतिशास्त्र की शिक्षा देना नहीं, वरन लोगों का मनोरंजन करना दंडी का उद्देश्य था, जिसमें उसे पूरी सफलता मिली। (दे. दंडी)।

दशनामी

संन्यासियों के ये दस भेद प्रसिद्ध हैं—तीर्थ, आश्रम, वन, अरण्य, गिरि, पर्वत, सागर, सरस्वती, भारती और पुरी। ये सब साधु दसनामी कहलाते हैं। इनका आरंभ आदि शंकराचार्य के समय से हुआ। उन्होंने दक्षिण में शृंगेरी, उत्तर में जोशीमठ, पूर्व में गोवर्धनमठ और पश्चिम में शारदामठ की स्थापना की और इन मठों के पृथक-पृथक आचार्य नियुक्त किए। वे इन्हीं दसनामियों में से थे।

दसनामी संन्यासी धर्मप्रचार और धर्मरक्षा दोनों करते हैं। धर्म की रक्षा के लिए इन्होंने अखाड़ों का संगठन किया है, जैसे जूना अखाड़ा (काशी), निरंजनी अखाड़ा (प्रयाग), महानिर्वाणी अखाड़ा (झारखंड) आदि।

दशरथ

1. अयोध्या के प्रसिद्ध सूर्यवंशी राजा जो अज के पुत्र थे। दशरथ की तीन रानियां थीं—कौशल्या, कैकेयी और सुमित्रा। कोई संतान न होने के कारण महर्षि वशिष्ठ के परामर्श पर इन्होंने पुत्रेष्टि यज्ञ कराया, जिसके प्रभाव से चार

पुत्र उत्पन्न हुए—कौशल्या से राम, कैकेयी से भरत और सुमित्रा से लक्ष्मण और शत्रुघ्न।

'रामायण' के अनुसार जब दशरथ ने सबसे बड़े पुत्र राम का राज्याभिषेक करना चाहा, तब कैकेयी ने उसमें बाधा डाल दी। उसने राजा के दिए हुए दो वरदान इस समय मांग लिए—राम को चौदह वर्ष का वनवास और भरत को राजगद्दी। दशरथ ने अपना वचन पूरा किया, किंतु इस शोक में उनका देहांत हो गया।

दशरथ की मृत्यु के प्रसंग में श्रवणकुमार के अंधे पिता के शाप का भी उल्लेख मिलता है। कहते हैं, अपने माता-पिता के लिए जल भरते हुए श्रवणकुमार के जलपात्र की आवाज को किसी वन-पशु की आवाज समझकर शिकार के लिए गए हुए दशरथ ने शब्दभेदी बाण चला दिया। इससे श्रवणकुमार की मृत्यु हो गई। इस पर उसके वृद्ध पिता ने शाप दिया कि जिस प्रकार पुत्र-शोक में उन्हें प्राण त्यागने पड़ रहे हैं, उसी प्रकार दशरथ की मृत्यु भी पुत्र-शोक से होगी।

बौद्धों के दशरथ जातक में दशरथ की कौशल्या और कैकेयी दो ही रानियों का उल्लेख है।

2. सम्राट अशोक का पौत्र जो 232 ई.पू. में गद्दी पर बैठा। उसने बिहार की नागार्जुन पहाड़ियों की गुफाएं आजीवकों को दान में दी थीं। इन गुफाओं में अंकित अभिलेखों के अनुसार वह भी अपने नाम के साथ 'देवानामप्रिय' की उपाधि लगाता था। यह स्पष्ट नहीं है कि वह बौद्ध धर्मावलंबी था या नहीं।

दशावतार

दे. 'अवतार'।

दशावतार व्रत

विष्णु के दस अवतार (दे.) मुख्य माने गए हैं। भाद्रपद शुक्ल दशमी को इन्हीं दस अवतारों के निमित्त व्रत का विधान है। उस दिन दसों अवतारों की प्रतिमा स्थापित करके पूजा की जाती है। पूरे दिन-रात का फलाहार व्रत रखते हैं। दस वर्ष तक बराबर रखकर तब व्रत का उद्यापन करते हैं।

दशाश्वमेध

वाराणसी में गंगातट के दशाश्वमेध घाट का बड़ा महत्व माना जाता है। मान्यता है कि इसी स्थान पर ब्रह्मा ने दस अश्वमेध यज्ञ किए थे। इसलिए इस घाट पर स्नान करने से दस अश्वमेध यज्ञों का फल मिलता है। इतिहासज्ञ डॉ. काशीप्रसाद जायसवाल का मत है कि कुषाणों को पराजित करने के उपरांत, भारतीय

साम्राज्य की पुनः स्थापना के उपलक्ष्य में भारशिवों ने यहां पर दस अश्वमेध यज्ञ किए थे, जिससे इस स्थान का नाम दशाश्वमेध पड़ा। यह काशी का मुख्य स्नान-घाट है।

दशाह

सामान्यतः मृत्यु के दसवें दिन किया जानेवाला क्रियाकर्म 'दशाह' कहलाता है। हिंदुओं की अंत्येष्टि क्रिया-पद्धति में दाह के बाद बारहवें दिन तक प्रत्येक दिन के लिए विशेष प्रकार के पिंडदान का विधान है। दसवें दिन जीवित संबंधियों के केश, श्मश्रु और नख काटे जाते हैं और मृतक को प्रेत-दशा के निवारण के लिए मृतक और यम को पिंडदान किया जाता है। अशौच भी इसी दिन समाप्त होता है। ग्यारहवें दिन अनेक क्रियाओं के बाद ग्यारह महापात्रों को भोजन और दक्षिणा देकर तृप्त करते हैं। बारहवें दिन सपिंडीकरण होता है।

गृहसूत्रों में मृतककर्म तीन दिनों तक माना गया है—पहले दिन श्मशान-कृत्य और अस्थिचयन, दूसरे दिन रुद्रयाग और क्षौर आदि तथा तीसरे दिन सपिंडीकरण। लेकिन गृहसूत्रों ने भी अशौच की अवधि सामान्यतः दस दिन मानी है। हां, अग्निहोत्र और वेद का स्वाध्याय करनेवाले के लिए यह तीन दिन की होती है।

दसदान

जौ, भूमि, तिल, सुवर्ण, घृत, वस्त्र, धान्य, गुड़, चांदी और नमक का दान 'दसदान' कहलाता है।

दस्यु

ऋग्वेद में इस शब्द का प्रयोग असभ्य, दुर्जन, असुर, अनार्य आदि के अर्थ में हुआ है। इन्हें यज्ञ न करनेवाला, अनेक प्रकार की अद्भुत प्रतिभाओंवाला और देवों से घृणा करनेवाला बताया गया है। ऐसा प्रतीत होता है कि दस्यु लोग दासों से भिन्न और अनार्य जाति के थे। ऐतरेय ब्राह्मण ग्रंथ इन्हें विश्वामित्र द्वारा उत्पन्न और उनके शाप से भ्रष्ट बताता है। मस्नुमृति के अनुसार क्रिया-लुप्त या जाति-बहिष्कृत व्यक्ति चाहे वह अनार्यभाषी हो, चाहे आर्यभाषी, दोनों दस्यु हैं। आर्यों के विस्तार से पूर्व ये छोटी-छोटी बस्तियों में रहते और आर्यों को परेशान करते थे।

दादरा और नगरहवेली

गुजरात और महाराष्ट्र द्वारा घिरे हुए ये दोनों क्षेत्र एक-दूसरे से अलग-अलग हैं। इनके बीच में गुजरात प्रदेश का भूभाग आ जाता है। इन दोनों क्षेत्रों को

1779 ई. में मराठों ने पुर्तगालियों को दे दिया था। 1954 ई. में भौगोलिक स्थिति का लाभ उठाकर स्थानीय जनता ने इन क्षेत्रों से पुर्तगालियों की सत्ता समाप्त कर दी थी। 11 अगस्त, 1961 ई. को दादरा और नगरहवेली भारतीय संघ में सम्मिलित हो गए। अब लगभग एक लाख चार हजार आबादी के इन क्षेत्रों का शासन केंद्र सरकार के नियंत्रण में प्रशासक चलाता है। यहां की 79 प्रतिशत जनता आदिवासी है और उनका मुख्य व्यवसाय खेती है। इसकी राजधानी सिलवासा है।

दादाजी कोंडदेव

शिवाजी के पिता शाहजी के एक विश्वासपात्र कार्यकर्ता जो 1637 ई. में नियुक्त किए गए थे। इनका शिवाजी के बचपन के निर्माण में बड़ा हाथ था। इन्होंने ही उन्हें आवश्यक सैनिक और धार्मिक शिक्षा दी। न्याय के मामले में अत्यंत निष्ठुर थे। एक बार शिवाजी की आज्ञा लिए बिना इन्होंने सरकारी बगीचे से एक आम तोड़ लिया। इस पर स्वयं को दंडित करने के लिए अपना एक हाथ कटाने को तैयार हो गए। इसके लिए तो शिवाजी ने रोक दिया, फिर भी दंडस्वरूप ये जीवन भर एक ही बांह का कुर्ता पहनते रहे। 1647 ई. में इनकी मृत्यु हो गई।

दादाभाई नौरोजी

अपने समय के प्रसिद्ध राष्ट्रवादी नेता दादाभाई नौरोजी का जन्म 4 सितंबर, 1825 ई. को बंबई में एक अत्यंत गरीब पारसी पुरोहित परिवार में हुआ था। चार वर्ष के ही थे कि पिता का देहांत हो गया। फिर भी इनकी अनपढ़ किंतु साहसी मां ने इन्हें उच्च शिक्षा दिलाई। उन दिनों निःशुल्क थी। कुछ समय तक गणित के प्रोफेसर रहने के बाद नौरोजी एक व्यापारी कंपनी के साथ इंग्लैंड गए। कुछ समय बाद उन्होंने इंग्लैंड से व्यापार करने के लिए अपनी अलग कंपनी बना ली।

दादाभाई नौरोजी व्यापार के साथ-साथ राष्ट्रीय गतिविधियों में भी भाग लेते रहे। अंग्रेजों को भारत की स्थिति से अवगत कराने के लिए उन्होंने लंदन में एक संस्था भी बनाई। वे 6 वर्ष तक इंग्लैंड के हाउस ऑफ कामंस के सदस्य रहे। इस पद पर चुने जानेवाले वे प्रथम भारतीय थे। भारतीय राष्ट्रीय कांग्रेस ने 1886, 1893 और 1906 ई. में दादाजी को अपना अध्यक्ष निर्वाचित किया। 1906 ई. में कांग्रेस के मंच से पहली बार देश की स्वतंत्रता की मांग की गई थी। 1917 ई. में दादाभाई नौरोजी का देहांत हो गया।

दादा साहब खापर्डे

लोकमान्य तिलक के दाहिने हाथ दादा साहब खापर्डे का पूरा नाम गणेश श्रीकृष्ण

खापर्डे था। आपका जन्म एक गरीब परिवार में 27 अगस्त, 1854 ई. को हुआ था। आपके पिता को गरीबी के कारण 14 वर्ष की उम्र में ही डाकिए की नौकरी करनी पड़ी थी। दादा साहब ने वकालत की और बड़ा यश और धन कमाया। वे तिलक के कामों में बराबर सहयोग देते रहे। उनकी सजा के विरुद्ध अपील करने के लिए लंदन तक पहुचे। सरकार द्वारा स्कूलों से निकाले गए छात्रों के लिए आपने अनेक राष्ट्रीय पाठशालाएं खोलीं। स्वदेशी के प्रचार में भी आगे बढ़कर भाग लिया। आपका निधन 1 जुलाई, 1938 ई. को हुआ।

दादा साहब फालके

भारतीय सिनेमा के जनक दादा साहब फालके का पूरा नाम धुंडिराज गोविंद फालके था, पर वे दादा साहब फालके के ही नाम से प्रसिद्ध हुए। दादा साहब का जन्म 30 अप्रैल, 1870 ई. को नासिक के निकट हुआ था। कला की शिक्षा लेकर आपने कुछ दिन प्रिंटिंग प्रेस चलाया। फिर एक विदेशी कंपनी का मूक चित्रपट देखकर भारत में सिनेमा आरंभ करने के काम में लग गए। विदेशों से मशीनें लाए, स्वयं फिल्म लिखी, स्वयं निर्देशन किया और स्वयं अभिनेता बने। आपकी इस तरह बनी फिल्म 'राजा हरिश्चंद्र' का प्रदर्शन दिसंबर 1912 ई. में हुआ था। दादा साहब ने कुल 125 फिल्में बनाईं, जिनमें से अधिकांश लिखी भी उन्होंने ही थीं। उनकी अंतिम फिल्म 'गंगावतरण' 1937 ई. में बनी। 74 वर्ष की उम्र में 16 फरवरी, 1944 ई. को आपका देहांत हो गया। भारत में फिल्म का सर्वोच्च पुरस्कार आपके ही नाम पर दिया जाता है।

दादू दयाल

निर्गुण संत परंपरा में कबीर के बाद इन्हीं का नाम आता है। इनका जन्म अहमदाबाद में हुआ था। दादू की जन्म-कथा भी कबीर जैसी ही है। कहते हैं, लोसी नाम के एक नागर ब्राह्मण को साबरमती नदी के तट पर एक नवजात बालक पड़ा मिला। वह उसे अपने घर ले आया। आगे चलकर यही बालक दादू के नाम से प्रसिद्ध हुआ। माता-पिता ने छोटी उम्र में ही इसका विवाह कर दिया। पर सांसारिक बंधन दादू को न बांध सके। ये घर से निकल गए और बारह वर्ष तक कठिन साधना करते रहे। इन्होंने अत्यंत ऊंची अवस्था प्राप्त की और अंतर्मुखी हो गए। ये स्वभाव से इतने दयालु थे कि लोगों ने इनका नाम ही 'दयालु' रख दिया।

दादू के सैकड़ों शिष्य थे। इनकी परंपरा में बड़ी संख्या में कवि हुए हैं। दादू की प्रसिद्ध कृति 'अनभवाणी' है जिसमें इनकी साखियां और पद संग्रहीत हैं। दादू की बानी कबीर के जोड़ की कही जाती है। सगुण भक्त कवियों में जो स्थान तुलसी

और सूर का है, वही स्थान निर्गुण संत कवियों में कबीर और दादू का है। दादू की मृत्यु 1603 ई. में सांभट के निकट एक गुफा में हुई थी। वह स्थान अब दादू पंथ में 'दादूद्वारा' के नाम से प्रसिद्ध है।

दादू पंथ

दादू दयाल के चलाए पंथ को 'दादू पंथ' कहते हैं। इस पंथ का प्रचलन राजस्थान में अधिक है। दादूपंथी साधु और गृहस्थ दोनों होते हैं। गृहस्थ 'सेवक' कहलाते हैं और साधु 'दादूपंथी'। साधुओं के पांच प्रकार हैं—खालसा, नागासाधु, उत्तराड़ी, विरक्त और खाकी साधु।

दान

दान तीन प्रकार के बताए गए हैं—सात्विक, राजस और तामस। सात्विक दान वह है जो किसी योग्य व्यक्ति को उपकार की भावना के बिना दिया जाता है। उपकार के बदले दिया दान राजस है। अयोग्य व्यक्ति को अवज्ञा के साथ दिया दान तामस कहलाता है। इसके तीन और भी भेद हैं—कायिक अर्थात् संकल्पपूर्वक धन का दान। वाचिक अर्थात् भयभीत व्यक्ति के आने पर वाणी के द्वारा उसे अभय करना। मानसिक दान—जप या ध्यान में अर्पण का निश्चय। वैदिक ग्रंथों में इसका विस्तार से उल्लेख है कि दान किस प्रकार से और किसे दिया जाए।

दानव

एक मनुष्य जाति जो प्राचीन काल में हिमालय के पश्चिमी भाग के पर्वतीय प्रदेश में रहती थी। कश्यप ऋषि की दनु नामक पत्नी के गर्भ से उत्पन्न होने के कारण इन्हें 'दानव' नाम मिला। दनु के पुत्रों की संख्या कहीं चालीस और कहीं इकसठ बताई गई है। देव और असुरों के संग्राम में देवों के विरुद्ध दानव, असुर, राक्षस, पिशाच आदि जातियां सम्मिलित थीं। दानवों में प्रमुख थे—केशी, तारक, नमुचि, नरक, वाण, विप्रचित्ती, संभर और हण्यिकशिपु।

दानस्तुति

ऋग्वेद के कुछ मंत्रों का नाम। इन मंत्रों का ऐतिहासिक दृष्टि से बड़ा महत्व माना जाता है। इससे दान देनेवालों और दान प्राप्त करनेवालों के नामों का पता चलता है। उन नदियों और स्थानों का भी इनसे बोध होता है जहां पर यज्ञ किए गए और दान दिया गया।

दामोदर गुप्त

परवर्ती गुप्त वश का पांचवां शासक जो अपने पिता कुमारगुप्त (द्वितीय) की मृत्यु के बाद 560 ई. के लगभग गद्दी पर बैठा। कुछ विद्वान् इन बाद के गुप्तों का मूल स्थान मालवा बताते हैं, किंतु अधिकांश के मत से ये मगध के ही थे। दामोदर गुप्त का मौखरि नरेश शरवर्मन से युद्ध हुआ और कदाचित उसी में यह मारा गया।

दामोदर नदी

इसका उद्गम छोटा नागपुर के पठार पर शेरी नामक स्थान से होता है। इसकी प्रमुख सहायक नदियां हैं—कोनार, जमुनियां, बाराकर आदि। बाराकर से संगम के बाद दामोदर एक विशाल नदी बन जाती है। वर्षाकाल में इसकी बाढ़ से जन-धन की अपार हानि होती थी और इसे 'बंगाल का शोक' कहा जाता था। दामोदर घाटी परियोजना कार्यान्वित होने के बाद अब यह 'बंगाल का शोक' नहीं रह गई। इस नदी की धाटी में बिहार का छोटा नागपुर और बंगाल का कुछ क्षेत्र आता है। भारत की लोहा और अभ्रक की प्रमुख खानें इसी क्षेत्र में हैं।

दाय

दाय अर्थात् उत्तराधिकार के संबंध में भारतीय धर्मशास्त्रों में प्राचीन काल से ही उल्लेख मिलता है। ऐतरेय ब्राह्मण के अनुसार मनु के पुत्रों ने उसकी संपत्ति पिता के जीवनकाल में ही बांट ली थी। इसी प्रकार का उल्लेख जैमिनी ब्राह्मण में भी मिलता है। शतपथ ब्राह्मण के अनुसार स्त्री संपत्ति की उत्तराधिकारी नहीं होती थी। उसे भाइयों से पोषण मिलता था। आगे चलकर दाय के संबंध में दो संप्रदायों का उदय हुआ। (1) मिताक्षरा संप्रदाय—जिसके अनुसार पुत्र पिता के जीते जी अपना भाग अलग कर सकते हैं। बंगाल को छोड़कर भारत भर में यह प्रथा प्रचलित है। (2) दाय भाग संप्रदाय—जिसके अनुसार पिता की मृत्यु पर ही पुत्रों को दाय मिलता है। यह प्रथा बंगाल में प्रचलित है।

दाराशिकोह

मुगल बादशाह शाहजहां का सबसे बड़ा पुत्र जो मुमताज बेगज के गर्भ से पैदा हुआ था। वह बौद्धिक दृष्टि से बहुत कुछ अपने पितामह अकबर की तरह था। हिंदू दर्शन में भी उसकी रुचि थी। इस कारण कट्टरपंथियों ने उस पर इस्लाम के प्रति अनास्था फैलाने का आरोप लगाया। उसका भाई औरंगजेब इन लोगों से मिल गया। जब उत्तराधिकार का समय आया तो औरंगजेब ने दाराशिकोह के दावे को चुनौती दी। बाध्य होकर दारा को अपने अधिकारों के लिए औरंगजेब से युद्ध करना पड़ा। लेकिन तीनों बार वह हार गया। उसने एक अफगान सरदार पर

विश्वास किया, लेकिन सरदार ने दारा को औरंगजेब की सेना के हवाले कर दिया। उसे दिल्ली लाया गया और 30 अगस्त, 1659 ई. को उसका सिर काट दिया गया।

दारुकावन

हिमालय प्रदेश में स्थित देवदारु का एक प्रसिद्ध वन जो तीर्थस्थान भी माना जाता है। कहते हैं कि यहां शिव ने ऋषियों के सामने नग्न होकर नृत्य किया था। इस कारण उन्हें ऋषियों के शाप का भाजन बनना पड़ा। इस स्थान पर शिव का नागेदलिंग स्थित है। कुछ लोग कूर्मांचल में अल्मोड़ा के निकट स्थित प्रसिद्ध जागेश्वर को ही दारुकावन बताते हैं। यहां देवदारों का घना वन है।

दास

दास शब्द का प्रयोग वैदिक साहित्य में आर्यों के विरोधी मूल निवासियों के लिए हुआ है। इससे प्रकट होता है कि ये लोग आर्यों के द्वारा युद्ध में पराजित करके बंदी बनाए गए और बाद में सेवाकार्य में लगाए गए थे। दासों को दान में लेने के भी उल्लेख मिलते हैं। आगे चलकर कुछ आर्यों की स्थिति भी दासों जैसी हो गई। जुए में हारनेवाले को दास का जीवन व्यतीत करना पड़ता था। बौद्ध साहित्य में भी दास प्रथा का उल्लेख मिलता है। उसमें तीन प्रकार के दास बताए गए हैं—स्वामी के घर में पैदा हुआ, धन से खरीदा हुआ और युद्ध में जीता हुआ। स्मृति ग्रंथों में भी दासों के संबंध में नियमों का उल्लेख है। दासों को सेवा का कार्य करना पड़ता था इसीलिए वे सेवक कहलाए। धर्मशास्त्र के अनुसार, "जब कोई स्वतंत्र व्यक्ति स्वेच्छा से अपने को दूसरे के लिए दान कर देता है तब वह उसका दास बन जाता है।" मनु ने सात प्रकार के और नारदस्मृति ने पंद्रह प्रकार के दास गिनाए हैं। दासों के प्रति उदार व्यवहार किया जाता था। इसकी पुष्टि मेगस्थनीज के इस कथन से होती है कि 'भारत में एक भी दास नहीं है।'

दासी

ब्रह्मांड पुराण के अनुसार दासियों के चार प्रकार होते हैं—देवदासी, ब्रह्मदासी, स्वतंत्रा और शूद्रदासिका। देवदासी और ब्रह्मदासी की गणना क्षक्षिय वर्ण में होती है। शूद्रदासिका हीन वर्ण की है और स्वतंत्रा की स्थिति वेश्या की है। यों, देवदासी की स्थिति भी अच्छी नहीं होती। कुमारी लड़कियां नाच-गाने के लिए मंदिरों में दे दी जाती हैं और उसका शारीरिक शोषण भी होता है। दशिण भारत के कुछ मंदिरों में अब भी देवदासी प्रथा का प्रचलन पाया जाता है। कुछ जगह उन्हें 'मुरली' या 'वसवा' नाम से जाना जाता है।

दाह-संस्कार

प्राचीन काल में मृत्यु के उपरांत शव के विसर्जन की दो क्रियाएं थीं—अग्निदग्ध और अनग्निदग्ध। वैदिक काल में शव को भूमि में गाड़ने की भी प्रथा थी। उपनिषद् काल आते-आते अग्निदाह को प्रधानता मिलने लगी। ऋग्वेद से पता चलता है कि मृतक के शव के साथ एक बकरे को भी जला देते थे जिसको दूसरे लोक में पथ-प्रदर्शक समझा जाता था। गाड़ने या जलाने से पूर्व शव को नहलाकर उसके पैर बांध दिए जाते थे ताकि मृतक लौटकर पृथ्वी पर न आ जाए।

दाहिर

सिंध का राजा जो 679 ई. में गद्दी पर था उसी के समय ईराक के खलीफा ने सिंध और भारत के विरुद्ध जेहाद की घोषणा की। उसके सेनापति मुहम्मद कासिम ने देवाल बंदरगाह पर अधिकार कर लिया और एक-एक व्यक्ति को मार डाला। नेरून नामक किला भी अरबों के हाथ सरलता से आ गया क्योंकि उसके बौद्ध अधिकारी ने आक्रामकों को भोजन का सामान और धन दिया। इसी प्रकार बौद्ध आबादी के सहयोग से आक्रामकों ने शिविस्तान पर भी कब्जा कर लिया। अब दाहिर ने सिंध नदी के इस पार मोर्चा संभाला किंतु यहां भी नदी के बीच के द्वीप का स्वामी शत्रुओं से मिल गया। जाटों और ठाकुरों ने भी उनकी मदद की। इस प्रकार कासिम नदी के इस पार आ गया। 20 जून, 712 ई. को दाहिर ने अरबों से युद्ध किया। पर उसके वीरगति प्राप्त करते ही हिंदू सेना भाग गई। इस प्रकार धोखेबाजी से और देशभक्ति की भावना न होने से भारत पर विदेशी पैर जमे।

दिक्पाल

पुराणों में वर्णित दसों दिशाओं का पालन करनेवाले देवगण। ये हैं—1. इंद्र पूर्व के, 2. अग्नि दक्षिण-पूर्व के, 3. यम दक्षिण के, 4. सूर्य दक्षिण-पश्चिम के, 5. वरुण पश्चिम के, 6. वायु पश्चिमोत्तर के, 7. कुबेर उत्तर के और 8. सोम उत्तर-पूर्व के। इनको दिशाओं का स्वामी ब्रह्मा ने बनाया। आकाश की ओर ब्रह्मा स्वयं चले गए और पाताल के पालन का काम शेष या अनंतनाग को सौंपा।

दिक्शूल

यात्रा के संबंध में प्राचीन काल में कुछ निषेध माने जाते थे। एक मत के अनुसार शुक्र और रवि को पश्चिम की ओर, मंगल और बुद्ध को उत्तर की ओर, शनि और सोम को पूर्व की ओर तथा गुरुवार को दक्षिण की ओर दिक्शूल होता है। एक अन्य मत से बृहस्पति को चारों दिशाओं की ओर, रवि और शुक्र को पश्चिम दिशा

की ओर तथा बुध को दक्षिण दिशा की ओर दिक्शूल होता है। दिक्शूल की दिशा में यात्रा करने का निषेध रहा है।

दिगंबर

जैन धर्म का एक संप्रदाय जो दिशाओं को ही अपना वस्त्र मानता है और नग्न रहता है। इस संप्रदाय के साधु मोक्ष प्राप्ति के लिए नग्न रहना आवश्यक मानते हैं। दिगंबर संप्रदाय के अनुसार स्त्रियों को मोक्ष नहीं मिल सकता। इस संप्रदाय की स्थापना महावीर के निर्वाण के लगभग छह सौ वर्ष बाद हुई। दिगंबर और दूसरा संप्रदाय श्वेतांबर ई. सन् की प्रथम शताब्दी में एक दूसरे से पृथक् हो गए। इस समय गुजरात और काठियावाड़ में अधिकतर श्वेतांबर तथा दक्षिण और उत्तर भारत में दिगंबर संप्रदाय के अनुयायी पाए जाते हैं।

दिङ्नाग

बौद्ध न्याय के सुविख्यात प्रवर्तक दिङ्नाग का समय चौथी शताब्दी का उत्तरार्ध या पांचवीं शताब्दी का पूर्वार्ध माना जाता है। ये कांजी के निवासी थे। इनका नाम पहले नागदत्त था, बाद में आचार्य वसुबंधु से दीक्षा लेने के बाद दिङ्नाग कहलाए। दिङ्नाग ने अपने विचारों का प्रचार करने के लिए महाराष्ट्र, उड़ीसा, नालंदा आदि की यात्राएं की थीं। ये न्याय-दर्शन के लगभग एक सौ ग्रंथों के प्रणेता माने जाते हैं। 'प्रमाण समुच्चय' इनका सबसे प्रसिद्ध ग्रंथ है।

दिति

कश्यप ऋषि की पत्नी जो दैत्यों की माता थी। इसके सब पुत्रों को इंद्र ने मार डाला था। इस पर इसने पति से ऐसे पुत्र की कामना की जो इंद्र को पराजित कर सके। इसने 99 वर्ष तक गर्भ धारण किया लेकिन एक दिन अवसर पाकर इंद्र ने इसके गर्भ में पल रहे भ्रूण के 49 टुकड़े कर डाले। यही बाद में मरुत (दे.) कहलाए।

दिलीप

दिलीप नाम से दो उल्लेख मिलते हैं—

1. अंशुमान के पुत्र तथा भगीरथ के पिता। इन्होंने गंगा को पृथ्वी पर लाने का प्रयास किया था पर सफलता नहीं मिली। दीर्घकाल तक राज्य करने के बाद इन्होंने वनवास ले लिया।

2. इक्ष्वाकुवंशी राजा दिलीप बड़े ही प्रतापी राजा थे। इनके पुत्र का नाम रघु था जिसके नाम पर सूर्यवंश रघुवंश नाम से प्रसिद्ध हुआ। इसी वंश में आगे चलकर राम का अवतार हुआ।

दिलीप के संबंध में यह कथा प्रसिद्ध है कि एक बार उन्हें मार्ग में कामधेनु 'सुरभि' मिली। पर इन्होंने उसे प्रणाम नहीं किया। इस पर उसने इन्हें निःसंतान होने का अभिशाप दे दिया। बाद में वशिष्ठ ऋषि के परामर्श पर दिलीप और उनकी पत्नी सुदक्षिणा ने सुरभि की पुत्री कामधेनु नंदिनी की सेवा करने का व्रत लिया।

दिलीप दिन-रात नंदिनी के साथ-साथ छाया की तरह लगे रहते थे। रानी भी प्रतिदिन नंदिनी की विधिपूर्वक पूजा करती थी। दिलीप की सेवा-भावना की परीक्षा के लिए शिव के सिंह ने नंदिनी पर आक्रमण किया। यह देखकर दिलीप नंदिनी के बदले अपना शरीर अर्पित करने को तैयार हो गए। इससे प्रसन्न होकर नंदिनी ने उन्हें एक मेधावी पुत्र का पिता बनने का वरदान दिया। सुदक्षिणा के गर्भ से रघु जैसा प्रतापी बालक वरदान का फल था।

रघु के वृतांत से ही महाकवि कालिदास के प्रसिद्ध महाकाव्य 'रघुवंश' का आरंभ हुआ है।

दिल्ली

भारत की राजधानी दिल्ली के संबंध में विद्वानों का विश्वास है कि यहीं पर महाभारत काल में पांडवों की राजधानी इंद्रप्रस्थ थी। ऐतिहासिक दिल्ली का निर्माण तोमर नरेश अनंगपाल ने 11वीं शताब्दी में कराया था। उसने जहां इस समय कुतुबमीनार है वहां पर एक लाल किला भी बनवाया था। बाद में अजमेर के चौहान राजाओं ने इस पर कब्जा किया।

लेकिन 1193 ई. में मुहम्मद गौरी ने पृथ्वीराज चौहान से इसे छीनकर दिल्ली में हिंदू शासन का अंत कर दिया। 1193 से 1857 ई. तक थोड़े से अंतराल को छोड़कर मुस्लिम शासक यहां से राज्य करते रहे। कुछ समय के लिए बाबर, अकबर और जहांगीर ने आगरा को अपनी राजधानी बनाया था।

इस लंबी अवधि में दिल्ली लूटी भी गई। 1398 ई. में तैमूरलंग ने, 1739 ई. में नादिरशाह ने और 1757 ई. में अहमदशाह अब्दाली ने आक्रमण किया, शहर को खूब लूटा और हजारों व्यक्तियों को कत्ल कर डाला।

1803 ई. में दिल्ली पर अंग्रेजों का अधिकार हो गया और मुगल बादशाह नाम के शासक रह गए। 1858 ई. में बहादुरशाह के रंगून में कैद हो जाने के बाद नाममात्र की यह बादशाहत भी जाती रही। अंग्रेजों ने पहले अपने भारतीय साम्राज्य की राजधानी कलकत्ता को बनाया था। 1911 ई. में वे भी राजधानी दिल्ली ले आए। अब इस राजधानी क्षेत्र का शासन प्रबंध केंद्र-शासित प्रदेश के रूप में उपराज्यपाल के अधीन होता है। दिल्ली का बराबर विस्तार हो रहा है।

दिल्ली दरबार

अंग्रेज सरकार ने भारत में अपनी शान-शौकत का प्रदर्शन करने के लिए तीन बड़े-बड़े दरबार दिल्ली में किए। 1877 ई. के दरबार में महारानी विक्टोरिया को भारत की साम्राज्ञी घोषित किया गया। 1903 ई. के दरबार में एडवर्ड सप्तम की ताजपोशी की घोषणा हुई। 1911 ई. के दरबार में ब्रिटेन के बादशाह जार्ज पंचम भी शामिल हुए। उस समय बंग-भंग समाप्त करने और देश की राजधानी कलकत्ता से दिल्ली लाने की घोषणा की गई।

दिल्ली समझौता

गांधीजी के नेतृत्व में अप्रैल 1930 ई. से सत्याग्रह आंदोलन चल रहा था। इससे ब्रिटिश सरकार की सर्वत्र आलोचना हो रही थी और उसके सामने प्रशासनिक समस्याएं भी उत्पन्न हो रही थीं। इसके निराकरण के लिए लंदन में गोल-मेज सम्मेलन आयोजित किया गया। कांग्रेस के प्रतिनिधि भी इस सम्मेलन में भाग लें, इसके लिए प्रयत्न किया गया। 5 मार्च, 1931 ई. को भारत के तात्कालिक वाइसराय लार्ड इरविन और महात्मा गांधी के बीच एक समझौता हुआ। इसके अनुसार कांग्रेस ने गोल-मेज सम्मेलन में भाग लेना स्वीकार किया। सत्याग्रह स्थगित कर दिया गया और गिरफ्तार लोग रिहा कर दिए गए। बाद में यह सम्मेलन भी असफल ही रहा।

दिल्ली सल्तनत

1206 ई. से 1526 ई. तक दिल्ली पर सुल्तानों का शासन रहा। 320 वर्ष की यह अवधि इतिहास में 'दिल्ली सल्तनत' कहलाती है। इस अवधि में पांच अलग-अलग वंशों ने राज्य किया। वे एक-दूसरे से संबंधित नहीं थे। ये वंश थे—

1. गुलाम वंश (1206-1290)। इस वंश में दस सुल्तान हुए। 2. खिलजी वंश (1290-1320) ई.। इस वंश में छह सुल्तान हुए। 3. तुगलक वंश (1320-1413 ई.)। इस वंश में नौ सुल्तान हुए। 4. सैयद वंश (1413-1451ई.)। इस वंश में चार सुल्तान हुए। 5. लोदी वंश (1451-1526) ई.। इस वंश में तीन शासक हुए।

इन सुल्तानों ने तलवार के जोर पर शासन किया। हिंदू और भी अधिक सताए गए। इनमें से कुछ को भवन-निर्माण का बड़ा शौक था। दिल्ली की अनेक इमारतें इनके समय में बनीं।

दिवोदास

इस नाम के तीन राजाओं का वर्णन पुराणों में मिलता है—

1. वाराणसी का चंद्रवंशी राजा जो भीमरथ का पुत्र था। दक्षिण के हैहय राजाओं के आक्रमण के कारण इसे अपनी राजधानी बाराणसी छोड़कर गंगा-गोमती संगम की ओर भागना पड़ा था।

2. वाराणसी के दिवोदास के वंश में ही चार पुश्तों के बाद इसी नाम का एक राजा हुआ। उसे भी हैहय राजाओं से पराजित होना पड़ा था। परंतु उसके पुत्र प्रवर्तन ने शीघ्र ही हैहयों को पराजित कर दिया।

3. उत्तरी पांचालों की एक शाखा का राजा जो महान योद्धा था। उसने पणियों के सहित अनेक राजाओं को पराजित किया। वह परम विद्वान और वैदिक मंत्रों का रचयिता था। वैदिक साहित्य में उसका उल्लेख मिलता है।

इन तीनों के अतिरिक्त एक दिवोदास वर्धस्व का पुत्र था जो अपनी बहन अहिल्या के साथ मेनका के गर्भ से उत्पन्न हुआ था। यही अहिल्या गौतम ऋषि को ब्याही थी। भगु कुल का दिवोदास नाम का ऋषि भी था जो क्षत्रिय से ब्राह्मण बना।

दीक्षा

प्राचीन भारतीय समाज में दीक्षा के दो रूप मिलते हैं। एक वह जो धर्म-शास्त्रों में वर्णित है। यह दीक्षा मुख्यत: दो अवसरों पर दी जाती थी। प्रथम ब्रह्मचर्य आश्रम में रहकर शिक्षा समाप्त करने पर गुरु द्वारा दी गई दीक्षा। इसके साथ ही गृहस्थाश्रम में प्रवेश भी इस दीक्षा का उद्देश्य था।

दूसरी दीक्षा तांत्रिकों में प्रचलित थी। इसमें गुरु की आज्ञा ही सब कुछ मानी गई। धर्म-शास्त्रों के कर्मकांड के लिए इसमें कोई स्थान नहीं रहा। इस दीक्षा के कई भेद पाए जाते हैं—समयी दीक्षा, भोग दीक्षा, लोक दीक्षा, क्रिया दीक्षा, कला दीक्षा आदि। प्रथम प्रकार की धर्मशास्त्रीय दीक्षा शूद्र और स्त्रियों के लिए आगे चलकर वर्जित हो गई थी, पर तांत्रिकों ने उनके लिए भी अपनी दीक्षा के द्वार खोल दिए।

दीघनिकाय

प्रसिद्ध बौद्ध धर्म ग्रंथ जो सत्तपिटक का पहला ग्रंथ है। इसमें बौद्ध धर्म के मूल सिद्धांतों का प्रतिपादन किया गया है। गौतम बुद्ध द्वारा प्रतिपादित मध्यम मार्ग का वर्णन है, वर्णाश्रम और ऊंच-नीच की भावना का विरोध है। साधकों को चमत्कार प्रदर्शन से रोका गया है। बौद्ध परंपरा के अनुसार गौतम बुद्ध से पहले छह बुद्ध और हुए थे। दीघनिकाय में इनकी जीवनी दी गई है। ये छह बुद्ध हैं—

विपक्सी, सिखी, वंख्सभू, ककुसंध, कोणागमन् और कस्सप।

दीनइलाही

यह एक नया धर्म था जिसका आरंभ 1582 ई. में बादशाह अकबर ने किया था। इस धर्म में हिंदू, मुस्लिम, बौद्ध, जैन, पारसी तथा ईसाई धर्म की मुख्य-मुख्य बातों का समावेश किया गया था। यद्यपि इसका मूल आधार एकेश्वरवाद था, परंतु बहुदेववाद की झलक भी इसमें थी। तर्क पर आधारित यह धर्म धार्मिक भेदभाव से ऊपर उठकर सहिष्णुता की शिक्षा देता था। अकबर के शासन काल में इस धर्म के बहुत से अनुयायी हो गए थे। परंतु उसकी मृत्यु के बाद इसका लोप हो गया।

दीनदयाल उपाध्याय

प्रमुख राजनेता और विचारक। जन्म 1917 ई. में मथुरा में। शिक्षा काल से ही राष्ट्रीय स्वयं सेवक संघ के सदस्य। 1951 ई. में 'जनसघ' की स्थापना के समय से ही उसके मंत्री, 1953 ई. में महामंत्री, 1967 ई. में अध्यक्ष। 11 फरवरी 1968 ई. की रेल यात्रा के समय मुगलसराय स्टेशन के निकट हत्या।

दीपावली

हिंदुओं का यह प्रमुख त्यौहार कार्तिक मास की अमावस्या को मनाया जाता है। इस समय तक फसल तैयार हो जाती है और बरसात भी समाप्त हो जाती है। दीपावली के अवसर पर घरों की सफाई करते हैं, उन्हें दीपों की मालाओं से सजाते हैं। धन-धान्य की अधिष्ठात्री लक्ष्मी और सिद्धिदाता गणेश की पूजा होती है। ये त्योहार पूरे देश में मनाया जाता है। इस दिन जुआ खेलने का भी प्रचलन है। इसके संबंध में प्राचीन ग्रंथों में उल्लेख मिलता है कि जुआ खेलना यद्यपि सर्वथा वर्जित है, एक रात के लिए इसकी स्वीकृति इसलिए है कि लोगों को धन की चंचलता की शिक्षा मिल सके।

इस तिथि के साथ और भी कई महत्वपूर्ण घटनायें जुड़ी हुई हैं। श्रीराम का राज्याभिषेक इसी दिन हुआ था। हनुमान भी इसी दिन पैदा हुए। स्वामी दयानंद और रामतीर्थ की मृत्यु भी इसी दिन हुई। महावीर स्वामी का निर्वाण जैन इसी दिन मानते हैं। यह भी कथा प्रचलित है कि विष्णु ने वामन अवतार धारण करके राजा बलि का सारा राज्य ले लिया और उसे पाताल भेज दिया। किंतु उसके पूर्व जन्म के कर्मों के कारण प्रसन्न होकर विष्णु ने कार्तिक की अमावस्या की रात्रि को उसका राज्य पुनः वापस कर दिया।

दीर्घतमा

अंगिरस कुल के एक सूक्त द्रष्टा ऋषि जो ममता के गर्भ से उत्पन्न उचथ्य ऋषि के पुत्र थे। जन्म के समय अंधे होने के कारण यह दीर्घतमा कहलाए। इन्होंने सौ वर्ष की उम्र पाई। वृद्ध दीर्घतमा के संबंध में वेद में अनेक कहानियां मिलती हैं। इनकी देखभाल से ऊबे नौकरों ने इन्हें मारने के अनेक प्रयत्न किए। किंतु अश्विनी कुमारों ने हर बार बचा लिया। बाद में इन्हें नदी में फेंक दिया। बहते हुए ये अंग-देश (आधुनिक पूर्वी बिहार) पहुंचे। वहां इन्होंने उषिज नाम की दास कन्या से विवाह किया। पुराणों के अनुसार इनका विवाह प्रद्वेशी नामक सुंदर स्त्री से हुआ था।

कुल वृद्धि के लिए इन्होंने गो-रति विद्या सीखी और सबके सामने दिन में ही स्त्री प्रसंग करने लगे। इसे देखकर अन्य ऋषि इन्हें आश्रम से भगाने के लिए उद्यत हो गए। अंधे पति से ऊबी हुई प्रद्वेशी भी उनसे मिल गई। इस पर धर्म-शास्त्रकार के नाते दीर्घतमा ने पत्नी धर्म के नए नियम बनाए। उन्होंने कहा—जन्म भर स्त्री का एक ही पति रहेगा। पति जीवित रहे या मृत, स्त्री दूसरा पति नहीं कर सकेगी। किंतु प्रद्वेशी ने इन्हें तख्ते में बांधकर गंगा में छोड़ दिया। बहते हुए वे राजा बलि के राज्य में पहुंचे। राजा ने अपनी पत्नी सुदेशणा को पुत्र प्राप्ति की कामना से ऋषि की सेवा में नियुक्त किया। किंतु सुदेशणा ने स्वयं न जाकर शूद्र वर्ण की एक दासी को उनके पास भेज दिया। दासी से इनको ग्यारह पुत्र प्राप्त हुए। राजा बलि को जब ज्ञात हुआ तो उसने सुदेशणा को पुनः दीर्घतमा के पास भेजा। सुदेशणा को इनसे पांच पुत्र—अंग, वंग, पुंड्र, कलिंग और सुह्य प्राप्त हुए।

दीर्घिका

सतीत्व और पतिव्रत धर्म के लिए लिए प्रसिद्ध महिला जो वीर्यशर्मा की कन्या थी। वह अत्यन्त लंबी थी। इस कारण उससे कोई विवाह नहीं करता था। दीर्घिका ने वृद्धावस्था तक तपस्या की और एक कोढ़ी से विवाह कर लिया। कोढ़ी वेश्या-गामी था। दीर्घिका उसे कंधे पर उठाकर वेश्या के पास ले जाती थी। एक दिन कोढ़ी का पैर किसी ऋषि से छू गया। इस पर ऋषि ने उसे सूर्योदय के पहले ही मर जाने का शाप दिया। लेकिन दीर्घिका ने अपने सतीत्व के बल से उस दिन सूर्य का उदय ही रोक दिया। इस पर जब विश्व में हाहाकार मचा तो देवताओं ने कोढ़ी को स्वास्थ्य और यौवन प्रदान किया तभी दीर्घिका के कहने पर सूर्योदय हुआ।

दुंदुभि

मयासुर और होमा नाम की अप्सरा का एक पुत्र राक्षस। तपस्या करके हजारों हाथियों के बल का वरदान पाकर यह भैंसे के रूप में विचरण किया करता था।

बानरराज बालि ने इसे मार डाला और इसका शव मतंग ऋषि के आश्रम में फेंक दिया। इसी से क्रुद्ध होकर मतंग ऋषि ने बालि को शाप दिया था कि आश्रम में आते ही उसकी मृत्यु हो जाएगी। इसी कारण बालि के भय से सुग्रीव मतंग के आश्रम में रहता था। यहीं पर श्रीराम की सुग्रीव से मित्रता हुई।

दुंदुभि ने सोलह हजार स्त्रियों को बंदी बना रखा था। इसने एक लाख स्त्रियों से विवाह करने प्रतिज्ञा की थी।

दुःखवाद

इस मत की सर्वप्रथम घोषणा गौतम बुद्ध ने की। उनके अनुसार जन्म इच्छा, तृष्णा आदि सब दुःख रूप हैं। समस्त भौतिक और मानसिक प्रपंच दुःख के अतिरिक्त और कुछ नहीं। बुद्ध ने इससे बचने के लिए अष्टांग साधना-पद्धति का मार्ग बताया है। उपनिषदों में भी इस विचार का उल्लेख मिलता है। वहां कहा गया है कि जो अनित्य, नश्वर है, वही दुःख है और जो नित्य, अनंत और अमर है वह सुख है। सांख्य के अनुसार सर्वत्र दुःख मिश्रित ही सुख है। मध्य युग में यही दुःखवाद संतों के वैराग्य की भूमिका बना। दुःखवाद का फल वैराग्यवाद है और वैराग्यवाद से आनंदस्वरूपा भक्ति उत्पन्न होती है। दुःखवाद के भी दो प्रकार हैं—नित्य दुःखवाद जिसमें दुख का शमन नहीं होता और अनित्य दुःखवाद जिसमें निर्वाण या मुक्ति मिलने से दुःख का निवारण हो जाता है।

दुकूल

बौद्धों के शाम जातक में वर्णित एक मुनि जिनके पुत्र का नाम शाम था। दुकूल और उनकी पत्नी एक दुर्घटना में अंधे हो गए तो शाम दिन-रात उनकी सेवा में लगा रहता था। एक दिन जब वह माता-पिता के लिए जल लेने गया था, किसी शिकारी ने भ्रमवश उस पर बाण चला दिया। इस पर दुकूल ने अपने पुत्र के सच्चे बौद्ध होने की दुहाई देकर उसके जीवित होने की कामना की तो पुत्र भी जी उठा और पति-पत्नी को नेत्र-ज्योति भी मिल गई। यह कथा श्रवण कुमार की कथा से मिलती-जुलती है।

दुर्गा

दुर्गति और दुर्भाग्य से बचानेवाली देबी जिसका प्रथम उल्लेख महाभारत में मिलता है। वहां पर इनके दो रूप हैं। एक रूप महिषासुर मर्दनी और कन्याकुमारी का है। दूसरा रूप शिव की पत्नी उमा का। आगे चलकर देवी के उपासकों का एव संप्रदाय ही बन गया। इसके अनुसार ईश्वर निष्क्रिय है। सारी सक्रियता उसकी शक्ति की है। विचारकों का मत है कि वेद में वर्णित रुद्र की बहिन

अम्बिका, गायत्री या सावित्री और पुराणों की सती उमा और पार्वती सब दुर्गा के ही नाम हैं। मार्कंडेय पुराण के अंश दुर्गा सप्तशती में नौ दुर्गाएं मानी गई हैं— शैलपुत्री, ब्रह्मचारिणी, चंद्रघंटा, कूष्मांडा, स्कंदमाता, कात्यायिनी, कालरात्रि, महागौरा और सिद्धिधात्री। दुर्गा की कल्पना त्रिपुर सुंदरी और शक्तिशालिनी के रूप में की गई है। वे आठ, दस, बारह अथवा अठारह भुजाओं में अस्त्र-शस्त्र धारण किए रहती है। सिंह उनका वाहन है। दुर्गा ने दुर्ग, मधुकैटभ, चंड, मुंड, शुंभ, निशुंभ, महिषासुर आदि दैत्यों का वध किया था।

दुर्गा की पूजा नौ दिन रातों में होती है इसलिए इसे 'नवरात्र' कहते हैं। दुर्गा का एक नाम चंडी भी है। कहा गया है कि कलयुग में चंडी और विनायक अर्थात् गणेश की उपासना से मनोरथ पूरे होते हैं। चंडी का प्रचार सभी प्रकार के साधनों में है।

दुर्गावती, रानी

महोबा के चंदेल राजा शालिवाहन की पुत्री जिसका विवाह गढ़मंडल के राजा दलपतशाह के साथ हुआ था। चार वर्ष में ही वह विधवा हो गई। रानी ने अपने पुत्र वीरनारायण को गद्दी पर बैठाकर उसके संरक्षक के रूप में शासन करना आरंभ कर दिया। वह तीर और बंदूक चलाने में प्रवीण थी। इलाहाबाद के मुगल शासक आसफखां ने उसके राज्य के सीमावर्ती क्षेत्रों में जब लूटपाट शुरू की तब रानी ने अकबर से इन हरकतों को रोकने के लिए कहा। इसका कोई परिणाम न निकला तो रानी ने युद्ध की तैयारी की। 1564 ई. में यह युद्ध हुआ। रानी ने अपनी छोटी सेना लेकर आसफखां की विशाल सेना को तीन बार पीछे हटने के लिए बाध्य किया।

इसी बीच रानी का पुत्र घायल हो गया, उसके अधिकांश सैनिक पीछे हट गए। फिर भी रानी केवल तीन सौ सैनिकों को लेकर वीरतापूर्वक लड़ती रही। उसकी कनपटी और गर्दन में दो तीर लगे जिन्हें उसने खींचकर निकाल दिया। किंतु अधिक रक्त बह जाने से रानी बेहोश हो गई। होश आने पर पता चला कि उसकी हार हो चुकी है। शत्रु उसके साथ बुरा आचरण न करे, इस आशंका से उस वीर रमणी ने अपना बरछा छाती में भोंक लिया और प्राण त्याग दिए।

दुर्गावती की गणना भारतीय इतिहास की सर्वाधिक प्रसिद्ध रानियों में होती है।

दुर्गाष्टमी

तीन तिथियां दुर्गाष्टमी कहलाती हैं—1. श्रावण शुक्ल अष्टमी—इस दिन व्रत रखने और स्नान करके गीले वस्त्रों में ही देवी के दर्शनों का विधान है। खीर

और नैवेद्य का भोग लगाया जाता है। व्रती एकाहार करता है। 2. चैत्र और आश्विन दोनों नवरात्रों की अष्टमी की तिथि को भी दुर्गाष्टमी कहते हैं। इन तिथियों पर कुमारी कन्याओं को भोजन कराया जाता है।

दुर्मंद

देवकी की भांति रोहिणी के गर्भ से भी वसुदेव के आठ पुत्र हुए। उनमें से एक का नाम दुर्मंद था। अन्यत्र इसे वसुदेव और पौरवी का पुत्र बताया गया है। यादव वंश के एक राजा वृहत्सेन के एक पुत्र तथा एक गंधर्व का नाम भी दुर्मंद था।

दुर्मुख

दुर्मख नाम के अनेक उल्लेख मिलते हैं। धृतराष्ट्र के एक पुत्र का नाम दुर्मुख था जो महाभारत युद्ध में भीम के हाथों मारा गया। राम-रावण युद्ध में राम की ओर से लड़नेवाले एक वीर वानर का नाम भी दुर्मख था। दक्ष प्रजापति की कन्या और कश्यप ऋषि की पत्नी कद्रु के गर्भ से एक सहस्र नाग उत्पन्न हुए। उनमें से एक दुर्मुख भी था। रामायण के अनुसार रजक द्वारा सीता के संबंध में कहे गए कुवाक्यों को राम तक पहुंचानेवाला उनका चर दुर्मुंख ही था। यह निंदा सुनकर राम ने सीता का परित्याग किया था।

दुर्योधन

कुरुवंश के राजा धृतराष्ट्र के 100 पुत्रों में सबसे बड़ा। अपने वंश के कारण ये लोग कौरव कहलाए। इनकी शिक्षा-दीक्षा पांडवों के साथ ही हुई। दुर्योधन और भीम ने बलराम से गदा चलाने की शिक्षा ली, पर भीम अधिक कुशल था। इसलिए दुर्योधन उससे जलता था। उसने एक बार भोजन में विष देकर भीम को मारने की भी चेष्टा की। पांडवों को भस्म करने के लिए उसने लाक्षागृह बनवाया, किंतु समय पर भेद खुल जाने से पांडव बच गए। फिर दुर्योधन ने अपने मामा शकुनि की सहायता से द्यूत-क्रीड़ा का आयोजन किया और छल द्वारा पांडवों का सब कुछ छीन लिया। जुए में जीती द्रौपदी को जब दुःशासन भरी सभा में लाया तो दुर्योधन ने उसे अपनी जांघ पर बैठाने का प्रयत्न किया। उसी समय भीम ने गदा से उसकी जांघ तोड़ने की प्रतिज्ञा की थी।

जुए की शर्तों के अनुसार जब पांडव वनवास और अज्ञातवास का दंड भोगने के बाद वापस आए और राज्य में अपना अंश मांगा, तो दुर्योधन ने युद्ध के बिना सुई की नोक के बराबर भूमि भी देना अस्वीकार कर दिया। श्रीकृष्ण ने पांडवों का दूत बनकर समझौता कराने का प्रयत्न किया, पर वे सफल नहीं हुए। अंत में कुरुक्षेत्र के मैदान में महाभारत का युद्ध होकर ही रहा। इस युद्ध में भीम ने

दुर्योधन की टांग पर गदा से प्रहार किया और उसे मारकर अपनी प्रतिज्ञा पूरी की।

दुर्लभराय

सिराजुद्दौला (दे.) का सेनापति जिसने अपने स्वामी के साथ विश्वासघात किया और मीरजाफर से मिलकर अंग्रेजों से सांठगांठ की। उसने और मीरजाफर ने विदेशियों के साथ गुप्त संधि भी कर ली। इसी संधि का परिणाम था कि 23 जून, 1757 ई. को सिराजुद्दौला और अंग्रेजों के बीच प्लासी के मैदान में जो युद्ध हुआ, उसमें न तो दुर्लभराय ने भाग लिया न मीरजाफर ने। फलतः सिराजुद्दौला को पराजय का मुख देखना पड़ा और अंग्रेजों को राज्य विस्तार में सफलता मिली।

दुर्वासा

दुर्वासा नाम के ऋषि का उल्लेख पुराणों में तो अनेक बार हुआ है, किंतु वैदिक ग्रंथों में इनका उल्लेख नहीं मिलता। ये अनुसूया के गर्भ से उत्पन्न अभिऋषि के पुत्र थे। ये अत्यंत कृषकाय और पृथ्वी के किसी भी मनुष्य से लंबे थे। कहते हैं, ऋषि-दंपति ने तपस्या करके इन्हें शिव के अंश के रूप में प्राप्त किया था। ये अपने क्रोधी स्वभाव के लिए प्रसिद्ध हैं, यहां तक कि इन्होंने अपनी पत्नी को भी शाप देकर भस्म कर दिया था।

दुर्वासा ने कण्व ऋषि के आश्रम में शकुंतला द्वारा अपनी उपेक्षा समझकर उसे शाप दे दिया था कि जिसके ध्यान में डूबकर तूने मेरी उपेक्षा की है, वह तुझे भूल जाएगा। वे कृष्ण को शाप देने से भी नहीं चूके। एक दिन वे खीर खा रहे थे। अकस्मात् उन्होंने श्रीकृष्ण को आदेश दिया कि वे उनकी जूठी खीर अपने बदन पर मल लें। कृष्ण ने पूरे शरीर में तो खीर मल ली, पर ब्राह्मण का प्रसाद समझकर उसे अपने पैरों पर नहीं मला। इससे दुर्वासा क्रुद्ध हो उठे और शाप दे दिया कि पैर में मेरी जूठन न मलने से तुम्हारा वह अंग अभेद्य नहीं रहेगा। यह प्रसिद्ध है कि पैर में ही तीर लगने से श्रीकृष्ण की मृत्यु हुई थी।

दुर्वासा की प्रसन्नता और पराजय के भी दो वृत्तांत उल्लेखनीय हैं; 1. कुंती की सेवा से प्रसन्न होकर दुर्वासा ने उसे ऐसा मंत्र दिया था कि वह स्मरणमात्र से किसी भी देवता को अपने पास बुला सकती थी। इसी मंत्र की शक्ति से उसने सूर्य का आह्वान करके कर्ण को जन्म दिया था। विवाह के बाद भी उसने इसी शक्ति से धर्म से युधिष्ठिर, पवन से भीम और इंद्र से अर्जुन को जन्म दिया।

2. अयोध्या नरेश राजा अंबरीष ने एक वर्ष के द्वादशी व्रत के उद्यापन के समय अन्य ऋषियों के साथ दुर्वासा को भी आमंत्रित किया। दुर्वासा ने निमंत्रण तो स्वीकार कर लिया, पर स्वयं संध्या करने चले गए और समय पर नहीं आए।

मुहूर्त टलता देखकर विद्वानों की राय से अंबरीष ने भगवान् का चरणामृत लेकर व्रत का उद्यापन कर लिया। देर से लौटने पर जब दुर्वासा को अंबरीष द्वारा चरणामृत ले चुकने का पता चला तो वे क्रोध से आग-बबूला हो उठे। उन्होंने अपनी जटा का एक बाल तोड़कर भूमि पर गिरा दिया जो कृत्या नाम की राक्षसी बन गया। कृत्या राजा को मारने के लिए झपटी। इसी समय विष्णु का सुदर्शनचक्र प्रकट हुआ और कृत्या का काम तमाम करके दुर्वासा की ओर बढ़ा। भागते-भागते दुर्वासा को जब कहीं भी शरण नहीं मिली तो उन्हें अंत में अंबरीष की ही शरण में आना पड़ा। अंबरीष के कहने पर चक्र ने दुर्वासा का पीछा छोड़ा।

दुश्शासन

धृतराष्ट्र के 100 पुत्रों में से एक, जो अत्यंत क्रूर स्वभाव का था। यह दुर्योधन का मंत्री था और दोनों में बड़ा प्रेमभाव था। द्यूत-क्रीड़ा में जब युधिष्ठिर द्रौपदी को हार गए तो दुश्शासन ही उसे बाल पकड़कर खींचता हुआ सभाभवन में लाया था और उसे निर्वस्त्र करना चाहता था। भीम ने उसी समय प्रतिज्ञा की थी कि मैं जब दुश्शासन का वध करूंगा और उसके रक्त का पान करूंगा तभी द्रौपदी का जूड़ा बांधा जाएगा। महाभारत युद्ध के सोलहवें दिन दुश्शासन का वध करके भीम ने अपनी प्रतिज्ञा पूरी की।

दुष्यंत

चंद्रवंशी राजा दुष्यंत के माता-पिता के नाम के संबंध में भिन्न-भिन्न मत हैं। भागवत रैभ को, हरिवंश में संतु को, महाभारत में ऐति को और वायु पुराण में मल्लि को इसका पिता बताया गया है। इसी प्रकार कहीं पर मां का नाम उपदानवी मिलता है और कहीं पर स्तनतरो।

महाभारत के अनुसार दुष्यंत एक बार शिकार खेलते हुए कण्व ऋषि के आश्रम में जा पहुंचे। वहां मेनका अप्सरा के गर्भ से उत्पन्न विश्वामित्र की अति सुंदरी कन्या शकुंतला पर मुग्ध हो गए। दोनों ने गांधर्व विवाह कर लिया। इस विवाह से भरत नाम के प्रतापी पुत्र का जन्म हुआ था। कहते हैं, देश का नाम 'भारत' इसी के नाम पर पड़ा।

कण्व ऋषि के आने पर जब गर्भवती शकुंतला दुष्यंत के पास पहुंची तो लोक-लाजवश राजा ने उसे स्वीकार नहीं किया। किंतु बाद में आकाशवाणी होने पर उसे अपनी भूल का पता चला और शकुंतला को पतिगृह में स्थान मिला। कालिदास ने अपने नाटक 'अभिज्ञान शाकुंतल' में दुर्वासा के शाप और राजा की अंगूठी खोने की जो घटना दी है, वह महाभारत की मूल कहानी से भिन्न है। उसे लोग कवि-कल्पना मानते हैं।

दूधेश्वरनाथ

उत्तर प्रदेश के गाजियाबाद जिले में हरनद नाम की छोटी-सी नदी के किनारे एक मंदिर। कहा जाता है कि यहां प्राचीन काल में विश्रवा मुनि का आश्रम था। कुबेर, रावण, कुंभकर्ण आदि इन्हीं विश्रवा के पुत्र थे। दूधेश्वरनाथ के शिवलिंग को, जो खुदाई में मिला, विश्रवा और रावण द्वारा पूजित माना जाता है। पहले यह मंदिर जीर्ण दशा में था। छत्रपति शिवाजी जब दिल्ली आए थे, तब यहां भी आए और उन्होंने यहां पर मंदिर का निर्माण कराया।

दूर्वारात्रि व्रत

महिलाओं द्वारा किया जानेवाला यह व्रत भाद्रशुक्ल त्रयोदशी को आरंभ होता है। पूर्णिमा तक तीनं दिन उपवास किया जाता है। धर्म और सावित्री को दूर्वा (दूब) में स्थापित करके उनका पूजन करते हैं। उमा-महेश की भी पूजा होती है। रात्रि में जागरण करते हैं। मान्यता है कि दूर्वा भगवान विष्णु के केशों से प्रकट हुआ है। इसलिए इस व्रत में कहीं-कहीं देवी के रूप में दूर्वा का ही पूजन किया जाता है।

दूलनदास

सतनामी संप्रदाय के एक महात्मा जो कवि भी थे। ये जीवन भर रायबरेली में ही रहे। सतनामी संप्रदाय के आरंभ के संबध में अधिक विवरण नहीं मिलता। परंतु सतनामियों और औरंगजेब के बीच हुए युद्ध में हजारों सतनामी मारे गए थे। संवत् 1800 के लगभग जगजीवन साहब ने इस संप्रदाय का पुनरुद्धार किया। दूलनदास उन्हीं के शिष्य थे।

देलवाड़ा

राजस्थान में आबू पर्वत पर स्थित देलवाड़ा के जैन मंदिर संसार भर में प्रसिद्ध हैं। इनकी प्रसिद्धि का मुख्य कारण है संगमरमर पर आश्चर्यजनक खुदाई। यहां प्रत्येक स्तंभ, तोरणद्वार, छतें, दीवारें सर्वत्र अनुपम दृश्य खुदे हुए हैं। इनमें संगमरमर पर बारीकी से पशु-पक्षियों, मनुष्यों, देवी-देवताओं की मूर्तियां तो बनी ही हैं, मनुष्य-जीवन की विविध घटनाएं भी बड़े ही कलात्मक रूप से अंकित हैं। अधिकांश दृश्य जैन धर्म से संबंधित हैं, पर कृष्ण का नाग नाथना, विष्णु का शेष शय्या पर सोना और कृष्ण-बलराम आदि की मूर्तियां भी हैं। इन मंदिरों के भीतर एक बार प्रवेश करने के बाद दर्शक बाहर नहीं निकलना चाहता।

देलवाड़ा के जैन मंदिरों के अतिरिक्त आबू के आसपास अनेक दर्शनीय स्थल हैं, जैसे—गुरुशिखर, अचलगढ़, वशिष्ठाश्रम आदि। आबू राजस्थान का प्रसिद्ध पर्यटक स्थल है।

देव

देव शब्द हिंदू धर्म में विश्व की प्रकाशमय और कल्याणकारी शक्तियों का प्रतीक है। वेदों में देव के रूप में ईश्वरी शक्तियों के विभिन्न रूपों की परिकल्पना की गई है।

यह शब्द कभी सर्वशक्तिमान ईश्वर के रूप में प्रयुक्त होता है तो कभी ब्रह्मा आदि के लिए। सामान्य व्यवहार में देव और देवता समानार्थी शब्द बन चुके हैं और द्वादश आदित्य, एकादश रुद्र आदि देवता भी कहलाते हैं और देव भी।

देवकी

पौराणिक कथा है कि देवकी यदुवंशी राजा उग्रसेन के भाई देवक की सात कन्याओं में से एक और श्रीकृष्ण की माता थी। इन सातों बहिनों का विवाह वसुदेव के साथ हुआ था। देवकी कंस की चचेरी बहिन थी। उसके विवाह के समय जब कंस प्रसन्नतापूर्वक उसे विदा कर रहा था, उसी समय आकाशवाणी हुई कि तू जिसे प्रसन्नमन से विदा कर रहा है, उसका आठवां गर्भ तेरा घातक होगा। नारद ने भी इस कथन की पुष्टि की। इस पर कंस ने वसुदेव-देवकी को बंदीगृह में डाल दिया और एक-एक करके उनकी सात संतानें मार डालीं। जब आठवीं संतान कृष्ण का जन्म हुआ तो योगमाया से जेल के प्रहरी सो गए। वसुदेव कृष्ण को अपने मित्र नंद की रानी यशोदा के पास रख आए और उसकी कन्या को लाकर देवकी के पास सुला दिया। संतानोत्पत्ति की सूचना मिलने पर जग कंस ने देवकी से छीनकर कन्या को पटकना चाहा, वह आकाश में उड़ गई।

कृष्ण और देवकी का मिलन कंस के वध के बाद हुआ। कृष्ण के स्वर्गारोहण के उपरांत जब द्वारिका में वसुदेव का भी प्राणांत हो गया, उसी समय देवकी ने भी प्राण त्याग दिए।

देवगढ़

उत्तर प्रदेश के झांसी जिले में स्थित देवगढ़ में अनेक सुंदर मंदिर हैं। यहां का दशावतार मंदिर सबसे प्रसिद्ध है। इसमें शिव, विष्णु तथा अन्य देवी-देवताओं की बड़ी आकर्षक मूर्तियां हैं। ये मूर्तियां विदेशी आक्रामकों द्वारा खंडित होने से बच गईं। देवगढ़ के मंदिर गुप्तकाल (300-450 ई.) के माने जाते हैं।

देवगिरि

देखिए दौलताबाद।

देवगुप्त

भारतीय इतिहास में इस नाम के तीन राजा हुए हैं—

1. गुप्त वंश के तीसरे सम्राट समुद्रगुप्त का पुत्र। यह चन्द्रगुप्त द्वितीय भी कहलाता था और देवगुप्त के नाम से प्रसिद्ध हुआ।

2. मालवा का एक गुप्त राजा जो देवगुप्त द्वितीय कहलाता है। इसने 606 ई. में सम्राट हर्षवर्धन के बहनोई मौखरि नरेश गृहवर्मा को मार डाला था।

3. मगध नरेश आदित्यसेन का पुत्र और उत्तराधिकारी। इस देवगुप्त तृतीय ने हर्षवर्धन की मृत्यु के बाद फिर से गुप्त वंश की स्थापना की।

देवता

यह शब्द कई अर्थों में प्रयुक्त होता है। कहीं पर वेदों के मंत्रों को देवता माना जाता है, कहीं इंद्र, रुद्र, गणेश आदि देवता हैं। कुछ लोग केवल तीन देवता मानते हैं—पृथ्वी का अग्नि, अंतरिक्ष का वायु और आकाश का सूर्य। मूलत: तैंतीस देवता माने गए हैं—12 आदित्य, 8 वसु, 11 रुद्र, द्यौ और पृथ्वी। त्रिदेवों और पंचदेवों का भी उल्लेख मिलता है। त्रिदेव हैं—ब्रह्मा, विष्णु और महेश। पंचदेव हैं—विष्णु, शिव, सूर्य, गणेश और दुर्गा। (यह उल्लेखनीय है कि देवता शब्द स्त्रीलिंग है)। देवी भागवत में 24 देवताओं का उल्लेख मिलता है।

पुराणों के अनुसार देवताओं की उत्पत्ति कश्यप ऋषि की पत्नी अदिति के गर्भ से हुई। ऋषि की दूसरी पत्नी दिति (दे.) दैत्यों या असुरों की माता थी।

देवदत्त

गौतम बुद्ध के मामा का पुत्र जो उनका शिष्य भी था। महात्मा बुद्ध के परिनिर्वाण के आठ वर्ष पूर्व इसने गौतम बुद्ध को हटाकर स्वयं बौद्ध संघ का प्रमुख बनने का प्रयत्न किया। इसने मगध-नरेश अजातशत्रु की सहायता से गौतम बुद्ध का वध करने के कई प्रयत्न किए। साथ ही संघ में फूट डालने की भी चेष्टा की। किंतु इसके हाथ असफलता ही लगी और इसी निराशा मे इसके जीवन का अंत हो गया।

देवदासी

हिंदू मंदिरों में देवता की विभिन्न सेवाओं में अर्पित कुमारी युवतियां देवदासी कहलाती थीं। उत्तर भारत के मंदिरों में इस प्रथा के प्रचलन का विवरण नहीं मिलता। किंतु दक्षिण और पूर्व के मंदिरों में यह कुछ समय पहले तक चलती रही। इन युवतियों को मंदिर की सफाई करने, दीप जलाने, देवमूर्ति के सामने भक्तिपूर्वक

गायन और नृत्य आदि के काम करने पड़ते थे।

प्राचीन ग्रंथों में सात प्रकार की देवदासियों का उल्लेख मिलता है—दत्ता, विक्रिता, भृत्या, भक्ता, हृता, अलंकारा और रुद्रगणिका या गोपिका। देवदासियों के निर्वाह की व्यवस्था मंदिर की ओर से की जाती थी और उन्हें अन्य सेवकों की भांति भूमि भी दी जाती थी।

आगे चलकर इस संस्था में चरित्रगत दुर्बलताएं प्रकट होने लगीं और जनमत इसके विरुद्ध होता गया (दे. दासी)।

देवनागरी

भारत में सर्वाधिक प्रचलित लिपि जिसमें संस्कृत, हिंदी और मराठी भाषाएं लिखी जाती हैं। इस शब्द का सबसे पहला उल्लेख 453 ई. में जैन ग्रंथों में मिलता है। 'नागरी' नाम के संबंध में मतैक्य नहीं है। कुछ लोग इसका कारण नगरों में प्रयोग को बताते हैं। कुछ इसका संबंध गुजरात के नागर ब्राह्मणों से जोड़ते हैं। अपने आरंभिक रूप में ब्राह्मी लिपि के नाम से जानी जाती थी। बंगला, उड़िया, कैथी, महाजनी आदि लिपियां भी इसी से निकली हैं। इसका वर्तमान रूप नवीं-दसवीं शताब्दी से मिलने लगता है। भाषा विज्ञान की शब्दावली में यह 'अक्षरात्मक' लिपि कहलाती है।

यह विश्व में प्रचलित सभी लिपियों की अपेक्षा अधिक पूर्णतर है। इसके लिखित और उच्चरित रूप में कोई अंतर नहीं पड़ता है। प्रत्येक ध्वनि संकेत यथावत् लिखा जाता है।

देवपाल (लगभग 810—850 ई.)

बंगाल और बिहार पर शासन करनेवाला पाल वंश का तृतीय राजा जिसका राज्य असम से कश्मीर की सीमा तक और हिमाचल से विंध्याचल तक संपूर्ण उत्तर भारत में फैला था। इसने नालंदा और विक्रमादित्य में बौद्ध विहारों की स्थापना की।

देवप्रयाग

ऋषिकेश से बदरीनाथ की ओर जाने पर देवप्रयाग तीर्थ पड़ता है। यहां पर गंगोत्तरी से आनेवाली भागीरथी और बदरीनाथ से आनेवाली अलकनंदा का संगम होता है। इससे पहले ये धाराएं अलग-अलग नामों से ही जानी जाती हैं। इस संगम के बाद 'गंगा' नाम पड़ता है। संगम के पास रघुनाथ, आदिविश्वेश्वर और गंगा-यमुना के मंदिर हैं। प्राचीन काल में इसका नाम सुदर्शन क्षेत्र था। यहां श्राद्ध और पिंड का महत्व है।

देवयात्रोत्सव

पुराणों में विभिन्न देवालयों में यात्रा का उत्सव मनाने का निर्देश है। गणेश के मंदिर में चतुर्थी को, स्कंद के मंदिर में षष्ठी को, सूर्य के मंदिर में सप्तमी को, दुर्गा के मंदिर में नवमी को, लक्ष्मी के मंदिर में पंचमी को, शिव के मंदिर में अष्टमी को देव-प्रतिमाओं की यात्रा निकालने का विधान है। पूर्णिमा के दिन सभी मंदिरों में यात्रा का उत्सव मनाया जा सकता है।

देवयान

ऋग्वेद के अनुसार इसका संबंध्र अग्नि से है जो दैवी पुरोहित है। यह देवता और मनुष्यों को मिलाने का माध्यम है। यह उस मार्ग का भी द्योतक है जिसके द्वारा देव अपने लोक में जाते थे, बाद में यज्ञ-पदार्थ जाने लगे और अंत में यही मार्ग यज्ञकर्ता को मोक्षधाम ले जाता है। शाक्त मत में तीन यान बताए गए हैं—देवयान, पितृयान और महायान। कुछ का मत है कि देवयान की कल्पना शव के दाह-संस्कार से ली गई है।

देवयानी

देवयानी दैत्यों के गुरु शंकराचार्य की कन्या थी। दैत्यों के राजा वृषपर्वा की कन्या शर्मिष्ठा देवयानी की सहेली थी। दोनों में एक दिन कलह हो गया तो शर्मिष्ठा ने देवयानी को कुएं में धकेल दिया। राजा ययाति ने, जो उधर से गुजर रहे थे, देवयानी को निकालकर शुक्रचार्य के घर पहुंचाया। देवयानी का ययाति से विवाह हो गया। उसने शर्मिष्ठा से अपने अपमान का बदला लेने के लिए उसे अपनी दासी के रूप में मांगा और शुक्राचार्य के हठ के कारण शर्मिष्ठा को देवयानी की दासी बनना पड़ा।

धीरे-धीरे ययाति शर्मिष्ठा के प्रति भी अनुरक्त हो गए तो रुष्ट होकर देवयानी अपने पिता के पास चली गई। इस पर कुपित शुक्राचार्य ने ययाति को वार्धक्य से जर्जर होने का शाप दे दिया। बाद में वे इस पर राजी हो गए कि ययाति का कोई पुत्र वार्धक्य ले ले तो ययाति पुनः युवा हो जाएंगे। राजा का सबसे छोटा पुत्र इसके लिए राजी हो गया और ययाति ने उसे ही अपना उत्तराधिकारी बनाया। देवयानी के पुत्र का नाम यदु था जिससे यदुवंश चला। (दे. कच)।

देवरात

एक वैदिक ऋषि जो विश्वामित्र का भतीजा था और आगे चलकर उनका प्रमुख शिष्य बन गया। इसके पिता अजीगर्त नामक ऋषि थे और विश्वामित्र का

शिष्य बनने से पूर्व इसका नाम शुनःशेप था। ब्राह्मण ग्रंथों और पुराणों की कथा के अनुसार इसे अपने स्थान पर वरुण को बलि देने के लिए हरिश्चंद्र के पुत्र रोहित ने खरीद लिया था। बलिस्तंभ पर बांधने के बाद इसने जो ईश प्रार्थना की वह ऋग्वेद में इसके रचे सूक्तों के रूप में विद्यमान है। देव कृपा से इसका बाल भी बांका न हुआ। उसी समय विश्वामित्र ने इसे बलिस्तंभ से मुक्त कराकर अपना शिष्य और पुत्र माना और शुनःशेप के नाम पर देवरात नाम दिया।

देवराष्ट्र

एक प्रदेश जो भारत के पूर्वी तट पर विजगावपट्टम जिले में स्थित था। सम्राट समुद्रगुप्त (330—375 ई.) ने दक्षिण विजय के समय इस पर भी आक्रमण किया। यहां के राजा कुबेर की पराजय हुई। परंतु समुद्रगुप्त ने बाद में राजा को उसका राज्य लौटा दिया।

देवर्षि

कुछ प्रमुख ऋषि जो देवताओं के लोक में निवास करते हैं। इनमें उल्लेखनीय हैं—धर्मपुत्र, नरनारायण, बालखिल्य, कर्दम, कुबेर, दल, नारद तथा पर्वत। नारद देवर्षि होने के साथ-साथ विष्णु के तीसरे अवतार भी थे। देवर्षि भूत, भविष्य, वर्तमान के ज्ञाता होते हैं। अपनी इच्छा और मंत्रबल से सब लोकों में निर्बाध आ-जा सकने में समर्थ हैं।

देववती

1. एक गंधर्व कन्या जिसका विवाह इक्ष्वाकुवंशी इंद्रद्युम्न से हुआ था।
2. मणिमय गंधर्व की पुत्री जिसका विवाह सुकेश नामक राक्षस के साथ हुआ था। इसके माल्यवान, सुकेशि और मालि नाम के तीन पुत्र हुए थे।

देवशकुनी

देवताओं की गायों की रखवाली करनेवाली एक कुतिया। इसका नाम सरमा (दे.) भी था। इसके पुत्र को एक बार राजा जनमेजय के भाइयों ने मार भगाया था। इस पर देवशकुनी ने जनमेजय को अकस्मात दुख सहने का शाप दे दिया।

देवसेन

उच्चकोटि के जैन संत मुनि देवसेन मालवा के निवासी थे और दसवीं शताब्दी में विद्यमान थे। इन्होंने अपनी रचनाओं में श्रावकों के जीवन ध्येय पर विशेष प्रकाश डाला है। इनके कथनानुसार श्रावक धर्म सबके लिए है—साधक चाहे ब्राह्मण हो

या शूद्र अथवा जैन या अजैन। श्रावक के सिर पर क्या कोई मणि चिपकी रहती है ?

देवसेना

1. स्कंद की पत्नी जो सावित्री के गर्भ से उत्पन्न प्रजापति की पुत्री थी। इसका एक नाम षष्ठी भी है और शिशुओं का पालन तथा उसकी रक्षा करनेवाली मातृकाओं में सर्वश्रेष्ठ मानी जाती है। पुराणों के अनुसार एक बार केसी नामक राक्षस ने इसका हरण कर लिया था। उस समय इंद्र ने इसकी रक्षा की और स्कंद के साथ इसका विवाह कराया।

2. देवताओं की सेना को भी देवसेना कहते हैं।

देवहूती

पुराणों में वर्णित स्वायंभुव मनु की तीन पुत्रियों में से एक। प्रियव्रत और उत्तानपाद इसके दो भाई थे। इसका विवाह कर्दम ऋषि के साथ हुआ था। सांख्य दर्शन के प्रवर्तक महर्षि कपिल इसी के पुत्र थे। कपिल ने इसे भी सांख्य दर्शन की दीक्षा दी थी जिससे यह निर्वाण को प्राप्त हुई। देवहूती को वरदान मिला था कि उसके गर्भ से भगवान विष्णु जन्म लेंगे। इसी के फलस्वरूप इसे कपिल मुनि पुत्र रूप में प्राप्त हुए।

देवाचार्य

द्वैताद्वैतवादी वैष्णव संप्रदाय के आचार्य जिनका जन्म तैलंग देश में हुआ था। इनका समय बारहवीं शताब्दी का अंतिम भाग माना जाता है। इन्होंने शंकर और निंबार्क मत का गहन अध्ययन किया और शंकर के मत का खंडन करके निंबार्क मत का प्रतिपादन किया।

देवापि

पुरुवंशी राजा प्रतीप के पुत्र जो शांतनु के बड़े भाई थे। इन्होंने बचपन में ही संसार का माया मोह त्याग दिया था और अपने तपोबल से क्षत्रिय से ब्राह्मण बन गए। मान्यता है कि ये अभी भी सुमेरु पर्वत पर कलाप नामक ग्राम में योगी के रूप में निवास कर रहे हैं। कलयुग की समाप्ति पर जब सतयुग का आरंभ होगा तो देवापि पुनः चंद्रवश की स्थापना करेंगे।

देवापि नाम के एक राजा का उल्लेख महाभारत में भी मिलता है। इसने युद्ध में पांडवों के पक्ष में भाग लिया था।

देवासुर संग्राम

देवता और असुर यद्यपि एक ही प्रजापति की संतान थे फिर भी उनमें आपस में युद्ध हुआ। इस संग्राम में देवता पराजित हुए और असुर जीत गए। यह सोचकर कि पृथ्वी हमारी है और असुरों ने उसे आपस में बांटना आरंभ किया। इस पर विष्णु को आगे करके देवताओं ने भी असुरों से पृथ्वी मांगी। बड़े गर्व से असुर बोले, हम केवल उतनी पृथ्वी देंगे जितने में तुम्हारे विष्णु फैल सकें। इस पर देवताओं ने वामनावतार विष्णु और छंदों के माध्यम से चारों दिशाओं से पृथ्वी को घेर लिया और समस्त पृथ्वी अपने अधिकार में ले ली। असत्य और सत्य के बीच संघर्ष को भी देवासुर संग्राम कहा जाता है।

देवी

इस शब्द का प्रयोग सामान्यत: विश्वव्यापी आदि माया के लिए होता है। पुराणों में देवी अत्यन्त प्रभावशाली देवता मानी गई हैं। संकट के समय देव, मानव सभी इनकी शरण में जाते हैं। पुराणों में जगह-जगह देवी का महात्म्य वर्णित है। मार्कंडेय पुराण में दुर्गा सप्तशती का उपाख्यान सर्वविदित है। पृथ्वी पर देवी के अनेक अवतार हुए हैं—त्रिगुणालिका, दुर्गा, महिषासुर-मर्दनी, महालक्ष्मी, चामुंडा, शाकंभरी, सती, पार्वती, काली, गौरी, मातृका आदि। पुराणों में ऐसे 108 नाम मिलते हैं जो देवीपीठ के नाम से प्रसिद्ध हैं।

देवी-देवता

भारतीय देवी-देवताओं का रूप परिवर्तित होता रहा है। मूल रूप में वेदों की देववाद की भावना एकेश्वरवाद पर अवलंबित थी। किंतु इस एक ईश्वर के गुण-कर्म के अनुसार अलग-अलग नाम पड़ गए। आरंभ के देवताओं को तीन वर्ग में बांटा जाता है—पृथ्वी स्थानीय देवता, अंतरिक्ष स्थानीय देवता और द्यु स्थानीय देवता। ये क्रमश: अग्नि, वायु और सूर्य थे। फिर इन्हीं तीन से 33 और आगे चलकर 33 करोड़ देवता कल्पित कर लिए गए। त्रिदेवों में बाद में ब्रह्मा, विष्णु और महेश सम्मिलित हुए। इनमें भी ब्रह्मा पीछे रह गए और आज एक दो स्थानों को छोड़कर कहीं उनकी पूजा नहीं होती, उनके नाम पर कोई व्रत नहीं होता। यद्यपि वैदिक साहित्य में वही सर्वप्रथम और प्रजापति तथा ब्रह्म माने जाते थे।

देवताओं की भांति देवियों की संख्या भी अत्यधिक है। अधिकतर देवियों की मान्यता देवताओं की शक्ति के रूप में है। इनका महत्व भी गुणानुसार है, सरस्वती विद्या-बुद्धि की प्रदात्री है तो लक्ष्मी धन-सम्पत्ति की। दुर्गा की शक्ति विभिन्न रूप लेकर असुरों का संहार करती है। इन्हीं का एक नाम कात्यायनी है।

बौद्ध-धर्म में पांच ध्यानी—वैरोचन, अक्षोभ, रत्न संभव, अमिताभ और अमोघनी सिद्धि को देवता का स्थान प्राप्त है। जैन परंपरा यह स्थान चौबीस तीर्थंकरों को देती है।

भारतीय देवी-देवताओं की संख्या और स्वरूप पर लोकमानस का भी बड़ा प्रभाव पड़ा है। यह अगणित स्थानीय देवी-देवताओं में परिलक्षित होता है।

देवीपत्तन

दक्षिण भारत में रामनाद स्टेशन से 24 कि.मी. दूर देवीपत्तन एक प्राचीन तीर्थ है। कहते हैं, श्रीराम ने समुद्र पर पुल बनाने से पहले यहां नवग्रहों का पूजन किया था। स्कंद पुराण के अनुसार देवी से युद्ध के समय महिषासुर यहां आकर धर्मपुष्करणी में छिप गया था। यहीं पर देवी ने उस असुर को मारा। कहते हैं धर्म की तपस्या से प्रसन्न होकर शंकर ने यहीं पर उन्हें नंदी के रूप में अपना वाहन बनाया। महर्षि गालव ने भी यहां तपस्या की थी।

इस तीर्थ को 'नवपाषाणम' भी कहते हैं क्योंकि यहां समुद्र में पत्थर के नौ स्तंभ हैं। इन्हें नवग्रह का रूप बताया जाता है।

देवीपाटन

उत्तर प्रदेश के गोंडा जिले में स्थित देवीपाटन में परेश्वरी देवी का प्रसिद्ध मंदिर है। लोकसान्यता है कि यहां पर प्राचीन मंदिर की स्थापना चंद्रगुप्त विक्रमादित्य ने की थी। पुराना मंदिर विदेशी आक्रमण में ध्वस्त हो गया तब उसके स्थान पर नया मंदिर बना। कहते हैं यहीं पर कर्ण ने परशुराम से ब्रह्मास्त्र प्राप्त किया था। प्राचीन काल में यह नगर मालिनी नगर के नाम से प्रसिद्ध था। जरासंध ने इसे कर्ण को दिया था और कर्ण ने दुर्योधन के अधीन यहां राज्य किया।

देवीपाटन की गणना शक्तिपीठों में भी होती है। यहां सती का दाहिना हाथ गिरा था।

देवीपीठ

शिवपत्नी सती के पिता दक्ष ने अपने यज्ञ में शिव को आमंत्रित नहीं किया। सती स्वयं पिता के घर गई। वहां अपने पति का अपमान न सह पाने ने कारण उसने यज्ञकुंड में कूद कर प्राण दे दिए। इस पर शिव के गणों ने दक्ष का यज्ञ ध्वस्त कर दिया। क्रुद्ध शिव सती की मृतदेह उठाए भूमंडल में चक्कर लगाने लगे। उनके क्रोध से उत्पन्न त्राहि-त्राहि को देखकर मृतदेह पर से उनका मोह समाप्त करने के लिए विष्णु ने अपने सुदर्शन चक्र से सती का एक-एक अंग काटकर धरती पर गिराना शुरू किया। जहां-जहां ये अंग गिरे वही स्थान देवीपीठ के रूप में तीर्थ

और पूज्य बन गए।

ये पीठ पूरे भारत में फैले हैं। कामाख्या असम में है, ज्वालामुखी पंजाब में, मीनाक्षी मदुरै में। पूर्णागिरि कुमाऊं में है तो मैयहर मध्यप्रदेश में। इन पीठों की संख्या सामान्यतः 51 मानी जाती है। कहीं-कहीं यह संख्या 108 बताई गई है।

देवी-भागवत

अठारह पुराणों के जो नाम मिलते हैं, उनमें एक नाम 'भागवत' पुराण का भी है। इस नाम से दो पुराण प्रचलित हैं। एक है श्रीमद्भागवत जिसमें अधिकांश श्रीकृष्ण से संबंधित भक्ति और प्रेमरस की कथाओं का वर्णन है। दूसरा है 'देवी भागवत'। इसमें देवी के अनेक रूपों की उपासना, भैरव और बेताल की उत्पत्ति और तांत्रिक भावों की प्रधानता है। शाक्त मतानुयायी 'देवी भागवत' को महा-पुराण तथा श्रीमद्भागवत को उपपुराण मानते हैं। देवी भागवत का रचनाकाल नवीं से ग्यारहवीं शताब्दी के मध्य माना जाता है। इसमें 18 हजार श्लोक हैं जो बारह स्कंधों में विभक्त हैं।

देवेंद्रनाथ ठाकुर (1817-1905 ई.)

उन्नीसवीं शताब्दी में आधुनिक भारत की आधारशिला रखनेवाले शिक्षित भारतीयों में प्रमुख और रवीन्द्रनाथ ठाकुर के पिता। ये ब्रह्म समाज के प्रमुख सदस्य थे। इन्होंने सामाजिक अंधविश्वास और कुरीतियों का विरोध किया तथा ईसाई मिशनरियों के द्वारा धर्म-परिवर्तन के विरुद्ध संघर्ष करते रहे। बंगाल में शिक्षा संस्थाएं खोलने में भी सहायता प्रदान की। एकांतवास के लिए इन्होंने बोलपुर में भूमि खरीदकर उसका नाम शान्ति-निकेतन रखा। यहीं पर अब रवीन्द्रनाथ ठाकुर द्वारा स्थापित शांति-निकेतन नामक विश्वविद्यालय है।

देवोत्थानी एकादशी

कार्तिक एकादशी देवोत्थानी एकादशी कहलाती है। देवशयनी के बाद इस दिन विष्णु अपनी शैया पर से उठते हैं। यह वर्षाकाल की समाप्ति और नई गति-विधियों के आरंभ की सूचक तिथि है। इस दिन लोग व्रत रखते हैं। प्रथम बार खेत से गन्ना काटकर लाया जाता है, उसकी पूजा होती है। देवशयनी के बाद चार मास तक बंद मांगलिक कार्य इस दिन से फिर प्रारंभ हो जाते हैं।

देवोपासना

हिंदू धर्म का एक विशिष्ट अंग जिसमें किसी न किसी देवता की उपासना या पूजा की जाती है। देवताओं की मूर्तियां होती हैं, परंतु मूर्ति पूजा देवोपासना नहीं है।

मूर्ति देवता का ध्यान करने के लिए एक माध्यम है। प्रत्येक देवता ईश्वर की किसी न किसी शक्ति का प्रतीक है। इस प्रकार बहुदेवोपासना और ईश्वरोपासना में कोई अंतर नहीं है।

देश-काल

उपन्यास और कहानी में घटना के घटित होने के समय और स्थान का निर्देश कला का महत्वपूर्ण अंश माना जाता है। इससे रचनाकार अपने समय के समूचे युगजीवन को अमरता प्रदान करने का यत्न करता है। ऐतिहासिक उपन्यासों के लिए तो यह और भी आवश्यक माना जाता है। उनमें देश-काल के चित्रण से ही प्राण-प्रतिष्ठा होती है। देश-काल की परिधि बड़ी व्यापक है। इसमें केवल स्थान ही नहीं, रीति-रिवाज, रहन-सहन, वेशभूषा, शिष्टाचार, आचार-व्यवहार, भाषा, चिंतन और प्राकृतिक पृष्ठभूमि आदि सभी का समावेश होता है। इससे कथा में स्वाभाविकता आती है।

देशी रियासतें

भारत की स्वतंत्रता से पहले तक प्रशासन की दृष्टि से देश दो भागों में बंटा था। एक भाग वे प्रांत थे जो हर दृष्टि से ब्रिटिश वाइसराय और गवर्नर जनरल के अधीन थे। इन्हें 'ब्रिटिश भारत' कहा जाता था। इसके अतिरिक्त अंग्रेजों के समय में लगभग 550 देशी नरेशों की रियासतें थीं जिनको केन्द्र सरकार के नियंत्रण में आंतरिक प्रशासन की छूट थी। फलतः जितनी रियासतें थीं, उतने प्रकार का प्रशासन था। 1947 में ब्रिटिश पार्लियामेंट ने जो 'भारतीय स्वतंत्रता' अधिनियम बनाया उसमें इन रियासतों को केन्द्रीय सत्ता के अधीन न रखकर यह छूट दे दी गई कि वे चाहें तो स्वतंत्र हो जाएं या भारत अथवा पाकिस्तान में से जिसके साथ चाहें मिल जाएं।

यह देश को खंड-खंड करने की साम्राज्यवादी चाल थी। भारत के नेताओं ने ठीक समय पर इसे समझ लिया। उनकी—विशेष रूप से सरदार पटेल की सूझ-बूझ से नया संविधान बनने तक लगभग सभी रियासतें भारतीय संघ में शामिल हो गईं। केवल हैदराबाद के निजाम ने कुछ समस्या पैदा की। परंतु चारों ओर से घिरी उस रियासत के नवाब को भी 1948 में भारतीय सेना के दबाव के सामने घुटने टेकने पड़े। इस प्रकार भारत को और टुकड़ों में बांटने की अंग्रेजों की चाल विफल हुई।

दैत्य

ऋषि कश्यप और दिति की संतान दैत्य कहलाती थी। दैत्यों का प्रसिद्ध राजा

वृष पर्व था। उसकी कन्या शर्मिष्ठा पुरु राजा ययाति की पत्नी बनी। इसी से आगे चलकर पुरु वंश चला। (दे. देवयानी)।

दोआब

भारत में दो दोआब प्रसिद्ध हैं—उत्तर में गंगा और जमुना के बीच का मैदान तथा दक्षिण में कृष्णा और तुंगभद्रा के बीच का मैदान। ये दोनों क्षेत्र बड़े उपजाऊ हैं। इसलिए इन पर अधिकार करने के लिए शासकों में बराबर संघर्ष होता रहा। गंगा-यमुना के दोआब पर, कुछ समय के लिए मराठों के अधिकार को छोड़कर, अधिकतर दिल्ली के शासकों का कब्जा बना रहा। दक्षिण के दोआब को लेकर जिसे रायचूर का दोआब भी कहते हैं, विजयनगर के हिन्दू राजाओं और बहमनी सुल्तानों के बीच बराबर संघर्ष होता रहा।

दोलोत्सव

वैष्णव मंदिरों में फाल्गुन पूर्णिमा और चैत्र शुक्ल द्वादशी को मनाया जाने वाला एक विशेष उत्सव। यह वृन्दावन और बंगाल में बड़े समारोह से मनाया जाता हैं। बंगाल में इसे दोल यात्रा कहते हैं। पद्म पुराण में इस उत्सव का विस्तृत वर्णन है। इस उत्सव में विष्णु या कृष्ण की मूर्ति का पूजन करके उन्हें झूले में झुलाया जाता है।

दोहद

इसका शाब्दिक अर्थ है—गर्भवती की इच्छा। याज्ञवल्क्य स्मृति के अनुसार यदि गर्भिणी स्त्री की इच्छा पूरी न की जाए तो गर्भ के विकृत, मरण अथवा अन्य दोषों से युक्त होने की आशंका रहती है। इस काल में स्त्रियों की देह दो हृदय वाली होती है। इसलिए इस समय की अभिलाषा दोहद कहलाती है। इस अभिलाषा के अपूर्ण रहने पर संतान कुब्ज, जड़, वामन, विकलांग अथवा अंधी हो सकती है। गर्भिणी की जिस इन्द्रिय की अभिलाषा पूरी नहीं होती, भावी संतान को जीवन में उसी इंद्रिय की पीड़ा सताती है।

दौलताबाद

दक्षिण में गोदावरी नदी की उत्तरी घाटी में स्थित आधुनिक दौलताबाद का नाम पहले देवगिरि था। 1318 ई. तक यह यादव राजाओं की राजधानी रहा। अलाउद्दीन खिलजी ने पहले 1294 ई. में इसे लूटा और फिर 1318 ई. में दिल्ली शासन के अधिकार में ले लिया।

जब मुहम्मद तुगलक गद्दी पर बैठा तो उसका शासन बंगाल से पंजाब तक

और हिमालय से कन्याकुमारी तक फैला था। दौलताबाद मध्य में पड़ता था। इसलिए 1327 ई. में मुहम्मद तुगलक देश की राजधानी दिल्ली से देवगिरि ले गया और उसका नाम दौलताबाद रखा। परंतु यह परिवर्तन किसी को रास नहीं आया और राजधानी पुनः दिल्ली ले जानी पड़ी। फिर भी देवगिरि का नाम दौलताबाद ही बना रहा।

द्युतिमान

1. मद्र देश के राजा जिनकी पुत्री विजया को सहदेव स्वयंवर से विवाह कर लाए थे।
2. विष्णु पुराण के अनुसार भृगु वंश के एक मुनि जो नवें मन्वंतर के सप्तर्षियों में से एक होंगे।
3. इक्ष्वाकु वंश के एक राजा जिनके पुत्र सुवीर हुए।

द्युलोक

स्वर्गलोक ही द्युलोक कहलाता है। वेदों में इसकी तीन कक्षाएं बताई गई हैं—उदवंती, पीलुमती और प्रद्यो। इन्हीं को क्रमशः नरक, स्वर्ग और पितृलोक भी कहते हैं। प्रथम में चंद्रमा का, द्वितीय में सूर्य का और तृतीय में लोक-लोकांतरों का वास है। अश्वमेध यज्ञ इन लोकों में जाने के माध्यम हैं।

द्यूत

द्यूत की प्रथा भारतीय जीवन में कब से प्रविष्ट हुई, इसका प्रामाणिक विवरण उपलब्ध नहीं है। पर इतना स्पष्ट है कि वैदिक काल के आर्यों में द्यूत का प्रचलन था। ऋग्वेद के दशम मंडल के एक सूत्र में इसका स्पष्ट उल्लेख है। इसमें यह भी कहा गया है कि जुआ खेलनेवाले की पत्नी चरित्रहीन हो जाती।

कालांतर में भी द्यूत का व्यसन बना रहा। कभी-कभी यह प्रतिष्ठा और चुनौती का रूप ग्रहण कर लेता था और द्यूत खेलने की चुनौती को स्वीकार न करना पराजय स्वीकार करने के समान माना जाने लगा। दुर्योधन द्वारा युधिष्ठिर को द्यूतक्रीड़ा के लिए उत्तेजित करना इसी प्रकार का कार्य था। राजा नल (दे.) भी द्यूत का व्यसनी था। दोनों के परिणाम सुविख्यात हैं। युधिष्ठिर को सर्वस्व हारकर वनवास भोगना पड़ा और नल भी दर-दर भटकने को बाध्य हुआ। द्यूत से कभी सुपरिणाम निकला हो, ऐसे प्रमाण नहीं मिलते। पर द्यूत का प्रचलन विविध रूपों में आज विश्वव्यापी हो चुका है और अब इसमें यांत्रिकता प्रविष्ट हो गई है।

द्यो

आठ वसुओं में से एक जिनका उल्लेख देवी भागवत और शतपथ ब्राह्मण में आया है। एक बार आठों वसु अपनी-अपनी पत्नियों के साथ क्रीड़ामग्न थे कि उनको वशिष्ठ ऋषि का आश्रम दिखाई दिया। वहां पर नंदिनी गाय को देखकर जब द्यो की पत्नी ने उसे पाने के लिए आग्रह किया तो द्यो ने बलपूर्वक नंदिनी का अपहरण कर लिया। इस पर वशिष्ठ ने उसे शाप दिया जिसके कारण वसु के स्थान से च्युत होकर द्यो को पृथ्वी पर भीष्म के रूप में जन्म लेना पड़ा।

द्रविड़

1. द्रविड़ नाम की यह प्रजाति प्राचीनतम समय में पूरे भारत में निवास करती थी। बाद में उत्तर भारत के द्रविड़ वर्तमान ईराक की ओर, जो मेसोपोटोमिया कहलाता था, चले गए। उनकी एक शाखा बलूचिस्तान में रह गई। ये लोग जो भाषा बोलते हैं, वह द्रविड़ भाषा से मिलती-जुलती है। शेष द्रविड़ों को आर्यों के प्रसार के कारण दक्षिण की ओर चला जाना पड़ा। यद्यपि सभ्यता और संस्कृति की दृष्टि से वे आर्यों से अधिक संपन्न थे, पर युद्ध-कौशल में आर्य उनसे आगे रहे। दक्षिण भारत में शताब्दियों तक द्रविड़ों का शासन रहा। वहां की चार भाषाएं—तमिल, तेलुगु, कन्नड़ और मलयालम—संस्कृत परिवार की भाषाएं नहीं हैं। किंतु अब इतना मिश्रण हो चुका है कि आर्य और द्रविड़ का भेद नहीं रह गया। सब जगह एक ही से देवता भी पूजे जाते हैं।

2. मनु ने इन्हें सवर्ण स्त्री से उत्पन्न व्रात्य क्षत्रियों की संतान बताया है। महाभारत के अनुसार बहुत से क्षत्रिय परशुराम के डर से जब दूर-दूर भाग गए तो उनका ब्राह्मणों से संपर्क टूट गया और वे वैदिक कर्मकांड भूल गए। वही लोग द्रविड़, आभीर, शबर आदि कहलाए।

3. ब्राह्मणों के एक वर्ग का नाम जिसमें आंध्र, कर्नाटक, गुर्जर, द्रविड़ और महाराष्ट्रीय ये पांच ब्राह्मण सम्मिलित हैं।

द्राक्षारामम्

दक्षिण भारत में कोकानाडा से लगभग 30 कि. मी. दूर दाक्षारामम् नाम का तीर्थ है। यहां एक बड़ा सरोवर है जो सप्त गोदावरी कहलाता है। सरोवर के निकट ही भीमेश्वर का मंदिर है। इसमें शिवलिंग इतना बड़ा है कि सामने से उसका नीचे का भाग ही दिखाई देता है। इस भाग को 'मूलविराट' कहते हैं। ऊपर की मंजिल से शेष भाग नजर आता है। यहां के लोगों की मान्यता के अनुसार प्रजापति दक्ष ने यहीं पर यज्ञ किया था जिसमें सती ने प्राण त्याग दिए।

द्रुपद

उत्तर पांचाल का राज़ा जो द्रौपदी और धृष्टद्युम्न का पिता था। यह द्रोणाचार्य का सहपाठी रह चुका था। किंतु इसके राजा बनने के बाद जब निर्धन द्रोण इसके पास गए तो द्रुपद ने उन्हें पहचानने से इनकार कर दिया और उनका अपमान किया। इसका बदला द्रोण ने बाद में लिया। कौरव-पांडवों को धनुर्विद्या सिखाने के बाद उन्होंने गुरु दक्षिणा में द्रुपद को बांधकर लाने के लिए कहा और पांडव उसे बांध लाए। द्रोण ने उसके राज्य का उत्तरी भाग स्वयं लेकर द्रुपद को गंगा के दक्षिण का हिस्सा दे दिया। महाभारत युद्ध में इसने पांडवों का साथ दिया और द्रोण के हाथों मारा गया। शिखंडी (दे.) इसी की संतान था जो भीष्म पितामह की मृत्यु का कारण बना। बाद में द्रुपद के पुत्र धृष्टद्युम्न के हाथों द्रोणाचार्य मारे गए।

द्रुमिल

1. ऋषभ देव के 100 पुत्रों में से सात पुत्र। ये सब तपस्वी, ज्ञानी, ऋषि और परम भागवत थे। कंस के पिता उग्रसेन इन्हीं में से एक थे।
2. एक दानव का नाम जो सौभ देश का राजा था।

द्रोण

लकड़ी की एक नाद जिसका उपयोग सोमरस रखने के लिए किया जाता था। ऋग्वेद में इसका उल्लेख अनेक स्थानों पर आया है। जो पात्र बड़ा होता था उसे द्रोण-कलश कहते थे। कभी-कभी यज्ञ की वेदी भी द्रोण-कलश के आकार की बनाई जाती थी।

द्रोणाचार्य

कौरव-पांडवों के गुरु द्रोणाचार्य भरद्वाज के पुत्र थे। इनका यह नाम द्रोण नामक यज्ञ पात्र में पैदा होने के कारण पड़ा। गुरु भाई राजा द्रुपद द्वारा तिरस्कृत होने पर वे कुरुदेश में चले आए और कौरव-पांडवों के शस्त्र-गुरु नियुक्त हुए। वे शस्त्र-विद्या के अपूर्व ज्ञाता थे और महाभारत युद्ध में उन्होंने कौरवों की ओर से अद्भुत वीरता दिखाई। भीष्म पितामह के बाद कौरव सेना के सेनापति भी वही बने।

द्रोणाचार्य की अर्जुन पर विशेष कृपा थी। एक प्रसिद्ध कहानी के अनुसार द्रोणाचार्य द्वारा गुरु बनने से इनकार करने पर एकलव्य ने उनकी मूर्ति को गुरु मानकर धनुर्विद्या में इतनी निपुणता प्राप्त कर ली कि उसके अर्जुन से भी आगे बढ़ जाने का भय उत्पन्न हो गया। इस पर द्रोणाचार्य ने एकलव्य से गुरु-दक्षिणा में

उसका दाहिना अंगूठा मांग लिया और एकलव्य ने सहर्ष अपना अंगूठा काटकर उनको दे दिया।

द्रोणाचार्य के पुत्र का नाम अश्वत्थामा था और पिता-पुत्र दोनों कौरवों की ओर से ही लड़े। कहते हैं, द्रोणाचार्य की अजेयता देखकर श्रीकृष्ण ने 'सत्यवादी' युधिष्ठिर के मुंह से यह घोपणा करायी कि "अश्वत्थामा हतो नरो वा कुंजरो वा।" द्रोणाचार्य 'अश्वत्थामा हतो' ही सुन पाए थे कि श्रीकृष्ण द्वारा शंख-ध्वनि कर देने से 'नरो वा कुंजरो दा' उन्हें नहीं सुनाई दिया। पुत्र के निधन की सूचना पाकर वे शिथिल पड़ गए और तभी द्रुपद-पुत्र धृष्टद्युम्न ने उनका सिर काट लिया। यह उल्लेखनीय है कि महाभारत के युद्धक्षेत्र में एक हाथी का नाम भी अश्वत्थामा था।

द्रौपदी

पंचाल नरेश द्रुपद की पुत्री द्रौपदी का एक नाम कृष्णा भी था। द्रुपद ने उसके विवाह के लिए एक स्वयंवर रचा। इसमें चक्र में घूमती मछली के नेत्र का भेदन करने में सफल अर्जुन का द्रौपदी ने वरण किया। माता कुंती के अनदेखे ही यह कह देने पर कि जो कुछ लाए हो, पांचों भाई आपस में बांट लो, द्रौपदी का विवाह पांचों पांडव भाइयों के साथ हुआ। कुछ विद्वानों का मत है कि इस विवाह का कारण उस समय प्रचलित बहुपतित्व की प्रथा थी।

आपसी स्पर्धा के कारण पांडवों को नीचा दिखाने के लिए दुर्योधन ने युधिष्ठिर को जुआ खेलने के लिए प्रेरित किया। दुर्योधन के मामा शकुनि के कपट से युधिष्ठिर अपनी सारी संपत्ति और भाइयों के साथ-साथ द्रौपदी को भी हार गए। कौरवों ने इस पर द्रौपदी को अपनी दासी कहकर उसका बड़ा अपमान किया। दुर्योधन का छोटा भाई दुःशासन उसके केश पकड़कर घसीटता हुआ राज्य-सभा में लाया और उसे वस्त्रहीन करने की चेष्टा की। कथा प्रसिद्ध है कि श्रीकृष्ण ने चीर बढ़ाकर उसकी लाज रखी। इसी समय भीम ने दुःशासन और दुर्योधन का वध करने की प्रतिज्ञा की थी।

पांडवों के वनवास काल में धृतराष्ट्र के जामाता जयद्रथ ने और अज्ञातवास के समय विराट के साले कीचक ने द्रौपदी के साथ अश्लील व्यवहार करने की चेष्टा की पर दोनों को मुंह की खानी पड़ी। कीचक का वध तो भीम ने उसी समय कर दिया। जयद्रथ का वध बाद में अर्जुन ने महाभारत युद्ध में किया।

पांच पांडवों से द्रौपदी के पांच पुत्र हुए—युधिष्ठिर से प्रतिविंध्य, भीम से श्रुतसेन, अर्जुन से श्रुतकीर्ति, नकुल से श्रतानीक और सहदेव से श्रुतकर्म। महाभारत युद्ध में घायल दुर्योधन ने जब अश्वत्थामा से भीम का सिर काटकर लाने के लिए कहा तो वह सोए हुए द्रौपदी के पांचों पुत्रों का सिर काटकर ले

गया। प्राण त्यागते समय दुर्योधन बोला—मेरी शत्रुता तो पांडवों के साथ थी, इन बेचारे नवयुवकों से नहीं। अपने इस कुकृत्य के कारण अश्वत्थामा को बड़ा अपमान भोगना पड़ा।

अंत में द्रौपदी अपने पतियों के साथ हिमालय चली गई और मान्यता है कि सबसे पहले वही गलकर मरी।

द्वन्द्वात्मक भौतिकवाद

इस वाद के प्रणेता कार्ल मार्क्स हैं। यद्यपि उनसे पहले जर्मन दार्शनिक हीगेल ने इस विषय का प्रतिपादन किया था, पर मार्क्स ने उनसे प्रेरणा लेते हुए भी विषय का अधिक सम्यक् विवेचन प्रस्तुत किया। इस विचार का मूलाधार यह है कि सृष्टि के प्रत्येक तत्व में निरंतर परिवर्तन होता रहता है। इस परिवर्तन की परिस्थितियां कहीं बाहर से पैदा नहीं की जातीं वरन् अंतर्द्वंद्व से यह उसके अंतर् से ही उत्पन्न होती रहती हैं। हरएक परिस्थिति के मूल में संघर्ष विद्यमान है क्योंकि उस परिस्थिति में ही उनके विनाश के बीज विद्यमान रहते हैं। यह संघर्ष ही नई व्यवस्था को जन्म देता है। और, यह क्रम इतिहास में निरंतर चलता आया है।

मनुष्य का संपूर्ण इतिहास उसके आर्थिक प्रयत्नों की गाथा है। किसी काल में जो व्यवस्था अस्तित्व में आई उसके भीतर ही संघर्ष के बीज भी विद्यमान थे। इस संघर्ष ने ही उसे समाप्त करके नई व्ययस्था को जन्म दिया। आरंभिक रूप में किसी स्थिति विशेष में अंतर्निहित विरोध के रहते हुए भी एक एकता होती है। इस प्रकार द्वंद्वात्मक भौतिकवाद के सिद्धांत का विकास इस प्रकार माना जाता है—1. विरोधों की एकता, 2. विरोधों का आपसी संघर्ष, 3. इस संघर्ष से एक नई स्थिति का जन्म और 4. वाद (थीसिस) और प्रतिवाद (एंटीथीसिस) से गुजरते हुए संवाद (सिनथीसिस) तक का परिवर्तन।

मार्क्स का कहना है कि चेतना और बाह्य परिस्थितियों में संघर्ष होता है और इससे सुनिश्चित नैतिक परिस्थितियां उत्पन्न होती हैं। इसलिए उनके मतानुसार मनुष्य को समझने के लिए उसकी ऐतिहासिक, सामाजिक और सांस्कृतिक पृष्ठ-भूमि का अध्ययन आवश्यक है।

द्वादश ज्योतिर्लिंग

1. सोमनाथ—गुजरात के प्रभास क्षेत्र में। 2. मल्लिकार्जुन—तमिलनाडु के कृष्णा जिले में श्री शैल पर्वत पर। 3. महाकालेश्वर—क्षिप्रा नदी के तट पर उज्जैन में। 4. ओंकारेश्वर-अमलेश्वर—मध्य प्रदेश में नर्मदा नदी के तट पर, खंडवा से लगभग 80 कि. मी. दूर। 5. केदारनाथ—उत्तराखंड में। 6. भीम-

शंकर—पूना के उत्तर में लगभग 90 कि. मी. दूर भीमा नदी के तट पर। 7. विश्वेश्वर—वाराणसी में स्थित काशी विश्वनाथ। 8. त्र्यम्बकेश्वर—महाराष्ट्र प्रदेश के नासिक जिले में। 9. वैद्यनाथ—बिहार प्रदेश में (कुछ लोग आंध्र प्रदेश के अंतर्गत परली गांव के शिवलिंग को वैद्यनाथ ज्योतिर्लिंग मानते हैं)। 10. नागेश्वर—गोमती द्वारका से वेदद्वारका जाने के मार्ग में (कुछ लोगों के मतानुसार उत्तर प्रदेश के अल्मोड़ा नगर से लगभग 30 कि. मी. दूर स्थित जागेश्वर का शिवलिंग ही नागेश्वर ज्योतिर्पीठ है)। 11. सेतुबंध रामेश्वरम्—भारत के धुरदक्षिण में स्थित प्रसिद्ध धाम। 12. घुश्मेश्वर—महाराष्ट्र में औरंगाबाद स्टेशन से आगे।

द्वादशी व्रत

यह व्रत मार्गशीर्ष द्वादशी से आरंभ होकर एक वर्ष या जीवनपर्यन्त चलता है। इसके देवता विष्णु हैं। मान्यता है कि यदि व्रत शुक्ल और कृष्ण पक्ष दोनों की द्वादशी को किया जाए तो स्वर्ग का मार्ग प्रशस्त करता है। जीवन भर इसका पालन करने से विष्णु लोक की प्राप्ति होती है।

द्वापर

यह चार युगों में तीसरा युग है। इसका आरंभ भाद्रपद कृष्ण त्रयोदशी से होता है। इसकी अवधि पुराणों में चार लाख चौसठ हजार वर्ष मानी गई है। यह युद्ध प्रधान युग है और इसके लगते ही धर्म का क्षय आरंभ हो जाता है। भगवान कृष्ण ने इसी युग में अवतार लिया था।

द्वारका

गुजरात राज्य के पश्चिमी सिरे पर समुद्र के किनारे स्थित चार धामों में से एक धाम और सात पवित्र पुरियों में से एक पुरी है। वस्तुतः द्वारका दो हैं—गोमती द्वारका और बेट द्वारका (दे.)। गोमती द्वारका धाम है और बेट द्वारका पुरी। बेट द्वारका के लिए समुद्र मार्ग से जाना पड़ता है।

गोमती द्वारका या द्वारका रणछोड़राय के मंदिर के लिए प्रसिद्ध है। इसे द्वारकाधीश का मंदिर भी कहते हैं। मंदिर सात मंजिला है। भीतर चांदी के सिंहासन पर काले पत्थर की श्रीकृष्ण की चतुर्भुजी मूर्ति है। कहते हैं, यह मूल मूर्ति नहीं है। मूल मूर्ति डाकोर (दे.) में है। द्वारिकाधीश मंदिर से लगभग 2 कि.मी. दूर एकांत में रुक्मिणी का मंदिर है। कहते हैं, दुर्वासा के शाप के कारण उन्हें एकांत में रहना पड़ा।

मान्यता है कि द्वारका को श्रीकृष्ण ने बसाया था और मथुरा से यदुवंशियों को

लाकर इस संपन्न नगर को उनकी राजधानी बनाया था। किंतु उस वैभव के कोई चिह्न अब नहीं दिखाई देते। कहते हैं, यहां जो राज्य स्थापित किया गया उसका राज्यकाल मुख्य भूमि में स्थित द्वारका अर्थात् गोमती द्वारका से चलता था। बेट द्वारका रहने का स्थान था। (यहां समुद्र में ज्वार के समय एक तालाब पानी से भर जाता है। उसे गोमती कहते हैं। इसी कारण द्वारका गोमती द्वारका भी कहलाती है)।

द्वारका में द्वारकाधीश मंदिर के निकट ही आदि शंकराचार्य द्वारा देश में स्थापित चार मठों में से एक मठ भी है।

द्वारकानाथ ठाकुर (1794-1846 ई.)

कलकत्ता के जोड़ासांकू के ठाकुर (टैगोर) परिवार के संस्थापक के रूप में प्रसिद्ध। बंगालियों द्वारा पहला बैंक इन्होंने ही खोला। राजाराम मोहनराय द्वारा स्थापित ब्राह्मसमाज के नेता रहे। अंग्रेजों के सहयोग से व्यापार में अपार धन अर्जित किया और दोनों हाथी से पानी की तरह लुटाया। इनका भारी कर्ज बाद में पुत्र देवेन्द्रनाथ ठाकुर (दे.) को चुकाना पड़ा।

द्वारसमुद्र

कर्नाटक राज्य का हायसलेश्वर का प्रमुख तीर्थ जो अब हालेविद् के नाम से जाना जाता है। इस स्थान का प्राचीन नाम द्वारसमुद्र है। हायसलेश्वर का मंदिर कला की दृष्टि से दक्षिण के मंदिरों में अपना विशेष स्थान रखता है। मंदिर दो भागों में बंटा है—उत्तर भाग का शिवलिंग संतलेश्वर और दक्षिण भाग का हायसलेश्वर कहलाता है। यहां की दीवारों पर अतुलनीय चित्रों के दर्शन होते हैं।

कुछ दूरी पर जैनों के तीन मंदिर हैं। पार्श्वनाथ के मुख्य मंदिरों में पारसनाथ के अतिरिक्त चौबीस तीर्थंकरों की मूर्तियां भी हैं।

द्विज

इसका शाब्दिक अर्थ है—दो जन्मोंवाला। परंतु व्यवहार में इसका प्रयोग भारतीय वर्ण-व्यवस्था के अंतर्गत प्राचीन काल में प्रथम तीन वर्णों के लिए होता था। इन्हीं वर्णों में उपनयन संस्कार होता था। धर्मशास्त्र के अनुसार उपनयन संस्कारवाले व्यक्ति के दो जन्म होते हैं—1. शारीरिक, 2. ज्ञानमय। शारीरिक जन्म माता-पिता से होता है। ज्ञानमय जन्म देनेवाला गुरु अथवा आचार्य होता है। स्मृति का वचन है कि जन्म से मनुष्य शूद्र होता है। फिर संस्कार करने से द्विज कहलाता है। वह वेद पढ़ने से 'विप्र' और ब्रह्म का ज्ञानी होने से 'ब्राह्मण' होता है।

द्विजेन्द्रलाल राय

बंगला भाषा के प्रसिद्ध कवि और नाटककार जिनका जन्म 1863 ई. में हुआ और केवल पचास वर्ष की उम्र में 1913 ई. में दिवंगत हो गए। उन्होंने शिक्षा प्राप्त करके आजीविका के लिए नौकरी की और साथ-साथ साहित्य सृजन भी करते रहे। उनके देशभक्तिपूर्ण गीतों से स्वदेशी आंदोलन के समय बंगाल मतवाला हो उठा था। कवि के साथ-साथ नाटककार के रूप में भी उन्होंने बड़ा यश कमाया।

द्वीप

पुराणों में सात द्वीपों का उल्लेख है। सारी भूमि इन्हीं के अंतर्गत है। से एक-से-एक दूने आकार के हैं और चारों ओर उतने ही चौड़े सागरों से घिरे हुए हैं। द्वीप हैं—जम्बू, प्लक्ष, शाब्मलि, कुश, क्रोंच, शाक और पुष्कर। इनको घेरनेवाले सागर हैं—क्षारोद, इक्षुरसोद, सुरोद, घृतोद, क्षीरोद, दधिमंडोत और शुद्धोत।

द्वैतदर्शन

मध्वाचार्य (1199-1303 ई.) द्वारा प्रवर्तित यह दर्शन आनंदतीर्थ भी कहलाता है। इसका मुख्य सिद्धांत है कि ईश्वर भी सत्य है और जगत् भी सत्य है। इसलिए यह द्वैतदर्शन कहलाता है। मध्वाचार्य ने अपने मत की पुष्टि विष्णु पुराण के आधार पर की है। इस मत के अनुयायी दक्षिण में अधिक हैं।

द्वैताद्वैतदर्शन

इस मत के प्रवर्तक निम्बार्काचार्य हैं। इनके मत से यद्यपि ब्रह्म अद्वैत है किंतु उसी में जीवमय, स्त्री-पुरुषमय चराचर जगत् चक्कर लगाता है।

द्वैपायन

1. वेदव्यास का एक नाम। राजा उपचरि के संसर्ग से अद्रिका नाम की अप्सरा ने एक पुत्री को जन्म दिया। यह मत्स्यगंधा या सत्यवती कहलाई। कुमारी अवस्था में ऋषि पाराशर के योग से सत्यवती ने द्वैपायन को जन्म दिया। जन्म और यमुना के द्वीप में होने से यह नाम पड़ा। कृष्ण का अंश होने से कृष्णद्वैपायन (दे.) भी कहलाए। एक मत के अनुसार कृष्णवर्ण होने से यह नाम पड़ा। बचपन में ही संसार त्यागनेवाले शुकदेव इन्हीं के पुत्र थे। बदरीकाश्रम में तप करने के कारण यही 'वादरायण' नाम से भी प्रसिद्ध हुए। वेदों के संपादक और महाभारत के रचयिता यही थे।

2. कुरुक्षेत्र के एक सरोवर का नाम। इसे रामकुंड भी कहते हैं। क्षत्रियों के संहार के बाद परशुराम ने यहीं पर पितरों का तर्पण किया था।

ध

धनंजय

1. अर्जुन का एक नाम। संपूर्ण देशों को जीतकर उनसे कर के रूप में धन प्राप्त करने के कारण वे धनंजय कहलाए।
2. कश्यप और कद्रु का पुत्र एक प्रमुख नाग जो पाताल में रहता था। वह वरुण का उपासक था। एक बार शिव ने अपने रथ के घोड़ों को बांधने के लिए इसका रस्सी की तरह उपयोग किया था।

धनतेरस

दीपावली के पहले कार्तिक कृष्ण त्रयोदशी, जिसे धन त्रयोदशी भी कहते हैं। इस दिन सूर्यास्त के बाद घरों में मय के नाम पर दिया जलाया जाता है। यह माना जाता है कि पितृपक्ष में इस लोक में आए हुए पितर पुनः पितृलोक चले जाते हैं। इस दिन व्यवसायी अपना वर्ष भर का लेखा-जोखा तैयार करते हैं। धनतेरस को नई वस्तु, विशेषतः नया पात्र खरीदना शुभ माना जाता है।

यह आयुर्वेद के देवता धन्वंतरि का जन्म दिन भी है। वैद्य लोग उनकी जयंती मनाते हैं।

धननंद

नंद वंश का अंतिम राजा जो सिकंदर के आक्रमण के समय शासनारूढ़ था। इसका राज्य पश्चिम में व्यास नदी तक फैला हुआ था। इसके पास अपार संपत्ति और भारी सैन्यबल था। यूनानी लेखकों के अनुसार इसकी सेना में 20 हजार घुड़-सवार, 2 लाख पैदल, 2 हजार रथ और 3 हजार हाथी थे। इस सेना से भयभीत होकर ही सिकंदर के सैनिकों ने आगे बढ़ने से इनकार कर दिया और उसे वापस लौटना पड़ा था। इतना होते हुए भी धननंद के अत्याचारों से प्रजा में बड़ा असंतोष था। इसी का लाभ उठाकर चंद्रगुप्त मौर्य (दे.) ने चाणक्य की सहायता से धननंद को मारकर नंदवंश का अंत कर डाला।

धनुर्विद्या

प्राचीन भारत में सैन्य-विज्ञान को धनुर्वेद कहते थे। इससे प्रकट है कि वैदिक काल से ही यहां धनुर्विद्या प्रतिष्ठित थी। अग्निपुराण में धनुर्विद्या की तकनीकों का

बारीकी के साथ विस्तारपूर्वक वर्णन मिलता है। अन्य ग्रंथ जिनमें धनुर्विद्या का वर्णन है, वे हैं—शुक्रनीति, कामंदकी नीति, वीर चिन्तामणि, वृद्ध सारंगधर आदि। पांच प्रकार के धनुर्वेदों का भी उल्लेख मिलता है—वशिष्ठ धनुर्वेद, भारद्वाज धनुर्वेद, विश्वामित्र धनुर्वेद, उशनस धनुर्वेद, जमदग्नि धनुर्वेद। कुछ विद्वान् धनुर्वेद को यजुर्वेद का उपवेद मानते हैं। अग्निपुराण में वेद का आरंभकर्ता ब्रह्मा और महेश्वर को बताया गया है।

धनुर्वेद

यह यजुर्वेद का उपवेद है। विश्वामित्र इसके रचयिता हैं। सामान्यतः धनुर्वेद का अर्थ उस शास्त्र से लिया जाता है जिसमें धनुष चलाने की विद्या का वर्णन हो। परंतु इस वेद में अस्त्र-शस्त्रों का वर्णन, उन्हें धारण करनेवालों की दीक्षा, अभिषेक, शकुन, आचार्य का लक्षण, अलग-अलग वर्गों के अस्त्र तथा उनके अभ्यास आदि का विशद वर्णन है। अंत में देवार्चन की विधि बताई गई है। इसमें यह भी वर्णित है कि किस अस्त्र को धारण करने का अधिकारी कौन है।

धनुष्कोटि

रामेश्वरम् के दक्षिण में स्थित समुद्र के किनारे का एक तीर्थ जहां स्नान करने से अश्वत्थामा सोते हुए पांच पांडव पुत्रों की हत्या के पाप से मुक्त हुआ था। कहते हैं, लंका विजय के बाद विभीषण के कहने पर अपने धनुष से राम ने सेतु भंग किया था जिससे विभीषण की लंका सुरक्षित रहे। यह श्रीलंका जाने के लिए भारत का निकटतम बंदरगाह था जहां से चार घंटे में लंका पहुंच जाते थे। अब समुद्री तूफान से यह स्थान लगभग समाप्त हो गया है।

धन्वंतरी

1. आयुर्वेद के प्रवर्तक जिनकी गणना भारतीय चिकित्सा पद्धति के जन्मदाताओं में होती है। इनका उल्लेख वेदों में भी मिलता है। पुराणों में इन्हें विष्णु का अवतार बताया गया है। देव और दानवों द्वारा समुद्रमंथन से जो चौदह रत्न निकले उनमें से एक धन्वंतरि भी थे।

2. काशी के एक राजा जो धन्य के पुत्र होने के कारण धन्वंतरि कहलाए।

3. काशिराज दिवोदास का एक नाम। आयुर्वेद के विद्वान होने के कारण ये धन्वंतरि दिवोदास कहलाते हैं। सुश्रुत को आयुर्वेद का उपदेश धन्वंतरि दिवोदास ने ही दिया था।

4. आरंभ में यह शब्द एक व्यक्ति के लिए प्रयुक्त होता था। कालांतर में धन्वंतरि का अर्थ हो गया वह व्यक्ति जो शल्य-शास्त्र में पारंगत हो।

धम्मपद

यह बौद्ध साहित्य का अत्यंत लोकप्रिय और सर्वोत्कृष्ट ग्रथ माना जाता है। इसमें गाथाओं के रूप में शिक्षाओं का वर्णन है। धम्मपद की अधिकांश गाथाएं त्रिपिटक (दे.) में मिलती हैं, किंतु ऐसी गाथाएं भी बहुत अधिक हैं जो भारतीय ज्ञान के उस भंडार से संबंधित हैं जहां से उनका प्रवेश उपनिषद्, महाभारत आदि में हुआ। इस ग्रंथ का इतना सम्मान है कि इसमें पारंगत होना प्रत्येक बौद्ध भिक्षु के लिए अनिवार्य है। संसार की विभिन्न भाषाओं में धम्मपद के अनेक अनुवाद हो चुके हैं।

धरमदास

धरमदास संत कबीर के प्रमुख शिष्य थे। इनके जन्म आदि के संबंध में विशेष विवरण उपलब्ध नहीं हैं। इनका समय सन् 1419 और 1529 के बीच माना जाता है। ये जन्म से वणिक जाति के और बड़े धनी थे। सद्गुणोपासना, भजन-पूजन, दान-पुण्य और तीर्थाटन में इनकी बड़ी श्रद्धा थी। तीर्थाटन में मथुरा में इनकी भेंट कबीरदास से हो गई। उनसे ये इतने प्रभावित हुए कि अपनी सारी संपत्ति लुटा दी और कबीरपंथ में सम्मिलित हो गए। कबीर के विचारों का जनता में प्रचार करने का बहुत कुछ श्रेय धरमदास को दिया जाता है। उन्होंने इन उपदेशों को संवाद के रूप में लिखकर बहुत से ग्रंथों की रचना की है। कबीर ने परलोक सिधारते समय अपनी गद्दी और बीजक आदि ग्रंथों का अधिकारी धरमदास को ही बनाया।

धर्म

1. भारत में धर्म की कल्पना की बड़ी विशेषता है। प्रत्येक पदार्थ का व्यक्तित्व जिस वृत्ति पर निर्भर है, वही उस पदार्थ का धर्म है। शास्त्र कहते हैं, धर्म वह है जिससे इस जीवन का अभ्युदय हो और भावी जीवन में निःश्रेयस की प्राप्ति हो। मीमांसा के अनुसार वेदों द्वारा निर्दिष्ट कर्म ही व्यक्ति का धर्म है। गीता के अनुसार ब्राह्मण का स्वभावजन्य धर्म तप, पवित्रता, शांति, सरलता, ज्ञान-विज्ञान और आस्तिक बुद्धि है। क्षत्रियों का धर्म है—शूरता, तेजस्विता, धैर्य, दक्षता, युद्ध से न भागना, दान देना और शासन करना। वैश्य का स्वाभाविक धर्म है—कृषि, पशुपालन, व्यापार तथा शूद्र का धर्म है सेवा करना।

स्मृति धर्म के दस अंगों का उल्लेख करती है—धृति, क्षमा, दम, अस्तेय, शौच, इंद्रियनिग्रह, धी, विद्या, सत्य और अक्रोध। जीवन के चार आश्रमों के लिए भी अलग-अलग स्वाभाविक धर्मों का उल्लेख मिलता है। धर्म के अन्य वर्गीकरण भी

पाए जाते हैं, जैसे—नित्य, नैमित्यिक, काम्य और आपद्धर्म। शील और अहिंसा भी धर्म है।

2. वराहपुराण के अनुसार ब्रह्मा के दाहिने अंग से उत्पन्न एक देवता। धर्म देवता सतयुग में चार पैरों से, त्रेता में तीन पैरों से, द्वापर में दो पैरों से और कलियुग में सत्यरूपी एक पैर से प्रजा की रक्षा करता है। धर्म के तीन सींग; दो सिर और सात मस्तक हैं तथा इसकी 13 पत्नियों से 23 पुत्र हुए।

धर्मचक्र

1. ऋषि-मुनि यज्ञ के लिए उपयुक्त स्थान चाहते थे। वे ब्रह्मा के पास गए। ब्रह्मा ने सुनाम नाम का चक्र छोड़ा और मुनियों से कहा, "जहां पर इस चक्र की नेमि टूटकर गिर जाए वही यज्ञ के उपयुक्त पुण्य स्थल होगा। यह नेमि नैमिषारण्य में गिरी और वहीं पर ऋषि-मुनियों ने यज्ञ किया। यह स्थान आज भी पवित्र तीर्थ माना जाता है। ब्रह्मा द्वारा छोड़ा हुआ चक्र ही धर्मचक्र कहलाता है।

2. ज्ञान प्राप्त करने के बाद गौतम बुद्ध ने सारनाथ में साधुओं को पहला धर्मोपदेश दिया था। यह उपदेश धर्मचक्र प्रवर्तन कहलाता है।

धर्मनिरपेक्षता

वह राजनीतिक विचारधारा जो धर्म के आधार पर नागरिकों में भेदभाव नहीं मानती। वह नागरिकों के धार्मिक विश्वास को उनका व्यक्तिगत मामला समझती है।

व्यक्ति के धर्म के मामले में शासन किसी प्रकार का हस्तक्षेप नहीं करता। परंतु यह विचारधारा अधार्मिक या धर्म विरोधी नहीं है, जैसा कि कभी-कभी कह दिया जाता है। इसका आशय केवल इतना है कि राज्य किसी धर्म विशेष को महत्व या प्रधानता नहीं देता। उसमें सब धर्मों के लिए समान आदर का भाव रहता है। भारत का संविधान धर्मनिरपेक्षता का उत्तम उदाहरण है।

धर्मपाल

बंगाल और बिहार के पालवंश का द्वितीय राजा जो 752 से 794 ई. तक शासनारूढ़ रहा। इसकी राजधानी पाटलिपुत्र थी। इसने अनेक विजययात्राएं कीं और एक समय संपूर्ण उत्तर भारत इसके अधिकार में आ गया था। कन्नौज के राजा को इसने हराया, दक्षिण में राष्ट्रकूटों से लोहा लेकर उन्हें पीछे हटाया। यह बौद्ध धर्म का संरक्षक था। इसने विक्रमशिला (आधुनिक भागलपुर जिला, बिहार) के प्रसिद्ध विश्वविद्यालय और विहार की स्थापना की।

धर्ममहामात्र

अशोक के शासनकाल में नियुक्त एक विशेष राजकर्मचारी का नाम। अशोक के शिलालेख के अनुसार इसका काम था—1. धर्म की स्थापना, 2. धर्म का प्रचार, 3. धर्म में श्रद्धा रखने वाले व्यक्तियों की रक्षा करना, 4. श्रमण और ब्राह्मण सभी वर्गों की आवश्यकताओं का ध्यान रखना, 5. पीड़ित लोगों की विशेष देख-भाल करना और उन्हें सहायता पहुंचाना।

धर्ममार्ग

बौद्ध धर्म के आठ अष्टांगिक मार्ग धर्ममार्ग कहलाते हैं। ये हैं—सम्यक् दृष्टि, सम्यक् संकल्प, सम्यक् वाचा, सम्यक् कर्मान्ति, सम्यक् आजीव, सम्यक् व्यायाम, सम्यक् स्मृति और सम्यक् समाधि।

इनकी गणना भी धर्ममार्ग में होती है—श्रद्धा, संकल्प, भाषा, कृति, व्यापार, योग, स्मृति और ध्यान।

धर्मयाग

ब्रह्मा द्वारा किया गया एक यज्ञ। इसमें ब्रह्मा ने ब्राह्मणों को अतुल सम्पत्ति का दान किया। वायुपुराण के अनुसार उन्हें कामधेनु, कल्पतरु, दूध और घी की नदियों तथा सोने के ढेर से मालामाल कर दिया। साथ ही उनसे कहा कि इस संपन्नता के बाद वे और किसी से याचना न करें। परंतु ब्राह्मणों के लोभ ने जोर मारा। धर्म ने धर्मारण्य में जो यज्ञ किया उसमें ब्राह्मण फिर मांगने लगे। इससे कुपित होकर ब्रह्मा ने शाप दे दिया जिसके कारण ब्राह्मण ऋणी हो गए, उनकी सारी संपत्ति लुप्त हो गई और वे तीर्थ स्थानों में जाकर अपनी आजीविका अर्जित करने के लिए बाध्य हुए।

धर्मरत्न

मध्य एशिया में रहनेवाला एक भारतीय बौद्ध भिक्षु। यह काश्यप मातंग (दे.) के साथ 65 ई. में चीन गया था। इसने वहां विहारों की स्थापना की और बौद्ध धर्म का प्रचार किया।

धर्मराज

1. कुंती के गर्भ से उत्पन्न पांडवों में सबसे ज्येष्ठ जो धर्म के पुत्र कहे जाते हैं। ये बड़े सत्यवादी और धर्मपरायण थे, पर इन्हें जुआ खेलने की बुरी लत थी। ये जुए में अपना सब कुछ, पत्नी द्रौपदी तक को हार गए थे। महाभारत युद्ध के बाद हस्तिनापुर के सिंहासन पर बैठे। ये अजातशत्रु और धर्मराज कहलाए और मृत्यु

के बाद सदेह स्वर्ग चले गए।

2. मृत्यु के देवता यमराज का नाम। इनका रंग हरा है, लाल वस्त्र धारण करते हैं, भैंसे पर सवार होते हैं। इनका मुंशी चित्रगुप्त सब प्राणियों का लेखा-जोखा रखता है। ये यमपुरी में अपने कालित्री नामक राजमहल में निवास करते हैं। यमों की संख्या 14 बताई गई है।

धर्मव्याध

महाभारत में वर्णित मांस बेचनेवाला एक व्याध जिसने कौशिक नाम के तपस्वी को धर्म का मर्म समझाया था। पति सेवा में संलग्न रहने के कारण एक गृहणी भिक्षा देने के लिए कुछ देर से आई तो कौशिक ऋषि क्रुद्ध हो उठे। इस पर गृहणी ने उन्हें धर्म का तत्व समझने के लिए धर्मव्याध के पास जाने का परामर्श दिया। ऋषि जब व्याध के पास पहुंचे तो उसे मांस बेचता देखकर बोले—तुम जैसे ज्ञानी को ऐसा निकृष्ट कर्म नहीं करना चाहिए। इस पर व्याध ने उत्तर दिया—यह मेरा कुल-धर्म है और इससे सदाचरण में कोई बाधा नहीं पड़ती।

धर्मशास्त्र

इस तालिका में धर्मसूत्र, स्मृति, भाष्य, निबंध आदि को सम्मिलित किया जाता है। परंतु यही मनुष्यों के कर्त्तव्यों का निरूपण करने वाला संपूर्ण शास्त्र नहीं है। वस्तुतः वेदों से आरंभ होनेवाला वह संपूर्ण वांङमय, जो कर्तव्याकर्तव्य का बोध कराता है, धर्मशास्त्र है। कौटिल्य रचित 'अर्थशास्त्र' जैसे ग्रंथ भी इसी परिभाषा में आते हैं।

धर्म संप्रदाय

किसी समय बंगाल, उड़ीसा और छोटा नागपुर से रींवा तक धर्मदेवता की पूजा प्रचलित थी। इन पुजारियों के संप्रदाय को, जिनमें नीचे वर्गों के लोग थे, 'धर्म संप्रदाय' कहते थे। बाद में 12वीं शदाब्दी में रमई पंडित ने इस संप्रदाय का पुनर्गठन किया। ये लोग बुद्ध, धर्म और संघ में आस्था रखते थे।

धर्मसूत्र

वे ग्रंथ जिनमें धार्मिक जीवन के चारों वर्णों (ब्राह्मण, क्षत्रिय, वैश्य और शूद्र) तथा चारों आश्रमों (ब्रह्मचर्य, गृहस्थ, वानप्रस्थ और संन्यास) का वर्णन है। ये चार प्रकार के हैं—श्रौत, गुह्य, धर्म और रचना विषयक।

धर्मसूत्र पांच हैं—आपस्तंब, हिरण्यकेशी, बौधायन, गौतम और वशिष्ठ। इनमें यज्ञों का वर्णन न करके आचार-व्यवहार आदि का वर्णन किया गया है।

साथ ही राजा के व्यवहार के नियम, अपराध के नियम, विवाह, उत्तराधिकार, अंत्येष्टि क्रिया, तपस्या आदि का भी उल्लेख है। अपनी रचना के समय इनका संबंध अपने संप्रदायों से रहा है। दंड का विधान भी वर्णानुसार था। हिंसा के अपराधी ब्राह्मण के लिए अन्य वर्णों से कम दंड था। पर लोभविषयक अपराध के लिए ब्राह्मण सर्वाधिक दंड का भागी माना जाता था।

धर्मस्थल

दक्षिण में मंगलोर से लगभग 90 कि.मी. दूर धर्मस्थल एक प्रसिद्ध तीर्थ है। यह नेत्रावली नदी के किनारे पर स्थित है जो पश्चिमी घाट से निकल कर अरब सागर में गिरती है। यहां का मंजुनाथेश्वर मंदिर प्रसिद्ध है। मंजुनाथेश्वर की स्थापना आदि शंकराचार्य ने की थी, किंतु अब यहां सेवा और उपासना माध्वाचार्य के द्वैत मत के अनुसार होती है। कार्तिक मास में बहुला दशमी से अमावस्या तक यहां लक्षदीपोत्सव मनाया जाता है।

धर्मारण्य

एक बार जब धर्मराज यम किसी वन में तप कर रहे थे तो उनका तप भंग करने के लिए इंद्र ने एक अप्सरा को भेजा। परंतु धर्मराज अविचलित रहे। इस पर प्रसन्न होकर शिव ने उस वन का नाम 'धर्मारण्य' रख दिया। दूसरी ओर धर्मराज ने वहां 'धर्मेश्वर' नामक शिवलिंग की स्थापना की।

धवलेश्वरम

धवलेश्वरम का तीर्थ राजमहेंद्री से लगभग 8 कि. मी. दूर गोदावरी नदी के किनारे है। वस्तुत: धवलेश्वरम से आगे गोदावरी नदी सात धाराओं में बंट गई है और आगे का यह पूरा क्षेत्र सप्तगोदावरी कहलाता है।

धवलेश्वरम को 'रामपादुलु' भी कहते हैं। लंका यात्रा के समय राम यहां रुके थे। गोदावरी तट के समीप ऊंचे टीले पर विष्णु का मंदिर है। टीले के नीचे धवलेश्वर महादेव का मंदिर है। यहां आंजनेय, स्वामी सप्तनारायण, पांडुरंग और शामलांबा मंदिर भी दर्शनीय हैं।

धाता

1. सबका पालन-पोषण करनेवाले ब्रह्मा, विष्णु और महेश का सम्मिलित नाम।
2. द्वादश आदित्यों में से एक आदित्य।
3. कर्दम और देवहूति की पुत्री ख्याति के गर्भ से उत्पन्न महर्षि भृगु का एक पुत्र।

धारणा

1. वृहत् संहिता के अनुसार एक योग जो वर्षा के गर्भ-धारण का योग माना जाता है। यह योग जेष्ठ शुक्ल अष्टमी से एकादशी तक विशेष प्रकार की वायु चलने तक होता है। इससे ज्ञात होता है कि आनेवाले वर्षाकाल में वर्षा पर्याप्त होगी या अपर्याप्त।

2. योग के आठ अंगों में से एक अंग। मन को नियंत्रित करके एकाग्र करना धारणा कहलाता है। धारणा नदी के तट पर, वन में, अग्नि के समीप या श्मशान आदि में की जाती है। इसमें साधक ईश्वर का चिंतन करता है।

धारा

मध्य प्रदेश का एक प्राचीन नगर और तीर्थस्थान जो राजा भोज (दे.) की राजधानी था। मान्यता है कि गोरखनाथ के शिष्य राजा गोपीचंद की राजधानी भी यहीं थी। यहां अनेक प्राचीन ध्वंसावशेष पाए गए हैं। भोज परमार ने यहां एक भव्य 'सरस्वती मंदिर' बनवाया था। विदेशी आक्रामकों ने उसे ध्वस्त कर दिया। मंदिर का अभिलेख अभी उपलब्ध है। यहां अनेक हिंदू और जैन मंदिर हैं। जैन मंदिर में पार्श्वनाथजी की स्वर्गमूर्ति स्थापित है।

धाराव्रत

1. चैत्र मास लगते ही इस व्रत का आरंभ होता है और पूरे वर्ष भर चलता है। यह व्रत लेनेवाला भगवान का नाम लेकर जल की धारा अपने मुंह में गिराता है। व्रत की पूर्ति पर नए जलपात्र का दान किया जाता है। यह व्रत पराधीनता से मुक्ति और सुख-संपति का प्रदाता है।

2. इस व्रत को समस्त उत्तरायण काल में किया जाता है। इसमें दुग्धाहार करते हैं और धातु की पृथ्वी की प्रतिमा बनाकर उसका दान करते हैं। इस व्रत के देवता रुद्र हैं और व्रती को अंत में रुद्रलोक प्राप्त होता है।

धुंधु

1. कश्यप के पांच असुर पुत्रों में से ज्येष्ठ पुत्र का आत्मज एक असुर। यह उत्तंग ऋषि के आश्रम के निकट बालू में छिपकर संसार को नष्ट करने के लिए घोर तप कर रहा था। वर्षा में एक बार सांस लेता था जिससे सारे आकाश में धूल छा जाती थी, सूर्य छिप जाता था और सात दिन तक पृथ्वी हिलती रहती थी। उत्तंग ऋषि की शिकायत पर वृहदश्यु के पुत्र कुवलाश्व ने विष्णु की सहायता लेकर धुंध का वध किया। मरने से पूर्व धुंधु ने कुवलाश्व के 100 में से 99 पुत्रों को मार डाला।

2. मधु राक्षस का पुत्र।

धूतपापा

काशीखंड में वर्णित वाराणसी की एक प्राचीन छोटी नदी जो पंचगंगा के पास गंगा में मिलती थी। इसके संबंध में वर्णित कथा के अनुसार देवशिरा ऋषि और शुचि अप्सरा की कन्या धूतपापा से धर्म नामक ऋषि ने विवाह करना स्वीकार नहीं किया तो धूतपापा ने ऋषि को 'जड़ नद' होने का और ऋषि ने उसे पत्थर होने का शाप दिया। बाद में पिता देवशिरा से धूतपापा को चंद्रकांता शिला बनने का वर मिला जो चंद्रोदय होने पर द्रवित होकर नदी के रूप में बहेगी। वह नदी पवित्र मानी जाएगी और, धर्म भी नद होकर यहीं बहेगा तथा तुम्हारा पति बनेगा।

धूमावती

पार्वती का एक नाम। एक विवरण के अनुसार यह नाम उस समय पड़ा जब भूख से व्याकुल पार्वती ने खाने के लिए और कुछ न मिलने पर शिव को ही खा लिया। इससे उनके शरीर से धुआं निकलने लगा और उनका नाम धूमावती पड़ा।

धूलिवंदन

होलिका-दहन के दूसरे दिन चैत्र प्रतिपदा को मनाया जाने वाला उत्सव धूलिवंदन कहलाता है। इस दिन होलिका भस्म का वंदन होता है। सभी लोग भेदभाव भूल कर गले मिलते हैं। प्राचीन काल से ही होली का यह त्यौहार सब वर्णों को समान सम्मान देकर परस्पर मिलाने का त्यौहार रहा है?

धृताची

1. एक अप्सरा जो इंद्र की सभा में रहती थी। इसने कई ऋषियों और राजाओं को उनके पथ से विचलित किया। विश्वकर्मा के द्वारा इससे अनेक वर्णसंकर जातियां उत्पन्न हुईं। पौरवंश के राजा कुशनाभ और शैद्राश्व से भी इसका संबंध था। कुशनाभ से इसने दस पुत्र और दस कन्याओं को जन्म दिया। अन्यत्र कुशनाभ से सौ कन्याओं की उत्पत्ति बताई गई है। वायु के शाप के कारण वे सब कुबड़ी हो गई थीं। बाद में कांपिल के राजा ब्रह्मदत्त के साथ उनका विवाह हुआ और कुबड़ी कन्याओं के नाम पर ही उस देश का नाम 'कान्यकुब्ज' पड़ा। धृताची को देखकर भारद्वाज ऋषि भी विचलित हो गए थे। द्रोण (एक पात्र) में रक्षित ऋषि के शुक्र से द्रोणाचार्य पैदा हुए।

2. विद्या की अधिष्ठात्री देवी सरस्वती का एक नाम।

धृति

1. सोम के आकर्षण के कारण जो नौ देवियां अपने पतियों को त्यागकर सोम के पास चली आई थीं, उनमें से एक का नाम धृति था। चंद्रमा की सोलह कलाओं में से एक कला धृति कहलाती है।

2. अंधकासुर के रक्त का भूमि में गिरने से पहले ही पान करने के लिए शंकर ने जिन नौ मातृकाओं की सृष्टि की, उनमें से एक मातृका।

3. तत्व ज्ञान में इष्ट प्राप्ति आदि के कारण इच्छाएं पूरी हो जाना धृति कहलाता है।

धृतिवृत

यह संवत्सर व्रत है। इसमें दधि, दुग्ध, वृत, मधु, गन्ने के रस अथवा शर्करा को मिलाकर बनाए हुए पंचामृत से प्रतिदिन शिव की प्रतिमा को स्नान कराया जाता है। शिव लोक की प्राप्ति करानेवाले इस व्रत के अंत में पंचामृत तथा शंख आदि का दान करने का नियम है।

धृतराष्ट्र

1. काशीराज की कन्या अंबिका के पुत्र धृतराष्ट्र दुर्योधन आदि सौ कौरवों के पिता थे। कुरु वंश के राजा शांतनु की पत्नी ने दो पुत्रों को जन्म दिया—विचित्रवीर्य और चित्रांगद। चित्रांगद पहले ही मार डाला गया। विचित्रवीर्य का विवाह काशीराज की दो कन्याओं—अंबिका और अंबालिका के साथ हुआ। विचित्रवीर्य भी निःसंतान मर गया। इस पर कुरु वंश चलाने के लिए, उस समय के प्रचलन के अनुसार, सत्यवती की आज्ञा से विचित्रवीर्य की पत्नी अंबिका के गर्भ से नियोग से कृष्ण द्वैपायन व्यास ने धृतराष्ट्र को उत्पन्न किया। व्यास का तेज न सह सकने के कारण अंबिका ने आंखें बंद कर ली थीं, इसलिए धृतराष्ट्र जन्मांध पैदा हुए। धृतराष्ट्र का विवाह गांधारी से हुआ था। वह भी जीवनपर्यंत अपनी आंखों से पट्टी बांधे रही।

अंधे होने के कारण धृतराष्ट्र के स्थान पर इनके छोटे भाई पांडु गद्दी पर बैठे। परंतु पांडु की मृत्यु के बाद ये राजा बने। अपने बड़े पुत्र दुर्योधन के प्रति मोह के कारण ये पांडवों को उनका राज्यांश न दे सके जिस कारण अंत में महा-भारत युद्ध हुआ।

सौ पुत्रों के अतिरिक्त धृतराष्ट्र की दुःशला नाम की एक पुत्री भी थी जिसका विवाह जयद्रथ के साथ हुआ था। महाभारत युद्ध में सब पुत्रों के मारे जाने पर

वन चले गए और गांधारी और कुंती के साथ दावाग्नि में जलने से इन सबकी मृत्यु हो गई।

2. पाताल निवासी एक प्रसिद्ध नाग जिसके एक लाख मस्तकों पर स्थित मणियों से पाताल लोक जगमगाया करता था।

धृष्टकेतु

शिशुपाल के पुत्र का नाम जो महाभारत के युद्ध में पांडवों की ओर से लड़ा था। चेदि देश का यह राजकुमार द्रोणाचार्य के हाथों मारा गया। महाभारत में इस नाम के एक कैकय वंशी राजा का भी उल्लेख है। वह युधिष्ठिर का सहयोगी था और उसने भी युद्ध में पांडवों का पक्ष लिया था।

धृष्टद्युम्न

पांचाल नरेश द्रुपद का पुत्र और द्रौपदी का भाई। महाभारत युद्ध में यह पांडवों की ओर से उनके एक सेनानायक के रूप में लड़ा। जब द्रोणाचार्य युधिष्ठिर के मुंह से अपने पुत्र अश्वत्थामा की मृत्यु का समाचार सुनकर चिंतामग्न हुए, धृष्टद्युम्न ने उनका सिर काट दिया। इससे पूर्व द्रोणाचार्य ने इसके पिता द्रुपद का सिर काट डाला था। बाद में अश्वत्थामा ने सोते हुए धृष्टद्युम्न को अपने पैरों से कुचलकर मार डाला।

धेनुकासुर

कंस का अनुचर एक असुर जो उसके आदेश पर बलराम और श्रीकृष्ण को मारने के लिए गधे का रूप धारण करके वृन्दावन के पास तालवन में रहता था। एक बार वह श्रीकृष्ण पर आक्रमण करने लगा तो बलराम ने पीछे से पैर पकड़कर उसे मार डाला। गधों के वेश में उसके जो अन्य साथी राक्षस आए थे, वे भी मारे गए।

धौम्य

अपोद ऋषि के पुत्र जिनका आश्रम गंगा के किनारे उत्कोचक तीर्थ में था। ये पांडवों के पुरोहित और बड़े शिवभक्त थे। द्रौपदी के साथ पांचों पांडवों का विवाह इन्होंने ही कराया था। इनके परामर्श से ही युधिष्ठिर ने सूर्य की उपासना की। उपासना से प्रसन्न होकर सूर्य ने युधिष्ठिर को अक्षय पात्र दिया और कहा—यह पात्र तुम द्रौपदी को दे दो। इससे तुम्हें वनवास में अन्न की कमी नहीं होगी। वनवास के प्रथम बारह वर्ष धौम्य ऋषि पांडवों के साथ ही वन में रहे। शरशैया पर पड़े भीष्म से मिलने के लिए युधिष्ठिर इनके साथ ही गए थे। धौम्य

के तीन गुरुभक्त शिष्य—उपमन्यु (दे.), आरुणि (दे.) और वेद (दे.) बहुत प्रसिद्ध हैं।

ध्यान

मन की एक प्रक्रिया जिसमें अपनी चेतना को किसी चुने हुए दायरे या स्थल विशेष में केंद्रित किया जाता है। ध्यान के तीन स्वभाव बताए गए हैं—सहज, जैसे धमाके की आवाज पर; बलात, जैसे नक्शे में कोई स्थान ढूंढ़ने पर; अर्जित, जैसे समाचार पत्र में कोई नया शीर्षक।

योग के आठ अंगों में सातवां अंग ध्यान है। यह धारणा और समाधि के बीच की अवस्था है।

ध्वजा

ध्वजा का प्रयोग भारत में प्राचीन काल से ही होता रहा है। ऋग्वेद में ध्वजा का वर्णन है। ध्वजा के कई पर्याय मिलते हैं—ऋतध्वज, श्वेतकेतु, वृहत्केतु, सहस्त्रकेतु आदि। युद्ध में ध्वजा का छिन जाना या गिर जाना पराजय का चिह्न माना जाता था। 'महाभारत' से ज्ञात होता है कि झंडों पर इस प्रकार के चिह्न होते थे—कपि, सिंह की दुम, भाला, बैल, मयूर, सूर्य, चंद्र, नाग, गरुड़ आदि। इससे विदित होता है कि प्राचीन भारत में किसी एक ध्वज को सर्वमान्य नहीं माना जाता था।

आधुनिक भारत का प्रथम राष्ट्रीय ध्वज 1606 ई. में कलकत्ता में फहराया गया था। (कुछ लोग यह स्थान जर्मनी बताते हैं।) वर्तमान राष्ट्रीय ध्वज को 1931 ई. में गांधीजी की प्रेरणा से आकार मिला और उसकी बीच की सफेद पट्टी में चर्खे का चिह्न अंकित किया गया। स्वतंत्रता प्राप्त होने पर 22 जुलाई, 1947 ई. को इसे भारतीय गणराज्य का राष्ट्रीय ध्वज स्वीकार किया गया, परंतु बीच में चर्खे के स्थान पर अशोक चक्र रखा गया।

ध्वनिमत

संसद या विधान मंडलों में किसी विचारणीय विषय के पक्ष में कितने सदस्य हैं, और कितने विरोध में, इसका निर्णय सदस्यों से हाथ उठवाकर और उन्हें गिनकर किया जाता है। कभी-कभी समर्थन और विरोध करनेवाले सदस्यों को अलग-अलग कक्षों में भेजकर गणना होती है। लेकिन कभी-कभी पीठासीन अधिकारी सदस्यों से 'हां' या 'न' कहकर किसी विचारणीय विषय में उनका मत प्राप्त कर लेता है। सदस्य जोर की आवाज में 'हां' या 'न' कहते हैं। यही ध्वनिमत कहलाता है।

ध्वन्यालोक

अलंकारशास्त्र के प्रसिद्ध आलोचक कश्मीर निवासी आनंदवर्धन की प्रसिद्ध कृति। 'ध्वन्यालोक' संस्कृत आलोचना के क्षेत्र में युगांतरकारी ग्रंथ माना जाता है। लेखक की मान्यता है कि काव्य में वाच्य अर्थ के अतिरिक्त एक सुंदरतम अर्थ की भी सत्ता रहती है जिसे 'ध्वनि' नाम दिया जाता है। इसी 'ध्वनि' के स्वरूपों तथा प्रभेदों का विवेचन 'ध्वन्यालोक' का मुख्य उद्देश्य है। अलंकार शास्त्र के इतिहास में आनंदवर्धन ने सर्वप्रथम इस शास्त्र को युक्ति तथा तर्क के आधार पर व्यवस्था प्रदान की। इसीलिए उन्हें 'साहित्य-सिद्धांत-सरणि का प्रतिष्ठापक' माना जाता है। हस्तलिखित प्रतियों में इस ग्रंथ के 'काव्यालोक', 'सहृदयालोक' तथा 'काव्यालंकार' नाम भी मिलते हैं।

ध्रुव

ध्रुव की कथा विष्णु पुराण में मिलती है। स्वयंभुव मनु के राजा उत्तानपाद की दो रानियां थीं—सुरुचि और सुनीति। बड़ी रानी सुरुचि के पुत्र का नाम उत्तम और छोटी रानी सुनीति के पुत्र का नाम ध्रुव था। बड़ी रानी घमंडी स्वभाव की थी और ध्रुव तथा उसकी मां को अपमानित किया करती थी। एक दिन ध्रुव अपने पिता की गोद में बैठा था। सुरुचि ने यह देखते ही उसे बलपूर्वक राजा की गोद से उतारकर अपने पुत्र को वहां बैठा दिया। बालक ध्रुव के हृदय को इससे बड़ा आघात लगा। वह उसी समय राजभवन त्यागकर तपस्या करने चला गया। इंद्र ने उसका तप भंग करने की चेष्टा की पर ध्रुव अडिग बना रहा। विष्णु ने प्रसन्न होकर उसे वरदान दिया कि तुम सब ग्रह-नक्षत्रों तथा लोकों के ऊपर और उनके आधार बनकर एक जगह अचल भाव से रहोगे और तुम्हारे रहने का स्थान ध्रुव-लोक कहलाएगा और उन्हें उत्तर दिशा में नक्षत्रों के बीच स्थायी स्थान दे दिया। ध्रुव अटल स्थिरता का प्रतीक है, इसीलिए हिंदू विवाह के अवसर पर दांपत्य जीवन की स्थिरता के लिए वधू को ध्रुव का दर्शन कराया जाता है।

ध्रुवीकरण

समान राजनीतिक विचारधारा और समान आर्थिक कार्यक्रमवाले दलों का परस्पर मिल जाना। यह ध्रुवीकरण देश के अंदर भी हो सकता है और अंतर्राष्ट्रीय क्षेत्र में भी। देश के अंदर सब वामपंथी दल एक ओर और दक्षिणपंथी दल दूसरी ओर एकत्र हो जाएं। अंतर्राष्ट्रीय क्षेत्र में समाजवादी व्यवस्थावाले देश और पूंजीवादी व्यवस्थावाले देश परस्पर मिलकर निर्णय करें।

न

नंद

1. मथुरा या मधुपुरी के आसपास गोकुल और नंदगांव में रहनेवाले आभीर गोपों के मुखिया। इनकी पत्नी यशोदा ने बचपन में श्रीकृष्ण को पाला था। कृष्ण की बाललीला इन्हीं के यहां हुई। एक बार यमुना में स्नान करते समय इन्हें वरुण के गणों ने और एक बार अजगर ने पकड़ लिया था। दोनों बार श्रीकृष्ण ने इन्हें बचाया। सती ने महामाया के रूप में इनके घर जन्म लिया जो कंस के पटकने पर हाथ से छूट गई थी। कहते हैं, विन्ध्याचल में इसी देवी का निवास है। नंद इंद्र की पूजा का उत्सव मनाया करते थे। श्रीकृष्ण ने इसे बंद करके कार्तिक मास में अन्नकूट का उत्सव आरंभ कराया।

2. मगध देश का एक राजवंश जिसका आरंभ महापद्म नंद से 362 ई. पूर्व में हुआ था। इस वंश के शासकों की राज्य-सीमा व्यास नदी तक फैली थी। उनकी सैनिक शक्ति के भय से ही सिकंदर के सैनिकों ने व्यास नदी से आगे बढ़ना अस्वीकार कर दिया था। किंतु इस वंश का अंतिम शासक धननंद (दे.) बहुत दुर्बल और अत्याचारी था। कौटिल्य की सहायता से चंद्रगुप्त मौर्य ने 322 ई. पूर्व में नंदवंश को समाप्त करके मौर्य वंश की नींव डाली।

नंदकुमार

बंगाल का एक फौजदार जो अंग्रेजों के आक्रमण से चंद्रनगर की रक्षा के लिए नियुक्त था किंतु ठीक मौके पर अपनी फौज की टुकड़ी लेकर वह मोर्चे से दूर चला गया और अंग्रेजों ने सरलता से फ्रांसीसी कब्जेवाले चंद्रनगर पर अधिकार कर लिया। इतिहासकार मानते हैं कि नंदकुमार ने यह आचरण अंग्रेजों से घूस लेकर किया था। उसके बाद कभी वह नवाब मीरजाफर से मिला तो कभी अंग्रेजों से। अंत में उसके ऊपर जालसाजी का मुकदमा चला और 5 अगस्त, 1775 ई. को अग्रेजों ने उसे फांसी दे दी।

नंदगांव

यह स्थान मथुरा से लगभग 46 कि.मी. दूर है। नंदबाबा यहीं के रहनेवाले थे। यहां एक पहाड़ी पर नंदजी का मंदिर है। इसमें नंद, यशोदा, कृष्ण, बलराम,

राधा और ग्वाल-बालों की मूर्तियां स्थापित हैं। नीचे पामरीकुंड नाम का एक सरोवर है।

नंदन

1. देवराज इंद्र के स्वर्ग में स्थित उपवन का नाम जो पारिजात वृक्ष के लिए प्रसिद्ध है। पुराणों के अनुसार जब मनुष्य का दंड का भोग पूरा हो जाता है तब उसे यहीं भेज दिया जाता है।

2. असम के कामाख्या क्षेत्र के एक पर्वत का नाम। कहते हैं, इंद्र सदा यहां उपस्थित रहकर कामाख्या देवी की पूजा करते हैं और स्वयं भी पूजे जाते हैं।

नंदप्रयाग

उत्तराखंड में बदरीनाथ के मार्ग में पड़नेवाला पंचप्रयागों में से एक प्रयाग। यहां पर अलकनंदा और नंदा का संगम होता है। कहते हैं, प्राचीनकाल में यहां कण्व ऋषि का आश्रम था जहां शकुन्तला से दुष्यन्त की भेंट हुई थी। यहां पर नंद नाम के राजा ने यज्ञ किया था। स्कंद पुराण के केदारखंड के अनुसार यहां स्नान करने और नारायण की पूजा करने से सब पदार्थ उपलब्ध हो जाते हैं।

नंदवंश

मगध का एक प्रसिद्ध राजवंश जिसका आरंभ 362 ई. पूर्व में महापद्म नंद ने किया था। इस वंश में कुल नौ शासक हुए— महापदम नंद और बारी-बारी से राज्य करनेवाले उसके आठ पुत्र। इन दो पीढ़ियों ने 40 वर्ष तक राज्य किया। इन शासकों को शूद्र माना जाता है। चंद्रगुप्त मौर्य ने 322 ई. पूर्व में इस वंश का अंत कर दिया। (दे. नंद)।

नंदादेवी

उत्तराखंड में हिमालय क्षेत्र में नंदादेवी नामक विश्व का दूसरे नंबर का सर्वोच्च शिखर है। कहते हैं, इस पर नंदा देवी विराजती हैं। नंदादेवी का मेला पूरे उत्तराखंड में भाद्र-शुक्ल सप्तमी से होता है। नंदराय के घर में जन्मी नंदादेवी के संबंध में अनेक कथाएं प्रचलित हैं। जगह-जगह उनके मंदिर बने हुए हैं। नंदा कुमायूं और गढ़वाल के राजवंशों की कुलदेवी हैं। उन्होंने असुरों को मारकर जिस कुंड में स्नान किया वह 'रूपकुंड' कहलाता है। गढ़वाल में प्रति बारह वर्ष बाद या चार सींगोंवाला मेंढ़ा पैदा होने पर नंद की 'जातयात्रा' बड़ी श्रद्धा और धूमधाम के साथ निकाली जाती है।

नंदा के नाम से अनेक व्रत प्रचलित हैं। भाद्रपद मास की कृष्ण और शुक्ल

दोनों नवमी को नंदा नवमी व्रत किया जाता है। इस दिन प्रातः चंडिका देवी की पूजा करके कन्याओं को भोजन कराते हैं। 'नंदपदद्वैव्रत' में नंदा की पादुकाओं की एक मास तक पूजा की जाती है। श्रावण मास में 'नंदाव्रत' होता है और मार्गशीर्ष शुक्ल सप्तमी को 'नंदासप्तमी' का व्रत किया जाता है।

नंदिग्राम

उत्तर प्रदेश में अयोध्या से लगभग 35 कि.मी. दूर एक वैष्णव तीर्थ जहां भरत ने चित्रकूट से लाकर श्रीराम की चरण-पादुकाएं रखीं और चौदह वर्ष तक उनकी पूजा करते रहे। यहां पर भरत का मंदिर और भरतकुंड सरोवर भी है।

नंदिनी

सुरभि के गर्भ से उत्पन्न एक गाय जो उसे कश्यप मुनि से प्राप्त हुई थी। सारे संसार पर अनुग्रह करने और भक्तों की कामना पूर्ण करने के लिए इस गौ का अवतार हुआ था। इसलिए यह कामधेनु कहलाई। (कहीं पर इसे कामधेनु की पुत्री कहा गया है)। महर्षि वशिष्ठ ने नंदिनी को पाला था। एक बार विश्वामित्र ने वशिष्ठ से इसकी मांग की। उनके अस्वीकार करने पर विश्वामित्र बलपूर्वक गौ को ले जाने लगे। इस पर नंदिनी के विभिन्न अंगों से हूण, यवन, किरात आदि उत्पन्न हुए जिन्होंने विश्वामित्र की सेना को पराजित कर दिया और नंदिनी वशिष्ठ के पास वापस आ गई। राजा दिलीप ने नंदिनी की बड़ी सेवा की। वे उस पर आक्रमण के लिए उद्यत सिंह को अपना शरीर तक देने के लिए तैयार हो गए। नंदिनी के आशीर्वाद से ही दिलीप को रघु के समान पुत्र प्राप्त हुआ।

नंदी

शिव का वाहन और पार्षद जो शिलाद ऋषि का पुत्र था। शिलाद को यह शिव के वरदान से जमीन खोदते हुए प्राप्त हुआ। जन्म के समय इसकी तीन आंखें और चार हाथ थे किंतु शिलाद के घर आते ही यह सामान्य बालक बन गया। नंदी को बचपन से ही अपने अल्पायु होने का पता चल गया था परंतु शिव की आराधना से इसे अमरत्व प्राप्त हुआ तथा शिव ने प्रसन्न होकर इसे अपने गणों में स्थान दिया। नंदी का विवाह मरुतों की कन्या सुयशा के साथ हुआ था।

नंदी ऋषि का पुत्र था और स्वयं भी एक ऋषि था परंतु लोक में शिव के नंदी को बैल माना जाता है। विद्वानों का मत है कि शिव के पार्षद या गण नृत्य के समय घोड़ा, बैल आदि प्राणियों का वेश बनाते थे। संभवतः इसी परंपरा के कारण नंदी को बैल समझ लिया गया।

शिव मंदिरों के प्रवेशद्वार के पास नंदी की मूर्ति स्थापित की जाती है। एक

मत के अनुसार वस्तुतः नंदी (पशु) उपासना का प्रतीक है। प्रत्येक उपासक प्रकृति से पशु-भाव का होता है। पशुपति शिव की कृपा से वह इससे मुक्ति पाता है।

नंबूद्री ब्राह्मण

इस वर्ग के ब्राह्मण केरल के मलाबार क्षेत्र में रहते हैं। ये वैदिक परंपरा और कर्मकांड के विशेषज्ञ माने जाते हैं। परिस्थितियां बदल जाने पर भी इन्होंने आत्म-त्याग का परिचय देकर अपनी इन विशेषताओं को सुरक्षित रखा है। आदि शंकराचार्य के समय से ही उत्तराखंड में बदरीनाथ आदि पवित्र मंदिरों के रावल अर्थात् मुख्य पुजारी केरल प्रदेश के नंबूद्री ब्राह्मण ही नियुक्त किए जाते रहे हैं। यही परंपरा आज भी विद्यमान है।

नई दिल्ली

यमुना नदी के किनारों पर बसे दिल्ली (दे.) और नई दिल्ली दो मिले-जुले शहर हैं। वस्तुतः पुराना शहर दिल्ली ही था। 1912 ई. में अंग्रेजों ने राजधानी कलकत्ता से लाकर दिल्ली में स्थापित की तो इस विकसित किंतु दिल्ली से मिले हुए शहर को नई दिल्ली नाम दिया गया।

नई दिल्ली का निर्माण बड़े सुनियोजित ढंग से हुआ है। इसकी गणना विश्व की सबसे हरी-भरी राजधानियों में होती है। इसका इतिहास अत्यंत पुराना है। मान्यता है कि पांडवों की राजधानी इंद्रप्रस्थ यहीं थी। यहां प्राप्त कुछ अवशेष महाभारत काल के बताए जाते हैं। प्राचीन काल के अन्य अवशेषों में लौह स्तंभ, सूरजकुंड, रायपिथौरा का किला आदि हैं। यहां की प्रसिद्ध कुतुबमीनार को कुछ विद्वान् मूलतः ज्योतिर्विज्ञानवेत्ता वराहमिहिर (दे.) की प्रयोगशाला मानते हैं।

मुहम्मद गोरी के हाथों पृथ्वीराज की पराजय के बाद दिल्ली का शासन गुलाम वंश, खिलजी वंश, तुगलक वंश, लोदी वंश और मुगल वंश के पास रहा। 1707 ई. में औरंगजेब की मृत्यु हुई। यद्यपि उसके उत्तराधिकारी 1857 ई. तक दिल्ली की गद्दी में रहे, पर यह उनका अवसान काल था। अंग्रेजों द्वारा इसे अपने भारतीय राज्य की राजधानी बनाने के निश्चय ने इसके विकास को नई दिशा प्रदान की, जिसका प्रतिफल वर्तमान नई दिल्ली है। राजधानी बनने के बाद नई दिल्ली में देश के सभी अंचलों के लोग आकर बस गए हैं। इससे एक मिले-जुले रहन-सहन, आचार-व्यवहार और जीवन-दृष्टि का विकास हुआ है।

स्वतंत्रता के बाद यहां अनेक नई-नई संस्थाएं अस्तित्व में आईं या उनका विस्तार हुआ। भारत सरकार के सभी कार्यालय यहां स्थित हैं। विदेशों के दूतावास हैं, राज्यों के अपने भवन हैं। इनके अतिरिक्त राष्ट्रीय स्तर की अनेक संस्थाएं हैं, जैसे—राष्ट्रीय वैज्ञानिक संस्थान, वैज्ञानिक और औद्योगिक अनुसंधान

परिषद, यूनेस्को का क्षेत्रीय कार्यालय, राष्ट्रीय भौतिकी प्रयोगशाला, भारतीय कृषि अनुसंधान परिषद, भारतीय कृषि अनुसंधान संस्थान पूसा, राष्ट्रीय अभिलेखागार, भारतीय चिकित्सा अनुसंधान परिषद, बल्लभभाई पटेल चेस्ट इंस्टिट्यूट, अखिल भारतीय आयुर्विज्ञान संस्थान, भारतीय सांख्यिकी संस्थान आदि।

शासकीय संस्थाओं के विस्तार के साथ नई दिल्ली का निरंतर विकास हो रहा है। प्रशासनिक दृष्टि से यह एक केंद्रशासित प्रदेश है।

नकुल

1. पांडवों के चौथे भाई जो पांडु की दूसरी पत्नी माद्री के गर्भ से उत्पन्न हुए थे। इनका जन्म दुर्वासा के द्वारा कुंती को दिए मंत्र के प्रभाव से अश्विनी कुमार के योग से हुआ था। इसी प्रकार माद्री ने सहदेव नामक दूसरे पुत्र को जन्म दिया। नकुल देखने में अति सुंदर, नीति, धर्मशास्त्र और पशुचिकित्सा में निपुण थे। युधिष्ठिर के राजसूय यज्ञ के समय इन्होंने पश्चिम दिशा के राज्यों को जीता था। पांडवों के अज्ञातवास काल में ये राजा विराट के यहां 'ग्रंथिक' नाम से गाय चराने और घोड़ों की देखभाल का काम करते रहे।

2. अथर्ववेद में नकुल (नेवला) का उल्लेख सांप को दो टुकड़ों में काटने और फिर जोड़ देने में समर्थ जंतु के रूप में किया गया है। इसके सर्पविष निवारण ज्ञान का भी उल्लेख है।

नक्सलवादी

भारत का एक ऐसा आतंकवादी दल जो सशस्त्र कृषिक्रांति में विश्वास करता है। और स्वयं को चीन के माओत्सेतुंग के विचारों का अनुयायी कहता है। इस दल का लक्ष्य शस्त्र बल से क्रमश: गांव, शहरों और इस प्रकार संपूर्ण देश को अपने प्रभाव में लेना है। हिंसा करने में इन्हें कोई झिझक नहीं होती। इस विचारधारा और कार्यप्रणाली का आरंभ पश्चिम बंगाल के 'नक्सलवाड़ी' नाम के उस भूभाग से हुआ जो बांग्ला देश और तिब्बत से लगा हुआ है। इसी कारण ये लोग 'नक्सलवादी' कहलाते हैं। अब ये केवल बंगाल तक सीमित नहीं हैं।

नक्षत्र

चंद्रमा के पथ में पड़नेवाले तारों का समूह जो सौर जगत् के भीतर नहीं है। इनकी कुल संख्या 27 है। पुराणों में इन्हें दक्ष प्रजापति की पुत्रियां बताया गया है जो सभी सोम अर्थात् चंद्रमा (दे.) को ब्याही गई थीं। इनमें से चंद्रमा को रोहिणी सबसे प्रिय थी जिसके कारण उसे शापग्रस्त भी होना पड़ा था।

नक्षत्रों का महत्व वैदिक काल से ही रहा है। ग्रह और नक्षत्रों के आधार पर

ही शुभ और अशुभ का निर्णय होता आया है। 27 नक्षत्र ये हैं—1. अश्विनी, 2. भरणी, 3. कृतिका, 4. रोहिणी, 5. मृगशिरा, 6. आर्द्रा, 7. पुनर्वसु, 8. पुष्य, 9. अश्लेषा, 10. मघा, 11. पूर्वा फाल्गुनी, 12. उत्तरा फाल्गुनी, 13. हस्त, 14. चित्रा, 15. स्वाति, 16. विशाखा, 17. अनुराधा, 18. ज्येष्ठा, 19. मूल, 20. पूर्वाषाढ़ा, 21. उत्तराषाढ़ा, 22. श्रवण, 23. धनिष्ठा, 24. शतभिषा, 25. पूर्वा भाद्रपद, 26. उत्तराभाद्रपद, 27. रेवती।

नक्षत्रदान

पुराणों के अनुसार विभिन्न नक्षत्रों में भिन्न-भिन्न वस्तुओं का दान करने से अत्यंत पुण्य तथा स्वर्ग की प्राप्ति होती है। रोहिणी नक्षत्र में घी, दूध और रत्न का; मृगशिरा में वत्स सहित गाय का; आर्द्रा में खिचड़ी का; हस्त में हाथी और रथ का; अनुराधा में उत्तरीय सहित वस्त्र का; पूर्वाषाढ़ा में दही और साने हुए सत्तू का बर्तन समेत; रेवती में कांसे का और उत्तराभाद्रपद में मांस का दान करने का नियम है।

नक्षत्रपुरुष

एक ऐसे पुरुष की कल्पना की गई है जिसके अंग विभिन्न नक्षत्रों के हैं। मूल नक्षत्र उस कल्पित पुरुष का पांव है, अश्विनी और रोहिणी उसकी जंघाएं हैं आदि। वामन पुराण में सुंदरता प्राप्ति के लिए इस नक्षत्रपुरुष का व्रत अभीष्ट बताया गया है। यह व्रत चैत्र कृष्ण अष्टमी को चंद्रमा के मूल नक्षत्रयुत होने पर किया जाता है। उस दिन विष्णु और नक्षत्रों की पूजा करते हैं। व्रत नक्षत्रपुरुष के पैरों वाले नक्षत्र से आरंभ होकर प्रतिमास हर नक्षत्र के नाम से किया जाता है।

नक्षत्रव्रत

अलग-अलग नक्षत्रों में विभिन्न देवताओं आदि के पूजन का विधान है—अश्विनी में अश्विनी कुमारों का, भरणी में यम का, कृतिका में अग्नि का, आर्द्रा में शिव का, पुनर्वसु में अदिति का, पुष्य में बृहस्पति का, श्लेषा में सर्प का, मघा में पितरों का, पूर्वा फाल्गुनी में भग का, उत्तरा फाल्गुनी में अर्यमा का, हस्त में सूर्य का, चित्रा में इंद्र का, अनुराधा में मित्र का, ज्येष्ठा में इंद्र का, मूल में राक्षसों का, पूर्वाषाढ़ा में जल का, उत्तराषाढ़ा में विश्वे देवों का, श्रवण में विष्णु का, धनिष्ठा में वसु का, शतभिषा में वरुण का, पूर्वा भाद्रपद में अजैकपात का, उत्तरा भाद्रपद में अहिर्बुध्य का और रेवती में पूषा का व्रत और पूजन किया जाता है। प्राचीन काल में इन व्रतों को आरोग्य, आयुवृद्धि और सुख-सम्मान कारक बताया जाता है।

नगरवधू

प्राचीन काल में सर्वांग सुंदरी राजनर्तकी को 'नगरवधू' की उपाधि दी जाती थी। वह साधारण वेश्या न थी। उसका स्थान बड़े सम्मान का और गौरवपूर्ण माना जाता था। जनसाधारण की उसके पास तक कोई पहुंच न थी। समाज के उच्च वर्ग के लोग उसके निकट पहुंचने के लिए लालायित रहा करते थे। राजकीय समारोहों में नगरवधू को बड़े आदर के साथ आमंत्रित किया जाता था।

वैशाली के वृज्जि संघ की नगरवधू अंबपाली या आम्रपाली का उल्लेख बौद्ध-साहित्य में बड़े सम्मान के साथ किया गया है। भगवान बुद्ध ने उसका आतिथ्य स्वीकार किया, उसे 'आर्या अंबा' कहकर संबोधित किया और दीक्षा दी। उससे पहले बौद्ध संघ में महिलाओं का प्रवेश वर्जित था, यहां तक कि बुद्ध ने यशोधरा को भी संघ में लेना अस्वीकार कर दिया था। किंतु आम्रपाली की श्रद्धा, भक्ति तथा त्यागभाव को देखकर उन्होंने महिलाओं के लिए भी धम्मसंघ के द्वार खोल दिए।

नचिकेता

कठोपनिषद् के अनुसार नचिकेता वाजश्रवा नामक एक धार्मिक राजा का पुत्र था। राजा ने अनेक यज्ञ किए और विपुल संपदा दान में दी। अपनी दानशीलता पर हर्षित पिता से बालक नचिकेता ने कहा—आपने अभी सब कुछ दान में नहीं दिया। अभी मैं बचा हूं। मुझे किसे दे रहे हैं? उसके बार-बार यह पूछने पर क्रुद्ध पिता ने कहा—'तुझे यम को दिया।' बालक यम के यहां भेज दिया गया। वहां उसके व्यवहार से प्रसन्न होकर यम ने उससे वर मांगने के लिए कहा। बालक हर बार 'कुछ नहीं' कहता रहा। उसके इस नकारने के कारण ही उसका नाम 'नचिकेता' पड़ा। प्रसन्न यमराज ने उसे ब्रह्मविद्या का दान दिया।

महाभारत में नचिकेता को उद्दालक ऋषि का पुत्र बताया गया है। एक बार ऋषि पूजा की सामग्री नदी के तट पर भूल आए। उन्होंने पुत्र को लाने के लिए भेजा। पर वह वहां से खाली हाथ लौटा। यह देखकर ऋषि को क्रोध आ गया और उन्होंने शाप दिया कि 'तुझे यम का दर्शन हो।' इससे नचिकेता का शरीर तत्काल प्राणहीन हो गया। अब उद्दालक को अपने शाप पर बड़ा पश्चाताप हुआ और वे विलाप करने लगे। दूसरे दिन नचिकेता पुनर्जीवित हो गया और उसने पिता को यमलोक के अनुभव सुनाए।

नमुचि

इंद्र का पहले का एक मित्र जो विप्रचित दानव का पुत्र था। मैत्री में इंद्र ने इससे प्रतिज्ञा की थी कि मैं तुम्हें न दिन में, न रात में, न सूखे अस्त्र से, न गीले अस्त्र से

मारूंगा। यह वरदान मिलने पर नमुचि उद्दंड हो गया और उसने इंद्र के ही बल का हनन कर लिया। इस पर इंद्र ने समुद्र के झाग के समान वज्रास्त्र बनाकर सरस्वती और अश्विनी कुमारों की सहायता से उसका वध किया।

महाभारत के अनुसार नमुचि डरकर छिपा हुआ था। जब इंद्र ने उसका सिर काट लिया तो कटा हुआ सिर इंद्र के पीछे उड़ने लगा। इस पर ब्रह्मा की आज्ञा से इंद्र ने सरस्वती की शाखा अरुण में स्नान किया और उसी में नमुचि का सिर भी डाल दिया। तब कहीं इंद्र का पीछा छूटा और नमुचि को सद्‌गति प्राप्त हुई।

नयनार

तमिल में जिस प्रकार वैष्णव भक्तों को आलवार कहते हैं। उसी प्रकार शिवभक्त वहां नयनार कहलाते हैं। नयनार शिवभक्तों का सामूहिक नाम है।

नर

1. एक वीर पुरुष जिसका निर्माण विष्णु ने शंकर की रक्षा के लिए अपनी अंगुली काटकर उसके रक्त से किया। एक बार शंकर ने ब्रह्मा का मस्तक फोड़ डाला। शंकर को सजा देने के लिए ब्रह्मा ने अपने पसीने से एक योद्धा का निर्माण किया था, उसी से शंकर की रक्षा के लिए विष्णु ने नर को बनाया।

2. दक्ष के यज्ञध्वंस के समय शिव का त्रिशूल नर के भाई को लग गया था। उसका बदला लेने के लिए नर का शिव से युद्ध हुआ। नर की छोड़ी हुई शलाका परशु बनकर शिव को लगी, परंतु शिव ने उसे खंडित कर दिया।

नरक

1. हिंदू धर्मशास्त्र के अनुसार ऐसा स्थान जहां पाप करनेवालों की आत्मा को दंड भोगने के लिए भेजा जाता है। ऐसे नरकों की संख्या कहीं पर 21 और कहीं 27 बताई गई है।

2. कश्यप और दनु से उत्पन्न एक दानव जिसे इंद्र ने पराजित किया।

नरक चतुर्दशी

कार्तिक कृष्ण चतुर्दशी नरक चतुर्दशी कहलाती है। कहीं-कहीं इसे 'छोटी दीवाली' भी कहते हैं। इस दिन सूर्योदय से पहले ही तेल लगाकर स्नान करने का नियम हैं। यमराज के निमित्त तथा पूर्वजों के लिए तर्पण और तिलांजलि दी जाती है। जिनके पिता जीवित हैं, इस दिन वे भी तर्पण देते हैं। धर्मशास्त्र के अनुसार सूर्योदय के बाद स्नान करनेवाले या सायंकाल यम के लिए दीप न जलानेवाले को वर्ष भर अशुभ का सामना करना पड़ता है।

पुराणों के अनुसार आज ही के दिन श्रीकृष्ण ने नरकासुर (दे.) का वध किया था। आज ही के दिन अर्धरात्रि में अंजना के गर्भ से हनुमान का जन्म हुआ था। अतः इसी दिन हनुमान जयंती भी मनाई जाती है।

नरकपूर्णिमा व्रत

एक वर्ष तक चलनेवाला यह व्रत मार्गशीर्ष की पूर्णिमा से अथवा किसी भी पूर्णिमा से आरंभ किया जाता है। व्रत के दिन विष्णु की पूजा करते हैं। यदि संभव हो तो प्रतिमास पूर्णिमा के दिन जल से भरा हुआ कलश, खड़ाऊ, छाता और एक जोड़ा वस्त्रों का दान करने का विधान है। यह व्रत सुखकारक और अंत में स्वर्ग की प्राप्ति का साधन बताया गया है।

नरकासुर

महाभारत और पुराणों में वर्णित नरकासुर नाम का असुर प्रागज्योतिषपुर का राजा था। कहते हैं, वराह अवतार के समय विष्णु और पृथ्वी के संसर्ग से इसकी उत्पत्ति हुई थी। इस अत्याचारी और बलशाली राजा ने गंधर्व, देवता और मनुष्यों की सोलह हजार एक सौ कन्याओं और आठ अप्सराओं का अपहरण करके अलका नगरी के पास मणि पर्वत पर रखा था। इंद्र की माता अदिति के कुंडल और वरुण का छत्र भी उसने छीन लिया था। उसकी दृष्टि इंद्र के ऐरावत पर भी थी। नरकासुर से भयभीत इंद्र ने श्रीकृष्ण से उसका वध करने की प्रार्थना की। इस पर श्रीकृष्ण प्रागज्योतिषपुर गए और उन्होंने सुदर्शन चक्र से नरकासुर का वध कर डाला। वे सोलह हजार एक सौ कन्याओं और बहुत सी संपत्ति को द्वारका ले आए।

नर-नारायण

1. सतयुग में धर्म के पुत्र के रूप में भगवान वासुदेव के चार अवतार हुए—नर, नारायण, हरि और कृष्ण। इनमें नर-नारायण दो भाई पहले देवता के, फिर ऋषि के और महाभारत के समय अर्जुन और कृष्ण के रूप में प्रकट हुए।

एक अन्य कथा के अनुसार ब्रह्मा के पुत्र धर्म तथा दक्ष की पुत्री कन्या से नर-नारायण दो भाई उत्पन्न हुए। वे बदरीनाथ में तप करने लगे। उनकी तपस्या भंग करने के लिए इंद्र ने अनेक अप्सरायें भेजीं। इस पर नर-नारायण ने अपनी जंघा से अत्यंत सुंदरी उर्वशी अप्सरा को उत्पन्न करके इंद्र के पास भेज दिया। इंद्र की भेजी हुई अप्सराओं को उन्होंने अगले अवतार में विवाह करने का आश्वासन दिया।

एक बार जब प्रह्लाद ने इनके आश्रम में युद्ध के काम आनेवाली चीजें देखीं

तो इन्हें दंभी समझा। इस पर दोनों के बीच लंबे समय तक युद्ध चला जिसे अंत में विष्णु ने मध्यस्थता करके समाप्त कराया।

यह ज्ञातव्य है कि बदरीनाथ के दो पर्वत आज भी नर और नारायण कहलाते हैं। मंदिर वाला पर्वत नारायण कहलाता है और उसके सामने वाला नर।

2. असम के एक राजा का नाम जो शाक्त था और जिसने कामाख्या का मंदिर फिर से बनवाया। मंदिर में नरनारायण और उसके भाई की दो प्रस्तर मूर्तियां अब भी विद्यमान हैं। नरनारायण ने पचास वर्ष तक शासन किया और संवत् 1641 वि. में उसकी मृत्यु हुई।

नरसिंह

विष्णु का एक अवतार। प्रह्लाद के पिता हिरण्यकशिपु को यह वरदान प्राप्त था कि उसे कोई देवता, मनुष्य या पशु नहीं मार सकता। वह दिन में या रात में, भीतर या बाहर, जल या थल पर अथवा किसी अष्त्र-शस्त्र से मारा नहीं जायेगा। उसके अत्याचारों से अपने भक्त प्रह्लाद को बचाने के लिए विष्णु खंभा फाड़कर नरसिंह के रूप में प्रकट हुए। उनका मुख सिंह का, शरीर मनुष्य का था। उन्होंने अपने नाखूनों से हिरण्यकशिपु को अपनी जांघों पर रखकर सूर्यास्त के समय जब न दिन था न रात थी, उस का वध किया। यह घटना बैशाख शुक्लपक्ष चतुर्दशी को घटित हुई थी। इसलिए उस दिन नरसिंह चतुर्दशी का व्रत भी रखा जाता है।

नरसिंह गुप्त

गुप्तवंश के इस शासक ने 467 ई. से 473 ई. तक शासन किया। यह बालादित्य के नाम से प्रसिद्ध था। बौद्ध धर्म के कट्टर अनुयायी इस शासक ने नालंदा विश्व-विद्यालय में एक मंदिर बनवाया जिसमें गौतम बुद्ध की अस्सी फुट ऊंची तांबे की प्रतिमा स्थापित की गई थी।

नरसिंह चतुर्दशी

व्रत की यह तिथि बैशाख शुक्लपक्ष चतुर्दशी को पड़ती है भगवान का नरसिंह (दे.) अवतार इसी दिन हुआ था। अवतार के समय स्वाति नक्षत्र था, संध्या का काल था और शनिवार का दिन। यदि ये तीनों चीजें किसी बैशाख शुक्लपक्ष चतुर्दशी को एक साथ पड़ती हैं तो इस व्रत का फल करोड़ गुना माना जाता है।

नरसिंह वर्मा

पल्लव सम्राट् महेंद्र वर्मा का पुत्र जिसने 630 ई. से 668 ई. तक राज्य किया। उसका एक नाम राजसिंह भी था। उसने चालुक्य सम्राट् पुलकेशी द्वितीय को

पराजित करके उसकी राजधानी पर अधिकार कर लिया और दक्षिण में अपनी सार्वभौम सत्ता स्थापित की। 640 ई. में चीनी यात्री ह्वेनसांग उसकी राजधानी कांची गया था। वह नरसिंह वर्मा के वैभव से बड़ा प्रभावित हुआ। नरसिंह वर्मा ने महाबलीपुरम् के धर्मराज का रथ और कांची के प्रसिद्ध कैलाशनाथ मंदिर का निर्माण कराया।

नरसी मेहता

गुजरात के प्रसिद्ध संत कवि नरसी मेहता नागर ब्राह्मण थे। उनका समय 1414 ई. से 1480 ई. तक माना जाता है। उन्होंने अपने भक्तिपूर्ण और दार्शनिक पदों से गुजराती का भंडार भर दिया। राधा-कृष्ण की प्रेमलीला और आत्मसमर्पण की भावना इनके पदों में भरी हुई है। गांधीजी का सबसे प्रिय भजन 'वैष्णव जन तो तेने कहिए, जै पीड़ पराई जाणे रे।' इन्हीं का लिखा हुआ है।

नरसी मेहताभ क्ति कवि होने के साथ-साथ बड़े समाज सुधारक भी थे। छुआ-छूत के उस जमाने में भी वे हरिजनों की ब़स्तियों में जाकर कीर्तन किया करते थे। इसके लिए उन्हें समाज से बहिष्कृत भी होना पड़ा।

मीराबाई की भांति नरसी मेहता के जीवन में घटित अनेक चमत्कारपूर्ण कहानियां प्रचलित हैं। ये बचपन से ही घर का काम न करके ईश्वर भक्ति में लगे रहते थे। भाभी के ताना मारने पर नरसी जूनागढ़ के निकट शिवमंदिर में तपस्या करने लगे। प्रसन्न होकर शिवजी उन्हें गोलोक ले गए और रासलीला दिखलाई। इसी प्रकार पुत्र और पुत्री के विवाह के समय इनके अभाव की पूर्ति भगवान ने की। एकबार पिता के श्राद्ध के दिन नरसी घी लेने के लिए बाजार गए और वहां हो रहे कीर्तन में बैठ गए। घंटों बाद याद आने पर दौड़ते हुए घर आए तो पता चला कि उन्हीं के रूप में भगवान पहले ही घी पहुंचा गए थे।

नरहरि

ये रामचरितमानस के रचयिता गोस्वामी तुलसीदास के गुरु थे। तुलसीदासजी ने रामचरितमानस में जो कथा लिखी है वह उन्होंने बचपन में नरहरिदास से ही सुनी थी। नरहरिदास स्वामी रामानंद की शिष्य परंपरा में छठी पीढ़ी में हुए थे।

नरेन्द्रदेव, आचार्य

प्रसिद्ध समाजवादी नेता, स्वतंत्रता सेनानी और शिक्षाविद् आचार्य नरेन्द्रदेव का जन्म 31 अक्टूबर, 1889 ई. को सीतापुर में हुआ था। उनके पिता श्री बलदेव प्रसाद अपने गृहनगर फैजाबाद से कुछ समय के लिए वकालत करने सीतापुर गए

थे। आपके बचपन का नाम अविनाशीलाल था। बाद में पिता के एक मित्र ने नरेन्द्रदेव नाम रख दिया। शिक्षा पूरी करके नरेन्द्रदेवजी ने वकालत आरंभ की और 1921 ई. में आप गांधीजी द्वारा संचालित असहयोग आंदोलन में सम्मिलित हो गए और वकालत को तिलांजलि दे दी। लोकमान्य तिलक के नेतृत्व में भी आपने काम किया। आचार्यजी प्रत्येक आंदोलन में सम्मिलित हुए और जेलों में बंद रहे। 1921 ई. में जब वाराणसी में काशी विद्यापीठ की स्थापना हुई तो नरेन्द्रदेवजी ने वहां अध्यापन कार्य आरंभ किया। बाद में आप इस संस्था के और हिंदू विश्वविद्यालय वाराणसी तथा लखनऊ विश्वविद्यालय के कुलपति भी रहे।

आचार्य नरेन्द्रदेव इतिहास, राजनीति, समाजशास्त्र और धार्मिक विषयों के प्रकांड विद्वान् थे। आपकी ख्याति देश के जानेमाने वक्ता के रूप में भी थी। भारत में समाजवादी विचारों के आप प्रवर्तक थे। 1934 ई. में आपकी ही अध्यक्षता में 'कांग्रेस समाजवादी पार्टी' की स्थापना हुई जिसके सचिव जयप्रकाश नारायण थे। मार्क्सवादी विचारों से प्रभावित होते हुए भी आपका समाजवादी दृष्टिकोण भारत की धरती से जुड़ा हुआ था। आपने अनेक गंभीर विषयों पर रचनाएं कीं। जेल जीवन में लिखी गई पुस्तक 'बौद्ध-दर्शन' आपके गंभीर अध्ययन का प्रतिफल है।

आचार्य नरेन्द्रदेव 1948 ई. तक कांग्रेस कार्यसमिति के सदस्य थे। बाद में विचारभेद के कारण जब आप कांग्रेस से पृथक् हुए तो आपने कांग्रेस के टिकट पर जीती हुई उत्तर प्रदेश विधानसभा की सीट से भी त्यागपत्र दे दिया।

आचार्य नरेन्द्रदेव का 19 फरवरी, 1956 ई. को देहांत हो गया।

नरैना

जयपुर से लगभग 80 कि.मी. दूर यह स्थान दादूपंथ का प्रमुख केंद्र है। दादूपंथी दो भागों में विभक्त हैं—गृहस्थ सेवक तथा संन्यासी। संन्यासी पांच प्रकार के हैं—खालसा, नागा, उत्तराड़ी, विरक्त और खाकी। नरैना खालसा लोगों का केंद्र स्थान है।

नर्मद

गुजराती साहित्य और संस्कृत के निर्माताओं में गिने जानेवाले नर्मद का जन्म 1833 ई. में हुआ था। उनका पूरा नाम नर्मदाशंकर दूबे था पर नर्मद के नाम से ही प्रसिद्ध हुए। उन्हें आधुनिक गुजराती कविता का जनक तो माना ही जाता है, वे गुजराती भाषा के प्रथम गद्यकार, प्रथम निबंधकार, प्रथम आलोचक, प्रथम कोशकार और प्रथम आत्मकथा लेखक भी थे। उन्होंने समाजसुधार के क्षेत्र में भी काम किया और उस जमाने में एक विधवा से विवाह करके आदर्श उपस्थित किया। नर्मद का 1886 ई. में देहांत हो गया।

नर्मदा

1. अमरकंटक से निकलनेवाली यह नदी गंगा के समान ही पवित्र और भारत की सप्त नदियों में गिनी जाती है। मध्य प्रदेश में यह जबलपुर के आगे भेड़ाघाट की संगमरमर की चट्टानों को काटती हुई धुआंधार जल-प्रपात बनाती है। भड़ोंच के नीचे इसकी धारा धीमी पड़ जाती है और 1312 कि.मी. का लंबा रास्ता तय करने के बाद यह अरब सागर में जा मिलती है।

2. पुराणों के अनुसार नर्मदा का अवतरण चंद्रवंशी राजा हिरण्यतेजा के तप के कारण हुआ। इसका जल दर्शनमात्र से पवित्र करता है। यह पितरों के श्राद्ध के लिए पवित्र समझी जाती है। इसके किनारे अनेक तीर्थ हैं। इसमें स्नान करने से अश्वमेध यज्ञ करने के समान फल प्राप्त होता है।

नल

1. विश्वकर्मा का पुत्र और राम की सेना का एक बंदर जो ऋतुध्वज ऋषि के शाप के कारण एक अप्सरा के गर्भ से बंदर के रूप से पैदा हुआ था। यह पत्थरों को पानी में तैराने की कला जानता था और नील के साथ मिलकर इसने राम-रावण युद्ध के समय समुद्र पर पुल बांधा था।

2. निषध देश के राजा वीरसेन का सुंदर, गुणवान और घोड़ों का पारखी पुत्र जिसका विदर्भ के राजा भीम की पुत्री दमयंती के साथ विवाह हुआ था। (दे. नल-दमयंती)।

नलकूबर

कुबेर का पुत्र जिसके बड़े भाई का नाम मणिग्रीव था। एक बार सुरापान के बाद यह नग्नावस्था में अपनी पत्नी के साथ था कि नारद आ गए। किंतु नशे के कारण इसे अपनी उस स्थिति का बोध नहीं हुआ। इस पर नारद ने इसे सौ वर्ष तक वृक्षयोनि में रहने का शाप दिया। कृष्णावतार के समय ये दोनों भाई नंद के द्वार पर अर्जुनवृक्ष बनकर उत्पन्न हुए। जब यशोदा द्वारा ओखल में बंधे कृष्ण ओखल समेत इन वृक्षों के पास गए और इनके बीच फसे ओखल को निकालने के लिए उन्होंने जोर लगाया तो दोनों वृक्ष समूल गिर पड़े। इस पर नलकूबर और उसके भाई को मोक्ष प्राप्त हो गया।

नल-दमयंती

'महाभारत' के अनुसार निपध देश के राजा वीरसेन का पुत्र नल रूपवान, गुणवान और अश्व-पारखी था। विदर्भनरेश राजा भीम की पुत्री दमयंती से उसका विवाह हुआ था। अत्यंत रूपवती दमयंती को प्राप्त करने के इच्छुक अनेक

देवता भी थे, पर उसने स्वयंवर में नल का ही वरण किया।

गुण संपन्न नल में जुआ खेलने का दुर्गुण भी था। उसके भाई पुष्कर ने जुए में उसका सब-कुछ जीत लिया और दल-दमयंती को जंगलों में भटकना हड़ा। विपत्तियों से व्याकुल नल एक दिन वन में वृक्ष के नीचे सोई दमयंती को छोड़कर चला गया। वह भटकता हुआ अयोध्या पहुंचा और वहां के राजा ऋतुपर्ण के यहां बाहुक नाम से सारथी बन गया। रोती-बिलखती दमयंती अपने पिता के घर गई।

जब नल का कहीं पता नहीं चला तो दमयंती के पिता ने उसके पुनः स्वयवर के बहाने से अयोध्यानरेश को भी आमंत्रित किया। जब उनके सारथी के रूप में नल वहां पहुंचा तो दोनों ने एक-दूसरे को पहचान लिया। नल ने फिर अपने भाई से सारा राजपाट जीत लिया। यह आख्यान विश्वप्रसिद्ध है। संस्कृत काव्यग्रंथ 'नैषधचरित' इसी पर आधारित है।

नवकुमारी

चैत्र और आश्विन के नवरात्रों में कुमारी कन्याओं की पूजा करने और उन्हें भोजन कराने का नियम है। इसके दो प्रकार हैं—प्रतिदिन एक-एक कुमारी की पूजा की जाए या फिर नवमी के दिन नौ कुमारियों की एक साथ पूजा हो। आजकल दूसरा विकल्प अधिक प्रचलित है। इन कुमारियों में जिन देवियों की कल्पना की जाती है, वे हैं—कुमारिका, त्रिमूर्ति, कल्याणी, रोहिणी, काली, चंडिका, शौभवी, दुर्गा और सुभद्रा।

नवदुर्गा

पुराणों में दुर्गा के ये नौ नाम दिए गए हैं—शैलपुत्री, ब्रह्मचारिणी, चंद्रघंटा, कूष्मांडा, स्कंदमाता, कात्यायिनी, कालरात्रि, महागौरी और सिद्धिदात्री।

नवद्वीप

पश्चिमी बंगाल के नदिया जिले में गंगा और जलागी नदियों के संगम पर स्थित यह स्थान वैष्णवों के गौड़ीय संप्रदाय का महान तीर्थ है। बारहवीं शताब्दी में यह सेन वंश की राजधानी था। 1485 ई. में यहीं चैतन्य महाप्रभु ने जन्म लिया। धामेश्वर यहां का मुख्य मंदिर है। कहते हैं, इस मंदिर की मूर्ति की स्थापना महाप्रभु की पहले के आश्रम की पत्नी विष्णुप्रिया देवी ने की थी। इसके अतिरिक्त यहां लगभग 40 मंदिर और हैं। इनमें से अनेक में चैतन्य महाप्रभु की लीलाओं की मूर्तियां हैं। वे पूजा के लिए नहीं, केवल दर्शनार्थ हैं जिनके दर्शन निश्चित दक्षिणा देकर होते हैं।

नवधा भक्ति

विष्णु की नौ प्रकार की भक्ति। 'भागवत' के अनुसार नवधा भक्ति के रूप हैं—श्रवण, कीर्तन, स्मरण, पादसेवन, अर्चन, वंदन, सख्य, दास्य और आत्म-निवेदन। 'अध्यात्म रामायण' के अनुसार सत्संग, भगवत् कथा लाभ, गीतादि वाक्यों की व्याख्या, भगवतवाक्यों की व्याख्या, गुरु की निष्कपट सेवा, पवित्र स्वभाव, मंत्रोपासना, भक्तों के प्रति श्रद्धा तथा वैराग्य ये नवधा भक्ति के प्रकार हैं।

नवरत्न

मानिक, मोती, मूंगा, सुवर्ण, पुखराज, हीरा, इंद्रनील, गोमेद और वैदूर्यमणि ये नवरत्न कहलाते हैं। रत्नों का उपयोग ग्रहों की शांति के लिए भी होता है। पुराणों के अनुसार सूर्य के लिए लहसुनियां, चंद्रमा के लिए नीलम, मंगल के लिए माणिक्य, बुध के लिए पुखराज, बृहस्पति के लिए मोती, शुक्र के लिए हीरा, शनि के लिए नीलम, राहु के लिए गोमेद और केतु के लिए पन्ना धारण करने का विधान है।

'नवग्रह विधान पद्धति' में ग्रह और नक्षत्रों का यह क्रम दिया हुआ है—सूर्य के लिए माणिक्य, चंद्रमा के लिए मोती, मंगल के लिए मूंगा, बुध के लिए पन्ना, बृहस्पति के लिए पुखराज, शुक्र के लिए हीरा, शनि के लिए नीलम, राहु के लिए गोमेद और केतु के लिए लहसुनियां।

नवरस

साहित्य-शास्त्र में काव्यानंद प्रदान करनेवाले नौ रस—शृंगार, हास्य, रौद्र, करुण, वीर, वीभत्स, भयानक, अद्भुत और शांत। पहले आठ ही रस माने जाते थे। शांत रस बाद में जोड़ा गया। इनमें शृंगार को रसराज माना जाता है।

नवरात्र

वर्ष में दो नवरात्र मनाए जाते हैं—पहला चैत्र शुक्लपक्ष के पहले नौ दिन और दूसरा आश्विन शुक्लपक्ष के पहले नौ दिन। नवरात्र शुक्ल पक्ष की प्रतिपदा से लेकर नवमी तक चलता है। इन दिनों हिंदू दुर्गा की पूजा करते हैं और 'दुर्गा-सप्तशती' का पाठ किया जाता है। उत्तर प्रदेश, बिहार, मध्य प्रदेश, दिल्ली, पंजाब और राजस्थान में चैत्र के नवरात्र का विशेष महत्व है। बंगाल, असम, उड़ीसा आदि में शारदीय नवरात्र बड़े समारोह से मनाया जाता है। वहां इसका नाम ही 'दुर्गापूजा' है। जगह-जगह दुर्गा की आकर्षक मूर्तियां स्थापित की जाती हैं। नौ दिन तक उनकी पूजा-अर्चना होती है और दसवें दिन उन्हें श्रद्धापूर्वक जल में प्रवाहित कर दिया जाता है।

नवरात्रों में लोग व्रत रखते और प्रत्येक दिन नौ नामों से देवी की पूजा करते हैं। (दे. नवदुर्गा)। दुर्गा की पूजा दो प्रकार की होती है—सात्विकी और तामसी। सात्विकी पूजा में फल, पुष्प आदि का प्रयोग होता है और तामसी में पशु-बलि का भी विधान है। नवरात्र में अष्टमी और नवमी का विशेष महत्व है। इन तिथियों में दुर्गा का विशेष शृंगार होता है।

नहपान

एक शक राजा जिसके शासन का समय 119 ई. से 125 ई. के बीच माना जाता है। इसके बहुत से सिक्के मिले हैं, परंतु उनमें कोई तिथि अंकित नहीं है। इसने अपने राज्य का विस्तार नासिक, पूना, मालवा, पुष्कर आदि तक कर लिया था। परंतु 125 ई. के बाद इसका प्रभाव घटता गया। अनुमान है कि उसी के आस-पास यह गौतमी पुत्र सातकर्णी (दे.) के हाथों पराजित हो गया। उसके बाद नहपान का कोई उल्लेख नहीं मिलता।

नहुष

प्रसिद्ध चंद्रवंशी राजा पुरुरवा का पौत्र। वृत्तासुर का वध करने के कारण इंद्र को ब्रह्महत्या का दोष लग गया था। वह डरकर एक हजार वर्ष तक कमलनाल में छिपा रहा। पर इंद्रासन खाली नहीं रह सकता था। इसलिए देव-गुरु बृहस्पति के परामर्श पर नहुष को इंद्र के आसन पर बैठाया गया। गद्दी पर बैठते ही नहुष इंद्राणी के प्रति आसक्त हो गया और उससे मिलने का प्रयत्न करने लगा। इंद्राणी उसे इस दुर्भावना का दंड देना चाहती थी। अतः उसने कहलाया कि यदि नहुष सप्तऋषियों के कंधों पर पालकी में बैठकर आए तो वह उससे मिलने को तैयार है। नहुष की मति भ्रष्ट हो चुकी थी। उसने सातों ऋषियों को पालकी उठाने के लिए बाध्य किया और मार्ग में उनसे 'सर्प-सर्प' (शीघ्र चलो) कहने लगा। उसका पैर जब अगस्त्य ऋषि को लगा तो ऋषि ने उसे सर्प बन जाने का शाप दे दिया। भयभीत नहुष ने जब उनकी बहुत अभ्यर्थना की तो महाभारत काल में युधिष्ठिर ने उसे शाप-मुक्त किया।

नाग

एक प्राचीन मानव जाति जिसका आरंभ कश्यप ऋषि और दक्ष की कन्या कद्रु की संतानों से हुआ। इन्हें एक हजार सर्प उत्पन्न हुए। ये सर्प जब लोगों को कष्ट देने लगे तो ब्रह्मा ने इन्हें शाप दिया कि जनमेजय के सर्पयज्ञ से और गरुड़ के द्वारा तुम्हारा नाश होगा। किंतु जब नागों ने ब्रह्मा से क्षमायाचना की तो उन्होंने इन्हें वरदान भी दे डाला। नागों के लिए एक सुरक्षित स्थान निश्चित हो गया। वहां

'नागतीर्थ' बन गया। जिस दिन ब्रह्मा ने वरदान दिया उसे 'नागपंचमी' कहते हैं।

एक अन्य विवरण के अनुसार कद्रु की इन संतानों का कमर के ऊपर का भाग मनुष्य के समान और नीचे का भाग सर्प के समान माना जाता है। उसके अनंत, वासुकि, कंबल, कर्कोटक, पद्म, महापद्म, शंख, कुलिक, अपराजित और तक्षक नामक पुत्र हुए थे। ये सब नाग पाताल में रहते थे। इनमें से अनंत, वासुकि, तक्षक, कर्कोटक, शंख, कलिक, पद्म और महापद्म को अष्टकुल कहते हैं।

नागपंचमी

यह पर्व श्रावण शुक्ल पंचमी को सारे देश में नागपूजा के रूप में मनाया जाता है। दक्षिण भारत में इसे 'नागरपंचमी' कहते हैं। उस दिन वहां सांपों के बिलों पर फूल-सुगंध आदि चढ़ाते हैं और दूध डालते हैं। मध्य भारत में विश्वास है कि श्रावण मास में किसी विशेष दिन परिवार का एक व्यक्ति नागमंदिर में नहीं जाता तो पूरे परिवार के लिए काले नागों का भय बना रहता है। उत्तर भारत में इस दिन दीवारों पर नागों का चित्र अंकित करके उसकी पूजा करते हैं। उत्तर प्रदेश के पर्वतीय क्षेत्रों में सिर पर नागछत्रधारी 'रिखेश्वर' शिव की पूजा होती है। इस दिन अखाड़ों में कुश्ती के दंगल होते हैं। लड़कियां गुड़िया का खेल खेलती और उन्हें नदी या सरोवर में प्रवाहित करती हैं। यह पर्व जीवधारियों के प्रति मनुष्य की आत्मीय भावना का प्रतीक है।

नागबल

महाभारत के अनुसार भीम का एक नाम। एक बार दुर्योधन ने भीम को विष खिलाकर नदी में फेंकवा दिया था। बहते हुए वे नागलोक पहुंचे। वहां नागों के डसने से दुर्योधन के दिए विष का प्रभाव समाप्त हो गया। वासुकि नाग ने भीम को ऐसा रसायन दिया कि वे दस हजार हाथियों के बराबर बलशाली हो गए।

नागवंश

प्राचीन काल का एक राजवंश जिसने 150 और 250 विक्रमी संवत् के बीच राज्य किया। इस वंश का मथुरा और भरतपुर से लेकर ग्वालियर और उज्जैन तक अधिकार था। सिकंदर के भारत आक्रमण के समय नागवंशी राजा ने ही उसका स्वागत किया और पुरु पर चढ़ाई करने में सहायता दी थी। नौ नाग राजाओं के सिक्के उपलब्ध हैं। इन पर बृहस्पति नाग, देवनाग, गणपति नाग आदि नाम अंकित हैं।

नागवंशी

मध्य प्रदेश के मुआसी अपने पूर्वजों को सर्प बताते हैं। बंबई के नापित स्वयं को शेषनाग का वंशज कहते हैं। ब्राह्मणों की एक जाति स्वयं को ब्राह्मण पिता तथा नागमाता से उत्पन्न मानती है। इसी प्रकार वेल्लाल भी अपने को नाग-कन्या से उत्पन्न मानते हैं। छोटा नागपुर में रहनेवाले कुछ लोग भी अपनी उत्पत्ति कुंडलीक नाग से बताते हैं। इन सभी में नागपूजा का विशेष महत्व है।

नागा

साधुओं का एक संप्रदाय जो त्याग की इस पराकाष्ठा तक पहुंच गया कि शरीर पर एक भी वस्त्र नहीं रखता। ये लोग अपने को कपिल, दत्तात्रेय, ऋषभदेव आदि का आदर्श अनुयायी मानते हैं। मध्यकाल में नागा साधु जमात के रूप में संगठित हो गए थे। तब ये अपने मठ और मंदिरों की रक्षा के लिए खूनी संघर्ष करने को भी तैयार रहते थे। बाद में इन्होंने अपनी इस शक्ति का उपयोग सत्ता के संघर्ष में आरंभ कर दिया। इनके दल मराठा, निज़ाम, राजपूत, अवध के नवाब आदि की ओर से 'युद्ध व्यवसायी' के रूप में लड़ते रहे।

वर्तमान समय में ये लोग गुसांई, वैरागी, दादूपंथी आदि जमातों के रूप में रहते और कुंभ मेलों में बड़े ठाटबाट के साथ भाग लेते हैं।

नागार्जुन

1. बौद्ध दर्शन की शून्यवादी विचारधारा के प्रवर्तक नागार्जुन का समय 166 से 196 ई. माना जाता है। वे कनिष्क के समय विद्यमान थे। डा. राधाकृष्णन ने उन्हें दक्षिण का ब्राह्मण बताया है। इनकी लिखी हुई 20 से अधिक पुस्तकों के अनुवाद चीनी और तिब्बती भाषाओं में उपलब्ध हैं। इस असाधारण विद्वान् की एक बड़ी देन यह रही है कि हिंदू देवी-देवताओं को ये विभिन्न नामों से बौद्ध धर्म में ले गए।

2. सातवीं-आठवीं शताब्दी के एक रसायनशास्त्री इन्होंने धातुओं के संशोधन पर कार्य किया था। कहते हैं, अरबों को रसायन विद्या का ज्ञान नागार्जुन के ग्रंथों से ही हुआ। पारे का प्रयोग इनकी महत्वपूर्ण देन मानी जाती है।

नागालैंड

यह छोटा प्रदेश असम की ब्रह्मपुत्र घाटी और बर्मा से लगे हुए संकरे भूभाग में स्थित है। यह असम के पिछले 'नागाहिल्स' जिले और पूर्वोत्तर सीमा एजेंसी के त्वेन्सांग डिवीजन को मिलाकर बनाया गया है। 1961 ई. में इसे पूरे राज्य का दर्जा देने का निश्चय हुआ और 1 दिसंबर 1963 ई. को इस नए पृथक् राज्य का

उद्‌घाटन हुआ। इसकी राजधानी कोहिमा है।

नागालैंड की पूरी जनसंख्या कबीलों में बंटी है। उनकी अलग-अलग भाषा और अपनी-अपनी सांस्कृतिक परंपराएं हैं। 90 प्रतिशत आबादी 'झूम' खेती करती है। चावल यहां की मुख्य उपज है। झूम खेती से भूमि का क्षरण देखकर अब इसे हतोत्साहित करने के प्रयत्न चल रहे हैं। यहां के निवासी हस्तकला में बड़े प्रवीण हैं।

नागेश

शिव के द्वादश ज्योतिर्लिंगों में से एक इस नागेश लिंग के स्थान के संबंध में बड़ा विवाद है। कुछ लोग इसे द्वारका के निकट गोपी तालाब के समीप नागनाथ मंदिर को बताते हैं। कुछ का मत है कि उत्तर प्रदेश में अल्मोड़ा के निकट जागेश्वर का शिवलिंग नागेश लिंग है। बहुमत आंध्र प्रदेश के आवड़ा नामक स्थान में स्थित लिंग को मानता है। इस संबंध में उपलब्ध कथा के अनुसार इस वन में रहनेवाली दारु का नाम की राक्षसी पार्वती के वरदान से अपनी पृथ्वी, वन आदि लेकर समुद्र में रहने लगी थी। जब उसने एक शिव-भक्त को सताया तो अपने भक्त की रक्षा के लिए शिव पहुंच गए और दारुका के राक्षसों को नष्ट कर डाला। पार्वती के आग्रह पर उन्होंने दारुका को जीवन-दान देना और उस स्थान पर नागेश नाम से स्थित रहना स्वीकार किया।

नाथद्वारा

राजस्थान का नाथद्वारा वल्लभ संप्रदाय का प्रधान पीठ है। इसकी गणना भारत के प्रधान वैष्णव तीर्थों में होती है। यहां के आचार्य वल्लभाचार्य के वंशजों में से हैं। नाथजी की यहां की मूर्ति पहले गोकुल में थी। अन्य मंदिरों को विधर्मियों के हाथों ध्वस्त होते देखकर वल्लभाचार्य संप्रदाय के स्वामी इस मूर्ति को लेकर यहां चले आए। कहते हैं, जिस गाड़ी में मूर्ति को ले जा रहे थे, उसके पहिए नाथद्वारा में धंस गए, इसलिए यहीं पर मंदिर बना।

यह बड़ा संपन्न मंदिर है। चढ़ावे में बहुत बड़ी धनराशि आती है। यहां बड़े भक्तिभाव से पूजा होती है। दर्शनों के लिए थोड़ी-थोड़ी देर में पट खुलते हैं। मूर्ति का उसी के अनुरूप शृंगार होता है।

नाथमुनि

वैष्णव संप्रदाय के प्रसिद्ध आचार्य नाथमुनि 965 वि. के आसपास विद्यमान थे। छोटी उम्र में ही पिता की मृत्यु हो जाने से इन्होंने संन्यास ले लिया। योग में अद्‌भुत सिद्धियां प्राप्त करने से ये 'योगींद्र' भी कहलाए। इन्होंने आलवारों (दे.)

और नम्मालवालों की स्तुतियों के संग्रह का ऐतिहासिक कार्य किया। चार हज़ार स्तुतियों का यह सग्रह 'नालामिर प्रबंधम्' के नाम से प्रसिद्ध है। इनकी आरंभ कराई हुई विद्या की परंपरा के अंतर्गत श्रीरंगम् में संस्कृत और तमिल के अनेक विद्वान् हुए।

नाथ संप्रदाय

यद्यपि नाथ शब्द बहुत पुराना और विभिन्न अर्थों में प्रयुक्त है, पर 'नाथ संप्रदाय' में इसका शिव के अर्थ में प्रयोग हुआ है। इस संप्रदाय के व्यक्ति जो कान फाड़कर उनमें कुंडल पहनने के कारण 'कनफटा' भी कहलाते हैं, अपने नाम के साथ 'नाथ' शब्द लगाते हैं। इस मत के प्रमुख सिद्धों की संख्या अलग-अलग ग्रंथों में भिन्न-भिन्न है। कहीं पर 84 सिद्धों के नाम दिए हुए हैं, कहीं पर केवल 9 के। इस संप्रदाय के अंदर पंथ भी बारह बताए जाते हैं।

इस मत का आरंभ, उन ग्रंथों में 'नाथ' शब्द मिलने के कारण, विद्वान् अथर्ववेद और तैत्तिरीय ब्राह्मण ग्रंथ के समय से मानते हैं। पर इसे प्रधानता मत्स्येंद्रनाथ के शिष्य गोरखनाथ के समय से मिली जिनका समय नवीं शताब्दी का मध्य भाग माना जाता है। गोरखनाथ ने 30 ग्रंथ संस्कृत भाषा में लिखे और लगभग 40 रचनाएं उस समय प्रचलित हिंदी में कीं।

इस संप्रदाय के अनुयायी आसन, प्राणायाम और हठयोग की साधना करते हैं और अनेक देशों में फैले हैं। मुसलमानों में भी इस समुदाय के अनुयायी पाए जाते हैं।

नादिरशाह

फारस का बादशाह जिसने 1739 ई. में भारत पर आक्रमण किया। मुगल बादशाह मुहम्मदशाह उसका सामना न कर पाया क्योंकि उसके मुसलमान अमीर और अधिकारी आक्रमणकारी से मिल गए थे। मार्च 1739 ई. में वह दिल्ली पहुंच गया और उसने प्रातः 8 बजे से सायंकाल तक दिल्ली नगर को लूटने की छूट अपने सैनिकों को दे दी। मुगल बादशाह ने बीच में पड़कर यह लूटमार बंद कराई, लेकिन तब तक दिल्ली के 30 हजार नागरिक मारे जा चुके थे।

नादिरशाह ने दिल्ली तो मुहम्मदशाह के अधिकार में लौटा दी, किंतु सिंध नदी के पश्चिम का पूरा भाग उसने अपने राज्य में मिला लिया। मई 1739 ई. में वह 30 करोड़ रुपए, बहुमूल्य रत्न, मोती, कोहिनूर सहित असंख्य हीरे, तख्ते ताऊस, एक हजार हाथी, सात हजार घोड़े, दस हजार ऊंट, मुगल रनिवास की बहुत सी सुंदरियां, दो सौ कारीगर, एक सौ मिस्त्री और दो सौ बढ़ई लेकर अपने देश चला गया। परंतु इस असाधारण लूट का उपयोग वह अधिक दिन तक नहीं

कर पाया। कुछ वर्ष बाद ही उसका दिमाग खराब हो गया और इसी अवस्था में किसी ने छुरा मारकर 1747 ई. में उसकी हत्या कर दी।

नानकदेव, गुरु

सिक्खों के आदि-गुरु नानकदेव का जन्म 15 अप्रैल, 1469 ई. को पंजाब के तलवंडी नामक स्थान में हुआ था। यह स्थान लाहौर से 30 मील पश्चिम में स्थित है। अब यह 'नानकाना साहब' कहलाता है।

नानक में धार्मिक और आध्यात्मिक भावना बाल्यकाल से ही थी। 7 वर्ष की उम्र में वे अध्यापक के पास पढ़ने के लिए भेजे गए तो उन्होंने अपनी आध्यात्मिक बातों से उन्हें चकित कर दिया। वे अधिक दिन विद्यालय में नहीं रह सके। उनका समय मनन, चिंतन और सत्संग में व्यतीत होने लगा। वे धर्मशास्त्र के विद्वान् साधुओं के संपर्क में आए। 9 वर्ष की उम्र में यज्ञोपवीत कराने के लिए आए पंडित से उन्होंने कहा था—'दया कपास हो, संतोष सूत हो, संयम गांठ हो, सत्य उस जनेऊ की पूरन हो। यही जीवन के लिए जनेऊ है। हे पांडे, यदि इस प्रकार का जनेऊ तुम्हारे पास हो तो मेरे गले में पहना दो। यह जनेऊ न ही टूटता है, न इसमें मैल लगता है, न यह जलता है, न यह खोता है।'

148् ई. में नानक का विवाह हुआ। उनके दो पुत्र भी हुए, पर अंत में परिवार का भार अपने श्वसुर को सौंपकर वे धर्म-प्रचार के लिए निकल पड़े। उन्होंने पूरे देश की यात्रा की। लोगों पर उनके विचारों का असाधारण प्रभाव पड़ा। उनमें सभी गुण मौजूद थे। पैगंबर, दार्शनिक, राजयोगी, गृहस्थ, त्यागी, धर्मसुधारक, कवि, संगीतज्ञ, देशभक्त, विश्वबंधु आदि सभी गुण जैसे एक व्यक्ति में सिमटकर आ गए थे। उनकी रचना 'जपुजी' का सिक्खों के लिए वही महत्व है जो हिंदुओं के लिए गीता का है।

1539 ई. में आपने गुरुगद्दी का भार गुरु अंगददेव (बाबा लहना) को सौंप दिया और स्वयं करतारपुर में 'ज्योति' में लीन हो गए। गुरु नानक आंतरिक साधना को सर्वव्यापी परमात्मा की प्राप्ति का एकमात्र साधन मानते थे। वे रूढ़ियों के कट्टर विरोधी थे।

नाना फड़नवीस

इस मराठा राजनेता को पानीपत (दे.) के तृतीय युद्ध (1761 ई.) के समय मराठा पेशवा की सेना में नियुक्त किया गया था। 1764 ई. में यह पेशवा का मुख्यमत्री बना और 1800 ई. में मृत्यु के समय तक मराठा राज्य का संचालन करता रहा। इसने 1775 से 1783 ई. तक अंग्रेजों के विरुद्ध प्रथम मराठा युद्ध का संचालन किया। इसने पहले अकेले और फिर अंग्रेजों और निजाम के साथ

मिलकर टीपू सुल्तान का सामना किया। आगे चलकर फड़नवीस के नेतृत्व में मराठा सेना को निजाम को पराजित करने में सफलता मिली। हर युद्ध में मराठा-शक्ति को कुछ न कुछ लाभ ही हुआ। इनके जीवन काल में मराठा शक्ति संगठित रही।

नाना साहब (धोंडो पंत)

ये अंतिम मराठा पेशवा बाजीराव द्वितीय के दत्तक पुत्र थे और अपने पिता के साथ कानपुर के निकट बिठूर में रहते थे। पहले इनके अंग्रेजों के साथ अच्छे संबंध थे किंतु जब बाजीराव की मृत्यु के बाद गवर्नर जनरल डलहौजी ने पिता को मिलनेवाली पेंशन इन्हें देना अस्वीकार कर दिया तो ये अंग्रेजों के विरुद्ध हो गए। 1857 ई. के स्वतंत्रता संग्राम के संगठन और संचालन में इन्होंने भी भाग लिया। तात्या टोपे (दे.) ने 1857 ई. में ग्वालियर पर अधिकार करने के बाद इन्हें पेशवा घोषित कर दिया था, परंतु सैनिक योग्यता की कमी के कारण ये स्वतंत्रता-सैनिकों का सफल नेतृत्व न कर सके और बाद में अज्ञातवास में इनकी मृत्यु हो गई।

नाभाग

1. प्राचीन परम प्रतापी राजा जो वैवश्वत मनु के पुत्र थे। इन्होंने सात दिन में संपूर्ण पृथ्वी जीतकर ब्राह्मणों को दान में दे दी थी। किंतु, महाभारत के अनुसार, पृथ्वी स्वयं फिर इनके पास आ गई।
2. अग्नि पुराण के अनुसार अयोध्या के एक राजा जिनके पुत्र अंबरीश (दे.) थे। रामायण में नाभाग को ययाति का पुत्र और अज का पिता बताया गया है।
3. कारुषवंशीय राजा दिष्टि के एक पुत्र।

नाभाजी

रामानंदी वैष्णव संप्रदाय के प्रसिद्ध भक्त कवि जिनका समय 1642 से 1680 ई. के बीच माना जाता है। इनके समय संत तुलसीदास भी जीवित थे। नाभाजी अथवा नाभादास के जन्म के संबंध में विभिन्न मत हैं। कुछ लोग इन्हें उस वर्ग में उत्पन्न बताते हैं जो घूम-घूमकर गान-विद्या से जीविकोपार्जन करता है। कुछ अन्य लोग इन्हें डोम जाति का भी बताते हैं।

नाभाजी की सबसे बड़ी देन 'भक्तमाल' नामक काव्य-ग्रंथ है जिसे इन्होंने अपने गुरु अग्रदास की आज्ञा से लिखा था। यह ग्रंथ सूत्र रूप में लिखा गया है, जिसे भाष्य के बिना समझना बड़ा कठिन है। इससे मध्य युग के संतों की विशेषताओं का पता चलता है।

नाभि

आग्नीध्र राजा का पुत्र जो पूर्वचित्ति नाम की अप्सरा के गर्भ से उत्पन्न हुआ था। भागवत के अनुसार आग्नीध्र ने पुत्र प्राप्ति के लिए यज्ञ किया था जिसके फल से विष्णु स्वयं इनकी पत्नी मेरुदेवी के गर्भ से ऋषभदेव के रूप में उत्पन्न हुए।

नामकरण

नामकरण संस्कार का उल्लेख वैदिक काल से ही होता है। यह संस्कार शिशु के जन्म के दसवें या बारहवें दिन किया जाता था। बाद में यह परिवार की सुविधा तथा माता और शिशु के स्वास्थ्य को देखते हुए जन्म के दसवें दिन से द्वितीय वर्ष के प्रथम दिन तक किया जा सकता था। मनु के अनुसार ब्राह्मण का नाम मंगल सूचक, क्षत्रिय का बल सूचक, वैश्य का धन सूचक और शूद्र का जुगुप्सा सूचक होना चाहिए। वर्ण-भेद के लिए ब्राह्मण के साथ शर्मा, क्षत्रिय के साथ वर्मा, वैश्य के साथ गुप्त और शूद्र के साथ दास शब्द का प्रयोग किया जाता था।

गुह्य सूत्र के अनुसार नाम दो या चार अक्षरों का और व्यंजन से आरंभ होना चाहिए। बालकों के नाम में अक्षर सम संख्या में हों। बालिकाओं के नाम के अक्षरों की संख्या विषम हो और वह आकारांत वाला हो। नाम उच्चारण में सरल तथा श्रवण-सुखद होना चाहिए। वह लिंगभेद का भी द्योतक हो।

नामदेव

1. निर्गुण संप्रदाय के प्रसिद्ध संत जिनके मराठी भाषा में रचे अभंग महाराष्ट्र के जनसाधारण आज भी प्रेम के साथ गाते हैं। नामदेव का जन्म सतारा जिले में 1270 ई. में हुआ। कबीर से पहले होने के कारण निर्गुण संप्रदाय के लिए पृष्ठभूमि तैयार करने का श्रेय आपको ही है। नामदेव और ज्ञानेश्वर ने साथ-साथ उत्तर भारत की यात्रा की और अपने धार्मिक विचारों का प्रचार किया। नामदेव का देहांत 80 वर्ष की उम्र में 1350 ई. में हुआ।

2. वामदेव के दोहित्र एक प्रसिद्ध भक्त जो भगवान् कृष्ण (मूर्ति) के दूध न पीने पर आत्महत्या करने पर उतारू हो गये थे। कहते हैं कि अन्त में भगवान् ने स्वयं प्रकट होकर दूध पीया और इन्हें आत्महत्या करने से रोका।

नारद

एक वैदिक द्रष्टा और यज्ञवेत्ता जो ब्रह्मा के मानस पुत्र और विष्णु के तीसरे अवतार थे। नारद त्रिकालदर्शी और वेद-वेदांग में पारंगत थे। इन्हें ऋग्वेद के कुछ सूक्तों का द्रष्टा भी बताया जाता है। एक कथा के अनुसार पहले ये गंधर्व थे। इनके सुंदर रूप के कारण इन्हें हर समय स्त्रियां घेरे रहती थीं। इस पर ब्रह्मा

के शाप के कारण इनको कश्यप प्रजापति से एक शूद्रा ने जन्म दिया और कश्यप के यहां ही इनका लालन-पालन हुआ।

नारद को त्रैलोक्य में कहीं भी विचरण करने का वरदान प्राप्त था। इनके द्वारा एक स्थान के समाचार सरलता से दूसरे स्थान पर पहुंच जाते थे। महाभारत में नारद के द्वारा वर्णित विभिन्न राजाओं की अनेक कहानियां मिलती हैं। नारद का कलहपूर्ण रूप भी स्थान-स्थान पर वर्णित है। संगीत कला के मर्मज्ञ नारद हाथ में वीणा लेकर नारायण के नाम का प्रचार तो करते ही थे, दो पक्षों को लड़ा भी देते थे। किंतु इन्होंने पक्ष सदा न्याय का ही लिया।

तत्व ज्ञानी नारद संबंधी अनेक कथायें मिलती हैं। संगीत का ज्ञान इन्होंने लक्ष्मी द्वारा अपमानित किए जाने के बाद किया। एक सरोवर में स्नान करने के कारण इनका स्त्री में रूपांतर हो गया और दो अवसरों पर इन्हें कृष्ण की और विदर्भनरेश सुशर्मा की पत्नी बनना पड़ा। रामायण और महाभारत काल में नारद सभी महत्वपूर्ण अवसरों पर दिखाई देते हैं। देवकी की संतानों को जन्मते ही मार डालने की प्रेरणा कंस को नारद ने ही दी थी। उनका उद्देश्य था कि कंस के पाप का घड़ा जल्दी से जल्दी भरे और विष्णु अवतार लेकर उसके भार से पृथ्वी को मुक्त करें। नारद रचित 'नारद पुराण' और संगीत का ग्रंथ 'नारद संहिता' प्रसिद्ध हैं। कलियुग के संबंध में नारद का यह कथन मिलता है कि इस युग में जननेंद्रिय और जिह्वा का ही महत्व रह जायेगा। अतः साधुओं को इस पाखंड से बचने के लिए अन्यत्र चला जाना चाहिए।

एक बार नारद बड़े उपहास के पात्र भी बने। उन्हें इस बात का अहंकार हो गया था कि उन्होंने 'काम' पर विजय प्राप्त कर ली है। उनका अहंकार मिटाने के लिए विष्णु ने एक नगर का निर्माण कराया जहां एक सुंदरी राजकन्या का स्वयंवर हो रहा था। कन्या के रूप और गुण जानकर नारद उससे विवाह करने के लिए आतुर हो उठे। वे विष्णु के पास गए और उनसे प्रार्थना की कि उनका मुख सबसे अधिक आकर्षक बना दें जिससे रूपवती कन्या उनका ही वरण करे। विष्णु ने नारद का मुख बंदर का बना दिया। स्वयंवर में सब लोग उनका मुख देखने लगे और राजकन्या भी नारद के सामने आई तो वह भी हंस पड़ी। वस्तुतः वह राजकन्या लक्ष्मी ही थी। उसने वहां उपस्थित विष्णु के गले में जयमाला डाल दी। निराश नारद ने जब दर्पण में अपना मुख देखा तो अत्यन्त कुपित हो उठे। उन्होंने विष्णु को पत्नी-वियोग का शाप दिया और कहा कि बंदर ही उनके संकट में सहायक होंगे। यह शाप विष्णु को रामावतार के समय भोगना पड़ा।

नारद कुंड

बदरीनाथ में तप्त कुंड के नीचे स्थित एक कुंड। यह अलकनंदा के किनारे है। कहते

हैं, आदि शंकराचार्य ने बदरीनाथ की मूर्ति इसी कुंड से निकालकर मंदिर में स्थापित की थी। नारद कुंड पवित्र माना जाता है और यात्री इसमें स्नान करते हैं।

नारद पुराण

पुराणों के क्रम में इसका छठा स्थान माना जाता है। इसमें अठारहों पुराणों की विषयानुक्रमणिका देखकर कुछ विद्वान् इसकी प्राचीनता पर संदेह करते हैं। परंतु ग्यारहवीं शताब्दी के अलबरूनी द्वारा नारद पुराण का उल्लेख इसकी प्राचीनता का प्रमाण है। कदाचित पुराणों की तालिका किसी ने बाद में जोड़ दी है। 25 हजार श्लोकों के इस पुराण के इस समय 22 हजार श्लोक मिलते हैं। इस वैष्णव पुराण में सनकादिक ने नारद को संबोधित करके कथा कही है। इसके मुख्य वर्ण्य विषय हैं—मोक्ष, धर्म, नक्षत्र, व्याकरण, ज्योतिष, मंत्र सिद्धि, वर्णाश्रम धर्म, प्रायश्चित आदि। यह पुराण विष्णु भक्ति की महिमा बताता है।

नारायण

एक देवता श्रीकृष्ण जिनके अवतार थे। एक बार नारायण और इनके भाई नर का शिव से युद्ध हो गया। उसमें नारायण ने शिव का गला दबा दिया। शिव का 'नीलकंठ' उसी का परिणाम है। देव और दानवों को समुद्रमंथन के लिए नारायण ने ही प्रेरित किया था। इन्होंने ही मोहिनी रूप धारण करके देवताओं को अमृत पिलाया। देवासुर संग्राम में असुरों के संहारक भी यही थे। (दे. नर-नारायण)।

नारायण गुरु (1855-1928 ई.)

केरल के प्रसिद्ध समाज सुधारक जिन्होंने उन दिनों नीची समझी जाने वाली जाति में जन्म लेकर जीवन भर जाति-पांति का भेद मिटाने का प्रयत्न किया। नारायण गुरु ने अपने अध्यवसाय से ही मलयालम के साथ-साथ संस्कृत की भी शिक्षा प्राप्त की और 30 वर्ष की उम्र में ही योगी के रूप में प्रसिद्ध हो गए। उनका संदेश था—'मनुष्य का एक ही भगवान् है, एक ही धर्म है और एक ही जाति है।'

नारायणसर

गुजरात प्रदेश के कच्छ क्षेत्र का एक स्थान जहां पवित्र सरोवर, आदित्य नारायण, लक्ष्मी नारायण, कोटेश्वर महादेव, नीलकंठ महादेव आदि के मंदिर हैं। भागवत के अनुसार सृष्टि की वृद्धि के लिए उत्पन्न दक्ष प्रजापति के पहले दस पुत्र यहां आकर विरक्त हो गए। जब प्रजापति ने इसी कार्य के लिए 1000 पुत्र उत्पन्न किए तो वे भी यहां आकर तप करने लगे तथा नारद के उपदेशों से अपने पहले के भाइयों के मार्ग पर चल दिए।

एक अन्य विवरण के अनुसार चन्द्रमा ने बृहस्पति की पत्नी तारा का अपहरण करके उसे फिर लौटा दिया था। इस पर तारा ने चंद्रमा को शाप दिया कि तुम्हें जो भी देखेगा वह कलंकी और पापी हो जायेगा। शापग्रस्त चंद्रमा ने नारायण सर में तप किया और नारायण से ये वरदान प्राप्त किया कि भाद्रसुदी चार के एक दिन को छोड़कर अन्य दिन वह निष्कलंकी रहेगा।

नालंदा

बिहार प्रदेश में राजगिरि के निकट स्थित इस प्राचीन शिक्षा संस्था की अपने समय में बड़ी महिमा थी। यह अन्तर्राष्ट्रीय विश्वविद्यालय था। इसकी स्थापना का श्रेय सम्राट चंद्रगुप्त को दिया जाता है। यहां केवल भारत के ही नहीं, तिब्बत, चीन, जावा और लंका आदि देशों के भी विद्यार्थी और विद्वान् आते रहते थे। यहां सभी विषयों की शिक्षा दी जाती थी किंतु बौद्ध धर्म की महायान शाखा की शिक्षा पर विशेष बल था।

नालंदा में हस्तलिखित पुस्तकों का विशाल पुस्तकालय था। चीनी यात्री ह्वेनसांग ने यहां रहकर पांच वर्ष तक अध्ययन किया था। गौतम बुद्ध ने भी यहां उपदेश दिया था। जैनियों के अंतिम तीर्थंकर भगवान महावीर ने चौदह चौमास यहां वास किया। सम्राट हर्षवर्धन ने इस विद्यालय के खर्च के लिए एक सौ गांव दे दिए थे। यह महान शिक्षा-क्षेत्र कदाचित किसी भयंकर अग्निकांड में नष्ट हो गया। इसके अवशेष अभी विद्यमान हैं।

नासिक

इस स्थान का प्राचीन नाम सुगधा था। यह गोदावरी नदी के दाहिने किनारे पर बसा है। उसी जगह बाएं किनारे पर बसा हुआ स्थान पंचवटी कहलाता है। राम, लक्ष्मण और सीता ने वनवासकाल में सीताहरण के समय तक यहां निवास किया था। यहीं रावण ने सीता का हरण किया था। यहां गोदावरी में रामकुंड नामक स्थान पर राम ने अपने पिता दशरथ को पिंड दिया था।

नासिक को पश्चिमी भारत की काशी कहते हैं। बारह वर्ष बाद यहां कुंभ का मेला होता है। पंचवटी और नासिक में अनेक मंदिर हैं। गोदावरी के किनारे कई स्थान कुंड के नाम से प्रसिद्ध हैं।

नास्तिक

सामान्यतः लोग नास्तिक उसे कहते हैं जिसके अनुसार कोई सर्वव्यापी सत्ता नहीं है। अर्थात् जो यह मानता है कि ईश्वर नहीं है। किंतु हिंदू धर्म की परिभाषा के अनुसार नास्तिक वह है जो वेद को नहीं मानता और वेद की निंदा करता है।

इसलिए बौद्ध, जैन, चार्वाक आदि संप्रदाय नास्तिक माने जाते हैं।

ईश्वर में विश्वास न करने से कोई नास्तिक नहीं होता। मीमांसा और सांख्य दोनों दर्शन के अस्तित्व की आवश्यकता नहीं समझते। परंतु वे वेद को मानते है इसलिए आस्तिक समझे जाते हैं।

नास्तिकता की भावना अत्यंत प्राचीन है। महाभारत और रामायण के संदर्भ तो इसकी पुष्टि करते ही हैं, बौद्ध और जैन धर्म का काफी पहले से आरंभ भी इसी ओर संकेत करता है। चार्वाक, माध्यमिक, योगाचार, सौत्रांतिक, वैभाषिक और आर्हत ये छह दर्शन नास्तिक दर्शन हैं। आस्तिक और नास्तिकों की परंपरा और विचार-भेद साथ-साथ रहे, परंतु दोनों की संस्कृति समान थी।

निगम

वेदों में उद्धृत कोई भी वाक्य या शब्द 'निगम' है। मनुस्मृति कहती है—वेद से संबद्ध या वेद की व्याख्या करनेवाली कोई भी रीति निगम कहलाती है। साक्षात अनुभव पर आधारित ज्ञान को ही निगम कहते हैं। वेद उनके द्रष्टाओं के स्वयं अनुभूत होने के कारण निगम कहलाते हैं।

शाक्त तंत्रों में इसे भिन्न प्रकार से परिभाषित किया गया है। जहां उपासना, ज्ञान आदि का उपदेश शिवा करती है और शिव शिष्यवत सुनते और सीखते हैं, वही 'निगम' है। जहां शिव उपदेश दें और शिवा सुनने और सीखनेवाली हों वहां 'आगम' है (दे. आगम)।

निघंटु

वेदों के कठिन शब्दों का संकलन 'निघंटु' कहलाता है। कुछ विद्वानों का मत है कि इस संकलन की रचना अनेक व्यक्तियों ने की। परंतु कुछ लोग इसको महर्षि यास्क रचित मानते हैं जिनकी निघंटु पर टीका उपलब्ध है।

नित्यवाद

वेदांत का वह सिद्धांत जो वस्तु की सत्ता की नित्यता में विश्वास करता है। इसके अनुसार संसार में दिखाई देनेवाला परिवर्तन और विध्वंस अवास्तविक है। वास्तव में तो वस्तु की सत्ता स्थायी और निश्चित है।

नित्यानंद

चैतन्य महाप्रभु के प्रमुख सहयोगी नित्यानंद ने महाप्रभु के परलोक गमन के बाद भी अपने संप्रदाय को संगठित रखा। चैतन्य शंकराचार्य के दशनामी संन्यासियों की भारती शाखा के संन्यासी थे। नित्यानंद ने आधुनिक साधुओं के दल का आरंभ

किया जो सरल जीवनयापन करनेवाले थे। ये लोग 'वैरागी' कहलाए। इन्होंने अपने दल के सदस्यों के लिए आचरण के नियम भी बनाए।

निदाघ

विष्णु पुराण के अनुसार पुलस्त्य का पुत्र जो दो हजार वर्षों तक तप करने पर भी अद्वैत का आशय नहीं समझ पाया था। अपने इसी अज्ञान में वह एक दिन अपने गुरु ऋभु की पीठ पर सवार हो गया। इस पर गुरु ने उसे सभी वस्तुओं को भेद-भाव रहित दृष्टि से देखने की दीक्षा दी।

निधियां

1. मार्कंडेय पुराण के अनुसार निधियां आठ हैं—1. पद्म (सत्वगुण का आधार), 2. महापद्म (सात्विक), 3. मकर (तमोगुण), 4. कच्छप (तमोगुण की प्रधानता), 5. मुकुंद (रजोगुणी), 6. नंद (रजोगुण और तमोगुण से युक्त), 7. नील (सत्वगुण और रजोगुण से युक्त), 8. शंख (रजोगुण और तमोगुण से युक्त)।
2. कुबेर के नौ रत्न निधि कहलाते हैं—पद्म, महापद्म, शंख, मकर, कच्छप, मुकुंद, कुंद, नील और खर्व।

निमि

1. अयोध्या नरेश इक्ष्वाकु के पुत्रों में से एक और मिथिला के विदेह वंश के संस्थापक। पिता की मृत्यु के बाद इन्हें विदेह का राज्य मिला था। निमि ने गौतम ऋषि के आश्रम के पास दंडकारण्य प्रदेश में एक सुंदर नगरी बसाई थी।

निमि को 'विदेह' भी कहते हैं, इस संबंध में एक कथा मिलती है। निमि ने दीर्घकालीन यज्ञ के लिए गुरु वशिष्ठ को आमंत्रित किया। परंतु वशिष्ठ पहले ही इंद्र का निमंत्रण स्वीकार कर चुके थे। उन्होंने निमि से कहा कि वे इंद्र का यज्ञ पूरा होने के बाद आएंगे। किंतु शरीर को क्षणभंगुर समझकर निमि ने लंबे समय तक प्रतीक्षा न करके गौतम ऋषि के नेतृत्व में यज्ञ आरंभ करा दिया। वशिष्ठ ने आने पर जब यह देखा तो निमि को 'विदेह' अर्थात् देहहीन होने का शाप दे दिया। इसे वशिष्ठ का अविवेक समझकर यही शाप निमि ने वशिष्ठ को भी दे दिया। यज्ञ की समाप्ति पर जब देवता उपस्थित हुए तो उन्होंने निमि के इधर-उधर भटकते प्राणों से वर मांगने के लिए कहा। निमि ने पुनः देह धारण न करके लोगों की आंखों में स्थान पाने की इच्छा प्रकट की। उन्हें यही वर मिल गया। आंखों में निमि की उपस्थिति से लोगों की आंखें झपकने लगीं और यह क्रिया 'निमिष' कहलाई।

निमि निःसंतान थे। अतः उनके शरीर को मथा गया जिससे तेजस्वी पुत्र उत्पन्न हुआ जो जनक के नाम से विख्यात हुआ। विदेह निमि की वंश परंपरा में होने के कारण जनक भी 'विदेह' कहलाए।

2. अत्रिकुल का एक ऋषि जिसने पितरों का श्राद्ध करने की प्रथा आरंभ की।

3. विदर्भ देश के एक राजा का नाम जिसने अपना राज्य और कन्या अगस्त्य ऋषि को सौंप दी थी।

निम्बार्क

वैष्णव संप्रदाय में एक सिद्धांत है जिसे 'द्वैताद्वैतवाद' कहते हैं। इसका प्रवर्तन निम्बार्क ने किया था। ये दक्षिण के तैलंग ब्राह्मण थे। इन्हें निम्ब वृक्ष पर रात्रि के समय सूर्य के दर्शन हुए थे इसीलिए इनका नाम नियमानंद के बदले निम्बार्क हो हो गया। निम्बार्क का समय बारहवीं शताब्दी माना जाता है।

इस मत के अनुसार जीव ब्रह्म से भिन्न और अभिन्न दोनों है। मोक्ष की स्थिति में भी जीव अपना अस्तित्व खो नहीं देता और ब्रह्म से अभिन्न होकर भी अपना पृथक् अस्तित्व विद्यमान रखता है। निम्बार्क मत में श्रीकृष्ण को परमात्मा और उनकी शक्ति राधा को सर्वेश्वरी मानकर प्रेममार्गी भक्ति का विधान है।

नियोग

300 ई. पू. तक प्रचलित एक प्रथा जिसके अनुसार पति की असमर्थता अथवा मृत्यु पर स्त्री देवर से, सगोत्र के किसी अन्य पुरुष से या फिर श्रेष्ठ ब्राह्मण से गर्भाधान कराकर संतान प्राप्त करती थी। उस समय जनसंख्या वृद्धि आवश्यक समझी जाती थी। इसीलिए महाभारत और पुराणों के अनेक नायक नियोग से उत्पन्न हुए थे। धृतराष्ट्र, पाण्डु और विदुर का जन्म तथा पांचों पांडवों का जन्म नियोग प्रथा के बहुत प्रचलित उदाहरण हैं। धीरे-धीरे इसका प्रचलन कम होता गया। आपस्तंब, बोधायन तथा मनु ने इसका विरोध किया। जब समाज में विधवा-विवाह की स्वीकृति मिल गई तो यह प्रथा पूर्णतः बंद हो गई।

निरंजनी संप्रदाय

इस संप्रदाय का आरंभ स्वामी निरंजन भगवान ने किया था। निरंजन का अर्थ है माया से मुक्त होना, पूर्ण निर्लिप्त। इस संप्रदाय का आरंभ सबसे पहले उड़ीसा में हुआ। बाद में यह बंगाल और राजस्थान पहुंचा। इसी संप्रदाय में 'अलखनिरंजन' नाम भी प्रचलित हुआ। नाथों और कबीर ने भी इस शब्द को अपनाया। कबीर के शब्दों में आदि पुरुष वृक्ष और निरंजन उसकी डाल है। विद्वान् इस संप्रदाय को नाथ और निर्गुण संप्रदाय का ही एक रूप मानते हैं। कबीर, नानक, दादू और

जगन का इसी विचारधारा से संबंध था। पहले के निराकार ईश्वर के उपासक निरंजनी साधु अब साकार के उपासक, कौपीन पहननेवाले और कंठी-तिलक धारण करनेवाले उदासी वैष्णव बन गए हैं।

निरुक्त

इस 'निरुक्त' नामक ग्रंथ की रचना 700 ई. पू. में महर्षि यास्क ने की थी। इसमें वेदों में प्रयुक्त शब्दों की व्युत्पत्ति पर प्रकाश डाला गया है। विशिष्ट अर्थों में रूढ़ शब्दों की व्याख्या की गई है। साथ ही यथाप्रसंग भाषाविज्ञान, व्याकरण, समाजशास्त्र, इतिहास, साहित्य आदि से संबंधित विषयों का भी प्रतिपादन किया गया है।

निर्गुण संप्रदाय

निर्गुण का अर्थ है गुणरहित होना। किंतु आध्यात्मिक क्षेत्र में इसका आशय उस अद्वितीय परमात्मा से होता है जो सर्वव्यापी और समस्त कर्मों का अधिष्ठाता है। ब्रह्म की सत्ता का सगुण रूप हमारा दृश्य जगत् है, परंतु वास्तविक सत्ता निर्गुण ही है। इस संप्रदाय के प्रधान प्रवर्तक कबीर माने जाते हैं जिन्होंने अपने चिंतन में भारतीय अद्वैतवाद की स्थूल बातों के साथ-साथ सूफी फकीरों के विचारों का भी समावेश किया। परंतु अनेक विद्वान् इस मत से सहमत नहीं हैं। उनके अनुसार यह विचारधारा पहले से विद्यमान थी। भक्ति में सगुण और निर्गुण नाम की विचारधाराएं विक्रम की पंद्रहवीं शताब्दी के अंतिम भाग से सत्रहवीं शताब्दी तक अधिक चलती रहीं। इसी बीच निर्गुण धारा की 'ज्ञानाश्रयी' और 'प्रेममार्गी' शाखाएं हो गईं।

निर्जला एकादशी

जेष्ठ शुक्ल एकादशी निर्जला एकादशी कहलाती है। इसका नाम भीमसेनी एकादशी भी है। मान्यता है कि यदि वर्ष-भर सब एकादशियों के व्रत न रखकर केवल इसी एक एकादशी का विधिपूर्वक व्रत किया जाए तो सभी एकादशियों के व्रत का पुण्य मिल जाता है। इस दिन निराहार और निर्जल रहकर व्रत किया जाता है। उपयुक्त व्यक्ति को जल से भरा हुआ पात्र, छाता, जूता, फल आदि दान में देने का विधान है।

प्रचलित कथा के अनुसार भोजन-प्रेमी भीमसेन किसी भी एकादशी का व्रत नहीं कर पाते थे। इससे उत्पन्न ग्लानि को दूर करने के लिए व्यासजी ने उनसे वर्ष में एक बार निर्जला एकादशी का व्रत करने के लिए कहा।

निर्वाचन

लोकतंत्र में पंचायतों से लेकर संसद तक के लिए निर्वाचन होता है। निर्वाचन के दो प्रकार प्रचलित हैं—प्रत्यक्ष और परोक्ष। प्रत्यक्ष निर्वाचन में देश का प्रत्येक नागरिक, जिसे मत देने का अधिकार है, उम्मीदवार को सीधे वोट देता है। अप्रत्यक्ष निर्वाचन में सामान्य मतदाता भाग नहीं लेते वरन् उनके चुने हुए प्रतिनिधि मत देते हैं। भारत में विधानसभा और लोकसभा के लगभग सभी सदस्य प्रत्यक्ष निर्वाचन से चुने जाते हैं। विधान परिषद, राज्यसभा, उपराष्ट्रपति और राष्ट्रपति का चुनाव अप्रत्यक्ष निर्वाचन विधि से होता है।

निर्वाचन की व्यवस्था, मुख्य निर्वाचन आयुक्त के अंतर्गत, निर्वाचन आयोग करता है। इस अधिकारी की नियुक्ति राष्ट्रपति द्वारा की जाती है और यह राजनीतिक प्रभावों से ऊपर रहता है।

निर्वाचन क्षेत्र

जनतांत्रिक व्यवस्था में विभिन्न स्तरों पर जन-प्रतिनिधियों का निर्वाचन होता है। इसके लिए पूरे देश, प्रदेश अथवा उसकी किसी छोटी इकाई को, सदस्य चुनने के लिए जनसंख्या के आधार पर, भौगोलिक संबद्धता का ध्यान रखते हुए, उतने हिस्सों में विभाजित कर दिया जाता है जितने सदस्यों का उस चुनाव में निर्वाचन होना है। यही विभाजित क्षेत्र 'निर्वाचन क्षेत्र' कहलाता है।

निर्वाण

दर्शनशास्त्र में आत्मा की उस स्थिति को निर्वाण कहा गया है जिसमें संपूर्ण वेदना, दुःख, मानसिक चिंता आदि का लोप हो जाता है। आत्मा की चेतना तो बनी रहती है किंतु उसका दुःखमूलक संकीर्ण व्यक्तित्व लुप्त हो जाता है। इस शब्द का प्रयोग उपनिषदों के समय से हो मुक्ति या मोक्ष के अर्थ में ही हुआ है; परन्तु बौद्ध दर्शन में यह एक स्वतंत्र पारिभाषिक शब्द हो गया था; और उस परमपद की प्राप्ति का वाचक हो गया था, जिसके लिए साधक लोग साधना करते थे, परवर्ती संत सम्प्रदायों में भी इसकी यही अथवा बहुत कुछ इसी प्रकार की व्याख्या गृहीत हुई है। यह वही अवस्था है जिसमें जीव सब प्रकार के संस्कारों से रहित या शून्य हो जाता है और जन्म-मरण के बंधन से छूट जाता है।

निर्वेद

भरत मुनि द्वारा वर्णित तैंतीस संचारियों में सर्वप्रथम। कुछ आचार्यों के अनुसार निर्वेद ही शांत रस का स्थायी भाव है। निर्वेद का सामान्य अर्थ सांसारिक विषयों से विरक्ति है। यह विरक्ति चित्त को संसार के भौतिक सुखों की ओर से मोड़कर

उसे परमार्थ अथवा ईश्वर की ओर मोड़ती है। दारिद्रय, व्याधि, क्रोध, इष्टजन-वियोग आदि जन्य निर्वेद संचारी हैं।

निवारक नजरबंदी

भारत में प्रचलित कानून के अनुसार शांति-व्यवस्था के अनेक उपायों में यह भी एक उपाय है। कोई व्यक्ति कानून की दृष्टि में दंडनीय कार्य करता है तो उसे न्यायालय के समक्ष प्रस्तुत किया जाता है। न्यायालय को संतोष हो जाए तो वह उसे दंड देता है। किंतु सार्वजनिक हित में कभी-कभी ऐसी स्थिति आ जाती है कि व्यक्ति को कोई कार्य करने से रोकना आवश्यक हो जाता है। ऐसी दशा में उस पर मुकदमा न चलाकर उसे नजरबंद कर दिया जाता है। इसमें नजरबंदी करने वाले अधिकारी के लिए कुछ नियमों का पालन आवश्यक है।

निशुंभ

महर्षि कश्यप और दनु का पुत्र तथा शुंभ और नमुचि का भाई। इंद्र ने जब नमुचि को मार डाला तो उससे क्रुद्ध होकर शुंभ और निशुंभ ने इंद्र का आसन छीन लिया और स्वयं शासन करने लगे। इस बीच देवी दुर्गा ने महिषासुर का वध कर डाला। इस पर ये दोनों दुर्गा से प्रतिशोध लेने के लिए तैयार हो गए। उन्होंने शर्त रखी कि या तो दुर्गा इन दोनों में से किसी एक के साथ विवाह करे या मरने को तैयार हो जाए। दुर्गा ने कहा—युद्ध में मुझे जो पराजित करेगा, उसी के साथ मैं विवाह कर लूंगी। युद्ध में पहले निशुंभ और फिर शुंभ दुर्गा के हाथों मारे गए और इंद्र को अपना आसन वापस मिल गया।

निषाद

1. प्राचीन काल की एक अनार्य जाति जिसका आदिपुरुष राजा वेन (दे.) की जांघ मथते समय निकला था। यह काले रंग का और एक छोटा-सा व्यक्ति था। मनु ने निषाद की उत्पत्ति ब्राह्मण पिता और शूद्र माता से बताई है। इन लोगों की आजीविका शिकार खेलने और मछली मारने से चलती थी।
2. एक प्रजापति का नाम जो एक हजार देव वर्षों तक तप करते रहे।

निष्क्रमण संस्कार

प्राचीनकाल में शिशु के जन्म के बारहवें दिन से लेकर चतुर्थ मास तक निष्क्रमण संस्कार किया जाता था। इसका उद्देश्य शिशु को प्रथम बार घर के बाहर लाकर सूर्य का दर्शन कराना था। यदि किसी कारण से निर्धारित समय में यह संस्कार संभव न हो पाता तो अन्नप्राशन के समय किया जाता था। इसमें माता एक खुले

चौक को लीपकर उसमें स्वास्तिक बनाती और पिता मंत्र पढ़कर उस स्थान से शिशु को सूर्य के दर्शन कराता। इस संस्कार का वास्तविक उद्देश्य एक निश्चित समय के पश्चात् शिशु को घर के बाहर खुली हवा में लाना था।

निष्काम कर्म

भगवत गीता के अनुसार ऐसा कर्म जो किसी फल की इच्छा के बिना किया जाए। बिना कर्म किए कोई व्यक्ति नही रह सकता। किंतु कर्मफल से आवागमन चला करता है, मुक्ति नहीं मिलती। इसलिए यह मानकर चलो कि संपूर्ण कार्य प्रकृति निर्दिष्ट है। जो कुछ करो उसके फल की कामना छोड़कर उसका फल भगवान् के चरणों में अर्पित कर दो। आशा और निराशा से बचने का यह उत्तम मार्ग है।

नीरेन्द्रदास गुप्ता

क्रांतिकारी नीरेन्द्रदास गुप्ता का जन्म 1886 ई. में पंजाब के फरीदपुर (अब पाकिस्तान) जिले में हुआ था। क्रांतिकारी दल के सदस्य होने के कारण वे 1913 ई. में गिरफ्तार हुए। सजा काटकर जेल से बाहर आने के बाद 1915 ई. में उन्होंने कलकत्ता के सी.आई.डी. अधिकारी को गोली मार दी। 'गदरपार्टी' (दे.) के लिए जर्मन जहाज से जो हथियार आ रहे थे, उड़ीसा के तट पर उन्हें उतारने में भी हिस्सा लिया। बाद में पुलिस के साथ मुठभेड़ में घायल होकर गिरफ्तार हुए और 1915 ई. में बालासोर जेल में फांसी दे दी गई।

नील

राम की सेना का एक वानर जो अग्नि के अंश से उत्पन्न हुआ था। कहीं पर इसे विश्वकर्मा के अंश से उत्पन्न बताया गया है। समुद्र पर पुल बांधने में इसने नल (दे.) का साथ दिया। राम-रावण युद्ध में लंका के अनेक वीर इसके हाथों मारे गए। राजसूय यज्ञ के घोड़े की रक्षा के लिए शत्रुघ्न के साथ यह भी गया था।

2. कश्यप की पुत्री और पुलह की पत्नी हरि या हरिमा के गर्भ से उत्पन्न पुत्रों में से एक जो वानर जाति का था।

3. उत्तर पांचाल देश के एक सुविख्यात राजवंश का नाम। वेदों के उल्लेख के अनुसार इस वंश में सोलह प्रमुख राजा हुए।

3. माहिष्मती का कौरव पक्ष का एक राजा जो क्रोधवशा नामक दैत्य के अंश से उत्पन्न हुआ था। पांडवों के राजसूय यज्ञ के समय सहदेव ने इसे पराजित किया।

नीलकंठ

शिवजी का एक नाम। समुद्रमंथन में जब विष भी निकला तो उसके प्रभाव से

सर्वत्र त्राहि-त्राहि मच गई। इस पर ब्रह्मा की प्रार्थना पर शिवजी ने उस विष को अपने कंठ में धारण कर लिया। विष के प्रभाव से उनका कंठ नीला पड़ गया और वे 'नीलकंठ' कहलाए।

एक अन्य कथा के अनुसार नारायण द्वारा गला दबा देने से शिवजी का कंठ नीला पड़ गया था। (दे. नारायण)।

नीलकंठ सूरि

सोलहवीं शताब्दी में महाराष्ट्र में उत्पन्न प्रमुख विद्वान् जिन्होंने भारत की 'भारत भाव द्वीप' नामक टीका लिखकर यश प्राप्त किया। ये गोदावरी के पश्चिम तट पर कूर्पर नामक स्थान में रहते थे। अपने भाष्य में इन्होंने मुख्यतः अद्वैत संप्रदाय का प्रतिपादन किया है।

नूरजहां

बादशाह जहांगीर की पत्नी जो फारस के निवासी तथा अकबर और जहांगीर के एक उच्च अधिकारी गयासबेग की पुत्री थी। उसका पहले का नाम मेहरून्निशा था और वह एक ईरानी युवक को ब्याही गई थी। 1606 ई. में जहांगीर के दूतों ने उसके पति को मार डाला और उसे दिल्ली के शाही हरम में सेविका के रूप में लाया गया। उसके सौंदर्य से आकृष्ट होकर 1611 ई. में जहांगीर ने उससे विवाह कर लिया और उसका नाम नूरजहां रखा।

नूरजहां बड़ी बुद्धिमती थी। साहित्य और कलाओं में भी उसकी विशेष रुचि थी। वह अचूक निशानेबाज थी। जहांगीर के समय शासन में भी उसी की चलती थी। परंतु 1627 ई. में जहांगीर की मृत्यु के बाद उसकी यह प्रभुता समाप्त हो गई और उसने अपना शेष जीवन लाहौर में बिताया। उसने आगरा में अपने पिता की कब्र के ऊपर एतमादुद्दौला का जो मकबरा बनवाया, वह उसकी कलाप्रियता का उत्तम उदाहरण है।

नृग

1. एक दानी राजा जो इक्ष्वाकु के पुत्रों में से एक था। एक समय नृग ने एक कोटि गायों का दान दिया। दान दी हुई गायों में से एक गाय राजा की गायों में वापस आ गई और दान में दूसरे ब्राह्मण को दे दी गई। इस पर दोनों ब्राह्मण झगड़ने लगे और निर्णय के लिए राजा नृग के पास पहुंचे। राजा को निर्णय करने में कुछ देर लगी तो ब्राह्मणों ने उसे गिरगिट बन जाने का शाप दे डाला। बाद में श्रीकृष्ण के अनुग्रह से नृग को गिरगिट की योनि से मुक्ति मिली।
2. मनु के दस पुत्रों में से एक पुत्र का नाम।

नृत्य भारतीय

प्राचीन उपलब्ध स्रोतों से ज्ञात होता है कि नृत्य भारतीय जनमानस से अति प्राचीन काल से जुड़ा है। मोहनजोदड़ो से प्राप्त नर्तकी की मूर्ति इसी ओर संकेत करती है। एक विवरण के अनुसार देवासुर-संग्राम से थके हुए देवताओं के मनोरंजन के लिए ब्रह्मा ने नृत्यकला का सृजन किया। इसे पंचमवेद कहा गया है। उन्होंने इसके भाव के लिए ऋग्वेद से, गीतों के लिए सामवेद से, अभिनय के लिए यजुर्वेद से और रस के लिए अथर्ववेद से सामग्री लीं तथा भरत मुनि को यह कार्य सौंप दिया। गायन नारद आदि गंधर्वों को दिया गया, शिव ने तांडव नृत्य किया और पार्वती लास्य भाव को प्रस्तोता बनीं। उपनिषदों और पुराणों में भी स्थान-स्थान पर नृत्य का उल्लेख मिलता है। श्रीकृष्ण का रासनृत्य जगत्-प्रसिद्ध है।

भारतीय नृत्य के दो प्रकार मुख्य हैं—तांडव और लास्य। वर्तमान समय में उदयशंकर तांडव नृत्य के सिद्धहस्त कलाकार रहे हैं। लास्य कोमल भावों का नृत्य है। इसमें जब नायक-नायिका परस्पर आलिंगन करते हुए नृत्य करते हैं तो वह 'छूरित' कहलाता है। जब नर्तकी अकेली नाचती है तो वह नृत्य 'यौवत' है।

इस समय देश में मुख्यतः नीचे अंकित नृत्य-शैलियां प्रचलित हैं—

उत्तर भारत में 'कत्थक' शैली का प्रचलन है। इसमें पैरों के ताल का प्रदर्शन मुख्य रूप से किया जाता है। लखनऊ, जयपुर, वाराणसी आदि कत्थक नृत्य के मुख्य केंद्र हैं।

'मणिपुरी' शैली असम और बंगाल में प्रचलित है। यह नृत्य किसी पौराणिक आख्यान पर आधारित होता है और इसमें शृंगार, करुण तथा वीर रस के भाव की प्रधानता रहती है।

'भरतनाट्यम' दक्षिण भारत की नृत्य-शैली है। इसका विकास दो हजार वर्ष पहले हो चुका था। इस नृत्य में अभिनय की प्रमुखता रहती है। तंजौर इस शैली का मुख्य केंद्र माना जाता है।

'कथकली' भी दक्षिण की शैली है। कोचीन, त्रावनकोर आदि इसके मुख्य केंद्र हैं। यह एक प्रकार से खानदानी नृत्य हो गया है। सैकड़ों वर्षों से कुछ परिवारों ने इसमें विशेष दक्षता प्राप्त कर ली है। इस शैली में मुख्यतः रामायण और महाभारत की घटनाओं का अभिनय किया जाता है। इस नृत्य के लिए नर्तक की मुखाकृति बड़े मनोयोग से बनाते हैं।

इनके अतिरिक्त देश के हर अंचल के अपने स्थानीय लोकनृत्य हैं। इनमें प्रदर्शित होनेवाली मोहकता और मादकता के दर्शन स्थानीय मेलों में होते हैं।

नृसिंह अवतार

देखिए नरसिंह।

नेमिनाथ

जैन धर्म के बाइसवें तीर्थंकर जिन्हें इस धर्म के पुनरुत्थान का जनक माना जाता है। ये अपने जन्मस्थान सूरसेन देश को त्यागकर द्वारका चले गए थे। इन्होंने पश्चिम और दक्षिण भारत में जैन धर्म का प्रसार किया, जहां इनकी प्रतिमाएं आज भी सर्वाधिक संख्या में उपलब्ध हैं। काठियावाड़ के गिरनार पर्वत में इनका निर्वाण हुआ।

नेशनल कैडेट कोर

भारत के विद्यालयों में छात्र-छात्राओं को आरंभिक सैनिक शिक्षा देने के लिए गठित संगठन। इस दल में स्कूल, कॉलेज के छात्र-छात्राएं दोनों भर्ती हो सकते हैं। यह तीन स्तरों का दल है—बालिका, जूनियर और सीनियर। जूनियर और सीनियर छात्रों की स्थल, नौ और वायु शाखाएं होती हैं। एक तकनीकी शाखा भी होती है जिसमें विशेष प्रशिक्षण दिया जाता है।

नैगम शाक्त

आरंभ में इस मत के अनुयायी शक्ति की ही पूजा करते थे। शक्ति की आराधना और शाक्त मत वेद सम्मत और उतना ही प्राचीन है। ऋग्वेद में महाशक्ति अथवा सरस्वती की आराधना की गई है। अथर्ववेद में महाशक्ति कहती है—मैं सब देवताओं में हूं, सबमें व्याप्त रहती हूं। महाभारत और रामायण में भी देवी की स्तुति की गई है।

नैगम शाक्त मत को 'दक्षिणाचारी' भी कहते हैं। आजकल इसका रूप बदल गया है। इस मत का उपासक अपने को शिव मानकर पंचतत्व से शिव की पूजा करता है। वह मद्य के स्थान पर विजयारस (भांग) का सेवन करता है। यह मार्ग वामाचार्य की तुलना में अच्छा माना जाता है।

नैमिषारण्य

गोमती के किनारे का एक तीर्थ जो उत्तर रेलवे के इसी नाम के स्टेशन के निकट है। महाभारत और पुराणों में इसकी बड़ी महिमा है। कहते हैं, शौनक ऋषि ने ज्ञानसत्र करने की इच्छा प्रकट की थी। इसके लिए स्थान का चयन करने के उद्देश्य से ब्रह्मा ने एक चक्र दिया और कहा, इसे घुमाते जाओ। जहां पर इसकी 'नेमि' (बाहरी परिधि) गिर जाए उसी स्थान को पवित्र समझकर वहीं ज्ञानसत्र करो। शौनक 88 हजार ऋषियों के साथ चक्र को घुमाते हुए भारत में घूमने लगे। गोमती नदी के किनारे एक तपोवन में चक्र की नेमि गिर गई और चक्र उसी के पास भूमि में प्रवेश कर गया। चक्र की नेमि गिरने से तीर्थ का नाम नैमिष पड़ा।

जहां चक्र भूमि में प्रविष्ट हुआ था, वह स्थान चक्रतीर्थ कहलाया।

मान्यता है कि अठारह पुराणों की रचना यहीं पर हुई थी और सूत ने शौनक को यहीं पुराणों की कथा सुनाई। राम ने अयोध्या से आकर यहां अश्वमेध यज्ञ किया था। यहीं पर शौनक ऋषि के यज्ञ के समय उग्रश्रवा ने महाभारत की कथा सुनाई थी। सतयुग में नैमिष ऋषियों द्वारा बारह वर्ष तक किए गए यज्ञ का स्थान यही है। इसी के निकट दधीचि ऋषि ने तपस्या की थी। ललितादेवी ने भी यहीं तपस्या की। द्वापर में बलराम भी यहां पर आए थे। वृत्तासुर का वध करने के लिए देवताओं ने दधीचि से उनकी अस्थियों का दान यहीं मांगा था। नैमिषारण्य से दस कि. मी. दूर मिश्रिख में दधीचि ने अस्थिदान से पूर्व समस्त तीर्थों के जल से स्नान किया था।

नैमिषारण्य की परिक्रमा करने की प्रथा है। इसकी दो परिक्रमा की जाती हैं। एक 84 कोस की और दूसरी तीन मील की। यहां के प्रसिद्ध स्थान है—चक्रतीर्थ, व्यासगद्दी, ललिता देवी का मंदिर, जानकीकुंड आदि। चक्रतीर्थ एक सरोवर है जिसका मध्य भाग गोलाकार है और उससे बराबर जल निकलता रहता है। बाहरी घेरे में यात्री स्नान करते हैं। नैमिषारण्य का मुख्य तीर्थ यही है। इसके किनारे भूतनाथ महादेव का मंदिर है।

नोबेल पुरस्कार

अलफ्रेड नोबेल (1833-1896 ई.) प्रमुख रसायनशास्त्री था। उसने डाइनामाइट का आविष्कार किया था। इस आविष्कार का उपयोग युद्ध में लोगों को मारने में होता देखकर उसे बहुत दुःख हुआ। इसलिए विश्व में शांति की स्थापना के प्रयत्नों को बढ़ाने के लिए उसने लगभग 30 लाख पौंड का एक फंड स्थापित किया जिसके ब्याज से प्रतिवर्ष पुरस्कार दिए जाते हैं। ये पुरस्कार निम्नलिखित पांच क्षेत्रों में उत्कृष्ट कार्य के लिए दिए जाते हैं—

1. भौतिक विज्ञान
2. चिकित्साशास्त्र
3. रसायनशास्त्र
4. साहित्य
5. अंतर्राष्ट्रीय शांति और मानव सेवा

पहला पुरस्कार 1901 ई में दिया गया था। पुरस्कार प्राप्तकर्ताओं का चयन नार्वे की संसद द्वारा गठित पांच सदस्यों की एक समिति करती है। प्रतिवर्ष दस दिसंबर को, नोबेल की पुण्यतिथि के दिन ये पुरस्कार दिए जाते हैं। अब तक निम्नांकित भारतीय इस पुरस्कार से सम्मानित हुए हैं—रवीन्द्रनाथ ठाकुर (साहित्य) 1913 ई., सी. वी. रमण (भौतिकी) 1930 ई., मदर टेरेसा (शांति और मानव सेवा) 1979 ई., हरगोविंद खुराना (चिकित्सा) 1968 ई., सुब्रह्मण्यन चंद्रशेखर (भौतिकी) 1983 ई.। अंतिम दो व्यक्ति अब अमरीका के नागरिक हैं।

नौटंकी

लोक-नाट्य का प्रमुख रूप जिसका आरंभ मुगल काल के पहले से माना जाता है। इसका प्रदर्शन अस्थायी मंच पर होता है। मंच के दृश्यों की कमी बीच-बीच में सूत्रधार द्वारा पूरी की जाती है। नौटंकी के कथानक में वीरता, साहसपूर्ण घटनाओं और प्रणय के प्रसंगों का समावेश होता है। वाद्यों में विशेष रूप से तबला और नगाड़े का प्रयोग किया जाता है। पात्रों के संवाद पद्य प्रधान होते हैं और उनमें प्रश्नोत्तरों की भी प्रधानता रहती है।

न्याय-दर्शन

भारत के दार्शनिक चिंतन में न्याय का विशेष स्थान है। इसका भी अंतिम ध्येय मोक्ष की प्राप्ति है पर न्याय-दर्शन के अध्ययन से युक्तिसंगत विचार करने और किसी बात का विवेचन करने की शक्ति बढ़ती है। यह दर्शन बताता है कि जीवन के दुखों से मनुष्य किस प्रकार मुक्ति प्राप्त कर सकता है। न्याय-दर्शन के दो उद्देश्य रहे हैं—वैदिक दर्शन का समन्वय और समर्थन तथा वेद विरोधी बौद्ध आदि नास्तिक दर्शनों का खंडन। न्याय के अनुसार ईश्वर एक है तथा आत्माएं अनेक हैं।

न्याय-दर्शन के प्रवर्तक महर्षि गौतम थे। इनका एक नाम अक्षयपाद भी था। गौतम रचित 'न्याय सूत्र' इस दर्शन का आधारभूत ग्रंथ है। इसका रचनाकाल चौथी-पांचवीं शताब्दी ई. पूर्व माना जाता है। बारहवीं शताब्दी में न्याय-दर्शन दो भागों में विभक्त हो गया। एक को 'प्राचीन न्याय' कहते हैं। प्राचीन न्याय में गौतम के न्याय सूत्र और उसके विरुद्ध लगाए गए आक्षेपों का मंडन और खंडन किया जाता है। दूसरा भाग नव्य-न्याय कहलाता है। इसमें दर्शन के तर्क-विज्ञान को प्रधानता दी गई है। आधुनिक विद्वान् नव्य-न्याय को अधिक महत्व देते हैं।

न्यायपालिका

लोकतंत्र में शासन के तीन अंग प्रमुख माने जाते हैं—विधायिका, कार्यपालिका और न्यायपालिका। विधायिका कानून बनाती है। कार्यपालिका उन पर अमल कराती है और न्यायपालिका उसके सामने प्रश्न उपस्थित किए जाने पर यह निर्णय करती है कि किसी व्यक्ति को उसके न्यायसंगत अधिकारों से वंचित तो नहीं किया जा रहा है। न्यायपालिका दो व्यक्तियों के बीच के अथवा नागरिक और शासन के बीच के विवाद का निर्णय करती है। वह यह भी निश्चय करती है कि देश या प्रदेश का कोई कानून संविधान के विरुद्ध तो नहीं है। न्यायपालिका का निर्णय सबको मानना पड़ता है।

प

पंक्तिपावन

ऐसे पंडित जो वेद के छहों अंगों के विद्वान्, ध्यान योग में रत, तंत्रों और यायावर में विज्ञ, त्रयी और वार्हस्पत्य शास्त्र के ज्ञाता हों वे पंक्तिपावन कहलाते हैं। इन व्यक्तियों के साथ एक पंक्ति में बैठकर भोजन किया जा सकता है। यह माना जाता था कि ऐसा पंक्तिपावन ब्राह्मण एक भी बैठा हो तो उससे सारी पंक्ति पवित्र हो जाती है।

पंचककार

प्रत्येक सिक्ख धर्मावलंबी के लिए कंघा, कच्छ, केश, कड़ा और कृपाण धारण करना आवश्यक है। इन सब पदार्थों का नाम 'क' वर्ण से आरंभ होने के कारण इन्हें 'पंचककार' कहते हैं।

पंचकन्या

'आहिनिक सूत्रावली' में एक श्लोक आया है जिसमें अहिल्या, मंदोदरी, तारा, कुंती और द्रौपदी का उल्लेख है। इस श्लोक का जिस रूप में प्रचलन मिलता है, उसके अनुसार ये पांच कन्याएं हैं जिनका नित्य स्मरण करने से पापों का नाश होता है। ऐसा प्रतीत होता है कि 'कन्या' शब्द का प्रयोग किसी स्तर पर भ्रमवश होने लगा क्योंकि ये सभी महिलाएं कन्या नहीं, विवाहिता थीं। शास्त्रों में कन्या शब्द दस वर्षीय कुमारी के लिए ही प्रयुक्त हुआ है, फिर भी यह श्लोक बहुत लोक-प्रसिद्ध है।

पंचकाशी

ये पांच काशी प्रसिद्ध हैं—उत्तरकाशी, गुप्तकाशी, वाराणसी, दक्षिणकाशी (तेनकाशी) और शिवकाशी।

पंचकेदार

कहते हैं भगवान शंकर ने एक बार महिष (भैंसे) का रूप धारण कर लिया था। उनके उस समय के पांच विभिन्न अंग पांच अलग-अलग स्थानों पर प्रतिष्ठित हुए। वे स्थान पंचकेदार कहलाते हैं। 1. केदारनाथ;'जहां महिष-रूपधारी शिव

का पृष्ठ भाग प्रतिष्ठित है। 2. मध्यमेश्वर, इसे मदमहेश्वर भी कहते हैं। यहां पर शिव की नाभि प्रतिष्ठित है। 3. तुंगनाथ, यहां शिव का बाहु प्रतिष्ठित है। 4. रुद्रनाथ, यहां शिव का मुख प्रतिष्ठित है। 5. कल्पेश्वर, यहा महिषरूपी शिव की जटाएं प्रतिष्ठित हैं।

पंचकोष

मानव शरीर का संगठन जिस प्रकार से हुआ है, इस संबंध में उपनिषद् और वेदांत की अपनी मान्यता है। उनके अनुसार शरीर को पांच कोष संगठित करते हैं—1. अन्नमय कोष स्थूल शरीर को, 2. प्राणमय कोष पांचों कर्मेन्द्रियों सहित प्राण को, 3. मनोमय कोष पांचों ज्ञानेन्द्रियों सहित मन को, 4. विज्ञानमय कोष पांचों ज्ञानेन्द्रियों सहित बुद्धि को और 5. आनंदमय कोष अहंकारात्मकता को धारण करता है।

पंचगव्य

यह गाय के दूध, दही, घी, गोबर और मूत्र को मिलाकर बनाया जाता है। इसे प्रायश्चित करने में पिलाते हैं। मूर्तियों का भी इससे स्नान कराया जाता है। यह माना जाता है कि पंचगव्य से शरीर की शुद्धि होती है। अनेक अवसरों पर घर को शुद्ध करने में भी इसका प्रयोग होता है।

पंचगौड

आरंभ में ब्राह्मणों के मुख्यतः दो भेद थे—गौड और द्रविड़। प्राचीन ग्रंथों में विंध्य पर्वतमाला के उत्तर के भाग को गौड देश कहा गया है। इस गौड देश के पांच प्रधान भागों में उत्पन्न होने से गौड ब्राह्मणों के ये पांच नाम पड़े—सारस्वत, कान्यकुब्ज, गौड, मैथिल और उत्कल। आगे चलकर इनके और भी भेद हुए जैसे केवल गौड, आदि गौड, सनाढ्य गौड, सारस्वत आदि।

पंचजन

प्राचीन आर्यों की पांच प्रमुख जातियों को सामूहिक रूप से पंचजन कहते थे। इन्हें पंचमानुष, पंचकृष्टि आदि भी कहते थे। ऐतरेय ब्राह्मण के अनुसार पंचजन में देवता, मनुष्य, गंधर्व, सर्प और पितृगण सम्मिलित किए जाते थे। सायण ने चार वर्णों और निषादों को इसके अंतर्गत माना है। यास्क ने पंचजनों में गंधर्व, पितर, देवता, असुर और राक्षस की गणना की है।

पंचतंत्र

पशु-पक्षियों की कथा को लेकर लिखा गया संस्कृत भाषा का यह ग्रंथ जग विख्यात है। संसार की लगभग सभी प्रमुख भाषाओं में इसका अनुवाद हो चुका है। पांच भागों या तंत्रों में विभक्त इस ग्रंथ की रचना विष्णु शर्मा नामक विद्वान् ने की थी। ग्रंथ में इसकी रचना की भी एक कथा अंकित है। दक्षिण के राजा अमरशक्ति अपने पुत्रों की मंदबुद्धि से दुखी थे। उन्हें शिक्षित करने का कार्य राजा ने विष्णु शर्मा को सौंपा। विष्णु शर्मा ने पशु-पक्षियों की रोचक कहानियों के माध्यम से राजपुत्रों को शिक्षित करने का काम छह मास में ही पूरा कर दिया।

इस ग्रंथ के पांच तंत्रों के नाम इस प्रकार हैं—मित्रभेद, मित्रलाभ, मित्रविग्रह, लब्ध प्रयास और अपरीक्षित कारक। लेखक ने कथाओं के द्वारा नैतिक, धार्मिक, दार्शनिक और राजनीतिक क्षेत्र की विशेषताओं का सरस और सरल भाषा में वर्णन करने में असाधारण प्रतिभा का परिचय दिया है। इसके मूलरूप का रचनाकाल दूसरी शताब्दी ई. माना जाता है। आजकल उपलब्ध पंचतंत्र पूर्णभद्र नामक जैन विद्वान द्वारा संपादित है जिसे उन्होंने 1199 ई. में तैयार किया था।

पंचतप

भारतीय तपस्या की एक पद्धति जिसमें तापस अपने चारों ओर अग्नि जला कर उसका ताप तो सहता ही है, ऊपर से सूर्य भी उसके ऊपर तपता है। वैदिक काल में प्रचलित पंचाग्नि तपस्या का ही यह रूप है। वैदिक पंचाग्नियों के नाम थे—दक्षिणाग्नि, गार्हपत्य, आवहनीय, सभ्य और आवसथ्य।

पंचतत्त्व

पंचभूतों को ही पंचतत्व कहते हैं। ये हैं—पृथ्वी, जल, अग्नि, वायु और आकाश। वाममार्गी लोगों के अनुसार पंचमकार यथा—मद्य, मांस, मत्स्य, मुद्रा और मैथुन पंचतत्व हैं।

पंचतीर्थ

स्कंद पुराण में प्रभास, पुष्कर, गया, नैमिषारण्य और कुरुक्षेत्र को पंचतीर्थ बताया गया है। वराहपुराण के अनुसार विश्रांत, शौकर, नैमिष, प्रयाग और पुष्कर ये पंचतीर्थ हैं। गया में स्थित फलगू नदी, गदाधर मंदिर आदि पांच पवित्र स्थानों की गणना भी पंचतीर्थों में होती है।

पंचदेव

विष्णु, शिव, गणेश, सूर्य और दुर्गा ये प्रधान देवता पंचदेव कहलाते हैं। विष्णु के

उपासकों को वैष्णव, शिव के शैव, गणेश के गाणपत्य, सूर्य के सौर और दुर्गा के उपासकों को शाक्त कहते हैं। सामान्यतः सनातनी हिंदू इन सभी देवताओं को समान मानते और सबकी पूजा करते हैं।

पंचदेवोपासना

पहले अलग-अलग देवता अलग-अलग पूजे जाते थे। शंकराचार्य ने पंचदेवोपासना की पद्धति आरंभ की। इसमें विष्णु, शिव, सूर्य, गणेश और देवी परमात्मा के इन पांच रूपों में से एक को प्रधान और शेष को उसका अंग समझकर पूजा की जाती है। उन्होंने पुराने पांचरात्र, पाशुपत, शाक्त आदि मतों को मिलाकर यह पद्धति चलाई। यह स्मार्त पद्धति कहलाती है। आजकल साधारणतः सनातन धर्मी हिंदू स्मार्त ही हैं। पंचदेवोपसना को ही 'पंचायत पूजा' भी कहते हैं। इसका आरंभ आठवीं शताब्दी से माना जाता है। इससे यह भी प्रकट होता है कि उस समय तक ब्रह्मा का महत्व घट गया था।

पंचद्रविड़

इस समय मद्रास से लेकर कन्याकुमारी तक का क्षेत्र द्रविड़ क्षेत्र माना जाता है। प्राचीन ग्रंथों में विंध्याचल के दक्षिण के पूरे क्षेत्र का उल्लेख द्रविड़ देश के रूप में मिलता है। द्रविड़ क्षेत्र के ब्राह्मणों के पांच भेद होने से इनके लिए एक सम्मिलित नाम 'पंचद्रविड़' प्रचलित है। ये पांच भेद हैं—कर्णाट, तैलंग, गुर्जर, मध्यदेशज और द्रविड़। ये नाम निवास के स्थान के अनुसार पड़े हैं। कालांतर में इनमें भी अनेक भेद हो गए।

पंचधान्य

गेहूं, जौ, धान, मूंग और तिल का मिश्रण।

पंचनद

भारत के उत्तर-पश्चिम का वह क्षेत्र (आधुनिक पंजाब) जहां सतजल (शतद्रु), व्यास (वितस्ता), रावी (इरावती), चिनाब (चंद्रभागा) और झेलम (विशप्ता) नामक नदियां बहती हैं। मान्यता है कि भारत में आर्यों का आदिस्थान यही था।

पंच पल्लव

पूजा के कलश के ऊपर रखे जाने वाले पांच वृक्षों के पल्लव। ये वृक्ष हैं—आम, जामुन, कैंथा, विरौजा और बेल।

पंचप्रयाग

उत्तराखंड के पांच प्रयाग प्रसिद्ध हैं। ये वे स्थान हैं जहां पर किसी दूसरी नदी का अलकनंदा से संगम होता है। ये प्रयाग हैं—1. विष्णु-प्रयाग (अलकनंदा-विष्णु गंगा), 2. नंदप्रयाग (अलकनंदा-नंदा), 3. कर्ण प्रयाग (अलकनंदा-पिंडर), 4. रुद्र प्रयाग (अलकनंदा-मंदाकिनी), 5. देवप्रयाग (अलकनंदा-भागीरथी)। अलकनंदा बदरीनाथ की ओर से आती है और मंदाकिनी केदारनाथ की ओर से। भागीरथी गंगोत्री से आती है। देवप्रयाग तक इसका नाम 'भागीरथी' है। देवप्रयाग के संगम के बाद गंगा नाम पड़ता है।

पंचबदरी

उत्तराखंड में पवित्र बदरीनाथ धाम के सहित पांच बदरी क्षेत्र हैं—1. बदरीनारायण, 2. आदि बदरी (कुम्हार चट्टी के निकट, इसे ध्यान बदरी भी कहते हैं।) 3. वृद्ध बदरी (ऊखीमठ के निकट), 4. भविष्य बदरी (जोशीमठ से लगभग 20 कि० मी० दूर) और 5. योग बदरी (पांडुकेश्वर में)।

पंचमकार

तांत्रिक पूजा में अनिवार्य पांच बातें जिनका पहला वर्ण 'म' है, पंचमकार कहलाते हैं। ये हैं—मद्य, मांस, मुद्रा, मत्स्य और मैथुन। तांत्रिक मत में इन्हीं से जगदंबा की पूजा की जाती है। इस संबंध में दो मत मिलते हैं। एक के अनुसार पंचमकारों के नाम वास्तव में प्रतीकात्मक हैं। मद्य का अर्थ है ब्रह्मरंध्र में स्थित सहस्रदान कपाल से भीगा हुआ अमृत। ज्ञानरूपी खड्ग से जो साधक वासना रूपी पशुओं को मारता है और अपने मन को शिव में लगाता है, यही मांस का सेवन है। शरीर में स्थित इडा और पिंगला नाड़ियों में प्रवाहित होनेवाला श्वास-प्रश्वास ही मत्स्य है और जो साधक प्राणायाम द्वारा इसे रोकता है, वही मत्स्य का सेवन है। असत् संग को त्यागने और सतसंग को अपनाने की क्रिया मुद्रा कहलाली है। शिव और कुंडलिनी का मिलन ही मैथुन अर्थात् दो का एक होना है।

कुछ अन्य विद्वानों के अनुसार पंचमकार में जो सांकेतिक अर्थ आरोपित किया जाता है, वह बाद में परिस्थितिवश किया गया है। तंत्र में इसका भौतिक अर्थ ही था। मद्य के अंतर्गत अनेक प्रकार की शराबों की गणना होती थी। मांस भी स्थल या जल के जंतुओं और आकाशचारी पक्षियों का होता था। मुद्रा चावल, जौ, गेहूं आदि से बनती थी (योग की मुद्रा से इसका कोई संबंध न था)। मत्स्य में रोहित, पाठीन और शाल मछलियां उत्तम मानी जाती थीं। मैथुन के लिए सहचरी आवश्यक थी और वह कोई भी हो सकती थी। जब इन आचारों की निंदा होने लगी तब पंचमकारों को योग से जोड़कर इनकी नई सांकेतिक व्याख्या की जाने लगी।

पंचमार्गी

राजनीतिशास्त्र में यह शब्द देश के भीतर रहनेवाले उन देश-द्रोहियों के लिए प्रयुक्त होता है, जो किसी शत्रु देश से मिलकर देश के अंदर तोड़-फोड़ का काम करते हैं और इस प्रकार देश के शत्रु की सहायता करते हैं। अंग्रेजी में यह 'फिफ्थ कालम' कहलाता है। इस शब्द का प्रथम प्रयोग 1936 ई. में स्पेन के गृहयुद्ध में हुआ था।

पंचमी व्रत

यह व्रत मार्गशीर्ष पंचमी से आरंभ होता है। इसमें सूर्योदय के साथ ही व्रत संबंधी कार्य आरंभ हो जाते हैं। लक्ष्मी की प्रतिमा या किसी वस्त्र में लक्ष्मी की आकृति बनाकर पूजा करते हैं। सधवा स्त्रियां मिष्ठान आदि का दान करती हैं। वर्ष-भर प्रत्येक मास की शुक्ल पंचमी को अलग-अलग नामों से लक्ष्मी की पूजा करके अंत में लक्ष्मी की प्रतिमा का भी दान कर देते हैं।

पंच रत्न

सोना, हीरा, मोती, पन्ना और पुखराज के चूर्ण से बनी हुई वस्तु पंचरत्न कहलाती है।

पंचवटी

दे. नासिक।

पंचशिख

एक प्राचीन ऋषि जो कपिला के दूध पर पलने के कारण 'कापिलेय' कहलाए। सांख्य ग्रंथों में इन्हें 'कपिल' कहा गया है। सांख्य भारत के षड्दर्शनों की परंपरा में सबसे प्राचीन है। और पंचशिख को इस दर्शन का पहला आचार्य माना जाता है। मिथिला नरेश जनदेव जनक ने पंचशिख से सांख्य की शिक्षा ली थी।

पंचशील

इस शब्द का प्रचलन सर्वप्रथम बौद्ध धर्म के आचार-विचारों के लिए किया जाता था। भगवान बुद्ध ने ये पांच नियम निर्धारित किए थे—1. भोजन नियत समय पर करना, 2. नाच, गान आदि से अलग रहना, 3. अलंकारों और सुगंधित पदार्थों का सेवन न करना, 4. आराम देनेवाले बिस्तरों का प्रयोग न करना तथा 5. सोना-चांदी ग्रहण न करना। त्रिपिटक में ये पांच नियम इस प्रकार हैं—1. किसी प्राणी को हानि न पहुंचाना, 2. बिना दी हुई चीज न लेना, 3. अनैतिक यौन

संबंधों से दूर रहना, 4. झूठ से दूर रहना और 5. और मादक पेयों से दूर रहना।

आधुनिक समय में पंडित जवाहरलाल नेहरू ने पंचशील का प्रयोग नए संदर्भ में किया और इसके आधार पर भारत और चीन के बीच संधि हुई। पंचशील के ये सिद्धांत हैं—1. एक-दूसरे की प्रादेशिक अखंडता और प्रभुसत्ता का सम्मान करना, 2. एक-दूसरे के विरुद्ध आक्रामक कार्रवाई न करना, 3. एक-दूसरे के आंतरिक मामलों में हस्तक्षेप न करना, 4. परस्पर लाभ और समानता की नीति का पालन करना और 5. शांतिपूर्ण सह-अस्तित्व की नीति में विश्वास करना।

पंचांग

भारत के प्राचीन पंचांग दो हैं—शक संवत् और विक्रमी संवत्। शक संवत् को अब भारत का राष्ट्रीय संवत् स्वीकार किया गया है। अन्य संवतों की भांति इसकी तिथियां आगे-पीछे नहीं होतीं। ईस्वी सन् से इसका पूरा साम्य है। चैत्र, बैशाख आदि माह से चलनेवाले इस संवत् का एक चैत्र मास सदा 22 मार्च को पड़ता है और 'लीप' वर्ष में 21 मार्च को। यह ईस्वी सन् के बाद का संवत् है। ईस्वी सन् से 78 घटाने पर शक संवत् निकल आता है। यद्यपि इसके आरंभकर्ता के संबंध में अनेक मत हैं, पर सामान्यतः यह माना जाता है कि इसका आरंभ शक्तिवाहन ने किया था।

विक्रमी संवत् ईस्वी सन् से 57 वर्ष पुराना है। इसका उपयोग पूजा और संकल्प आदि में अधिक होता है। यह स्पष्ट नहीं है कि इसका आरंभ किस विक्रमादित्य ने किया था।

पंजाब

पांच नदियों का देश होने के कारण यह पंजाब कहलाता है। ये पांच नदियां हैं—झेलम, चिनाब, रावी, ब्यास और सतलज। ये सभी सिंधु नदी में मिलती हैं। समुद्र का मार्ग खुलने से पहले यह पश्चिम से व्यापार का मार्ग था। आक्रमणकारी भी पंजाब होकर ही दिल्ली की ओर बढ़े। 522 ई. पू. में फारस के शासक डेरियस ने और 336 ई. पू. में सिकंदर ने इसे अपने राज्य में मिला लिया था। बाद में पंजाब चन्द्रगुप्त मौर्य के भारतीय साम्राज्य का अंग रहा। इसकी राजधानी केन्द्र शासित चंडीगढ़ है।

पंजाब का पहला मुसलमान विजेता गजनी का सुल्तान महमूद (971-1030 ई.) था। 886 ई. में मुहम्मद गौरी ने इसे जीता 1206 ई. से यह क्षेत्र दिल्ली की सल्तनत और उसके बाद मुगल साम्राज्य का भाग रहा। बाद में रणजीतसिंह (1710-1829 ई.) ने यहां सिक्ख राज्य की स्थापना की। 1849 में सिक्खों

को पराजित करके अंग्रेजों ने इसे अपने साम्राज्य में मिला लिया।

1947 ई. में भारत की स्वतंत्रता के समय पंजाब का भारत और पाकिस्तान के बीच विभाजन हो गया। नवंबर 1966 ई. में यह फिर बंटा। पंजाबी भाषी क्षेत्र पंजाब में रहे। हिंदी भाषी क्षेत्रों का हरियाणा प्रदेश बना। चंडीगढ़ दोनों की राजधानी और केन्द्रशासित प्रदेश बना रहा। पहाड़ी इलाके हिमाचल प्रदेश के भाग बन गए।

पंजाब मुख्यत: कृषिप्रधान क्षेत्र है, किंतु यहां छोटे उद्योगों का भी बहुत प्रसार है। अमृतसर का स्वर्णमंदिर सिक्खों का सबसे पवित्र तीर्थ है।

पंजाबी भाषा

यद्यपि कुछ विद्वानों का मत है कि इंडो-आर्यन भाषाओं में से जो बोलियां निकल कर भाषा के रूप में विकसित हुईं, उनमें पंजाबी भाषा सबसे प्राचीन है। उनके अनुसार 25 सौ वर्ष पहले के बौद्ध ग्रंथों में व्यवहृत शब्द आज भी पंजाबी भाषा में उसी रूप में प्रयुक्त होते हैं। परंतु सामान्यत: यह माना जाता है कि पंजाबी भाषा स्वतंत्र रूप से 11वीं शताब्दी के आस-पास विकसित हुई। इस भाषा के विकास में सभी धर्मों और संप्रदायों का योगदान रहा है। पंजाबी का सबसे प्राचीन उपलब्ध काव्य फरीद शकरगंजी का है। बाबा फरीद प्रसिद्ध मुसलमान फकीर थे और इनका जन्म 1173 ई. में हुआ था। पंजाबी भाषा का स्वर्णकाल गुरु नानक के जन्म (1469 ई.) से गुरु गोविन्दसिंह की मृत्यु (1708 ई.) तक माना जाता है। इसी बीच गुरु ग्रंथ साहब का संकलन हुआ। मध्यकालीन और आधुनिक पंजाबी भाषा में अनेक महत्वपूर्ण ग्रंथों की रचना हुई है। यह भारतीय संविधान में स्वीकृत भाषाओं में से एक है और गुरुमुखी लिपि में लिखी जाती है।

पंचामृत

गाय के दूध, दही, घी, शहद और शक्कर का मिश्रण।

पंचायत

आंतरिक शासन की आरंभिक इकाई जिसमें ग्राम के स्तर से ही व्यवस्था और विकास के कार्यों से जनता द्वारा चुने हुए मंच संलग्न रहते हैं। प्राचीन भारत की ग्राम पंचायतें सामाजिक, आर्थिक, न्याय और शासन प्रबंध संबंधी सभी कार्य करती थीं। ये रक्षा और कर देने को छोड़कर बहुत कुछ स्वतंत्र थीं। यह ग्रामीण स्वराज्य का मूर्त रूप था। विदेशियों के आने के बाद यह संस्था मृतप्राय हो गई।

भारत के संविधान में शासन को यह निर्देश दिया गया है कि वह ग्राम पंचायतों का गठन करने के लिए कदम उठाएगा साथ ही उन्हें ऐसी शक्तियां और

अधिकार प्रदान करेगा जो स्वायत्त शासन की इकाई के लिए आवश्यक होंगे।

पंचाल

शतपथ ब्राह्मण के समय का एक लोकसमूह। ऋग्वेद में इसे क्रिवि कहा गया है और महाभारत में पंचाल। इनका उल्लेख कुरु लोगों के साथ होता है। इनका राज्य भी 'पंचाल' नाम से ही जाना जाता था। यह हिमालय और चंबा नदी के बीच गंगा नदी के दोनों ओर स्थित था। कौशांबी इसका प्रमुख नगर था। एक बार अयोध्या के राजा के आक्रमण की सूचना मिलने पर पंचाल नरेश ने कहा था कि मेरे पांच पुत्र ही राज्य की रक्षा के लिए पर्याप्त हैं। कहते हैं, तभी से इस देश का नाम 'पंचाल' पड़ा। महाभारत काल में आधे पंचाल पर द्रोणाचार्य ने अधिकार कर लिया था। उस समय द्रुपद यहां का राजा था। द्रौपदी उसी की पुत्री थी और पंचाल की होने के कारण 'पांचाली' भी कहलाती थी।

पंडितराज जगन्नाथ

प्रसिद्ध काव्यशास्त्री और कवि, जिनका कार्यकाल सत्रहवीं शताब्दी का मध्यकाल माना जाता है। ये तैलंग ब्राह्मण थे और शाहजहां के समय दिल्ली दरबार के कृपापात्र थे। वहीं से उन्हें 'पंडितराज' की उपाधि मिली थी। बाद में राजनीतिक स्थिति बदलने पर वे वाराणसी पहुंचे। पर एक मुसलमान युवती से संबंध रखने के कारण वहां के पंडित समाज ने उन्हें बहिष्कृत कर दिया।

पंडितराज उच्चकोटि के कवि थे। कुछ विद्वान् कालिदास के बाद उन्हीं को मानते हैं। उन्होंने स्तोत्र, प्रशस्ति काव्य और शास्त्रीय तीनों प्रकार के ग्रंथ लिखे हैं। उनके रचित प्राप्त ग्यारह ग्रंथों में आलोचना शास्त्र का 'रसगंगाधर' और गंगा की स्तुति में 'गंगालहरी' (दे.) बहुत प्रसिद्ध हैं। इनके जीवन के संबंध में अनेक किंवदंतियां प्रचलित हैं।

पंडिता रमाबाई (1885-1922 ई.)

पंडिता रमाबाई 19वीं शताब्दी की उन थोड़ी-सी महिलाओं में प्रमुख थीं जिन्होंने पश्चिमी शिक्षा प्राप्त की। वे बचपन में ही विधवा हो गई थीं। उन्होंने ईसाई धर्म ग्रहण कर लिया और एक विधवाश्रम की स्थापना की। विदेशों में व्याख्यान देकर उन्होंने महिलाओं की शिक्षा संस्थाओं के लिए धन एकत्र किया। उनकी विद्वता और भाषणों का लोगों पर बड़ा प्रभाव पड़ता था। उन्हें 'सरस्वती' की उपाधि दी गई थी।

पंढरपुर

महाराष्ट्र के शोलापुर जिले में झीमा, जिसे चंद्रभागा भी कहते हैं, के तट पर स्थित पंढरपुर तीर्थ की बड़ी प्रसिद्धि है। यहां श्रीकृष्ण का मंदिर है। कृष्ण को लोग विट्ठल, विठोबा और पांडुरंग भी कहते हैं। इस धाम की प्रतिष्ठा भक्त पुंडरीक ने की थी। यहां संत तुकाराम, नामदेव, नरहरि आदि संतों ने भी निवास किया।

विट्ठल के मुख्य मंदिर में विट्टल दोनों हाथ कमर में रखे खड़े हैं। निकट ही रुक्मिणी का मंदिर है जो यहां 'रखुमाई' कहलाती हैं। अनेक संतों की समाधियां भी यहां हैं।

कथा प्रसिद्ध है कि पुंडरीक की मातृ-पितृ भक्ति देखकर भगवान स्वयं उसे दर्शन देने के लिए आए। पुंडरीक ने उन्हें देखकर भी माता-पिता की सेवा बंद नहीं की और एक ईंट सरकाकर भगवान से उस पर खड़े रहने के लिए कह दिया। जब वह सेवा से निवृत्त हो गया तो भगवान ने उससे वर मांगने के लिए कहा। पुंडरीक बोला—यदि कुछ देना ही चाहते हैं तो आप जिस मुद्रा में खड़े हैं, सदा उसी मुद्रा में यहां विराजमान रहें। कहते हैं, विठोबा तभी से कमर में हाथ रखे यहां खड़े हैं।

पंढरपुर से आगे नरसिंहपुर है। इसे प्रह्लाद की जन्म-भूमि बताया जाता है। इस क्षेत्र में नरसिंहपुर का महत्व तीर्थराज प्रयाग के समान और पंढरपुर का काशी के समान माना जाता है। यहां वर्ष भर यात्री आते रहते हैं।

पंपासर

रामायण में वर्णित एक तीर्थ जहां शबरी के परामर्श पर श्रीराम गए थे। इसके निकट ही सुग्रीव रहता था। कुछ विद्वान् दक्षिण भारत में तुंगभद्रा नदी के पास अनाबुदी गांव के निकट यह स्थान बताते हैं। वहां पर पहाड़ी के मध्य में एक गुफा है। गुफा में श्रीरंग और सप्तर्षियों की मूर्तियां हैं। उसी के निकट पंपासर है जहां यात्री स्नान के लिए जाते हैं। कुछ लोग हासपेट नगर को पंपासर कहते हैं।

पक्षीतीर्थ

तमिलनाडु के चेंगलपट जिले देवगिरि पर्वत पर 'पक्षीतीर्थ' है। यह पर्वत तीर्थ स्वरूप माना जाता है और इसकी परिक्रमा की जाती है। पर्वत के नीचे प्राचीन विशाल शिवमंदिर हैजि से रुद्रकोट कहते हैं। देवगिरि पर्वत पर भी 500 सीढ़ियां चढ़ने के बाद एक शिव मंदिर है जिसमें शिवलिंग केले के खंभे की भांति है।

इसी मंदिर के कुछ नीचे एक शिला है जहां पुजारी के बुलाने पर दो कांक पक्षी आते और खाना खाकर चले जाते हैं। कांक चील से कुछ बड़ा कीड़े-मकोड़े और गंदगी खानेवाला पक्षी है। यहां पर पक्षियों के आने का कोई समय नहीं है। दिन के 10 बजे से दोपहर के बीच कभी वे पहुंचते हैं। कुछ लोग बताते हैं कि कहीं दूर किसी गुप्त स्थान पर इन्हें मांस आदि खिलाकर पाला गया है और शिला से पुजारी का संकेत मिलने पर, नित्य एक ही जगह भोजन मिलने के कारण वे वहां आते हैं।

पगोडा

पुनीत अवशेषों की स्थापना का स्थल। व्यवहार में इस शब्द का प्रयोग गौतमबुद्ध अथवा किसी संत के अवशेषों पर स्तंभ की आकृति के बने मंदिर के लिए होता है। दक्षिण पूर्वी एशिया के देशों तथा चीन और जापान में, जहां बौद्ध धर्म का प्रसार हुआ, बड़ी मात्रा में पगोडा पाए जाते हैं। भारत में पूर्वी राज्यों के अतिरिक्त तंजौर में भी एक पगोडा है। इसके 100 फुट लंबे ऊपरी भाग में बहुत सुंदर अलंकरण है।

पजशिशराजा (1760-1805 ई.)

1857 ई. के स्वतंत्रता संग्राम से बहुत पहले अपने अधिकारों के लिए अंग्रेजों से सशस्त्र संघर्ष करते हुए प्राण देने वालों में केरल वर्मा पजशिशराजा का प्रमुख स्थान है। अंग्रेजों ने टीपू (दे.) के साथ संघर्ष के समय केरल के इस राजा से जो वायदे किए थे, युद्ध के बाद वे उनसे मुकर गए। इस पर राजा ने हथियार उठा लिए और छापामार युद्ध का तरीका अपनाकर 1793 से 1805 ई. में रणभूमि में मरते समय तक वह अंग्रेजों की फौज को लोहे के चने चबवाता रहा। कई बार अंग्रेजों को पराजित भी होना पड़ा। अंत में राजा के वीरगति को प्राप्त होने के बाद ही वे केरल पर पूरा अधिकार कर सके। इस राजा की प्रशस्ति के गीत आज भी केरल में गाए जाते हैं।

पट्टाभिसीतारामैया

प्रख्यात स्वतंत्रता सेनानी डा. पट्टाभिसीतारामैया का जन्म आंध्र प्रदेश के एक गांव में 24 नवंबर 1880 ई. को हुआ था। शिक्षा पूरी करके उन्होंने डाक्टरी का काम आरंभ किया। परंतु 1916 ई. में वे उसे छोड़कर पूरी तरह से स्वतंत्रता के आंदोलन में सम्मिलित हो गए। 1920 ई. में गांधीजी के संपर्क में आए और प्रत्येक आंदोलन में जेल गए। 15 वर्ष तक कांग्रेस कार्य समिति के सदस्य रहे और स्वतंत्रता के बाद कांग्रेस के प्रथम जयपुर अधिवेशन की अध्यक्षता की। वे

संविधान सभा के भी सदस्य थे। डा. पट्टाभि कांग्रेस का इतिहास लिखनेवाले प्रथम व्यक्ति थे। 1952 ई. में वे मध्य प्रदेश के राज्यपाल बनाए गए। पांच वर्ष तक इस पद पर रहने के कुछ ही दिन बाद उनका देहांत हो गया।

पणि

वेदों के समय की एकजाति। प्राप्त उल्लेखों के अनुसार ये आदिवासी थे और वैदिक ऋषियों द्वारा पूजे जानेवाले देवताओं की पूजा नहीं करते थे। ये लोग पुरोहितों को दक्षिणा तो नहीं ही देते थे, बिना प्रति प्राप्ति के किसी को कुछ नहीं देते थे।

कुछ विद्वान पणि जाति को व्यवसाय करनेवाली बताते हैं। वेदों में स्थान-स्थान पर इनकी निंदा की गई है। इन्हें गंदा और कंजूस कहा गया है। देवों से इन पर आक्रमण करने की प्रार्थना के साथ कहा गया है कि पणि अत्यन्त गहन अंधकार में गिरें। कहीं पर इन्हें ब्याज खानेवाला तो कहीं पर कटु या अपरिचित वाणी बोलनेवाला कहा गया है।

कुछ विद्वानों का मत है कि पणि लोग बड़े साहसी और कुशल व्यवसायी थे और समुद्र पार से भी इनके व्यावसायिक संबंध थे। नौका नयन में भी ये दक्ष थे।

पतंजलि

प्राचीन साहित्य में पतंजलि का उल्लेख अनेक स्थानों पर मिलता है। कुछ लोग इन्हें अलग-अलग व्यक्ति भी बताते हैं। पर अधिकांश का मत है कि दो पतंजलि हुए हैं। एक तो 'योगसूत्र' के रचयिता प्रसिद्ध ऋषि और सिद्ध थे। इन्होंने चित्त की शुद्धि और पवित्रता के लिए आठ प्रकार के साधन निश्चित किए—यम, नियम, आसन, प्राणायाम, प्रत्याहार, धारणा, ध्यान और समाधि। इनके योगदर्शन में ईश्वर को बहुत अधिक महत्व नहीं दिया गया है।

दूसरे पतंजलि 'महाभाष्य' नामक व्याकरण ग्रंथ के रचयिता हैं। यह ग्रंथ पाणिनी के सूत्रों और कात्यायन के वार्तिक पर लिखा गया है। इनका कार्यकाल 150 ई. पू. के आसपास माना जाता है। 'योगसूत्र' के रचयिता पहले के हैं।

पद्मनाभ

1. केरल की राजधानी तिरुअनंतपुरम में पद्मनाभ स्वामी का मंदिर है। इन्हें अनंतशयनम् भी कहते हैं। मंदिर में पद्मनाभ की शेषशैया पर शयन करते हुए विशाल मूर्ति हैं। कहते हैं भारत में इतनी बड़ी मूर्ति और कहीं नहीं है। पुराणों के अनुसार इसकी स्थापना दिवाकर नाम के एक विष्णु भक्त ने की थी। उसकी साधना से प्रसन्न होकर विष्णु ने उसे एक बालक के रूप में दर्शन दिए थे किंतु जब

वह उनके निकट पहुंचा तो मूर्ति बारह मील लंबी हो गई। वर्तमान पद्मनाभ मंदिर उस मूर्ति के नाभि स्थान पर बना है। इस मंदिर से लगभग डेढ़ कि.मी. दूर वराह मंदिर भी दर्शनीय है।

2. कश्यप और कद्रु का पुत्र एक नाग जिसके भाई का नाम पद्म था। ये दोनों बड़े धार्मिक थे। पद्मनाभ गौमती के तट पर नैमिषारण्य में रहता था। वह बड़ा आत्मज्ञानी था और उसने एक ब्राह्मण को सौरमंडल की कथा सुनाई थी।

3. एक ब्राह्मण जिसे खाने के लिए राक्षस आया तो विष्णु ने अपने चक्र से राक्षस का वध कर दिया और ब्राह्मण की रक्षा की थी। जिस स्थान पर यह घटना घटी, वहीं पर चक्रतीर्थ बन गया।

4. धृतराष्ट्र के सौ पुत्रों में से एक का नाम।

पद्मपुराण

रचना क्रम की दृष्टि से पद्मपुराण का द्वितीय स्थान है। इस विशाल पुराण को 59000 श्लोकों का ग्रंथ बताया जाता है। लगभग 48500 श्लोक अब भी मिलते हैं। पूरा ग्रंथ सृष्टिखंड, भूमिखंड, स्वर्गखंड, पातालखंड और उत्तरखंड नामक पांच भागों में विभक्त है। इन खंडों में अनेक कथाओं, व्रतों तथा तीर्थों का महात्म्य वर्णित है। इस पुराण का रचनाकाल पांचवीं शताब्दी के बाद का माना जाता है। वैष्णव मत प्रधान इस ग्रंथ में शंकरजी ने पार्वती को विष्णु की महिमा बतायी है। इसमें क्षेपक भी बहुत बताये जाते हैं।

पद्मसंभव

आठवीं शताब्दी का एक प्रसिद्ध भारतीय बौद्ध भिक्षु जो पहले राजकुमार था। तिब्बत के राजा के निमंत्रण पर उसने तिब्बत जाकर तंत्रयान का प्रचार किया। तिब्बती लोग उसे अलौकिक चमत्कार वाला मानते थे। राजा के सहित भारी संख्या में तिब्बती उसके सदस्य बन गए। उसने बौद्ध धर्म के जिस रूप का प्रचार किया वह 'लामा' धर्म कहलाता है। तिब्बत में बुद्ध के समान ही पद्मसंभव की भी पूजा की जाती है।

पद्माकर

हिंदी के प्रसिद्ध रीतिकालीन कवि पद्माकर का जन्म उत्तर प्रदेश के बांदा जिले में 1753 ई. में हुआ था। इनके पूर्वज आंध्र प्रदेश के निवासी और तेलुगु भाषी थे। पद्माकर बड़े प्रतिभा-सम्पन्न थे। सागर के राजदरबार से इन्हें एक ही कविता पर एक लाख मुद्रायें प्राप्त हुई थीं। उस समय की परिपाटी के अनुसार पद्माकर विभिन्न राजदरबारों में रहे। अंत में इन्हें कुष्ठ रोग हो गया और 80 वर्ष की

उम्र में 1833 ई. में कानपुर में इनका देहांत हो गया। इनके लिखे हुए दस ग्रंथ उपलब्ध हैं।

पद्मावती

1. मथुरा के राजा उग्रसेन की पत्नी जो विदर्भनरेश सत्यकेतु की कन्या थी। एक बार जब वह नैहर गई थी, वहां कुबेर के गोभिल नामक दूत से गर्भवती हो गई। उसने इस गर्भ को नष्ट करने का बहुत प्रयत्न किया। अंत में गर्भ से आवाज आई—विष्णु ने कालनेमि दैत्य का वध कर दिया है। उसका बदला लेने के लिए मैं जन्म ले रहा हूं। यथासमय पद्मावती के गर्भ से कंस का जन्म हुआ।

2. एक वैश्य की स्त्री जिस पर एक अन्य व्यक्ति आसक्त हो गया था। स्त्री पति-भक्त थी। स्त्री की सखियों ने उस व्यक्ति से कहा कि यदि वह गंगा-यमुना के संगम पर प्राण दे दे तो उसे पद्मावती प्राप्त हो सकती है। इस पर उसने प्राण देने के लिए छलांग लगाई तो उसका रूप भी पद्मावती के पति के समान हो गया। अब पद्मावती के लिए वास्तविक पति को पहचानना कठिन हो गया। इस पर विष्णु ने प्रकट होकर उसे दोनों के साथ पत्नी रूप में रहने के लिए कहा और भूलोक में इसका निषेध देखकर तीनों को स्वर्ग भेज दिया।

पनानृसिंह

वैजबाड़ा के पास पर्वत पर पनानृसिंह का मंदिर है। इसके लिए 448 सीढ़ियां चढ़नी पड़ती हैं। पना का अर्थ शर्बत होता है। शर्बत पीनेवाले देवता का नाम पड़ा—पनानृसिंह। ऊपर चोटी पर बने हुए मंदिर में एक दीवार नृसिंह का धातु-मुख है। यहां भगवान को शर्बत चढ़ाया जाता है। पुजारी मूर्ति के मुख से शर्बत चढ़ाता है। इस पूरे मंदिर में चारों ओर शर्बत का चीकट फैला रहता है किंतु आश्चर्यजनक है कि यहां एक भी मक्खी या चींटी नहीं दिखाई देती। मान्यता है कि हिरण्यकशिपु दैत्य को मारकर नृसिंह भगवान यहीं स्थित हुए थे। माघ मास में यहां समारोह होता है।

पन्ना

मध्य प्रदेश में स्थित इसी नाम की एक रियासत का नगर और तीर्थ। यहां युगल किशोर और जगन्नाथ स्वामी के दो प्रसिद्ध मंदिर हैं। महात्मा प्राणनाथ का मंदिर भी दर्शनीय है।

परमर्दिदेव चंदेल

महोबा का राजा परमर्दिदेव परमाल के नाम से भी प्रसिद्ध है। यह 1165 ई. में

सिंहासन पर बैठा। कन्नौज के राजा जयचंद गहड़वाल और दिल्ली तथा अजमेर के शासक पृथ्वीराज से इसकी प्रतिद्वंद्विता थी इसने जयचंद से मित्रता कर ली और पृथ्वीराज से संघर्ष किया। युद्ध में इसे सफलता नहीं मिली और इसके राज्य के काफी हिस्से पर पृथ्वीराज ने कब्जा कर लिया। बचे हुए भाग पर 1202 ई. में मुहम्मद गोरी (दे.) के प्रतिनिधि कुतुबुद्दीन ने आक्रमण कर दिया। परमर्दिदेव पराजय स्वीकार करने ही वाला था कि उसकी मृत्यु हो गई और कलिंजर का किला मुसलमानों के हाथों चला गया।

परमहंस

संन्यासियों की चार श्रेणियां मानी गई हैं—कुटीचक, बहूदक, हंस और परमहंस। ज्यों-ज्यों वैराग्य और ज्ञान की मात्रा बढ़ती जाती है, संन्यासी की गणना अगली श्रेणी में होने लगती है। हंस शब्द का अर्थ है सद् और असद् के विवेक की शक्ति से परिपूर्ण आत्मा। जिसमें आत्मा का परम विकास हो चुका है वह परमहंस कहलाता है।

परमात्मा

परमात्मा के संबंध में भारतीय दर्शन में अलग-अलग मत व्यक्त किए गए हैं। वैशेषिक के अनुसार परमात्मा जीवात्मा से भिन्न है। वह नित्य ज्ञान, नित्य इच्छा और नित्य संकल्प वाला है। वही संपूर्ण सृष्टि को चलाता है। परमात्मा एक है जब कि जीवात्मा अगणित हैं। परमात्मा पहले कल्प में सृष्टि की रचना करता है और इस कल्प में पृथ्वी स्वर्ग और अन्तरिक्ष को बनाता है। वह सृष्टिकर्ता ईश्वर का ही पर्याय है। सांख्य दर्शन परमात्मा अथवा ईश्वर में विश्वास नहीं करता। वह केवल पुरुषत्व को मानता है। वेदांत के मत में यद्यपि परमात्मा व्यवहार में भिन्न प्रतीत होता है पर वास्तव में वह अभिन्न है।

परमानंद भाई

भाई परमानंद अपने समय के प्रसिद्ध क्रांतिकारियों में से थे। आपका जन्म 1874 ई. में पंजाब में हुआ था। आरंभ से ही आप आर्य समाज की ओर आकृष्ट हो गए थे और आपको वैदिक धर्म के प्रचार के लिए अफ्रीका भेजा गया था। कुछ भारतीय क्रांतिकारी वहां पहले से थे। भाई परमानंद भी उनके संपर्क में आए। पुलिस को इसका संदेह हो गया था अतः आप वहां से अमेरिका चले गए। अमेरिका में आपकी भेंट क्रांतिकारी नेता हरदयाल से हुई जो गदर पार्टी (दे.) के संगठन में लगे हुए थे। भाई परमानंद भी इस पार्टी में सम्मिलित हो गए। जब इस दल के अन्य सदस्यों के साथ आप भारत आए तो गिरफ्तार कर लिए गए। मुकदमा चला,

पहले फांसी की सजा हुई जो बाद में काले पानी में बदल दी गई। 1915 ई. से 1929 ई. तक अंडमान में रहे और बाद में अनशन करने पर रिहा कर दिए गए।

इस समय तक स्वतंत्रता संग्राम का नेतृत्व गांधीजी के हाथों में आ चुका था। विचार-भेद के कारण भाई परमानंद किसी राष्ट्रीय आंदोलन में सम्मिलित नहीं हुए। 1933 ई. में आप हिंदू महासभा के अध्यक्ष चुने गए थे।

परमार वंश

नर्मदा के उत्तर में मालवा क्षेत्र में यह वंश अस्तित्व में आया। इसका आरंभकर्ता कृष्णराज को माना जाता है। धारानगरी इस राजवंश की राजधानी थी। इसमें कुल आठ राजा हुए जिनमें से सातवें और आठवें राजा अधिक प्रसिद्ध हुए। आठवां राजा भोज (1018-60 ई.) स्वयं विद्वान् था और उसने अनेक विद्वानों और कवियों को आश्रय दिया। यद्यपि स्थानीय राजाओं के रूप में परमार राजा तेरहवीं शताब्दी के आरंभ तक राज्य करते रहे परंतु भोज के बाद इस वंश का प्रभाव नाममात्र का रह गया।

परशुराम

राजा प्रसेनजित की पुत्री रेणुका के गर्भ से उत्पन्न महर्षि जमदग्नि के पुत्र परशुराम का नाम मूलत: केवल राम था और इनकी गणना विष्णु के दस अवतारों में होती है। इन्हें शिव से प्रसिद्ध परशु प्राप्त हुआ था। इस कारण ये परशुराम के नाम से विख्यात हुए। भृगुवंशी होने के कारण ये भार्गव और जमदग्नि के पुत्र होने से जामदग्न्य कहलाए। दुर्वासा की भांति ये भी अपने क्रोधी स्वभाव के लिए विख्यात हैं। पिता की आज्ञा मानकर एक बार इन्होंने अपनी माता का भी सिर काट दिया। पर जब प्रसन्न पिता ने वर मांगने को कहा तो इन्होंने मां के पुनर्जीवन का वर मांगा।

हैहय क्षत्रियों और भार्गवों में पीढ़ियों से शत्रुता चली आ रही थी। एकबार परशुराम की अनुपस्थिति में हैहय राजा कार्तवीर्य ने जमदग्नि के आश्रम को जला डाला, कामधेनु छीन ली और ऋषि का भी वध कर दिया। इसका बदला परशु-राम ने पृथ्वी को 21 बार क्षत्रिय-विहीन करके लिया। सीता-स्वयंवर के समय वे दशरथ पुत्र राम से भी क्रुद्ध हो गए थे।

कुछ विद्वानों का मत है कि राम से पहले परशुराम का अवतार विकासवाद के सिद्धांत से भी मेल खाता है।

परशुरामदेव

निम्बार्क संप्रदाय के धर्मरक्षक संत जिन्होंने राजस्थान में सूफी फकीरों के प्रभाव

से सनातनी जनता की रक्षा की। इनका समय सोलहवीं शताब्दी का मध्यकाल माना जाता है। पुष्कर इनकी तपोभूमि थी। इनकी आध्यात्मिक उपलब्धि के कारण अनेक देशी नरेश इनकी ओर आकृष्ट हुए। जयपुर के निकट आमेर मार्ग पर इन्हीं की स्मृति में 'परशुराम द्वार' बनाया गया है। इनके द्वारा स्थापित गद्दी के वैष्णव संत आजकल भी धर्मप्रचार के कार्य में लगे रहते हैं।

परसोडा

मेहसाणा के बीजापुर ताल्लुके में साबरमती के तट पर बसा परसोडा ऋषितीर्थ भी कहलाता है। यहां विभांडक ऋषि के पुत्र शृंगी ऋषि का आश्रम था। महाराज दशरथ ने अंगदेश के राजा और अपने मित्र रोमपाद को अपनी पुत्री शांता दत्तक रूप में दे दी थी। क्योंकि रोमपाद के कोई संतान न थी। रोमपाद ने शांता का विवाह शृंगी ऋषि से कर दिया। विवाह के पश्चात् ऋषि यहीं आश्रम बनाकर रहे थे।

परांजपे शिवराम महादेव

मराठी भाषा के पत्रकार, साहित्यकार और राष्ट्रभक्त शिवराम महादेव परांजपे का जन्म 1834 ई. में हुआ। कुछ समय तक अध्यापन कार्य करने के बाद आपने 'काल' नामक पत्र निकाला। इनके विचारों के कारण विदेशी सरकार ने परांजपे को 19 महीनों के लिए जेल में बंद कर दिया। बाद में वे 'स्वराज्य' नामक पत्र निकालकर गांधीजी के असहयोग आंदोलन का समर्थन करते रहे। अपनी निर्भीक विचारधारा और धाराप्रवाह भाषणों के कारण महाराष्ट्र में आपका बड़ा प्रभाव था। परांजपे की मृत्यु 1929 ई. में हुई।

परावसु

1. एक ऋषि जो रैभ्य ऋषि का पुत्र और विश्वामित्र का पौत्र था। इसने हिंसक पशु के धोखे में अपने पिता रैभ्य का वध कर दिया था। ब्रह्महत्या के इस पाप के कारण यह यज्ञ कराने के योग्य नहीं रह गया। इस पर परावसु ने अपने छोटे भाई अर्वावसु को अनुष्ठान और तपस्या करने की आज्ञा दी। भाई के प्रयत्न से और धनुष्कोटि तीर्थ में जाकर यह पाप-मुक्त हुआ।

2. एक असुर जो इंद्र द्वारा प्रज्ज्वलित अग्नि से बचने के लिए समुद्र में प्रविष्ट हो गया था।

पराशर

एक प्राचीन ऋषि जिन्हें कहीं पर वशिष्ठ का पुत्र और कहीं पर पौत्र बताया गया

है। जिन सात ऋषियों ने ऋग्वेद के मत्रों का संपादन किया, उनमें एक पराशर भी थे। पराशर नाम के एक स्मृतिकार भी हुए हैं। इनके द्वारा रचित पराशर स्मृति (दे.) वर्तमान काल में अधिक उपयोगी मानी जाती है।

महाभारत में भी एक पराशर का उल्लेख आया है। तीर्थयात्रा में यमुना के किनारे पराशर ने उपरिचरवसु नामक राजा की कन्या सत्यवती को देखा। यद्यपि उसके शरीर से मछली जैसी दुर्गंध आती थी, फिर भी उसके रूप-सौंदर्य पर ऋषि मुग्ध हो गए। सत्यवती की आशंका दूर करने के लिए उन्होंने उसे वरदान दिया कि उसका कन्याभाव बना रहेगा और शरीर से सुगंध आने लगेगी। उन्होंने कोहरे का आवरण भी उत्पन्न कर दिया। बाद में सत्यवती के गर्भ से व्यास का जन्म हुआ। व्यास कृष्णवर्ण के थे और द्वीप में पैदा हुए थे, इसलिए कृष्ण द्वैपायन व्यास के नाम से प्रसिद्ध हुए।

वराहमिहिर (दे.) के पहले पराशर नाम के एक प्रसिद्ध ज्योतिषी भी हो चुके हैं।

पराशर स्मृति

स्मृतिशास्त्र में पराशर स्मृति का महत्वपूर्ण स्थान है। इसके आरंभिक अंश के विवरण के अनुसार ऋषिगण व्यास के पास पहुंचे और उनसे कलियुग के लिए धर्म का उपदेश करने की प्रार्थना की। व्यास ऋषियों को अपने पिता पराशर के पास ले गए। पराशर ने ऋषियों के अनुरोध पर कलियुग के लिए इस स्मृति की रचना की। इसी स्मृति में कहा गया है कि मनुलिखित स्मृति सतयुग के लिए, गौतम की त्रेता के लिए, शंख की द्वापर के लिए और पराशर की स्मृति कलियुग के उपयोग के लिए लिखी गई है।

परिक्रमा

किसी पवित्र स्थान, वस्तु आदि के चारों ओर दाहिनी तरफ से घूमना परिक्रमा या प्रदक्षिणा कहलाता है। यह षोडशोपचार पूजा का एक अंग है। पीपल के वृक्ष, मंदिर आदि की परिक्रमा तो की ही जाती है, पवित्र धर्मस्थानों की परिक्रमा का भी विधान है। अयोध्या, काशी, मथुरा आदि की परिक्रमा बड़े समारोह के साथ की जाती है। काशी की पंचक्रोशी (पच्चीस कोस की), ब्रज में गोवर्धन की सप्त-कोशी, ब्रजमंडल की चौरासी कोशी परिक्रमा प्रसिद्ध है। चित्रकूट में कामदगिरि की परिक्रमा की जाती है। नर्मदा नदी की परिक्रमा अमरकंटक में उद्गम स्थल से लेकर समुद्र तक छह मास में पूरी की जाती है।

परिणामी संप्रदाय

वैष्णवों का एक उपसंप्रदाय जिसके प्रवर्तक महाराज छत्रसाल के गुरु पन्ना निवासी महात्मा प्राणनाथ थे। इनका उद्देश्य सर्वधर्म समन्वय था। ये स्वयं को मुसलमानों का मेंहदी, ईसाइयों का मसीहा और हिंदुओं का कल्कि अवतार बताते थे। भगवान कृष्ण के साथ सख्य भाव की उपासना की शिक्षा देते थे। 'परिणामी' अथवा 'प्रणामी' मत के अनुयायी वैष्णव गुजरात, राजस्थान और बुंदेलखंड में अधिक पाए जाते हैं।

परिवार

परिवार सामान्यतः दो प्रकार के होते हैं—1. पति, पत्नी और उनके बच्चों का समूह। 2. सम्मिलित रूप से वास करनेवाले रक्त संबंधियों का समूह जिसमें विवाह करके लाए हुए और गोद लिए व्यक्ति भी सम्मिलित होते हैं।

परिवार के आरंभ के संबंध में विद्वानों में दो मत हैं। विकासवादी मानते हैं कि आरंभ में विवाह-प्रथा नहीं थी और पूर्ण कामाचार प्रचलित था। इसके बाद यूथ विवाह होने लगे अर्थात् कई पुरुष और स्त्रियां सामूहिक पति-पत्नी के रूप में रहते थे। इसके बाद क्रमशः बहुपतित्व, बहुपत्नित्व तथा एक पतित्व और एक पत्नीत्व का प्रचलन हुआ।

अन्य का मत इससे भिन्न है। उनके अनुसार दो कारणों से पुरुष-स्त्री अथवा पति-पत्नी परिवार की इकाई रहे—1. मानव शिशु के पालन-पोषण के लिए लंबे समय की आवश्यकता, 2. गर्भावस्था तथा प्रसूति काल में माता की विशेष देखरेख।

मानव समाज में मुख्यतः दो प्रकार के परिवार पाए जाते हैं—मातृसत्तात्मक और पितृसत्तात्मक। पहले में संपत्ति मां के अधिकार में रहती है और उसी से वंश का नाम भी चलता है। दूसरे में यह अधिकार पिता को प्राप्त होता है। कुछ समय पूर्व तक भारत के मालाबार क्षेत्र में मातृसत्तात्मक परिवार पाए जाते थे। यद्यपि कुछ आदिवासी समूहों में अब भी यह व्यवस्था पाई जाती है, परंतु इस समय विश्व में सर्वत्र पितृसत्तात्मक व्यवस्था है।

परिव्राजक

सब कुछ त्यागकर चारों ओर भ्रमण करनेवाले साधु-संत। ये संसार से विरक्त तथा सामाजिक नियमों से अलग रहते हैं। अपने समय का उपयोग ध्यान करने, शास्त्र-चिंतन और शिक्षण आदि में करते हैं। ये वृक्षों के नीचे सोते और भिक्षा मांगकर भोजन करते हैं। सामान्यतः ब्रह्मचर्य, गृहस्थ और वानप्रस्थ इन तीनों आश्रमों में अपना कर्त्तव्य पूरा करने के बाद चौथे संन्यास आश्रम में परिव्राजक

बनने का नियम है। परंतु जिसके अंदर पहले ही वैराग्य की उत्कट भावना उत्पन्न हो जाए उसके लिए यह प्रतिबंध नहीं है। उपनिषद् के मतानुसार जिस दिन वैराग्य हो, उसी दिन परिव्राजक हो जाना चाहिए।

परीक्षित

अभिमन्यु और उत्तरा का पुत्र जो पिता की मृत्यु के बाद पैदा हुआ। युधिष्ठिर आदि पांडवों के हिमालय चले जाने के बाद परीक्षित ही हस्तिनापुर के राजा हुए। इनकी मृत्यु सांप के काटने से हुई। इसका बदला लेने के लिए इनके पुत्र जनमेजय ने 'नागयज्ञ' करके सांपों का संहार किया था।

पर्जन्य

1. एक वैदिक देवता जिनकी गणना वायवीय देवों में होती है। सातवें आदित्य का नाम भी पर्जन्य बताया गया है। यह वृष्टिदाता देवता हैं। कुछ पुराणों में इन्हें बादलों और वर्षा का स्वामी बताया गया है।

पर्व

वैदिक साहित्य में अमावस्या, पूर्णिमा और चतुर्मास में होनेवाले उत्सवों के अवसर को पर्व कहा गया है। पुराण अष्टमी, चतुर्दशी, अमावस्या, पूर्णिमा और संक्रांति को पर्व कहते हैं। ये पुण्यकार्य अथवा उत्सव आदि के लिए निर्धारित तिथियां हैं। पर्व के दिन उपवास, श्राद्ध, दान और जप करने का विधान है।

पर्वत

एक देवर्षि जो कश्यप ऋषि के मानसपुत्र और नारद के भतीजे थे। नारद और इनको गंधर्व और देवर्षि माना जाता है। ये इंद्र, कुबेर और युधिष्ठिर के सभासद थे तथा शरशैया पर पड़े भीष्म पितामह से मिलने के लिए गए थे। एकबार नारद और पर्वत दोनों ही सृंजय राजा की कन्या दमयंती से प्रेम करने लगे। दोनों अपने मन की बात दूसरे को बताने के लिए वचनबद्ध थे। किंतु जब नारद ने अपने प्रेम-प्रसंग की बात पर्वत को नहीं बताई तो उसने उन्हें बंदर-मुख होने का शाप दिया था।

पर्वतेश्वर

विंध्य प्रदेश का एक नरेश जो अति लोभी था और प्रजा को सताया करता था। इसे नरक की यातना सहनी पड़ी और बंदर का जन्म मिला। अनुचित रीति से अर्जित इसका अन्न खाने के कारण इसके पुरोहित को सारस की योनि में जन्म

लेना पड़ा। बाद में दोनों एक योनि हंस रहकर मनुष्य योनि को प्राप्त हुए।

पशु

वैदिककाल का एक आयुध-जीवी संघ जो आधुनिक मध्य एशिया में निवास करता था। प्राचीन पर्शिया के इन लोगों से वैदिक आर्यों का घनिष्ठ संबंध था। पाणिनि के समय में ये लोग भारत के दक्षिण-पश्चिमी प्रदेश में रहते थे। इन्होंने राजा सुदास की सहायता की थी।

पलटू साहब

ये पहले गृहस्थ थे। बाद में विरक्त होकर अयोध्या चले आए। संत भीखा साहब के शिष्य गोविंद साहब को अपना गुरु बनाया। इन्होंने अयोध्या में सत्संग स्थापित किया। इनकी बढ़ती हुई कीर्ति से मंदिरों और अखाड़ों के वैरागी इनसे बहुत जलते थे, किंतु अन्य लोग इनके सामने भेंट लिए खड़े रहते थे। इनकी रचनाओं से ज्ञात होता है कि इनका ढंग कबीर की भांति फक्कड़ और आलोचनापूर्ण था। इसीलिए लोग इन्हें दूसरा कबीर कहते हैं। इनका समय विक्रम की 19वीं शताब्दी का पूर्वार्ध माना जाता है।

पलुस्कर, विष्णु दिगंबर

भारतीय संगीत को पुनः उच्च प्रतिष्ठा प्रदान करानेवाले विष्णु दिगंबर पलुस्कर का जन्म महाराष्ट्र में 1872 ई. में हुआ था। किशोरावस्था में ही आतिशबाजी जलाते समय नेत्रों की ज्योति प्रभावित हो गई। बाद में विधिवत संगीत की शिक्षा ली और उसे संकीर्णता के दायरे से निकालने के काम में जुट गए। 1900 ई. में आपने संगीत की संपूर्ण स्वर-लिपि का विकास किया। ओंकारनाथ ठाकुर जैसे संगीतज्ञों को शिक्षित करने के साथ-साथ आपने संगीत विषय पर लगभग 70 ग्रंथों का लेखन और प्रकाशन कराया। 1931 ई. में आपका निधन हो गया।

पल्लववंश

इस राजवंश का आधिपत्य आधुनिक अर्काट, मद्रास, त्रिचनापल्ली और तंजौर क्षेत्र पर था। अपनी उन्नति के समय पल्लव उड़ीसा की सीमा तक और पश्चिम-दक्षिण भारत में भी दूर-दूर तक फैल गए थे। इस राजवंश का पहला उल्लेख चौथी शताब्दी ई. में मिलता है। छठी शताब्दी के सिंहविष्णु नामक पल्लव राजा के समय से इसका क्रमबद्ध इतिहास ज्ञात है। पल्लवों को अपने शासनकाल में निरंतर चालुक्य और राष्ट्रकूट राजाओं से संघर्ष करना पड़ा। नवीं शताब्दी के अंत में चोल राजा आदित्य प्रथम ने अंतिम पल्लव राजा अपराजित को परास्त

करके इस वंश का अंत कर दिया। पल्लव राजा बड़े कला-प्रेमी थे। उसके बनवाए महाबलिपुरम् के चट्टान मंदिर और कांची के मंदिर इसके प्रमाण हैं।

पशु (भारतीय)

पशुपालन भारतीय सभ्यता का आदिकाल से ही अभिन्न अंग रहा है। घोड़ा आर्यों का प्रिय वाहन था। पुराणों से पशु-पक्षियों के प्रति भारतवासियों से अगाध प्रेम का पता चलता है। अनेक पशु-पक्षी देवताओं के वाहन के रूप में उनसे संबद्ध किए गए हैं—दुर्गा का सिंह, विष्णु का गरुड़, शिव का वृषभ, गणेश का चूहा, कार्तिकेय का मयूर, लक्ष्मी का उल्लू, सरस्वती का हंस आदि। शेषनाग महाप्रलय में लक्ष्मी सहित विष्णु को धारण किए रहता है। सर्प शिव के गले का शृंगार है। स्वयं भगवान ने वराह, कूर्म और मत्स्य का अवतार लेकर इन वर्गों के जीवधारियों का सम्मान बढ़ाया है। कृष्ण तो गोपाल थे ही।

राजा-रंक सभी पशुपालन को महत्व देते थे। राजा दिलीप की नंदिनी की सेवा प्रसिद्ध है। पांडवों में नकुल अश्वपालन के और सहदेव गोवंश के पालन के विशेषज्ञ थे। पशु संपन्नता के द्योतक रहे हैं। यहां तक कि गुरुदक्षिणा तक अश्वों और गौवों में दी जाती थी।

पशु दूध, मांस, कृषिकार्य तथा यातायात के साधन के लिए पाले जाते हैं। भारत के मुख्य पशु हैं—गाय, भैंस, घोड़ा, गधा, खच्चर, ऊंट, बकरी, भेड़ और सूअर। संसार के समस्त गोजातीय पशुओं का छठा हिस्सा और भैंस जातीय पशुओं का लगभग आधा हिस्सा भारत में पाला जाता है। अच्छी नस्ल की गायों में पंजाब की साहीवाल और गुजरात की गिर गाएं प्रसिद्ध हैं। अच्छे बैल हैं—हेसी (पंजाब), नेरुल्लु (आंध्र), हरियाना (पंजाब-हरियाणा), बछौर (उत्तरी विहार) आदि। मुर्रा (पंजाब), जफेराबादी (सौराष्ट्र), मेहसाना (गुजरात) आदि अच्छी जाति की भैंसें हैं। नस्ल सुधार के प्रयत्नों से देश में दुग्ध उत्पादन बढ़ता जा रहा है।

पशुपतिनाथ

शिव का यह मंदिर काठमांडू (नेपाल) में है। यह नगर विश्वमती और बाघमती नदियों के संगम पर बसा है। बाघमती के तट पर मत्स्येंद्रनाथ का और विश्वमती के तट पर पशुपतिनाथ का मंदिर है। मंदिर में पंचमुख शिवलिंग है और इसकी गणना शंकर की अष्टत्व मूर्तियों में की जाती है।

प्राचीन आख्यान के अनुसार यह महिषरूप शिव का शीर्ष है। पांडवों से बचने के लिए केदारनाथ (दे.) में शिव ने महिष का रूप धारण कर लिया था। उसी समय उसका सिर काठमांडू में गिरा।

पांचजन्य

1. अपने गुरु संदीपन के पुत्र को खोजते हुए श्रीकृष्ण समुद्र के अंदर जा पहुंचे। वहां उन्होंने शंख के अंदर रहनेवाले पंचजन नामक दैत्य को मारकर शंख ले लिया। यही शंख पांचजन्य कहलाया।

2. पांच ऋषियों के अंश से उत्पन्न एक अग्नि जिसे तमस् भी कहते हैं।

पांच प्रधान पीठ

जगद्गुरु शंकराचार्य द्वारा स्थापित चार पीठ प्रधान हैं—

ज्योतिष्पीठ—उत्तराखंड में बदरीनाथ के मार्ग का जोशीमठ।

गोवर्धनपीठ—जगन्नाथपुरी में समुद्र के निकट।

शारदापीठ—द्वारका में कृष्ण मंदिर के निकट।

शृंगेरीपीठ—आंध्र प्रदेश में चिकमंगलूर के पास।

पांचाल

दे. पंचाल।

पांडव

हस्तिनापुर के राजा पांडु के पांच पुत्र। पांडु को किमिंदम ऋषि का शाप था कि स्त्री प्रसंग करने से उनकी मृत्यु हो जाएगी। अतः दुर्वासा ऋषि से मिले मंत्र के बल से पांडु की रानी कुंती ने धर्म, वायु और इंद्र का आवाहन किया जिससे युधिष्ठिर, भीम और अर्जुन पैदा हुए। इसी मंत्र के बल से अश्विनी कुमारों को बुलाकर पांडु की दूसरी रानी माद्री ने नकुल और सहदेव को जन्म दिया। ये पांचों पांडव कहलाए। पांडु धृतराष्ट्र से छोटे थे। पर धृतराष्ट्र के जन्मांध होने के कारण गद्दी पर पांडु बैठे। लेकिन पांडु की अकस्मात मृत्यु के बाद राज्याधिकार के संघर्ष का परिणाम महाभारत युद्ध हुआ। इसमें धृतराष्ट्र के सौ पुत्र मारे गए। पांडव विजयी हुए। पर उन्होंने राज्य सुख नहीं भोगा। उनका पौत्र परीक्षित (दे.) गद्दी पर बैठा और द्रौपदी सहित पांचों पांडव गलने के लिए हिमालय चले गए।

पांडिचेरी

दक्षिण में स्थित भारत का एक छोटा केंद्रशासित प्रदेश जिसका क्षेत्रफल केवल 492 वर्ग कि. मी. है। यहां तमिल, तेलुगु, मलयालम, अंग्रेजी और फ्रांसीसी भाषाएं बोली जाती हैं। पांडिचेरी की स्थापना 1674 ई. में फ्रांसीसी ईस्ट इंडिया

कंपनी के एक कर्मचारी मार्टिन ने की थी। 1763 ई. तक यहां कभी डचों का अधिकार रहा, कभी फ्रांसीसियों का और कभी अंग्रेजों का। 1763 ई. में अंग्रेजों ने इसकी किलाबंदी तोड़कर इसे फ्रांसीसियों को वापस कर दिया। तब पांडिचेरी भारत की अन्य फ्रांसीसी बस्तियों—चंद्रनगर, कारीकल और माही सहित सबकी राजधानी बन गया। भारत की स्वतंत्रता के बाद 1954 ई. में फ्रांस ने अपनी भारतीय बस्तियों का शांतिपूर्वक भारत में विलय कर दिया। इस समय राष्ट्रपति की ओर से नियुक्त उपराज्यपाल, मंत्रिमंडल की सलाह से यहां का शासन-प्रबंध चलाता है।

महर्षि अरविंद के आश्रम के कारण पांडिचेरी की अंतर्राष्ट्रीय ख्याति है। समुद्र के किनारे अरविंद आश्रम के एक भवन में योगिराज अरविंद की समाधि है। इसी भवन में श्री अरविंद ने 25 वर्षों तक साधना की थी। यहां और भी कई दर्शनीय स्थान हैं। एक बहुत प्राचीन गणेश मंदिर है। कालहस्तीश्वर तथा वेदपुरीश्वर के मंदिर और सुब्रह्मण्य भारती का स्मारक भी दर्शनीय हैं।

पांडु

पांडवों के पिता पांडु विचित्रवीर्य की विधवा पत्नी अंबालिका के पुत्र थे जिन्हें उसने नियोग द्वारा कृष्ण द्वैपायन व्यास से प्राप्त किया था। पांडु के दो पत्नियां थीं कुंती और माद्री। पांडु ने अनेक राजाओं को परास्त करके अपने राज्य का विस्तार किया और पांच यज्ञ किए। एक बार पांडु अपनी दोनों पत्नियों के साथ वन में विचरण कर रहे थे। वहां किमिदम ऋषि मृग के रूप में अपनी मृगी रूपधारी पत्नी से संगम कर रहे थे। उसी समय पांडु ने बाण से मृगी को मार डाला। इस पर ऋषि ने शाप दिया कि स्त्री प्रसंग करते ही तुम्हारी मृत्यु हो जाएगी। तब तक पांडु के कोई संतान नहीं हुई थी। बाद में दुर्वासा ऋषि के वरदान के बल पर कुंती और माद्री ने विभिन्न देवताओं को आहूत करके पांच पांडवों को जन्म दिया।

एक दिन बसंत ऋतु में जब पांडु अपने को रोक न सके और माद्री के मना करने पर भी उससे समागम करने लगे। ऋषि के शाप से उसी समय उनकी मृत्यु हो गई।

पांडु के नाम के संबंध में भी एक कथा मिलती है। नियोग के समय ऋषि कृष्ण द्वैपायन व्यास को देखकर इनकी माता अंबालिका पीली पड़ गई थीं। इसी से पीतवर्ण का बालक उत्पन्न हुआ और उसका नाम पांडु पड़ा।

पांडुकेश्वर

उत्तराखंड में बदरीनाथ मार्ग में स्थित एक तीर्थ। यहां एक शिवमंदिर है। कहते

हैं कि इस मंदिर में शिवलिंग की प्रतिष्ठा पांडु ने की थी। पांडु ने अपनी पत्नी कुंती और माद्री के साथ यहां पर तपस्या भी की थी। यहीं पर पांडवों का जन्म हुआ और इसी क्षेत्र में ऋषि के शाप से पांडु दिवंगत भी हो गए।

पांड्य

दक्षिण भारत का एक प्राचीन और बलशाली राजवंश जिसका उल्लेख संस्कृत वैयाकरण कात्यायन ने चौथी शताब्दी ई. पूर्व में किया था। चौथी शताब्दी ई. पूर्व में ही मेगस्थनीज को भी इसकी जानकारी थी। मार्कोपोलो 1288 ई. और और 1293 ई. में पांड्य राज्य में गया था। इससे इस राजवंश की प्राचीनता और निरंतरता का पता चलता है। मदुरा इनकी राजधानी थी। इनका राज्य नेल्लूर से लेकर कन्याकुमारी तक फैला था। पांड्य राजाओं में मातृसत्तात्मक व्यवस्था प्रचलित थी। इनका श्रीलंका से और पल्लव (दे.) राजाओं से संघर्ष चलता रहता था। इस राज्य का दूर-दूर के देशों से व्यापारिक संबंध था और ये लोग बड़े संपन्न थे। 1310 ई. में अलाउद्दीन खिलजी के सेनापति ने पांड्य देश को पराजित किया और 1378 ई. में यह विजयनगर के हिंदू साम्राज्य का अंग हो गया।

पाटण

मेहसाण से 50 कि. मी. दूर पाटण सोलंकी नरेशों की राजधानी रहा है। किसी समय यह बड़ा समृद्ध नगर था। कहते हैं द्वापर में हिडिम्बवन यहीं था। वनवास के समय पांडव यहां आए थे और भीमसेन ने हिडिम्ब तथा बकासुर का वध किया था।

पाटलिपुत्र

मगध राज्य की प्रसिद्ध राजधानी जो सोन और गंगा के संगम पर वर्तमान पटना नगर के निकट थी। यहां के दुर्ग का निर्माण अजातशत्रु (494-467 ई. पूर्व के लगभग) ने कराया था। इसका राजधानी के रूप में विकास चंद्रगुप्त मौर्य के समय हुआ। नगर की रक्षा के लिए चारों ओर एक खाई बनाई गई थी जिसमें सोन नदी का पानी भरा रहता था।

मेगस्थनीज (दे.) ने इस नगर की बड़ी प्रशंसा की है। अशोक ने नगर के अंदर पत्थर का महल बनवाया। पांचवीं शताब्दी में फाहियान (दे.) उस महल को देखकर चकित रह गया था। गुप्त सम्राटों ने 320 ई. से 500 ई. तक यहां से राज्य किया। भारतीय इतिहास के इस स्वर्णिम काल में पाटलिपुत्र संस्कृत का महान् केंद्र था। सातवीं शताब्दी में इसका स्थान कन्नौज (दे.) ने ले लिया और

इसके बाद पाटलिपुत्र का महत्व घटता गया।

पाणिनि

संस्कृत भाषा के अद्वितीय व्याकरण ग्रंथ 'अष्टाध्यायी' के रचयिता के रूप में पाणिनि की ख्याति आज भी पूर्ववत् है। इन्होंने भाषा के शुद्ध प्रयोगों की सीमा का निर्धारण किया, जो प्रयोग अष्टाध्यायी की कसौटी पर खरे नहीं उतरे उन्हें विद्वानों ने 'अपणिनीय' कहकर अशुद्ध घोषित कर दिया। संस्कृत भाषा को व्याकरण सम्मत् रूप देने में पाणिनि का योगदान अतुलनीय माना जाता है।

अष्टाध्यायी मात्र व्याकरण ग्रंथ नहीं है। इसमें प्रकारांतर से तत्कालीन भारतीय समाज का पूरा चित्र मिलता है। उस समय के भूगोल, सामाजिक, आर्थिक, शिक्षा और राजनीतिक जीवन, दार्शनिक चिंतन, खान-पान, रहन-सहन आदि के प्रसंग स्थान-स्थान पर अंकित हैं।

पाताल

पृथ्वी के सात लोकों में अंतिम लोक। इसकी भूमि स्वर्णमयी है। यहां वासुकि नामक सर्प शंखचूर्ण आदि सर्पों के साथ रहता है। यहां से तीन हजार योजन नीचे शेषनाग का निवास स्थान है।

पानीपत

यहां की तीन लड़ाइयां प्रसिद्ध हैं जिन्होंने भारत के इतिहास की दिशा बदल दी।

पहली लड़ाई 21 अप्रैल, 1526 ई. को दिल्ली के सुल्तान इब्राहीम लोदी (दे.) और मुगल आक्रमणकारी बाबर (दे.) के बीच हुई। इसमें बाबर विजयी हुआ। दिल्ली और आगरा उसके कब्जे में आ गए और भारत में मुगल राजवंश आरंभ हुआ।

दूसरी लड़ाई 5 नवंबर, 1556 ई. को अकबर और अफगान बादशाह आदिलशाह सूर के हिंदू सेनापति हेमू के बीच हुई। हेमू का पलड़ा भारी पड़ रहा था कि उसकी आंख में एक तीर लग गया और अकबर ने उसका सिर धड़ से अलग कर दिया। इस लड़ाई में मुगलों और अफगानों के बीच दिल्ली की गद्दी के लिए चलनेवाले संघर्ष में अंतिम रूप से मुगलों की जीत हुई।

तीसरी लड़ाई 14 जनवरी, 1761 ई. को हुई। इसमें एक ओर मुगल बादशाह शाहआलम द्वितीय की ओर से मराठे थे, दूसरी ओर अफगान आक्रमणकारी अहमदशाह अब्दाली। इसमें मराठों की पराजय हुई और उनकी राजशक्ति को भारी धक्का लगा। अब्दाली भी इस विजय का विशेष लाभ न उठा सका और अपनी सेना में विद्रोह के भय से उसे वापस अफगानिस्तान चला जाना पड़ा। इस

युद्ध में मुगलों और उनके सहायक मराठों के पराभव से अंग्रेजों को भारत में पैर जमाने में सहायता मिली।

पाप

पाप का संबंध मानव-मन से होता है। सामान्यतः समाज द्वारा स्वीकृत आचारों और धर्म के स्वीकृत कर्तव्यों की अवहेलना से जो भावना उत्पन्न होती है वही पाप है। गौतम के अनुसार करणीय कर्म न करना और अकरणीय कर्म करना पाप है। श्रुति, स्मृति आदि ने जिन कार्यों का निषेध किया है उन्हें करना याज्ञवल्क्य ने पाप कहा है। महाभारत ऐसे कर्म को नरक ले जानेवाला पातकीय कर्म और अधर्म कहता है। परोपकार को पुण्य और परपीड़न को पाप माना गया है। वेद के अनुसार पाप के मुख्य कारण सात हैं—प्रगति का मार्ग अवरुद्ध होना, क्रोधी स्वभाव, लोभ, अहंकार और काम-वासना।

धर्म-शास्त्रों से विदित होता है कि शास्त्रकारों ने अपने समय की सामाजिक और धार्मिक स्थिति के अनुसार पापों की सूची निर्धारित की है। बोधायन धर्मसूत्र समुद्रयात्रा, ब्राह्मण के धन की चोरी, अमानत में खयानत को पाप बताता है। अन्य धर्मों में भी भिन्न-भिन्न कार्यों को पाप माना गया है।

पापनाशनी एकादशी

फाल्गुन मास में बृहस्पति हो, सूर्य कुम्भ अथवा मीन राशि में हो और एकादशी में पुष्य नक्षत्र हो तो वह एकादशी पापनाशनी कहलाती है।

पापनाशनी सप्तमी

शुक्ल पक्ष सप्तमी जब पुष्य नक्षत्र में पड़े तो वह बड़ी पवित्र मानी जाती है। उस दिन सूर्य की पूजा का विधान है। इस दिन व्रत करने से समस्त पापों से मुक्ति और देवलोक की प्राप्ति होती है। कहते हैं यह योग सामान्यतः श्रावण कृष्ण पक्ष में पड़ता है।

पापमोचनी एकादशी

चैत्र कृष्ण पक्ष की एकादशी पापमोचनी एकादशी कहलाती है। इसका व्रत करने से समस्त पाप नष्ट हो जाते हैं।

पारण

किसी व्रत या उपवास के बाद दूसरे दिन किए जानेवाले भोजन और तत्संबंधी कार्यों को व्रत या पारण कहते हैं। उस दिन देवपूजन करते हैं, ब्राह्मणों को भोजन

कराते हैं, स्वयं कांसे के बर्तन में खाना खाते हैं। मांस, मद्य, मधु का सेवन, मिथ्या-भाषण और स्त्री-प्रसंग वर्जित हैं। जन्माष्टमी व्रत का पारण अर्धरात्रि में कृष्ण के जन्म के बाद किया जाता है। अन्य व्रतों का पारण दिन में होता है।

पारद

एक प्राचीन मानव जाति जो आधुनिक बलूचिस्तान के उत्तरी भाग में निवास करती थी। ये लोग युधिष्ठिर के राजसूय यज्ञ में भेंट लेकर उपस्थित हुए थे। द्रोणाचार्य और भीष्म से भी इनके संपर्क का उल्लेख मिलता है।

पारशव

धृतराष्ट्र और पांडु के भाई विदुर का एक नाम। ब्राह्मण द्वारा शूद्रा के गर्भ से उत्पन्न पुत्र को 'पारशव' कहते थे। विदुर का जन्म रानी अंबालिका की शूद्र दासी के गर्भ से व्यास मुनि द्वारा हुआ था। इसलिए विदुर पारशव कहलाए।

पारसनाथ

बिहार के हजारीबाग जिले में स्थित यह स्थान प्रसिद्ध जैनतीर्थ है। इसे 'सम्मेद शिखर' या 'शिखरजी' भी कहते हैं। बीसवें तीर्थंकर पारसनाथ थे जिनका यहां निर्वाण हुआ। यह जैन तीर्थों में सर्वप्रमुख माना जाता है। इसलिए इसे तीर्थराज भी कहते हैं।

पहले के युगों में सब तीर्थंकर अयोध्या में जन्म लेते रहे और सबको मोक्ष सम्मेदशिखर पर प्राप्त हुआ। अंत में जब अयोध्या में केवल पांच तीर्थंकरों का जन्म हुआ, तब भी मोक्ष बीस तीर्थंकरों को सम्मेदशिखर या पारसनाथ पर मिला। इनके अतिरिक्त असंख्य मुनियों ने भी यहां निर्वाण पाया।

मोक्ष स्थलों पर स्मृति-चिह्न और मंदिर बने हुए हैं। ऐसे स्थानों की संख्या 25 है। पर्वत की तलहटी को मधुवन कहते हैं। वहां भी कई मंदिर हैं।

पारसी

जरथुस्त्र के अनुयायियों का एक छोटा समुदाय जो पहले फारस देश में निवास करता था, सातवीं शताब्दी में उनके देश पर मुसलमानों का अधिकार हो जाने पर भारत आ गया। ये लोग पहले गुजरात के तट पर संजाम में और उसके बाद बंबई आकर बसे। पारसी बड़े धनी हैं। अपने रीति-रिवाजों का पालन बड़ी कट्टरता से करते हैं। ज्योतिष में इनका बड़ा विश्वास है। प्रसिद्ध देशभक्त दादाभाई नौरोजी (दे.) इसी समुदाय के थे।

पारावत

1. वैदिक काल में इस नाम की एक जाति के लोग यमुना नदी के तट पर निवास करते थे। इनके दान का उल्लेख मिलता है। सरस्वती नदी को पारावतों का वध करनेवाली कहा गया है। इससे विदित होता है कि यह जाति पहले सरस्वती नदी के किनारे रहती थी। बाद में यमुना के किनारे चली गई। कुछ विद्वान् इनका मूल नाम 'पर्वतीय' बताते हैं, जिससे बिगड़कर बाद में पारावत बना।
2. एक सर्प का नाम जो जनमेजय के 'सर्पयज्ञ' में जलकर मर गया।
3. वशिष्ठ ऋषि के बारह पुत्र सामूहिक रूप से पारावत कहलाते हैं।

पारिजात

समुद्रमंथन से निकले चौदह रत्नों में से एक जो इंद्र के नंदनवन का देववृक्ष है। यह स्वर्गलोक का भूषण माना जाता है। सत्यभामा के कहने पर कृष्ण इसे पृथ्वी पर लाए थे और बाद में लौटा दिया था।

पार्थ

पांडवों की माता कुंती का नाम पृथा भी था। इसलिए उनके पुत्र पांडव पार्थ कहलाए। महाभारत में युधिष्ठिर और अर्जुन के लिए ही इस नाम का अधिक प्रयोग हुआ है, किंतु कहीं-कहीं कुंती के तीनों पुत्रों ही नहीं, कर्ण को भी पार्थ कहा गया है।

पार्वती

शिवजी की अर्धांगिनी जो पर्वतराज हिमालय और मैना की कन्या थीं। शिवजी का वरण करने के लिए इन्होंने कठोर तप किया। इसी से इन्हें शिव का अर्धनारीश्वर तत्व प्राप्त हुआ। इनको गौरी, दुर्गा, उमा, गिरिजा आदि भी कहते हैं। पुराणों के वर्णन के अनुसार अनरकेश्वर तीर्थ में स्नान करने पर ये कृष्ण से गौर वर्ण की हो गई थीं। पर्वत कन्या और पर्वतों की अधिष्ठा भी होने के कारण ये पार्वती कहलाईं। इनके पुत्र का नाम कार्तिकेय (दे.) था जिन्होंने तारकासुर का वध किया।

पार्श्वनाथ

जैन धर्म के 23वें तीर्थंकर। ये काशी के राजा अश्वसेन और वामा के पुत्र थे। पार्श्वनाथ ने जैन धर्म को नया वैचारिक और तात्विक आधार प्रदान किया। इन्होंने साधकों के लिए आचार संहिता बनाई। राजपुत्र होते हुए भी ये अपनी 100 वर्ष की आयु में 75 वर्ष तक चिंतन और तपस्या में लगे रहे।

पालवंश

1. बंगाल और बिहार पर शासन करनेवाला एक राजवंश जिसका आरंभ 750 ई. में हुआ। इस वंश में कुल 18 राजा हुए। इन्होंने बंगाल में 1155 ई. तक और बिहार में 1199 ई. तक राज्य किया। इनमें कुछ राजा बड़े विख्यात थे। देवपाल (810-850 ई.) के दरबार में सुमात्रा के राजा ने अपना दूत भेजा था। ये राजा बौद्ध धर्मावलंबी थे। इन्होंने नालंदा और विक्रमशिला जैसे विहारों को बहुत सहायता दी। ये कला के भी प्रेमी थे।

2. कामरूप का पालवंश जिसका आरंभ 1000 ई. में हुआ। इस राजवंश में कुल 7 राजा हुए और इन्होने 11वीं शताब्दी के प्रारंभ से बारहवीं शताब्दी के प्रारंभ तक राज्य किया।

पावापुरी

1. बिहार में पटना जिले के निकट इस स्थान का प्राचीन नाम अपावापुरी (पुण्य भूमि) था। यह प्रसिद्ध जैन तीर्थ है। अंतिम तीर्थंकर भगवान महावीर ने यहीं मोक्ष प्राप्त किया था। उनका निर्वाण-मंदिर एक सरोवर के मध्य में है जो पुल द्वारा मुख्य भूमि से जुड़ा है। यहां कई और जैन मंदिर भी हैं। महावीर स्वामी का निर्वाण कार्तिक की अमावस्या को हुआ था। उस दिन यहां बड़ा मेला लगता है।

2. बड़ोदरा से 48 कि.मी. दूर पावापुरी का एक नाम चांपानेर भी था। 12 मील के घेरे में बसे इस नगर के खंडहर पावागढ़ पर्वत के निकट पाए जाते हैं। यह पर्वत प्रसिद्ध जैन तीर्थ है। यहां बड़े-बड़े सात द्वार बने हुए हैं। पांचवां द्वार पार करने पर जैन मंदिर मिलते हैं। इनमें से कुछ प्राचीन मंदिरों का पुनरुद्धार हुआ है। महाकाली (दे.) का मंदिर इसी पर्वत के शिखर पर है। यहां एक मूर्ति भद्रकाली की भी है।

पालि भाषा

एक प्राचीन भारतीय भाषा जिसमें मुख्यतः त्रिपिटिक (दे.) आदि बौद्ध धर्म-ग्रंथों की रचना हुई। यह किस क्षेत्र विशेष की भाषा थी, यह निश्चित नहीं है। किंतु इसके व्याकरण का ढांचा और प्रयुक्त शब्द देखकर इसे मध्यदेश की भाषा माना जाता है। त्रिपिटकों के बाद पालि भाषा में 'मिलिंद प्रश्न' नामक ग्रंथ लिखा गया। पांचवीं शताब्दी में आचार्य बुद्धघोष ने 'अट्ठ कथाओं' की रचना की। बाद में 'दीपवंश' और 'महावंश' ग्रंथ रचे गए जिनमें प्राचीन सिंहल (श्रीलंका) द्वीप का इतिहास वर्णित है। आधुनिक काल में यह भाषा सामान्य व्यवहार में नहीं रह गई है, किंतु उच्च शिक्षा संस्थानों में इसके पठन-पाठन की व्यवस्था है।

पाशुपत

शैव संप्रदाय की एक शाखा। शैव दर्शन में पति स्वयं शिव हैं और सारी सृष्टि के उत्पत्तिकर्ता हैं। पशु का अर्थ है समस्त सृष्टि और उसके प्राणी जिन्हें उन्होंने उत्पन्न किया। पाशु वह बंधन है जिससे जीव अर्थात् पशु सांसारिकता में बंधा हुआ है। पाशुपत मत अत्यंत प्राचीन है। वेदों में इसका उल्लेख मिलता है। महाभारत में इसे प्रमुख स्थान प्राप्त है। पाशुपत ग्रंथों में लिंग को अति पूजनीय बताया गया है। कुछ विद्वान् लिंग-पूजा का आरंभ भारत की आदिवासी जातियों से मानते हैं जिसे बाद में हिंदुओं ने अपना लिया।

पाशुपत संप्रदाय के अनुसार शिव बिना किसी बाहरी कारण, साधन अथवा सहायता के इस संसार का निर्माण करते हैं। संसार के पशु अथवा बंधन से शिव की कृपा से ही मुक्ति मिल सकती है।

पाशुपत अस्त्र

एक बार किरात वेशधारी शिव और अर्जुन के बीच युद्ध हुआ। युद्ध में अर्जुन मूर्च्छित होकर गिर पड़ा। जब होश आया तो वह शिव का ध्यान करने लगा। इस पर प्रसन्न होकर शिव प्रकट हो गए और उन्होंने अर्जुन को पाशुपत अस्त्र दिया। इसका उपयोग उसने महाभारत युद्ध में किया था।

पाशुपत दर्शन

पुराणों के अनुसार इस दर्शन के संस्थापक नकुलीश थे। शिवजी ने द्वापर के अंत और कलियुग के आरंभ में किसी समय एक मृत शरीर में प्रवेश किया। इस कायावतार में वे नकुलीश कहलाए। कुछ दिन सुमेरू पर्वत पर रहने के बाद वे कच्छ (गुजरात) के सिद्धक्षेत्र नामक स्थान पर चले गए। इसी से यह क्षेत्र शैव तीर्थ बन गया।

इस दर्शन की पांच बातें मुख्य हैं—कार्य, कारण, योग, विधि और दुखांत। सभी जड़ और चेतन पदार्थ पशु (कार्य) हैं। ये सभी अपने पति (शिव) के अधीन हैं, जो कारण कहलाते हैं। जप, ध्यान आदि योग के तथा भस्म-स्नान आदि विधि के द्वारा दुःख का अंत होता है। इन पांच पदार्थों का यथार्थ ज्ञान ही मोक्षकारक है।

पाशुपत व्रत

1. यह व्रत चैत्र मास से प्रारंभ होकर प्रतिमास चलता है। एक छोटा शिवलिंग बनाकर उसे चंदन मिश्रित जल से स्नान कराते तथा विल्व पत्रों और कमल पुष्पों से उसकी पूजा करते हैं। वर्ष के अंत में एक गाय का दान करने और एक सांड को

छोड़ने का नियम है। साधनहीन व्यक्ति केवल एक मास का व्रत भी कर सकता है।

2. चैत्र मास की पूर्णिमा को इस व्रत का आरंभ होता है और उसी समय संकल्प किया जाता है कि व्रत जीवनपर्यन्त चलेगा, बारह वर्ष, छः वर्ष, तीन वर्ष, एक वर्ष, एक मास अथवा केवल बारह दिन चलेगा। इसमें चतुर्दशी को उपवास करने और पूर्णिमा को हवन के बाद मंत्र बोलते हुए शरीर में भस्म के लेप का विधान है।

पिंगल

'छंदशास्त्र' नामक प्रसिद्ध ग्रंथ के रचयिता जो पिंगलाचार्य या पिंगलनारा के नाम से भी प्रसिद्ध थे। छंदशास्त्र छः वेदांगों में से एक गिना जाता है। अन्य पांच वेदांग हैं—शिक्षा, कल्प, व्याकरण, निरुक्त और ज्योतिष।

कुछ लोग पिंगल को सम्राट अशोक का गुरु बताते हैं। कहीं पर इन्हें प्रसिद्ध वैयाकरण पाणिनि का भाई बताया गया है। 'छंदशास्त्र' वेदांत का सबसे प्राचीन और महत्वपूर्ण ग्रंथ माना जाता है। इसमें वैदिक और लौकिक दोनों प्रकार के छंदों पर प्रकाश डाला गया है।

पिंगला

1. अयोध्या की एक स्त्री जो विषय-भोग की इच्छा से श्रीराम के पास गई। किंतु एकपत्नी व्रतधारी राम ने इसे अस्वीकार करते हुए कहा कि कृष्णावतार में तुम कंस की दासी कुब्जा बनोगी, तब मैं तुम्हें स्वीकार करूंगा। सीता को जब इस बात का पता चला तो उन्होंने उस स्त्री को शाप दिया कि उसका शरीर तीन स्थानों से टेढ़ा होगा। बाद में उस पर कृपालु होकर यह भी कह दिया कि कृष्ण तुम्हारा उद्धार करेंगे।

2. मिथिला की एक वेश्या जो दिन-भर किसी ग्राहक के न आने पर वैराग्यभाव से भर गई और मोक्ष को प्राप्त हुई।

3. अवंति नगर की एक वेश्या जो ऋषभ नामक योगी की सेवा करने से अगले जन्म में राजरानी बनी।

4. हठयोग के अनुसार सुषुम्ना नाड़ी की दायीं ओर की नाड़ियां पिंगला कहलाती हैं।

पिंडारी

1. मराठा सेनाओं के साथ कुछ ऐसे अनियमित सवार चला करते थे जिन्हें कोई वेतन नहीं मिलता था, पर उन्हें शत्रु देश को लूटने की इजाजत थी। इनमें कुछ पठान और शेष सभी जातियों के खतरनाक लुटेरे शामिल थे। ब्रिटिश शासन के

प्रसार के बाद भी इन्होंने लूट-मार जारी रखी और शांति-व्यवस्था के लिए खतरा बने रहे। इस पर ब्रिटिश गवर्नर जनरल लार्ड हेस्टिंग ने एक सेना गठित करके इनका दमन किया।

2. पिंडारी नाम का एक हिमनद (ग्लेशियर) जो उत्तर प्रदेश के अल्मोड़ा जिले में है। यह पिंडर नदी का उद्गम और पर्यटकों का आकर्षण-केंद्र है।

पिछड़ा वर्ग

भारत के संविधान में अनुसूचित जातियों, जनजातियों और पिछड़े वर्ग के लोगों को विशेष संरक्षण देने का उल्लेख है। यद्यपि पिछड़े वर्ग की कोई परिभाषा उपलब्ध नहीं है, फिर भी यह माना जाता है कि सामाजिक, आर्थिक, राजनीतिक और शैक्षिक दृष्टि से जो अन्य वर्गों की तुलना में पीछे है, वह पिछड़ा वर्ग है। विभिन्न राज्यों में इस वर्ग में सम्मिलित जातियों की संख्या भिन्न-भिन्न है और किस वर्ग को पिछड़ा माना जाए इसका निर्णय राज्य सरकारों पर छोड़ दिया गया है।

पिड़िया

एक व्रत जिसे कुंआरी कन्याएं अपने भाई की मंगलकामना के लिए करती हैं। यह व्रत कार्तिक शुक्ल प्रतिपदा से आरंभ होता है और पूरे एक महीने चलता है। व्रत के पहले दिन गोबर की मूर्ति बनाकर उसकी पूजा की जाती है और गोबर से ही घर की दीवार पर मनुष्य की छोटी-छोटी आकृतियां बनाई जाती हैं। दीवार पर ऐपण भी बनाते हैं। इस सबको 'पिड़िया लगाना' कहते हैं। लड़कियां प्रातःकाल पिड़िया की कथा सुनकर ही भोजन करती हैं। व्रत के अंत में गोबर की मूर्ति सहित आकृतियों को जल में प्रवाहित कर देते हैं।

पितर

देवताओं का एक समूह जिनकी उत्पत्ति कहीं पर अग्नि से और कहीं पर आकाश से बताई गई है। वैदिक साहित्य में पितर और देव अलग-अलग हैं। मनु कहते हैं, ऋषियों से पितर और पितरों से देव तथा मनुष्य जाति उत्पन्न हुई। ऐतरेय ब्राह्मण के अनुसार मानव वंश के पांच प्रमुख विभाग हैं—गंधर्व, पितर, देव, सर्प और मनुष्य। इनमें से देव और पितरों से मनुष्य जाति का निर्माण हुआ।

पितर पितृलोक में रहते हैं जहां का राजा, सबसे पहले पहुंचने के कारण, यम है। मृत व्यक्ति की आतमा अग्नि के माध्यम से यमलोक में पितरों तक पहुंचती हैं।

पितर ब्रह्मा के मानसपुत्र कहलाते हैं। इन्हें लोभ और मोह तो होता है, पर शोक नहीं होता। ये मनोयोग से जहां चाहें, जा सकते हैं। किंतु अपनी इच्छा

प्रकट नहीं कर सकते। इनके दैवी और मानुषी दो प्रकार हैं। दैवी पितर अमूर्त रहते हैं। मानुषी पितरों में मनुष्यों के मृत पिता, पितामह और प्रपितामह की गणना होती है।

पितामह

एक स्मृतिकार जिनका समय चौथी से सातवीं शताब्दी ई. के बीच माना जाता है। 'पितामह स्मृति' में व्यवहार शास्त्र और श्राद्ध संबंधी बातों पर विचार किया गया है। इसके अनुसार वेद, वेदांग, मीमांसा, स्मृति, पुराण और न्याय के सब ग्रंथ मिलाकर 'धर्मशास्त्र' का रूप निर्धारित करते हैं। किसी विवाद के निर्णय के लिए पितामह परामर्श देते हैं कि पहले ग्राम पंचायत, फिर नगरसभा और अंत में राजा के पास जाना चाहिए।

पितृपक्ष

आश्विन कृष्ण पक्ष को पितृपक्ष कहते हैं। इन पंद्रह दिनों में पितरों को पिंडदान किया जाता है। यह पूर्व पुरुषों का सामूहिक श्राद्ध है। इस पक्ष में ज्ञात, अज्ञात सभी पितरों का स्मरण करते हैं। श्राद्ध पितर की मृत्युतिथि को किया जाता है। सामान्यतः दोपहर में पिंडदान का नियम है। श्राद्ध का अधिकार केवल पुत्र को है। पुत्र न हो तो पुत्री का पुत्र श्राद्ध कर सकता है। पुत्र के अभाव में विधवा पत्नी भी पति का श्राद्ध कर सकती है। लेकिन पुत्र के रहते पति अपनी मृत पत्नी का श्राद्ध नहीं कर सकता। पितृपक्ष में क्षौरकर्म कराने और प्रसाधनों के उपयोग का निषेध है।

पिप्पलाद

एक महान ऋषि जिन्होंने अथर्ववेद का सर्वप्रथम संकलन किया। इनके जन्म के संबंध में कथा प्रचलित है कि दधीचि ऋषि की मृत्यु के समय उनकी पत्नी प्रातिथेयी गर्भवती थी। पति की मृत्यु पर उसने अपने गर्भस्थ शिशु को पीपल के वृक्ष के नीचे रख दिया और स्वयं सती हो गई। पीपल से रक्षित होने और पीपल के फलों पर पलने के कारण इनका नाम पिप्पलाद पड़ा। इन्होंने शनि ग्रह का भी शमन किया और उससे प्रतिज्ञा कराई कि वह बारह वर्ष से कम आयु के बालकों को नहीं सताएगा।

नर्मदा के तट पर इनकी तपस्या का स्थान 'पिप्पलाद तीर्थ' के नाम से प्रसिद्ध है।

पिप्पलाद द्वारा संग्रहीत अथर्ववेद संहिता के साथ-साथ शौनक ऋषि द्वारा संग्रहीत एक अन्य संहिता भी उपलब्ध है।

पिशाच

एक लोकसमूह जो प्राचीनकाल में उत्तर पश्चिमी सीमाप्रांत और चित्राल की ओर निवास करता था। इनमें कच्चा मांस खाने की प्रथा थी इसलिए इनका पिशाच नाम पड़ा। इन्हें राक्षसों और असुरों के साथी तथा मनुष्यों और पितरों के विरोधी के रूप में स्थान-स्थान पर स्मरण किया गया है। इससे प्रतीत होता है कि वैदिक आर्यों से इनकी शत्रुता थी। ये रुद्र के उपासक बताए गए हैं और जब चाहें छिप व प्रकट हो सकते हैं। इनका निवास उजड़े घरों, त्यक्त जलाशयों, संस्कार भ्रष्ट मनुष्यों, सड़क के किनारे के वृक्षों आदि में बताया गया है जहां से ये दोनों संध्याओं में विचरण करते हैं। शुभ और धार्मिक कार्यों में बाधक पिशाच बच्चों को अधिक कष्ट देते हैं।

इनकी भाषा 'पैशाची' बड़ी उन्नत स्थिति में थी। इसमें गुणाढ्य ने चौथी शताब्दी ई. पूर्व में 'वृहतकथा' नामक ग्रंथ की रचना की थी। इसके आधार पर रचित 'वृहतकथासार' संस्कृत साहित्य का महत्वपूर्ण ग्रंथ माना जाता है।

विद्वानों का मत है कि सर्वप्रथम मध्य एशिया में निवास करनेवाली पिशाच जाति धीरे-धीरे भारत में फैली और इसमें उसका आर्यों से संघर्ष हुआ। पिशाचों के लिए प्रयुक्त घृणास्पद शब्द इसी के परिणाम हैं।

पी. आनंद चार्लू (1843-1908 ई.)

मद्रास के प्रमुख बकील पी. आनंद चार्लू अपने समय के प्रसिद्ध सार्वजनिक नेता थे। कांग्रेस की स्थापना से पहले मद्रास में 'महाजन सभा' की स्थापना में आपने योग दिया था। 1885 ई. में जो नेता कांग्रेस की स्थापना में सम्मिलित हुए, उनमें पी. आनंद चार्लू भी थे। आप आठ वर्षों तक केंद्र की तत्कालीन कौंसिल में अपने प्रदेश का प्रतिनिधित्व करते रहे। 1891 ई. में नागपुर में हुए भारतीय राष्ट्रीय कांग्रेस के सातवें वार्षिक अधिवेशन के अध्यक्ष आप ही निर्वाचित किए गए थे।

पीठ

ऐसे देवस्थान अथवा तीर्थ पीठ कहलाते हैं जहां तप करने से सिद्धि प्राप्त होती है। गुख्यत: पीठ शब्द देवी के पूजास्थलों के अर्थ में प्रयुक्त होता है जिन्हें 'शक्तिपीठ' कहते हैं। पुराणों में शक्तिपीठों की संख्या 51 दी गई है। देवी भागवत में यह संख्या 108 बताई गई है।

दक्ष के यज्ञकुंड में सती के प्राण विसर्जन के बाद शिव ने अपने गणों द्वारा दक्ष का यज्ञ ध्वंस करा दिया और स्वयं सती का मृत शरीर कंधे पर रखकर विश्व में घूमने लगे। इससे ब्रह्मांड डांवाडोल हो उठा। तब विष्णु ने अपने चक्र से सती के शव के विभिन्न अंग काट डाले। वे अंग जिन स्थानों पर गिरे वे स्थान शक्तिपीठ

कहलाए और कालांतर में वहां पर मंदिरों का निर्माण हो गया। इन शक्तिपीठों में अनेक रूपों में शिव भी निवास करते हैं। तंत्र साधना में शक्तिपीठों की बड़ी महत्ता है।

पीपल

पवित्र माना जानेवाला एक वृक्ष। पद्मपुराण के अनुसार पार्वती के शाप के कारण विष्णु को पीपल का वृक्ष बनना पड़ा था। भगवत गीता में श्रीकृष्ण ने स्वयं को वृक्षों में पीपल कहा है। हिंदू पीपल की पूजा करते हैं। अंतिम संस्कार का एक महत्वपूर्ण अंग पीपल के निकट ही संपन्न होता है। भगवान बुद्ध को पीपल वृक्ष के नीचे ही ज्ञान प्राप्त हुआ था। इसलिए बौद्ध भी इसे अति पवित्र मानते हैं। वैद्यक के अनुसार पीपल के पके फल से अनेक दोष दूर होते हैं।

पीठापुरम्

आंध्र प्रदेश में इसी नाम के रेलवे स्टेशन के निकट यह तीर्थ है। यह पितृतीर्थ है। भारत में पांच स्थान प्रधान पितृतीर्थ माने गए हैं—1. गया (गयाशिर क्षेत्र), 2. याजपुर वैतरणी (उड़ीसा में नाभिगया क्षेत्र), 3. पीठापुरम् (आंध्र का पाद-गया क्षेत्र), 4. सिद्धपुर (गुजरात में मातृगया क्षेत्र), 5. बदरीनाथ (ब्रह्मकपाली)।

पीठापुरम् में अधिकांश यात्री श्राद्ध और पिंडदान के लिए आते हैं। महापात-गया नाम के सरोवर के समीप पितृदान होता है। वहीं कुक्कुटेश्वर का शिवमंदिर है। इसे लोग कुट्टु स्वामी कहते हैं। मान्यता है कि कभी शिव-पार्वती कुक्कुट रूप में यहां रहे थे।

पुंडरीक

1. इक्ष्वाकु कुल में उत्पन्न और कुश के वंशज नभ का पुत्र जिसे पुडरीकाक्ष भी कहते हैं।
2. कश्यप और कद्रु के अनेक फणवाले नागपुत्रों में से एक का नाम।
3. एक राजा जिसे जगन्नाथ की आराधना करने पर भगवान् ने दर्शन दिए और अधर्म से मुक्त किया।
4. कुरुक्षेत्र के अंतर्गत एक क्षेत्र का नाम।

पुंड्र

1. एक प्राचीन जाति जो पुराणों के अनुसार देश के पूर्वी या दक्षिणी भाग में निवास करती थी। कर्ण ने दिग्विजय के समय और अर्जुन ने अश्वमेध यज्ञ के समय इसे जीता था।

2. बलि की पत्नी के गर्भ से उत्पन्न दीर्घतमा का एक पुत्र जिसके नाम पर एक दे का नाम पड़ा। कहीं पर इसे वसुदेव के सतनु के गर्भ से उत्पन्न दो पुत्रों में से ए बताया गया है।

पुणतांबे

महाराष्ट्र के मनमाड़ से लगभग 80 कि. मी. दूर एक तीर्थ। गोदावरी के किना स्थित इसका प्राचीन नाम पुण्यस्तंभ है। महायोगी चांगदेव लंबे समय तक यह रहे। यहां विठोबा का मंदिर, विश्वेश्वर का शिवमंदिर तथा अनेक दर्शनी मंदिर हैं।

पुण्य

पुण्य मुख्यतः उस कर्म विशेष को कहते हैं जिससे सुख-संपन्न लोक की या स्वर्ग क प्राप्ति होती है। स्वधर्म का आचरण पुण्य माना जाता है। श्रुति, स्मृति और बौ तथा जैन संप्रदायों में भी पुण्य की यह सत्ता स्वीकार की गई है। किंतु पुण आचरण से प्राप्त होनेवाला स्वर्गलोक स्थायी नहीं है, इस बात को सभी मानते हैं पुण्य का क्षय होने पर व्यक्ति स्वर्ग से च्युत हो जाता है। पुण्य और पाप एक दूस के विरोधी हैं।

पुत्र

आरंभ में पुत्र का अर्थ अपने से लघु अर्थात् कनिष्ठ होता था। आगे चलकर इसक अर्थ हो गया नरक से बचानेवाला क्योंकि पुत्र के द्वारा किए श्राद्ध से पितरों क उद्धार होता है।

मनुस्मृति में बारह प्रकार के पुत्र बताए गए हैं—

1. औरस (पति द्वारा अपनी पत्नी से उत्पन्न), 2. पुत्री का पुत्र (दौहित्र 3. क्षेत्रज (अपनी पत्नी से दूसरे पुरुष द्वारा उत्पन्न), 4. गूढ़ज (पत्नी द्वारा पि के अतिरिक्त अन्य पुरुष से चुपचाप उत्पन्न), 5. कानीक (अविवाहित कन्या उत्पन्न), 6. सहोढ़ (विवाह के समय गर्भवती कन्या से उत्पन्न), 7. पौनर्भ (दुबारा विवाहित पत्नी से उत्पन्न), 8. दत्तक (पुत्र के अभाव में दूसरे परिवार गोद लिया), 9. क्रीतक (दूसरे परिवार से खरीदा हुआ), 10. स्वयंदत्त (माता पिता का छोड़ा हुआ और स्वयं समर्पित), 11. कलित (स्वेच्छा से दूसरे परिवा से पुत्रवत प्राप्त किया हुआ), 12. अपविद्ध (पड़ा हुआ प्राप्त और अपने परिवा में पाला हुआ)।

प्राचीन काल में यद्यपि सभी पुत्रों का परिवार में समान पद नहीं था फिर भ

सभी का पालन-पोषण हो जाता था। आजकल दो ही प्रकार के पुत्र मान्य हैं — औरस और दत्तक।

पुत्रदा एकादशी

पौष मास की शुक्ल एकादशी पुत्रदा एकादशी कहलाती है। इसका व्रत पुत्र प्राप्ति के हेतु किया जाता है।

पुत्रेष्टि यज्ञ

पुत्र की प्राप्ति के लिए किया जानेवाला यज्ञ। जब दंपति को पुत्र उत्पन्न होने में विलंब होता था तब वे यह यज्ञ कराते थे। प्राचीन काल में पुत्रेष्टि यज्ञ के अनेक उदाहरण मिलते हैं। अयोध्या नरेश दशरथ द्वारा आयोजित पुत्रेष्टि यज्ञ सर्वविदित है। किसी बालक को 'दत्तक पुत्र' के रूप में ग्रहण करते समय 'दत्तहोम' के साथ भी पुत्रेष्टि यज्ञ किया जाता था। इसका उद्देश्य यह दिखाना रहता था कि दत्तक पुत्र का जन्म उसे ग्रहण करनेवाले परिवार में हुआ है।

पुनर्जन्म

सभी हिंदू दार्शनिक और धार्मिक संप्रदाय यह मानते हैं कि जब तक जीव को मोक्ष प्राप्त नहीं होता, वह अपने वर्तमान जीवन के अच्छे या बुरे कर्मों का फल भोगने के लिए पुनर्जन्म लेता है। उसका पुनर्जन्म किस योनि में होगा यह भी उसके कर्मों पर निर्भर करता है। मोक्ष की प्राप्ति तक जीव अपने कर्मों के अनुसार 84 लाख योनियों में जन्म और मरण के चक्र में घूमता रहता है।

पुनर्वसु

1. अत्रि ऋषि के पुत्र पुनर्वसु आत्रेय-संहिता के रचयिता और आयुर्वेदाचार्य थे। इनके पिता स्वयं आयुर्वेद के ज्ञाता थे। आयुर्वेद चिकित्सा तंत्र का जो भाग अत्रि ऋषि पूरा नहीं कर सके उसे पुनर्वसु ने पूरा किया। ये यायावर थे, इनके रहने का कोई निश्चित स्थान नहीं था। ये पर्यटन करते हुए आयुर्वेद का उपदेश दिया करते थे। इनके नाम पर लगभग तीस 'आयुर्वेदीय योग' उपलब्ध हैं। इनमें से 'वलतैल एवं अभ्रिताद्य तैल' का उल्लेख चरक संहिता में मिलता है।

2. सत्ताइस नक्षत्रों में से एक नक्षत्र जिसमें श्राद्ध आदि पवित्र कार्य किए जाते हैं।

पुरंजन

भागवत में वर्णित एक प्राचीन राजा। इसने अत्यन्त सुंदरी स्त्री से, जिसकी रक्षा

एक सर्प करता था, विवाह किया। इनके 1100 पुत्र, 110 पुत्रियां थीं।

पुरंजय

1. जरासंध के वंश का मगध देश का अंतिम राजा। इसके शुनक नामक प्रधान ने इसका वध करके अपना 'प्रद्योत' नाम का राजवंश चलाया।

2. भविष्य पुराण में वर्णित मागध वंश का एक राजा जिनके राज्य में गंगाद्वार से प्रयाग तक का सारा क्षेत्र सम्मिलित था। इसने प्रचलित वर्ण-व्यवस्था को समाप्त करके पुलिंद, यदु और मद्रक नाम के नए वर्ण चलाए।

3. विंध्यशक्ति का पुत्र एक नागवंशी राजा जिसने मथुरा पर शासन किया।

4. एक सूर्यवंशी राजा जिसने बैलरूपी इंद्र पर बैठकर रणभूमि में दैत्यों को परास्त किया। इसका दूसरा नाम काकुत्स्थ था।

पुरंदर

1. इंद्र का एक नाम जो शत्रु का नगर तोड़ने के कारण उन्हें मिला। पुराणों में 18 वास्तुशास्त्रकारों का नामोल्लेख मिलता है। उनमें से एक पुरंदर भी है। महाभारत में उल्लेख है कि शिव ने अर्थ, धर्म और कामशास्त्र पर दस हजार अध्याय के 'वैशालाक्ष' नामक ग्रंथ की रचना की थी। पुरंदर ने इसको संक्षिप्त किया और अपनी माता बहुदंती के नाम पर ग्रंथ का नाम 'बाहुदंतक' रखा।

3. तप या पांचजन्य नामक व्यक्ति को तपस्या के बाद उसका फल प्राप्त हुआ तो उस फल को स्वयं ग्रहण करने के लिए इंद्र ने पुरंदर नाम से अग्नि के पुत्र के रूप में जन्म लिया।

पुरंदरदास

कर्नाटक के प्रसिद्ध भक्त कवि जो विजयनगर के राजा कृष्णदेव राय (शासन 1509 से 1529 ई.) के समकालीन माने जाते हैं। कहते हैं, उन्होंने चार लाख से भी अधिक भक्तिपदों की रचना की। आरंभ में उनका नाम श्रीनिवास नायक था और वह एक धनी व्यापारी के बड़े कंजूस पुत्र थे। परंतु एक चमत्कार से उन्हें वैराग्य उत्पन्न हो गया और वे जीवनपर्यन्त भक्ति के पद रचते तथा लोगों को सुनाते रहे।

कर्नाटक में पुरंदरदास का नाम आज भी बड़े सम्मान के साथ लिया जाता है और उनके पद घर-घर में गाए जाते हैं।

पुर

सभ्यता के विकास-क्रम में पुर को मील का पत्थर माना जाता है। 'पुर' का ही

पर्याय 'नगर' है। प्राचीन भारतीय ग्रंथों में स्थिति और महत्व के आधार पर इसके कई भेद मिलते हैं, जैसे—पत्तन, पुटभेदन, खेटक, खर्वटक, दुर्ग आदि।

आरंभिक सरल जीवन के बाद जब आर्यों में शिक्षा, आराधना, व्यवसाय आदि का विकास हुआ तो इन कामों में लगे लोगों का एक स्थान पर निवास आवश्यक हो गया। इसी आवश्यकता ने ग्रामप्रधान सभ्यता को पुर या नगरप्रधान बनने की प्रेरणा दी। किसी राजा की राजधानी अथवा शिक्षा संस्था ने इसका आकार और भी बढ़ा दिया। महात्मा बुद्ध के समय के राजगृह, साकेत, वाराणसी, कौशांबी, मथुरा, उज्जयिनी, वैशाली आदि ऐसे ही पुर या नगर थे।

जब वणिकों ने व्यवसाय के लिए स्थायी आवास और दूकानें बनाईं तो वहां की सुविधाएं देखकर आस-पास के गांव भी उनसे जुड़ गए और पुर का विकास हो गया। यद्यपि पुर और नगर परस्पर पर्याय हैं, फिर भी प्राचीन साहित्य में 'पुर' का प्रयोग विशाल नगर के लिए होता था, जैसे—त्रिपुर, महापुर आदि।

पुराण

धार्मिक संस्कृत साहित्य में 'पुराण ग्रंथों' का बड़ा महत्व है। इनमें सृष्टि, मनुष्य, देवों, दानवों, राजाओं, ऋषियों तथा मुनियों के वृतांत अंकित हैं। 'पुराण' शब्द का अर्थ ही है प्राचीन कथाओं तथा आख्यायिकाओं का संग्रह। कुल पुराण 18 हैं उनके नाम हैं—ब्रह्म, पद्म, विष्णु, शिव, भागवत, नारद, मार्कंडेय, अग्नि, भविष्य, ब्रह्मवैवर्त, लिंग, वराह, स्कंद, वामन, कूर्म, मत्स्य, गरुड़ और ब्रह्मांड। भागवत पुराण दो हैं—श्रीमद् भागवत तथा देवी भागवत। इनके अतिरिक्त 18 उपपुराण और 18 औपपुराण अथवा अति पुराणों का भी उल्लेख मिलता है।

पुराण शब्द का प्रयोग अथर्ववेद, शतपथ ब्राह्मण, आपस्तंब सूत्र, रामायण, महाभारत आदि ग्रंथों में भी मिलता है। इससे प्रकट है कि पुराण ग्रंथ उस समय भी थे। परंतु जिस रूप में ये आज उपलब्ध हैं उनमें लोगों ने नई सामिग्री का समावेश किया है। उदाहरणार्थ भविष्य पुराण के एक संस्करण में हुमायूं और अकबर का ही नहीं, ब्रिटेन की महारानी विक्टोरिया तक का वर्णन किया गया है। पर इससे यह अर्थ नहीं निकाला जा सकता कि पूरा भविष्य पुराण वर्तमानकाल की रचना है क्योंकि 300 ई. पू. में रचित आपस्तंब धर्मसूत्र में भविष्य पुराण का उल्लेख है। इससे केवल यह स्पष्ट होता है कि इनमें क्षेपक बहुत है।

एक मान्यता के अनुसार कृष्ण द्वैपायन व्यास ने पांडवों के राज्यकाल में पुराणों का अट्ठाइसवीं बार संपादन किया था। इससे पहले पुराण एक ही अतिविस्तृत ग्रंथ था। व्यासजी ने विषयों के अनुसार उसके 18 भेद किए। बाद में भी संपादन होता रहा और नए विषय जुड़ते गए। इसी क्रम में उपपुराण और अतिपुराणों की रचना हुई।

पुराणों की रचना सप्रयोजन हुई है। वेदों और उपनिषदों में जो ज्ञान उपलब्ध है वह अत्यन्त गूढ़ है। सर्वसाधारण के लिए उसे ग्रहण करना कठिन है। उसी ज्ञान को पुराणों में सरल और रोचक शैली में अंकित करके वह कठिनाई दूर की गई। इनकी भाषा सरल संस्कृत है और ये ज्ञेय छंदों में रचे गए हैं। यद्यपि यत्र-तत्र अल्प मात्रा में गद्यांश भी मिलते हैं। विषय को लोकप्रिय बनाने के लिए आख्यायिकाओं का आश्रय लिया गया है। यद्यपि अनेक कथाओं में असंभव कल्पनायें भी हैं परंतु मानव-जीवन के सामान्य व्यवहार की प्रतिष्ठा में पुराणों की कथाओं का अपना महत्व रहा है। इनमें दान, दया, परोपकार, सहानुभूति, करुणा, परदुखकातरता, श्रद्धा, भक्ति, विश्वास, ईश्वरनिष्ठा, आत्म-बलिदान. अनुशासन, नीति, प्रेम आदि सदगुणों की प्रतिष्ठा जिस प्रकार स्थापित की गई है, वैसी अन्य किसी साहित्य में दुर्लभ है।

पुराण समन्वय ग्रंथ हैं। वेदों और ईश्वर की सत्ता के प्रति अविश्वास करने वाले गौतम बुद्ध को दस अवतारों में सम्मिलित करके पुराणकारों ने अपनी वैचारिक उदारता का परिचय दिया है।

पुरी

उड़ीसा प्रदेश में बंगाल की खाड़ी पर स्थित पुरी भारत का प्रमुख तीर्थ है। इसकी गणना चार धामों में होती है। पुरी के जगन्नाथ (कृष्ण) के साथ बलराम और बहिन सुभद्रा की मूर्तियां भी हैं। ये तीनों मूर्तियां काठ की बनी हैं और प्रति बारह वर्ष में बदली जाती हैं। यहां का प्रतिवर्ष मनाया जानेवाला 'रथयात्रा' उत्सव बहुत प्रसिद्ध है। इसमें लाखों भक्त सम्मिलित होते तथा देवमूर्तियों के बड़े-बड़े रथों को खींचकर आगे ले जाते हैं।

कहते हैं कि यहां किसी समय भगवान बुद्ध का दांत रखा हुआ था। इसलिए इसका एक नाम दंतपुर भी है। यह नगर कलिंग देश की राजधानी रह चुका है। आदिगुरु शंकराचार्य ने यहीं पर गोवर्धन मठ की स्थापना की थी। चैतन्य महाप्रभु भी दीर्घकाल तक यहां निवास करते रहे। उसके निजी उपयोग की वस्तुएं पुरी के 'गंभीरामठ' में सुरक्षित हैं।

जगन्नाथ का वर्तमान मंदिर बारहवीं शताब्दी में निर्मित बताया जाता है। यहां की काष्ठ मूर्तियां अपूर्ण बनी हुई हैं। इस संबंध में कथा प्रचलित है कि प्राचीन काल में इंद्रद्युम्न राजा के अनुरोध पर एक बढ़ई ने बंद कमरे के अंदर इस शर्त के साथ मूर्ति-निर्माण आरंभ किया कि उसके कहे बिना कमरा न खोला जाए। किंतु वृद्ध बढ़ई के कई दिन तक बाहर न आने से रानी को चिंता हुई। उन्होंने कक्ष के द्वार खुलवाए तो देखा कि मूर्तियां अधूरी बनी हैं और बढ़ई गायब हो गया। तब से अधूरी मूर्तियों की पूजा होने लगी। मान्यता है कि राजा की भक्ति भावना

देखकर स्वयं विश्वकर्मा बढ़ई का रूप धारण करके आए थे।

पुरु

1. एक प्राचीन राजा जिनके पिता का नाम ययाति था। एक बार शुक्राचार्य ने रुष्ट होकर राजा ययाति को शाप दे दिया जिससे वे वृद्ध हो गए। पर ययाति यौवन का सुख उठाने के लिए लालायित थे। उन्होंने अपने पुत्रों को बुलाकर अपना बुढ़ापा उन्हें देना चाहा। अन्य पुत्रों ने तो पिता का अनुरोध अस्वीकार कर दिया पर सबसे छोटे पुरु इसके लिए तैयार हो गए। पुरु का यौवन प्राप्त करके ययाति ने दीर्घकाल तक सुख उठाया। बाद में उन्होंने राजगद्दी पुरु को सौंप दी और स्वयं तप करने चले गए। पुरु के वंश में ही आगे चलकर दुष्यन्त के पुत्र भरत और कौरवों के आदिपुरुष कुरु का जन्म हुआ था।

2. पुरु जिसे यूनानी इतिहासकारों ने पोरस लिखा है। सिकंदर के आक्रमण (327 ई. पूर्व) के समय पंजाब के एक भाग का राजा था। यद्यपि इसके पड़ोसी तक्षशिला के राजा आम्भि ने सिकंदर की अधीनता स्वीकार कर ली थी, राजा पुरु ने युद्ध-भूमि में उसका सामना किया। पुरु का मुख्य बल हाथी थे। दूसरी ओर सिकंदर की सेना तेज घोड़ों पर सवार थी। इस तेजी के सामने पुरु को पराजय का मुख देखना पड़ा। पर सिकंदर ने उससे मैत्री कर ली और उसका राज्य उसे लौटा दिया। संभवत: इसके बाद पुरु यवनों के करदाता के रूप में रहा होगा क्योंकि पंजाब से यवनों को चंद्रगुप्त मौर्य (दे.) ने हटाया था।

3. वेदों में उल्लिखित एक प्राचीन जन जो आर्य होते हुए भी आर्यजनों से युद्ध किया करता था। इसका निवास भी सरस्वती के तट पर था।

पुरुकुत्स

पुरु देश का इक्ष्वाकुवंशी एक राजा जिसने दासों पर विजय प्राप्त की थी। वेदों में भी इसका नामोल्लेख हुआ है। पुराणों के अनुसार यह राजा मान्धाता और बिन्दुमती का पुत्र तथा मुचुकुंद का भाई था। नागकन्या नर्मदा से इसका विवाह हुआ था। इसने नागों के शत्रु गंधर्वों का संहार किया। इससे प्रसन्न होकर नागों ने इसे वर दिया कि जो तुम्हारा नाम लेगा उसका सर्पभय दूर हो जाएगा। कुरुक्षेत्र में तपस्या करने से इसे सिद्धि प्राप्त हुई थी।

पुरुगुप्त

कुमारगुप्त प्रथम और अनंतदेवी का पुत्र जो स्कंदगुप्त (दे.) का सौतेला भाई था। 467 ई. में स्कंदगुप्त की मृत्यु के बाद यह गद्दी पर बैठा। यह बौद्ध धर्म का अनुयायी था और इसने वसुबंधु से बौद्ध धर्म की दीक्षा ली। गुप्त सम्राट अपने

नाम के साथ 'परम-भागवत' की उपाधि लगाते थे। परंतु पुरुगुप्त के सिक्कों में यह उपाधि नहीं पाई जाती।

पुरुजित

1. कुंतिभोज के पुत्र और अर्जुन के मामा। (इन्होंने महाभारत युद्ध में पांडवों का साथ दिया,और द्रोणाचार्य के हाथों मारे गए।
2. एक निमिवंशीय राजा जो अज के पुत्र और अरिष्टनेमि के पिता थे।
3. जाम्बवती के गर्भ से उत्पन्न श्रीकृष्ण के पुत्रों में से एक का नाम।

पुरुमित्र

1. एक प्राचीन राजा जिसका नाम ऋग्वेद में आया है।
2. धृतराष्ट्र का पुत्र।

पुरुरवा

एक प्राचीन राजा जिनकी राजधानी गंगातट पर प्रयाग में थी। इन्हें बृहस्पति की पत्नी तारा और चंद्रमा के संयोग ने उत्पन्न बुध का पुत्र बताया जाता है। इनकी माता मनु की पुत्री इला थी। पुरुरवा रूपवान और पराक्रमी था। नारद के मुख से देवसभा में इनके गुणों का बखान सुनकर उर्वशी इन पर मुग्ध हो गई। वह शाप के कारण भूतल पर आई किंतु केशी नामक दैत्य के हाथों में पड़ गई। पुरुरवा ने उर्वशी को छुड़ाया और विवाह के लिए रखी हुई उसकी ये शर्तें मान लीं—

1. उर्वशी की प्रिय तीनों भेड़ों की रक्षा की जाएगी।
2. शैया को छोड़कर पुरुरवा कभी भी उसे नग्न न दिखाई पड़ेंगे।

गंधर्व उर्वशी को वापस स्वर्गलोक में ले जाना चाहते थे। अतः एक रात वे उसकी भेड़ों को खोलकर ले जाने लगे। यह देखकर उर्वशी चिल्लाई और पुरुरवा नग्नावस्था में ही भेडों को बचाने के लिए दौड़े। इतने में बिजली कौंधी और उर्वशी ने राजा को नग्नावस्था में देख लिया। विवाह की शर्त के अनुसार वह स्वर्ग चली गई किंतु राजा की दीन-दशा देखकर बीच-बीच में उनसे मिलती रही। उर्वशी से पुरुरवा के छह पुत्र उत्पन्न हुए।

पुरुषपुर

आधुनिक पेशावर नगर (अब पाकिस्तान में) का प्राचीन नाम जो कुषाण राजा कनिष्क की राजधानी था। यहां का संघाराम का घेरा 300 वर्गमीटर और ऊंचाई 100 मी. से अधिक थी। इसमें भगवान बुद्ध का भिक्षापात्र रखा था। यहां

अनेक बौद्ध आचार्य रहा करते थे। किसी समय यह गांधार की राजधानी थी।

पुरुषोत्तमदास टंडन

आपका जन्म 11 अगस्त 1882 ई. को इलाहाबाद में हुआ था। अपने संयमित जीवन के कारण वे 'राजर्षि' के नाम से भी जाने जाते हैं। टंडनजी स्वतंत्रता संग्राम के अग्रणीय नायक और लाला लाजपतराय द्वारा स्थापित 'लोकसेवा मंडल' के आजीवन सदस्य थे। 1921 ई. के बाद उन्होंने स्वतंत्रता के प्रत्येक आंदोलन में सक्रिय भाग लिया और जेलों में बंद रहे। किसानों को संगठित करने में भी उन्होंने प्रमुख भूमिका निभाई। वे 1936 और 1946 ई. में उत्तर प्रदेश विधान सभा के अध्यक्ष निर्वाचित हुए। उन्होंने संविधान सभा के सदस्य और भारतीय राष्ट्रीय कांग्रेस के अध्यक्ष (नासिक 1950 ई.) का पदभार भी संभाला।

टंडनजी का बहुत बड़ा योगदान हिंदी के प्रचार-प्रसार के क्षेत्र में रहा है। प्रदेश की अदालतों में हिंदी का प्रचलन, देश की राजभाषा के रूप में हिंदी की स्वीकृति और हिंदी साहित्य सम्मेलन जैसी संस्था की स्थापना उनकी प्रमुख उपलब्धियां हैं। अखिल भारतीय कांग्रेस कमेटी की 14 जून 1947 ई. की बैठक में भारत के विभाजन के प्रस्ताव का विरोध करनेवाले वे अकेले व्यक्ति थे।

उनकी महत्वपूर्ण सेवाओं के सम्मान स्वरूप 1961 ई. में टंडनजी को देश के सर्वोच्च अलंकरण 'भारत रत्न' से सम्मानित किया गया। यह सम्मान प्रदान करने के लिए राष्ट्रपति राजेंद्र प्रसाद स्वयं प्रयाग गए थे। 1 जुलाई 1962 ई. को टंडनजी का देहांत हो गया।

पुरोचन

दुर्योधन का मित्र एक शिल्पकार। इसी ने दुर्योधन के कहने पर वारणावत में पांडवों को जलाकर मार डालने के लिए लाक्षागृह का निर्माण किया था। इसी ने स्वागत-सत्कार करके लाक्षागृह में पांडवों को ठहराया। यह भी उनके साथ भीतर गया। आग लगने से पहले ही पांडव तो बच निकले, पर पुरोचन उसी के अंदर जलकर मर गया।

पुरोहित

कर्मकांड और धार्मिक कृत्यों के संचालन का काम करनेवाला पुरोहित कहलाता है। ऋग्वेद में भी पुरोहित का वर्णन है। अनेक पुरोहित राजा और धनी व्यक्तियों के धार्मिक कृत्य कराने के लिए नियुक्त होते थे। विश्वामित्र और वशिष्ठ राजा सुदास के पुरोहित थे। पुरोहित अधिकतर ब्राह्मण होते थे। उन्हें प्रायः वैद्यक का भी ज्ञान होता था। वे युद्ध आदि में भी राजा की सहायता करते थे। देवासुर

संग्राम में देवताओं के पुरोहित बृहस्पति के प्रयत्न से ही उन्हें सफलता मिली थी।

आगे चलकर पुरोहित का महत्व और भी बढ़ा। ऐतरेय ब्राह्मण के अनुसार वह राजा को राजकीय कार्यों तथा न्याय आदि में भी परामर्श देने लगा। अब राजा पूरी तरह पुरोहित पर निर्भर हो गया तथा पुरोहित का पद वंशानुगत होने लगा। कहीं-कहीं तो उसका स्थान राजा से भी ऊंचा था। रामायण और महाभारतकाल में भी पुरोहितों का स्थान बहुत ऊंचा था किंतु धीरे-धीरे इसमें गिरावट आने लगी। पुरोहित अब भी हैं किंतु अब उनका काम विभिन्न धार्मिक संस्कार कराने और पूजा-पाठ तक सीमित रह गया है।

पुलकेशी

पुलकेशी प्रथम ने छठी शताब्दी के मध्य में दक्षिण में चालुक्य वंश (दे.) की स्थापना की। इस वंश का चौथा राजा पुलकेशी द्वितीय बड़ा प्रतापी था। उसने 609 से 642 ई. तक राज्य किया। उसने हर्षवर्धन (दे.) को दक्षिण की ओर नहीं बढ़ने दिया, दक्षिण के चोल, पांड्य तथा केरल राज्यों को जीता और पल्लव राजा महेंद्र वर्मा को भी पराजित किया। उसने फारस के दरबार में दूत भेजा और अपने यहां उसके दूत का स्वागत किया। 641 ई. में ह्वेनसांग उसकी राजधानी वातापी गया था। 642 ई. में पल्लव राजा नरसिंह वर्मा के साथ युद्ध में पुलकेशी द्वितीय के मारे जाने के साथ ही उसका वंश इतिहास के पन्नों से हट गया।

पुलस्त्य

1. ब्रह्मा के छह मानस पुत्रों में से एक जिनकी गणना शक्तिशाली महर्षियों में की जाती है। कर्दम प्रजापति की कन्या हविर्भुवा से इनका विवाह हुआ था। इन्हें दक्ष का दामाद और शंकर का साढ़ू भी बताया गया है। दक्ष के यज्ञ-ध्वंस के समय ये जलकर मर गए थे।

वैवस्वत मन्वंतर में ब्रह्मा के सभी मानस-पुत्रों के साथ पुलस्त्य का भी पुनर्जन्म हुआ। एक बार ये मेरु पर्वत पर तपस्या कर रहे थे तो बार-बार परेशान करने वाली अप्सराओं को इन्होंने शाप दिया कि जो इनके सामने आएगी, वह गर्भवती हो जाएगी। वैशाली के राजा की कन्या इडविला असावधानी से इनके सामने आकर गर्भवती हो गई। बाद में उसका पुलस्त्य से विवाह हुआ और उसने विश्वश्रवा नामक पुत्र को जन्म दिया। रावण इन्हीं विश्वश्रवा का पुत्र और पुलस्त्य का पौत्र था। विश्वश्रवा पश्चिम भारत में नर्मदा के किनारे रहता था। इससे अनुमान लगाया जाता है कि पुलस्त्य का निवास भी वहीं रहा होगा।

2. एक धर्मशास्त्रकार। इनके दो श्लोकों का उद्धरण मिलता है। जिसमें नशा

लाने वाली ग्यारह वस्तुओं का नाम लेकर बारहवां अत्यंत घातक मादक पदार्थ शराब को बताया गया है।

पुलह

ब्रह्मा के मानस पुत्रों में से एक जिनकी गणना सप्तर्षियों में होती है। इनका जन्म ब्रह्मा की नाभि से बताया जाता है। दक्ष की कन्या क्षमा से इनका विवाह हुआ था। महाभारत के वर्णन के अनुसार इनकी संतति मनुष्य न होकर मृग, सिंह, रीछ, व्याघ्र आदि योनि की थी। इसलिए इन्होंने अगस्त्य के पुत्र दृढ़च्युत को गोद लिया। इस कारण पुलह के वंशजों की दो शाखाएं हुईं—उनके निजी पुत्रों की अमानुषी शाखा और अगस्त्य पुत्र की ब्रह्मराक्षस शाखा। यह भी उल्लेख मिलता है कि दक्ष के यज्ञ-ध्वंस में यह भी मारे गए थे और ब्रह्मा के अन्य मानस पुत्रों के साथ इनका भी पुनर्जन्म हुआ।

पुलिंद

1. पुलिंद देश के निवासियों के लिए प्रयुक्त नाम जिनकी उत्पत्ति वशिष्ठ ऋषि की नंदिनी नामक गाय के क्रुद्ध हो जाने पर उसके मुंह से निकले फेन से बताई जाती है। भीम ने इनके नगर को ध्वस्त किया था। महाभारत युद्ध में ये कौरवों की सेना में सम्मिलित थे। ये पहले क्षत्रिय थे, किंतु ब्राह्मणों के शाप के कारण शूद्रों में गिने जाने लगे।

2. शुंगवंश का एक राजा। इसे मद्र, ध्रुव या अनंत का पुत्र बताया जाता है। किरातों के एक राजा का नाम भी पुलिंद था जो युधिष्ठिर की राजसभा में उपस्थित हुआ।

पुलोम

1. भृगु ऋषि की पत्नी पुलोमा (दे.) का हरण करनेवाला एक राक्षस। उस समय पुलोमा के गर्भ में च्यवन (दे.) ऋषि थे। पुलोम उनके तेज से जल गया। दनु और कश्यप का पुत्र एक दानव भी इस नाम का था।

2. आंध्र प्रदेश का एक प्राचीन राजा जिसने 28 वर्षों तक राज्य किया। एक अन्य पुराण इसका शासनकाल केवल 7 वर्ष बताता है। इसके चार पुत्र थे—पुलोमा, पुलोमारि, पुलोमार्चि और पुलोमार्चि।

पुलोमा

1. भृगु (दे.) ऋषि की पत्नी और च्यवन ऋषि की माता। इनका गर्भावस्था में पुलोम नामक राक्षस ने अपहरण कर लिया था। इस संबंध में यह कथा मिलती

है—बचपन में एक बार बालिका को डराने के लिए उपहास में इसके पिता ने कहा था—राक्षस, इसे ले जा। उधर से आ रहे पुलोम राक्षस ने यह सुना तो मन ही मन पुलोमा का वरण कर लिया। किंतु जब पुलोमा बड़ी हुई तो उसका विवाह भृगु ऋषि के साथ हो गया। इस पर पुलोम उसके अपहरण की बात सोचने लगा। एक दिन जब भृगु स्नान करने गए थे, पुलोम ने वराह का रूप धारण करके पुलोमा का अपहरण कर लिया। इस पर पेट में पल रहे च्यवन ने बाहर निकल कर अपने तेज से राक्षस को भस्म कर दिया।

2. दैत्य कुल की एक कन्या जो वैश्वानर दानव की पुत्री थी। इसने अपनी सहेलियों के साथ तपस्या करके ब्रह्मा से ऐसे पुत्रों की मांग की जिन्हें देवता, राक्षस, नाग कोई न मार सकें।

3. दक्ष की पुत्री दनु और कश्यप के 61 पुत्रों में से एक दानव का नाम। उसकी पुत्री का नाम शचि था। देवासुर संग्राम में वृत्तासुर के साथ पुलोमा भी इंद्र से लड़ा और मारा गया। पुलोमा की मृत्यु के बाद शची का विवाह इंद्र के साथ हुआ।

पुष्कर

1. राजस्थान में अजमेर के निकट स्थित एक प्रसिद्ध तीर्थ। यहां पवित्र सरोवर है जिसके चारों ओर 52 घाट हैं और बुर्जियां बनी हुई हैं। कुछ-कुछ दूरी पर यहां तीन सरोवर हैं—जेष्ठ पुष्कर (ब्रह्मा का), बूढ़ा पुष्कर (विष्णु का) और कनिष्ठ पुष्कर (रुद्र का)। विशेषता जेष्ठ पुष्कर की है। यात्री यहीं स्नान करते हैं। पुष्कर का ब्रह्मा का मंदिर प्रसिद्ध है। वैसे मंदिरों की संख्या 350 बताई जाती है। सरोवर के एक ओर पर्वत की चोटी पर सावित्री का और दूसरी ओर की चोटी पर गायत्री का मंदिर है जो 51 शक्तिपीठों में से एक है।

पुष्कर की गणना तीर्थों के गुरु के रूप में होती है। यह पंचतीर्थों में भी है और पंचसरोवरों में भी। मान्यता है कि पुष्कर में स्नान करने तक तीर्थयात्रा अधूरी रहती है। ब्रह्मा की पूजा केवल पुष्कर में होती है, और कहीं नहीं। इस संबंध में प्रचलित कथा के अनुसार ब्रह्मा ने यज्ञ करने के हेतु स्थान का चयन करने के लिए कमल का फूल फेंका था। जहां वह गिरा वहीं पुष्कर का सरोवर बन गया। यज्ञ के समय जब ब्रह्मा की पत्नी सावित्री के आने में विलंब हुआ तो मुहूर्त निकलता देखकर ब्रह्मा ने गायत्री नाम की गोपबाला से विवाह करके उसके साथ यज्ञ आरंभ कर दिया। आने पर जब सावित्री ने देखा तो वे ब्रह्मा को कहीं न पूजे जाने का शाप देकर चली गईं।

2. वरुण के पुत्र का नाम जिसके नेत्र विकसित कमलपुष्प के समान सुंदर थे। ज्योत्स्नाकाली नामक सोमकन्या ने इसका वरण किया था।

3. राजा नल (दे.) का छोटा भाई जिसने जुए में उसका सारा राज्य जीत लिया।

पुष्कल

भरत के दो पुत्रों में से कनिष्ठ का नाम जो मांडवी के गर्भ से उत्पन्न हुआ था। यह बड़ा वीर था। राम के अश्वमेध यज्ञ के समय शत्रुघ्न के साथ यह भी अश्व की रक्षा के लिए गया था और इसने अनेक राजाओं को पराजित किया। इसने गांधार को जीता और वहां पुष्करावती नामक नगर की स्थापना करके उसे अपनी राजधानी बनाया।

पुष्टिमार्ग

भक्ति का एक संप्रदाय जिसकी स्थापना महाप्रभु वल्लभाचार्य ने की थी। इसे 'वल्लभ संप्रदाय' या 'वल्लभ मत' भी कहते हैं। पुष्टिमार्ग के तीन प्रमुख अंग हैं—ब्रह्मवाद, आत्मनिवेदन और भगवत्सेवा। वल्लभाचार्य ने अपने शुद्धाद्वैत (दे.) दर्शन के आधार पर इस मत का प्रतिपादन किया। जो भक्ति साधन निरपेक्ष हो, भगवान के अनुग्रह से स्वतः उत्पन्न हो और जिसमें भगवान दयालु होकर स्वतः जीव पर दया करें, वह पुष्टिभक्ति कहलाती है। ऐसा भक्त भगवान के स्वरूप-दर्शन के अतिरिक्त अन्य किसी वस्तु के लिए प्रार्थना नहीं करता। वह आराध्य के प्रति आत्मसमर्पण करता है। इसको 'प्रेमलक्षणा भक्ति' भी कहते हैं। ऐसी भक्ति कर्म, ज्ञान और योग से भी श्रेष्ठ बताई गई है।

पुष्पक-विमान

इस विमान को मय दानव ने बनाया था। स्वर्ण और रत्नजटित इस विमान में सात खंड थे और यह प्रत्येक ऋतु में सुखप्रद था। इच्छानुसार यह कहीं भी जा सकता था। ब्रह्मा ने इसे कुबेर को दिया था जिसे हराकर रावण छीन ले गया था। रामायण के अनुसार रावण-वध के बाद राम, लक्ष्मण और सीता इसी विमान में अयोध्या आए थे।

पुष्पगिरि

मद्रास-रायचूर रेलमार्ग पर, पेनम नदी के तट पर बसा पुष्पगिरि वैष्णव तथा शैव दोनों मतों का गढ़ है। यहां पर्वत पर काशीविश्वनाथ, राघव स्वामी, वैद्यनाथ, त्रिकोटीश्वर, भीमेश्वर, इंद्रेश्वर, कमलसंभवेश्वर, केशव स्वामी तथा शंकर के विशाल मंदिर हैं। मंदिरों की दीवारें रामायण, महाभारत आदि के चित्रों से सजी हुई हैं।

उपलब्ध कथा के अनुसार जब गरुड़ अपनी मां को दासीपन से छुड़ाने के लिए अमृत लेकर जा रहे थे, इंद्र ने आक्रमण कर दिया। इससे अमृत की कुछ बूंदें पुष्पगिरि के तालाब में गिर गईं। नारद के कहने पर जब हनुमान इस तालाब को पर्वत से ढकने लगे तो पर्वत तालाब के पानी में पुष्प की तरह तैरने लगा। तभी से इसका नाम पुष्पगिरि पड़ा।

पुष्यभूति वंश

इस वंश का आरंभ छठी शताब्दी ईस्वी में दिल्ली के निकट थानेश्वर में हुआ। शिव का उपासक पुष्यभूति इसका प्रवर्तक था। इस वंश में तीन राजा हुए— प्रभाकरवर्धन और उसके दो पुत्र राज्यवर्धन और हर्षवर्धन। हर्षवर्धन (दे.) (606-647 ई.) सबसे प्रतापी राजा था। उसने 40 वर्षों तक राज्य किया और चारों ओर अपनी कीर्ति फैलाई। हर्षवर्धन के कोई संतान न थी। अतः उसकी मृत्यु के साथ ही पुष्यभूति वंश समाप्त हो गया।

पुष्यमित्र शुंग

ई. पूर्व 185 के लगभग मौर्यवंश को पराजित करके शुंगवंश का संस्थापक बना। जन्म से ब्राह्मण। इस व्यक्ति को अंतिम मौर्य राजा वृहद्रथ ने अपना सेनापति बनाया था, परंतु इसने सैन्य निरीक्षण के समय राजा को मरवा दिया और स्वयं गद्दी पर बैठ गया। इसके राज्य पर उड़ीसा के राजा खारवेल ने और उत्तर से भारतीय यवन राजा मिनांडर ने आक्रमण किया, पर पुष्यमित्र के हाथों दोनों पराजित हुए। विजयी होकर इसने बहुत समय से अशोक के प्रभाव से रुका हुआ अश्वमेध यज्ञ किया। पुष्यमित्र 38 वर्ष गद्दी पर रहा। इसने हिंदू धर्म को पुनरुज्जीवित करके संस्कृत को राजभाषा की प्रतिष्ठा प्रदान की। प्रसिद्ध वैयाकरण पंतजलि इसी के समय में हुए थे।

पूंजीवाद

अठारहवीं शताब्दी के बाद विकसित एक आर्थिक व्यवस्था। नए वैज्ञानिक आविष्कारों ने उत्पादन में वृद्धि का अवसर प्रदान किया और विभिन्न देशों तक यातायात बढ़ने से उपभोक्ता-सामग्री की अधिक खपत भी सुनिश्चित हो गई। औद्योगिक उत्पादन के लिए यह आवश्यक था कि व्यक्तियों को, जिनके पास लगाने के लिए पूंजी नहीं है, अपना श्रम बेचने की स्वतंत्रता हो। अतः नई व्यवस्था के प्रवर्तकों ने व्यक्तिगत स्वतंत्रता का समर्थन करके सामंतकालीन दास प्रथा और रूढ़ियों का विरोध किया। धीरे-धीरे यह स्थिति उत्पन्न हुई कि जिन थोड़े व्यक्तियों के हाथों में पूंजी थी, वे कारखानों सहित उत्पादन के सभी साधनों के स्वामी बन

गए और किसान जो सामंतों के चंगुल से मुक्त हुए थे, अपना श्रम बेचने के लिए बाध्य हो गए। इसी स्थिति से पूंजीवादी अर्थव्यवस्था आरंभ हुई। जब कृषक श्रमिक बन गए तो पूंजीपतियों को न्यूनतम मजदूरी देकर अधिकतम काम लेने और उनका शोषण करने का अवसर मिल गया।

साथ ही इस स्थिति के गर्भ से एक नए 'मध्यम वर्ग' का भी जन्म हुआ। वह नवीन विचारों से प्रभावित था, पर न पूंजीपति था, न श्रमिक। इसने शोषण के विरुद्ध श्रमिकों को संगठित किया और पूंजीवादी अर्थव्यवस्था के अंदर वर्ग-संघर्ष आरंभ हो गया।

राजनीतिक क्षेत्र में पूंजीवाद और साम्राज्यवाद साथ-साथ चले हैं। साम्राज्यवाद ने पूंजीवाद के सहारे अपना विस्तार किया। पूंजीपति व्यवसायी बनकर गए और उन्होंने साम्राज्यवादी बल-प्रयोग के लिए पृष्ठभूमि तैयार की। फिर अपना आधिपत्य जमा लेने पर साम्राज्यवादी व्यवस्था ने पूंजीवाद को पनपने का और भी अवसर प्रदान किया।

जो देश साम्राज्यवादी चंगुल में नहीं आए वहां भी वर्ग संघर्ष में कोई कमी नहीं रही। इस संघर्ष से जो नए आर्थिक और सामाजिक विचार उदित हुए, उनका प्रभाव विश्वव्यापी हुआ है। आज पूंजीवादी व्यवस्था अपने मूल रूप में नहीं रह गई है। श्रमिक संगठन सर्वत्र सुदृढ़ हो गए हैं और जहां वे पूंजीवादी व्यवस्था को पूरी तरह से समाप्त करने में सफल नहीं भी हो पाए हैं, उसका स्वरूप बहुत कुछ बदल गया है और उसी मात्रा में एकाधिकार और शोषण में भी कमी आई है।

पूतना

एक राक्षसी जिसे कहीं पर कंस की बहिन, कंस की दासी या कंस की पत्नी की सखी बताया गया है। कंस ने श्रीकृष्ण को मारने के लिए इसे गोकुल भेजा था। इसने एक सुंदर तरुणी का रूप धारण किया; अपने स्तनों पर विष लगाया और श्रीकृष्ण को पिलाने लगी। श्रीकृष्ण ने इसके दूध के साथ इसके प्राणों का भी शोषण करके इसका वध कर डाला।

एक अन्य विवरण के अनुसार पूतना राजा बलि की कन्या रत्नमाला थी। वामन भगवान को देखकर इसकी इच्छा उन्हें अपना दूध पिलाने की हुई। उसकी यही इच्छा कृष्णावतार में पूरी हुई।

इसके राक्षसी बनने के संबंध में यह कथा दी गई है। यह कालनेमि ऋषि की कन्या थी और कुक्षिवान ऋषि को ब्याही गई थी। कुक्षिवान की तीर्थयात्रा के समय यह एक शूद्र के वश में हो गई। लौटने पर ऋषि को अपनी पत्नी के चरित्र का पता चला तो उन्होंने इसे राक्षसी बन जाने का शाप दे दिया। पर पत्नी की

याचना पर उन्होंने कहा—राक्षसी तो तुम बनोगी ही किंतु श्रीकृष्ण के द्वारा तुम्हें मुक्ति मिल जाएगी।

पूना समझौता

'फूट डालो और राज करो' की अपनी नीति के अंतर्गत 1932 ई. में ब्रिटिश सरकार ने एक कदम और उठाया। उसने घोषणा की कि भविष्य के चुनावों में मुसलमानों की तरह ही परिगणित जातियों को भी, सवर्ण हिंदुओं से पृथक् मत देने का और अपने प्रतिनिधि चुनने का अधिकार होगा। इसका अर्थ था—हिंदू समाज को सदा के लिए दो वर्गों में बांट देना। इसके विरोध में गांधीजी ने पूना में आमरण अनशन कर दिया। उनका स्वास्थ्य तेजी से गिरने लगा। इससे देश में बड़ी चिंता हुई। सभी वर्गों के भारतीय नेताओं ने परामर्श किया और डा. अम्बेडकर सहित 'दलितों' के नेता भी इस बात के लिए सहमत हो गए कि वे पृथक् निर्वाचन की मांग नहीं करेंगे। यह ऐतिहासिक समझौता 24 सितंबर, 1932 ई. को उस समय हुआ जब गांधीजी रोग-शय्या पर पड़े थे।

पूर्णागिरि

उत्तर प्रदेश में पूर्वोत्तर रेलवे के टनकपुर स्टेशन से लगभग 24 कि. मी. दूर, शारदा नदी के निकट पूर्णागिरि नाम का एक पर्वत है। यहां एक शिखर पर महाकाली का स्थान है। खड़ी चढ़ाई के बाद दर्शन होते हैं। यह पूरा पर्वत क्षेत्र पवित्र माना जाता है। नवरात्रि में यात्री बड़ी संख्या में आते हैं। मंदिर पर्वत के शीर्ष पर होने के कारण ऊपर एक बार में बहुत कम लोग जा पाते हैं। पौराणिक आख्यान के अनुसार यहां पर भी सती के शरीर का कुछ अंश गिरा था। तभी से यह सिद्ध पीठ माना जाता है।

पूर्णावतार

विष्णु के अवतार दो प्रकार के माने जाते हैं—अंशावतार और पूर्णावतार। यद्यपि अंशावतार भी जीवों के कल्याण के लिए होता है, परंतु उसके और पूर्णावतार के स्वरूप और कार्यों में अंतर है। अंशावतार में ईश्वर की नौ से लेकर पंद्रह तक की कलाएं विकसित रहती हैं। इसकी उपयोगिता एकमुखी होती है। जैसे परशुराम का अवतार केवल क्षत्रियों के अत्याचारों के शमन के लिए था। गौतम बुद्ध ने हिंसा के खंडन और अहिंसा के मंडन का काम किया। साथ ही इस कार्य की प्रतिक्रिया भी हुई। यह माना जाता है कि शिव ने शंकराचार्य के रूप में प्रकट होकर वेदों का पुनः मंडन और बौद्ध विचारधारा का खंडन किया।

पूर्णावतार श्रीकृष्ण का माना जाता है। उनके कार्यों के खंडन के लिए किसी

अन्य अवतार की आवश्यकता नहीं हुई। पूर्णावतार में भगवान की सोलह कलाएं विकसित रहती हैं। पूर्णावतार कर्म, उपासना और ज्ञान तीनों से परिपूर्ण रहता है। इसमें आधिभौतिक, आधिदैविक और आध्यात्मिक तीनों सत्ताएं पूर्णता की स्थिति में होती हैं।

पूर्वज-पूजा (श्राद्ध)

भारत में पूर्वजों का स्मरण और उनकी पूजा का प्रचलन वैदिककाल से ही चला आ रहा है। अनेक ऋचाओं में देवी-देवताओं के साथ पितरों की भी प्रशस्ति गाई गई है। उनसे प्रार्थना की गई है कि वे अपने वंशजों के निकट आएं, आसन ग्रहण करें, पूजा स्वीकार करें और उनके छोटे-मोटे अपराधों से रुष्ट न हों।

श्राद्ध की प्रथा पूर्वज-पूजा का ही रूप है। इस अवसर पर दिवंगत प्रियजनों की आत्मा की शांति और मोक्ष के लिए तर्पण किया जाता है। भविष्य पुराण में 12 प्रकार के श्राद्ध बताए गए हैं—नित्य, नैमित्यिक, काम्य, वृद्धि, सपिंडन, पार्वण, गोष्ठी, प्रेत-श्राद्ध, कर्मांग, दैविक, यात्रार्थ और पुंष्टयर्थ (दे. पितृपक्ष)।

पूर्व मीमांसा

पूर्व मीमांसा या मीमांसा से आशय उस दर्शन से है जो वैदिक यज्ञ-विधानों की महत्ता और कार्यप्रणाली का वर्णन करता है। इसके प्रवर्तक जैमिनि थे जिनका समय 500 से 200 ई. पू. के बीच माना जाता है। मीमांसा दर्शन वेदों की प्रामाणिकता सिद्ध करता है। वैदिक-संहिता (मंत्रों) के बाद 'ब्राह्मण ग्रंथों' और 'उपनिषदों' का क्रम आता है। ब्राह्मण ग्रंथ कर्म की विवेचना करते हैं जिसका आशय उस समय यज्ञ-कर्म तक सीमित था। उपनिषद् ज्ञान से संबंधित हैं। मीमांसा-दर्शन अपनी प्रेरणा ब्राह्मण ग्रंथों से लेता है और 'वेदांत' जिसे 'उत्तर मीमांसा' भी कहा जाता है, उपनिषदों पर आश्रित है।

मीमांसा वेदों को अपौरुषेय तथा नित्य मानती है। इसके अनुसार केवल वेद और उसके शब्द ही नित्य हैं। वेदमंत्र ही देवता हैं। यह कर्मप्रधान दर्शन है और कर्म को काम्य, निषिद्ध और नित्य तीन भागों में विभक्त करता है। इसके अनुसार मुक्ति के लिए ज्ञान की आवश्यकता नहीं है। व्यक्ति को मुक्ति के क्षण तक भी नित्यकर्म नहीं त्यागना चाहिए। यही कारण है कि इस दर्शन में संन्यास का समर्थन नहीं किया गया है।

मीमांसा के प्रवर्तक जैमिनि कहते हैं कि मनुष्य को अपने कर्म का फल स्वयं मिलता है। न तो कर्म का फल देनेवाला कोई ईश्वर है, न कोई परमात्मा जो संसार की व्यवस्था करता हो। इस प्रकार पूर्व मीमांसा अनीश्वरवादी दर्शन है। अनीश्वरवादी दर्शन सांख्य भी है, वेदों को दोनों प्रमाण मानते हैं। दोनों में भेद यह

कि सांख्य के अनुसार प्रत्येक कल्प में वेदों का नवीन प्रादुर्भाव होता है। मीमांसा यह नहीं मानती। उसके अनुसार वेद नित्य हैं। जगत् भी अनादि और अनंत है। आत्मा भी नित्य है और शरीर के संपर्क में आने से ही वह चैतन्य होता है।

पूर्वीय गंगवंश

इस वंश का आरंभ राजराज प्रथम से हुआ जो ग्यारहवीं शताब्दी के मध्य में कलिंग का शासक बना। इस वंश में कुल 15 राजा हुए जिनमें द्वितीय राजा अनंतवर्मा अंगचूड़ बहुत प्रसिद्ध हुआ। पुरी का प्रसिद्ध जगन्नाथ मंदिर उसी ने बनवाया था। इस वंश के राजा कला और साहित्य के बड़े संरक्षक थे। उनके शासनकाल में जितने मंदिर बने, उतने देश में और कहीं नहीं बनाए गए।

पूषा

ऋग्वेदकाल का एक प्रसिद्ध देवता जिसके संबंध में अनेक विवरण मिलते हैं। यह जटा और दाढ़ी रखता है। इसके पास सोने का एक भाला है। यह समस्त प्राणियों को एक साथ देख सकता है। सूर्य और अग्नि की भांति यह अपनी माता (रात्रि) और बहिन (उषा) से प्रेमयाचना करता है। इसकी पत्नी का नाम सूर्या है। यह पथ-प्रदर्शक माना जाता है। यह प्राणिमात्र को प्यार करता है। इसके मुंह में दांत नहीं हैं। इसके विषय में दो कथाएं मिलती हैं। एक के अनुसार प्रजापति के यज्ञ में अवशिष्ट खाने के कारण इसके सब दांत गिर गए। दूसरी कथा में बताया गया है कि दक्ष के यज्ञ में जब इसने शिव का उपहास किया तो उनके गण चंदीश ने इसके दांत तोड़ डाले।

पूषा सूर्य देवता का ही एक नाम प्रतीत होता है।

पृथा

राजा शूरसेन की पुत्री जिसे उसने अपने मित्र कुंतिभोज को दत्तक पुत्री के रूप में दे दिया था। कुंतिभोज के यहां पलने से वह कुंती कहलाई। उसे इच्छानुसार देवताओं का आह्वान करने का वरदान प्राप्त था। उसने कुमारी अवस्था में सूर्य से कर्ण को जन्म दिया। बाद में पांडु से विवाह होने के उपरांत वह पांच में से तीन पांडवों (युधिष्ठिर, भीम और अर्जुन) की माता बनी। ये तीनों पुत्र उसने क्रमशः धर्मराज, पवन और इंद्र से प्राप्त किए थे।

पृथु

पृथ्वी का राजा और राजसंस्था का निर्माता पृथु राजा वेन का पुत्र था। वेन बड़ा अत्याचारी था। इसलिए ऋषियों ने उसे मारा डाला। मृत्यु के समय वेन

निःसंतान था। राजा के न रहने से अराकजता बढ़ती देखकर ऋषियों ने वेन की दाहिनी भुजा का मंथन किया। इससे पृथु नाम का पुत्र और अर्चि नाम की कन्या उत्पन्न हुई। बाद में अर्चि पृथु की पत्नी बनी।

भारतीय संस्कृति के इतिहास में पृथु कृषि एवं नागरी व्यवस्था का आदि-जनक था। इसने भूमि को अपनी कन्या मानकर उसका पोषण किया। इसी से 'भू' को 'पृथ्वी' कहते हैं। पृथु ने कृषि-व्यवस्था आरंभ करके आजीविका के लिए नया मार्ग निर्दिष्ट किया। भूमि को समतल बनाकर उसमें अन्न आदि उपजाने की कला से लोगों को परिचित कराया। इस प्रकार एक नई सभ्यता और संस्कृति का आरंभ हुआ।

शतपथ ब्राह्मण के अनुसार पृथ्वी पर पहला राज्याभिषेक राजा पृथु का ही हुआ था। प्राचीन ग्रंथों में इसे राजेंद्र, चक्रवर्ती, इंद्र, प्रजापति आदि नाम भी दिए गए हैं। वैदिक साहित्य में पृथु का उल्लेख एक उदारदाता, कृषि के आविष्कर्ता तथा मनुष्य और पशुओं के अधिपति के रूप में मिलता है। चतुर्वर्णों की संस्थापना करके हर व्यक्ति को अपनी वृत्ति के अनुसार आजीविका अर्जुन के साधन भी इसने उपलब्ध कराए। इसने अपने राज्य में धर्म को प्रमुखता दी और शासन के लिए दंड-नीति की व्यवस्था की।

पृथूदक

अंबाला जिले में सरस्वती नदी के तट पर स्थित एक तीर्थ जो अब पहेबा कहलाता है। वेन के पुत्र राजा पृथु ने अपने पिता की अंत्येष्टि यहां की थी। तभी से इसका नाम पृथुदक अर्थात् पृथु का सरोवर पड़ा। पितृपक्ष में लोग बड़ी संख्या में यहां आकर श्राद्ध करते हैं। यहां के पृथ्वीश्वर महादेव, कार्तिकेय, चतुर्मुख महादेव और सरस्वती के मंदिर प्रसिद्ध हैं।

पृथ्वी

पृथ्वी, जिसमें हम निवास करते हैं, एक ग्रह जो सूर्य नक्षत्र के चारों ओर परि-भ्रमण करती है। सूर्य से पृथ्वी की दूरी 15 करोड़ कि.मी. है। फिर भी 77 करोड़ 70 लाख कि. मी. दूरी पर स्थित बृहस्पति की तुलना में यह बहुत निकट है। पृथ्वी और सूर्य की यह दूरी बहुत महत्वपूर्ण है। यदि यह बुध (मरकरी) की भांति सूर्य के निकट होती तो हम प्रकाश से अंधे और ताप से भस्म हो जाते। और, यदि बृहस्पति की भांति दूर होती तो शीत से सदा के लिए हम जम जाते।

वर्ष में एक बार सूर्य के चारों ओर घूमने के साथ-साथ पृथ्वी अपनी धुरी पर स्वयं भी घूमती है और 24 घंटे में एक चक्कर पूरा कर लेती है। इस अवधि में जो भाग सूर्य के सामने रहता है वहां दिन और दूसरी ओर रात रहती है। पृथ्वी

की धुरी एक ओर झुकी हुई है। इसलिए सूर्य की परिक्रमा करते हुए कभी एक सिरा सूर्य के अधिक निकट होता है, कभी दूसरा। इसी से सर्दी-गर्मी की ऋतुएं होती हैं।

विद्वानों का विचार है कि पृथ्वी का निर्माण गर्म गैसों के पिंडों के घूमते रहने से हुआ है। इस क्रम में भारी पदार्थ नीचे बैंठते गए और हल्के ऊपर रह गए जो कालांतर में ठंडे पड़कर पृथ्वी के वर्तमान रूप में परिवर्तित हुए। गहरी खुदाई में प्रत्येक 55 मीटर के बाद एक डिग्री सेंटीग्रेट तापमान बढ़ता जाता है। इससे और ज्वालामुखियों के फटने से इस धारणा की पुष्टि होती है कि पृथ्वी के नीचे अब भी भीषण अग्नि है।

पृथ्वी की आंतरिक रचना का जो चित्र नवीनतम खोजों से हमारे सामने आता है वह इस प्रकार है—सबसे अंदर लगभग 2410 कि.मी. मोटाई का तप्त लौहपिंड सदृश्य पदार्थ है। वहां 5000 डिग्री सेंटीग्रेड या सूर्य के ताप के बराबर गर्मी है। इसके बाद 2250 कि. मी. मोटा भाग है। यह भी लौह सदृश ठोस पदार्थ का है। इसके बाद ठोस चट्टानों का एक आवरण है जिसकी मोटाई 2890 कि.मी. आंकी गई है। इसके बाद है बाहरी पपड़ी जो सागरों के अंदर 9.6 कि.मी. मोटी है और महाद्वीपों में 32 कि.मी. मोटी या उससे कुछ अधिक।

पृथ्वीराज चौहान

सांभर, अजमेर और दिल्ली का प्रसिद्ध राजा जिसके शौर्य की कथाएं अब भी प्रचलित हैं। इसने 1192 ई. में चंदेल राजा परमाल को हराकर उसकी राजधानी महोबा पर अधिकार कर लिया था। उसी वर्ष शहाबुद्दीन मुहम्मद गोरी ने भारत पर आक्रमण किया। दिल्ली नरेश पृथ्वीराज के झंडे के नीचे उत्तर भारत के अनेक छोटे-छोटे राजा एकत्र हो गए और सबने मिलकर गोरी को हरा दिया। किंतु दूसरे वर्ष उसने फिर आक्रमण किया। इस बार गोरी की जीत हुई और पृथ्वीराज मारा गया।

पृथ्वीराज की प्रसिद्धि कन्नौज नरेश जयचंद की पुत्री संयुक्ता को स्वयंवर से उड़ा ले जाने के कारण भी है। लेकिन इससे दो बड़े राजवशों में स्थायी शत्रुता हो गई और दोनों को ही भारी हानि उठानी पड़ी। पृथ्वीराज को 'रायपिथौरा' भी कहते हैं।

पृषत

राजा द्रुपद का पिता और उत्तर पांचाल का राजा। पहले सुदास उत्तर पांचाल का बड़ा पराक्रमी राजा था। किंतु उसके बाद पुरु आदि ने इसे जीत लिया और राज-कुमार पृषत को दक्षिण पांचाल में शरण लेनी पड़ी। कुछ समय बाद भीष्म की

सहायता से वह पुनः अपनी राजगद्दी पाने में सफल हो गया।

उत्तर पांचाल में ही भारद्वाज ऋषि का आश्रम था। भारद्वाज और पृषत में बड़ी मैत्री थी। इसके पुत्र द्रुपद ने ऋषि के आश्रम में ही शिक्षा पाई। पहले द्रुपद और भारद्वाज के पुत्र द्रोण में बड़ी मैत्री थी, पर बाद में दोनों कट्टर शत्रु बन गए। इस पर अपने शिष्य अर्जुन की सहायता से द्रोण ने उत्तर पांचाल पर अधिकार कर लिया और पृषत के पुत्र दुपद को भी दक्षिण की ओर भागना पड़ा।

पृषध्र

1. एक ब्राह्मण का पुत्र जो गुरु के आश्रम में शिक्षा प्राप्त कर रहा था। एक दिन सायंकाल के समय उसने सिंह को आश्रम की गाय पकड़कर ले जाते देखा। गाय को बचाने के लिए उसने सिंह की ओर खड्ग मारा जो अंधेरे के कारण सिंह के बदले गाय को लगा और गाय की मृत्यु हो गई। इसकी सूचना मिलने पर गुरु ने उसे शूद्र होने का शाप दिया। अंत में भटकते हुए उसकी मृत्यु हो गई।

2. वैवस्वत मनु का पुत्र एक राजा। इसकी माता का नाम कहीं संज्ञा और कहीं श्रद्धा दिया गया है। यह च्यवन ऋषि का शिष्य था। यह बड़ा योग्य था और प्रातः स्मरणीय माना जाता था।

पेशवा

शिवाजी द्वारा नियुक्त आठ प्रधानों में से एक जिसे पेशवा या मुख्यप्रधान भी कहते थे। उसका काम जनता के हित का ध्यान रखना था। धीरे-धीरे इस पद के अधिकार बढ़ने के साथ-साथ यह पद खानदानी बन गया। फिर एक समय आया जब मराठा राजा पेशवा के हाथ की कठपुतली मात्र रह गए। वास्तविक सत्ता पेशवा के पास रही। अंग्रेजी शासन के विस्तार के साथ जब मराठा शक्ति का ह्रास आरंभ हुआ तो वे एक के बाद एक युद्ध में पराजित होते गए। तीसरे मराठा-युद्ध (1817-19 ई.) में पेशवा की अंतिम हार हुई। अंग्रेजों ने पेशवा बाजीराव द्वितीय को आठ लाख रुपए वार्षिक पेंशन देकर कानपुर के पास बिठूर में रहने की अनुमति दे दी। 1853 ई. में बाजीराव द्वितीय की मृत्यु के बाद जब अंग्रेजों ने उनके गोद लिए लड़के नानासाहब (दे.) को पेंशन देने से इनकार कर दिया तो वे 1857 ई. के प्रथम स्वतंत्रता संग्राम में सम्मिलित हो गए।

पैठन

महाराष्ट्र प्रदेश में औरंगाबाद से लगभग 60 कि. मी. दूर स्थित एक नगर जिसका प्राचीन नाम प्रतिष्ठान था। यह शालिवाहन (दे.) की राजधानी और प्राचीन विद्याकेंद्र था। संत एकनाथ यहीं रहते थे। कहते हैं संत ज्ञानेश्वर (दे.) ने यहीं

गोदावरी के नागघाट पर भैंसे के मुख से वेदमंत्रों का उच्चारण कराया था।

पैशाची

प्राचीन काल में भारत के पश्चिमोत्तर क्षेत्र में बोली जानेवाली एक प्राकृत भाषा का नाम। ब्राह्मण धर्म के प्रभाव के घटने के साथ-साथ संस्कृत भाषा का भी महत्व कम होने लगा। महावीर और गौतम बुद्ध ने अपने उपदेशों के लिए प्राकृत भाषाओं को अपनाया। इस प्रकार प्राकृत भाषाएं शिक्षित वर्ग में भी प्रयुक्त होने लगीं। उस समय मुख्य प्राकृत भाषाएं थीं—शैरसेनी, महाराष्ट्री, मागधी, अर्धमागधी और पैशाची।

पोप

ईसाइयों के रोमन कैथोलिक चर्च के प्रधान को 'पोप' कहते हैं। यह लैटिन शब्द 'पापा' (पिता) से बना है। पोप को अनुयायियों का धार्मिक पिता माना जाता है। पोप का निर्वाचन जीवन भर के लिए कार्डिनलों (रोमन कैथोलिक चर्च के सर्वोच्च अधिकारी) द्वारा अपने में से किया जाता है। पोप का पद ईसाई धर्म के साथ ही आरंभ हो गया था। मान्यता है कि ईसामसीह ने सेंट पीटर को ईसाई चर्च का प्रधान नियुक्त किया था। तभी से इस पद की परंपरा चली आ रही है।

आरंभ में जब्र रोम साम्राज्य का प्रभुत्व था। ईसाइयों की संस्था गुप्त रूप से अपना काम करती थी। 250 ई. में रोम साम्राज्य ईसाई धर्म को शत्रुभाव से देखता था। पर 375 ई. के आते-आते यह राजधर्म बन गया। अब चर्च की शक्ति बढ़ने लगी। वह राजनीतिक मामलों में भी हाथ डालने लगा। चर्च के प्रभाव के साथ रोम के विशप का, जो पोप कहलाते थे, प्रभाव भी बढ़ा। 1054 ई. में चर्च दो भागों में बंट गया—पूर्वी और पश्चिमी। पोप पश्चिमी यूरोप के चर्च का प्रधान रह गया।

उस समय सामान्य यूरोप 'अंधकार युग' में था। ज्ञान, धर्म और सत्ता पोपों के हाथ में रही। वे सम्राटों की भांति शान-शौकत से रहते थे। राज्यों के मामलों में उनके हस्तक्षेप से नया संघर्ष आरंभ हुआ। पवित्र रोम साम्राज्य के शासक मांग करने लगे कि नए पोप की नियुक्ति में उनसे परामर्श किया जाए। दूसरी ओर पोपों ने कहना शुरू किया कि शासक को गद्दी ईश्वर की अर्थात् चर्च की ओर से मिली है। इस संघर्ष में पोप अपना केंद्र ही रोम से हटाकर फ्रांस ले गए। एक समय ऐसा भी आया जबकि एक के स्थान पर तीन पोप पदासीन थे। इसी संघर्ष के गर्भ से 'प्रोटेस्टेंट' समुदाय का उदय हुआ। इन्होंने पोप की सत्ता को मानने से ही इनकार कर दिया। इस कारण पोप पश्चिमी यूरोप के चर्चों का प्रधान नहीं रह गया। इधर हाल के वर्षों में रोमन कैथोलिकों ने अपने अंदर अनेक परिवर्तन

किए हैं और अन्य ईसाई समुदायों के साथ अपने संबंधों में भी सुधार किया है।

पोरबंदर

गुजरात के समुद्र के किनारे स्थित पोरबंदर कई दृष्टियों से प्रसिद्ध है। श्रीकृष्ण के मित्र सुदामा का धाम होने के कारण यह तीर्थ-स्थान तो था ही, राष्ट्रपिता महात्मा गांधी की जन्मभूमि होने के कारण यह राष्ट्रीय तीर्थ भी बन गया है। गांधीजी के जन्मस्थान पर 'कीर्तिमंदिर' के नाम से बड़ा आकर्षक स्मारक बनाया गया है।

सुदामा मंदिर में सुदामा और उनकी पत्नी की मूर्तियां हैं। पास ही जगन्नाथ का एक छोटा-सा मंदिर भी है।

पौंड्रक वासुदेव

पुंड्रदेश (बिहार का एक भाग) का राजा जो वसुदेव का पुत्र था। यह जरासंध का मित्र था और स्वयं को ही कृष्ण मानता था। सदा कृष्ण जैसा वेश बनाए रहता और 'वासुदेव' तथा 'पुरुषोत्तम' नाम से अपनी प्रसिद्धि कराता। यह द्रौपदी के स्वयंवर में भी उपस्थित था। अपने अहंकार में इसने श्रीकृष्ण को संदेश भेजा कि या तो अपना वेश छोड़ दो, या फिर युद्ध के लिए तैयार हो जाओ। इस पर श्रीकृष्ण ने आक्रमण करके पौंड्रक का और उसके सहायक काशिराज का वध कर डाला। एक अन्य उल्लेख के अनुसार इसने द्वारका पर आक्रमण किया और वहीं मारा गया। मथुरा पर आक्रमण में यह जरासंध का साथी था।

पौरव

1. पर्वतीय प्रदेश का एक राजा जिसे युधिष्ठिर के राजसूय यज्ञ के समय अर्जुन ने पराजित किया था। महाभारत युद्ध में इसने दुर्योधन का साथ दिया। युद्धक्षेत्र में अभिमन्यु ने इसे बाल पकड़कर घसीटा था।
2. पुरुवंश का एक दानवीर राजा जिसके चरित्र का नारद ने भी वर्णन किया।
3. विश्वामित्र के पुत्रों में से एक का नाम जो स्वयं भी ऋषि था।

पौष्टिक

ऐसे धार्मिक कार्य जो जीवम की पुष्टि और दीर्घायु के लिए किए जाते हैं। इन कार्यों को दो भागों में बांटा गया है—पौष्टिक और शांतिक। होम, यज्ञ आदि कृत्य जो दीर्घायु की प्राप्ति के उद्देश्य से किए जाते हैं पौष्टिक कहलाते हैं। जो होम, यज्ञ आदि दुष्ट ग्रहों के प्रभाव को दूर करने आदि के लिए किए जाते हैं वे शांतिक कहलाते हैं।

प्रचेता

1. यह पृथु के प्रपौत्र और प्राचीन वर्हिषद् प्रजापति और समुद्र की पुत्री सवर्णा के दस पुत्रों का सामूहिक नाम है। इन्होंने समुद्र के जल में रहकर दस हजार वर्षों तक तपस्या की। उस समय पृथ्वी वनों से ढकी हुई थी। तपस्या पूरी होने पर विष्णु के दर्शन करके ये बाहर आए और अपनी श्वासों से वृक्षों को नष्ट करने लगे। तब वृक्षों के अधिपति सोम ने इन्हें रोका और वृक्ष-कन्या मारिषा या वार्क्षी का इनके साथ विवाह कर दिया। मारिषा ने प्रचेतसों से दक्ष नामक पुत्र को जन्म दिया जो दक्ष प्रजापति के नाम से विख्यात हुआ। मानव सृष्टि का आरंभ इसी से माना जाता है।

2. एक स्मृतिकार जिसने अशौच और प्रायश्चित् के संबंध में विचार किया।

3. ब्रह्मा की देह से उत्पन्न 16 पुत्रों में से एक का नाम।

प्रजापति

1. संपूर्ण प्रजाओं की सृष्टि करनेवाले एक वैदिक देवता। वेद इन्हें एक सर्वोच्च देवता मानता है जिससे पृथ्वी, आकाश, जल और सभी जीवित प्राणियों की सृष्टि हुई। इन्हें देवों का पिता और विश्वात्मा भी कहा गया है। यही नहीं, अन्न, वायु और आत्मा को भी कहीं-कहीं पर प्रजापति शब्द से निर्दिष्ट किया गया है। इससे प्रकट होता है कि प्राचीन समय में महत्ता सिद्ध करने के लिए भी इस शब्द का प्रयोग होता था। प्रजापति कितने हुए, इस विषय में मतैक्य नहीं है। अलग-अलग जगह इनकी संख्या सात, तेरह, इक्कीस आदि बताई गई है।

प्रजापति ब्रह्मा के पुत्र थे, जिन्हें सृष्टि बढ़ाने का काम सौंपा गया था। एक जगह मरीचि ऋषि के पुत्र कश्यप को प्रजापति कहा गया है, जिसका विवाह दक्ष की कन्याओं से हुआ था।

2. प्रजापति नाम के एक धर्मशास्त्रकार भी हुए हैं। इनके अनुसार विधवा का अपने पति की संपूर्ण संपत्ति पर अधिकार है।

प्रजापत्य

1. आठ प्रकार के विवाहों (दे.) में से एक प्रकार का विवाह। इसमें पति-पत्नी संतान उत्पन्न करने के उद्देश्य से विवाह करते हैं। वे इस बात की प्रतिज्ञा करते हैं कि धर्म, अर्थ और काम में अपनी बात दूसरे पर नहीं लादेंगे।

2. एक यज्ञ जो प्रजा की उत्पत्ति के लिए किया जाता है।

प्रणव

पवित्र घोष अथवा शब्द जिसका प्रतीक पवित्र 'ऊं' अक्षर है। यह शब्द ब्रह्म का

बोधक है। ब्रह्म से ही विश्व उत्पन्न होता है, ब्रह्म में ही स्थित रहता है और अंत में ब्रह्म में ही लय भी हो जाता है। इस प्रकार 'ओ३म्' संपूर्ण विश्व की अभिव्यक्ति, स्थिति और प्रलय का द्योतक है। इसे अत्यंत पवित्र और मंगलकारी माना जाता है। इसलिए मांगलिक कार्यों के आरंभ और समाप्ति पर इसका उच्चारण किया जाता है और इसे अंकित भी करते हैं।

प्रणववाद

इस सिद्धांत में शब्द या नाद को ही ब्रह्म अथवा अंतिम तत्व मानकर उसकी उपासना की जाती है। यह अति प्राचीन प्रणाली है और इसका मूल वेदमंत्रों में विद्यमान है। इसे पहले 'स्फोटवाद' कहते थे। छठी शताब्दी के लगभग सिद्धयोगी भर्तृहरि ने शब्द की उपासना पर जोर दिया। सभी योग-साधक किसी न किसी रूप में शब्द की उपासना करते हैं।

प्रतर्दन

काशी जनपद का एक राजा जो काशिराज दिवोदास का पुत्र था। यह बड़ा पराक्रमी था। हैहय वंश के राजाओं के साम्राज्य-विस्तार के कारण दिवोदास को काशी का राज्य छोड़कर भाग जाना पड़ा था। बाद में प्रतर्दन ने हैहय राजाओं को परास्त करके अपना राज्य वापस ले लिया।

यह बड़ा दयालु और भक्त भी था। अपने पितामह ययाति को इसने अपना पुण्य देकर स्वर्ग भेजा। एक बार प्रतर्दन नारद के साथ रथ में बैठकर जा रहा था तो एक ब्राह्मण ने रथ के घोड़ों की मांग की। प्रतर्दन ने घोड़े दान में दे दिए और स्वयं नारद का रथ खींचने लगा। तत्वज्ञानी के रूप में भी इसका उल्लेख मिलता है। इसने तत्वज्ञान के विषय में इंद्र से चर्चा की थी।

प्रतापसिंह, राणा

मेवाड़ के राणा प्रतापसिंह राणा उदयसिंह के पुत्र थे। इन्होंने 1572 से 1597 ई. तक शासन किया। राणा प्रताप बड़े शूरवीर और देशभक्त थे। राजपूतों में यही एक ऐसे वीर थे जिन्होंने देश की रक्षा के लिए मुसलमानों की सेना से युद्ध किया। इन्होंने अकबर की अधीनता स्वीकार करने से इनकार कर दिया। इस पर अकबर ने राजा मानसिंह और आसफखां के नेतृत्व में विशाल सेना भेजकर इन पर आक्रमण कर दिया। हल्दी घाटी में भयंकर युद्ध हुआ। यद्यपि राणा विजयी न हो सके, फिर भी उन्होंने अधीनता स्वीकार न की। वे वन-वन भटकते रहे, उनके बच्चे कंद-मूल पर गुजर करते रहे, पर उन्होंने अपना संग्राम

मृत्यु के समय (19 जनवरी, 1597 ई.) तक जारी रखा और अंत समय में कुछ किले वापस भी छीन लिए थे। परंतु बाद में राणा के पुत्र अमरसिंह ने जहांगीर की अधीनता स्वीकार कर ली।

प्रतिकामी

दुर्योधन के सारथी का नाम। दुर्योधन ने युधिष्ठिर द्वारा द्यूत में हार जाने पर द्रौपदी को सभा में लाने के लिए पहले इसे ही भेजा था। द्रौपदी के आने से इनकार करने पर यह लौट आया। भीम के डर से इसने दूसरी बार जाने का साहस नहीं किया।

प्रतिमा

सामान्यतः किसी वस्तु, व्यक्ति या पशु-पक्षी की अनुकृति को प्रतिमा कहते हैं। किंतु भारत में भक्ति-भावना सहित किसी देवता विशेष का मूर्ति अथवा प्रतिकृति प्रतिमा कहलाती है। प्रतिमा का निर्माण मूर्ति-पूजा की भावना के विकास से हुआ।

आरंभ में लोग वृक्ष, पर्वत या नदी की पूजा करते थे। क्रमशः सर्वशक्तिमान देवताओं की कल्पना की जाने लगी। इस निराकार शक्ति का योगी तो ध्यान लगा लेते, परंतु सभी लोग योगी, ज्ञानी या ध्यानी नहीं हो सकते। इसलिए उनकी भावनाओं को स्थिर करने के उद्देश्य से प्रतिमाएं अथवा मूर्तियां अस्तित्व में आईं। मंदिरों का निर्माण हुआ और गर्भगृह में प्रधान देवों की प्रतिमा के साथ-साथ भित्तियों पर देव-परिवार के अन्य सदस्यों की प्रतिमाएं भी स्थान पाने लगीं। क्रमशः प्रतिमा-विज्ञान विकसित होता गया। वस्तु और स्थानों के अनुसार प्रतिमाओं के अनेक भेद हो गए। देवी महात्म्य में आठ प्रकार की प्रतिमाएं बताई गई हैं—शिला, मृत्तिका, धातु, रत्न, काष्ठ, बालुका, चित्रलेखन और मनोमय। स्थानानुसार इनका वर्गीकरण गंधार, मथुरा, उड़ीसा, बंगाल, मध्यभारत, दक्षिण आदि से होता है। भावानुसार इनकी कल्पना शांत, अशांत और सौम्य के अनुसार की जाती है।

प्रतिविंध्य

युधिष्ठिर के पुत्र का नाम जो द्रौपदी के गर्भ से उत्पन्न हुआ था। जन्म के समय यह विंध्य पर्वत के समान अचल दिखाई पड़ा था। इसने महाभारत युद्ध में भाग लिया और सोते हुए पांडु पुत्रों का जब अश्वत्थामा ने वध किया तो यह भी मारा गया।

प्रतीप

कुरुवंश का एक राजा जिसे कहीं पर दिलीप का और कहीं भीमसेन का पुत्र कहा गया है। वृद्धावस्था तक इसके कोई संतान नहीं हुई। अतः संतति प्राप्ति के लिए यह तप करने लगा। एक दिन गंगा गुणसंपन्न नवयौवना के रूप में प्रकट हुई और इसकी गोद में बैठकर बोली—मुझे पत्नी रूप में स्वीकार करो। इस पर प्रतीप ने कहा, जब मेरा पुत्र उत्पन्न होगा तो तुम उससे विवाह करना। आगे चलकर इसे तीन पुत्र प्राप्त हुए और शांतनु नामक पुत्र का उसी गंगा से विवाह हुआ।

प्रत्यभिज्ञान दर्शन

प्रत्यभिज्ञान का शाब्दिक अर्थ है पहचानना। आत्मा और परमात्मा को ठीक-ठीक पहचानना ही प्रत्यभिज्ञान है। यह दर्शन बहुत कुछ अद्वैत वेदांत से मिलता है। इसे कश्मीर शैव दर्शन भी कहते हैं। यह सारे संसार को शिवमय मानता है। इसके अनुसार शिव ही जगत् के कारण, कार्य, ज्ञाता और ज्ञानस्वरूप सब कुछ हैं। पूजा, पाठ, जप, तप आदि की कोई आवश्यकता नहीं है। केवल इतना ज्ञान पर्याप्त है कि जीव और ईश्वर एक है। इस ज्ञान की प्राप्ति ही मुक्ति है। जिस मनुष्य में ज्ञान और क्रियाशक्ति है, वही परमेश्वर है। दुर्वासा ऋषि इस दर्शन के प्रवर्तक और त्र्यंबक आदि प्रचारक माने जाते हैं।

प्रत्याहार

1. सृष्टि का विघटन या प्रलय। कलयुग के अंत में प्रलय के आरंभ के समय सारी सृष्टि विलीन हो जाती है। जल थल को निगल लेता है। पृथ्वी के सब तत्व एक दूसरे को ढककर परस्पर लीन हो जाते हैं।

2. अष्टांग योग के अंतर्गत एक वहिरंग साधन जिसमें इंद्रियों को उनके विषयों से हटाकर चित्त के समान निरुद्ध करते हैं।

प्रथम स्वतंत्रता संग्राम

1857 ई. में देश के विभिन्न वर्गों के लोगों और भारतीय सेना की कुछ टुकड़ियों ने अंग्रेजों के विरुद्ध जो सशस्त्र संघर्ष किया, वह देश का प्रथम स्वतंत्रता संग्राम था। इसके कई कारण थे। दासता की टीस तो थी ही, भारतीयों के साथ भेद-भाव, देशी रियासतों को हड़प लेना, ईसाई मिशनरियों का धार्मिक मामलों में हस्तक्षेप, अंग्रेज अधिकारियों का अधीनस्थ लोगों के साथ दुर्व्यवहार तथा बेरोजगारी सभी कुछ इसके मूल में थे।

पहला विस्फोट 28 मार्च, 1857 ई. को बैरकपुर छावनी में हुआ। वहां

बलिया के मंगल पांडे नामक एक सिपाही ने दिन-दहाड़े अंग्रेज पदाधिकारी को गोली मार दी। दूसरा विस्फोट 10 मई, 1857 ई. को मेरठ छावनी में हुआ। सैनिकों ने मेरठ के बाद दिल्ली पर कब्जा कर लिया। अगले दो महीनों में राजस्थान, मध्य प्रदेश और बिहार के कुछ स्थानों, उत्तर प्रदेश में बरेली, लखनऊ, वाराणसी, कानपुर, झांसी के सिपाही तथा अवध और रूहेलखंड की जनता उठ खड़ी हुई। रानी लक्ष्मीबाई, नाना साहब पेशवा, तांत्या टोपे, बेगम हजरत महल, बिहार के बाबू कुंवरसिंह आदि इस संघर्ष के प्रमुख नेता थे। संगठित प्रयत्न न होने और पूरी तैयारी के अभाव में उस समय इसमें सफलता नहीं मिल सकी। अंग्रेजों ने भयंकर दमन करके इसे दबा दिया। किंतु इससे उत्पन्न भावना बढ़ती गई। उसी ने आगे चलकर कांग्रेस का रूप लिया और अंत में अंग्रेजों को यहां से जाना पड़ा।

प्रदक्षिणा

इष्टदेव की मूर्ति या किसी पवित्र स्थान को अपनी दाहिनी ओर रखकर घूमना प्रदक्षिणा कहलाता है। यह षोडशोपचार पूजन की एक महत्वपूर्ण धार्मिक क्रिया है। प्रदक्षिणा विशेषतः मंदिरों में की जाती है। काशी, मथुरा, अयोध्या, प्रयाग, चित्रकूट आदि में स्थायी मार्ग हैं जिनसे होकर प्रदक्षिणा करने में देव मंदिर दाहिने हाथ की ओर पड़ते हैं। प्रदक्षिणा का प्रचलन वैदिककाल से ही मिलता है। यह सम्मान प्रदर्शन का कार्य समझा जाता था। ब्राह्मण ग्रंथों में मंडप की परिक्रमा करने का उल्लेख मिलता है। गृह-निर्माण स्थल के चारों ओर जल छिड़ककर घूमने का विधान है। मनु ने विवाह के समय वर-वधू द्वारा अग्नि की प्रदक्षिणा अनिवार्य बताई है। अनुमान किया जाता है कि सूर्य की निरंतर उदय और अस्त होने की स्थिति से प्राचीनकाल में प्रदक्षिणा की प्रेरणा ली गई होगी।

प्रदूषण

प्रदूषण का अर्थ है मनुष्य द्वारा विभिन्न प्रकार से अपने चारों ओर के वातावरण को दूषित करना। वातावरण को दूषित करने में सबसे बड़ा हाथ उद्योगों से निकलनेवाले कचरे का है। पहले यह माना जाता था कि मनुष्य जितना भी कचरा फेंके प्राकृतिक वातावरण पर उसका दुष्प्रभाव नहीं पड़ेगा। पर अब यह अनुभव किया जाने लगा है कि मानव निर्मित प्रदूषण की मात्रा और विषाक्तता को हजम करने की ताकत अब प्रकृति में नहीं रह गई।

मनुष्य पानी और हवा को सर्वाधिक दूषित कर रहा है और ये दोनों अपने मूल रूप में स्वच्छ और जीवन के लिए अनिवार्य हैं। इनके दूषित हो जाने से विशेषतः औद्योगिक क्षेत्रों में भयंकर संकट उपस्थित हो गया है। नदियां विषाक्त हो चुकी हैं। भूमिखंड वनस्पति और प्राणिशून्य होते जा रहे हैं।

वायु प्रदूषण धुआं, धूल और अनेक जहरीली गैसों से होता है। अकेले ब्रिटेन में उद्योगों से प्रतिवर्ष आठ लाख टन धूल-कण आदि हवा में मिलते हैं। गैसों के रूप में होनेवाले प्रदूषण की कोई माप ही नहीं है। इससे वर्षा का पानी तक स्वच्छ नहीं रह जाता। यही पानी जब किसानों के खेतों से होकर नदियों में जाता है तो अपने साथ उर्वरक और कीटनाशक दवाओं को भी बहा ले जाता है। यह और उद्योगों का छोड़ा हुआ गंदा पानी तथा शहरों की गंदी नालियां नदी के पानी को और भी दूषित कर देते हैं। इससे अनेक प्रकार के रोगों का जन्म होता है।

विभिन्न देशों का इस खतरे की ओर ध्यान गया है। परंतु उद्योगों के कचरे को तथा उड़नेवाले दूषित धूल-कणों और गैसों को रोकने की कम खर्चीली प्रणाली अभी विकसित नहीं हो पाई है। साथ ही यातायात के साधनों तथा अन्य संचार माध्यमों से होनेवाले शोरगुल ने ध्वनि प्रदूषण की एक नई समस्या उत्पन्न कर दी है।

प्रदोषव्रत

एकादशी की भांति प्रदोषव्रत भी मास में दो बार पड़ता है—कृष्ण और शुक्ल पक्ष में। यह त्रयोदशी को आता है। इस दिन दिनभर व्रत रखकर संध्या समय दो घड़ी बीतने पर शिव का पूजन करके तब भोजन करने का विधान है। एकादशी विष्णु का व्रत है और प्रदोष शिव का। इसे स्त्री-पुरुष दोनों कर सकते हैं। यह व्रत शिव की प्रसन्नता के लिए और पुत्र प्राप्ति के लिए किया जाता है। कृष्ण पक्ष में सोमवार को और शुक्ल पक्ष में शनिवार को प्रदोष पड़े तो वह विशेष फलदायी माना जाता है।

प्रद्युम्न

1. श्रीकृष्ण के पुत्र जो रुक्मिणी के गर्भ से उत्पन्न हुए थे और कामदेव के अवतार माने जाते हैं। कहते हैं, कामदेव या मदन ने शंबरासुर का वध करने के लिए रुक्मिणी के गर्भ से जन्म लिया क्योंकि मदन की मृत्यु पर शंबरासुर उसकी पत्नी रति को भगा लाया था।

मदन के जन्म लेने पर शंबरासुर शिशु को ले भागा और उसे समुद्र में फेंक दिया। वहां मछली ने उसे निगल लिया। मछुवारे ने मछली पकड़कर शंबरासुर को भेंट कर दी। मछली का पेट चीरने पर जब दिव्य रूप का बालक निकला तो असुर की पत्नी मायावती को—जो रति ही थी—आश्चर्य हुआ। उसी समय घूमते हुए नारद वहां पहुंचे। उन्होंने पूर्वजन्म की सब बातें मायावती को बता दीं। मायावती ने बड़ी लगन से बालक को पाला। बड़े होने पर प्रद्युम्न ने शंबरासुर का वध किया और मायावती को लेकर द्वारका चले गए। मायावती के अतिरिक्त

इनकी शुभागी और प्रभावती नाम की दो अन्य पत्नियां भी थीं। इनका पुत्र अनिरुद्ध (दे.) शुभागी से पैदा हुआ था।

प्रद्युम्न ने युधिष्ठिर के अश्वमेध यज्ञ में बड़ी सहायता की थी। यादवों के गृह-युद्ध में इनका भी अंत हो गया।

2. मनु के एक पुत्र का नाम।

3. वैष्णवों में चतुर्व्यूहात्मक विष्णु के एक अंश का नाम।

प्रद्योत

एक राजा जिसने प्रद्योत राजवंश की स्थापना की। इसका पिता राजा रिपुंजय का महामात्य था। उसने रिपुंजय का वध करके अपने पुत्र प्रद्योत को राजगद्दी पर बैठा दिया। प्रद्योत के पिता की म्लेच्छों ने हत्या कर दी थी। इसका बदला लेने के लिए प्रद्योत ने सोलह मील लंबा यज्ञकुंड बनाकर 'म्लेच्छ यज्ञ' आरंभ किया और अनेक म्लेच्छ जातियों को भस्म कर डाला। (संभवत: उन्हें युद्ध में पराजित किया होगा)।

प्रद्योत राजवंश में कुल पांच राजा हुए। इस वंश ने 745 से 690 ई. पूर्व तक शासन किया।

प्रद्वेषी

दीर्घतमा ऋषि की पत्नी और गौतम आदि ऋषियों की माता। यह अपने बूढ़े और अंधे पति दीर्घतमा को छोड़ना चाहती थी। दीर्घतमा ने इसे एक पतिव्रत धर्म का उपदेश दिया, किंतु प्रद्वेषी पर उसका कोई प्रभाव नहीं पड़ा। उसने अपने पुत्रों की सहायता से ऋषि को उठाकर नदी में डाल दिया।

प्रधानमंत्री

भारत के संविधान के अनुसार प्रधानमंत्री की नियुक्ति राष्ट्रपति करते हैं और अन्य मंत्रियों को वे प्रधानमंत्री के परामर्श पर नियुक्त करते हैं। 1937 ई. में प्रांतों में जो सरकारें बनीं उनके प्रमुख को प्रधानमंत्री या प्रीमियर कहते थे। संविधान के अनुसार अब प्रदेश में 'मुख्यमंत्री' होते हैं और केंद्र में प्रधानमंत्री। यद्यपि संविधान राष्ट्रपति के तत्संबंधी अधिकारों के विषय में मौन है फिर भी परंपरानुसार लोकसभा में बहुमत दल के नेता को ही प्रधानमंत्री बनाया जाता है। प्रधानमंत्री कार्यपालिका का प्रमुख और मंत्रिपरिषद का अध्यक्ष होता है। वही राष्ट्रपति को परामर्श देता है। मंत्रियों के कार्यों में संयोजन भी प्रधानमंत्री का ही दायित्व है। प्रधानमंत्री का विश्वासपात्र रहने तक ही कोई व्यक्ति मंत्री बना रह सकता है। लोकसभा में बहुमत रहने तक प्रधानमंत्री पदासीन रहता है।

प्रपत्तिमार्ग

यह भक्ति मार्ग का एक विकसित रूप है। इसका प्रादुर्भाव तेरहवीं शताब्दी में दक्षिण भारत में हुआ। भक्ति का अर्थ है देवता के प्रति तल्लीनता। किंतु इस तल्लीनता में क्रियात्मक प्रेम रहता है। लेकिन प्रपत्तिमार्ग निष्क्रिय और संपूर्ण आत्मसमर्पण का मार्ग है। प्रपत्तिमार्ग अपनानेवाले को 'प्रपन्न' अथवा शरणागत कहते हैं। इस मार्ग के अनुयायियों के अनुसार ईश्वर ने अपनी करुणा से प्रपत्ति का मार्ग प्रकट किया है जिसमें किसी जाति, वर्ण अथवा वंश का विचार किए बिना विशेष प्रयास के आत्म-समर्पण किया जा सकता है। कालांतर में इस विचार-धारा का प्रभाव उत्तर भारत में भी हुआ।

प्रफुल्लचंद्र राय

प्रसिद्ध वैज्ञानिक प्रफुल्लचंद्र राय का जन्म 2 अगस्त, 1861 ई. को बंगाल के खुलना जिले में हुआ था। आपने विदेश में विज्ञान की उच्च शिक्षा पाई और अध्यापन के साथ-साथ वैज्ञानिक शोध का कार्य भी करते रहे। डॉ. राय की धारणा थी कि जब तक हम सब चीजों के लिए विदेशों पर आश्रित रहेंगे, देश आगे नहीं बढ़ सकता। इसके लिए उन्होंने मात्र 800 रु. की अल्प पूंजी से 'बंगाल केमिकल्स' की स्थापना की।

डॉ० राय का जीवन बड़ा ही सादा था। वे अपने वेतन का अधिकांश गरज-मंद छात्रों को दे दिया करते थे। राजनीति में भाग न लेते हुए भी आप स्वदेशी के प्रबल समर्थक थे। डॉ० राय का 16 जन 1944 ई. को देहांत हो गया।

प्रभंजन

मणिपुर का एक राजा जिसके वंश में आगे चलकर चित्रवाहन पैदा हुआ। प्रभंजन ने संतान प्राप्ति के लिए शिव की आराधना की थी। शिव ने उसे वर दिया कि तुम्हारे वंश में कोई निःसंतान नहीं होगा। हां, प्रत्येक के केवल एक संतान होगी अधिक नहीं।

चित्रवाहन तक यह क्रम चलता रहा। चित्रवाहन के चित्रांगदा नामक कन्या पैदा हुई। उसने कन्या का अर्जुन के साथ विवाह किया। इस विवाह से उत्पन्न पुत्र बभ्रुवाहन (दे.) को चित्रवाहन ने मणिपुर राज्य का उत्तराधिकारी बनाया।

प्रभा

1. सूर्य की तीन पत्नियों में से एक। दो अन्य पत्नियां थीं—संज्ञा, राज्ञी। प्रभा का पुत्र प्रभात था। यह सूर्य को छोड़कर सोम के पास चली गयी थी।

2. राजा सगर की एक पत्नी जिसका नाम सुमति भी था। इसी ने सगर के साठ

हजार पुत्रों को जन्म दिया था। अलकापुरी की एक अप्सरा का नाम भी प्रभा था।

प्रभाकर

1. अत्रिकुल के एक ऋषि। इनका विवाह पुरुवंशीय भद्राश्व की घृताची नामक अप्सरा से उत्पन्न दस कन्याओं से हुआ था। अपने ज्ञान और योग्यता के कारण ये अत्रिकुल के गौरव माने जाते थे। एकबार इन्होंने सूर्य की रक्षा की। राहु से ग्रसित सूर्य जब पृथ्वी पर गिरनेवाला था और सारा संसार अंधकार में डूब जाता, प्रभाकर ने अपने मंत्रबल से सूर्य को गिरने से बचा दिया और संसार में पुनः प्रकाश फैल गया।

2. प्रभा का पति होने के कारण सूर्य का एक नाम।

3. सातवीं-आठवीं शताब्दी में उत्पन्न पूर्व-मीमांसा के एक प्रसिद्ध विद्वान् जो कुमारिल के समकालीन माने जाते हैं।

प्रभाकरवर्धन

छठी शताब्दी के अंत समय का थानेश्वर का राजा। यह पुष्यभूति वंश का था। इसने मालवों, पंजाब के हूणों और गुर्जरों के साथ हुए युद्धों में काफी ख्याति पाई। इसकी पुत्री राजश्री (दे.) का विवाह कन्नौज के मौखरि राजा ग्रहवर्मा के साथ हुआ था। प्रभाकर की 604 ई. में मृत्यु हो गई और उसका पुत्र राजवर्धन गद्दी पर बैठा।

प्रभास

गुजरात के पश्चिम में समुद्रतट पर स्थित एक प्रसिद्ध तीर्थक्षेत्र। जिसके अंतर्गत द्वारका और सोमनाथ भी आते हैं। सरस्वती के तट का यह क्षेत्र प्राचीन काल से ही पवित्र माना जाता है। यहां श्रीकृष्ण का निवास-स्थान था। यहीं उनका स्वर्गारोहण भी हुआ। दक्ष के शाप से क्षय हो रहे चन्द्रमा को यहीं तप करने से मुक्ति मिली थी।

यहां सोमनाथ के मंदिर के अतिरिक्त अहिल्याबाई का मंदिर, महाकाली, भद्रकाली के मंदिर तथा प्राची त्रिवेणी नामक प्रसिद्ध तीर्थस्थल हैं। यदुवंशी इसी क्षेत्र में लड़कर मरे थे। श्रीकृष्ण के स्वर्गारोहण के बाद द्वारका (दे.) सहित यह पूरा क्षेत्र समुद्र में विलीन हो गया। आधुनिक वैज्ञानिक खोजों से प्राचीन द्वारका के अनेक अवशेष समुद्र के अंदर से प्राप्त हुए हैं।

प्रमिला

अर्जुन की पत्नी। यह पहले हिमालय क्षेत्र के एक स्त्री-राज्य की स्वामिनी थी।

महाभारत के बाद पांडवों के अश्वमेध का घोड़ा इसने पकड़ लिया। घोड़े की रक्षा के लिए अर्जुन से इसका युद्ध हुआ और अर्जुन इसे पराजित न कर सके। इतने में अर्जुन के लिए आकाशवाणी हुई कि तुम प्रमिला को जीत न सकोगे। अतः उससे संधि और विवाह कर लो। तदनुसार अर्जुन ने प्रमिला से विवाह किया और घोड़ा छुड़ाया।

प्रमेय

दर्शनशास्त्र में जो प्रमाणित किया जाए उसे प्रमेय कहते हैं—1. आत्मा (सब वस्तुओं को देखने, भोगने और अनुभव करनेवाला), 2. शरीर (भोगों का आधार), 3. इन्द्रियां (भोगों के साधन), 4. अर्थ (भोग की वस्तु), 5. मन (भोग का माध्यम), 6. बुद्धि (सब वस्तुओं का ज्ञान करानेवाला अन्तःकरण), 7. प्रवृत्ति (मन-वचन और शरीर का व्यापार), 8. दोष (जिसके द्वारा अच्छे या बुरे कामों में प्रवृत्ति होती है), 9. प्रेत्यभाव (पुनर्जन्म), 10. फल (सुख-दुख का अनुभव), 10. दुःख (पीड़ा या क्लेश), 12. अपवर्ग (दुःख से निवृत्ति अथवा मुक्ति)।

प्रयाग

यह समस्त तीर्थों का अधिपति माना जाता है। इसे तीर्थराज कहते हैं। महाभारत और पुराणों में इसकी महिमा का बखान है। अगणित यज्ञों की भूमि होने से इसका नाम 'प्रयाग' पड़ा। समुद्रमंथन से निकली अमृत की कुछ बूंदें यहां पर गिरने से इसका महत्व और भी बढ़ गया। इसी उपलक्ष्य में यहां प्रति बारहवें वर्ष संसार का सबसे बड़ा कुंभ-मेला लगता है। सम्राट् हर्षवर्धन प्रयाग आकर अपनी सारी संपत्ति दान में दे दिया करते थे।

यहां गंगा, यमुना और अदृश्य सरस्वती का संगम होता है। इस त्रिवेणी संगम पर स्नान का बड़ा महत्व है। त्रिवेणी पर पक्के घाट नहीं हैं। मुंडन यहां का मुख्य कर्म हैं। महर्षि भरद्वाज का आश्रम किसी समय यहीं गंगा के किनारे था। वनवास के समय राम, लक्ष्मण और सीता यहीं से होकर चित्रकूट गए थे। अक्षयवट, मनकामेश्वर, लेटे हनुमान की मूर्ति, प्रतिष्ठानपुर (झूसी) जो चंद्रवंशी राजा पुरुरवा की राजधानी थी, यहां के प्रमुख आकर्षण है। नवनिर्मित 'श्रीशंकर विमान मंडप' भी यात्रियों को आकृष्ट करता है। (दे. इलाहाबाद)।

प्रलंब

1. एक असुर जो कंस का मित्र था। कृष्ण को मारने के लिए कंस ने इसे गोकुल भेजा। वहां कृष्ण और बलराम गोपों के साथ खेल रहे थे। प्रलंब भी गोप बनकर उनमें मिल गया। खेल का नियम था कि पराजित होनेवाला विजयी को कंधे पर

बैठाएगा। कृष्ण का सामना करने का साहस प्रलंब को नहीं हुआ, पर बलराम से हार कर यह उन्हें ले भागा। बलराम इसका उद्देश्य समझ गए। उन्होंने अपना शरीर भारी करके इसके सिर पर प्रहार किया और इसे मार डाला।

2. देवासुर संग्राम में राक्षस पक्ष का एक सेनापति जो कश्यप पुत्र दनु के पुत्रों में से एक असुर था।

प्रलय

प्रलय का सबसे पहला संदर्भ शतपथ ब्राह्मण में मिलता है। महाभारत और पुराणों में अनेक प्रकार से इसका उल्लेख आया है। प्रलय चार प्रकार के बताए गए हैं—नैमित्तिक, प्राकृतिक, आत्यंतिक और नित्य। विष्णु पुराण के अनुसार ब्रह्मा के जागे रहने पर संसार की सभी क्रियाएं चलती रहती हैं। जब वे सो जाते हैं तो प्रलय हो जाता है। न्यायिकों ने दो प्रकार के प्रलय बताए हैं—खंडप्रलय और महाप्रलय। 'भावार्थ रामायण' इन्हें पांच प्रकार का बताता है—नित्य प्रलय, मरण प्रलय, दैनिन्दिन प्रलय, ब्रह्म प्रलय और आत्यंतिक प्रलय। विष्णु पुराण कहता है—प्रलय के समय ब्रह्मा, विष्णु के साथ योग-निद्रा में रहते हैं। किन्तु इस प्रलय में भी कुछ योगीगण अपने को जीवित रखते हैं और उनके चिन्तन से जाग कर ब्रह्मा पुनः सृष्टि की रचना आरंभ करते हैं।

प्रलय के साथ सृष्टि के जलप्लावन की कथा भी जुड़ी हुई है। महाभारत के अनुसार राजा सुव्रत को मत्स्यरूपी भगवान से जलप्लावन की पूर्व सूचना मिल गई थी और उन्होंने वासुकी नाग की रस्सी द्वारा इस मत्स्य भगवान की सींग से अपनी नाव बांध दी। वही नाव कालांतर में हिमालय से जा लगी और नई सृष्टि आरंभ हुई। मत्स्य, वराह, कूर्म आदि अवतारों की कथा भी प्रलय के प्रसंग से जुड़ी हुई है।

प्रवहण जैवलि

दर्शनशास्त्रों में प्रवीण पांचाल देश का एक राजा जिसने सर्वप्रथम ब्राह्मणों को ब्रह्मविद्या की शिक्षा दी। एकबार इसके द्वारा आयोजित तत्वपरिषद् में श्वेतकेतु भी उपस्थित थे। किन्तु वे राजा के प्रश्नों का उत्तर न दे सके। श्वेतकेतु ने जब घर जाकर अपने पिता उद्दालक से उन प्रश्नों का उत्तर पूछा तो वे भी कुछ न बता पाए। इस पर पिता-पुत्र दोनों राजा प्रवहण के पास गए और उनसे दीक्षा ली।

प्रवीर

1. एक पुरुवंशी राजा जो जेष्ठ भ्राता के अयोग्य होने के कारण गद्दी पर बैठा। इसने तीन अश्वमेध यज्ञ किए और अंत में वानप्रस्थी हो गया।

2. काशी नगर का एक चांडाल जिसने राजा हरिश्चंद्र को खरीदा था। इसका एक नाम वीरबाहु भी मिलता है।

प्रव्रज्या

संन्यास या भिक्षु धर्म को ग्रहण करना प्रव्रज्या कहलाता है। संन्यास ग्रहण करने की विधि को भी प्रव्रज्या कहते हैं। महाभारत से पहले मोक्ष प्राप्ति के लिए इस मार्ग का द्वार सभी वर्णों के लिए खुला था। बाद में ब्राह्मण और तीन आश्रमों के बाद चौथे आश्रम में प्रवेश करनेवाले लोग ही वैदिक प्रव्रज्या के अधिकारी माने जाने लगे। किन्तु बौद्ध और जैन धर्म में यह बहुत सरल कर दी गई थी। इसलिए अनेक अपात्र भी प्रव्रज्या पाने में सफल हो जाते थे।

प्रशास्ता

वैदिक यज्ञ का एक पुरोहित जो सोमयज्ञ में मुख्य पुरोहित होता था और सामगान में सहायता करता था। उसका एक मुख्य कार्य दूसरे पुरोहितों को निर्देश देना भी था। वह अधिकांशतः मित्र और वरुण की स्तुतियों का गान करता था। इसलिए उसे 'मित्रावरुण' भी कहते थे।

प्रश्नोपनिषद्

इस उपनिषद् के रचयिता पिप्पलादि ऋषि थे। उनके छः शिष्यों ने गुरु से एक-एक प्रश्न किया। गुरु ने उन छः प्रश्नों के विस्तार से जो उत्तर दिए वही इस उपनिषद् में वर्णित हैं। ये प्रश्न प्राण और उनसे सृष्टि की उत्पत्ति, प्राण के स्वरूप का निरूपण, प्राण का मृत्य के उपरांत विभिन्न लोकों में जाना, स्वप्नावस्था में प्राण का जागृत रहना, ब्रह्म की एकनिष्ठ उपासना और इसी शरीर में मनुष्य के हृदय में ईश्वर के निवास जैसे अपरा और पराविद्या से संबंधित हैं।

अथर्ववेद के इस उपनिषद् की भाषा से प्रतीत होता है कि इसकी रचना के समय लौकिक संस्कृत भाषा का प्रचलन हो चुका था। आगे चलकर शंकराचार्य सहित अनेक आचार्यों ने इस पर भाष्य और टीकाएं लिखीं।

प्रसाद

1. कर्म सिद्धांत में यह माना जाता है कि अच्छे और बुरे कर्मों का फल भोगना पड़ता है। भक्तिमार्ग के अनुसार भगवान् की भक्ति और कृपा के कारण भक्त के पापों का क्षय हो जाता है। इस प्रकार प्रसाद का अर्थ है भक्त के ऊपर भगवान् की कृपा। वीर शैव मत में शिव को प्राप्त करने के लिए इन छः अवस्थाओं से होकर जाना पड़ता है—भक्ति, महेश, प्रसाद, प्राणलिंग, शरण और ऐक्य।

2. पूजा में देवताओं को जो नैवेद्य अर्पित किया जाता है, उसे भी प्रसाद कहते हैं। इस प्रसाद को भक्त बड़े श्रद्धाभाव से ग्रहण करते हैं।

3. हिन्दी कविता में छायावाद युग के प्रवर्तक कवियों में अग्रण्य महाकवि जयशंकर प्रसाद संक्षेप में 'प्रसाद' नाम से जाने जाते हैं।

प्रसूति

स्वयंभुव मनु की पुत्री जो शतरूपा के गर्भ से उत्पन्न हुई थी। इसका विवाह प्रजापति दक्ष के साथ हुआ था। यह युगल अनेक देवताओं का पूर्वज कहलाता है।

प्रसेनजित

1. एक यादव राजा जिसके पिता का नाम निम्न था। इसके पास स्यमंतक मणि थी जिससे निरंतर धनराशि झरती थी। एक बार यह मणि धारण करके शिकार के लिए वन में गया। वहां सिंह ने इसे मारकर मणि ले ली। मार्ग में सिंह को जामवान ने मार डाला और मणि स्वयं ले ली। प्रसेनजित के शिकार से न आने पर उसका भाई सत्राजित चिंतित हुआ और उसने श्रीकृष्ण पर मणि की चोरी लगाई। इस कलंक को धोने के लिए श्रीकृष्ण वन में गए। वहां उनका जामवान से सामना हुआ। जामवान ने अपनी पुत्री जामवंती का विवाह श्रीकृष्ण के साथ कर दिया और मणि भी उन्हें दे दी। इस प्रकार कृष्ण मणि की चोरी के कलंक से मुक्त हुए।

2. कोसल देश का राजा और बौद्ध धर्म का उपासक जो गौतम बुद्ध और महावीर का समकालीन था। इसकी बहिन का विवाह मगध नरेश बिम्बसार से और बिम्बसार की बहिन का विवाह इसके साथ हुआ था। बिम्बसार के पुत्र अजातशत्रु ने अपने पिता का वध करके स्वयं राजगद्दी पर अधिकार कर लिया और प्रसेनजित से भी युद्ध किया। जातक ग्रंथों के अनुसार इसनें अजातशत्रु को बंदी बना लिया था, किंतु बाद में अपनी बहिन बजरा का उससे विवाह कर दिया। एक अन्य विवरण के अनुसार अजातशत्रु ने इसके राज्य का कुछ भाग छीन लिया था। कुछ समय बाद प्रसेनजित की मृत्यु हो जाने पर कोसल की अवनति आरंभ हो गई।

प्रस्थानत्रयी

उपनिषद्, भगवतगीता और वेदांतसूत्र को प्रस्थानत्रय कहते हैं। ये ग्रंथ तत्व ज्ञान के मूल आधार माने जाते हैं। इन्हें वेदांत के तीन श्रोत भी कहते हैं। बारह उपनिषद् (ईश, केन, कठ, प्रश्न, मुंडक, मांडूक्य, तैत्तिरीय, ऐतरेय, छान्दोग्य, बृहदारण्यक, कौषीतकी और श्वेतश्वर) श्रुति प्रस्थान कहलाते हैं। ब्रह्मसूत्र, जिसे न्याय प्रस्थान कहते हैं, दूसरा प्रस्थान है। गीता-स्मृति यह तीसरा प्रस्थान है।

प्रहस्त

रावण का मामा और मंत्री तथा उसकी सेना का अधिपति जो राम-रावण युद्ध में रावण की सुरक्षा के लिए सदा उसके साथ रहता था। युद्ध के पांचवें दिन नील के हाथों इसका वध हुआ।

प्रह्लाद

हिरण्यकशिपु नामक असुर राजा और कयाधू का पुत्र जो बचपन से ही विष्णु का भक्त था। इसके असुर पिता ने पुत्र की विष्णु-भक्ति छुड़ाने के लिए इसे बहुत प्रताड़ित किया। इसे हाथी से कुचलवाने, सर्प से डंसाने, पर्वत से गिराने, विष पिलाने, गड्ढे में गाड़ने, जलाने, शस्त्र से मारने और समुद्र में डुबाने तक के प्रयत्न किए गए। किंतु प्रह्लाद इन सबमें बच गया। जब वह अपने पिता के व्यवहार से तंग आ गया तो रक्षा के लिए उसने विष्णु से प्रार्थना की। विष्णु ने 'नरसिंह' (दे.) अवतार लेकर हिरण्यकशिपु का वध किया और प्रह्लाद को जीवनदान दिया।

प्रह्लाद को विष्णु ने स्वयं ज्ञानोपदेश दिया और अपने हाथों उसका राज्याभिषेक किया। इंद्र पद पानेवाला यह प्रथम दानव था। देवी नाम की पत्नी से इसे विरोचन नाम का पुत्र और रचना नाम की कन्या प्राप्त हुई।

प्राकृत

भारतीय आर्यभाषा का एक प्राचीन रूप, इसके प्रयोग का समय 500 ई. पू. से 1000 ई. सन् तक माना जाता है। धार्मिक कारणों से जब संस्कृत का महत्व कम होने लगा तो प्राकृत भाषा अधिक व्यवहार में आने लगी। इसके चार रूप विशेषतः उल्लेखनीय हैं। 1. अर्धमागधी प्राकृत—इसमें जैन और बौद्ध साहित्य अधिक है। इसका मुख्य क्षेत्र मगध था। 2. पैशाची प्राकृत—इसका क्षेत्र देश का पश्चिमोत्तर भाग था और विद्वान् कश्मीरी आदि भाषा को इसकी उत्तराधिकारी भाषा मानते हैं। 3. महाराष्ट्री प्राकृत—यह व्यापक रूप से प्रचलित थी और महाराष्ट्र में फैली होने के कारण इस नाम से पहिचानी जाती थी। 4. शौरसेनी प्राकृत—इसका क्षेत्र मथुरा और मध्य प्रदेश का अंचल था। इस भाषा में अनेक ग्रंथ रचे गए जिनमें जैन धर्मग्रंथों की संख्या अधिक है। संस्कृत के प्राचीन नाटकों में भी स्त्री पात्रों और जनसामान्य के संवादों के लिए प्राकृत भाषा का ही प्रयोग हुआ है।

प्रागज्योतिषपुर

असम प्रदेश का एक पुराना राज्य और उसकी राजधानी, यहीं पर आधुनिक गुवाहाटी शहर बसा है। रामायण के अनुसार इसे कुश के पुत्र अमूर्तरज ने बसाया था। भागवत के अनुसार जब श्रीकृष्ण सत्याभामा के साथ यहां आए, भौमासुर या

नरकासुर यहां का राजा था। उसने 16 हजार कन्याओं को बंदी बना रखा था। वह हाथियों की सेना लेकर कृष्ण से युद्ध करने आया और मारा गया। 16 हजार कन्याओं को कृष्ण द्वारका ले गए और उनसे विवाह किया। यहां का राजा भगदत्त महाभारत युद्ध में अर्जुन के हाथों मारा गया। इसे देवी योगीन्द्रा का प्रधान स्थान और लक्ष्मी का निवास भी माना जाता है। गुवाहाटी के निकट ही नीलांचल पर्वत पर कामाख्या (दे.) का प्रसिद्ध शक्तिपीठ है।

प्रागैतिहासिक काल

मनुष्य जाति का लिखित इतिहास बहुत नवीन है। लिखित इतिहास से पहले का काल प्रागैतिहासिक काल कहलाता है। इस समय की मनुष्य की स्थिति के संबंध में खोजों में पाई गई सामग्री की सहायता से अनुमान लगाया जाता है। इसमें गुफाओं के अंदर के चित्र, पत्थर के औजार, जानवरों और मनुष्यों की हड्डियों आदि का उपयोग विशेष रूप से होता है। ऐसे वैज्ञानिक उपकरणों का आविष्कार हो चुका है जो हड्डी के टुकड़े से न केवल पूरी आकृति का अनुमान लगा लेते हैं, वरन उसके समय का भी निर्धारण कर लेते हैं। मानव इतिहास का प्रागैतिहासिक काल तब से माना जाता है, जब मनुष्य ने पत्थरों के औजारों का भी प्रयोग आरंभ नहीं किया था।

प्राचीन कला और वास्तुकला

प्राचीन भारत की कला और वास्तुकला का बड़ा गौरवशाली इतिहास रहा है तथा इसमें समय-समय पर परिवर्तन होते रहे हैं। सिंधुघाटी सभ्यता के अवशेषों से ज्ञात होता है कि उस समय पत्थर और ईंटों से बड़े-बड़े भवन बनते थे। इनमें सार्वजनिक स्नानागार, पानी के निकास की नालियां आदि होती थीं। बाजारों की भी व्यवस्था थी। उस समय की मुद्राएं इसका प्रतीक हैं कि लोग लिपि और तक्षणकला मे भी परिचित थे।

सिंधुघाटी सभ्यता की समाप्ति के बाद पत्थरों का उपयोग नहीं मिलता। मेगस्थनीज (दे.) ने चंद्रगुप्त मौर्य (दे.) के महल की बड़ी प्रशंसा की है जो लकड़ी का बना था। नगर की घेराबंदी भी लकड़ी की शहतीरों से ही की गई थी।

पत्थरों के फिर से उपयोग का उल्लेख चंद्रगुप्त मौर्य के पौत्र अशोक (दे.) के समय से मिलता है। उसके समय में पत्थर के स्तंभ बनाए गए, उन पर सुंदर पालिश हुई और संदेश अंकित किए गए। फाहियान (दे.) के अनुसार अशोक का महल भी पत्थर का बना हुआ था।

पत्थर पर कलातमक कारीगरी के उदाहरण हिंदू, जैन और बौद्ध मंदिरों और मूर्तियों में मिलते हैं। उत्तर भारत में इनमें से अधिकांश विदेशी आक्रमकों ने तोड़

डाले। फिर भी झांसी जिले के देवगढ़, कानपुर जिले के भितर गांव और छतरपुर के खजुराहो के मंदिर तत्कालीन कला के परिचायक हैं। दक्षिण भारत इस विनाश से बच गया था। इसलिए कांजीवरम, तंजौर, तिरुचिरापल्ली, मदुरा, तिरुअनंतपुरम, रामेश्वरम आदि के मंदिरों में तत्कालीन कला के उत्कृष्ट नमूने देखने को मिलते हैं। इनका वाह्य अलंकरण और भीतर की मूर्तियां दोनों ही कला के अनुपम नमूने हैं।

प्राचीन कला का उत्कृष्टतम नमूना ऐलोरा का कैलाश मंदिर है जो ऊपर से नीचे तक एक ही शिलाखंड को तराश कर बनाया गया है। अजंता के चित्र कलाकारों की तूलिका का चमत्कार प्रकट करते हैं। प्राचीन भारतीय कला पूर्वी एशिया में भी पहुंची। कंबोडिया, जावा, बाली आदि के मंदिरों में इसका प्रभाव प्रत्यक्ष दिखाई देता है।

प्राच्य

प्राचीन काल में मध्यदेश के पूर्व में निवास करनेवाले लोग प्राच्य कहलाते थे। ऐतरेय ब्राह्मण के अनुसार इनमें काशी, कोशल, विदेह और मगध सम्मिलित थे।

प्राण

प्राचीन ग्रंथों में जीवन-वायु के पांच प्रकारों का उल्लेख मिलता है—प्राण, अपान, व्यान, उदान और समान। ये पंचप्राण कहलाते हैं। इनके अतिरिक्त प्राणों के पांच प्रकार के और भेदों का उल्लेख मिलता है—नाग, कूर्म, कृकिल, देवदत्त और धनंजय। व्यापक अर्थ में 'प्राण' का आशय ज्ञानेन्द्रिय या चेतना से लिया जाता है।

मृत्यु के समय प्राण सात मार्गों से निकलता है—आंख, कान, मुंह, नादि, गुदा, मूत्रेन्द्रिय और ब्रह्मरंध्र।

वेद, उपनिषद्, रामायण, महाभारत और गीता ये भारतीय संस्कृति के पांच प्राण माने गए हैं।

प्राणायाम

तपस्या का एक ढंग जो, योग के आठ अंगों में चौथा है। पातंजलि योग के अनुसार श्वास-प्रश्वास की गतियों को धीरे-धीरे कम कर देना प्राणायाम है। प्राणायाम की तीन प्रवृत्तियां हैं—अभ्यंतर, स्तंभ और बाह्य। अभ्यंतर को पूरक भी कहते हैं। इसमें श्वास को अंदर ले जाते हैं। स्तंभ या कुंभक में श्वास को स्थिर रखा जाता है। बाह्य अथवा रेचक में श्वास बाहर छोड़ते हैं।

प्रातिसाख्य

प्राचीन काल में ऋषियों ने वेद पढ़ने के स्वरों के आधार पर अपनी शाखाएं चलाई थीं। जो व्यक्ति जिस शाखा से वेदपाठ सीखकर आया, वह उसी शाखा की वंश-परंपरा का सदस्य माना गया। गोत्र, प्रवर, शाखा आदि का आरंभ इसी प्रकार हुआ। पहले सब मौखिक था और स्मृति से इसकी रक्षा होती थी। बाद में वेद-पाठ की अपनी रीति को सुरक्षित रखने के लिए ग्रंथों की भी रचना हुई। यही ग्रंथ 'प्रातिसाख्य' कहलाते हैं।

प्राधा

दक्ष प्रजापति की पुत्री जो कश्यप को ब्याही थी। कश्यप ऋषि से इसने 23 गंधर्वों और 21 अप्सराओं को जन्म दिया। कहीं-कहीं इसका नाम अरिष्टा भी मिलता है।

प्रायश्चित

जिस अनुष्ठान के द्वारा किए हुए पाप से पूरी तरह से मुक्ति मिल जाती है, उसे प्रायश्चित कहते हैं। धर्मग्रंथों में पाप दो प्रकार के बताए गए हैं—ऐच्छिक और अनैच्छिक। इनके प्रायश्चित के संबंध में भी दो मत हैं। एक के अनुसार केवल अनैच्छिक पाप प्रायश्चित से दूर होते हैं। ऐच्छिक पापों का फल भोगना पड़ता है। दूसरे के अनुसार दोनों के लिए प्रायश्चित करना चाहिए। इससे व्यक्ति सामाजिक संपर्क के योग्य हो जाता है।

बहुत से अपराधों के लिए राजदंड और प्रायश्चित दोनों का विधान है, जैसे—हत्या, चोरी, सपिंड से योनि संबंधी, धोखा आदि। राजदंड से मनुष्य की शारीरिक गतिविधियों का नियंत्रण होता है। किंतु प्रायश्चित से उसकी मानसिक शुद्धि होती है और वह सामाजिक संबंध के योग्य बनता है। पाप की निवृत्ति के लिए धर्मग्रंथों में इन बातों का विधान है—जप, तप, हवन, दान, उपवास, तीर्थ-यात्रा तथा प्रजापात्य, चांद्रायण, कृच्छ, सांतपन आदि व्रत।

प्रार्थना समाज

सन् 1857 के स्वतंत्रता संग्राम के बाद अंग्रेजों के बढ़ते हुए प्रभाव का सामना करने के लिए विभिन्न सांस्कृतिक संगठन स्थापित हुए क्योंकि उन परिस्थितियों में राजनीतिक संगठनों की स्थापना संभव नहीं थी। ईसाई मिशनरियों के प्रचार तथा विदेशी सरकार के प्रोत्साहन के कारण हिन्दुओं के धर्म-परिवर्तन से उत्पन्न चिंता भी इसके मूल में थी। इस संकट का सामना करने के लिए बंगाल में 'ब्रह्मसमाज' (दे.) और मद्रास में 'महाजन सभा' की स्थापना की गई। इसी क्रम में 31 मार्च

1867 ई. को बंबई में 'प्रार्थना समाज' की स्थापना की गई। इसके संस्थापकों में महादेव गोविंद रानाडे, आत्माराम पांडुरंग, रामकृष्णगोपाल भंडारकर आदि प्रमुख थे।

प्रार्थना समाज ने ईसाई धर्मप्रचारकों द्वारा हिंदू धर्म, संस्कृति एवं जीवनादर्शों पर किए जा रहे मिथ्या प्रहार का मुंहतोड़ उत्तर दिया। हिंदुओं में सामाजिक सुधार लाने की ओर विशेष रूप से ध्यान दिया गया। यह समाज सहभोज, अंतर्जातीय विवाह, विधवा विवाह, अछूतोद्धार आदि पर जोर देता रहा। इसके सदस्य एकेश्वरवाद में विश्वास करते थे।

प्रियव्रत

स्वायंभूव मनु के एक पुत्र जिनकी माता का नाम शतरुपा था। ये बड़े तेजवान, ज्ञानी तथा सूर्य के समान तेजस्वी थे। नारद से इन्होंने शिक्षा ग्रहण की। इनके द्वारा सात द्वीपों और सात समुद्रों के निर्माण की कथा भागवत में दी गई है। इनका रथ मेरु के चारों ओर बड़े वेग से घूमा था। रथ के पहियों के कारण मेरु के चारों ओर सात गड्ढे बन गए, वही सात समुद्र हैं। प्रत्येक दो गड्ढों के बीच जो जगहें बचीं वे सात महाद्वीप कहलायीं।

प्रियव्रत का पुत्र मेधातिथि शाकद्वीप का राजा था। उसने वहां सूर्य-मंदिर बनवाया जिसमें मूर्ति की स्थापना के लिए स्वयं सूर्य ने सहयोग दिया था।

प्रेत

प्रेत की कल्पना भारत सहित संसार की सभी संस्कृतियों में पाई जाती है। हमारे यहां इसके लिए भूत, पिशाच, दैत्य, चुड़ैल आदि शब्द भी प्रयुवत होते हैं। पुराणों में कहा गया है कि जिन लोगों का मृत्यु के पश्चात् श्राद्ध आदि नहीं होता वे प्रेत योनि को प्राप्त होते हैं। प्रेत का रंग काला, रूप विकराल और पैरों की अंगुलियां पीछे रहती हैं। इनकी छाया नहीं पड़ती।

मृत्यु के बाद मनुष्य लिंग शरीर में रहता है। जब उसके लिए पिंड आदि दिया जाता है तब उसे प्रेत शरीर प्राप्त होता है। कर्मानुसार स्वर्ग या नरक जाने तक वह प्रेतयोनि में रहता है। कुछ पुराणों का मत है कि इन निषिद्ध कर्मों के कारण ही प्रेतयोनि प्राप्त होती है। जैसे ब्राह्मण की निंदा, माता-पिता का निरादर कन्या बिक्रय, कुरुक्षेत्र में दान लेना, गोवध करना, चोरी करना, शराब, मट्ठा, दूध, दही की बिक्री करना।

भूत या प्रेत मल-मूत्र और अन्य अपवित्र वस्तुओं का सेवन करते हैं तथा अपवित्र स्थानों पर निवास करते हैं। आजकल परामनोविज्ञान में प्रेतों के अस्तित्व पर अनुसंधान कार्य चल रहा है।

प्रेमचन्द

हिंदी के उपन्यासकारों में शीर्षस्थ मुंशी प्रेमचंद का जन्म 1880 ई. में वाराणसी के निकट लमही नामक गांव में एक कृषक परिवार में हुआ था। उनके पिता डाकखाने में लिपिक का काम करते थे। प्रेमचंद का वास्तविक नाम धनपतराय था। उनकी आरंभिक शिक्षा उर्दू भाषा में हुई। उनकी प्रारंभिक रचनायें भी उर्दू भाषा में लिखी गई थीं। वृत्ति के रूप में उन्होंने अध्यापन कार्य अपनाया और विभिन्न स्थानों में नियुक्त रहे।

प्रेमचंद के विचार आरंभ से ही राष्ट्रवादी थे। तत्कालीन शासकों के कोप से बचने के लिए उन्होंने 'प्रेमचंद' उपनाम से लिखना आरंभ किया। हिंदी का क्षेत्र बहुत अधिक विस्तृत था। इस भाषा में रचनाएं प्रकाशित होते ही उन्हें व्यापक ख्याति प्राप्त हुई।

प्रेमचंद ने हिंदी कहानी और उपन्यासों को एक नई दिशा प्रदान की। उन्होंने समाज के निम्न और निम्न मध्यम वर्ग का बड़ा मार्मिक चित्रण किया। राष्ट्रीय भावना और सुधारवादी दृष्टि की तत्कालीन आवश्यकताओं को अपनी रचनाओं में समविष्ट करते हुए भी उन्होंने कथा-संगठन, चरित्र-चित्रण आदि में अपनी साहित्यिक मौलिकता प्रदर्शित की। गोदान, सेवासदन, रंगभूमि, गबन, कर्मभूमि, निर्मला आदि आपकी प्रमुख औपन्यासिक रचनाएं हैं। आपने लगभग 300 कहानियां और कुछ नाटक भी लिखे। सम्पादक, जीवनी लेखक, अनुवादक और बाल-साहित्य के रचयिता के रूप में भी आपकी ख्याति रही है। प्रेमचंद हिन्दी के युग निर्माता साहित्यकार माने जाते हैं। आपका निधन 1936 ई. में वाराणसी में हुआ।

प्रेमाश्रयी शाखा

हिंदी के भक्ति साहित्य की वह शाखा जिसमें परमात्मा को प्रेम स्वरूप मानकर उसे प्रेम द्वारा ही पाने का उपदेश दिया गया है। इस शाखा के अधिकतर साहित्यकार सूफी थे। इनमें जायसी, कुतबन, मंझन, उसमान आदि प्रमुख हैं। सूफियों का प्रभाव तेरहवीं-चौदहवीं शताब्दी में अधिक रहा। इन्होंने भारत की कहानियां लीं और अवधी भाषा में रचना की। किंतु लिपि अरबी होने और दृष्टिकोण प्रचारात्मक होने के कारण इनकी रचनाएं अधिक लोकप्रिय नहीं हो पाईं।

प्लूटो

एक ग्रह जो पृथ्वी से लगभग 7500 कि. मी. की दूरी पर स्थित है। इसका पता 1930 ई. में लगा था। यह बुध से थोड़ा ही बड़ा है। अब तक इसके एक उपग्रह का पता चला है।

फ

फतेहपुर सीकरी

आगरा से 23 मील पश्चिम की दिशा में सीकरी नाम का गांव था। यहां शेख सलीम चिश्ती रहा करते थे। अकबर पुत्र प्राप्ति के लिए उनसे दुआ मांगने गया। जब अकबर की हिंदू रानी जोधाबाई के गर्भ से सलीम (बाद का जहांगीर) पैदा हुआ तो अकबर ने सीकरी को अपनी राजधानी बनाने का निश्चय किया। 1570 ई. में यहां निर्माण आरंभ हुआ और शीघ्र ही नई आलीशान राजधानी बस गई। 1573 ई. में सीकरी से ही जाकर अकबर ने गुजरात पर फतह पाई थी। इसी की याद में उसने नगर का नाम 'फतेहपुर सीकरी' रख दिया। उस समय की बनी इमारतें आज भी पर्यटकों के आकर्षण का केन्द्र हैं।

फरिश्ता (1570-1612)

इस प्रसिद्ध इतिहासकार का नाम मुहम्मद कासिम फरिश्ता था। फारस में जन्मा यह व्यक्ति बचपन में ही भारत आ गया था। यह मुख्य रूप से अहमदाबाद और बीजापुर में रहा। इसका लिखा इतिहास 'तारीखे फरिश्ता' मुसलमानों के शासन काल का सबसे प्रामाणिक इतिहास माना जाता है।

फर्रुखशियर (1713-19 ई.)

उत्तराधिकार के युद्ध में अपने पिता शाहआलम प्रथम की मृत्यु के बाद यह नवां मुगल बादशाह बना। यह गद्दी इसे वजीर जुल्फिकार खां की सहायता से मिली जिसकी मदद से फर्रुखशियर अपने चाचा को पद्च्युत करने और मरवाने में सफल हुआ था। बाद में इसने वजीर को भी सूली पर चढ़वा दिया। अंग्रेजों की ईस्ट इंडिया कंपनी को इससे बहुत लाभ पहुंचा। उनको व्यापार में अनेक रियायतें मिल गईं। इसने अपने शासन काल में सिक्ख नेता बन्दा वैरागी (दे.) और उसके एक हजार अनुयायियों को गिरफ्तार करवा डाला। अंत में इसी के वजीर और सेनापति ने इसे भी अपदस्थ करके आंखें निकलवा कर मरवा दिया।

फल्गु

बिहार प्रदेश की एक नदी जो पितरों को तर्पण देने के लिए बहुत प्रसिद्ध मानी जाती है। प्रसिद्ध तीर्थ गया इसी के किनारे पर स्थित है। पितरों का श्राद्ध करने

के लिए वर्ष भर लोग यहां आते रहते हैं। पितृपक्ष में यहां पर बहुत बड़ा मेला लगता है।

फल्गुतंत्र

अयोध्या का एक राजा। इसकी वृद्धावस्था में हैहयों ने अयोध्या पर आक्रमण करके उसे अपने अधिकार में ले लिया। राजा को सपत्नीक अपनी राजधानी छोड़कर जाना पड़ा। वे एक ऋषि के आश्रम में रहने लगे। वहीं कुछ समय बाद उनकी मृत्यु हो गई। राजा की मृत्यु के समय उनकी पत्नी गर्भवती थी। बाद में उसने पुत्र को जन्म दिया जो सगर (दे.) के नाम से प्रसिद्ध हुआ।

फारवर्ड ब्लाक

भारत के इस राजनीतिक दल का संगठन श्री सुभाषचंद बोस ने 3 मई 1939 ई. को तब किया जब स्वतंत्रता संग्राम आरंभ करने के संबंध में उनके और शेष कांग्रेस जनों के बीच में मतभेद उत्पन्न हो गया था। आरंभ में घोषणा की गई कि यह दल कांग्रेस के अभिन्न अंग के रूप में काम करेगा। परंतु बाद में कांग्रेस संगठन की ओर से कड़ा रुख अपनाने के कारण यह कांग्रेस से बाहर आ गया। सुभाष बाबू के 1941 ई. में देश के बाहर चले जाने से इसमें और भी कमजोरी आई और इसके अंदर भी मतभेद पैदा हो गए। अब यह बहुत छोटे रूप में पश्चिमी बंगाल में ही रह गया है।

फासिज्म

एक राजनीतिक विचारधारा वर्तमान काल में जिसका प्रचलन इटली में मुसोलिनी ने मार्च 1919 ई. में इसी नाम की संस्था बनाकर किया था। इसे आधुनिक विचारक राष्ट्रवाद और जातीय श्रेष्ठता की मिथ्या भावना का निकटतम रूप बताते हैं। साम्यवादियों के अनुसार यह ह्रासोन्मुख पूंजीवाद की अंतिम अवस्था है।

फासिज्म में सत्ता एक ही व्यक्ति के हाथ में रहती है। व्यक्तिगत स्वतंत्रता के लिए कोई स्थान नहीं होता। वह प्रजातंत्र में विश्वास नहीं करता। समाजवादी विचारधारा का वह विरोधी है। उसका नारा है—आदेश का पालन करो। द्वितीय विश्वयुद्ध (1939-45 ई.) में जर्मनी का हिटलर और इटली का मुसोलिनी इस विचारधारा के प्रबल प्रतीक थे, यद्यपि इसी से मिलता-जुलता शासन उस समय स्पेन, पुर्तगाल आदि में भी था। युद्ध की समाप्ति के साथ ही फासिस्ट शासन का भी अंत हो गया, यद्यपि विचार के रूप में फासिज्म कहां और कितना विद्यमान है, यह कहना कठिन है।

भारत ने इस विचारधारा का सदा विरोध किया। यहां तक कि पंडित जवाहरलाल नेहरू ने स्वतंत्रता से पहले ही मुसोलिनी के भेंट करने के निमंत्रण तक को ठुकरा दिया था।

फाहियान

एक प्रसिद्ध चीनी बौद्धयात्री जो विनयपिटक की प्रामाणिक प्रति की खोज में भारत आया और 401 ई. से 410 ई. तक यहां रहा। उसने तक्षशिला, पुरुषपुर (पेशावर) होते हुए तीन वर्ष तक उत्तर भारत की यात्रा की और दो वर्ष ताम्रलिप्ति (पश्चिमी बंगाल का आधुनिक तमलुक) में बिताए। उसने अपनी भारत यात्रा के वर्णन में गंगाघाटी के मैदान को 'मध्यदेश' बताया है।

फाहियान के वर्णन से ज्ञात होता है कि उन दिनों देश में बड़ा अमन-चैन था। लोग बेरोक-टोक आते-जाते थे। फांसी की सजा नहीं दी जाती थी। हां, गंभीर अपराध करने पर अंग-भंग की सजा मिलती थी। आम जनता वैभव संपन्न थी। यात्रियों और रोगियों के लिए बड़ा अच्छा प्रबंध था। किसी प्राणी की हत्या नहीं की जाती थी। कोई शराब नहीं पीता था।

फाहियान ने तीन वर्ष पाटलिपुत्र में रहकर संस्कृत भाषा सीखी और बौद्ध ग्रंथों का अध्ययन किया। अंत में वह 410 ई. में ताम्रलिप्ति से जलयान में बैठा और श्रीलंका तथा जावा होता हुआ 414 ई. में चीन वापस पहुंचा।

फिरोजशाह मेहता

अपने समय के प्रसिद्ध राष्ट्रीय नेता फिरोजशाह मेहता का जन्म बंबई के एक पारसी परिवार में 4 अगस्त, 1845 ई. को हुआ था। अपने समाज में उच्च शिक्षा पानेवाले वे पहले व्यक्ति थे। इंग्लैंड से बैरिस्टर बनने के बाद उन्होंने बंबई में वकालत शुरू की और सार्वजनिक कार्यों में भी रुचि लेने लगे। कांग्रेस की पूर्ववर्ती एक सस्था 'बंबई प्रेसिडेंसी एसोसियेशन' और कांग्रेस से उनका प्रथम अधिवेशन से ही संबंध था। उन्हें अंग्रेज सरकार से 'सर' की उपाधि भी मिली थी। 1890 ई. की कलकत्ता कांग्रेस की अध्यक्षता उन्होंने ही की। वे अपने समय के बड़े ही नरम विचारों के नेता थे।

उन्होंने ही एक बार कहा था—"मैं अंग्रेजीराज को ईश्वर की देन मानता हूं।"

सर फीरोजशाह मेहता का 5 नवंबर, 1915 ई. को देहांत हुआ।

ब

बंकिमचंद्र चटर्जी

आधुनिक बंगला साहित्य के जनक और 'वंदेमातरम्' गान के रचयिता बंकिमचंद्र चटर्जी का जन्म 27 जून, 1838 ई. को बंगाल में चौबीस परगना जिले के कांडलपाड़ा नामक गांव में हुआ था। बंकिम बाबू में स्वभाषा-प्रेम और देशभक्ति का भाव आरंभ से ही कूट-कूटकर भरा था। युवावस्था में एक मित्र का अंग्रेजी में लिखा पत्र आपने बिना पढ़े ही इस टिप्पणी के साथ लौटा दिया कि 'अंग्रेजी न तुम्हारी मातृभाषा है, न मेरी।'

बंकिम आधुनिक बंगला साहित्य के युगप्रवर्तक माने जाते हैं। रवीन्द्रनाथ ठाकुर उन्हें अपना गुरु मानते थे। रवीन्द्र की आरंभिक रचनाएं बंकिम द्वारा संपादित 'बंगदर्शन' नामक पत्र के माध्यम से ही प्रकाश में आईं। लोग बंकिम की शैली का अनुकरण करने में गौरव समझते थे।

बंकिम ने कई विधाओं में साहित्य-रचना की, पर उनकी सर्वाधिक ख्याति उपन्यासों के कारण है। उनके प्रसिद्ध उपन्यास हैं—दुर्गेशनंदिनी, कपालकुंडला, मृणालिनी, विषवृक्ष, कृष्णकांत का वसीयतनामा, रजनी, चंद्रशेखर और आनंदमठ। आनंदमठ में कथा-प्रवाह के माध्यम से देशभक्ति की भावना को पुष्ट किया गया है। प्रसिद्ध राष्ट्रगीत 'वंदेमातरम्' इसी उपन्यास में प्रकाशित हुआ था।

आजीविका के लिए सरकारी सेवा में रहते हुए भी राष्ट्रीयता से ओतप्रोत साहित्य की रचना बंकिम की अपनी विशेषता रही है। 8 अप्रैल, 1894 ई. को उनका देहांत हो गया।

बंगभंग

नवीन राष्ट्रीय विचारों के प्रचार में बंगाल को आगे देखकर ब्रिटिश सरकार ने उसकी चेतना को कुचलने के लिए उसका विभाजन कर देने का निश्चय किया। उस समय के बंगाल प्रांत में वर्तमान बांग्लादेश, पश्चिमी बंगाल, उड़ीसा और बिहार सम्मिलित थे। 1905 ई. में तत्कालीन वाइसराय लार्ड कर्जन ने बंगाल के दो भाग कर दिए। पूर्वी बंगाल के मुस्लिम बहुल 15 जिले असम में मिलाकर एक नया राज्य बना दिया। यद्यपि कहा यह गया कि यह विभाजन प्रशासनिक सुविधा के लिए किया जा रहा है, पर मुख्य उद्देश्य राष्ट्रीय आंदोलन को दुर्बल करना और

मुसलमानों को उससे अलग रखकर हिंदू-मुसलमानों में फूट डालना था।

बंग-भंग की बड़ी तीव्र प्रतिक्रिया हुई। लोगों ने अंग्रेजी माल का असाधारण बहिष्कार किया। जगह-जगह उग्र प्रदर्शन हुए और बंगाल के साथ पूरा देश इसके विरोध में उठ खड़ा हुआ। सरकार भी क्रूर दमन पर उतर आई। 'वंदेमातरम्' का नारा लगाने पर भी लोगों को सजाएं दी गईं। इससे जन-आक्रोश और बढ़ा और लोग क्रांतिकारी तरीके अपनाने लगे।

1905 से 1911 ई. तक यही स्थिति रही। जब सरकार ने देखा कि वह दमन के बल पर बंगाल के विभाजन को बनाए नहीं रख सकती तो 1911 ई. में दिल्ली-दरबार के समय बंग-भंग वापस ले लिया गया। 15 जिले फिर बंगाल में मिला दिए, पर उड़ीसा और बिहार को अलग-अलग प्रांत बना दिया गया। उसी समय भारत की राजधानी भी कलकत्ता से दिल्ली ले जाई गई।

बंग-भंग की घटना का देश में स्वतंत्रता की भावना बढ़ाने में बड़ा योगदान रहा है।

बंगला भाषा

यह संस्कृत परिवार की एक प्राचीन भाषा है। इसके साहित्यिक रूप का आरंभ आठवीं शताब्दी से माना जाता है। यद्यपि आर्य पांचवीं शताब्दी तक बंगाल में बस गए थे, किंतु उनकी भाषा संस्कृत थी। संस्कृत के बाद प्राकृत (दे.) भाषा अस्तित्व में आई और उसके बाद बंगला तथा उत्तर भारत की अन्य आधुनिक भाषाओं का विकास हुआ।

बंगला भाषा के आरंभिक काल में इसमें नाथ, बौद्ध और वैष्णव विचारों की प्रधानता रही। चौदहवीं शताब्दी के चंडीदास के राधा-कृष्ण के गीत और पंद्रहवीं शताब्दी के वृतिवास ओझा की 'रामायण' प्रसिद्ध हुई। चैतन्य महाप्रभु (1486-1533 ई.) के शिष्यों ने बड़े संपन्न साहित्य की रचना की। बंगला का आधुनिक काल उन्नीसवीं शताब्दी से माना जाता है। इसी बीच मधुसूदन दत्त ने 'मेघनाद-वध' की रचना की। बंकिम का पहला उपन्यास 'दुर्गेशनंदिनी' 1865 ई. में प्रकाशित हुआ। उसके बाद 'आनंदमठ' जैसी कृतियां सामने आईं। शरतचंद्र की कृतियों ने इस भाषा का भंडार भरा।

आधुनिक काल में बंगला भाषा के सबसे गौरव रवीन्द्रनाथ ठाकुर थे जो जीवनपर्यंत इसकी सेवा में लगे रहे। उन्हें अपनी कविताओं के स्वयं किए अंग्रेजी अनुवाद 'गीतांजलि' के लिए 1913 ई. में विश्व का सर्वश्रेष्ठ साहित्यिक 'नोबेल पुरस्कार' प्राप्त हुआ।

बंगला भाषा की लिपि का विकास विद्वान् प्राचीन ब्राह्मी लिपि के तीन में से एक रूप 'कुटिल' से मानते हैं।

बंगाल

भारत के इस पूर्वी प्रदेश (अब पश्चिमी बंगाल) का इतिहास बड़ा प्राचीन है। प्राचीन साहित्य में इसे बंग या गौड नाम से संबोधित किया गया है। महाभारत के अनुसार बंग के राजा ने युद्ध में कौरवों का साथ दिया था। बाद में यह क्रमश: मौर्य और गुप्त साम्राज्य का अंग रहा। फिर पालवंश सत्ता में आया। ग्यारहवीं शताब्दी में सेनवंश के राजा यहां राज्य करते थे, पर दिल्ली के सुलतान कुतुबुद्दीन ने सेन राजा को हराकर बंगाल को दिल्ली की सल्तनत में मिला लिया।

औरंगजेब की मृत्यु तक बंगाल मुगल साम्राज्य का अंग रहा। बाद में वहां के नवाब सिराजुद्दौला (दे.) ने अपनी स्वाधीनता घोषित कर दी। लेकिन 1757 ई. के प्लासी के युद्ध में उसे अंग्रेजों से पराजित होना पड़ा और 1764 ई. के बक्सर युद्ध के बाद बंगाल पूरी तरह ब्रिटिश साम्राज्य का अंग बन गया। अंग्रेजों ने 1905 ई. में इसका विभाजन किया। परंतु 'बंगभंग' (दे.) की इस कारंवाई का पूरे देश ने विरोध किया। अतः विदेशी शासकों को 1911 ई. में अपना यह कदम वापस लेना पड़ा।

1947 ई. में देश की स्वाधीनता के समय बंगाल के दो भाग हो गए। भारत का प्रदेश अब 'पश्चिमी बंगाल' कहलाता है। इसकी राजधानी 'कलकत्ता' है। राज्यों के पुनर्गठन के समय इसमें बिहार के कुछ हिस्से मिला दिए गए। पूर्वी भाग पहले 'पूर्वी पाकिस्तान' कहलाता था जो 1971 ई. के बाद स्वतंत्र 'बांग्लादेश' बन गया।

बंजारा

एक घुमक्कड़ कबायली जाति जो अपना संबंध उत्तर भारत के ब्राह्मण या क्षत्रिय वर्ण से जोड़ती है। ये लोग घूम-घूमकर छोटी-मोटी चीजों का व्यापार करते हैं। ये गुरु को मानते और जादू-टोना में विश्वास करते हैं। ये बहुदेव पूजक हैं। इनकी मुख्य देवता हैं—मरियाई या महाकाली जो भगत (पुरोहित) के शरीर में उतरती है। अन्य देवता हैं—नानक, बालाजी, तुलजादेवी, शिवभय्या, सती आदि। ये बैलों की भी पूजा करते हैं जो किसी समय समान ढोने का इनका मुख्य साधन था।

बंदा वैरागी

इसका जन्म 1670 ई. में कश्मीर के पुंछ जिले के एक राजपूत परिवार में हुआ था। 15 वर्ष की उम्र में यह एक वैरागी का शिष्य बन गया। 1708 ई. में इसकी भेंट सिक्खों के दसवें गुरु गुरु गोविंदसिंह से हुई। उन्होंने इसे सिक्ख बनाया और नाम रखा—बंदासिंह। गुरु के सात और नौ वर्ष के बच्चों की हत्या से

उत्तेजित बंदा गुरु के आदेश पर पंजाब आया और सेना संगठित करके उसने सतलुज नदी के दक्षिण में सिक्ख राज्य स्थापित कर लिया।

बंदा ने जमींदारी समाप्त की। मुसलमानों को पूरी धार्मिक स्वतंत्रता देकर अपनी सेना में भी स्थान दिया। बादशाह बहादुरशाह ने एक बार उसे हराकर सिक्खों का कत्लेआम किया। किंतु बंदा वैरागी ने अपने अधिकांश राज्य पर फिर कब्जा कर लिया। अंत में फर्रुखशियर (दे.) द्वारा कई महीने तक घेरा डालने के बाद बाध्य होकर बंदा को आत्मसमर्पण करना पड़ा। 1716 ई. में वह 794 सिक्खों के साथ दिल्ली लाया गया। वहां प्रतिदिन सौ सिक्खों को फांसी दी गई और 16 जून, 1716 ई. को बंदा वैरागी और उसके कुछ प्रमुख साथियों के काटकर टुकड़े-टुकड़े कर दिए गए।

बंदी

जनक की राजसभा का एक पंडित जो बहुत वाकपटु था। एक बार अष्टावक्र (दे.) के पिता कहोड़ के और इसके बीच शास्त्रार्थ हुआ। शर्त यह रखी गई कि जो पराजित होगा, उसे पानी में डुबा दिया जाएगा। बंदी ने कहोड़ को हरा दिया और वे पानी में डुबा दिए गए।

अष्टावक्र की उम्र उस समय केवल दस-ग्यारह वर्ष की थी। उसने बंदी को शास्त्रार्थ के लिए ललकारा और पराजित किया। शर्त के अनुसार इसे भी डूबना पड़ा।

बंबई

कलकत्ता के बाद भारत का दूसरा बड़ा औद्योगिक और व्यापारिक नगर बंबई महाराष्ट्र प्रदेश की राजधानी भी है। इस नगर की स्थापना तेरहवीं शताब्दी में बताई जाती है। उस समय के शासक बिंब ने लोगों को यहां आकर बसने के लिए प्रोत्साहित किया था। कुछ लोग नगर का वर्तमान नाम भी उसके नाम पर मानते हैं, पर अधिकांश के मत से यह नाम मुंबादेवी के नाम पर पड़ा है। शायद इसीलिए बहुत से लोग बंबई को मुंबई कहते हैं।

1348 ई. में गुजरात के मुसलमानों के हाथ में जाने के बाद 1534 ई. में बंबई पर पुर्तगालियों का अधिकार हो गया था। 1662 ई. में पुर्तगाल की राजकुमारी का इंग्लैंड के चार्ल्स द्वितीय के साथ विवाह हुआ। उस विवाह के उपलक्ष्य में पुर्तगालियों ने बंबई का व्यापारिक केंद्र दहेज में अंग्रेजों को दे दिया।

बंबई पश्चिमी घाट के पहाड़ के बल पर अरब सागर के किनारे छोटे-छोटे द्वीपों पर बसा है जो परस्पर पुलों से जुड़े हैं। इसके तीन ओर समुद्र है और यह एक बड़ा बंदरगाह भी है। यह एक सुव्यवस्थित, साफ-सुथरा और आधुनिक नगर

है। यहां अनेक प्रकार के उद्योग स्थापित हैं। बंबई के निकट भारत की प्रथम परमाणु भट्टी 'अप्सरा' स्थापित की गई है। इस नगर के निकटवर्ती समुद्र के नीचे से काफी मात्रा में तेल निकाला जाता है। यह नगर एक छोटा-सा भारत है जहां हर भाषा और रीति-रिवाज के व्यक्ति रहते हैं। फिल्म उद्योग का यह सबसे बड़ा केंद्र है।

बक

1. अंधक का पुत्र एक असुर जिसे कंस ने श्रीकृष्ण को मारने के लिए भेजा था। यह बगुले का वेश बनाकर गया और नदी के तट पर खेल रहे बालक कृष्ण को निगल लिया। किंतु पेट में भयंकर पीड़ा होने से इसे उन्हें तुरंत ही उगल देना पड़ा। इस पर असुर को पहचानकर कृष्ण ने चोंच फाड़कर उसे मार डाला।

एक विवरण के अनुसार बक पहले कृष्ण का भक्त एक गंधर्व था। एक दिन इसने पूजा के लिए पार्वती के सरोवर से कमल के पुष्प तोड़ लिए। जब इसे शिवजी के सम्मुख ले जाया गया तो इसकी भक्ति देखकर शिवजी ने आशीर्वाद दिया कि श्रीकृष्ण के हाथों ही तुम्हें मुक्ति मिलेगी।

2. एकचक्रा नगर का नर-भक्षी राक्षस जिसके डर से लोग एक आदमी सहित भोजन-सामग्री नियमित रूप से बारी-बारी उसके पास पहुंचाया करते थे। एक दिन उस गरीब ब्राह्मण की बारी आई जिसके घर में लाक्षागृह से निकलने के बाद पांडव टिके थे। ब्राह्मण की परेशानी देखकर कुंती ने खाद्य-सामग्री के साथ भीम को भेजा। भीम वहां जाकर स्वयं खाद्य पदार्थ खाने लगे। यह देखकर बक लड़ने आया और भीम के हाथों मारा गया।

3. एक ऋषि जो बकदालभ्य भी कहलाते हैं। इन्होंने युधिष्ठिर के राजसूय यज्ञ में भाग लिया था। ये खुले आसमान के नीचे रहते थे और धूप से बचने के लिए मुंह पर वटवृक्ष का पत्ता रख लेते थे। एक बार धृतराष्ट्र ने मृत गायों की दक्षिणा देकर इनका अपमान किया। इससे रुष्ट होकर इन्होंने धृतराष्ट्र के राज्य के नष्ट होने के लिए [illegible] किया था। एक अन्य उल्लेख के अनुसार ये त्रेता युग में थे और लंका-विजय से पूर्व राम इनके आश्रम में गए थे।

बकर-ईद (बकरीद)

मुसलमानों का एक पवित्र त्यौहार जिसमें धार्मिक दृष्टि से कुर्बानी (पशुवध) की जाती है। इस दिन लोग बड़ी संख्या में बकरों की बलि देते हैं। इसीलिए इसका नाम 'बकर-ईद' पड़ गया। यों इसे 'ईद-ए-अजहा' या 'ईदुज्जुहा' कहते हैं। कहा जाता है कि एक बार खुदा ने पैगंबर अब्राहम से उनकी सबसे प्रिय वस्तु मांगी। पैगंबर इस पर अपने प्रिय पुत्र इस्माइल का बलिदान करने को तैयार हो गए।

परंतु बलिदान के समय तलवार की धार के नीचे इस्माइल के स्थान पर एक बकरा प्रकट हो गया और इस्माइल सकुशल रहा। ईश्वर की इच्छा के पालन में इसे सर्वश्रेष्ठ मानकर इस्लाम के पैगंबर ने इसी घटना की याद में कुर्बानी के त्योहार बकर-ईद का प्रचलन किया।

बक्शीशसिंह

पंजाब के अमृतसर जिले के निवासी बक्शीशसिंह ने 'गदर पार्टी' के सदस्य के रूप में स्वतंत्रता संग्राम में भाग लिया। 1915 ई. के 'लाहौर बमकांड' के वे प्रमुख अभियुक्त थे। गिरफ्तार के बाद मौत की सजा मिली और 16 नवंबर, 1915 को लाहौर जेल में फांसी पर चढ़ा दिए गए। सरकार ने इनकी शाही संपत्ति भी जब्त कर ली थी।

बक्सर

बिहार प्रदेश का एक प्रसिद्ध तीर्थ। प्राचीन काल में यह देवगर्भपुरी, सिद्धाश्रम और व्याघ्रसर नाम से भी जाना जाता था। यहीं पर ऋषि विश्वामित्र का आश्रम था जहां राम और लक्ष्मण को धनुर्विद्या सिखाई। इसी स्थान पर ताड़का का वध हुआ था और यहीं वामन अवतार भी हुआ। यहां संगमेश्वर, सोमेश्वर, चित्ररथेश्वर, रामेश्वर, सिद्धनाथ और गौरीशंकर नाम के प्राचीन मंदिर हैं। ये सब पंचक्रोशी परिक्रमा में स्थित हैं।

बख्तियार खिलजी

यह बंगाल को जीतनेवाला प्रथम मुसलमान विजेता था। इसने पहले बिहार पर हमला किया, तत्कालीन राजधानी उड्यंतपुर पर 1192 ई. में अधिकार करके वहां के बिहार में रहनेवाले बौद्ध भिक्षुओं का वध कर डाला। इसके बाद 1193 ई. में बंगाल की ओर बढ़ा। राजा लक्ष्मणसेन भागकर पूर्वी बंगाल चला गया और बख्तियार खिलजी बंगाल का सूबेदार बनकर रहने लगा।

कुछ समय बाद इसने एक बड़ी सेना लेकर असम के मार्ग से तिब्बत की ओर बढ़ना आरंभ किया, पर इस बार मुंहकी खाकर लौटा। दस हजार घुड़सवारों में से केवल एक सौ जिंदा लौटे थे। 1206 ई. में बख्तियार की मृत्यु हो गई।

बजट

सामान्यतः भविष्य में होनेवाली आय और व्यय की मदों का अभिलेख बजट कहलाता है। व्यवहार में इसका प्रयोग मुख्यतः सरकारी आय-व्यय के विवरण के लिए होता है। व्यक्तिगत और सरकारी बजट में एक मौलिक अंतर है। व्यक्तिगत

बजट में आय को दृष्टि में रखकर व्यय की मदें निर्धारित की जाती हैं। इसके विपरीत सरकारी बजट में लोकहित की योजनाओं का निर्धारण और उन पर व्यय होनेवाली धनराशि का निश्चय कर लिया जाता है। तब उसके लिए करों आदि के द्वारा आवश्यकतानुसार अतिरिक्त साधन जुटाए जाते हैं। परंतु इसमें भी जनता पर पड़नेवाले कर-भार की उपेक्षा नहीं की जाती है।

बटेश्वर

शिकोहाबाद (उत्तर प्रदेश) के निकट बटेश्वर में जैन तीर्थंकर नेमिनाथ का जन्म हुआ था। यहां प्राचीन जैन मंदिर और नेमिनाथजी के चरण-चिह्न हैं। यमुना के तट पर स्थित बटेश्वर महादेव का मंदिर भी प्रसिद्ध है।

बदरीनाथ

उत्तराखंड का प्रसिद्ध तीर्थ जो चार धामों में से एक है। इसका उल्लेख प्राचीन साहित्य में बहुत हुआ है। यहां उस समय बेर का घना वन होने से इसका नाम बदरीनाथ पड़ा। वेदों का संपादन करनेवाले व्यास का आश्रम यहीं था। बदरीनाथ धाम नर और नारायण दो पर्वतों के बीच में स्थित है। बस्ती के बीच में अलकनंदा बहती है। मंदिर नदी के दाहिने तट पर नारायण पर्वत पर है। ऊपर नीलकंठ की बर्फ से ढकी चोटी चमकती रहती है। मंदिर में विष्णु की काले पत्थर की पद्मासन मूर्ति है।

कहते हैं, किसी समय तिब्बत से आकर बौद्धों ने मूर्ति को निकट ही नारदकुंड में डाल दिया था। आदि शंकराचार्य ने उसे निकालकर मंदिर में स्थापित किया और केरल प्रदेश के नंबूद्री ब्राह्मणों को नियुक्त किया। अब भी बदरीनाथ के पुजारी केरल निवासी ब्राह्मण ही होते हैं।

बदरीनाथ में गर्म जल के कुंड हैं। इनमें यात्री स्नान करते हैं। ब्रह्मकपाल नामक स्थान पर पिंडदान किया जाता है। यह मंदिर दीपावली के आसपास शीतकाल के लिए बंद कर दिया जाता है। लगभग 6 महीने यहां बर्फ की मोटी तह जमी रहती है। इस बीच जोशीमठ (दे.) में देवपूजा संपन्न होती है।

बदरुद्दीन तैयबजी (1844-1906ई.)

अपने समय के प्रसिद्ध सार्वजनिक नेता बदरुद्दीन तैयबजी ने इंग्लैंड में शिक्षा प्राप्त करके बंबई में वकालत से जीवन आरंभ किया। वे साथ-साथ सार्वजनिक कार्यों में भी रुचि लेते रहे। 1885 ई. में बंबई में जिस प्रेसिडेंसी ऐसोसिएशन ने कांग्रेस के पहले अधिवेशन का आयोजन किया था, उसके अध्यक्ष तैयबजी ही थे। वे 1887 ई. में मद्रास में हुए कांग्रेस के तीसरे अधिवेशन के अध्यक्ष चुने गए। तैयबजी

ने 1895 से 1906 ई. तक जज के रूप में भी काम किया। वे हिंदू-मुस्लिम एकता के प्रबल समर्थक थे। लार्ड डफरिन को जब तैयबजी ने दो टूक उत्तर दे दिया तब उसने सैयद अहमद खां को अपनी ओर मिला लिया था।

बपतिस्मा

ईसाइयों का अनिवार्य धार्मिक संस्कार। बाइबिल के उल्लेख के अनुसार ईसामसीह ने स्वर्गारोहण से पूर्व अपने शिष्यों को आदेश दिया था कि सब मनुष्यों को शिष्य बनाकर उन्हें पिता, पुत्र और पवित्र आत्मा के नाम पर बपतिस्मा दें। 'क्वेकर' और 'मुक्ति सेना' को छोड़कर ईसाइयों के अन्य सभी संप्रदायों में यह प्रथा प्रचलित है। यह संस्कार पुरोहित कराता है। इसमें बपतिस्मा पानेवाले के सिर पर पानी उड़ेला जाता है। पहले पूरा शरीर पानी में डुबोने की प्रथा थी। कुछ संप्रदायों में पानी न उड़ेलकर पानी के छींटे डाले जाते हैं। बपतिस्मा देनेवाला पुरोहित इन शब्दों का उच्चारण करता है—'मैं तुमको पिता, पुत्र और पवित्र आत्मा के नाम पर बपतिस्मा देता हूं।'

बप्पा रावल

राजस्थान का एक प्रसिद्ध राजा जो अनुमानतः 723 ई. में गद्दी पर बैठा। उस समय भारत पर अरबों के आक्रमण हो रहे थे। उन्होंने सिंध को जीत लिया था और मारवाड़, मालवा, मेवाड़, गुजरात आदि में उनकी सेनाएं छा गई थीं। उस समय राजस्थान के दो राजा उनका सामना करने के लिए उठ खड़े हुए। उनमें से एक थे नागभट्ट प्रथम जिन्होंने पश्चिमी राजस्थान और मालवा से अरबों को भगाया। और, दूसरे थे बप्पा रावल। उन्होंने अरबों को मेवाड़ और आसपास के प्रदेश छोड़कर भागने के लिए बाध्य किया। बप्पा रावल ने मोरी राणा से चित्तौड़ का किला भी जीत लिया। इसके सोने के सिक्के मिले हैं जिनसे इसकी शिव-भक्ति का पता चलता है।

बभ्रु

एक यादव राजा जो देवावृध और पर्षणा का पुत्र था। यह दयालु, उपकारी और ब्रह्मविद्या में निपुण था। अपनी दानशीलता के कारण यह 'दानपति' कहलाता था। इसकी गणना वृष्णिवंशीय यादवों के सात प्रमुख व्यक्तियों में होती थी। इसने नारद से शिक्षा प्राप्त की थी। यादवी युद्ध के समय यह श्रीकृष्ण के निकट था और एक मूसल लग जाने से इसकी मृत्यु हो गई।

बभ्रुवाहन

मणिपुर नरेश चित्रवाहन की पुत्री चित्रांगदा के गर्भ से उत्पन्न अर्जुन का वीर पुत्र। चित्रवाहन के कोई पुत्र न था। अतः चित्रांगदा से विवाह के समय उसने अर्जुन से यह शर्त करवा ली थी कि चित्रांगदा का पुत्र मणिपुर में रहकर राज्य का उत्तराधिकारी होगा और उसकी कुल परंपरा को जारी रखेगा। इसी शर्त के अनुसार बभ्रुवाहन मणिपुर का नरेश बना।

पांडवों के अश्वमेध यज्ञ का घोड़ा जब इसके राज्य में पहुंचा तो इसने धन-धान्य के साथ अश्व अर्जुन को लौटा दिया। इस पर अर्जुन ने क्षत्रियोचित कार्य न करने के लिए बभ्रुवाहन की भर्त्सना की। इस पर बभ्रुवाहन युद्ध के लिए तैयार हो गया और उसने न केवल अर्जुन को पराजित किया, वरन उसका वध कर डाला। अर्जुन की मृत्यु की सूचना मिलने पर जब चित्रांगदा भी अपने पति के साथ मरने को उद्यत हो गई तो बभ्रुवाहन बहुत दुखी हुआ। उसने स्वयं को माता-पिता का हत्यारा समझा और स्वयं भी आत्महत्या करने के लिए तैयार हो गया। उसकी सौतेली मां उलूपी ने, जो अर्जुन की नागपत्नी थी, इस संकट का निवारण किया। उसने कहा—बभ्रुवाहन शेषनाग के पास से मृत संजीवनी मणि ले आए। उससे अर्जुन जीवित हो जाएंगे। राजा शेषनाग को पराजित करके मणि ले आया और अर्जुन जीवित हो उठे।

बाद में अर्जुन के निमंत्रण पर बभ्रुवाहन ने अपनी दोनों माताओं के साथ राजसूय यज्ञ में भाग लिया।

बरवै रामायण

रामकथा की यह रचना भी गोस्वामी तुलसीदासजी की बताई जाती है। यह सात कांडों में विभाजित है और इसमें रामकथा के साथ-साथ राम-भक्ति संबंधी छंदों का भी संकलन है। किंतु इसकी उपलब्ध प्रतियों में बड़ा अंतर है। कुछ प्रतियां ऐसी भी मिली हैं, जिनमें रामकथा है ही नहीं, केवल भक्ति के छंद हैं। इसलिए कुछ विद्वानों का मत है कि तुलसी ने अपने जीवन-काल में कुछ छंद लिखे होंगे। शेष उनकी मृत्यु के बाद अन्य द्वारा लिखे गए। इसलिए इस ग्रंथ का रचना-काल अनिश्चित है।

बरसाना

मथुरा से लगभग 56 कि.मी. दूर बरसाना राधा के पिता वृषभानु का निवास-स्थान था। यहां लाड़लीजी का बहुत बड़ा मंदिर है। राधा को लोग यहां प्यार से 'लाड़लीजी' कहते हैं। बरसाना गांव के पास दो पहाड़ियां मिलती हैं। उनकी घाटी बहुत ही कम चौड़ी है। मान्यता है कि गोपियां इसी मार्ग से दही-मक्खन

बेचने जाया करती थीं। यहीं पर कभी-कभी कृष्ण उनकी मटकी छीन लिया करते थे।

बरसाना का पुराना नाम ब्रह्मासरिनि था। राधाष्टमी के अवसर पर प्रतिवर्ष यहां मेला लगता है।

बर्बर

एक मानवजाति जो बर्बर देश में निवास करती थी। इनकी उत्पत्ति नंदिनी (दे.) से बताई जाती है। राजा सगर ने अपने अभियान में इन्हें भी पराजित किया था। किंतु बाद में विकृत बनाकर छोड़ दिया। भीमसेन और नकुल के हाथों भी ये लोग पराजित हुए थे।

बर्बरीक

भीम का पौत्र और घटोत्कच का पुत्र प्रागज्योतिषपुर के दैत्य गुरु की कन्या मौर्वी के गर्भ से उत्पन्न हुआ था। कहीं पर इसकी माता मुर दैत्य की पुत्री कामकंटका बताई गई है। घुंघराले बालवाला होने के कारण इसका यह नाम पड़ा। पूर्वजन्म में यह एक यक्ष था। एक बार जब दानवों के सताए देवों ने विष्णु से सहायता की प्रार्थना की तो बर्बरीक ने बड़े गर्व से कहा कि दानवों का नाश करने के लिए मैं अकेला ही पर्याप्त हूं, विष्णु को कष्ट देने की आवश्यकता नहीं। उसकी इस गर्वोक्ति को सुनकर ब्राह्मा ने उसे श्रीकृष्ण के हाथों मारे जाने का शाप दिया।

महाभारत युद्ध में इसने पांडवों का साथ दिया और इसके पराक्रम से कौरव पक्ष में कोलाहल मच गया। किंतु इसका प्रहार श्रीकृष्ण के पैर पर हुआ तो उन्होंने चक्र से इसका सिर काट डाला। यह देवी का भक्त था और देवी की कृपा से पुनः जीवित हो गया। तब कृष्ण के परामर्श से यह गुप्त क्षेत्र में निवास करने लगा।

बल

1. कश्यप और दिति का पुत्र एक दैत्य जिसने सौ वर्षों तक ब्रह्मचर्य व्रत का पालन करके घोर तपस्या की। उसके बाद दिति ने इससे स्वर्ग पर आक्रमण करने के लिए कहा। किंतु कश्यप की दूसरी पत्नी अदिति से इसकी पूर्व सूचना मिल जाने पर इंद्र ने इसका वध कर दिया।
2. मयासुर का पुत्र एक मायावी दैत्य जिसने 96 प्रकार की 'माया' निर्माण करके दैत्यों को दी। एक बार इसने जमुहाई लेकर स्वैरिणा, कामिनी और पुंश्चली नामक तीन स्त्रियों को उत्पन्न किया। ये स्त्रियां एक विशेष प्रकार का पेय पिलाकर पुरुषों को उन्मत्त किया करती थीं। इसने एक बार युद्ध में इंद्र को

पराजित करके अपनी शरण में आने के लिए वाध्य किया। इंद्र ने इसकी स्तुति की और इससे इसका शरीर मांगा। इस प्रकार बल की मृत्यु हो पाई।
3. एक इक्ष्वाकुवंशी राजा जो परीक्षित और मंडूकराज की कन्या सुशोभना का पुत्र था।

बलराम

रोहिणी के गर्भ से उत्पन्न बलराम श्रीकृष्ण के सौतेले भाई थे। ये अनेक नामों से जाने जाते हैं—बलदेव, बलभद्र, संकर्षण, नीलांबर, रेवतीरमण, सीरायुध, हलधर आदि। ये शेष के अवतार माने जाते हैं। इनके जन्म के संबंध में उपलब्ध एक अन्य कथा के अनुसार पहले कंस की कैद में देवकी ने इन्हें कुछ महीने तक अपने गर्भ में धारण किया। फिर योगमाया से ये गोकुल में रह रहीं वसुदेव की दूसरी पत्नी रोहिणी के गर्भ में पहुंचकर वहीं पैदा हुए।

बलराम देखने में सुंदर थे। सदा नीले वस्त्र और कमलों की माला धारण करते थे। ये कृष्ण के सहपाठी भी थे। गदा-युद्ध में प्रवीण थे और इन्होंने भीम और दुर्योधन को इस कला की शिक्षा दी थी। हल और मूसल इनके प्रधान अस्त्र थे। आनर्त देश की राजकुमारी रेवती से इनका विवाह हुआ। कहते हैं कि रेवती 21 हाथ लंबी थी और बलराम ने अपने हल से खींचकर उसे छोटा किया था। एक बार कृष्ण का पुत्र साम्ब दुर्योधन की कन्या लक्ष्मणा का हरण करते समय बंदी बना लिया गया था। तब बलराम ने ही उसे छुड़ाया। बलराम सगे सात भाई थे और इनकी सुभद्रा नाम की एक बहन भी थी। इसी सुभद्रा का श्रीकृष्ण की सहमति से अर्जुन ने हरण किया था।

वीर और पराक्रमी बलराम महाभारत-युद्ध में कौरव-पांडवों में से किसी का साथ नहीं देना चाहते थे। उनका कहना था कि दोनों हमारे लिए समान हैं। यदि साथ देना ही हो तो हम दुर्योधन का साथ दें। श्रीकृष्ण के न मानने पर वे युद्ध आरंभ होने से पहले ही तीर्थ-यात्रा के लिए चले गए थे। महाभारत युद्ध के बाद जब यादव आपस में लड़ पड़े तो बलराम ने भी यौगिक मार्ग से देह त्याग दी।

बलवंतसिंह

गदर पार्टी के सदस्य बलवंतसिंह का जन्म 1883 ई. में पंजाब के जालंधर जिले में हुआ था। 1911 ई. में ये अमेरिका गए पर वहां इन्हें उतरने नहीं दिया गया। एक बार कनाडा में गिरफ्तार हुए लेकिन वहां से बच निकले। दुबारा बैंकांक में पकड़े गए और वहां के अधिकारियों ने इन्हें अंग्रेजों को सौंप दिया। सशस्त्र विद्रोह द्वारा अंग्रेज सरकार को उखाड़ फेंकने का आरोप लगाकर 1916 ई. में लाहौर जेल में फांसी पर लटका दिए गए।

बलाक

1. एक व्याघ्र जो शिकार करके अपना भरण-पोषण करता था। इस बाघ को वर प्राप्त था जिससे यह सभी प्राणियों का अंत कर सकता था। इसे रोकने के लिए ब्रह्मा ने बाघ को अंधा कर दिया था। तब बलाक ने इस बाघ को मार डाला। बाघ के मारे जाने पर बलाक के ऊपर पुष्प वर्षा हुई।
2. एक राजा जिसे कहीं पर राजा पुरु का और कहीं पर राजा अज का पुत्र बताया गया है।

बलि

1. प्रहलाद का पौत्र बलि दैत्यराज के रूप में प्रसिद्ध है। इसने तपस्या करके शक्ति संचित की और इंद्र को पराजित करके तीनों लोकों पर अपना प्रभुत्व स्थापित कर लिया। इसने अश्वमेध यज्ञ का भी आयोजन किया। यह देखकर इंद्र को अपने पद के चले जाने का भय हुआ और वह सहायता के लिए विष्णु के पास पहुंचा

विष्णु वामन का रूप धारण करके बलि के पास गए और उनसे तीन पग भूमि की याचना की। बलि को यह याचना देखकर आश्चर्य हुआ। पर वह इस दान के लिए राजी हो गया। अब विष्णु ने अपने रूप का विस्तार किया। एक पग से समस्त भूमंडल और दूसरे से स्वर्ग को नाप लिया। जब तीसरा पग रखने के लिए कोई स्थान नहीं बचा तो बलि ने उसे अपने सिर पर रखने के लिए कहकर अपना वचन पूरा किया। विष्णु ने इसे स्वीकार करके बलि के मस्तक पर पैर रख दिया। यह देखकर प्रहलाद प्रकट हुए और विष्णु से अनुनय-विनय करके बलि के लिए विश्वकर्मा द्वारा निर्मित मृत्युहीन लोक में निवास की आज्ञा प्राप्त कर ली। इस प्रकार इंद्र का आसन बचा रह गया।
2. पुराणों में वर्णित एक विख्यात राजा। एक समय संपूर्ण पूर्वी भारत उसके अधीन था। इसकी पत्नी सुदेष्णा को दीर्घतमा ऋषि से पांच पुत्र हुए। उनके नाम थे—अंग, बंग, कलिंग, पुंड्र और सह्य। कहीं छठे पुत्र आंध्र का भी नाम आता है। राजा की मृत्यु के बाद राज्य का जो भाग जिस पुत्र को मिला उसी के नाम पर उस क्षेत्र का नाम पड़ गया। पुंड्र उत्तर बंगाल का एक भाग था और सह्य बर्दमान के आसपास का क्षेत्र। अंग भागलपुर के आसपास, बंग ढाका के आसपास था और कलिंग उड़ीसा कहलाता था।

बसाढ़

लिच्छवि क्षत्रियों की राजधानी और बौद्ध ग्रंथों में वर्णित सुप्रसिद्ध नगर वैशाली का वर्तमान स्थान। यह अब बसाढ़ नाम का एक गांव भर रह गया है जो बिहार

के मुजफ्फरपुर जिले में स्थित है। महात्मा श्वेत के सभापतित्व में बौद्धों की दूसरी धर्मसभा यहीं हुई थी। बुद्ध के प्रधान शिष्य आनंद के शरीर की आधी भस्मी यहीं सुरक्षित रखी गई थी।

बल्लाह

गणेश का परम भक्त एक बालक। वह बचपन से ही गणेश पूजा में तल्लीन रहता था। उसके पिता कल्याण ने उसे पूजा से विरत करने के लिए बहुत प्रयत्न किए। यहां तक कि बालक को बांधकर पेड़ से उल्टा लटका दिया और बहुत पीटा किंतु उसे सफलता नहीं मिली। अंत में बालक के पूजा के स्थान पर बल्लाह विनायक नामक गणेश के मंदिर का निर्माण हुआ।

बहमनी राजवंश

दक्षिण के इस राजवंश का आरंभ दिल्ली के सुल्तान मुहम्मद तुगलक (दे.) के एक अधिकारी हसन ने 1347 ई. में किया। उसने तुगलक की सनक से उत्पन्न असंतोष का लाभ उठाकर अपना राज्य स्थापित किया और गुलबर्ग को राजधानी बनाकर ग्यारह वर्ष तक शासन करता रहा। हसन के अतिरिक्त इस राजवंश में तेरह और सुल्तान हुए और दक्षिण में 1518 ई. तक सत्ता में बने रहे।

बहमनी सुल्तानों का अपने पड़ोसी विजयनगर के हिंदू राज्य से तो संघर्ष चलता ही रहा, इनमें आपस में भी तख्त के लिए रक्तपात होता रहा। चार सुल्तान कत्ल किए गए और दो की आंखें फोड़ डाली गईं।

बहलोल लोदी

यह 1451 से 1479 ई. तक दिल्ली का सुल्तान रहा। दिल्ली के लोदी राजवंश की नींव इसी से पड़ी। इसके गद्दी पर बैठते समय दिल्ली का शासन काफी दुर्बल हो गया था। बहलोल ने जौनपुर, मेवात, संभल, दोआब, ग्वालियर आदि पर फिर अपनी पकड़ मजबूत की। बंगाल के सूबेदार को वहां की राजधानी लखनौती के बाजार में फांसी लगवा दी। उसके समय पश्चिमी सीमा से मंगोलों के आक्रमण का भय था। बहलोल ने अपने बड़े पुत्र को इस सीमा का हाकिम नियुक्त किया। किंतु मंगोलों ने उसे मार डाला। दिल्ली का यह शक्तिशाली सुल्तान 80 वर्ष की उम्र में पुत्र शोक में मर गया।

बहाई संप्रदाय

इस संप्रदाय का आरंभ ईरान में जन्मे बहाउल्लाह (1817-92 ई.) ने किया। अपने विचारों के कारण बहाउल्लाह को देश से निकाल दिया गया था। कट्टर

मुसलमान बहाई संप्रदाय को नास्तिक मानते हैं। बहाइयों के अनुसार हर युग में इलहाम होता और हर हजार वर्ष के बाद पैगम्बरों का जन्म होता रहता है। इस समय भारत सहित लगभग 40 देशों में इस सम्प्रदाय के अनुयायी पाए जाते हैं।

बहादुरशाह

1. 1526 से 1537 ई. तक गुजरात का सुल्तान जिसने 1534 ई. में चित्तौड़ पर कब्जा कर लिया था। एक वर्ष बाद हुमायूं ने उसे पराजित किया। 1537 ई. में पुर्तगाली गवर्नर ने इसे भेंट करने के लिए जहाज पर बुलाया और धोखे से डुबाकर मार डाला।

2. सोलहवीं शताब्दी के अंत में खान देश का शासक जो छह महीने तक अकबर की सेनाओं के विरुद्ध अपने किले की रक्षा करता रहा। लेकिन अकबर ने सुरक्षा का आश्वासन देकर उसे बात करने के लिए बुलाया और नजरबन्द कर लिया। इस प्रकार छल से अकबर ने उसके किले पर कब्जा किया।

बहादुरशाह प्रथम

औरंगजेब का लड़का और दिल्ली का सातवां मुगल बादशाह। यह शाहआलम अथवा आलमशाह के नाम से भी जाना जाता है। यह 1707 ई. में गद्दी पर बैठा। पिता ने इसके साथ अच्छा व्यवहार नहीं किया था और वर्षों तक यह पिता की कैद में रहा। इसे केवल पांच वर्ष शासन करने का अवसर मिला। इस बीच इसने राजपूतों को रियायतें देकर, मराठों में फूट डालकर और सिक्खों के नेता बंदा वैरागी (दे.) को पराजित करके अपने साम्राज्य को सुदृढ़ वनाया। 1712 ई. में इसकी मृत्यु हो गई।

बहादुरशाह द्वितीय

दिल्ली का उन्नीसवां और अंतिम मुगल बादशाह जो 1837 से 1858 ई. तक गद्दी पर रहा। किंतु वह नाममात्र का राजा था। अपने पिता अकब्रर द्वितीय की भांति वह भी अंग्रेजों की ईस्ट इंडिया कंपनी से पेंशन पाता था। 1857 ई. के प्रथम स्वतंत्रता संग्राम में सैनिकों ने उसे स्वतंत्र भारत का बादशाह घोषित किया था। जब अंग्रेजों ने दिल्ली पर कब्जा किया तो बहादुरशाह द्वितीय को गिरफ्तार करके रंगून निर्वासित कर दिया। वहां 87 वर्ष की उम्र में 1862 ई. में उसकी मृत्यु हो गई। वह शायर भी था और 'बहादुरशाह जफर' के नाम से भी जाना जाता था।

बहुलाव्रत

कन्याएं तथा युवती स्त्रियां भाद्रप्रद मास की कृष्ण चतुर्दशी को यह व्रत करती हैं।

सायंकाल नदी या तालाब में स्नान करके बालू की गाय, बछड़ा और सिंह की प्रतिमा बनाती हैं। इनकी पूजा की जाती है। उसके बाद जौ का सत्तू और गुड़ खाया जाता है। इस संबंध में प्रचलित कथा के अनुसार बहुला नाम की गाय को वन में चरते समय सिंह ने पकड़ लिया। गाय के यह कहने पर कि वह अपने बछड़े को समझाकर सिंह के पास फिर लौट आएगी, सिंह ने उसे छोड़ दिया। गाय अपने वायदे के अनुसार सिंह के पास लौट आई। उसकी सत्यवादिता को देखकर सिंह ने उसको छोड़ दिया। तभी से संतान के प्रति प्रेम और प्रतिज्ञा पालन के प्रतीक के रूप में यह व्रत किया जाता है। परंतु इस अवसर पर बड़े शृंगारिक गीत गाए जाते हैं।

बाइबिल

ईसाई धर्म का मुख्य धर्म-ग्रंथ। इसका प्राचीनतम रूप हिब्रू भाषा में सुरक्षित है। बाइबिल के दो रूप हैं—एक को 'ओल्ड टेस्टामेंट' कहते हैं। यह तीन भागों में विभाजित है। 1. नियम, 2. भविष्यवाणी और धर्मोपदेश, 3. मिश्रित विषय। दूसरा रूप 'न्यू टेस्टामेंट' कहलाता है।

इसाई धर्म में दो मत हैं—रोमन कैथोलिक और प्रोटेस्टेंट। रोमन कैथोलिक पूरी बाइबिल को मानते हैं। प्रोटेस्टेंट कुछ संदेहपूर्ण स्थलों को पृथक् करके तब उसको मान्यता देते हैं।

संपूर्ण बाइबिल का लैटिन भाषा में 400 ई. के लगभग अनुवाद हुआ। बाइबिल आज भी विश्व की सबसे अधिक बिकनेवाली पुस्तक मानी जाती है।

बाउल

बंगाल में हिंदू और मुसलमानों का ऐसा समुदाय जो गीत गाता हुआ गांव-गांव घूमता है और इस प्रकार अपनी आजीविका चलाता है। इस समुदाय में हिंदू वैष्णव भी हैं और मुस्लिम सूफी भी। इस समुदाय का सर्वप्रथम उल्लेख 15वीं शताब्दी के आसपास मिलता है। इनके सिद्धांतों में बौद्धों से लेकर सूफी संतों तक के विचार मिलते हैं। पर इनकी कुछ अपनी विशेषताएं भी हैं। नरहरि नाम के बाउल ने अपने संबंध में कहा था—'मैं बाउल इसलिए कहलाता हूं कि न तो मैं किसी मालिक की आज्ञा मानता हूं न किसी का शासन। इसी विधि-निषेध या परंपरा से चले आ रहे आचार-व्यवहार की भी मुझे परवाह नहीं।'

बागेश्वर

उत्तर प्रदेश के अल्मोड़ा जिले में स्थानीय सरयू और गोमती नदी के संगम पर स्थित एक तीर्थ। यहां बागेश्वर नाथ की प्राचीन मूर्ति है जिसे स्थानीय जनता

वाघनाथ के नाम से जानती है। मकर संक्रांति के दिन यहां उत्तराखंड का सबसे बड़ा मेला लगता है।

स्वतंत्रता संग्राम में भी बागेश्वर का बड़ा योगदान है। 'कुलीबेगार प्रथा' के रजिस्टरों को सरयू की धारा में बहाकर यहां के लोगों ने अपने अंचल में गांधीजी के असहयोग आंदोलन का श्रीगणेश किया था।

बाजबहादुर

मालवा के सूबेदार का पुत्र जिसने अपने पिता की मृत्यु के बाद 1555 ई. में स्वयं को मालवा का सुल्तान घोषित कर दिया। उसने गढ़ा प्रदेश को जीतने के लिए आक्रमण किया, परंतु वहां की रानी दुर्गावती ने उसे परास्त कर दिया। अकबर की सेनाओं ने दो बार उस पर चढ़ाई की और बाजबहादुर को भागना पड़ा। कुछ समय तक मेवाड़ के राणा उदयसिंह ने भी उसे शरण दी। अंत में अकबर ने उसको अपने दरबार में बुलाकर गायक के रूप में नियुक्त कर लिया। बाजबहादुर और गायिका रूपमती के प्रेम-संबंधों के गीत अब भी राजस्थान में प्रचलित हैं।

बाजीराव प्रथम

मराठा राज्य का दूसरा पेशवा जो 1720 से 1740 ई. तक अपने पद पर रहा। इसने महाराष्ट्र के बाहर के हिंदू राजाओं के सहयोग से 'हिंदू पद पादशाही' स्थापित करने की योजना बनाई थी। राजपूत और बुंदेलों से गठबंधन करके यह अपनी सेनाएं दिल्ली के पास तक ले गया। निजाम ने संधि भंग की तो उसे मुंह की खानी पड़ी। पुर्तगालियों से भी इसने कुछ क्षेत्र छीना। 1740 ई. में 42 वर्ष की उम्र में इसकी मृत्यु हो गई। यदि यह कुछ दिन और जीवित रहता और इसके बढ़ते प्रभाव के कारण मराठा सरदार इससे ईर्ष्या न करने लगते तो मराठों की स्थिति भिन्न हो सकती थी।

बाजीराव द्वितीय

आठवां और अंतिम मराठा पेशवा जो अयोग्य और महत्वाकांक्षी दोनों था। वह अपने योग्य प्रधान मंत्री नाना फड़नबीस (दे.) से ईर्ष्या करता था। नाना की मृत्यु के बाद उसने काफी बड़ा मराठा इलाका देकर ईस्ट इंडिया कंपनी का आश्रित होना स्वीकार किया। परंतु अंग्रेजों के साथ की गई संधि का भी उसने उल्लंघन किया। फलतः युद्ध में पराजित होकर 1818 ई. में उसे आत्मसमर्पण करना पड़ा। इस बार अंग्रेजों ने पेशवा का पद ही समाप्त कर दिया और बाजीराव द्वितीय को कुछ पेंशन देकर कानपुर के निकट बिठूर (दे.) में निर्वासित कर दिया। यहीं 1853 ई. में उसकी मृत्यु हो गई।

बाण

1. बाण जिनका पूरा नाम बाणभट्ट था, संस्कृत भाषा के सर्वश्रेष्ठ गद्यकार माने जाते हैं। ये कन्नौज के राजा हर्षवर्धन (शासनकाल—600-647 ई.) के समसामयिक और उनके दरबार के कवि थे। इनके दो ग्रंथ प्रसिद्ध हैं—'हर्षचरित' और 'कादंबरी'। 'हर्षचरित' में सम्राट हर्ष के प्रारंभिक जीवन की घटनाओं का वर्णन है। 'कादंबरी' में, जिसे संस्कृत साहित्य का सर्वश्रेष्ठ गद्यकाव्य माना जाता है, कवि ने विदिशा के राजा शूद्रक की राजसभा में मनुष्य की भांति बोलनेवाले वैशंपायन नामक तोते के माध्यम से पूरी कहानी कही है

2. राजा बलि के 100 पुत्रों में सबसे बड़ा बाण या बाणासुर था। इसकी राजधानी शोणितपुर थी। शिव के वरदान से देवता अनुचरों की भांति इसके पास रहते थे। इसकी पुत्री का नाम उषा (दे.) था। वह पूर्वजन्म में तिलोत्तमा नाम की अप्सरा थी और दुर्वासा के शाप से बाण के घर पैदा हुई थी। उषा ने श्रीकृष्ण के पोते अनिरुद्ध को योगमाया से बुलाकर अपने पास छिपा लिया था। इस पर कृष्ण और बाणासुर में युद्ध हुआ। इस युद्ध में वह पराजित हो गया। किंतु शंकर के अनुग्रह से वह अमर हो गया। बाण कंस और जरासंध का मित्र था। देवासुर संग्राम में यह सूर्य से लड़ा था।

बाणासुर के अमर रहने के संबंध में दो प्रकार के उल्लेख मिलते हैं। एक के अनुसार शंकर ने श्री कृष्ण से उनके भक्त को जीवनदान देने का अनुरोध किया था। दूसरा यह कि विष्णु प्रह्लाद को वचन दे चुके थे कि उसके किसी वंशज का वध नहीं करेंगे। अतः उन्होंने बाण की दो भुजाएं बचाकर शेष भुजाएं काटकर उसे छोड़ दिया। विद्वान इस कथा का संबंध शैव और वैष्णवों के संघर्ष से भी जोड़ते हैं।

बाणगंगा

1. कुरुक्षेत्र के ब्रह्मसर से लगभग 3 मील दूर स्थित एक तीर्थ जहां महाभारत के युद्ध में आहत होने के बाद भीष्म पितामह लेटे हुए थे। उनके पानी मांगने पर अर्जुन ने भूमि में तीर मारा और पानी की धार निकलकर सीधी पितामह के मुंह पर पड़ी। अब यहां पर पक्के घाटों का सरोवर और एक मंदिर है।

2. रामायण के अनुसार हिमालय में सोमेश्वर पर्वत से निकली एक नदी जिसका उद्गम रावण के बाण चलाने से हुआ। इसीलिए इसे बाणगंगा कहते हैं।

बादरायण

ब्रह्मसूत्र के रचयिता एक आचार्य। कहीं पर बादरायण और कृष्ण द्वैपायन व्यास को एक ही व्यक्ति बताया गया है। सामान्यतः यह माना जाता है कि ब्रह्मसूत्र के

मूल रचयिता तो जैमिनि थे परंतु बादरायण ने उन्हें नया रूप दिया। ब्रह्मसूत्र को उत्तर-मीमांसा, बादरायण सूत्र, वेदांत सूत्र आदि नाम भी दिए गए हैं। विद्वान इस ग्रंथ की रचना-पद्धति का भगवद् गीता से साम्य मानते हैं।

बानी

संतों ने पद्यशैली में जिन उपदेशों की रचना की, वे 'बानी' कहलाते हैं। रैदास, मलूक दास आदि संतों की बानियां प्रसिद्ध हैं। 16वीं शताब्दी में दादू ने भी बानियां लिखीं। कबीर और सिक्ख गुरुओं की कुछ रचनाएं भी बानियों में गिनी जाती हैं।

बाबर (1493-1530 ई.)

भारत में मुगल साम्राज्य का संस्थापक बाबर चीनी तुर्किस्तान का रहनेवाला था। 21 वर्ष की उम्र में उसने पहले काबुल पर कब्जा किया। फिर वह भारत की ओर बढ़ा। उस समय भारत में कोई शक्तिशाली केंद्रीय सत्ता नहीं रह गई थी। दक्षिण का क्षेत्र दिल्ली से स्वतंत्र था। कश्मीर, बंगाल और गुजरात के अफगान सरदार स्वतंत्र हो गए थे। राजपूत भी स्वतंत्र थे।

ऐसी स्थिति में इब्राहिम लोदी (दे.) के चाचा आलम खां ने इस आशा से बाबर को आक्रमण का निमंत्रण दिया कि उसके लौट जाने पर सत्ता आलम खां के हाथ में आ जाएगी। बाबर 1524 ई. में पंजाब में घुसा। 1526 ई. में उसने पानीपत की पहली लड़ाई में इब्राहिम लोदी को मार डाला और दिल्ली तथा आगरा पर अधिकार कर लिया। राजपूत और अफगान सरदारों से वह अलग-अलग निपटा। दो वर्ष बाद बिहार और बंगाल पर भी उसका अधिकार हो गया। इस प्रकार वह अफगानिस्तान से बंगाल तक और हिमालय से ग्वालियर तक के पूरे क्षेत्र का शासक बन गया। 1530 ई. में मृत्यु हो जाने के कारण अपनी शासन-व्यवस्था सुदृढ़ करने का अवसर उसे नहीं मिला।

बाबा खड़कसिंह

पंजाब के प्रसिद्ध स्वतंत्रता सेनानी और लाला लाजपतराय (दे.) के सहयोगी बाबा खड़कसिंह का जन्म जून 1868 ई. में सियालकोट (अब पाकिस्तान) में हुआ था। उन्होंने इलाहाबाद में शिक्षा पाई और जीवन-भर भारत को अंग्रेजों से मुक्त कराने के काम में जुटे रहे। बाबाजी अपने जीवन में तेरह बार जेल गए और बीस वर्ष जेल की दीवारों के अंदर बिताए। सिक्खों को देश के स्वतंत्रता संग्राम से जोड़ने का बहुत बड़ा श्रेय बाबा खड़कसिंह को है। 6 अक्तूबर, 1963 ई. को आपका देहांत हो गया।

बाबा फरीदी

बाबा फरीदी का पूरा नाम शेख फरीदुद्दीन मशऊद गंजे शकर था। इनका जन्म 1175 ई० में पंजाब में हुआ। ये आरंभ से ही अपना अधिक समय ईश्वर के ध्यान में बिताया करते थे। कहते हैं, एक बार रोजे समाप्त होने पर भी ये कई दिनों तक उपवास करते रहे। जब इनके गुरु ने इनसे रोजा तोड़ने के लिए कहा तो इन्होंने एक कंकड़ मुंह में डाल लिया। वह कंकड़ शकर में परिवर्तित हो गया। तभी से ये 'गंजे शकर' (चीनी की खान) कहलाने लगे। ये अनेक योगियों के संपर्क में आए। इनके लिखे हुए 112 'सलोक' सिक्खों के पवित्र गुरुग्रंथ साहब में उद्धृत हैं। निजामुद्दीन औलिया बाबा फरीदी के मुख्य शिष्य थे। 1265 ई. में आपका निधन हुआ।

बाबा लाखूराम

इनका जन्म 1870 ई. में मांटगोमरी (अब पाकिस्तान) में हुआ था। ये 1921 ई. के असहयोग आंदोलन के समय अपना व्यवसाय छोड़कर स्वतंत्रता संग्राम में कूद पड़े। 1930 में भी इन्हें सविनय अवज्ञा आंदोलन के समय जेल में बंद किया गया। वहां राजनीतिक बंदियों के साथ हो रहे अमानुषिक व्यवहार के विरोध में इन्होंने अनशन आरंभ किया तो अधिकारियों ने बाबा लाखूराम को तनहाई में डाल दिया। इस पर बाबा ने अन्न के साथ जल भी त्याग दिया और इन्हीं परिस्थितियों में 13 दिसंबर 1930 ई. को मांटगोमरी जेल में इनका प्राणांत हो गया।

बाबा सोहनसिंह

'गदरपार्टी' के प्रसिद्ध नेता बाबा सोहनसिंह का जन्म अमृतसर जिले में 1870 ई. में हुआ था। 40 वर्ष की उम्र में वे काम की तलाश में अमेरिका गए। यहां लाला हरदयाल आदि क्रांतिकारियों के संपर्क में आए। प्रवासी भारतियों ने स्वतंत्रता की भावना के प्रचार के लिए 'गदर' नाम का अखबार निकाला और उसी नाम की पार्टी बनाई। इस पार्टी के लोग 1914 ई. में शस्त्र लेकर अमेरिका से भारत पहुंचे लेकिन पकड़ लिए गए। बाबा सोहनसिंह भी गिरपतार हुए और उन्हें आजन्म कारावास की सजा देकर अंडमान की जेल में बंद कर दिया गया। विभिन्न जेलों में रहने पश्चात् 16 वर्ष बाद वे रिहा हुए लेकिन द्वितीय विश्वयुद्ध में फिर पकड़ लिए गए। दिसंबर 1968 ई. में बाबा का स्वर्गवास हो गया।

बाबूराव विष्णु पराड़कर

हिन्दी के प्रसिद्ध पत्रकार। आपका जन्म 16 नवंबर 1883 ई. को वाराणसी में हुआ। कलकत्ता के 'हिन्दी बंगवासी', 'भारत मित्र' तथा 'हितवार्ता' के माध्यम से

पराड़कर जी ने पत्रकारिता के क्षेत्र में प्रवेश किया। आप राष्ट्रीय भावनाओं के पत्रकार थे। रासबिहारी घोष और अरविंद घोष जैसे क्रांतिकारियों से आपका संपर्क था। ब्रिटिश सरकार ने आपको बहुत दिनों तक नजरबंद रखा।

1920 ई. में आप वाराणसी आ गए। इसके बाद का आपका पूरा पत्रकार जीवन वाराणसी में बीता। आपने हिंदी पत्रकारिता को अनेक नये शब्द दिए। अनेक पत्रकारों के आप प्रेरणास्रोत थे। 12 जनवरी 1955 ई. को वाराणसी में आपका निधन हो गया।

बाभ्रव्य पांचाल

1. एक आचार्य जो कामशास्त्र का रचनाकार भी माना जाता है। यह वात्स्यायन का पूर्ववर्ती था। वात्स्यायन के अनुसार कामशास्त्र की प्रथम रचना श्वेतकेतु ने की थी। बाभ्रव्य ने उसका संक्षेपीकरण किया।
2. दक्षिण पांचाल के राजा का मंत्री, एक आचार्य जिसने वेद-मंत्रों का क्रम निश्चित करके उनका प्रचार किया।

वारणावत

उत्तर प्रदेश के मेरठ जिले का एक स्थान जो अब बरनावा कहलाता है। दुर्योधन ने लाक्षागृह बनवाकर यहीं पर पांडवों को जलाने का प्रयत्न किया था।

बारहट प्रतापसिंह

इस देशभक्त का जन्म 1893 ई. में राजस्थान के भीलवाड़ा जिले में हुआ था। इन्होंने ब्रिटिश शासन के विरुद्ध क्रांतिकारी आंदोलन में सक्रिय भाग लिया और रासबिहारी बोस के नेतृत्व में क्रांतिकारी आंदोलन में सम्मिलित हो गए। 1912 में दिल्ली में वायसराय हार्डिंग पर बम फेंकने के षड्यंत्र में भी ये सम्मिलित थे। बनारस षड्यंत्र के मामले में गिरफ्तार करके इन्हें 1916 में पांच साल की सजा देकर जेल में डाल दिया गया। अपने अन्य साथियों के नाम बताने के लिए जेल के अंदर उन पर बड़े भयंकर अत्याचार हुए जिनके कारण वहीं 1917 ई. में इनकी मृत्यु हो गई।

बालखिल्य

देखिए 'वालखिल्य'।

बाल गंगाधर तिलक

'स्वराज्य हमारा जन्मसिद्ध अधिकार है' की घोषणा करने वाले बाल गंगाधर

तिलक भारतीय स्वतंत्रता संग्राम के कर्णधार और राष्ट्रीय जागरण के अग्रदूत थे। आपका जन्म 22 जुलाई 1856 ई. को पूना में हुआ था। शिक्षा समाप्त करते ही आप सार्वजनिक क्षेत्र में कूद पड़े और लोगों में 'मराठा' (अंग्रेजी) और 'केसरी' (मराठी) पत्रों के माध्यम से जागृति पैदा करने लगे। महाराष्ट्र में शिवाजी का उत्सव मनाने की परंपरा डाली और गणेश उत्सव को राष्ट्रीय समारोह का रूप प्रदान किया।

इस बीच पूना में भयंकर प्लेग फैला। इस बहाने से ब्रिटिश सरकार ने लोगों को बहुत परेशान किया। जब तिलक ने अपने पत्रों के माध्यम से इसका विरोध किया तो सरकार ने राजद्रोह का आरोप लगाकर उन्हें दंडित किया। तिलक राष्ट्रीय आंदोलन में गरम दल के नेता माने जाते थे। लाला लाजपत राय और विपिनचंद्र पाल उनके साथी थे। ये तीनों उस समय 'लाल, बाल, पाल' के नाम से प्रसिद्ध थे। इस दल का कहना था कि प्रस्ताव पास करके ब्रिटिश सरकार से भारत को स्वतंत्र नहीं कराया जा सकता। अपने उग्र राष्ट्रीय विचारों के कारण तिलक को लंबी अवधि तक वर्मा की माडले जेल में बंद रखा गया। बर्मा उस समय श्रीलंका की भांति ही भारत के ब्रिटिश साम्राज्य का अंग था। इस जेल प्रवास में श्री तिलक ने 'गीता रहस्य' नामक प्रसिद्ध ग्रंथ की रचना की। इसके अतिरिक्त इनकी एक और पुस्तक प्रसिद्ध है जिसमें आर्यों के आर्य देश का वर्णन किया गया है। इन ग्रंथों से विदित होता है कि तिलक प्रथम कोटि के राजनीतिक नेता ही नहीं, विविध विषयों के प्रकांड विद्वान् भी थे।

1916 ई. में तिलक ने 'होमरूल लीग' का गठन किया। 1919 ई. में ब्रिटिश सरकार ने भारत के लिए जो एक्ट बनाया था, उससे तिलक संतुष्ट नहीं थे। उनके विचारों का ही प्रभाव था कि दिसंबर 1920 ई. में कांग्रेस के नागपुर अधिवेशन में देश का लक्ष्य औपनिवेशिक स्वराज्य के स्थान पर पूर्ण स्वराज्य घोषित किया गया। परंतु तिलक यह शुभ दिन देखने के लिए जीवित नहीं रहे। 1 अगस्त 1920 ई. को उनका देहांत हो गया।

बालधि

एक ऋषि जिन्होंने पुत्र-प्राप्ति के लिए तपस्या की। प्रसन्न होकर जब देवताओं ने इनसे वर मांगने लिए कहा तो इन्होंने सदा अमर रहनेवाला पुत्र मांगा। इस पर देव बोले—इस नश्वर सृष्टि में अमरत्व की आशा तो व्यर्थ है। हां, हम सामने के पर्वत की आयु का पुत्र देते हैं।

ऋषि को मेधावी नामक पुत्र प्राप्त हुआ। देवों के वरदान के गर्व में वह बड़ा उद्दंड हो गया। एकबार उसके अपमान से क्रुद्ध धनुषाक्ष नामक ऋषि ने उसे भस्म हो जाने का शाप दिया, पर मेधावी पर उसका कोई प्रभाव नहीं हुआ। इस पर

ऋषि ने अपने तपोबल से एक भैंसा उत्पन्न किया। भैंसे ने अपने सींगों से पहाड़ खोद डाला और इस प्रकार बालधि के पुत्र मेधावी की मृत्यु हुई।

बालमुकुंद

पंजाब के झेलम जिले में पैदा बालमुकुंद ने शिक्षा प्राप्त करने के बाद अध्यापन आरंभ किया, साथ ही क्रांतिकारी आंदोलन में भी सम्मिलित हो गए। इन्होंने हथियार चलाना सीखा, बम बनाने का प्रशिक्षण लिया और अंग्रेजों के विरुद्ध पर्चे तैयार करके लोगों में वितरित करते रहे। इन पर वाइसराय पर बम फेंकने में सहयोग का तथा 1913 ई. में लाहौर में हुए बमकांड का मुकदमा चला और 11 मई 1915 ई. को अंबाला की जेल में फांसी दे दी गई।

बाल हरिमोहन

इनका जन्म बंगाल के चटगांव (अब बांग्ला देश) जिले में हुआ था। ये युवावस्था में ही अंग्रेजों के विरुद्ध संघर्ष में सम्मिलित हुए और गदर पार्टी के सदस्य बन गए। अप्रैल 1930 ई. में इन्होंने अंग्रेजों के चटगांव शस्त्रागार पर आक्रमण में भाग लिया और फरार हो गए। ब्रिटिश सैनिकों के साथ जलालाबाद की पहाड़ियों में हुई मुठभेड़ में 22 अप्रैल 1930 ई. को शहीद हो गए।

इनके साथी बालप्रकाशचंद्र ने भी चटगांव के शस्त्रागार के आक्रमण में हिस्सा लिया और वे भी 22 अप्रैल 1930 ई. की मुठभेड़ में शहीद हो गए।

बालावती

कण्व ऋषि की एक कन्या जिसने पति-प्राप्ति के लिए कठोर तप किया। एक बार सूर्य उसके यहां आए, उन्होंने बालावती को कुछ बेर देकर पकाने के लिए कहा। उसने बेर चूल्हे पर चढ़ाए। सब ईंधन जल गया, पर बेर नहीं पके। इस पर बालावती ने अपने पांव ही चूल्हे में डाल दिए। उसका साहस और उत्सर्ग भाव देखकर सूर्य ने उसे सारी मनोकामनाएं पूर्ण होने का वर दिया।

बालि

किष्किंधा का प्रसिद्ध वानरराज और सुग्रीव का बड़ा भाई। इसकी पत्नी तारा इसके आमात्य तारक की या सुषेण वानर की कन्या थी। इसे ब्रह्मा के अश्रुबिंदुओं से या इंद्र के अंश से उत्पन्न भी बताया गया है। यह बड़ा बलवान था और एक बार इसने पुष्कर क्षेत्र में रावण को भी पराजित कर दिया था। जब इसने दुंदुभि नामक राक्षस का वध करके उसका शव दूर फेंका तो रक्त की कुछ बूंदें ऋष्यमूक पर्वत पर मातंग ऋषि के आश्रम पर गिरी। इस पर ऋषि ने शाप दिया कि मेरे

आश्रम के एक योजन निकट आने पर तुम्हारी मृत्यु हो जाएगी।

दुदुंभि की मृत्यु हो जाने पर उसका पुत्र मायावी बालि से लड़ने आया। जब बालि और सुग्रीव ने उसका पीछा किया तो वह एक गुफा में छिप गया। सुग्रीव को बाहर खड़ा करके बालि भी उसके पीछे दौड़ा। जब दीर्घकाल तक बालि बाहर नहीं निकला और गुफा के अंदर से रक्त बहने लगा तो भाई को मृत मानकर सुग्रीव किष्किधा लौट आया, जहां लोगों ने उसे गद्दी पर बैठा दिया। कुछ समय बाद जब मायावी का वध करके बालि वापस आया तो छोटे भाई को गद्दी पर बैठा देखकर आग-बबूला हो उठा। उसने सुग्रीव को देश निकाला दे दिया और उसकी पत्नी अपने पास रख ली।

सीता की खोज में निकले राम ऋष्यमूक पर्वत पर सुग्रीव से मिले। उन्होंने सुग्रीव को बालि से युद्ध करने का परामर्श दिया और स्वयं वृक्ष की आड़ से बाण चलाकर बालि का वध कर डाला। इस अवसर पर बालि ने राम से कहा था—तुम्हारा यह काम क्षत्रियोचित नहीं था। तुम मुझसे सामने युद्ध करते। यदि सीता को ही खोजना था तो यह कार्य मैं एक दिन में कर देता और रावण का वध करके उसका शव तुम्हारे चरणों में डाल देता। बालि की इन उक्तियों का राम के पास कोई उत्तर नहीं था।

पुराणों के अनुसार बालि वेदों का ज्ञाता था और नारद ने भी इसकी स्तुति की थी। अंगद (दे.) इसी का पुत्र था।

बावरीपंथ

संतों के इस पंथ की संस्थापिका कवयित्री बावरीसाहिबा थीं। उनकी परंपरा का आरंभ गाजीपुर जिले के पटना गांव से माना जाता है। वहां के रामानंद की शिष्य परंपरा में ही बावरीसाहिबा थीं। इनसे पहले तीन साधक और हुए किंतु इन्होंने साधना के क्षेत्र में जो कुशलता पाई उसे देखते हुए बाद में लोगों ने पंथ का नाम ही 'बावरीपंथ' रख दिया। बावरीसाहिबा का समय पंद्रहवीं शताब्दी माना जाता है। इस पंथ में व्यक्तिगत सदाचार और नैतिकता की ओर बड़ा ध्यान दिया जाता है।

बावरीपंथ में मूलासाहब, गुलालसाहब, भीखासाहब आदि अनेक विचारक संत और कवि हुए हैं।

बाष्कलि

1. एक तत्वदर्शी जिनका एक ऋषि से शास्त्रार्थ हुआ था। शंकराचार्यजी ने अपने 'ब्रह्मसूत्र' में इसका उल्लेख किया है। बाष्कलि ने बार-बार ऋषि से पूछा कि ब्रह्म कैसा है? पर ऋषि मौन रहे। अंत में बाध्य होकर उन्होंने उत्तर दिया कि मौन

रहकर ही मैं व्यक्त कर चुका हूं कि ब्रह्म अनिवर्चनीय है, शब्दों में उसका वर्णन संभव नहीं।
2. एक दैत्य जिसने तपस्या करके सारे लोक जीत लिए। अंत में इसका पराभव भी, बालि की भांति, विष्णु ने तीन पग भूमि दान में मांगकर कर दिया।

बाहु

इक्ष्वाकुवंश का एक राजा जो राजा सगर (दे.) का पिता था। इसका राज्य शक, कंबोज आदि राजाओं की सहायता से हैहय राजा तालजंघ ने छीन लिया। बाहु को जंगल में और्व ऋषि के आश्रम में शरण लेनी पड़ी। वहीं उसकी मृत्यु हो गई। सगर का जन्म पिता की मृत्यु के बाद ऋषि आश्रम में हुआ था।

बाह्लीक

कुरुवंश के एक राजा प्रतीप और शिवि देश की राजकुमारी सुनंदा का पुत्र जो शिवि के राज्य का उत्तराधिकारी बना। यह जरासंध का मित्र और मथुरा पर आक्रमण में उसका सहायक था। इसकी बहिनों—रोहिणी और पौरवी का विवाह वसुदेव के साथ हुआ था। महाभारत युद्ध में यह कौरवपक्ष का एक सेनापति था और भीम के हाथों मारा गया।

बिठूर

कानपुर के निकट उत्तर प्रदेश का एक कस्बा जो प्राचीन काल में उत्पलारण्य कहलाता था। यहां पर ब्रह्मा ने प्रजा उत्पत्ति की इच्छा से यज्ञ किया था और ब्रह्मेश्वर महादेव की स्थापना की थी। इस यज्ञ से प्राप्त सिद्धि से उन्होंने स्वयंभुव मनु और शतरूपा को उत्पन्न किया। ब्रह्मा के यज्ञ करने से यह 'ब्रह्मावर्त कहलाया। यज्ञ के स्थान की आज भी पूजा होती है। उसे ब्रह्मा की खूंटी कहते हैं। जब यहां स्वयंभुव मनु का राज्य हुआ तब यह महिष्मतीपुरी कहलाया।

1818 ई. में अंग्रेजों ने अंतिम मराठा पेशवा बाजीराव द्वितीय (दे.) को पराजित करके यहां भेज दिया था। उन्होंने इसका राज्य ले लिया और इसे आठ लाख रुपए वार्षिक की पेंशन दे दी। बाद में यह स्थान नाना साहब और तांत्याटोपे के कारण 1857 ई. के प्रथम स्वतंत्रता संग्राम का प्रमुख केंद्र बना।

बिंदुमती

1. एक कन्या जिसका जन्म मदन की पत्नी रति के आंसुओं से हुआ था। मदन का जब पुनर्जन्म हुआ तो रति की आंखों से आनंद के आंसू बहने लगे। उन्हीं से यह कन्या पैदा हुई थी। वय प्राप्ति पर इसका राजा ययाति से विवाह हुआ।

गर्भावस्था में पृथ्वी भ्रमण की इसकी इच्छा पूरी करने के लिए राजा राज्य का भार अपने पुत्र पुरु को सौंपकर इसे प्रदक्षिणा के लिए ले गए थे।

2. ऋषभदेव के वंश में उत्पन्न मरीचि राजा की पत्नी।

3. मांधाता राजा की पत्नी जो सोमवंश के शर्शबिंदु राजा की पुत्री थी।

बिंदुसार

1. मौर्य राजवंश के प्रवर्तक चंद्रगुप्त मौर्य का पुत्र और उत्तराधिकारी जिसका शासनकाल 300 ई. पूर्व से 273 ई. पूर्व तक माना जाता है। इसने अपने शत्रुओं पर विजय पाई और इसके समय में कलिंग को छोड़कर शेष दक्षिण भारत भी मौर्य साम्राज्य में सम्मिलित हो चुका था। पश्चिम से भी इसने संबंध बनाए। एक यूनानी राजदूत इसके दरबार में रहा करता था। इसका उत्तराधिकारी इसका यशस्वी पुत्र अशोक हुआ।

2. शिशुनागवंश का एक राजा जो क्षत्रौजा का पुत्र था। जैन और बौद्ध साहित्य में इसका उल्लेख 'श्रेणिक बिंबिसार' नाम से मिलता है।

बिंबसार

मगध का प्रसिद्ध राजा जो महावीर और गौतम बुद्ध का समकालीन था। इसके पिता भट्टिय ने जो कुमारसेन राजा का सेनापति था, कुमारसेन को मरवाकर बिंबसार को गद्दी पर बैठाया था। इसने अपने राज्य का बहुत विस्तार किया। पटना के निकट राजगृह को नई राजधानी बनाया। वैशाली और कौशल राज्यों से वैवाहिक संबंध स्थापित किए। बौद्ध साहित्य के अनुसार सारनाथ में 'धर्मचक्र प्रवर्तन' के बाद गौतम बुद्ध सबसे पहले बिंबसार से ही मिलने गए थे।

बिंबसार का अंत बड़ा दुखद रहा। इसके पुत्र अजातशत्रु ने राजगद्दी के मोह में इसका वध करना चाहा। एक विवरण के अनुसार अजातशत्रु को इसमें सफलता नहीं मिली और बिंबसार ने स्वेच्छा से राजगद्दी अपने पुत्र को सौंप दी। किंतु अजातशत्रु इतने से संतुष्ट न हुआ। उसने पिता को कैद कर लिया। उन्हें अमानवीय कष्ट दिए गए। पैरों में नाई से घाव करवाकर उनमें नमक भरवा दिया गया। जलते कोयलों से पैर दागे गए। इस प्रकार तड़प-तड़पकर बिंबसार के प्राण निकले।

बिरसा मुंडा (1875-1900 ई.)

बिहार के रांची और सिंहभूमि जिलों के आदिवासी क्षेत्रों का नेता जिसने अपनी मुंडा जाति को तीरकमानों से अंग्रेजों का सामना करने के लिए खड़ा किया। वह ईसाई धर्मप्रचारकों का जमाना था। वे आदिवासी रीति-रिवाजों का उपहास

करते थे। बिरसा ने थोड़ी शिक्षा पाई थी। वह धीरे-धीरे लोगों को उपदेश देने लगा। उन्हें समाज सुधार के मार्ग पर ले जाना उसका उद्देश्य था। वह लोगों को उनके जातीय गौरव का स्मरण कराता था।

बिरसा के प्रभाव से ईसाई धर्म स्वीकार करनेवालों की संख्या कम होने लगी तो सरकार ने अशांति फैलाने का आरोप लगाकर बिरसा को जेल में डाल दिया। बिरसा की रिहाई के बाद उसके अनुयायियों ने अंग्रेजों के विरुद्ध तीर-कमान उठा लिए। ब्रिटिश साम्राज्य के पुतले जलाए जाने लगे। बिरसा के नेतृत्व में नए स्वतंत्र राज्य की योजना बनी। पुलिस-थाने जलाए गए। बिरसा की गिरफ्तारी का वारंट फिर निकला और इसके लिए इनाम की घोषणा की गई। अंग्रेजों ने जब सेना भेजी तो बंदूकों के सामने तीर-कमान का आंदोलन दब गया। लेकिन बिरसा उनके हाथ नहीं लगा। परंतु बाद में इनाम के लालच में उन्हीं की जाति के दो व्यक्तियों ने बिरसा को गिरफ्तार करवा दिया। कुछ ही दिन में जेल में उनकी मृत्यु हो गई। कहते हैं बिरसा को विष दिया गया था। बिरसा को आज भी 'बिरसा भगवान' के नाम से याद किया जाता है और इनके गीत गाए जाते हैं।

बिल्व

एक वैष्णव। यह बेलपत्र के वृक्ष के नीचे रहता था, इसलिए बिल्व कहलाता था। इससे प्रसन्न होकर इंद्र ने कहा—तुम पृथ्वी का राज्य संभालो। बिल्व ने इंद्र से वज्र मांगा जिससे शासन करने में सुविधा हो। इंद्र ने उत्तर दिया—तुम जब भी कामना करोगे वज्र तुम्हें उपलब्ध हो जाएगा।

कुछ समय बाद कपिल नामक एक शैव इसके पास आया और दोनों में मैत्री हो गई। एक दिन उनमें इस विषय पर शास्त्रार्थ हुआ कि 'तप श्रेष्ठ है या कर्म' इसी में इतना विवाद हुआ कि बिल्व ने इंद्र के वज्र का स्मरण किया और उससे कपिल के दो टुकड़े कर दिए। कपिल भी शिवभक्त था। शिव की कृपा से वह पुनः जीवित हो गया। बिल्व ने वर-प्राप्ति के लिए विष्णु की आराधना की, पर कोई लाभ नहीं हुआ। अंत में वह भी शिवभक्त बन गया और महाकाल वन में शिव की आराधना करने लगा।

2. बिल्व या बेल शंकर तथा पार्वती का प्रिय और पवित्र वृक्ष है। इसके नीचे पूजा-पाठ करना पुण्यप्रद माना जाता है। शिव की पूजा में तो बेलपत्र चढ़ाना आवश्यक है ही, सामान्यतः भी पूजा की सामग्री में गंगाजल और बेलपत्र अवश्य होते हैं।

बिल्वमंगल

पंद्रहवीं शताब्दी के उत्तरार्ध के एक वैष्णवभक्त और संत। इनका संबंध केरल के

पद्मनाग मंदिर से जोड़ा जाता है। इन्होंने संस्कृत में 'कृष्णकर्णामृत' नामक कविता संग्रह की रचना की। इसमें राधा और कृष्ण की भक्ति के पद संग्रहीत हैं। इस ग्रंथ का भक्त समाज में बड़ा आदर है।

बिल्हण

कश्मीर का एक प्रसिद्ध कवि जिसने 'विक्रमांक देव चरित' की रचना की थी।

बिशप

ईसाई धर्म समुदाय का अध्यक्ष। यह नाम दूसरी शताब्दी के प्रारंभिक दशकों से चला आ रहा है। विशप 'पट्टशिष्यों' (एपोसल्स) के उत्तराधिकारी माने जाते हैं जिन्होंने पौरोहित्य संस्कार की पूर्णता प्राप्त कर ली है। विशप चर्च का प्रशासन और ईसा के प्रदान किए अधिकार के बल पर अपनी प्रजा का आध्यात्मिक संचालन करता है।

बिहार

आधुनिक बिहार में प्राचीन काल के अंग, वज्जि और मगध सम्मिलित हैं। बारहवीं शताब्दी तक इस पूरे राज्य का नाम मगध ही था। इसी समय यहां बौद्ध मठ (विहार) अधिक थे। उसी से बिहार नाम पड़ा है। आधुनिक पटना प्राचीन पाटलिपुत्र के स्थान पर बसा है। पहले यह मौर्य सम्राटों की राजधानी था। अशोक के समय मगध और पाटलिपुत्र की चतुर्दिक ख्याति थी।

शेरशाह सूरी (दे.) ने जब हुमायूं को भगाकर दिल्ली पर कब्जा किया तो पाटलिपुत्र के स्थान पर उसने पटना नगर बसाया। 1764 ई. में अंग्रेजों ने बिहार को जीतकर इसे बंगाल प्रेसीडेंसी का हिस्सा बना लिया। 1911 ई. तक यही स्थिति रही। 1911 ई. में जब 'बंगभंग' समाप्त हुआ तो बिहार और उड़ीसा बंगाल प्रेसीडेंसी से पृथक् परंतु दोनों साथ-साथ रहे। 1936 ई. में ये दोनों अलग-अलग प्रांत बने।

जनसंख्या की दृष्टि से देश के दूसरे नंबर के प्रदेश बिहार की स्पष्ट भौगोलिकता है। यह दो भागों में बंटा है। उत्तरी बिहार—समतल और उर्वरक है। दक्षिणी बिहार—जिसमें छोटा नागपुर और संथाल परगना जिले शामिल हैं। पठारी और घने वनों का प्रदेश है। मुख्यत: कृषि प्रधान होते हुए भी बिहार खनिजों के मामलों में देश का सबसे समृद्ध राज्य है। देश के कुल खनिजों का लगभग चालीस प्रतिशत इसी राज्य से निकाला जाता है। बोधगया, नालंदा और राजगीर जैसे स्थानों के कारण यहां विदेशों से भी बौद्ध तीर्थयात्री निरंतर आते रहते हैं। इसकी राजधानी पटना (दे.) है।

बिहारशरीफ

पटना से लगभग 50 कि.मी. दूर स्थित बिहारशरीफ प्राचीन काल में मगध की राजधानी था। यहां पर भगवान बुद्ध ने उपदेश दिए थे। इसके निकट ही बौद्ध-काल का प्रसिद्ध नालंदा (दे.) विश्वविद्यालय था जहां दूर-दूर के देशों के लोग शिक्षा प्राप्त करने के लिए आया करते थे।

बिहारीलाल

हिंदी के रीतिकाल के शृंगारिक कविता के प्रसिद्ध कवि। इनका जन्म 1595 ई. में ग्वालियर में हुआ था। ये घरबारी चौबे थे। बिहारी के पिता, जब ये सात-आठ वर्ष के थे, ग्वालियर से ओरछा चले गए थे। वहीं बिहारी ने प्रसिद्ध कवि केशवदास से काव्य की शिक्षा ग्रहण की। बिहारी दोहा-छंद में सिद्धहस्त थे। इनकी लिखी 'सतसई' सबसे अधिक प्रसिद्ध है।

बीजक

संत कबीर की उपदेशात्मक छोटी रचनाओं का ग्रंथ। कबीर पढ़े-लिखे नहीं थे। वे जनता को जो उपदेश देते वह लोकभाषा में भजन का गेय पदों के रूप में होता था। उनके एक शिष्य ने सं. 1627 वि. में इन उपदेशों को 'बीजक' नाम से संग्रहीत किया।

बीर टिकेन्द्र जीतसिंह

मणिपुर राज्य के महाराज बीर टिकेन्द्र जीतसिंह अपने राज्य के प्रधान सेनापति भी थे। उनका जन्म 1858 ई. में हुआ था। जब अंग्रेजों ने महाराजा की सत्ता समाप्त करके मणिपुर को अपने राज्य में मिलाना चाहा तो इन्होंने उसका विरोध किया। इनके साथ थांगल (जनरल) भी थे। परंतु इनकी सीमित शक्ति अंग्रेजों के सैन्य बल का सामना नहीं कर पाई। महाराज कुमार और थांगल दोनों को गिरफ्तार कर लिया गया। अंग्रेज सरकार के विरुद्ध युद्ध छेड़ने के अपराध में दोनों 13 अगस्त 1919 ई. को फांसी पर लटका दिए गए।

बीरबल

अकबर के नवरत्नों में सबसे अधिक लोक-प्रसिद्ध बीरबल कानपुर के कान्यकुब्ज ब्राह्मण गंगादास के पुत्र थे। इनका असली नाम महेशदास था। कुछ इतिहासकारों ने इन्हें राजपूत सरदार बताया है। बीरबल अकबर के स्नेहपात्र थे। अकबर ने इन्हें 'राजा' और 'कविराय' की उपाधि से सम्मानित किया था। बीरबल उच्च-कोटि के सेनापति तो नहीं थे किंतु प्रतिभाशाली कवि थे। पर उनका साहित्यिक

जीवन अकबर के दरबार में मनोरंजन करने तक ही सीमित रहा। मुगल सेना के नायक के रूप में पश्चिमोत्तर सीमाप्रांत के एक युद्ध में बीरबल की मृत्यु हो गई।

बुंदेलखंड

स्वतंत्रता से पहले तक उत्तर प्रदेश के हमीरपुर, बांदा, जालौन, झांसी आदि जिलों तथा मध्यभारत की एक दर्जन के लगभग देशी रियासतों में बंटा हुआ क्षेत्र। अब यह भू-भाग उत्तर प्रदेश और मध्य प्रदेश में है। मान्यता है कि पहले यहां गोंड राज्य करते थे। चंदेलवंश के राजपूतों ने उन्हें परास्त करके अपनी सत्ता स्थापित की। बुन्देल राजपूतों द्वारा शासित होने के कारण इसका नाम बुन्देलखंड पड़ा। बुन्देले अपने को देवी के सामने आत्मबलि देने का प्रयास करने वाले गहरवार वंश के वंशी अपने को पंचम का वंशज बताते हैं।

बुध

1. एक ग्रह जो सूर्य के सबसे निकट है। अनुमान है कि चंद्रमा की तरह यह भी अपनी धुरी और सूर्य की कक्षा में घूमता है। यह 88 दिन में सूर्य का एक चक्कर लगाता है। अनुमान है कि पहले बुध आज की अपेक्षा दुगुना बड़ा था। लेकिन सूर्य के ताप के कारण यह घटता गया। जिस समय यह सूर्य के निकटतम रहता है, इसका तापमान 400 डिग्री सेल्सियस हो जाता है।

प्राचीन आख्यानों में इसे आकाश में स्थित नवग्रहों में से एक बताया गया है। इसका जन्म बृहस्पति की पत्नी तारा के गर्भ से हुआ था जिसका सोम (चंद्रमा) ने अपहरण कर लिया था। बुध का विवाह मनु की कन्या इला से हुआ। इसकी संतान पुरुवसा थी। बुध ग्रह सौरमंडल में शुक्र से दो लाख योजन की दूरी पर स्थित माना जाता है। यह एक शुभ ग्रह है, किंतु जब सूर्य का उल्लंघन करता है तो अनावृष्टि होती है।

2. एक स्मृतिकार जिन्होंने गर्भाधान से लेकर श्राद्ध तक के सभी संस्कारों के विषय में अपने विचार प्रकट किए हैं।

3. एक राक्षस जो पुलह और श्वेता के पुत्रों में से था।

बुद्धगुप्त

गुप्त राजवंश की मुख्य शाखा का अंतिम सम्राट जो 476 से 495 ई. तक शासनारूढ़ रहा। इसने अपने साम्राज्य को अखंड बनाए रखने के लिए जीवन-भर प्रयत्न किया। लेकिन इसकी मृत्यु के बाद पहले तोरमाण और बाद में उसके पुत्र मिहिरगुल के नेतृत्व में हूणों ने आक्रमण करके गुप्त साम्राज्य को छिन्न-भिन्न कर दिया।

बुद्धघोष

प्रसिद्ध बौद्ध विद्वान् जिनका समय ईसा की चौथी शताब्दी का आरंभकाल माना जाता है। इनका जन्म गया में बोधिवृक्ष के निकट ही किसी स्थान पर हुआ था। अल्पकाल में ही वेदाध्ययन पूरा करके ये घूमने और शास्त्रार्थ करने लगे। इसी क्रम में रेवत नामक बौद्ध स्थविर से पराजित होने पर इन्होंने बौद्ध धर्म ग्रहण कर लिया। बुद्धघोष ने श्रीलंका की भी यात्रा की। इनके रचे हुए बौद्ध धर्म, विषयक 13 महत्वपूर्ण ग्रंथ हैं। पालिभाषा में 'अट्टकथा' की रचना करनेवाले ये प्रथम विद्वान् थे।

बूर्जुवा

राजनीतिक शब्दावली में बूर्जुवा शब्द का अर्थ साधन संपन्न हैं। जो जमीन-जायदाद, कल-कारखाने आदि उत्पादन के साधनों के स्वामी या नियंत्रक हैं तथा इनका उपयोग अपने व्यक्तिगत और वर्गगत हितों के लिए करते हैं, इसी वर्ग में आते हैं। साम्यवादी विचारधारा के अनुसार वर्तमान काल में समाज मुख्यत: दो वर्गों में बंटा है—बूर्जुवा जिनके पास सब साधन हैं और सर्वहारा जिनके पास अपने शारीरिक श्रम के अतिरिक्त और कोई साधन नहीं है। सर्वहारा वर्ग अपनी स्थिति सुधारने के लिए संघर्षरत है और यही वर्तमान असंतोष का मूल कारण है।

बृबुतक्ष

पणियों का अधिपति जो बड़ा दानी था। पणि लोग नीची जाति के माने जाते थे और इनका दिया दान कोई भी ऋषि स्वीकार नहीं करता था। भारद्वाज अपने परिवार के साथ घने वन में रहते थे। उनके पास आजीविका का कोई साधन नहीं था। अत: उन्होंने पणि (व्यापारी) बृबु का दिया हुआ भारी मात्रा में उपहार स्वीकार किया। एक स्थान पर इसे पणियों का उन्मूलन करने वाला बताया गया है। इसका आशय व्यापारिक स्पर्धा में पराजित करना ही सकता है।

बृहत्संहिता

ज्योतिर्विज्ञान के महान भारतीय विद्वान् वराहमिहिर द्वारा रचित प्रसिद्ध ग्रंथ। वराहमिहिर का समय 475-550 ई. माना जाता है। इस ग्रंथ में भारतीय धर्म विज्ञान, मूर्तिशास्त्र और धार्मिक स्थापत्य पर उस काल की प्रामाणिक सामग्री उपलब्ध है।

बृहदश्व

1. इक्ष्वाकु वंश का एक राजा जिसकी राजधानी श्रावस्ती थी। इसका उल्लेख

आदर्श और प्रजारक्षक राजा के रूप में मिलता है। अपने पुत्र कुवलाश्व को राज्य सौंपकर यह वन जाने लगा तो उत्तंग ऋषि ने इससे पहले धुंध नामक दैत्य का संहार करने की याचना की। इस पर राजा ने अपने पुत्र को भेजकर उस दैत्य का संहार किया।

2. एक महर्षि जिन्होंने राजा नल की कथा सुनाकर युधिष्ठिर का विषाद कम किया था। ये शरशैया पर पड़े भीष्म से मिलने के लिए भी गए थे।

बृहद्बल

1. कौशल का एक सम्राट जिसे युधिष्ठिर के अश्वमेध यज्ञ के समय भीम ने परास्त किया था। इसने यज्ञ में चौदह हजार अश्व भेंट किए। महाभारत युद्ध में यह कौरवों का साथी था। अभिमन्यु से युद्ध करते हुए उसी के हाथों मारा गया।

2. गांधार के राजा सुदल का शकुनि का भाई। ये दोनों द्रौपदी के स्वयंवर में उपस्थित थे।

बृहन्नला

देखिए 'बृहन्नला'।

बृहस्पति

1. ऋषि अंगिरा और उनकी पत्नी सुनीपा (श्रद्धा) के गर्भ से उत्पन्न बृहस्पति देवताओं के गुरु थे। ये अत्यंत पराक्रमी थे। युद्ध में अजेय होने के कारण योद्धा इनकी प्रार्थना करते थे। धनुष-वाण और सोने का परशु इनके हथियार थे। तारा और शुभा इनकी पत्नियां थीं। एक बार सोम (चंद्रमा) तारा को उठा ले गया। इस पर सोम और बृहस्पति में युद्ध हुआ। ब्रह्मा के हस्तक्षेप करने पर सोम ने तारा लौटा दी। बाद में तारा के गर्भ से चंद्रमा का बुध नाम का पुत्र उत्पन्न हुआ जिससे चंद्रवंश चला।

बृहस्पति को यज्ञ संपन्न करानेवाला पुरोहित भी कहते हैं। देव-दानव युद्ध में बृहस्पति ने बड़ी कूटनीति का परिचय दिया। दानवों ने संजीवनी विद्या के बल पर जब देवों को परास्त करना आरंभ किया तो इंद्र ने दानवों के आचार्य शुक्राचार्य का तप भंग करने के लिए अपनी कन्या जयंती को उनके पास भेजा। शुक्राचार्य जयंती के मोह-पाश में फंस गए। अवसर का लाभ उठाकर बृहस्पति ने शुक्राचार्य का रूप धारण करके दानवों को भ्रमित कर दिया और वे पराजित हो गए।

2. स्मृतिकार के रूप में भी बृहस्पति का उल्लेख मिलता है। ये चार्वाक दर्शन के

प्रणेता भी बताए गए हैं। इन्हें नास्तिक दर्शन का पूर्वाचार्य समझा जाता है। इनके मतानुसार न स्वर्ग है, न अपवर्ग। परलोक से संबंध रखनेवाला आत्मा भी नहीं है।

3. एक ग्रह जो सबसे विशाल है। कहते हैं, यदि सब ग्रहों को जोड़ दिया जाए तो भी बृहस्पति का आकार उससे डेढ़ गुना अधिक होगा। वैज्ञानिकों का अनुमान है कि बृहस्पति में तारा और ग्रह दोनों की विशेषताएं हैं। यह सूर्य के समान ही अपनी ऊर्जा भी फैलाता है। अब तक बृहस्पति के सोलह उपग्रह गिने गए हैं।

बृहस्पति स्मृति

बृहस्पति स्मृति का धर्मशास्त्रों में महत्वपूर्ण स्थान है। इसके रचयिता बृहस्पति याज्ञवल्क्य और मनु के बाद पैदा हुए थे। यद्यपि यह स्मृति पूरी प्राप्त नहीं है, फिर भी जो अंश उपलब्ध हैं उनमें कुछ स्थानों पर मनु के विधि संबंधी नियमों की पूर्ति, विस्तार और व्याख्या की गई है। इसमें दीवानी और फौजदारी के विवादों में स्पष्ट भेद किया गया। बृहस्पति इस बात पर जोर देते हैं कि किसी वाद का निर्णय केवल शास्त्रों में लिखित नियमों के आधार पर न करके युक्ति और औचित्य का ध्यान रखकर करना चाहिए।

बेट द्वारका

द्वारका (दे.) के आगे अंतिम रेलवे स्टेशन ओरवा है। ओरवा से मोटर नौका में बैठकर बेट द्वारका जाते हैं। बेट द्वारका एक पथरीला टापू है। यहां के मंदिर चहारदीवारी के अंदर हैं। इनकी बनावट शिखरवाले मंदिरों की भांति न होकर वे दो या तीन मंजिले भवनों की तरह हैं। सबसे बड़ा महल श्रीकृष्ण का है। सत्यभामा, जामवंती, रुक्मिणी, राधा आदि के भी महल हैं। ये बड़े आकर्षक ढंग से सजाए गए हैं। मूर्तियों का श्रृंगार भी बड़ा कीमती है।

समुद्रविज्ञान के विशेषज्ञों और पुरातत्वविदों की नवीनतम खोजों में समुद्र के अंदर से प्राचीन द्वारका के अवशेष मिले हैं जिससे इस नगर की ऐतिहासिकता सिद्ध होती है। पौराणिक आख्यानों के अनुसार श्रीकृष्ण के परलोकगमन करते ही द्वारका समुद्र में लीन हो गई थी।

बेताल

हिंदी भाषी क्षेत्रों में लोक में प्रचलित छंदों के रचयिता बेताल जाति के बंदीजन थे। इनके समय के संबंध में मतैक्य नहीं है। कोई इनका जन्म 1677 ई. में बताता है, कोई 1872 ई. में। इनके लोकप्रिय छप्पयों में दुर्जन, सज्जन, ज्ञान, धन, बुद्धि, पुत्र, राजा, स्त्री आदि से संबंधित विषयों का समावेश मिलता है।

इनका रचा हुआ कोई संपूर्ण ग्रंथ अभी तक उपलब्ध नहीं है।

बेनु

ध्रुव के वंशज राजा अंग का पुत्र जो उसे यज्ञ करने के बाद प्राप्त हुआ था। किंतु यह बहुत ही दुष्प्रवृत्ति का निकला। हर किसी को सताता और अपने पिता की मृत्यु की कामना करता। बहुत समझाने पर भी जब इसने पिता की बात नहीं मानी तो राजा अंग आधी रात में चुपचाप घर छोड़कर चला गया। अराजकता के भय से ऋषियों ने बेनु का ही अभिषेक कर दिया। किंतु सिंहासन पर बैठते ही इसने घोषणा करवा दी कि कोई द्विज न होम करेगा, न दान देगा और न भजन ही करेगा। इस घोषणा से दुखी ऋषियों ने जब उसे समझाने की चेष्टा की तो दंभी बेनु बोला—विष्णु कौन है जिसकी तुम लोग भक्ति करते हो? विष्णु और सब देवता राजा के शरीर में रहते हैं। इसलिए तुम मेरी पूजा करो। इस पर ऋषियों ने क्रोध में हुंकार शब्द किया जिससे बेनु की मृत्यु हो गई।

बेलूर

कर्नाटक राज्य का यह स्थान चेन्नकेशव मंदिर के लिए प्रसिद्ध है। इस मंदिर की आकृति नक्षत्र के समान है। मंदिर में सात फुट ऊंची चतुर्भुज मूर्ति के दर्शन होते हैं। इसी के निकट कप्पे चेन्निगराय का भी मंदिर है जिसमें गणेश, सरस्वती, महिषासुर-मर्दिनी आदि की मूर्तियां हैं। बेलूर का मंदिर दीवारों पर अंकित मूर्ति-कला के लिए प्रसिद्ध है। इतनी कलात्मक, अद्‍भुत और सुंदर मूर्तियों के दर्शन अन्यत्र नहीं होते। इस स्थान का प्राचीन नाम बेलापुर है।

बेलूरमठ

पश्चिमी बंगाल में गंगा के किनारे के प्रसिद्ध बेलूरमठ की स्थापना स्वामी विवेकानंद ने की थी। रामकृष्ण मिशन का प्रधान कार्यालय यहीं पर है। यहां का रामकृष्ण मंदिर बड़ा आकर्षक है। स्वामी विवेकानंद की समाधि भी यहीं पर है।

बैशाली

प्राचीन काल का एक प्रसिद्ध नगर जिसका बौद्ध धर्म से निकट का संबंध रहा है। यह बिहार प्रदेश के मुजफ्फरपुर जिले में स्थित था। किसी समय यह लिच्छिवि क्षत्रियों की राजधानी था। भगवान बुद्ध ने कई चातुर्मास यहीं बिताए। अपने महानिर्वाण की सूचना और भिक्षुओं को अंतिम उपदेश उन्होंने यहीं पर दिया था। 443 ई.पू. में बौद्धों की दूसरी धर्मसभा भी यहीं पर हुई थी। बुद्ध को अंबपाली

ने अपना आम्रकुंज यहीं पर दान में दिया था। चीनी यात्री ह्वेनसांग ने इस नगर का बड़ा भव्य वर्णन किया है। खुदाई में यहां पर गुप्तकाल के भी अनेक अवशेष मिले हैं।

बोधगया

गया से लगभग 13 कि.मी. दूर निरंजना नदी के तट पर स्थित बोधगया प्रसिद्ध बौद्ध तीर्थ है। यहां बोधिवृक्ष के नीचे सिद्धार्थ गौतम को बोधि प्राप्त हुई और वे बुद्ध कहे जाने लगे। अपने राज्याभिषेक के दसवें वर्ष में सम्राट अशोक यहां आया और उसने एक विहार का निर्माण कराया। समुद्रगुप्त के शासनकाल (335-75 ई.) में सिंहलद्वीप के राजा ने भी यहां एक विहार बनवाया था। लेकिन बोधगया की यह ख्याति अधिक दिन तक नहीं रही। चीनी यात्री फाहियान जब 405 से 411 ई. तक भारत में था, उसे यहां केवल जंगल मिला। सातवीं शताब्दी में मध्य बंगाल के बौद्ध धर्म विरोधी राजा शशांक ने द्वेषवश बोधिवृक्ष को ही कटवा दिया था। ह्वेनसांग के अनुसार अशोक के वंशज तथा मगध के राजा पूर्णवर्मा ने यहां दूसरा वृक्ष लगवाया।

ह्वेनसांग ने बोधगया में यहाँ जो मंदिर देखा था, वह आज भी विद्यमान है। 1884 ई. में मंदिर की मरम्मत के समय बोधिवृक्ष गिर गया था, पर उसकी शाखाएं पुनः पनप गईं और वह उसी स्थान पर स्थित है, जहां गौतम बुद्ध ने तपस्या की थी। मंदिर के चार कोनों पर चार शिखर बने हुए हैं। उसके प्रांगण में भी अनेक छोटे-छोटे स्तूप हैं। प्राचीन मंदिर के अतिरिक्त यहां चीन, तिब्बत, थाइलैंड आदि देशों के बौद्धधर्मावलंबियों ने भी बड़े आकर्षक मंदिरों का निर्माण कराया है। संसार भर के बौद्ध दर्शनार्थी यहां बड़ी संख्या में आते हैं।

बोधायन

एक आचार्य जो धर्मसूत्रकारों में सबसे प्राचीन और कृष्ण यजुर्वेद शाखा के ऋषि थे। ये दक्षिण भारत में कृष्णा नदी के क्षेत्र के निवासी थे। बोधायन शाखा के अधिकतर ब्राह्मण आज भीं वहीं रहते हैं। सायण (दे.) भी इसी शाखा के थे। बोधायन का समय 500 ई. पू. और 200 ई. पू. के बीच माना जाता है। इनके धर्मसूत्र में वेदों और अन्य वैदिक वाङ्मय के पर्याप्त उदाहरण मिलते हैं। इन्होंने गणेश पूजा का भी निर्देश किया है।

बोधिसत्व

बहुत से बौद्ध अर्हत अपनी साधना से बुद्ध की पदवी पाने के अधिकारी हो जाते हैं। किंतु करुणा भाव के कारण वे सबके दुखों का नाश करने के लिए अपना सर्वस्व

त्याग देते हैं। महायान संप्रदाय के अनुसार वे ही बोधिसत्व हैं। इस संप्रदाय में बुद्ध के साथ बोधिसत्वों की भी पूजा और भक्ति की जाती है।

बोपदेव

विदर्व के निवासी प्रसिद्ध विद्वान्, कवि, वैद्य और ग्रंथकार तथा वैयाकरण बोपदेव का समय तेरहवीं शताब्दी माना जाता है। ये देवगिरि के यादव राजाओं के आश्रय में रहे। इन्होंने विभिन्न विषयों पर बड़ी संख्या में ग्रंथों की रचना की। इनके 'हरिलीला' नामक भागवत-सार और 'मुक्तिबोध' नामक संस्कृत व्याकरण ग्रंथ विशेष उल्लेखनीय है।

बोहरा

मुख्य रूप से पश्चिम भारत में बसी एक व्यापारी जाति। मान्यता है कि इनमें से अधिकांश उन हिंदू व्यापारियों के वंशज हैं जिन्हें इस्माइलियों ने इस्लाम धर्म में परिवर्तित किया। ये मुस्लिम धर्मावलंबी भी दो वर्गों में बंट गए हैं—इस्माइली बोहरे और गुजराती बोहरे। बोहरे अपनी जमात के बाहर अन्य मुसलमानों से वैवाहिक संबंध नहीं रखते। पंजाब और उत्तर प्रदेश में बोहरा या बोरा हिंदू हैं। मेरठ के बोरा स्वयं को गौड़ ब्राह्मण बताते हैं और कुमाऊं के बोरा राजपूत।

बौद्ध धर्म

बौद्ध धर्म की स्थापना सिद्धार्थ गौतम बुद्ध ने छठी शताब्दी ई. पू. के उत्तरार्ध में की थी। इस समय तक धर्म के क्षेत्र में ब्राह्मणों का एकाधिकार हो चुका था। कर्मकांड की प्रधानता थी और उसमें बड़ी जटिलताएं आ गई थीं। संपूर्ण धार्मिक साहित्य संस्कृत भाषा में होने के कारण जनसाधारण की पहुंच से बाहर था।

गौतम बुद्ध ने जिस धर्म का प्रवर्तन किया उसमें ये चीजें नहीं थीं। उन्होंने जनभाषा में अपनी बात कही और लोगों को मध्यम मार्ग अपनाने का उपदेश दिया। बौद्ध धर्म में चार आर्य सत्य बताए गए हैं—1. संसार का जीवन दुखपूर्ण है, 2. इन दुखों के कारण विद्यमान हैं, 3. इन दुखों से वास्तविक मुक्ति संभव है, 4. दुखों से मुक्ति का उपाय है।

दुखों का मूल कारण तृष्णा मानी गई है और तृष्णा की समाप्ति से दुख-मुक्ति संभव है। बौद्ध धर्म इसके लिए मध्यम मार्ग अपनाने की बात कहता है—न तो अधिक आसक्ति हो और न काया को अधिक कष्ट ही पहुंचाया जाए। आठ प्रकार का यह मार्ग 'अष्टांगिक मार्ग' कहलाता है। इसके अंग हैं—सम्यक् दृष्टि, सम्यक् संकल्प, सम्यक् वाक, सम्यक् कर्म, सम्यक् आजीविका, सम्यक् व्यायाम, सम्यक् स्मृति और सम्यक् समाधि।

बौद्ध धर्म वेद-वचन को प्रमाण नहीं मानता। वर्ण-व्यवस्था में भी उसका विश्वास नहीं है। उसके द्वार सभी वर्ण के लोगों के लिए खुले हैं। कर्मकांड और बलि आदि में इसकी आस्था नहीं। ईश्वर की सत्ता को भी यह नहीं मानता। इस मत के अनुसार ईश्वर और देवता की कल्पना से मनुष्य निष्क्रिय हो जाएगा। सदाचार को इस धर्म में बहुत ऊंचा स्थान दिया गया है। सदाचारी व्यक्ति क्रमश: उन्नत जीवन प्राप्त करता हुआ अंत में जन्म-मंरण से मुक्त हो जाएगा और बुरे कर्मों से वह नीचे गिरता जाएगा।

अपने व्यावहारिक दृष्टिकोण, जाति-पांति और ऊंच-नीच के विरोध तथा सादगी के कारण बौद्ध धर्म को देश के भीतर और बाहर फैलने में देर न लगी। इसका अधिक प्रसार गौतम बुद्ध के निर्वाण के बाद अधिक हुआ। बुद्ध के उपदेश मौखिक थे, उनके देह त्याग के बाद राजगृह में पहली बौद्ध-संगीति (महासभा) हुई। इसमें उनके तीन प्रमुख शिष्यों—काश्यप, उपालि और आनंद —ने उनकी शिक्षाओं को दोहराया। पर ये फिर भी अलिखित और गुरु-शिष्य परंपरा में चलती रही। दूसरी संगीति वैशाली में, तीसरी अशोक के समय और चौथी कुषाण सम्राट कनिष्क के शासनकाल में आयोजित की गई। बौद्ध साहित्य सर्वप्रथम 80 ई. पूर्व में तीन भागों में लिपिबद्ध किया गया। यह 'त्रिपिटक' कहलाते हैं। 'सुत्तपिटक' में बुद्ध के उपदेश संग्रहीत हैं। 'विनयपिटक' में भिक्षुसंघ के आचार-विचार और नियमों का संकलन 'अभिधम्म पिटक' बौद्ध धर्म के दार्शनिक विचारों का संग्रह है।

आगे चलकर इस धर्म में भी मतभेद होने लगे। एक मत के बौद्धों ने गौतम बुद्ध को केवल महापुरुष माना जो सत्य का साक्षात्कार करनेवाले एकमात्र बुद्ध थे। उनकी शिक्षाओं पर चलकर अन्य लोग भी इस या आगे के जीवन में निर्वाण प्राप्त कर सकते हैं। इनके अनुसार बुद्ध की न तो मूर्ति बननी चाहिए, न पूजा होनी चाहिए। इस मत को 'हीनयान' नाम से जाना जाता है।

दूसरे मत का नाम है—'महायान'। इसके अनुसार बुद्ध अकेले नहीं हुए। पहले भी अनेक बुद्ध हुए हैं और आगे भी होंगे। इस मत में बुद्ध की प्रतिमा की प्रतिष्ठा और उसकी पूजा आरंभ हो गई। बौद्ध साहित्य जो पहले जनभाषा पालि में था संस्कृत में रचा जाने लगा। यद्यपि एशिया के अनेक देशों में बौद्ध धर्म अपने पृथक् अस्तित्व को विद्यमान रख सका, पर भारत में धीरे-धीरे उसके और हिंदू धर्म के बीच का अंतर मिटने लगा। हिंदुओं ने भी गौतम बुद्ध को अवतार मान लिया।

पूर्व बुद्धों या 'बोधिसत्वों' की कथाओं का व्यापक साहित्य 'जातकों' के नाम से उपलब्ध है। पालिभाषा में इन ग्रन्थों की रचना ई. पू. तीसरी शताब्दी से पहले हो चुकी थी। बौद्ध साहित्य में 'जातकों' का बड़ा महत्वपूर्ण स्थान है। इनकी तुलना हिंदुओं के पुराणों से की जा सकती है।

बौद्ध-संगीति

महात्मा बुद्ध के परिनिर्वाण के बाद 483 ई. पू. में राजगृह में प्रथम संगीति अथवा बौद्ध-सभा का आयोजन किया गया। इसका नेतृत्व महाकाश्यप ने किया था। मान्यता है कि त्रिपिटक ग्रंथों की रचना इसी संगीति में की गई थी। गौतम बुद्ध सब उपदेश मौखिक रूप में दिया करते थे जिन्हें उनके शिष्य कंठस्थ कर लेते थे। इन्हीं का तीन खंडों में संकलन त्रिपिटक नाम से प्रसिद्ध है।

कुछ समय बाद जब बैशाली निवासी भिक्षुओं ने विनय के विरुद्ध आचरण आरंभ किया तो व्यवस्था के लिए पहली संगीति के 100 वर्ष बाद महास्थविर रैवत तथा सर्वकामा के नेतृत्व में बैशाली में ही दूसरी संगीति आयोजित की गई। तीसरी संगीति अशोक (दे.) की प्रेरणा से हुई। इसी में त्रिपिटकों को अंतिम रूप दिया गया।

तीसरी संगीति के निर्णयानुसार ही पड़ोस के देशों में बौद्ध प्रचारक भेजे गए। अशोक के पुत्र महेन्द्र श्रीलंका गए और वे अपने साथ त्रिपिटक भी लेते गए।

ब्रज

इस शब्द का शाब्दिक अर्थ होता है चरागाह अथवा पशुओं का बाड़ा। परंतु अब यह मथुरा और वृन्दावन के आसपास के क्षेत्र के लिए प्रयुक्त होता है। यह श्रीकृष्ण की बाल-लीलाओं का क्षेत्र है। भक्तिकाल के आचार्य स्वामी हरिदास, हितहरिवंश और अष्टछाप (दे.) के आठों कवि यहीं हुए। ब्रज की भाषा में उच्च-कोटि के अनेक सरस ग्रन्थों की रचना हुई।

ब्रजभाषा

ब्रजक्षेत्र की बोली ब्रजभाषा कहलाती है। तेरहवीं शताब्दी से लेकर बीसवीं शताब्दी के आरंभ तक भारत के बीच के महत्वपूर्ण अंचल की साहित्यक भाषा होने से यह 'बोली' के स्थान पर 'भाषा' कहलाई। अपने शुद्ध रूप में आज यह आगरा, धौलपुर, मथुरा और अलीगढ़ जिलों में बोली जाती है। साहित्य में ब्रजभाषा का प्रयोग सोलहवीं शताब्दी के प्रारंभ से मिलता है। सूरदास के सहित सभी कृष्णभक्त कवियों ने और सत्रहवीं-अठारहवीं शताब्दी के रीतिकालीन कवियों ने अपनी रचनाएं ब्रजभाषा में ही की हैं।

विकास की दृष्टि से ब्रजभाषा का संबंध शौरसेनी प्राकृत से जोड़ा जाता है। खड़ी बोली के प्रसार के कारण ब्रजभाषा का साहित्यिक उपयोग अब बहुत कम रह गया है।

ब्रह्म

ब्रह्म की सत्ता भारतीय धर्म, दर्शन, सामाजिक व्यवस्था आदि की आधारशिला है। यह शब्द वेदों के समय से ही प्रयुक्त होता रहा है। ब्रह्म एकमात्र ऐसी सत्ता है जो नित्य और चेतन है। शंकराचार्य ने ब्रह्म के अस्तित्व को सिद्ध करने के लिए मुख्यत: तीन प्रमाण दिए हैं—

1. संसार के सभी कार्यों और वस्तुओं का कोई न कोई मूल कारण होता है जिससे वे उत्पन्न होती हैं। इस मूल कारण का कोई कारण नहीं होता। वह अनादि अज, सनातन कारण ब्रह्म है।

2. संसार के पदार्थों और कार्यों में एक शृंखला और व्यवस्था दिखाई पड़ती है। यह अचेतन प्रकृति से संभव नहीं। अत: इसका आदिकारण चेतन ब्रह्म है।

3. ब्रह्म के सर्वदा, सर्वत्र वर्तमान होने के कारण सभी को अनुभव होता है कि "मैं हूं।"

ब्रह्म के सत्, चित्र, आनंद, अखंड, नित्य, निर्गुण, अद्वितीय आदि लक्षण बताए जाते हैं। वेदांत में इसे साकार और निराकार कहा गया है। ब्रह्म एकमात्र ऐसी सत्ता है जिस पर वेदांत के सभी संप्रदाय एकमत हैं। वेदांत के अनुसार ब्रह्म ही एकमात्र सत्ता होने के कारण वही सृष्टि का उपादान और निमित्त कारण है।

ब्रह्मचर्य

इसका मूल अर्थ है ब्रह्म। (वेद अथवा ज्ञान) की प्राप्ति का आचरण। चार आश्रमों में यह पहला आश्रम है। ऋग्वेद में भी इस शब्द का प्रयोग मिलता है। इस आश्रम में विद्यार्थी का कार्य आचार्य के घर में रहकर मृगचर्म धारण करना, भूमि पर सोना, केशों को बढ़ाना, समिधा संग्रह करना, भिक्षावृत्ति, अध्ययन और तपस्या आदि था। सूत्र ग्रंथों के अनुसार यद्यपि यह आश्रम प्रथम तीन वर्णों के लिए था फिर भी इसका पालन ब्राह्मणों के द्वारा विशेषकर, क्षत्रियों द्वारा उससे कम तथा वैश्यों द्वारा सबसे कम होता था। ब्रह्मचर्य का सामान्य अर्थ है—स्त्री चिंतन, दर्शन, स्पर्श आदि का पूरी तरह त्याग।

ब्रह्मदत्त

पांचाल देश के कांपिल्य नगर का एक राजा जो राजा नीप और शुक्राचार्य की कन्या कीर्तिमति का पुत्र था। देवल ऋषि की पुत्री सन्नति से इसका विवाह हुआ था। इसके भवन में सबकी भाषा समझनेवाली पूजनी नामक चिड़िया रहती थी। राजा के पुत्र सर्वसेन ने चिड़िया के बच्चे मार डाले तो चिड़िया ने सर्वसेन की आंखें फोड़ दीं फिर ब्रह्मदत्त के आग्रह पर भी वह वहां नहीं रुकी और भवन छोड़कर चली गई।

एकबार राजा चींटी और चींटे के विवाद को देखकर हंस पड़ा। चींटी यह कहकर चींटे से लड़ रही थी कि उसने पड़ोस की चींटियों को चुपचाप लड्डू खाने को दिए। राजा को इनका वार्तालाप सुनकर जब रानी ने हंसता हुआ देखा तो वह रुष्ट हो गई। उसे मनाने के लिए ब्रह्मदत्त को सात दिन व्रत करना पड़ा था।

ब्रह्मदत्त वेदशास्त्रों का ज्ञाता था। योगाचार्य गालव (दे.) से इसकी मित्रता थी। कुशनाभ (दे.) नामक राजा ने अपनी कुबड़ी सौ कन्यायें इसको ब्याही थीं।

ब्रह्मपुत्र नदी

हिमालय के मानसरोवर झील से 80 कि. मी. दूरी पर निकलने वाली ब्रह्मपुत्र नदी भारत की सबसे बड़ी नदी है। इसकी कुल लम्बाई 2580 कि. मी. है। भारत के अंदर यह 1346 कि.मी. का मार्ग तय करती है। इसके और सतलुज तथा सिंधु के स्रोत निकट ही हैं। यह हिमालय के उत्तर का चक्कर काटती हुई असम के पूर्वी कोने में भारत में प्रवेश करती है। इसके प्रवाह-क्षेत्र में अनेक नदियां इसमें आकर मिलती हैं। बंगाल की खाड़ी में समुद्र में मिलने से पूर्व यह अनेक शाखाओं में बंटती और द्वीपों का निर्माण करती है। पाट की चौड़ाई और गहराई के कारण इसमें डिबरूगढ़ तक जलयान चल सकते हैं।

ब्रह्मपुराण

अठारह पुराणों की तालिका में ब्रह्मपुराण का प्रथम स्थान है। इस पुराण के लगभग 13 हजार 7 सौ श्लोक उपलब्ध हैं। यद्यपि कहीं-कहीं श्लोक संख्या एक लाख तक बताई गई है। इसके वर्णित विषयों में सृष्टि रचना, सूर्य-चन्द्र वंश का विवरण, पार्वती उपाख्यान, पुराने तीर्थों का महात्म्य, श्रीकृष्ण चरित, धार्मिक जीवन के नियम, वर्णाश्रम धर्म, स्वर्ग-नरक, विष्णु-पूजा का पुण्य, सांख्य-योग आदि सम्मिलित हैं। इस पुराण के रचनाकाल के संबंध में बड़ा मतभेद है। कुछ विद्वान् इसे बारहवीं शताब्दी की, कुछ पांचवीं शताब्दी ई. पूर्व की तथा कुछ कृष्ण के गोलोक गमन के बाद (द्वापर) की रचना मानते हैं। इसमें मतैक्य है कि इस पुराण में क्षेपक अंश बहुत हैं।

ब्रह्मववर्त पुराण

पुराणों के इस क्रम में इस पुराण का दसवां स्थान है। इसमें कृष्ण के चरित्र का विस्तारपूर्वक वर्णन किया गया है। कृष्ण काव्य की आराध्या राधा का भी इसमें वर्णन है। तांत्रिक विषयों का भी इसमें यथेष्ठ उल्लेख है तथा बिभिन्न जातियों की उत्पति का विस्तारपूर्वक वर्णन किया गया है। श्रीकृष्ण के ब्रह्मतत्व का वर्णन होने के कारण इसका नाम ब्रह्मवैवर्त पड़ा। वैष्णव संप्रदाय में मान्य राधा-कृष्ण की

लीलाओं का वर्णन मूलरूप में इसी पुराण में मिलता है।

ब्रह्मरंभा

दक्षिण भारत में श्रीशैल पर्वत पर स्थित एक पवित्र शाक्त तीर्थ। कुछ विवरणों के अनुसार इसका निर्माण मल्लिकार्जुन (दे.) ने कराया था। एक अन्य विवरण से ज्ञात होता है कि प्रसिद्ध बौद्ध विद्वान् नागार्जुन ने भिक्षुओं और संन्यासियों को यहां रहने के लिए आमंत्रित किया था। बौद्ध धर्म के उत्थान का युग समाप्त होने पर यह स्थान हिंदू मंदिर में परिवर्तित हो गया। कहते हैं, चौथी शताब्दी ई. पूर्व में चंद्रगुप्त मौर्य की पुत्री इस मंदिर में नित्य मल्लिकापुष्प चढ़ाती थी। वर्तमान समय में दक्षिण भारत में यह एक ऐसा मंदिर है जहां सभी जातियों तथा वर्गों के पुरुष और स्त्रियां पूजा में भाग ले सकते हैं।

ब्रह्मराक्षस

भूतों का एक विशेष वर्ग जिनका निवास सुरभि वन में है। इनका जन्म ब्रह्म राक्षसियों के परिवार में होता है और ये अगस्त्य तथा विश्वामित्र के वंशज माने जाते हैं। ये अधिकतर लिसोढ़े के वृक्ष पर निवास करते हैं। पुराणों के अनुसार जो व्यक्ति दूसरे की पत्नी को भगा ले जाता है, ब्राह्मण के धन का अपहरण आदि घृणित कार्य करता है वह मृत्यु के बाद ब्रह्मराक्षस बनता है। विष्णु के पांचजन्य शंख का शब्द इन ब्रह्मराक्षसों से भक्तों की रक्षा करता है।

ब्रह्मर्षि

भागवत के अनुसार सात प्रधान ऋषि ब्रह्मर्षि कहलाते हैं। इनमें भृगु मुख्य हैं। वालखिल्य (दे.) भी ब्रह्मर्षि हैं। इन लोगों ने ब्रह्मा से वेद सुना था। वायुपुराण के अनुसार ये ब्रह्मलोक में स्थित रहते हैं।

ब्रह्मलोक

ब्रह्मा का निवास-स्थान जहां ब्रह्मर्षिगण निवास करते हैं। यह लोक देवतीर्थ में स्नान करनेवालों को मिलता है। यहां निवास करनेवालों का पुनर्जन्म नहीं होता। देवता भी अंत में देवलोक से ब्रह्मलोक ही पहुंचते हैं।

ब्रह्मवादिनी

वैदिककाल में पुरुषों के साथ-साथ महिलाएं भी ब्रह्मविद्या में पारंगत होती थीं। ऐसी जिन ब्रह्मवादिनी महिलाओं के नाम मिलते हैं उनमें मुख्य हैं—घोषा, गोधा, विश्ववारा, अपाला, उपनिषत, ब्रह्मजापा, अदिति, इंद्राणी, इंद्रमाता, सर्मा.

रोमशा, उर्वशी, लोपामुद्रा, नद्या, यमी, शश्वती, श्री, लाक्षा, सार्पराज्ञी, वाक्श्रद्धा, मेधा, दक्षिणा, रात्रि, सूर्या और सावित्री।

ब्रह्मवेद

अथर्ववेद का एक नाम। अथर्वा ऋषि द्वारा इसका साक्षात्कार होने से यह अथर्ववेद कहलाया। यज्ञ में इसका उपयोग ब्रह्मा के लिए होने के कारण इसका एक नाम ब्रह्मवेद भी पड़ गया। साथ ही इस वेद में मंत्रों के साथ-साथ टोटके, आशीर्वाद और प्रार्थनाएं हैं जिनसे देवताओं को प्रसन्न और मनुष्यों, भूत-पिशाच आदि को शाप देकर नष्ट किया जा सकता है। ऐसी स्तुतियां 'ब्राह्मणी' और इनका संकलन ब्रह्मवेद कहलाया। इस नामकरण का एक कारण यह भी है कि इसमें दार्शनिक सूत्रों द्वारा ब्रह्मज्ञान सिखाया गया है।

ब्रह्मसमाज

इस संस्था की स्थापना 23 जनवरी, 1830 ई. को राजा राममोहन राय (दे.) ने की थी। उस समय तक पश्चिम के साम्राज्यवाद का सहारा लेकर वहां की विचारधारा का भारत पर प्रतिकूल प्रभाव पड़ने लगा था। देशवासी अपने को हर दृष्टि से हीन समझने लगे। राजनीतिक स्तर पर उस समय की परिस्थितियों में कोई संगठन संभव नहीं था। अतः कुछ सुधीजनों ने सामाजिक और आध्यात्मिक क्षेत्र में देश को जाग्रत करने के यत्न किए। ब्रह्मसमाज इनमें अग्रणी था। राजा राममोहन राय ने भारतीय और विदेशी दर्शनों का अध्ययन किया था। उन्होंने ब्रह्मसमाज के माध्यम से हिंदू समाज की रूढ़ियों का खंडन किया उनके नेतृत्व में ब्रह्मसमाज ने विधवा-विवाह, नारी-शिक्षा तथा स्वतंत्रता और अंतर्जातीय विवाह आदि का समर्थन किया। कालांतर में इस विचारधारा के समर्थक महर्षि देवेंद्रनाथ ठाकुर, श्री केशवचंद जैसे व्यक्ति हुए। रवींद्रनाथ ठाकुर के साहित्य पर भी इसी विचारधारा का प्रभाव था। सबसे बढ़कर इस संस्था ने वह वातावरण बनाने में सहायता दी जिससे देश में नवजागरण के अनेक आंदोलन पनप सके।

ब्रह्मसर

कुरुक्षेत्र का प्रसिद्ध वैष्णव तीर्थ। यह एक विस्तृत सरोवर है जिसके भीतर दो द्वीप हैं। छोटे द्वीप में गरुड़ सहित विष्णु का मंदिर है। वामनपुराण के अनुसार महाभारत काल में इस सरोवर का निर्माण महाराज कुरु ने कराया था। सूर्य-ग्रहण के समय इस सरोवर में स्नान का बड़ा महत्व माना जाता है। अब इसके आसपास अनेक आधुनिक भवन बन चुके हैं।

ब्रह्मसूत्र

यह वेदांत शास्त्र अथवा उत्तर मीमांसा का आधार ग्रंथ है। बादरायण रचित इस ग्रंथ में परस्पर विरुद्ध श्रुतियों का समन्वय तथा मुक्ति के लिए अपेक्षित आंतरिक और बाह्य साधनों का निर्देश किया गया है। साथ ही इसमें सगुण और निर्गुण उपासना पर भी विचार हैं। वेदांत के सभी आचार्यों ने इस ग्रंथ पर टीकाएं लिखी हैं जिनमें शंकराचार्य की टीका सर्वश्रेष्ठ मानी जाती है।

ब्रह्मांड पुराण

पुराणों के क्रम में यह अठारहवां या अंतिम पुराण है। समस्त ब्रह्मांड का वर्णन होने के कारण इसे यह नाम दिया गया है। इसके मुख्य वर्ण्य विषय इस प्रकार हैं—ब्रह्मांड का भौगोलिक वर्णन, जंबूद्वीप और उसके पर्वत, नदियां, ग्रह, नक्षत्र मंडल, प्रसिद्ध क्षत्रिय वंश, राम और कृष्ण की कथा। 'नारद पुराण' में ब्रह्मांड-पुराण की जो सूची दी गई है उससे विदित होता है कि 'अध्यात्म रामायण' इसी पुराण का एक भाग है। इस पुराण का रचनाकाल 600 ई. के आसपास माना जाता है।

ब्रह्मा

हिंदू देवताओं की त्रिमूर्ति के प्रथम देवता ब्रह्मा पुराणकाल के देवता हैं। वेदों में इनका उल्लेख नहीं हुआ है। उपनिषदों में भी ये तत्वज्ञ और आचार्य हैं, सृष्टि-कर्ता नहीं। पुराणों में ब्रह्मा के जन्म की अनेक कथाएं मिलती हैं—जल की सृष्टि करके भगवान ने उसमें एक बीज फेंका। उससे उत्पन्न ज्योतिर्मय अंड से ब्रह्मा पैदा हुए या योगनिद्रा में लेटे भगवान के नाभि प्रदेश से एक कमल निकला जिससे ब्रह्मा की उत्पत्ति हुई। पहले इनके पांच मुख थे जिससे ये अपनी पत्नी शतरूपा या सरस्वती का सौंदर्य प्रतिक्षण निहार सकें किंतु सिर के ऊपर का मुख शंकर ने तोड़ दिया।

ब्रह्मा के दस मानसपुत्र प्रजापति कहलाते हैं। आगे की सृष्टि इन्हीं से चली। हंस ब्रह्मा का वाहन है। ये वेदों के भी सृष्टा बताए गए हैं। शंकर से इनका बार-बार विरोध हुआ। इन्होंने बदला लेने के लिए दक्ष-कन्या सती का निर्माण किया और दक्ष के द्वारा शंकर को अपमानित कराया।

मदन को शंकर द्वारा भस्म होने का शाप भी ब्रह्मा ने ही दिलाया था। पुष्कर को छोड़कर और कहीं इनकी पूजा नहीं होती। वहां पर यज्ञ के समय पत्नी सावित्री के पहुंचने में विलंब से क्रुद्ध होकर इन्होंने एक गोपकन्या को गायत्री नाम देकर पत्नी बना लिया था। इसी पर सावित्री ने इन्हें कहीं भी न पूजे जाने का शाप दिया। ब्रह्मा की मानस कन्या सरस्वती भी थीं। कहीं पर सरस्वती को पत्नी

भी बताया गया है। इसको पुरुरवा के प्रति मोहित हो जाने के कारण ब्रह्मा ने नदी बन जाने का शाप दिया था। वास्तुशास्त्र और दंडनीति पर इनके रचे ग्रंथ भी बताए जाते हैं।

ब्रह्मावर्त

1. मनु संहिता में वर्णित एक प्रदेश जो सरस्वती और दृषद्वती नदियों के बीच में स्थित था। सरस्वती यहां पूर्व की ओर बहती थी। स्वायंभुव मनु का भी यह निवास-स्थान था। राजा परीक्षित के अधीन इस राज्य में धर्म, सत्य और यज्ञों का प्राधान्य था।

2. वर्तमान बिठूर (दे.) का प्राचीन नाम।

ब्रह्मास्त्र

एक अमोघ और सर्वश्रेष्ठ अस्त्र जो मंत्र-शक्ति द्वारा चलाया जाता है। यह अस्त्र अर्जुन, अश्वत्थामा तथा मेघनाद के पास था। परशुराम को भी यह शिव से मिला था। एक अन्य विवरण के अनुसार यह शिव से अगस्त्य को, अगस्त्य से अग्निवेश को, अग्निवेश से द्रोण को और द्रोण से अर्जुन को मिला था।

ब्राह्मण

प्राचीन भारत की वर्ण-व्यवस्था में चारों वर्णों में सर्वश्रेष्ठ वर्ण। ऋग्वेद के अनुसार इसकी उत्पत्ति ब्रह्मा के मुख से हुई। इसे वेद का पाठक और परमात्मा का ज्ञाता कहा गया है। तप और वेदाध्ययन इसके जीवन का अंग है। स्मृति-ग्रंथों में ब्राह्मण के छह कर्तव्य बताए गए हैं—वेदों का अध्ययन-अध्यापन करना, यज्ञ करना-कराना, दान लेना और दान देना। स्थान भेद के कारण इनके दो मुख्य भाग हैं—पंचगौड और पंचद्रविड। उत्तर भारत में पंचगौड हैं और नर्मदा के दक्षिण में पंचद्रविड़। वंश के पूर्वपुरुष के नाम पर, विद्या के नाम पर तथा कर्म या गुण के नाम पर इनके और भी भेद हैं, जैसे—भारद्वाज, चतुर्वेदी, याज्ञिक आदि।

ब्राह्मण ग्रंथ

वैदिक वाङ्मय में वेदों के बाद ब्राह्मण ग्रंथों का ही क्रम आता है। वस्तुतः ये वेदों के ही भाग माने जाते हैं। वेदों के दो भाग हैं—'संहिता' और 'ब्राह्मण'। वैदिक मंत्रों का संग्रह संहिता है और संहिता के मंत्रों की व्याख्या 'ब्राह्मण'। यही कारण है कि चारों वेदों के अपने अलग-अलग ब्राह्मण ग्रंथ हैं। इनमें ब्रह्मन् की व्याख्या की गई है, इसलिए ब्राह्मण कहलाते हैं।

ब्रह्म का एक अर्थ यज्ञ भी है। इन ग्रंथों का मुख्य वर्ण्य विषय यज्ञ की विविध

क्रियाओं की विवेचना है। इनमें बताया गया है कि किस यज्ञ से क्या फल मिलेगा, यज्ञ की वेदी तथा हवन-सामग्री कैसी हो, यज्ञ में क्या उचित और क्या अनुचित है, आदि। पहले प्रत्येक यज्ञ की विधि बताई गई है और फिर उससे प्राप्त होनेवाले फल की विवेचना है। प्रार्थनाएं और मंत्र, पवित्र ज्ञान का विवेचन, सृष्टि की उत्पत्ति के सिद्धांत की व्याख्या, सृष्टि की उत्पत्ति विषयक कथाएं, ऐसी कथाएं जिनसे यज्ञों के महत्व का बोध होता है, तात्कालिक सामाजिक जीवन पर प्रकाश डालनेवाली कथाएं आदि इसमें अंकित हैं।

विभिन्न वेदों के ये 'ब्राह्मण ग्रंथ' अधिक प्रसिद्ध हैं—ऐतरेय (ऋग्वेद), तैत्तरीय (कृष्ण यजुर्वेद), शतपथ (शुक्ल यजुर्वेद), गोपथ (अथर्ववेद)। इनमें शतपथ सबसे प्राचीन और महत्वपूर्ण है। विद्वान् इसका रचनाकाल तीन हजार वर्ष ई. पू. तक मानते हैं। ब्राह्मण ग्रंथ गद्य में हैं।

ब्राह्मी लिपि

आधुनिक देवनागरी लिपि का प्राचीन रूप। अशोक के शिलालेख इसी लिपि में लिखे हुए हैं। प्राचीन काल में इसका प्रयोग संस्कृत और उत्तरी तथा पश्चिमी भारत की अन्य भाषाओं को लिखने में होता था।

भ

भक्ति

श्रद्धा और प्रेमपूर्वक इष्टदेव के प्रति आसक्ति भक्ति कहलाती है। प्राचीन आचार्यों ने इसे कई नाम दिए हैं। पूजा में अनुराग को भक्ति कहा गया है। कथा सुनने में ही अनुराग भी भक्ति है। इस भक्तिभावना का उदय वैदिककाल में ही हो गया था। ब्राह्मण ग्रंथों के समय यज्ञ आदि की प्रधानता के कारण भक्ति का स्वर कुछ मंद दिखाई देता है, किंतु उपनिषद् काल आते-आते इसे फिर अपना पूर्व महत्व प्राप्त हो गया। भक्ति को सर्वाधिक प्रतिष्ठा महाभारत काल में मिली। इस समय कृष्ण विष्णु के अवतार माने गए और ब्रह्म से उनका तादात्म्य हो गया। इस प्रकार सामान्य जन को भक्ति के लिए एक देहधारी विष्णु मिल गए और कृष्ण वासुदेव भक्ति के उदय के पश्चात् इसका नाम भागवत धर्म पड़ा।

भक्ति पर विशाल मात्रा में साहित्य का निर्माण हुआ है। इसमें सबसे प्रसिद्ध ग्रंथ है श्रीमद्भागवत पुराण और भगवत गीता।

भक्तिकाल

हिंदी साहित्य का मध्यकाल भक्तिकाल के नाम से प्रसिद्ध है। इस अवधि में कबीर, रैंदास, नानक, दादूदयाल, सुंदरदास, मलूकदास, कुतबन, मंझन, जायसी, उसमान, सूरदास, परमानंददास, कुंभनदास, नंददास, हितहरिवंश, हरिदास, रसखान, ध्रुवदास, मीराबाई, तुलसीदास, अग्रदास, नाभादास आदि ने अपनी भक्तिपूर्ण रचनाओं से हिंदी साहित्य की श्रीवृद्धि की। इन कवियों के आराध्यों के नाम-रूप में प्रकटतः भले ही अंतर प्रतीत हो, समर्पण की भावना सभी में विद्यमान है। भक्तिकाल का आरंभ चौदहवीं-पंद्रहवीं शताब्दी से माना जाता है।

भक्तिमार्ग

शास्त्रों में मोक्ष के तीन साधन बताए गए हैं—ज्ञानमार्ग, कर्ममार्ग और भक्ति-मार्ग। गीता के अनुसार भक्तिमार्ग सर्वोत्तम है। सच्चे हृदय से की गई भगवान की भक्ति पुनर्जन्म से मुक्ति दिलाती है। श्रीकृष्ण कहते हैं—मुझमें चित्त लगाने वाले भक्तों का मैं शीघ्र ही मृत्यु रूप भवसागर से उद्धार कर देता हूं।

भक्तिमार्ग के अनेक अनुयायी मोक्ष की कामना नहीं करते। वे जन्म-जन्मांतर तक अपने इष्ट के भक्त बने रहने में ही आनंद का अमुभव करते हैं।

भक्ति-सूत्र

वैष्णव सम्प्रदाय का एव सूत्र-ग्रंथ जो शांडिल्य मुनि का रचा हुआ माना जाता है और जिसमें भक्ति का विस्तृत विवेचन है। इसमें भक्ति तीन प्रकार की कही गई है—1. सात्विकी, 2. राजसी, और 3. तामसी।

भग

1. एक वैदिक देवता जिसकी गणना बारह आदित्यों में होती है। वेद में वर्णित छह आदित्यों में भी इसका नाम है—भग, मित्र, वरुण, अर्यमा, दक्ष और अंश। यह संपत्ति का वितरक है। भग का अर्थ ही है 'प्रदान करनेवाला'। यह अपने उपासकों को संपत्तिवान अर्थात् भगवान बनाता है। विद्वानों के मतानुसार इसका स्पष्ट संकेत सूर्य की ओर है।

कहीं पर इसे कश्यप और अदिति का पुत्र भी बताया गया है। दक्ष के यज्ञ में यह उपस्थित था। शंकर का अपमान होते देखकर इसने दक्ष को और उत्साहित किया था। इस पर शिव के गण वीरभद्र ने इसकी आंखें बाहर निकाल ली थीं।

2. छह प्रकार की विभूतियां सम्यगैश्वर्य, सम्यज्वीर्य, सम्यग्यश, सम्यक् श्रव और सम्यक् ज्ञान कहते हैं।
3. पूर्वा फाल्गुनी नक्षत्र को भी भग कहते हैं।

भगतसिंह

प्रसिद्ध क्रांतिकारी और शहीद सरदार भगतसिंह का जन्म 28 सितंबर, 1909 ई. को पंजाब के लायलपुर जिले में हुआ था। 14 वर्ष की उम्र में ही वे पंजाब की क्रांतिकारी संस्थाओं के संपर्क में आ गए थे। 1923 ई. में जब माता-पिता ने विवाह की तैयारी की तो भगतसिंह चुपचाप घर से निकल गए। इसके बाद उनका जीवन भारत की स्वतंत्रता के लिए समर्पित क्रांतिकारी जीवन रहा।

भगतसिंह ने कुछ दिन तक गणेशशंकर विद्यार्थी के साथ उनके पत्र 'प्रताप' में बलवंत के नाम से और दिल्ली के 'अर्जुन' में अर्जुनसिंह के नाम से काम किया। यह सब पुलिस की नजरों से बचकर क्रांतिकारी काम करने के लिए था। उन्होंने क्रांतिकारियों के संगठन 'नौजवान भारत सभा' और 'हिंदुस्तान सोशलिस्ट रिपब्लिकन एसोसिएशन' की स्थापना में सक्रिय भूमिका निभाई।

1928 ई. में लाला लाजपतराय की लाठियों से घायल होकर मृत्यु हो गई थी। इसका बदला लेने के लिए भगतसिंह ने लाहौर के पुलिस सुपरिन्टेंडेंट सांडर्स को गोली मार दी। उसके बाद वे बड़ी रोमांचक स्थिति में, पुलिस को चकमा देकर लाहौर से निकल गए थे। उसी समय उन्होंने अपने केश कटवाए।

अप्रैल 1929 ई. में भगतसिंह और उनके साथी बटुकेश्वर दत्त ने दिल्ली में असेम्बली के अंदर उस समय बम फेंका जब बैठक चल रही थी। उनका उद्देश्य 'बहरों को सुनाने के लिए धमाका करना था, किसी को मारना नहीं।' कोई घायल भी नहीं हुआ। दोनों वीरतापूर्वक अपने स्थान पर खड़े रहे और गिरफ्तार कर लिए गए। मुकदमा चला और 23 मार्च, 1931 ई. को चुपचाप उन्हें फांसी दे दी गई।

भगदत्त

प्रागज्योतिषपुर (असम) का राजा जो नरकासुर या भौमासुर और भूमि का पुत्र था। एक बार इसके पिता ने इंद्र के कवच और कुंडल का हरण कर लिया था। इस पर श्रीकृष्ण ने नरक और भगदत्त सहित उसके सातों पुत्र मार डाले। किंतु भूमि के विलाप करने पर श्रीकृष्ण ने भगदत्त को पुनः जीवनदान दे दिया।

भगदत्त युद्ध-विद्या में पारंगत था। किरात, चीन और समुद्रतट के सैनिकों से इसने युद्ध किया था। द्रौपदी के स्वयंवर में भी यह उपस्थित था। राजसूय यज्ञ के समय इसका अर्जुन से युद्ध हुआ था और यह 'यवनराज' भेंट लेकर यज्ञ में

उपस्थित हुआ था। महाभारत युद्ध में इसने कौरवों का पक्ष लिया और अपने बाहुबल से एक दिन युद्ध-भूमि में भीम को ही मूर्छित कर दिया था। अंत में यह अर्जुन के हाथों मारा गया।

भगवतीचरण बोहरा

प्रसिद्ध क्रांतिकारी भगवतीचरण का जन्म 1902 ई. में आगरा में हुआ था। वे बड़े सुखी और संपन्न परिवार में पैदा हुए थे। शिक्षा लाहौर में हुई। वहीं इनका संपर्क भगतसिंह और सुखदेव से हुआ जो इनके सहपाठी भी थे। शीघ्र ही भगवतीचरण क्रांतिकारी आंदोलन में सम्मिलित हो गए। उनके ऊपर मेरठ और लाहौर षड्यंत्र केस का वारंट था, परंतु पुलिस की पकड़ में नहीं आए। भगवतीचरण बम बनाने में प्रवीण थे। फांसी की सजा प्राप्त भगतसिंह को जेल से बाहर निकालने की योजना बनी। उसमें प्रयोग के लिए जो बम बनाया गया, 28 मई, 1930 ई. को पंजाब में रावी के तट पर उसका परीक्षण करते समय भगवतीचरण की मृत्यु हो गई।

भगवानदास

आधुनिक भारत के प्रसिद्ध दार्शनिक डॉ. भगवानदास का जन्म 12 जनवरी, 1869 ई. को वाराणसी में हुआ था। उनकी रुचि बचपन से ही चिंतन की ओर थी। उच्च शिक्षा से इसमें और वृद्धि हुई। उन्होंने कुछ समय तक तहसीलदार और डिप्टी कलेक्टर के पद पर काम किया, पर दर्शन की ओर रुचि बढ़ती गई। वे दर्शन को केवल कल्पना और विचार का विषय न मानकर जीवन की जटिल समस्याएं सुलझाने का साधन मानते थे।

डॉ. भगवानदास ने हिंदू विश्वविद्यालय और काशी विद्यापीठ की स्थापना में योग दिया। वे कुछ समय तक विद्यापीठ के आचार्य भी रहे। दर्शन विषय पर आपके लिखे ग्रंथों का बड़ा सम्मान है। लगभग 91 वर्ष की उम्र पाकर 18 सितंबर 1957 ई. को आपका देहांत हुआ।

भगिनी निवेदिता

आयरलैंड में जन्मी एक महिला जिसने स्वामी विवेकानंद के प्रभाव में आकर भारत को अपना घर बना लिया और जीवनपर्यन्त भारत की सेवा करती रही। उसका जन्म 23 अक्तूबर, 1867 ई. को हुआ था। 21 वर्ष की उम्र में वह भारत आई और आजीवन ब्रह्मचारिणी रहने का व्रत लेकर स्वामी विवेकानंद से दीक्षा ली। स्वामीजी ने 'मार्गरेट एलिजाबेथ नोबल' से बदलकर उसका नाम निवेदिता अर्थात् 'स्वयं को उत्सर्ग करनेवाली' रखा।

निवेदिता जीवन भर स्त्री-शिक्षा, दीन-दुखियों की सेवा और देश की आजादी के लिए अरविंद घोष जैसे क्रांतिकारियों की सहायता में लगी रही। 13 अक्तूबर, 1911 ई. को दार्जिलिंग में निवेदिता का देहांत हुआ तो भारतीय आचार-विचार और वेशभूषावाली इस देशसेविका का उसकी इच्छा के अनुसार दाह-संस्कार किया गया।

भगीरथ

महाराज दिलीप के पुत्र और इक्ष्वाकुवंश के प्रसिद्ध राजा जो गंगा को पृथ्वी पर लाने में सफल हुए। इनके पूर्वज राजा सगर (दे.) के साठ हजार पुत्र कपिल (दे.) मुनि के शाप से भस्म हो गए थे। भगीरथ के पिता दिलीप और पितामह अंशुमान से कपिल मुनि ने कहा था कि गंगा की धारा पृथ्वी पर लाने से तुम्हारे पितरों का उद्धार हो सकता है। दोनों ने इसके लिए यत्न किया, पर सफल नहीं हुए। अंत में हिमालय में तपस्या करके भगीरथ को इस कार्य में सफलता मिली। उन्हीं की प्रार्थना पर शिव ने गंगा का वेग अपनी जटाओं पर संभाला था।

आधुनिक विद्वानों का मत है कि भगीरथ ने वही कार्य पूरा किया जो आज-कल इंजीनियर करते हैं। पहले गंगा तिब्बत की ओर बहती थी। उत्तर भारत में पानी का अभाव रहता था। जनता त्रस्त थी। भगीरथ के पूर्वजों के समय से ही उसका प्रवाह भारत की ओर करने के प्रयत्न हुए, पर सफलता भगीरथ को ही मिली।

इसी से गंगा का नाम 'भागीरथी' पड़ा। सगर के साठ हजार पुत्र और कोई नहीं, उनकी प्रजा थी जिसे वे पुत्रवत् प्यार करते थे और पानी के अभाव में जिनका जीवन संकटापन्न रहता था।

गंगावतरण के बाद भगीरथ ने दीर्घकाल तक राज किया। वे यज्ञ करने और दान देने के लिए प्रसिद्ध थे। उनके यज्ञों में देवता भी सम्मिलित होते थे।

भड़ौंच

बड़ौदा के आगे स्थित भड़ौंच इस क्षेत्र का प्रसिद्ध नगर है। यह भृगुक्षेत्र कहलाता है। यहां पर महर्षि भृगु का आश्रम था। राजा बलि ने इसी जगह दस अश्वमेध यज्ञ किए थे। यहां नर्मदा के किनारे-किनारे बहुत से मंदिर हैं। मान्यता है कि यहां पर 55 तीर्थ स्थित हैं। अधिमास में यहां पंचतीर्थ की यात्रा होती है।

भद्र

1. एक गणराज्य और वहां के निवासियों का नाम। इन लोगों ने युधिष्ठिर के राजसूय यज्ञ में बहुत-सा धन दिया था।

2. चेदिवंश का एक राजा जो महाभारत युद्ध में पांडवों के साथ था और कर्ण के हाथों मारा गया।

3. कुबेर का मंत्री एक यक्ष जो गौतम ऋषि के शाप के कारण पशु बन गया।

4. कालिंदी से उत्पन्न श्रीकृष्ण का पुत्र।

5. रामचन्द्र की सभा का वह सभासद जिसके मुंह से सीता की निंदा सुनकर उन्होंने सीता को वनवास दिया था।

6. पुराणानुसार स्वायंभुव मन्वंतर के विष्णु से उत्पन्न एक प्रकार के देवता जो तुषित भी कहलाते हैं।

भद्रकाली

दुर्गादेवी का एक नाम जिनकी 16 भुजाएं मानी गई हैं। दक्ष के यज्ञ के समय शिवजी का अपमान हुआ तब भद्रकाली का जन्म हुआ था। इन्होंने शिव के गण वीरभद्र के साथ मिलाकर दक्ष का यज्ञध्वंस किया। देवासुर संग्राम में ये शुंभ और निशुंभ नामक दैत्यों से लड़ी थीं। अर्जुन ने भद्रकाली की आराधना की थी।

भद्रबाहु

1. प्रसिद्ध जैन आचार्य जिनका समय 367 ई. पू. माना जाता है। ये अवंति नरेश के राजपुरोहित थे। एकबार जब ये धर्मोपदेश के लिए एक गृहस्थ के घर पहुंचे तो एक छोटे बालक ने इनसे 'चले जाओ' कह दिया। यह सुनते ही आचार्य अवंति छोड़कर दक्षिण में श्रवणबेलगोल चले गए और वहां जाकर श्वेतांबर जैन संप्रदाय की स्थापना की। ये ऐसे आचार्य हैं जिनका श्वेतांबर और दिगंबर दोनों जैन संप्रदाय समान रूप से सम्मान करते हैं। जीवनपर्यंत धर्म का प्रचार करने के बाद इन्होंने जैन धर्म की 'पंडितमरण' विधि अपनाई और अनशन करके देह-त्याग किया।

2. विक्रमी संवत् की दूसरी शताब्दी के एक आचार्य जिन्होंने ऋषिभाषित दस आगम ग्रंथों पर प्राकृत भाषा में रचना की। इन्हें ज्योतिषाचार्य वराहमिहिर का जेष्ठ भ्राता बताया जाता है।

भद्रा

1. सोम की पुत्री जिसका विवाह उतथ्य ऋषि के साथ हुआ था। यह अतीव सुंदरी थी। विवाह के बाद वरुण ने इसका अपहरण कर लिया इससे क्रुद्ध होकर ऋषि उतथ्य ने सारी पृथ्वी का जल सोख लिया। तब वरुण घबराया हुआ ऋषि की शरण में आया और भद्रा उन्हें वापस कर दी।

2. श्रीकृष्ण की एक पत्नी का नाम जो कैकयराज की कन्या थी। इसे कहीं उनकी फुफेरी बहन बताया गया गया है। इसने दस पुत्रों और एक कन्या को जन्म दिया।

3. वसुदेव की दस पत्नियों में से एक जो चार पुत्रों की माता थी।

4. सत्ताईस नक्षत्रों में से एक नक्षत्र का नाम।

5. फलित ज्योतिष में, एक अशुभ योग जो कृष्ण पक्ष की तृतीया और दशमी के शेषार्द्ध में तथा अष्टमी और पूर्णिमा के पूर्वार्द्ध में रहता है।

कहते हैं कि जब यह योग कर्क, सिंह, कुंभ या मीन राशि में होता है, तब पृथ्वी पर; जब मेष, मिथुन या वृश्चिक राशि में होता है, तब पाताल में; और जब कन्या, धन, तुला या मकर राशि में होता है तब यह योग स्वर्ग में होता है। इस योग के स्वर्ग में रहने पर कार्य सिद्धि, पाताल में रहने पर धन प्राप्ति और पृथ्वी पर रहने पर बहुत अनिष्ट होता है। इसे विशिष्ट भद्रा भी कहते हैं।

6. सुभद्रा का एक नाम।

7. कामरूप देश की एक नदी।

भरत

1. अयोध्या नरेश दशरथ के पुत्र जो कैकेयी के गर्भ से उत्पन्न हुए थे। कुशध्वज जनक की पुत्री मांडवी से इनका विवाह हुआ था। राम के राज्याभिषेक की तैयारी के समय भरत अपनी ननिहाल में थे। जब कैकेयी द्वारा राम को वनवास का वरदान मांगने पर राम वन चले गए और दशरथ की मृत्यु हो गई तो भरत को अयोध्या बुलाया गया। लौटते ही भरत ने अपनी मां की कटु आलोचना की। बाद में भरद्वाज मुनि के सामने कैकेयी के संबंध में भरत कहते हैं—"यह क्रोधी, अविचारिणी, अभिमानिनी, स्वयं को भाग्यशाली तथा ऐश्वर्य लुब्ध दिखनेवाली, परंतु दुष्ट तथा दुर्बुद्धि मेरी माता कैकेयी है।"

भरत राम को वापस बुलाने गए। पर पिता की आज्ञा को पूरा करने की बात कहकर राम वापस नहीं आए। इस पर भरत उनकी खड़ाऊं ले आए। इन्हीं खड़ाऊं को सिंहासन पर रखकर उन्होंने चौदह वर्ष तक नंदिग्राम में वनवासी की भांति रहते हुए राम की धरोहर अयोध्या का शासन चलाया। राम के वन से वापस आने पर राज्य राम को सौंप दिया।

भरत त्याग, तपस्या, कर्तव्यपालन और प्रेम के आदर्श माने जाते हैं। राम के राज्याभिषेक के बाद उनकी आज्ञा से भरत सेना लेकर अपने मामा की सहायता के लिए गए थे, युद्ध जीतकर उन्होंने अपने पुत्र तक्ष के नाम पर 'तक्षशिला' और पुष्कल के नाम पर 'पुष्कलावत' नामक नगर बसाए तथा दोनों पुत्रों को वहां का राज्याधिकारी नियुक्त किया।

2. पुरुवंश के राजा दुष्यंत के शकुंतला के गर्भ से उत्पन्न पुत्र भरत की गणना 'महाभारत' में वर्णित सोलह सर्वश्रेष्ठ राजाओं में होती है। मान्यता है कि इसी के नाम पर इस देश का नाम 'भारतवर्ष' पड़ा। इसका एक नाम 'सर्वदमन' भी था क्योंकि इसने बचपन में ही बड़े-बड़े राक्षसों, दानवों और सिंहों का दमन किया था।

दुष्यंत ने कण्व ऋषि के आश्रम में रहने वाली शकुंतला से गंधर्व विवाह किया किया था। आश्रम में ही भरत का जन्म हुआ। तीन वर्ष के बालक को जब ऋषि ने उसकी मां के साथ राजदरबार में भेजा तो दुष्यंत ने उसे न पहिचान कर अस्वीकार कर दिया। इसी बीच आकाशवाणी हुई। इस पर राजा ने शकुंतला और भरत को अंगीकार किया और भरत युवराज बना।

राज्यपद मिलने पर भरत ने अपने राज्य का विस्तार किया। प्रतिष्ठान के स्थान पर हस्तिनापुर को राजधानी बनाया। उसने गंगा, यमुना और सरयू के तट पर अनेक अश्वमेध यज्ञ किए। भरत पुत्रहीन था। उसने बृहस्पति के पुत्र भरद्वाज को पुत्र रूप में ग्रहण किया। भरद्वाज जन्म से ब्राह्मण था किंतु भरत का पुत्र बन जाने के कारण क्षत्रिय कहलाया। भरद्वाज ने स्वयं शासन नहीं किया। भरत के देहावसान के बाद उसने अपने पुत्र वितथ को राज्य का भार सौंप दिया और स्वयं वन में चला गया। इस वंश के सब राजा 'भरतवंशी' कहलाए।

3. भरत नाम के नाट्यशास्त्र के प्रसिद्ध प्रणेता हुए हैं। इनका समय विवादास्पद हैं। इन्हें 500 ई. पू. 100 ई. सन् के बीच किसी समय का माना जाता है। भरत बड़े प्रतिभाशाली थे। इनका 'नाट्यशास्त्र' भारतीय नाट्य और काव्यशास्त्र का आदिग्रन्थ है। इसमें नाट्यकला, संगीत-शास्त्र, छंदशास्त्र, अलंकार, रस आदि सभी का सांगोपांग प्रतिपादन किया गया है।

4. एक वेदकालीन योद्धा। ऋग्वेद के अनुसार इनके नाम से एक मानव कुल प्रसिद्ध हुआ।

5. जैनों के अनुसार प्रथम तीर्थंकर ऋषभ के ज्येष्ठ पुत्र का नाम।

भरतकूप

चित्रकूट क्षेत्र का एक प्राचीन कूप। मान्यता है कि राम के वन जाते समय भरत उन्हें वापस बुलाने के लिए गए। वे अपने साथ पवित्र तीर्थों का जल भी ले गए जिससे राम का राज्यभिषेक किया जा सके। किंतु राम घर लौटने के लिए राजी नहीं हुए।

इस पर अत्रि मुनि के आदेशानुसार वह जल इस कूप में डाल दिया गया। तभी से इसका नाम भरतकूप पड़ा। इसकी गणना चित्रकूट क्षेत्र के पवित्र तीर्थों में होती है।

भरतमुनि

'भारतीय नाट्यशास्त्र' नामक प्रसिद्ध ग्रंथ के रचयिता भरतमुनि के समय के संबंध में विद्वान् एकमत नहीं हैं। कुछ का अनुमान है कि वे दूसरी शताब्दी ईस्वी में हुए और कुछ उन्हें चौथी शताब्दी का मानते हैं। इतना स्पष्ट है कि कालिदास का भरतमुनि रचित नाट्यशास्त्र से परिचय था।

'भारतीय नाट्यशास्त्र' अपने विषय का आधारभूत ग्रंथ माना जाता है। इसमें नाटक के सभी अंगों का सांगोपांग वर्णन है। नाट्य के प्रयोग भी इसमें अंकित हैं। कहा गया है कि भरतमुनि रचित प्रथम नाटक का अभिनय, जिसका कथानक 'देवासुर संग्राम' था, देवों की विजय के बाद इंद्र की सभा में हुआ था। विद्वानों का मत है कि भरतमुनि रचित पूरा नाट्यशास्त्र अब उपलब्ध नहीं है। जिस रूप में वह उपलब्ध है, उसमें लोग काफी क्षेपक बताते हैं।

भरद्वाज

1. ऋग्वेद के सात प्रसिद्ध ऋषि परिवारों में अन्यतम जो इस वेद के छठे मंडल के अनेक सूत्रों के द्रष्टा हैं।
2. बृहस्पति के पुत्र जिन्हें पुरुवंशी राजा भरत ने पुत्र-रूप में ग्रहण किया था।
3. वाल्मीकि ऋषि के शिष्य जो प्रयाग में रहते थे। वन जाते समय राम ने इनके दर्शन किए थे। भरद्वाज ने उन्हें अपने आश्रम में निवास का निमंत्रण दिया। राम के यह कहने पर कि प्रयाग अयोध्या के निकट है, भरद्वाज ने उन्हें चित्रकूट में रहने की सलाह दी। रावण का वध करके तथा अश्वमेध यज्ञ के बाद भी राम इनके आश्रम में आए।
4. एक भरद्वाज का उल्लेख अर्थशास्त्रकार के रूप में भी मिलता है। कौटिल्य ने अपने 'अर्थशास्त्र' में इनका संदर्भ अनेक बार दिया है।

भर्तृहरि

इस नाम के दो व्यक्ति हुए हैं। एक वैयाकरण थे जिनका समय 350 ई.पू. के लगभग माना जाता है।

दूसरे भर्तृहरि श्रृंगार, नीति और वैराग्य शतकों के रचयिता हैं। इनका कार्यकाल निश्चित नहीं है। कुछ लोग इन्हें राजा और विक्रमादित्य का भाई मानते हैं। ये विरक्त होकर उज्जैन का राज्य अपने भाई विक्रमादित्य को सौंप गए और तपस्या करने लगे। कहते हैं, सिंहलद्वीप की राजकुमारी शामदेई या पिंगला से इनका विवाह हुआ। रानी के चरित्र संबंधी छलपूर्ण व्यवहार के कारण इन्हें संसार से विरक्ति हुई। ये उज्जैन के राजमहल को त्यागकर पहले क्षिप्रा नदी के तट पर बाद में वहां से उत्तर प्रदेश में चुनार में गंगा तट पर आ गए। मान्यता

है कि अपने शतकों की रचना इन्होंने चुनार में ही की। अलवर में इन्होंने देह त्याग किया। शतकों का लिखित रूप बारहवीं शताब्दी का माना जाता है। लोक में प्रचलित गीतों की शब्दावली के आधार पर कुछ विद्वान् भर्तृहरि या भरथरी का समय भी ग्यारहवीं-बारहवीं शताब्दी के बाद मानते हैं। नाथ संप्रदाय में इनकी बड़ी मान्यता है।

भवभूति

आठवीं शताब्दी के आरंभ में जन्मे संस्कृत भाषा के युगप्रवर्तक नाटककार। इनका वास्तविक नाम श्रीकंठ था पर रचनाएं भवभूति के नाम से की हैं। विदर्भ के विद्वानों के परिवार में जन्मे भवभूति के तीन नाटक प्रसिद्ध हैं—'मालती-माधव', 'महावीरचरित' और 'उत्तर रामचरित'। मालती-माधव में मालती और माधव की प्रेम-कथा का वर्णन है। महावीरचरित और उत्तर रामचरित में राम की कथा नाटक के रूप में प्रस्तुत की गई है। महावीरचरित में राम के विवाह से लेकर राज्याभिषेक तक का वर्णन है। उत्तर रामचरित में राज्याभिषेक के बाद के शेष जीवन का वृत्तांत अंकित किया गया है। अपने इस नाटक में भवभूति ने राम और सीता का पुनर्मिलन दिखाकर पूरी कथा को सुखांत बना दिया है।

भविष्य पुराण

पुराणों के क्रम में इसका नवां स्थान है। इसमें समय-समय पर इतना परिवर्तन होता रहा है कि इसके उपलब्ध रूप की विश्वसनीयता बड़ी संदिग्ध है। और, भविष्य पुराण भी चार प्रकार के मिलते हैं। सामान्यतः इस पुराण में आचार, वर्णाश्रम, नागपूजा, उपासना, व्रत, विवाह-व्यवस्था तथा राजवंशों आदि का वर्णन है। भविष्य विषयक बातों के कारण इसका यह नाम पड़ा है। इसमें तांत्रिक विषयों की चर्चा भी पाई जाती है। अल्बरूनी द्वारा इसका उल्लेख होने के कारण इसका मूलरूप 10वीं शताब्दी का माना जाता है।

भस्मासुर

भागवत में वर्णित शकुनि दैत्य का पुत्र जिसका एक नाम वृकासुर भी था। शिव की आराधना करने के लिए यह केदार क्षेत्र में जाकर अपने शरीर के टुकड़े काटकर अग्नि में हवन करने लगा। सातवें दिन जब इसने अपना सिर काटना चाहा तो प्रकट होकर शिव ने उसका हाथ पकड़ लिया और वर मांगने के लिए कहा। भस्मासुर बोला—जिसके सिर पर मैं अपना हाथ रखूं, वह उसी समय भस्म हो जाए। शिवजी ने 'तथास्तु' कह दिया।

इस पर दैत्य शिवजी के सिर पर ही हाथ रखने को आगे बढ़ा। शिवजी

भागे-भागे अपनी रक्षा के लिए विष्णुलोक पहुंचे। स्थिति जानकर विष्णु ने ऋषि का वेश धारण किया और मार्ग में खड़े हो गए। दौड़ता हुआ भस्मासुर जब वहां पहुंचा तो पूछा—तू कहां भागा जा रहा है। जब उसने महादेव के पीछे भागने और वरदान की बात बताई तो विष्णु बोले—तू उस बावरे की बात का विश्वास करता है? पहले अपने सिर पर हाथ रखकर वरदान की परीक्षा तो कर ले। अविवेकी राक्षस अपने सिर पर हाथ रखकर वहीं भस्म हो गया।

एक अन्य विवरण के अनुसार भस्मासुर पार्वती पर अनुरक्त हो गया और शिव को भस्म करके उन्हें प्राप्त करना चाहता था। इस पर विष्णु ने पार्वती का मोहिनी रूप धारण करके कहा कि तुम मुझे नृत्य करके दिखाओ तो तुम्हारा प्रेम स्वीकार कर लूंगी। भस्मासुर प्रसन्न होकर नाचने लगा। नृत्य में उसका हाथ उसके अपने सिर से लग गया और वह भस्म हो गया।

भांडारकर, रामकृष्ण गोपाल

प्रसिद्ध प्राच्य विद्याविद् भांडारकर का जन्म 6 जुलाई, 1837 ई. को कोंकण में हुआ था। वे बड़े प्रतिभाशाली छात्र थे। शिक्षा समाप्त करके अध्यापक बने। तभी उनका ध्यान संस्कृत भाषा की ओर गया। तब तक उन्होंने संस्कृत की एक भी पुस्तक नहीं पढ़ी थी। पर निजी अध्यवसाय से कुछ ही वर्षों में न्याय, व्याकरण, वेद-वेदांत का पूरा ज्ञान प्राप्त कर लिया। अब वे विदेशी प्रचारकों के ऐसे अनर्गल कथन का सप्रमाण खंडन करने लगे कि 'कृष्ण ख्रीष्ट का बदला हुआ नाम है और गीता बाइबिल का संस्कृत संस्करण है।' उन्होंने प्राच्य विषयों पर अनेक महत्व-पूर्ण ग्रंथों की रचना की। वे समाज-सुधारक भी थे। 14 जून, 1925 ई. को भांडारकर का देहांत हो गया।

भाई परमानंद

प्रसिद्ध क्रांतिकारी भाई परमानंद का जन्म 1874 ई. में हुआ था। कुछ समय तक अध्यापन कार्य करने के बाद वे भारतीय संस्कृति के प्रचार के लिए अफ्रीका भेजे गए। क्रांतिकारियों के संपर्क में आने के कारण उन्हें अफ्रीका छोड़कर अमेरिका जाना पड़ा। अमेरिका में भी भारतीय क्रांतिकारियों के संपर्क में आए। वहां से जब 'गदर पार्टी' के सदस्यों के साथ क्रांति की तैयारी करके भारत आए तो गिरफ्तार कर लिए गए। मुकदमा चला और पहले फांसी की सजा हुई जो बाद में आजीवन कारावास में बदल दी गई। 1915 से 1929 ई. तक अंडमान में काले पानी की सजा भोगते रहे। रिहाई के समय देश में गांधीजी के नेतृत्व में असहयोग आंदोलन चल रहा था। विचार-भेद के कारण उन्होंने इसके बाद स्वतंत्रता संग्राम में भाग नहीं लिया और हिंदू महासभा में सम्मिलित हो गए।

भागवत धर्म

वैष्णव धर्म के प्रख्यात और लोकप्रिय स्वरूप को जिसमें वासुदेव कृष्ण की भगवान के रूप में आराधना की जाती है, भागवत धर्म कहते हैं। इस सगुणोपासक धर्म में विष्णु के किसी भी अवतार की भक्ति सम्मिलित है। इसका प्रयोग सामान्यत: समस्त वैष्णव संप्रदाय के लिए होते हुए भी एक संप्रदाय के लिए मुख्य रूप से होता है। अन्य संप्रदायों में नारायण को परम तत्व माना जाता है, परंतु भागवत धर्म में वासुदेव कृष्ण ही परम आराध्य हैं। इनका मूलमंत्र है—'नमो भगवते वासुदेवाय।' उपलब्ध शिलालेखों और मूर्तियों से ज्ञात होता है कि इस मत का प्रचार ईसा से पहले हो चुका था। गुप्त और चालुक्य राजाओं के शासनकाल में इसे और भी प्रोत्साहन मिला।

भागवत पुराण

पुराणों के क्रम में भागवत पुराण का पांचवां स्थान है। पर लोकप्रियता की दृष्टि से यह सबसे अधिक प्रसिद्ध है। वैष्णव 12 स्कंध, 335 अध्याय और 18 हजार श्लोकों के इस पुराण को महापुराण मानते हैं। यह भक्तिशाखा का अद्वितीय ग्रंथ माना जाता है और आचार्यों ने इसकी अनेक टीकाएं की हैं। कृष्ण-भक्ति का यह आगार है। साथ ही उच्च दार्शनिक विचारों की भी इसमें प्रचुरता है। परवर्ती कृष्ण-काव्य की आराध्या 'राधा' का उल्लेख भागवत में नहीं मिलता। इस पुराण का पूरा नाम 'श्रीमद् भागवत पुराण' है।

कुछ लोग इसे महापुराण न मानकर 'देवी-भागवत' (दे.) को महापुराण मानते हैं। वे इसे उपपुराण बताते हैं। पर बहुसंख्यक मत इस पक्ष में नहीं हैं। भागवत के रचनाकाल के संबंध में भी विवाद है। दयानंद सरस्वती (दे.) ने इसे तेरहवीं शताब्दी की रचना बताया है, पर अधिकांश विद्वान् इसे छठी शताब्दी का ग्रंथ मानते हैं। इसे किसी दाक्षिणात्य विद्वान् की रचना माना जाता है। भागवत पुराण का दसवां स्कंध भक्तों में विशेष प्रिय है।

भागीरथी

उत्तर प्रदेश के उत्तराखंड में गोमुख नामक हिमनद से निकलनेवाली पवित्र नदी जो देवप्रयाग के बाद गंगा कहलाती है। यह उत्तर प्रदेश और बिहार से होती हुई बंगाल में कलकत्ता के समीप गंगासागर में मिलती है। पौराणिक आख्यानों के अनुसार ऋषि के शाप से जलकर राजा सगर के साठ हजार पुत्र राख हो गए थे। उनके उद्धार के लिए राजा भगीरथ (दे.) ने घोर तपस्या की और वे इस सुरसरि को स्वर्ग से पृथ्वी पर लाने में सफल हुए। भगीरथ की तपस्या-स्थली गंगोत्री में बताई जाती है। भगीरथ के नाम पर ही इस नदी का नाम 'भागीरथी' पड़ा।

भागुरि

एक विख्यात व्याकरणाचार्य जिनका उल्लेख पाणिनि की 'अष्टाध्यायी' के बाद रचित सभी ग्रंथों में मिलता है। ये कोशकार, ज्योतिषशास्त्र के ज्ञाता, स्मृतिकार और अलंकार तथा सांख्यदर्शन के ज्ञाता के रूप में भी विख्यात हैं।

पतंजलि ने लोकायतशास्त्र पर व्याख्या लिखनेवाली भागुरि नाम की किसी स्त्री का उल्लेख किया है। विद्वान् उसे भागुरि की बहन मानते हैं।

भाग्यवाद

वह सिद्धांत जो यह मानता है कि जो भी होता है, वह सब भाग्य के अनुसार होता है। इसी को कभी-कभी दैव-इच्छा भी कहते हैं। भारतीय भाग्यवाद और कर्मवाद का बड़ा निकट का नाता है। मात्र इस जीवन का कर्म ही फलदायी नहीं माना जाता क्योंकि यहां सत्कर्म करनेवाले दुखी और दुष्कर्म करनेवाले सुखी दिखाई देते हैं। इसलिए यह माना गया है कि कर्मों के अनुसार बननेवाला भाग्य पूर्वजन्म के कर्मों को भी अपने साथ लाता है। इस प्रकार कर्मवाद और भाग्यवाद का यही रूप वैदिककाल से लेकर आज तक भारतीय संस्कृति में विद्यमान है।

भाट

उत्तर भारत विशेषत: राजस्थान का एक जनवर्ग जो अनेक जातियों में बंटा है। चारण (दे.) 'व्यक्ति' की कीर्ति का बखान करते हैं और केवल क्षत्रियों से ही पुरस्कार ग्रहण करते हैं। परंतु भाट पूरे 'कुल' का बखान करते और सबसे दान लेते हैं। कुछ चारणों के भी भाट होते हैं। विद्वानों का मत है कि यह चारणों के बाद का एक याचक जनसमूह है।

भातखंडे

आधुनिक भारतीय संगीत के उद्धारक पंडित विष्णुनारायण भातखंडे का जन्म महाराष्ट्र के एक गांव में 10 अगस्त, 1860 ई. को हुआ था। शिक्षा प्राप्त करके उन्होंने बंबई में वकालत शुरू की। किंतु संगीत के प्रति बचपन से ही रुचि होने के कारण अपना अधिक समय उसी में लगाया। उस समय संगीत-साहित्य की भारतीय परंपरा समाप्त हो चुकी थी। विद्या गुरु या उस्ताद के साथ ही दफन हो जाती थी। भातखंडे ने देश-भर में घूम-घूमकर बड़े-बड़े उस्तादों से मिलकर यह सारा संगीत लिपिबद्ध किया और उसे प्रकाशित कराया। उन्हीं के प्रयत्न से अनेक विद्यालय खुले। लखनऊ का मैरिस म्यूजिक कालेज, जो अब भातखंडे संगीत महाविद्यालय कहलाता है, उन्हीं का चलाया हुआ है। देश का पहला संगीत-सम्मेलन आपके ही प्रयत्न से 1916 ई. में बड़ौदा में हुआ था। 9 सितंबर,

1936 ई. को भातखंडेजी दिवंगत हो गए। आपके रचे हुए संगीत के दो दर्जन से अधिक ग्रंथ उपलब्ध हैं।

भानुमती

1. पांडव सहदेव की पत्नी जो भानु यादव की कन्या थी। निशुंभ नामक दानव ने इसका अपहरण कर लिया था। अर्जुन, कृष्ण और प्रद्युम्न ने निशुंभ का वध करके इसे मुक्त कराया।

2. दुर्योधन की एक पत्नी का नाम।

3. शुभा के गर्भ से उत्पन्न अंगिरा ऋषि की पुत्री। एक अत्यंत सुंदरी, लक्ष्मी के समान शोभायमान और राजा धर्ममूर्ति की दस हजार रानियों में से एक थी।

भाभा, होमी जहांगीर

प्रसिद्ध वैज्ञानिक होमी जहांगीर भाभा का जन्म बंबई के एक प्रसिद्ध पारसी परिवार में 1909 ई. में हुआ था। शिक्षा पूरी करने के बाद आप बंगलौर के भारतीय विज्ञान संस्थान में प्रोफेसर नियुक्त हुए। देश की स्वतंत्र सरकार ने आपको परमाणु ऊर्जा आयोग का अध्यक्ष नियुक्त किया। भाभा आजीवन इस पद पर रहे।

परमाणु के क्षेत्र में भारत की उन्नति का बहुत कुछ श्रेय भाभा को दिया जाता है। देश में यूरेनियम की खोज को आगे बढ़ाने में भी आपका महत्वपूर्ण योगदान था। 1966 ई. में एक विमान दुर्घटना में डा. भाभा का देहांत हो गया।

भारत का विभाजन

1947 ई. में देश के स्वाधीन होने के साथ उसका विभाजन भी हो गया। इस विभाजन के पीछे, मुस्लिम लीग की हठवादिता तो थी ही, अंग्रेजों की भारतवासियों में 'फूट डालो और राज करो' की नीति भी थी। वे भारतीय महाद्वीप को सुदृढ़ नहीं देखना चाहते थे। स्वतंत्रता की तिथि की घोषणा के उपरांत कलकत्ता, नोआखाली, पंजाब, सिंध आदि में भयंकर सांप्रदायिक दंगे हुए। इसकी प्रतिक्रिया में बिहार, दिल्ली आदि में भी लोग भड़क उठे। इस पर जन-धन की अपार हानि को बचाने के लिए कांग्रेस के नेताओं को भी बाध्य होकर देश का विभाजन स्वीकार करना पड़ा। देश भारत और पाकिस्तान दो हिस्सों में बंट गया। पाकिस्तान ने स्वयं को 'इस्लामी राज्य' घोषित किया। भारत सदा की भांति धर्मनिरपेक्ष बना रहा। दिसंबर 1971 ई. में पाकिस्तान का फिर विभाजन हुआ। पूर्वी पाकिस्तान उससे अलग होकर 'बांग्ला देश' बन गया।

भारत का संविधान

देश की स्वतंत्रता के बाद हमारी संविधान सभा ने 26 नवंबर, 1949 ई. को संविधान को अंतिम स्वीकृति प्रदान की। यह गणतांत्रिक संविधान 26 जनवरी, 1950 ई. को लागू हुआ। इसलिए यह दिन प्रतिवर्ष 'गणतंत्र दिवस' के रूप में मनाया जाता है। इस लोकतांत्रिक, समाजवादी और धर्मनिरपेक्ष संविधान की प्रस्तावना में कहा गया है कि—'हम भारत के लोग, भारत को एक संपूर्ण प्रभुत्व संपन्न, समाजवादी, पंथनिरपेक्ष, लोकतंत्रात्मक गणराज्य बनाने के लिए तथा उसके समस्त नागरिकों को सामाजिक, आर्थिक और राजनीतिक न्याय, विचार, अभिव्यक्ति, विश्वास, धर्म और उपासना की स्वतंत्रता, प्रतिष्ठा और अवसर की समता प्राप्त कराने के लिए तथा उन सबमें व्यक्ति की गरिमा और राष्ट्र की एकता और अखंडता सुनिश्चित करानेवाली बंधुता बढ़ाने के लिए दृढ़ संकल्प होकर अपनी इस विधान सभा में एतद् द्वारा इस संविधान को अंगीकृत, अधिनियमित और आत्मार्पित करते हैं।'

भारत का संविधान परिवर्तनशील है। इसमें नागरिक को कुछ मौलिक अधिकार प्राप्त हैं जिनकी रक्षा के लिए वह सर्वोच्च न्यायालय तक जा सकता है। उसे समानता, अस्पृश्यता निवारण, अभिव्यक्ति और भाषण की स्वतंत्रता, शांतिपूर्ण सभा-सम्मेलन करने की स्वतंत्रता, संगठन बनाने की स्वतंत्रता, देश के किसी भी भाग में आने-जाने की और आजीविका अर्जित करने की भी स्वतंत्रता प्राप्त है।

संविधान में केंद्र और राज्यों के लिए पृथक् शासन की व्यवस्था है। केंद्र में संसद है और राज्यों में विधानमंडल। राष्ट्रपति देश का सर्वोच्च सैनिक और प्रशासनिक अधिकारी होता है। वह प्रधानमंत्री को नियुक्त करता है और प्रधानमंत्री के परामर्श पर अन्य मंत्रियों की नियुक्ति होती है। राज्यों में यह अधिकार राष्ट्रपति द्वारा नियुक्त राज्यपालों और निर्वाचित मुख्यमंत्रियों में निहित है। लागू होने के बाद से अब तक संविधान में उल्लिखित प्रक्रिया के द्वारा आवश्यकतानुसार इसमें अनेक परिवर्तन हो चुके हैं।

भारत छोड़ो आंदोलन

सन् 1942 ई. में महात्मा गांधी के नेतृत्व में कांग्रेस द्वारा आरंभ किया हुआ स्वतंत्रता का अंतिम संग्राम। द्वितीय विश्वयुद्ध में जापान की सेनाएं भारत के पूर्वी क्षेत्रों पर बम-वर्षा करने लगी थीं। यह आशंका उत्पन्न हुई कि भारत स्थित अंग्रेजों से लड़ने के लिए जापानी सेनाएं हमारे देश के अंदर न आ जाएं। इससे एक नई पराधीनता की आशंका उत्पन्न हो गई। यही देखकर गांधीजी ने कहा—'अंग्रेजी भारत छोड़ो' उनके इसके लिए तैयार न होने पर 8 अगस्त,

1942 ई. से देश में व्यापक आंदोलन छिड़ गया। विदेशी सरकार ने अमानुषिक दमन किया और लोगों ने बलिदान की उच्चतम भावना का प्रदर्शन किया। राष्ट्र का यह महान त्याग व्यर्थ नहीं गया। द्वितीय विश्वयुद्ध में विजय प्राप्त करने के बाद भी 15 अगस्त, 1947 ई. को अंग्रेजों को भारतवासियों को सत्ता सौंपकर यहां से जाना पड़ा।

भारत रत्न

भारतीय गणराज्य में प्रदान किया जानेवाला सर्वोच्च अलंकरण। असैनिक अलंकरण कुल चार हैं—सर्वोच्च स्थान 'भारत रत्न' का है। दूसरे स्थान पर 'पद्मविभूषण' तीसरे पर 'पद्मभूषण' और चौथे पर 'पद्मश्री' है।

भारतवर्ष

प्राचीन साहित्य के अनुसार जंबूद्वीप के अंतर्गत सर्वश्रेष्ठ भूमि जिसका नाम ऋषभ के पुत्र भरत (दे.) के नाम पर पड़ा। इसका क्षेत्रफल 9000 योजन बताया गया है। ब्रह्मांड पुराण के अनुसार इसके इंद्रद्वीप, कशेरा, ताम्रपर्ण, गर्भास्तिमान, नागद्वीप, सौम्य, गंधर्व और वरुण ये नौ विभाग हैं। पहले इसका नाम अजनाभ था। यहां महेन्द्र, मलय, सह्य, शक्तिमान, ऋक्ष, विंध्य और पारियात्र मुख्य पर्वत हैं।

भारतवासी

भारतवासियों को मुख्यत: चार भागों में बांटा जा सकता है—1. आर्य जो लंबे, गोरे, लंबी नाकवाले होते हैं और संस्कृत से निकली भाषाएं बोलते हैं। 2. द्रविड़ जो संस्कृत मुल से भिन्न हैं। द्रविड़ में मुख्यत: तमिल, तेलुगु, कन्नड़ और मलयालम भाषाएं बोलते हैं। 3. आदिवासी जो छोटे, कृष्णवर्ण के और चपटी नाकवाले होते हैं। इनकी बोलियों की कोई वर्णमाला नहीं है, न लिखित साहित्य है। इनमें कोल, भील, मुंडा आदि की गणना होती है। 4. मंगोल जाति के वंशज। ये गोरखा, मोटिया, खासी आदि दाढ़ी-मूंछ रहित पीतवर्ण, गालों पर उभरी हड्डियों और छोटी आंखों के होते हैं। परंतु अब प्रथम तीनों में विवाह आदि से इतना मिश्रण हो चुका है कि इनमें स्पष्ट भेद करना कठिन है।

भारत सेवक समाज

योजना आयोग की राष्ट्रीय सलाहकार समिति की सिफारिश पर इस संगठन की स्थापना अगस्त 1952 ई. में की गई थी। इसका उद्देश्य है—1. नागरिकों को सेवा का अवसर देना जिससे राष्ट्रीय आवश्यकता की पूर्ति हो और साधनहीन लोगों के कष्ट दूर हों। 2. जनता की अतिरिक्त शक्ति का विकास कार्यों में

उपयोग करना। 18 वर्ष का कोई भी व्यक्ति जो सप्ताह में दो घंटे स्वेच्छा से सेवा-कार्य करने को तैयार हो, इसका सदस्य बन सकता है। इस संगठन की ओर से बहुत से निर्माण कार्य हुए और लोगों को प्रशिक्षित किया गया।

भारतीय मुद्रा

भारत में धातु की मुद्रा का प्रचलन बहुत प्राचीन काल से था। यहां ईसा पूर्व चौथी शताब्दी तक के सिक्के मिल चुके हैं। उसके बाद यह क्रम सभी शासकों के समय चलता रहा। हां, उन्होंने अपने-अपने संकेत चिह्न अपने समय के सिक्कों में अंकित कराए। उदाहरणार्थ चौथी शताब्दी के गुप्त सम्राटों के सिक्कों में संस्कृत भाषा का प्रयोग मिलता है तो दिल्ली के सुल्तानों के सिक्कों में अरबी लिपि में 'कलमा'। 1835 ई. में अंग्रेजों ने भारतीय सिक्कों में ब्रिटेन के सम्राट का चित्र अंकित किया। प्रथम विश्वयुद्ध (1914-18 ई.) में सोने के और द्वितीय विश्वयुद्ध (1939-45 ई.) में चांदी के सिक्कों का प्रचलन बंद हुआ। इनका स्थान मिश्र धातु की और कागज की मुद्रा ने ले लिया। स्वतंत्र भारत की मुद्रा में राष्ट्र का चिह्न सिंह शीर्ष छापा जाता है।

भारतीय राष्ट्रीय कांग्रेस

इस संस्था का पहला अधिवेशन 28 दिसंबर, 1885 ई. को बंबई में हुआ। आरंभ में वाइसराय डफरिन (दे.) ने भी इसका अप्रत्यक्ष रूप से समर्थन किया और दूसरे कलकत्ता अधिवेशन के प्रतिनिधियों को पार्टी दी थी। यह कहना कि ह्यूम ही कांग्रेस के संस्थापक थे, सही नहीं है। उसी वर्ष अखिल भारतीय संगठन बनाने का विचार अन्य कई व्यक्ति प्रकट कर चुके थे।

आरंभ में कांग्रेस ने आवेदन करके ब्रिटेन से भारत को अधिकार देने का अनुरोध किया। उस समय यह संस्था पूरी तरह ब्रिटिश सरकार की सद्भावना पर निर्भर थी। किंतु जब ऐसे प्रयत्नों का कोई परिणाम न निकला तो कांग्रेस के एक वर्ग का विश्वास संवैधानिक सुधारों पर से हट गया। कांग्रेस नरम और गरम दलों में बंट गई। 1907 ई. की सूरत कांग्रेस में यह संघर्ष खुलकर सामने आया। 1916 ई. में कांग्रेस गरम दल वालों के प्रभाव में आ गई और नरम दल के लोग धीरे-धीरे उससे अलग हो गए।

इसी समय गांधीजी ने दक्षिण अफ्रीका से आकर भारत की राजनीति में प्रवेश किया। उसके बाद स्वतंत्रता प्राप्ति तक कांग्रेस का नेतृत्व लगभग पूरे समय गांधीजी के प्रभाव में रहा। मोतीलाल नेहरू, सरदार पटेल, डॉ. राजेन्द्र प्रसाद, जवाहरलाल नेहरू आदि सबने उन आंदोलनों में भाग लिया जो गांधीजी ने चलाए। 1920 ई. में कांग्रेस ने अपना लक्ष्य प्राप्त करने के लिए अहिंसक

असहयोग की नीति पर चलने का निश्चय किया। 1921 ई. में कांग्रेस खिलाफत आंदोलन (दे.) में सम्मिलित हुई। 1929 ई. में लाहौर अधिवेशन में पूर्ण स्वराज्य प्राप्त करना देश का लक्ष्य घोषित किया गया। उसके बाद ही सत्याग्रह आंदोलन आरंभ हुआ और किसानों ने लगानबंदी की।

1937 ई. में चुनाव जीतकर कांग्रेस ने आठ राज्यों में अपने मंत्रिमंडल बनाए। लेकिन द्वितीय विश्वयुद्ध के बारे में ब्रिटिश सरकार की नीति के विरोध में इन मंत्रिमंडलों ने 1939 ई. में इस्तीफा दे दिया। इसके बाद पहले व्यक्तिगत सत्याग्रह छिड़ा और फिर 1942 ई. में प्रसिद्ध 'भारत छोड़ो' आंदोलन आरंभ हुआ।

अंग्रेजों ने शुरू से ही कांग्रेस के आंदोलनों का क्रूरता से दमन किया। अनेक देश-भक्तों को फांसियों पर लटकाया, लोग गोलियों से मारे गए, संपत्ति जब्त हुई, जेलों में बंद करना साधारण बात हो गई। देश की जनता ने कांग्रेस के नेतृत्व में यह सब सहन किया।

1945 ई. में युद्ध समाप्त हुआ। अंग्रेज यद्यपि विजयी हुए, पर वे बहुत दुर्बल हो चुके थे। भारत की जनता और सेना में असंतोष देखकर उन्हें 1947 ई. में भारत को सत्ता सौंपनी पड़ी। 62 वर्ष के कठिन संघर्ष के बाद कांग्रेस अपना लक्ष्य प्राप्त करने में सफल हुई।

भारतेन्दु हरिश्चंद्र

हिंदी साहित्य के आधुनिक जन्मदाता 'भारतेंदु' का जन्म सेठ अमीचंद के वंश में 9 दिसंबर, 1850 ई. को वाराणसी में हुआ था। उनके पिता गोपालचंद 'गिरिधरदास' के उपनाम से कविताएं लिखते थे। किंतु विद्वान् पिता की मृत्यु इनके बचपन में ही हो जाने से हरिश्चंद्र को नियमित शिक्षा का बहुत कम अवसर मिला। फिर भी उन्होंने स्वाध्याय द्वारा संस्कृत, हिंदी, अंग्रेजी के साथ-साथ मराठी, बंगला, गुजराती, पंजाबी, उर्दू आदि भाषाओं का भी अच्छा ज्ञान प्राप्त कर लिया था। 1880 ई. में विद्वानों ने उन्हें 'भारतेंदु' की उपाधि प्रदान की।

भारतेंदु ने साहित्य की सभी विधाओं—कविता, नाटक, उपन्यास और निबंध में रचनाएं कीं। इस समय उनकी 69 रचनाएं उपलब्ध हैं। भारतेंदु राष्ट्रीय भावनाओं के सुधारवादी लेखक थे। उन्होंने हिंदी गद्य का रूप संवारा और अपनी रचनाओं के द्वारा रूढ़िवाद का खंडन किया। वे अंधविश्वास, फैशनपरस्ती, बाल-विवाह, पर्दा-प्रथा आदि के कट्टर विरोधी थे। पैसा खर्च करने में भी वे सदा आगे रहते थे। तपेदिक की बीमारी के कारण अल्पवय में ही 6 जनवरी, 1885 ई. को उनका देहांत हो गया।

भारवि

संस्कृत के प्रसिद्ध कवि जिनका रचनाकाल 550 ई. के आसपास माना जाता है। यह कदाचित दक्षिण भारत के निवासी थे। अपनी सबसे प्रसिद्ध कृति 'किरातार्जुनीय' महाकाव्य में कवि ने महाभारत का कथातक लेकर इंद्र तथा शिव को प्रसन्न करने के लिए अर्जुन द्वारा की गई तपस्या का वर्णन किया है। इस महाकाव्य से ज्ञात होता है कि भारवि को लोकव्यवहार और शास्त्र दोनों का विपुल ज्ञान था। वे विविध विषयों के अच्छे ज्ञाता थे और उनके हृदय में शिव के प्रति अनन्य निष्ठा थी। इस कवि के कलापक्ष के संबंध में विद्वानों की धारणा है कि शृंगार प्रधान होते हुई भी इनकी रचना में स्थान-स्थान पर उच्च नैतिक आदर्शों का भी निरूपण किया गया है।

भार्गव

1. भृगु वारुणी ऋषि के कुल में उत्पन्न लोगों का कुल नाम। इस कुल में अनेक प्रसिद्ध व्यक्ति पैदा हुए। च्यवन, जमदग्नि, परशुराम, भृगु, वाल्मीकि आदि इसी कुल के थे। इस कुल नाम के ब्राह्मण आज भी भारत के विभिन्न प्रदेशों में बसे हुए हैं।

2. मार्कंडेय पुराण के अनुसार भारत के पूर्वी भाग में इस नाम का एक जनपद था।

भावत्रय

तांत्रिक लोग तीन भावों अथवा अवस्थाओं का सहारा लेते हैं। ये हैं—दिव्यभाव, वीरभाव और पशुभाव। इन्हें दिव्याचार, वीराचार और पश्वाचार भी कहते हैं। दिव्यभाव से देवता का साक्षात्कार होता है। वीरभाव क्रिया की सिद्धि कराता है। पशुभाव से ज्ञान की सिद्धि होती है। पशुभाव से ज्ञान की सिद्धि होने पर वीरभाव के द्वारा रुद्रपद प्राप्त किया जाता है।

भाषावार राज्य

स्वतंत्रता संग्राम के दिनों से ही भारतीय राष्ट्रीय कांग्रेस ने भाषा के आधार पर राज्यों के पुनर्गठन का समर्थन किया था। स्वतंत्रता के बाद इस मांग ने आंदोलन का रूप धारण कर लिया। भाषा के आधार पर राज्यों के पुनर्गठन का आरंभ 1953 ई. में आंध्र प्रदेश की स्थापना से हुआ। उसी समय 'राज्य पुनर्गठन आयोग' की स्थापना की गई। इस आयोग की सिफारिशों के आधार पर राज्यों की सीमाओं का पुनर्निर्धारण हुआ और गुजरात, हरियाणा जैसे नए राज्य भाषा

के आधार पर बने। अब भाषायी राज्यों की उपयोगिता पर कुछ विद्वान् पुनः संदेह करने लगे हैं।

भास

संस्कृत भाषा के सर्वश्रेष्ठ और प्रथम नाटककार। इनके समय के संबंध में मतभेद है, पर इतना निर्विवाद है कि इनके नाटकों की ख्याति कालिदास से पहले हो चुकी थी।

भास रचित तेरह नाटक ग्रंथ उपलब्ध हैं। इनमें से कुछ की कथावस्तु महाभारत से और कुछ की रामायण से ली गई है। कुछ का आधार अर्धऐतिहासिक घटनाएं और दंतकथाएं भी हैं। इनकी सबसे प्रसिद्ध नाट्य रचना 'स्वप्नवासवदत्ता' है।

इस प्राचीन और प्रतिभासंपन्न कृतिकार की कृतियां कुछ समय पहले तक उपलब्ध नहीं थीं। यत्र-तत्र इनका उल्लेख या प्रशस्ति मात्र मिलती थी। कृतियों को खोज निकालने का श्रेय केरल के महामहोपाध्याय टी. गणपति शास्त्री को है। संस्कृत पांडुलिपियों की खोज करते हुए इन्हें 1909 ई. में पद्मनाभपुरम के निकट एक मठ में ताड़पत्र पर मलयालम लिपि में लिखी ये रचनाएं प्राप्त हुईं।

ग्यारहवीं शताब्दी के कश्मीर के शैव मत के एक आचार्य। इन्होंने 'शिवसूत्रवार्तिक' नामक ग्रंथ की रचना की।

भास्कर राय

दक्षिण मार्गी शाक्त तथा देवी के परम उपासक भास्कर राय का समय अठारहवीं शताब्दी का आरंभिक काल माना जाता है। ये तंजौर नरेश की सभा में थे। इन्होंने शाक्त साधना प्रणाली पर 'वरिवस्या रहस्य' नामक ग्रंथ की रचना की। शाक्त संप्रदाय के अनेक ग्रंथों पर इनकी टीकाएं भी उपलब्ध हैं।

भास्कर वर्मा

कामरूप (असम) का एक ख्याति प्राप्त राजा। इसने 600 ई. से 650 ई. तक शासन किया। हिंदू धर्मावलंबी यह राजा विद्वानों का बड़ा सम्मान करता था। बौद्धयात्री फाहियान जब इसके राज्य में पहुंचा तो उसे भी पूरा सम्मान प्राप्त हुआ। बंगाल के शासक शशांक की शक्ति को रोकने के लिए इसने हर्षवर्धन के साथ संधि की थी। हर्षवर्धन की मृत्यु (648 ई.) के बाद यह समस्त पूर्वी भारत का स्वामी बन गया। भास्कर वर्मा चौथी शताब्दी में पुष्य वर्मा द्वारा स्थापित राजवंश का अंतिम और महान शासक था। वह निःसंतान मरा और उसकी मृत्यु के साथ ही यह राजवंश समाप्त हो गया।

भास्कराचार्य

प्राचीन भारत के विख्यात गणितज्ञ जिनका जन्म 1114 ई. में महाराष्ट्र के एक गांव में हुआ था। ये उज्जैन की वेधशाला के अध्यक्ष थे 'सिद्धांतशिरोमणि' इनकी सबसे प्रसिद्ध रचना है। इन्होंने प्रतिपादित किया था कि पृथ्वी अपनी शक्ति से टिकी हुई है। इन्होंने उसी समय यह भी स्पष्ट रूप से लिख दिया था कि 'पृथ्वी में आकर्षण-शक्ति है और वह अपनी आकर्षण-शक्ति के जोर से सब चीजों को अपनी ओर खींचती है।' किंतु उस समय इन बातों की ओर किसी का ध्यान नहीं गया और बाद में न्यूटन (1642-1727 ई.) को गुरुत्वाकर्षण के सिद्धांत का आविष्कार करने का श्रेय मिला।

भास्कराचार्य लिखित गणित की पुस्तक 'लीलावती' बहुत प्रसिद्ध हुई। दशमलव प्रणाली के क्रमिक रूप से व्याख्या करनेवाले, जलघड़ी का आविष्कार करनेवाले भी यही थे.

भिक्षु

जब मनुष्य आत्मा और परमात्मा के स्वरूप का ज्ञान कर लेता है तो वह संसार से विरक्त होकर पूरी तरह परमात्मा के चिंतन में लीन हो जाता है। वह शरीर की रक्षा के लिए भिक्षा मांगने के उद्देश्य से ही गृहस्थों के संपर्क में आता है। ऐसे संन्यासी को ही भिक्षु कहते हैं। संसार को त्याग देनेवाले बौद्ध संन्यासी भी भिक्षु कहलाते हैं। जो व्यक्ति दरिद्रता या अभाव के कारण मांगता है, वह याचक या भिखारी कहलाता है, भिक्षु नहीं।

भिषक

भिषक कर्म अथवा चिकित्सा करनेवालों का उल्लेख वैदिक संहिताओं में भी मिलता है। अश्विनी कुमार, वरुण और रुद्र को भिषक बताया गया है। ये लोग पंगु को अच्छा करने, वृद्ध च्यवन और पुरंधी के पति को युवा बनाने आदि चमत्कारों के लिए प्रसिद्ध हैं। इससे प्रकट है कि वैदिक आर्यों के समय शल्यक्रिया और औषधि ज्ञान का विकास हो चुका था। अथर्ववेद में औषधि-वर्णन के साथ-साथ वनस्पति, चिकित्सा तथा शरीर विज्ञान का भी वर्णन है।

भीखा साहब

तेजस्वी महात्मा भीखा साहब का जन्म उत्तर प्रदेश के आजमगढ़ जिले में हुआ था। वे बचपन से ही सत्संग में रस लेने लगे थे। इनका घरेलू नाम भीखानंद था। 12 वर्ष की उम्र में ये घर छोड़कर गुरु की खोज में निकल पड़े और गाजीपुर जिले में गुलाल साहब (दे.) के पास जा पहुंचे। 16 वर्ष उन्होंने गुरु की सेवा और

भक्तिभाव की रचनाएं करने में लगाए। 1760 ई. में गुलाल साहब की मृत्यु के बाद यही उनकी गद्दी के महंत बने। भीखा साहब की 6 कृतियां प्रसिद्ध हैं। उनकी विचारधारा वेदांत दर्शन से बहुत मिलती है।

भीम

कुंती के गर्भ से उत्पन्न वायु के पुत्र भीम पांच पांडवों में दूसरे थे। ये बड़े पराक्रमी और गदा चलाने में निपुण थे। दुर्योधन आरंभ से ही इनसे ईर्ष्या करता था। एक दिन उसने विष खिलाकर इन्हें नदी में फेंकवा दिया। वहां इन्हें जब सर्पों ने काटा तो पहले विष का प्रभाव जाता रहा। बाद में नागराज ने इन्हें अमृत पिलाया और दस हजार हाथियों का बल दिया। वनवास के समय इन्होंने हिडिंब नामक राक्षस को मारकर उसकी बहिन हिडिंबा से विवाह किया जिससे घटोत्कच (दे.) नामक पुत्र उत्पन्न हुआ।

अज्ञातवास के समय भीम ने 'वल्लभ' नाम से विराट के यहां रसोइए का काम किया। उसी समय द्रौपदी से छेड़छाड़ करने के कारण विराट के साले कीचक का वध कर डाला था। महाभारत युद्ध में दुःशासन का रक्तपान करके और दुर्योधन की जांघ तोड़कर भीम ने अपनी प्रतिज्ञा पूरी की थी। इनकी एक पत्नी काशी की राजकुमारी जलंधरा भी थी जिससे सर्वज्ञ नाम का पुत्र उत्पन्न हुआ। भीम ने जरासंध को मारकर उसका रथ श्रीकृष्ण को दिया था। प्राचीन साहित्य में भीम नाम के 18 व्यक्तियों का उल्लेख मिलता है। इनमें प्रधानता पांडव भीम की ही है।

भीम द्वादशी

1. पुराणों में वर्णित इस द्वादशी का नाम पहले कल्याणी था। श्रीकृष्ण द्वारा भीम को इसकी कथा सुनाने के बाद माघ शुक्ल पक्ष की यह द्वादशी भीम द्वादशी कहलाने लगी। इसकी पूजा का आरंभ माघ शुक्ल दशमी से ही हो जाता है। उस दिन शरीर में घी लगाकर विष्णु की पूजा करते हैं। एकादशी को पूर्ण उपवास किया जाता है। द्वादशी को स्नान के उपरांत एक जल से भरे कलश को, जिसकी तली में एक छोटा-सा छेद हो, कहीं पर लटका देते हैं। फिर रात भर खड़े रहकर कलश से गिरनेवाली एक-एक बूंद अपनी हथेली पर लेते और उतनी बार भगवान के नाम का उच्चारण करते हैं। दूसरे दिन ब्राह्मणों को दान देने का विधान है।

2. एक अन्य विवरण के अनुसार पुलस्त्य ऋषि ने दमयंती के पिता विदर्भ नरेश भीम को माघ शुक्ल द्वादशी के दिन इस व्रत का महत्व बताया था। तभी से इसका नाम भीम द्वादशी पड़ा।

भीमवैदर्भ

विदर्भ देश का राजा जो नल की पत्नी दमयंती का पिता था। पहले इसके कोई संतान नहीं थी। बाद में दमन ऋषि की कृपा से इसे तीन पुत्र और एक कन्या प्राप्त हुई। निषध देश के राजा नल ने स्वयंवर में दमयंती का वरण किया, किंतु कलि के शाप के कारण दोनों को बड़ा कष्ट सहन करना पड़ा था।

भीमशंकर

भीमशंकर शिव के द्वादश ज्योतिर्लिंगों में से एक है। इसके दो स्थान बताए जाते हैं। एक असम में गुवाहाटी के निकट ब्रह्मपुत्र में पहाड़ी पर और दूसरा बंबई से 400 कि.मी. दक्षिण-पूर्व में सह्याद्रि पर्वत शिखर पर।

महाराष्ट्र का यह स्थान एकांत और निर्जन में है। मार्ग भी सुगम नहीं। केवल शिवरात्रि के अवसर पर पूना से भीमशंकर के निकट तक बसें जाती हैं। उसके बाद काफी दूरी पैदल तय करनी पड़ती है। यहां का मंदिर अत्यंत प्राचीन है, किंतु भवन धीरे-धीरे जीर्ण होता जा रहा है। मंदिर के निकट ही भीमा नदी का उद्गम है। मान्यता है कि त्रिपुरासुर को मारकर भगवान शंकर ने यहां विश्राम किया था। यहां उस समय भीमक नाम का एक नरेश तपस्या कर रहा था। शंकर ने उसे दर्शन दिए और उसकी प्रार्थना पर लिंग रूप में स्थित होकर भीमशंकर कहलाए।

भीषक

बक नामक असुर का पुत्र। इसके पिता का भीमसेन ने वध किया था। इस कारण यह मन ही मन पांडवों से बैर मानता था। जब युधिष्ठिर के अश्वमेध का घोड़ा छोड़ा गया तो भीषक ने एकचक्र नगर में वह घोड़ा पकड़ लिया। इस पर घोड़े की रक्षा कर रहे अर्जुन से इसका युद्ध हुआ और यह मारा गया।

भीष्म

कुरुवंश के राजा शांतनु और गंगा के पुत्र। इन्होंने सत्यवती के साथ अपने पिता के विवाह की बाधा दूर करने के लिए आजीवन ब्रह्मचारी रहने की भीषण प्रतिज्ञा की थी। पहले इनका नाम देवव्रत था। इस प्रतिज्ञा के कारण ये भीष्म कहलाए।

कौरवों और पांडवों के पितामह के रूप में—महाभारत में इनकी ख्याति वर्णित है। भीष्म धार्मिक, दार्शनिक और राजनीतिक विषयों के सूक्ष्म ज्ञाता थे। महाभारत के शांति पर्व में इनके नाम से धर्म, राजनीति और समाजनीति की विशद व्याख्या की गई है। महाभारत युद्ध में प्रथम दस दिनों तक कौरवों की सेना

के सेनापति रहे और अंत में अर्जुन के हाथों घायल होकर शर-शय्या पर लेट गए। इस बीच पांडवों ने भीष्म से अनेक विषयों का ज्ञान प्राप्त किया। भीष्म को इच्छा-मृत्यु का वरदान प्राप्त था। सूर्य के उत्तरायण होने पर ही माघ शुक्ल अष्टमी को इन्होंने इच्छानुसार प्राणों का त्याग किया।

भीष्मक

विदर्भ देश का राजा भीष्मक जरासंध का भक्त था और श्रीकृष्ण के प्रति बैर-भाव रखता था। इसी कारण श्रीकृष्ण ने उसकी पुत्री रुक्मणी का हरण करके उसके साथ राक्षस विधि से विवाह कर लिया। पांडवों के राजसूय यज्ञ के समय इसने अश्वमेध का घोड़ा पकड़ लिया था। इस पर सहदेव से इसका संग्राम हुआ और इसे हार माननी पड़ी थी।

भीष्माष्टमी

भीष्म पितामह ने माघ शुक्ल अष्टमी को प्राण त्यागे थे। इसलिए उस तिथि क इस अखंड ब्रह्मचारी को जल देने और श्राद्ध करने का विधान है। सामान्यतः जिस व्यक्ति का पिता जीवित हो वह श्राद्ध नहीं करता। किंतु इस दिन वह भी भीष्म को तर्पण दे सकता है। भीष्म क्षत्रिय थे परंतु भीष्माष्टमी को ब्राह्मण भी उन्हें तर्पण देना अपना कर्तव्य समझते हैं। मान्यता है कि इस दिन का व्रत समस्त पापों से मुक्ति और सुख-सौभाग्य का दाता है।

भुवनेश्वर

उड़ीसा की नवीन राजधानी भुवनेश्वर अपने मंदिरों के लिए प्रसिद्ध है। इसे शिव मंदिरों का नगर या 'उत्कल काशी' भी कहते हैं। ऐतिहासिक घटनाओं और प्राकृतिक कारणों से अब तक न जाने कितने मंदिर नष्ट हो गए, फिर भी भुवनेश्वर में आज भी पांच सौ से अधिक मंदिर विद्यमान हैं। यहां के प्रमुख मंदिर हैं—महालिंगराज, अनंतवासुदेव, भुवनेश्वर, ब्रह्मेश्वर, भास्करेश्वर, परशुरामेश्वर तथा राजरानी। इनमें लिंगराज मंदिर सबसे विशाल और निर्माण की दृष्टि से सबसे आकर्षक है। इस मंदिर में शिव का 'बुंदबुद' लिंग स्थापित है। पुराणों में इस क्षेत्र को एकाग्र क्षेत्र कहा गया है जिसका शिव क्षेत्र वाराणसी के समान ही महत्वपूर्ण है।

भुवनेश्वरी

शाक्त उपासना में मानी गई दस महाविद्याओं में से एक। ये महाविद्यायें हैं—महाकाली, उग्रतारा, षोड़शी, भुवनेश्वरी, छिन्नमस्ता, भैरवी, धूमावती, बगला-

मुखी, मातंगी और कमला। दक्षिण तथा वाम दोनों मार्गों के तांत्रिक इन दसों महाविद्याओं की उपासना करते हैं।

भुंशुडि

1. दण्डकारण्य में चोरी करनेवाला एक मछुआ। एकबार इसने मुद्गल ऋषि को मार्ग में रोक लिया। परंतु ऋषि के तेज के सामने यह कुछ नहीं कर सका। बाद में ऋषि के उपदेश पर यह गणेश की उपासना करने लगा। इस उपासना से भुशुंडि के भी गणेश जैसी सूंड़ निकल आई।
2. एक युद्धास्त्र का नाम। तारक ने इसी से यम को परास्त किया था और तारका-सुर संग्राम में इसी से शुंभ के वाहन को नष्ट किया।

भूखड़

औघड़ योगियों की एक शाखा जिसकी स्थापना गोरखनाथ के एक शिष्य ब्रह्मगिरि ने गुजरात में की थी। वास्तव में ब्रह्मगिरि ने अपने संप्रदाय की पांच शाखायें बनाई हैं। उन्होंने इन शाखाओं को रूखड़, सूखड़, भूखड़, कूकड़, और गूदड़ नाम दिए। इनमें गूदड़ संन्यासियों के महापात्र हैं। भूखड़ अधिकतर उत्तर भारत में भटकनेवाले शैव साधु हैं।

भूत

प्राचीन भारत की एक मानव जाति का सामूहिक नाम 'भूत' था। प्राचीन काल में चार मानव समूहों का वर्णन आता है—धर्म ऋषि से उत्पन्न 'धर्म प्रजा'; ईश्वर से उत्पन्न 'ईश्वर प्रजा'; कश्यप ऋषि से उत्पन्न 'काश्यपीय प्रजा' और पुलह ऋषि से उत्पन्न 'पुलह प्रजा'। भूत योनि के लोग पुलह प्रजा के अंतर्गत थे। पुराणों के अनुसार इन्हें लोहित रुद्र ने सती के उदर से उत्पन्न किया था। इन्हें लटकते ओंठ, लंबे दांत, लंबे नख, खुरदरे बाल और पीले रंग का तथा ठिगने कद का बताया गया है।

ये भारत के प्राचीन आदिवासी माने जाते हैं। असुरों से इनका बराबर संग्राम चलता था। इनके राजा 'रुद्र' कहलाते थे। पर रुद्र एक व्यक्ति का नाम न होकर इनके किसी राजा का सामान्य नाम था। जो व्यक्ति अधिक बलवान होता, वही राजा बनकर रुद्र कहलाता। 'गणनायक', 'भूतनायक' भी इनके राजा की पदवी थी। भूतगणों में स्कंद, शाख, भैरव आदि प्रमुख थे। इनके ध्वज पर प्रायः किसी पशु या पक्षी का चिह्न रहता था।

दक्ष के यज्ञ के समय इनका देवों से भी संग्राम हुआ। जिसमें देवगण पराजित हुए। इस संग्राम के बाद भूतगण दक्षिण की ओर चले गए।

पुराणों में शिव के इन आठ भूतगणों का नामोल्लेख मिलता है--शालिनी, यातुधान, बेताल, ब्रह्मराक्षस, भूत, प्रेत, पिशाच और प्रमथ।

भूत समुदाय में इनकी गणना होती है—देवयोनि के आठ—सिद्ध, गुह्यक् गंधर्व, यक्ष, राक्षस, सर्प, विद्याधर और पिशाच। कीट-पशु योनि के सरीसृप, वानर, पशु, मृग, पक्षी और सौत्रामणि। पृथ्वी, वायु, अप, आकाश और ज्योति पंचभूत कहलाते हैं।

भूतपुरी

दक्षिण में त्रिवल्लूर स्टेशन से लगभग 20 कि. मी. दूर भूतपुरी नाम की बस्ती का स्थानीय नाम है 'श्रीपेरुम्बुदूर'। यह रामनुजाचार्य की जन्मभूमि है। अनंत सरोवर के समीप रामानुज स्वामी का विशाल मंदिर है। दूसरा मंदिर है केशव भगवान का जिसमें शेषशायी मूर्ति है।

थोड़ी दूर पर भूतेश्वर महादेव का प्राचीन मंदिर है। कहते हैं कि एकबार शंकर भस्म लगाकर नृत्य कर रहे थे तो उन्हें देखकर उनके भूतगण हंस पड़े। इस पर क्रुद्ध होकर शंकर ने उन्हें अपने पास से हटा दिया। दुखी भूतगणों ने ब्रह्मा जी की राय से भगवान केशव की आराधना की। इस पर केशव के कहने से शंकर ने भूतों को फिर से अपने पास रख लिया। तभी से सत्यव्रत नाम का यह पुराना तीर्थ भूतपुरी कहलाने लगा।

भूतेश्वर

शिव का एक नाम जो भूतों अर्थात् जीवों के ईश्वर होने के कारण उन्हें मिला। सामान्य रूप से भूत का अर्थ प्रेत से भी लिया जाता है। प्रेत वे आत्माएं कहलाती हैं जो मृत्यु के बाद किसी कारण से भटकती रहती हैं। ये प्रेत श्मशानों में रहते हैं और इन सभी भूत-प्रेतों के स्वामी शिव हैं। शिव के तांडव नृत्य के समय ये भूत-प्रेत भी उनके साथ रहते हैं।

भूदान

आचार्य विनोबा भावे द्वारा आरंभ किया हुआ एक अहिंसात्मक आंदोलन। इसका उद्देश्य भूमि के असमान वितरण को कम करना और भूमिहीन खेतिहरों की समस्या को सुलझाना था। इसकी प्रेरणा आचार्य भावे को स्वतंत्रता प्राप्ति के कुछ ही समय बाद दक्षिण में तेलंगाना क्षेत्र की पैदल यात्रा के समय मिली। वहां उस समय साम्यवादी विचार के लोग हिंसा का आश्रय लेने की तैयारी कर रहे थे।

आचार्य विनोबा ने देशभर में घूम-घूमकर अधिक भूमिवालों से दानस्वरूप

भूमि प्राप्त की। इस भूमि का भूमिहीनों में वितरण किया गया। इसके लिए कानूनी व्यवस्था भी की गई।

भूमि

ब्रह्मा की पुत्री और नारायण की पत्नी जिसके पुत्र का नाम नरकासुर था। एकबार इसे दैत्यों ने बहुत सताया। उनसे मुक्ति पाने के लिए इसने भगवान विष्णु से प्रार्थना की। इसकी प्रार्थना पर ही विष्णु ने वराह अवतार लिया और भूमि का भार उतारा। महाभारत में उल्लेख आया है कि एकबार अंग राजा के कारण यह अदृश्य हो गई थी। बाद में कश्यप ऋषि ने इसे पुनः स्थिर किया। परशुराम के क्षत्रिय संहार से बचे हुए राजकुमारों का पता इसी ने कश्यप ऋषि को बताया था और उनसे 'भूपाल' का निर्माण करने की प्रार्थना की थी।

पुराणों के अनुसार अनंत में लेटे हुए विष्णु के अंदर जब सृष्टि की कामना हुई तो उनकी नाभि के कमल से ब्रह्मा पैदा हुए और दोनों कानों के कर्ण-मल से मधु और कैटभ नाम के दो असुर निकले। इन असुरों ने जब ब्रह्मा को पीड़ित करना आरंभ किया तो विष्णु ने इनका वध कर डाला। असुरों के शरीर की मज्जा भूमि में जम गई। इससे पृथ्वी का एक नाम मेदिनी पड़ा।

भूरिश्रवा

सोमदत्त का पुत्र एक कुरुवंशी राजा जो द्रौपदी के स्वयंवर में भी उपस्थित था। यह एक अक्षौहिणी सेना लेकर महाभारत युद्ध में कौरवों के पक्ष में लड़ा था और सात्यकी के हाथों मारा गया।

भूषण

हिंदी के वीररस के कवि भूषण का जन्म कानपुर जिले में यमुना के किनारे टिकवांपुर में हुआ था। इनके पिता कान्यकुब्ज ब्राह्मण रत्नाकर त्रिपाठी थे। भूषण कुछ समय तक महाराजा शिवाजी के आश्रय में रहे। इनके छत्रसाल बुंदेला के आश्रय में रहने का भी उल्लेख मिलता है। 'शिवराज भूषण', 'शिवा-बावनी' और 'छत्रसाल दशक' इनके लिखे छः ग्रंथों में प्रमुख माने जाते हैं।

भृगु

1. वैदिक पुरोहितों का एक गण, ऋग्वेद के अनुसार जिसे सर्वप्रथम अग्नि प्राप्त हुई। अग्नि को भृगुओं का उपहार बताया गया है। इन्होंने अग्नि को मनुष्यों तक पहुंचाया। भृगु शब्द का एक अर्थ 'प्रकाशमान' भी होता है। और इनकी तुलना सूर्य से की गई है।

2. एक प्रजापति जो दक्ष के यज्ञ में शंकर के अपमान के समय उपस्थित था। शंकर के गण वीरभद्र ने जब दक्ष का यज्ञ ध्वंस किया तो भृगु की भी दाढ़ी जला डाली। भयभीत ऋषियों के साथ इसने भी शिव की प्रार्थना की थी। देवासुर संग्राम में भृगु और उसकी पत्नी दोनों ने असुरों की ओर से भाग लिया। इसकी पत्नी को विष्णु ने मार डाला तो इसने संजीवनी विद्या से पत्नी को जीवित कर दिया और विष्णु को गर्भ में रहकर पीड़ा सहने और पृथ्वी पर अवतार लेने का शाप दिया। एक अन्य कथा के अनुसार जब आश्वासन देने पर भी विष्णु ने दैत्यों से इनके यज्ञ की रक्षा नहीं की तो इसने उन्हें दस बार जन्म लेने का शाप दिया।

पुराणों के अनुसार ऋषियों ने भृगु को यह पता लगाने के लिए भेजा कि ब्रह्मा, विष्णु और महेश में कौन देवता श्रेष्ठ है। भृगु सबसे पहले शिव के पास गया। वहां नंदी ने अंदर जाने से रोक दिया क्योंकि शिव-पार्वती क्रीड़ा में मग्न थे। रुष्ट होकर भृगु ने शिव को शाप दिया कि तुम्हारे शरीर का आकार लिंग रूप में माना जाएगा।

ब्रह्मा के पास जाने पर भी इनका उचित सम्मान नहीं किया गया तो भृगु ने शाप दिया कि तुम्हारी पूजा कोई नहीं करेगा।

विष्णु के पास जब यह पहुंचा तो दो जगह से वह जला-भुना था। विष्णु को सोता हुआ देखकर उसने उनके सीने में जोर से लात मारकर उन्हें जगाया। उठते ही विष्णु ने भृगु को प्रणाम किया और पूछा—आपके पैरों को चोट तो नहीं लगी। विष्णु की यह शालीनता देखकर इन्होंने उन्हें सर्वश्रेष्ठ देवता घोषित किया गया।

भृगुक्षेत्र

उत्तर प्रदेश का वर्तमान बलिया प्राचीन भृगुक्षेत्र है। ब्रह्मा के मानस पुत्रों में से एक प्रसिद्ध ऋषि भृगु का इस क्षेत्र से संबंध रहा है। भृगु (दे.) ने विष्णु को लात मारी थी। इसका प्रायश्चित करना आवश्यक था। इसके लिए ऋषियों ने उन्हें एक सूखी लकड़ी दी और कहा कि जहां रखने से यह लकड़ी हरी हो जाए वहीं तपस्या करो। चारों ओर घूमने के बाद इसी स्थान पर रखने से लकड़ी हरी हुई और भृगु ने यहां तपस्या की। तभी से यह क्षेत्र भृगुक्षेत्र कहलाया। कार्तिक पूर्णिमा को यहां बहुत बड़ा मेला लगता है। भृगु के एक शिष्य ददरी के नाम पर यह मेला ददरी का मेला कहलाता है।

भृगुवारुणी

ये ब्रह्मा के आठ मानस पुत्रों में से एक थे जिनसे आगे चलकर ब्राह्मण कुल बने। नहुष (दे.) का मानमर्दन करने के प्रसंग में भी इनका उल्लेख आता है। नहुष के

व्यवहार से देवतागण त्रस्त थे। वे परामर्श के लिए भृगुवारुणी के पास आए। भृगु के परामर्श पर सप्तर्षियों ने नहुष का रथ खींचा। रथ को धीमा चलाता देखकर नहुष ने उसे तेज चलाने के लिए 'सर्प-सर्प' कहा और अगस्त्य ऋषि को लात मारी। भृगु अगस्त्य की जटाओं में स्थापित थे इसलिए नहुष की लात उन्हीं पर पड़ी। इस पर भृगु ने नहुष को सर्प बन जाने का शाप दिया और उसे इंद्र पद से हटा दिया।

एक अन्य कथा के अनुसार भृगुवारुणी की पत्नी पुलोमा के गर्भ से सात ऋषि उत्पन्न हुए। इनमें शुक्र और च्यवन अधिक प्रसिद्ध थे। शुक्र का वंश दैत्यों का साथ देने के कारण नष्ट हो गया। च्यवन ऋषि की परंपरा में भार्गव वंश अस्तित्व में आया।

भृगुवारुणी ने कई ग्रंथों की रचना की। इनमें भृगु-स्मृति, भृगुगीता और भृगु-संहिता विशेष प्रसिद्ध हैं। इन्होंने वास्तु-शास्त्र पर भी एक ग्रंथ की रचना की थी।

भेड़ाघाट

जबलपुर के निकट नर्मदा नदी के तट पर यह स्थान महर्षि भृगु की तपोभूमि बताया जाता है। यहां पर नर्मदा से वामन गंगा का संगम होता है जिसके निकट श्रीकृष्ण का मंदिर है। यहीं पर धुआंधार नाम का प्रपात है जहां नर्मदा का जल 40 फुट ऊपर से गिरता है।

भैरव

पुराणों के एक उल्लेख के अनुसार भैरव रुद्र का एक गण और वाराणसी का क्षेत्र-पाल है। अन्य उल्लेख के अनुसार अंधक राक्षस ने शिव के सिर पर गदा से प्रहार किया। उससे जो रक्त बहा उसी से भैरव की उत्पत्ति हुई। इनकी संख्या कहीं पर पांच और कहीं पर आठ दी गई है। भैरव का रूप बड़ा विकराल और भयंकर है। कुत्ता इसका वाहन है।

कहते हैं, एक बार विष्णु और ब्रह्मा ने शंकर का अपमान किया। इससे शंकर अति क्रुद्ध हुए और उनके क्रोध से जो भयानक गण पैदा हुआ, वही भैरव है। इसी को कालभैरव, आमर्दक, वीरभद्र, पापभक्षक और कालराज भी कहते हैं। उत्पन्न होते ही भैरव ने ब्रह्मा का वह सिर तोड़ डाला जिसके मुख से शंकर की निंदा की गई थी। इस पर भैरव को ब्रह्महत्या का पाप लगा। इस पाप से मुक्ति के लिए वह ब्रह्मा के कपाल का खप्पर बनाकर भिक्षा मांगता फिरा, पर मुक्ति नहीं मिली। इस पर शंकर के आदेश से वह वाराणसी गया। इस नगरी में प्रवेश करते ही वह पाप-मुक्त हो गया। ब्रह्मा के कपाल को भी उसके हाथ से गिरकर

मुक्ति मिल गई। जहां यह कपाल गिरा, उसी स्थान पर 'कपालमोचन' नाम का तीर्थ बना।

शिव को भी भैरव कहा गया है। यह उनका बड़ा उग्र रूप है। वे तांडव नृत्य इसी रूप में करते हैं। तंत्र मत में भैरव की उपासना अधिक प्रचलित है।

भैरवी

शिव-पत्नी उमा का एक नाम। शिव के द्वारा भैरव रूप धारण करने पर उमा भैरवी कहलाती हैं। एक मातृका (दे.) का नाम भी भैरवी है।

भैरवीचक्र

तांत्रिक या वामपंथी लोग समूह में एकत्र होकर विशिष्ट तिथियों और नक्षत्रों में देवी का पूजन करते हैं। इसमें एक चक्र में बैठकर मद्यपान और पूजा की जाती है।

भैरोनाथ

काशी के राजा शिव अथवा विश्वेश्वर हैं। विश्वेश्वर के मुख्य नगर रक्षक भैरव (दे.) भैरोनाथ के नाम से प्रसिद्ध हैं। इनका मंदिर काशी विश्वनाथ मंदिर से लगभग एक मील दूर उत्तर में स्थित है। शिव की आज्ञा से ये देवताओं और मनुष्यों पर शासन करते हैं। दुष्टों से नगर की रक्षा करना भी इनका काम है।

भोज

कन्नौज का गुर्जर प्रतिहार राजा जो भोज प्रथम भी कहलाता है। इसने 840 से 900 ई. तक राज्य किया। इसका मूल नाम मिहिर था। प्रसिद्धि कुलनाम या उपनाम 'भोज' से हुई। इसका राज्य उत्तर में हिमालय, दक्षिण में नर्मदा, पूर्व में वंगाल और पश्चिम में सतलज तक फैला था। इस प्रतापी राजा ने अरबों को सिंध से आगे बढ़ने से रोका। यह बड़ा विद्यानुरागी और कुशल प्रशासक था। अरब यात्री सुलेमान ने, जो उसके राज्य में आया था, भोज के वैभव और सैनिक शक्ति का उल्लेख किया है।

भोज परमार

मालवा के परमार वंश का प्रसिद्ध राजा जिसकी राजधानी धार थी। वह 1018 से 1060 ई. तक गद्दी पर रहा। वह विद्वानों और कवियों का संरक्षक तथा स्वयं भी बड़ा प्रतिभासम्पन्न विद्वान् था। उसने अलंकार, योगशास्त्र, गणित, ज्योतिष और वास्तुकला जैसे विषयों पर ग्रंथ रचना की। भोज परमार की ख्याति उसके

विद्यानुराग के कारण अधिक है। शासन के अंतिम वर्ष में गुजरात के चालुक्य राजा और चेदिनरेश ने मिलकर उसे पराजित कर दिया।

भौम या भौमासुर

1. प्रागज्योतिषपुर का एक असुर राजा जिसका नाम भौमासुर के साथ नरकासुर भी मिलता है। मान्यता है कि इसकी उत्पत्ति वराह अवतार में विष्णु और धरती के संयोग से हुई। देवताओं को जब पृथ्वी के गर्भ में असुर के आ जाने का पता चला तो उन्होंने इसकी उत्पत्ति रोक दी। बाद में विष्णु के कहने पर यह पैदा हुआ। भूमि से उत्पन्न होने के कारण इसका नाम भौमासुर पड़ा। विष्णु ने ही इसे प्रागज्योतिषपुर का राजा बनाया। पर बाणासुर के संपर्क में आने से यह बड़ा उत्पाती हो गया। यहां तक कि इसने महर्षि वशिष्ठ को कामाख्या देवी के दर्शनों के लिए नहीं आने दिया। इस पर क्रुद्ध होकर ऋषि ने इसे शाप दिया कि तुम अपने पिता के हाथों मारे जाओगे। इसी शाप के कारण विष्णु के अवतार श्रीकृष्ण को प्रागज्योतिषपुर जाकर भौमासुर अथवा नरकासुर का वध करना पड़ा।

2. नवग्रहों में से एक ग्रह का नाम भौम है। इसे मंगल, अंगारक और कुमार भी कहते हैं। सौरमंडल का यह ग्रह पृथ्वी के बाद पहला पड़ता है। इसका रंग लाल है और इसके रथ में आठ घोड़े जुते हैं।

भ्रमर-गीत

कृष्ण का संदेश लेकर गए उद्धव जब गोपियों के सामने ज्ञान की बातें कर रहे थे, तब एक भौंरा किसी गोपी के सामने से गुन-गुन करता निकल गया। भ्रमर को लक्ष्य करके गोपियों ने कृष्ण की निष्ठुरता, कपट-प्रेम, क्रूरता आदि की जो खरी-खोटी उद्धव को सुनाई उसका मार्मिक वर्णन भागवत के दशम स्कन्ध में मिलता है। इसमें अपनी बात कहने के लिए भ्रमर को माध्यम बनाया गया है, इसीलिए इसे 'भ्रमर-गीत' कहा गया है। संस्कृत से यह परंपरा हिंदी में आई। विद्यापति ने कुछ पद लिखे। पर इसके सबसे बडे प्रतीक सूरदास हैं। कृष्णकाव्य के इस अत्यंत लोकप्रिय विषय पर अष्टछाप (दे.) के कवियों की भी कुछ रचनाएं मिलती हैं।

भ्रातृ द्वितीया

यह पर्व कार्तिक शुक्ल द्वितीया को मनाया जाता है। इस दिन मथुरा में यमुना-स्नान का महत्व है। भारतीय परंपरा में सामान्यतः छोटी बहिन के घर भोजन निषेध रहा है। किंतु भ्रातृ द्वितीया के दिन भाई बहिन के यहां भोजन करता और उसे उपहार देता है। इस दिन यम भी अपनी बहिन यमुना के घर भोजन करने के लिए जाते हैं।

म

मंकणक

एक प्राचीन ऋषि जिनका जन्म वायु द्वारा सुकन्या के गर्भ से हुआ था। कहीं पर इन्हें कश्यप का मानस पुत्र बताया गया है। मंकणक सरस्वती नदी के किनारे 'सप्त सारस्वत तीर्थ' में तप कर रहे थे। वहीं इन्हें सिद्धि प्राप्त हुई और आनंदातिरेक से ये नृत्य करने लगे। इस पर देवगण भयभीत हुए कि यदि नृत्य जारी रहा तो पृथ्वी रसातल को चली जाएगी। देवगणों की विनय पर शिव ने मंकणक के पास जाकर उन्हें दर्शन दिए। इस पर ऋषि का नृत्य रुक गया और वे पुनः तपस्या में लीन हो गए। इनके सात पुत्र बताए जाते हैं—वायुवेग, वायुबल, वायुमंडल, वायुज्वाला, वायुरेता, वायुहा और वायुचक्र। महाभारत में इन्हें सप्तर्षि और मरुतों का जनक बताया गया है।

मंकन

पुराणों में वर्णित वाराणसी का निवासी एक नाई जो गणेश का भक्त था। राजा दिवोदास से रुष्ट होकर एकबार शिवजी ने काशी नगरी को निर्जन बनाने का काम अपने पुत्र गणेश (निकुंभ) को सौंपा। इस पर गणेश ने मंकन से काशी नगरी के निकट अपना एक मंदिर बनाने के लिए कहा। इस 'निकुंभ मंदिर' में आनेवालों की कामना पूर्ण होने लगी। किंतु दिवोदास की पुत्र-प्राप्ति की कामना पूरी नहीं हुई। इससे क्रुद्ध होकर दिवोदास ने मंदिर नष्ट करा दिया। अपने मंदिर के ध्वस्त होने से कुपित गणेश ने काशी नगरी निर्जन बना दी। इस प्रकार शिव का मंतव्य पूरा हुआ।

कहीं पर मंकन को ब्राह्मण बताया गया है जिससे गणेश ने स्वप्न में मंदिर बनाने के लिए कहा था।

मंकि

एक प्राचीन आचार्य जो भाग्यवाद में विश्वास करता था। पहले यह लोभी किसान था और सदा धन की लालसा में अंधा बना रहता था। एकबार इसने अपने जुते हुए बैलों को मार्ग में बैठे ऊंट के ऊपर चढ़ा दिया। ऊंट उन्हें ले भागा। इससे दोनों बैल मर गए। इस पर मंकि को बहुत दुख हुआ और उसने लोभ की आलोचना की।

कुछ लोग आजीवक संप्रदाय के आचार्य मखिल गोषाल को ही मंकि मानते हैं। गोषाल आजीवक संप्रदाय का भोगवादी था। अशोक के शासनकाल में आजीवकों का समाज में काफी सम्मान था। किंतु बाद में बौद्ध और जैन धर्म के प्रचार के कारण इनकी लोकप्रियता कम होती गई। मंकि की कथा युधिष्ठिर ने भीष्म से सुनी थी। आचार्य मंकि के विचार 'मंकि गीता' में संग्रहीत हैं।

मंगल

1. शिव का एक पुत्र जो उनके पसीने की बूंद से पैदा हुआ था। सती की मृत्यु के बाद शंकर उसकी प्राप्ति के लिए तप करने लगे। उसी समय उनके मस्तक से पसीने की एक बूंद टपकी जिससे मंगल नाम का पुत्र पैदा हुआ। शंकर ने इसे नवग्रहों में स्थापित किया।

ज्योतिष में मंगल को भूमि एवं भार्या का संरक्षणकर्ता माना जाता है। इसी से यह 'भौम' (दे.) भी कहलाता है। एक स्थान पर इसकी उत्पत्ति शिव के अश्रुबिंदुओं से बताई गई है। शिव का विवाह हरिणाक्ष की कन्या विकेशी से हुआ था। दोनों के सम्मिलन के समय अग्नि के उपस्थित हो जाने से शिव क्रुद्ध हो उठे और उनकी आंखों से टपकनेवाला तेजोमय अश्रुबिंदु विकेशी के मुंह में चला गया। वह इसका तेज सहन न कर सकी और उसने इसे उगल दिया। यही मंगल कहलाया जिसे अपना स्तनपान कराकर पृथ्वी ने बड़ा किया।

2. मत्स्य पुराण में इसे भरद्वाज मुनि का पुत्र बताया गया है, जिसकी चार भुजाएं हैं। यह क्रूर स्वभाव का और लाल रंग के समस्त पदार्थों का स्वामी है।

कार्तवीर्य की ओर से परशुराम से लड़ने के लिए चंद्रवंश का मत्स्यराज नामक जो राजा आया था वह भी मंगल कहलाता है। एक पुराण में मंगल को पृथ्वी के गर्भ से उत्पन्न विष्णु का पुत्र बताया गया है।

मंगेश महादेव

गोवा प्रदेश के मंगेश महादेव का एक नाम मंगीश भी है। यह मंदिर प्रियोल नामक गांव में स्थित है। पहले यह कुशस्थल नामक गांव में था। जब पुर्तगालियों ने प्रवेश के बाद गोवा में उपद्रव करना आरंभ किया तो कुछ भक्त मूर्ति को प्रियोल ले आए और वहां नया मंदिर बनाया।

कहते हैं, एक शिवभक्त के लिए शंकर स्वयं लिंगरूप में प्रकट हुए थे। एक बार पार्वती इस लिंगमूर्ति के दर्शन के लिए आईं। जब विनोद में शिव ने भयानक पशु का रूप धारण करके उन्हें डराया तो उनके मुंह से निकला—'मांगीश'। वस्तुत: वे कहना चाहती थीं—'मा गिरीश पाहि'। (कैलाशपति मुझे बचाओ।) तभी से यह मूर्ति मांगीश या मंगेश नाम से प्रसिद्ध हो गई।

मंडन मिश्र

पूर्व मीमांसा दर्शन के आचार्य मंडन मिश्र अद्वैत वेदांत के भी विद्वान् थे। इनकी पत्नी भारती भी इन्हीं के समान विदुषी थीं। इन्हें नर्मदा के तट पर स्थित प्राचीन महिष्मती का निवासी बताया जाता है। कुमारिलभट्ट (दे.) इनके गुरु थे। उन्होंने ही शंकराचार्य को इनके पास शास्त्रार्थ के लिए भेजा था। शंकराचार्य से पराजित होने पर मंडन मिश्र और उनके शिष्य संन्यासी हो गए। इनका नाम सुरेश्वराचार्य पड़ा।

इन्होंने संन्यास लेने से पहले और उसके बाद भी अनेक महत्वपूर्ण ग्रंथों की रचना की। ये शंकराचार्य के साथ देश-भ्रमण करते रहे। बाद में शृंगेरीमठ की स्थापना पर इन्हें शंकराचार्य ने वहां का आचार्य बनाया।

मंत्र

मंत्र शब्द का प्रयोग भारतीय वांङ्मय में अनेक अर्थों में हुआ है। वैदिक संहिताओं के द्रष्टाओं ने जो भी ऋचा, छंद या स्तुति में कहा वह सब मंत्र है। ब्राह्मण ग्रंथों में अंकित गद्य-पद्य सब मंत्र कहलाता है। किसी देवता के लिए प्रयुक्त शब्द, जिसकी आवृत्ति की जाती है, मंत्र है। शाक्त मत में और तांत्रिकों में बड़े रहस्य-मय शब्दों या वाक्यखंडों का प्रयोग होता है। मान्यता है कि इनके जप से महान सिद्धि प्राप्त होती है, ये भी मंत्र हैं।

मंत्र की उत्पत्ति के मूल में या तो भय रहा है या विश्वास। आदिकाल में मंत्र और धर्म बहुत कुछ मिले-जुले थे। प्रार्थना को भी मंत्र का रूप माना जाता था और लोगों का विश्वास था कि प्रार्थना रूपी मंत्र के उच्चारण से कार्य की सिद्धि हो जाती है। यदि संयोगवश कभी कार्य की सिद्धि हो गई तो उसे मंत्र का प्रभाव माना जाता। मंत्र का प्रयोग भारत ही नहीं, संसार की सभी जातियों में रहा है। उसकी क्रियाएं और उन्हें संपन्न करनेवाले ओझा भी, नाम चाहे भिन्न हो सर्वत्र रहे हैं।

अब वैज्ञानिक चिंतन के कारण अधिकांश लोगों का विश्वास तथाकथित मंत्र-शक्ति से हटता जाता है।

मंत्रयान

बौद्ध धर्म का एक मार्ग जिसके अनुसार छोटे से मंत्र का बार-बार जाप करने से मोक्ष की प्राप्ति हो जाती है। धर्म की बारीक बातें जनता को समझाना कठिन होता था। इसलिए कुछ शब्द जनता के सामने मंत्र के रूप में रखे गए। इसी मंत्रयान से आगे चलकर बौद्ध धर्म में बज्रयान, कालचक्रयान तथा सहजयान का आविर्भाव हुआ।

मंत्रिपरिषद्

संसदीय शासन प्रणाली में शासन के समस्त कार्य मंत्रिपरिषद् (केबिनट) के ही निर्देश पर चलते हैं जो निर्वाचित सदन से नीति विषयक निर्देश प्राप्त करती है। मंत्रिपरिषद् 'संयुक्त उत्तरदायित्व' के सिद्धांत पर काम करती है। सभी नीति विषयक प्रश्नों पर सब मंत्री संयुक्त रूप से निर्णय करते हैं और निर्णयों की जिम्मेदारी सब पर समान होती है। मंत्रिपरिषद् के गठन के लिए राष्ट्र या राज्य का प्रधान सदन में बहुमत दल के नेता को प्रधानमंत्री या मुख्यमंत्री नियुक्ति करता है। अन्य मंत्री उसके परामर्श पर निर्वाचित सदस्यों में से नियुक्त किए जाते हैं। वे तभी तक मंत्री रह सकते हैं जब तक प्रधानमंत्री या मुख्यमंत्री का उन पर विश्वास हो। प्रधानमंत्री को किसी भी मंत्री के कार्य में परिवर्तन करने, उसे कार्यमुक्त करने और नए व्यक्ति को मंत्री नियुक्त करने का पूरा अधिकार होता है। यद्यपि औपचारिक स्वीकृति राज्याध्यक्ष की होती है। उसका त्यागपत्र पूरी मंत्रीपरिषद् का त्यागपत्र माना जाता है। भारत में संसदीय लोकतंत्र होने के कारण यही व्यवस्था लागू है।

भारत के संविधान के अनुसार राष्ट्रपति द्वारा प्रधानमंत्री की नियुक्ति की जाती है। परंतु इस संबंध में राष्ट्रपति के अधिकार सीमित हैं। बहुमत दल के नेता को ही या जिसे अधिकांश सदस्यों का समर्थन प्राप्त हो, राष्ट्रपति को प्रधानमंत्री नियुक्त करना पड़ता है।

मंथरा

1. दशरथ की एक रानी कैकेयी की कुबड़ी दासी जिसका जन्म दुन्दुभी नामक गंधर्वी के उदर से हुआ था। इसी कुटिल वृत्ति की दासी ने कैकेयी को भावी अनिष्टों की आशंका बताकर राम को वनवास दिलाया था। कृष्णावतार में इसने पूतना बनकर जन्म लिया और कृष्ण के हाथों मारी गई। कहीं पर इसका जन्म कंस की दासी कुब्जा के रूप में बताया गया है।

2. विरोचन दैत्य की कन्या। यह संपूर्ण पृथ्वी का विनाश करने के लिए तत्पर हुई तो इंद्र ने इसका वध कर दिया। इसी का उदाहरण देकर राम ने लक्ष्मण से कहा था—यद्यपि स्त्री का वध करना उचित नहीं है, किंतु आवश्यकता आ पड़े तो यह कार्य हेय नहीं है।

मंदपाल

एक विद्वान् महर्षि जिसे सत्कर्म करने पर भी स्वर्ग की प्राप्ति नहीं हुई। कारण यह था कि उसने जीवन में पितृऋण नहीं चुकाया था। देवताओं ने उसे बताया कि पितृऋण चुकाए बिना स्वर्ग की प्राप्ति असंभव है। इस ऋण को उतारने के

लिए तुम्हें संतान उत्पन्न करके अपनी वंश परंपरा को अविच्छिन्न बनाना चाहिए। यह सुनकर ऋषि ने शारंग पक्षी का रूप धारण किया और शारंगी से संतान उत्पन्न की।

मंदर

बिहार के भागलपुर जिले की एक पहाड़ी मंदर या मंदारगिरि कहलाती है। पुराणों के अनुसार देवता और दानवों ने इसी से समुद्रमंथन किया था। गरुड़ इसे समुद्र तक ले गया और इसे डूबने से बचाने के लिए विष्णु ने कूर्म का रूप धारण किया।

विवाह के बाद शिव और उमा ने कुछ समय यहां बिताया था। जैन धर्म के बारहवें तीर्थंकर श्रीवासु को यहीं मोक्ष मिला। महाराज पृथु की यहीं मृत्यु हुई थी और इसी के पास हिरण्यकशिपु मारा गया।

मंदाकिनी

1. गंगा की एक धारा जो भागवत के अनुसार स्वर्ग में स्थित है। वर्तमान में बदरीनाथ के ऊपर वासुकीताल के पास से निकलनेवाली सरिता का नाम जिसके किनारे बदरीनाथ का प्रसिद्ध तीर्थ है।
2. कैलाश पर्वत के निकट मंदनाम सरोवर से निकलनेवाली सरिता।
3. चित्रकूट में बहनेवाली एक नदी जिसका एक नाम पयश्विनी भी है।
4. मत्स्य पुराण में ऋष्यवान पर्वत से निकलनेवाली नदियों में से एक का नाम मंदाकिनी बताया गया है। इसके किनारे श्राद्ध और तर्पण किया जाता है।

मंदोदरी

1. मयासुर की कन्या जो हेमा या रंभा नाम की अप्सरा के गर्भ से उत्पन्न हुई थी। इसका विवाह लंका नरेश रावण से हुआ था। यह बड़ी धर्म-परायण थी। कहते हैं, इसी ने पति के मनोरंजन के लिए शतरंज के खेल का प्रारंभ किया था। यद्यपि इसने रावण की मृत्यु के बाद विभीषण से विवाह कर लिया था, परंतु इसकी गणना 'पंच कन्याओं' में होती है।
2. सिंहलद्वीप के राजा चन्द्रसेन की कन्या। समय आने पर पिता ने इन्द्र देश के राजा के साथ इसका विवाह निश्चित किया। किंतु मंदोदरी ने यह कहकर विवाह करने से इंकार कर दिया कि 'पुरुष दगाबाज होते हैं' इसलिए मैं विवाह करना नहीं चाहती। कुछ वर्ष बाद अपनी छोटी बहन के विवाहोत्सव में मंदोदरी ने भी एक राजपुरुष पर मुग्ध होकर उसका वरण कर लिया। किंतु पुरुषों के संबंध में उसका विचार सच निकला क्योंकि राजपुरुष ने उसे धोखा दिया।

मकरध्वज

1. हनुमान का पुत्र जो अहिरावण का द्वारपाल था। लंकादहन के बाद जब हनुमान समुद्र में स्नान कर रहे थे, उनके पसीने की बूंद दक्षिण सागर में रहने वाली एक मछली के पेट में चली गई। इसी से मकरध्वज पैदा हुआ।

2. कामदेव की पताका पर मछली का चिह्न रहता है, इसलिए कामदेव को भी मकरध्वज कहते हैं।

3. धृतराष्ट्र के सौ पुत्रों में से एक का नाम जिसका भीम ने वध किया था।

मकर संक्रांति

सूर्य जब धनुराशि से मकर राशि में प्रवेश करता है, तब मकर संक्रांति होती है। 70 वर्ष पहले तक यह 12 या 13 जनवरी को पड़ती थी। अब 13 या 14 जनवरी को पड़ती है। वस्तुतः यह पृथ्वी के सूर्य के चारों ओर घूमने से होता है। इस तिथि का बड़ा धार्मिक महत्व है। उत्तर भारत में इसे 'खिचड़ी' भी कहते हैं। इस दिन तिल का सेवन और दान करने का नियम है। तिल मिले जल से स्नान, तिल का बना उबटन, तिल का हवन, तिल मिश्रित जल का पान, तिल का भोजन और तिल का दान यह छः कार्य किए जाते हैं। मकर संक्रांति के दिन गंगा स्नान और गोदान को बड़ा महत्वपूर्ण माना जाता है। इस दिन गंगा तट पर बड़े-बड़े मेले लगते हैं।

मकराक्ष

खर राक्षस का पुत्र और रावण का भतीजा। राम के साथ युद्ध में लगभग संपूर्ण सेना नष्ट हो जाने पर रावण ने इसे युद्ध-भूमि में भेजा था। वहां राम के आग्नेयास्त्र से इसका प्राणांत हुआ। एक पुराण में इसका वध विभीषण के हाथों बताया गया है।

मकरी

इंद्र की सभा की अप्सरा। यह दुर्वासा ऋषि के शाप से मकरी (मादा मगर) हो गई थी। राम-रावण युद्ध के समय जब हनुमान संजीवनी बूटी लेने जा रहे थे तो उनके पैरों से मकरी को ठोकर लगी। उससे यह शाप-मुक्त हुई।

मग

शाकद्वीपी ब्राह्मणों का एक समूह जिनका उल्लेख थोड़े-से पाठभेद के साथ महाभारत में भी मिलता है। श्रीकृष्ण के पुत्र सांब को कुष्ठ रोग हो गया था। इससे मुक्ति पाने के लिए सांब ने सूर्य की उपासना की। प्रसन्न होकर सूर्य ने उसे पूजा

करने के लिए अपनी तेजोमयी प्रतिमा दी। सांब ने चंद्रभागा नदी के तट पर मंदिर बनवाकर वह मूर्ति स्थापित की और पूजा के लिए शाकद्वीप में रहनेवाले 'मग' ब्राह्मणों को बुलाया। प्राचीन काल में ईरान के पुरोहित 'मगी' कहलाते थे। मान्यता है कि भारत में सूर्य पूजा इन्हीं मग ब्राह्मणों के आने के बाद शुरू हुई।

मगध

वर्तमान बिहार प्रदेश का प्राचीन नाम। यह नाम मगध देश में रहनेवाले लोगों के लिए भी प्रयुक्त होता था। यहां इन प्रमुख राजाओं ने राज्य किया--जयत्सेन, जरासंध, बृहद्रथ, दीर्घ और सहदेव। महाभारत काल में जरासंध यहां का राजा था। इसने बार-बार मथुरा पर आक्रमण किया और अंत में भीम के हाथों मारा गया। महाभारत के संग्राम में मगध के लोग पांडवों की ओर थे।

अथर्ववेद और ब्राह्मण ग्रंथों में भी मगध का उल्लेख मिलता है। वहां यह प्रदेश नहीं, जाति समूह है, जिनमें अनार्य लोगों की संख्या अधिक थी। जिस समय का यह उल्लेख है, कदाचित उस समय तक इस पूर्वी अंचल तक आर्यों के प्रभाव का अधिक विस्तार नहीं हुआ था।

मगहर

उत्तर प्रदेश के बस्ती जिले का एक कस्बा जहां 1520 ई. के लगभग कबीरदास ने शरीर छोड़ा था। प्राचीन मान्यता रही है कि काशी में मृत्यु से मोक्ष मिलता है और कहावत है कि 'मगहर मरे सो गदहा होए' कबीर ने इसे चुनौती दी। जीवन-भर काशी में रहने के बाद मृत्यु के समय वे मगहर गए। कहते हैं, उनका दाह-संस्कार करने या दफनाने के प्रश्न पर हिंदू और मुसलमानों में विवाद छिड़ गया। जब कफन उठाकर देखा गया तो वहां शव के स्थान पर फूल मिले। कबीर की स्मृति में मगहर में पास-पास एक मंदिर और एक मस्जिद का निर्माण हुआ है।

मजहरुल हक

मौलाना मजहरुल हक अपने समय के प्रसिद्ध नेता थे। इनका जन्म 22 दिसंबर, 1866 ई. को पटना के निकट हुआ था। इंग्लैंड में शिक्षा ग्रहण करने के बाद ये वकालत और सार्वजनिक कार्य दोनों साथ-साथ करने लगे। गांधीजी से इनका निकट का परिचय था। 1917 ई. में जब गांधीजी चंपारन गए तो पहले इन्हीं के घर पर ठहरे थे। असहयोग आंदोलन के समय जब 'बिहार विद्यापीठ' की स्थापना हुई तो उसका कुलपति इन्हें ही बनाया गया। उसी समय इन्होंने अपनी आलीशान कोठी सार्वजनिक कामों के लिए दे दी थी। यही अब पटना का 'सदाकत आश्रम' है। अंतिम दिनों में मौलाना मजहरुल हक ने पूरी तरह से संन्यासी का जीवन

अपना लिया था। 2 जनवरी, 1930 ई. को आपका निधन हो गया।

मणिकर्णिका

काशी का प्रसिद्ध श्मशान घाट। यहां पर दूर-दूर से दाह-संस्कार के लिए शव लाए जाते हैं। यह मान्यता बहुत कुछ सही है कि इस श्मशान में निरंतर एक-न-एक चिता जलती रहती है। यहां का दाह-संस्कार मोक्षदायक माना जाता है। यहां का मुख्य प्रबंधक 'डोमराजा' के नाम से विख्यात होता है।

मणिकर्णिका की गणना वाराणसी के पांच प्रधान तीर्थस्थानों में की जाती है। यहां स्नान करने से इच्छाएं पूर्ण होती हैं। 'स्कंदपुराण' में वर्णन आया है कि यहां पर शिव की मणिजटित कर्णिका गिर गई थी, इसलिए इसका नाम मणिकर्णिका पड़ गया।

मणिग्रीव

भागवत् के अनुसार कुबेर का पुत्र जो नलकूबर से छोटा था। एकबार दोनों भाई अप्सराओं के साथ जलक्रीड़ा कर रहे थे। उन्होंने वहां पर आए नारद की ओर ध्यान नहीं दिया। इस पर नारद के शाप से दोनों ब्रज में यमलार्जुन (दे.) वृक्ष बन गए। बाद में श्रीकृष्ण द्वारा ये शापमुक्त हुए।

मणिपुर

पूर्वी भारत का यह छोटा राज्य बर्मा की सीमा पर स्थित है। नागालैंड, मिजोरम और असम से भी यह घिरा हुआ है। परंपरा इसका संबंध महाभारत काल से जोड़ती है। परंतु इसका विधिवत इतिहास 1714 ई. के बाद ही मिलता है। उस समय यहां गरीब निवाज नामक एक योग्य हिंदू राजा राज्य करता था।

1825 ई. में बर्मा ने इस पर अधिकार कर लिया। जब बर्मा के विस्तार को रोकने के प्रयत्न में अंग्रेजों का उनसे युद्ध हुआ तो मणिपुर अंग्रेजों के संरक्षण में एक भारतीय देशी रियासत बन गया।

देश की स्वतंत्रता के बाद इसे कुछ दिन तक चीफ कमिश्नर और लेफ्टिनेंट गवर्नर का प्रांत रहने के बाद 21 जनवरी, 1972 ई. को पूर्ण राज्य का दर्जा मिल गया। हथकरघा यहां का सबसे बड़ा उद्योग है। इसकी राजधानी इंफाल है।

मणिपुरी

मणिपुर में बोली जानेवाली भाषा तिब्बती-बर्मी परिवार की एक मिश्रित भाषा है। यह सात जातियों द्वारा बोली जानेवाली सात बोलियों का मिला-जुला रूप है। इसका आरंभ 33 ई. से माना जाता है। यह लोक-साहित्य-समृद्ध भाषा है।

इसलिए लोक-रचनाओं का समय-निर्धारण संभव नहीं हो पाता। 10वीं से 16वीं शताब्दी की मध्यकालीन रचनाएं मिलती हैं। आरंभिक ग्रंथ पद्यात्मक हैं। इस भाषा का आधुनिक काल वर्तमान शताब्दी के आरंभ से माना जाता है।

मणिभद्र

1. यात्रियों और व्यापारियों का उपास्य, कुबेर की सभा का एक यक्ष जो भगवान शंकर का गण था। बहुत-से यक्षों की माता पुण्यजनी इसी की पत्नी थी। इसे चंद्रमा के निवासी यक्षों का सेनापति भी कहा गया है। यह ललिता का भक्त था और चैत्ररथ के निकट की पहाड़ी पर निवास करता था।

2. चंद्रवश का एक राजा जिसके सात पुत्रों को अगस्त्य ऋषि ने शाप देकर ताल वृक्ष बना दिया था। अपनी शक्ति से सुग्रीव को परिचित कराने के लिए राम ने एक ही बाण से सातों वृक्षों को भेदकर मणिभद्र के पुत्रों को मुक्ति दिलाई।

मणिमत

1. कुबेर का सेनापति और सखा एक यक्ष। इसके द्वारा किए अपमान से रुष्ट होकर अगस्त्य ऋषि ने इसे मनुष्य के हाथों मारे जाने का शाप दिया था। वनवास काल में एक बार पांडव हिमालय क्षेत्र में स्थित कुबेर-वन में आए। जब भीम ने कमल-पुष्प लाने के लिए वहां प्रवेश किया तो मणिमत के साथ उसका युद्ध हुआ। इसी में मणिमत मारा गया।

2. द्रौपदी के स्वयंवर के समय उपस्थित एक राजा। भीम ने दिग्विजय के समय इसे पराजित किया।

मणिमेखलै

तमिल भाषा के पांच महाकाव्यों में इस महाकाव्य को द्वितीय स्थान प्राप्त है। इसके रचयिता मदुरै के कुलवाणिगन सात्तनार थे। इस महाकाव्य को 'मणिमेखलै वैराग्यम्' भी कहते हैं क्योंकि इसमें नायिका मणिमेखलै का वैराग्य जीवन उसकी मुक्ति से समाप्त होता है। यह शांत-रस-प्रधान महाकाव्य है और इसमें बौद्ध मत का सांगोपांग निरूपण किया गया है। रचयिता सात्तनार का समय ईसा की प्रथम शताब्दी माना जाता है। कुछ लोग इसे पांचवीं शताब्दी की रचना मानते हैं।

मतंग

1. एक आर्य ऋषि जिन्होंने आर्य संस्कृति को उत्तर से दक्षिण की ओर फैलाया।

2. एक प्राचीन राजा जो शाप के कारण व्याध बन गया था। दुर्भिक्ष काल में इसने ऋषि विश्वामित्र की पत्नी का भरण-पोषण किया था। बाद में जब वह पुनः

राजा हुआ तो उपकार का बदला चुकाने के लिए विश्वामित्र इसके यज्ञ में पुरोहित बने।

3. ब्रह्मांड पुराण में वर्णित एक ऋषि जो शबरी (दे.) के गुरु थे। इनके पुत्र का नाम मातंग था। इनका आश्रम ऋष्यमूक पर्वत के निकट था। राम और लक्ष्मण सीता की खोज करते हुए यहां पहुंचे थे। उन्होंने यहीं पर कबंध का वध किया। एकबार बालि (दे.) और दुंदभि राक्षस के बीच युद्ध के समय राक्षस के रक्त की कुछ बूंदें तपस्या में रत मतंग ऋषि के ऊपर पड़ गई थीं। इससे क्रुद्ध होकर ऋषि ने बालि को शाप दिया कि ऋष्यमूक पर्वत पर पैर रखते ही वह मर जाएगा।

4. महाभारत में वर्णित एक ब्राह्मणी के गर्भ से उत्पन्न नापित का पुत्र, जिसे ब्राह्मण अपना पुत्र मानता रहा। किंतु जब मतंग को अपने पितृत्व का ज्ञान हुआ तो वह तपस्या करने चला गया। इसकी कठिन तपस्या से प्रसन्न होकर जब इंद्र ने वर मांगने के लिए कहा तो इसने ये वर मांगे—मनचाही जगहों पर भ्रमण करना, इच्छानुसार रूप धारण कर लेना, आकाशगामी होना, ब्राह्मणों और क्षत्रियों के लिए पूज्य होना और अक्षय कीर्ति।

इसका आश्रम भी ऋष्यमूक पर्वत के पास बताया गया है। अतः ब्रह्मांड पुराण और महाभारत में वर्णित व्यक्ति एक ही हो सकता है।

मतदाता सूची

भारत में निर्वाचन के लिए देश को प्रदेशों के स्तर पर अनेक निर्वाचन क्षेत्रों में बांटा गया है। प्रत्येक क्षेत्र में मतदान में भाग लेने के सक्षम, मताधिकार प्राप्त नर-नारियों की सूची बनाई जाती है। प्रत्येक निर्वाचन से पूर्व इस सूची में संशोधन किया जाता है और सूची को सर्वसाधारण के अवलोकन के लिए प्रदर्शित किया जाता है। लोगों को छूटे हुए नाम अंकित कराने या अन्य किसी प्रकार की आपत्ति करने का अवसर दिया जाता है।

मताधिकार

भारत के संविधान में इस देश के प्रत्येक वयस्क नागरिक को निर्वाचन में मत देने का अधिकार दिया गया है। हां, पागलों आदि के लिए प्रतिबंध है। मताधिकार में जाति, धर्म, संप्रदाय और स्त्री-पुरुष का कोई भेदभाव नहीं रखा गया है। पहले मताधिकार की उम्र 21 वर्ष थी। 1989 ई. में इसे घटाकर 18 वर्ष कर दिया गया है।

मत्स्य

वर्तमान राजस्थान के पूर्वी भाग में स्थित एक प्राचीन राज्य जिसकी राजधानी

बिराट थी। पांडवों ने अज्ञातवास के दिन यहीं बिताए थे। अर्जुन के पुत्र अभिमन्यु की पत्नी उत्तरा यहीं की राजकुमारी थी। मत्स्य राज्य का उल्लेख वैदिककाल में भी मिलता है।

मत्स्यगंधा

राजा शांतनु की पत्नी और वेदव्यास की माता सत्यवती (दे.) का एक नाम। यह राजा उपचरि की पुत्री थी। इसके जन्म की कथा के अनुसार राजा उपचरि का शुक्र यमुना नदी में आद्रिका नाम की मछली ने पी लिया। इसी से मत्स्यगंधा नाम की कन्या और मत्स्य नाम का पुत्र पैदा हुआ।

मत्स्य पुराण

पुराणों के क्रम में इसका सोलहवां स्थान है। इसके आरंभ में विष्णु के मत्स्यावतार की तथा प्रलय में मनु की रक्षा की कथा दी गई है। इसके बाद सृष्टि विद्या, तीर्थ-यात्रा, दान-महिमा, राजधर्म तथा विविध वंशों का वर्णन अंकित है। मान्यता है कि मत्स्यावतार धारण करके विष्णु ने स्वयं यह पुराण कहा था। इसमें सांख्य, योग और कर्म की विशद व्याख्या की गई है। इस पुराण के मूल रूप का रचना-काल द्वितीय शताब्दी ईस्वी माना जाता है। 19 हजार श्लोकों के इस पुराण के 14 हजार श्लोक उपलब्ध हैं। इसमें दी हुई वंशावलियां प्रामाणिक मानी जाती हैं।

मत्स्यावतार

विष्णु के दस अवतारों में मत्स्यावतार सतयुग में हुआ। इस संबंध में भागवत में एक कथा है। जब ब्रह्मा के मुख से वेद निकले तो हयग्रीव नामक दानव उन्हें चुरा कर पाताल लोक ले गया। तब विष्णु ने मत्स्यावतार लेकर वेदों का उद्धार किया। यह भी उल्लेख मिलता है कि प्रलय के समय सृष्टि के बीजरूप को बचानेवाला भी मत्स्यावतार ही था। उसी ने वैवस्वत मनु को नाव दी और अपने सींग से बंधी नाव को डूबने से बचाया। इस अवतार का नीचे का हिस्सा मछली का और ऊपर का मनुष्य का था। इसके चार हाथ थे और सिर पर सींग था।

मत्स्येन्द्रनाथ

हठयोग के आचार्य और गोरखनाथ (दे.) के गुरु मत्स्येन्द्रनाथ या मछन्दरनाथ का समय विक्रम की आठवीं शताब्दी का अंत या नवीं शताब्दी का आरंभ माना जाता है। ये नाथ संप्रदाय के प्रथम आचार्य आदिनाथ के शिष्य थे। इनके और गोरखनाथ के भक्त नेपाल में अधिक हैं।

मथुरा

यमुना के किनारे बसा हुआ ब्रजक्षेत्र का यह तीर्थ-नगर अत्यंत प्राचीन है। ध्रुव को नारद ने यहां आकर तप करने करने का उपदेश दिया था। उस समय इसका नाम मधुवन था। तब यहां कोई नगर न था। बाद में मधु नामक राक्षस ने यहां मधुरा या मधुपुरी नाम का नगर बसाया। मधु के पुत्र लवण का शत्रुघ्न ने वध किया और मधुरा शत्रुघ्न तथा उनके वंशजों की राजधानी बनी। द्वापर युग में सूरसेन बंश के क्षत्रियों ने इसे अपनी राजधानी बनाया और श्रीकृष्ण यहीं पैदा हुए।

श्रीकृष्ण के समय उग्रसेन यहां के राजा थे। उन्हीं के पुत्र कंस ने उन्हें गद्दी से हटा दिया था। श्रीकृष्ण ने कंस का वध करके उग्रसेन को पुनः गद्दी पर बैठाया। यदुवंशियों का आपस की लड़ाई में अंत हो जाने पर युधिष्ठिर ने श्रीकृष्ण के बचे हुए प्रपौत्र बृजनाथ को यहां का राजा बनाया।

मथुरा सात पवित्र पुरियों में से एक है। तीर्थ की दृष्टि से कृष्ण जन्मभूमि का बड़ा महत्व है। पहले यहां केशवदेव का भव्य मंदिर था। परंतु औरंगजेब के समय इसे तुड़वाकर मस्जिद बना दी गई। यह स्थान 'कटरा केशवदेव' कहलाता है। द्वारकाधीश का मंदिर सबसे विशाल, सुंदर और संपन्न है। गोवर्धनजी का मंदिर भी काफी बड़ा है। यहां के अन्य प्रमुख मंदिर हैं—गोविंदजी का मंदिर, श्रीराम मंदिर, श्रीनाथजी की बैठक, दाऊजी का मंदिर, गोपीनाथजी का मंदिर, राधा-बिहारीजी का मंदिर और चामुंडा देवी का मंदिर। चामुंडा देवी की गणना 51 शक्तिपीठों में होती है।

विश्राम घाट यमुना का प्रमुख घाट है। कहते हैं, कंस का वध करने के बाद श्रीकृष्ण ने यहां विश्राम किया था। सायंकाल यहां पर यमुना की आरती होती है। यमदुतिया (दे.) को बहुत बड़ा मेला लगता है।

मथुरासिंह

डॉ. मथुरासिंह का जन्म पंजाब के झेलम जिले में हुआ था। क्रांतिकारी आंदोलन में शामिल होने के बाद 'गदर पार्टी' का काम संभालने के लिए 1913 ई. में ये अमेरिका चले गए। ब्रिटिश विरोधी साहित्य का प्रचार करने के लिए इन्होंने चीन, जर्मनी और अफगानिस्तान की यात्रा की और चुपचाप भारत आ गए। अमृतसर में क्रांतिकारी पार्टी के गुप्त मुख्यालय का और बम बनाने का काम इन्होंने अपने हाथ में लिया।

किसी तरह इनकी उपस्थिति का पता अंग्रेज अधिकारियों को लग गया। भारी इनाम की घोषणा के बाद गिरफ्तार किए गए और देशद्रोह का मुकदमा चलाकर 1917 ई. में फांसी पर लटका दिए गए।

मदन

कामदेव का एक नाम। इसकी सृष्टि ब्रह्मा के लक्ष्मी को देखने से बताई जाती है। इसे विष्णु का आशीर्वाद प्राप्त था कि यह कभी पराजित नहीं होगा। एकबार देवताओं के कहने पर यह शिव की समाधि भंग करने गया तो शिव ने तृतीय नेत्र खोलकर इसे भस्म कर दिया।

मदन के छह अवतार बताए जाते हैं—सुदर्शन, भरत, प्रद्युम्न, सांब, सनत्कुमार और स्कंद। इन बारह स्थानों में मदन का निवास माना जाता है—स्त्री के नेत्रों का कटाक्ष, केशपाश, जंघाएं, स्तन, नाभि, वक्ष, अधरोष्ठ, कंकण, वसंत, चंद्रिका, कोकिल का आलाप और वर्षा ऋतु। (दे. अंगज)।

मदनदहन

पार्वती से विवाह के लिए जब शिव तप कर रहे थे तो देवताओं ने उनकी समाधि भंग करने के लिए मदन (कामदेव) को भेजा। कामदेव के बाणों से विचलित शिव ने तीसरा नेत्र खोलकर उसे भस्म कर दिया।

एक अन्य पौराणिक कथा के अनुसार शिव सती के साथ विवाह करके घर में प्रविष्ट हुए ही थे कि मदन ने उन्हें सताना आरंभ कर दिया। इस पर क्रुद्ध शिव ने उसे भस्म कर दिया। इस पर रती विलाप करने लगी। तब शिव ने वर दिया कि मदन या काम अब अशरीर (लिंग रूप) रहकर सर्वत्र व्याप्त रहेगा और रति के समस्त कार्य करेगा।

मदनमोहन मालवीय

भारतीय संस्कृति के प्रबल समर्थक पंडित मदनमोहन मालवीय का जन्म 25 दिसंबर 1861 ई. को प्रयाग में हुआ था। शिक्षा पूरी करने के बाद कुछ दिन तक आपने अध्यापन कार्य किया, फिर इलाहाबाद हाईकोर्ट में वकालत करने लगे। पर उनकी क्षमता और प्रतिभा के लिए यह क्षेत्र बहुत सीमित था। मालवीयजी ने सार्वजनिक जीवन में भी प्रमुख रूप से भाग लेना आरंभ किया। वे 1886 ई. में ही कांग्रेस में सम्मिलित हुए। 1885 और 1907 ई. के बीच तीन पत्रों का संपादन किया और हिंदी के प्रसार में ऐतिहासिक महत्व का योग दिया। आपके ही प्रयत्न से उत्तर प्रदेश की कचहरियों में देवनागरी लिपि को प्रवेश मिला। इसके लिए मालवीयजी ने 1890 ई. में ही आंदोलन आरंभ कर दिया था और 1900 ई. में सफलता प्राप्त हुई। मालवीयजी दो बार (1909 और 1918 ई. में) अखिल भारतीय कांग्रेस के और तीन बार हिंदू महासभा के अध्यक्ष चुने गए।

आपकी सबसे बड़ी देन काशी हिंदू विश्वविद्यालय है। इसकी स्थापना भारतीय संस्कृति के परिवेश में विविध विषयों की उच्चतम शिक्षा की सुविधाएं उपलब्ध

कराने के उद्देश्य से आपने 1915 ई. में की थी। अपने जीवन के अंत तक मालवीयजी पूरी शक्ति के साथ इस विश्वविद्यालय को विकसित करने में लगे रहे। आपके कर्मठ जीवन का अंत 12 नवम्बर 1946 ई. को वाराणसी में हुआ।

मदनलाल ढींगरा

भारत माता के अमर सपूत मदनलाल ढींगरा का जन्म अमृतसर के एक राजभक्त खत्री परिवार में हुआ था। उसके पिता को अंग्रेजों से 'रायसाहब' की उपाधि मिली थी। मदनलाल 1906 ई. में अध्ययन के लिए लंदन गया। वहां उसका संपर्क क्रांतिकारी श्यामजी कृष्ण वर्मा, सावरकर आदि से हुआ। भारत में अंग्रेज देशभक्तों पर जो अत्याचार कर रहे थे, उसका बदला लेने का दायित्व मदनलाल ने अपने ऊपर लिया। उसने भारत के अवकाश प्राप्त सेना अधिकारी कर्नल वायली की एक सार्वजनिक समारोह में 1 जुलाई 1909 ई. को गोली मारकर हत्या कर दी। मदनलाल पकड़ा गया। पिता ने उसे अपना पुत्र अस्वीकार किया। अदालत में अपने बयान में मदनलाल ने कहा—मेरे जैसा गरीब बेटा अपनी मातृभूमि की मुक्ति की वेदी पर अपने रक्त को छोड़कर और कुछ भेंट नहीं कर सकता। 17 अगस्त 1909 ई. को उसे लंदन में फांसी पर चढ़ा दिया गया।

मदाम भीखाईजी कामा

प्रसिद्ध भारतीय महिला क्रांतिकारी जिन्होंने देश की स्वाधीनता के लिए संसार के अनेक देशों में अलख जगाया। भीखाईजी का जन्म 24 सितम्बर 1861 ई. को बंबई के एक संपन्न पारसी परिवार में हुआ था। उन्होंने 1885 ई. के प्रथम कांग्रेस अधिवेशन में भाग लिया। तभी से उनके अंदर देश को स्वतंत्र कराने की इच्छा बलवती होती गई। 40 वर्ष की उम्र में वे इलाज कराने के लिए इंगलैंड गईं तो वहां प्रसिद्ध क्रांतिकारी श्यामजी कृष्ण वर्मा के संपर्क में आईं। श्री वर्मा ने भारत में सशस्त्र क्रांति की तैयारी के लिए एक संस्था बना रखी थी। मदाम भीखाई कामा ने उस संस्था की ओर से प्रचार करके लंदन में तहलका मचा दिया। जब सरकार ने उन्हें गिरफ्तार करने की सोची तो वे पेरिस जाकर वहां लाला हरदयाल, सावरकर आदि से मिल गईं। मदाम कामा ने 1908 ई. में जर्मनी की समाजवादी परिषद् में भारत का तीन रंगों का पहला राष्ट्रीय झंडा फहराकर इतिहास रच डाला। उन्होंने विदेशों में अंग्रेजों के विरुद्ध प्रचार करने के लिए 'वंदेमातरम्' नाम का पत्र भी प्रकाशित किया। भारत का पक्ष प्रस्तुत करने के लिए वे अमेरिका तक गईं।

प्रथम विश्वयुद्ध के दिनों में उन्हें 1914 से 1918 ई. तक फ्रांस की जेलों में

बंद रहना पड़ा था। दिसंबर 1935 ई. में वे भारत वापस आईं और 16 अगस्त 1936 ई. को उनका देहांत हो गया।

मदालसा

गंधर्वराज विश्वावसु की पुत्री जिसे पातालकेतु उठाकर पाताल लोक ले गया। वहां पातालकेतु का वध करके ऋतुध्वज ने मदालसा से विवाह कर लिया। इस अपमान को पातालकेतु का भाई तालकेतु सह न सका। उसने ऋतुध्वज की मृत्यु का मिथ्या समाचार उसके पिता को दिया। इससे शोकाकुल मदालसा ने प्राण त्याग दिए। जब ऋतुध्वज को इसका पता चला तो वह अत्यन्त चिंतित रहने लगा। इस पर नागराज अश्वतर ने मदालसा के समान ही एक दूसरी कन्या उत्पन्न करके ऋतुध्वज को दे दी।

मदिरा

1. देव और दैत्यों द्वारा किए गए समुद्रमंथन से निकले चौदह रत्नों में से एक रत्न जो 'सुरा' भी कहलाता है। सुरा की अधिष्ठात्री देवी जो वरुण की पत्नी थी और वारुणी भी कहलाती थी।

2. श्रीकृष्ण के पिता वसुदेव की अनेक पत्नियों में से एक पत्नी जिसने नंद, उपनंद आदि अनेक पुत्रों को जन्म दिया।

मदिराश्व

1. राजा विराट का भाई जो महाभारत युद्ध में पांडवों की ओर से लड़ा था। यह अस्त्रों का ज्ञाता और बड़ा वीर था। युद्ध में द्रोण के हाथों मारा गया।

2. इक्ष्वाकुवंश का एक राजा जो बड़ा धर्माचारी, सत्यवादी, तपस्वी और दानी था। इसने अपनी कन्या सुमध्यमा को हिरण्यहस्त नाम के ऋषि को प्रदान कर दिया था।

मदुरान्तकम्

तमिलनाडु के चेंगलपट जिले में स्थित यह छोटा-सा नगर भगवान कोदंड के मंदिर के कारण प्रसिद्ध है। मंदिर के अहाते में बकुल (मौलसिरी) का एक वृक्ष है। रामानुज संप्रदाय के वैष्णवों के लिए इस वृक्ष का वही महत्व है जो बोधिवृक्ष का बौद्धों के लिए। इसी वृक्ष के नीचे रामानुजाचार्य ने महापुण्य स्वामी से दीक्षा ली थी। रामानुज महापुण्य स्वामी से दीक्षा लेने के लिए श्रीरंगम् जा रहे थे। महापुण्य स्वामी उसी समय श्रीरंगम् से कांची के लिए चल पड़े थे। कोदंड राम मंदिर के पास दोनों की भेंट हुई। रामानुज के आग्रह पर स्वामीजी ने बकुल वृक्ष के नीचे

पंचसंस्कार कराए और दीक्षा दी। पंचसंस्कार हैं—ताप (गरम मुद्रा दागना), पुंड्र (तिलक), नामधेय (नामकरण), मंत्रदान और यज्ञ।

मदुरै

तमिलनाडु का मदुरै तीर्थ मीनाक्षी-सुंदरेश्वर मंदिर के लिए प्रसिद्ध है। दक्षिण भारत का यह प्राचीन नगर साहित्य और संस्कृति के कारण 'दक्षिण की काशी' कहलाता है। यहां एक ही स्थान पर दो मंदिर हैं—सुंदरेश्वर (शिव) का और मछली के नेत्रों की भांति सुंदर नेत्रोंवाली उनकी पत्नी मीनाक्षी (पार्वती) का। इस मंदिर की कला देखते ही बनती है। पत्थरों की मूर्तियां और दूसरे अलंकरण देखकर दर्शक मंत्रमुग्ध रह जाता है। यहां कुल 11 गोपुर हैं जिनमें एक 160 फुट ऊंचा है। मंदिर के अंदर पत्थर के 22 खंभे हैं जिनको बजाने से संगीत की मधुर ध्वनियां निकलती हैं। मंदिर के अंदर एक बड़ा सरोवर है जो 'स्वर्ण सरोवर' कहलाता है।

मदुरै में वर्ष-भर उत्सवों की धूम रहती है। इस मंदिर के संबंध में अनेक कथाएं प्रचलित हैं। एक के अनुसार राजा मलयध्वज के यहां पार्वती ने कन्या के रूप में जन्म लिया और समय आने पर उसने सुंदरेश्वर का वरण किया।

मद्र

एक प्राचीन देश का वेदकालीन नाम जो ऐतरेय ब्राह्मण के अनुसार 'हिमालय पर्वत के उस पार' बसा था। इसे उत्तरकुरु भी कहा गया है। इस देश के निवासियों के लिए भी यही संबोधन होता है। महाभारत काल से पहले की सती-सावित्री मद्र राजा अश्वपति की पुत्री थी। महाभारत काल में मद्र का राजा शल्य था जिसकी बहन माद्री का विवाह पांडु के साथ हुआ था। युधिष्ठिर के राजसूय यज्ञ में मद्र लोग भेंट लेकर आए थे। कर्ण ने मद्र और बाल्हीक देशों की आचरण भ्रष्ट बताकर निंदा की थी।

मद्रास

तमिलनाडु की राजधानी मद्रास का भारत के बड़े नगरों में चौथा स्थान है। यह समुद्र के किनारे बसा है। इसके नए भाग का निर्माण बड़े सुनियोजित ढंग से हुआ है।

मद्रास नगर की स्थापना 1640 ई. में ईस्ट इंडिया कंपनी के फ्रांसिस डे ने की थी। धीरे-धीरे इसका विकास होता गया।

आरंभ में अंग्रेजों ने सुविधा के लिए अपने अधिकृत भारत को तीन भागों में बांटा था—बंगाल प्रेसिडेंसी, बंबई प्रेसिडेंसी और मद्रास प्रेसिडेंसी। इस प्रकार

कलकत्ता, बंबई और मद्रास का औद्योगिक तथा शैक्षिक विकास साथ-साथ हुआ है। इस समय यह देश का प्रमुख औद्योगिक नगर और बड़ा बंदरगाह है।

मधु-कैटभ

पुराणों में प्रसिद्ध यह दो राक्षस मधु और कैटभ असुरों के पूर्वज थे। मार्कंडेय पुराण के अनुसार ये विष्णु के मानस-पुत्र थे। एक अन्य विवरण के अनुसार इनकी उत्पत्ति विष्णु के कानों के मैल से, पसीने मे अथवा रजोगुण और तमोगुण से हुई। अपने स्वभाव के कारण जब ये ब्रह्मा को मारने को दौड़े तो विष्णु ने इनका वध कर दिया। विष्णु का 'मधुसूदन' और 'कैटभारि' नाम इसी कारण पड़ा। महाभारत और हरिवंश पुराण के अनुसार इनकी मेदा से बनने के कारण पृथ्वी 'मेदिनी' कहलाई। देवासुर-संग्राम में इन्होंने हिरण्याक्ष की ओर से भाग लिया था।

मधुपर्क

दही एक भाग, शहद दो भाग और घी एक भाग मिलाकर मधुपर्क बनता है।

मधुसूदन राव (1853-1912 ई.)

आधुनिक उड़िया भाषा के प्रतिभाशाली कवि और साहित्यकार जिन्होंने उपेक्षित भाषा को सम्मान का स्थान दिलाने के लिए जीवन भर सफल प्रयत्न किया। इनसे पहले बच्चों को यह भाषा पढ़ाने के लिए उड़िया में पाठ्य-पुस्तक तक नहीं थीं। उन्हें बंगला पढ़ाई जाती थी। मधुसूदन राव ने इस कमी को दूर किया। ये शिक्षा विभाग में विभिन्न पदों पर काम करते रहे। इनके प्रयत्न से प्रदेश में उड़िया भाषा के अनेक विद्यालय खुल गए। इनकी कविताओं में भक्तिभाव अधिक है और ये 'भक्त कवि' के नाम से विख्यात हैं।

मधुसूदन सरस्वती

अद्वैत संप्रदाय के आचार्य मधुसूदन जहांगीर (दे.) के समकालीन थे। इनका जन्म बंगाल में हुआ। शिक्षा समाप्त करके ये काशी आए और वहां के पंडितों को शास्त्रार्थ में पराजित किया। ये बड़े सिद्धयोगी थे। कहते हैं, एकबार ये समाधि की स्थिति में तीन वर्ष तक रहे। दर्शन के विभिन्न विषयों पर इनके द्वारा रचित नौ ग्रंथ प्रसिद्ध हैं।

मध्य प्रदेश

अंग्रेजों के शासनकाल में इसका नाम 'मध्यप्रान्त तथा बरार' था। विदेशियों के आने से पूर्व यह 'जैजाकभुक्ति' नामक राज्य का अंग था और यहां हिंदू राजा राज

करते थे। उस समय खजुराहो, कालंजर, महोबा आदि प्राचीन नगर इसी प्रदेश में थे।

वर्तमान मध्य प्रदेश क्षेत्रफल की दृष्टि से भारत का सबसे बड़ा प्रदेश है। यह 1956 में राज्यों के पुनर्गठन के समय अपने वर्तमान रूप में आया। यह जन-जाति बहुल प्रदेश है। कुल जनसंख्या के एक तिहाई में जनजाति और अनुसूचित जाति के लोग हैं। मूलतः कृषिप्रधान होते हुए भी यहां अनेक बड़े-बड़े उद्योग स्थापित हैं। लोहा, मैंगनीज और कोयले की अनेक खानें हैं। भिलाई का इस्पात कारखाना, भारत हैवी इलेक्ट्रिकल्स, नेपा पेपर मिल, आयुध कारखाना आदि प्रसिद्ध हैं। खजुराहो (दे.) जो किसी समय चंदेल शासकों की राजधानी थी और उज्जैन तथा सांची यहां के प्रसिद्ध पर्यटक स्थल हैं। वर्तमान मध्य प्रदेश की राज-धानी भोपाल है।

मध्वाचार्य

वैष्णव मत के प्रमुख आचार्य जिनका जन्म 1171 ई. में कर्नाटक के एक गांव में हुआ था। इनका बचपन का नाम वासुदेव था। वासुदेव आरंभ से ही वैरागी वृत्ति के और अध्ययनशील थे। पंद्रह वर्ष की उम्र में इन्होंने संन्यास ले लिया और स्वाध्याय से तर्कशास्त्र तथा व्याकरण के महान पंडित बन गए। उन्होंने पूरे देश का भ्रमण किया।

मध्वाचार्य शंकराचार्य के इस मत को नहीं मानते थे कि 'ईश्वर को छोड़कर और जो कुछ भी हम देखते हैं, वह झूठ है, माया का खेल है।' उनका कहना था कि ब्रह्म, जीव और जड़ अनादि और अनंत हैं। जड़ और जीव ईश्वर से भिन्न हैं। जीवात्माएं भी अनंत हैं और उनमें भी भेद हैं। जीवात्मा और परमात्मा का संबंध सेवक और स्वामी का संबंध है। विष्णु की उपासना से जीवात्मा में ईश्वर के बहुत से गुण तो आ सकते हैं, पर वह ईश्वर के समान नहीं हो सकता। आपने 1286 ई. में देह त्याग किया।

मनसा

शिव की कृपापात्र एक देवी जिसमें विष-बाधा दूर करने की सामर्थ्य थी। सर्प आदि विषैली जातियों द्वारा पूज्य इस देवी का समस्त सर्पों पर वरदहस्त बताया जाता है। धन्वंतरि भी जिस विष को नहीं उतार पाते थे, उसे यह सहज ही उतार देती थी। कश्यप ऋषि की यह कन्या ऋषि जरुत्कारू को ब्याही थी। इसे वासुकी नाग की बहिन माना जाता है। आज भी गांवों में इसकी पूजा की जाती है। सर्पविद्या संपन्न लोग इसे अपनी देवी मानते हैं। यह विषहरा के नाम से प्रसिद्ध है।

मनु

मनु का उल्लेख ऋग्वेद काल से ही मानव सृष्टि के आदि प्रवर्तक और समस्त मानव जाति के आदि-पिता के रूप में किया जाता रहा है। इन्हें 'आदिपुरुष' भी कहा गया है। आरंभ में मनु और यम का अस्तित्व अभिन्न था। बाद में मनु को जीवित मनुष्यों का और यम को दूसरे लोक में, मृत मनुष्यां का आदिपुरुष माना गया।

शतपथ ब्राह्मण के अनुसार एक मछली ने मनु से प्रलय की बात कही थी। (दे. मत्स्यावतार) और बाद में इन्हीं से सृष्टि चली। अन्यत्र ये विराट के पुत्र बताए गए हैं जिनसे प्रजापतियों की उत्पत्ति हुई। मत्स्य पुराण मनु को 'मनुस्मृति' (दे.) का रचयिता और एक शास्त्र प्रवर्तक मानता है। पुराणों के अनुसार मनु चौदह हुए हैं। (दे. मन्वंतर)।

मनु वैवस्वत

वैवस्वत मन्वंतर मनु के दस पुत्र और इला नाम की कन्या थी। प्रलय के समय एक मत्स्य द्वारा नाव में बैठाकर मनु को बचा लिया गया था। प्रलय की और एक पुरुष के बचने की कथा विश्व के सभी प्राचीन ग्रंथों में पाई जाती है। प्रलय के उपरांत मनु मानव जाति की प्रथम संतान के जनक हुए जो उन्हीं की हवि से उत्पन्न हुई थी। भागवत के अनुसार मनु वैवस्वत दक्षिण देश का राजा था और उसका नाम सत्यव्रत था।

मनु के पुत्रों से इन राजवंशों की स्थापना हुई—इक्ष्वाकु, शर्याति, नाभानेदिष्ट नाभाग, धृष्ट, नरिष्यंत, करुष, पृषध्र और प्रांशु।

इला का विवाह बुध के साथ हुआ जिससे उसे पुरुरवा नामक पुत्र की प्राप्ति हुई। यही पुरुरवा प्रख्यात ऐल या चंद्रवंश का संस्थापक था। कुछ विद्वान् मनु और वैवस्वत मनु को एक ही मानते हैं।

मनु सावर्णि

सावर्णि मन्वंतर का अधिपति मनु वैदिक सूत्रकार भी माना जाता है। इसके समय गालव, काश्यप, परशुराम आदि ऋषि हुए।

मनुस्मृति

यह हिंदू धर्म का सबसे प्रधान आचार-ग्रंथ है। इसके रचयिता के विषय में मतभेद है। कुछ का मत है कि पहले एक 'मानव धर्मशास्त्र' था जो अब उपलब्ध नहीं है। अतः वर्तमान 'मनुस्मृति' को मनु के नाम से प्रचारित करके उसे प्रामाणिकता प्रदान की गई है। परंतु बहुमत इसे स्वीकार नहीं करता।

महाभारत, रामायण, तैत्तिरीय-संहिता, ऐतरेय तथा शतपथ ब्राह्मण तथा नारद-संहिता में मनु और 'मनुस्मृति' का उल्लेख इसकी प्राचीनता का पुष्ट प्रमाण है। भारतीय वांङ्मय में 14 मनु वर्णित हैं। सर्वप्रथम मनु 'स्वयंभुव' मनु थे। वर्तमान मन्वंतर (मनुओं के अनुसार काल विभाजन) जिस मनु के नाम से है वे वैवस्वत मनु।

मनुस्मृति का रचनाकाल ई. पू. एक हजार वर्ष से लेकर ई. पू. दूसरी शताब्दी तक माना जाता है। इसकी रचना के संबंध में कहा गया है कि धर्म, वर्ण और आश्रमों के विषय में ज्ञान प्राप्ति की इच्छा से ऋषिगण स्वायंभुव मनु के समक्ष उपस्थित हुए। मनु ने उनको कुछ ज्ञान देने के बाद कहा कि मैंने यह ज्ञान ब्रह्मा से प्राप्त किया था और मारीच आदि मुनियों को पढ़ा दिया। ये भृगु (जो वहां उपस्थित थे) मुझसे सब विषयों को अच्छी तरह पढ़ चुके हैं और अब ये आप लोगों को बताएंगे। इस पर भृगु ने मनु की उपस्थिति में, उनका बताया ज्ञान, उन्हीं की शब्दावली में अन्यों को दिया। यही ज्ञान गुरु-शिष्य परंपरा में 'मनुस्मृति' या 'मनु-संहिता' के नाम से प्रचलित हुआ।

भारत में मनुस्मृति का सर्वप्रथम मुद्रण 1813 ई. में कलकत्ता में हुआ था। 2694 श्लोकों का यह ग्रंथ 12 अध्यायों में विभक्त है। विभिन्न अध्यायों के वर्ण्य-विषय इस प्रकार हैं—1. वर्णाश्रम धर्म की शिक्षा, 2. धर्म की परिभाषा, 3. ब्रह्मचर्य, विवाह के प्रकार आदि, 4. गृहस्थ जीवन, 5. खाद्य-अखाद्य विचार तथा जन्म-मरण, अशौच और शुद्धि, 6. वानप्रस्थ जीवन, 7. राजधर्म और दंड, 8. न्याय शासन, 9. पति-पत्नी के कर्त्तव्य, 10. चारों वर्णों के अधिकार और कर्त्तव्य, 11. दान-स्तुति, प्रायश्चित आदि तथा 12. कर्म पर विवेचन और ब्रह्म की प्राप्ति।

आस्तिक हिंदुओं के कार्य-व्यवहार का आधार दीर्घकाल तक मनुस्मृति रही है। इसका प्रभाव न्याय प्रणाली पर भी पड़ा है। मनु ने जन्म से लेकर मृत्यु तक का मनुष्य का पूरा कार्यक्रम प्रस्तुत किया है। धर्म, अर्थ, काम, मोक्ष ये चार पुरुषार्थ; देव, ऋषि और पितृ ये तीन ऋण; सोलह संस्कार, पंच महायज्ञ; चार आश्रम और चार वर्ण सभी का इसमें विवेचन है।

मनु स्वायंभुव

पहले मन्वंतर के मनु जो एक धर्मशास्त्रकार थे। ये ब्रह्मा के मानस पत्रों में से थे जिनका विवाह ब्रह्मा के दाहिने भाग से उत्पन्न शतरूपा से हुआ था। उत्तानपाद (दे.) जिसके घर में ध्रुव पैदा हुआ था, इन्हीं का पुत्र था। मनु स्वायंभुव का ज्येष्ठ पुत्र प्रियव्रत पृथ्वी का प्रथम क्षत्रिय माना जाता है। इनके द्वारा प्रणीत 'स्वायंभुव शास्त्र' के अनुसार पिता की संपत्ति में पुत्र और पुत्री का समान अधिकार है।

इनको धर्मशास्त्र का और प्राचेतस मनु को अर्थशास्त्र का आचार्य माना जाता है।

मनोरंजन सेन गुप्ता

इनका जन्म बंगाल के फरीदपुर जिले (अब बांग्लादेश) में हुआ था। ये विद्यार्थी जीवन से ही क्रांतिकारी दल में सम्मिलित हो गए थे। इन्होंने अनेक 'कार्रवाइयों' में भाग लिया और 'गदर पार्टी' के लिए गुप्त रूप से जर्मन जहाज से लाए जा रहे हथियारों को उड़ीसा के तट पर उतारने का प्रयत्न किया। पुलिस को पहले ही पता लग चुका था। दोनों ओर से गोलीबारी हुई, कुछ क्रांतिकारी मारे गए। मनोरंजन सेन गुप्ता और उनके साथी वीरेन्द्रदास को गिरफ्तार कर लिया गया। मुकदमा चला और 1915 ई. में दोनों बालासोर जेल में फांसी पर लटका दिए गए।

मनोरथ तृतीया

चैत्र शुक्ल तृतीया को देवी के पूजन के साथ एक वर्ष तक यह व्रत चलता है। इसमें व्रती को वर्षपर्यंत निश्चित वृक्ष की दातून, निश्चित प्रकार के पुष्प और देवी के लिए निश्चित नैवेद्य का ही प्रयोग करना होता है। वर्ष के अंत में चार बालक और बारह कन्याओं को भोजन कराने और दक्षिणा देकर सम्मानित करने का विधान है। आचार्य को दान में शय्या दी जाती है। मान्यता है कि इस अनुष्ठान से मनोरथ सिद्ध होता है।

मनोरथ पूर्णिमा

कार्तिक मास की पूर्णिमा से चलनेवाला यह व्रत वर्ष-भर चलता है। पूरे वर्ष हर पूर्णिमा को उदय होते चंद्रमा का पूजन करने का विधान है। आहार को भी नियंत्रित किया जाता है। वर्ष के अंत में आसनों का दान करते हैं। यह व्रत सुख-संपत्ति और स्वर्ग का दाता माना जाता है।

मन्नतु पद्मनाभम्

केरल के प्रमुख सामाजिक नेता पद्मनाभम् का जन्म एक नायक परिवार में 2 जनवरी, 1878 ई. को हुआ था। 'मन्नतु' उनके कुटुंब का नाम है। मन्नतु ने सर्वप्रथम अपने समाज में फैली कुरीतियों के निवारण के लिए संगठित प्रयत्न किया। फिर उनका ध्यान पूरे समाज की ओर गया। 'अवर्ण' लोगों को समाज में स्थान दिलानेवालों में वे अग्रणी थे। सबसे पहले अपने वर्ग का मंदिर 'अवर्णों' के लिए खोला, अन्यत्र मंदिर प्रवेश का नेतृत्व किया। प्रदेश के विभिन्न क्षेत्रों में विद्यालय और अस्पतालों की स्थापना में आगे बढ़कर हाथ बटाया। वे प्रभावशाली

वक्ता और लेखक थे। मन्नतु का 25 फरवरी, 1970 ई. को देहांत हुआ। केरल में वे 'दादा', 'आचार्य' और 'भारत केसरी' के नामों से जाने जाते थे।

मन्यु

1. युद्ध में अजेय एक देवता जो अग्नि की भांति जाज्वल्यमान है। यह अपने भक्तों की रक्षा करता और उनके शत्रुओं को परास्त करता है। इसकी उत्पत्ति शंकर के तृतीय नेत्र से बताई जाती है। देव-दानव युद्ध में अपनी हार होते देखकर देवों ने गौतमी नदी के तट पर तपस्या की। उनके तप से प्रसन्न होकर शिव ने अभयदान दिया और सहायता के लिए अपने तृतीय नेत्र से मन्यु नामक देवता उत्पन्न किया। मन्यु ने दानवों को पराजित किया।

2. भरद्वाज का पुत्र एक पुरुवंशी राजा जिसके बृहत्क्षत्र आदि पांच पुत्र थे।

मन्वंतर

सृष्टि की आयु का अनुमान लगाने के लिए चार युगों (सतयुग, त्रेता, द्वापर और कलियुग) का एक 'महायुग' माना जाता है। 71 महायुग मिलकर एक 'मन्वंतर बनता है।

महायुग की अवधि 43 लाख 20 हजार वर्ष मानी गई है। 14 मन्वंतरों का एक 'कल्प' होता है।

प्रत्येक मन्वंतर में सृष्टि का नियंत्रक एक मनु होता है और उसी के नाम पर उस मन्वंतर का नाम पड़ता है। मानवीय गणना के अनुसार एक मन्वंतर में तीस करोड़, अड़सठ लाख, बीस हजार वर्ष होते हैं।

पुराणों में वर्णित चौदह मन्वंतर इस प्रकार हैं—1. स्वायंभुव, 2. स्वारोचिष, 3. उत्तम, 4. तामस, 5. रैवत, 6. चाक्षुष, 7. वैवस्वत, 8. अर्क सावर्णि, 9. दक्ष सावर्णि, 10. ब्रह्म सावर्णि, 11. धर्म सावर्णि, 12. रुद्र सावर्णि, 13. रौच्य, 14. भौत्य।

इनमें से चाक्षुष तक के मन्वंतर बीत चुके हैं। वैवस्वत इस समय चल रहा है। संकल्प आदि में इसी का नामोच्चार होता है। शेष का समय भविष्य में आएगा।

मम्मट

'काव्यप्रकाश' नामक काव्यशास्त्र के प्रसिद्ध ग्रंथ के रचयिता मम्मट कश्मीर के निवासी थे। इनका समय 1100 ई. के लगभग माना जाता है। मम्मट ने अपने ग्रंथ में भरत मुनि से लेकर राजा भोज तक बारह सौ वर्षों में हुए आचार्यों के अध्ययन का सार प्रस्तुत करने का ऐतिहासिक कार्य किया है।

मय

एक प्रसिद्ध दानव जो कश्यप ऋषि का पुत्र था। इसकी मां का नाम कहीं पर दनु और कहीं पर दिति बताया गया है। भागवत में इसे कृष्ण का समकालीन अत्यंत कुशल शिल्पी कहा गया हैं। इसी ने युधिष्ठिर के अश्वमेध यज्ञ के समय 'मयसभा' नामक विचित्र सभागृह का निर्माण किया था। इसमें स्थलभाग जल की भांति और जलभाग स्थल की भांति प्रतीत होते थे। इसी से दुर्योधन को भ्रम हो गया था और पांडवों के वैभव से वह और भी ईर्ष्या करने लगा था।

मय को रावण की रानी मंदोदरी का पिता भी बताया गया है। यह अपने रचे हुए त्रिपुर का स्वामी था। रंभा इसकी पत्नी थी जिससे छह पुत्र उत्पन्न हुए।

अनुमान है कि मय शब्द बाद में व्यक्तिवाचक न रहकर जातिवाचक बन गया और विभिन्न कालों में कुशल अनार्य शिल्पी मय कहलाए।

मयूर

1. कार्तिकेय का वाहन एक पक्षी जो अब भारत का राष्ट्रीय पक्षी घोषित किया गया है।

2. एक असुर जिसने विश्व नाम के राजा के रूप में जन्म लिया।

3. सातवीं शताब्दी के एक कवि जो हर्षवर्धन के राजकवि वाण के विपक्षी थे। उन्होंने 'सूर्यशतक' नामक ग्रंथ की रचना की।

4. सुमेरू पर्वत के उत्तर में स्थित एक पर्वत का नाम।

मयूरध्वज

1. द्वापर के अंत में रत्ननगर का राजा जिसने आठवां अश्वमेध यज्ञ करने के लिए घोड़ा छोड़ा और अपने पुत्र सुचित्र को उसकी रक्षा का भार सौंपा। उसी समय युधिष्ठिर के अश्वमेध का घोड़ा भी छोड़ा गया था। कृष्ण और अर्जुन इसके रक्षक थे। सुचित्र ने अपने राज्य में युधिष्ठिर का घोड़ा पकड लिया और युद्ध में कृष्ण और अर्जुन को बेहोश करके घोड़े को अपने पिता के पास ले गया। होश में आने पर कृष्ण और अर्जुन ब्राह्मण वेश में मयूरध्वज के पास गए और सिंह को खिलाने के लिए उसका आधा शरीर मांगा। राजा और रानी दोनों ही अपने शरीर आरे से चिरवाने को तैयार हो गए। इस पर श्रीकृष्ण अपने मूल रूप में प्रकट हुए। उन्होंने राजा को अभयदान दिया। राजा अपना यज्ञ पूरा करके कृष्ण और अर्जुन के साथ युधिष्ठिर के अश्व की रक्षा के लिए चल पड़ा। इनका एक अन्य नाम मोरध्वज भी अत्यंत प्रचलित है।

2. बाणासुर का एक नाम जिसकी ध्वजा पर मयूर का चिह्न बना रहता था।

मराठी

इस समय महाराष्ट्र प्रदेश की भाषा मराठी कहलाती है। विद्वानों का मत है कि इसका आरंभिक नाम 'महाराष्ट्री' प्रदेश विशेष के कारण नहीं, अपितु महाराष्ट्र (विस्तृत भाग) में बोली जानेवाली महाराष्ट्री प्राकृत के कारण पड़ा। बाद में उस भू-भाग का नाम महाराष्ट्र पड़ जाने से दोनों नाम समानार्थी हो गए। मराठी भाषा का आदिरूप 488 और 736 ई. के ताम्रपत्रों में मिलता है। परंतु इसके स्पष्ट रूप से दर्शन श्रवणबेलगोल की गोमटेश्वर की मूर्ति के नीचे अंकित शब्दों में मिलता है जिसका समय 983 ई. है।

मराठी के आदिकवि मुकुंदराय (1128-1198 ई.) माने जाते हैं। इस भाषा के साहित्य का भंडार भरपूर है। इसमें सभी विधाओं में महत्वपूर्ण ग्रंथों की रचना का क्रम जारी है। मराठी साहित्य का काल-विभाजन इस प्रकार किया जाता है—1. प्रारंभिक काल या आदिकाल, 2. प्राचीन या ज्ञानेश्वर-नामदेव काल, 2. पूर्वमध्य या एकनाथ काल, 4. उत्तरमध्य या तुकाराम-रामदास काल, 5. मोरोपंत काल, 6. शाहीरी काल और 7. आधुनिक काल।

भक्तों के देशाटन से हिंदी-मराठी के पारस्परिक आदान-प्रदान का क्रम आरंभ से ही चलता रहा है। मराठी संतों की वाणी 'गुरु ग्रंथ साहब' में भी संग्रहीत है। इसी प्रकार कबीर आदि की रचनाओं का गान महाराष्ट्र के संत करते रहे हैं।

मरीचि

1. ब्रह्मा के दस मानस पुत्रों में से एक जिसकी उत्पत्ति उनके नेत्र से हुई थी। यह दक्ष का दामाद और शंकर का साढ़ू था। इसकी पत्नी दक्ष-कन्या संभूति थी। भागवत में पत्नियों के नाम कर्दमकन्या कला और ऊर्णा मिलते हैं। दक्ष के यज्ञ में इसने भी शंकर का अपमान किया था। इस पर शंकर ने इसे भस्म कर डाला।

2. एक धर्मशास्त्रकार जिनके मतों के उद्धरण विभिन्न प्राचीन ग्रंथों में मिलते हैं। अचल संपत्ति के संबंध में मरीचि का कथन है कि यदि अचल संपत्ति किसी के हाथ बेचनी है, खरीदनी है, दान में देनी है अथवा उसका बंटवारा होना है तो ये सारे कार्य मौखिक न होकर लिखित होने चाहिए। तभी ये कार्य नियमानुकूल हैं।

मरीचि के अनुसार मानसिक व्याधि चार प्रकार की होती है—भोग्य, गोप्य, प्रत्यक्ष और अज्ञात।

मरु

शीघ्र राजा का पुत्र एक इक्ष्वाकुवंशी राजा जिसने योगसिद्धि से चिरजीवन प्राप्त कर लिया था। भागवत में कहा गया है कि कलयुग में समस्त क्षत्रियवंशों का नाश

होनेवाला है। उस समय मरु ही पौरव और देवापि के साथ क्षत्रियवंश को पुनर्जीवित करेगा।

नरकासुर के सहायक एक दैत्य का और विदेह देश के निमिवंशीय एक राजा का नाम भी मरु था।

मरुत्

1. एक देवतागण जो वैदिककाल में सैनिक संगठन के प्रतीक थे। ये लोग देवों का एक समूह या गण थे, कोई एक व्यक्ति नहीं। इन्हें रुद्र का पुत्र बताया गया है, जिनकी माता का नाम पृश्नि था। इनकी संख्या उन्नचास है और सभी भ्राता हैं—कोई छोटा-बड़ा नहीं। ये स्वर्ण के अलंकारों से सजे हुए स्वर्णिम रथ में बैठा करते हैं। इनका प्रमुख कार्य वर्षा करना है। इन्हें झंझावात का देवता बताया जाता है।

महाभारत में इन्हें कश्यप और दिति का पुत्र बताया गया है। इंद्र को जब पता चला कि दिति के गर्भ में उसका शत्रु पनप रहा है तो उसने गर्भस्थ भ्रूण को सात टुकड़ों में काट डाला। इस पर भी जब वे टुकड़े जीवित रहे तो इंद्र ने पुनः प्रत्येक के सात-सात टुकड़े कर डाले। किंतु वे सब मां के गर्भ में रोने लगे। इस पर इंद्र ने 'मा रोदी' कहकर उन्हें शांत किया। इससे उनका नाम मरुत् पड़ा। इंद्र द्वारा गर्भ में मारे जाने पर भी जब वे नहीं मरे तो इंद्र को विश्वास हो गया कि वे सब देवता हैं। उसने उन सबकी स्तुति की और दिति को गर्भ से एक साथ 49 मरुतों के पैदा होने का रहस्य बताया।

उन्नचास मरुत् हैं—प्राण, अपान, व्यान, उदान, समान, नाग, कृथल, कूर्म, देवदत्त, धनंजय, प्रवह, विवह, शंभु, संवह, परिवह, उद्वह, आवह, शंकु, कास, प्रावह, शास, अनिल, प्रतिभ, कुमुद, अनल, कांत, शिवि, श्वेत, रक्त, कृष्ण, जित, अजित, झंझाद्योत, ऋतु, सिद्धि, पिंग, शुचि, शौम्य, काम्य, मारुत, हनु, कंचन, मंडूक, भीम, कपि, संवर्तक, जड़, अतिजड़, संणत।

2. वैशाली नगर के उत्तर-पूर्व में स्थित पहाड़ों पर रहनेवाली एक मानव जाति। संभवतः राम भक्त हनुमान इसी मरुत् जाति में पैदा हुए थे।

मर्कटात्मक भक्ति

शैव भक्ति का एक रूप। शैव आगम दो प्रकार की भक्ति मानते हैं—मार्जारात्मक और मर्कटात्मक। मार्जारात्मक भक्ति में जीवात्मा बिल्ली के नवजात शिशु की भांति पूरी तरह से देवकृपा पर निर्भर करता है। मर्कटात्मक भक्ति में जीवात्मा स्वयं भी भजन-पूजन द्वारा देवता से सहारा ले सकता है। ठीक उसी तरह जैसे बंदर का बच्चा मां से स्वयं चिपटा भी रहता है और मां का सहारा भी उसे मिलता है।

मलमास

इसे पुरुषोत्तम मास या अधिमास भी कहते हैं। जिस महीने में सूर्य की कोई संक्रांति नहीं होती, वह मलमास कहलाता है। यह हर बार 32 महीने 16 दिन और 4 घड़ी के बाद आता है। इस मास में यज्ञ आदि को छोड़कर सब सांसारिक शुभ कार्य वर्जित हैं। इस पूरे महीने व्रत करने, राधा-कृष्ण की पूजा करने, भागवत की कथा सुनने का विधान है।

'पुरुषोत्तम महात्म्य' नामक ग्रंथ के अनुसार अन्य महीनों के 12 आदित्य अधिदेवता हैं। जब अधिमास आया तो कोई देवता न होने के कारण इसकी 'मलमास' कहकर निंदा की गई। इस पर अधिमास विष्णु के पास गया। उन्होंने इसका अधिदेवता बनना स्वीकार किया और इसे 'पुरुषोत्तम मास' नाम दिया तथा कहा कि इसमें जप-तप से विशेष पुण्य लाभ होगा।

मलय

दक्षिण में कर्नाटक राज्य से लगा हुआ एक पर्वत जो पश्चिमी घाट पर्वतमाला का अंग है। मान्यता है कि प्राचीन काल में यहां अगस्त्य मुनि निवास करते थे। यहां चंदन बहुत होता है। मलय पर्वत को देवी का पीठस्थान भी मानते हैं। यहां रंभा देवी के नाम से सती की मूर्ति स्थापित है।

मलयालम

आधुनिक केरल प्रदेश का बहुत बड़ा भाग पहले मालाबार कहलाता था। पश्चिमी घाट की पर्वतमाला और समुद्र के बीच स्थित इस प्रदेश के बारे में कहा जाता है कि परशुराम ने अपना कुल्हाड़ा फेंककर इसे बनाया था। मलयालम इसी प्रदेश की भाषा है। इसका आरंभ उसी 'मूल द्रविड़' भाषा से माना जाता है जिससे अन्य तीन—तमिल, तेलुगु और कन्नड़ भाषाओं की उत्पत्ति हुई है। इसका स्वतंत्र अस्तित्व ईसा की चौथी शताब्दी से माना जाता है, यद्यपि साहित्य रचना पर्याप्त समय बाद आरंभ हुई। मलयालम साहित्य को साहित्यकार दो भागों में विभक्त करते हैं—प्राचीन काल (ईसा की चौदहवीं शताब्दी तक), नवीन काल (ईसा की चौदहवीं शताब्दी से)।

संस्कृत परिवार की भाषा न होते हुए भी इसमें संस्कृत भाषा के शब्द पर्याप्त मात्रा में पाए जाते हैं।

मलूकदास

प्रसिद्ध संत मलूकदास का जन्म 1574 ई. में इलाहाबाद जिले के कड़ा नाम के कस्बे में हुआ था। वे बचपन से ही ऊंचे संस्कार के थे। उनके मन में दया,

उदारता भरी पड़ी थी। साधु-संतों और गरीबों की सेवा करने में उन्हें बड़ा रस मिलता था। घर में जो कुछ पाते, मां की रजामंदी से या फिर चोरी से साधु-संतों की सेवा में लगा देते। पिता ने उन्हें परिवार के व्यवसाय कंबल बेचने में लगाया। ये मार्ग में किसी साधु-संत या गरीब को देखते तो मुफ्त में कंबल दे दिया करते थे।

ये जगन्नाथ के बड़े भक्त थे। पुरी में आज भी इनके नाम का रोट नित्य भोग में चढ़ाया जाता है।

इनके रचे हुए 11 ग्रंथ उपलब्ध हैं। इन्होंने ब्रह्म के अद्वैत और सर्वव्यापी रूप का प्रतिपादन किया तथा संसार की असारता की ओर ध्यान दिलाया।

मल्ल

पुराणों में वर्णित भारत का एक पूर्वी राज्य और वहां के निवासी जो द्वंद्वयुद्ध में बड़े निपुण थे। इसी से कुश्ती का एक नाम मल्लयुद्ध भी पड़ गया।

मल्लिकार्जुन

तमिलनाडु प्रदेश के कृष्णानगर में स्थित श्रीशैल पर्वत पर मल्लिकार्जुन का मंदिर है। यह द्वादश ज्योतिर्लिंगों में से एक है। यहां 51 शक्तिपीठों में से एक शक्ति-पीठ भी है जहां सती का ग्रीवा भाग गिरा था; वहीं भ्रमराम्बा देवी का मंदिर है।

कहते हैं, श्रीशैल पर्वत पर पार्वती, हिरण्यकशिपु और शंकराचार्य ने तपस्या की थी। मल्लिकार्जुन मंदिर के चारों ओर सुंदर गोपुरम् बने हैं। निकट ही पार्वतीजी का मंदिर है। पास ही कृष्णा नदी बहती है। नदी की धारा बहुत नीचे होने से लोग इसे पाताल-गंगा कहते हैं। श्रीशैल पर्वत पर वृक्ष नहीं हैं। मंदिर में मल्लिकार्जुन का शिवलिंग बहुत छोटा है। मान्यता है कि गणेश का विवाह पहले कर देने के कारण शिव-पार्वती से रुष्ट होकर कार्तिकेय सीधे यहीं आकर बसे थे। बाद में शिव अर्जुन के और पार्वती मल्लिका के नाम से यहां आईं। इसी से इस स्थान का नाम मल्लिकार्जुन पड़ा।

मसान

इसका अर्थ है श्मशान में भटकनेवाला प्रेत। लोक-विश्वास के अनुसार मसान अल्पकालिक होते हैं। कुछ समय बाद वे नया जन्म ग्रहण कर लेते हैं। कहते हैं, बालकों और अविवाहितों की अतृप्त आत्मा ही प्रेत या मसान बनती है।

मसाले

प्राचीन काल में भारत का पश्चिमी देशों से संपर्क स्थापित करने में मसालों का बड़ा योगदान रहा है। भारत में पैदा होनेवाले मसाले—काली मिर्च, इलायची

अजवाइन, केसर, जायफल, दालचीनी, लौंग, जीरा आदि पश्चिम के देशों में बड़े लोकप्रिय थे। इनकी बिक्री रोम, मिश्र, ईरान तथा अरब देशों तक होती थी। इन मसालों के कारण ही यूरोप के देशों ने भी भारत के मार्ग का पता लगाया। ये मसाले बहुत ही मंहगे बिकते थे। काली मिर्च का तो इतना अधिक मूल्य था कि इसका उपयोग मुद्रा के रूप में भी किया जाता था।

महमूद गजनी

गजनी के सुल्तान सुबुक्तगीन की दासी का पुत्र महमूद पिता की मृत्यु के बाद 986 ई. में गद्दी पर बैठा। इसने सुल्तान की पदवी धारण की और 1030 ई. में मृत्यु के समय तक राज्य करता रहा। महमूद ने भारत पर 17 बार चढ़ाई की। आक्रमणों का यह सिलसिला 1001 ई. से आरंभ हुआ। उसका सबसे बड़ा आक्रमण 1026 ई. में काठियावाड़ के सोमनाथ मंदिर पर था। चालुक्य वंश का भीम प्रथम उस समय काठियावाड़ का शासक था। महमूद के आक्रमण की सूचना मिलते ही वह भाग खड़ा हुआ।

महमूद ने सोमनाथ मंदिर का शिवलिंग तोड़ डाला। मंदिर को ध्वस्त किया। हजारों पुजारी मौत के घाट उतार दिए और वह मंदिर का सोना और भारी खजाना लूटकर ले गया। अकेले सोमनाथ से उसे अब तक की सभी लूटों से अधिक धन मिला था। उसका अंतिम आक्रमण 1027 ई. में हुआ। उसने पंजाब को अपने राज्य में मिला लिया था और लाहौर का नाम बदलकर महमूदपुर कर दिया था। महमूद के इन आक्रमणों से भारत के राजवंश दुर्बल हो गए और बाद के वर्षों में मुस्लिम आक्रमणों के लिए यहां का द्वार खुल गया।

महमूद तुगलक

दिल्ली के तुगलक वंश का अंतिम सुल्तान जो 1394 ई. से 1413 ई. तक गद्दी पर रहा। उसका शासनकाल बड़े संघर्ष में बीता। जौनपुर, गुजरात, मालवा और खानदेश में स्वतंत्र मुस्लिम राज्य बन गए थे। ग्वालियर में हिंदू राज्य अस्तित्व में आया। 1398 ई. में तैमूर (दे.) ने भारत पर आक्रमण किया। महमूद पराजित हुआ और भागकर गुजरात चला गया। तैमूर ने दिल्ली में भयंकर लूटपाट की। तैमूर के जाने पर महमूद दिल्ली वापस तो आया, परंतु अपने वंश का वैभव बचा न सका। 1413 ई. में महमूद की मृत्यु के साथ ही तुगलक वंश का भी अंत हो गया। यह काफी बुद्धिमान होने पर भी सनकी किस्म का शासक था। अपनी राजधानी को दिल्ली से हटाकर सुदूर दक्षिण के दौलताबाद में ले जाने और फिर दिल्ली ले आने की सनक के कारण वह इतिहास में इतना बदनाम हुआ कि 'दिल्ली से दौलताबाद और दौलताबाद से दिल्ली' एक आम मुहावरा ही बन गया।

महाअभियोग

राष्ट्रपति और न्यायाधीश सामान्यत: यदि वे स्वेच्छा से त्यागपत्र न दे दें तो निर्धारित अवधि तक अपने पद पर रहते हैं। परंतु यदि किसी दोष के कारण उनको हटाना अनिवार्य हो जाए तो संविधान में इसकी कार्यप्रणाली दी गई है। संसद के दोनों सदन दो तिहाई बहुमत से ऐसा निर्णय कर सकते हैं। यह प्रक्रिया 'महाअभियोग' कहलाती है।

महाकश्यप

एक प्रसिद्ध बौद्ध महात्मा जो गौतम बुद्ध के समकालीन थे। इनके पिता ने युवावस्था में एक परम सुंदरी युवती के साथ इनका विवाह कर दिया। पर ये विरक्त-भाव के थे। अपने और पत्नी के बीच में यह कहकर पुष्प-माला रखकर सोते थे कि जिसके मन में विकार आएगा, उसकी ओर के पुष्प कुम्हला जाएंगे। कुछ दिन बाद पति-पत्नी दोनों पूर्ण वैरागी होकर अपनी-अपनी दिशाओं में चले गए। उन दिनों गौतमबुद्ध राजगृह में रहते थे। मार्ग में ही वे महाकश्यप से मिले और उनके ऊपर अपना अंगवस्त्र डाल दिया। महाकश्यप का निवास गुरुपादगिरि या कुक्कुटपादगिरि (गया जिले का आधुनिक कूरकिहार) कहलाता था।

महाकाल

1. उज्जयनी के निकट शिप्रा नदी के तट पर स्थित एक शिवावतार जो महाकाल नामक तीर्थ में निवास करता है। इसकी गणना शिव के बारह ज्योतिर्लिंगों में होती है। (दे. अवंतिका)।

2. एक पवित्र शक्तिपीठ जहां सती की एक मूर्ति महेश्वरी के नाम से स्थापित है।

3. शिव का एक सेवक। यह ललिता का शरीर-रक्षक था। इसकी और भृंगी की उत्पत्ति शिव के वीर्य से हुई थी। एकबार इसने शिव के साथ विहार करने के बाद बाहर जाती भवानी को देख लिया था। इस पर भवानी ने इसे भैरव और वैसाल होने का शाप दे दिया। एकवार इसने दूषण नामक असुर को अपनी हुंकार से ही भस्म कर दिया था।

4. मत्स्य पुराण के अनुसार शिव का एक पवित्र स्थान जहां प्रात:-सायं लोगों की शिव से निकटता होती है।

महाकाली

पश्चिमी रेलवे के पावागढ़ स्टेशन के निकट महाकाली शिखर है। लगभग डेढ़ सौ सीढ़ियां चढ़ने के बाद शिखर पर महाकाली का मंदिर है। गुजरात के चार देवी

स्थानों में यह प्रधान है। कहते हैं, विंध्याचल में जो महाकाली खोह में हैं, वे ही यहां निवास करती हैं।

महाकालेश्वर

दक्षिण समुद्र तट पर स्थित एक तीर्थ जहां शाप के कारण बुदबुदा नामक अप्सरा ग्राह के रूप में रहती थी। वह अवसर मिलने पर यात्रियों को जल में खींच ले जाती। उसके भय से ऋषियों ने इस तीर्थ-स्थान को त्याग दिया। बाद में अर्जुन ने इस तीर्थ का उद्धार किया था।

उज्जैन (दे. अवंतिका) का महाकाल का मंदिर भी महाकालेश्वर के नाम से विख्यात है।

महाकाव्य

किस साहित्यिक रचना को महाकाव्य कहा जाए, इस विषय में विद्वानों में आरंभ से ही मतभेद रहा है। दंडी (छठी शताब्दी) की परिभाषा के अनुसार महाभारत और रामायण नहीं, वरन् अश्वघोष और कालिदास के ग्रंथ महाकाव्यों की कोटि में आते थे। आगे चलकर कुछ आचार्यों ने माघ, भारवि और श्रीहर्ष के ग्रंथों को महाकाव्य बताया। रुद्रट (सातवीं शताब्दी) ने अधिक व्यापक आधार पर महाकाव्यों का निर्धारण किया और वे महाभारत, रामायण तथा प्राकृत और अपभ्रंश के ग्रंथों को भी इस परिधि में ले आए। पाश्चात्य और भारतीय विद्वानों ने समय-समय पर इस विषय में जो चिंतन किया, उसके आधार पर महाकाव्य की एक सर्वमान्य परिभाषा इस प्रकार की जा सकती है—'महाकाव्य वह छंदोबद्ध कथात्मक काव्यरूप है जिसमें कथा-प्रवाह या अलंकृत वर्णन अथवा मनोवैज्ञानिक चित्रण से युक्त ऐसा सुनियोजित, सांगोपांग और जीवंत लंबा कथानक है।'

हिंदी में पृथ्वीराज रासो, आल्हाखंड, पद्मावत, रामचरितमानस, प्रिय प्रवास, साकेत, कामायनी और कृष्णायन महाकाव्य माने जाते हैं।

महाक्षत्रप

इनकी दो शाखाएं थीं और दोनों का आरंभ शक आक्रमणकारियों के सरदारों ने किया। एक शाखा थी पश्चिमी क्षत्रपों की। ये महाराष्ट्र में थे और कदाचित् इनकी राजधानी नासिक थी। इसका सबसे प्रतापी राजा नैहपान था। सातवाहन शासक गौतमी पुत्र सातकर्णी (दे.) ने इसे परास्त किया।

दूसरी शाखा उज्जैयनी के महाक्षत्रपों की थी। इस शाखा ने 130 ई. से 388 ई. तक राज्य किया। यह राजवंश शीघ्र ही अपना विदेशीपन छोड़कर

भारतीय बन गया। इन्होंने हिंदू धर्म ग्रहण किया और संस्कृत को अपनी राजभाषा बनाया।

महादान

प्राचीन भारत में दान की बड़ी महिमा थी। महादान दस या सोलह प्रकार का होता था। स्वर्णदान महादान का सर्वोत्तम प्रकार था। इसमें दाता तराजू के एक पलड़े पर बैठ जाता और दूसरे पलड़े पर उसके भार का सोना तोलकर ब्राह्मणों को दे दिया जाता था। एक विवरण के अनुसार बारहवीं शताब्दी में कन्नौज के एक राजा ने एक सौ बार महादान किया था। स्वर्ण के बाद चांदी, भूमि, आवास, ग्राम-संपत्ति आदि का क्रम आता था। हर्षवर्धन (दे.) प्रत्येक पांचवें वर्ष प्रयाग जाकर महादान किया करता था।

महादेव

हिंदुओं के देवता महादेव का नाम रुद्र, शिव, महेश और शंकर के पर्यायवाची के रूप में प्रयुक्त होता है। किंतु आरंभ में महादेव का यह रूप नहीं था। ऋग्वेद युग का प्रमुख देवता रुद्र था। शिव या महादेव में इसका रूपांतरण बाद में हुआ। शिव के अनेक पर्याय हैं, जैसे—ईश, ईशान, उमापति, भूतेश, खंवपरशु, शंकर, सर्वज्ञ, धूर्जटि, व्योमकेश, स्थाणु रुद्र, त्र्यंबक, महाकाल, गंगाधर, मृत्युंजय, त्रिलोचन आदि। इन पर्यायों से यह निष्कर्ष निकाला जाता है कि शिव या महादेव का स्वरूप किसी काल में या किसी संप्रदाय द्वारा निर्धारित नहीं हुआ। इसका विकास क्रमशः कई संस्कृतियों और विश्वासों के सम्मिश्रण से हुआ है।

'महादेव या शिव का सर्वमान्य प्रतीक लिंग है और मूलतः इसका संबंध प्रजनन के आदिम भाव से है। इस देवता की अर्धनारीश्वर, उमापति और विश्व-पिता के रूप में उपासना भी इसी भाव की पुष्टि करती है।' कुछ विद्वान् शिव को अनार्य देवता मानते हैं। आर्य लोग लिंग-पूजा को हेय समझते थे और इसके लिए अनार्यों का उपहास करते थे। कालांतर में संस्कृतियों के सम्मिश्रण से यह अंतर समाप्त हो गया।

हिंदू धर्म में महादेव संहार के देवता हैं, किंतु शिवोपासक उन्हें सृष्टि की रचना, पालन और विनाश का कर्ता मानते हैं। प्राचीन साहित्य में महादेव से संबंधित कथाओं की भरमार है।

महादेव रानाडे

महाराष्ट्र में 1880 ई. में जन्मे महादेव रानाडे जिस समय पूना के साइंस कालेज में पढ़ रहे थे, तभी क्रांतिकारी आंदोलन में सम्मिलित हो गए। वे चाफेकर बंधुओं

(दे.) के सहयोगी थे। दो पुलिस अधिकारियों को गोली मारने और मुखबिरों का सफाया करने के आरोप में इन्हें गिरफ्तार किया गया और 10 मई, 1899 ई. को यरवदा जेल में फांसी दे दी गई।

महादेव गोविंद रानाडे

प्रसिद्ध समाज-सुधारक रानाडे महाराष्ट्र के निवासी थे। वे न्यायाधीश के विभिन्न पदों पर रहे, किंतु उनकी स्थायी देन समाज-सुधार के क्षेत्र में है। रानाडे के समय का भारतीय समाज अनेक प्रकार की रूढ़ियों से ग्रस्त था। उन्होंने इन सबके विरुद्ध आवाज उठाई। विधवाओं के मुंडन, बाल विवाह, वैवाहिक आडंबरों में अपव्यय, विदेश यात्रा के निषेध आदि का उन्होंने खुलकर विरोध किया। नारी-शिक्षा और विधवाओं के पुनर्विवाह के वे प्रबल समर्थक थे।

महादेवी वर्मा

हिंदी को मूर्धन्य छायावादी कवयित्री महादेवी वर्मा का जन्म 1907 ई. में होली के दिन उत्तर प्रदेश के फर्रुखाबाद नगर में हुआ था। अपने परिवार में दो सौ वर्षों में बचकर पलनेवाली वे पहली बालिका थीं।

काव्य के प्रति महादेवी की रुचि बचपन से ही थी, पहले उन्होंने ब्रजभाषा में समस्या-पूर्ति करना आरभ किया। फिर शीघ्र ही खड़ी बोली में रचनाएं करने लगीं। मैट्रिक की परीक्षा उत्तीर्ण करने से पूर्व ही उनका काव्य पर्याप्त पुष्ट हो चला था। उनके प्रथम काव्य-संग्रह 'नीहार' की अधिकांश रचनाएं उसी समय की हैं। उनके बाद के संग्रह —'रश्मि', 'कोरजा', 'सांध्यगीत', 'दीपशिखा', 'संधिनी' आदि उनके क्रमिक विकास के द्योतक हैं। 'यामा' महादेवी के प्रथम चार काव्य-ग्रंथों का संकलन है। 'दीपशिखा' में महादेवी ने अपने गीतों को स्वयं बनाए हुए आकर्षक चित्रों से चित्रित भी किया है।

महादेवी आध्यात्मिक वेदनामय काव्य की कवयित्री हैं। आत्मार्पण की भावना से पूर्ण उनका भावलोक पूर्णतः भारतीय है। पद्य के साथ-साथ उनका गद्य भी उतना ही पुष्ट है। 'स्मृति की रेखाएं', 'अतीत के चलचित्र', 'श्रृंखला की कड़ियां', 'क्षणदा' आदि उनकी प्रसिद्ध गद्य-रचनाएं हैं। उन्हें वैदिक वाङ्मय से बड़ा लगाव था। वेदों के अनेक छंदों का उन्होंने पद्यबद्ध अनुवाद किया है।

महादेवी का काव्य जितना करुणापूरित है, व्यक्तिगत व्यवहार में उतनी ही प्रफुल्लित थीं। उन्हें अपनी साहित्य-साधना के लिए अनेक पुरस्कारों से सम्मानित किया गया जिनमें 'सकसेरिया', 'मंगलाप्रसाद', 'ज्ञानपीठ' और 'भारत-भारती' पुरस्कार मुख्य हैं। लंबी बीमारी के बाद 11 सितंबर, 1987 ई. को इलाहाबाद में महादेवीजी का निधन हो गया।

महानंदा

शिव के 'वैश्वेश्वर' अवतार के समय की एक शिव-भक्त वेश्या। उसके पास एक बंदर और एक मुर्गा था। उन्हें रुद्राक्ष से सजाकर वह शिव-भक्ति के भजन गाया करती थी। भगवान शंकर वैश्य का रूप धारण करके उसकी परीक्षा लेने आए। उनके पास एक रत्न-कंकण और एक रत्न-लिंग था। वेश्या इस शर्त पर दोनों चीजें लेने के लिए लालायित हो उठी कि वह तीन दिन वैश्यरूपी शिव के साथ पत्नी बनकर रहेगी। इन्हीं तीन दिनों के अंदर रात में आग लग जाने से रत्न-लिंग भस्म हो गया। इससे दुखी वैश्य ने जब देह त्यागने का निश्चय किया तो वेश्या भी पत्नी-धर्म के कारण—भले ही वह अल्पकालिक था—प्राण देने को उद्यत हो गई। उसकी यह पति-भक्ति देखकर शिव प्रकट हुए और महानंदा को उसके सब पापों से मुक्ति दिलाई।

महानदी

मध्य प्रदेश के रायपुर जिले से निकलनेवाली यह नदी आरंभ में दक्षिण-पश्चिम की ओर बहकर अंत में दक्षिण-पूर्व की ओर बहती है। मध्य प्रदेश और आंध्र प्रदेश की सहायक नदियों का जल लेकर यह उड़ीसा में उर्वरक डेल्टा बनाती और बंगाल की खाड़ी में मिल जाती है। बहुउद्देश्यीय योजनाएं बनने से पूर्व इस नदी की बाढ़ से उड़ीसा में बड़ी हानि होती थी।

महापद्म

1. मगध के नंदवंश का आरंभकर्ता जिसे पुराणों में शैशनाग वंश के अंतिम राजा महानंदी का दासी से उत्पन्न पुत्र बताया गया है। महानंदी की हत्या करके यह स्वयं गद्दी पर बैठ गया। इसने मगध राज्य का कलिंग से लेकर पंजाब में व्यास नदी तक विस्तार किया। इसके कार्यकाल के संबंध में सही जानकारी उपलब्ध नहीं है। अनुमानत: इसने चौथी शताब्दी ई. पूर्व के पूर्वार्ध में लगभग 30 वर्षों तक शासन किया।

2. एक नाग जो कश्यप और कद्रु के हजारों पुत्रों में से था।

3. नौ निधियों में से एक निधि।

महाबलीपुरम्

समुद्र के किनारे स्थित यह तीर्थ दक्षिण भारत में अपने गुफा-मंदिरों के लिए प्रसिद्ध है। गुफा-मंदिरों का यह क्षेत्र लगभग आठ किलोमीटर में फैला है। यहां शिलाओं को काटकर बनाई गईं भांति-भांति की मूर्तियां हैं। कहीं दुर्गा है, कहीं ऊंचा शिवलिंग है। कहीं दैत्य के ऊपर अपना पैर रखे वराह अवतार है, कहीं

वामन और कहीं गणेश। हाथी की एक विशाल मूर्ति भी दर्शनीय है। समुद्र के किनारे विमान नामक मंदिरों का एक समूह है जिसमें द्रौपदी, भीम और धर्मराज के मंदिर हैं। इन मंदिरों का निर्माण पल्लव राजवंश के नरेशों ने समय-समय पर कराया था। समुद्री वायु के कारण इनके पत्थर बहुत कुछ खराब हो चुके हैं।

महाबलेश्वर

महाराष्ट्र का यह अत्यत प्रसिद्ध तीर्थ पूना से लगभग 150 कि.मी. दूरी पर स्थित है। किसी समय यह स्थान बंबई की ग्रीष्मकालीन राजधानी था। यहां काफी वर्षा होती है और पास ही कृष्णा नदी का उद्गम है। कहा जाता है कि सृष्टि के आरंभ में ब्रह्मा, विष्णु और महेश ने यहां तपस्या की थी। तपस्या के बाद ब्रह्मा के यज्ञ से उत्पन्न महाबल और अतिबल नामक दैत्यों ने यज्ञ में विघ्न डाला। इस पर अतिबल को विष्णु ने और महाबल को देवताओं की प्रार्थना पर प्रकट होकर अतिमाया ने मारा। तब से शंकर महाबलेश्वर के रूप में, विष्णु अतिबलेश्वर के रूप में और ब्रह्मा कोटिश्वर के रूप में यहां विराजमान हैं। महाबलेश्वर के शिवलिंग में रुद्राक्ष के आकार के छेद हैं जिनसे बराबर जल निकलता रहता है जिसे यहां से निकलनेवाली पांच नदियों का उद्गम माना जाता है।

महाबाहु

1. एक दानव जो कश्यप और दनु के पुत्रों में से एक था। कहीं पर इसे वीरबाहु कहा गया है।
2. धृतराष्ट्र के सौ पुत्रों में से एक का नाम। महाभारत युद्ध में यह भीम के हाथों मारा गया था।
3. मगध देश का एक राजा जिसने पैंतीस वर्षों तक राज्य किया।

महाभारत

यह भारतीय संस्कृत साहित्य का सबसे बड़ा महाकाव्य है। एक लाख श्लोकों के इस विशाल ग्रंथ के रचयिता वेदव्यास बताए जाते हैं। इतिहासवेत्ताओं का अनुमान है कि यह वृहद ग्रंथ एक नहीं, अनेक व्यक्तियों की रचनाओं का संकलन है। महाभारत में कौरवों और पांडवों की जो कथा वर्णित है उसका उल्लेख महाभारत से पहले रचित ब्राह्मण ग्रंथों में भी मिलता है। पाणिनि (सातवीं शताब्दी ई. पूर्व) ने महाभारत का उल्लेख किया है। पर इस ग्रंथ का वर्तमान रूप ई. पूर्व 400 से 200 ई. के बीच अस्तित्व में आया। और धीरे-धीरे यह विशाल ग्रंथ 400 ई. तक पूरा हो सका।

वर्णित विषय को देखते हुए महाभारत को पंचमवेद, धर्मशास्त्र, मोक्षशास्त्र

और अर्थशास्त्र भी कहा जाता है। यह एकमात्र ग्रंथ है जिसमें तत्कालीन समाज व्यवस्था का सांगोपांग वर्णन मिलता है और ज्ञान के विविध अंगों-उपांगों की विशद विवेचना के दर्शन होते हैं। यह ग्रंथ लौकिक और पारलौकिक जीवन के लिए मार्ग निर्देशक सिद्धांतों का भंडार है। महाभारतकार ने पूरे विश्वास के साथ यह दावा किया है कि जो भी ज्ञान है वह सब महाभारत से ही निकला है और जो महाभारत में नहीं है, वह कहीं भी नहीं है।

यद्यपि मूलकथा कौरवों और पांडवों के पारस्परिक संघर्ष की और भीषण युद्ध की गाथा है, परंतु दोनों पक्षों की ओर से देश भर के राजाओं के सम्मिलित होने से उसका क्षेत्र-विस्तार राष्ट्रव्यापी हो गया है।

महाभारत का महत्व उसके वर्णनात्मक अंश में उतना नहीं है। इसकी महत्ता उन नैतिक शिक्षाओं में निहित है जो विभिन्न पात्रों के माध्यम से इसमें सर्वत्र मिलती है।

भगवत् गीता महाभारत का ही एक अंश है। पूरा महाभारत इन 18 पर्वों (अध्यायों) में विभक्त किया गया है—आदि, सभा, वन, विराट, उद्योग, भीष्म, द्रोण, कर्ण, शल्य, सौप्तिक, स्त्री, शांति, अनुशासन, अश्वमेध, आश्रमवासी, मौसल, महाप्रस्थान तथा स्वर्गारोहण।

महाभारत भारत की नैतिक और धार्मिक परंपरा का प्रमुख स्रोत ग्रंथ है। महाभारत का रचना-क्रम इस प्रकार माना जाता है—सर्वप्रथम व्यास ने 'जय' नाम से एक मदन ग्रंथ रचा। उनके शिष्य वैशंपायन ने विस्तृत करके उसे 'भारत' नाम दिया। अंत में सौति ने और विस्तार किया। वही वर्तमान 'महाभारत' है। (दे. सौति।)

महाभाष्य

यह महर्षि पतंजलि की रचना है। पाणिनि (दे.) ने अष्टाध्यायी नामक संस्कृत व्याकरण का प्रथम ग्रंथ लिखा था। उसी अष्टाध्यायी पर महर्षि पतंजलि का यह भाष्य है। इसका रचनाकाल लगभग 100 वर्ष पूर्व विक्रमी संवत् माना जाता है। इसमें व्याकरण के साथ-साथ तत्कालीन ऐतिहासिक, राजनीतिक, भौगोलिक और दार्शनिक विषयों का भी समावेश किया गया है।

महाभिष

इक्ष्वाकुवंश का एक प्राचीन पराक्रमी और सत्यवादी राजा जिसने पूर्वजन्म में हजारों अश्वमेध और राजसूय यज्ञ करने के कारण स्वर्गलोक प्राप्त किया था। किंतु एक घटना के कारण उसे पुनः पृथ्वी पर आना पड़ा। एकबार इसने ब्रह्मलोक में अन्य के साथ गंगा को भी देखा। उस समय हवा के कारण गंगा के शरीर का

वस्त्र उड़ रहा था। इस पर अन्य देवताओं, ऋषियों आदि ने अपनी नजर झुका ली, पर महाभिष देखता ही रहा। गंगा भी उसे प्रेम भरी नजर से देखने लगी। दोनों की यह स्थिति देखकर ब्रह्मा ने उन्हें पृथ्वी में जन्म लेने का शाप दे दिया। इसी शाप के कारण बाद में महाभिष ने राजा शांतनु के रूप में जन्म लिया और गंगा उसकी पत्नी बनी।

महाभूत

वायु पुराण के अनुसार ये पांच महाभूत या पंचभूत हैं—पृथ्वी, जल, तेज, वायु और आकाश।

इनके स्वभाव, धर्म, गुण, आकार और रंग इस प्रकार हैं—

पृथ्वी—कठोरता, गंध, भ्रमण, स्थूल और पीत।

जल—शीतलता, रस, अधोगमन, क्रिया, स्थूल और श्वेत।

तेज—उष्ण अथवा प्रकाश, रूप, ऊर्ध्वगमन, क्रिया, स्थूल, लाल, सूक्ष्माकार।

वायु—कोमल तत्व, स्पर्श अथवा शब्द, तिर्यगमन-क्रिया, सूक्ष्माकार, हिरण।

आकाश—शून्य धर्म, निर्गुण, अक्रि, गोलाकार, रंगहीन।

इन पंच महाभूतों के पांच प्रतीक इस प्रकार हैं—

पृथ्वी का आयत, जल का वर्तुल, तेज का त्रिकोण, वायु का चंद्रकोर और आकाश का ज्योति।

इनमें से प्रत्येक के पांच-पांच तत्त्व भी हैं।

महामाया

गौतम बुद्ध की माता जो शाक्य राजा अंजन की पुत्री थी। यह अत्यन्त सात्विक विचारों की महिला थी। इसने कपिलवस्तु के समीप लुंबिनीवन में सिद्धार्थ को जन्म दिया जो बाद में गौतम बुद्ध कहलाए। पुत्र जन्म के समय महामाया की उम्र 40-50 वर्ष के बीच थी और पुत्र जन्म के सात दिन के बाद ही उसका देहांत हो गया।

महामूर्ति

विभीषण की पत्नी का नाम जो राम के अश्वमेध यज्ञ के समय अपने पति के साथ अयोध्या में उपस्थित थी। यज्ञ के अश्व का स्नान कराने के लिए सरयू का पवित्र जल इसी ने लाकर दिया था।

महामौद्गलायन

गौतम बुद्ध के दो प्रमुख शिष्यों में से एक। इसका जन्म भी अत्यन्त समृद्ध परिवार में हुआ था किंतु विरक्त होने के कारण यह गुरु की खोज में घर से निकल गया।

भ्रमण करते सरय राजगृह में गौतम बुद्ध से इसकी भेंट हुई और यह उनका प्रमुख शिष्य बन गया। अपनी सिद्धि के कारण यह बुद्ध के शिष्यों में विशेष रूप से प्रसिद्ध हुआ।

महायज्ञ

परोपकार और परमोपकार के लिए जो यज्ञ किया जाता है उसे महायज्ञ कहते हैं। मनुस्मृति में पांच प्रकार के महायज्ञ वर्णित हैं। 1. ब्रह्मयज्ञ (अध्ययन-अध्यापन) 2. देवयज्ञ (होम आदि), 3. पितृयज्ञ (अन्न जाप से पितरों का तर्पण), 4. भूत-यज्ञ (पशु-पक्षियों को अन्न आदि खिलाना) और 5. नृयज्ञ (अतिथि सेवा)। शास्त्रों में वर्णित स्वार्थ के चार भेदों---स्वार्थ, परमार्थ, परोपकार और परमोपकार में से प्रथम दो यज्ञ से संबंधित हैं और बाद के दो महायज्ञ से। पंच महायज्ञ करने वाला अपने वैयक्तिक, सामाजिक और सार्वभौमिक कर्त्तव्यों का पालन करता है।

महायान

बौद्ध धर्म की एक प्रमुख शाखा जिसका आरंभ पहली शताब्दी के आसपास माना जाता है। ईसा पूर्व पहली शताब्दी में वैशाली में बौद्ध-संगीति हुई जिसमें पश्चिमी और पूर्वी बौद्ध पृथक् हो गए। पूर्वी शाखा का ही आगे चलकर महायान नाम पड़ा। देश के दक्षिणी भाग में इस मत का प्रसार देखकर कुछ विद्वानों की मान्यता है कि इस विचारधारा का आरंभ उसी अंचल से हुआ।

महायान भक्ति प्रधान मत है। इसी मत के प्रभाव से बुद्ध की मूर्तियों का निर्माण आरंभ हुआ। इसी ने बौद्ध धर्म में बोधिसत्व की भावना का समावेश किया।

यह भावना सदाचार, परोपकार, उदारता आदि से सम्पन्न थी। इस मत के अनुसार बुद्धत्व की प्राप्ति सर्वोपरि लक्ष्य है। महायान संप्रदाय ने गृहस्थों के लिए भी सामाजिक उन्नति का मार्ग निर्दिष्ट किया। भक्ति और पूजा की भावना के कारण इसकी ओर लोग सरलता से आकृष्ट हुए। महायान मत के प्रमुख विचारकों में अश्वघोष, नागार्जुन और असंग के नाम प्रमुख हैं।

महायोगी

प्राचीन काल से ही प्रचलित ध्यान, योग और तप के प्रतीक शिव। इनका ध्यान योगी का रूप सिंधुघाटी सभ्यता के समय से ही मिलता है। बाद की मूर्तियों में भी यह पाया जाता है। इससे प्रतीत होता है कि योग और ध्यान की परंपराएं बौद्ध धर्म में भी वही थीं जो पहले से चली आ रही थीं।

महारथी

महाभारत युद्ध के समय दोनों पक्षों के महारथियों के नाम अलग-अलग इस प्रकार मिलते हैं :

कौरव पक्ष के सात—द्रोण, कर्ण, कृपाचार्य, कृतवर्मा, अश्वत्थामा, शल्य और जयद्रथ।

कौरवों के बारह—दुर्योधन, भीष्म, द्रोण, कर्ण, शल्य, भूरिश्रवा, अश्वत्थामा, कृतवर्मा, विकर्ण, कृपाचार्य, दुःशासन और जयद्रथ।

पांडवों के तेरह—अर्जुन, सात्यिकी, धृष्टद्युम्न, घटोत्कच, शिखंडी, अभिमन्यु, भीम, नकुल, सहदेव, युधिष्ठिर, विराट, उत्तर और द्रुपद।

पांडवों के अठारह—भीम, अर्जुन, सात्यिकी, विराट, द्रुपद, धृष्टकेतु, काशिराज, पुरुजित, कुंतिभोज, शैव्य, युधामन्यु, उत्तमौजा, अभिमन्यु, प्रतिविन्ध्य, श्रुतसोम, श्रुतिकीर्ति, शतानीक और श्रुतकर्मा।

महाराणा कुंभकर्ण (कुंभा) (1433-1468 ई.)

अपने पिता की हत्या के बाद महाराणा कुंभकर्ण ने मेवाड़ की गद्दी पर बैठते ही सबसे पहले अपने पिता के हत्यारों से बदला लिया। 1437 ई. में उन्होंने मालवा के सुल्तान महमूद खिलजी को पराजित करके इस विजय की स्मृति के रूप में चित्तौड़ का विख्यात कीर्ति-स्तंभ बनवाया। मालवा और गुजरात के सुल्तानों ने मिलकर इन पर आक्रमण किया परंतु उन्हें फिर मुंह की खानी पड़ी। इस प्रकार अपने शासनकाल में महाराणा कुंभकर्ण ने राजस्थान का अधिकांश और गुजरात, मालवा और दिल्ली के कुछ भाग जीतकर मेवाड़ का काफी विस्तार किया।

महाराणा की सांस्कृतिक उपलब्धि भी बहुत अधिक थी। इन्होंने चित्तौड़ के कीर्ति-स्तंभ के साथ-साथ अनेक दुर्ग, मंदिर और तालाब बनवाए। कुंभलगढ़ का किला इन्हीं के समय में बना और एकलिंग के मंदिर का जीर्णोद्धार हुआ।

भारत के राजाओं में इनका बहुत ऊंचा स्थान है। इन्होंने राजपूती राजनीति को नया रूप दिया। इतिहास में ये 'राणा कुंभा' के नाम से अधिक प्रसिद्ध हैं।

महाराष्ट्र

पश्चिमी भारत का वह भाग जो पूर्व में वर्धा से पश्चिम में अरब सागर तक फैला हुआ है। इसका राजनीतिक इतिहास बहुत घटनापूर्ण रहा है। ईसा की आरंभिक शताब्दियों में यहां शक क्षत्रप (दे.) राज करते थे। चंद्रगुप्त द्वितीय (दे.) ने इसे गुप्त साम्राज्य में मिलाया। फिर यह भूभाग चालुक्यों, राष्ट्रकूटों और दिल्ली के सुल्तानों के शासन में रहा।

सत्रहवीं शताब्दी में छत्रपति शिवाजी के उदय से महाराष्ट्र के लोगों में

राष्ट्रीयता की भावना उदित हुई। शिवाजी ने अपने प्रयत्न से, 1680 ई. में अपनी मृत्यु के समय तक, महाराष्ट्र में स्वतंत्र हिंदू राज्य की स्थापना कर दी। डेढ़ सौ वर्षों तक मुगल साम्राज्य उसे हिला नहीं सका। बाद में यहां का शासन पेशवा (दे.) करने लगे। अंतिम पेशवा बाजीराव 1818 ई. में अंग्रेजों से हार गया और अलग मराठा राज्य समाप्त होकर बड़ौदा के गायकवाड, ग्वालियर के शिंदे, इंदौर के होल्कर और नागपुर के भौंसले की देशी रियासतों में बंटकर रह गया। ये रियासतें ब्रिटिश सरकार के अधीन उसी की छत्रछाया में बनी रहीं। भारत के स्वतंत्र होने पर इनका निकटवर्ती प्रदेशों में विलय हुआ।

देश की स्वतंत्रता के समय महाराष्ट्र में गुजरात प्रदेश भी सम्मिलित था। द्विभाषी राज्य का यह प्रयोग सफल नहीं रहा और 1 मई, 1960 ई. से दोनों प्रदेश अलग हो गए। बंबई महाराष्ट्र की राजधानी बना रहा।

महाराष्ट्र कृषि और उद्योग दोनों दृष्टियों से संपन्न प्रदेश है। देश के लगभग ग्यारह प्रतिशत कारखाने यहीं हैं। फिल्म उद्योग का यह सबसे बड़ा केंद्र है। अजंता, ऐलोरा और एलीफेंटा यहां के मुख्य दर्शनीय स्थल हैं।

महालक्ष्मी व्रत

यह व्रत भाद्रशुक्ल अष्टमी से आरंभ होकर आश्विन कृष्ण अष्टमी तक अर्थात् सोलह दिन चलता है। इसे इच्छापूर्ति, ऐश्वर्य का दाता और धर्म, अर्थ, काम तथा मोक्ष देनेवाला बताया गया है। व्रतों में इसकी वही महिमा बताई गई है जो सरिताओं में गंगा की और तीर्थों में तीर्थराज प्रयाग की है। इस व्रत की अवधि में प्रतिवर्ष करके सोलह वर्ष बाद इसका उद्यापन करते हैं।

महालया

पितृपक्ष की अर्थात् आश्विन कृष्णपक्ष की अमावस्या महालया कहलाती है। इसका नाम पितृविसर्जनी अमावस्या भी है। इस तिथि को पितरगण पृथ्वीलोक से अपने लोक को चले जाते हैं। जिस पितर की मृत्यु अर्थात् श्राद्ध की तिथि का पता न हो, उसका श्राद्ध महालया के दिन किया जाता है।

महालिंगेश्वर

दक्षिण भारत में कुंभकोणम (दे.) से लगभग 10 कि. मी. दूर कावेरी तट के महालिंगेश्वर शिवमंदिर की बड़ी मान्यता है। इसे चिदंबरम् के समान ही प्रतिष्ठित माना जाता है। कहते हैं, प्राचीन काल में किसी चोल राजा को ब्रह्महत्या लगी थी। वह तीर्थों में भटकता रहा, पर तीर्थ की परिधि से बाहर निकलते ही हत्या फिर उसके पीछे लग जाती। किंतु इस तीर्थ में आने के बाद उसे ब्रह्महत्या के पाप

से मुक्ति मिल गई। मदुरा के एक पांड्य राजा के संबंध में भी ऐसी ही कथा प्रचलित है। कहते हैं, भर्तृहरि ने भी कुछ समय तक यहीं निवास किया था।

महावंश

सिंहली भाषा का महाकाव्य जिसका रचनाकाल छठी शताब्दी के आसपास माना जाता है। इस ऐतिहासिक महाकाव्य में चौथी शताब्दी ई. पू. से चौथी शताब्दी ईस्वी तक का विवरण अंकित है। अशोक की पुत्री संघमित्रा के बोधिवृक्ष की शाखा लेकर लंका जाने के सहित सिंहल के तत्कालीन अनेक राजाओं का वृत्तांत इसमें मिलता है।

महावन

मथुरा के निकट, यमुना के उस पार ब्रजमंडल का एक प्राचीन स्थान जिसे अब पुराना गोकुल कहते हैं। किसी समय यहां नंद निवास करते थे। इसका प्रतीक नंदभवन आज भी विद्यमान है। इसके अतिरिक्त कृष्ण की लीलाओं से संबंधित अनेक दर्शनीय स्थान हैं। उपलब्ध खंडहर मध्यकाल में हुए विध्वंस की कहानी कहते हैं। यहां तीर्थयात्री आते रहते हैं।

महावीर

जैन धर्म के चौबीसवें और अंतिम तीर्थंकर महावीर वर्धमान का जन्म 500 ई. पू. में वृज्जि गणराज्य की वैशाली नगरी के निकट कुंडग्राम में हुआ था। इनके पिता सिद्धार्थ उस गणराज्य के राजा थे। कलिंग नरेश की कन्या यशोदा से महावीर का विवाह हुआ। किंतु 30 वर्ष की उम्र में अपने जेष्ठबंधु की आज्ञा लेकर इन्होंने घर-बार छोड़ दिया और तपस्या करके कैवल्य ज्ञान प्राप्त किया।

महावीर ने पार्श्वनाथ के आरंभ किए तत्वज्ञान को परिमार्जित करके उसे जैन दर्शन का स्थायी आधार प्रदान किया। महावीर ऐसे धार्मिक नेता हैं, जिन्होंने राज्य का या किसी बाहरी शक्ति का सहारा लिए बिना, केवल अपनी श्रद्धा के बल पर जैन धर्म की पुनः प्रतिष्ठा की। आधुनिक काल में जैन धर्म की व्यापकता और उसके दर्शन का पूरा श्रेय महावीर को दिया जाता है। इनके अनेक नाम हैं—अर्हत, जिन, निर्ग्रंथ, महावीर, अतिवीर आदि। इनके 'जिन' नाम से ही आगे चलकर इस धर्म का नाम 'जैन धर्म' पड़ा।

महावीर ने जो आचार-संहिता बनाई वह है—1. किसी भी जीवित प्राणी अथवा कीट की हिंसा न करना, 2. किसी भी वस्तु को किसी के दिए बिना स्वीकार न करना, 3. मिथ्या भाषण न करना, 4. आजन्म ब्रह्मचर्य व्रत का पालन करना, 5. वस्त्रों के अतिरिक्त किसी अन्य वस्तु का संचय न करना।

महावीरजी

राजस्थान में महावीरजी का अतिशय क्षेत्र प्रसिद्ध जैन तीर्थ है। यहां के विशाल जैन मंदिर में महावीर स्वामी की पद्मासन स्थित प्रतिमा है। कहते हैं, यह प्रतिमा नदी के किनारे की भूमि में एक ग्वाले को प्राप्त हुई थी।

महावीर प्रसाद द्विवेदी

आधुनिक हिंदी खड़ी बोली के गद्य को संवारनेवाले द्विवेदीजी का जन्म 1864 ई. में रायबरेली (उ. प्र.) के निकट दौलतपुर में हुआ था। आपने आजीविका के लिए रेलवे में नौकरी की, पर जन्मजात साहित्यिक रुचि वहां भी बनी रही। 1903 ई. में आपने हिंदी मासिक पत्रिका 'सरस्वती' का संपादन-कार्य आरंभ किया और 1920 ई. तक यह दायित्व निभाते रहे। इस बीच द्विवेदीजी की प्रेरणा से सैकड़ों हिंदी लेखक सामने आए। आप मानक भाषा के प्रबल समर्थक थे। हिंदी गद्य में आपकी 14 अनूदित और 50 मौलिक पुस्तकें प्राप्त हैं। द्विवेदीजी का देहांत 21 दिसंबर, 1938 ई. को हुआ।

महिदास ऐतरेय

एक आचार्य जिनके रचित 'ऐतरेय ब्राह्मण' और 'ऐतरेय उपनिषद्' प्रसिद्ध हैं। ये इतरा नामक दासी के पुत्र बताए जाते हैं जिससे इनका ऐतरेय नाम पड़ा। एक उपनिषद् के अनुसार महिदास 116 वर्ष तक जीवित रहे। इन्हें अनेक रोगों ने सताया, किंतु इन्होंने रोगों को चुनौती दी कि तुम चाहे कितना ही सताओ, मैं तुम्हारे कष्टों के कारण नहीं मरूंगा।

महिषासुर

मयासुर और रंभा का पुत्र एक असुर जो पाताललोक में निवास करता था। महिषासुर ने अपने तप से ब्रह्मा से यह वरदान प्राप्त कर लिया था कि वह किसी पुरुष के हाथों नहीं मारा जाएगा। वरदान मिलते ही वह उद्दंड हो उठा। उसने देवताओं को पराजित करके इंद्रलोक पर भी अधिकार कर लिया। इस पर सब देवता विष्णु की शरण में पहुंचे। विष्णु के परामर्श पर सब देवताओं ने अपना-अपना तेज दिया। इससे अष्टभुजी दुर्गा का जन्म हुआ। दुर्गा ने महिष से स्वर्ग से चले जाने के लिए कहा। उसके न जाने पर महिष मारा गया। महाभारत और देवी भागवत दोनों में यह आख्यान है और देवी को 'महिषासुरमर्दनी' कहा गया है।

स्कंदपुराण में महिषासुर का वध पार्वती के हाथों बताया गया है। यह एक बार तपस्यारत पार्वती के सौंदर्य पर मोहित होकर उनसे विवाह की इच्छा कर

बैठा। अपने बल का प्रमाण देने के लिए पार्वती ने इसे युद्ध के लिए ललकारा। इसी युद्ध में महिषासुर मारा गया।

महिष्मती

नर्मदा के तट पर स्थित एक प्रसिद्ध नगर जो महेश्वर भी कहलाता है। प्राचीन काल में यह कृतवीर्य के पुत्र सहस्रार्जुन की राजधानी थी। मंडन मिश्र (दे.) यहीं के निवासी थे। पुराणों के विवरण के अनुसार इस नगर को हैहयवंशी राजा सत्राजित के पुत्र महिष्मान ने बसाया था। कालेश्वर और बालेश्वर नाम के दो प्रसिद्ध शिवमंदिर, मतंग ऋषि का आश्रम तथा भर्तृहरि की गुफा आदि यहां के प्रसिद्ध स्थान हैं। यहां तीर्थयात्री आते रहते हैं।

महेन्द्र

सम्राट अशोक का पुत्र जो अपनी बहिन संघमित्रा के साथ बौद्ध धर्म के प्रचार के लिए 251 ई. पू. में श्रीलंका गया था। राजकुमार महेन्द्र ने श्रीलंका के राजा तिस्स, राजपरिवार के सदस्यों और बहुत से सामान्य नागरिकों को बौद्ध धर्म की दीक्षा दी। उनके महान कार्यों का सिंहली बौद्ध ग्रंथों में विस्तार से उल्लेख मिलता है। श्रीलंका में ही महेन्द्र की 240 ई. पू. में मृत्यु हो गई।

महेन्द्रपाल

राजा मिहिरभोज का पुत्र और उत्तराधिकारी गुर्जर प्रतिहार राजा। इसके पिता का राज्य सौराष्ट्र से अवध तक फैला था। महेन्द्रपाल ने उसका और विस्तार किया। उसने मगध के पाल राजाओं को परास्त किया और बंगाल पर भी आक्रमण किया। महेन्द्रपाल विद्वानों का आदर करता था। संस्कृत के प्रसिद्ध नाटककार राजशेखर का वह शिष्य था। इसका शासनकाल 890 ई. मे 910 ई. तक रहा।

महेन्द्र वर्मा

इस नाम के दो शासक हुए हैं। महेन्द्र वर्मा प्रथम कांची के पल्लव राजा सहविष्णु का पुत्र और उत्तराधिकारी था। यह लगभग 600 ई. से 625 ई. तक गद्दी पर रहा। इसने अनेक मंदिरों और गुफाओं का निर्माण कराया। इसके समय में महेन्द्रबाडी नामक नगर की स्थापना हुई और एक विशाल जलाशय बनाया गया।

महेन्द्र वर्मा प्रथम का पौत्र महेन्द्र वर्मा द्वितीय से नाम से लगभग 668 ई. में गद्दी पर बैठा। 6 वर्ष बाद ही उसे चालुक्य राजा विक्रमादित्य से हार जाना पड़ा।

महेश

1. इसका शाब्दिक अर्थ है महान ईश्वर। इस शब्द का प्रयोग शिव के पर्याय के रूप में होता है। शैवों का लिंगायत समुदाय उन्नति की जिन सात अवस्थाओं को मानता है, उनमें महेश भी है। वे अवस्थाएं हैं—शिव, भक्ति, महेश, प्रसाद, प्राणलिंग, शरण और ऐक्य।

2. शिव के एक अवतार का नाम जो एक द्वारपाल की रक्षा के लिए लिया गया था। एक बार शिव के द्वारपाल बेताल ने पृथ्वी पर जन्म लिया। उस समय उसकी रक्षा के लिए शिव ने महेश नाम से और पार्वती ने शारदा के नाम से अवतार लिए थे।

महेश्वर

दे. महिष्मती।

महोदर

1. रावण के पुत्रों में से एक। रामायण के अनुसार इसने युद्ध के समय राम के मारे जाने का मिथ्या प्रचार करने का परामर्श दिया था जिससे भयभीत सीता रावण के वश में आ जाए। युद्ध में यह नील के हाथों मारा गया।

2. धृतराष्ट्र के सौ पुत्रों में से एक जो महाभारत युद्ध में भीम के बाण से मारा गया।

3. एक ऋषि जिनकी जांघ पर राम द्वारा मारे गए एक राक्षस का मस्तक चिपक गया था। सरयू स्नान से वह मस्तक अलग हुआ।

महोबा

उत्तर प्रदेश के बांदा जिले के इस नगर का नाम पहले महिधर था। चंदेल राजपूत वंश के प्रवर्तक चंद्रवर्मा ने यहां यज्ञ किया। तब इसका नाम महोत्सवनगर पड़ा। चंदेल नरेश के सामंत आल्हा और ऊदल की राजधानी यही थी। उन्होंने राजा परमाल की ओर से पृथ्वीराज के साथ युद्ध में बड़े शौर्य का परिचय दिया। आल्हा महियर देवी के अनन्य भक्त थे। कवि जगनिक महोबा में ही पैदा हुए। उनका लिखा हुआ ग्रंथ 'आल्हाखंड' आज भी बहुत प्रसिद्ध है। लोकमानस में आल्हा-ऊदल इतने बसे हैं कि वे अमर माने जाते हैं। कहते हैं, वे नित्य प्रात: शारदा देवी के गले में फूलों की माला डाल जाते हैं। इस क्षेत्र के गांव-गांव में उनके चबूतरे हैं।

मांगी-तुंगी

मनमाड रेलवे स्टेशन से लगभग 120 कि.मी. दूर स्थित यह एक प्रसिद्ध जैन तीर्थ

है। इस सिद्ध क्षेत्र में, मान्यता है कि, 99 करोड़ मुनियों ने मोक्ष पाया। मांगी पर्वत की चढ़ाई 6 कि. मी. है। इस पर चार मंदिर हैं। इनमें मूल मंदिर नायक भद्रबाहु स्वामी का है।

तुंगी पर्वत मांगी से चार कि. मी. दूर है। इसकी चढ़ाई अधिक कठिन है। चंद्रप्रभु स्वामी की प्रतिमा यहां मुख्य है।

मांडवी

1. विदेह नरेश जनक के भाई कुशध्वज की पुत्री जिसका विवाह राम के भाई भरत के साथ हुआ था।
2. मांडवी पुत्र नामक आचार्य की माता। आचार्य का यह नाम मंडुवा स्त्री वंशज होने के कारण पड़ा।

मांडव्य

एक आचार्य और ऋषि। ऐतरेय ब्राह्मण के अनुसार इन्होंने ऋग्वेद का तालिक अर्थ किया था। चोरी से संबंधित इनके जीवन की कथाएं मिलती हैं। एक के अनुसार इनकी तपस्या-स्थली के पास राजा अपना घोड़ा बांध गया था, जिसे चोर ले गए। दूसरी कथा में चोर राजा की कन्या का अपहरण कर ले गए जिसके आभूषण मांडव्य के आश्रम के पास मिले। तीसरी में राज्य का कुछ धन मार्ग में छोड़ गए थे और वहीं से मांडव्य गुजर रहे थे। राजा ने इन्हें सूली पर चढ़ाने की सजा दे डाली। जब असली अपराधी पकड़े गए तो राजा को पश्चात्ताप हुआ और उसने क्षमायाचना करते हुए अपनी कन्या का इनके साथ विवाह कर दिया।

एक बार मांडव्य ने यम को शाप दे डाला। कारण था—बाल्यावस्था में मांडव्य द्वारा कीट-पतंगों को सताने के लिए यम का उन्हें सूली पर चढ़ाने का दंड देना। इस पर ऋषि ने नियम बनाया कि बारह-चौदह वर्ष के बालकों द्वारा नादानी में किए अशुभ कर्मों का पाप उन्हें न भुगतना पड़ेगा। साथ ही यम को शाप दिया कि उसे दासी के गर्भ से जन्म लेना पड़ेगा। इसी शाप के कारण यम का जन्म विदुर के रूप में दासी के गर्भ से हुआ था। (दे. विदुर)।

मांडूक्य उपनिषद्

अथर्ववेदीय इस उपनिषद् की गणना प्रथम दस उपनिषदों में होती है। आकार की दृष्टि से यह सबसे छोटा है। इसमें केवल बारह मंत्र हैं, किंतु महत्व की दृष्टि से इसका बहुत ऊंचा स्थान है। इस उपनिषद् में अनावश्यक विस्तार में जाए बिना आध्यात्मिक विद्या का निचोड़ थोड़े-से मंत्रों में भर दिया गया है। इसमें जीव और विश्व की ब्रह्म से उत्पत्ति और लय तथा तीनों का तादात्म्य प्रतिपादित किया गया

है। यह उपनिषद् ओम् की बड़ी विलक्षण व्याख्या करता है। गौड़पादाचार्य ने इस पर कारिकाएं और शंकर ने इसके ऊपर भाष्य लिखा है।

माइकेल मधुसूदन दत्त (1825-1875 ई.)

बंगला भाषा के प्रख्यात कवि जिनके प्रभाव से 19वीं शताब्दी का उत्तरार्ध बंगला साहित्य में मधुसूदन-बंकिम युग कहलाता है। मधुसूदन ने ईसाई धर्म ग्रहण कर लिया था। वे उस नवयुवक पीढ़ी के प्रतिनिधि थे जो अपने तत्कालीन सामाजिक बंधनों से क्षुब्ध थी। माइकेल ने अपने काव्य में भारतीय आख्यानों को पश्चिमी बाना पहनाया।

माघ

महाकवि माघ केवल एक रचना 'शिशुपाल वध' के कारण संस्कृत साहित्य में अमर हो गए हैं। गुजरात में जन्मे माघ का समय सातवीं शताब्दी का उत्तरार्ध माना जाता है।

बीस सर्गों में विभक्त 1650 छंदों का 'शिशुपाल वध' श्रीकृष्ण द्वारा शिशुपाल के वध की महाभारत में वर्णित कथा पर आधारित है। दुरूह, जटिल और कल्पना की उड़ान के कारण यह काव्य-ग्रंथ कालिदास की कृतियों की भांति यद्यपि जनसाधारण में लोकप्रियता प्राप्त करने में अधिक सफल नहीं हो सका, पर [illegible]नों के लिए यह रत्न की खान है। सर्वत्र भारतीय परंपरा से ओत-प्रोत इस [illegible] अध्येताओं को उपमा, अर्थगौरव और पद-लालित्य की छटा एक साथ मिल जाता है। इसका शब्द-चयन इतना विस्तृत है कि प्रथम नौ सर्ग समाप्त होने पर कोई ऐसा शब्द माघ की रचना से बाहर नहीं छूटा जिसका किसी अन्य ने कहीं काव्य में प्रयोग किया हो।

माघस्नान

पद्मपुराण में माघ मास में सरिता-स्नान को अति पवित्र स्नान माना गया है। गंगा-स्नान इसमें सर्वोत्तम है। इस स्नान के तीन समय वर्णित हैं—1. ब्राह्म मूहर्त जब आकाश में तारे छिटके ही हों, 2. तारे टिमटिमाने लगे हों, पर सूर्योदय न हुआ हो और 3. सूर्योदय के बाद। यह क्रम उत्तमता की दृष्टि से निर्दिष्ट है।

माघी पूर्णिमा

माघ मास की पूर्णिमा को तीर्थ स्थलों में स्नान, दान आदि का बड़ा महत्व बताया गया है। प्रयाग में गंगा के किनारे पूरे महीने-भर रहकर कल्पवास करनेवाले यात्रियों की साधना इसी दिन पूरी होती है और वे दान देकर अपने-अपने घरों को

रवाना होते हैं। सामान्यत: भी इस तिथि को विष्णु का पूजन करने, पितरों का श्राद्ध करने तथा दान आदि देकर कथा-कीर्तन में दिन बिताने का विधान है।

माणिक्य वाचकर

तमिल क्षेत्र के शैवों में प्रमुख माणिक्य वाचकर मदुरा के निवासी थे। इनका समय 900 ई. के लगभग माना जाता है। एक संत के प्रभाव से ये संन्यासी जीवन बिताने लगे। माणिक्य ने रामायण, महाभारत, पुराण आदि ग्रंथों की विषयवस्तु का प्रयोग करके तमिल भाषा में असंख्य गेय पदों की रचना की। इन्होंने उन कथाओं को विशेष रूप से अपनाया जो शिव के चरित्र से संबंधित थीं। इन्हें शंकराचार्य का मायावाद और अद्वैत वेदांत स्वीकार नहीं था।

मातंग

1. एक मुनि जिनका उपदेश था कि वीर पुरुष को सदा उद्योग करना चाहिए। वह किसी के सामने नतमस्तक न हो, क्योंकि उद्योग करना ही पुरुष का कर्त्तव्य एवं पुरुषार्थ है। वीर कभी शत्रु के सामने सिर नहीं झुकाते।

2. एक ऋषि जो मातंगी देवी के उपासक थे। वे सदा मौन रहते थे। जिस पर्वत पर वे निवास करते थे, उसे ऋष्यमूक पर्वत कहते हैं। राम-भक्त शबरी ने उन्हीं से दीक्षा ली थी।

मातंग

1. ऋषि कश्यप और क्रोधवशा की नौ कन्याओं में से एक जिसने हाथियों को जन्म दिया था।

2. दस महाविद्यालयों में से नवीं विद्या जिसके चार हाथ और तीन नेत्र हैं। सिर में अर्धचंद्र है। ये लाल रंग के वस्त्र पहनतीं और खंग, चर्म, पाश और अंकुश अस्त्र धारण करती हैं।

3. पुराण के अनुसार शिव की सृष्टि की एक मात्रिका जिसकी रचना उन्होंने अंधकासुर का पान करने के लिए की थी।

मातलि

इंद्र के एक सारथी का नाम जिसने नारद मुनि की सहायता से अपनी कन्या गुणकेशी का विवाह पाताललोक के राजकुमार सुमुख के साथ किया था। राम-रावण युद्ध के समय इंद्र का रथ लेकर यही राम की सेवा में आया था। राम ने रावण का वध इसी के रथ में बैठकर किया।

मात्रा

हाथ में लेकर जप करने के काम में आनेवाली माला का एक नाम प्राचीन साहित्य में मात्रा भी मिलता है। ये नाम हैं—गनेत्तिया, कंचनिया, सूत्र तथा मात्रा। इसी को सुमरनी भी कहते हैं।

मातृका

देवी के प्रसिद्ध अवतारों में से एक जिनकी संख्या सात, अठारह और बादन तक बताई गई है। इनके जन्म के संबंध में एक कथा मिलती है। अंधकासुर ने तपस्या करके शिव से वरदान प्राप्त कर लिया था कि रणभूमि में उसके लहू की हर बूंद से नया अंधकासुर पैदा होगा। इस वरदान से वह सारी पृथ्वी को त्रस्त करने लगा। पृथ्वी का यह संकट मिटाने के लिए शिव ने मातृकाओं की सृष्टि की। मातृकाओं ने अंधक के शरीर का सारा रक्त चूस लिया। तब वह शिव के हाथों मारा गया। अपना निर्दिष्ट काम पूरा करने के उपरांत मातृकाओं को लोकमंगल के काम में लगाया गया।

इनके अनेक नाम मिलते हैं। यथा—ब्रह्मी, माहेश्वरी, कौमारी, चंडी, वाराही, वैष्णवी, चामुंडा, चर्चिका, पूतना, पिशाची, रुद्रा, दिति, सुरभि, शकुनि, गौरा, पद्मा, शची, मेधा, सावित्री, स्वहा, सुधा, धृति, तुष्टि, जया, सरभा, कद्रु, आर्या, मित्रा आदि।

मातृकाओं के पूजन के संदर्भ पहली शताब्दी से मिलते हैं। सिंधुघाटी-संस्कृति में भी इनकी पूजा के संकेत विद्यमान हैं। अनुमान लगाया जाता है कि मातृकाएं पहले आर्येतर संस्कृति में पूजी जाती थीं। कालांतर में इन्हें वैदिक संस्कृति में भी अपना लिया गया है।

लोकमान्यता के अनुसार ये शिशुओं को अधिक कष्ट देती हैं। इसी कारण शिशु-जन्म के संस्कारों में मातृका-पूजन महत्वपूर्ण अंग माना जाता है।

मातृनवमी

आश्विन कृष्णपक्ष अर्थात् पितृपक्ष की नवमी को मातृनवमी कहते हैं। पितृपक्ष में पुरुष अपने पिता, पितामह आदि के निमित्त तर्पण और पिंडदान करता है। घर की बहुएं भी अपनी दिवंगता सास आदि के निमित्त पितृपक्ष के आरंभ से नवमी तक तर्पण करती हैं। शास्त्रों के अनुसार मातृनवमी को माता का श्राद्ध किया जाता है।

माद्री

1. मद्रदेश (आधुनिक पंजाब) के राजा ऋतायन की पुत्री और शल्य की बहिन जो

पांडव नकुल और सहदेव की माता थी। बहुत-सा धन देकर इस सुंदरी को भीष्म पांडु के लिए मांग लाए थे। इसने बाद में कुंती को प्राप्त दुर्वासा के मंत्र का उपयोग करके अश्विनी कुमारों से नकुल और सहदेव नामक सुंदर पुत्र प्राप्त किए थे। माद्री पांडु की मृत्यु का भी कारण बनी। वन-विहार के समय पांडु इसके सौंदर्य पर मोहित हो उठे और उन्होंने कामेच्छा से माद्री को अंक में भर लिया। उन्हें नारी संसर्ग से मृत्यु का शाप था। फलत: तत्काल पांडु की मृत्यु हो गई। इस पर माद्री ने भी प्राण त्याग दिए।

2. मद्रदेश की कन्या और श्रीकृष्ण की एक पत्नी का नाम जो वृक और अपराजित की माता थी। इसका एक नाम लक्ष्मणा भी मिलता है।

3. धृष्टि की एक पत्नी जिसने युधाजित, अनमित्र आदि पुत्रों को जन्म दिया।

माधव

1. राजा यदु का पुत्र एक राजा। यदु और उसके पुत्र माधव ने सुविख्यात यदुवंश की स्थापना की।

2. श्रीकृष्ण का एक नाम।

3. एक ब्राह्मण जो बकरे की बलि देने जा रहा था। बकरे द्वारा मानव वाणी में गीता के नवें अध्याय का पाठ सुनाने पर उसने बकरे की इच्छा पूरी की और उसे मुक्ति दिलाई।

4. तालध्वज नगर के विक्रम राजा का पुत्र जिसने अनेक कष्ट सहने पर लक्षद्वीप की सुंदरी सुलोचना से विवाह किया था।

5. भृगु कुल के एक गोत्रकार का नाम।

6. एक पवित्र मास (बैसाख) का नाम जिसमें अर्यमा नामक सूर्य तपते हैं और उनके रथ पर पुलह ऋषि, अथौजा यज्ञ, प्रेहित राक्षस, पुंजिकस्थली अप्सरा, नारद, गंधर्व और कृच्छनीर नाग स्थित रहते हैं।

7. एक असुर का नाम जो शत्रुघ्न के हाथों मारा गया।

8. औदत्त मुनि के दस पुत्रों में से एक जो प्रयाग में बटेश्वर के पास स्थित बताए जाते हैं।

माधवराव

बालाजीराव पेशवा का लड़का जो पिता के मरने पर 1761 ई. में पेशवा बना। उस समय तक पानीपत की लड़ाई में मराठे पराजित हो चुके थे। माधवराव ने अपनी खोई शक्ति को फिर से प्राप्त करने का यत्न किया। उसने निजाम और हैदरअली को दो बार हराया। 1771-72 ई. में उसकी सेना ने मालवा और बुंदेलखंड पर फिर अधिकार कर लिया। यही नहीं, वह शाहआलम द्वितीय

(1769-1806 ई.) को फिर से दिल्ली की गद्दी पर बैठाने में समर्थ हुआ। परंतु 1772 ई. में माधवराव की अकस्मात् मृत्यु से मराठा शक्ति की पुनर्स्थापना और विस्तार को जबरदस्त धक्का लगा।

माधवराव तृतीय

इसे माधवराव नारायण भी कहते हैं। इसका जन्म पिता नारायणराव पेशवा की मृत्यु के बाद हुआ। बचपन में राज्य का शासन नाना फड़नवीस (दे.) के नेतृत्व में एक समिति चलाती थी। इसका चाचा स्वयं पेशवा बनना चाहता था। सत्ता पर अधिकार के लिए महादजी शिंदे और नाना फड़नवीस में भी प्रतिद्वंद्विता थी। इसमें तो किसी को सफलता नहीं मिली, पर पेशवा पर नाना फड़नवीस का इतना नियंत्रण था कि उससे ऊबकर माधवराव नारायण ने 1795 ई. में आत्महत्या कर ली।

माधव श्रीहरि अणे

प्रसिद्ध राजनीतिज्ञ और देशभक्त माधव श्रीहरि अणे का जन्म महाराष्ट्र के वणी जिले में 29 अगस्त, 1880 ई. को हुआ था। वे 'लोकनायक' और 'बापू' के नाम से भी प्रसिद्ध हैं। अणे ने कुछ दिन अध्यापन और फिर वकालत की। 1916 ई. से वे राजनीति में भाग लेने लगे। 'स्वराज्य पार्टी' (दे.) की ओर से केंद्रीय असेंबली के सदस्य चुने गए। नमक आंदोलन में भाग लेकर जेल की सजा पाई। पंडित मदनमोहन मालवीय के वे बहुत निकट थे। कांग्रेस से विचार-भेद हो जाने के कारण दोनों ने 'नेशनलिस्ट पार्टी' की स्थापना की थी। 1941 ई. में वाइसराय ने उन्हें अपनी कौंसिल का सदस्य नियुक्त किया। गांधीजी के जेल में अनशन के समय उन्होंने सरकारी नीति के विरोध में यह पद त्याग दिया। स्वतंत्रता के बाद श्री अणे बिहार के राज्यपाल बनाए गए। 26 जनवरी, 1968 ई. को उनका निधन हो गया।

माधवाचार्य

असाधारण प्रतिभा के धनी माधवाचार्य का जन्म विक्रमी सं. 1324 में तुंगभद्रा नदी के किनारे हाम्पी नगर में हुआ था। वे कवि, दार्शनिक, राजनीतिज्ञ, तत्वनिष्ठ और त्यागी संन्यासी एक साथ थे। वे दक्षिण के हिंदू राज्य विजयनगर के संस्थापकों में से थे और अनेक वर्षों तक वहां के प्रधानमंत्री रहे। इनके समय में राज्यों की सीमाओं में पर्याप्त वृद्धि हुई। बाद में संन्यास लेने पर माधवाचार्य शृंगेरी मठ के शंकराचार्य बने। इन्होंने विविध दार्शनिक विषयों पर उच्चकोटि के सोलह ग्रंथों की रचना की। इन्होंने एक सौ वर्ष का जीवन पाया।

माधवी

1. नहुष के कुल में उत्पन्न हुए राजा ययाति की कन्या। इसकी कथा महाभारत में दी गई है। इसे वरदान था कि चाहे जितनी बार संतान उत्पन्न करे, यह सदा अक्षय यौवना और चिरकुमारी बनी रहेगी। इस वरदान का पूरा लाभ गालव ऋषि (दे.) को मिला। उन्हें अपने गुरु विश्वामित्र को गुरुदक्षिणा में श्यामकर्ण और चंद्रप्रभायुक्त आठ सौ घोड़े देने थे। गालव ययाति के पास पहुंचे। ययाति के पास वैसे अश्व नहीं थे। ययाति ने अपनी कन्या माधवी गालव को देकर कहा कि वह माधवी को अन्य राजा को देकर अश्व प्राप्त कर लें।

गालव क्रम से माधवी को राजा हर्यश्व, दिवोदास और उशीनर के पास ले गए। तीनों राजाओं ने गालव को दो-दो सौ अश्व दिए। इनको माधवी से एक-एक पुत्र प्राप्त हुआ। अन्य अश्व न मिलने पर गालव ने छह सौ अश्व और माधवी विश्वामित्र को सौंपकर गुरुदक्षिणा पूरी की। विश्वामित्र से भी एक पुत्र को जन्म देकर माधवी वापस अपने पिता ययाति के पास चली गई। बाद में इसके पुत्रों ने तपस्या की और अपने तप के बल पर राजा ययाति को स्वर्ग में स्थान दिलाया।

2. सुभद्रा (दे.) का एक नाम।

3. श्रीशैल पर स्थापित सती की एक मूर्ति।

माध्यंदिन

शुक्ल यजुर्वेद वाजसेनी संहिता कहलाता है, कारण कि याज्ञवल्क्य के पिता का नाम वाजसेन था। याज्ञवल्क्य से यह वेद 15 शिष्यों ने पढ़ा। माध्यंदिन उनमें प्रमुख थे। इसलिए शुक्ल यजुर्वेद की एक शाखा का नाम माध्यंदिनी शाखा पड़ गया। वर्तमान समय में वाजसेनी संहिता की यही शाखा प्रचलित है और संकल्प आदि में इसी का उच्चारण होता है।

सामवेद की एक शाखा भी माध्यंदिनी शाखा कहलाती है। शतपथ ब्राह्मण में इसके चौदह कांड उपलब्ध हैं।

मानव अधिकार

यह विश्वव्यापी प्रश्न रहा है। इस संबंध में संयुक्त राष्ट्र ने 10 दिसंबर, 1948 ई. को एक अंतर्राष्ट्रीय घोषणा स्वीकार की। 30 धाराओं की इस घोषणा में मनुष्य की स्वतंत्रता, जाति, धर्म या स्त्री-पुरुष के बीच भेदभाव का निषेध, जीवित रहने, दासता से मुक्त रहने, कानून की दृष्टि में समानता, कहीं भी आने-जाने का अधिकार, विचार और अभिव्यक्ति की स्वतंत्रता, संगठन बनाने की स्वतंत्रता, सामाजिक सुरक्षा, पेशा चुनने की आजादी, भोजन-वस्त्र प्राप्त करने का अधिकार, मां और बच्चों की देखभाल, शिक्षा प्राप्त करने का अधिकार, सांस्कृतिक जीवन

में भाग लेने का अधिकार आदि बातें सम्मिलित हैं। परंतु व्यवहार में अभी यह आदर्श ही है।

मानस तीर्थ

भारतीय विचारधारा में दो प्रकार के तीर्थ माने गए हैं। एक तो स्थानीय तीर्थ हैं, जैसे—काशी, केदार, पुरी आदि। इनके दर्शन मोक्षदायी माने जाते हैं। दूसरा तीर्थ मानस तीर्थ है। इसके लिए कहीं बाहर नहीं जाना पड़ता। आत्मनियंत्रण और शुद्ध तथा परोपकारी व्यवहार ही तीर्थवत् है। सत्य, दया, संयम, संतोष, प्रियवचन, ज्ञान, धैर्य, तप, इंद्रियनिग्रह ये सब मानस तीर्थ कहलाते हैं और तीर्थवत् फल देते हैं।

मानस पुत्र

प्राचीन ग्रंथों में मानव वंश की वृद्धि के संदर्भ में मानस पुत्रों का उल्लेख मिलता है। ब्रह्मा के मानस पुत्र स्वायंभुव मनु हैं। स्वायंभुव मनु ने सर्वप्रथम दस ऋषियों की सृष्टि की जिनसे मानव जाति का विकास हुआ। ये दस ऋषि थे—मरीचि, अत्रि, अंगिरा, पुलस्त्य, पुलह, ऋतु, वशिष्ठ, दक्ष, भृगु और नारद। यह संख्या कहीं पर सात और कहीं पर आठ मिलती है। ये मानस पुत्र सृष्टि के आदिपुरुषों में गिने जाते हैं।

मानसरोवर

हिमालय क्षेत्र में स्थित एक पवित्र सरोवर, पुराणों में जिसका विस्तृत वर्णन मिलता है। पूर्वकाल में मानसरोवर क्षेत्र किन्नरों का आवास माना जाता था। यह पवित्र तीर्थ है और यहां कुमुरा नामक सती की मूर्ति स्थापित है। 51 शक्तिपीठों में भी इसकी गणना होती है। यहां पर सती की दाहिनी हथेली गिरी थी। रावण ने यहीं पर शिव की तपस्या की थी। इसीलिए निकटवर्ती सरोवर 'राक्षस सरोवर' कहलाता है। उर्वशी और पुरुरवा का मिलन-स्थल भी यहीं बताया जाता है। कहते हैं, ब्रह्मा ने अपनी इच्छा मात्र से इस सरोवर का निर्माण किया था। यहां पर पितरों का श्राद्ध किया जाता है। यह ऋषि-मुनियों की तपस्या-स्थली भी है। मानसरोवर में राजहंस पाए जाते हैं।

मान्धाता

अयोध्या नरेश मान्धता के जन्म के संबंध में एक कथा मिलती है। इसके पिता युवनाश्व के सौ पत्नियां थीं, किंतु कोई संतान नहीं थी। पुत्र प्राप्ति के लिए युवनाश्व ने यज्ञ कराया। रात्रि में प्यास लगने पर घड़े में रखा हुआ यज्ञ का

अभिमंत्रित जल पीने से युवनाश्व को गर्भ रह गया। ऋषियों ने राजा का पेट फाड़कर बालक को बाहर निकाला। इंद्र ने अपनी अंगुली चुसाकर उसे पाला। मान्धाता इंद्र के प्रभाव से अत्यंत बलवान और सब विधाओं में पारंगत हो गया। इसने अपने राज्य का विस्तार किया और रावण तक को पराजित कर दिया। मान्धाता कर्तव्य-पालन और दयालु स्वभाव के लिए प्रसिद्ध है। वह क्षत्रिय था, किंतु अपनी तपस्या के बल पर ब्राह्मण बन गया।

माया

1. एक मोहनी विद्या जो मायावती ने प्रद्युम्न को सिखाई थी।

2. मय दानव की पुत्री जिसका विवाह विश्रवा से हुआ था और खर, दूषण आदि जिसकी संतान थे।

3. अंधकासुर के रक्त-पान के लिए शिव ने जिन मातृकाओं की सृष्टि की थी, उनमें से एक मातृका।

4. सृष्टि का निर्माण करने में ब्रह्मा की सहायिका जिसके द्वारा इन सातों का निर्माण किया गया—

(क) गायत्री—जिससे वेदों का निर्माण हुआ।

(ख) सत्यवती—औषधीय वनस्पतियों की जननी।

(ग) ज्ञान विद्या—समस्त शास्त्रों का आधार।

(घ) लक्ष्मी—वस्त्र, आभूषण आदि का आधार।

(ङ) उमा—जिसकी सहायता से शिव ने संसार में शास्त्रों का प्रसार किया।

(च) वर्णिका—संसार की रक्षक और आगे चलकर दैत्यों का दमन करने वाली।

(छ) धर्मद्रवा—एक नदी जो बाद में गंगा के नाम से प्रसिद्ध हुई।

5. अधर्म नाम के धर्मविरोधी पुरुष की कन्या जिसने ब्रह्म नामक अपने भाई से लोभ और निकृति नाम के पुत्र उत्पन्न किए थे।

मायावती

1. मदन की पत्नी रति का नाम। जब शिव ने मदन को भस्म कर दिया, रति मायावती के नाम से शंबरासुर के यहां रहने लगी। कालांतर में जब मदन का जन्म श्रीकृष्ण के पुत्र प्रद्युम्न के रूप में हुआ तो मायावती ने शंबरासुर का वध करके प्रद्युम्न से विवाह कर लिया। भागवत के अनुसार इसका वध प्रद्युम्न ने किया था।

2. उत्तर प्रदेश के पिथौरागढ़ जिले का एक पर्वतीय स्थान जहां स्वामी विवेकानंद संबंधी संपूर्ण साहित्य का संपादन होता है। यह स्थान 'मायावती आश्रम' के नाम से प्रसिद्ध है।

मायावरम्

चिदंबरम (दे.) से लगभग 45 कि. मी. दूर मायावरम् का प्राचीन नाम मब्यूरम् था। यहां मुख्य मंदिर मयूरेश्वर का है। मंदिर के पास ही पार्वती का मंदिर है जो यहां 'अभयाम्बा' कहलाती हैं। इन्हें अंचला भी कहते हैं।

प्राप्त कथा के अनुसार जब सती ने दक्ष के यज्ञ-कुंड में शरीर छोड़ा, उन्हें अपनी शरण में आए एक मयूर का स्मरण था। इसी से वे बाद में मयूरी के रूप में उत्पन्न हुई। इसी रूप में उन्होंने शिव की आराधना की। शिव ने दर्शन दिए और मयूरेश्वर मूर्ति के रूप में स्थित हो गए। मयूरी ने भी देह त्याग दी और हिमालय की पुत्री पार्वती के रूप में जन्म लिया।

कावेरी नदी के तट पर स्थित इस नगर में और भी मंदिर हैं। कावेरी के उस पार श्रीरंगनाथ का बहुत बड़ा मंदिर है।

मारीच

लंका के राजा रावण का मामा मारीच सुंद एवं ताड़का का पुत्र तथा सुबाहु का भाई था। इसमें दस हजार हाथियों का बल था। यह विश्वामित्र के यज्ञों में विघ्न डाला करता था। इसलिए विश्वामित्र दशरथ के यहां से राम-लक्ष्मण को ले आए थे। राम ने सुबाहु का वध करके मारीच को अपने वाण से लंका में फेंक दिया था। इसी का बदला लेने के लिए मारीच सीता-हरण की रावण की योजना में सम्मिलित हो गया और स्वर्ण मृग का रूप धारण करने पर राम के हाथों मारा गया।

मारुत

पवन देवता का एक नाम जिनके संसर्ग से कुंती के गर्भ से भीमसेन का जन्म हुआ था। ये बड़े विक्रमशाली थे और इन्होंने अग्नि के साथ मिलकर असुरों का संहार किया। किंतु बाद में इंद्र मारुत से रुष्ट हो गया। तारक नाम का असुर अपने पांच साथियों सहित इंद्र के डर से भाग कर समुद्र में छिप गया था। इस पर इंद्र ने मारुत और अग्नि से समुद्र को सुखा देने के लिए कहा। जब ये राजी नहीं हुए तो इंद्र ने उन्हें पृथ्वी पर जन्म लेने का शाप दे दिया। इसी शाप के कारण मारुत और अग्नि दोनों का एक साथ अगस्त्य के रूप में जन्म हुआ।

मार्कण्डेय

1. भृगुवंश में उत्पन्न एक ऋषि जो मृडंक ऋषि के पुत्र थे। इन्हें पहले अल्प आयु प्राप्त थी। बाद में दीर्घकाल तक कठिन तप करने पर शिव ने इन्हें प्रलय तक जीवित रहने वाले चिरंजीवी का वरदान दिया। इंद्र ने इनका तप भंग करने के

अनेक प्रयत्न किए, पर उसे सफलता नहीं मिली। ये ब्रह्मा के उपासक थे। ब्रह्मा को छोड़कर इनसे बड़ी आयु का और कोई न था। प्रलय-काल में भी यह उपस्थित थे। प्रलय के उपरांत रची गई सृष्टि सबसे पहले मार्कण्डेय ने ही देखी। युधिष्ठिर के वनवास के समय ये उनसे मिले थे। उस समय श्रीकृष्ण भी उपस्थित थे। इन्होंने पांडवों को धर्म का उपदेश दिया। महाभारत काल में मार्कंडेय का बड़ा सम्मान था। इनके रचित दो ग्रंथ—'मार्कंडेय पुराण' और 'मार्कण्डेय-संहिता' प्राप्त हैं।

2. अयोध्या के एक ऋषि जो राम के आठ धर्मशास्त्रियों में से एक थे। ये राम-विवाह के समय मिथिला भी गए थे। रामायण में वाल्मीकि ने इन्हें 'दीर्घायु' कहा है। मार्कण्डेय या तो इनका पैतृक नाम था या मृ ंडक पुत्र होने के कारण यह नाम पड़ा।

मार्कण्डेय क्षेत्र

वाराणसी और गाजीपुर के बीच कैत्री नामक एक बाजार है। यहीं से कुछ दूरी पर गंगा और गोमती नदियों का संगम होता है। इसी के निकट मार्कण्डेय क्षेत्र नामक तीर्थ है। इसे मार्कण्डेय ऋषि की साधना-स्थली बताया जाता है। यहां के 'मार्कण्डेय महादेव' के मंदिर में लोग संतान प्राप्ति के लिए पूजा करते हैं।

मार्कण्डेय पुराण

पुराणों के क्रम में इस पुराण का सातवां स्थान है। यह नाम मार्कण्डेय ऋषि के नाम पर पड़ा है। इस पुराण में प्राचीन चरित्रों के चित्रण के साथ-साथ वैदिक देवताओं की स्तुति भी की गई है। कुछ प्रसंग महाभारत से भी संबंधित हैं। गृहस्थ कर्म, दैनिक कार्य-व्यवहार की चर्चा के साथ-साथ योग का भी इसमें वर्णन है। हिंदुओं की मान्य पाठ-पुस्तक 'दुर्गा सप्तशती' इसी का अंश है। इस पुराण की रचना का समय गुप्त काल माना जाता है।

मार्जारी भक्ति

भक्ति का वह रूप जिसमें जीवात्मा की स्थिति बिल्ली के बच्चे की सी होती है। जिस प्रकार बिल्ली का छोटा बच्चा पूरी तरह से अपनी मां पर आश्रित रहता है, उसी तरह जीवात्मा भी ईश्वर की दया पर निर्भर रहता है। (दे. मर्कटात्मज भक्ति)।

मार्तण्ड

सूर्य का वेदकालीन नाम जो द्वादश आदित्यों में आठवां है। इस ब्रह्मांड में भूमि

और अंतरिक्ष के बीच सूर्य स्थित है। सूर्य के मध्यबिंदु और अंडखोल के बीच पच्चीस करोड़ योजन की दूरी है। इसी निर्जीव अंड के बीच प्रज्वलित सूर्य का नाम मार्तण्ड पड़ा। इसे हिरण्यगर्भ भी कहते हैं क्योंकि इसका जन्म हिरण्यमय अंड के बीच हुआ। यमुना इसकी पुत्री है और सावर्णि और शनिश्चर आदि सात पुत्र हैं।

पृथ्वी के जिस स्थान पर सूर्य सात महीनों तक क्षितिज में दृष्टिगत होता और आठवें महीने अस्त होता है, मार्तण्ड नामक आदित्य का निवास वहीं बताया जाता है।

मालव

प्राचीन भारत में देश के पश्चिमी भाग में रावी नदी के तट पर रहनेवाली एक जाति, जिसे पाणिनि ने आयुधजीवी बताया है। ये लोग युद्ध-विद्या में निपुण थे। युधिष्ठिर के राजसूय यज्ञ के समय नकुल ने इन्हें पराजित किया था। महाभारत युद्ध में ये कौरवों की ओर से लड़े थे। सिकंदर के आक्रमण के समय इन्होंने उसका सामना किया, किंतु हार गए। पराजय के बाद मालव लोग राजस्थान के मार्ग से होकर उज्जयिनी के पास आ बसे। इन्हीं के कारण उस क्षेत्र का नाम मालवा पड़ा। मालव गण ने इस क्षेत्र को सांस्कृतिक एकता प्रदान की।

मालती माधव

महाकवि भवभूति द्वारा आठवीं शताब्दी में रचित संस्कृत नाटक जिसमें कापालिक संप्रदाय के क्रियाकलापों का वर्णन किया गया है। इस नाटक के मुख्य पात्र संन्यासी अघोरघंट और उसकी शिष्या कपालकुंडला हैं। इसमें तत्कालीन शैव विश्वासों और शाक्तों की पूजा-विधि पर विस्तार से प्रकाश डाला गया है।

मालविकाग्निमित्र

महाकवि कालिदास का प्रसिद्ध संस्कृत नाटक। यह कवि द्वारा रचित दूसरा ग्रंथ और पहला नाटक है। पांच अंकों के इस नाटक में विदिशा के राजा अग्निमित्र तथा विदर्भ की राजकुमारी मालविका की प्रेमकथा वर्णित है। नाटक में अग्निमित्र के पिता प्रथम शुंग राजा पुष्यमित्र का भी संदर्भ है और इसमें इस काल के ऐतिहासिक महत्व की कुछ सामग्री प्राप्त होती है। कुछ विद्वान् इसका रचनाकाल पांचवीं शताब्दी मानते हैं। यह संभव प्रतीत होता है क्योंकि कालिदास का निधन 445 ई. में माना जाता है।

मालिनी

1. सात मातृकाओं में से एक जिनकी सृष्टि शिव ने अंधकासुर का रक्तपान करने के लिए की थी।

2. एक राक्षस कन्या। इसे कुबेर ने ऋषि विश्रवा की सेवा के लिए भेजा था। विश्रवा से इसे विभीषण नामक पुत्र उत्पन्न हुआ।

3. अज्ञातवास के समय द्रौपदी द्वारा धारण किया एक नाम।

4. एक अप्सरा जिसका विवाह राजा रुचि के साथ हुआ था। रौच्य मन्वंतर का अधिपति रौच्य इसी का पुत्र था।

5. एक ब्राह्मणी जिसने अपने दुर्व्यवहार के कारण पहले श्वान योनि में जन्म लिया और सद्व्यवहार से अगले जन्म में उर्वशी नामक अप्सरा हुई।

6. हिमालय की एक नदी का नाम जिसके तट पर मेनका ने शकुंतला को जन्म दिया था।

7. एक नगर का नाम जिसे जरासंध ने कर्ण को दिया था।

मालिनी नगरी

उत्तर प्रदेश के गोंडा जिले का तुलसीपुर का कस्बा प्राचीन मालिनी नगरी बताई जाती है। यह शक्तिपीठ है और यहां सती का दाहिना हाथ गिरा था। मान्यता है कि जरासंध ने यह नगरी कर्ण को दी थी जहां उसने दुर्योधन के अधीन राज्य किया। यहां पाटेश्वरी देवी का प्रसिद्ध मंदिर है। इसे 'देवी पाटन' भी कहते हैं।

माल्यवान

1. सुकेश राक्षस का ज्येष्ठ पुत्र और सुंदरी नामक गंधर्व कन्या का पति जो रावण का नाना था। इसने घोर तपस्या करके त्रिकूट पर्वत के शिखर पर सुवर्णमंडित लंका नाम की नगरी प्राप्त की थी। कुछ समय बाद जब यह और इसके भाई अत्याचार करने लगे तो विष्णु ने इन राक्षसों का वध करने की प्रतिज्ञा की। इससे भयभीत होकर माल्यवान पाताललोक में जाकर रहने लगा।

लंका में कुबेर रहता था। एक बार माल्यवान ने कुबेर और उसके पिता विश्रवा को पुष्पक विमान में बैठकर जाते देखा तो यह भी उनकी भांति वैभव का जीवन बिताने के लिए लालायित हो उठा। माल्यवान ने अपनी कन्या कैकसी विश्रवा को दे दी। उसी के गर्भ से रावण उत्पन्न हुआ। रावण के लंका का राजा बन जाने पर यह भी लंका में रहने लगा। सीता-हरण के समय माल्यवान ने रावण को सीता राम को लौटा देने का परामर्श दिया था।

2. एक गंधर्व जो गायन के समय इंद्र की सभा में नृत्यांगना पर मोहित होकर ताल और लय भूल गया और बेसुरा गाने लगा था। इस पर इंद्र ने दोनों को

पिशाच बन जाने का शाप दे डाला। बाद में 'जया एकादशी' व्रत के फल से ये शाप-मुक्त हुए और इंद्र की आज्ञा से पति-पत्नी बनकर रहने लगे।

मास्टर अमीरचंद

प्रसिद्ध क्रांतिकारी मास्टर अमीरचंद का जन्म 1869 ई. में हुआ था। इनके पिता निजाम हैदराबाद में ऊंची नौकरी पर थे। अमीरचंद ने अपना जीवन अध्यापक के रूप में बिताया। वे दिल्ली के अनेक विद्यालयों से संबद्ध रहे। साथ ही चुपचाप राष्ट्रीयता के विचारों का भी प्रचार करते थे। 'बंगभंग' (दे.) के समय में उन्होंने दिल्ली में 'स्वदेशी स्टोर' खुलवाया। देशभक्तिपूर्ण पाठ्य सामग्री उपलब्ध कराने के लिए 'नेशनल वाचनालय' की स्थापना की। जब ऐसा साहित्य छापने के लिए कोई तैयार नहीं हुआ तो स्वयं प्रेस भी लगाया।

भीतर ही भीतर मास्टर अमीरचंद का निकट संबंध क्रांतिकारियों से था। 23 दिसंबर 1912 ई. को दिल्ली में वाइसराय लार्ड हार्डिंग के शानदार जुलूस पर बम फेंकने का सारा स्थानीय प्रबंध इन्होंने ही किया था। घटना के 14 महीने के बाद अमीरचंद गिरफ्तार हुए। कई महीने मुकदमा चला। इन लोगों के नेता रासबिहारी बोस चुपचाप जापान जा चुके थे। इस दिल्ली बम कांड में मास्टर अमीरचंद, बालमुकुंद, अवधबिहारी और वसंतकुमार विश्वास को फांसी की सजा हुई। 2 मई 1915 ई. को स्वतंत्रता सेनानी अमीरचंद को दिल्ली की जेल में फांसी दे दी गई।

मास्टर दा

सूर्यसेन अथवा मास्टर दा बंगाल के प्रसिद्ध क्रांतिकारी थे। इनका जन्म 1893 ई. में चटगांव में हुआ था। 1918 ई. में ये गदर पार्टी में सम्मिलित हो गए और 1921 ई. के असहयोग आंदोलन में भी भाग लिया। 1923 ई. में रेलवे कार्यालय में राजनीतिक डकैती डालकर भूमिगत हो गए तथा बंगाल और असम के विभिन्न नगरों में क्रांतिकारी संगठन करते रहे। 22 अप्रैल 1930 ई. को चटगांव के ब्रिटिश शस्त्रागार पर आक्रमण किया, जलालाबाद की पहाड़ियों में ब्रिटिश सेना से मोर्चा लिया, 1930 ई. में ब्रिटिश सेना के घेरे से निकल गए किंतु 1933 ई. में पकड़ लिए गए। जेल में बहुत मारे-पीटे गए और अदालत ने मौत की सजा दी। 11 जनवरी 1934 ई. को इन्हें चटगांव की जेल में फांसी दे दी गई।

माहिष्मती

महाभारत के अनुसार नर्मदा के तट पर बसी एक प्राचीन नगरी, जो हैहयों की राजधानी थी। यहां सहस्रार्जुन रहता था। पिता की मृत्यु का बदला लेने के लिए

परशुराम ने वहां जाकर क्षत्रियों को मार डाला था। वायुपुराण के अनुसार इस नगरी को हैहयवंश के महिष्मान ने बसाया था। मत्स्य पुराण में वर्णन आया है कि कार्तवीर्य ने रावण को यहीं बंदी बनाकर रखा था। पहले यह नागों की राजधानी थी। बाद में कार्तवीर्य अर्जुन ने यहां अपनी राजधानी स्थापित की।

मिजोरम

भारत के पूर्वोत्तर कोने में स्थित मिजोरम प्रदेश अंग्रेजों के शासनकाल में 'लूसाई पहाड़ी जिला' कहलाता था। यहां के निवासी मूलत: मंगोल नस्ल के हैं। अंग्रेजों के भारत पर आधिपत्य के समय ये बराबर उनके ठिकानों पर आक्रमण करते थे। इस पर अंग्रेजों ने इस भू-भाग को 1891 ई. में अपने भारतीय साम्राज्य में मिला कर असम का एक जिला बना दिया।

स्वतंत्रता के समय तक इसकी यही स्थिति थी। उसके बाद भी कबीलेवाले इस क्षेत्र की स्थानीय रूप से उपेक्षा होती रही। फलत: कबीलों ने आंदोलन आरंभ कर दिया। यह आंदोलन लगभग 20 वर्षों तक चलता रहा। 30 जून 1986 ई. को शांति-समझौता हुआ और मिजोरम भारत का एक पृथक् प्रदेश बना।

इस क्षेत्र में ईसाई मिशनरी 19वीं शताब्दी से ही सक्रिय रहे हैं और कई कबीलों ने ईसाई धर्म स्वीकार कर लिया है। मीजो भाषा की अपनी कोई लिपि नहीं है। मिशनरियों के प्रभाव से यह रोमन लिपि में लिखी जाने लगी। मिजोरम में उद्योग-धंधे बहुत कम हैं। लोगों का मुख्य व्यवसाय कृषि है। धान, मक्का और बिना रेशे की अदरक यहां की मुख्य उपज है। इसकी राजधानी आइजोल है।

मिताक्षरा

महर्षि याज्ञवल्क्य रचित स्मृति का विज्ञानेश्वर ने भाष्य लिखा है। वही मिताक्षरा के नाम से प्रसिद्ध है। विज्ञानेश्वर विक्रमादित्य चालुक्य के राज्यकाल (1076-1126 ई.) में रहता था। मिताक्षरा को हिंदू उत्तराधिकार आदि कानूनों के संबंध में प्रमाण माना जाता है और बंगाल तथा असम को छोड़कर शेष भारत में इसकी मान्यता है।

मित्र

1. एक वैदिक देवता जिसे वेद में महान आदित्य कहा गया है। इसका उल्लेख वरुण के साथ मिलता है। मित्र दिन के साथ और वरुण रात्रि के साथ संबंधित हैं। अथर्ववेद कहता है कि वरुण ने जिन वस्तुओं को आच्छादित कर रखा था, मित्र प्रात:काल उन सबका आवरण हटा देता है।

2. पारसियों के धर्मग्रंथ अवेस्ता में भी मित्र का उल्लेख सौर देवता के रूप में

हुआ है। वहां इसका नाम 'मिथ्र' है। इसकी पत्नी मित्रा पारसियों की अधिष्ठात्री देवी है।

3. अदिति और कश्यप का पुत्र और बारह आदित्यों में से एक। खांडववन दहन के समय यह इंद्र की ओर से श्रीकृष्ण और अर्जुन से लड़ने आया था।

4. मार्गशीर्ष मास में प्रकाशित होनेवाला सूर्य जिसकी ग्यारह सौ किरणें होती हैं। भागवत में इसे जेष्ठ मास में प्रकाशित होनेवाला बताया गया है।

5. मत्स्य पुराण के अनुसार पहला आदित्य जो उर्वशी से प्रेम करता था, पर उर्वशी वरुण पर आसक्त थी। यह तप कर रहा था कि उर्वशी को देखकर स्वयं को रोक न पाया और इसके संयोग से अगस्त्य और वशिष्ठ उत्पन्न हुए।

मित्रविंदा

1. अवंति नरेश जयसेन की पुत्री जिसकी माता का नाम राजाधिदेवी था। राजाधिदेवी श्रीकृष्ण की बुआ लगती थी। उसके पुत्र अनुविंद तथा विंद अपनी बहिन मित्रविंदा का विवाह श्रीकृष्ण से नहीं करना चाहते थे। परंतु स्वयंवर के समय दोनों भाइयों को पराजित करके श्रीकृष्ण उसका अपहरण कर लाए और उसे अपनी आठों में से एक पटरानी बनाया। श्रीकृष्ण से मित्रविंदा ने दस पुत्रों को जन्म दिया। द्वारका के इसके वैभवशाली महल की देवगण भी सराहना करते थे।

2. भागवत के अनुसार कुश द्वीप की सात प्रमुख नदियों में से एक नदी।

मित्रावरुण

प्रथम दो आदित्य जिनके शुक्र से अगस्त्य और वशिष्ठ की उत्पत्ति हुई। उर्वशी अप्सरा को देखकर मित्र और वरुण का शुक्रपात हो गया। उसे उर्वशी ने एक घड़े में रख दिया। उसी से दोनों ऋषि पैदा हुए। मित्रावरुण ने उर्वशी को पृथ्वी पर जन्म लेने का शाप दे दिया था।

इस नाम के दो वैदिक देवता भी हुए हैं। इनके लिए यज्ञ करके मनु ने इला को उत्पन्न किया। (दे. मित्र)।

मिथि

राजा निमि के पुत्र का नाम जिसने मिथिला नगर बसाया। राजा निमि के कोई संतान नहीं थी। इस पर ऋषियों ने उसके शरीर का मंथन किया। इससे जनक नाम के पुत्र की उत्पत्ति हुई। मंथन से पैदा होने के कारण वह मिथि कहलाया।

मिथिला

बिहार प्रदेश के इस क्षेत्र का नाम प्राचीन काल में तीरभुक्ति, विदेह तथा विदेह

नगर भी था। इसे जनकपुर भी कहते थे। निमिवंश के जितने भी राजा हुए वे सब 'जनक' कहलाते हैं और ब्रह्मज्ञानी होने के कारण सबको 'विदेह' कहा गया। इनमें सीता के पिता सीरध्वज जनक सबसे प्रसिद्ध हुए। पुत्र की कामना से एक बार वे सोने के हल से यज्ञ-भूमि जोत रहे थे। उसी समय सीतामढ़ी के निकट सीता निकली थीं। जनक बड़े शिवभक्त थे। इसीलिए उन्होंने सीता के विवाह के लिए शिव-धनुष की प्रत्यंचा चढ़ाने की शर्त रखी थी। जनकपुर मिथिला देश की राजधानी थी।

जैन तीर्थंकर मल्लिनाथ और नेमिनाथ का जन्म यहीं हुआ था। जानकी मंदिर, श्रीराम मंदिर, जनक मंदिर तथा अनेक सरोवर यहां के दर्शनीय स्थल हैं।

मिदेनेर ताजी

आदिवासी जाति मिशमी के देशभक्त मिदेनेर ने उत्तर-पूर्वी सीमांत में अंग्रेजों के विस्तार का विरोध किया। उन्होंने अन्य नेताओं के साथ मिलकर इस विस्तार का विरोध करने के लिए एक परिसंघ की स्थापना की। इसी क्रम में 1905 ई. में डिकरांग नदी के किनारे तीन ब्रिटिश अधिकारी गोली से मार दिए गए। इन लोगों को गिरफ्तार करने के प्रयत्न में ब्रिटिश सैनिकों ने अनेक गांव जला डाले और 1917 ई. में ही मिदेनेर ताजी उनकी पकड़ में आ सके। 1918 ई. में उन्हें तैजपुर जेल में फांसी दे दी गई।

मिर्जा गालिब

उर्द और फारसी के प्रसिद्ध शायर जिनका पूरा नाम मिर्जा असदुल्ला बेग खां था। वे गालिब उपनाम से शायरी करते थे। गालिब का जन्म 1797 ई. में आगरा में हुआ। वे अपने भरण-पोषण के लिए जीवन-भर अंग्रेजों की ईस्ट इंडिया कंपनी या रियासतों से मिलनेवाले धन पर निर्भर रहे। शाहखर्च होने के कारण आर्थिक संकट सदा बना रहा। फरवरी 1869 ई. में गालिब का देहांत हो गया। उनकी शायरी आज भी बड़े चाव से पढ़ी जाती है। उनकी रचनाएं उस समय प्रचलित परंपरा से हटकर हैं।

मिहिरगुल

मध्यवर्ती मालवा का यह राजा 500 ई. के आसपास गद्दी पर बैठा। इसका राज्य अफगानिस्तान तक फैला था। मिहिर बड़ा अत्याचारी था। इसने बौद्धों को बुरी तरह से सताया। बाद में 528 ई. के लगभग मगध और मंदसौर के राजाओं ने मिलकर इसे परास्त किया और भागकर कश्मीर चले जाने के लिए बाध्य किया। वहां भी इसकी सत्ता का शीघ्र अंत हो गया।

मीमांसा

वेदों से उद्भूत एक प्रमुख दार्शनिक विचारधारा जिसका प्रादुर्भाव बौद्ध धर्म की प्रतिक्रिया के रूप में माना जाता है। जब बुद्ध ने वेदोक्त कर्मकांड पर प्रहार किया तो वेदज्ञों ने अपने धर्म को नई चुनौतियों का सामना करने के लिए सुव्यवस्थित करने का प्रयास किया। जैमिनि (400 ई. पू.) इनमें प्रमुख थे। उन्होंने कर्म-मीमांसा सूत्र की रचना की। कुमारिल और प्रभाकर इस मत के अन्य प्रमुख प्रतिपादक रहे हैं। मीमांसाकारों ने कर्म और ज्ञान दोनों पक्षों का प्रतिपादन किया है। कर्मप्रधान मीमांसा को 'पूर्व मीमांसा' और ज्ञानप्रधान को 'उत्तर मीमांसा' नाम से जाना जाता है। (सामान्यत: मीमांसा से आशय पूर्व मीमांसा से ही लिया जाता है। उत्तर मीमांसा वेदांत है। मीमांसा छः आस्तिक दर्शनों में से एक है।)

देश में बौद्ध दर्शन का प्रभाव कम हो जाने के बाद मीमांसाकारों का विवाद दर्शन की 'न्याय वैशेषिक' धारा से हो गया। मीमांसा वेद में आस्था रखती है, पर उसमें किसी ईश्वर का विधान नहीं है, जबकि न्याय वैशेषिक में है। मीमांसा वेदों को अपौरुषेय मानती है, जबकि न्याय वैशेषिक इन्हें पौरुषेय कहता है। कालांतर में मीमांसा के स्वरूप में भी परिवर्तन आया और इसमें ईश्वर को स्वीकार कर लिया गया।

मीरकासिम

बंगाल के नवाब मीरजाफर (दे.) का दामाद जिसे अंग्रेजों ने 1760 ई. में मीरजाफर को हटाकर नवाब बनाया। इस नवाबी को पाने के लिए मीरकासिम ने ईस्ट इंडिया कंपनी को तीन जिले सौंपे, 20 लाख रु. नकद दिए और मीरजाफर का कंपनी पर जो कर्ज था, उसे माफ करने का वायदा किया। लेकिन वह अपने ससुर से अधिक दृढ़ था। शीघ्र ही उसकी कई मामलों में कंपनी से अनबन हो गई और दोनों में युद्ध छिड़ गया। मीरकासिम अपनी राजधानी मुंगेर से भागकर पटना आया और उसने जगत् सेठ और सब अंग्रेज बंदियों को मरवा दिया। अवध में आकर उसने नवाब सिराजुद्दौला और शाहआलम द्वितीय को साथ लिया। लेकिन बक्सर के युद्ध में 1764 ई. में तीनों को पराजित होना पड़ा। कई वर्ष बाद बड़ी गरीबी की स्थिति में दिल्ली में उसकी मृत्यु हुई।

मीरजाफर

बंगाल का नवाब जो वहां अंग्रेजों की जड़ मजबूत करने में सहायक बना। वह 1757 से 1760 ई. तक और फिर 1763 से 1765 ई. तक गद्दी पर रहा। वह पहले नवाब शुजाउद्दौला (दे.) का दरबारी था जिसे विश्वास न रहने के कारण

हटा दिया गया। इस पर मीरजाफर ने जगत् सेठ (दे.) और असंतुष्ट दरबारियों को मिलाकर षड्यंत्र रचा और अंग्रेजों के साथ संधि कर ली। उसने इस संधि में स्वीकार किया कि अंग्रेजों की सहायता से बंगाल का नवाब बन जाने पर वह उन्हें अनेक सुविधाएं देगा, 10 लाख पौंड हर्जाना देगा, 5 लाख पौंड कलकत्ते के अंग्रेजों में बांटेगा और फ्रांसीसियों को कलकत्ता से निकाल देगा।

इस पर प्लासी की लड़ाई में जून 1757 ई. में सिराजुद्दौला हार गया क्योंकि षड्यंत्रकारियों ने इस युद्ध में भाग नहीं लिया। मीरजाफर नवाब बन गया और उसने अंग्रेजों से किए वायदे पूरे किए। इससे उसका खजाना खाली हो गया। अंग्रेजों पर उसकी निर्भरता बढ़ती गई। बाद में अंग्रेजों ने उसे गद्दी से हटाकर उसके दामाद मीरकासिम (दे.) को नवाब बनाया। जब मीरकासिम और अंग्रेजों की कंपनी के बीच युद्ध छिड़ा तो फिर मीरजाफर को गद्दी दे दी गई। इस बार उसने अंग्रेजों की और भी दीवालिया बना देनेवाली अपमानजनक शर्तें स्वीकार कर लीं। पर इस विदेशीपरस्त शासक की स्थिति दिन-पर-दिन गिरती गई। वह अफीम की पिनक में पड़ा रहता और अंत में 1765 ई. में कुष्ट रोग से मरा।

मीराबाई

प्रसिद्ध कृष्ण-भक्त कवयित्री मीराबाई जोधपुर के मेड़ता राजकुल की राजकुमारी थीं। इनकी जन्म-तिथि के संबंध में मतैक्य नहीं है। कुछ विद्वान् इनका जन्म 1430 ई. मानते हैं और कुछ 1498 ई.। मीरा का जीवन बड़े दुःख में बीता। बाल्यावस्था में ही मां का देहांत हो गया। पितामह ने देखभाल की परंतु कुछ वर्ष बाद वे भी चल बसे।

मीरा का विवाह मेवाड़ के प्रसिद्ध वीर राणा सांगा के पुत्र भोजराज के साथ हुआ था। परंतु विवाह के कुछ ही वर्षों के अंदर पति की मृत्यु हो गई और फिर श्वसुर राणा कुंभा भी जाते रहे। अब मेवाड़ का शासन भोजराज के सौतेले भाई के हाथ में आया, जिसने हर प्रकार से मीरा को सताया।

मीरा बचपन से ही आध्यात्मिक विचारों की थीं। विपरीत परिस्थितियों ने उन्हें और भी अंतर्मुखी बना दिया। उन्होंने चित्तौड़ त्याग दिया और संत रैदास की शिष्या बन गईं। 1543 ई. के आसपास वे द्वारका चली गईं और जीवन के अंत तक वहीं रहीं। उनका निधन 1563 और 1573 ई. के बीच माना जाता है।

मीरा के कृष्ण-भक्ति के पद बहुत लोकप्रिय हैं। हिंदी के साथ-साथ राजस्थानी और गुजराती में भी इनकी रचनाएं पाई जाती हैं। हिंदी के भक्त-कवियों में मीरा का स्थान बहुत ऊंचा है।

मुंडक उपनिषद्

तीन मुंडक (अध्याय) के पद्य में रचित इस उपनिषद् का संबंध अथर्ववेद से है। इसमें ब्रह्मा द्वारा ब्रह्मविद्या का उपदेश दिया गया है। प्रथम भाग वेदों की व्याख्या से, दूसरा ब्रह्म के स्वभाव से तथा तीसरा ब्रह्मज्ञान के साधनों से संबंधित है। इस उपनिषद् में अपने मंतव्य बताने के लिए एक वृक्ष में निवास करनेवाले दो पक्षियों के आख्यान का सहारा लिया गया है। परा और अपरा विद्याओं का भी इसमें उल्लेख है।

मुक्ताभरण व्रत

यह व्रत भाद्र शुक्ल सप्तमी को संतान की इच्छा से किया जाता है। इसे संतान सप्तमी भी कहते हैं। इस व्रत को पति या पत्नी कोई भी कर सकते हैं। इस व्रत में शिव-पार्वती की पूजा की जाती है और उनको सात गांठों का धागा चढ़ाकर फिर उसे स्वयं धारण कर लिया जाता है।

मुखलिंग

शिव के लिंग सामान्यतः बेलनाकार होते हैं। लेकिन कुछ लिंग ऐसे भी होते हैं, जिनके ऊपर मुख की आकृति अंकित रहती है। एक से लेकर पांच मुखों तक की आकृति से अंकित लिंग मिलते हैं। ये मुखलिंग भारत से बाहर हिंद-चीन के चंपानगर में भी मिले हैं।

मुख्तार अहमद अंसारी (1880-1930 ई.)

प्रसिद्ध राष्ट्रीय नेता अंसारी का जन्म उत्तर प्रदेश के गाजीपुर जिले में हुआ था। वृत्ति से वे चिकित्सक और लंदन के अस्पताल में काम करने का अवसर पाने वाले प्रथम भारतीय थे। कांग्रेस के आंदोलनों में आपने प्रमुख रूप से भाग लिया। 1927 ई. के कांग्रेस के मद्रास अधिवेशन के अध्यक्ष आप ही थे। हिंदू-मुस्लिम एकता के प्रबल समर्थक डा० अंसारी ने 1928 ई. में लखनऊ में हुए सर्वदलीय सम्मेलन की भी अध्यक्षता की थी।

मुचुकंद

मान्धाता का पुत्र और एक प्रसिद्ध इक्ष्वाकुवंशी राजा जिसने अपने बाहुबल से राज्य स्थापित किया था। अपने बल के परीक्षण के लिए यह एकबार कुबेर से भी भिड़ गया था। उस समय वशिष्ठ ने अपने तप-बल से इसे विजय दिलाई थी।

पुराणों में मुचुकंद और श्रीकृष्ण से संबंधित कथा मिलती है। देवासुर संग्राम में देवताओं की ओर से लड़ने पर मुचुकंद को वरदान मिला था कि जो

उसकी निद्रा में विघ्न डालेगा, वह उसकी दृष्टि पड़ते ही भस्म हो जाएगा। युद्ध के बाद मुचुकंद गिरिनार की एक गुफा में सो गया। उधर मथुरा पर विजय प्राप्त करके कालयवन श्रीकृष्ण का पीछा कर रहा था। श्रीकृष्ण गिरिनार की गुफा में घुसे और अपने वस्त्र सोते हुए मुचुकंद के ऊपर डालकर स्वयं छिप गए।

पीछे-पीछे कालयवन भी गुफा में घुसा और सोए हुए मुचुकंद को कृष्ण समझकर जोर की लात मारी। मुचुकंद की दृष्टि पड़ते ही कालयवन जलकर भस्म हो गया। तब श्रीकृष्ण प्रकट हुए और मुचुकंद को स्वर्ग धाम की प्राप्ति का आशीर्वाद दिया। जब वह अपने राज्य में लौटा तो लोगों के व्यवहार में परिवर्तन देख कर समझ लिया कि कलियुग आरंभ हो गया है। तब वह तपस्या करने के लिए बदरिका आश्रम चला गया।

मुचुकंद तीर्थ

राजस्थान में धौलपुर के निकट एक पर्वत शृंखला की गुफा जहां मुचुकंद (दे.) ने शयन किया था। यहीं पर कालयवन भस्म हुआ था और मुचुकंद को श्रीकृष्ण ने दर्शन दिए थे। इस स्थान को गंधमादन कहते हैं। यहां एक सरोवर और उसके चारों ओर घाट हैं। ऋषिपंचमी और बलदेव छठ को यहां मेला लगता है।

मुद्गल

1. एक ऋषि जिनकी परीक्षा लेने के लिए दुर्वासा छह बार आए और हर बार ऋषि के पूरे परिवार को भूखा छोड़कर सब भोजन स्वयं साफ कर गए। किंतु ऋषि को इस पर भी क्रोध नहीं आया। इससे प्रसन्न होकर जब दुर्वासा ने इनसे सदेह स्वर्ग जाने के लिए कहा तो मुद्गल ने उसे अस्वीकार कर दिया और साधना में लग गए।

2. भद्राश्व राजा का एक पुत्र जो पहले क्षत्रिय था, किन्तु बाद में अपने वंशजों के सहित ब्राह्मण बन गया। इसी से 'मुद्गल' वंश चला।

3. चोल देश के राजा का पुरोहित। एकबार इसका अनुष्ठान असफल हो जाने पर राजा ने आत्महत्या कर ली और मुद्गल ने अपनी शिखा उखाड़ ली। कहते हैं, तब से मुद्गल वंश के ब्राह्मण शिखा नहीं रखते।

मुद्रा

1. वामाचार के पंचमकार मुद्रा कहलाते हैं। ये हैं—मद्य, मांस, मत्स्य, मुद्रा और मैथुन।

2. शरीर के किसी अंग द्वारा भाव-प्रदर्शन। इसका प्रयोग नृत्य जैसी ललित कला के साथ-साथ धार्मिक कृत्यों में भी किया जाता है। हठयोगी विभिन्न प्रकार की

मुद्राएं करते हैं। शाक्त संप्रदाय में भी देवी की प्रतीकात्मक मुद्राएं बनाई जाती हैं और उनकी पूजा होती है। नृत्य की मुख्य मुद्राएं हैं—अभय, वरद, ध्यान, भू, स्पर्श आदि।

मुद्राराक्षस

यह संस्कृत भाषा का एक प्रसिद्ध नाटक है। जिसकी रचना विशाखदत्त ने की थी। विशाखदत्त का समय सामान्यतः पांचवीं शताब्दी ईस्वी का मध्यकाल माना जाता है।

'मुद्राराक्षस' एक घटनाप्रधान नाटक है। इसका घटनास्थल पाटलिपुत्र है जहां नंदवंश का नाश करके चंद्रगुप्त मौर्य गद्दी पर बैठा। नंदवंश के महामात्य 'राक्षस' को चाणक्य चंद्रगुप्त का आमात्य बनाना चाहता है। इसी क्रम में चाणक्य और राक्षस के बीच चली कूटनीतिक चालों का लेखक ने बड़ा सजीव वर्णन किया है। अंत में चाणक्य को अपने उद्देश्य में सफलता मिल जाती है।

मुनि

1. वेद में मुनि शब्द का उल्लेख है। वहां मुनि का आशय ऐसे संन्यासी से है जिसके केश लंबे हैं और जो अलौकिक शक्ति रखता है। सामान्यतः मुनि शब्द का प्रयोग राग-द्वेष रहित संतों और ऋषियों के लिए होता है। यति, तपस्वी, भिक्षु, श्रमण आदि भी इन्हीं के नाम हैं। गीता के अनुसार सुख-दुःख, राग-भय, और क्रोध से रहित निश्चिय बुद्धिवाले मुनि कहलाते हैं। महाभारत के अनुसार जो साधक मौन व्रत का पालन करता है, वह मुनि बनता है। उपनिषदों के अनुसार अध्ययन, यज्ञ, व्रत और श्रद्धा से ब्रह्म का ज्ञान प्राप्त करनेवाले को मुनि कहते हैं। जैन ग्रंथ ऐसे महर्षियों को मुनि बताते हैं जिनकी आत्मा संयम में स्थिर है, जो सांसारिक वासनाओं से रहित हैं और जीवों की रक्षा करते हैं।

2. दक्ष प्रजापति की एक पुत्री जो कश्यप ऋषि की तेरह पत्नियों में से एक थी। इसने 16 गंधर्वों और अप्सराओं को जन्म दिया।

मुमुक्षु

जन्म-मरण से छुटकारा पाने के अभिलाषी व्यक्तियों के चार प्रकार बताए गए हैं—1. बद्ध (जिसने अभी मुक्ति-मार्ग पर कदम नहीं रखा), 2. मुमुक्षु (जो इस दिशा में जागृत तो है, पर अभी इसके योग्य नहीं), 3. भक्त या केवली (जो देवोपासना में तल्लीन है), 4. मुक्त (जो सभी वासनाओं के बंधनों से मुक्त है)। इस प्रकार मुक्ति-मार्ग के पथिक की दूसरे स्तर की स्थिति मुमुक्ष की होती है।

मुर

1. ब्रह्मा के अंश से उत्पन्न तालजंघ नामक दैत्य का पुत्र जिसने समस्त जीवों के सहित विष्णु को भी पराजित किया। इस पर विष्णु पलायन करके बदरिकाश्रम की गुफा में योगमाया का आश्रय लेकर सो गए। मुर जब वहां जा पहुंचा तो विष्णु ने अपनी योगमाया से एक देवी का निर्माण करके मुर का वध करवाया।

2. पांच सिरों वाला एक दैत्य जिसका श्रीकृष्ण ने वध किया। यह नरकासुर का सेनापति था।

3. कश्यप और दनु के पुत्रों में से एक राक्षस। उसने शिव से वरदान प्राप्त कर लिया था कि वह जिसके हृदय पर अपना हाथ रखेगा, उसकी तत्काल मृत्यु हो जाएगी। युद्ध में श्रीकृष्ण ने उसका हाथ उसी के हृदय पर रखवा दिया जिससे मुर मारा गया। इसी से कृष्ण नामधारी विष्णु का एक नाम 'मुरारी' भी पड़ गया।

मुष्टिका

भागवत में वर्णित एक असुर जो कंस का पहलवान था। श्रीकृष्ण और बलराम को मारने के लिए कंस ने इसे भी लगाया था। परंतु मल्लयुद्ध में यह बलराम के हाथों मारा गया।

मूर्ति

दे. प्रतिमा।

मूर्तिपूजा

भारतीय संस्कृति के आरंभ में मूर्तिपूजा का उल्लेख नहीं मिलता। उस समय इंद्र, वरुण आदि को प्रसन्न करने के लिए यज्ञ होते थे। मान्यता थी कि यज्ञ के धूम्र के माध्यम से आहुति का भोग उन्हें मिल रहा है। ब्राह्मण ग्रंथों के समय भी यही स्थिति थी। उपनिषद् भी मुख्यतः अदृश्य शक्ति का चिंतन-मनन ही करते प्रतीत होते हैं।

मूर्ति पूजा का आरंभ उपनिषद् काल के लगभग ही माना जाता है। जन-सामान्य का अदृश्य की कल्पना करके उसके प्रति समर्पण-भाव रखना बड़ा कठिन था। उच्च चिंतकों को छोड़कर जनसाधारण को अपनी आस्था के लिए ठोस प्रतीकों की आवश्यकता थी। पुराणों के अवतारवाद और बहुदेववाद ने इसे और बल दिया। अब भिन्न-भिन्न देवताओं की कल्पना होने लगी और उनकी पूजा-अर्चना की विधियों का विकास हुआ। इसके लिए ठोस प्रतीक आवश्यक हो गए। देवताओं की मूर्तियां इन्हीं प्रतीकों के रूप में सामने आईं।

कुछ विचारकों का मत है विश्व के कण-कण में परमात्मा का अस्तितव मानने

की भावना ने भी मूर्तिपूजा को प्रश्रय दिया। इसीलिए सुविधानुसार पत्थर, धातु, काष्ठ (जैसे पूरी में), मृत्तिका (पार्थिव पूजन के शिवलिंग), दुर्गा गोबर (पूजा में गणेश की स्थापना) आदि की गढ़ी हुई या अनगढ़ मूर्तियां बनने लगीं और उनकी पूजा का प्रचलन हुआ।

मूर्तिपूजा केवल हिंदुओं के एक वर्ग में ही प्रचलित नहीं है। बौद्ध और जैन भी मूर्ति की पूजा करते हैं। ईसाइयों का एक वर्ग भी मूर्तिपूजक है। इस्लाम के अनुयायियों द्वारा कुरान शरीफ की पोथी का सम्मान और काबा के पवित्र पत्थर का आदर के साथ स्पर्श करना भी किसी एक वस्तु या स्थान विशेष के प्रति व्यक्ति की आस्था के भाव का ही द्योतक हैं। सिक्ख गुरु ग्रंथ साहब के प्रति पूर्ण पूजा का भाव रखते हैं।

मूक

इंद्रकील पर्वत पर रहनेवाला एक दानव जिसके कारण किरात रूपधारी शंकर और अर्जुन के बीच युद्ध हुआ था। एकबार जब अर्जुन इंद्रकील पर्वत पर तपस्या कर रहे थे, मूक ने वराह का रूप धारण करके अर्जुन को सताना आरंभ किया। उसी समय किरात रूपधारी शंकर भी वहां भ्रमण कर रहे थे। दोनों ने वराह रूपी मूक पर एक साथ बाण चलाया। बाद में इस विवाद के कारण कि मूक किसके बाण से मरा, अर्जुन और शंकर के बीच युद्ध छिड़ गया। यह युद्ध 'किरातर्जुनीय' युद्ध कहलाता है।

मूल अधिकार

भारत के नागरिकों के ये मूल अधिकार संविधान में स्वीकार किए गए हैं— 1. बराबरी का अधिकार, 2. स्वतंत्रता का अधिकार, 3. शोषण के विरुद्ध अधिकार, 4. शिक्षा और संस्कृति का अधिकार, 6. संपत्ति का अधिकार, 6. संविधान द्वारा संरक्षण का अधिकार।

मूलक

1. इक्ष्वाकु वंश के एक राजा और दशरथ के पिता। जब परशुराम (दे.) ने क्षत्रियों का संहार आरंभ किया तो मूलक को विवश होकर स्त्रियों के बीच छिपना पड़ा। इसलिए इनका नाम 'नारी कवच' पड़ गया। बाद में मूलक से इक्ष्वाकु वंश का विस्तार हुआ।

2. कुंभकर्ण का पुत्र एक राक्षस जिसे मूल नक्षत्र में पैदा होने के कारण अशुभ मानकर कुंभकर्ण ने फेंक दिया था। मधु-मक्खियों का शहद पीकर वह बड़ा हुआ और लोगों को सताने लगा। सीता के कहने पर राम ने उसका वध किया था।

मूलगौरा व्रत

यह व्रत शुक्ल तृतीया को किया जाता है। उस दिन तिलमिश्रित जल से स्नान करके विभिन्न नामों से गौरी और शंकर की पूजा करते हैं। गौरी का अलग से भी पूजन किया जाता है। व्रत के अंत में दान देते हैं।

मूसल

पुराणों में वर्णित बलराम का अस्त्र। आगे चलकर यदुवंश के संहार का कारण भी मूसल ही बना। ऋषि के शाप से सांब के पेट से निकलने पर इसका चूर्ण समुद्र में फेंका गया था। उसी से उत्पन्न तलवार और बर्छी रूपी घास से यदुवंशी कट मरे। उसी का एक टुकड़ा मछली के पेट से व्याध को मिला। इसका तीर ही उसने भ्रम-वश श्रीकृष्ण पर चला दिया था जिससे उनका देहात हुआ।

मृत्यु

1. ब्रह्मा द्वारा संसार के संहार के लिए उत्पन्न की गई एक स्त्री देवता। जब इसकी उत्पत्ति के बाद ब्रह्मा ने इससे जगत का क्षय करने के लिए कहा तो यह रोने लगी और बोली—मृत्यु से प्राणिमात्र अत्यंत दुखी होता है। इसलिए मैं यह काम नहीं करना चाहती। इस पर ब्रह्मा ने समझाया कि संहार का प्रत्यक्ष काम तो रोग करेंगे, तुम्हें तो केवल निमित्त बनना है। उत्पत्ति की भांति मृत्यु भी आवश्यक है।

2. प्राचीन साहित्य में वृद्धावस्था की स्वाभाविक मृत्यु के अतिरिक्त सौ प्रकार की मृन्यु बताई गई है। मृत्यु को टालने के अनेक उपाय भी वर्णित हैं। इसके लिए वेदों में मंत्र दिए हुए हैं। अश्विनी कुमारों द्वारा वृद्ध च्यवन ऋषि को नवयौवन तथा शक्ति प्रदान करने का भी उल्लेख मिलता है।

मृत्यु के उपरांत शव को जलाने और गाड़ने की दोनों प्रथाएं प्रचलित थीं, पर दाह-संस्कार अधिक अच्छा माना जाता था। मृत्यु के बाद पुनर्जन्म पर भी लोग विश्वास करते थे। वेद काल में बुरे कर्मों के दंडस्वरूप नरक की कल्पना नहीं दिखाई देती। किंतु बाद के ग्रंथों से ज्ञात होता है कि अच्छे और बुरे कर्मों के लिए स्वर्ग और नरक की कल्पना की जाने लगी थी।

मेगस्थनीज

यूनान का राजदूत जिसे सेल्युकस ने 302 ई. पू. में चंद्रगुप्त मौर्य की राजधानी पाटलिपुत्र भेजा था। उसने समस्त उत्तर भारत की यात्रा की। इस यात्रा का वर्णन उसने 'इंडिका' नामक अपने ग्रंथ में किया। मूल ग्रंथ अब उपलब्ध नहीं है। किंतु बाद के यूनानी इतिहासकारों ने अपनी पुस्तकों में उसके उद्धरण दिए हैं।

मौर्यकालीन भारत के संबंध में इस राजदूत के वर्णन से पहली बार क्रमबद्ध विवरण मिलता है।

मेघंकर

मध्य प्रदेश का वर्तमान मेहकर ही प्राचीन मेघंकर है। पुराणों में इस तीर्थ को साक्षात जनार्दन का स्वरूप बताया गया है। यहां सारंग धनुष धारण किए विष्णु निवास करते हैं। यह स्थान पैन गंगा के किनारे स्थित है। कहते हैं, यह नदी ब्रह्मा के यज्ञ-पात्र से निकली थी। नदी के तट पर ऊंचे स्थान पर सारंगकर भगवान का प्राचीन मंदिर है। इसमें ग्यारह फीट ऊंची मूर्ति एक भवन की नींव खोदते समय काठ की एक पेटी में पूजा सामग्री के सहित मिली थी। और भी कुछ मूर्तियां मिलीं जो लंदन के संग्रहालय में भेज दी गईं। लोगों के प्रयत्न से यह मूर्ति देश में रह गई।

मेघदूत

यह संस्कृत भाषा के महाकवि कालिदास की अत्यंत लोकप्रिय काव्यकृति है। इसमें अलकापुरी से कुबेर द्वारा निर्वासित यक्ष ने बादल के माध्यम से अपनी प्रिया के पास संदेश भेजा है। कवि ने प्रकृति के विभिन्न रूपों का वर्णन करके विरह भावना की तीव्रता का मर्मस्पर्शी अंकन किया है। मेघदूत पर संस्कृत में ही लगभग 50 टीकाएं लिखी गई हैं। संसार की लगभग सभी मुख्य भाषाओं में इसका अनुवाद हो चुका है।

मेघनाद

मंदोदरी के गर्भ से उत्पन्न रावण का पुत्र। जन्म लेते ही इसने मेघों के समान गर्जना की थी। इसीलिए इसका नाम 'मेघनाद' पड़ा। अपने पराक्रम से इसने इंद्र को भी पराजित कर दिया था, इसलिए 'इंद्रजित' कहलाया। राम-रावण युद्ध में भी इसने बड़े शौर्य का प्रदर्शन किया, दो बार राम-लक्ष्मण को पीछे हटना पड़ा तीसरे दिन लक्ष्मण के हाथों इसकी मृत्यु हुई।

मेघनाद साहा (1893-1956 ई.)

प्रसिद्ध भौतिकविद डा. मेघनाद साहा का जन्म ढाका (अब बांग्ला देश) में हुआ था। आपने विज्ञान की उच्च शिक्षा इंग्लैंड में प्राप्त की। पहले आपने इलाहाबाद और बाद में कलकत्ता विश्वविद्यालय में काम किया। 26 वर्ष की छोटी उम्र में ही मेघनाद साहा ने तापीय अयन के सिद्धांत के कारण विश्वभर में ख्याति प्राप्त कर ली थी। डा. साहा की खोज से ही सूर्य तथा उसके चारों ओर अंतरिक्ष में

दिखाई पड़नेवाली घटनाओं में से मुख्य के कारण का पता चल सका।

मेघालय

इस प्रदेश को भारत के पृथक् राज्य का दर्जा 21 जनवरी, 1972 ई. को दिया गया। यह असम प्रदेश और बंगला देश के बीच में स्थित देश के पूर्वी भाग का एक प्रदेश है। भूमि अधिकतर पहाड़ी है। खासी, जयंतिया और गारो जाति के लोग मुख्यतः यहां रहते हैं। आजीविका का मुख्य साधन कृषि है। किंतु भूमि की बनावट और झूम खेती की प्रथा को देखते हुए कृषि के विस्तार की संभावना कम है। इसलिए छोटे-छोटे उद्योगों की स्थापना के प्रयत्न किए जा रहे हैं और झूम खेती के स्थान पर स्थायी खेती को प्रोत्साहित किया जा रहा है। मेघालय में प्राकृतिक सौंदर्य भरा पड़ा है। सबसे अधिक वर्षा का स्थान चेरापूंजी यहीं है। इसकी राजधानी शिलांग है।

मेदिनी

पृथ्वी का एक नाम। मधु और कैटभ नाम के दैत्यों का जब विष्णु ने वध किया तो उनके शव पानी में डूबकर एकाकार हो गए। पृथ्वी इन दैत्यों के मेदे से ढक गई। तभी से इसका नाम मेदिनी पड़ा। इसमें सात द्वीप हैं और चारों ओर समुद्र है।

मेधातिथि

1. कण्व का पुत्र एक प्राचीन महर्षि जो इंद्रसभा का सदस्य भी था। यह शरशैया पर पड़े भीष्म को देखने के लिए आया था। युधिष्ठिर ने इसकी पूजा की थी।

2. शाक द्वीप का एक राजा जो अपना राज्य पुत्रों में बांटकर तप करने चला गया था।

3. ऋषि वशिष्ठ की अरुंधती नामक पत्नी का पिता जिसका आश्रम चंद्रभागा नदी के तट पर था।

4. स्वायंभुव मनु के दस पुत्रों में से एक जिसने अपने तपोबल से स्वर्ग प्राप्त किया।

मेधावी

1. बालधि ऋषि का पुत्र जो उसे घोर तपस्या से प्राप्त हुआ था। उसे यह वरदान था कि जब तक निमित्तभूत नामक पर्वत अपने स्थान पर है, मेधावी भी तब तक जीवित रहेगा। बड़ा होने पर जब मेधावी बहुत अत्याचार करने लगा तो धनुपाक्ष नामक ऋषि ने इस पर्वत को भैंसों से ढहा दिया जिससे मेधावी की मृत्यु हो गई।

2. एक ब्राह्मण बालक जिसने अपने पिता को संसार की क्षणभंगुरता का और मोक्ष का ज्ञान कराया।

3. च्यवन ऋषि का एक पुत्र जो मंजुघोषा नामक अप्सरा के मोह में पड़कर अपनी तपस्या छोड़ बैठा था। जब अप्सरा ने इसके साथ बीते दिनों का स्मरण कराया तो तप भंग हो जाने की कल्पना से यह चिंतित हो उठा। इसने अप्सरा को पिशाच बन जाने का शाप दे दिया। परंतु उसके आग्रह पर बताया कि चैत्र मास के कृष्ण पक्ष की पापमोचनी एकादशी का व्रत रखने पर वह शापमुक्त हो जाएगी। अंत में मेधावी ने स्वयं भी एकादशी का व्रत रखकर मुक्ति प्राप्त की।

मेनका

कश्यप और प्राधा की कन्याओं में से एक मेनका की गणना 6 मुख्य अप्सराओं में की जाती है। कुछ ग्रंथों में इसे वृषणश्व की पुत्री बताया गया है। इसका विवाह गंधर्व उर्नायु से हुआ था। मेनका ने विश्वावसु से एक कन्या और राजा पृषद से द्रुपद नामक पुत्र को जन्म दिया।

विश्वामित्र की तपस्या से डरकर इंद्र ने उनका तप भ्रष्ट करने के लिए मेनका को भेजा था। वह इसमें सफल हुई। विश्वामित्र से उसने शकुंतला नामक कन्या को जन्म दिया। मेनका कन्या को मालती तट पर छोड़कर स्वर्ग चली गई। शकुन पक्षियों ने बालिका की रक्षा की और कण्व ऋषि के आश्रम में उसका पालन-पोषण हुआ। यही शकुंतला आगे चलकर राजा दुष्यंत की पत्नी और भरत की माता बनी।

पुराण की कथा के अनुसार एकबार मेनका ने यम का भी तप भंग किया था। अपने युवा पुत्र की मृत्यु पर विलाप करते पिता को देखकर यम ने अपना कार्य त्याग दिया और वह तप करने लगा। इससे मृत्यु रुक गई और जीवों के असह्य भार से छुटकारा दिलाने की प्रार्थना लेकर पृथ्वी इंद्र के पास पहुंची। इस पर इंद्र ने मेनका को भेजकर यम का तप भंग कराया और संसार में जन्म-मृत्यु का क्रम फिर से चलने लगा।

मेरु

1. जंबूद्वीप के मध्य का एक पर्वत जो सोने का बताया जाता है। यह जंबूद्वीप की लंबाई के बराबर ऊंचा है और मंदर, मेरुमंद, सुपार्श्व और कुमुद इसे चारों ओर से घेरे हुए हैं। यहां देवता निवास करते हैं। इसके शिखर पर सोने की बनी ब्रह्मा की चौकोर नगरी है जिसके चारों ओर दिग्पालों की आठ नगरियां हैं। इसका निकटवर्ती वन शिव-पार्वती का क्रीड़ा-स्थल है।

2. हठयोग में मस्तक के जो छः चक्र माने गए हैं, उनमें सबसे बड़ा ऊपर का चक्र।

मेलुकोटे

मैसूर से लगभग 60 कि.मी. दूर स्थित इस स्थान का प्राचीन नाम यादवगिरि या यादवाद्रि है। दक्षिण में चार प्रसिद्ध वैष्णव क्षेत्र हैं—श्रीरंगम्, तिरुपति, कांचीपुरम् और मेलुकोटे। मेलुकोटे का पुनरुद्धार रामानुजाचार्य ने किया और वे 16 वर्ष यहां रहे। यहां का संपतिकुमार स्वामी का विशाल मंदिर प्रसिद्ध है। निकट ही वेद पुष्करिणी और परिधान शिला है। संन्यासी इस शिला पर अपने गेरुआ वस्त्र और दंड रखकर फिर उन्हें ग्रहण करते हैं। कहते हैं, रामानुजाचार्य को तिलक लगाने के लिए सफेद मिट्टी (तिरुमण) खोदते समय नारायण की मूर्ति मिली थी जिसे उन्होंने यहीं स्थापित कर दिया।

मेवे

दिल्ली के दक्षिण में बसनेवाली एक हिंदू जाति जिसने दिल्ली के मुस्लिम शासन के विरुद्ध विद्रोह किया। ये लोग बड़े बलिष्ठ थे। 1260 ई. में बलबन ने मेवों पर चढ़ाई कर दी। बहुतों को मार डाला और उनका सबकुछ लूट लिया। उनमें से 250 प्रमुख व्यक्ति बंदी बनाकर दिल्ली लाए गए और उन्हें हाथियों के पैरों के नीचे डालकर मार डाला। बहुतों की खाल उधड़वाकर उनमें भूसा भर दिया और उन्हें दिल्ली के हर फाटक पर लटका दिया। इस पर भी जब मेवों ने विरोध जारी रखा तो बलबन ने उसी वर्ष फिर अचानक आक्रमण करके 1200 मेवे स्त्री, पुरुष और बच्चों को पकड़वाकर मार डाला।

मैक्समूलर (1823-1900 ई.)

संस्कृत साहित्य से पश्चिमी संसार को परिचित कराने में जर्मन विद्वान् मैक्समूलर की बहुत बड़ी देन है। संस्कृत के अध्ययन के प्रति अल्प वय में ही इनकी रुचि हो गई थी। जर्मनी के राजा ने जब इंग्लैंड से संस्कृत की अनेक पुस्तकें क्रय कीं तो मैक्समूलर को अध्ययन का विस्तृत क्षेत्र मिल गया। इन्होंने अपने जीवन का 50 वर्षों से अधिक का समय ऋग्वेद तथा अन्य ग्रंथों के अध्ययन में लगाया। सायण भाष्य के सहित प्रकाशित इनका 6 हजार पृष्ठों और 4 खंडों का ऋग्वेद का संस्करण अत्यंत प्रामाणिक माना जाता है। मैक्समूलर ने अध्ययन की सुविधा के कारण अपना अधिकांश समय इंग्लैंड में बिताया और वहीं उनका निधन भी हुआ।

1859 ई. में इन्होंने संस्कृत भाषा का इतिहास लिखा और पूर्वी देशों की धार्मिक पुस्तकों का 51 खंडों में संपादन किया। प्राच्य विद्याओं के साथ-साथ मैक्समूलर भाषा विज्ञान के भी विद्वान् थे।

मैकाले (1800-1859 ई.)

इस अंग्रेज कवि, इतिहासकार और राजनीतिज्ञ का पूरा नाम थामस बैबिंगटन बैरन मैकाले था। कुछ समय तक ब्रिटिश पार्लियामेंट का सदस्य रहने के बाद यह गवर्नर जनरल की कौंसिल का सदस्य बनकर 1834 ई. में भारत आया।

मैकाले ने भारत के ब्रिटिश शासन-प्रबंध में अनेक सुधार किए। समाचार-पत्रों की स्वाधीनता और कानून के समक्ष भारतीयों और यूरोपियों की समानता आदि का श्रेय इसे दिया जाता है। मैकाले का प्रमुख कार्य था, भारत में अंग्रेजी भाषा के माध्यम से पश्चिमी शिक्षा-पद्धति का प्रचलन। इसके पीछे मुख्य उद्देश्य था अंग्रेज सरकार की नीचे की नौकरियों के लिए भारतीयों को तैयार करना, क्योंकि इन पदों पर इंग्लैंड से लोगों को लाना बहुत महंगा पड़ता था। भारतीय भाषाओं को सरकारी कामकाज से पृथक् रखकर उनकी प्रगति अवरुद्ध करने और अंग्रेजी भाषा की भारत में जड़ें जमाने के प्रयत्न के लिए मैकाले की आलोचना की जाती है।

मैत्रायणी उपनिषद्

यजुर्वेद के इस उपनिषद् की रचना का समय गीता की रचना के आसपास या उसके बाद का माना जाता है। धार्मिक-विचारों की दृष्टि से यह एक गंभीर उपनिषद् है। हिंदू देव त्रिमूर्ति—ब्रह्मा, विष्णु, महेश को इसमें निराकार ब्रह्म का रूप भी दिया गया है और उसकी दार्शनिक विवेचना भी है। महाभारत में भी मैत्रायणी उपनिषद् की शिक्षाएं उद्धृत मिलती हैं।

मैत्रावरुण

श्रौत यज्ञों के एक पुरोहित का नाम। यज्ञों के रूप का विस्तार होने से अधिक पुरोहितों की आवश्यकता पड़ने लगी थी। इसलिए अलग-अलग यज्ञों के लिए अलग-अलग पुरोहित बनाए गए। श्रौत या सोम यज्ञ में सोलह पुरोहितों की आवश्यकता पड़ती थी। इन्हीं में से एक मैत्रावरुण था।

मैत्रावारुणि

अगस्त्य ऋषि का नाम। उर्वशी अप्सरा को देखकर मित्र और वरुण दोनों का शुक्र स्खलित हो गया। उसे उर्वशी ने घड़े में रख दिया। इसी से वशिष्ठ के साथ अगस्त्य भी पैदा हुए। दो पिताओं के शुक्र से पैदा होने के कारण ये मैत्रावारुणि कहलाते हैं। (दे. मित्रावरुण)

मैत्रि

एक उपनिषद्कार जिनका ग्रंथ 'मैत्रि उपनिषद्' प्रसिद्ध है। सात अध्यायों का यह ग्रंथ विचार और शब्द-संपदा दोनों दृष्टियों से महत्वपूर्ण माना जाता है। इसमें मानव-शरीर को रथ, कर्मेन्द्रियों को अश्व, ज्ञानेन्द्रियों को लगाम, मन को सारथी और देह-स्वभाव को सचेतक बताया गया है। इसमें वर्णित सात्विक, राजस और तामस गुणों का गीता के विचारों से साम्य पाया जाता है।

मैत्रेय

1. एक विख्यात तत्वज्ञानी जो आचार्य मित्रेयु के पुत्र थे। एक स्थान पर इन्हें कुषारव का पुत्र बताकर 'कौषारव' नाम दिया गया है। इन्होंने दुर्योधन को पांडवों से मैत्री का परामर्श दिया था। उसके न मानने पर मैत्रेय ने शाप दिया था कि उसकी जंघा भीम की गदा से तोड़ी जाएगी। श्रीकृष्ण द्वारा उद्धव को उपदेश देते समय भी ये उपस्थित थे। श्रीकृष्ण के स्वर्गारोहण के बाद जब विदुर तीर्थयात्रा से लौटे तो मैत्रेय ने ही उन्हें कृष्ण का उपदेश सुनाया था। ये दोनों प्रसंग भागवत में 'उद्धव-कृष्ण संवाद' और 'विदुर-मैत्रेय संवाद' के रूप में अंकित हैं और बड़े महत्वपूर्ण अंश माने जाते हैं।

2. उत्तर पांचाल का एक प्रसिद्ध राजा जो दिवोदास का पौत्र था। इससे 'मैत्रेय ब्राह्मण' नामक जाति का प्रसार हुआ।

मैत्रेयी

याज्ञवल्क्य की दो पत्नियां थीं—कात्यायिनी और मैत्रेयी। इसके गुणों के कारण याज्ञवल्क्य मैत्रेयी को अधिक मानते थे। पति-पत्नी के बीच बहुधा आध्यात्मिक विषयों की चर्चा भी हुआ करती थी। याज्ञवल्क्य जब संन्यास लेने लगे तो उन्होंने अपनी संपत्ति दोनों पत्नियों में बराबर बांटनी चाही। इस पर मैत्रेयी ने कहा—मुझे भौतिक संपत्ति की नहीं, आध्यात्मिक ज्ञान की आवश्यकता है। सोने-चांदी से भरपूर पृथ्वी पा लेने पर भी मुझे अमरत्व नहीं मिलेगा। वह केवल आध्यात्मिक ज्ञान से ही प्राप्त होता है। पति से आध्यात्मिक ज्ञान प्राप्त होने पर मैत्रेयी ने अपने हिस्से की सारी संपत्ति भी कात्यायिनी को दे दी और स्वयं पति के साथ वन में चली गई।

मैथिली

बिहार में दरभंगा के आसपास बोली जानेवाली भाषा, जिसकी उत्पत्ति मागधी अपभ्रंश से मानी जाती है। इस भाषा की बंगला से मिलती-जुलती अपनी भाषा-लिपी है। विद्यापति इस भाषा के सबसे प्रसिद्ध साहित्यकार हैं।

मिथिलानरेश की पुत्री होने के कारण रामायण की सीता भी मैथिली कहलाती हैं।

मैथिलीशरण गुप्त

भारतीय संस्कृति के गायक और राष्ट्रीयता की भावना से ओतप्रोत राष्ट्रकवि मैथिलीशरण गुप्त का जन्म 1886 ई. में झांसी (उ. प्र.) के निकट चिरगांव में हुआ था। आप आधी शताब्दी तक साहित्य-साधना में लीन रहे। आपकी चालीस मौलिक और छह अनूदित रचनाएं प्रकाशित हैं। गुप्तजी की कृति 'भारतभारती' (प्रकाशन वर्ष 1912 ई.) ने उत्तर भारत में राष्ट्रीयता की भावना के प्रसार में बहुत योग दिया। 1964 ई. में गुप्तजी का देहांत हो गया।

मैंद

अंगद वानर का मामा और सुषेण वानर का पुत्र जो राम की सेना का एक सैनिक था। बालि के वध के उपरांत सीता की खोज में यह भी गंधमादन पर्वत पर गया था। राम-रावण युद्ध में इसके मुष्टिप्रहार से वज्रमुष्टि नामक असुर मर गया। रावण-पुत्र इंद्रजीत के साथ युद्ध में भी इसने बड़ा पराक्रम दिखाया था।

मैना

पितरों से दक्ष-कन्या स्वधा ने तीन पुत्रियों को जन्म दिया—मैना, धन्या और कलावती। ये तीनों जब एकबार विष्णु के पास बैठी थीं, सनत्कुमार (दे.) वहां आए। पर ये उनके सम्मान में खड़ी नहीं हुईं। इस पर सनत्कुमारों ने इन्हें मनुष्य योनि में जन्म लेने का शाप दे दिया। बाद में इनकी प्रार्थना पर उन्होंने कहा कि मैना का विवाह हिमालय से होगा और वह पार्वती को जन्म देगी। धन्या सीता की मां बनेगी और कलावती के गर्भ से राधा का जन्म होगा। पार्वती के अतिरिक्त मैनाक नामक नागपर्वत भी मैना का ही पुत्र था।

मैनाक

मैना के गर्भ से उत्पन्न हिमालय का पुत्र एक पर्वत। पहले पर्वतों के पंख होते थे और वे इच्छानुसार उड़ा करते थे। देवताओं के अनुरोध पर इंद्र ने सब पर्वतों के पंख काट दिए और वे स्थिर हो गए। पर मैनाक बच गया क्योंकि वायु ने उसे उड़ाकर समुद्र में छिपा दिया था। जब हनुमान लंकादहन से पहले लंका जा रहे थे तो इसने हनुमान से अपने शिखर पर सवार होने की प्रार्थना की थी। क्रौंच पर्वत का यह पिता था।

मैसूर

दक्षिण भारत का यह प्रसिद्ध नगर चामुंडा देवी के मंदिर के लिए भी प्रसिद्ध है। यह मंदिर ऊंचे पर्वत शिखर पर स्थित है जिसे चामुंडा पर्वत कहते हैं। शिखर पर खुले स्थान पर महिषासुर की ऊंची मूर्ति है। उसी के आगे चामुंडा देवी का विशाल मंदिर है। चामुंडा ही महिषासुरमर्दनी हैं। कई द्वार पार करने के बाद देवी की मूर्ति के दर्शन होते हैं। इससे कुछ ही दूर एक प्राचीन शिवमंदिर है।

1525 ई. से पहले मैसूर एक छोटा-सा गांव था। देश की स्वतंत्रता से पहले तक यह एक देशी रियासत थी।

मैहर

विंध्यप्रदेश का एक प्रसिद्ध शक्तिपीठ जो सिद्धपीठ माना जाता है। इसका शुद्ध नाम है—मातृगृह अर्थात् माता का घर। यह सतना रेलवे स्टेशन से लगभग 40 कि. मी. दक्षिण में स्थित है। देवी का मंदिर पर्वत के ऊपर है जहां पहुंचने के लिए 560 सीढ़ियां चढ़नी पड़ती हैं। पुराना विशाल मंदिर, जिसका स्थापना-अभिलेख अभी सुरक्षित है, आक्रमणकारियां द्वारा तोड़ दिया गया था। उसके स्थान पर अब एक छोटा-सा शारदा देवी का मंदिर है। शारदा देवी आल्हा की आराध्या थीं (दे. आल्हाखंड)।

मोक्ष

भारतीय दर्शन में संसार में आवागमन और जन्म-मरण के क्रम से छुटकारा पाना मोक्ष कहलाता है। यह संसार जीवात्मा के लिए बंधन है और इसका स्वभाव दुखमय है। मोक्ष के दो मार्ग बताए गए हैं—कर्म मार्ग और ज्ञान मार्ग। व्यक्ति अपने इसी जीवन में अज्ञान, मृत्यु-भय और दुःख से छुटकारा पा सकता है। इसे 'जीवन मुक्ति' कहते हैं। दूसरी मुक्ति 'विदेह मुक्ति' कहलाती है। इसमें सुख-दुःख के भावों से ऊपर उठा हुआ व्यक्ति देह त्यागने के बाद आवागमन के चक्र से सदा के लिए मुक्त हो जाता है।

कुछ दर्शन कर्म को मोक्ष का साधन नहीं मानते। उनकी दृष्टि में इसका उपाय आध्यात्म विद्या है। साधक को जब आत्मज्ञान हो जाता है तो उसके ऊपर संसार का प्रभाव नहीं पड़ता और वह इसके बंधनों से मुक्त हो जाता है। भक्ति-मार्गी संप्रदायों का विश्वास है कि भक्ति के द्वारा भगवान प्रसन्न हो जाते हैं और भक्त को मोक्ष की प्राप्ति हो जाती है।

मोक्षदा एकादशी

मार्गशीर्ष शुक्ल एकादशी मोक्षदा एकादशी कहलाती है। इसे अज्ञान का नाश

करनेवाली माना जाता है। इसी दिन श्रीकृष्ण ने कुरुक्षेत्र के युद्धस्थल में अर्जुन को गीता का उपदेश दिया था। इसलिए इस तिथि को गीताजयंती भी मनाई जाती है। इस दिन श्रीकृष्ण, गीता, व्यास आदि की पूजा करने का विधान है।

मोढेरा

पश्चिमी रेलवे के वेचाराजी स्टेशन से लगभग 36 कि. मी. दूर मोढेरा मातंगी देवस्थान के लिए प्रसिद्ध है। इन्हें मोढेश्वरी भी कहते हैं। मान्यता है कि कर्णाट नामक दैत्य का वध करके मातंगी देवी यहीं स्थित हुईं। देवी की मूर्ति बावली के अंदर है। यह बावली 'धर्मेश्वरी वापी' कहलाती है।

मोढेरा में अप्सरा तीर्थ भी है। कहते हैं, उर्वशी ने यहीं पर तप किया था। यहां मोढेश्वर महादेव का मंदिर भी है। मोढेश्वर को ब्राह्मणों की उत्पत्ति का स्थान माना जाता है। मान्यता है कि ब्रह्मा ने ब्राह्मणों की सृष्टि पहले यहीं की थी।

मोतीलाल नेहरू

प्रसिद्ध देशभक्त और त्यागी पं. मोतीलाल नेहरू का जन्म 1861 ई. में दिल्ली के एक कश्मीरी परिवार में हुआ था। यह परिवार बाद में इलाहाबाद आकर बस गया। मोतीलालजी ने इलाहाबाद हाईकोर्ट में वकालत आरंभ की और शीघ्र ही उनकी गणना उत्तर भारत के प्रमुख वकीलों में होने लगी।

साथ ही उन्होंने राजनीति में भी रुचि लेना आरंभ किया। पहले वे नम्र विचारों के व्यक्ति थे। परंतु गांधीजी के प्रभाव और जलियांवाला बाग की घटना के कारण उनके विचार बदल गए। अपनी चलती वकालत छोड़कर वे असहयोगी बन गए। कुछ वर्ष बाद उन्होंने चित्तरंजनदास (दे.) से मिलकर 'स्वराज्य पार्टी' बनाई और चुनाव में भाग लिया। उनका उद्देश्य विधानमंडल में घुसकर ब्रिटिश शासन को अस्थिर करना था। मोतीलालजी 1919 और 1928 ई. में कांग्रेस, के अध्यक्ष चुने गए।

मोतीलालजी ने बड़ी संपन्नता और ठाट-बाट के साथ जीवन बिताया था परंतु राष्ट्रीय आंदोलन में सम्मिलित होकर सब कुछ त्याग दिया। इलाहाबाद का अपना विशाल भवन जो अब 'स्वराज्य भवन' कहलाता है, राष्ट्र को समर्पित कर दिया। जेल में उनका स्वास्थ्य बहुत बिगड़ गया था और छूटने के कुछ ही दिनों बाद 1931 ई. में लखनऊ में उनका देहांत हो गया।

मोद्गल्यायन

गौतम बुद्ध के प्रधान शिष्यों में से एक जो उनके समकालीन थे। ये अपने पांडित्य

के लिए प्रसिद्ध हैं। कहा जाता है कि कभी-कभी भगवान बुद्ध अपना उपदेश स्वयं पूरा न करके यह कार्य मोद्‌गल्यायन या फिर दूसरे दो शिष्यों सारिपुत्र या आनंद के लिए छोड़ देते थे। सुत्तपिटक के अनेक सूत्रों में इनके उपदेश भी संकलित हैं।

इसी नाम के एक व्याकरणाचार्य भी हुए हैं। इनका बनाया पालिव्याकरण प्रसिद्ध है।

मोरध्वज

1. एक राजा जो बिहार प्रदेश के वर्तमान आरा क्षेत्र में राज करता था। इसके आसपास घना वन था जिसके बीच में अरण्य देवी का मंदिर था। देवी के वर से राजा को पुत्र की प्राप्ति हुई। राजा की भक्ति की परीक्षा लेने के लिए देवी ने पुत्र को आरे से चीरकर उसकी बलि मांगी। भक्त राजा इसके लिए तैयार हो गया और पुत्र को चीरने लगा। इस पर प्रकट होकर देवी ने पुत्र को जीवित कर दिया। मान्यता है कि स्थान का नाम इसी कारण आरा पड़ा।
2. बाणासुर का एक नाम मोरध्वज या मयूरध्वज था जिसकी ध्वजा पर मयूर का चिह्न बना रहता था।

मोहनजोदड़ो

सिंध (पाकिस्तान) के लरकाना जिले का एक स्थान। यहां खुदाई में भारत की प्राचीन सभ्यता के प्रागैतिहासिक अवशेष मिले हैं। इन अवशेषों को देखने से पता चलता है कि ईसा से हजारों वर्ष पहले भारत की प्राचीन सभ्यता कितनी विकसित थी। इस सभ्यता के समय के संबंध में विद्वान् एकमत नहीं हैं। यहां प्राप्त लिपि भी अभी तक पढ़ी नहीं जा सकी। कुछ लोग सिंधु घाटी सभ्यता का समय 2500 ई. पू. से 1500 ई. पू. तक मानते हैं। किंतु अन्य का विचार है कि यह और भी पुरानी है।

मोहिनी

1. एक अत्यंत सुंदरी अप्सरा जिसे विष्णु के तेरहवें अवतार के रूप में प्रकट माना जाता है। समुद्रमंथन के समय जो अमृत निकला वह दानवों के अधिकार में था। देव उसे स्वयं पीकर अमर होना चाहते थे। अमृत-कलश को दानवों से लेने के लिए विष्णु ने मोहिनी का सुंदर रूप धारण किया। उसे देखकर दानव मोहित हो गए और देवताओं को अमृतपान का अवसर मिल गया।
2. समस्त प्रपंचों को मोहित करनेवाली देवी का एक नाम।
3. पद्मपुराण में वर्णित एक वेश्या जो मृत्यु के समय गंगाजल पीने से द्रविड देश के राजा वीरवर्मा की पटरानी बनी।

मौखरि

एक प्राचीन राजवंश जिसके संबंध में पाणिनी को भी ज्ञान था। ये लोग तीसरी शताब्दी में राजस्थान के कोटा प्रदेश में राज्य करते थे। बाद में कुछ समय तक मौखरि गुप्त साम्राज्य के सामंत रहे। 550 ई. के लगभग गुप्त साम्राज्य की समाप्ति पर इन्होंने उत्तर भारत में अपना आधिपत्य बढ़ा लिया। इनके राज्य का विस्तार पूर्व में मगध से लेकर पश्चिम में थानेश्वर और मालवा तक तथा दक्षिण में आंध्र से लेकर उत्तर में नेपाल तक था। कन्नौज इनकी राजधानी थी। मौखरि वंश का अंतिम राजा गृहवर्मा था जिसके साथ सम्राट हर्षवर्धन की बहन राजश्री का विवाह हुआ था। गृहवर्मा निःसंतान मारा गया। उसका राज्य हर्षवर्धन के हाथ में चला गया और मौखरि वंश समाप्त हो गया।

मौनव्रत

यह व्रत श्रावण मास की समाप्ति पर भाद्र प्रतिपदा से 16 दिन तक किया जाता जाता है। इसमें व्रती जल लाने से लेकर भोजन करने तक मौन रहता है। इस व्रत में शिव की पूजा की जाती है।

इस व्रत का अनुष्ठान एक दिन से लेकर आठ मास तक करने का विधान है। इस बीच मन, वचन, कर्म से अहिंसा का पालन किया जाता है। व्रत की समाप्ति पर चंदन के शिवलिंग की पूजा होती है। फिर इस शिवलिंग को तांबे के पात्र में सिर पर रख कर ले जाते और शिव मंदिर के प्रांगण में स्थापित करते हैं। मान्यता है कि इस व्रत से शिवलोक की प्राप्ति होती है।

मौनी अमावस्या

माघ कृष्णपक्ष की अमावस्या मौनी अमावस्या कहलाती है। इस दिन चुपचाप रह कर मुनियों के समान आचरण करने का विशेष महत्व है। इसीलिए इसे मौनी अमावस्या कहते हैं। यदि इस तिथि को सोमवार पड़ जाए तो इसका महत्व और भी बढ़ जाता है। माघ मास में प्रयाग के त्रिवेणी संगम-स्नान का बड़ा महत्व है और अमावस्या इस मास का सबसे बड़ा पर्व माना जाता है।

मौर्यवंश

इस वंश का आरंभ 322 ई. पू. में चंद्रगुप्त मौर्य (दे.) ने किया। उसने आचार्य चाणक्य की सहायता से नंदवंश के राजा का वध करके सत्ता अपने हाथ में ली। चंद्रगुप्त मौर्य ने राजधानी पाटलिपुत्र से 298 ई. पू. तक राज्य किया। उसने यूनानियों को मार भगाया। सेल्यूकस को अपनी कन्या का विवाह चंद्रगुप्त से करना पड़ा। मेगस्थनीज (दे.) इसी के दरबार में आया था।

चंद्रगुप्त की माता का नाम मुरा था। इसी से यह वंश मौर्यवंश कहलाया चंद्रगुप्त के बाद उसके पुत्र बिंदुसार (दे.) ने 298 ई. पू. से 273 ई. पू. तक राज्य किया। बिंदुसार के बाद उसका पुत्र अशोक (दे.) 273 ई. पू. से 232 ई. पू. तक गद्दी पर रहा। अशोक के समय में कलिंग का भारी नरसंहार हुआ जिससे द्रवित होकर उसने बौद्ध धर्म ग्रहण कर लिया।

अशोक के उत्तराधिकारी अयोग्य निकले। इस वंश के अंतिम राजा वृहद्रथ की। 185 ई. पू. में उसके सेनापति पुष्यमित्र ने हत्या कर डाली और शुंगवंश नाम का एक नया राजवंश आरंभ हुआ।

म्लेच्छ

महाभारत के अनुसार एक विशेष जाति जो भारत के उत्तर-पश्चिमी सीमा-प्रदेश में निवास करती थी। इसका उल्लेख 'मुंड', 'अर्धमुंड' आदि नामों से भी मिलता है। मनुस्मृति के समय जो जातियां धर्मभ्रष्ट समझी गईं, उन सबको म्लेच्छ कहा जाने लगा। इस जाति की उत्पत्ति के संबंध में एक कथा मिलती है। वशिष्ठ द्वारा विश्वामित्र को नंदिनी (दे.) गाय न देने पर विश्वामित्र के सैनिकों ने वशिष्ठ के आश्रम पर आक्रमण कर दिया। उस समय क्रुद्ध नंदिनी गाय के मुख से जो फेन निकला उसी से म्लेच्छ जाति उत्पन्न हुई।

य

यक्ष

1. देवयोनि की एक जाति जिसे महाभारत में 'शूद्रदेवता' कहा गया है। ये लोग कुबेर के उपासक थे और उसकी संपत्ति की रक्षा करते थे। कुबेर को यक्षों का राजा कहा गया है। यक्षों की कोई माता न थी। ये और राक्षस ब्रह्मा के पांचवें सिर से उत्पन्न हुए थे। जन्म लेते ही इन्होंने ब्रह्मा से पूछा—हम क्या करें? ब्रह्मा ने कहा—यज्ञ करो। तभी से इनका यक्ष नाम पड़ा।

2. एक राक्षस जो कश्यप और खसा का पुत्र था। जन्म लेते ही यह अपनी मां को खाने के लिए झपटा था। इसने शंड नामक असुर की पत्नी जंतुधना से विवाह किया जिससे 'यातुधान' (दे.) नामक राक्षस-पुत्र उत्पन्न हुआ।

3. यक्ष और राक्षस दोनों 'पुण्यजन' थे। आरंभ में दो प्रकार के राक्षस होते थे। जो रक्षा करते थे वे यक्ष और जो बाधा डालते थे वे राक्षस कहलाए। यक्षों को नपुंसक लिंग का बताया गया है।

4. महाभारत के अनुसार वनवास काल में जब पांडव जल की खोज में गए तो बकुल रूपी यक्ष ने एक-एक करके उनसे प्रश्न किए। पांचों में से चार भाई यक्ष के प्रश्नों का उत्तर न दे सके और बेहोश होकर गिर पड़े। अंत में युधिष्ठिर पहुंचे। उन्होंने यक्ष के प्रश्नों का समुचित उत्तर दिया और अपने भाइयों को जीवित कराया। इसीलिए कठिन प्रश्न 'यक्ष-प्रश्न' कहलाते हैं।

यक्षिणी

कुबेर की पत्नी और देवी दुर्गा की एक सेविका का नाम। यक्षिणी का उल्लेख एक देवी के रूप में भी मिलता है जिसका नैवेद्य खाने से ब्रह्महत्या के पाप से छुटकारा मिल जाता है। मंत्र शास्त्र में इन यक्षिणियों का वर्णन किया गया है—विचित्रा, विभ्रमा, हंसी, भीषणा, जनरंजिका, विशाला, मदना, कालकरणी, महामाया, माहेन्द्री, शंखिनी, शंडिका, श्मशाना, वटकाक्षिणी, मेखला, विकला, लक्ष्मी, मानिनी, शतपत्रिका, सुलोचना, सौभाग्या, कपिला, विलासिनी, नायिका, भक्षणी, कानेश्वरी, सुवर्णसुरसुंदरी, मनोहरा, प्रभावी, रागिणी, नाखकेशिका, पद्मिनी, भोगिनी, स्वर्णावती, देवरातप्रिया, कर्णपिशाच, करकंकणी।

यक्षेश्वर

शिव का एक अवतार। समुद्रमंथन के बाद विष तो शिव ने धारण कर लिया और अमृत देवता पी गए। अमृतपान के बाद देवताओं को बड़ा गर्व हो गया। उनका यह गर्व मिटाने के लिए शिव ने यक्षेश्वर का अवतार लिया। उन्होंने घास का एक तिनका सामने रखकर देवताओं से उसे उठाने के लिए कहा। वे उसे उठा न सके और उनका गर्व जाता रहा।

यजुर्वेद

वैदिक संहिताओं में दूसरे क्रम पर यजुर्वेद का नाम आता है। ऋग्वेद की भांति पद्य में न होकर इसका अधिकांश भाग गद्य में है और आकार में भी यह उसका दो-तिहाई है। यजुर्वेद में यज्ञों में काम आने वाले मंत्रों का ही आधिक्य है। इसकी ऋचाएं प्रायः ऋग्वेद से ली गई हैं, पर पूरे मंत्र न लेकर उनके चरणमात्र लिए गए हैं और उन्हें यज्ञ-संस्कारों के अनुकूल बना लिया गया है।

भारतीय आर्यों के जीवन में यज्ञों का बड़ा महत्व था। इन्हीं से कालांतर में अनेक नई विद्याएं प्रादुर्भूत हुईं। यज्ञों के लिए ग्रहों और नक्षत्रों की गतिविधियों

के निरीक्षण ने ज्योतिष विद्या के रूप में विकास पाया। यज्ञ की वेदी की रचना से रेखा, कोण, वृत्त आदि का ज्ञान हुआ जिससे आगे चलकर ज्यामिति शास्त्र का विकास हुआ।

अतः यजुर्वेद का प्रकट उद्देश्य पौरोहित्य होते हुए भी उसने नए ज्ञान का मार्ग प्रशस्त किया। कुछ विद्वानों के मतानुसार ब्राह्मण ग्रंथों और उपनिषदों का मर्म यजुर्वेद के अध्ययन से ही समझा जा सकता है।

यजुर्वेद की दो शाखाएं हैं—कृष्ण यजुर्वेद और शुक्ल यजुर्वेद। कहा जाता है कि याज्ञवल्क्य ने अपने मामा वैशंपायन से इस वेद की शिक्षा ग्रहण की थी। पर एक दिन वैशंपायन रुष्ट हो गए और पढ़ी हुई विद्या लौटाने का आदेश दिया। याज्ञवल्क्य ने योगबल से वमन करके विद्या वापस कर दी। गुरु के आदेश पर उनके अन्य शिष्यों ने तीतर का रूप धारण करके उसे चुग लिया। इसी से इसका नाम तैत्तरीय संहिता पड़ा। वमन से मंत्रों का रंग काला हो जाने से यह 'कृष्ण यजुर्वेद' भी कहलाया। बाद में याज्ञवल्क्य ने सूर्य की तपस्या करके यजुर्वेद का ज्ञान प्राप्त किया, वह 'शुक्ल यजुर्वेद' कहलाता है। शुक्ल यजुर्वेद का अंतिम अध्याय ही प्रसिद्ध 'ईशोपनिषद्' है। इस वेद की 'माध्यन्दिन' शाखा उत्तर भारत में तथा 'कण्व' शाखा दक्षिण भारत में प्रचलित है। संकल्प में आज भी इसका उपयोग होता है।

यज्ञ

1. रुचि नामक ऋषि और आकूती का पुत्र विष्णु का एक अवतार जो स्वयंभुव मन्वंतर में हुआ था। अन्यत्र इसे स्वयंभुव मनु की पुत्री रुचि और प्रजापति का पुत्र बताया जाता है। रुचि के गर्भ से विष्णु ने यज्ञ के रूप में और लक्ष्मी ने दक्षिणा के रूप में जन्म लिया। बाद में दोनों ने विवाह किया और बारह पुत्रों को जन्म दिया। ये सब पुत्र देवगण हुए।

2. भक्ति संबंधी ऐसी पवित्र क्रिया जिसमें श्रद्धा हो पर फल प्राप्ति की आकांक्षा न हो। शास्त्रों में वर्ण, आश्रम और परिस्थिति के अनुसार मनुष्य के उपयुक्त कर्म को यज्ञ कहा गया है। सृष्टि की उत्पत्ति ब्रह्मा द्वारा यज्ञ से ही मानी जाती है और यज्ञ सृष्टि के आदि से चला आ रहा है।

3. होमयज्ञ जिसमें यज्ञ की सामग्री अग्नि में छोड़ी जाती है। यह माना जाता है कि इस यज्ञ से सीढ़ी बनती है जो देवों तक यज्ञ-सामग्री पहुंचाती है। और अंत में यज्ञकर्ता भी देवों के निवास तक पहुंच सकता है।

यज्ञोपवीत

यज्ञोपवीत का शाब्दिक अर्थ है—यज्ञ के समय ऊपर से धारण किया हुआ या लपेटा हुआ वस्त्र। यह यज्ञ करने के अधिकार और योग्यता का परिचायक था। कुछ का

मत है कि यज्ञ-वेदी की अग्नि के ताप से शरीर के अग्र भाग को बचाने के उद्देश्य से यज्ञकर्ता इसे धारण करता था। यह वस्त्र अथवा मृगचर्म दोनों का हो सकता था। आगे चलकर यह प्रतीक रूप में पवित्र सूत्र रह गया। इसे प्रथम बार उपनयन संस्कार के समय धारण किया जाता है। धीरे-धीरे इस सूत्र का इतना महत्व हो गया कि उपनयन संस्कार 'यज्ञोपवीत संस्कार' कहलाने लगा।

प्राचीन मान्यता के अनुसार ब्राह्मण का यज्ञोपवीत कपास का, क्षत्रिय का अलसी के सूत्र का और वैश्य का ऊन का होता था। ब्राह्मण बालक को आठ वर्ष की उम्र में, क्षत्रिय को ग्यारह वर्ष की उम्र में और वैश्य को बारह वर्ष की उम्र में यज्ञोपवीत पहनाने का विधान था। इसके बाद बालक गुरुकुल में जाकर ब्रह्मचर्य का पालन करते हुए पच्चीस वर्ष की उम्र तक विद्याध्ययन करता।

प्राचीन समय में प्रचलित वर्ण व्यवस्था में प्रथम तीन वर्ण ही यज्ञोपवीत धारण करने के अधिकारी माने जाते थे। इसीलिए आर्यसमाज के प्रवर्तक महर्षि दयानंद ने चारों वर्णों द्वारा समान रूप से यज्ञोपवीत धारण करने का आंदोलन चलाकर इस सामाजिक विषमता को समाप्त कराया।

यति

1. एक यज्ञविरोधी जाति जिसका वर्णन वेदों में भी आया है। इन लोगों को इंद्र ने लकड़बग्घों को दे दिया था, पर तीन बच गए। बाद में उन पर दया करके इंद्र ने उन्हें क्षात्र विद्या, ब्रह्म विद्या और वैश्य विद्या का दान दिया।
2. ब्रह्मा के मानसपुत्र जो सदा ब्रह्मचारी रहे।
3. राजा नहुष के छः पुत्रों में से ज्येष्ठ पुत्र जो राज्य का स्वाभाविक उत्तराधिकारी था। परंतु आरंभ से ही विरक्त स्वभाव का होने के कारण राज्य अपने छोटे भाई ययाति (दे.) को सौंपकर वन चला गया।
4. वर्तमान समय में साधुओं के लिए भी यति शब्द प्रयुक्त होता है।

यतीन्द्रनाथ दास

प्रसिद्ध बलिदानी यतीन्द्रनाथ दास का जन्म 1904 ई. में कलकत्ता में हुआ था। जलियांवाला बाग हत्याकांड के बाद जब गांधी जी ने असहयोग आंदोलन छेड़ा तो यतीन्द्र उसमें सम्मिलित हो गए और जेल गए। बाद में वे क्रांतिकारियों के संपर्क में आए और उसी दल में शामिल हो गए। दल के लिए धन-संग्रह करने की कई कार्रवाइयों में उन्होंने भाग लिया। वे बम बनाने के विशेषज्ञ थे और भगतसिंह के कहने पर आगरा में साथियों को इसका प्रशिक्षण भी दिया।

यतीन्द्र लाहौर बमकांड के सिलसिले में गिरफ्तार किए गए और लाहौर जेल में रखे गए। उन्होंने राजनीतिक बंदियों के प्रति जेल में अनुचित बर्ताव के

विरोध में भूख हड़ताल की। जेल अधिकारियों ने बलपूर्वक दूध पिलाने की कोशिश में नली इनके फेफड़ों में डाल दी। इससे इनकी हालत और बिगड़ गई। 63 दिन की भूख-हड़ताल के बाद लाहौर जेल में 13 सितंबर, 1929 ई. को यतीन्द्रनाथ दास का देहांत हो गया।

यतीन्द्र मोहनसेन गुप्ता

यतीन्द्र मोहन और उनकी अंग्रेज पत्नी नेलीसेन गुप्ता दोनों ने भारत के स्वतंत्रता-संग्राम में भाग लिया। यतीन्द्र का जन्म 22 फरवरी, 1885 ई. को चटगांव में हुआ था। वे कई बार जेल गए। लोग उन्हें 1931 ई. की कराची कांग्रेस का अध्यक्ष बनाना चाहते थे, पर उन्होंने सरदार पटेल के पक्ष में अपना नाम वापस ले लिया। 1933 ई. में जब कांग्रेस पर प्रतिबंध था, श्रीमती नेलीसेन गुप्ता ने कांग्रेस के कलकत्ता अधिवेशन की अध्यक्षता की थी और कुछ ही शब्द बोलने के बाद वे गिरफ्तार कर ली गई थीं। श्री यतीन्द्र मोहन का 22 जुलाई, 1933 ई. को देहांत हो गया।

यदु

1. राजा ययाति (दे.) का देवयानी के गर्भ से उत्पन्न पुत्र। ययाति शुक्राचार्य के शाप के कारण असमय ही वृद्ध हो गया था, पर उसकी भोगलिप्सा बनी रही। उसने यदु से कुछ समय के लिए वृद्धावस्था लेकर अपना यौवन राजा को देने के लिए कहा। यदु इसके लिए तैयार नहीं हुआ। इस पर ययाति का शर्मिष्ठा के गर्भ से उत्पन्न पुत्र पुरु इसके लिए तैयार हो गया। अंत में जब राजा ने पुरु का राज्याभिषेक किया तो यदु को शाप दे दिया कि तुम्हारे वंश में यातुधान नामक राक्षस उत्पन्न होंगे।

यह भी उल्लेख मिलता है कि पुरु के अतिरिक्त यदु सहित अन्य चार पुत्रों को ययाति ने राज्य से निकाल दिया था। इन चारों ने पश्चिमी एशिया में अपने स्वतंत्र राज्य स्थापित किए। यदुवंशियों के राज्य का द्वारका और प्रभासट्टन के बंदरगाहों से भारत के साथ संपर्क बना रहता था।

2. ययाति के पुत्र क्षत्रिय थे। परंतु सबको राज्याधिकार न मिलने से वे आजीविका के लिए पशु-पालन आदि करने लगे। नंद आदि ऐसे ही गोपालक थे।

3. पुराणों में वर्णित एक भागवत संप्रदाय जो 'सातत्व' संप्रदाय भी कहलाता है। यदुवंश के राजा सातत्व ने नारद से भागवत धर्म की शिक्षा ली थी। इसी से यह लोग सातत्व कहलाए और इनका भागवत धर्म से विशेष संबंध जुड़ा।

यदुनाथ सरकार

प्रसिद्ध इतिहासविद् जिनका जन्म दिसंबर 1870 ई. में बंगाल में हुआ था। उन्होंने देश की अनेक शिक्षा-संस्थाओं में अध्यापन कार्य किया। कुछ समय तक कलकत्ता विश्वविद्यालय के कुलपति भी रहे। आपका सबसे बड़ा योगदान मध्य-कालीन इतिहास का पुनरलेखन है। मूल स्रोतों का उपयोग करके आपने औरंगजेब, शिवाजी आदि के समय पर जो ग्रंथ लिखे वे प्रामाणिक माने जाते हैं। आपकी अधिकांश रचनाएं सेवानिवृत्ति के बाद की हैं। सरकार का 1958 ई. में देहांत हो गया। ब्रिटिश सरकार ने आपको 'सर' की उपाधि दी थी।

यम

1. विश्वकर्मा की पुत्री संज्ञा के गर्भ से उत्पन्न सूर्य का पुत्र और यमुना का भाई। अन्यत्र इसे यमी का भाई बताया गया है। ऋग्वेद में यह एक प्रसिद्ध देवता और दक्षिण दिशा का दिग्पाल है। आरंभ में यम को मृत्यु का देवता नहीं अपितु पितरों का प्रधान माना जाता था। उस समय यह पाप और पुण्य का निर्णायक नहीं था। किंतु पौराणिक युग में इसे मृत्यु का देवता माना गया। इसके दो रूप हैं—यमराज और धर्मराज। यमराज के रूप में यह दुष्टों को दंड देकर नरक भेजता है। धर्मराज के रूप में इसका काम धर्मात्मा मनुष्यों को पुरस्कार देना और स्वर्ग भेजना है।

यम और यमी को मानव जाति का माता-पिता भी कहा गया है। एक स्थल पर यमी यम से संतान उत्पन्न करने का अनुरोध करती है, किंतु यम भाई-बहन के संयोग पर नैतिक आधार पर आपत्ति करता है।

पुराणों के अनुसार यम का रंग काला है। भैंसा उसका वाहन है। उसके संदेशवाहक दो कुत्ते हैं। ये पृथ्वी से स्वर्ग के मार्ग की रक्षा करते हैं, मृत्यु के पात्रों को चुनते हैं और स्वर्ग की यात्रा में उनकी देखभाल करते हैं। यम के महाचंद और कालपुरुष नामक दो अनुचर भी हैं। चित्रगुप्त इसके लेखक हैं, जो सब आत्माओं का लेखा-जोखा रखते हैं। यम की नगरी यमपुरी कहलाती है। स्मृतियों में कुल चौदह यम बताए गए हैं।

2. प्राचीन साहित्य में 'यम नियमों' का उल्लेख मिलता है। योगसूत्र में ये पांच यम नियम बताए गए हैं—अहिंसा, सत्य, अस्तेय, अपरिग्रह और ब्रह्मचर्य।

यमद्वितीया

कार्तिक शुक्ल द्वितीया को किया जानेवाला यह एक विशेष व्रत है जिसे 'भाईदूज' भी कहते हैं। इस व्रत का आरंभ यम की बहन यमी अथवा यमुना ने अपने भाई को प्रसन्न करने के लिए किया था। इस व्रत का मुख्य उद्देश्य भाई की चिरायु

की कामना करना है। इस दिन बहन के हाथ का बनाया भोजन करने और उसे वस्त्र आदि दान में देने का विधान है।

यमलार्जुन

कुबेर के दो पुत्रों—नलकूबर और मणिग्रीव को नारद के शाप के कारण गोकुल में यमलार्जुन नाम के वृक्षों के रूप में उगना पड़ा था। एकबार बालक कृष्ण को यशोदा ने ओखल से बांध दिया। श्रीकृष्ण इस ओखल को घसीटते हुए इन वृक्षों के पास पहुंचे। श्रीकृष्ण का स्पर्श होते ही वृक्षों के स्थान पर दो सिद्ध पुरुष प्रकट हो गए। उन्होंने श्रीकृष्ण की वंदना की और अपने स्थायी निवास की ओर चल दिए।

यमी

सूर्य की पुत्री जो संज्ञा के गर्भ से उत्पन्न हुई थी। कहीं पर इसकी माता का नाम सरयू मिलता है। यह यम (दे.) की बहन थी जिसने अपने भाई से समागम की याचना की थी। ऋग्वेद में यह प्रकरण 'यम-यमी संवाद' के रूप में मिलता है। जब भाई तैयार नहीं होता तो यमी कहती है कि हमें कौन देख रहा है। इस पर यम ने उत्तर दिया—देवदूत देख रहे हैं जिनका निवास और संचार प्रत्येक स्थान में है।

स्कंदपुराण के अनुसार इसने अपने भाई के मंगल के लिए 'भैयादूज' का व्रत किया था।

यमुना

1. यम की बहन यमी जिसकी माता विश्वकर्मा की पुत्री संज्ञा और पिता सूर्य था। पुराण के अनुसार संज्ञा अपने पति सूर्य का तेज न सह सकी और उसने आंखें बंद कर लीं। इस पर क्रुद्ध होकर सूर्य ने शाप दिया जिसके कारण संज्ञा का पुत्र यम लोगों के जन्म-मरण का नियमन करनेवाला बना। शापग्रस्त संज्ञा ने इस बार सूर्य की ओर चंचल दृष्टि से देखा। उसका यह रूप भी सूर्य को न भाया। उसने फिर शाप दिया कि तुम्हारी यह पुत्री यमी चंचलतापूर्वक यमुना नदी के नाम से बहा करेगी। तभी से वह यमुना नदी के रूप में बह रही है। इसका नाम कृष्णा और कालिंदी भी है।

2. प्रसिद्ध यमुना नदी। इसका उदगम हिमालय में बंदर-पूंछ पर्वत के पश्चिमी ढाल पर स्थित यमुनोत्तरी हिमनद से होता है। मैदानों में उतरने से पहले यह टोंस, गिरि और आसन नदियों को भी अपने में समा लेती है। मैदान में यह दिल्ली, मथुरा, आगरा और इटावा जिलों में बहती हुई तथा चंबल, बेतवा, केन

आदि का पानी लेती हुई प्रयाग में गंगा में समा जाती है। पौराणिक मान्यता के अनुसार अदृश्य सरस्वती भी यहीं पर आ मिलती है जिससे यह स्थान त्रिवेणी संगम कहलाता है। कृष्ण की सब बाललीलाएं यमुना के किनारे ही हुई थीं।

यमुनाचार्य

इनका जन्म 1010 वि. में दक्षिण भारत के मदुरा नगर में हुआ था। अद्भुत प्रतिभा के बालक यमुनाचार्य को बारह वर्ष की उम्र में ही स्वभाव की मधुरता और बुद्धि की प्रखरता के कारण पांड्य राज्य का प्रमुख व्यक्ति माना जाने लगा था। उन्होंने अपना पूरा जीवन भगवत् सेवा और ग्रंथ रचना में लगाया। वे रामानुजाचार्य के गुरु थे। उन्होंने विशिष्टाद्वैत सिद्धांत का प्रतिपादन किया। उनके लिखे हुए संस्कृत भाषा में चार ग्रंथ उपलब्ध हैं।

यमुनोत्तरी

समुद्रतल से लगभग 10 हजार फुट की ऊंचाई पर स्थित एक तीर्थ जहां पर सप्त-ऋषि कुंड नामक सरोवर से यमुना नदी निकलती है। यहां जाने के लिए धरासू (उत्तरकाशी) तक मोटर मार्ग है। तेरह कि.मी. की खड़ी यात्रा पैदल की जाती है।

यमुनोत्तरी में गर्म पानी के अनेक कुंड हैं। कपड़े में बांधकर इनमें लटकाया हुआ चावल और आलू थोड़ी देर में पक जाता है। इसे यमुनोत्तरी का प्रसाद माना जाता है।

यमुनोत्तरी के साथ असित ऋषि की कथा जुड़ी है। वृद्धावस्था के कारण जब ऋषि सप्त कुंड में स्नान करने के लिए न जा सके तो उनकी श्रद्धा देखकर यमुना उनकी कुटिया के पास ही प्रकट हो गई। यही स्थान अब यमुनोत्तरी कहलाता है। कलिंद पर्वत से निकलने के कारण यमुना को कालिंदी भी कहते हैं।

ययाति

चंद्रवंश के पांचवें राजा ययाति का विवाह दैत्यों के गुरु शुक्राचार्य की पुत्री देवयानी (दे.) से हुआ था। देवयानी से इसके दो पुत्र हुए। उनमें से एक यदु थे जिनसे यादव वंश का आरंभ हुआ।

ययाति ने दैत्यराज वृषपर्वा की पुत्री शर्मिष्ठा से भी अनुचित संबंध स्थापित कर लिए थे। इस पर देवयानी के पिता शुक्राचार्य ने उसे असमय में ही वृद्ध हो जाने का शाप दे दिया। ययाति ने जब बहुत अनुनय-विनय की तो शुक्राचार्य ने कहा कि यदि कोई युवक तुम्हारा बुढ़ापा ले ले तो तुम्हें पुनः यौवन प्राप्त हो जाएगा।

इस पर ययाति के सबसे छोटे पुत्र पुरु ने अपना यौवन पिता को देकर उनका बुढ़ापा ले लिया। ययाति दीर्घकाल तक यौवन का सुख भोगते रहे। बाद में वे अपना राज्य पुरु को सौंपकर तपस्या करने चले गए और तप के बल पर स्वर्ग को प्राप्त हुए।

एक अन्य कथा के अनुसार ययाति के तप-बल से प्रजा मृत्यु से मुक्त हो गई। मृत्यु रुक जाने से यम चिंतित हुआ। उसके अनुरोध पर इंद्र ने अपनी पुत्री अश्वबिंदुमती को कामदेव के साथ ययाति का चित्त चंचल करने के लिए भेजा। इन दोनों को सफलता मिली। कहा जाता है कि अपनी इस नववधू के लिए ही ययाति ने अपने पुत्र को बुढ़ापा देकर उसका यौवन लिया था।

ययातिपुर

उड़ीसा प्रदेश के कटक जिले का वर्तमान जाजपुर कस्बा प्राचीनकाल में ययातिपुर कहलाता था। यहां वैतरणी नदी बहती है। पांडवों ने महर्षि लोमश के सहित यहां आकर पितरों का पिंडदान किया था। ब्रह्मा ने वैतरणी के तट पर दस अश्वमेध यज्ञ किए। गयासुर का वध करने के बाद विष्णु ने शंख, चक्र, गदा और पद्म यहीं पर छोड़े थे। शिशुनागवंशी राजाओं के समय इस स्थान के सहित कलिंग क्षेत्र स्वतंत्र था। बाद में अशोक ने इसे जीतकर अपने साम्राज्य में मिला लिया। इस समय वैतरणी के तट पर घाट बने हैं। नदी के बीच में टापू में वराह का मंदिर है।

यवक्रीत

भरद्वाज ऋषि का एकमात्र पुत्र। महाभारत में इसकी कथा यह बताने के लिए दी गई है कि ज्ञान अध्ययन से प्राप्त होता है, तप से नहीं। यवक्रीत ने घोर तप करके इंद्र से अन्य सब ऋषियों से श्रेष्ठ होने का वरदान प्राप्त किया। इसके बाद वह अविवेकी हो उठा। एक दिन उसने निकट के आश्रम में रहनेवाले ऋषि विश्वामित्र के पुत्र रैभ्य की पुत्रवधू से बलात्कार किया। यह ज्ञात होने पर रैभ्य ने यवक्रीत का विनाश करने के लिए अपनी जटा उखाड़कर उससे एक सुंदरी कृत्या और एक राक्षस का निर्माण किया। सुंदरी ने अपने मोहपाश में आबद्ध करके यवक्रीत का सारा तेज हर लिया। जब राक्षस ने उस पर प्रहार किया तो वरदान में पाई हुई विद्या की कोई शक्ति उसके काम नहीं आई और उसका शरीरांत हो गया। बाद में इंद्र ने उसे बताया कि रैभ्य ने गुरु से वेदों का अध्ययन किया है, इसलिए वह तुमसे अधिक समर्थ निकला।

यवन

1. एक जाति जो गांधार देश की सीमा पर रहती थी। प्राचीन काल में यूनान में

रहनेवाले लोगों के लिए भी 'यवन' शब्द का प्रयोग होता था। ग्रीक लोगों को फारसी में 'यौन' कहा जाता था। मान्यता है कि यवन शब्द इसी यौन का रूपांतर है। सिकंदर के आक्रमण के समय यवनों का एक उपनिवेश अफगानिस्तान में था। मेगस्थनीज आदि भारत आनेवाले यवन ही थे। अशोक के शिलालेखों में भी 'यौन' शब्द का उल्लेख मिलता है। इससे पता चलता है कि उस समय इन लोगों ने पश्चिमी भारत में भी एक बस्ती बना ली थी।

2. महाभारत के अनुसार ययाति पुत्र तुर्वसु के वंशज। पहले ये क्षत्रिय थे, पर ब्राह्मणों से द्वेष रखने के कारण इनकी गणना शूद्रों में होने लगी। इनका नंदिनी (दे.) गाय के योनि प्रदेश से उत्पन्न होना भी बताया गया है। महाभारत युद्ध में ये कौरवों के साथ थे। इससे पूर्व दिग्विजय के समय नकुल और सहदेव ने इन्हें पराजित किया था।

यशोदा

नंद गोप की पत्नी जिसने कृष्ण का पालन-पोषण किया। कंस के कारागृह में जिस समय कृष्ण का जन्म हुआ, उसी समय यशोदा ने भी एक कन्या को जन्म दिया था। वसुदेव कृष्ण को यशोदा के पास छोड़कर उस कन्या को ले आए थे।

पुराणों के अनुसार पूर्वजन्म में नंद और यशोदा क्रमश: वसुओं के प्रमुख द्रोण और उनकी पत्नी धरा थे। उन्होंने ब्रह्मा से प्रार्थना की थी कि पृथ्वी पर जन्म लेने पर उन्हें भगवान की निकटता प्राप्त हो। इसीलिए वृन्दावन में गोप-गोपियों के जन्म लेते समय द्रोण और धरा ने नंद और यशोदा के रूप में जन्म लिया और कृष्ण की बाल-लीलाएं देखकर अपना जीवन धन्य माना।

यशोधरा

गौतम बुद्ध की पत्नी और उनके पुत्र राहुल की माता। बौद्ध साहित्य में इन्हें सुभद्रका, बिंबा और गोपा के नाम से भी याद किया गया है। इनका और गौतम बुद्ध का जन्म एक ही दिन हुआ था। 16 वर्ष की उम्र में इनका विवाह हुआ। सिद्धार्थ (बाद के गौतम बुद्ध) इन्हें और अपने पुत्र को सोते हुए छोड़कर बुद्धत्व की खोज में निकले थे। बाद में यशोधरा ने भी बौद्ध धर्म की दीक्षा ली।

यशोधर्मा

मालव क्षेत्र के इस राजा ने 528 ई. में हूण नेता मिहिरकुल (दे.) को पराजित करके अपना शासन स्थापित किया। कीर्तिस्तंभों में प्राप्त उसके अभिलेखों से विदित होता है कि उसका शासन पूर्व में ब्रह्मपुत्र से पश्चिम में समुद्र तक और उत्तर में हिमालय से दक्षिण में त्रावनकोर तक फैला हुआ था। परंतु राज्य-

विस्तार के इस दावे को पुष्ट करने के लिए और कोई प्रमाण नहीं मिलते। यशोधर्मा के उत्तराधिकारियों के संबंध में भी कोई सूचना नहीं मिलती।

यशोवर्मा

1. कंबुज (कंबोडिया) का एक प्रतापी राजा जिसने 889 ई. से 908 ई. तक शासन किया। इसने यशोधपुर नामक नगर बसाया जो अब अंकोरथम कहलाता है। इसके अभिलेख संस्कृत भाषा तथा कंबुज देश की लिपि और तत्कालीन उत्तर भारत में प्रचलित देवनागरी लिपि में पाए जाते हैं।

2. दसवीं शताब्दी के लगभग का एक चंदेल राजा जिसका शासन जैजाक भुक्ति अर्थात् आधुनिक बुंदेलखंड पर था।

3. कन्नौज का एक राजा जिसने 713 ई. में अपना दूत चीन भेजा था। वह विद्वानों का आश्रयदाता था। संस्कृत के प्रसिद्ध कवि भवभूति उसी के दरबार में थे। बाद में कश्मीर के राजा ललितादित्य ने यशोवर्मा का राज्य छीन लिया और उसे मार डाला।

याज

कश्यप कुल का एक ऋषि जो सूर्य का भक्त और वेदाभ्यासी होने के साथ-साथ लोभी, हीन वृत्ति का तथा क्रोधी था। पांचाल नरेश द्रुपद (दे.) ने अपने शत्रु द्रोणाचार्य का वध करने के लिए इससे पुत्रेष्टि यज्ञ कराना चाहा। बड़ी संख्या में गाएं मिलने के प्रलोभन में यह यज्ञ करने को तैयार हो गया। यज्ञ की सफल समाप्ति पर 'चरु' का सेवन करने के लिए रानी सौत्रामणि को बुलाया गया। उसके आने में कुछ विलंब हुआ तो क्रुद्ध ऋषि ने चरु को अग्नि में डाल दिया जिससे धृष्टद्युम्न (दे.) पैदा हुआ।

याज्ञवल्क्य

1. एक विद्वान् ऋषि जो शुक्ल यजुर्वेद के द्रष्टा माने जाते हैं। ये वैशंपायन के शिष्य थे। एक समय इन्होंने गुरु को लगे ब्रह्महत्या के पाप का स्वयं मार्जन करने की गर्वोक्ति कर डाली। इस पर जब गुरु रुष्ट हुए तो उनकी आज्ञा से याज्ञवल्क्य ने सारी विद्या उगल दी। वैशंपायन के अन्य शिष्यों ने तीतर बनकर उसे चुग लिया। इसलिए उनकी शाखा तैत्तिरीय कहलाई। गुरु से विमुख हो जाने पर याज्ञवल्क्य ने सूर्य की तपस्या की और वर प्राप्त करके शुक्ल यजुर्वेद संहिता के आचार्य बने।

2. राजा जनक के दरबार के एक ऋषि जिन्होंने 'याज्ञवल्क्य स्मृति' की रचना की।

याज्ञवल्क्य स्मृति

मनुस्मृति के बाद याज्ञवल्क्य स्मृति की ही सर्वाधिक मान्यता है। इस स्मृति के रचयिता के विषय में विद्वान् एकमत नहीं हैं। कुछ इन्हें शुक्ल यजुर्वेद के द्रष्टा ही मानते हैं। कुछ का कथन है कि ये राजा जनक के समकालीन ऋषि थे, जिनकी मैत्रेयी और गार्गी नाम की पत्नियां थीं और जिन्होंने जनक को ज्ञानोपदेश दिया था। पर स्मृति की विषयवस्तु तथा भाषा आदि को देखते हुए अधिकांश विद्वान् स्मृतिकार याज्ञवल्क्य को यजुर्वेद और उपनिषद् के ऋषि से भिन्न मानते हैं। इस स्मृति का रचनाकाल प्रथम शताब्दी ई. पू. से तीसरी शताब्दी ई. के बीच माना जाता है।

यह स्मृति मनुस्मृति के बाद की तथा उससे प्रगतिशील विचारों की है। इसमें आचार, राजधर्म, व्यवहार, प्रायश्चित्त आदि की विवेचना की गई है। इसने पुत्र-हीन विधवा को पति के धन पर अधिकार के लिए प्रमुख उत्तराधिकारी माना है। इस स्मृति पर ज्ञानेश्वर की टीका, जो 'पिताक्षरा' के नाम से प्रसिद्ध है, हिंदू कानून के संबंध में आज भी सबसे अधिक प्रामाणिक मानी है।

यातुधान

1. एक राक्षस। यह कश्यप और सुसा के पुत्रों में से था। कहीं पर इसे कश्यप पुत्र यज्ञ और जैतुघना का पुत्र बताया गया है, इसके कुल में जो राक्षस उत्पन्न हुए वे सब 'यातुधान' के कुलनाम से प्रसिद्ध हुए।

2. पुराणों में वर्णित एक राक्षस समूह जिसमें भूत, प्रेत आदि भी सम्मिलित हैं, पर ये राक्षसों से भिन्न भी माने जाते हैं।

यादव वंश

इस वंश का आरंभ 1191 ई. में भल्लिन ने किया। देवगिरि इनकी राजधानी थी। भिल्लन का पौत्र सिंघण 1210 ई. में गद्दी पर बैठा। उसने गुजरात तथा आसपास के क्षेत्रों को जीतकर अपने राज्य का विस्तार किया। परंतु जब 1294 ई. में रामचंद्र देव गद्दी पर बैठा तो अलाउद्दीन खिलजी ने उसके ऊपर आक्रमण कर दिया। खिलजी देवगिरि को लूटकर 600 मन मोती, 200 मन हीरे, माणिक्य, मरकत, मणि, नीलम, सोना और हाथी ले गया। रामचंद्र देव की किसी प्रकार जान बची। परंतु उसके उत्तराधिकारी हरपाल देव को खिलजी की सेना ने बंदी बना लिया और खिलजी ने जीते जी उसकी खाल खिचवा ली। यादव वंश के राजा हिंदू धर्म और संस्कृत भाषा के संरक्षक थे।

यान

इसका शाब्दिक अर्थ तो यात्रा का साधन है, परंतु सांस्कृतिक क्षेत्र में यह बौद्ध धर्म की अलग-अलग शाखाओं के लिए प्रयुक्त होता है। इनमें दो शाखाएं प्रमुख हैं—हीनयान (दे.) और महायान (दे.)। इनके अतिरिक्त भी कालांतर में वज्रयान, मंत्रयान, कालचक्रयान और सहजयान आदि शाखाएं भी अस्तित्व में आईं। इन्हीं यानों की विचारधारा के प्रभाव से सिद्ध साहित्य का भी उदय माना जाता है।

यामल

तंत्रशास्त्र के तीन भाग हैं—आगम, यामल और मुख्य। जिसमें सृष्टि तत्व, नित्य कर्म, युगधर्म आदि का वर्णन हो उसे यामल कहते हैं। यामल का अर्थ है जोड़ा अर्थात् देवता और उसकी शक्ति का परस्पर संवाद।

यायावर

संन्यासियों का एक समूह जो कठोर व्रत का पालन करते हुए इधर-उधर घूमा करता था। इनमें जरत्कारु नाम के ऋषि प्रसिद्ध थे। अन्यत्र जरत्कारु के एक पूर्वज को यायावर बताया गया है। संतान न होने के कारण वे स्वर्ग से च्युत हो गए थे। तब उनके कहने पर जरत्कारु ऋषि ने विवाह करके संतान पैदा की और पितरों को स्वर्ग मिला।

कोई निश्चित आवास न होने के कारण इधर-उधर घूमनेवाले व्यक्ति का नाम भी यायावर मिलता है।

यारी साहब

बावरी पंथ के प्रसिद्ध संत जो 1686 ई. और 1723 ई. के बीच विद्यमान थे। इन्हें मलूकदास का समकालीन बताया जाता है। इनका वास्तविक नाम यार मुहम्मद था और ये किसी शाही घराने में पैदा हुए थे। बाद में इन्होंने संत जीवन अपना लिया। ये सूफी विचारधारा से प्रभावित थे, संसार को मिथ्या मानते थे और एक ईश्वर में विश्वास करते थे। इनके शिष्य बूला साहब ने गाजीपुर में बावरी पंथ की गद्दी स्थापित की।

यास्क

एक सुविख्यात ग्रंथकार जिनका समय 770 ई. पू. माना जाता है। ये यारस्कर देश के निवासी होने के कारण 'यारस्कर' भी कहलाते हैं। यास्क ने प्रजापति कश्यप के ग्रंथ 'निघंटु' पर अपना प्रसिद्ध ग्रंथ 'निरुक्त' लिखा जो वेद का अर्थ स्पष्ट करनेवाला सबसे प्राचीन ग्रंथ माना जाता है। ये पाणिनि के पूर्वकालीन थे

और इन्हें प्राचीन भाषाशास्त्र का आदि आचार्य माना जाता है। इनके अनुसार जो शब्द भाषा के प्रचलित (लौकिक) शब्दों के समान रहते हैं, वे ही अर्थवान बनते हैं। वैदिक मंत्रों का अशुद्ध उच्चारण करनेवालों की इन्होंने कटु आलोचना की है। इनके अनुसार स्वर एवं वर्ण से भ्रष्ट मंत्र यजमान का नाश कर देते हैं।

युगादि व्रत

यह व्रत चारों युगों के आरंभ की तिथि को किया जाता है। सतयुग का आरंभ वैष्णव शुक्ल 3 को, त्रेता युग का आरंभ कार्तिक शुक्ल 9 को, द्वापर का भाद्र कृष्ण 13 को और कलियुग का माघ की अमावस्या को हुआ था। इसलिए इन तिथियों में युगादि व्रत करने का विधान है। वैष्णव शुक्ल तृतीया को नारायण और लक्ष्मी का पूजन करते हैं। कार्तिक शुक्ल नवमी को शिव और उमा पूजे जाते हैं। भाद्र कृष्ण त्रयोदशी के दिन पितृगण का सम्मान होता है। माघ की अमावस्या को गायत्री सहित ब्रह्मा की पूजा करने का नियम है। मान्यता है कि इन व्रतों से कायिक, वाचिक और मानसिक सभी प्रकार के पाप नष्ट हो जाते हैं।

युद्ध

सुरक्षा, अपने स्वत्व की प्रगति, प्रभाव वृद्धि आदि के लिए युद्ध का आश्रय लेने का उल्लेख आदिकाल से मिलता है। मानव विकास के इतिहास के साथ-साथ भारत का प्राचीन वाङ्मय युद्ध के विवरणों से भरा हुआ है। यहां का देवासुर संग्राम (दे.) प्रसिद्ध है। इंद्र (दे.) ने अपने पद और आसन की रक्षा के लिए अनेक युद्ध किए। त्रेता युग के राम-रावण युद्ध और द्वापर के कृष्ण द्वारा लड़े गए युद्धों और सर्वोपरि महाभारत के युद्ध का वर्णन हमारे वाङ्मय में विस्तार से उपलब्ध है।

इस काल में युद्धों के अपने निश्चित नियम और मर्यादाएं थीं। उन मर्यादाओं का उल्लंघन कोई नहीं करता था। सूर्यास्त के बाद युद्ध वर्जित था। रात्रि में प्रतिपक्षी भी परस्पर मिल लिया करते थे। युद्ध में भांति-भांति की व्यूह रचनाएं की जाती थीं।

ऐतिहासिक काल का भारत का सबसे बड़ा युद्ध था—अशोक का कलिंग युद्ध, इससे पूर्व भारत के अनेक गणराज्य और नरेश सिकंदर के आक्रमण के विरुद्ध अपने युद्ध-कौशल का परिचय दे चुके थे। हमारे इतिहास में ऐसे युद्धों के विवरण भी भरे पड़े हैं, जो आपस में ही लड़े गए और जिनसे देश की स्थायी हानि हुई, जैसे राजस्थान के युद्ध।

आधुनिक काल में यांत्रिकता के विकास और प्राचीन जीवन-मूल्यों के ह्रास ने युद्ध को अत्यधिक संहारक और मर्यादाविहीन बना दिया है। दो विश्व युद्धों में और उसके बाद के अनेक क्षेत्रीय युद्धों में हुआ विनाश इसका प्रमाण है।

युधाजित

1. कैकय देश के राजा अश्वपति का पुत्र जो कैकेयी (दे.) का भाई था। अपने भानजे भरत और शत्रुघ्न को यह एक समय अपने देश ले गया था। उसी समय दशरथ (दे.) ने राम के राज्याभिषेक की घोषणा की थी।

2. अवंति देश का एक राजा जिसकी पुत्री लीलावती का इक्ष्वाकुवंशी राजा सुदर्शन के साथ विवाह हुआ था। यह अपने जामाता से रुष्ट था और अयोध्या की गद्दी से उसे हटाकर उसके भाई शत्रुजित को आसीन कराया।

युधिष्ठिर

पांडवों में जेष्ठ भ्राता। शाप के कारण पांडु स्त्री-स्पर्श नहीं कर सकते थे। उनकी पत्नी कुंती ने दुर्वासा ऋषि से प्राप्त मंत्र के बल पर देवराज इंद्र का आह्वान किया और उनसे युधिष्ठिर नामक पुत्र की प्राप्ति हुई।

पांडवों के बाल्यकाल में ही पिता पांडु की मृत्यु हो गई थी। युधिष्ठिर को अन्य भाइयों के साथ हस्तिनापुर में द्रोणाचार्य से शिक्षा मिली। धृतराष्ट्र-पुत्र दुर्योधन आरंभ से ही पांडवों से वैर-भाव रखता था। युधिष्ठिर के युवराज घोषित हो जाने पर यह द्वेष और भी बढ़ गया।

युधिष्ठिर इंद्रप्रस्थ में अपनी नई राजधानी बनाकर रहने लगे। उनके वैभव और सम्मान में वृद्धि देखकर दुर्योधन ने उन्हें लाख के महल में जलाने की चेष्टा की। इसमें असफल होने पर युधिष्ठिर को जुआ खेलने के लिए लालायित किया। जुए में शकुनि की कुटिल चालों से युधिष्ठिर अपने राज्य के सहित चारों भाइयों और पत्नी द्रौपदी को भी हार गए। उन्हें बारह वर्ष वनवास में और एक वर्ष अज्ञातवास में बिताना पड़ा। अज्ञातवास में युधिष्ठिर ने विराट नरेश की राजधानी में कंक नामक ब्राह्मण का रूप धारण किया।

वनवास से लौटने पर युधिष्ठिर ने अपने राज्य की मांग की। पर दुर्योधन सुई की नोक के बराबर भूमि भी देने के लिए तैयार नहीं हुआ। श्रीकृष्ण का प्रयत्न भी सफल नहीं हुआ और परिणामस्वरूप कौरवों-पांडवों के बीच कुरुक्षेत्र में महाभारत का भीषण संग्राम छिड़ गया। श्रीकृष्ण की सहायता से पांडव विजयी हुए। इसके कुछ दिन बाद श्रीकृष्ण के स्वर्गारोहण के उपरांत युधिष्ठिर विरक्त हो उठे। वे अपने पौत्र परीक्षित को राज्य सौंपकर भाइयों और द्रौपदी के साथ स्वर्गारोहण के लिए हिमालय की ओर चल पड़े।

युधिष्ठिर की गणना बड़े ज्ञानी और नीतिज्ञ व्यक्ति के रूप में होती है। उन्हें विदेह जनक जैसे तत्वदर्शियों की श्रेणी का माना जाता है।

युयुत्सु

धृतराष्ट्र का एक पुत्र जो वैश्य स्त्री से उत्पन्न हुआ था। इसे 'करण' भी कहते हैं। महाभारत में करण नाम की एक मिश्र जाति का उल्लेख है।

युयुत्सु पांडवों के प्रति कौरवों के व्यवहार को पसंद नहीं करता था और पांडवों के प्रति सद्भाव रखता था। भीम को विष खिलाकर मार डालने की दुर्योधन की योजना की सूचना पांडवों को इसी ने दी थी। महाभारत युद्ध में भी यह बाद में पांडवों की ओर से ही लड़ा। युद्ध के बाद बचे हुए लोगों में से यह भी एक था। युधिष्ठिर ने इसे धृतराष्ट्र की सेवा में लगाया था। महाप्रस्थान के समय राजा परीक्षित और राज्य की रक्षा का भार भी युधिष्ठिर इसी को सौंप गए थे।

युवनाश्व

इक्ष्वाकु वंश में उत्पन्न एक नरेश जिसे कहीं प्रसेनजित का और कहीं सेनजित का पुत्र बताया गया है। इसकी एक सौ पत्नियां थीं, परंतु बहुत दिनों तक कोई पुत्र नहीं हुआ। पुत्र-प्राप्ति के लिए युवनाश्व ने भृगु ऋषि से पुत्रेष्टि यज्ञ करवाया। यज्ञ की समाप्ति पर ऋषि ने जो अभिमंत्रित जल रखा था, भ्रमवश युवनाश्व उसे पी गया। फलतः इसके शरीर में गर्भ स्थापना हो गई और इसकी बाईं कोख से मान्धाता (दे.) नामक पुत्र उत्पन्न हुआ।

युवनाश्व की कावेरी नाम की एक पुत्री थी जो गंगा की मानवी रूप कही जाती है और आज भी दक्षिण में बहती है। यह बड़ा दानी राजा था। इसने अपनी सब पत्नियां और राज्य दान में ब्राह्मणों को दे दिया।

यूनान से संपर्क

प्राचीन भारत का यूनान से निकट का संपर्क रहा है। सिकंदर के आक्रमण (327-326 ई. पू.) से पहले से ही यह संपर्क चला आ रहा था। छठी शताब्दी ई. पू. के यूनानी दार्शनिक पैथागोरस ने भारत के सांख्य दर्शन से प्रेरणा ली। एक भारतीय विद्वान् यूनान के दार्शनिक सुकरात (ई. पू. 469-399) से उस देश की राजधानी ऐथेन्स में मिला था। सिकंदर के सेनापति सेल्यूकस को चंद्रगुप्त मौर्य से पराजित होना पड़ा और उसने अपनी लड़की का विवाह चंद्रगुप्त से कर दिया। उसी का दूत मेगस्थनीज (दे.) चंद्रगुप्त के दरबार में आया था।

अशोक ने भी यूनान सहित अनेक पश्चिमी देशों से राजनीतिक संबंध स्थापित किए और वहां बौद्ध धर्म का प्रचार किया। अशोक की सेवा में कुछ यूनानी कर्मचारी भी थे। अफगानिस्तान अशोक के साम्राज्य का अंग था और वहां बहुत से यूनानी निवास करते थे। ज्ञान के स्तर पर दोनों देशों के बीच आदान-प्रदान चलता रहा। यूनान ने भारत से दर्शन, धर्म, गणित और विज्ञान की शिक्षा ली

और भारत ने वास्तुकला, मुद्रानिर्माण कला, साहित्य आदि के क्षेत्र में यूनान का प्रभाव ग्रहण किया।

यूनानी अपने को यूरोपीय नहीं कहते थे। इसलिए भारत का यूनान से संबंध यूरोपीय संबंध नहीं था। यूरोपीय यात्रियों में सबसे पहले इटली निवासी मार्कोपोलो 1288 और 1293 ई. में भारत आया। 1420 ई. में इटली के ही निकोलोकोन्टी ने विजयनगर की यात्रा की। 1470 से 1474 ई. तक रूसी यात्री आकानासी निकितन बहमनी राज्य में रहा। 1522 ई. में पुर्तगाल से डोमिंगोज पायस और उसके तेरह वर्ष बाद वहीं का फर्नाओ नूनिज विजयनगर पहुंचा। भारत आनेवाला पहला अंग्रेज टामस स्टेफेंस था। 1583 ई. में अंग्रेज व्यापारी फिच यहां आया। तीसरा अंग्रेज यात्री जान मिडनाल अकबर के दरबार में भी पहुंचा था। टामस रो और पादरी एडवर्ड टेरी 1615 से 1619 ई. तक भारत में रहे। इन यात्रियों ने भारत के संबंध में जो रोचक विवरण प्रस्तुत किए, उन्हीं के कारण पश्चिम की साम्राज्यवादी शक्तियों में भारत पर आधिपत्य जमाने की होड़ हुई।

योगदर्शन

योग का अर्थ है चित्त की वृत्तियों को रोकना। दर्शनशास्त्र की परिभाषा में आत्मा के यथार्थ स्वरूप का ज्ञान योग कहलाता है। इसके प्रवर्तक महर्षि पतंजलि (दे.) हैं जिनका रचित 'योगसूत्र' इस विषय का मूल ग्रंथ माना जाता है। इसकी रचना ई. पू. दूसरी शताब्दी में हुई थी। पर योगदर्शन की विचारधारा का अस्तित्व इससे पहले भी था। उपनिषदों में इसका प्रमाण मिलता है।

योग के दो मुख्य अंग हैं—राजयोग और हठयोग। राजयोग का मूल वेदांत में और हठयोग का तंत्रशास्त्र में बताया जाता है। हठयोग को प्रथम सोपान या साधन माना जाता है और राजयोग को द्वितीय सोपान अर्थात् साध्य। आत्मोन्नति के साधन के रूप में योग की बड़ी महत्ता रही है। परमात्मा और आत्मा का मिलन योगदर्शन नहीं मानता। सृष्टिकर्ता ईश्वर का भी यहां कोई स्थान नहीं है, न उस तक पहुंचना जीवन का लक्ष्य है। हां, चित्त की एकाग्रता के लिए ईश्वर का चिंतन भी एक मार्ग मान लिया जाता है।

योग के तीन प्रमुख मार्ग हैं—ज्ञान, भक्ति और कर्म। तार्किक स्वभाव के व्यक्ति के लिए ज्ञान, भावुक के लिए भक्ति और कर्मठ के लिए कर्मयोग का मार्ग बताया गया है। चित्त शुद्धि के लिए योग में आठ प्रकार के साधन निश्चित हैं—1. यम (अहिंसा, सत्य, अस्तेय, अपरिग्रह तथा ब्रह्मचर्य का पालन), 2. नियम (पवित्रता, संतोष, तप, स्वाध्याय तथा ईश्वर प्राणिधान), 3. आसन (अनेक प्रकार के योगासन), 4. प्राणायाम (श्वास-प्रश्वास का नियमन), 5. प्रत्याहार (इंद्रियों

को बाह्य विषयों से हटाकर वश में करना), 6. धारणा (मन को अंतर्जगत में एक स्थान पर ठहराना), 7. ध्यान (ध्येय का निरंतर मनन), 8. समाधि (ध्येय में ही लीन हो जाना)। इसे अष्टांग योग कहते हैं।

बौद्ध धर्म के प्रचार ने भी योग को प्रोत्साहन दिया। कालांतर में हठयोग की एक और शाखा का विकास हुआ। इसके प्रवर्तक आदिनाथ तथा उनकी शिष्य परंपरा में मत्स्येन्द्रनाथ तथा गोरखनाथ हुए। यह नाथ संप्रदाय कहलाता है और इसके अनुयायी आज भी देश में हैं।

योगनिद्रा

योगाभ्यास की विभिन्न बाहरी क्रियाओं में आसन, प्राणायाम, दृष्टि को नासिका के अग्रभाग में स्थिर करना आदि सम्मिलित हैं। इन बाहरी क्रियाओं के अभ्यास से इनको करते समय साधक चेष्टाशून्य हो जाता है। यही अवस्था योगनिद्रा कहलाती है।

योगमत

भारत में योग से संबंध रखनेवाले अनेक मत अथवा संप्रदाय प्रचलित हैं, जैसे—नाथ संप्रदाय, चरनदासी संप्रदाय, शब्दाद्वैतवाद, प्रणववाद अथवा स्फोटवाद आदि। राधास्वामी पंथ में प्रचलित शब्द ध्यानवाद भी ध्यान योग का एक प्रकार माना जाता है।

योगवशिष्ठ रामायण

तेरहवीं-चौदहवीं शताब्दी में रचे गए संस्कृत ग्रंथों में यह 32,000 पदों का एक विशाल ग्रंथ है। अद्वैत वेदांत के ग्रंथों में इसका महत्वपूर्ण स्थान है। इसे अध्यात्म रामायण के समकक्ष माया जाता है। इसमें राम और वशिष्ठ के संवाद के रूप में वेदांत के सिद्धांतों का प्रतिपादन किया गया है।

योगसूत्र

दे. योगदर्शन।

योगिनी

योगिनियों की कल्पना दो रूपों में की गई है—1. जादू की शक्ति रखनेवाली योगनियां, 2. शिव-शक्तियां अथवा महाविद्याएं। इनकी भिन्न-भिन्न संख्या मिलती है। कहीं पर आठ, कहीं पर सात और कहीं चौसठ योगिनियों का उल्लेख पाया जाता है। ये शुभ और अशुभ दोनों प्रकार का फल देती हैं।

योन

अशोक के शासनकाल में पश्चिमी सीमा पर स्थित एक जनपद। इसका उल्लेख अशोक के अभिलेखों में मिलता है। ये लोग मूलतः यूनान के निवासी थे और अशोक के साम्राज्य के अंदर रहने के कारण उसकी प्रजा बन गए थे। इनमें से अधिकांश ने बौद्ध धर्म ग्रहण कर लिया था।

योनि

1. जीवों की जातियां योनि कहलाती हैं। पुराणों में 84 लाख योनियों का उल्लेख है। जल, थल, वायु और आकाश में रहनेवाले सभी प्राणी, पेड़-पौधे आदि इन्हीं में सम्मिलित हैं। 84 लाख योनियों का विभाजन इस प्रकार है—मनुष्य 24 लाख, जलचर 6 लाख, खेचर (आकाशचारी) 8 लाख, कृमि 11 लाख, पशु 8 लाख और स्थावर 27 लाख।

2. स्त्री का मातृबोधक अंग। प्रागैतिहासिक युग में पश्चिमोत्तर प्रदेश के लोगों के धर्म में इसका बड़ा महत्व था। उत्पत्ति-स्थान होने के कारण इसे आदरणीय और पूज्य माना जाता था। शाक्त धर्म में योनि-चिह्न शक्ति का प्रतीक बन गया। कामाख्या (दे.) में इसी चिह्न की पूजा होती है।

शिवमंदिरों में शिवलिंग के आधार की आकृति भी इसी से मिलती-जुलती होती है।

योनि-यंत्र

कामाक्षा, गया आदि कुछ विशिष्ट तीर्थ स्थानों में बना हुआ एक प्रकार का बहुत ही संकीर्ण मार्ग, जिससे होकर निकलने पर मोक्ष की प्राप्ति मानी जाती है।

यौथिकी

वैष्णव भक्तों के अनुसार ऐसी गोपियों का वर्ग जो किसी समय ऋषि-मुनियों के रूप में रहकर तपस्या कर चुकी थीं, और उसके फलस्वरूप अब श्रीकृष्ण के नित्य साथ रहकर लीला करती हैं।

यौधेय

इनका उल्लेख समुद्रगुप्त (दे.) के स्तंभ लेखों में पाया जाता है। वहां पर इनकी गणना मालव आदि गणराज्यों के साथ की गई है। इससे विदित होता है कि यौधेय क्षत्रियों का एक गण था। संभवतः ये लोग पहले सतलज घाटी में रहते थे और बाद में शूरसेन क्षेत्र तक फैल गए।

र

रंतिदेव

1. भरत वंश का एक राजा जिसे संस्कृति राजा का पुत्र होने के कारण 'सांकृत्य' पैत्रिक नाम से भी जाना गया। इसका राज्य चर्मण्वती (चंबल) नदी के किनारे था। दशपुर इसकी राजधानी थी। रंतिदेव बड़ा दानवीर और अतिथि परायण था। अतिथियों के सत्कार के लिए इसके यहां दो लाख पाकशास्त्री नियुक्त किए गए थे। इसके यज्ञ के पशुओं की खाल पड़ने के कारण नदी का नाम चर्मण्वती पड़ गया। इसके नाम के आधार पर चंबल का एक नाम रंतिनदी भी है। इसकी दानवीरता के कारण एकबार इसके परिवार को 48 दिन अन्न के बिना बिताने पड़े थे।

2. विष्णु का एक नाम।

रंभ-करंभ

कश्यप और दनु के पुत्र दो दानव भाई। एकबार जल में तप कर रहे करंभ को मगर का रूप धारण करके इंद्र ने मार डाला। रंभ भाई के वियोग में आत्महत्या करने के लिए उद्यत हो गया। इस पर अग्नि ने प्रकट होकर उसे वर दिया कि तुम्हें वंशपरंपरा चलानेवाला पुत्र प्राप्त होगा। महिषासुर (दे.) इसी के पुत्र के रूप में पैदा हुआ था।

रंभा

कश्यप और प्राधा की कन्या एक अति सुंदरी अप्सरा। यह कुबेर की सभा में रहती थी। इंद्र की सभा में इसने अर्जुन के स्वागत में नृत्य किया था।

रंभा कुबेर के पुत्र नलकूबर (दे.) के साथ पत्नी रूप में रहती थी। इस कारण एकबार रावण ने इसका उपहास किया। इस पर रंभा ने उसे शाप दे डाला कि यदि रावण किसी स्त्री की इच्छा के बिना संसर्ग करेगा तो उसे अपने प्राणों से हाथ धोना पड़ेगा। इसी कारण सीता का हरण करने के बाद भी रावण उनका कुछ न बिगाड़ सका।

एकबार इंद्र ने विश्वामित्र का तप भंग करने के लिए इसे भेजा। ऋषि ने इंद्र का षड्यंत्र समझ कर रंभा को हजार वर्षों तक शिला बनने का शाप दे दिया।

बाद में श्वेत मुनि के छोड़े वायु अस्त्र से उड़कर यह शिला कपितीर्थ में जा गिरी और रंभा शाप से मुक्त हुई

रक्तदंतिका

दुर्गा का वह रूप जो उन्होंने शुंभ और निशुंभ को मारने के समय धारण किया था। (दे. रक्तबीज)। इनके इस रूप को चंडिका भी कहते हैं।

रक्तबीज

शुंभ-निशुंभ (दे.) का साथी एक असुर। इसे शिव ने वरदान दे रखा था कि इसके शरीर से रक्त की जितनी बूंदें धरती पर गिरेंगी, उनसे इसके समान उतने ही असुर पैदा होते जायेंगे। इस वरदान से रक्तबीज बड़ा घमंडी हो गया। एक बार यह शुंभ-निशुंभ की ओर से देवी से युद्ध करने गया और बोला—तुम शुंभ-निशुंभ से विवाह कर लो या फिर युद्ध में पराजित हो जाओगी। यह सुनकर देवी अत्यन्त क्रुद्ध हुई। उसने चामुंडी रूप धर कर असुर के शरीर के पूरे रक्त का पान कर लिया, एक भी बूंद भूमि पर न गिरने दी। इस प्रकार रक्तबीज और उससे उत्पन्न होने वाले रक्षसों का अंत हुआ।

रक्षा-कवच

तंत्र-मंत्र की विधि से बनाया हुआ वह कवच या यंत्र जो किसी को आपत्तियों आदि से रक्षित रखने के लिए पहनाया जाता है। ऐसा लोक-विश्वास है कि इसके पहनने के भूत-प्रेत या रोगादि की बाधाओं से छुटकारा मिल जाता है।

रक्षाबंधन

श्रावण मास की पूर्णिमा को यह पर्व मनाया जाता है। इसके दो अंग हैं—श्रावणी और रक्षाबंधन। श्रावणी के रूप में द्विजका नदी या तालाब के तट पर पुरोहित की उपस्थिति में अनुष्ठान संपन्न करते हैं। उसके बाद नया यज्ञोपवीत (दे.) धारण किया जाता है।

रक्षाबंधन के रूप में बहनें भाइयों की कलाई में पवित्र सूत्र बांधती हैं। यह उनकी रक्षा का प्रतीक है। भाई अपनी ओर से बहनों को रक्षा के लिए वचनबद्ध होते हैं। जैन समाज में उस दिन जैन मुनियों की पूजा की जाती है। पुराणों के अनुसार सबसे पहली राखी देवासुर संग्राम में देवताओं की पराजय देखकर इंद्राणी ने अपने पति इंद्र को बांधी थी। इसके प्रभाव से देवता विजयी हुए और दानवों का राजा बलि बांध लिया गया। वहां श्रीकृष्ण के मुंह से युधिष्ठिर को रक्षाबंधन का महत्व बताया गया है। परवर्ती काल में राखी से अनेक ऐतिहासिक और

लोककथाएं जुड़ी हुई हैं। इसे रक्षासूत्र भी कहते हैं। यह मंत्रपूत सूत या डोरा हाथ की कलाई में रक्षाकारक मानकर पहना जाता है।

रघु

अयोध्या के इक्ष्वाकुवंश के एक प्रसिद्ध राजा जो राजा दिलीप के पुत्र थे। मान्यता है कि दिलीप को नंदिनी गाय की सेवा के प्रसाद से ये पुत्र रूप में प्राप्त हुए थे। ये बचपन से ही अत्यन्त प्रतिभाशाली थे। रघु के बाल्यकाल में ही इनके पिता ने अश्वमेध यज्ञ का घोड़ा छोड़ा था। इंद्र ने उस घोड़े को पकड़ लिया, परंतु उसे रघु के हाथों पराजित होना पड़ा।

रघु बड़े प्रतापी राजा थे। गद्दी पर बैठने के बाद उन्होंने अपने राज्य में शांति स्थापित की और दिग्विजय करके चारों दिशाओं में राज्य का विस्तार किया। एक बार इन्होंने दिग्विजय करके अपने गुरु वशिष्ठ की आज्ञा से विश्वजित यज्ञ किया और उसमें अपनी संपूर्ण संपत्ति दान कर दी। इसके बाद ही विश्वामित्र के शिष्य कौत्स ने आकर गुरु दक्षिणा चुकाने के लिए राजा रघु से धन की मांग की। इस पर रघु ने कुबेर पर आक्रमण करके उसे राज्य में सोने की वर्षा करने के लिए बाध्य किया और कौत्स को इच्छानुसार धन दिया।

रघु अपने कुल में सर्वश्रेष्ठ गिने जाते हैं। इन्हीं की महत्ता के कारण इक्ष्वाकुवंश का नाम 'रघुवंश' हो गया। रघु के पुत्र अज, अज के पुत्र दशरथ और दशरथ के पुत्र राम अयोध्या के नरेश हुए। रघु के वंशज होने के कारण ही राम को राघव, रघुवर, रघुनाथ आदि भी कहा जाता है।

रघुवंश

महाकवि कालिदास रचित इस संस्कृत महाकाव्य में 19 सर्गों में सूर्यवंशी राजाओं के चरित्र का चित्रण किया गया है। दिलीप के वर्णन से आरंभ करके कवि इसी वंश के विलासी राजा अग्निवर्ण के जीवनांत पर अपना काव्य पूरा करता है। पर उसका मुख्य वर्ण्य विषय रघु और राम के चरित्र का चित्रण ही है। उसने दर्शाया है कि एक ओर रघु और राम ने अपने वंश को गौरव दिया तो दूसरी ओर विलासी और कामी अग्निवर्ण के कारण उसका दुखद अंत भी हो गया। कवि की प्रौढ़ प्रतिभा से प्रसूत यह काव्य ग्रंथ जग विख्यात है।

रज

धार्मिक क्षेत्रों में प्रकृति के तीन गुणों में से दूसरा जिसके कारण जीवों में भोग-विलास करने तथा बल-वैभव के प्रदर्शन की प्रवृत्ति उत्पन्न होती है।

रजि

पुरुरवा वंश का एक राजा जो अत्यन्त पराक्रमी था। यह जिस पक्ष में रहता, विजय उसी की होती। एकबार देवासुर संग्राम में इंद्र पद प्राप्त करने की शर्त पर यह देवों की ओर से सम्मिलित हुआ। इंद्र उस समय दुर्बल था और उसमें राज्य संभालने की क्षमता न थी। अत: विजय के बाद रजि स्वयं इंद्र बन गया। इसके सैकड़ों पुत्र उत्पन्न हुए पर वे सब अयोग्य निकले। इस पर बृहस्पति की सलाह पर इंद्र ने उन सबको मति भ्रष्ट करके समाप्त कर दिया और अपना स्थान पुन: ले लिया।

एक स्थान पर रजि को विष्णु का अवतार बताया गया है।

रजिया सुल्तान

दिल्ली के सिंहासन पर बैठनेवाली भारत के इतिहास की एकमात्र महिला रजिया सुल्तान इल्तुतमिश की पुत्री थी। उसके पिता ने उसे अपना उत्तराधिकारी नियुक्त किया था, परंतु सरदार स्त्री के शासन में रहने को तैयार न थे। इस पर रजिया के बड़े भाई को गद्दी पर बैठाया गया। वह बहुत अयोग्य निकला और कुछ दिन में मार डाला गया। तब रजिया फिर सिंहासन पर बैठी। उसने 1236 से 1240 ई. तक शासन किया। वह हाथी पर सवार होकर जनता के सामने निकलती थी। राज्य के कामों और युद्धों में भी पूरा-पूरा भाग लेती। फिर भी स्त्री होने के कारण सरदार उससे संतुष्ट न थे। इसी बीच रजिया ने याकूब नाम के एक हब्शी गुलाम को अपना बहुत विश्वासपात्र बना लिया था। इस पर सरदारों ने सिंध के सूबेदार अल्तूनिया को आगे करके रजिया के विरुद्ध विद्रोह कर दिया। रजिया ने यहां चतुराई का परिचय दिया। उसने विद्रोही नेता अल्तूनिया से विवाह कर लिया। लेकिन वह फिर भी अपने को न बचा सकी। विद्रोहियों ने 1240 ई. में अल्तूनिया के सहित उसे मार डाला।

रज्जब

दादूदयाल (दे.) के शिष्य रज्जब राजस्थान के निवासी एक पठान परिवार में पैदा हुए थे। बचपन से ही संतों के संपर्क और आत्मचिंतन के कारण 20 वर्ष की उम्र में ही आध्यात्मिक रचनाएं करने लगे थे। गुरु का प्रभाव इनके ऊपर अत्यधिक था। कहते हैं कि ये मौर और सेहरा बांध कर विवाह करने जा रहे थे। उसी समय दादूदयाल के दर्शन करने के लिए गए। दादू की बातों का रज्जब के ऊपर इतना प्रभाव पड़ा कि उन्होंने मौर और सेहरा उतार फेंका और सदा के लिए दादू के शिष्य बन गए। दादू के अंतर्धान होने पर रज्जब ने भी सदा के लिए अपनी आंखें बंद कर ली थीं। इनके रचित दो बड़े ग्रंथ—'वाणी' और 'सरबंगी' उपलब्ध हैं।

रण-चंडी

दुर्गा का वह रूप जिसे धारण करके वे रणक्षेत्र में भयंकर मारकाट करती हैं। (दे. रक्तदंतिका)।

रणछोड़राय

श्रीकृष्ण का एक नाम। यह नाम पड़ने के दो कारण बताए जाते हैं—1. बोडाणा नाम का एक भक्त बराबर द्वारका जाकर दर्शन किया करता था। वृद्धावस्था के कारण जब वह यात्रा करने में असमर्थ हो गया तो स्वप्न में श्रीकृष्ण से संकेत मिलने पर वह मूर्ति को उठाकर अपने स्थान डाकोर (दे.) ले गया। इस पर द्वारका के पंडे बोडाणा पर बिगड़ उठे। उन्होंने उससे मूर्ति के भार का सोना मांगा। जब मूर्ति तोली जाने लगी तो बोडाणा की पत्नी की नाक की नथ ही उससे अधिक भारी हो गई। श्रीकृष्ण ने इस प्रकार अपने भक्त का 'ऋण छुड़ाया' और वे 'रणछोड़' कहलाए।

2. जरासंध और कालयवन यद्यपि हर बार पराजित होते थे, फिर भी वे मथुरा पर आक्रमण करते जाते थे। इससे होती निरंतर की हानि से जनता की रक्षा के लिए श्रीकृष्ण ने मथुरा छोड़ दी और वे यदुवंशियों सहित समुद्र के किनारे दूर द्वारका में जा बसे। युद्ध-भूमि छोड़ने के कारण ही उनका नाम 'रणछोड़राय' पड़ गया।

रणजीतसिंह (1780-1839 ई.)

पंजाब में सिक्ख राज्य के संस्थापक महाराजा रणजीतसिंह अपने पिता की मृत्यु के वाद बारह वर्ष की उम्र में ही सिक्खों के एक समूह के सरदार बन गए थे। 1799 ई. में उन्नीस वर्षीय रणजीतसिंह ने लाहौर पर अधिकार कर लिया। कुछ दिन बाद जम्मू के शासक ने भी उनकी अधीनता स्वीकार कर ली। पूर्व की ओर से अंग्रेजों का राज्य-विस्तार दिल्ली तक हो चुका था। रणजीतसिंह ने राजनीतिक सूझ-बूझ का परिचय देते हुए उनसे संधि कर ली और उनका फैलना रोक दिया। अंग्रेजों की ओर से निश्चिन्त होकर उन्होंने दूसरी दिशा में रुख किया। अफगानिस्तान के भगोड़े शासक शाहशुजा से उन्हें कोहनूर हीरा मिला। 1823 ई. तक मुल्तान, कश्मीर और पेशावर पर महाराजा रणजीत सिंह का अधिकार हो चुका था। परंतु उनकी मृत्यु के दस वर्ष बाद ही यह छिन्न-भिन्न हो गया।

रति

कामदेव की पत्नी जिसका जन्म दक्ष प्रजापति के पसीने की बूंदों से हुआ था। शिव ने जब अपना तीसरा नेत्र खोल कर कामदेव को भस्म कर दिया तो यह अत्यधिक

विलाप करने लगी। इस पर शिव ने इसे सांत्वना दी। अगले जन्म में यह शंबासुर की पत्नी मायावती (दे.) बनी। तब इसने अपने पति कामदेव को श्रीकृष्ण के पुत्र प्रद्युम्न के रूप में प्राप्त किया। कहीं पर इसे शंबासुर की दासी बताया गया है। अलकापुरी की एक अप्सरा का नाम भी रति था।

रत्न

रत्नों की संख्या कहीं पर नौ बताई गई है और कहीं पर पांच। नौ रत्न हैं—मोती, सुवर्ण, वैदूर्य, माणिक्य, पुखराज, गोमेद, नीलम, पन्ना और मूंगा। पांच रत्न जिनका प्रयोग धार्मिक कृत्यों में होता है, वे हैं—सोना, चांदी, मोती, मूंगा और माणिक्य। कहीं-कहीं पर पंचरत्न ये बताए गए हैं—सोना, हीरा, नीलम, पुखराज और मोती।

रत्न नगर

पुराणों में वर्णित एक प्राचीन नगर जिसका वर्तमान रूप मध्य प्रदेश में विलासपुर जिले का रतनपुर नाम का कस्बा बताया जाता है। जैमिनि पुराण के अनुसार यहां मयूर ध्वज (दे.) नाम का राजा राज्य करता था। युधिष्ठिर के अश्वमेध यज्ञ का घोड़ा जब अर्जुन-श्रीकृष्ण की रक्षा में घूम रहा था, मोरध्वज के पुत्र ने अर्जुन और कृष्ण को मूर्छित करके अश्व को पकड़ लिया। इस पर श्रीकृष्ण ब्राह्मण का वेश धारण करके मोरध्वज के पास पहुंचे और उनका आधा शरीर दान में मांग लिया। दानी राजा तुरंत इसके लिए तैयार हो गए। उन्होंने अपने पुत्र और रानी को आज्ञा दी कि दोनों मिलकर उनके शरीर को आरे से चीर दें। जब शरीर चीरा जाने लगा तो श्रीकृष्ण ने प्रकट होकर दानवीर राजा की रक्षा की। इस विवरण के अनुसार इस घटना के कारण 18वीं शताब्दी तक रतनपुर में कोई व्यक्ति आरा काम में नहीं लाता था।

रथ

रथ का प्रयोग कब से होने लगा, इसका निश्चित प्रमाण नहीं मिलता। पहिए के आविष्कार के बाद ऐसे वाहन के निर्माण में जो भी समय लगा हो, अश्व-चालित रथ से भारतीय सबसे पहले परिचित थे। सूर्य के रथ की कल्पना का कोई आधार होना चाहिए। युद्धों में देवराज इंद्र द्वारा रथ के प्रयोग का वर्णन स्थान-स्थान पर मिलता है। वाल्मीकि रामायण के अनुसार राम-रावण युद्ध के समय राम रथारूढ़ रावण से भूमि पर खड़े-खड़े युद्ध कर रहे थे। यह देखकर कि यह असमान युद्ध है, इंद्र ने सारथी मातलि के द्वारा अपना अस्त्र-शस्त्र सज्जित रथ राम के लिए भेज दिया था।

उस समय रथ का सारथी होना भी सांधारण बात न थी। कोई शक्तिमान और प्रतिष्ठित व्यक्ति ही रथ का सारथी होता था। महाभारत युद्ध में अर्जुन के सारथी का काम स्वयं कृष्ण ने किया।

रथयात्रा

आषाढ़ शुक्ल द्वितीया को मनाया जाने वाला वैष्णव मंदिरों का एक प्रमुख महोत्सव। उस दिन मंदिरों में देव मूर्तियों को सजे-सजाए रथों में रखकर एक स्थान से दूसरे स्थान को ले जाते हैं।

भारत में रथयात्रा का सबसे बड़ा उत्सव जगन्नाथपुरी (दे.) में होता है। इसमें देश-विदेश के लाखों श्रद्धालु सम्मिलित होते हैं। इस अवसर पर जगन्नाथ मंदिर से जगन्नाथ, बलभद्र तथा बहन सुभद्रा की काष्ठ मूर्तियां तीन विशालकाय सजे-सजाए रथों पर रखकर दस दिन के लिए लगभग दो कि.मी. दूर गुंडीचा मंदिर में ले जाई जाती हैं। मूर्तियों को पुनः मूल मंदिर में वापस लाने की क्रिया 'बहुला यात्रा' कहलाती है। वैष्णवेतर मंदिरों में अन्य देवताओं की मूर्तियों की यात्रा निकालते हैं।

रमण महर्षि

वर्तमान युग के संतों में दक्षिण भारत के महर्षि रमण की बड़ी प्रसिद्ध रही है। आपका जन्म 30 दिसंबर 1879 ई. को तमिलनाडु के एक गांव में हुआ था। बचपन का नाम बेंकट रमण था। बालक बचपन से ही संन्यासियों जैसा व्यवहार करने लगा था। वह बहुधा गहरी नींद में सो जाता और मारने-पीटने पर भी न जागता। उसका पढ़ने में भी मन नहीं लगता था।

इसी मानसिकता को लेकर रमण एक दिन अरुणाचलम जा पहुंचे और शिव मंदिर में ध्यान लगाए बैठे रहे। उन्होंने तीन वर्षों तक कठिन तपस्या की। इस बीच यदि कोई उनके मुंह में खाद्य डाल देता, उसी को खा लेते। उनकी साधना की ख्याति चारों ओर फैलने लगी। अद्वैत सिद्धांत के अनुयायी थे। सबको सुखी बनाने का प्रयत्न ही ईश्वर-भक्ति है। अपने मरणशील शरीर की उन्होंने कभी चिन्ता नहीं की। 1950 ई. में वे समाधि में लीन हो गए।

अरुणाचलम की परिक्रमा में रमण महर्षि का आश्रम है। आश्रम के मंदिर में रमण महर्षि द्वारा पूजित देवी की भव्य मूर्ति स्थापित है। मंदिर के पास ही महर्षि का निर्वाण-स्थान तथा उनकी समाधि है।

रमण, सर चंद्रशेखर व्यंकट

अंतर्राष्ट्रीय ख्याति के भारतीय वैज्ञानिक सर सी. वी. रमण का जन्म 1888 ई.

में दक्षिण भारत में हुआ था। इस प्रतिभाशाली वैज्ञानिक ने अपने कार्यकारी जीवन के दस वर्ष भारत सरकार के वित्त विभाग में बिताए। 1917 ई. में इन्हें कलकत्ता विश्वविद्यालय के भौतिक विज्ञान विभाग में अध्यापक नियुक्त किया गया। यहीं से सी. वी. रमण के वैज्ञानिक अभ्युदय का आरंभ हुआ। 1928 ई. में प्रकाश किरणों संबंधी इनकी खोज से विश्व भर के वैज्ञानिकों का ध्यान इनकी ओर आकृष्ट हुआ। 1930 ई. में सर सी.वी. रमण को भौतिकी के लिए नोबेल पुरस्कार से सम्मानित किया गया। उन्होंने अनेक वर्षों तक बंगलौर के विज्ञान संस्थान के निदेशक का पदभार संभाला। 1971 ई. में आपका देहांत हो गया।

रमाबाई रानाडे

महादेव गोविन्द रानाडे (दे.) की पत्नी जिन्होंने अपने समय में स्त्रियों की स्थिति सुधारने के लिए अथक परिश्रम किया। 1872 ई. में उनका रानाडे से विवाह हुआ। विवाह के समय पति को उम्र 32 वर्ष थी और पत्नी की 11 वर्ष ! रमाबाई एकदम निरक्षर थी क्योंकि तब स्त्रियों को शिक्षा देने का विरोध लोकमान्य तिलक जैसे व्यक्ति भी करते थे। रमाबाई को उनके पति ने घर पर ही पढ़ाया। वे कुछ ही वर्षों में महिलाओं को संगठित करने और उनकी स्थिति सुधारने के काम में लग गईं। उन्होंने 'महिला सेवा सदन' की स्थापना की और महिलाओं को नर्सिंग की शिक्षा दिलाई। इस काम में उन्हें सामाजिक विरोध और असुविधाओं का सामना करना पड़ा। पर वे आगे बढ़ती रहीं। पति की मृत्यु के बाद भी रमाबाई ने 20 वर्ष तक समाज की सेवा की। 1924 ई. में उनका स्वर्गवास हो गया।

रवि वर्मा

प्रसिद्ध चित्रकार राजा रवि वर्मा का जन्म केरल के राजघराने से संबंधित परिवार में 1848 ई. में हुआ। उन्हें बचपन से ही चित्रकारी का शौक था। उन्होंने अपने समय के प्रसिद्ध चित्रकारों से शिक्षा पाई। शीघ्र ही उनकी गणना भारत के प्रमुख चित्रकारों में होने लगी। रवि वर्मा ने अधिकांश चित्र धार्मिक विषयों के बनाए। इससे लोगों में प्राचीन संस्कृति और कला के प्रति प्रेम उत्पन्न करने में बड़ी सहायता मिली। उनकी तूलिका से प्राचीन इतिहास परंपराएं और रीति-रिवाज सजीव हो उठे। देश की जनता उनके चित्रों की दीवानी हो गई थी। देश-विदेश में उनकी अनेक प्रदर्शनियां आयोजित की गईं। अंतर्राष्ट्रीय ख्याति के चित्रकार रवि वर्मा का 1909 ई. में निधन हो गया।

रविशंकर शुक्ल

प्रसिद्ध स्वतंत्रता सेनानी और आधुनिक मध्य प्रदेश के निर्माता पं. रविशंकर शुक्ल

का जन्म 2 अगस्त 1877 ई. को सागर में हुआ था। शिक्षा समाप्त करने के बाद उन्होंने कुछ दिन तक सरकारी नौकरी और वकालत की। फिर तिलक, मालवीयजी और गांधीजी के प्रभाव से सार्वजनिक जीवन में कूद पड़े। 1923 ई. से 1942 ई. तक के प्रत्येक स्वतंत्रता संग्राम में जेल यात्राएं कीं। स्वराज्य पार्टी की ओर से 1933 ई. में केन्द्रीय असेम्बली में गए और 1938 ई. में मध्य प्रदेश के मुख्यमंत्री बने। 1946 ई. में वे पुनः मुख्यमंत्री बनाए गए और 3 दिसंबर 1956 ई. को देहान्त होने तक इस पद पर रहे। शुक्लजी हिन्दी के प्रबल समर्थक थे। संविधान सभा के सदस्य के रूप में हिन्दी को राजभाषा घोषित कराने में आपका बड़ा योगदान था।

रवीन्द्रनाथ ठाकुर

आधुनिक भारत के सबसे महान कवि रवीन्द्रनाथ ठाकुर का जन्म 7 मई 1861 ई. को कलकत्ता में हुआ था। इनके पिता देवेन्द्रनाथ ठाकुर (दे.) अपने समय के प्रसिद्ध विद्वान् और समाज सुधारक थे। रवीन्द्र का विद्यालय में मन न लगने के कारण उसकी सारी शिक्षा घर पर ही हुई, यद्यपि उन्हें पढ़ने के लिए इंगलैंड भी भेजा गया था। काव्य की ओर इनकी रुचि बचपन से ही थी। इन्होंने 16 वर्ष की उम्र में छद्म नाम से एक पुस्तक की रचना कर डाली थी।

रवीन्द्रनाथ बहुमुखी प्रतिभा के व्यक्ति थे। वे कवि, नाटककार, उपन्यासकार, कहानी लेखक, आलोचक, संपादक, बालसाहित्य के रचयिता, संगीतज्ञ, चित्रकार सभी कुछ थे। वे बंगला भाषा में लिखते थे। हमारे राष्ट्रगान 'जन गण मन' की रचना उन्होंने 1911 ई. में की थी। 1913 ई. में कुछ कविताओं के अंग्रेजी अनुवाद 'गीतांजलि' पर आपको विश्व का सर्वोच्च नोबेल पुरस्कार मिला था। गांधी जी से आपकी बड़ी घनिष्टता थी। गांधीजी आपको 'गुरुदेव' कहा करते थे। विश्व की अधिकांश भाषाओं में रवीन्द्रनाथ की रचनाओं का अनुवाद हो चुका है।

बोलपुर में पिता द्वारा खरीदी भूमि में आपने 1901 ई. में 'विश्व भारती' की स्थापना का महान कार्य किया। इस अद्वितीय शिक्षा संस्था को तत्कालीन सरकार से सहायता लिए बिना रवि बाबू पचास वर्षों तक अपने साधनों से चलाते रहे। स्वतंत्रता के बाद विश्व भारती को केन्द्रीय विश्वविद्यालय का दर्जा दिया गया। 7 अगस्त 1941 ई. को रवि बाबू का देहान्त हो गया।

रसखान (1548-1628 ई. के लगभग)

प्रसिद्ध कृष्ण भक्त रसखान जन्म से मुसलमान थे पर इनका हृदय वैष्णव भक्ति के भावों से सदा विभोर रहता था। इनके लिखे हुए सवैये आज भी लोगों की जिह्वा पर रहते हैं। रसखान की दो रचनाएं प्रसिद्ध हैं—'प्रेम वाटिका' और

'सुज्ञान रसखान'। इनके जीवन के संबंध में कई किंवदंतियां प्रसिद्ध हैं। एक के अनुसार रसखान एक लड़के के पीछे घूमा करते थे। किन्हीं व्यक्तियों को इन्होंने बात करते हुए सुना कि ईश्वर पर वैसी ही आसक्ति होनी चाहिए जैसी रसखान की उस लड़के पर है। यह सुनते ही रसखान की जीवन-धारा बदल गई। वे सीधे गोकुल पहुंचे और विट्ठलदास से दीक्षा ले ली।

दूसरी किंवदंती के अनुसार इनकी प्रेमिका इनका बड़ा तिरस्कार करती थी। एक दिन ये भागवत का फारसी भाषा में अनुवाद पढ़ रहे थे। उसमें कृष्ण के प्रति गोपियों के प्रेम का वर्णन पढ़कर इन्होंने निश्चय किया कि एक रूपगर्विता महिला के चक्कर में न पड़कर उस कृष्ण से क्यों न लौ लगाई जाए जिस पर इतनी गोपियां अपने को न्यौछावर कर देती हैं। बस यहीं से उनके जीवन का मार्ग बदल गया।

रसिक संप्रदाय

यह संप्रदाय रामभक्ति साहित्य की एक प्रमुख धारा है। इसमें सीताराम की शृंगारी लीलाओं का ध्यान, गान और उनके अनुसार सेवा की जाती है। इस धारा में वस्तुतः पांच प्रकार हैं—जानकी संप्रदाय, रहस्य संप्रदाय, रसिक संप्रदाय, जानकी बल्लभ संप्रदाय और सिया संप्रदाय। रसिक संप्रदाय के प्रवर्तक अग्रदास थे। अकबर के शासनकाल तक यह संप्रदाय काफी फैला। बाद के शासकों की असहिष्णुता के कारण इन्हें चित्रकूट जैसे निर्जन स्थानों में जाकर 'अखाड़े' जैसे सैनिक संगठन बनाने पड़े। ये अखाड़े किसी न किसी रूप में अब भी विद्यमान हैं।

रसेश्वर

मध्यकालीन शैवों का एक वर्ग। उस समय शैवों के दो संप्रदाय मुख्य थे—आगम और पाशुपत के भी छह वर्ग हो गए थे। इन्हीं में से एक रसेश्वर था। अद्वैत सिद्धांत के पोषक इस वर्ग का मानना था कि जब शरीर अमर होगा, तभी मोक्ष मिल सकता है। ये रस (पारद) की सहायता से अमर शरीर प्राप्त करना चाहते थे।

रसेश्वर दर्शन

माहेश्वर दर्शनों में से एक दर्शन जिसके माननेवाले को परमात्मा से अभिन्न तो मानते हैं, किंतु इनका कथन है कि शरीर के बिना ज्ञान नहीं होता। इसलिए जीवन मुक्ति के लिए पंच महाभूतों से बने इस शरीर की आवश्यकता है। यदि शरीर नष्ट हो जाता है तो जीवन-मुक्त स्थिति का अनुभव नहीं हो सकता। शरीर स्थिर होने पर योगाभ्यास से परम तत्व का साक्षात्कार करके मनुष्य जीवन मुक्त बन सकता है।

इस मत के अनुयायी शंकराचार्य के अद्वैत मत के पोषक हैं। विक्रम की दसवीं शताब्दी में सोमानंद द्वारा रचित 'शिव दृष्टि' नामक ग्रंथ में इस मत की अच्छी व्याख्या की गई है।

रहस्यवाद

यह एक व्यापक दार्शनिक शब्द है। इससे उपनिषदों के ऋषियों से लेकर ईसाई तथा मुसलमान संतों तक के विचारों का समावेश हो जाता है। संक्षेप में ईश्वर के प्रत्यक्ष रूप का साक्षात्कार करने की जो आंतरिक इच्छा होती है, वही रहस्यवाद के मूल में है। इसलिए यह एक सार्वभौम स्थिति है। रहस्यवाद या रहस्यवादी को किसी जाति, धर्म या देश की सीमाओं तक सीमित नहीं रखा जा सकता। रहस्यवाद अभद्र या अशुभ स्वीकार नहीं करता। इसके अनुसार अशुभ या तो आभास मात्र है या शुभ का अनिवार्य साधन होने के कारण उसका ही अंश है।

रहीम

हिंदी के प्रसिद्ध कवि अब्दुर्रहीम खां का जन्म 1556 ई. में हुआ था। अकबर के दरबार में इनका महत्वपूर्ण स्थान था। गुजरात के युद्ध में शौर्य प्रदर्शन के कारण अकबर ने इन्हें 'खानखाना' की उपाधि दी थी। रहीम अरबी, तुर्की, फारसी, संस्कृत और हिंदी के अच्छे ज्ञाता थे। इन्हें ज्योतिष का भी ज्ञान था। इनकी ग्यारह रचनाएं प्रसिद्ध हैं। इनके काव्य में मुख्य रूप से शृंगार, नीति और भक्ति के भाव मिलते हैं। 70 वर्ष की उम्र में 1626 ई. में रहीम का देहांत हो गया।

राक्षस

1. इसका उल्लेख कई प्रकार से मिलता है। यह कश्यप और संज्ञा का पुत्र था। इसके तीन पैर, तीन हाथ, तीन सिर और काली आंखें थीं। यह अपनी मुष्टि से किसी भी शिला को चूर कर सकता था।

2. पाणिनि के अनुसार असुर, राक्षस और पिशाच ये तीन स्वतंत्र मानव जातियां थीं।

3. इनका उल्लेख देवों को सतानेवाले दुष्टात्माओं के रूप में मिलता है। ये कुत्ता, उल्लू, बंदर, गृद्ध आदि का रूप धारण कर लेते हैं। संध्याकाल—विशेष रूप से अमावस्या की रात—इनके विचरण का समय होता है। अग्नि से ये डरते हैं।

4. इन्हें असुर भी कहा गया है। एक मान्यता के अनुसार पहले आर्य 'सुर' और 'असुर' दोनों देवों की पूजा करते थे। बाद में असुर पूजक ईरान की ओर चले गए, सुर पूजक भारत में रह गए। इनका संघर्ष दो मानव समूहों का संघर्ष था। इनको सर्वत्र देवों का शत्रु बताया गया है। आगे चलकर राक्षस, दैत्य, असुर आदि समा-

नार्थी शब्द बन गए और इनका प्रयोग दुष्ट प्रकृति के व्यवित के लिए होने लगा, जैसे—कंस, मधु, जरासंध, रावण आदि। कहीं-कहीं भिन्न धार्मिक विश्वास और रीति-रिवाजवालों को भी राक्षस कहा गया है।

राक्षस यज्ञ

कन्यासपाद नामक राक्षस द्वारा युधिष्ठिर के पुत्र की हत्या का बदला लेने के लिए पाराशर मुनि ने यह यज्ञ आरंभ किया था। यज्ञ आरंभ होते ही इसके प्रभाव की कल्पना से ऋषिगण चिंतित हो उठे। पुलस्त्य, पुलह आदि ऋषियों ने पाराशार को समझा कर यज्ञ रुकवा दिया और यज्ञ की अग्नि हिमालय के पास छोड़ दी गई। लोकविश्वास के अनुसार यह आज भी राक्षसों को जलाती है।

राजकुमारी अमृतकौर

गांधीजी की अनुयायी और 16 वर्षों तक उनके सचिव का काम करनेवाली राजकुमारी अमृतकौर का जन्म 2 फरवरी 1889 ई. को लखनऊ में हुआ था। उन्होंने इंग्लैंड में उच्च शिक्षा प्राप्त की। भारत के स्वतंत्र होने पर अमृतकौर 1947 से 1957 ई. तक देश की स्वास्थ्य मंत्री रहीं। उन्होंने अनेक अंतर्राष्ट्रीय संस्थाओं में भारत का प्रतिनिधित्व किया। अमृतकौर का जीवन बड़ा सादा था। वे बाईबिल के साथ गीता और रामायण का भी नित्य पाठ करती थीं। 6 फरवरी 1964 ई. को दिल्ली में उनकी मृत्यु हुई और उनकी इच्छा के अनुसार उनका दाह संस्कार हुआ, ईसाइयों की भांति उन्हें दफनाया नहीं गया।

राजगोपालाचारी

चक्रवर्ती राजगोपालाचारी का जन्म 1879 ई. में दक्षिण भारत में सेलम जिले के एक गांव में हुआ था। आरंभ में आपने वकालत की। बाद में गांधीजी के संपर्क में आए। गांधीजी के जेल में रहते समय राजाजी ने उनके पत्र 'यंग इंडिया' का संपादन भी किया। स्वतंत्रता संग्राम में आप पांच बार जेल गए। 1937 ई. में मद्रास प्रांत के मुख्यमंत्री बने। द्वितीय विश्वयुद्ध के समय मुस्लिम लीग की पाकिस्तान की मांग के संबंध में मतभेद होने के कारण आप कांग्रेस से अलग हो गए। 'भारत छोड़ो' आंदोलन से भी आप पृथक् रहे। 1946 ई. में पुनः कांग्रेस में आने के बाद 1946-47 ई. में केन्द्रीय मंत्री और उसके बाद बंगाल के राज्यपाल के पद पर काम किया। जून 1948 ई. में लार्ड माउंटबैटन के जाने के बाद राजाजी ने प्रथम भारतीय गवर्नर जनरल का पदभार संभाला और 26 जनवरी 1950 ई. को नया संविधान लागू होने तक इस पद पर रहे। प्रथम आम चुनाव के बाद राजाजी एक बार फिर मद्रास के मुख्यमंत्री बने। बाद में आपने कांग्रेस से

अलग होकर 'स्वतंत्र पार्टी' नामक दल गठित किया था।

राजाजी चतुर राजनीतिज्ञ के साथ-साथ कुशल लेखक भी थे। आपकी लिखी अनेक पुस्तकें आज भी लोकप्रिय हैं। 1955 ई. में आपको देश के सर्वोच्च सम्मान 'भारत रत्न' से अलंकृत किया गया। राजाजी गांधीजी के निकट संबंधी भी थे। आपकी पुत्री का विवाह गांधीजी के बड़े पुत्र देवदास गांधी के साथ हुआ था। 1972 ई. में राजाजी का देहांत हो गया।

राजगृह

1. बिहार प्रदेश में नालंदा के निकट स्थित राजगृह का बड़ा ऐतिहासिक और सांस्कृतिक महत्त्व है। महाभारत काल में यह जरासंध की राजधानी थी। बौद्ध काल में बिंबसार ने इसे मगध राज्य की राजधानी बनाया। तीर्थंकर महावीर और गौतम बुद्ध का भी यह प्रिय स्थान रहा है। गौतम अपने अधिकांश वर्षाकाल यहीं बिताया करते थे।

राजगृह और उसकी निकटवर्ती पर्वतमालाओं में हिन्दू, जैन और बौद्धों के अनेक मंदिर हैं। एक पर्वतमाला के बुद्ध मंदिर को रज्जुमार्ग से जोड़ा गया है और यह एक आकर्षक पर्यटन स्थल बन गया है। राजगृह में गर्म जल के सोते और कुंड हैं। जिनमें स्नानार्थियों की भीड़ रहती है।

2. कैकय राज्य की राजधानी का नाम भी राजगृह था। भरत को अयोध्या लाने के लिए अयोध्या का दूत राजगृह ही गया था। इसके मार्ग का जो वर्णन प्राप्त है, उसके अनुसार यह स्थान पश्चिम में झेलम नदी के उस पार कहीं पर स्थित था।

राजचिह्न

प्रत्येक राष्ट्र की जिस चिह्न से पहचान होती है, वह उसका राष्ट्रचिह्न है। इससे चिह्नित अभिलेख ही प्रमाणित माने जाते हैं। भारत का राष्ट्रचिह्न अशोक के स्तंभ का सिंह शीर्ष है। इसमें चार सिंह हैं, पर सामने से तीन ही दिखाई देते हैं। नीचे दौड़ता हुआ घोड़ा और सांड हैं। बीच में कर्मचक्र बना हुआ है जिसमें 24 तीलियां हैं। इसके नीचे 'सत्यमेव जयते' लिखा रहता है। अशोक के स्तंभ का सिंह शीर्ष वाराणसी के निकट सारनाथ के संग्रहालय में सुरक्षित है। यह वहीं पाया भी गया था।

राजतरंगिणी

कश्मीर के प्रसिद्ध विद्वान् कल्हण द्वारा रचित संस्कृत का पद्यबद्ध ग्रंथ। इसकी रचना बारहवीं शताब्दी में हुई। इस ग्रंथ में कश्मीर के राजवंशों का क्रमबद्ध इतिहास अंकित है। यद्यपि कुछ विद्वान् प्राचीन वर्णनों में जनश्रुतियों का आधिक्य

बताते हैं, परंतु रचना कला के विवरण ऐतिहासिक कसौटी पर खरे उतरते हैं। ऐतिहासिक दृष्टि से लिखा गया ऐसा कोई दूसरा ग्रंथ संस्कृत साहित्य में उपलब्ध नहीं है।

राजदूत

किसी स्वतंत्र राष्ट्र का दूसरे राष्ट्र में नियुक्त प्रतिनिधि। इसे कुछ विशेष अधिकार प्राप्त होते हैं। ये अधिकार राजदूत के परिवार और उसके कार्यालय के कर्मचारियों को भी होते हैं। उनका निवास स्थान उनके अपने देश का क्षेत्र माना जाता है और उसका अतिक्रमण नहीं किया जाता। नियुक्तिवाले देश के कानून उन पर लागू नहीं होते, न उन्हें कोई स्थानीय कर देने पड़ते हैं। राजदूत नियुक्तिवाले देश के राष्ट्राध्यक्ष से सीधे संपर्क कर सकता है।

राजपूत

सातवीं शताब्दी से बारहवीं शताब्दी तक भारत की राजनीति में राजपूतों का प्रधान्य रहा। पाश्चात्य विद्वानों ने इनकी 36 शाखाओं का उल्लेख किया है। इनमें गुर्जर प्रतिहार, चौहान, सोलंकी या चालुक्य, परमार, चंदेल, तोमर, कलचुरि-गहड़वाल, राष्ट्रकूट और सिसोदिया प्रमुख हैं।

राजपूत शब्द सातवीं शताब्दी के बाद प्रचलित हुआ। यह 'राजपुत्र' का परिवर्तित रूप है। इससे पहले राज्य करनेवाले और सैनिक कार्य करनेवाले लोग 'क्षत्रिय' (दे.) कहलाते थे। राजपूतों में एक ओर वीरता, उदारता, देश प्रेम और स्वातंत्र्य प्रेम जैसे गुण थे तो दूसरी ओर मिथ्याकुलाभिमान और संगठित होकर कार्य करने की क्षमता का अभाव भी था। इसलिए वे शताब्दियों तक मुसलमान आक्रमणकारियों का वीरता के साथ सामना करते हुए भी भारत में उनके शासन की स्थापना को नहीं रोक सके। इस संघर्ष में वे इतने शिथिल हो गए कि भारत में अंग्रेजी राज्य के विरुद्ध खड़े नहीं हो सके और अधिकांश ने अंग्रेजों का संरक्षण स्वीकार कर लिया।

राजमहेन्द्री

दक्षिण भारत का यह प्रसिद्ध नगर सप्तगोदावरी तीर्थ के अंतर्गत ही है। यहां के शिव मंदिर में 'कोटि लिंग' नामक शिवलिंग प्रतिष्ठित है। आंध्र प्रदेश में उत्तर भारत के कुंभ मेले के समान प्रति बारह वर्ष में एक बड़ा मेला लगता है जिसे 'पुष्कर महोत्व' कहते हैं। यह मेला इसी कोशिलिंग क्षेत्र में लगता है।

नौका द्वारा गोदावरी के उस पार जाने पर कोटि तीर्थ में शंकर का मंदिर है। मंदिर के बाहर महर्षि गौतम की मूर्ति है। कहते हैं, यहां पर गौतम ने शंकर

की आराधना की थी। राजमहेन्द्री में मार्कण्डेश्वर, वेणुगोपाल और जनार्दन स्वामी के मंदिर विशेष रूप से दर्शनीय हैं।

राजराज प्रथम

इतिहास में राजराज महान के नाम से विख्यात इस चोल सम्राट ने 985 से 1018 ई. तक राज्य किया। सर्वप्रथम इसने केरल पर अधिकार किया। बाद में यह दक्षिण भारत का सर्वशक्तिमान सम्राट बन बैठा। इसके साम्राज्य में तमिलनाडु और मैसूर ही नहीं थे, अपनी विशाल नौसेना की सहायता से इसने श्रीलंका पर भी अधिकार कर लिया था। कलिंग तथा पूर्वी और पश्चिमी समुद्रों के अनेक द्वीप भी इसके अधिकार में थे।

राजशेखर

संस्कृत भाषा के प्रसिद्ध कवि और नाटककार जिनका जन्म दक्षिण भारत में हुआ था, पर ये कन्नौज के गुर्जर प्रतिहार शासकों के आश्रम में आ गए थे। प्रतिहार शासक महेन्द्रपाल (890-910 ई.) राजशेखर का शिष्य था। राजशेखर का विवाह चौहान कुल की विदुषी-महिला अवंति सुंदरी के साथ हुआ था। इनके रचे प्रमुख ग्रंथ हैं—काव्य मीमांसा, बालभारत, बालरामायण, कर्पूरमंजरी, भुवनकोश आदि। इनकी रचनाओं में गर्वोक्ति अधिक पाई जाती है।

राजसूय

ऐसा यज्ञ जो राजाओं के राज्याभिषेक के अवसर पर किया जाता था। इसका उल्लेख यजुर्वेद संहिता में भी आया है। परंतु वैदिक काल में यह राज्याभिषेक का यज्ञ न होकर सोमयज्ञ था। प्राचीन ग्रंथों में उपलब्ध विवरण के अनुसार राजसूय यज्ञ में राजा को वस्त्र और आभूषणों से सुसज्जित करके उसे धनुष-वाण दिया जाता था और पवित्र जल से उसका अभिषेक किया जाता था। फिर वह कृत्रिम युद्ध में किसी राजा को पराजित करता और स्वयं को एकछत्र शासक घोषित करता था।

राजस्थान

भारत के इस सीमांत प्रदेश की उत्तर-पश्चिमी सीमा पाकिस्तान से लगी हुई है। यहां राजपूतों की राजनीतिक सत्ता रहने के कारण इसका नाम राजस्थान पड़ा। अंग्रेजों के समय यह प्रदेश अधिकांशतः अनेक छोटी-बड़ी रियासतों में बंटा था, जिन पर ब्रिटिश सरकार का संरक्षण था। भारत के स्वतंत्र होने पर इन सबको मिलाकर एक राज्य बनाने का क्रम आरंभ हुआ और आठ वर्ष में विशाल

राजस्थान की स्थापना हो सकी। नवंबर 1956 ई. में अजमेर और कुछ अन्य इलाकों को मिलाकर यह कार्य पूरा हुआ। इसकी राजधानी जयपुर है।

राजापुर

उत्तर प्रदेश में राजापुर गोस्वामी तुलसीदास से संबंधित है। अधिकांश लोग इसे गोस्वामीजी की जन्म-भूमि मानते हैं। यहां 'रामचरित मानस' के अयोध्याकांड की हाथ की लिखी हुई एक प्रति सुरक्षित है जिसे गोस्वामीजी का स्वयं लिखा हुआ बताया जाता है। कुछ लोगों के अनुसार राजापुर तुलसीदासजी की जन्म-भूमि न होकर उनकी साधना-भूमि रही है। यहां अब एक आकर्षक तुलसी-स्मारक का निर्माण हो चुका है।

राजाराम

औरंगजेब के विरुद्ध मराठों के स्वतंत्रता-युद्ध का संचालन करनेवाला राजाराम छत्रपति शिवाजी का द्वितीय पुत्र था। उसके बड़े भाई शंभुजी को मुगलों ने मार डाला और शंभुजी के पुत्र साहूजी को 1689 ई. में बंदी बना लिया। इस पर राजाराम कर्नाटक में जिंजी नामक किले में चला गया और वहां से युद्ध का संचालन करता रहा। उसने आठ वर्षों तक इस किले की रक्षा की। अपनी मृत्यु (1700 ई.) तक उसने सतारा से मराठों का नेतृत्व किया।

राजा रामपालसिंह

काला कांकर (उत्तर प्रदेश) के राष्ट्रीय विचारों के राजा रामपालसिंह का जन्म 1848 ई. में हुआ था। इन्होंने इंग्लैंड में उच्च शिक्षा प्राप्त की। वहां भारतीय विद्यार्थियों को संगठित किया और वहीं से 'हिंदोस्थान' नामक त्रैमासिक पत्रिका निकाली जिसमें हिंदी, उर्दू और अंग्रेजी में रचनाएं रहती थीं। भारत आकर उन्होंने 1885 ई. में काला कांकर से 'हिंदोस्थान' नामक हिंदी-पत्र का प्रकाशन आरंभ किया जिसके संपादक पंडित मदन मोहन मालवीय (दे.) थे। राजा रामपालसिंह ने अपनी रियासत में शिक्षा प्रसार और उद्योग-धंधों के क्षेत्र में भी अनेक कार्य किए। 1909 ई. में आपका देहांत हो गया।

राजा राममोहन राय

आधुनिक भारत के प्रमुख समाज-सुधारक राजा राममोहनराय का जन्म 22 मई, 1772 ई. को बंगाल के राधा नामक गांव में हुआ था। ये सत्यशोधी वृत्ति के व्यक्ति थे। अंग्रेजी और भारतीय भाषाओं का इन्होंने गहन अध्ययन किया। मूर्ति पूजा को त्यागकर ये एकेश्वरवाद के प्रबल समर्थक बन गए। हिंदू और ईसाई

दोनों रूढ़िवादियों का विरोध करते हुए इन्होंने इस बात पर बल दिया कि एक ईश्वर में विश्वास सभी धर्मों का सार है। आपने उस समय प्रचलित सतीप्रथा के विरुद्ध आवाज उठाई। ईस्ट इंडिया कंपनी की सेवा में रहते हुए भी आपने भारत-वासियों में आत्मगौरव की भावना जगाने का यत्न किया। आपके द्वारा 23 जनवरी, 1830 ई. को स्थापित 'ब्रह्म समाज' संस्था बंगाल में सामाजिक परिवर्तन का अग्रदूत बनी। राजा राममोहन राय का 17 सितंबर, 1834 ई. को निधन हो गया।

राजेन्द्रनाथ लाहिड़ी

लाहिड़ी का जन्म बंगाल के पवना जिले (अब बांग्लादेश) में 1901 ई. हुआ था। 1909 ई. में इनका परिवार वाराणसी आ गया। वहीं शचीन्द्रनाथ सान्याल के संपर्क में आकर इन्होंने क्रांतिकारी गतिविधियों में भाग लेना आरंभ किया। ये 'हिंदुस्तान सोशलिस्ट रिपब्लिकन ऐसोसिएशन' नामक क्रांतिकारी संस्था के सदस्य बन गए। इन्होंने दक्षिणेश्वर फैक्ट्री बम कांड में भाग लिया और 1925 ई. के 'काकोरी कांड' के प्रमुख कार्यकर्ताओं में थे। इसके अतिरिक्त भी इन्होंने अनेक क्रांतिकारी कार्यों में हिस्सा लिया। दक्षिणेश्वर कांड में इन्हें दस वर्ष की सजा मिली। जब काकोरी का मुकदमा चला तो उसमें इन्हें मौत की सजा सुनाई गई। 17 दिसंबर 1927 ई. को गौडा जेल में फांसी पर लटका दिए गए।

राजेन्द्र प्रथम

चोल सम्राट राजेन्द्र प्रथम ने 1012 ई. से 1044 ई. तक राज्य किया। उसकी नौसेना बड़ी सबल थी। इसकी सहायता से राजेन्द्र ने 1025 ई. और 1027 ई. के बीच बर्मा के निचले भागों तथा अंडमान निकोबार पर कब्जा कर लिया। यही नहीं, उसने बंगाल पर आक्रमण करके वहां के शासक महीपाल को पराजित किया। इतिहास में दक्षिण भारत के किसी राजा की इस प्रकार की विजय अभूतपूर्व मानी जाती है।

राजेन्द्र प्रसाद

प्रसिद्ध स्वतंत्रता सेनानी और भारतीय गणराज्य के प्रथम राष्ट्रपति डा. राजेन्द्र प्रसाद का जन्म 3 दिसंबर, 1884 ई. में बिहार के छपरा जिले के जीरादेई गांव में हुआ था। उन्होंने अपना जीवन वकालत से आरंभ किया। 1917 ई. में जब गांधी जी चंपारन पहुंचे तो राजेन्द्र बाबू उनके संपर्क में आए। 1920 ई. में उन्होंने वकालत छोड़ दी और असहयोग आंदोलन में सम्मिलित हो गए।

राजेन्द्र बाबू 1922 ई. में कांग्रेस के महामंत्री नियुक्त हुए। 1934 में कांग्रेस

के अध्यक्ष चुने गए। इसके बाद भी दो बार इस पद का दायित्व उन्हें सौंपा गया। 1947 ई. में आप केन्द्र सरकार में मंत्री बनें। संविधान सभा के अध्यक्ष के रूप में उन्होंने देश के नये संविधान के निर्माण में महत्त्वपूर्ण भूमिका निभाई। 1950 ई. में आप भारतीय गणराज्य के प्रथम राष्ट्रपति चुने गए। 1957 ई. में वे पुनः इस पद पर प्रतिष्ठित हुए। 1962 ई. में अवकाश ग्रहण करने के कुछ ही दिन बाद 28 फरवरी 1963 ई. को आपकी मृत्यु हो गई। आपने अनेक ग्रंथों की भी रचना की है।

राज्य परिषद्

प्रथम विश्व युद्ध (1914-18 ई.) की अवधि में भारत में स्व-शासन की भावना की वृद्धि को देखते हुए ब्रिटिश सरकार को अपनी नीति में कुछ परिवर्तन करना पड़ा। ब्रिटेन के तत्कालीन भारत सचिव मांटेग्यू और वाइसराय चेम्सफोर्ड के सुझाव पर ब्रिटिश पार्लियामेंट ने 1919 ई. में 'गवर्नमेंट आफ इंडिया एक्ट' पास किया। इसके अनुसार भारत में एक व्यवस्थापिका सभा के स्थान पर दो सदनों वाले विधानमंडल की स्थापना की गई। इसका ऊपर का सदन 'राज्य परिषद्' (कौंसिल आफ स्टेट) कहलाया। इसके 260 सदस्यों में से 110 सदस्य मनोनीत होते थे और शेष का भी सांप्रदायिक आधार पर सीमित मताधिकार द्वारा चुनाव किया जाता था। कभी भंग न होनेवाली इस संस्था का उद्देश्य केन्द्रीय विधान सभा के कामों में रोड़े अटकाना था। अंग्रेजों का यह उद्देश्य काफी हद तक पूरा हुआ। स्वतंत्रता के बाद इसके स्थान पर 'राज्य सभा' (दे.) का गठन किया गया। इसके उद्देश्य पुरानी राज्य परिषद् से सर्वथा भिन्न हैं।

राज्यपाल

भारत में जिस प्रकार केन्द्र का सारा राज-कार्य राष्ट्रपति द्वारा संचालित माना जाता है, लगभग वही स्थिति राज्यों में राज्यपाल की है। राज्यपाल की नियुक्ति पांच वर्षों के लिए राष्ट्रपति द्वारा की जाती है। यद्यपि राज्यपाल विधानमंडल का सदस्य नहीं होता, परंतु उसे संविधान में बड़े व्यापक अधिकार प्राप्त हैं। विधानमंडल के स्थगित रहने की स्थिति में वह अध्यादेश जारी करके किसी भी नये कानून को लागू कर सकता है। सामान्य स्थिति में राज्यपाल अपने अधिकारों का उपयोग मंत्रि-परिषद् के परामर्श से करता है। परंतु यदि नियमानुसार मंत्रि-मंडलीय शासन-व्यवस्था भंग हो जाए तो राष्ट्रपति के नाम पर प्रदेश का शासन राज्यपाल ही चलाता है।

राज्यवर्धन

मार्कण्डेय पुराण में वर्णित दक्षिण का एक राजा जो वृद्धावस्था में सूर्य की स्तुति करने से युवा हो गया था। बाद में इसने सपत्नीक सूर्य की आराधना करके अपनी समस्त प्रजा के लिए भी अपने समान ही अतिरिक्त आयु का वरदान प्राप्त किया।

राज्यश्री

थानेश्वर के शासक और सम्राट हर्षवर्धन की बहन राज्यश्री का कन्नौज के मौखरि शासक गृहवर्मा से विवाह हुआ था। मालवा के शासक ने आक्रमण करके गृहवर्मा को मार डाला और राज्यश्री को कारागार में डाल दिया। बहन के बंदी होने की सूचना मिलने पर उसका भाई राज्यवर्धन उसे छुड़ाने के लिए आया। यद्यपि वह मालवा के शासक को मारने में सफल हआ, परंतु उसके सहायक बंगाल के शासक शशांक के हाथों स्वयं मारा गया। इसी बीच राज्यश्री भाग कर विंध्याचल के जंगलों में चली गई। तब तक हर्षवर्धन गद्दी पर बैठ चुका था। उसने जंगलों में भटकती राज्यश्री को खोज निकाला। वह उसे कन्नौज ले आया और जीवनपर्यंत राजकार्य में उससे परामर्श लेता रहा।

राज्य सभा

भारतीय संसद के दो सदन हैं—लोक सभा और राज्य सभा। राज्य सभा कभी भंग नहीं होती। इसके एक तिहाई सदस्य प्रति दूसरे वर्ष अपना स्थान रिक्त करते हैं। इसमें कुल 250 सदस्य होते हैं। 12 सदस्यों को साहित्य, कला, विज्ञान और समाज सेवा के क्षेत्र से राष्ट्रपति नामजद करते हैं। उपराष्ट्रपति राज्य सभा का पदेन सभापति होता है। राज्य सभा के अधिकार सीमित हैं। मंत्रिपरिषद् राज्य सभा के प्रति नहीं, वरन् लोक सभा के प्रति उत्तरदायी होती है। इसी प्रकार वित्त संबंधी मामले भी वही अंतिम रूप से स्वीकार माने जाते हैं, जिस रूप में उन्हें लोक सभा स्वीकार करती है। राज्य सभा के सदस्यों का निर्वाचन राज्यों की विधान सभाओं के निर्वाचित सदस्य करते हैं।

राणा कुंभा

दे. महाराणा कुंभकर्ण।

राणा प्रताप

दे. प्रतापसिंह राणा।

राधा

श्रीकृष्ण की विख्यात प्राणसखी और उपासिका राधा वृषभानु नामक गोप की पुत्री थी। पद्मपुराण ने इसे वृषभानु राजा की कन्या बताया है। यह राजा जब यज्ञ की भूमि साफ कर रहा था, इसे भूमिकन्या के रूप में राधा मिली। राजा ने अपनी कन्या मानकर इसका पालन-पोषण किया। यह भी कथा मिलती है कि विष्णु ने कृष्ण अवतार लेते समय अपने परिवार के सभी देवताओं से पृथ्वी पर अवतार लेने के लिए कहा। तभी राधा भी जो चतुर्भुज विष्णु की अर्धांगिनी और लक्ष्मी के रूप में वैकुंठलोक में निवास करती थीं, राधा बनकर पृथ्वी पर आईं।

ब्रह्मवैवर्त पुराण के अनुसार राधा कृष्ण की सखी थी और उसका विवाह रापाण नामक व्यक्ति के साथ हुआ था। अन्यत्र राधा और कृष्ण के विवाह का भी उल्लेख मिलता है। कहते हैं, राधा अपने जन्म के समय ही वयस्क हो गई थी।

यह आश्चर्य की बात है कि राधा-कृष्ण की इतनी अभिन्नता होते हुए भी महाभारत या भागवत पुराण में राधा का नामोल्लेख नहीं मिलता, यद्यपि कृष्ण की एक प्रिय सखी का संकेत अवश्य है। राधा ने श्रीकृष्ण के प्रेम के लिए सामाजिक बंधनों का उल्लंघन किया। कृष्ण की अनुपस्थिति में उसके प्रेमभाव में और भी वृद्धि हुई। दोनों का पुर्नमिलन कुरुक्षेत्र में बताया जाता है जहां सूर्यग्रहण के अवसर पर द्वारका से कृष्ण और वृन्दावन से नंद, राधा आदि आए थे।

राधा-कृष्ण की भक्ति का कालांतर में निरंतर विस्तार होता गया। निम्बार्क संप्रदाय, वल्लभ संप्रदाय, राधावल्लभ संप्रदाय, सखीभाव संप्रदाय आदि ने इसे और भी पुष्ट किया।

राधाकृष्णन

प्रसिद्ध दार्शनिक और भारत के भूतपूर्व राष्ट्रपति डॉ. सर सर्वपल्ली राधाकृष्णन का जन्म 5 सितंबर, 1888 ई. को आंध्र प्रदेश के चित्तूर जिले में हुआ था। राधाकृष्णन शिक्षा पूरी करके अध्यापन और लेखन के क्षेत्र में प्रविष्ट हुए। आपने भारत में मद्रास, मैसूर, कलकत्ता और काशी हिंदू विश्वविद्यालय जैसी शिक्षा संस्थाओं में उच्च पदों पर कार्य किया। आक्सफोर्ड विश्वविद्यालय में भी प्राच्य दर्शन के अध्यापक रहे। आपने अनेक अंतर्राष्ट्रीय संगठनों में भारत का प्रतिनिधित्व किया। 1949 ई. में रूस में भारत के राजदूत नियुक्त हुए और 1952 ई. में देश के प्रथम उपराष्ट्रपति चुने गए। 1962 ई. में आपने राष्ट्रपति का सर्वोच्च पद संभाला।

अपने दार्शनिक ग्रंथों के लिए राधाकृष्णन की ख्याति विश्वव्यापी है। भारतीय दार्शनिक विचारों से पश्चिमी जगत् को परिचित कराने में आपने बहुत योग

दिया। 1954 ई. में आप 'भारत रत्न' के सर्वोच्च सम्मान से अलंकृत किए गए थे। 1975 ई. में डॉ. राधाकृष्णन का देहांत हो गया।

राधावल्लभ संप्रदाय

वैष्णव भक्त संप्रदायों में इसका महत्वपूर्ण स्थान है। इसका प्रवर्तन हितहरिवंश स्वामी (दे.) ने संवत् 1551 ई. में वृन्दावन में किया था, यद्यपि संप्रदाय के अनुयायी इसका मूल स्रोत ब्रह्मा को मानते हैं। परंपरा में हितहरिवंश का स्थान सोलहवीं पीढ़ी में है।

इस संप्रदाय में द्वैत या अद्वैत का अनुसरण न करके प्रेम को ही भक्ति तथा संप्रदाय का मूल आधार माना जाता है। इसमें न तो मुक्ति की कामना है, न मुक्ति का कोई स्थान। नित्य बिहार-दर्शन ही जीवात्मा का उपास्य भाव है। नित्य बिहार के चार तत्व हैं—कृष्ण, राधा, सहचरी और वृन्दावन।

इस संप्रदाय के मंदिरों में कृष्ण की मूर्ति तो होती है, राधा की नहीं होती। कृष्ण की मूर्ति के बाईं ओर एक सफेद गद्दी होती है जिस पर 'श्रीराधा' लिखा रहता है। उत्तर प्रदेश, गुजरात, राजस्थान और मध्य प्रदेश में इस संप्रदाय के अनुयायी अधिक हैं।

राधाष्टमी व्रत

भाद्रपद शुक्ल अष्टमी को राधाष्टमी व्रत किया जाता है। इस व्रत में राधा-कृष्ण की युगल मूर्ति की पूजा की जाती है और संपूर्ण दिन और रात्रि में केवल फलाहार करते हैं।

राधास्वामी

उत्तर प्रदेश में आगरा के निकट दयालबाग में इस संस्था का मुख्यालय है। इस संस्था की स्थापना 1861 ई. में हुई और दयालबाग कार्यालय की नींव 1915 ई. में पड़ी।

राधास्वामी सत्संग मुख्य रूप से एक धार्मिक समाज है। इसकी सदस्यता केवल उन लोगों को मिलती है जो भगवान की अनुभूति करना चाहते हैं और उसके लिए आध्यात्मिक अभ्यास करने के इच्छुक हैं। उन्हें मांसाहार और मद्यपान छोड़ने की शपथ लेनी पड़ती है और आध्यात्मिक अभ्यास सीखना पड़ता है। इस संस्था के सदस्य कर्मसाधना में विश्वास करते हैं। प्रत्येक व्यक्ति किसी न किसी कार्य में संलग्न रहता है। भेद-भाव के लिए यहां कोई स्थान नहीं। अंतर्जातीय और अंतर्राष्ट्रीय विवाह यहां सामान्य बात है। भारत के विभिन्न भागों में इस सत्संग की 550 से अधिक शाखाएं हैं।

दयालबाग में उच्च शिक्षा और औद्योगिक उत्पादन की अनेक संस्थाएं कार्य कर रही हैं। यहां का प्रत्येक कार्य सहकारिता के आधार पर चलता है।

इस मत के संस्थापक हुजूर राधास्वामी दयाल का जन्म 1875 ई. में हुआ था। ये छह-सात वर्ष की अवस्था में ही उपदेश देने लगे थे। बाद में पंद्रह वर्षों तक अपने घर की कोठरी में बैठकर 'सुरत शब्द योग' का अभ्यास करते रहे। 1917 ई. की बसंत पंचमी से आपने आगामी 17 वर्षों तक लगातार सत्संग जारी रखा और उपदेश देते रहे। आपकी शिष्य परंपरा में आनंदस्वरूप 'साहबजी महाराज' ने दयालबाग की स्थापना की। यह सुधारवादी संप्रदाय निर्गुण योगमार्ग का उपदेश देता है और हिंदू विचारधारा के प्रति उदासीन है।

रानाडे, महादेव गोविंद (1852-1904 ई.)

महाराष्ट्र में जन्मे महादेव गोविंद रानाडे अपने समय के विधि विशेषज्ञ, समाज-सुधारक और राष्ट्रीय कार्यकर्ता थे। वकालत से जीवन आरंभ करने पर वे शीघ्र ही बंबई हाईकोर्ट के जज हो गए। साथ ही सामाजिक और राजनीतिक कार्यों में भी रुचि लेते रहे। बंबई के प्रार्थना समाज, विधवा पुनर्विवाह समिति और दक्षिण एजुकेशन सोसायटी की स्थापना में आपने प्रमुख रूप से भाग लिया। 1885 ई. में भारतीय राष्ट्रीय कांग्रेस का जो प्रथम अधिवेशन बंबई में हुआ, उसमें भी रानाडे सम्मिलित थे। आपने कांग्रेस अधिवेशनों के साथ सामाजिक अधिवेशन करने की प्रथा चलाई।

राम

अयोध्या नरेश दशरथ के ज्येष्ठ पुत्र राम का जीवन-वृत्त सर्वज्ञात है। वे दशरथ द्वारा आयोजित पुत्रेष्टि यज्ञ के बाद कौशल्या के गर्भ से उत्पन्न हुए थे। वशिष्ठ मुनि ने उन्हें शिक्षा दी। विश्वामित्र के यज्ञ की उन्होंने राक्षसों से रक्षा की। जनकपुर जाकर सीता के स्वयंवर में धनुष भंग करके सीता से विवाह किया। पिता की आज्ञा मानकर 14 वर्ष वन में बिताए। वनवास की इस अवधि में सीता का हरण हुआ और राम-रावण युद्ध में राम को विजयश्री प्राप्त हुई। वनवास की अवधि पूरी होने पर उन्होंने राजपाट संभाला और एक आदर्श राजा के रूप में शासन किया।

वर्तमान काल में जो विवरण उपलब्ध है उसे देखते हुए यह कहना कठिन है कि वीरगाथा के रूप में लिखित वाल्मीकि के ग्रंथ में कितनी ऐतिहासिकता है और कितनी कवि-कल्पना। वाल्मीकि के राम मानव हैं और मानवोचित व्यवहार करते हैं। रामायण के अन्य पात्र भी, जैसे लक्ष्मण मानवीय उद्वेगों से प्रभावित दिखाई देते हैं। राम को विष्णु का अवतार सबसे पहले विश्वपुराण में कहा गया है।

इसका रचनाकाल चौथी शताब्दी ई. पू. माना जाता है।

बौद्ध ग्रंथों में राम का एक अन्य रूप चित्रित है। दशरथ जातक में राम के एकाकी वन में रहने और वन से लौटकर विवाह करने का उल्लेख मिलता है। उसमें सीता को राम की बहन बताया गया है। यह अंकन कदाचित तत्कालीन धार्मिक द्वेषभाव का परिणाम है।

यह माना जाता है कि वाल्मीकि ने मूलतः लंका-विजय और राम के राज्याभिषेक तक की ही कथा लिखी। शेष कथाएं आगे के रचनाकारों द्वारा जोड़ी गई हैं।

राम-कथा

इक्ष्वाकुवंश में जन्मे महापुरुष राम की कथा चौथी शताब्दी ई. पू. तक आख्यानों के रूप में कोसल प्रदेश की सीमाओं के बाहर तक फैल चुकी थी। इसी समय वाल्मीकि ने 12000 श्लोकों का महाकाव्य लिखा। इससे पूर्व यह कथा चारणों द्वारा लोक-प्रचलित थी। वाल्मीकि की 'रामायण' में राम की कथा का केवल उतना ही उल्लेख है जितना तुलसी के 'मानस' में अयोध्या कांड से लेकर युद्ध कांड तक वर्णित मिलता है। वाल्मीकि ने राम को आदर्श मानव के रूप में चित्रित किया, न कि अवतार के रूप में।

कालांतर में श्रोताओं के लिए कथा को अधिक रोचक बनाने के लिए इसमें नवीन प्रसंगों का समावेश किया गया। स्वर्णमृग की कथा, लंका-दहन, हनुमान का पर्वत उठाना, सीता की अग्निपरीक्षा आदि ऐसे ही प्रसंग बताए जाते हैं। इसी प्रकार कथा को पूर्णता देने के लिए बाल कांड और उत्तर कांड की रचना हुई। इस समस्त सामग्री के साथ राम-कथा का प्रसार होता रहा। दूसरी-पहली शताब्दी ई. पू. के आसपास अवतारवाद की 'शतपथ ब्राह्मण' की भावना का इसमें समावेश हुआ और राम को विष्णु का अवतार माना जाने लगा।

इस कथा के व्यापक प्रचार का ही प्रतिफल प्रतीत होता है कि बौद्धों ने बोधिसत्व के रूप में और जैनियों ने आठवें बलदेव के रूप में राम को अपने यहां भी स्थान दिया। बारहवीं शताब्दी में राम-भक्ति का पूर्ण विकास हो चुका था और उसके प्रभाव से परवर्ती राम-कथा भक्तिभाव से ओतप्रोत दिखाई देती है। उत्तर भारत में इसे फैलाने का सबसे अधिक श्रेय तुलसीदासजी को है।

अन्य भारतीय भाषाओं में भी इस विषय पर महत्वपूर्ण रचनाएं हुईं। कंबन ने ग्यारहवीं शताब्दी में 'तमिल रामायण' लिखी। तेलुगु भाषा में बारहवीं शताब्दी में लिखी 'रंगनाथ रामायण', 'भास्कर रामायण' तथा 'मोल्ला रामायण' प्रसिद्ध हैं। मलयालम में चौदहवीं शताब्दी में 'रामचरित' लिखा गया। बंगला, गुजराती, असमियां, मराठी, उड़िया सभी भाषाओं में राम-काव्य की प्रमुखता है।

यह क्रम देश की सीमाओं से आगे भी बढ़ा। नेपाली में 'अपना रामायण' लिखी गई। बौद्ध कथानकों के माध्यम से राम-कथा पांचवीं शताब्दी में ही चीन पहुंच चुकी थी और उसका चीनी भाषा में अनुवाद हो चुका था। तुर्किस्तान में 'खोतानी रामायण' नवीं शताब्दी में लिखी गई। हिंदएशिया, हिंदचीन, कंबोडिया तथा सुमात्रा, जावा आदि को राम-कथा का परिचय वाल्मीकि रामायण के समय से ही मिल चुका था। वहां के जन-जीवन से इसका इतना गहरा संबंध है कि इस्लाम धर्म स्वीकार करने के बाद भी यहां का जन-मानस सांस्कृतिक निष्ठा के साथ इसे हृदय से लगाए हुए है। इस प्रकार राम की कथा ने न केवल भारत के जन-जन को एकता का आधार प्रदान किया, यह अन्य देशों को भी भारत की आत्मा से परिचित कराने की माध्यम बनी।

रामकृष्ण परमहंस (1836-1886 ई.)

प्रसिद्ध संत रामकृष्ण परमहंस का जन्म बंगाल के हुगली जिले में हुआ था। उनका बचपन का नाम गदाधर था। उनमें बाल्यकाल से ही ईश्वरप्रदत्त प्रतिभा थी। चरित्र की पवित्रता, गहरी धार्मिक भावना और सांसारिक बातों के प्रति उदासीनता उनमें कूट-कूटकर भरी हुई थी। 17 वर्ष की अल्प आयु में वे अपना घर त्यागकर कलकत्ता के निकट दक्षिणेश्वर मंदिर में रहने लगे। उनका अधिकांश समय जगज्जननी के चिंतन में ही बीतता। मां के दर्शनों के लिए उनकी आत्मा तड़पती रहती। वे घंटों रोया करते। अंत में जगद्माता ने उन्हें दर्शन दिए। शीघ्र ही रामकृष्ण परमहंस की ख्याति चारों ओर फैल गई। उनके शिष्य बढ़ने लगे।

रामकृष्ण परमहंस के विचारों का प्रचार सबसे अधिक उनके प्रिय शिष्य स्वामी विवेकानंद (दे.) ने किया जिनका पहले का नाम नरेन्द्रनाथ दत्त था। स्वामी विवेकानंद ने अपने गुरु की स्मृति में 'रामकृष्ण मिशन' की स्थापना की। यह संस्था अपनी अनेक शाखाओं के माध्यम से देश-विदेशों में शिक्षा-संस्थाओं, औषधालयों, पुस्तकालयों, अनाथालयों, साधना आश्रमों और मठों के द्वारा जन-सेवा के महान कार्य में आज भी संलग्न है।

रामगंगा

उत्तराखंड में नैनीताल के निकट से निकलकर यह नदी 144 कि.मी. पर्वतीय क्षेत्र में बहती है और कालागढ़ के पास मैदानों में प्रविष्ट होती है। बाद में मुरादाबाद, बरेली, बदायूं और शाहजहांपुर जिलों से होती हुई कन्नौज के निकट गंगा में मिल जाती है।

रामचंद्र शुक्ल

बहुमुखी प्रतिभा के साहित्यकार रामचंद्र शुक्ल का जन्म 1884 ई. में हुआ था। आपकी नियमित शिक्षा 'स्कूल फाइनल परीक्षा' तक ही हो पाई। लेकिन स्वाध्याय से आपने अपने लिए साहित्य में श्रेष्ठ स्थान बना लिया। कुछ दिन एक स्कूल में ड्राइंग मास्टर रहने, फिर संपादन करने के बाद काशी हिंदू विश्वविद्यालय में हिंदी के अध्यापक नियुक्त हो गए। 1937 से 1941 ई. तक आप वहां विभागाध्यक्ष भी रहे।

शुक्लजी की ख्याति आलोचना, निबंध, साहित्य का इतिहास, कोष, अनुवाद, काव्य ग्रंथों के कारण अधिक है। आपका 'हिंदी साहित्य का इतिहास' और 'हिंदी शब्द सागर' हिंदी वांङ्मय की स्थायी निधि हैं। 1941 ई. में आपका देहांत हो गया।

रामचरित मानस

गोस्वामी तुलसीदास द्वारा रचित 'रामचरित मानस' रामभक्ति संप्रदाय का सबसे पवित्र ग्रंथ है। इसकी रचना लगभग 1584 ई. में काशी में पूरी हुई थी। यह अवधी भाषा का ग्रंथ है, पर इस पर भोजपुरी का भी प्रभाव है। अधिकांश कथा-सूत्र के लिए तुलसी ने वाल्मीकि रामायण का आश्रय लिया है।

रामचरित मानस में सात कांड हैं—1. बाल कांड, 2. अयोध्या कांड, 3. अरण्य कांड, 4. किष्किन्धा कांड, 5. सुंदर कांड, 6. लंका कांड, और 7. उत्तर कांड। इस ग्रंथ में भारतीय धर्म और दर्शन का प्रतिपादन किया गया है। इस रचना का बड़ा ऐतिहासिक महत्व है। मध्य युग में जब हिंदू धर्म के ऊपर अनेक प्रकार के संकटों के बादल छाये हुए थे, वेदों और शास्त्रों का अध्ययन बहुत कम हो गया था, इस ग्रंथ ने संपूर्ण उत्तर भारत में हिंदू समाज में नए जीवन का संचार किया। लोकभाषा में होने के कारण जनसाधारण पर इसका अत्यधिक प्रभाव पड़ा। आज भी रंक की झोंपड़ी से लेकर अमीरों के महलों तक रामचरित मानस का अध्ययन और पारायण बड़ी श्रद्धा के साथ किया जाता है।

रामटेक

मध्य प्रदेश में इसी नाम के स्टेशन के निकट रामगिरि पर्वत है। कहते हैं, श्रीराम पंचवटी जाते समय इस पर्वत पर टिके थे। तभी से इसका नाम रामटेक पड़ा। कालीदास ने अपने काव्य-ग्रंथ 'मेघदूत' में इसी को रामगिरि पर्वत माना है। पर्वत पर जाने के मार्ग में सीढ़ियां बनी हैं और बीच-बीच में विश्राम के स्थान हैं। पर्वत-शिखर पर राममंदिर है। रामटेक से कुछ दूर दो सरोवर हैं और इनके किनारे पर भी अनेक मंदिर हैं।

रामतीर्थ, स्वामी

वेदांत की जीती-जागती मूर्ति स्वामी रामतीर्थ का जन्म अविभाजित पंजाब के मुरारीवाला गांव में 1873 ई. में हुआ था। इनका बचपन का नाम तीर्थराम था। इन्होंने बड़ी हृदय-विदारक परिस्थितियों में विद्याध्ययन किया। आध्यात्मिक लग्न और तीव्र बुद्धि इनमें बचपन से ही थी। अध्ययन पूरा करने के बाद गणित के प्रोफेसर बने, किंतु ध्यान आध्यात्म में ही लगा रहता था। अत: एक दिन गणित की अध्यापकी को अलविदा कहकर साधना के उद्देश्य से उत्तराखंड की ओर चल दिए। संन्यास ग्रहण किया, तीर्थराम से स्वामी रामतीर्थ बन गए। यहीं इन्हें आत्मबोध हुआ। ये किसी के चेले नहीं बने, न कभी किसी को अपना चेला बनाया। अद्वैत वेदांत इनका प्रिय विषय था और जीवन से जुड़ा हुआ था। स्वामीजी हिंदी के समर्थक थे और देश की स्वतंत्रता के स्वप्न देखा करते थे। वे कहा करते थे कि राष्ट्र के धर्म को निजी धर्म से ऊंचा स्थान दो। देश के भूखे नारायणों की और मेहनत करनेवाले विष्णु की पूजा करो।

स्वामीजी ने जापान और अमेरिका की यात्रा की और सर्वत्र लोग उनके विचारों की ओर आकृष्ट हुए। वे स्वामी विवेकानंद के समकालीन थे और दोनों में संपर्क भी था। 1906 ई. में दीपावली के दिन, जब वे केवल 33 वर्ष के थे, टिहरी के पास भागीरथी में स्नान करते समय भंवर में फंस जाने के कारण उनका शरीर पवित्र नदी में समा गया।

रामदास, गुरु

सिक्खों के गुरु रामदास का पहले का नाम जेठा था। इनका विवाह गुरु अमरदास की पुत्री के साथ हुआ था। ये गुरु अमरदास के अनन्य भक्त और शिष्य थे। गुरु का आदेश इनके लिए सर्वोपरि था। गुरु अमरदास के दूसरे दामाद थे रामा। एक बार अमरदास ने दोनों की परीक्षा लेनी चाही। उन्होंने रामा से एक चबूतरा बनवाया और नापसंद करके तुड़वा दिया। जब तीसरी बार यही करने के लिए कहा तो रामा बोला—गुरु बूढ़े हो गए हैं और उनकी बुद्धि काम नहीं करती। परंतु जब यही काम जेठा से कहा तो उसने सात बार बनाकर गुरु के कहने पर सात बार चबूतरा तोड़ डाला। इस पर प्रसन्न होकर अमरदास बोले—मेरी आज्ञा मानकर तूने सात बार चतूतरे को गिराकर बनाया है, इसलिए तेरी सात पीढ़ियां गुरु की गद्दी पर बैठेंगी।

गुरु रामदास ने सिक्खों के महान तीर्थ अमृतसर का निर्माण कराया। इस तालाब को उन्होंने बड़ी श्रद्धा और परिश्रम से खुदवाया। तालाब के आसपास धीरे-धीरे रामदासपुर नाम का एक नगर बसने लगा। बाद में तालाब के नाम पर इसका नाम भी अमृतसर पड़ गया। उन दिनों गुरु रामदास जिस कुटिया में रहते

थे, वह स्थान अब 'गुरु के महल' के नाम से प्रसिद्ध है। गुरु रामदास ने सिक्ख धर्म के प्रचार के लिए अनेक योग्य व्यक्तियों को नियुक्त किया जिन्हें वे 'मसंद' कहते थे।

रामदास, समर्थ (1530-1606 वि.)

रामानंदी मत से प्रभावित महाराष्ट्र के भक्तों और संतों में समर्थ रामदास का महत्वपूर्ण स्थान है। कहते हैं, ये विवाह नहीं करना चाहते थे, किंतु पिता के आग्रह पर विवाह की वेदी पर बैठना पड़ा। ज्यों ही पुरोहित ने एक मंत्र में 'सावधान' शब्द का उच्चारण किया, रामदास भाग खड़े हुए और लोगों के देखते-देखते नासिक के निकट पंचवटी जा पहुंचे। वहां उन्होंने बारह वर्ष तक तपस्या की। उसके बाद बारह वर्ष तक देश भर के तीर्थों का भ्रमण करते रहे। शिवाजी पर इनका बड़ा प्रभाव था। कुछ लोग इन्हें शिवाजी का गुरु बताते हैं। इन्होंने कई रचनाएं की जो 'दासबोध' नामक ग्रंथ में संग्रहीत है। यह ग्रंथ धार्मिक की अपेक्षा दार्शनिक अधिक है।

रामप्रसाद बिस्मिल

काकोरी कांड के प्रसिद्ध क्रांतिकारी रामप्रसाद बिस्मिल का जन्म उत्तर प्रदेश के शहाजहांपुर जिले में 1897 ई. में हुआ था। हाईस्कूल में अध्ययन करते समय ही बिस्मिल क्रांतिकारी आंदोलन में सम्मिलित हो गए। 'हिंदुस्तानी सोशलिस्ट रिपब्लिकन ऐसोसिएशन' नामक क्रांतिकारी संस्था के लिए हथियार जमा करने में इनकी प्रमुख भूमिका रही। 1925 ई. में इन्होंने काकोरी में ट्रेन से सरकारी खजाना लूटने में आगे बढ़कर भाग लिया। अंत में गिरफ्तार हुए और 19 दिसंबर, 1927 ई. को गोरखपुर जेल में फांसी पर झूल गए। काकोरी केस में इन्हें प्रथम अभियुक्त और राजेन्द्र लाहिड़ी को दूसरे नंबर का अभियुक्त बनाया गया था। बिस्मिल अच्छे शायर और लेखक भी थे। इन्होंने कई देशभक्तिपूर्ण रचनाएं कीं।

रामरखा

पंजाब के होशियारपुर जिले में जन्मे रामरखा 'गदर पार्टी' के सदस्य थे। सोहनलाल पाठक (दे.) के साथ इन्हें भी मलाया, सिंगापुर और बर्मा में भारतीय सैनिकों को अंग्रेजों के विरुद्ध भड़काने का काम सौंपा गया था। 1915 ई. में ये बर्मा में गिरफ्तार हुए और आजीवन कारावास की सजा देकर अंडमान जेल भेज दिए गए। वहां जेल के अधिकारियों के दुर्व्यवहार के विरोध में भूख-हड़ताल करते हुए रामरखा की मृत्यु हो गई।

रामलीला

रामायण की कथा शरद्‌कालीन नवरात्रों में उत्तर भारत के प्रमुख नगरों और गांवों में नाटक के रूप में प्रस्तुत की जाती है। इसका प्रचलन गोस्वामी तुलसीदास ने किया था। इसमें रामकथा से संबंधित मुख्य-मुख्य सभी दृश्य दिखाए जाते हैं। वारासणी के निकट रामनगर की रामलीला बहुत प्रसिद्ध है। यहां प्रत्येक घटना के प्रदर्शन के स्थान पहले से निर्धारित हैं।

रामलीला का मूल आधार परंपरागत रामकथा है। बीच-बीच में रामचरित मानस के दोहे-चौपाइयों से उसमें नया जीवन आ जाता है। कुछ जगहों में 'मानस' का सहारा न लेकर रामकथा पर आधारित 'रामलीला' नाटक लिखे गए हैं और उनका मंचन किया जाता है। दक्षिण-पूर्वी एशिया के कुछ देशों में पुतलियों के माध्यम से रामकथा प्रस्तुत की जाती है।

रामसिंह

1. रामसिंह एक जैन मुनि तथा स्वतंत्र प्रवृत्ति के तत्ववेत्ता संत थे। इनका समय ग्यारहवीं शताब्दी माना जाता है। इनकी रचनाओं में 'करहा' अर्थात् ऊंट शब्द का अनेक बार प्रयोग मिलने से अनुमान है कि ये राजपूताना के निवासी रहे होंगे। इन्होंने बाह्याडंबर का विरोध किया। इनका कहना था—घट के अंतर् में बसने वाले देव का दर्शन करो। क्यों व्यर्थ तीर्थों में भटकते हो, क्यों बड़े-बड़े मंदिर बनवाते हो।

2. अजमेर के राजा जयसिंह का पुत्र। इसने औरंगजेब की कैद से भागने में शिवाजी की सहायता की थी। जयसिंह के सुरक्षा के आश्वासन पर शिवाजी ने औरंगजेब के दरबार में जाना स्वीकार किया था। पर वहां उन्हें धोखे से कैद कर लिया गया। तब रामसिंह की सहायता से ही वे बाहर निकल सके।

रामसिंह नामधारी

पंजाब के संत और देश को अंग्रेजों की दासता से मुक्त कराने के लिए प्रयत्नशील रामसिंह नामधारी का जन्म 1816 ई. में एक बढ़ई परिवार में हुआ था। उन्हें अपनी माता से प्राचीन वीरों की कहानियां सुनने को मिलीं जिससे उनके अंदर देश-भक्ति के भाव पैदा हुए। धार्मिक रुचि का भी उदय हुआ। वे कुछ दिन रणजीतसिंह की सेना में रहे। रणजीतसिंह की मृत्यु के बाद जब अंग्रेजों ने पंजाब पर कब्जा जमाया तो रामसिंह ने नामधारियों का संगठन किया। उनका नारा था—सरकारी नौकरियों का बहिष्कार, सरकारी स्कूलों का बहिष्कार, विदेशी वस्त्रों का बहिष्कार, सरकारी अदालतों का बहिष्कार, ऐसे कानूनों का बहिष्कार जो अपनी आत्मा के विरुद्ध हों। उनके इस प्रचार से क्रुद्ध होकर अंग्रेजी सरकार ने

रामसिंह को बहाने से रंगून भेज दिया। वहीं 1885 ई. में इस देश-भक्त का देहांत हो गया।

रामानंद

वैष्णवाचार्य स्वामी रामानंद का जन्म 1299 ई. में प्रयाग में हुआ था। इनके विचारों पर गुरु राघवानंद के विशिष्टाद्वैत मत का अधिक प्रभाव पड़ा। अपने मत के प्रचार के लिए इन्होंने भारत के विभिन्न तीर्थों की यात्रा कीं। तीर्थाटन से लौटने पर अनेक गुरुभाइयों ने यह कहकर रामानंद के साथ भोजन करने से इंकार कर दिया कि इन्होंने तीर्थाटन में छुआछूत का विचार नहीं किया होगा।

इस पर रामानंद ने अपने शिष्यों को नया संप्रदाय चलाने की सलाह दी। रामानंद संप्रदाय में ये बातें सम्मिलित हैं—1. द्विभुजराम की परम उपासना, 2. 'ओ३म् रामाय नमः' इस संप्रदाय का मंत्र है, 3. संप्रदाय का नाम 'श्रीसंप्रदाय' तथा 'वैरागी संप्रदाय' भी है, 4. इस संप्रदाय में आचार पर अधिक बल नहीं दिया जाता। कर्मकांड का महत्व यहां बहुत कम है। इस संप्रदाय के अनुयायी 'अवधूत' और 'तपसी' भी कहलाते हैं।

रामानंद के धार्मिक आंदोलन में जाति-पांति का भेदभाव नहीं था। उनके शिष्यों में हिंदुओं की विभिन्न जातियों के लोगों के साथ-साथ मुसलमान भी थे। भारत में रामानंदी साधुओं की संख्या सर्वाधिक है।

रामानंद चट्टोपाध्याय (1865-1943 ई.)

बंगाल में जन्मे प्रसिद्ध पत्रकार रामानंद चट्टोपाध्याय 1895 से 1906 ई. तक इलाहाबाद में कायस्थ पाठशाला के प्रिंसिपल रहे। वे बड़े निर्भीक थे। राजर्षि पुरुषोत्तमदास टंडन को जब उनके राष्ट्रवादी विचारों के कारण अंग्रेज प्रिंसिपल ने विद्यालय से निकाल दिया तो रामानंद बाबू ने उन्हें अपने विद्यालय में भर्ती कर लिया। 1907 ई. में आपने इलाहाबाद से 'मॉडर्न रिव्यू' नामक पत्र निकाला। उस समय की सरकार ने पत्र की निर्भीक नीति को देखकर उन्हें उत्तर प्रदेश छोड़ने को बाध्य किया। वे कलकत्ता चले गए और जीवन भर वहीं से 'मॉडर्न रिव्यू' और हिंदी में 'विशाल भारत' का प्रकाशन करते रहे। 'मॉडर्न रिव्यू' अपने समय का सर्वोत्तम पत्र माना जाता था। राष्ट्रीय और अंतर्राष्ट्रीय स्तर के लेखक उसमें लिखा करते थे। रवीन्द्रनाथ ठाकुर की पहली अंग्रेजी कविता इसी में प्रकाशित हुई थी। लाहौर कांग्रेस (1929 ई.) के अवसर पर रामानंद बाबू ने 'जाति-पांति तोड़क मंडल' की अध्यक्षता की थी।

रामानुज

वैष्णव मत की पुनः प्रतिष्ठा करनेवालों में रामानुज या रामानुजाचार्य का महत्व-पूर्ण स्थान है। इनका जन्म 1207 ई. में मद्रास के निकट हुआ था। इन्होंने कांजीवरम् जाकर वेदांत की शिक्षा ली। वेदांत का इनका ज्ञान थोड़े समय में ही इतना बढ़ गया कि इनके गुरु यादवप्रकाश के लिए इनके तर्कों का उत्तर देना कठिन हो गया। रामानुज की विद्वत्ता की ख्याति निरंतर बढ़ती गई। वैवाहिक जीवन से ऊबकर ये संन्यासी हो गए। अब इनका पूरा समय अध्ययन, चिंतन और भगवत्-भक्ति में बीतने लगा। इनकी शिष्य-मंडली भी बढ़ने लगी। यहां तक कि इनके पहले के गुरु यादवप्रकाश भी इनके शिष्य बन गए। रामानुज द्वारा प्रतिपादित सिद्धांत 'विशिष्टाद्वैत' कहलाता है।

आगे चलकर आपने गोष्ठीपूर्ण से दीक्षा ली। गुरु का निर्देश था कि रामानुज उनका बताया हुआ मंत्र किसी अन्य को न बताएं। किंतु जब रामानुज को ज्ञात हुआ कि मंत्र के सुनने से लोगों को मुक्ति मिल जाती है तो वे मंदिर की छत पर चढ़कर सैकड़ों नर-नारियों के सामने चिल्ला-चिल्लाकर उस मंत्र का उच्चारण करने लगे। यह देखकर क्रुद्ध गुरु ने इन्हें नरक जाने का शाप दिया। इस पर रामानुज ने उत्तर दिया—यदि मंत्र सुनकर हजारों नर-नारियों की मुक्ति हो जाए तो मुझे नरक जाना भी स्वीकार है।

इनके समय में जैन और बौद्ध धर्मों के प्रचार के कारण वैष्णव धर्म संकटग्रस्त था। रामानुज ने इस संकट का सफलतापूर्वक प्रतिकार किया। साथ ही इन्होंने शंकर के अद्वैत मत का खंडन किया और अपने मत के प्रवर्तन के लिए अनेक ग्रंथों की रचना की।

रामायण

वाल्मीकि रचित रामायण को संस्कृत भाषा का आदिकाव्य माना जाता है और वाल्मीकि को आदिकवि। इसकी रचना चौथी शताब्दी ई. पू. में हुई थी। रामायण में कवि ने राम के संपूर्ण जीवन का वर्णन अंकित किया है। विद्वानों का मत है कि रामायण की रचना महाभारत से सैकड़ों वर्ष पहले हो चुकी थी। आगे चलकर तुलसी कृत रामचरित मानस सहित रामकथा के सभी ग्रंथों ने कथा-सूत्र वाल्मीकि से ही लिया है। अंतर केवल इतना है कि वाल्मीकि रामायण के राम साधारण मानव हैं, न कि विष्णु के अवतार। रामायण का वर्तमान उपलब्ध रूप विक्रम संवत् की दूसरी सदी के आसपास का और मूल से काफी भिन्न माना जाता है। (दे. राम-कथा)।

रामावतार

विष्णु के अवतारों में राम का अवतार सातवां माना जाता है। मान्यता है कि अवतार किसी समय फैली अव्यवस्था को ठीक करने के लिए होता है। रामावतार के समय भी यही स्थिति थी। परशुराम के अवतार के समय ब्राह्मणों और क्षत्रियों के बीच सामंजस्य नहीं रह गया था। ब्राह्मणों में रावण जैसे व्यक्ति पैदा होकर सारी मान्यताओं को नष्ट-भ्रष्ट करने लगे थे। इसीलिए इस अव्यवस्था को दूर करके, राक्षसी स्थिति को प्राप्त ब्राह्मण-शक्ति का शमन करने के बाद दोनों वर्गों में धर्म द्वारा निर्दिष्ट सामंजस्य स्थापित करने के लिए क्षत्रिय कुल में रामावतार हुआ।

रामेश्वरम्

तमिलनाडु प्रदेश के रामनाथपुर जिले में समुद्र के अंदर एक द्वीप में स्थित रामेश्वरम् की बड़ी महिमा है। यह हिंदुओं के चार धामों में से एक धाम है। यहां का शिवमंदिर प्रसिद्ध है। इसका शिव के बारह ज्योतिर्लिंगों में प्रमुख स्थान है। धामों में यहीं शिव का मंदिर है। अन्य तीनों धामों—बदरीनाथ, जगन्नाथपुरी और द्वारका में विष्णु के मंदिर हैं। मान्यता है कि इस मंदिर के शिवलिंग की स्थापना श्रीराम ने अपने हाथों से की थी। इसीलिए यह रामेश्वरम् कहलाया। प्राचीन उल्लेखों के अनुसार किसी समय यहां अगस्त्य मुनि का आश्रम था। तब इसे 'गंधमादन' कहते थे। रावण की कैद से सीता को छुड़ाने के लिए राम और उनकी सेना ने यहीं पर पुल बनाकर समुद्र पार किया था।

रामेश्वरम् का मंदिर बड़े विस्तृत क्षेत्र में फैला है। इसके लंबे-चौड़े परिक्रमा-पथों के खंभों में आकर्षक मूर्तियां उत्कीर्ण हैं। चारों द्वारों पर बड़े भव्य गोपुरम् बने हुए हैं। पूर्वी द्वार का गोपुरम् दस मंजिल ऊंचा है। शिवलिंग के दर्शन करने से पूर्व यात्री चौबीस जगहों में स्नान करते हैं। इनमें से अधिकांश स्थान कुओं के रूप में हैं। मंदिर के गर्भगृह तक केवल पुजारी जाता है। यहां केवल गंगाजल से अभिषेक होता है—वह भी ताम्रपात्र से।

मंदिर की परिक्रमा के अंदर पार्वती का मंदिर है। पार्वती को यहां 'पर्वत-वर्धनी' कहते हैं। मान्यता है कि श्रीकृष्ण, बलदेव और पांडव भी यहां आए थे। रामेश्वरम् का एक सुंदर स्फटिक लिंग भी है जिसके दर्शन केवल प्रातःकाल होते हैं।

रामेश्वरम् चारों ओर समुद्र से घिरा शंख के आकार का टापू है। गंधमादन या रामझरोखा यहां का सबसे ऊंचा टीला है। पहले यहां के लिए केवल रेलमार्ग था। अब सड़क का पुल बन जाने से यात्रा और भी सुगम हो गई है। यहां वर्ष भर यात्रियों का तांता लगा रहता है।

रायगढ़

कोंकण के कुलाबा जिले में सह्याद्रि पर्वत के शिखर पर शिवाजी का प्रसिद्ध रायगढ़ दुर्ग है। इसमें अनेक दर्शनीय स्थल हैं। शिवाजी की आराध्या भवानी का और जगदीश्वर का मंदिर इसमें मुख्य हैं। जगदीश्वर का मंदिर बहुत ही कलापूर्ण है। वैशाख शुक्ल द्वितीया को शिवाजी की जयंती के अवसर पर रायगढ़ में उत्सव होता है।

रायचन्द्र

प्रसिद्ध धार्मिक नेता और लेखक रायचन्द्र जैन समुदाय में श्रीमद्‌राजचन्द्र के नाम से अधिक प्रसिद्ध रहे हैं। इन्होंने जैन धर्म को रूढ़ियों से निकालने के लिए वही काम किया जो हिंदू धर्म के संबंध में स्वामी दयानंद ने किया था। पर वे सभी धर्मों के ज्ञाता थे। महात्मा गांधी ने एक जगह लिखा है—हिंदू धर्म के बारे में मैं शंकाएं रायचन्द्र भाई को लिखता था, मेरी शंकाएं दूर होती थीं। रायचन्द्र ने आठ वर्ष की उम्र में कविता लिखना आरंभ किया। सोलह वर्ष की उम्र में वे पुस्तकें लिखने लगे।

रायचन्द्र का जन्म 1867 ई. में सौराष्ट्र में हुआ था। 32 वर्ष की उम्र में वे वानप्रस्थी बने। 33 वर्ष की अल्प आयु में ही अनेक महत्वपूर्ण ग्रंथों की रचना करके यह मेधावी व्यक्ति 1900 ई. में दुनिया से उठ गया।

रावण

लंका का राजा रावण पुलस्त्य ऋषि का पौत्र और विश्रवा का पुत्र था। इसकी माता का नाम कैकसी था। रावण की मंदोदरी और धान्यमालिनी नामक दो पत्नियां थीं। इनके अतिरिक्त युद्ध में परास्त करके इसने देवों, गंधर्वों आदि की हजारों कन्याओं से भी विवाह किया था। इसके पुत्रों में इंद्रजीत प्रसिद्ध है। इसके अतिरिक्त पांच और पुत्रों के नाम मिलते हैं। कुंभकर्ण और विभीषण नाम के दो भाई और शूर्पणखा बहन तो ज्ञात है ही, मत्त और युद्धोन्मत्त नामक दो और भाइयों तथा कुंभीनशी नामक बहन का भी उल्लेख मिलता था।

रावण अपनी वीरता के लिए प्रसिद्ध था किंतु उसे कार्तवीर्य अर्जुन, किष्किन्धा के बालि, पाताल के बलि और श्वेतद्वीप की महिलाओं से पराजित होना पड़ा था। सीता के स्वयंवर में रावण शिव-धनुष को उठा भी न सका। सीता-हरण और राम-रावण युद्ध की कथा सर्वविदित है।

रावण की गणना कुशल राजनीतिज्ञ के रूप में भी होती है। अत्याचारी होने के साथ-साथ वह शिव का भक्त, वेदों का महापंडित और समस्त शास्त्रों का ज्ञाता था। वाल्मीकि ने इसे 'वेद-विद्यानिष्णात' कहा है।

एक स्थान पर उल्लेख आया है कि रावण ने कुशध्वज ऋषि की कन्या वेदवती के साथ अनुचित व्यवहार करना चाहा। इस पर वेदवती ने उसे शाप दिया कि तुम्हारे नाश के लिए मैं सीता के रूप में पुनः जन्म ग्रहण करूंगी।

राष्ट्रगान

भारत में राष्ट्रगान की आवश्यकता 1885 ई. में कांग्रेस की स्थापना के साथ ही अनुभव हुई थी। इसके लिए बंगला भाषा के प्रसिद्ध साहित्यकार बंकिमचंद्र द्वारा रचित 'वंदेमातरम्' को उपयुक्त पाया गया और कांग्रेस के 1896 ई. के अधिवेशन से लेकर इसका बराबर गान होता रहा है। यह सर्वप्रथम बंकिमचंद्र के उपन्यास 'आनंद मठ' में 1882 ई. में प्रकाशित हुआ था और स्वतंत्रता संग्राम में इसने राष्ट्रीय उद्घोष का रूप ग्रहण कर लिया था।

स्वतंत्र भारत की संविधान सभा की उपसमिति को जब देश के लिए राष्ट्रगान के चयन का काम सौंपा गया तो उसने रवीन्द्रनाथ ठाकुर द्वारा रचित 'जन गण मन' गान को उपयुक्त समझा। यह गान सर्वप्रथम 1911 ई. में कांग्रेस के कलकत्ता अधिवेशन में गाया गया था। 'जन गण मन' को 'राष्ट्रगान' स्वीकार करते हुए वंदेमातरम् को भी 'राष्ट्रगीत' का दर्जा प्रदान किया।

राष्ट्रध्वज

भारत के राष्ट्रध्वज का विकास हमारे स्वतंत्रता संग्राम के साथ हुआ। स्वतंत्रता संग्राम के दिनों में भी तिरंगा ही हमारा राष्ट्रीय झंडा था, परंतु उन दिनों बीच की सफेद पट्टी पर चर्खा बना रहता था। संविधान सभा ने जो तिरंगा राष्ट्रध्वज स्वीकार किया उसमें चर्खे के स्थान पर सम्राट अशोक का चक्र ले लिया गया। यह चक्र प्रगति, शांतिमय परिवर्तन और सदा आगे बढ़ने का प्रतीक माना जाता है। झंडा केवल खादी के कपड़े या हाथ के कते-बुने रेशम के कपड़े का बनता है। इसकी लंबाई और चौडाई का अनुपात तीन और दो का होता है। सबसे ऊपर केसरिया रंग की पट्टी होती है जो त्याग और वीरता की निशानी है। बीच की सफेद पट्टी प्रकाश, सत्य और शांति की प्रतीक है। नीचे की हरे रंग की पट्टी प्रकृति, वनस्पति और पेड़-पौधों के प्रति हमारी निर्भरता की सूचक है। राष्ट्रध्वज निर्धारित नियमों के अनुसार ही फहराया जाता है और उसका असम्मान करना दंडनीय अपराध है।

राष्ट्रपति

राष्ट्रपति भारतीय गणराज्य का सर्वोच्च प्रशासनिक अधिकारी और सेना के सभी अंगों का प्रधान सेनापति होता है। राष्ट्रपति का निर्वाचन संसद के दोनों सदनों के

निर्वाचित सदस्य और राज्यों की विधानसभाओं के निर्वाचित सदस्य करते हैं। राष्ट्रपति का चुनाव पांच वर्ष के लिए होता है। राष्ट्रपति लोकसभा में बहुमतवाले दल के नेता को प्रधानमंत्री नियुक्त करता है और उसके परामर्श पर अन्य मंत्री नियुक्त किए जाते हैं। देश का शासन संबंधी सारा कार्य राष्ट्रपति के नाम से चलता है। वह अपने अधिकारों का उपयोग मंत्रिपरिषद् के परामर्श से करता है।

राष्ट्रीय पक्षी

मोर को भारत का राष्ट्रीय पक्षी घोषित किया गया है। भारत का यह सुंदर पक्षी लगभग पूरे देश में पाया जाता है। इसे पकड़कर रखना अथवा मारना दंडनीय अपराध है।

राष्ट्रीय पशु

भारत का राष्ट्रीय पशु बाघ है। सुंदर और स्वस्थ शरीरवाले बाघ की शक्ति और स्फूर्ति देखने योग्य होती है। इसे राष्ट्रीय पशु घोषित करके देश ने वन्य पशुओं के महत्त्व की स्वीकृति का और उनके प्रति आत्मीयता का परिचय दिया है। राष्ट्रीय पशु को मारना दंडनीय अपराध है।

रास पंचाध्यायी

भागवत पुराण के दसवें स्कंद के पांच अध्यायों को रास पंचाध्यायी कहते हैं। संस्कृत में इस नाम का कोई स्वतंत्र ग्रंथ नहीं है। हिंदी में यह नाम अधिक प्रचलित है और इस नाम से कई ग्रंथ लिखे गए हैं। रास पंचाध्यायी में कृष्ण की लीला के माध्यम से प्रेम और समर्पण की भावना की प्रतिष्ठा की गई है।

इसमें कृष्ण की वंशी की मधुर ध्वनि सुनकर गोपियों द्वारा सब कुछ त्यागकर उनके पास आने का वर्णन है। कृष्ण के समझाने पर भी जब गोपियां घर लौटने को तैयार नहीं होतीं तो कृष्ण आनंदपूर्वक उनके साथ रासलीला करने लगते हैं। वैष्णव भक्त इस लीला को दिव्य क्रीड़ा मानते हैं। उनके अनुसार स्थूल शरीर और मन से इसका कोई संबंध नहीं है।

रासबिहारी बोस

प्रसिद्ध क्रांतिकारी रासबिहारी बोस का जन्म 1886 ई. में हुआ था। शिक्षा पूरी करके आपने सरकारी नौकरी कर ली। साथ ही देश की स्वतंत्रता के लिए सशस्त्र क्रांतिकारी दल का भी गठन करते रहे। वाराणसी आपके कार्य का प्रमुख केंद्र था। 1912 ई. में वाइसराय पर इन्होंने ही बम फेंका था। क्रांतिकारियों ने फरवरी 1915 में एक बड़ी कार्रवाई करने की योजना बनाई थी। परंतु एक

मुखबिर के कारण सरकार को पता चल गया। कई व्यक्ति गिरफ्तार हुए। पर रासबिहारी बचकर जापान चले गए। उन्होंने वहां जापानी भाषा में पुस्तकें लिखकर भारत की स्वतंत्रता के लिए प्रचार किया और 'आजाद हिंद फौज' गठित की। बाद में नेताजी सुभाषचंद्र बोस को आजाद हिंद फौज का नेतृत्व सौंप दिया। रासबिहारी बोस का 1945 ई. में जापान में ही निधन हो गया।

रासलीला

उत्तर प्रदेश में प्रचलित लोकनाट्य का एक प्रमुख अंग। इसका आरंभ सोलहवीं शताब्दी में वल्लभाचार्य (दे.) और हितहरिवंश (दे.) आदि महात्माओं के प्रभाव से धर्म के साथ नृत्य और संगीत का सामंजस्य करके हुआ। यद्यपि तब भी इसके पात्रं राधा-कृष्ण ही होते थे, पर विषय में आध्यात्मिकता का प्राधान्य था और सूरदास तथा अष्टछाप के अन्य कवियों की रचनाएं इसका आधार थीं।

उन्नीसवीं शताब्दी में रीतिकालीन काव्य के प्रचलन से रास का आध्यात्मिक पक्ष पिछड़ गया। उसका स्थान नृत्य, वाक् चातुर्य और श्रृंगार के हाव-भावों ने अधिक ले लिया। रासलीला साधारण रंगमंच पर की जाती है। पात्र होते हैं—राधा, कृष्ण और गोपियां। विदूषक 'मनसुखा' दर्शकों का मनोरंजन करता है। रास के सब पात्र युवक होते हैं, राधा और गोपी का अभिनय भी वही करते हैं। लीला के बाद राधा-कृष्ण की छवि की आरती उतारी जाती है। इस समय फर्रुखाबाद, मैनपुरी, मथुरा-वृन्दावन और आगरा की रासलीलाएं प्रसिद्ध हैं। रास का सामान्य समय चैत्र-बैशाख, कार्तिक, अगहन और सावन के महीने हैं।

आस्थावान व्यक्ति रासलीला का अपनी मान्यता के अनुसार भाष्य करते हैं। श्रीकृष्ण परब्रह्म हैं, राधा और गोपियां जीव आत्माएं। रासलीला परमात्मा और जीवात्मा का सम्मिलन है। जो लोक में भी राधा तथा अन्य सखियों के साथ कृष्ण नित्य रासलीला में लगे रहते हैं।

राहु

पुराणों में वर्णित नौ ग्रहों में से एक पाप ग्रह। इसे कहीं पर कश्यप और दनु का पुत्र बताया गया है, कहीं पर विप्रचित्ति का जो सिंहिका के गर्भ से उत्पन्न हुआ था। वेद में भी स्वभार्नु नामक एक असुर का उल्लेख मिलता है जो सूर्य के प्रकाश को रोकता था।

समुद्रमंथन के बाद निकले अमृत को पीने के लिए राहु भी चोरी से देवताओं की पंक्ति में बैठ गया था। अमृत का घूंट इसके गले तक ही पहुंच पाया था कि सूर्य और चंद्रमा ने इसे पहचान लिया और विष्णु से शिकायत की। विष्णु ने तत्काल अपने चक्र से राहु का सिर काट दिया। उसका मस्तक राहु रहा और धड़

केतु (दे.) बन गया। तभी से यह सूर्य और चंद्रमा से वैरभाव रखता है। लोक मान्यता है कि सूर्य और चंद्रग्रहण राहु के ग्रसने से ही होते हैं।

राहुल

सिद्धार्थ और यशोधरा का एकमात्र पुत्र। बाद में इसने भी अपने पिता गौतम बुद्ध से बौद्ध धर्म की दीक्षा ली। बौद्ध-साहित्य के अनुसार इसकी मृत्यु गौतम बुद्ध के जीवनकाल में ही उनकी उपस्थिति में हो गई थी।

राहुल सांकृत्यायन

आधुनिक समय के प्रसिद्ध विद्वान् और दर्जनों उच्चकोटि के ग्रंथों के रचयिता राहुल सांकृत्यायन का जन्म उत्तर प्रदेश में आजमगढ़ जिले के कनैला नामक गांव में 1893 ई. में हुआ था। आपका बचपन का नाम केदारनाथ था। फिर आप 'दामोदर' साधु बने और 1930 ई. में बौद्ध धर्म ग्रहण करके राहुल सांकृत्यायन बन गए। राहुलजी ने स्वतंत्रता संग्राम में भाग लेकर जेल यात्रा की। आपकी सब से बड़ी देन है—तिब्बती भाषा में सुरक्षित प्राचीन भारतीय ग्रंथों को उपलब्ध कराना। इसके लिए बड़ी कठिनाइयों का सामना करके आपने अनेक बार तिब्बत की यात्रा की। राहुलजी जीवन भर परिव्राजक रहे। आप हिंदी के प्रबल समर्थक और अनेक भाषाओं के ज्ञाता थे। आपकी रूसी पत्नी से रूस में ही 'इगोर राहुलोबिच' नामक पुत्र और भारत में कमला सांकृत्यायन से 'जयाचेता' नाम की पुत्री पैदा हुई। राहुलजी का देहांत 14 अप्रैल 1963 ई. को दार्जिलिंग में हुआ।

रिष्यमूक

'रामचरित मानस' के अनुसार दक्षिण भारत में स्थित एक पर्वत। सीता की खोज करते समय हनुमान की सहायता से यहीं पर राम की सुग्रीव से मित्रता हुई थी।

रीतिकाल

हिंदी साहित्य का उत्तर मध्यकाल (1658-1857 ई.) रीतिकाल कहलाता है। 'रीति' शब्द संस्कृत साहित्य में काव्य की आत्मा माना गया है। हिंदी में इसका प्रयोग भिन्न अर्थ में हुआ है। इसके अनुसार अलंकार, रस, गुण, ध्वनि, नायिका-भेद आदि के आधार पर रचा काव्य 'रीति' के नाम से विख्यात हुआ और इस प्रकार की रचनाएं जिस अवधि में हुईं, वह रीतिकाल कहलाया। इस काल के प्रमुख हिंदी कवि हैं—सेनापति बिहारीलाल, मतिराम, घनानंद, देव, भिखारीदास, रसलीन (पूरा नाम सैयद गुलाम नबी बिलग्रामी), बेनी प्रवीन, पद्माकर और ग्वाल। इसी काल के एक प्रसिद्ध कवि भूषण भी हैं, पर उन्होंने रीतिकाल की

शृंगार प्रधान धारा को छोड़कर वीररस प्रधान काव्य की रचना की।

रुक्मांगद

इक्ष्वाकुवंशी एक राजा जिसकी एकादशी के व्रत पर बड़ी श्रद्धा थी। इसे व्रत से विमुख करने के लिए ब्रह्मा ने मोहिनी नाम की अप्सरा को भेजा। राजा अप्सरा के मोहजाल में पड़ गया और उससे विवाह का प्रस्ताव कर बैठा। मोहिनी ने चाहा कि वह एकादशी का व्रत त्याग दे, पर राजा इसके लिए तैयार नहीं हुआ दूसरी बार मोहिनी ने कहा कि वह अपने पुत्र का सिर काटकर धड़ से अलग कर दे। राजा यह करने ही वाला था कि विष्णु ने प्रकट होकर उसे रोक दिया।

रुक्मि

विदर्भ नरेश भीष्मक का ज्येष्ठ पुत्र और रुक्मिणी (दे.) का भाई। यह पराक्रमी और धनुर्विद्या में प्रवीण था। इसकी इच्छा के विरुद्ध जब श्रीकृष्ण रुक्मिणी का हरण कर ले गए तो इसने अपने पिता के सामने प्रतिज्ञा की कि मैं कृष्ण का वध करके रुक्मिणी को वापस लाऊंगा। यह न कर सका तो राजधानी कुंडिनपुर नहीं आऊंगा। युद्ध में यह श्रीकृष्ण से पराजित हुआ और कुंडिनपुर वापस न जाकर इसने भोजकट नामक नगर बसाया और वहीं रहने लगा।

महाभारत युद्ध के समय यह चाहता था कि पांडव या कौरव जो इससे सहायता की याचना करेगा यह उसी पक्ष का साथ देगा। इसके अपमानपूर्ण प्रस्ताव को दोनों पक्षों ने ठुकरा दिया और यह अपमानित होकर रह गया।

इसकी पौत्री रोचना का विवाह श्रीकृष्ण के पौत्र अनिरुद्ध से हुआ था। उस विवाह के अवसर पर द्यूत खेलते समय जब इसने बार-बार बलराम को धोखा दिया तो उनके हाथों मारा गया।

रुक्मिणी

विदर्भ नरेश भीष्मक की पुत्री जो श्रीकृष्ण की पटरानी बनी। इसका जन्म लक्ष्मी के अंश से बताया जाता है। वयस्क होने पर एकबार इसने नारद से श्रीकृष्ण की शक्ति और उनके रूप तथा गुण का वर्णन सुना। तभी उनसे विवाह करने का निश्चय कर लिया। पर रुक्मिणी का भाई रुक्मि जरासंध का समर्थक था और कंस-वध के कारण कृष्ण के प्रति वैरभाव रखता था। रुक्मि ने रुक्मिणी का विवाह शिशुपाल के साथ करने का परामर्श दिया जिसे उसके पिता ने स्वीकार कर लिया। विवाह की तैयारियां होने लगीं।

चिंतित रुक्मिणी ने कृष्ण को संदेश भेजा कि वे शिशुपाल से विवाह होने से पहले ही आकर उसका हरण कर ले जाएं। अपनी कुल-प्रथा के अनुसार रुक्मिणी

विवाह के एक दिन पहले देवी के दर्शनों के लिए बाहर निकली तो श्रीकृष्ण ने उसका हरण कर लिया और द्वारका पहुंचकर उसके साथ विवाह कर लिया। रुक्मि ने विरोध किया पर यादव सेना उसका सामना करने के लिए पहले से तैयार थी। उसे पराजित होना पड़ा।

भागवत के अनुसार रुक्मिणी के चारुमती नाम की एक कन्या और ये दस पुत्र हुए—प्रद्युम्न, चारुदेष्ण, सुदेष्ण, चारुदेह, सुचारु, चारुगुप्त, भद्रचारु, चारुचंद्र, विचारु और चारु। प्रद्युम्न को कामदेव का अवतार माना जाता है। बाद में रुक्मि ने अपनी कन्या रुक्मवती का इसके पुत्र अनिरुद्ध के साथ विवाह किया था।

रुचि

1. ब्रह्मा के मन से उत्पन्न एक प्रजापति जिसका विवाह स्वयंभुव मनु की कन्या याकूती से हुआ था। इसने अपनी संतानें मनु को सौंप दी थीं।
2. एक प्रजापति जिसने पितरों के कहने पर ब्रह्मचर्याश्रम छोड़ा और मालिनी नामक अप्सरा से विवाह किया।
3. देवशर्मा नामक ऋषि की पत्नी का नाम। एकबार पत्नी की रक्षा का भार अपने शिष्य विपुल को सौंपकर ऋषि यज्ञ करने के लिए गए। इस अवसर का लाभ उठाकर कामासक्त इंद्र ऋषि-पत्नी के पास आया। तब विपुल ने इंद्र का सामना करके ऋषि-पत्नी के सतीत्व की रक्षा की।

रुद्र

एक वैदिक देवता जो अग्नि के प्रतीक हैं। इनके नाम का अर्थ है—हल्ला करना अथवा चिल्लाना। वैदिक साहित्य में रुद्र का उल्लेख भय और भास के देवता के रूप में मिलता है। रुद्र कितने थे, इस संबंध में मतैक्य नहीं है। कहीं पर रुद्र एक हैं, कहीं पर ग्यारह और कहीं पर एक सौ। अनुमान लगाया गया है कि यह संख्या-वृद्धि रुद्र के गुणों की परिचायक है। कालांतर में रुद्र और शिव एक-दूसरे के पर्याय मान लिए गए। इसका कारण दोनों के गुणों की समानता बताया जाता है।

रुद्र की कल्पना भयंकर देवता के साथ-साथ कल्याणकारी रूप में भी की गई है। वे स्वास्थ्य और कल्याण के भी देवता हैं। वे सोने के आभूषण धारण करते हैं, धनुष-बाण लिए रहते हैं और लोगों का कल्याण करने में समर्थ हैं। इसीलिए आगे चलकर उनकी गणना ब्रह्मा और विष्णु के साथ महेश के रूप में त्रिदेवों में होने लगी।

महाप्रलय और सृष्टि के देवता के रूप में भी रुद्र की उपासना की जाती है। महाप्रलय के बाद सृष्टि पुनः आरंभ होती है। इसी आरंभ के प्रतीक के रूप में

शिव के 'अर्घ्य' में स्थापित 'लिंग' की पूजा होती है। ये दोनों सृष्टि के लिए अनिवार्य हैं। संहार और सृष्टि के अधिष्ठाता के रूप में रुद्र का एक नाम 'महादेव' भी पड़ा जो ईश्वर का ही प्रतीक है।

रुद्रप्रयाग

उत्तराखंड का एक पवित्र तीर्थ। यहां पर अलकनंदा और मंदाकिनी का संगम होता है। यहां से बदरीनाथ और केदारनाथ के मार्ग अलग-अलग हो जाते हैं। मान्यता है कि शंकर की आराधना करने पर नारद को संगीत-विद्या की प्राप्ति यहीं पर हुई थी।

रुद्राक्ष

नेपाल में और सुदूर पूर्व एशिया के द्वीपों में पाए जानेवाले एक वृक्ष विशेष के फल की गुठली। इसे अत्यंत पवित्र माना जाता है। शैवों के साथ-साथ अन्य लोग भी इसकी माला धारण करते हैं। रुद्राक्ष में प्राकृतिक रूप से कुछ रेखाएं या खांचे बने रहते हैं जिन्हें मुख कहा जाता है। माला बनाने में सामान्यत: पंचमुखी रुद्राक्ष का प्रयोग होता है। एकमुखी रुद्राक्ष को ऋद्धि-सिद्धि का दाता और शिव स्वरूप मानते हैं, परंतु यह कठिनाई से मिलता है।

शिवपुराण के अनुसार शिव संसार के उपकार के लिए हजारों वर्ष तक तप करते रहे। बाद में जब उन्होंने आंखें खोलीं तो उनके नेत्रों से जल की दो बूंदें पृथ्वी पर गिरकर रुद्राक्ष के वृक्ष बन गईं। इसी कारण शैव रुद्राक्ष को अत्यधिक महत्व देते हैं। शैवों के लिए रुद्राक्ष की माला पहनना अनिवार्य है। इस माला में 18, 28, 32, 64, 84 और 108 तक मनके होते हैं। सबसे छोटी माला 'सुमरनी' कहलाती है और यह 18 या 28 मनकों की बनती है।

रुमण्व

जमदग्नि और रेणुका के पांच पुत्रों में ज्येष्ठ और परशुराम का भाई। सुषेण, वसु और विश्वावसु इनके और भाई थे।

जमदग्नि ने जब रुमण्व से अपनी माता का वध करने के लिए कहा तो इसने पिता की आज्ञा का पालन नहीं किया। इस पर कुपित जमदग्नि ने इसे पशु-पक्षियों की भांति जड़-बुद्धि हो जाने का शाप दे डाला। बाद में पिता को प्रसन्न करके परशुराम ने इसे शाप से मुक्त कराया था।

रुरु

1. घृताची नाम की अप्सरा के गर्भ से उत्पन्न प्रमत ऋषि का पुत्र जो च्यवन

(दे.) ऋषि का पौत्र था। इसकी पत्नी की सांप के काटने से मृत्यु हो गई थी। इसने अपनी आधी उम्र देकर उसे जीवित कर दिया। इस घटना ने रुरु को सर्पों का शत्रु बना दिया और यह देखते ही उन्हें मारने लगा। इस पर एक सर्प ने इससे कहा कि सांप को मारने से पहले यह देख लो कि वह विषैला है या नहीं।

2. एक दैत्य जिसके आक्रमण से भयभीत देवता शंकर की जटा से निकली एक शक्ति की शरण में गए। जब रुरु भी वहां पहुंच गया तो शक्ति ने डाकिनियों की सेना उत्पन्न करके दैत्य के सैनिकों का अंत कर डाला। फिर अपने पांव के अंगूठे से रुरु का भी वध कर दिया।

3. पुराणों और भागवत में वर्णित एक प्रकार का हिंसक जंतु जो शृंग भी कहलाता है। यह सर्प से भी अधिक विषैला होता है।

4. आठ भैरवों में से एक भैरव।

रुहेलखंड

गंगा नदी के उत्तर और कुमाऊं की पहाड़ियों के नीचे स्थित भूभाग रुहेलखंड कहलाता है। अफगानों की रोहिल्ला जाति ने 1740 ई. में इस पर अधिकार कर लिया था। तभी से इसका यह नाम पड़ा। मराठों की भी इस पर दृष्टि थी। इस भय से रुहेलों ने अवध के नवाब शुजाउद्दौला से 1772 ई. में संधि कर ली। यह देखकर मराठे पीछे हट गए। लेकिन जब रुहेलों ने संधि की शर्त के अनुसार 40 लाख रुपया नवाब को देने से इन्कार कर दिया तो नवाब ने अंग्रेजों से संधि कर ली। उसने अंग्रेजों की सहायता से 1774 ई. में रुहेले शासक को मारकर अधिकांश भूभाग अपने कब्जे में ले लिया। जब अंग्रेज गवर्नर जनरल भारत आया तो नवाब ने 1801 ई. में रुहेलखंड अंग्रेजों को सौंप दिया।

रूपक

एक अर्थालंकार। इसमें अति साम्य होने के कारण प्रस्तुत में अप्रस्तुत का आरोप करके अभेद दिखाया जाता है। भरत मुनि के अनुसार उपमा और रूपक सादृश्य-जीवी अलंकार हैं। वामन रूपक को उपमा प्रपंच मानते हैं। मम्मट के अनुसार उपमान और उपमेय का अभेद रूपक है। दंडी ने भी कहा है कि जब उपमान और उपमेय का भेद तिरोहित हो जाता है तो उस सादृश्य को रूपक कहते हैं।

हिंदी के आचार्यों ने इस अर्थालंकार के सप्त भेद बताए हैं—अभेद, तद्रूप, सांग रूपक, समस्तवस्तु विषय, एकदेश विवर्ति, लिंग रूपक और परंपरित रूपक। 'नाट्यशास्त्र' में भरत ने नाटक, प्रकरण, भाण, व्यायोग, समवकार, डिम, इहामृग, अंक, वीथि और प्रहसन—ये दस भेद दिए हैं।

रूपनारायण

राजस्थान में कांकरिया के आगे रूपनारायण का प्रसिद्ध मंदिर है। इस राममंदिर में श्याम वर्ण की मूर्ति स्थापित है। इस मंदिर के संबंध में एक कथा प्रचलित है—महाराणा उदयपुर यहां दर्शनों के लिए नित्य आया करते थे। पुजारी उन्हें मूर्ति की माला प्रसाद में देता था। एक दिन जब महाराणा को आने में विलंब हुआ तो पुजारी ने माला अपने गले में डाल ली। इतने में महाराणा आ गए। तब पुजारी ने चुपचाप निकालकर वही माला महाराणा को दे दी। माला में पुजारी का एक सफेद बाल रह गया था। इस पर महाराणा ने कहा कि दूसरे दिन वे स्वयं जांच करेंगे कि प्रभु के केश सफेद हो गए हैं। डरा हुआ पुजारी रात भर प्रार्थना करता रहा। दूसरे दिन राणा ने देखा कि सचमुच मूर्ति के कुछ केश सफेद थे। उसी दिन राणा को स्वप्न में आदेश हुआ कि गद्दी पर बैठने के बाद कोई राणा रूपनारायण के दर्शन न कर सकेगा—केवल युवराज दर्शन करेंगे।

रूमा

पवन नामक वानर की कन्या और सुग्रीव की पत्नी। सुग्रीव के भाई बालि ने सुग्रीव को बाहर निकालकर रूमा का हरण कर लिया था। बालि के वध के बाद वह अपने पति सुग्रीव के पास वापस आ गई। बालि की पत्नी तारा भी उसके पास ही रही।

रेणुका

राजा प्रसेनजित की पुत्री, जिसका विवाह जमदग्नि ऋषि के साथ हुआ था। परशुराम इसी के पुत्र थे। एकबार राजा चित्ररथ को स्त्रियों के साथ क्रीड़ा करते देखकर रेणुका के मन में भी विकार उत्पन्न हुआ। इससे क्रुद्ध होकर जमदग्नि ने परशुराम को अपनी मां का सिर काट डालने का आदेश दिया। जब परशुराम ने पिता की आज्ञा का पालन कर दिया तो उनकी पितृ-भक्ति से प्रसन्न होकर ऋषि ने रेणुका को जीवित कर दिया।

रेणुका क्षेत्र

आगरा-मथुरा मार्ग पर वर्तमान रुनकता ग्राम ही प्राचीन रेणुका क्षेत्र है। जमदग्नि ऋषि का आश्रम यहीं पर था। एक ऊंचे टीले पर ऋषि का मंदिर बना है जिसमें जमदग्नि और रेणुका की मूर्तियां हैं। लक्ष्मीनारायण और परशुराम के भी दो मंदिर हैं। एक प्राचीन मंदिर त्रिदेव (ब्रह्मा, विष्णु, महेश) का भी है। यहां पर यमुना नदी कुछ दूर तक पश्चिम दिशा की ओर बहती है।

रेवत

ब्रह्मपुराण के अनुसार रोचमान अथवा आनर्त नामक एक राजा था। वह रेव नाम से भी प्रसिद्ध था। रेवत को इसी राजा का पुत्र या पौत्र बताया जाता है। द्वारका या कुशस्थली की स्थापना रेवत ने ही की थी। प्राप्त विवरण के अनुसार ऋतवाच ऋषि के शाप के कारण रेवती नक्षत्र के पतन से एक सरोवर बन गया था। रेवत की माता उसी सरोवर में उत्पन्न हुई। इसी से पुत्र रेवत कहलाया। रेवत की पुत्री का नाम रेवती था। इसका विवाह बलराम के साथ हुआ। यह नाम रैवत भी मिलता है।

रेवती

1. राजा रेवत की पुत्री जो सर्वगुण सपन्न थी। उसके योग्य वर की खोज के लिए राजा ब्रह्मा की सहायता लेने गए। ब्रह्मा ने उन्हें बताया कि आपको यहां आए पर्याप्त समय हो चुका है। द्वापर युग में भगवान का अंशावतार बलराम द्वारका में रहते हैं। आप अपनी योग्य पुत्री उन्हीं को सौंप दीजिए। तदनुसार राजा ने रेवती का विवाह बलराम के साथ कर दिया। वह उम्र में भी और कद में भी बलराम से बड़ी थी। उसे लंबा देखकर बलराम ने हल की नोक से दबाकर उसकी लंबाई कम कर दी।

2. भरद्वाज की कुरूप और कर्कश वाणीवाली बहन। इसका कहीं विवाह नहीं हो रहा था। भरद्वाज के 'कठ' नामक छात्र ने विद्याध्ययन पूरा करने के बाद जब गुरु दक्षिणा के लिए पूछा तो ऋषि ने रेवती के साथ उसका विवाह कर दिया।

3. अश्वनी से आरंभ होनेवाले सत्ताईस नक्षत्रों में से एक नक्षत्र।

5. पांचवें मंवंतर के अधिपति रैवत की माता का नाम।

रेवा

नर्मदा नदी का एक नाम जिसका उल्लेख शतपथ ब्राह्मण में भी हुआ है। रघुवंश में वर्णित अनूप देश की राजधानी महिष्मती रेवा नदी के तट पर ही स्थित थी। स्कंदपुराण के एक खंड का नाम रेवा खंड है। उसमें नर्मदा की उत्पत्ति और उसके किनारे के तीर्थों का वर्णन है।

रैक्व

छांदोग्य उपनिषद् में वर्णित एक तत्वज्ञानी आचार्य। ये सदा बैलगाड़ी के नीचे निवास करते थे। इनके तत्वज्ञान का प्रभाव पशु-पक्षियों पर भी था। जानश्रुति नामक राजा ने दो हंसों को इनके तत्वज्ञान के संबंध में बातें करते सुना था। राजा को इससे बड़ा आश्चर्य हुआ। वह ढूंढ़ता हुआ रैक्व के पास पहुंचा। राजा

ने उन्हें अनेक गायें, रत्न आदि उपहार में देने की इच्छा प्रकट की परंतु रैक्व ने यह सब स्वीकार नहीं किया और अपनी बैलगाड़ी ही राजा को दे दी। इस पर राजा ने अपनी कन्या का विवाह रैक्व के साथ कर दिया और उनसे तत्वज्ञान की शिक्षा ली। रैक्व के अनुसार सृष्टि का आदि कारण वायु ही है जिसमें सब पदार्थ विलीन हो जाते हैं।

रैदास

मध्ययुगीन संतों में प्रसिद्ध रैदास के जन्म के संबंध में प्रामाणिक जानकारी उपलब्ध नहीं है। कुछ विद्वान् काशी में जन्मे रैदास का समय 1482-1527 ई. के बीच मानते हैं। ये कबीरदास के समकालीन और गुरु भाई थे। कबीर, नाभादास, मीराबाई आदि ने बड़े सम्मान के साथ इनका स्मरण किया है। चित्तौड़ की रानी झाली और मीराबाई को इनकी शिष्याएं बताया जाता है।

रैदास का जन्म चमड़े का काम करनेवाले परिवार में हुआ था। कहते हैं, ये अनपढ़ थे, किंतु संत-साहित्य के ग्रंथों और गुरु ग्रंथ साहब में इनके पद पाए जाते हैं। गृहस्थाश्रम में रहते हुए भी रैदास उच्चकोटि के विरक्त संत थे। जूते सीते-सीते ही उन्होंने ज्ञान-भक्ति का ऊंचा पद प्राप्त किया था। उन्होंने समता और सदाचार पर बहुत बल दिया। वे खंडन-मंडन में विश्वास नहीं करते थे। सत्य को शुद्ध रूप में प्रस्तुत करना ही उनका ध्येय था। रैदास का प्रभाव आज भी देश में दूर-दूर तक फैला हुआ है। इस मत के अनुयायी रैदासी या रविदासी कहलाते हैं।

रैभ्य

1. विश्वामित्र का पुत्र और भरद्वाज मुनि का मित्र एक ऋषि। इसके दो पुत्र थे—अर्वावसु और परावसु। रैभ्य ने भरद्वाज पुत्र यवक्रीत के दुराचरण से क्रुद्ध होकर उसे मरवा डाला था। इस पर भरद्वाज ने रैभ्य को शाप दिया कि तुम अपने ज्येष्ठ पुत्र के हाथों मारे जाओगे। एक दिन परावसु ने रात्रि में अपने पिता को बारासिंगा समझकर मार डाला। इससे दुःखी होकर उसका भाई अर्वावसु तप करने चला गया और उसने वेदमंत्रों से अपने पिता को पुनः जीवित कर दिया।

2. ब्रह्मा के पुत्रों में से एक जिसने मोक्ष प्राप्त करने के संबंध में बृहस्पति से अनेक प्रश्न किए। यह ज्ञात होने पर कि मोक्ष कर्म से नहीं, ज्ञान से प्राप्त होता है, रैभ्य तपस्या करने चला गया। इसका तप भंग करने के लिए उर्वशी पहुंची थी। इसे उसने कुरूप होने का शाप दे दिया।

रैवतक

गुजरात प्रदेश में जूनागढ़ के पास का एक पर्वत जिसका नाम गिरनार भी है। यह

द्वारका के निकट है। बलराम की सगी बहन सुभद्रा का, जो रोहिणी (दे.) के गर्भ से उत्पन्न हुई थी, श्रीकृष्ण की जानकारी में अर्जुन ने यहीं से हरण किया था।

रोचमान

पांचाल देश का एक राजा जो अश्वग्रीव नामक असुर के अंश से उत्पन्न हुआ था। यह द्रौपदी के स्वयंवर और युधिष्ठिर के राजसूय यज्ञ के समय उपस्थित था। पश्चिम दिग्विजय में भीम ने इस पर विजय पाई थी। महाभारत युद्ध में इसने पांडवों का साथ दिया।

रोमपाद

अंगदेश के राजा जो धर्मरथ के पुत्र थे। पुराण में इनका नाम चित्ररथ, दशरथ और लोमपाद भी मिलता है। अयोध्या नरेश दशरथ की कन्या शांता का पालन-पोषण इन्हीं के यहां हुआ था। एकबार अंगदेश में वर्षा नहीं हुई। जब विभांडक ऋषि के शिष्य ऋष्यश्रृंग वहां पहुंचे तो वर्षा हो गई। इस पर प्रसन्न होकर रोमपाद ने शांता का विवाह ऋष्यश्रृंग से कर दिया और अपना राज्य भी उन्हें सौंप दिया।

रोमहर्षण

व्यास मुनि के शिष्य जिनसे ऋषि-मुनियों ने नेमिषारण्य में अनेक पुराण सुने। ये सूत-कुल में उत्पन्न हुए थे। एकबार रोमहर्षण ऊंचे आसन पर बैठे पुराणों की कथा सुना रहे थे कि तीर्थयात्रा करते हुए बलराम वहां पहुंच गए। बलराम को देखकर सब ऋषि-मुनि उनके स्वागत में खड़े हो गए, किंतु रोमहर्षण व्यासपीठ पर बैठे रहे। एक सूतपुत्र का यह व्यवहार देखकर बलराम क्रुद्ध हो उठे और उन्होंने कुशा के अग्रभाग से उन्हें मार डाला। इस पर उपस्थित ऋषि-मुनियों ने कहा कि विद्वान् रोमहर्षण को हमने ही व्यासगद्दी पर बैठाया था। आपने उनकी हत्या करके अनुचित कार्य किया।

रोमहर्षण मृत्यु के समय तक साढ़े दस पुराणों की कथा सुना चुके थे। शेष साढ़े सात पुराणों की कथा सुनाने का काम इनके पुत्र उग्रश्रवा ने पूरा किया। रोमहर्षण के नाम से कई ग्रंथ मिलते हैं जिनमें सूतसंहिता, ब्रह्मगीता और सूतगीता मुख्य हैं। रोमहर्षण का वध आषाढ़ शुक्ल 12 को हुआ था, इसलिए उस दिन अब भी पुराणों की कथा नहीं होती।

रोशनसिंह

काकोरी कांड के शहीद रोशनसिंह का जन्म उत्तर प्रदेश के शाहजहांपुर जिले में

1890 ई. में हुआ था। असहयोग आंदोलन के समय वे राष्ट्रीय गतिविधियों के क्षेत्र में आए और शीघ्र ही क्रांतिकारियों के प्रमुख सहयोगी बन गए। काकोरी ट्रेन डकैती में भाग लेने के कारण 19 दिसंबर, 1927 ई. को इलाहाबाद के मलाका जेल में फांसी पर लटका दिए गए।

रोहिणी

1. दक्ष प्रजापति की सत्ताईस कन्याओं में से एक। ये सब बहनें चंद्रमा को ब्याही थीं। रोहिणी के अधिक रूपवान होने के कारण चंद्रमा अपना समय उसी के साथ बिताता था। इससे रुष्ट होकर अन्य बहनों ने पिता से शिकायत की। दक्ष प्रजापति के समझाने पर भी जब चंद्रमा के व्यवहार में अंतर नहीं आया तो दक्ष ने उसे क्षय होने का शाप दे दिया। (यह कथा चंद्रमा के घटने-बढ़ने की ओर संकेत करती प्रतीत होती है।)

2. वसुदेव की पत्नी और बलराम की माता। देवकी के सातवें गर्भ को योगमाया से रोहिणी के गर्भ में स्थापित कर दिया गया था जिससे बलराम की उत्पत्ति हुई। जब वसुदेव-देवकी कंस के कारागार में बंद थे, यह नंद के यहां रहती थी। वहीं इसने बलराम को जन्म दिया।

3. सत्ताईस नक्षत्रों के क्रम में चौथा नक्षत्र।

रोहित

इक्ष्वाकुवंश के प्रसिद्ध राजा हरिश्चंद्र और तारामती का पुत्र। यह पुत्र हरिश्चंद्र को वरुण देवता की कृपा से मिला था। ऋषि विश्वामित्र की दक्षिणा पूरी करने के लिए हरिश्चंद्र ने स्वयं को एक चांडाल के हाथ और पत्नी तथा पुत्र को एक वृद्ध ब्राह्मण के हाथ बेच दिया था। रोहित को ब्राह्मण के घर में सर्प ने काट लिया। जब तारामती पुत्र का शव लेकर श्मशान पहुंची तो कर्तव्यनिष्ठ हरिश्चंद्र ने उन्हें पहचानते हुए भी दाहकर्म से पूर्व कर की मांग की। अभावग्रस्त तारामती ज्यों ही अपनी साड़ी फाड़कर देने लगी, हरिश्चंद्र की सत्यवादिता सिद्ध होने पर भगवान ने दर्शन दिए और रोहित भी जी उठा।

हरिश्चंद्र के बाद रोहित अयोध्या का राजा बना। उसने रोहितपुर नामक नगर बसाया और अनेक वर्षों तक राज किया। अंत में वैराग्य उत्पन्न होने पर इसने रोहितपुर एक ब्राह्मण को दान में दे दिया और स्वयं स्वर्ग चला गया। कहते हैं, बिहार के शाहाबाद जिले का रोहिताश्व नगर इसी ने बसाया था।

एक अन्य कथा के अनुसार हरिश्चंद्र ने वरुण से वादा किया था कि पुत्र पैदा होने पर वह यज्ञ करेगा। परंतु जब रोहित पैदा हो गया तो उसके मोह में राजा यज्ञ की बात टालता रहा। जब रोहित को इसका पता चला तो वह धनुष-बाण

लेकर वन में चला गया। इधर वरुण के आक्रमण से हरिश्चंद्र को महोदर रोग हो गया। अंत में रोहित शुन:शेष (दे.) को खरीदकर लाया और उसे यज्ञ-पशु बनाकर पिता को दे दिया। हरिश्चंद्र ने यज्ञ किया और वह महोदर रोग से मुक्त हुआ।

रौरव

'विष्णुपुराण और वायुपुराण में 21 घोर नरकों का नामोल्लेख है। रौरव उनमें पांचवां नरक है। इस नरक का कष्ट भोगने के लिए अति अधम लोग जाते हैं।

रौलट एक्ट

1914-18 ई. के प्रथम विश्वयुद्ध में भारत ने ब्रिटिश सरकार की पूरी सहायता की। यह आशा की जाती थी कि युद्ध के बाद भारत को स्वशासन के अधिकार प्राप्त होंगे। जब यह नहीं हुआ तो देश में असंतोष बढ़ना स्वाभाविक था। इसका सामना करने के लिए अंग्रेज सरकार ने भारत की तत्कालीन विधान परिषद् में दो अधिनियम पारित कराए जो 'रौलट एक्ट' कहलाते हैं। इनमें लोगों को मनमाने तरीके से सजा देने की, मात्र संदेह पर गिरफ्तार करने की और प्रेस पर कड़ा सेंसर लगाने की व्यवस्था थी। देश भर ने इसका विरोध किया और गांधीजी के नेतृत्व में पहला बड़ा आंदोलन छिड़ा।

ल

लंकिनी

'रामचरित मानस' के सुंदर कांड में वर्णित एक राक्षसी। हनुमान ने लंका में प्रवेश करते समय इसे घूंसों से मार डाला था।

लकुलि

वायुपुराण में कहा गया है कि जब वासुदेव कृष्ण का अवतार होगा, उस समय शिव अपनी योगशक्ति से एक मृत शरीर में प्रवेश करेंगे और लकुलि नाम के संन्यासी के रूप में दिखाई पड़ेंगे। वे सदा हाथ में लकुलि (डंडा) लिए रहते थे, इसलिए यह नाम पड़ा। उदयपुर के निकट एकलिंग मंदिर के पास और मैसूर में

प्राप्त शिलालेखों में इसका उल्लेख मिलता है। इससे लोगों की धारणा बनी है कि लकुलि एक व्यक्ति था। इसने आरंभिक पाशुपत नाम के शैव संप्रदाय की नींव रखी। इसका समय दूसरी शताब्दी ई. पू. माना जाता है।

लखनऊ

उत्तर प्रदेश की राजधानी लखनऊ एक प्राचीन नगर है। एक मान्यता के अनुसार इसे श्रीराम के भाई लक्ष्मण ने बसाया था। इसी से इसका यह नाम पड़ा। गोमती नदी इस नगर के बीच में बहती है। 1857 ई. तक लखनऊ अवध राज्य की राजधानी था। 1857 ई. के स्वतंत्रता संग्राम में इस नगर ने महत्वपूर्ण भाग लिया। उस समय देशभक्तों का नेतृत्व अवध की महारानी बेगम हजरत महल ने किया था। बाद में इसे अंग्रेजी राज्य में मिला लिया गया।

लखनऊ में नवाबों के समय की बनी अनेक दर्शनीय इमारतें हैं। बड़ा इमामबाड़ा नवाब आसफउद्दौला ने 1784 ई. में अकाल पीड़ितों की सहायता के लिए बनवाया था। कहते हैं, यह भवन दिन में जितना बनता, नवाब रात में गिरवा देता था जिससे श्रमिकों को अगले दिन काम मिलता रहे। इसका बिना खंभों का हाल विश्व के सबसे बड़े कमरों में गिना जाता है। छतरमंजिल, जिसमें अब औषधि अनुसंधान संस्थान है, गाजीउद्दीन हैदर की पत्नी ने 1814 ई. में बनवाई थी। छोटा इमामबाड़ा, पिक्चर गैलरी, शाहनजफ, बारादरी आदि अन्य प्रसिद्ध इमारतें हैं। किसी समय लखनऊ बागों का नगर प्रसिद्ध था। लाल बाग, कैसर बाग, आलम बाग, सिकंदर बाग आदि इसका स्मरण कराते हैं। अब सिकंदर बाग को छोड़कर शेष घने बसे मुहल्ले बन चुके हैं।

लखनऊ चिकन की कढ़ाई, सोने-चांदी के जरी के काम, चांदी के आभूषण और मिट्टी के खिलौनों के लिए भी प्रसिद्ध है। स्वतंत्रता के बाद इस नगर का निरंतर विस्तार होता जा रहा है।

लक्षद्वीप

अरब सागर में स्थित लक्षद्वीप समूह भारत का सबसे छोटा संघशासित प्रदेश है। यह केरल के कोचीन नगर से समुद्रमार्ग से लगभग 200 कि. मी. दूर स्थित है। कुल द्वीपों की संख्या 36 है जिनमें से केवल 10 ही आबाद हैं। किसी समय पुर्तगालियों ने यहां प्रवेश करने का प्रयत्न किया था। परंतु स्थानीय लोगों ने विष देकर उन्हें मार डाला। कुछ द्वीप थोड़े समय के लिए टीपू सुल्तान के अधीन भी रहे और वही द्वीप टीपू के मृत्यु के बाद अंग्रेजों के कब्जे में आए। शेष द्वीपों के राजा को कर्ज देकर उसके बदले में 1854 ई. में अंग्रेजों ने उन पर भी कब्जा कर लिया। 1956 ई. में इन्हें स्वतंत्र भारत का पृथक् संघशासित प्रदेश बनाया गया।

'लक्षद्वीप' नाम 1973 ई. में पड़ा। नारियल यहां की मुख्य उपज है और मछली पकड़ना मुख्य उद्योग। इसकी राजधानी कवारत्ती है।

लक्ष्मण

अयोध्या नरेश दशरथ के चार पुत्रों में से एक जो सुमित्रा के गर्भ से उत्पन्न हुए थे। इनके सहोदर भाई का नाम शत्रुघ्न था। लक्ष्मण बड़े भाई राम के बड़े भक्त थे। विद्याध्ययन के बाद राम और लक्ष्मण ऋषि विश्वामित्र के साथ राक्षसों का संहार करने के लिए गए थे। वहीं से सीता-स्वयंवर में गए और राम के विवाह के साथ ही उसी मंडप में इनका विवाह सीरध्वज जनक की पुत्री उर्मिला से हुआ। कैकेयी द्वारा राम के राज्याभिषेक में बाधा डालने पर ये इतने क्रुद्ध हुए कि अपने पिता और कैकेयी को बंदी बनाने को तैयार हो गए थे।

वनवास में लक्ष्मण राम और सीता के साथ उनकी छाया की तरह रहे। सीता-हरण के बाद हुए राम-रावण युद्ध में इन्होंने वीरता का प्रदर्शन किया। एक बार इंद्रजीत की शक्ति से अचेत हो जाने पर भी अंत में वह लक्ष्मण के हाथों ही मारा गया। राम के राज्याभिषेक के बाद सीता को वन में छोड़ने का अप्रिय कार्य भी राम की आज्ञा से इन्होंने ही किया।

उर्मिला से इनके दो पुत्र हुए—अंगद और चित्रकेतु। लक्ष्मण ने पश्चिम दिशा को जीतकर वहां अपने पुत्रों का राजतिलक किया। पुराणों में इन्हें शेषनाग का अवतार बताया गया है। कहते हैं, रामावतार की अवधि समाप्त होने पर लक्ष्मण ने सरयू के तट पर जाकर योग-विधि से श्वास रोकी और देह-त्याग कर दिया।

लक्ष्मणा

1. श्रीकृष्ण की पटरानियों में से एक जो मद्रदेश के राजा बृहत्सेन की पुत्री थी। इसके स्वयंवर के लिए राजा ने द्रौपदी-स्वयंवर के समान ही शर्त रखी थी। इस अवसर पर जरासंध, शिशुपाल, दुर्योधन, कर्ण, अर्जुन आदि भी उपस्थित थे। पर कोई भी नीचे छाया देखकर मछली का भेदन न कर सका। इस पर श्रीकृष्ण ने सहज भाव से मत्स्य-भेदन किया और लक्ष्मणा को अपनी पटरानियों में सम्मिलित कर लिया।
2. कश्यप मुनि की कन्या एक अप्सरा।
3. दुर्योधन की एक कन्या जिसका श्रीकृष्ण के पुत्र सांब ने हरण किया था।

लक्ष्मी

देवता और दानवों द्वारा समुद्रमंथन करने से जो 14 रत्न निकले, उनमें लक्ष्मी

भी एक थी। इसे विष्णु ने पत्नी रूप में ग्रहण किया। कंचन वर्ण और चार भुजाओं वाली लक्ष्मी अपने पति विष्णु के साथ क्षीरसागर में रहती है। कृष्णावतार के समय यही राधा के रूप में अवतरित होती है। लक्ष्मी ऐश्वर्य प्रदान करनेवाली देवी मानी जाती है।

एकबार लक्ष्मी और अलक्ष्मी में विवाद छिड़ गया कि दोनों में श्रेष्ठ कौन है। लक्ष्मी ने कहा—'मैं जिसके साथ रहूं, उसका इस संसार में सर्वत्र सत्कार होता है।' इस पर अलक्ष्मी ने उत्तर दिया—'तुम सदैव पापी, विश्वासघाती एवं दुराचारी लोगों में रहती हो और मद्य से भी अधिक अनर्थ करती हो। जबकि मेरा निवास धर्मशील, पापभीरु, विद्वान् और साधु लोगों में रहता है।' भर्तृहरि ने व्याख्या की है कि उक्त संवाद में लक्ष्मी को धन के मद में उन्मत्त और अलक्ष्मी को अभाव में भी तृप्त रहनेवाले सात्विक लोगों के प्रतीक के रूप में चित्रित किया गया है।

धन-संपत्ति की देवी के रूप में लक्ष्मी की पूजा दीपावली के दिन की जाती है। यद्यपि लक्ष्मी शब्द वेदों में भी आया है, पर उससे लक्ष्मी-पूजन के प्रचलन का पता नहीं चलता। उपलब्ध प्रमाणों से संकेत मिलता है लक्ष्मी की मूर्ति का स्वरूप दूसरी शताब्दी ई. पू. तक बन चुका था और उसकी पूजा होने लगी थी।

लक्ष्मी की तीन प्रकार की मूर्तियां होती हैं—पद्मस्थिता (कमल में बैठी हुई), पद्मग्रहा (हाथ में कमल लिए हुए) और पद्मवासा (कमल से घिरी हुई)। जब लक्ष्मी की मूर्ति अकेले बनती है तो वह चतुर्भुजी होती है। विष्णु के साथ बनने पर उसके दो ही हाथ बनाए जाते हैं।

लक्ष्मीनाथ बेजबरुआ

असमियां भाषा के मूर्धन्य साहित्यकार बेजबरुआ का जन्म 1868 ई. में हुआ था। उस समय असम का देश के अन्य भागों के साथ बहुत कम संपर्क था। असमियां भाषा के स्थान पर वहां बच्चों को बंगला भाषा में शिक्षा दी जाती थी। इस स्थिति को बदलने का बहुत बड़ा श्रेय बेजबरुआ को है। उन्होंने इस काम के लिए संस्था स्थापित की। 'जोनाकी' सौर 'बांही' नामक पत्रिकाएं निकालीं। साहित्य की सभी विधाओं में ग्रंथ लिखे। जीवनी, उपन्यास, कहानी, नाटक, बाल-साहित्य कोई क्षेत्र छूटा न रहा। असमियां कहानी के वे जनक माने जाते हैं। उनकी देश-भक्तिपूर्ण कविताएं, गाथा गीत और लोकगीत बहुत प्रसिद्ध हैं। बेजबरुआ का 1938 ई. में देहांत हुआ।

लक्ष्मीबाई

झांसी की रानी लक्ष्मीबाई का जन्म वाराणसी में 19 नवंबर 1835 ई. को हुआ

था। इसका बचपन का नाम मनुबाई था। समय आने पर झांसी के राजा गंगाधर राव के साथ मनु का विवाह हुआ और लक्ष्मीबाई नाम पड़ा। लक्ष्मीबाई ने एक पुत्र को जन्म दिया, परंतु वह तीन महीने में ही चल बसा। इस पर राजा और रानी ने अपने कुल के ही एक बच्चे को गोद ले लिया। कुछ समय बाद राजा गंगाधर राव की मृत्यु हो गई। इस पर अंग्रेजों ने दत्तक पुत्र को स्वीकार न करके झांसी को लावारिस कहकर उसे अंग्रेजी राज्य में मिलाने की घोषणा कर दी।

इसी बीच 1857 ई. का स्वतंत्रता संग्राम आरंभ हो चुका था। रानी भी उसमें सम्मिलित हो गई। उसने अंग्रेजों की फौज का डटकर मुकाबला किया। जब झांसी के किले पर अंग्रेजों का कब्जा हो गया तो रानी ने कालपी जाकर वहां से संघर्ष जारी रखा। वहां नाना साहब पेशवा (दे.) और तात्याटोपे से मिलकर रानी ने अंग्रेजों के छक्के छुड़ाए। जब कालपी और बिठूर पर अंग्रेजी सेना का दबाव बढ़ा तो रानी अपने सहयोगियों को लेकर ग्वालियर की ओर बढ़ी। किंतु वहां सिंधिया ने रानी और उसके दल पर अचानक आक्रमण कर दिया, लेकिन वह रानी और तात्याटोपे के सामने न टिक सका और उसे भागकर आगरा में अंग्रेजों की शरण लेनी पड़ी थी। ग्वालियर का किला रानी के अधिकार में आ गया था। पर वहां की संपत्ति देखकर रानी के साथी गफलत में पड़ गए और वे आमोद-प्रमोद मनाने लगे। इधर अंग्रेजी सेना ने आक्रमण कर दिया और 17 जून 1858 ई. को घुड़सवार की मर्दानी पोशाक में लड़ते-लड़ते लक्ष्मीबाई शहीद हो गई।

लघिमा

गोरक्ष संहिता, हठयोगप्रदीपिका में आठ सिद्धियां गिनाई गई हैं—अणिमा, महिमा, गरिमा, लघिमा, प्राप्य, प्रकाम्य, ईश्वत्व और वशित्व। लघिमा की स्थिति में मनुष्य बहुत हल्का बन जाता है।

ललिता

1. राधा की आठ प्रधान सखियों में से एक सखी जो उसकी सबसे प्रिय है। वह कृष्ण को बुलाने में राधा की सहायता करती थी। एकबार कृष्ण ने उससे मिलने का आश्वासन दिया, किंतु दूसरी गोपी शीला के पास चले गए। इस पर ललिता ने दूसरे दिन कृष्ण को खूब खरी-खोटी सुनाई। बाद में वह भी उनकी अभिन्न सहचरी बन गई।

2. कालिकापुराण में वर्णित एक नदी का नाम जिसे शंकरजी स्वयं लाए थे।

ललिता-व्रत

यह व्रत माघ शुक्ल तृतीया के दिन किया जाता है। उस दिन शरीर पर तिल और

आंवले का उबटन लगाकर किसी नदी में स्नान करते हैं। फिर पुष्प आदि से ललिता देवी की पूजा की जाती है। महिलाएं ऐसे जल का सेवन करती हैं, जिसमें कुश पड़ा हो। रात्रि में देवी पर ध्यान केन्द्रित करते हुए भूमि पर सोने का विधान है। दूसरे दिन ब्राह्मणों और सधवा नारी का सम्मान किया जाता है।

लव

वाल्मीकि आश्रम में उत्पन्न सीता के जुड़वा पुत्रों में से एक का नाम है। दूसरे भाई का नाम कुश था। इन दोनों भाइयों ने राम के अश्वमेध यज्ञ का घोड़ा पकड़ लिया। अयोध्या की सेना और लक्ष्मण, भरत और शत्रुघ्न भी इनसे घोड़ा नहीं छुड़ा पाए और पराजित हो गए। इस पर राम स्वयं आए और पिता-पुत्र ने एक-दूसरे को पहचाना। बाद में राम ने लव को कोसल का और कुश को उत्तर कोसल का राज्य सौंपा। लव की सुमति और कुंजानना नामक दो पत्नियां थीं।

लाक्षागृह

महाभारत के अनुसार दुर्योधन ने पांडवों को उनकी माता कुंती के सहित जलाकर मार डालने के उद्देश्य से अपने मंत्री पुरोचन के द्वारा वारणावत में लाख का एक घर बनवाया था। किंतु विदुर (दे.) को इसकी सूचना पहले ही मिल चुकी थी। उसने इस गृह के अंदर-ही-अंदर बाहर निकलने के लिए एक सुरंग बनवा दी। ठीक समय पर भीम ने इस भवन में स्वयं आग लगा दी और पांचो पांडव तथा उनकी माता सुरंग के मार्ग से सकुशल बाहर निकल गए। एक भीलनी अपने पांच पुत्रों सहित इसमें जल मरी। इस लाक्षागृह का स्थान इलाहाबाद के पूर्व में गंगा के तट पर बताया जाता है।

लामा

तिब्बत में बौद्ध धर्म के प्रधान को लामा कहते हैं। वह बुद्ध का अवतार माना जाता है। आध्यात्मिक और लौकिक सभी अधिकार उसके हाथों में केन्द्रित रहते हैं। लामा जीवनपर्यन्त भिक्षु का जीवन बिताता है। नये लामा का चयन संसार भर में किसी बालक में विशेष प्रकार के लक्षण देखकर किया जाता है। तिब्बत पर चीन की साम्यवादी सरकार द्वारा अधिकार कर लिए जाने के कारण इन दिनों (1990 ई.) तिब्बत के बड़े लामा 'दलाई लामा' ने भारत में राजनीतिक शरण ले रखी है, और वे धमशाला नामक स्थान में निवास करते हैं।

लालबहादुर शास्त्री

प्रमुख स्वतंत्रता संग्राम सेनानी और देश के दूसरे प्रधानमंत्री श्री लालबहादुर

शास्त्री का जन्म 2 अक्तूबर 1904 ई. को वाराणसी के निकट मुगलसराय में हुआ था। आपके पिता का नाम शारदाप्रसाद था और माता का रामदुलारी। लालबहादुरजी ने 1921 ई. में गांधीजी के आह्वान पर स्कूल का बहिष्कार किया और स्वतंत्रता संग्राम में कूद पड़े। बाद में आपने काशी विद्यापीठ से शास्त्री की उपाधि प्राप्त की और लालबहादुर शास्त्री के नाम से विख्यात हुए।

लालबहादुरजी ने स्वतंत्रता संग्राम में आठ बार जेल की यात्रा की और नौ वर्ष जेलों के अंदर बिताए। स्वतंत्रता प्राप्ति के बाद आप पहले उत्तर-प्रदेश में और फिर केन्द्र में अनेक विभागों के मंत्री रहे। एक रेल दुर्घटना के बाद स्वयं को नैतिक रूप से जिम्मेदार मानकर आपने केन्द्र के रेल मंत्री पद से इस्तीफा दे दिया था।

पंडित जवाहरलाल नेहरू शास्त्रीजी का बड़ा विश्वास करते थे। उनके देहावसान के बाद आप 9 जून, 1964 ई. को भारत के प्रधानमंत्री बने। आपने अनेक समस्याओं का सफलता के साथ सामना किया। इसी बीच पाकिस्तान ने भारत पर आक्रमण कर दिया। शास्त्रीजी के नेतृत्व में देश ने उसे मुंहतोड़ उत्तर दिया। आपका 'जय जवान, जय किसान' का नारा देश भर में गूंज उठा। पराजित पाकिस्तान के साथ ताशकंद (रूस) में समझौता करने के बाद 10 जनवरी 1966 ई. को हृदय-गति रुकने से वहीं आपका देहांत हो गया।

लाला लाजपतराय

पंजाब केसरी लाला लाजपतराय का जन्म 28 जनवरी 1865 ई. को पंजाब के फिरोजपुर जिले में हुआ था। आप पेशे से वकील और आर्यसमाज के प्रमुख नेता थे। आपने लोकमान्य बालगंगाधर तिलक और विपिनचंद्र पाल के साथ कांग्रेस के अंदर गरम दल का संगठन किया। उन दिनों 'लाल-बाल-पाल' की त्रिमूर्ति बहुत प्रसिद्ध थी। विदेशी सरकार ने इनके विचारों से क्रुद्ध होकर 1907 ई. में निर्वासित करके इन्हें बर्मा भेज दिया था।

लालाजी ने 1919 ई. में कांग्रेस के कलकत्ता अधिवेशन की अध्यक्षता की। आपने असहयोग आंदोलन में भी भाग लिया। साइमन कमीशन (दे.) के बहिष्कार के समय 1928 ई. में पुलिस ने आपको बड़ी बेरहमी से लाठियों से पीटा। इसी के कारण 27 नवंबर 1928 ई. को लाला लाजपतराय का देहांत हो गया।

लालाजी बड़े प्रभावशाली वक्ता थे। उन्होंने अंग्रेजों के शासन के कारण हुई भारत की दुर्दशा पर अनेक पुस्तकें लिखीं।

लाला हरदयाल

प्रसिद्ध क्रांतिकारी लाला हरदयाल का जन्म 14 अक्तूबर, 1884 ई. को दिल्ली

में हुआ था। वे असाधारण प्रतिभा-संपन्न थे। सारी पुस्तकें उन्हें कंठस्थ रहती थीं। छात्रवृति लेकर पढ़ने के लिए वे इंगलैंड गए। वहां का वातावरण भिन्न था। अंग्रेज विद्यार्थी देशहित को अपना हित मानते थे, जबकि भारतीयों के देश-प्रेम का अर्थ उस समय विद्रोह था। वहां लाला हरदयाल भाई परमानंद, वीर सावरकर आदि क्रांतिकारियों के संपर्क में आए।

बीच में एकबार भारत आकर उन्होंने लाहौर के युवकों को संगठित किया। उनकी गतिविधियों से जब सरकार सतर्क हुई तो वे पेरिस चले गए। वहां उन्होंने 'वंदेमातरम्' पत्र का संपादन किया। फ्रांस से लाला हरदयाल अमेरिका पहुंचे। वहां असंतुष्ट भारतीय श्रमिकों को साथ लेकर उन्होंने भारत में सशस्त्र क्रांति करने के लिए 'गदर पार्टी' बनाई। इस पार्टी की ओर से क्रांतिकारियों को और जर्मनी से दो जहाज हथियार भर कर भारत भेजने की व्यवस्था की गई। 1915 ई. में यह क्रांति होनी थी। पर बीच में ही भेद खुल जाने से भारत पहुंचने से पहले ही लोग गिरफ्तार होने लगे और हथियार पकड़ लिए गए। प्रयत्न असफल हो जाने से दु:खी हरदयाल ने अमेरिका और ब्रिटेन में अपने दिन काटे। वे परिस्थितियां बदलने पर भारत आने की तैयारी कर रहे थे कि 4 मार्च 1939 ई. को उनका देहांत हो गया।

लिंग

यह अव्यक्त अथवा अमूर्त सत्ता का स्थूल् प्रतीक है। जो सत्ता दिखाई नहीं देती, उसका ध्यान इसके द्वारा किया जाता है। सभी शैव संप्रदाय लिंग की पूजा करते हैं। शैवों के लिंगायत संप्रदाय में लिंग का बड़ा महत्त्व है और प्रत्येक लिंगायत गले में लिंग धारण करता है।

पद्मपुराण की कथा के अनुसार एकबार सप्त ऋषि शंकरजी के पास गए। शंकर के क्रीड़ा में मग्न रहने के कारण नंदी ने ऋषियों को अंदर जाने से रोक दिया। इस पर भृगु ऋषि के शाप से शंकरजी की मूर्ति योनि-लिंग के रूप में हो गई।

लिंगपुराण

पुराणों के क्रम में इस पुराण का ग्यारहवां स्थान है। इसमें शिव का महात्म्य और लिंगोपासना का रहस्य वर्णित है। अनेक विद्वानों के मत से मूलतः इस ग्रंथ में अग्नि-लिंग के मध्य में स्थित शिव ने धर्म, अर्थ, काम और मोक्ष का उपदेश दिया था। कुछ कथाएं इसमें बाद में जोड़ी गईं।

शिवोपासना प्रधान इस पुराण में उन्हें विष्णु से महान सिद्ध किया गया है। इसमें शिव के 28 अवतारों का भी वर्णन है। वनवासी शिव पर मुनि-पत्नियों की

आसक्ति तथा मुनियों के शिव को शाप देने की कथा मिलती है। इसका रचना-काल सातवीं-आठवीं शताब्दी माना जाता है। जो महत्व अग्नि और गरुड़ पुराण का वैष्णव संप्रदाय में है, वही महत्व लिंग और कूर्म पुराण का शैवों के लिए है।

लिंगपूजा

पुरातत्व की खोजों से पता चलता है कि ईसा के पूर्व तक थोड़े-बहुत स्थानीय भेदों को छोड़कर सारे संसार में लिंगपूजा प्रचलित थी। मिस्र, यूनान, काबुल, असुर-देश, इटली, फ्रांस, अमेरिका तथा अफ्रीका में भी सर्वत्र प्रतीक के रूप में लिंग की पूजा होती थी। लिंगपूजा शिश्नपूजा नहीं है। यह अव्यक्त और अमूर्त सत्ता का प्रतीक है। भारत में शिव के द्वादश ज्योतिर्लिंग विशेष रूप से प्रसिद्ध हैं।

लिंगायत

एक शैव संप्रदाय जो वीर शैव भी कहलाता है। इसकी उत्पत्ति महाराष्ट्र में तथा कर्नाटक के समुद्रतट पर 12वीं शताब्दी में हुई। इस संप्रदाय की दो विशेषताएं हैं—मठों की प्रधानता और धार्मिक तथा सामाजिक क्षेत्र में प्रत्येक लिंगायत का समान अधिकार। ये शिव को सर्वेश्वर मानते और एकमात्र शिव की पूजा करते हैं। ये शाकाहारी हैं और इनका अधिकांश साहित्य संस्कृत, कन्नड़ और तेलुगु भाषा में है।

लिखित

1. एक मुनि जिसके भाई का नाम शंख था। दोनों के आश्रम बाहुरा नदी के तट पर साथ-साथ थे। एक दिन लिखित शंख के आश्रम में पहुंचा और बिना पूछे फल खाने लगा। यह देखकर शंख ने इस पर चोरी करने का आरोप लगाया और कहा कि राजा के पास जाकर अपने अपराध के लिए सजा मांगो। लिखित ने राजा के सामने अपराध स्वीकार करके सजा की याचना की। राजा ने कहा—तुमने अपना अपराध स्वीकार कर लिया है, इसलिए सजा देने की आवश्यकता नहीं है। पर लिखित को इससे संतोष नहीं हुआ और उसने अपने हाथ कटवा डाले। बाद में शंख के तपोबल से इसके हाथ जुड़ गए।
2. चंपकापुरी के राजा हंसध्वज का दुष्ट प्रकृति का पुरोहित जिसने राजा के पुत्र को खौलते हुए तेल के कढ़ाहे में डलवा दिया था।

लिच्छवि गण

प्राचीनकाल में बिहार में गंगा के उत्तर मुजफ्फरपुर जिले में स्थित एक गणराज्य जिसकी राजधानी वैशाली थी। छठी शताब्दी ई.पू. से चौथी शताब्दी ई.पू. तक

लिच्छवियों की बड़ी प्रतिष्ठा थी। इनकी राजधानी में गगनचुंबी भवन शोभा देते थे। मान्यता है कि गौतम बुद्ध ने अपने भिक्षु-संघ का संगठन लिच्छवियों के गण-राज्य के अनुसार ही किया था। चौथी शताब्दी में मगध सम्राट् चंद्रगुप्त प्रथम ने लिच्छवि कुमारी कुमारदेवी के साथ विवाह किया था। इससे उसे गुप्त साम्राज्य की स्थापना में भी सहायता मिली थी। चौथी शताब्दी के बाद लिच्छवियों का उल्लेख नहीं मिलता।

लीला

भक्ति संप्रदाय में लीला का बड़ा महत्व है। मान्यता है कि ब्रह्म सदा लीला में संलग्न रहता है। वह समय-समय पर अवतार लेकर भी भारत भूमि में लीला करता रहा है। इसीलिए लोग अपने-अपने आराध्य की स्मृति में रामलीला और कृष्णलीला करते हैं। इन लीलाओं में राम और कृष्ण के जीवन की घटनाएं संगीत, नृत्य और अभिनय के माध्यम से दोहराई जाती हैं। इससे दर्शकों की भक्ति-भावना तृप्त होती है, नाटकीय दृश्यों को देखकर आनंदानुभूति होती है और प्रकारांतर से शिक्षा भी प्राप्त होती है। ये लीलाएं अधिकतर लोकमंच की पद्धति पर अभिनीत होती हैं। (दे. रामलीला)।

लीलावतार

पुराणों में भगवान के चौबीस अवतार लीलावतार बताए गए हैं। ये हैं—नारायण, ब्रह्मा, सनकादि, नर-नारायण, कपिल, दत्तात्रेय, सुयज्ञ, हयग्रीव, ऋषभ, पृथु, मत्स्य, कूर्म, हंस, धन्वंतरि, वामन, परशुराम, मोहिनी, नृसिंह, वेदव्यास, राम, बलराम, कृष्ण, बुद्ध और कल्कि।

लीलावती

1. सत्यनारायण की कथा में वर्णित एक वणिक की स्त्री जिसे पूरी कथा न सुनने के कारण अनेक कष्ट सहने पड़े थे।

2. एक वेश्या जिसने पुष्कर क्षेत्र में दान करने के कारण सद्गति प्राप्त की थी। पद्मपुराण में राधाष्टमी के व्रत से भी एक वेश्या के उद्धार का वर्णन मिलता है।

2. मार्कंडेय पुराण में वर्णित वीर राजा की पुत्री का नाम जिसका अविक्षित नामक राजा ने अपहरण किया था।

लुंबिनी

वर्तमान समय में नेपाल की तराई में स्थित एक प्रसिद्ध बौद्धतीर्थ जहां पर लगभग 566 ई.पू. में गौतम बुद्ध का जन्म हुआ था। पालि ग्रंथों के अनुसार यह कोसल

नरेश शुद्धोधन की राजधानी कपिलवस्तु और गौतम की माता मायादेवी के पिता की राजधानी देवदह के बीच में स्थित एक उद्यान था। प्रसवकाल निकट जानकर जब मायादेवी अपने पिता के घर जा रही थीं, इसी उद्यान में एक शालिवृक्ष के नीचे उन्होंने बालक सिद्धार्थ को जन्म दिया था।

अपने राज्याभिषेक के बीसवें वर्ष में अशोक ने इस स्थान की यात्रा की थी। उसका स्थापित किया हुआ स्तंभ आज भी विद्यमान है।

लोक

पुराणों में वर्णित सात लोक जो पृथ्वी के नीचे हैं—1. अतल लोक—काले रंग की भूमिवाले इस लोक में मय दानव के पुत्र ने अनेक प्रकार की माया की सृष्टि कर रखी है। 2. वितल लोक—इस लोक में शंकर और पार्वती निवास करते हैं। 3. सुतल लोक—यह राजा बलि का लोक है और यहां की भूमि लाल रंग की है। 4. सतातल लोक—इस लोक में दानवों का राजा मय रहता है और यहां की भूमि पीले रंग की है। 5. महातल लोक—यह लोक जिसकी मिट्टी मीठी है, कद्रु के पुत्र सर्पों का निवास-स्थान है। 6. रसातल लोक—इस लोक में इंद्र से भयभीत दैत्य, दानव आदि निवास करते हैं। यहां की भूमि पथरीली है। 7. पाताल लोक—स्वर्णमयी भूमिवाला यह लोक वासुकि नाग सहित विशालकाय सर्पों का निवास है।

लोकतंत्र

वह राजनीतिक शासन-प्रणाली जिसमें सत्ता में सर्वसाधारण की समान साझेदारी होती है। इसमें शासन-व्यवस्था पर किसी वर्ग विशेष का अधिकार नहीं होता, वरन् उसका संचालन बहुमत के सिद्धांत के अनुसार होता है। भारत में लोक-तांत्रिक व्यवस्था का इतिहास बहुत पुराना है। ऐसे प्राचीन गणराज्यों का उल्लेख मिलता है जहां छंद (वोट) के द्वारा प्रतिनिधि चुने जाते थे और वे शासन का संचालन करते थे। भारत का वर्तमान संविधान भी लोकतांत्रिक सिद्धांतों के अनुसार ही बनाया गया है।

लोकपाल

मत्स्य पुराण और देवी भागवत में आठ दिशाओं के ये लोकपाल बताए गए हैं—पूर्व के इंद्र, दक्षिण-पूर्व के अग्नि, दक्षिण के यम, दक्षिण-पश्चिम के सूर्य, पश्चिम के वरुण, उत्तर-पश्चिम के वायु, उत्तर के कुबेर और उत्तर-पूर्व के सोम।

लोकसभा

भारतीय संसद दो सदनों वाली है—राज्य सभा (दे.) और लोकसभा। लोकसभा के सदस्यों का निर्वाचन आम मतदाताओं द्वरा पांच वर्ष के लिए किया जाता है। लोकसभा प्रधान सदन है। आर्थिक विषयों में लोकसभा का निर्णय अंतिम होता है। इससे भी बड़ी बात यह है कि मंत्रिपरिषद पर लोकसभा ही नियंत्रण रखती है। लोकसभा में बहुमतवाला दल ही मंत्रिमंडल बनाता है। लोकसभा पांच वर्ष से पहले भी भंग हो सकती है।

लोदी वंश

दिल्ली की गद्दी पर अधिकार करनेवाले इस वंश की स्थापना बहलोल लोदी ने 1451 ई. में की थी। यह वंश 1526 ई. तक सत्ता में रहा। इसमें बहलोल लोदी (1451-1489 ई.), सिंकदर लोदी (1489-1517 ई.) और इब्राहीम लोदी (1517-1526 ई.) नाम के तीन सुल्तान हुए। इब्राहीम लोदी 1526 ई. में पानीपत की पहली लड़ाई में बाबर (दे.) के हाथों मारा गया और लोदी वंश समाप्त हो गया।

लोपामुद्रा

विदर्भराज की कन्या जिसका विवाह अगस्त्य मुनि के साथ हुआ था। महाभारत की कथा के अनुसार अगस्त्य मुनि को अपने पितरों की मुक्ति के लिए विवाह करने की इच्छा हुई। अपने योग्य कोई कन्या न मिलने पर उन्होंने विभिन्न जंतुओं का उत्तमांश लेकर एक कन्या की रचना की और उसे संतान के लिए आतुर विदर्भराज को दे दिया। यही लोपामुद्रा थी।

लोपामुद्रा के युवती होने पर अगस्त्य ने उससे विवाह करने की इच्छा प्रकट की। राजा मुनि को कन्या नहीं देना चाहता था, पर उसे शाप का भी डर था। इस पर लोपामुद्रा ने पिता से कहा—मुझे मुनि को देकर आप अपनी रक्षा करें। अगस्त्य और लोपामुद्रा का विवाह हो गया। इनका इध्मवाहन नाम का पुत्र हुआ।

ऋग्वेद में लोपामुद्रा का उल्लेख एक मंत्रद्रष्टा विदुषी के रूप में आया है। दक्षिण भारत में इसे मलयध्वज नाम के पांड्य राजा की पुत्री बताया जाता है। वहां इसका नाम कृष्णेक्षणा है।

लोमश

एक प्राचीन ऋषि। इनके शरीर में अत्यधिक लोम (बाल) थे। इसी से यह नाम पड़ा। इनके कथनानुसार पूर्वजन्म में यह एक शूद्र थे। केवल एकबार शिवलिंग

की पूजा करने से इनकी मृत्यु हो गई और ये ब्राह्मण के घर जन्मे। लोमश दीर्घ-जीवी थे। शिव ने इन्हें वरदान दिया था कि प्रत्येक कल्प में इनका एक केश गिरेगा। इन्होंने युधिष्ठिर के साथ तीर्थाटन किया था। इनके आश्रम राजस्थान में बूंदी के पास और हिमाचल प्रदेश में ज्वालामुखी के पास बताए जाते हैं।

लोमश के लिखे ग्रंथों में लोमश-संहिता, लोमश-शिक्षा तथा लोमश-रामायण नामक ग्रंथ उपलब्ध हैं।

लोहड़ी

एक पर्व जो पौष मास के अंतिम दिन सूर्यास्त के बाद मनाया जाता है। यह तिथि सामान्यत: 12 या 13 जनवरी को पड़ती है। यह मुख्यत: पंजाब का त्यौहार है। इस दिन विवाहिता पुत्रियों को मां के घर से वस्त्र, मिठाई, रेवड़ी आदि भेजने की प्रथा है।

मान्यता है कि इस पर्व का आरंभ दक्ष प्रजापति की पुत्री सती के पिता के यज्ञ-कुंड में प्राण देने से हुआ। कहते हैं, यक्ष ने अपने जामाता शिव का भाग न निकालने का जो अनुचित कार्य किया था, उसी का प्राश्चित प्रतिवर्ष अग्नि जलाकर और उसमें खाद्य-पदार्थ डालकर किया जाता है। लोहड़ी सामान्यत: सामूहिक रूप से मनाई जाती है, किंतु कुछ लोग सुविधानुसार परिवार में ही इसे मनाते हैं।

लोहार्गल

राजस्थान के इस प्रसिद्ध तीर्थ में लोग अस्थि-विसर्जन करने के लिए जाते हैं। मान्यता है कि यहां के जल में कुछ ही घंटों में अस्थियां गल जाती हैं। रामानंद संप्रदाय का यह महत्वपूर्ण स्थान है। पर्वत से निकलनेवाली सात धाराएं लोहार्गल का मुख्य तीर्थ मानी जाती हैं। कहते हैं, पर्वत के नीचे छिपे ब्रह्महृद से ये धाराएं निकलती हैं।

पुराणों के अनुसार इस भय से कि कलियुग के लोग तीर्थ को दूषित न कर दें, देवताओं के अनुरोध पर ब्रह्महृद तीर्थ पर्वत के नीचे लुप्त हो गया। महाभारत युद्ध के बाद पांडवों ने पवित्र होना चाहा। श्रीकृष्ण ने उन्हें बताया कि तीर्थाटन करते जाओ। भीमसेन की गदा जहां गलकर पानी हो जाए, समझ लेना वहीं सब लोग शुद्ध हो गए। यहीं आकर भीमसेन की गदा गल गई थी। तभी से इसका नाम लोहार्गल पड़ा। इसे लोहागर जी भी कहते हैं।

व

वंग

1. बलि आनव राजा के पांच पुत्रों में से एक जिसके नाम पर इसका नाम 'वंग' देश पड़ा।

2. एक लोकसमूह, जिसका उल्लेख मगध लोगों के साथ मिलता है। वर्तमान बंगाल के लोगों के लिए वंग शब्द का प्रयोग बहुत पहले से होता था। महाभारत के समय में भीम और अर्जुन ने बारी-बारी से इसे जीता था।

वक

एक राक्षस जो यमुना के तटवर्ती वन में एक गुफा में रहता था। निकट की ही चकरा नगरी के लोग इसके भोजन के लिए एक-एक व्यक्ति को प्रतिदिन भेजा करते थे। बाद में भीमसेन ने इसे मार डाला।

वज्र

श्रीकृष्ण के पौत्र अनिरुद्ध और रोचना का पुत्र। यादवों के गृह-कलह में समाप्त होते समय बचे हुए लोगों में यह भी था। अर्जुन ने इसे इंद्रप्रस्थ ले जाकर बचे हुए यादवों का राजा बनाया।

वज्रनाभ

1. निशुंभ राक्षस का भाई और वज्रपुर नगर का राजा। श्रीकृष्ण के पुत्र प्रद्युम्न ने इसकी नगरी पर आक्रमण किया और इसकी पुत्री प्रभावती को ले गया। इस पर वज्रनाभ के भाई निशुंभ ने द्वारका पर आक्रमण किया और श्रीकृष्ण के हाथों मारा गया।

2. अयोध्या के एक सूर्यवंशी राजा का नाम जिसे स्थल या औक राजा का पुत्र बताया जाता है।

3. परीक्षित राजा का मित्र मथुरा नगरी का एक राजा। उद्धव ने इसे भागवत का महत्व बताया था।

वज्रयान

बौद्ध धर्म की एक शाखा जिसमें देवता, मंत्र, गुह्य साधना जैसी तांत्रिक विचार-

धारा का समावेश है। ईसा की छठी शताब्दी में इन प्रवृत्तियों का प्रचलन हो चुका था। बौद्ध विचारधारा में हीनयान (दे.), महायान (दे.) और वज्रयान यह संक्रमण-क्रम माना जाता है। सातवीं से दसवीं शताब्दी तक वज्रयान का विकास होता रहा। चीन, जापान, गांधार आदि में इसका प्रचलन हुआ। शाक्तों, वैष्णवों आदि से अनेक देवी-देवताओं को लेकर बुद्ध के कुलों का विकास होता रहा। आगे चलकर वज्रयान के अंदर भी अनेक शाखाएं बन गईं। चिंतन, साधना, देवता, योग, तंत्र, मंत्र, आचार सभी दृष्टियों से बौद्ध धर्म का समग्र रूप सामने आया। साधकों को छूट भी मिल गई कि वे अपनी प्रवृत्ति के अनुसार साधना का कोई भी मार्ग अपना लें।

वज्रेश्वरी

यह बौद्धों की एक देवी का नाम है जिसे वज्रयोगिनी भी कहते हैं। नेपाल में इसकी अधिक पूजा होती है। जालंधर में भी वज्रेश्वरी का मंदिर है। पुराणों के अनुसार जालंधर में सती का स्तन-भाग गिरा था। इसलिए यहां देवी के पीठ की स्थापना हुई। यद्यपि इस पीठ की अधिष्ठात्री देवी त्रिपुरा, काली और तारा हैं, किंतु स्तन की अधिष्ठात्री वज्रेश्वरी ही हैं। इनका एक नाम विद्याराज्ञी भी है।

वटसावित्री व्रत

सधवा स्त्रियां अपने पति के स्वास्थ्य और दीर्घायु की कामना के लिए ज्येष्ठ मास की अमावस्या को यह व्रत करती हैं। इस दिन विविध प्रकार से वट-वृक्ष की पूजा की जाती है और वृक्ष के तने पर सूत लपेटकर उसकी प्रदक्षिणा करते हैं। वट-वृक्ष की पूजा के कारण ही यह व्रत वटसावित्रीव्रत कहलाता है। इस दिन सावित्री-सत्यवान की कथा का स्मरण करने का भी विधान है।

वडवा

1. सूर्य की पत्नी संज्ञा का एक नाम। इसने अश्विनी (वडवा या घोड़ी) का रूप धारण किया था। तब सूर्य ने अश्व का रूप धारण करके इसके साथ समागम किया जिससे अश्विनी कुमार (दे.) नाम के जुड़वा पुत्र हुए थे।
2. समुद्र के अंदर रहनेवाली अग्नि का नाम।

वत्स

1. काशी के राजा प्रवर्तन का पुत्र। परशुराम के भय से इसे गोशाला में बछड़ों (वत्सों) के बीच रखकर पाला गया था। इसी से वत्स कहलाया।
2. कंस के एक दैत्य का नाम जो कृष्ण को मारने के उद्देश्य से बछड़े का रूप

धारण करके गोकुल गया था। कृष्ण ने पहचानकर इसे मार डाला।

3. भारत के पूर्वी भाग में रहनेवाला एक मानव-समूह जो महाभारत युद्ध में पांडवों की ओर से लड़ा था।

वत्स राजवंश

वत्स देश गंगा के दक्षिण में स्थित था और इसकी राजधानी वर्तमान इलाहाबाद के निकट कौशांबी थी। इस राजवंश की उत्पत्ति के विषय में कहा जाता है कि इसकी स्थापना काशी के राजा दिवोदास के पुत्र वत्स ने कौशांबी के समीपवर्ती क्षेत्रों को जीतकर की थी। महाभारत में वत्स लोगों ने पांडवों का साथ दिया था। बाद में कुरुवंशियों ने यहां अधिकार कर लिया। जनमेजय ने कौशांबी को अपनी राजधानी बनाया।

छठी शताब्दी ई. पू. के सोलह महाजन पदों (दे.) में वत्स की भी गणना होती थी। गौतम बुद्ध का समकालीन उदयन यहीं का राजा था। पुराणों के अनुसार शिशुनाग के समय वत्स मगध राज्य का अंश बन गया था।

वध्यश्व

मुद्गल राजा का पुत्र जो वेद के अनुसार अग्निपूजा का समर्थक था। इसकी पत्नी ने दिवोदास (दे.) नामक पुत्र और अहल्य नाम की कन्या को जन्म दिया। दिवोदास भी अपने पिता की भांति यज्ञ करने के लिए प्रसिद्ध हुआ।

वभ्रुवाहन

देखिए 'बभ्रुवाहन'।

वरदायिनी धाम

पश्चिमी रेलवे के कलोल स्टेशन से 16 कि. मी. दूर एक स्थान है—रूपाल नगर। पहले इसका नाम रूपावती था। यह बड़ा प्रसिद्ध क्षेत्र है। दंडकारण्य में रहते समय राम यहां आए थे। विराटनगर जाते समय पांडवों ने यहां भगवती आर्या की पूजा की। पांडवों को वरदान देने के कारण देवी का नाम वरदायिनी और स्थान का नाम वरदायिनी धाम पड़ा। यहां भगवती का एक बहुत बड़ा मंदिर है। निकट ही एक सरोवर है जो मानसरोवर कहलाता है।

वररुचि

कौशांबी के सोमदत्त और वसुदत्ता का पुत्र जो व्याकरण और ज्योतिषशास्त्र का विद्वान् था। यह एकबार देख या सुनकर उसे सदा यथावत स्मरण रखता।

वररुचि रचित अनेक ग्रंथ आज भी उपलब्ध हैं। इसका 'प्राकृत प्रकाश' प्राकृत भाषा का सबसे प्राचीन व्याकरण माना जाता है। यह विक्रम संवत् के प्रवर्तक सम्राट विक्रमादित्य के नवरत्नों में था।

वराह

विष्णु का एक अवतार जिसने हिरण्याक्ष नाम के असुर का वध किया था। आरंभिक ग्रंथों में इसे प्रजापति का अवतार बताया गया है। एक समय प्रजापति वायु के रूप में भ्रमण कर रहा था तो उसे समुद्र में डूबी पृथ्वी दिखाई दी। उसने वराह का रूप धारण करके पृथ्वी को बाहर निकालकर साफ किया और फिर वहां देव, मानव आदि की रचना की।

वराह अवतार का विष्णु के दस अवतारों में तीसरा स्थान है। भागवत के अनुसार भगवान के जय और विजय नाम के दो द्वारपाल थे। उन्हें सनतकुमार आदि ऋषियों के शाप के कारण विष्णुलोक से गिरकर दैत्य योनि में जन्म लेना पड़ा। इन्हीं में से एक हिरण्याक्ष था। हिरण्याक्ष पृथ्वी का हरण करके उसे पाताल ले गया। इस पर विष्णु ने वराह का रूप धारण किया। उन्होंने अपने दांत से पृथ्वी को बाहर निकाल लिया और लाकर उसे शेषनाग के मस्तक पर रख दिया। उसके बाद उन्होंने असुर का वध किया। जिस स्थान पर पृथ्वी का उद्धार हुआ था, उसे 'वराह क्षेत्र' कहते है। यह बंगाल में त्रिवेणी के तट पर बताया जाता है।

वराह अवतार की कथा मनुष्य की उत्पत्ति से पहले की है। इससे वैज्ञानिकों के इस कथन की पुष्टि होती है कि सृष्टि की रचना जल से हुई।

वराह पुराण

पुराणों के क्रम में इसका बारहवां स्थान है। इस पुराण में मुख्यत: विष्णु के वराह अवतार की तथा उसके द्वारा पाताललोक से पृथ्वी के उद्धार की कथा वर्णित है। इसमें विष्णु की स्तुतियों तथा उनकी पूजा-विधियों का बाहुल्य देखकर विद्वान् इसे भी लिंगपुराण की भांति कर्म-ग्रंथ मानते हैं। इसमें रामानुजाचार्य के विशिष्टाद्वैत मत का भी विवेचन किया गया है। इससे प्रकट होता है कि इस पुराण की रचना दसवीं-ग्यारहवीं शताब्दी के लगभग हुई। इसमें क्षेपक कम हैं।

वराहमिहिर

प्राचीन भारतीय खगोल शास्त्री वराहमिहिर का अपने क्षेत्र में बड़ा प्रतिष्ठित स्थान रहा है। ये आर्यभट्ट (दे.) के समकालीन बताए जाते हैं। इनका जन्म 505 ई. में हुआ था। तत्कालीन विद्यानगरी उज्जैनी को इन्होंने अपना कार्यक्षेत्र बनाया। ज्योतिष की विभिन्न शाखाओं पर इन्होंने अनेक ग्रंथ लिखे। 'पंच

सिद्धांतिका' गणित ज्योतिष की प्रसिद्ध पुस्तक है। इसके बाद इनकी रुचि फलित ज्योतिष में अधिक हो गई और इन्होंने 'वृहत् संहिता', 'वृहत्-जातक' तथा 'योगमाया' नामक ग्रंथों की रचना की। कुछ लोग इन्हें विक्रमादित्य के नवरत्नों में बताते हैं, पर बहुमत इसे नहीं मानता।

वरुण

1. एक वैदिक देवता, जिनकी वैदिक काल में इंद्र के समान ही महत्ता थी। वहां इन्हें सृष्टि के नियमों का सर्वोच्च पालक बताया गया है। ये पापों की चेतावनी देते हैं और दंड देने के लिए रोग भी उत्पन्न कर देते हैं। इन्हें दयालु और जीवन तथा मृत्यु का देवता भी कहा गया है। बाद में वरुण का महत्व कुछ कम हो गया। अब ये जल के स्वामी, दस्युओं का नाश करनेवाले और देवताओं के रक्षक माने जाते हैं। इनका साम्राज्य इतना विस्तृत है कि स्वर्ग भी इन्हें धारण नहीं कर सकता। ये सबसे ऊंचे आकाश में सहस्रों द्वारोंवाले प्रासाद में रहते हैं।

वेद में मित्र और वरुण को समस्त संसार का राजा माना गया है। वरुण करुण रस के अधिष्ठाता हैं, पाश इनका अस्त्र है। ये पश्चिम दिशा के अधिपति माने जाते हैं। एकबार वरुण ने सोम की कन्या का हरण कर लिया था। जब उचथ्य ऋषि ने सारा जल सोख लिया तो वरुण को उसे लौटाना पड़ा। अर्जुन को पाश अस्त्र वरुण से ही मिला था। जनक की सभा का ऋषि वंदी वरुण का ही पुत्र था।

2. बारह आदित्यों में से एक आदित्य जो आषाढ़ मास में चौदह सौ किरणों के साथ प्रकाशित होता है।

वर्ग-संघर्ष

आधुनिक राजनीति और अर्थशास्त्र के क्षेत्र में इस शब्द का प्रयोग एक विशेष अर्थ में होता है। इसके अनुसार मनुष्य समाज सदा से दो वर्गों में विभक्त रहा है। एक वर्ग संपन्नों का रहा है जिनका उत्पादन के साधनों पर अधिकार होता है। दूसरा वर्ग है विपन्नों का जिनके श्रम पर संपन्न वर्ग की खुशहाली निर्भर करती है। इस वर्ग का सदा से शोषण होता आया है। जब इसमें वर्ग-चेतना उत्पन्न होती है और यह अपने अधिकारों की प्राप्ति के लिए प्रयत्न करने लगता है, तभी वर्ग-संघर्ष का आरंभ हो जाता है।

वर्ण

प्राचीन भारत में मानव समाज चार वर्णों में विभक्त था। इस संबंध में दो मत प्रचलित थे। एक के अनुसार यह कार्य का विभाजन था। ब्राह्मण बौद्धिक कार्य

करता था। क्षत्रिय वर्ग सैनिक तथा प्रशासकीय कार्य करता था। वैश्य व्यावसायिक कार्य में लगे हुए वर्ण को कहते थे और श्रमिक वर्ग शूद्र कहलाता था।

दूसरा मत वर्ण की दैवी व्यवस्था का था। इसके अनुसार विराट पुरुष के मुख से ब्राह्मण, बाहुओं से क्षत्रिय, जंघाओं से वैश्य और चरणों से शूद्र उत्पन्न हुए। एक सिद्धांत वर्ण अथवा रंग का भी है। आर्य श्वेत वर्ण के थे और आर्येतर कृष्ण वर्ण के। पहले आर्य और अनार्य अथवा शूद्र दो वर्ण बने। फिर आर्यों में भी तीन वर्ण हो गए।

वस्तुत: वर्ण-व्यवस्था कर्म-विभाग ही था। आरंभ में कार्य बदलकर एक वर्ण का व्यक्ति सुगमता से दूसरा वर्ण ग्रहण कर सकता था। परंतु कालांतर में कार्य का चयन रुचि पर आधारित न होकर वंश परंपरा पर आधारित हो गया क्योंकि अपने वंश में प्रचलित कार्य विशेष को सीखने की सुविधा व्यक्ति को परिवार और वंश की सीमा में ही अधिक मिलती थी। आधुनिक काल की आवश्यकताओं और नये विचारों के उदय से इस व्यवस्था की सामाजिक स्वीकृति अब धीरे-धीरे समाप्त होती जा रही है। यह अपनी उपयोगिता भी खो बैठी है और इसका कोई वैज्ञानिक आधार भी नहीं है।

वर्णाश्रम-धर्म

प्राचीन काल में जिस प्रकार समाज में वर्ण-व्यवस्था प्रचलित थी, उसी प्रकार व्यक्तिगत जीवन के लिए वर्णाश्रम कर्म का निर्देश था। प्रत्येक वर्ण के व्यक्ति के लिए चार आश्रम निर्धारित थे—ब्रह्मचर्य (शिक्षा और व्यवसाय का ज्ञान प्राप्त करने के लिए), गृहस्थ (धनोपार्जन और प्रजा की उत्पत्ति के लिए), वानप्रस्थ गृहस्थाश्रम से निवृत्त होकर समाज-सेवा के लिए) और संन्यास (सब ओर से मुख मोड़कर मोक्ष के मार्ग में चलने के लिए)। संन्यास आश्रम केवल ब्राह्मणों के लिए निर्दिष्ट था।

वल्लतोल

मलयालम भाषा के प्रसिद्ध कवि और साहित्यकार वल्लतोल का पूरा नाम वल्लतोत नारायण मैनन था। उनका जन्म 16 अक्तूबर 1878 ई. को हुआ। साहित्य के प्रति उनकी रुचि आरंभ से ही थी। उनका युवावस्था में किया हुआ वाल्मीकि रामायण का अनुवाद बहुत सराहा गया।

वल्लतोल ने कथकली नृत्य को भी बहुत प्रोत्साहित किया। इसके लिए 'केरल कला मंडलम्' की स्थापना की जहां भारत की सभी नाट्यशैलियों का अध्ययन किया जाता है। 32 वर्ष की उम्र में ही श्रवण-शक्ति जाती रहने के बाद भी वे

जीवन भर साहित्य और कला की साधना करते रहे। बंगाल में जो स्थान रवीन्द्र का है, केरल में वही स्थान वल्लतोल का है। उन्होंने अपनी भाषा में 79 मौलिक ग्रंथों की रचना की। 13 मार्च, 1958 ई. को वल्लतोल का देहांत हो गया।

वल्लभ संप्रदाय

इस संप्रदाय के संस्थापक वल्लभाचार्य (1480-1531 ई.) का जन्म काशी में हुआ था। ये तैलंग ब्राह्मण थे। संस्कृत की शिक्षा प्राप्त करके आरंभ में ये विभिन्न तीर्थों में विद्वानों से शास्त्रार्थ करते रहे। मान्यता है कि इनका कोई मानव गुरु नहीं था और इन्होंने अपने मत की शिक्षा सीधे कृष्ण से प्राप्त की। इनका सिद्धांत 'विशुद्धाद्वैत' कहलाता है। वल्लभ संप्रदाय का मार्ग भक्ति का मार्ग है। इनके अनुसार भक्ति साधन नहीं है, वह स्वयंसाधा है और ईश्वर की कृपा से मिलती है।

वल्लभ संप्रदाय के मंदिरों में दिन में आठ बार भगवान की पूजा (सेवा) होती है। इस संप्रदाय के गुरु का पद वल्लभाचार्य के पुत्र गोस्वामी विट्ठलदास को मिला और उनके बाद उनकी वंश परंपरा का व्यक्ति ही गुरु होता है।

वल्लभाचार्य से पूर्व शंकराचार्य ने अद्वैत मत का प्रतिपादन किया था। उनके विचारों से भिन्नता होने के कारण ही वल्लभाचार्य अपने मत का नाम 'विशुद्धाद्वैत' रखा। ये पुष्टिमार्गी थे अर्थात् भगवान् के अनुग्रह या कृपा पर भरोसा करते थे, जिनकी कृपा के बिना हृदय में भक्ति का उद्रेक नहीं हो सकता। अद्वैतवादियों ने मायायुक्त ब्रह्म को जगत् का कारण माना था, पर वल्लभाचार्य का कहना था कि माया रहित ब्रह्म ही जगत् का कारण है। उनके मतानुसार श्रीकृष्ण परम सत्ता और परब्रह्म हैं तथा वही जगत् के स्वाभाविक कर्ता हैं। संसार की सृष्टि में माया का हाथ नहीं होता। उनकी दृष्टि में जीव और ब्रह्म दोनों ही सत्य हैं।

वशिष्ठ

इस नाम के प्राचीन ऋषियों के अनेक उल्लेख वेदों से लेकर पुराणों तक मिलते हैं।

1. ब्रह्मा के दस मानसपुत्रों में से एक जिनका विवाह दक्ष प्रजापति की कन्या ऊर्जा से हुआ था और सती के भस्म होने पर शिव ने इनका अंत कर दिया।

2. वशिष्ठ आपव नामक एक ऋषि जिनका आश्रम हिमालय पर्वत पर था और जिसे कार्तवीर्य अर्जुन ने जला दिया था।

3. वशिष्ठ धर्मशास्त्रकार, इनकी रचित 'वशिष्ठ स्मृति' प्रसिद्ध है।

4. वशिष्ठ मैत्रावरुणि—एक ऋषि जो उत्तर पांचाल के राजा दिवोदास के पुरोहित थे। ये ऋग्वेद के सातवें मंडल के द्रष्टा भी माने जाते हैं। पहले दिवोदास के पुरोहित विश्वामित्र थे। बाद में वशिष्ठ ने यह पद प्राप्त कर लिया। विश्वामित्र

द्वारा कामधेनु मांगने पर भी वशिष्ठ ने इन्कार कर दिया था। दोनों के बीच दीर्घकाल तक चली शत्रुता के ये मुख्य कारण थे। बाद में यह शत्रुता समाप्त हो गई। वशिष्ठ अयोध्या के इक्ष्वाकुवंश के पुरोहित हो गए और विश्वामित्र की भी उस वंश से निकटता थी। ये वशिष्ठ तत्वज्ञानी और महापंडित थे। इनका लिखा ग्रंथ 'वशिष्ठ सूत्र' प्रसिद्ध है।

वशीकरण

मंत्र के कई भेद हैं। इन्हीं में से एक वशीकरण भी है। अन्य भेद हैं—मारण, उच्चाटन, शमन, स्वस्तिक। मारण मंत्र का प्रयोग शत्रु की मृत्यु के लिए किया जाता है। शत्रु या भूत-प्रेत को भगाने के लिए उच्चाटन मंत्र काम में आता है। शमन मंत्र का प्रयोग विपत्तियों से मुक्ति के लिए और स्वस्तिक का प्रयोग लाभ के लिए होता है।

वशीकरण मंत्र दूसरे को वश में करने के लिए प्रयुक्त होता रहा है। लड़कियां युवक विशेष को, लड़के युवती विशेष को और पति-पत्नी एक-दूसरे को वश में रखने के लिए इस मंत्र का प्रयोग करते आए हैं। इन मंत्रों के प्रभाव का कोई विश्वसनीय प्रमाण नहीं मिलता। वैज्ञानिक दृष्टि के विकास के साथ लोगों का इन पर से विश्वास उठ गया है।

वसंतपंचमी

यह तिथि माघ मास के शुक्ल पक्ष की पंचमी को वसंतोत्सव के रूप में मनाई जाती है। यद्यपि ज्योतिष की गणना के अनुसार वसंत ऋतु चैत्र मास से आरंभ मानी जाती है, पर इसका उत्सव माघ शुक्ल पंचमी को मनाने के संबंध में पौराणिक स्पष्टीकरण उपलब्ध है। इसके अनुसार ऋतुराज वसत के अभिनंदन में शेष पांचों ऋतुओं ने अपनी अवधि के आठ-आठ दिन उसे भेंट कर दिए। इसी कारण वसंत पंचमी चैत्र वदी प्रतिपदा को न मनाकर चालीस दिन पहले माघ शुक्ल पंचमी को मनाई जाती है।

वसंत पंचमी मनाने के संबंध में कई मत प्राप्त हैं। एक के अनुसार इस दिन विद्या की देवी सरस्वती का पूजन करना चाहिए। दूसरे मत में इसे लक्ष्मी सहित विष्णु के पूजन का दिन बताया गया है। एक अन्य मत के अनुसार इस तिथि को रति और कामदेव की भी पूजा करनी चाहिए क्योंकि वसंत और कामदेव मित्र हैं। इस दिन व्रत रखने का विधान नहीं है।

वसव संप्रदाय

वीरशैव अथवा लिंगायतों का एक वर्ग जो सुधारवादी माना जाता है। वसवेश्वर

पुराण के अनुसार वीरशैव मत के ह्रास को देखकर नारद की प्रार्थना पर परमेश्वर ने अपने गण नंदी को उसके उद्धार के लिए भेजा। नंदी ने वसव (संस्कृत में वृषभ) के नाम से अवतार लिया। एक मत के अनुसार वसव चालुक्य राजा बिज्जल के प्रधानमंत्री थे। उन्होंने वर्णाश्रम धर्म का खंडन किया, वेदों को नहीं माना, शिव के अतिरिक्त किसी अन्य देवी-देवता को नहीं माना। प्रायश्चित तथा तीर्थयात्रा को व्यर्थ बताया और विधवा-विवाह का प्रचलन किया। इनके अनुयायी भी स्वयं को वीरशैव और लिंगायत कहते हैं।

वसु

1. दक्ष-कन्या जो धर्म ऋषि की पत्नी थी। उसने अनेक अवतार लिए। महाभारत में उसके ये नाम मिलते हैं—शांडिल्या, श्वासा, रत्रा, धूम्रा, प्रभाता और मनस्विनी। इन वसुओं से उत्पन्न देवता-समूह भी वसु कहलाते हैं। सामान्यतः इनकी संख्या आठ मानी जाती है और ये 'अष्टवसु' कहलाते हैं। देवताओं में जो क्षेत्र-विभाजन मिलता है, उसके अनुसार वसु पृथ्वी में, रुद्र अंतरिक्ष में और आदित्य स्वर्ग में निवास करते हैं। वसुओं का नायक अग्नि है।

2. उत्तानपाद (दे.) राजा का पुत्र जिसके पास पशु-यज्ञ के संबंध में पूछने के लिए अनेक ऋषि आए थे। इसने अहिंसक होने के कारण पशु-यज्ञ को त्याज्य बताया था। इस पर क्रुद्ध ऋषियों ने इसे रसातल जाने का शाप दे दिया। बाद में अपने तप-बल से यह स्वर्ग गया।

3. कश्मीर देश का एक राजा जिसे बृहस्पति ने बताया था कि ज्ञानपूर्वक किए हुए कार्य से ही मनुष्य को मोक्ष प्राप्त होता है।

वसुगुप्त

संवत् 960 विक्रमी के आसपास शिवसूत्रों की रचना करनेवाले वसुगुप्त कश्मीरी शैव सिद्धांत के एक प्रवर्तक आचार्य माने जाते हैं। इनके समय तक कश्मीरी शैव सिद्धांतों पर द्वैतवादी विचारों का प्राधान्य था। वसुगुप्त ने अपनी रचनाओं के द्वारा अद्वैत दर्शन को प्रतिष्ठित किया।

वसुदेव

एक यदुवंशी जिनके पिता का नाम शूर और माता का नाम मारिषा था। ये मथुरा के राजा उग्रसेन के मंत्री थे। पांडवों की माता कुंती वसुदेव की सगी बहन थी। उग्रसेन के भाई देवक की सात कन्याओं से इनका विवाह हुआ था जिनमें देवकी और रोहिणी प्रमुख थीं। कहीं पर इनकी पत्नियां की संख्या 12 बताई गई है।

रोहिणी के आठ पुत्र थे। इनमें बलराम प्रमुख थे। देवकी के भी आठ संतानें

हुईं जिनमें से सात को उसके चचेरे भाई कंस ने जन्म लेते ही मार डाला और आठवीं संतान श्रीकृष्ण बच गए। बाद में द्वारका में श्रीकृष्ण के स्वर्गारोहण का समाचार सुनकर वसुदेव ने भी प्राण त्याग दिए।

वसुधारा

बदरीनाथ के निकट स्थित एक प्रपात जहां पर लगभग 400 फुट की ऊंचाई से पानी गिरता है। मान्यता है कि आठों वसुओं ने नारद से बदरीनाथ का महत्व सुना था। इस पर वे तपस्या करने लिए यहां आए थे। यहीं पर उन्हें विष्णु के दर्शन हुए। वसुओं के नाम पर इस स्थान का नाम पड़ गया।

वसुमित्र

1. कनिष्क (दे.) का समकालीन एक प्रसिद्ध बौद्ध दार्शनिक और लेखक। कनिष्क के शासनकाल में कश्मीर में चौथी बौद्ध-संगीति हुई, उसकी अध्यक्षता इसी ने की थी।

2. महाभारत युद्ध में कौरवों की ओर से लड़नेवाला एक क्षत्रिय राजा जिसकी उत्पत्ति विक्षर नामक असुर के अंश से हुई थी।

3. पुराणों के अनुसार पुष्यमित्र राजा का पुत्र एक शुंगवंशीय राजा जिसने दस वर्ष तक राज्य किया।

वह्लिक

1. वैदिक आर्यों की विरोधी एक जाति जो भारत के उत्तरी भाग में निवास करती थी। इनके नाम से इनके बाहर से आकर बसने का आभास होता है।

2. महाभारत में वर्णित एक राजा जो राजा प्रतीत का पुत्र था।

वाई

कृष्णा नदी के तट पर स्थित यह वाई तीर्थ पुराण-प्रसिद्ध है। मान्यता है कि बृहस्पति के सिंह राशि में होने पर नासिक में पूरे वर्ष गोदावरी का स्नान अत्यंत पुण्यप्रद है। इसी प्रकार बृहस्पति के कन्या राशि में होने पर वाई के पास वर्ष भर कृष्णा नदी में स्नान करने का महत्व है। यहां नदी पर अनेक घाट और मंदिर हैं। कहते हैं, कृष्णा नदी के तट पर वाई के निकट बहुत से ऋषियों ने तपस्या की। राम ने जिस जगह स्नान किया वह रामडोह कहलाती है। वनवास के समय पांडव भी यहां आए थे और उन्होंने महेश्वर लिंग की स्थापना की।

वाकाटक

एक प्रसिद्ध भारतीय राजवंश जिसने तीसरी शताब्दी से सातवीं शताब्दी के प्रारंभ

तक राज्य किया। इस वंश का आरंभ बुंदेलखंड के आसपास हुआ था। परंतु धीरे-धीरे दक्षिण में मालावार तक इनके राज्य का विस्तार हो गया। वाकाटकों के समय में सांस्कृतिक क्षेत्र में भी बड़ी उन्नति हुई। अनेक मंदिर बनाए गए। अजंता की चित्रकला को, जो संसार में अद्वितीय मानी जाती है, वाकाटकों ने बहुत प्रोत्साहन किया। उदयगिरि, देवगढ़ और अजंता को देखने से विदित होता है कि वाकाटक नरेश सांस्कृतिक उत्थान में बड़ी रुचि लेते थे।

वाङ्मय

राजशेखर के अनुसार वाङ्मय के शास्त्र और काव्य दो भेद हैं। शास्त्र को भी दो भागों में विभक्त किया गया है—अपौरुषेय शास्त्र जिसमें श्रुति और वेदांग आते हैं और पौरुषेय शास्त्र जिसमें पुराण, मीमांसा, स्मृति और तंत्र का समावेश होता है। काव्य के अंतर्गत कविता, नाटक, उपन्यास, कहानी आदि सर्जनात्मक साहित्य की गणना की जाती है। इस प्रकार वाङ्मय में समस्त गद्य-पद्य, ग्रंथ-समूह, दूसरे शब्दों में भाषाबद्ध संपूर्ण साहित्य आ जाते हैं।

वाचस्पति मिश्र

नवीं शताब्दी में मिथिला में जन्मे वाचस्पति मिश्र अद्वैत मत के प्रसिद्ध और प्रामाणिक टीकाकार हैं। शंकरभाष्य पर रची हुई 'भामती' टीका अद्वैत मत को समझने के लिए अनिवार्य मानी जाती है। शंकर के अद्वैत सिद्धांत को प्रचारित करने में इनका योगदान अप्रतिम रहा है। वाचस्पति मिश्र ने भारत के छहों दर्शनों पर टीकाएं लिखी हैं। विद्वान् होने के साथ-साथ ये उच्चकोटि के साधक भी थे।

वाजपेय

एक यज्ञ जिसका आवश्यक अंग रथों की दौड़ होता था और जिसमें यज्ञकर्ता विजयी होता था। शतपथ ब्राह्मण के अनुसार इसे करने का अधिकार केवल ब्राह्मण और क्षत्रिय को ही था। अन्य ग्रंथों के मत से यह वाजपेय यज्ञ ब्राह्मण द्वारा पुरोहित का पद ग्रहण करने और राजाओं द्वारा राज्याभिषेक के पूर्व का संस्कार था। रथों की दौड़ इसका एक अंग था।

वाजसनेयी

शुक्ल यजुर्वेद की एक शाखा जिसके प्रवर्तक याज्ञवल्क्य (दे.) माने जाते हैं। उन्होंने अपने गुरु के रुष्ट होने पर उनकी दी हुई सारी विद्या का वमन कर दिया था। बाद में सूर्य की कृपा से उन्हें यह विद्या पुनः प्राप्त हुई।

वाणासुर

देखिए 'बाण'।

वात्स्यायन

इस नाम के दो व्यक्तियों का उल्लेख मुख्यत: मिलता है। एक हैं 'न्यायसूत्र' के भाष्यकार वात्स्यायन। कुछ लोग इन्हें और कौटिल्य को एक ही व्यक्ति बताते हैं।

दूसरे वात्स्यायन 'कामसूत्र' के रचयिता हैं। इनका समय कुछ विद्वानों ने ई. पू. प्रथम शताब्दी माना है और कुछ का कथन है कि ये तीसरी या चौथी शताब्दी में हुए। कामसूत्र अपने विषय की तत्कालीन अद्वितीय रचना मानी जाती है और आज भी इसकी विश्वव्यापी ख्याति है। इसे वैवाहिक जीवन के सुख का आधार बताया गया है।

वानर

दक्षिण भारत में निवास करनेवाली एक मानव जाति जिसका राम-कथा के प्रसंग में विशेष उल्लेख मिलता है। वहां इन्हें बुद्धि-संपन्न, मानव भाषा वोलनेवाला, घरों में निवास करनेवाला तथा आचार-विचार माननेवाला बताया गया है।

पुराणों में इन्हें पुलह और हरिभद्र की संतान बताकर 'हरि' नाम से भी संबोधित किया है। वहां इनके बारह प्रमुख कुल वर्णित हैं। सीता की खोज में और रावण का मान-मर्दन करने में इन्होंने सबसे अधिक काम किया था।

आधुनिक विद्वानों का मत है कि ये आदिवासी वानर, गीध, ऋक्ष आदि की पूजा करते थे। इन्हीं नामों के गोत्र मध्य प्रदेश के आदिवासियों में आज भी मिलते हैं। इसी पशु-पक्षी पूजा के कारण इन जातियों को वानर (हनुमान आदि), रीछ (जांबवंत आदि), गीध (संपाती, जटायु आदि) नाम मिले। एक मत के अनुसार ये पशु-पक्षी इन जातियों के चिह्न थे जो ध्वजाओं आदि पर अंकित रहते थे।

वानप्रस्थ

प्राचीन काल में जीवन के लिए निर्धारित चार आश्रमों में से तीसरा। इस आश्रम में व्यक्ति गृहस्थी से अलग रहकर समाज-सेवा करता और शरीर तथा मन को अनुशासन में रखकर धार्मिक कार्य करने में संलग्न रहता। इसमें यौगिक क्रियाओं के द्वारा शरीर तथा मन का निग्रह किया जाता था। यह संन्यास से पहले का आश्रम था और इसका उद्देश्य ब्रह्मचिंतन के लिए पवित्रता तथा सात्विक भाव प्राप्त करना था।

वामदेव

1. ऋग्वेद के सूक्तों का संकलन करनेवाले सात ऋषियों में से एक और चौथे मंडल के ऋषि वामदेव गौतम ऋषि के पुत्र होने के कारण वामदेव गौतम भी कहलाते हैं। इनके जन्म के संबंध में बड़ी रोचक कथा मिलती है। इन्हें अपनी माता के गर्भ में ही पूर्वजन्म के संबंध में ज्ञात हो गया था। इन्होंने निश्चय किया कि मेरा जन्म अन्य लोगों की भांति न हो। अत: इन्होंने माता का उदर फाड़कर बाहर निकलने का विचार किया। यह जानकर इनकी मां ने ध्यान करके अदिति और इंद्र को अपनी रक्षा के लिए बुलाया। इंद्र जब इन्हें समझाने लगा तो वामदेव ने मां के गर्भ से ही उसके साथ तत्वज्ञान संबंधी चर्चा की और योगबल से पक्षी का रूप धारण करके मां के पेट से बाहर निकल आए।

वामदेव के संबंध में और भी असंगत कथाएं मिलती हैं। एकबार जब ये भूख के कारण कुत्ते की अंतड़ियां उबाल रहे थे तो एक पक्षी ने इन्हें टोका। इस पर वामदेव ने कहा—यह आपद् धर्म है। इन्होंने इंद्र को हराकर उसे ऋषियों के हाथ बेच दिया था। पुनर्जन्म के संबंध में विचार करनेवाले तत्वदर्शियों में वामदेव सर्वश्रेष्ठ माने जाते हैं।

2. एक शिवभक्त योगी जो भस्म रमाए रहता था। एकबार वह भस्म उसे खाने के लिए आए हुए राक्षस के शरीर में लगी तो राक्षस पापमुक्त हो गया।

वामन अवतार

विष्णु के दस अवतारों में यह पांचवां अवतार है। इसकी कथा प्राचीन ग्रंथों में विस्तार से वर्णित है। विरोचन के पुत्र बलि ने इंद्र को भी पराजित कर दिया था और वह अपनी तपस्या के बल पर तीनों लोकों पर अधिकार करना चाहता था। इससे चिंतित देवता सहायता के लिए विष्णु के पास पहुंचे। देवताओं की प्रार्थना सुनकर विष्णु ने कश्यप और अदिति के पुत्र के रूप में जन्म लिया। वे बौने ब्रह्मचारी का रूप धारण करके बलि की सभा में पहुंचे और उससे तीन पग भूमि दान में मांगी। बलि देने को सहर्ष तैयार हो गया। इस पर विष्णु ने विराट रूप धारण करके एक पग में पृथ्वी और दूसरे में स्वर्ग को नाप लिया। तीसरा पग धरने के लिए जब स्थान न रहा तो बलि ने अपना सिर झुका दिया। विष्णु के चरण-स्पर्श से बलि की आसुरी वृत्ति जाती रही। यह भी कथा मिलती है कि विष्णु ने बलि को पाताल भेज दिया।

कुछ विद्वानों ने इस कथा को आधुनिक संदर्भ में भाषित किया है। उनके अनुसार बलि वैरोचन नामक राजा जो नाटे कद का था, भारत के किसी पूर्वी भाग में रहता था। वामन उन लोगों का प्रतीक है जो लंबे कद के थे। उन्होंने अपने बाहुबल से मंगोल रक्त के नाटे लोगों को समुद्र की ओर भागने के लिए

विवश किया। वे द्वीपों में जाकर बसे जिनमें से एक द्वीप बाली भी है।

बिहार के शाहाबाद जिले में वामन का आश्रम बताया जाता है। कुरुक्षेत्र में वामन का एक मंदिर भी है। वामन अवतार का उल्लेख किसी न किसी रूप में वैदिक साहित्य में भी पाया जाता है। बाद में पुराणों में इस कथा का परिपाक हुआ।

वामन द्वादशी

माना जाता है कि विष्णु का वामन अवतार भाद्रपद शुक्ल द्वादशी को हुआ था। इसलिए उस दिन व्रत रखने का विधान है। दिन भर फलाहार व्रत किया जाता है। दोपहर में भगवान वामन की पूजा करके किसी सुपात्र को मिट्टी के पात्र में दही, चावल, शक्कर तथा जल भरकर दान देते हैं। रात्रि में भगवान वामन की कथा सुनी जाती है। यह व्रत पूरे दिन तथा रात्रि का है।

वामन पुराण

पुराणों के क्रम में इसका चौदहवां स्थान है। इसमें विष्णु के वामनावतार और तीन पगों से ब्रह्मांड को नाप लेने की कथा वर्णित है। विष्णु के अन्य अवतारों का भी वर्णन किया गया है। यह मात्र वैष्णव संप्रदाय का पुराण नहीं है। शिव-महात्म्य, शैव तीर्थ तथा शिव-पार्वती के विवाह का भी इसमें सम्मानपूर्वक उल्लेख है। तीर्थों और व्रतों के महात्म्य की इसमें प्रधानता है। कुछ विद्वान् इसे बहुत बाद की अर्थात् पंद्रहवीं-सोलहवीं शताब्दी की रचना बताते हैं।

वाममार्ग

शाक्त संप्रदाय में दो मार्ग हैं—दक्षिण (सरल) और वाम (मधुर)। पहला संप्रदाय वैदिक तांत्रिक माना जाता है और दूसरा अवैदिक तांत्रिक। विद्वानों का मत है कि वामाचार अथवा अवैदिक तांत्रिक भारत का नहीं है। यह चीन देश से आया है। तारा की उपासना चीन में होती थी। अनुमान है कि किसी समय चीन सहित संपूर्ण मध्य और दक्षिण एशिया में किसी-न-किसी रूप में शाक्त मत प्रचलित था। कनिष्क के समय में बौद्ध धर्म में महायान (दे.) और वज्रयान (दे.) का विकास हुआ और बौद्ध शाक्तों के द्वारा 'पंचमकार' की उपासना शुरू हुई।

वामाचार में कुल आठ योगिनियों की पूजा की जाती है। इसमें शक्ति की पूजा के चार रूप हैं—1. मंदिर में सर्वसाधारण द्वारा देवी की पूजा, 2. चक्र-पूजा, 3. साधना या योगाभ्यास और 4. अभिचार अर्थात् जादू-टोना। इनमें चक्रपूजा प्रमुख है। इसमें समान संख्या में स्त्री-पुरुष रात में एकांत में एक गोलाई में बैठते हैं। इनमें निकट संबंधी भी हो सकते हैं। बीच में देवी का यंत्र या मूर्ति

रखी जाती है और तब मंत्र के उच्चारण के साथ पंचमकारों का सेवन होता है।

वायु

इंद्र के साथ का अंतरिक्ष का एक देवता। वैदिक साहित्य में इसका एक नाम 'वात' भी है। वात तीन प्रकार का होता है—1. धूल भरी आंधी, 2. वर्षा लानेवाला और 3. वर्षा के साथ का झंझावत। इसके विपरीत वायु कोमल स्वभाववाला और प्रातःकाल उषा को जगानेवाला है।

इंद्र और वायु एक ही रथ पर बैठते हैं। यह अदृश्य पदार्थ है। इसकी ध्वनि सुनाई देती है, पर यह दिखाई नहीं पड़ता। इसकी उत्पत्ति ज्ञात नहीं है। इसे विश्व का कारण, मनुष्यों का पिता और देवों का श्वास कहा गया है।

वायु को देवों की भांति सोम प्रेमी बताया गया है। यह अपना भाग सर्वप्रथम प्राप्त कर लेता है। वेदों में इसे शत्रुओं को भगानेवाला और निर्बलों का रक्षक कहा गया है। भीमसेन, हनुमान और मुदा नामक अप्सराओं का समूह इसी की संतान हैं। यह कुशनाभ राजा की सौ पुत्रियों को अपनी पत्नी बनाना चाहता था। उसके इन्कार करने पर वायु ने उन्हें कुब्जा बना दिया।

वायुपुराण

पुराणों के क्रम में वायुपुराण का चौथा स्थान है। इसी को कुछ विद्वान् शिवपुराण भी कहते हैं। पर अन्य का मत है कि वायुपुराण और शिवपुराण अलग-अलग हैं। अनेक पुराणों में उपलब्ध-तालिका में भी किन्हीं में वायुपुराण का नाम आता है, किन्हीं में शिवपुराण का। इस समय दोनों पुराण अलग-अलग प्राप्त हैं।

इस पुराण में वायु द्वारा शिव के महात्म्य का तथा विष्णु के अवतारों का वर्णन किया गया है। सातवीं शताब्दी के ग्रंथों में इस पुराण का उल्लेख इसकी प्राचीनता सिद्ध करता है।

वारंगल

दक्षिण भारत के इस प्रसिद्ध नगर का प्राचीन नाम एकशिला नगरी है। यहां के अनेक मंदिरों में सबसे प्रसिद्ध हैं—सहस्र स्तंभ मंदिर, पद्माक्षी मंदिर, सिद्धेश्वर मंदिर और भद्रकाली मंदिर। भद्रकाली मंदिर सबसे प्राचीन है। यहां भद्रकाली की नौ फुट ऊंची और इतनी ही चौड़ी मूर्ति के दर्शन होते हैं। अष्टभुजा देवी की इतनी बड़ी मूर्ति देश में और कहीं नहीं है। देवी एक राक्षस के ऊपर बैठी हैं।

मंदिर के पास ही एक बड़ा सरोवर है। उसे भद्री सरोवर कहते हैं। कहा जाता है कि सम्राट् हर्षवर्धन ने यहां आकर भद्रकाली की पूजा की थी।

वारणावत

महाभारत में वर्णित एक स्थान जहां पर दुर्योधन ने पुरोचन (दे.) से पांडवों को जला मारने के लिए लाक्षागृह बनवाया था। यह स्थान गंगा के किनारे था। कहीं पर इसकी स्थिति करनाल के निकट बताई गई है और कहीं पर मेरठ के पास का बरनावा गांव ही प्राचीन वारणावत माना गया है। युद्ध टालने के लिए पांडवों द्वारा मांगे गए पांच गांवों में वारणावत भी सम्मिलित था।

वारिस अलीशाह

प्रसिद्ध सूफी संत जिनका जन्म बाराबंकी (उ.प्र.) के देवा कस्बे में 1819 ई. में हुआ था। ये बड़े असाधारण बालक थे। सात वर्ष की उम्र में ही इन्होंने पूरी कुरानशरीफ कंठस्थ कर ली थी। 11 वर्ष की उम्र में सूफी मत में दीक्षित हुए और 15 वर्ष की उम्र में अपनी सारी धन-संपत्ति बांटकर हज करने चल दिए। (माता-पिता को तीन वर्ष की उम्र में ही खो चुके थे।) विदेशों में घूमते हुए और लोगों को उपदेश देते हुए इन्होंने दस बार हज की यात्रा की।

बाद में स्वदेश आने पर यहां अपने विचारों का प्रचार करते रहे। ये बड़ी सादगी से रहते थे। कोई भेंट देता तो उसे दूसरों को दे देते। इनका कहना था कि ईश्वर मनुष्य की आत्मा में निवास करता है। मुसलमान से सब जगह अल्लाह को पहचानने और हिंदू से उसी ब्रह्म को पहचानने के लिए कहते। 17 अप्रैल, 1905 ई. को वारिस अलीशाह का निधन हुआ। उनकी समाधि पर प्रतिवर्ष लगनेवाले 'देवाशरीफ' के मेले में सभी धर्मों के लोग बड़ी संख्या में सम्मिलित होते हैं।

वारुणी

1. एक पवित्र तिथि। चैत्र कृष्ण त्रयोदशी को शतभिषा नक्षत्र होने पर वारुणी तिथि कहलाती है। उस दिन यदि साथ में शनिवार भी पड़ जाए तो उसे महा-वारुणी कहते हैं। वारुणी तिथि पर गंगा-स्नान का बड़ा महत्व है।
2. अगस्त्य, वशिष्ठ, भृगु आदि ऋषियों के लिए प्रयुक्त एक पैत्रिक नाम। ये सब ब्रह्मा के यज्ञ से उत्पन्न हुए थे और वरुण ने इन्हें पुत्र रूप में स्वीकार किया था।
3. वरुण के दिए हुए वृन्दावन के कदंब वृक्ष से निकलनेवाला एक मादक पेय जो बलराम को प्रिय था।
4. समुद्रमंथन के समय निकली हुई वरुण की अति सुंदरी पुत्री जिसे दैत्यों और दानवों ने अपना लिया था।

वालखिल्य

तपस्या में लगे प्रजापति ब्रह्मा के रोमों से उत्पन्न साठ हजार ऋषियों का समूह जिनका शरीर अंगूठे के मध्य भाग के बराबर था। पुराणों में इनको सन्नति अथवा क्रिया की कोख से उत्पन्न बताया गया है। ये सूर्य-भक्त थे और उसकी किरणों का पान करते थे। ये वट वृक्ष की शाखा पर उल्टे लटककर तप किया करते थे।

अपनी तपस्या के बल पर वालखिल्य ऋषि बन गए। ये सब धर्मों के ज्ञाता थे और इनके तप-बल पर सारा जग निर्भर था। इन्होंने अपनी तपस्या का फल ऋषि कश्यप को दे दिया था जिससे गरुड़ का निर्माण हुआ।

वाल्मीकि

संस्कृत भाषा के आदि कवि और आदि काव्य 'रामायण' के रचयिता के रूप में वाल्मीकि की प्रसिद्धि है। इनके पिता महर्षि कश्यप के पुत्र वरुण या आदित्य थे। उपनिषद् के विवरण के अनुसार ये भी अपने भाई भृगु की भांति परम ज्ञानी थे। एकबार ध्यान में बैठे हुए वरुण-पुत्र के शरीर को दीमकों ने अपना ढूह (बांबी) बनाकर ढक लिया था। साधना पूरी करके जब ये दीमक-ढूह से जिसे वाल्मीकि कहते हैं, बाहर निकले तो लोग इन्हें वाल्मीकि कहने लगे।

तमसा नदी के तट पर व्याध द्वारा क्रौंच पक्षी के जोड़े में से एक को मार डालने पर वाल्मीकि के मुंह से व्याध के लिए शाप के जो उद्गार निकले वे लौकिक छंद में एक श्लोक के रूप में थे। इसी छंद में उन्होंने नारद से सुनी राम की कथा के आधार पर रामायण (दे.) की रचना की। कुछ लोगों का अनुमान है कि हो सकता है, महाभारत की भांति रामायण भी समय-समय पर कई व्यक्तियों ने लिखी हो और अतिम रूप किसी एक ने दिया हो और वह वाल्मीकि की शिष्य परंपरा का ही हो।

जिस वाल्मीकि के डाकू का जीवन बिताने का उल्लेख मिलता है, उसे रामायण के रचयिता से भिन्न माना जाता है। पौराणिक विवरण के अनुसार यह रत्नाकर नाम का दस्यु था और यात्रियों को मारकर उनके धन से अपना परिवार पालता था। एक दिन नारदजी भी इनके चक्कर में पड़ गए। जब रत्नाकर ने उन्हें भी मारना चाहा तो नारद ने पूछा--जिस परिवार के लिए तुम इतने अपराध करते हो, क्या वह तुम्हारे पापों का भागीदार बनने को तैयार है? रत्नाकर नारद को पेड़ से बांधकर इस प्रश्न का उत्तर जानने के लिए घर गया। वह यह जानकर स्तब्ध रह गया कि परिवार का कोई भी व्यक्ति उसके पाप का भागीदार बनने को तैयार नहीं है। लौटकर उसने नारद के चरण पकड़ लिए और डाकू का जीवन छोड़कर तपस्या करने लगा। इसी में उसके शरीर को दीमकों ने

अपना घर बनाकर ढक लिया, जिसके कारण यह भी वाल्मीकि के नाम से प्रसिद्ध हुआ।

एक अन्य विवरण के अनुसार इसका नाम अग्निशर्मा था और इसे हर बात उलटकर कहने में रस आता था। इसलिए ऋषियों ने डाकू जीवन में इसे 'मरा' शब्द का जाप करने की राय दी। तेरह वर्ष तक मरा रटते-रटते यही 'राम' हो गया।

बिहार के चंपारन जिले का भैंसा लोटन गांव वाल्मीकि का आश्रम था जो अब वाल्मीकि नगर कहलाता है।

वाल्मीकि रामायण

(दे. रामायण)

वासणिया वैद्यनाथ

वरदायिनी धाम (दे.) से 12 कि. मी. की दूरी पर स्थित वैद्यनाथ का यह मंदिर संभवतः उत्तर भारत का सबसे विशाल मंदिर है। दो हजार वर्ष पुराने इस मंदिर में सात मंजिलें हैं। ऊपर जाने के लिए चारों ओर से सीढ़ियां बनी हैं। मुख्य देवालय में वैद्यनाथ के अतिरिक्त दस और देवालय हैं। इस प्रकार यहां ग्यारह रुद्रों की स्थापना की गई है। मुख्य मंदिर में लिंग-मूर्ति नहीं है। वहां एक गड्ढा है जिसके भीतर गोपुर का चिह्न है।

वासवानी

भारतीय संस्कृति के प्रवक्ता वासवानी का जन्म हैदराबाद (सिंध) में 25 नवंबर, 1879 ई. को हुआ था। उनका पूरा नाम थॉवर दास लीलाराम वासवानी था और वे टी. एल. वासवानी के नाम से प्रसिद्ध हुए। बचपन से ही प्रतिभासंपन्न वासवानी ने सम्मानपूर्वक शिक्षा प्राप्त करके पहले अध्यापन कार्य किया और बाद में अपना सारा जीवन धार्मिक विषयों पर भाषण देने, पुस्तकें लिखने और गरीबों की सेवा में लगा दिया। उन्होंने अंग्रेजी में सौ से अधिक और सिंधी भाषा में 300 पुस्तकों की रचना की। बर्लिन के विश्व धर्म सम्मेलन में भारत का प्रतिनिधित्व और यूरोप में भारतीय दर्शन का प्रचार किया। 16 जनवरी, 1966 ई. को वासवानी का देहांत हो गया।

वासुकि

एक नाग जो कद्रु के गर्भ से उत्पन्न कश्यप का पुत्र था। यह शिव का परम भक्त था और उनके शरीर से लिपटा रहता था। जब वासुकि को ज्ञात हुआ कि

जनमेजय के यज्ञ के द्वारा नाग-कुल का नाश होनेवाला है और इसकी बहन का पुत्र इस नाश को बचा सकता है तो वासुकि ने अपनी बहन का जरत्का से विवाह करा दिया। जरत्का के पुत्र आस्तीक ने ही जनमेजय के नाग-यज्ञ में सर्पवंश को समूल नष्ट होने से बचाया था।

समुद्रमंथन के समय वासुकि की रस्सी बनाई गई। एकबार शिव ने वासुकि का उपयोग अपने धनुष की डोरी के रूप में भी किया था।

वासुकीनाथ

बिहार में वैद्यनाथ से आगे वासुकीनाथ नागेश्वर ज्योतिर्लिंग के लिए प्रसिद्ध है। इस क्षेत्र में वासुकीनाथ को ही द्वादश ज्योतिर्लिंगों का नागेश्वर ज्योतिर्लिंग मानते हैं। यहां वासुकीनाथ के मुख्य मंदिर के अतिरिक्त पार्वती, काली, अन्नपूर्णा, भैरवी, कार्तिकेय, गणेश आदि के भी दर्शन होते हैं। मंदिर के घेरे में चंद्रकूप सरोवर है। उसी का जल शंकरजी पर चढ़ाया जाता है।

एक कथा के अनुसार यह ज्योतिर्लिंग वासु नाम के एक व्यक्ति को उस समय मिला जब वह अकाल के कारण जंगल में कंदमूल खोद रहा था। वासु द्वारा पूजे जाने से ही नागेश्वर का नाम वासुकी हो गया। यह भी कथा मिलती है कि समुद्र-मंथन के बाद देवताओं ने वासुकि नाग को इसी पर्वत पर छोड़ा था। नाग द्वारा पूजित होने से यह नागेश्वर और वासुकीनाथ दोनों नामों से विख्यात हुआ।

वासुदेव

कुषाण राजा हुविष्क (दे.) का पुत्र और उत्तराधिकारी। इसके समय में कुषाण राज्य सीमित हो चुका था। वासुदेव के समय के अनेक सिक्के मिले हैं। उस समय जैन तीर्थंकरों की मूर्ति का निर्माण अधिक होता था। वासुदेव ने चीनी सम्राट के पास अपना दूत भी भेजा था। वासुदेव शैव था और उसके सिक्कों पर शिव की मूर्तियां पाई गई हैं। वह सम्राट कनिष्क (दे.) का अंतिम वंशज था।

वासुदेव बलवंत फड़के

प्रसिद्ध क्रांतिकारी फड़के का जन्म 4 नवंबर, 1845 ई. को महाराष्ट्र में हुआ था। 1857 ई. की घटनाएं सुनकर और अंग्रेजी शासन में जनता की दुर्दशा देखकर उनके अंदर वचपन में ही स्वतंत्रता की भावना का उदय हो गया था। बाद में एक सरकारी विभाग में नौकरी करते हुए उन्होंने लोगों को सशस्त्र क्रांति के लिए तैयार करना आरंभ किया।

फड़के अंग्रेजों को चुनौती देनेवाले देश के सबसे पहले क्रांतिकारी थे। इस काम को आगे बढ़ाने के लिए उन्होंने सरकारी नौकरी छोड़ दी। जब अन्य लोग उनकी

सहायता के लिए तैयार नहीं हुए तो फड़के ने शिवाजी की तरह आदिवासियों की सेना संगठित की। इस सेना का खर्च चलाने के लिए धनी लोगों से पैसा वसूल किया। इन बातों की जानकारी होने पर जब ब्रिटिश सरकार ने उनकी गिरफ्तारी के लिए इनाम घोषित किया तो 'स्वतंत्र भारत के सेनापति अनंत फड़के' के नाम से अंग्रेज गवर्नर को गिरफ्तार करने के लिए इनाम की घोषणा के पोस्टर शहरों में चिपक गए। अब तो ब्रिटिश सरकार की पुलिस और फौज फड़के की खोज में जुट गई। उनका एक साथी फौज से मोर्चा लेते हुए मारा गया। फड़के ज्वर से पीड़ित अवस्था में एक मंदिर में विश्राम कर रहे थे कि 20 जुलाई, 1879 ई. को गिरफ्तार कर लिए गए। उन्हें राजद्रोह के अभियोग में आजीवन कारावास की सजा देकर अदन की जेल में भेज दिया गया। वहीं क्षयरोग हो जाने के कारण 17 फरवरी, 1883 ई. को उनका देहांत हो गया।

वास्कोडिगामा

पुर्तगाल का निवासी पहला यूरोपीय नाविक जो अफ्रीका का चक्कर लगाता हुआ 1498 ई. में भारत में कालीकट पहुंचा था। यद्यपि तुर्की और अरब के व्यापारियों ने उसके आगमन का विरोध किया, फिर भी उसने कोचीन और कन्नौर की यात्रा की। तत्कालीन हिंदू राजा ने उसका स्वागत-सत्कार किया। वास्कोडिगामा ने भारत और यूरोप के बीच सीधा समुद्री मार्ग खोज निकाला। वह 1499 ई. में अपने देश वापस पहुंच गया।

वास्तुकला

प्राचीन काल में भवन, मंदिर आदि के निर्माण की यह कला सभी कलाओं की जननी कहलाती थी। यह ललित कला की वह शाखा है, जिसका उद्देश्य उत्तम भवन निर्माण करने के लिए औद्योगिकी का सहयोग प्राप्त करना है। परंतु कभी-कभी यह अलंकरण प्रधान हो जाती है और उपयोगिता से कहीं अधिक कलात्मकता का रूप ग्रहण कर लेती है। कोणार्क का सूर्यमंदिर, दक्षिण भारत के मंदिरों के गोपुरम्, खजुराहो के मंदिर और ताजमहल जैसी कृतियां वास्तुकला के दूसरे रूप के प्रत्यक्ष प्रमाण हैं।

विंद

1. वसुदेव की बहन राधिका देवी केकय नरेश जयसेन को ब्याही थी। उसके दो पुत्र हुए—विंद और अनुविंद तथा एक पुत्री हुई—मित्रविंदा। विंद जरासंध और दुर्योधन का पक्षधर था। वह अपनी बहन भी दुर्योधन को देना चाहता था। पर बहन श्रीकृष्ण पर अनुरक्त थी और श्रीकृष्ण ने उससे विवाह कर लिया।

दिग्विजय के समय सहदेव ने विंद को पराजित किया था। महाभारत युद्ध में उसने कौरवों का साथ दिया और उनके दस प्रधान सेनानायकों में से एक था। वह युद्ध में अर्जुन में हाथों मारा गया।

2. धृतराष्ट्र के एक पुत्र का नाम।

विंध्य

भारत के मध्य में स्थित एक पर्वत। किसी समय यहां सुंद और उपसुंद ने तपस्या की। उससे यह पर्वत इतना तप गया कि इससे धुआं निकलने लगा। महाभारत की कथा के अनुसार एकबार गर्वोन्मत्त विंध्य ने सूर्य से अपनी परिक्रमा करने के लिए कहा। जब सूर्य ने इसकी बात नहीं मानी तो यह ऊपर को उठने लगा। इससे देवता भयभीत हो उठे कि विंध्य कहीं ऊपर उठकर सूर्य का मार्ग न रोक दे। वे अगस्त्य ऋषि के पास गए। उनकी प्रार्थना पर जब ऋषि विंध्य के पास पहुंचे तो पर्वत ने उन्हें प्रमाण किया। अगस्त्य ने उसे आशीर्वाद देकर कहा कि मेरे लौटने तक जैसे हो वैसे ही रहना। इसके बाद वे दक्षिण की ओर चले गए और लौटकर नहीं आए। तब से विंध्य पर्वत उसी तरह पड़ा है।

इस पर्वत पर दुर्गा का स्थायी निवास माना जाता है। मान्यता है कि यहां तपस्या करने से शीघ्र सिद्धि प्राप्त होती है।

विंध्याचल

उत्तर प्रदेश के मिर्जापुर नगर के निकट गंगा नदी के तट पर बसा हुआ विंध्याचल विंध्यवासिनी देवी के मंदिर के कारण प्रसिद्ध है। यह देवी भक्तों का प्रमुख तीर्थ है। चैत्र और शरद ऋतु के नवरात्रों में यहां अपार भीड़ होती है। विंध्याचल क्षेत्र में तीन प्रमुख महाशक्तियां हैं—महालक्ष्मी (विंध्यवासिनी), महासरस्वती (अष्ट भुजा) तथा महाकाली। पुराणों के अनुसार मनु और उनकी पत्नी शतरूपा ने कठोर तप किया था। देवी प्रसन्न होकर विंध्यवासिनी के रूप में अवतरित हुईं और उन्हें दर्शन दिए।

एक कथा के अनुसार देवी की इस मूर्ति की स्थापना इंद्र ने की थी। यह भी मान्यता है कि यहां पर सती का अंग गिरा था, जिससे यह पवित्र शक्तिपीठ माना जाता है। मार्कण्डेय पुराण के अनुसार दैत्यों से पीड़ित देवता देवी की प्रार्थना कर रहे थे। उसी समय पार्वती उधर से निकलीं और पूछा कि आप लोग किसकी पूजा कर रहे हैं। तत्काल पार्वती के शरीर से एक तेजपूर्ण देवी प्रकट हुई और बोली—ये मेरी पूजा कर रहे हैं। पार्वती के शरीर-कोश से निकलने के कारण उनका नाम कौशिकी पड़ा और उन्होंने शुंभ-निशुंभ राक्षसों को मारा। उनके प्रकट होने से पार्वती का शरीर काला पड़ गया और वे काली कहलाईं। काली की यह मूर्ति

विंध्यवासिनी मंदिर से कुछ दूर काली खोह में विद्यमान है।

विकर्ण

धृतराष्ट्र का एक पुत्र जिसकी गणना कौरव पक्ष के ग्यारह महारथियों में होती है। यह बड़ा वीर, धर्मात्मा, न्यायी था। कौरवों की सभा में अपने प्रति हो रहे अत्याचार के संबंध में जब द्रोपदी ने प्रश्न किया तो केवल विदुर ने उसका साथ दिया था। इसी समय विकर्ण उठ खड़ा हुआ था और उसने स्पष्ट घोषणा की कि हम लोगों ने द्यूत में द्रोपदी को नहीं जीता है। महाभारत युद्ध में इसका वध भीमसेन के हाथों हुआ था जिस पर भीम ने काफी दुख प्रकट किया।

विकासवाद

विकासवाद की आरंभिक विचारधारा का संकेत भारत और यूनान के प्राचीन दार्शनिकों के चिंतन में भी मिलता है। पर आधुनिक विकासवाद का प्रवर्तक पश्चिम के वैज्ञानिक ला मार्क (1744-1829 ई.) को माना जाता है। इसने प्रतिपादित किया कि प्राणी द्वारा अपने जीवनकाल में अर्जित किए हुए गुण उसकी संतति में भी जाते हैं। शरीर के जिन अवयवों का उपयोग होता है, वे विकसित होते हैं और जिनका उपयोग नहीं होता वे दुर्बल हो जाते हैं।

डार्विन (1809-1882 ई.) ने इस विचारधारा में परिवर्तन करके आनुवांशिकता (समान माता-पिता की समान संतति), परिवर्तितता (प्राणियों के व्यक्तिगत भेद), अस्तित्व के लिए संघर्ष और योग्यता के अति जीवित रहने के सिद्धांत की प्रतिष्ठा की।

विकासवाद की इस विचारधारा ने मानव चिंतन में अमूल परिवर्तन किया है। इसने विश्व, ज्ञान और चेतना, नैतिकता और मूल्यों, धर्म और ईश्वर तथा स्वयं अपने प्रति मनुष्य के विचारों को बदल डाला है। आज हर वस्तु परिवर्तनशील मानी जाती है।

विक्रमशिला

बिहार के भागलपुर जिले के पठारघाट नामक स्थान में स्थित एक प्रसिद्ध बौद्ध विद्यापीठ। पहले यहां पर पाल राजा देवपाल (दे.) ने एक महाविहार की स्थापना की थी। बाद में विकसित होकर वही प्रमुख विद्या-केन्द्र बन गया। 1038 ई. में प्रमुख बौद्ध भिक्षु अतिश (दीपंकर श्रीज्ञान) यहीं से तिब्बत गया था।

विक्रमादित्य

यह एक उपाधि थी जिसे प्राचीन भारत के अनेक शक्तिशाली सम्राटों ने धारण

किया। इनमें मुख्य थे—चंद्रगुप्त द्वितीय (380-414 ई.), उसका पुत्र स्कंदगुप्त (455-467ई.), चालुक्य राजा विक्रमादित्य प्रथम (655-80 ई.), त्रिभुवन मल्ल (1009-16 ई.)। इसमें चंद्रगुप्त द्वितीय सबसे प्रसिद्ध है। उसकी राजधानी उज्जैन थी। संभवतः कालिदास उसी के शासनकाल में हुए।

विक्रम संवत् विक्रमादित्य का चलाया हुआ बताया जाता है। इसका आरंभ ई. पू. 58 से माना जाता है। परंतु इतिहास में उस समय किसी विक्रमादित्य का उल्लेख नहीं मिलता। (दे. संवत्)।

विचित्रवीर्य

चंद्रवंशी राजा शांतनु के सत्यवती के गर्भ से दो पुत्र उत्पन्न हुए—चित्रांगद और विचित्रवीर्य। चित्रांगद की एक गंधर्व के साथ युद्ध में मृत्यु हो जाने पर भीष्म ने शांतनु के बाद विचित्रवीर्य को राजगद्दी पर बैठाया। भीष्म इसके लिए काशिराज की तीन कन्याएं—अंबा, अंबिका और अंबालिका जीतकर लाए। अंबा पहले ही किसी का वरण कर चुकी थी, इसलिए उसने विचित्रवीर्य से विवाह करना अस्वीकार कर दिया। अंबिका और अंबालिका इसकी पत्नियां बनीं।

विचित्रवीर्य का जीवन बड़ा असंयमित था और अल्पकाल में ही उसकी निःसंतान मृत्यु हो गई। इस पर सत्यवती की आज्ञा से उसके पुत्र व्यास ने नियोग द्वारा अंबिका से धृतराष्ट्र और अंबालिका से पांडु पैदा किए। अंबिका की दासी ने भी व्यास से ही विदुर को जन्म दिया।

विजय

1. भैरव वंश में उत्पन्न वाराणसी का एक राजा। इसने खांडव वन का निर्माण करके उसे आमोद-प्रमोद मनाने के लिए इंद्र को दे दिया था।
2. जांबवती के गर्भ से उत्पन्न श्रीकृष्ण का एक पुत्र।
3. राम की राजसभा का एक विदूषक।
4. धृतराष्ट्र के सौ पुत्रों में से एक।
5. उर्वशी के गर्भ से उत्पन्न राजा पुरुरवा का एक पुत्र।
6. अज्ञातवास में धारण किया हुआ अर्जुन का एक सांकेतिक नाम।
7. विष्णु के दो पार्षदों—जय-विजय में से एक।
8. कर्ण का दिव्य धनुष जो उसे परशुराम से मिला था।

विजया एकादशी

सर्वत्र विजय प्राप्त करने की कामना से फाल्गुन कृष्ण एकादशी को विजया एकादशी का व्रत किया जाता है। मान्यता है कि लंका पर विजय की कामना से

श्रीराम ने यह व्रत किया था और इसी के प्रभाव से उन्हें रावण पर विजय प्राप्त हुई। इस व्रत के लिए एक दिन पहले ही मिट्टी के जलपूर्ण कलश की स्थापना की जाती है। एकादशी के व्रत की पूजा के वाद द्वादशी के दिन कलश को किसी जलाशय में डाल देते हैं।

विजयादशमी

आश्विन शुक्ल दशमी को विजयादशमी कहते हैं। यह हिंदुओं का महत्वपूर्ण पर्व है। इस दिन क्षत्रिय वर्ग देवताओं के साथ खड्गों की भी पूजा करता है। लोग नीलकंठ पक्षी का दर्शन करते हैं। मान्यता है कि इसी दिन राम ने रावण पर विजय पाई थी। इसीलिए इसका नाम विजयादशमी पड़ा। इसके उपलक्ष में उस दिन जगह-जगह अन्याय के प्रतीक के रूप में रावण के विशाल पुतले बनाकर उन्हें जलाया जाता है। लोग उत्सव मनाते हैं। अनेक जगह यह रामलीला (दे.) समारोह का भी अंतिम दिन होता है। इस दिन व्रत रखने का भी नियम है।

विजिताश्व

पृथु और अर्चि का पुत्र एक राजा जो सौ अश्वमेध यज्ञ करके इंद्र का पद पाना चाहता था। इसके 99 यज्ञ निर्विघ्न संपन्न हो गए। सौवें यज्ञ का घोड़ा छोड़ा गया तो चिंतित इंद्र ने छल से उसे पकड़ लिया। इस पर राजा ने युद्ध में इंद्र को पराजित कर दिया जिससे इसका नाम विजिताश्व पड़ गया। इंद्र ने इसे अंतर्धान होने की विद्या सिखाई थी। अपनी पत्नी शिखंडिनी के गर्भ से राजा को पावक, पवमान और शुचि नाम के तीन पुत्र प्राप्त हुए। ये तीनों अग्नि थे जिन्होंने वशिष्ठ के शाप के कारण मनुष्य योनि में जन्म लिया। अंत में विजिताश्व को राजकार्य से विराग हो गया और वह हरिभजन करके स्वर्ग को प्राप्त हुआ।

विट्ठलनाथ

ये वल्लभ संप्रदाय (दे.) के प्रवर्तक वल्लभाचार्य के पुत्र थे। इनका जन्म 1515 ई. में काशी में हुआ था। वल्लभ संप्रदाय को व्यवस्थित और संगठित करने में इन्होंने विशेष योग दिया। ये साहित्य और संगीत कला के मर्मज्ञ थे और इन्होंने श्रीनाथ जी के मंदिर में गान के लिए उत्तम रचनाएं प्रस्तुत कीं।

विट्ठलनाथ ने अष्टछाप (दे.) की स्थापना की जिसमें अपने पिता के चार शिष्यों—कुंभनदास, सूरदास, परमानंददास और कृष्णदास तथा अपने चार शिष्यों —चतुर्भुजदास, गोविन्द स्वामी, छीत स्वामी और नंददास को सम्मिलित किया।

विट्ठलदास के प्रभाव से अकबर ने गोकुल क्षेत्र में वानर, गाय आदि की

हत्या पर प्रतिबंध लगा दिया था। इनका साहित्यिक योगदान भी बहुत बड़ा है। व्रजभाषा काव्य के अतिरिक्त गद्य में भी इनकी रचनाएं मिलती हैं। इनके कुल ग्रंथों की संख्या 50 बताई जाती है।

विट्ठल भाई पटेल

प्रमुख राष्ट्रीय नेता और सरदार पटेल के बड़े भाई विट्ठल भाई झबेर भाई पटेल का जन्म गुजरात के नदियाड़ नामक स्थान में 27 सितंबर 1873 ई. को हुआ था। इंग्लैंड से बैरिस्टरी पास करने के बाद आप वकालत करने लगे। 'स्वराज्य पार्टी' (दे.) में सम्मिलित होकर केन्द्रीय असेम्बली में पहुंचे और वहां देश के पहले गैर सरकारी अध्यक्ष निर्वाचित हुए। आप बड़ी निर्भीकता से कार्य करते थे। अपना निर्णायक मत डालकर आपने अंग्रेज सरकार के एक बिल को अस्वीकृत करा दिया था और असेम्बली हाल में पुलिस के प्रवेश पर रोक लगा दी थी।

1930 में जब अंग्रेजों ने कांग्रेसी नेताओं को नजरबंद किया तो आपने असेम्बली की अध्यक्षता से इस्तीफा दे दिया। इस पर सरकार ने आपको भी नजरबंद कर लिया था। बाद में आप स्वास्थ्य-सुधार के लिए यूरोप गए और 1933 ई. में वियना में आपका देहांत हो गया।

विडूरथ

1. पुरुवंश का एक राजा जिसे परशुराम के क्षत्रिय संहार से बचाने के लिए उसकी माता ने ऋष्यवत पर्वत पर एक ऋषि के आश्रम में छिपा दिया था। वहां एक रीछ ने इसकी रक्षा की। परशुराम जब अपना काम पूरा करके चले गए तो यह पर्वत से नीचे उतर आया और राज्य का संचालन करने लगा
2. दंतवक्र के भाई का नाम जो श्रीकृष्ण के हाथों मारा गया था।

वितस्ता

कश्मीर क्षेत्र में प्रवाहित होनेवाली वर्तमान झेलम नदी का प्राचीन नाम। महाभारत में इसका उल्लेख दो संदर्भों में मिलता है। एक में यह नदी रूप में वरुण की सभा में उसकी उपासना करती बताई गई है। इसमें स्नान के बाद देवताओं के पूजन और पितरों के तर्पण का बड़ा महत्व है। अन्य प्रसंग में नागराज तक्षक के कश्मीर स्थित भवन का नाम भी वितस्ता बताया गया है।

वित्त आयोग

भारत के संविधान में समय-समय पर ऐसे आयोग की स्थापना का प्राविधान है। यह केन्द्र सरकार द्वारा वसूल किए जाने वाले करों में से राज्यों के अंश की सिफा-

रिश करता है। यह एक स्वतंत्र संस्था है और इसकी नियुक्ति का अधिकार राष्ट्रपति को है। इसकी सिफारिशों पर अंतिम निर्णय संसद में होता है।

विदर्भ

1. आधुनिक बरार का प्राचीन नाम जो वर्धा नदी की घाटी में स्थित है। पहले यह मौर्यों के राज्य का एक अंग था। बाद में चालुक्यों के हाथ में आ गया और उनसे अलाउद्दीन खिलजी ने जीत लिया। 1596 ई. में यह अकबर के अधिकार में आया और उसने इसे नया सूबा बना दिया।

2. प्राचीन काल में भीष्मक यहां का राजा था। उसकी पुत्री का नाम रुक्मिणी था जो श्रीकृष्ण की पटरानी बनी। दूसरे विदर्भ नरेश की पुत्री दमयंती थी जिसका विवाह राजा नल से हुआ।

3. ऋषभदेव राजा के नौ पुत्रों में से एक का नाम। इसे राज्य का जो भाग मिला वह 'विदर्भ खंड' के नाम से प्रसिद्ध हुआ। अगस्त्य ऋषि की पत्नी लोपामुद्रा इसी की पुत्री बताई जाती है।

4. एक जाति का नाम जिसे सहदेव ने अपनी दक्षिण-विजय के समय परास्त किया था।

विदिशा

1. एक प्राचीन प्रसिद्ध नगर जो मध्य में सांची के निकट स्थित था। अब इसे भिलसा कहते हैं।

2. वायुपुराण में विदिशा नाम की एक नदी का भी उल्लेख है।

विदुर

महाभारत के एक चर्चित पात्र जो अपनी नीतिज्ञता और न्यायप्रियता के लिए प्रसिद्ध हैं। विदुर ने कई महत्वपूर्ण कार्य किए। वे पहले धृतराष्ट्र के मंत्री थे। उन्होंने कौरवों और पांडवों के बीच वैमनस्य मिटाने के लिए अनेक प्रयत्न किए। पांडवों को इन्होंने ही लाक्षागृह में जलने से बचाया। युद्ध के बाद ये पांडवों के भी मंत्री बने। इनकी 'विदुर नीति' प्रसिद्ध है।

इतना होते हुए भी विदुर को महाभारत में मान्यता नहीं मिली। इसका कारण इनकी जन्म की परिस्थितियां थीं। इनका जन्म भी उसी प्रकार नियोग से हुआ था जिस प्रकार धृतराष्ट्र और पांडु का। अंबिका को व्यास से नियोग द्वारा धृतराष्ट्र नाम का अंधा पुत्र प्राप्त हुआ। इस पर उसकी सास सत्यवती ने उससे एकबार पुन: व्यास के पास जाने के लिए कहा। पर इस बार अंबिका स्वयं नहीं गई। उसने अपनी दासी को भेज दिया। विदुर इसी दासी के गर्भ से उत्पन्न व्यास

के पुत्र थे। दासी-पुत्र होने के कारण वे राज्य से वंचित रहे। विद्वानों का मत है कि उस समय कुल का निर्णय माता से होता था। इसीलिए क्षत्रिय माताओं द्वारा व्यास से उत्पन्न धृतराष्ट्र और पांडु तो राज्य के उत्तराधिकारी माने गए, पर उन्हीं व्यास के पुत्र विदुर को दासी के गर्भ से उत्पन्न होने के कारण यह स्थान नहीं मिला।

अंतिम दिनों में विदुर तपस्या करने वन में चले गए थे और वहीं उनका देहांत हुआ।

विदुला

महाभारत में वर्णित एक वीर क्षत्राणी जिसके संदर्भ से 'विदुला-पुत्र संवाद' प्रसिद्ध है। इसके पति की मृत्यु हो जाने पर निकटवर्ती सिंधु नरेश ने इसके राज्य पर आक्रमण कर दिया और विदुला के पुत्र संजय को रणभूमि से भगाकर उसके राज्य पर अधिकार कर लिया।

पुत्र के भागकर आने पर विदुला ने कहा था—पराक्रमी पुरुष को दीर्घकाल तक पौरुषहीन जीवन जीने की अपेक्षा अल्पकाल तक ही जीकर अपने पराक्रम से संसार को चमत्कृत कर देना चाहिए। उसे यह सोचकर काम करना चाहिए कि जान भले ही चले जाए, पर मस्तक नीचा न हो। इस प्रकार उसने पुत्र को युद्ध के लिए पुनः प्रेरित किया।

विदूरथ

1. शिशुपाल, जरासंध आदि का मित्र जिसने मथुरा पर आक्रमण करने में जरासंध का साथ दिया था। जब श्रीकृष्ण ने इसके भाई दंतवक्र और शिशुपाल आदि को मार डाला तो बदला लेने के लिए इसने श्रीकृष्ण पर आक्रमण किया और उनके हाथों मारा गया।

2. एक राजा जिसकी मुदावती नाम की कन्या का कुजंभ नामक राक्षस ने हरण कर लिया था। जब राजा के सुनीति और सुमति नाम के पुत्र बहन को छुड़ाने के लिए गए तो राक्षस ने उन्हें भी कैद कर लिया। राजा के भलंदन नाम के एक ऋषि मित्र थे। बाद में ऋषि के पुत्र ने राक्षस का वध करके भाइयों और बहन को मुक्त कराया और मुदावती से विवाह कर लिया।

विदेघ माथव

विदेघ लोगों का राजा जिसकी कथा शतपथ ब्राह्मण में अंकित है। इसने अपने मुख के अंदर अग्नि को बंद कर रखा था। वह बाहर न आ जाए, इस कारण कभी बोलता न था। एकबार इसके पुरोहित के मुख से 'घृत' शब्द का उच्चारण हुआ

तो बंद अग्नि की ज्वालाएं बाहर निकलकर संपूर्ण संसार को जलाने लगीं। राजा और पुरोहित भी जलने लगे, सब नदियां सूखने लगीं। इस पर राजा 'सदानीरा' नाम की नदी में कूद पड़ा तब अग्नि शांत हुई। सदा बहते रहने के कारण इस नदी का नाम सदानीरा पड़ा जो आधुनिक गंडक नदी का प्राचीन नाम था।

विदेह

एक राज्य जहां विदेहवंशी राजा राज्य करते थे। इनकी राजधानी मिथिला थी। यद्यपि वैदिक साहित्य में कोसल विदेह से अधिक सुसंस्कृत बताया गया है, किंतु राजा जनक के समय इसे बड़ी प्रतिष्ठा प्राप्त हुई। काशी, कोसल और विदेह ये तीनों समान स्तरीय राज्य 'प्राची' कहलाते थे। कोसल और विदेह की सीमा सदानीरा (आधुनिक गंडक) बनाती थी। विदेह के विख्यात राजा सीरध्वज जनक की पुत्री का विवाह श्रीराम से हुआ था।

राजा जनक और राजा निमि का भी एक नाम विदेह था।

विद्या

वैदिक साहित्य के अनुसार तीन वेदों के ज्ञान की देवता। एकबार इसने एक ाह्मण के पास जाकर कहा—मैं तुम्हारी अमानत हूं। तुम्हारे शिष्यों में से जो पवित्र, ब्रह्मचारी, नियमनिष्ठ और सहिष्णु हों, उन्हीं को तुम मुझे प्रदान करना। असहिष्णु लोगों से मैं घृणा करती हूं।

प्राचीन वांङ्मय में विद्या के अनेक रूप वर्णित हैं और उसके अनेक भेद किए गए हैं। शतपथ ब्राह्मण ऋग्वेद, यजुर्वेद और सामवेद को ही विद्या मानता है। अथर्ववेद उसके ये तीन भेद करता है—प्रकृति, आत्मा और ब्रह्म विद्या। पुराण विद्या के 18 रूप बताते हैं और शुक्रनीति तथा भृगु-संहिता के अनुसार विद्या के 32 अंग हैं। सामान्यतः चौदह विद्याएं मानी जाती हैं—ऋग्वेद, यजुर्वेद, सामवेद अथर्ववेद, छंद, शिक्षा, व्याकरण, निरुक्त, कल्प, ज्योतिष, न्याय, मीमांसा, पुराण और धर्मशास्त्र।

वद्याधर

साहित्यशास्त्र के महत्वपूर्ण और विवेचनात्मक ग्रंथ 'एकावली' के रचयिता जिनका समय 1275-1325 ई. के बीच माना जाता है। इस ग्रंथ की साहित्यशास्त्र के क्षेत्र में बड़ी प्रतिष्ठा रही है।

विद्यापति

'मैथिल कोकिल' के नाम से विख्यात विद्यापति के जन्मकाल के संबंध में निश्चित

सूचना नहीं है। संभवतः ये विक्रम संवत् की पंद्रहवीं शताब्दी में हुए थे। विद्यापति ही एक ऐसे कवि हैं जिन्हें हिंदी, मैथिली और बंगला इन तीनों भाषाओं के बोलने वाले समान रूप से अपना मानते हैं। इन्होंने संस्कृत, अपभ्रंश और मैथिली तीनों भाषाओं में रचनाएं की हैं। ये रचनाएं विष्णु, शक्ति, गणेश, गंगा आदि की आराधना के रूप में अधिक हैं। इनका काव्य व्यंजना प्रधान है और उसके भिन्न-भिन्न अर्थ लगाए जाते हैं।

विद्यारण्य

चौदहवीं शताब्दी में दक्षिण भारत में उत्पन्न एक महान नेता जिन्होंने धार्मिक और राजनीतिक दोनों क्षेत्रों में भारत की प्रतिष्ठा पुनः स्थापित की। उस समय तक आपस की प्रतिस्पर्धा से हिंदू राजा एक के बाद एक मुसलमान आक्रमणकारियों के सामने पराजित हो चुके थे। दक्षिण भी इससे बचा न रहा। धार्मिक स्थल वीरान हो गए। ऐसे समय एक हिंदू राज्य में विद्यारण्य का जन्म हुआ। उनका बचपन का नाम माधवाचार्य था। उन्होंने शिक्षा प्राप्त करके भारत के प्राचीन गौरव को फिर से स्थापित करने का बीड़ा उठाया। उन्हीं की प्रेरणा से विजयनगर का हिंदू साम्राज्य स्थापित हुआ और श्रीरंगनाथ के मंदिर की पुनः प्रतिष्ठा हो सकी। 1377 ई. में माधवाचार्य ने संन्यास लिया और वे विद्यारण्य के नाम से विख्यात हुए। उनके रचित ग्रंथ 'पराशर माधवीय' को मनुस्मृति के समान ही महत्वपूर्ण माना जाता है। विद्यारण्य अद्वैतवादी थे।

विद्यासागर, पंडित ईश्वरचंद्र (1820-1891 ई.)

प्रसिद्ध समाजसुधारक और शिक्षाविद् पंडित ईश्वरचंद्र विद्यासागर का जन्म बंगाल के एक निर्धन परिवार में हुआ था। उन्होंने कलकत्ता में शिक्षा पाई और उसी कालेज के प्राचार्य पद से सेवानिवृत्त भी हुए। ईश्वरचंद्र को उनके अगाध ज्ञान के लिए 'विद्यासागर' की उपाधि दी गई थी। शिक्षक का कार्य करते हुए विद्यासागर ने समाज-सुधार के कामों में बड़ी रुचि ली। हिंदू विधवा पुनर्विवाह कानून उन्हीं के प्रयत्न से पास हुआ। वे बड़े निष्ठावान भारतीय थे। ऐसे राजकीय समारोहों में उन्होंने कभी भी भाग नहीं लिया जहां धोती, चादर और चप्पल पहनकर जाना वर्जित था। 19वीं शताब्दी के बंगाल के पुनर्जागरण में विद्यासागर का बहुत बड़ा योगदान रहा।

विधानचंद्र राय

प्रसिद्ध चिकित्सक और राजनीतिज्ञ डा. विधानचंद्र राय का जन्म 1 जुलाई, 1882 ई. को पटना में हुआ था। आपने चिकित्सा की आरंभिक शिक्षा बड़ी

कठिन परिस्थितियों में प्राप्त की। मेडिकल कालेज में पढ़ते भी थे और साथ-साथ नर्स का काम भी करते थे। बाद में अपनी योग्यता के बल पर इंग्लैंड में उच्च शिक्षा प्राप्त करके चिकित्सा कार्य के साथ-साथ राजनीति में भी भाग लेने लगे। आप मोतीलाल नेहरू और गांधीजी के विश्वसनीय निजी चिकित्सक थे।

1923 ई. में बंगाल विधानपरिषद् का चुनाव जीतने के साथ डा. राय का सक्रिय राजनीतिक जीवन आरंभ हुआ। वे कांग्रेस कार्यसमिति के सदस्य थे और 1930-32 ई. के आंदोलन में जेल गए। स्वतंत्रता के बाद 1948 ई. में पश्चिमी बंगाल के मुख्यमंत्री बने और 1 जुलाई, 1962 ई. को निधन होने तक इस पद पर रहे। डा. राय अविवाहित थे। वे कहा करते थे—मेरी शादी तो मेरे काम के साथ हो चुकी है।

विधानपरिषद्

भारत के जिन राज्यों में दो सदनों की व्यवस्था है, वहां विधानपरिषद् विधानमंडल का उच्च सदन कहलाता है। विधानपरिषद् के सदस्यों की संख्या उस राज्य की विधानसभा की सदस्य-संख्या के एक तिहाई से अधिक नहीं होती। इसके सदस्यों का निर्वाचन स्थानीय निकायों, स्नातकों, अध्यापकों और विधानसभा के निर्वाचित सदस्यों द्वारा किया जाता है। कुछ सदस्यों को साहित्य, विज्ञान, समाज-सेवा आदि क्षेत्रों से राज्यपाल मनोनीत करता है। राज्यसभा (दे.) की भांति विधानपरिषद् भी कभी भंग नहीं होती। इसके कुछ स्थान प्रति दो वर्ष के बाद रिक्त होते रहते हैं।

विधानमंडल

राज्यों की विधानसभा और विधानपरिषद् दोनों का सम्मिलित नाम। 'विधान-मंडल' कहने से दोनों सदनों का बोध होता है।

विधानसभा

भारतीय संविधान के अनुसार प्रदेशों में '(जब तक राज्य सरकार अन्यथा निर्णय न करे) दो सदन होते हैं—विधानसभा और विधानपरिषद् (दे.)। संविधान के अनुसार विधानसभा में अधिकतम 500 और न्यूनतम 60 सदस्य हो सकते हैं। इनका निर्वाचन वयस्क मताधिकार द्वारा पांच वर्ष के लिए किया जाता है। राज्य का मंत्रिमंडल विधानसभा के प्रति उत्तरदायी होता है और वित्त विषयक मामलों में भी विधानसभा का निर्णय अंतिम माना जाता है।

विधि का शासन

इसका अर्थ है—कानून के सामने देश के सब नागरिक समान हैं। भारत के संविधान में इसकी व्यवस्था है। उसमें स्पष्ट कहा गया है कि प्रत्येक नागरिक के लिए एक ही कानून होगा। जाति, जन्म आदि के कारण किसी को कानून की दृष्टि में विशेषाधिकार प्राप्त न होगा। अपने मूल अधिकारों के अपहरण पर देश का कोई भी नागरिक अदालत में जाकर संरक्षण की मांग कर सकता है।

विनता

अरिष्टनेमि कश्यप की पत्नी जो दक्ष प्रजापति की पुत्री थी। कश्यप की दूसरी पत्नी का नाम कद्रु था जिसने बलशाली नागों को जन्म दिया था। एकबार कश्यप ऋषि ने विनता से वर मांगने के लिए कहा तो इसने अपनी सौत कद्रु के पुत्रों से अधिक बलवान पुत्रों की कामना की। इसके फलस्वरूप विनता को गरुड़ (दे.) और अरुण नाम के दो पुत्र प्राप्त हुए।

यह हवा में तैरना जानती थी। पुराणों के अनुसार इसने 33 कन्याओं को भी जन्म दिया। उनमें स भी अधिकतर नभचर थीं।

एक कथा के अनुसार इसके दोनों पुत्र अंडे से पैदा हुए थे। एक अंडे को इसने समय स पहले ही फोड़ दिया जिससे अरुण अधूरे शरीर का पैदा हुआ। इसके शाप के कारण विनता को दीर्घकाल तक अपनी सौत कद्रु की दासता करनी पड़ी। बाद में गरुड़ न स्वग स अमृत लाकर अपनी मां को मुक्ति दिलाई।

विनयपिटक

बौद्ध धर्म के तीन ग्रंथ प्रसिद्ध हैं जो 'त्रिपिटक' कहलाते हैं। ये हैं—विनयपिटक, सुत्तपिटक और अभिधम्मपिटक। विनयपिटक में बौद्ध भिक्षुओं के आचार संबंधी नियमों (विनय) का वर्णन है। इसके एक भाग में उन अपराधों का वर्णन है, जिनको करने से भिक्षु और भिक्षुणी पतित हो जाते हैं। साथ ही उन पापों के प्रायश्चित का भी विधान है।

विनायक

गणपति या गणेश (दे.) देवता का एक नाम। शिव के गणों का अधिपति होने के कारण उनका यह नाम पड़ा। शिव के गणों के एक समुदाय को भी विनायक कहते हैं। जिसमें कुष्मांड, जयंत, गजतुंड आदि सम्मिलित थे।

विनोबा भावे

गांधीजी के प्रसिद्ध अनुयायी और निःस्वार्थ समाज सेवी आचार्य विनोबा भावे का

जन्म 1895 ई. में महाराष्ट्र के कोलाबा जिले में हुआ था। दस वर्ष की उम्र में ही उन्होंने देश-सेवा के लिए आजीवन अविवाहित रहने का व्रत ले लिया था। कुछ दिन तक कालेज में पढ़ने के बाद विनोबा संस्कृत के अध्ययन के किए काशी चले आए। वहां गांधीजी का भाषण क्या सुनने को मिला, जीवन भर के लिए उन्हीं के हो गए। उसके बाद विनोबा का जीवन गांधीजी के साबरमती और सेवाग्राम के आश्रमों में विविध प्रकार के रचनात्मक कार्यों के प्रयोग में ही बीता। सक्रिय राजनीति से वे अलग थे, फिर भी उनकी योग्यता के कारण गांधीजी ने 1940 ई. में 'व्यक्तिगत सत्याग्रह' का पहला सत्याग्रही उन्हीं को बनाया। इस प्रकार विनोबा ने स्वतंत्रता संग्राम में जेल-यात्रा भी की।

गांधीजी के शहीद हो जाने के बाद विनोबा ने सामाजिक क्रांति का काम अपने हाथ में लिया। उनकी सबसे बड़ी देन थी—'भूदान' और 'ग्रामदान'। इसके लिए उन्होंने 1 सितंबर 1951 ई. से देश की जो पदयात्रा आरंभ की वह लगभग जीवन के अंत तक चलती रही। ऐसे महायज्ञ का दूसरा उदाहरण वर्तमान इतिहास में दूसरा नहीं मिलता।

विनोबा भावे उच्चकोटि के विचारक और कई भाषाओं के ज्ञाता थे। उन्होंने विभिन्न विषयों पर उच्च स्तर के अनेक ग्रंथों की रचना की। 1982 ई. में उनका देहावसान हो गया।

विपिनचन्द्र पाल

अपने समय के प्रसिद्ध राजनीतिक नेता विपिनचंद्र पाल का जन्म 1858 ई. में हुआ था। वे बचपन से ही ब्रह्मसमाज के सुधारवादी आंदोलन के प्रभाव में आ गए थे। कुछ दिन तक अध्यापक का काम किया। क्रांतिकारी गुप्त समिति के सदस्य भी रहे। फिर कांग्रेस में सम्मिलित हो गए। उन दिनों कांग्रेस के अंदर 'लाल' (लाला लाजपतराय), 'बाल' (बालगंगाधर तिलक) और 'पाल' (विपिनचंद्र पाल) इस त्रिगुट की बड़ी धूम थी। पाल बड़े प्रभावशाली वक्ता थे। बंग-भंग और स्वदेशी आंदोलन के समय उन्होंने घूम-घूम कर देश को जगाने में बड़ा योग दिया। इंगलैंड जाकर भी उन्होंने भारत का पक्ष प्रस्तुत किया। उन्होंने कई पुस्तकें लिखीं और पत्र निकाले। एकबार उन्हें 6 महीने की जेल की सजा भी भोगनी पड़ी क्योंकि वे अरविंद के विरुद्ध गवाही देने के लिए तैयार नहीं हुए। विपिनचंद्र पाल का 10 मई 1932 ई. को देहांत हो गया।

विप्रचित्ति

एक दानव राजा जो कश्यप और दनु के सौ पुत्रों में से प्रमुख था। इसने असुरों की ओर से अनेक युद्धों में भाग लिया। वृत्तासुर और इंद्र के युद्ध में तथा बलि-विरोचन

और इंद्र के युद्ध में तो यह सम्मिलित था ही, वामन अवतार द्वारा बलि को बांधते समय यह वामन से भी युद्ध करने को तैयार हो गया था। समुद्रमंथन में भी इसने भाग लिया।

विप्रचित्ति की पत्नी सिंहिकी ने सौ पुत्रों को जन्म दिया। ये सब 'सिंहिकेय' कहलाए।

विभांडक

कश्यप कुल में उत्पन्न एक ऋषि। ऋश्शृंग ऋषि इन्हीं के पुत्र थे। विभांडक की आकृति बड़ी विचित्र थी। इनके नेत्र हरे-पीले रंग के थे और सिर से लेकर पैरों के नाखूनों तक इनके पूरे शरीर में बाल ही बाल थे। ये संसार से विरक्त होकर अपने पुत्र के साथ जंगल में रहा करते थे

विभीषण

कैकसी के गर्भ से विश्रवा (दे.) ऋषि के तीन पुत्र उत्पन्न हुए—रावण, कुंभकर्ण और विभीषण। रावण और कुंभकर्ण तो बड़े दुष्टकर्मा राक्षस थे, किंतु विभीषण बड़ा धार्मिक और न्यायप्रिय था। उसने रावण के हर अनुचित कार्य का विरोध किया। सीता-हरण के बाद सीता राम को लौटा देने की सलाह इसने अनेक बार दी। रावण हनुमान का वध करना चाहता था। 'दूत का वध नहीं किया जाता' यह परामर्श भी विभीषण ने ही दिया था। राम के संबंध में अन्य राक्षसों से भिन्न मत रखने के कारण रावण ने भरी सभा में उसे अपमानित किया और लात मारी। इस पर विभीषण लंका छोड़कर राम की शरण में आ गया।

राम-रावण युद्ध में विभीषण ही राम का प्रमुख परामर्शदाता था। उसके दूत रावण की सेना के गुप्त समाचार लाया करते थे। रावण की मृत्यु के बाद राम के समझाने पर विभीषण ने रावण का अंतिम संस्कार किया। राम ने अयोध्या पहुंचने पर विभीषण का राज्याभिषेक करने के लिए लक्ष्मण को लंका भेजा था। तदुपरांत लंका के अधिपति के रूप में विभीषण ने सपरिवार अयोध्या आकर राम के राज्याभिषेक में भाग लिया।

विभीषण यद्यपि राम-भक्त था, किंतु लंका पर आए संकट के समय उसने अपने देश का साथ नहीं दिया। इसलिए साहित्य में और बोलचाल में भी 'विभीषण' शब्द अच्छे के लिए प्रयुक्त नहीं होता।

विरजा

1. शुक के पुत्र ऋक्ष वानर की पत्नी जो विरजा प्रजापति की पुत्री थी। इसने इंद्र एवं सूर्य से क्रमशः बालि और सुग्रीव को जन्म दिया।

2. एक राक्षसी जो एकबार गणेश को निगल गई थी। गणेश उसका पेट फाड़कर बाहर निकल आए और राक्षसी मर गई।
3. श्रीकृष्ण की एक प्रेमिका का नाम। पुराण की कथा के अनुसार एकबार श्रीकृष्ण राधा को न देखकर विरजा के पास चले गए। यह सूचना मिलते ही राधा वहां पहुंची। इस पर श्रीकृष्ण तो अंतर्धान हो गए, विरजा को शाप देकर राधा ने नदी बनने के लिए बाध्य किया। कालांतर में कृष्ण को विरह-व्याकुल देखकर विरजा पुन: अपने रूप में आ गई।

विराट

1. मत्स्य देश का एक राजा जिसकी राजधानी का नाम विराट नगरी था। युधिष्ठिर के राजसूय यज्ञ के समय सहदेव ने इस पर विजय पाई थी। अपने अज्ञात-वास का एक वर्ष वेश बदलकर पांडवों ने विराट नगर में ही बिताया था। वहां वे इन नामों से रहे—युधिष्ठिर (कंक) जुआ खेलने में प्रवीण विराट के सेवक, अर्जुन (वृहन्नला) विराट कन्या को नृत्य-संगीत सिखानेवाला अंत:पुर का सेवक, भीम (बल्लभ) पाकशाला का अध्यक्ष, नकुल (ग्रंथिक) अश्वशाला का अध्यक्ष, सहदेव (तंतिपाल) गौशाला का अध्यक्ष और द्रौपदी (सैरंध्री) विराट की पत्नी सुदेक्षणा की सेविका।

इस एक वर्ष में पांडवों ने प्रच्छन्न रूप से विराट की ओर से युद्ध में भाग लिया और उसके शत्रुओं को पराजित किया। एक वर्ष बाद जब वास्तविक स्थिति ज्ञात हुई तो विराट ने अपनी पुत्री उत्तरा का विवाह अर्जुन के पुत्र अभिमन्यु से कर दिया।

महाभारत युद्ध में विराट ने पांडवों का साथ दिया और अपने तीनों पुत्रों के सहित मारा गया।

2. प्राचीन वांङ्मय में कल्पित एक विराट पुरुष जिसमें चौदहों लोक समाए हुए हैं। इसका सिर सत्यलोक, ललाट तपोलोक, कंठ जनलोक, वक्ष सुवर्णलोक, नाभि भुवरलोम, कमर भूलोक, जांघ का ऊपरी भाग अतललोक, निचला भाग वितल-लोक, जानु सुतललोक, रॉग तलातललोक, एड़ी महातमलोक, पैर का ऊपरी भाग रसातल लोक और निचला भाग पाताल लोक है।

गीता के अनुसार श्रीकृष्ण ने अर्जुन को अपने विराट स्वरूप का दर्शन कराया था।

विराध

1. वायुपुराण के अनुसार कश्यप और दनु के पुत्रों में से एक दानव, जो वितल नाम के पाताललोक में रहता था।
2. रामायण में इसे जव और शतह्रदा का पुत्र राक्षस बताया गया है। पूर्वजन्म

में यह तुंबुस नाम का गंधर्व था। रंभा पर अत्याचार करने के कारण इसे राक्षस योनि में आना पड़ा था। यह राम के हाथों मारा गया था।

विरूपाक्ष

1. एक दानव जो कश्यप और दनु के चौबीस पुत्रों में से था।
2. रावण का एक सेनापति जो हनुमान के हाथों मारा गया।
3. त्रिनेत्रधारी शिव का एक नाम।
4. बारह रुद्रों में से एक रुद्र।
5. नरकासुर का सेनापति।
6. महिषासुर का एक मंत्री।

विरोचन

प्रह्लाद का पुत्र और राजा बलि का पिता। जब दैत्यों ने पृथ्वी का दोहन किया, उस समय यह बछड़ा बना था। एकबार यह और अंगिरस ऋषि का पुत्र सुधन्वा एक साथ राजकन्या से प्रेम करने लगे। कन्या के कहने पर जब दोनों की श्रेष्ठता सिद्ध करने का प्रश्न उठा तो प्रह्लाद ने ऋषि-पुत्र को श्रेष्ठ ठहराकर अपनी निष्पक्षता का परिचय दिया।

विरोचन और इंद्र ब्रह्मज्ञान प्राप्त करने के लिए 32 वर्ष तक प्रजापति के पास रहे। किंतु प्रजापति ने इसे ब्रह्मज्ञान न देकर भ्रम में डाल दिया। इसी भ्रामक विचारधारा के आधार पर इसने 'आसुरी संप्रदाय' बनाया। एक विवरण के अनुसार इसकी मृत्यु स्त्रीरूपधारी विष्णु के हाथों हुई। अन्यत्र इसका अंत देवासुर संग्राम में बताया गया है।

धृतराष्ट्र के एक पुत्र का नाम भी विरोचन था जो महाभारत युद्ध में भीम के हाथों मारा गया।

विवस्वत

1. एक देवता जो उदित होनेवाले सूर्य का प्रतीक है। इसे इंद्र और सोम का मित्र बताया गया है। यह दिन और रात को प्रकाशित करता है, इसलिए विवस्वत कहलाया। इसकी गणना बारह आदित्यों में होती है। जेष्ठ मास में यह चौदह किरणों के साथ प्रकाशित होता है। नासत्य एवं दस्र नामक दो अश्विनी कुमार (दे.) इसी के पुत्र हैं। एकबार इसने अपने पिता कश्यप को एक दिशा दक्षिणा में दान कर दी थी। तभी से उस दिशा का नाम दक्षिण पड़ गया।

2. मानव जाति का प्रथम यज्ञकर्ता जो मनु और यम का पिता था। इसका पुत्र होने के कारण ही मनु को 'वैवस्वत' पैत्रिक नाम मिला। आज भी संकल्प में यही

नाम लिया जाता है। संज्ञा इसकी पत्नी थी। उसी ने यमुना को जन्म दिया।

विवाह

विवाह की प्रथा आज सामान्यतः जिस रूप में प्रचलित है, उसका क्रमशः विकास हुआ। महाभारत में पांडु ने अपनी पत्नी कुंती को नियोग के लिए प्रेरित करते हुए कहा है कि पुराने जमाने में विवाह की कोई प्रथा न थी। स्त्री-पुरुषों को यौन संबंध करने की पूरी स्वतंत्रता थी। मान्यता है कि भारत में सर्वप्रथम श्वेतकेतु (दे.) ने विवाह की मर्यादा स्थापित की।

प्राचीन साहित्य में 8 प्रकार के विवाहों का उल्लेख मिलता है।

1. पैशाच—इस प्रकार के विवाह में छल-कपट द्वारा कन्या पर अधिकार करके तत्काल उस पर बलात्कार किया जाता था।

2. राक्षस—इसमें रोती-पीटती कन्या का, उसके संबंधियों को घायल करके बलपूर्वक अपहरण किया जाता था।

3. गांधर्व—इसमें स्त्री और पुरुष परस्पर निश्चय करके एक दूसरे के साथ गमन करते थे।

4. असुर—इसमें पति कन्या तथा उसके संबंधियों को यथाशक्ति धन देकर कन्या से विवाह करता था।

5. प्राजापत्य—इसमें वर स्वयं विवाह के प्रार्थी के रूप में आता और पिता योग्य वर के साथ अपनी कन्या का विवाह कर देता।

6. आर्ष—इसमें युवक कन्या के पिता को एक गौ मिथुन प्रदान करता और कन्या से विवाह करता। विवाह के उपरांत यह गौ मिथुन कन्या के साथ ही वर को दे दिया जाता।

7. दैव—इस प्रकार के विवाह में पिता यज्ञ करानेवाले पुरोहित को अपनी कन्या दक्षिणा के रूप में दे देता।

8. ब्रह्म—इसमें कन्या का पिता वर को आमंत्रित करके उसका सत्कार करके दक्षिणा तथा वस्त्र-आभूषणों के साथ कन्या का दान करता था।

विवेकानंद स्वामी (1863-1902 ई.)

रामकृष्ण परमहंस के प्रधान शिष्य स्वामी विवेकानंद का जन्म कलकत्ता के एक कायस्थ परिवार में हुआ था। उनका बचपन का नाम नरेन्द्र दत्त था। रामकृष्ण परमहंस के संपर्क में आते समय नरेन्द्र पाश्चात्य ढंग की आधुनिक शिक्षा प्राप्त करके उन्हीं विचारों से ओतप्रोत थे। इसके विपरीत रामकृष्ण आधुनिक शिक्षा प्रणाली से दूर सात्विक और सरल विचारों के व्यक्ति थे। किंतु शीघ्र ही नरेन्द्र उनके प्रभाव में आ गए संन्यास लेकर स्वामी विवेकानंद के नाम से विख्यात हुए।

स्वामी विवेकानंद अंग्रेजी और बंगला भाषा के बड़े ओजस्वी वक्ता थे। अपने गुरु के देहावसान के बाद उनके विचारों के प्रचार के लिए उन्होंने 'रामकृष्ण मिशन' की स्थापना की। यह अपनी अनेक शाखाओं के माध्यम से आज भी सेवा कार्य में संलग्न है। स्वामीजी ने शिकागो के विश्व धर्म सम्मेलन में तथा अन्य कई पश्चिमी देशों में भारत के दार्शनिक दृष्टिकोण की व्याख्या करके लोगों को बहुत प्रभावित किया।

भारत लौटने पर उन्होंने अद्वैतवाद के प्रचार के लिए देश के विभिन्न क्षेत्रों की यात्रा की और जगह-जगह ओजस्वी भाषण दिए। स्वामी विवेकानंद निरे आध्यात्मवादी नहीं थे। वे देशवासियों से कहा करते--बलिष्ठ बनो, प्राणवान बनो, अपने अतीत को पहचानो, वर्तमान दासता की स्थिति से मुक्ति प्राप्त करो और भविष्य का निर्माण करो।

विशाख

शिव-पार्वती के पुत्र स्कंद (दे.) का एक रूप। एकबार इंद्र ने वज्र से स्कंद पर प्रहार किया। उसकी पसली में जो चोट लगी उससे स्कंद का यौवन संपन्न नया रूप प्रकट हुआ। घाव से उत्पन्न होने के कारण वह 'विशाख' कहलाया।

एकबार शिव, पार्वती, अग्नि और गंगा एक साथ कामना करने लगे कि स्कंद उनके पास आए तो कितना अच्छा हो। उनके मनोभावों को समझकर योगबल से स्कंद ने अपने चार रूप—स्कंद, विशाख, शाख और नैगमेय बना लिए और चारों के पास रहने लगा।

विशाखदत्त

संस्कृत के प्रसिद्ध नाटककार और कवि विशाखदत्त की प्रसिद्धि उनके राजनीतिक नाटक 'मुद्राराक्षस' के कारण है। विशाखदत्त के समय के बारे में विद्वान् एकमत नहीं हैं। कुछ इसे चौथी शताब्दी ई. का तो कुछ छठी से नौवीं शताब्दी तक का बताते हैं। अपने ग्रंथ में नाटककार ने राजनीतिक दांवपेच को आधार बनाया है, पर इससे उसकी कवित्वकला या रचना चातुरी में किसी प्रकार की कमी नहीं आई। इसका कथानक है—चाणक्य द्वारा नंदवंश के आमात्य राक्षस को परास्त कर चंद्रगुप्त मौर्य का विश्वासभाजन बनना।

विशाल

एक राजा जिसने वैशाली नगरी की स्थापना की थी। पुराणों के अनुसार यह तृणविन्दु का पुत्र था। वाल्मीकि के अनुसार वैशाली का संस्थापक विशाल इक्ष्वाकु का पुत्र था।

विशालाक्ष

1. विराट राजा का छोटा भाई जो कीचक (दे.) वध के बाद विराट का सेनापति बना।
2. गरुड़ की संतानों में से एक का नाम।
3. धृतराष्ट्र का एक पुत्र जो भीम के हाथों मारा गया।
4. एक प्रमुख ग्रंथकार जिसने वास्तुशास्त्र पर 18 ग्रंथ लिखे थे।

विशिष्टाद्वैत

एक दार्शनिक सिद्धांत जिसका प्रवर्तन रामानुजाचार्य (1037-1137 ई.) ने किया था। रामानुज दक्षिण भारत में जन्मे थे। उत्तर भारत में इस सिद्धांत का विस्तार 14वीं शताब्दी में रामानंद ने किया। इनकी शिष्य परंपरा में कबीर, दादू, तुलसीदास आदि हुए। कबीर, दादू आदि निर्गुणोपासक थे, तुलसीदास विशिष्ठाद्वैतवादी।

विशिष्टाद्वैत के अनुसार तीन पदार्थ नित्य और स्वतंत्र हैं—परमात्मा (ईश्वर), चित्त (जीव) और उचित्त (प्रकृति)। परमात्मा जीव और प्रकृति में विद्यमान है। जैसे मकड़ी अपने भीतर से ही जाला पैदा करती है, वैसे ही ईश्वर अपने अंदर से ही जगत की सृष्टि करता है। रामानुजाचार्य के अनुसार ब्रह्म एक है और उसमें तीन वस्तुएं हैं— 1. जड़ प्रकृति, 2. चेतन आत्मा और 3. सर्व-नियंता परमेश्वर। ब्रह्म का अद्वैत ही इन तीनों पदार्थों की समष्टि का नाम है। इस प्रकार के विशिष्ट ब्रह्म को विशिष्टाद्वैत कहा गया है।

विशिष्टाद्वैत के कई रूप प्रचलित हैं। किसी में शक्ति को विशिष्ट माना जाता है, किसी में शिव को और किसी में नारायण को। तुलसीदास तो राम को ही ब्रह्म मानते हैं।

विश्रवा

एक ऋषि जो कुबेर और रावण आदि के पिता थे। इनकी चार पत्नियों से उत्पन्न प्रमुख संतानें थीं—

इडविला से—कुबेर।
केशिनी से—रावण, कुंभकर्ण, विभीषण, शूर्पणखा।
पुष्पोत्करा से—खर, महोदर, प्रहस्त आदि।
राका से—दूषण, त्रिशिरा आदि।

विश्वकर्मा

इनका उल्लेख ऋग्वेद में भी मिलता है। इन्हें पुरोहित, स्रष्टा और समस्त सृष्टि का

कर्ता कहा गया है। सूर्य देवता के रूप में भी इनका नामोल्लेख है। एक अन्य स्थान पर इनकी संज्ञा नामक कन्या का विवस्वत (सूर्य) से विवाह का उल्लेख मिलता है। संज्ञा सूर्य का तेज न सह सकने के कारण अपने पिता के पास वापस आ गई जब विवस्वत पत्नी को लेने पहुंचा तो विश्वकर्मा ने थोड़ा-सा तेज उसके पास छोड़ कर उसका शेष तेज उससे ले लिया। इसी तेज से उन्होंने विष्णु का सुदर्शन चक्र, शिव का त्रिशूल और इंद्र का वज्र बनाया।

ये देवताओं के वास्तुकार भी माने जाते हैं। द्वारका, इंद्रप्रस्थ, हस्तिनापुर, वृन्दावन, लंका, इंद्रलोक आदि का निर्माण इन्होंने ही किया था। राम के लंका-विजय के समय समुद्र पर पुल बनानेवाला नल नामक वानर विश्वकर्मा का ही पुत्र था। ब्रह्मा के लिए पुष्पक विमान विश्वकर्मा ने ही बनाया था जो ब्रह्मा से कुबेर को और कुबेर से रावण को प्राप्त हुआ।

भारत में कुछ जातियां स्वयं को विश्वकर्मा का वंशज बताती हैं। कल-कारखानों में काम करने वाले व्यक्ति इन्हें अपना आराध्य मानते हैं। प्रतिवर्ष भाद्र पद की संक्रांति को विश्वकर्मा की पूजा होती है।

विश्वजित

1. एक अग्नि जो बृहस्पति का पुत्र था। यह संपूर्ण विश्व की बुद्धि को अपने वश में रखने के कारण विश्वजित कहलाया।
2. कश्यप और दनु का पुत्र एक दानव जो किसी समय समस्त पृथ्वी का शासक था।
3. एक महायज्ञ का नाम जिसमें यजमान सर्वस्व दान कर देता है। राजा बलि ने यही यज्ञ किया था और विष्णु वामन का रूप धारण करके गए थे।

विश्वदेव

इस शब्द का प्रयोग उन सभी नौ या दस देवताओं के समूह के लिए होता है जिन के नाम वेद संहिता और अग्निपुराण में आए हैं। ये हैं—ऋतु, दक्ष, वसु, सत्य, काम, काल, ध्वनि, रोचन, आर्द्रव और पुरुरवा। इनमें से पांच का जन्म द्रौपदी के गर्भ से पुत्रों के रूप में हुआ था जिन्हें महाभारत युद्ध के समय अश्वत्थामा ने मार डाला था। कुछ जगह इन्हें गणदेवता बताया गया है और इनकी गणना इंद्र, अग्नि आदि के बाद की जाती है। ये मानवों के रक्षक तथा अच्छे कामों के लिए पुरस्कारदाता बताए जाते हैं।

विश्वरूप

एक आचार्य जो प्रजापति त्वष्ट और असुरराज प्रह्लाद की कन्या विरोचना का

पुत्र था। जब इंद्र से अपमानित होकर बृहस्पति ने देवताओं का गुरु-पद त्याग दिया तो विश्वरूप को देवताओं का पुरोहित बनाया गया। किंतु इसकी सहानुभूति अपने मातृपक्ष के असुरों से अधिक थी।

इसके तीन शिर और मुख थे। इसलिए यह 'त्रिशिरा' भी कहलाता था। एक मुख से यह अन्न खाता, दूसरे से सोम पीता और तीसरे से सुरापान करता था। असुरों के प्रति इसकी सहानुभूति देखकर पहले इंद्र ने इसे अपनी ओर आकृष्ट करने के लिए अप्सराएं भेजीं। जब इसमें सफलता नहीं मिली तो उसने इसके तीनों सिर काट दिए। इन सिरों से पक्षियों की तीन जातियां—कालिंजर, गौरैया और तीतर उत्पन्न हुईं। पुत्र के वध से क्रुद्ध त्वष्ट ने इंद्र को मारने के लिए अपने तप-बल से वृत्तासुर का निर्माण किया।

विश्वरूप की पत्नी सूर्यकन्या विष्टि थी जिसने क्रोध, दुर्मुख, रक्ताक्ष आदि छह पुत्रों को जन्म दिया।

विश्वामित्र

इस नाम के अनेक व्यक्ति हुए हैं। वैदिक साहित्य के विश्वामित्र पुराणों से भिन्न प्रतीत होते हैं। वेदों के सुदास राजा के पुरोहित, अयोध्या के कलमाश राजा से संबंधित और मारीच-सुबाहु को मारने के लिए मांगकर राम-लक्ष्मण को ले जाने वाले तथा मेनका के गर्भ से शकुंतला को जन्म देनेवाले विश्वामित्र एक ही व्यक्ति नहीं प्रतीत होते।

जिन विश्वामित्र का सर्वाधिक उल्लेख मिलता है, वे महाराज गाधि के पुत्र एक क्षत्रिय थे। इनका आदिनाम विश्वरथ था। अपने तपोबल से ये ब्रह्मऋषि बन गए। इनकी पत्नी का नाम सती था जिसने सौ पुत्रों को जन्म दिया। एकबार विश्वामित्र इंद्र-पद पाने के लिए तप करने लगे। भयभीत इंद्र ने इनका तप भंग करने के लिए अप्सरा मेनका को भेजा। मेनका के गर्भ से शकुंतला का जन्म हुआ जिसका बाद में राजा दुष्यंत से विवाह हुआ था।

त्रिशंकु को सदेह स्वर्ग पहुंचानेवाले भी विश्वामित्र ही थे। राजा हरिश्चंद्र की परीक्षा लेने के लिए इन्होंने उनको श्मशान पर खड़ा कर दिया। इन्हीं के कहने पर यज्ञ की रक्षा के लिए राम-लक्ष्मण वन में गए और वहां से मिथिला जाकर सीता के स्वयंवर में सम्मिलित हुए। कामधेनु को लेकर वशिष्ठ से इनका वैर हो गया। जमदग्नि ऋषि और उनके पुत्र परशुराम दोनों विश्वामित्र के समवर्ती थे।

विश्वामित्र आश्रम

बिहार प्रदेश के शाहाबाद जिले का बक्सर कस्बा विश्वामित्र ऋषि के आश्रम का स्थान बताया जाता है। राक्षसों द्वारा यज्ञ में उत्पात देखकर यज्ञ की रक्षा के लिए

विश्वामित्र दशरथ से राम और लक्ष्मण को मांग लाए थे। मान्यता है कि उन्होंने दोनों को यहीं पर शस्त्र-विद्या सिखाई। यहीं से कुछ दूर वह स्थान है जहां ताड़का मारी गई थी।

प्राचीन साहित्य में इस स्थान के कई नाम मिलते हैं—वेदगर्भपुरी, विश्वामित्र आश्रम, सिद्ध आश्रम, व्याघ्रसर आदि। एक मान्यता के अनुसार वामनावतार भी यहीं हुआ था।

विश्वामित्र-वशिष्ठ संघर्ष

राजा गाधि को संतान प्राप्ति के लिए दो फल मिले थे—एक क्षत्रिय संतान के लिए और दूसरा ब्राह्मण संतान के लिए। गाधि की रानी ने भूल से क्षत्रियवाला फल स्वयं खा लिया और ब्राह्मणवाला अपनी बेटी रेणुका को, जो महर्षि जमदग्नि को ब्याही थी, खिला दिया। फलस्वरूप गाधि के घर में विश्वामित्र ने जन्म लिया और जमदग्नि के घर में परशुराम ने। दोनों की स्वभावगत भिन्नता का कारण यही बताया जाता है।

एकबार राजपुत्र विश्वामित्र अपने दल-बल के साथ महर्षि वशिष्ठ के आश्रम में पहुंचे। दरिद्र ब्राह्मण वशिष्ठ ने कामधेनु के प्रभाव से विश्वामित्र और उनकी सेना का पूरा सत्कार किया। लौटते समय विश्वामित्र ने वशिष्ठ से कामधेनु मांगी। वशिष्ठ ने कहा—मैं इसे देने में असमर्थ हूं क्योंकि यह अकेले मेरी नहीं, सभी ऋषियों की है। पर विश्वामित्र न माने और कामधेनु के लिए दोनों में युद्ध छिड़ गया। आरंभ में विश्वामित्र की विजय हुई। परंतु जब वशिष्ठ ने समस्त आत्मबल, चरित्रबल और ब्रह्मबल लगाया तो विश्वामित्र की सेना छिन्न-भिन्न हो गई। इस पर विश्वामित्र ने तप करके ब्राह्मण बनने और ब्रह्मबल प्राप्त करने का निश्चय किया।

वे कठोर तप करने लगे। उन्होंने ब्रह्मा से आशीर्वाद मांगा कि वशिष्ठ मुझे 'ब्रह्मर्षि' कहकर पुकारें। उसके बाद जब वे एक दिन वशिष्ठ के द्वार पर पहुंचे तो उन्होंने सुना कि वशिष्ठ अपनी पत्नी अरुंधती से कह रहे थे—अपने तपोबल से विश्वामित्र ब्रह्मर्षि बन गए हैं। इसके बाद दोनों का वैर-भाव समाप्त हो गया।

विषकन्या

प्राचीन काल में छलपूर्वक अपने शत्रु का अंत करने के लिए राजा इसका प्रयोग किया करते थे। किसी रूपवती बालिका को बचपन से ही थोड़ी-थोड़ी मात्रा में विष खिलाकर पाला जाता था। उसे विषैले वृक्षों और प्राणियों के बीच रखा जाता। इससे उसका पूरा शरीर विषैला हो जाता था। उसे नृत्य और संगीत की शिक्षा दी जाती और पुरुषों को आकृष्ट करने के ढंग सिखाए जाते थे। इस प्रकार

तैयार युवती को शत्रु राजा के पास भेजा जाता। विषकन्या के हाव-भाव से मोहित होकर ज्यों ही वह उससे शारीरिक संबंध स्थापित करता, विष के प्रभाव से उसकी मृत्यु हो जाती थी।

विष्णु

जगत् का संचालन करनेवाले देवता के रूप में प्राचीन काल से शिव के साथ पूजित एक देवता। आधुनिक काल में श्रद्धालु हिंदू धर्मावलंबी विष्णु और शिव को पालक और संहारक देवता के रूप में अनिवार्यतः पूजते हैं। वेदों से लेकर पुराणों के समय तक विष्णु का वर्णन विविध रूपों में मिलता है।

वेदों में विष्णु सौर देवता हैं। वहां इंद्र, वरुण, अग्नि आदि की तुलना में ये बहुत कनिष्ठ हैं। वहां इन्हें सूर्य देवता का प्रतिरूप और इंद्र का सहायक कहा गया है। आगे चलकर यह भावना बनी कि कर्मकांडों से होनेवाला पुण्य विष्णु की उपासना से ही प्राप्त होता है। इसी समय क्रमशः सृष्टि की उत्पत्ति, स्थिति और लय के अधिष्ठाता के रूप में ब्रह्मा, विष्णु और महेश की कल्पना सामने आई। फिर पुराणों के आते-आते विष्णु का एकमात्र वर्चस्व हो गया। वे इसी कारण समय-समय पर अवतार (दे.) लेकर पृथ्वी में आते और दुष्टों का दमन करते हैं।

पुराणों के अनुसार विष्णु चतुर्भुजधारी हैं। चारों हाथों में शंख, चक्र, गदा और पद्म धारण किए रहते हैं। पीतांबर, वनमाला, किरीट कुंडल और श्रीवत्स इनके आभूषण हैं।

ये अपनी पत्नी लक्ष्मी के साथ वैकुंठलोक में निवास करते हैं या क्षीरसागर में शेषनाग पर शयन करते हैं।

विष्णु शब्द का अर्थ है—सर्वत्र फैलाव या व्यापक होना। इनके अनेक नाम हैं। 'विष्णु सहस्रनाम' में इनकी सूची है। ये 'हरि' भी कहलाते हैं, जिसका अर्थ है—पाप और दुःख हरनेवाला। यही 'नारायण' हैं। इसका अर्थ है—नार (जल) में आवास करनेवाला।

महाभारत के अनुसार विष्णु के 12 अवतार हुए। विष्णुपुराण 10 और भागवत 22 अवतार बताता है। मत्स्यपुराण में गौतम बुद्ध भी विष्णु के अवतार बताए गए हैं।

विष्णुकांची

दक्षिण भारत में शिवकांची से लगभग 4 कि. मी. दूर विष्णुकांची में यद्यपि 18 विष्णुमंदिर बताए जाते हैं, किंतु मुख्य मंदिर वरदराज स्वामी का है। इस विशाल मंदिर में वैशाख पूर्णिमा को 'ब्रह्मोत्सव' होता है। यह दक्षिण भारत का सबसे बड़ा उत्सव बताया जाता है। रामानुजाचार्य के आठ प्रधान पीठों में से एक

पीठ यहां भी है। यहां बल्लभाचार्य महाप्रभु की बैठक भी है। आदिशंकराचार्य स्वयं यहां पधारे थे और उनके द्वारा स्थापित कामकोटिपीठ भी यहां है।

विष्णुगणेश पिंगले

आपका जन्म 1888 ई. में पूना के पास हुआ था। अमेरिका से इंजीनियरी की स्नातक उपाधि लेने के बाद भारत में क्रांतिकारी दल में सम्मिलित हो गए। अंग्रेजी शासन के विरुद्ध भारतीय सेना में विद्रोह की भावना फैलाने के उद्देश्य से नाम बदल-बदलकर देश के विभिन्न भागों में घूमते रहे। मार्च 1915 ई. में बम के साथ मेरठ छावनी में गिरफ्तार कर लिए गए और 17 नवंबर 1915 ई. को छह सिक्ख सैनिकों के साथ इन्हें लाहौर जेल में फांसी दे दी गई।

विष्णुगुप्त चाणक्य

दे. कौटिल्य।

विष्णुपुराण

पुराणों के क्रम में इसका तीसरा स्थान है। इसमें वैष्णव धर्म के मौलिक सिद्धांतों की विवेचना की गई है। छह खंडों या अध्यायों में विभक्त विष्णुपुराण में मुख्यतः निम्नांकित विषयों का वर्णन किया गया है—सृष्टि वर्णन, ध्रुव-प्रह्लाद चरित्र, भूगोल वर्णन, आश्रम विषयक कर्तव्य तथा वैदिक शाखाएं, इतिहास, कृष्ण चरित्र तथा प्रलय और भक्ति। ज्ञान और भक्ति के समन्वय से परिपूर्ण यह पुराण भागवत के बाद सबसे अधिक लोकप्रिय है। इसे ईस्वी सन् से पहले की रचना माना जाता है।

विष्णुदिगंबर पलुस्कर

भारतीय संगीत के उज्ज्वल नक्षत्र पलुस्कर का जन्म 20 अगस्त, 1872 ई. को महाराष्ट्र में हुआ था। बचपन में एक दुर्घटना में आंख खराब हो जाने के कारण वे पढ़ने-लिखने के स्थान पर संगीत सीखने में लग गए। बारह वर्ष की साधना के बाद वे इस कला में पारंगत हो गए। पलुस्करजी ने 'वंदेमातरम्' राष्ट्रगीत की स्वर-रचना की थी और प्रायः कांग्रेस के अधिवेशनों में स्वयं इसे गाया करते थे। गांधीजी, मालवीयजी आदि से उनका निकट का परिचय था। उन्होंने संगीत के प्रसार, उसे प्रतिष्ठा दिलाने और उसकी शिक्षा में अपना पूरा समय लगाया। 21 अगस्त, 1931 ई. को आंखें बंद करते समय वे अपने पीछे उच्चकोटि के संगीतज्ञों की एक परंपरा छोड़ गए।

विष्णुवर्धन

द्वारसमुद्र का होयसल राजा, जिसका कार्यकाल 1110 से 1141 ई. माना जाता है। पहले इसका नाम विहिदेव या विहिग था और यह जैन धर्मावलंबी था। पर बाद में रामानुजाचार्य के प्रभाव से वैष्णव बन गया और अपना नाम भी बदलकर विष्णुवर्धन रख लिया। इसने अपने राज्य का विस्तार तो किया ही, वैष्णव धर्म के प्रचार के लिए अनेक मंदिरों का निर्माण कराया। इनमें सर्वोत्कृष्ट मंदिर हेलेविड का होयसलेश्वर मंदिर है। इसमें सात सौ फुट या उससे लंबी ग्यारह सज्जा-पट्टियां हैं, जिनमें पशु-पक्षी उत्कीर्ण किए गए हैं। यह मंदिर शिल्पकौशल का अनूठा उदाहरण माना जाता है। विष्णुवर्धन के बनाए कुछ मंदिर हेलेविड और बेलूर में आज भी विद्यमान हैं।

विष्णु शर्मा

'पंचतंत्र' नाम प्रसिद्ध कथा-साहित्य के रचयिता। इनके संबंध में बहुत कम जानकारी मिलती है। दक्षिण भारत के एक राजा अमरशक्ति के तीन लड़के थे—बहुशक्ति, उग्रशक्ति और अनंतशक्ति। पढ़ने के प्रति उनकी अरुचि से राजा बहुत चिंतित था। उसने अपनी चिंता दरबार में प्रकट की। जब कोई दरबारी कुछ नहीं बोला तो विष्णु शर्मा नामक पंडित ने कहा—मैं राजकुमारों को छह महीने में राजनीति सिखा दूंगा। राजा ने उसकी बात मान ली। विष्णु शर्मा तीनों राजकुमारों को अपने घर ले गए और उन्हें कहानियां सुनाने लगे। इन कहानियों को सुनकर तीनों राजकुमार राजनीति में पारंगत हो गए। यही कहानियां 'पंचतंत्र' के नाम से प्रसिद्ध हैं। अनुमान है कि इनकी रचना 200-300 ई. के बीच किसी समय हुई। 'पंचतंत्र' की कहानियों का संसार की लगभग सभी भाषाओं में अनुवाद हुआ है। नारायण नामक विद्वान् ने इन्हीं कहानियों के आधार पर 'हितोपदेश' (दे.) की रचना की।

विहार

बौद्ध और जैन साधुओं के रहने के स्थान। विहारों में साधु अधिक संख्या में रहते हैं। ये विहार खुली जगहों में निर्मित भवनों के रूप में भी मिलते हैं और गुफाओं के रूप में भी। सारनाथ के उत्खनन में अनेक भिक्षुओं के आवास मिले हैं। बिहार राज्य का नाम ही ऐसे विहारों के आधिक्य के कारण पड़ा। गुफाओं में गया, पश्चिमी घाट, उड़ीसा के उदयगिरि और खंडगिरि, कार्ली, कन्हेरी, नासिक, अजंता और एलोरा की गुफाएं विहार ही हैं। इनमें उपासना-मंदिर भी हैं जो चैत्य कहलाते हैं। इनमें से कुछ का निर्माण राजाओं ने कराया और कुछ को साधुओं ने स्वयं बनाया। अजंता की गुफाएं अपनी चित्रकला के लिए और एलोरा

की गुफाएं पाषाणों पर उत्कीर्ण कला के लिए विश्वविख्यात हैं।

वीतहव्य

हैहयवंशी एक राजा जो कार्तवीर्य अर्जुन का प्रपौत्र था। परशुराम द्वारा छेड़े गए क्षत्रिय-संहार के समय यह हिमालय की एक गुफा में छिप गया था। परशुराम का संहार-कार्य बंद होने पर यह लौट आया और इसने महिष्मती नामक नगरी बसाई।

वीतहव्य के 10 पत्नियां और सौ पुत्र थे। इसने काशीराज दिवोदास सहित अनेक राजाओं को पराजित किया। बाद में जब दिवोदास को भरद्वाज मुनि की कृपा से प्रतर्दन नामक वीर पुत्र प्राप्त हुआ तो उसने वीतहव्य के सब पुत्रों को मार डाला। वीतहव्य भागकर भृगु ऋषि के आश्रम में जा छिपा। ऋषि ने यह कहकर उसके प्राणों की रक्षा की कि यहां कोई आश्रम नहीं है। इसके बाद वीतहव्य ने क्षत्रिय कर्म छोड़ दिया। वह ब्राह्मण और भृगु ऋषि की कृपा से ब्रह्मर्षि बन गया।

वीर बंदा बैरागी

सिक्खों के दसवें गुरु गोविंदसिंह की 1708 ई. में हत्या कर दी गई थी। वीर बंदा बैरागी उसी समय सिक्खों का राजनीतिक नेता बना। उसने सबसे पहले सिक्खों को संगठित करके, गुरु गोविंद सिंह के बच्चों के हत्यारे सरहिंद के फौजदार वजीर खां को मार डाला। उसने स्वयं राजा की उपाधि धारण की और अपने नाम के सिक्के जारी कराए। बाद में मुगलों ने उसे गिरफ्तार कर लिया। दिल्ली में पहले उसके सामने ही उसके पुत्र को मार डाला। फिर 1715 ई. में गरम चिमटों से नुचवाकर और हाथी से कुचलवाकर उसकी भी हत्या कर दी गई।

वीरभद्र

शिव का प्रमुख गण और सेनापति। दक्ष के यज्ञ में अपमानित होने पर क्रुद्ध शिव ने अपनी जटाएं झटककर इसका निर्माण किया था। शिव के आदेश पर इसने दक्ष के यज्ञ का ध्वंस किया और उपस्थित ऋषियों आदि की दुर्दशा कर डाली। यज्ञ-ध्वंस के बाद यह सृष्टि का संहार करने के लिए तैयार हो गया तो शिव ने इसे शांत करके मंगल ग्रह बन जाने का वरदान दिया।

शिव के प्रमुख सेनापति के रूप में वीरभद्र ने तीन बार देवताओं की प्राण-रक्षा की। यह असुरों के लिए आतंक और देवताओं का रक्षक था। हिरण्यकशिपु के वध के बाद जब नृसिंह अवतार विश्व का संहार करने के लिए तैयार हो गया तो शिव के कहने पर वीरभद्र ने ही उसे अदृश्य होने के लिए बाध्य किया।

वीर शैव दर्शन

शिव के भक्त होते हुए भी इस दर्शन के माननेवाले अन्य संप्रदायों से भिन्न हैं। 12वीं शताब्दी के वासव नाम के व्यक्ति इस दर्शन के सबसे बड़े 'वचनकार' माने जाते हैं। उन्होंने ऐसे समाज की स्थापना का प्रयत्न किया जिसमें जाति, धर्म या स्त्री-पुरुष का भेदभाव न रहे। वे ऐसे आध्यात्मिक समाज पर बल देते थे जिसमें कर्मकांड का आडंबर न हो। उन्होंने एकमात्र ईश्वर की उपासना का समर्थन किया और पूजा तथा ध्यान की पद्धति को सत्य बनाया। इससे तत्कालीन समाज में बड़ी क्रांति उत्पन्न हो गई थी।

वीर शैव अपने इष्ट लिंग की प्रतिमा को शरीर पर धारण करते हैं। उनका गुरु प्रत्येक वीर शैव को 'ओम नमः शिवाय' का मंत्र देता है और उसे इष्ट लिंग सौंपता है। प्रत्येक वीर शैव स्नान के उपरांत इस लिंग को हथेली में रखकर ध्यान करता है।

वीर शैव निरामिष भोजी होते हैं और मादक वस्तुओं का भी सेवन नहीं करते। वीर शैव दक्षिण भारत में अधिक हैं। इनकी संख्या सबसे अधिक कर्नाटक में है।

वीरसिंह, भाई (1872-1957 ई.)

मुख्यतः कवि के रूप में विख्यात भाई वीरसिंह आधुनिक पंजाबी साहित्य के प्रवर्तक माने जाते हैं। आपने कविताओं के साथ-साथ नाटक, उपन्यास, निबंध, जीवनी सभी प्रकार का स्तरीय लेखन किया, पर अधिक प्रसिद्धि कवि के रूप में ही रही है।

वीरसेन

1. निषध देश का एक राजा। प्रसिद्ध राजा नल इसी का पुत्र था। यह बड़ा ज्ञानी, धर्मज्ञ और सात्विक वृत्ति का व्यक्ति था।
2. एक ऋषि जिसने युधिष्ठिर के राजसूय यज्ञ में भाग लिया था।
3. अवंति नगर का एक राजा जिसने 16 अश्वमेध और तीन राजसूय यज्ञ किए थे।

वीरेशलिंगम पंतुलु

आंध्र के प्रसिद्ध समाज-सुधारक और साहित्यकार कंदु कूरि वीरेशलिंगम का जन्म 16 अप्रैल, 1848 ई. को गोदावरी के तट पर राजमहेंद्री में हुआ था। उस समय समाज में अनेक कुप्रथाएं प्रचलित थीं। महिलाओं की स्थिति सबसे दयनीय थी। शिक्षा समाप्त करके वीरेशलिंगम ने अध्यापन-कार्य आरंभ किया। साथ ही स्त्री-

शिक्षा, बाल-विधवाओं के विवाह आदि कार्यों में भी जीवन भर लगे रहे। उस समय विधवा-विवाह का समर्थन करनेवालों का समाज से बहिष्कार कर दिया जाता था। पर वीरेशलिंगम ने इसकी परवाह नहीं की। वे दक्षिण के 'विद्यासागर' कहलाते थे। 1919 ई. में उनकी मृत्यु के समय तक इन प्रयत्नों से समाज में बड़ी जागृति आ चुकी थी।

वृंदावन

यमुना नदी से तीन ओर घिरा हुआ वृंदावन मथुरा से लगभग 10 कि. मी. दूर है। केदार की पुत्री वृंदा ने श्रीकृष्ण को पाने के लिए यहां तपस्या की थी। तभी से यह स्थान वृंदावन कहलाता है। यहां गली-गली में मंदिर हैं, किंतु अधिकांश पिछले पांच सौ साल के भीतर ही बने हैं। पुराने मंदिर आक्रामकों की कोपदृष्टि से नहीं बच पाए। अकबर और जहांगीर के शासनकाल में गोविंददेव, मदन-मोहन, गोपीनाथ और युगल किशोर के मंदिरों का निर्माण हुआ।

वृंदावन कृष्ण की बाल-लीलाओं की भूमि है। आज भी यहां का मुख्य आकर्षण रासलीला है। बांकेबिहारीजी के मंदिर, राधारमणजी के मंदिर और राधाबल्लभ के मंदिर की मूर्तियों को स्वतः प्रकट बताया जाता है। बांकेबिहारीजी के मंदिर की मूर्ति बड़ी चित्ताकर्षक है। इस मूर्ति का वर्ष में केवल एक दिन (शरद पूर्णिमा को) शृंगार होता है। केवल एक दिन (श्रावण शुक्ल 3 को) झूला पड़ता है। केवल एक दिन (जन्माष्टमी को) आरती होती है और एक ही दिन (अक्षय तृतीया को) मूर्ति के चरणों के दर्शन होते हैं। प्रसिद्ध संगीतज्ञ हरिदास इन्हीं के भक्त थे।

यहां के मंदिरों में रंगजी का मंदिर सबसे बड़ा है। सेवा-कुंज यहां का प्राचीन स्थान है। लोक मान्यता है कि अब भी नित्य रात्रि में श्रीकृष्ण यहां रास करते हैं। इसीलिए सेवा-कुंज में रात को कोई नहीं रहता। यमुना के तट पर कालीदह भी एक प्रमुख स्थान है। श्रीकृष्ण ने यहीं पर कालिय नाग को मारा था।

वृक

1. भागवत में वर्णित एक राक्षस जिसकी कथा भस्मासुर से मिलती है। नारद के कहने पर इसने शीघ्र प्रसन्न होनेवाले शिव से वर पाने के लिए सात दिन घोर तपस्या की। जब शिव प्रकट नहीं हुए तो यह अपना शरीर काटकर होम करने लगा। इस पर प्रकट होकर शिव ने इसे वर दिया कि यह जिसके सिर पर हाथ रखेगा, वह मर जाएगा। वृक वर की परीक्षा के लिए शिव के सिर पर ही हाथ रखने चला। क्योंकि उसकी नीयत पार्वती पर थी।

शिव भागते हुए रक्षा के लिए विष्णु के पास गए। विष्णु ने ब्राह्मण बालक का वेश धारण करके पीछे से आते हुए वृक से कहा—शिव में ऐसा वर देने की

सामर्थ्य कहां है ? विश्वास न हो तो अपने सिर पर हाथ रखकर देख लो। वृक की मति मारी गई और अपने सिर पर हाथ रखते ही वह भस्म हो गया।

2. माद्री के गर्भ से उत्पन्न श्रीकृष्ण का एक पुत्र।

3. द्रौपदी के स्वयंवर में उपस्थित कौरव-पक्ष का एक राजा जो महाभारत युद्ध में मारा गया।

वृकोदर

पांडव भीमसेन का एक नाम। यह अत्यधिक मात्रा में भोजन करता और उसे पचा लिया करता था। इसका कारण था, उसके पेट में वृक नामक अग्नि का होना।

वृजि

एक प्राचीन गणराज्य जो वर्तमान बिहार प्रदेश के मुजफ्फरपुर जिले में स्थित था। इस गण के लोग लिच्छवियों के नाम से भी प्रसिद्ध थे। यह एक कुलीन गणतंत्र था। इसमें प्रत्येक कुल को शासन का समान अधिकार प्राप्त था। वैशाली इनकी राजधानी थी। यद्यपि इस गणराज्य को पांचवीं शताब्दी ई.पू. में अजातशत्रु के हाथों पराजित होना पड़ा, परंतु इनका सम्मान बना रहा। चंद्रगुप्त प्रथम (दे.) ने वृजि अथवा लिच्छवि राजकुमारी से विवाह किया था। इस गण की शासन-व्यवस्था के अनुसार ही गौतम बुद्ध ने बौद्ध संघ का भी गठन किया था।

वृत्रासुर

वेदों से लेकर संपूर्ण परवर्ती प्राचीन भारतीय साहित्य में वर्णित एक दानव जिसका वध करने के लिए इंद्र ने दधीचि ऋषि की अस्थियों का वज्र बनाया था। वृत्त शब्द के अर्थ से ध्वनित होता है कि यह आवृत्त करनेवाला था। इसलिए इसे मेघ माना जाता है जिसे ध्वंस करके इंद्र पृथ्वी को जल और प्रकाश प्रदान करता है। वृत्त के काम थे—जलधाराओं को रोकना, सूर्य को ढकना, सूर्योदय को रोकना आदि। इस प्रकार वृत्तासुर बादलों का और इंद्र सूर्य का प्रतीक माना जाता है।

प्राप्त कथाओं के अनुसार वृत्तासुर त्वष्ट या त्वष्टा का पुत्र था। त्वष्ट के एक पुत्र विश्वरूप (दे.) को इंद्र ने मार डाला। उसका बदला लेने के लिए त्वष्ट ने वृत्तासुर का निर्माण किया। इसने ब्रह्मा की तपस्या करके वर प्राप्त किया था कि लोहा, काठ आदि किसी के भी अस्त्र से इसकी मृत्यु न होगी।

यह वर पाकर वृत्तासुर उद्दंड हो गया। एकबार तो इंद्र को हराकर इसने उसका आसन ही छीन लिया। इसे अन्य किसी आयुध से मारना संभव न देखकर इंद्र और देवता दधीचि (दे.) ऋषि के पास गए और वज्र बनाने के लिए उनसे

उनकी अस्थियां मांगी। ऋषि द्वारा कवच मंत्र का पाठ करने से उनकी अस्थियां बहुत ही सुदृढ़ हो गई थीं। इन अस्थियों के वज्र से इंद्र ने वृत्तासुर का वध किया। फिर भी उसे मारने के लिए इंद्र को छल-विद्या का सहारा लेना पड़ा। रंभा अप्सरा द्वारा उसे मद्यपान कराया और नशे की स्थिति में उसे मारा।

वृत्तासुर बड़ा ज्ञानी और पूर्वजन्म में चित्रकेतु नामक विष्णु-भक्त था। इसे यह ज्ञान सनत्कुमारों से प्राप्त हुआ था। इसी पूर्वजन्म की विष्णु-भक्ति के कारण विष्णु युद्ध में इसका सामना करने के लिए नहीं आए और मृत्यु के बाद इसे सद्गति प्राप्त हुई।

वृद्धकन्या

महाभारत में वर्णित एक बाल-ब्रह्मचारिणी जिसने विरक्ति भाव के कारण विवाह नहीं किया और घोर तप करती थी। एक दिन नारद के यह कहने पर कि बिना विवाह के स्त्री स्वर्ग की अधिकारी नहीं होती, यह विवाह करने को तैयार हो गई। इसने गालव ऋषि के शिष्य शृंग ऋषि को अपने तप का आधा अंश देकर उससे विवाह कर लिया। फिर केवल एक रात का वैवाहिक जीवन बिताकर अपने तप-बल से स्वर्ग चली गई।

वृष

1. शिव का एक अवतार जो वृष (नंदी) के रूप में उत्पन्न हुआ। पुराण के अनुसार समुद्र-मंथन से निकलीं स्त्रियों से विष्णु के सैकड़ों पुत्र हुए। उन्होंने पृथ्वी को कंपाना आरंभ कर दिया। इससे छुटकारा दिलाने के लिए शिव ने वृष का अवतार लिया। अवतार लेते ही विष्णु वृष से पराजित होकर स्वर्गलोक चले गए। अपनी संतानों को वे पाताललोक में भेजना चाहते थे। पर वृष ने शाप दिया कि पाताल में जानेवाले मनुष्य की मृत्यु हो जाएगी। कहते हैं, इसी कारण पाताललोक में मनुष्य नहीं रहते।
2. श्रीकृष्ण का सत्या के गर्भ से उत्पन्न एक पुत्र।
3. ग्यारहवें मन्वंतर के मनु का नाम।

वृषपर्वा

1. कश्यप और दनु का पुत्र एक राक्षस जो दीर्घप्रज्ञ राजा के रूप में पृथ्वी पर आया। शुक्राचार्य इसी के पुरोहित थे और उनकी संजीवनी विद्या से इसकी शक्ति में पर्याप्त वृद्धि हुई।

एक बार इसकी कन्या शर्मिष्ठा (दे.) ने शुक्राचार्य की कन्या देवयानी (दे.) का अपमान कर दिया। इस पर शुक्राचार्य वृषपर्वा का राज्य छोड़कर जाने लगे।

राजा के बहुत अनुनय-विनय करने पर वे इस शर्त पर वहां रहने को राजी हुए कि राजकन्या शर्मिष्ठा जीवन भर देवयानी की दासी बनकर रहेगी। असुर वंश के हित के लिए शर्मिष्ठा ने भी इसे स्वीकार कर लिया।

2. उत्तराखंड में गंधमादन पर्वत पर रहनेवाले एक ऋषि जिनसे तीर्थयात्रा के समय पांडव मिले थे।

3. विष्णु का एक नाम।

वृषभाद्रि

मदुरै से लगभग 25 कि.मी. दूर वृषभाद्रि एक पुराना किला है। किले के अंदर श्री सुंदरराज का विशाल मंदिर है। कहते हैं, धर्मराज ने यहां वृषभ का रूप धारण करके विष्णु की आराधना की थी और इसी पर्वत पर विष्णु ने उन्हें दर्शन दिए थे। विष्णु जब आए तो उनके नूपुरों से जलधारा प्रकट हुई। वह आज भी नूपुर गंगा के रूप में विद्यमान है। कहते हैं, पांडव भी द्रौपदी के साथ यहां आए थे और उन्होंने पूजा की थी। उनकी गुफा पांडव शैया कहलाती है। यहां वर्ष में दो बार महोत्सव होता है। एक बार वृषभाद्रि की चल मूर्ति को मदुरै ले जाते हैं।

वृषभानु

1. सुरभानु और पद्मावती के पुत्र जो नारायण का अंश लेकर उत्पन्न हुए थे। श्रीकृष्ण की प्रेयसी राधा इन्हीं की पुत्री थी। ये पहले रात्रल गांव के निवासी थे। बाद में बरसाना आकर रहने लगे थे।

2. एक राजा जिसे यश के लिए भूमि साफ करते समय राधा नाम की कन्या मिली। राजा ने उस कन्या का अपनी पुत्री की तरह पालन-पोषण किया।

वृषादर्भ

राजा शिवि का पुत्र जिसकी कथा महाभारत में है। एकबार इसने यज्ञ में सप्तर्षियों को दक्षिणा में अपना पुत्र दे दिया। परंतु जब अल्पवय में ही उसकी मृत्यु हो गई तो अकाल के कारण सप्तर्षि बालक की मृत देह का भक्षण करने पर उतर आए। इस पर वृषादर्भ ने ऋषियों पर आक्रमण करने के लिए 'मनसो' नामक कृत्या का निर्माण किया।

यह बड़ा दानवीर था। अपने पिता शिवि के समान इसने भी एक कबूतर के प्राण बचाने के लिए अपने शरीर का मांस श्येन पक्षी (बाज) को खिलाया था।

वृष्णि

मधु राजा के सौ पुत्रों में से ज्येष्ठ पुत्र एक यादवराज। इसी के कुल में श्रीकृष्ण

पैदा हुए थे और इसी कारण 'वार्ष्णेय' कहलाए। इनका वंश 'वृष्णि वंशीय यादव' कहलाता था। ये लोग द्वारका में निवास करते थे। प्रभास क्षेत्र में यादवों के गृह कलह में यह वंश भी समाप्त हो गया।

वृहत्त्रभी

संस्कृत महाकाव्यों में भारवि रचित 'किरातार्जुनीय', माघ रचित 'शिशुपालवध' और श्री हर्ष रचित 'नैषिधीय चरित' की गणना 'वृहत्त्रभी' के रूप में होती है। भारवि 600 ई. के आसपास विद्यमान थे। माघ का समय सातवीं शताब्दी का उत्तरार्ध माना जाता है। नैषिधीय चरित के कवि श्रीहर्ष बारहवीं शताब्दी के उत्तरार्ध में हुए।

वृहद्रथ

संभव का पुत्र जिसके दो पत्नियां थीं। दो पत्नियों ने दो भागों में निर्जीव पुत्र को जन्म दिया। उसे फेंक दिया गया। किंतु जरा नाम की राक्षसी ने दोनों भागों को जोड़ दिया तो उसमें जीव आ गया। यही जरासंध (दे.) श्रीकृष्ण के समय मगध देश का प्रतापी राजा हुआ।

वृहदारण्यक उपनिषद

अद्वैत वेदांत का प्रतिपादक यह उपनिषद आकार में सबसे बड़ा है। इस उपनिषद के अनुसार सृष्टि के पहले केवल ब्रह्म था। आत्मा और ब्रह्म एक है। ब्रह्म के अतिरिक्त और कुछ नहीं। जिसे नानात्व दिखाई देता है, वह मृत्यु से मृत्यु की ओर बढ़ाता है। उपनिषद का कहना है कि स्त्री, संतान अथवा जिस किसी से भी व्यक्ति प्रेम करता है, वह वस्तुतः अपने लिए करता है। इसलिए आत्मा क्या है, इसे ढूंढ़ना चाहिए। ब्रह्मा द्वारा प्रवर्तित्त यह उपनिषद आत्म चिंतन को सर्वश्रेष्ठ उपासना बताता हैं।

वृहन्नला

अर्जुन का नाम। यह नाम उसने अज्ञातवास के वर्ष में रखा था। इसी नाम से वह राजा विराट के यहां रहा और उसकी कन्या उत्तरा को संगीत और नृत्य की शिक्षा देता रहा। बाद में उत्तरा का विवाह अर्जुन और सुभद्रा के पुत्र अभिमन्यु से हुआ।

वेंकटेश

दक्षिण भारत में श्रीशैल (तिरुमलै) पर्वत पर निवास करने वाले एक बहुपूजित वैष्णव देवता। (दे.) तिरुपति बाला जी।

वेणीसंहार

एक प्रसिद्ध संस्कृत नाटक जिसके रचयिता भट्टनारायण हैं। शास्त्रीय दृष्टि से आदर्श माने जानेवाले इस नाटक की कथा-वस्तु महाभारत की घटना पर आधारित है। दुःशासन द्वारा अपमानित द्रौपदी ने प्रतिज्ञा की थी कि वह दुःशासन और दुर्योधन के मारे जाने पर ही अपनी वेणी बांधेगी। नाटककार ने अपने छह अंकों के इस नाटक में इसी घटना के चारों ओर ताना-बाना बुना है।

नाटककार भट्टनारायण का समय विवादित है। अनुमानों के आधार पर उन्हें 750 ई. के आसपास का माना जाता है।

वेतवा

एक नदी जो मध्य प्रदेश में भोपाल के दक्षिण-पश्चिम से निकल कर ग्वालियर, झांसी, जालौन आदि जिलों में बहती हुई हमीरपुर के निकट यमुना में मिल जाती है। सांची, विदिशा आदि ऐतिहासिक नगर इसी के किनारे स्थित हैं। इसका एक नाम वेगवती भी है।

वेताल

1. शिव का एक पार्षद जो उनके द्वारपाल का काम करता था। एक दिन पार्वती को उत्तेजित वेश में देखकर इसने उनके प्रति अनुरुक्ति का भाव प्रकट किया। इससे क्रुद्ध होकर पार्वती ने इसे पृथ्वी पर जन्म लेने का शाप दे दिया।

एक अन्य पुराण में इसे राजा चंद्रशेखर और तारामती का पुत्र बताया गया है। इसके भाई का नाम भैरव था। पहले जन्म में ये दोनों भृंगी और महाकाल नामक शिव दूत थे जो पार्वती के शाप के कारण पृथ्वी में पैदा हुए। पिता ने इन्हें राज्य नहीं दिया।

2. रुद्र के गणों में सम्मिलित निशाचरों का एक समूह जो युद्ध-भूमि में मानवों का रक्त और मांस खाया करते थे। ये शिव के उपासक बताये जाते थे इनका निवास स्थान श्मशान माना गया है और देवता मान कर इनकी पूजा की जाती थी।

3. ऐसा शव जिस पर भूतों ने अधिकार कर लिया हो।

वेद

वेद चार हैं—ऋग्वेद, यजुर्वेद, सामवेद और अथर्ववेद। वेद विश्व के सर्वाधिक प्राचीन ग्रंथ हैं। पहले 'वेद' शब्द का प्रयोग संहिता, ब्राह्मण, आरण्यक और उपनिषद सहित संपूर्ण वैदिक वांङमय के लिए होता था। अब केवल संहिता के लिए वेद शब्द का प्रयोग होता है। संहिता अर्थात मंत्र भाग भी पहले एक ही था।

फिर यज्ञों की आवश्यकता के अनुसार तीन विभाग किए गए जो 'वेदत्रयी' कहलाए। स्तुति अर्थात् प्रार्थनावाले मंत्रों के संग्रह का नाम 'ऋग्वेद संहिता', यज्ञों को व्यवस्था से संबंधित गद्यमय मंत्र अथवा वाक्यों के संग्रह का नाम 'यजुर्वेद संहिता' और उच्च स्वर में गाए जानेवाले मंत्रों के संग्रह का नाम 'सामवेद संहिता' पड़ा। पर पूरे वेद-वचन इस विभाजन में नहीं आ सकते थे। उनमें इसके अतिरिक्त लौकिक कृत्यों और जादू-टोना आदि का भी समावेश था। साथ ही यज्ञ के निर्विघ्न संपन्न होने की देखरेख के भी मंत्र थे। इन सबको मिलाकर एक चौथी संहिता 'अथर्व वेद' के नाम से बना। यह प्रसिद्धि है कि वेदों के संकलन और विभाग का काम व्यास ने किया।

प्रत्येक वेद से जिस साहित्य का विकास हुआ, उसके भी चार भाग हैं—'संहिता' अर्थात् मंत्रों का संग्रह, 'ब्राह्मण' अर्थात् मंत्रों की व्याख्या और उनके समर्थन में प्रवचन, 'आरण्यक' अर्थात् वानप्रस्थियों के उपयोग के लिए उनके द्वारा जंगलों में रहकर पढ़ा जाने वाला यज्ञों के आध्यात्मिक रूप का वर्णन और 'उपनिषद' अर्थात् ब्रह्म विद्या से संबंधित ग्रंथ।

भारतीय परंपरा वेदों को अपौरुषेय मानती है। इनमें निहित ज्ञान सदा से रहा है। इसलिए वेदों का कोई रचयिता नहीं है। जिन व्यक्तियों को तपोबल से यह ज्ञान प्राप्त हुआ और जिनमें स्त्री-पुरुष दोनों थे, वे ऋषि कहलाए तथा वेद-मंत्रों के रचयिता न होकर उनके 'द्रष्टा' माने गए।

वेदों के संदर्भ में ऋषि, छंद और देवता का उल्लेख किया जाता है। जिस ऋषि के द्वारा जो मंत्र प्रकाश में आया, वह उस मंत्र का ऋषि है। जिस छंद में वह मंत्र विशेष है, वह उसका छंद है। उस मंत्र से देवता के जिस रूप की उपासना की गई है, वही उस मंत्र का देवता कहलाता है।

आधुनिक विद्वान् वेदों को अपौरुषेय न मान कर प्राचीन ऋषियों की रचना मानते हैं। उन्होंने इनका रचना-काल 6000 ई. पू. से 2500 ई. पू. तक निर्धारित किया है।

वेदों में वर्णित देवता तीन भागों में बांटे जाते हैं—द्यु (आकाश) स्थानीय, इनमें वरुण, पूषा, सूर्य, विष्णु, आश्विन और उषा सम्मिलित हैं। अंतरिक्ष स्थानीय जिनमें इंद्र, रुद्र और मरुत हैं। पृथ्वी स्थान के देवता अग्नि, बृहस्पति तथा सोम हैं।

वेदवती

राजा कुशध्वज जनक और मायावती की पुत्री जिसका विवाह उसके पिता विष्णु से करना चाहते थे। किंतु शंभु नामक राक्षस ने वेदवती से विवाह करने की इच्छा प्रकट की। जब कुशध्वज इसके लिए राजी न हुए तो शंभु ने उसका वध कर

डाला। पिता की मृत्यु से दुखी वेदवती ने पुष्कर में तपस्या करके अगले जन्म में विष्णु की पत्नी बनने का आशीर्वाद प्राप्त किया। इसी आशीर्वाद से उसने सीता के रूप में जन्म लिया।

जन्म के समय ही इसके मुंह से वेद-ध्वनि निकली थी। इसलिए वेदवती कहलाई।

वेदव्यास

प्राचीन काल में अनेक ग्रंथकार व्यास कहलाए हैं। व्यास शब्द सामान्यत: संपादक के अर्थ में प्रयुक्त हुआ है। परंतु वेदव्यास वे महर्षि हैं, जिन्होंने वेदों को व्यवस्थित रूप प्रदान किया। लेकिन यह परंपरा वहीं समाप्त नहीं हो गई। महाभारत के रचयिता, वेदांत दर्शन पुराणों के रचनाकार सभी को वेदव्यास कहा गया है। इसलिए यह किसी एक व्यक्ति का नाम न होकर पदनाम प्रतीत होता है, यद्यपि भारतीय परंपरा इन सबको एक ही व्यक्ति मानती है। (दे. व्यास)।

वेदशिरा

1. मार्कण्डेय ऋषि का पुत्र एक भृगुवंशीय ऋषि जिसके मार्कण्डेय नामधारी अनेक पुत्र हुए। हरण के भय से इसने अपनी कन्या को नदी बना दिया।
2. शिव का एक अवतार जो वैवस्वत मन्वंतर में हुआ। यह हिमालय पर्वत में सरस्वती नदी के तट पर अवतीर्ण हुआ था।
3. पुराणों में वर्णित एक अस्त्र का नाम।

वेदांग

ऐसा शास्त्र जिसकी सहायता से वेदों के पाठ, अर्थ के ज्ञान और यज्ञों में उनकी उपयोगिता आदि का बोध होता है। इस शास्त्र के 6 अंग माने गए हैं—'शिक्षा' (स्वर एवं वर्णों के उच्चारण के नियम), 'कल्प' (वैदिक यज्ञों की व्यवस्था), 'व्याकरण' (मंत्रों की व्याख्या और अर्थ-निर्णय), 'छंद' (वैदिक छंदों का परिचय), 'निरुक्त' (मंत्रों के अर्थ का स्पष्टीकरण) तथा 'ज्योतिष' (यज्ञों के विधान के लिए समय का निर्धारण)। वेदों के पूर्ण ज्ञान के लिए इन विषयों का अध्ययन आवश्यक माना जाता है।

वेदांत

वैदिक साहित्य के तीन भाग हैं—कर्मकांड, ज्ञानकांड और उपासनाकांड। कर्मकांड में ब्राह्मण ग्रंथ आते हैं जिनका संबंध यज्ञों से है। उपनिषदों का संबंध ज्ञानकांड और उपासना दोनों से है। वेदांत शब्द में आए 'अंत' का अर्थ विद्वान् आंतरिक

अभिप्राय लगाते हैं। उनके अनुसार वेदों के आंतरिक ज्ञान का अभिप्राय ब्रह्मज्ञान है और यही उपनिषदों का सार है। इसलिए वेदांत का आशय उपनिषदों से ही है। इसी के आधार पर आगे चलकर अद्वैतवाद, विशिष्टाद्वैतवाद, शुद्धाद्वैतवाद आदि संप्रदाय अस्तित्व में आए।

आजकल वेदांत शब्द शंकराचार्य से दर्शन के लिए प्रयुक्त होता है। वादरायण ने उपनिषदों के ज्ञान को एकत्र और समन्वित करके 'ब्रह्मसूत्र' की रचना की। इसे 'वेदांतसूत्र' (दे.) भी कहते हैं। इसका शंकराचार्य द्वारा किया भाष्य सबसे प्रामाणिक माना जाता है। उपनिषद् वेदों के अंतिम भाग हैं, इसलिए वेदांत कहलाते हैं। शंकराचार्य ने उपनिषद् का अर्थ बताया है—वह ज्ञान जो बंधन को काटे।

वेदांत के अनुसार सब कुछ ब्रह्म है। ब्रह्म के सिवाय कुछ भी नहीं है। वेदांत जीव, जगत् और परमात्मा के स्वरूप तथा इनके पारस्परिक संबंध का निर्णय करता है। इस प्रकार वेदांत का अर्थ बड़ा व्यापक है.

वेदांतसूत्र

वादरायण द्वारा रचित ग्रंथ जिसे ब्रह्मसूत्र भी कहते हैं। इसमें उपनिषदों की समस्त दार्शनिकता का निचोड़ है। वेदांतसूत्र में चार अध्याय हैं—1. समन्वय—इसमें विभिन्न सूत्रों का समन्वय किया गया है। 2. अवरोध—इसमें अन्य दार्शनिक विचारों का खंडन और वेदांत की स्थापना है। 3. साधन—इसमें जीव और ब्रह्म के लक्षण बताए गए हैं। 4. फल —इसमें निर्गुण-सगुण उपासना और मुक्त पुरुष का वर्णन है।

वेदी

जिस स्थान पर यज्ञ के लिए अग्नि जलाई जाती है या कलश आदि स्थापित किए जाते हैं, उसे वेदी कहते हैं। वैदिक काल में यज्ञ खुले मैदान में होते थे। उस समय वेदी का अर्थ वह पूरा क्षेत्र था जिसमें यज्ञ संपन्न होता। एक ऊंचा चबूतरा बनता, ऊपर मंडप छाया जाता, चबूतरे पर कुश बिछाए जाते, यज्ञ-सामग्री रखी जाती।

वेदी की अनेक प्रकार की आकृति होती थी। संप्रदायों के अनुसार भी इनके आकार-प्रकार में अंतर होता था। यज्ञ-कर्म के भेद के अनुसार भी वेदियों में अंतर पाया जाता था। समय के साथ वेदी का यह रूप बदल गया और वह सिमटकर छोटा हो गया।

वेन

राजा अंग और मृत्यु की मानस कन्या सुनीथा का पुत्र जिसका पालन-पोषण मृत्यु

के घर पर हुआ था। यह बड़ा अत्याचारी था। इसके अत्याचारों के कारण इसके पिता तक को घर छोड़ देना पड़ा। राजा बनने पर यह और भी उच्छृंखल हो गया। इसने ऋषियों को सताया, सारे यज्ञ-कर्म बंद कर दिए। जब समझाने पर भी यह नहीं माना तो ऋषियों ने अभिमंत्रित कुशा से इसका वध कर दिया।

वेन के कोई संतान न थी। वंश परंपरा चलाने के लिए ऋषियों ने पहले इसकी जांघ का मंथन किया। उससे एक काले वर्ण का नाटा पुरुष पैदा हुआ जिससे आगे चलकर निषाद जाति बनी। हाथ का मंथन करने पर पृथु (दे.) नाम का राजा उत्पन्न हुआ। शरीर के अंदर से पाप निकल जाने से वेन पापरहित होकर स्वर्ग चला गया।

वैकुण्ठ

पुराणों में वर्णित विष्णु का निवासस्थान, जो सर्वश्रेष्ठ धाम माना गया है। मान्यता के अनुसार जिस व्यक्ति को मोक्ष प्राप्त होता है, वह यहीं जाता है। यहां के निवासी अजर-अमर हैं। वे न तो कभी बूढ़े होते हैं और न मरते हैं। इस धाम की स्थिति सत्यलोक से भी ऊपर मानी गई है।

वैखानस

वानप्रस्थ यतियों का एक संप्रदाय जिसकी आचार्य परंपरा विखनस मुनि से आरंभ होती है। इनका 'विखानस धर्म प्रश्न' नामक ग्रंथ मिलता है। इसमें वानप्रस्थ आश्रम ग्रहण करने की विधि और वानप्रस्थियों के लिए विहित आचरण का उल्लेख किया गया है। चारों वर्ण, चारों आश्रमों और उनके कर्तव्यों का भी विवेचन इसमें है।

इसके बाद के आचार्य भृगु, कश्यप और मरीचि बताए जाते हैं। इस मत के अनुसार परमात्मा की चार मूर्तियां होती हैं—विष्णु, महाविष्णु, सदाविष्णु और सर्वव्यापी। इन्हीं से चार अंश—पुरुष, सत्य, अच्युत और अनिरुद्ध उत्पन्न होते हैं। इनके नाम-जप, अर्चन और ध्यान से ही जीवों को मुक्ति मिलती है। इस मत में संपूर्ण पूजन को श्रेष्ठ माना जाता है। वैखानस मत की चार शाखाएं हैं—आत्रेय, काश्यपीय, मारीच और भार्गव।

वैतरणी

पुराणों के अनुसार नरकलोक की नदी। गरुड़पुराण लिखता है—यह सौ योजन चौड़ी है। इसका जल अत्यंत गर्म है। इसमें रक्त, पीप, मांस आदि बहता रहता है जिसके कारण भयंकर दुर्गंध आती है। पापी प्राणी मरने के बाद प्रेत शरीर धारण करके रोते हुए इस नदी में गिरते हैं तथा भयंकर जीव-जंतु उन्हें डंक मारते

और काटते हैं। यमलोक की इस नदी को पार करने के लिए धर्मशास्त्र में कुछ उपाय बताए गए हैं। यह भी उल्लेख मिलता है कि सती के वियोग से शिव के नेत्रों से जो अश्रुधारा बही उसी से यह नदी बनी।

वैद्यनाथ

बिहार प्रदेश के संथाल परगना में स्थित वैद्यनाथ की गणना शिव के द्वादश ज्योतिर्लिंगों में होती है। यह स्थान शक्ति के 51 पीठों में से भी एक है। यहां सती का हृदय गिरा था। इसका एक नाम देवघर भी है। रावण द्वारा कैलास से लाया हुआ शिवलिंग वैद्यनाथ महादेव के मंदिर में स्थापित है। इसी मंदिर के घेरे में 21 और मंदिर हैं। साथ ही निकटवर्ती क्षेत्र में भी अनेक धार्मिक स्थल हैं।

पौराणिक आख्यान के अनुसार रावण की तपस्या से प्रसन्न होकर शिव ने उसे लंका में स्थापित करने के लिए एक शिवलिंग दिया। पर कह दिया कि यदि बीच में इसे कहीं पर भूमि में रखोगे तो यह वहीं गड़ जाएगा। रावण शिवलिंग लेकर चला। देवता इस लिंग को लंका नहीं जाने देना चाहते थे। इसलिए वरुण ने रावण के उदर में प्रवेश करके उसे लघुशंका के लिए बाध्य कर दिया। एकबार जब उसने शिवलिंग नीचे रख दिया तो वह फिर उससे नहीं उठा। हारकर रावण को वहीं पर पूजा करनी पड़ी और लिंग को छोड़कर वह लंका चला गया। बाद में बैजू नामक एक भील ने उसे देखा और सर्वप्रथम पूजा की। तब से वैद्यनाथ की पूजा निरंतर होती चली आ रही है।

वैदिक धर्म

कर्म पर आधारित चार आश्रमों का समाज, चार आश्रमों का व्यक्तिगत जीवन, यम और नियमों का पालन, यज्ञ की प्रधानता, इंद्र, वरुण, अग्नि, सोम, सूर्य, चंद्र, अश्विन, उषा, रुद्र, मरुत, पृथ्वी, समुद्र, सरस्वती और वाग्देवी की उपासना—ये वैदिक धर्म के प्रमुख स्तंभ हैं। धर्म को अभ्युदय और निःश्रेयस का साधन माना जाता था। वैदिक धर्म सांप्रदायिक संकीर्णता से ग्रस्त न होकर सार्वभौम धर्म रहा है। कालांतर में उपनिषद्-काल में यज्ञ और कर्मकांड में कमी आ गई और तप और ज्ञान का महत्व बढ़ गया। फिर भी धर्म, अर्थ, काम और मोक्ष को वैदिक धर्म में सदा जीवन का लक्ष्य माना गया।

वैराज

प्रजापति के पुत्र जो महाभारत में वर्णित सात प्रमुख पितरों में से एक हैं। ये योगी थे, किंतु योग-भ्रष्ट होने के कारण पुनः पैदा हुए। पर पूर्वजन्म की स्मृति इन्हें पुनः योग के पथ पर ले गई। ये बड़े परोपकारी और योगाभ्यास करनेवालों के सहायक

माने जाते हैं। हिमालय की पत्नी मैना इन्हीं की मानसकन्या थी।

वैवस्वत

वैवस्वत नामक आजकल के मन्वंतर का मनु। महाभारत के अनुसार इसके प्राशु, धृष्ट, नरिष्यंत, नाभाग, इक्ष्वाकु, करुष, शर्याति, इल, पृषध्र तथा नाभानेदिष्ट नाम के दस पुत्र तथा इला नाम की कन्या थी, जिसने पुरुरवा नामक पुत्र को जन्म दिया था। कुछ स्थानों पर पुत्रों के भिन्न नाम मिलते हैं। शतपथ ब्राह्मण के अनुसार प्रलय के समय एक मत्स्य ने नाव में बैठाकर मनु को बचा लिया था। प्रलय के उपरांत यही मनु मनुष्य जाति की प्रथम संतान के जनक हुए जिसे उन्हीं की छवि से उत्पन्न इला ने जन्म दिया। भागवत मनु को द्रविड़ देश का सत्यव्रत नाम का राजा बताता है। मत्स्यपुराण के अनुसार इनकी नौका हिमालय में नहीं, मलय पर्वत पर रुकी थी। इन्हें सूर्य और संज्ञा का पुत्र भी बताया गया है।

वैशंपायन

महर्षि व्यास के चार प्रमुख शिष्यों में से एक। ये कृष्णयजुर्वेद की तैत्तरीय संहिता के आदिआचार्य थे। व्यास ने अपने चार शिष्यों—पैल को ऋग्वेद, वैशंपायन को यजुर्वेद, जैमिनि को समवेद और सुमंत को अथर्ववेद का ज्ञान दिया था। वैशंपायन ने व्यास से प्राप्त ज्ञान अपने 86 शिष्यों में बांटा। इन्हीं में इनके शिष्य याज्ञवल्क्य (दे.) भी थे। उनसे विवाद होने पर वैशंपायन ने अपना दिया हुआ सब ज्ञान उगलवा लिया जिसे उनके अन्य शिष्य तीतर पक्षी बनकर चुग गए।

व्यास ने आरंभ में 'जय' नामक ग्रंथ में महाभारत की संक्षिप्त कथा लिखी थी। वैशंपायन ने इसका विस्तार करके 'भारत' नाम का ग्रंथ लिखा। बाद में सौति (दे.) ने इसका और विस्तार किया। यही 'महाभारत' ग्रंथ आज उपलब्ध है।

नागों की राजधानी तक्षशिला में सर्प-यज्ञ के समय जनमेजय के पुरोहित वैशंपायन ही थे।

वैशाली

बिहार का एक प्राचीन नगर जिसके खंडहर गंडक नदी के बांए तट पर प्राप्त हैं। यह इक्ष्वाकु राजाओं के समान लिच्छवि राजाओं की भी राजधानी थी। तीर्थंकर महावीर और गौतम बुद्ध धर्मप्रचार के लिए यहां आए थे। बौद्ध और जैन ग्रंथों के साथ-साथ चीनी यात्रियों ने भी अपने यात्रा विवरणों में इसका विशेष उल्लेख किया है।

वैशेषिक-दर्शन

भारत के 6 दर्शनों में वैशेषिक दर्शन का विशिष्ट स्थान है। यह आस्तिक दर्शन है और इसका भी लक्ष्य दु.खपूर्ण संसार से मुक्ति प्राप्त करना है। 'विशेष' नामक पदार्थ की विवेचना के कारण इसे वैशेषिक नाम दिया गया है। इस दार्शनिक मत के प्रवर्तक महर्षि कणाद हैं जिन्होंने 'वैशेषिक सूत्र' नामक ग्रंथ की रचना की। खेतों से चुने हुए अन्न-कणों के सहारे जीवनयापन करनेवाले अर्थात् कणों पर संतोष करनेवाले कणाद का समय ईसा से तीन शताब्दी पहले माना जाता है। बाद में दसवीं शताब्दी के मध्य में उदयन और श्रीधर नामक व्याख्याकारों ने इस दर्शन के विचारों को आगे बढ़ाया।

इस दर्शन के अनुसार संसार की सभी वस्तुएं केवल सात पदार्थों में समाहित हैं—द्रव्य, गुण, कर्म, सामान्य, विशेष, समवाय और अभाव। पदार्थों का वर्गीकरण तथा परमाणुवाद इस दर्शन की सबसे महत्वपूर्ण देन है। वैशेषिक दर्शन के अनुसार सृष्टि का क्रम इस प्रकार से होता है—वायु, जल, पृथ्वी और तेज। प्रलय में भी आत्मा अक्षय रहता है।

वैश्य

प्राचीन काल में प्रचलित वर्ण-व्यवस्था में तीसरा वर्ण। ऋग्वेद में इस वर्ण की उत्पत्ति विराट पुरुष की जंघाओं से बताई गई है। इस उपमा से विदित होता है कि कृषि, पशुपालन और व्यवसाय आदि करनेवाले इस वर्ण को सामाजिक जीवन का स्तंभ माना जाता था।

वैश्वानर

ऋग्वेद में यह नाम अग्नि के लिए आया है और वहां इसे प्रधान देवता बताया गया है। वैश्वानर की स्तुति में विश्वामित्र के कुछ वेद मंत्र भी हैं।

पुराणों में इस नाम के कई व्यक्ति हैं। दानवराज कश्यप और दनु के सौ पुत्रों में से एक का नाम वैश्वानर था। एक अन्य वैश्वानर की कन्या शांडली को गरुड़ हिमालय की ओर ले जाना चाहता था, किंतु उसके पर जल गए। तीसरे वैश्वानर की समुद्रमंथन के समय केतु से लड़ाई हुई थी। एक शिवभक्त का नाम भी वैश्वानर था जिसने मृत्युंजय महादेव की पूजा से अग्नि का पद प्राप्त किया और अग्नि कोण का लोकपाल हो गया। इंद्र की सभा में भी इस नाम का एक ऋषि था।

वैष्णवमत

विष्णु की उपासना करनेवालों का यह मत भागवत मत और पांचरात्र भी कहलाता

है। इस मत के अनुसार परम कर्तव्य और मुक्ति का साधन हरिभजन ही है। इस मत में नौ प्रकार की भक्ति बताई गई है—स्मरण, कीर्तन, वंदन, पादसेवन, अर्चन, आत्मनिवेदन, श्रवण, दास्य और सख्य।

वैष्णवों के चार समुदाय मुख्य हैं, श्रीवैष्णव संप्रदाय, माध्व संप्रदाय, रुद्र संप्रदाय और सनक संप्रदाय। प्राचीन भागवत संप्रदाय का दक्षिण में अभी भी प्रचलन है। वहां इसके अनुयायी गोपी चंदन की खड़ी रेखाएं मस्तक पर धारण करते हैं।

वैष्णोदेवी

जम्मू-कश्मीर राज्य के ऊधमपुर जिले में स्थित एक प्रसिद्ध गुफा-तीर्थ। यहां मानव निर्मित मंदिर नहीं है। मान्यता है कि देवी ने त्रिशूल के प्रहार से शिला में गुफा बना ली है। यह देवी का सिद्धपीठ माना जाता है। गुफा के अंदर आरंभ में लेटकर प्रवेश करना पड़ता है। भीतर महाकाली, महालक्ष्मी और महासरस्वती की मूर्तियों के दर्शन होते हैं। इन मूर्तियों के चरणों से निरंतर जल बहता रहता है। उसे बाणगंगा कहते हैं।

यह उत्तर भारत का अत्यंत प्रसिद्ध तीर्थ है। इसके द्वार कभी बंद नहीं होते। चौबीसों घंटे दर्शन होते हैं। वर्ष भर में लाखों श्रद्धालु दर्शनों के लिए पहुंचते हैं। जम्मू से कटरा तक मोटरमार्ग है। शेष 16 कि. मी. की यात्रा पैदल या घोड़े पर की जाती है। बीच में आदिकुमारी नामक स्थान पड़ता है। हाथीमत्था यात्रा मार्ग की सबसे ऊंची चोटी है। यात्रियों की सुविधा के लिए धर्मशालाएं हैं। पूरा यात्रा मार्ग रात भर बिजली की रोशनी से जगमगाता रहता है।

वोपदेव

महाराष्ट्र में उत्पन्न एक विद्वान् जिसका समय 13वीं शताब्दी का अंतिम काल माना जाता है। इन्होंने भागवत पुराण पर अनेक ग्रंथों की रचना की जिनमें 'हरिलीला' और 'मुक्ताफल' अधिक प्रसिद्ध हैं। इन ग्रंथों में भागवत का सारांश और उसकी शिक्षाएं दी गई हैं।

व्याघ्रेश्वरी

दक्षिण भारत में तुंगभद्रा नदी के तट पर यह तीर्थ है। यहां नदी के एक किनारे देवी के मस्तक की पूजा होती है और दूसरे किनारे पर धड़ की। इन्हें लोग रामचंडेश्वरी भी कहते हैं और परशुराम की माता मानते हैं। परशुराम ने पिता की आज्ञा से मां का सिर काट दिया और फिर पिता से उन्हें जीवित कर देने का वरदान भी ले लिया था। उसी की स्मृति में मस्तक और धड़ की अलग-अलग पूजा

होती है। यह स्थान दक्षिण रेलवे के मुनीराबाद स्टेशन के निकट है।

व्यास

प्राचीन भारतीय वांङ्मय के संदर्भ में सबसे अधिक उल्लेख व्यास का होता है। इन्होंने ही वेदों का संकलन, विभाजन और संपादन किया। महाभारत, पुराण आदि ग्रंथों के रचयिता भी व्यास ही बताए जाते हैं। एक मान्यता यह है कि व्यास किसी एक व्यक्ति का नाम न होकर उपाधि-सूचक नाम है। जब जिस ऋषि-मुनि ने वैदिक संहिता का संपादन किया या किसी पुराण की रचना की वही वेदव्यास या व्यास के नाम से विख्यात हो गया।

एक व्यास कृष्ण द्वैपायन व्यास हैं। इनके पिता पराशर मुनि थे। वे सत्यवती नाम की धीवर कन्या पर आसक्त हो गए। सत्यवती के गर्भ से उसकी कुमारी अवस्था में द्वीप में व्यास का जन्म हुआ। द्वीप में पैदा होने और कृष्ण वर्ण से कारण ये कृष्ण द्वैपायन कहलाए। सत्यवती का विवाह बाद में भीष्म पितामह के पिता महाराज शांतनु के साथ हुआ था। शांतनु और सत्यवती के पुत्र विचित्रवीर्य के निःसंतान मर जाने पर कृष्ण द्वैपायन व्यास के संसर्ग से ही उसकी पत्नियों के गर्भ से धृतराष्ट्र और पांडु का जन्म हुआ था। विदुर भी एक दासी के गर्भ से उत्पन्न एक व्यास-पुत्र थे। ये नियोग सत्यवती के कहने पर किए गए। कृष्ण द्वैपायन ने ज्ञान की साधना बदरिकाश्रम में की थी, अतः ये बादरायण भी कहलाते हैं। महाभारत और भागवत पुराण का रचनाकार इन्हें ही माना जाता है।

व्रत

संकल्पपूर्वक किए हुए कार्य को व्रत कहते हैं। ऋषि-मुनियों ने वेद-पुराणों आदि को आत्मसात करके ऐसे अनेक उपाय बताए हैं जिनसे मानव का कल्याण होता है, सुख की प्राप्ति होती है। इन्हीं उपायों के द्वारा दुखों से मुक्ति भी मिलती है। व्रत और उपवास इसी प्रकार के सरल उपाय हैं। वैदिक काल में व्रतों का इतना प्रचलन नहीं था। पौराणिक काल से इनका प्रचलन बढ़ गया।

व्रत मुख्यतः तीन प्रकार के होते हैं—1. नित्य—जिस व्रत का आचरण सदा आवश्यक हैं और जिसके न करने से मनुष्य को दोष लगता है, वह नित्य व्रत कहलाता है। सच बोलना, पवित्र रहना, क्रोध न करना, परनिंदा न करना आदि इसी में आते हैं। 2. नैमित्तिक—किसी प्रकार का पाप हो जाने पर उसके निवारण के लिए किया जानेवाला व्रत नैमित्तिक व्रत कहलाता है। 3. काम्यव्रत—जो व्रत किसी कामना की पूर्ति के लिए किया जाता है, वह काम्य व्रत है।

स्त्री और पुरुषों के लिए अलग-अलग व्रतों का विधान है। धीरे-धीरे इनकी संख्या में यहां तक वृद्धि होती गई कि तिथि और वार के भी व्रत रखे जाने लगे।

श

शंकर

(दे.) शिव।

शंकराचार्य

अद्वैत मत के प्रमुख प्रचारक शंकराचार्य का जन्म 788 ई. में केरल प्रदेश में पूर्णा नदी के तट पर स्थित काटली नामक गांव में हुआ था। ब्राह्मण परिवार में जन्मे शंकराचार्य पांचवें वर्ष में यज्ञोपवीत संस्कार के बाद वेदाध्ययन के लिए भेजे गए। सात वर्ष की अल्प आयु में ही इन्होंने वेद और वेदांगों का अध्ययन पूरा कर लिया। वे संन्यास लेना चाहते थे, परंतु मां जो पहले ही विधवा हो चुकी थी, इसके लिए तैयार न थी। एक दिन जब शंकर मां के साथ नदी में स्नान कर रहे थे, एक मगर ने उनका पैर पकड़ लिया। माता चिल्लाने लगी। इस पर शंकर ने कहा—यदि तुम मुझे संन्यास लेने की आज्ञा दे दो तो मगर मेरा पैर छोड़ देगा। यही हुआ, मां ने आज्ञा दी और मगर ने पैर छोड़ दिया। 8 वर्ष की उम्र में संन्यास लेते समय शंकर ने मां को वचन दिया था कि तुम्हारे अंत समय में अवश्य उपस्थित रहूंगा और इसका उन्होंने पालन किया।

नर्मदा तट पर स्वामी गोविंद भगवत्पाद से संन्यास की दीक्षा लेकर शंकर काशी आए। अब लोग उनके शिष्य बनने लगे। उन्होंने बौद्ध, जैन और कापालिकों के प्रभाव से निकलकर लोगों को सनातन वैदिक धर्म में दीक्षित करना आरंभ किया। इसके लिए वे पूरे देश में घूमे। चार कोनों में चार मठों की स्थापना की। दक्षिण में तुंगभद्रा के तट पर 'शृंगेरी मठ', गुजरात में द्वारकापुरी में 'शारदा मठ', जगन्नाथपुरी में 'गोवर्धन मठ' और बदरीनाथ के निकट 'ज्योति मठ' स्थापित करके विद्वानों को वहां का अधिष्ठाता बनाया। इन चारों मठों के मठाधीश अथवा अधिष्ठाता आज भी शंकराचार्य कहलाते हैं और अपने पांडित्य के लिए प्रसिद्ध हैं।

शंकराचार्य ने स्थान-स्थान पर जाकर विद्वानों से शास्त्रार्थ किया और उन्हें अपने मत का बनाया। इनमें मंडन मिश्र और उनकी विदुषी पत्नी भारती के साथ हुआ शास्त्रार्थ विशेष प्रसिद्ध है।

शंकराचार्य ने अपने मत के प्रतिपादन के लिए अनेक ग्रंथ और प्राचीन ग्रंथों

पर भाष्य लिखे। उपनिषदों, गीतों और ब्रह्मसूत्र पर इनके भाष्य सबसे प्रामाणिक माने जाते हैं। शंकर गुप्तकाल के बाद भारत के सबसे बड़े दार्शनिक थे। यद्यपि 820 ई. में केवल 32 वर्ष की अल्प आयु में ही केदारनाथ में इनका निधन हो गया, परंतु भारत के दार्शनिक जीवन पर आज भी शंकराचार्य का अमिट प्रभाव है।

शंकु

1. श्रीकृष्ण का एक पुत्र जो सत्या के गर्भ से उत्पन्न हुआ था।

2. महाराज उग्रसेन के नौ पुत्रों में से एक—कंस का भाई।

3. एक यादव वीर का नाम जो द्रौपदी स्वयंबर और सुभद्रा-अर्जुन के विवाह के अवसर पर उपस्थित था।

4. शिव का एक नाम।

5. कामदेव का भी एक नाम शंकु है।

6. वह खूंटी जिसकी सहायता से प्राचीनकाल में दीपक, सूर्य आदि की छाया नापी जाती थी।

शंख

1. समुद्र का पुत्र शंखासुर नाम का एक असुर जो चारों वेदों को ले गया। उसने उन्हे समाप्त करना चाहा, पर वेद समुद्र में छिप गए। वेदों के अभाव से भारत की जनता की पुकार सुनकर ब्रह्मा ने विष्णु से अनुरोध किया। तब विष्णु ने मत्स्य का रूप धारण करके समुद्र में जाकर शंख का वध किया और वेदों को मुक्त कराया।

2. कश्यप और कद्रु का पुत्र पाताल में रहनेवाला एक नाग जिसके एक हजार सिर थे।

3. राजा विराट का एक पुत्र और उत्तरा का भाई।

4. लिखित (दे.) ऋषि का भाई एक ऋषि। यह धर्मशास्त्रकार था। इसके नाम पर तीन स्मृति ग्रंथ उपलब्ध हैं।

4. कुबेर की नौ निधियों में से एक निधि।

6. पंचजन्य नाम के शंख रूपी असुर का वध करने के बाद उसकी हड्डी से बना विष्णु का 'पांचजन्य' शंख।

शंखचूड़

1. दंभ राक्षस का पुत्र एक राक्षस जो विष्णु का भक्त था। इसकी पतिव्रता पत्नी तुलसी के कारण इसे 'विष्णु कवच' प्राप्त हुआ। इससे अजेय बनकर यह देवों को सताने लगा। यह देखकर शिव ने काली के सहित आक्रमण करके इसका वध

कर दिया। इसकी हड्डी से बना शंख पवित्र माना गया। शिव को छोड़कर सब देवताओं पर शंख से जल चढ़ता है।

2. कुबेर का अनुचर एक यक्ष। यह पूर्वजन्म में गोप था और राधा के शाप से राक्षस हो गया था। कंस ने श्रीकृष्ण को मारने के लिए इसे भी भेजा था। एक बार जब इसने कई गोपियों का हरण किया तो श्रीकृष्ण ने इसे मार डाला।

शंड और मर्क

पुराणों के अनुसार शुक्राचार्य और गो के चार पुत्रों में से दो। इनका उल्लेख 'शंडामर्क' संयुक्त नाम से भी मिलता है। ये शुक्र के प्रमुख शिष्य भी थे। असुरों को विजयी बनाने के लिए शुक्र ने इन्हें उनका गुरु बनाया था। इनके कारण असुर पक्ष को सदा विजय प्राप्त करते देखकर देवों ने इन्हें सोम का लालच दिया और अपनी ओर मिला लिया। इस प्रकार देव विजयी हुए। उसके बाद जब देव-यज्ञ में ये सोम की आशा में गए तो इस बार दुत्कार दिए गए।

हिरण्यकशिशु ने इन्हें प्रह्लाद का गुरु नियुक्त किया था। किंतु वहां भी ये दानवराज की मनोकामना पूर्ण करने में असफल रहे।

शंबर

एक असुर जिसने आकाश में वृत्तों की तरह सौ दुर्गों का निर्माण किया था। यह दिवोदास का शत्रु था और स्वयं को देवता मानने लगा था। दिवोदास के अनुरोध पर इंद्र ने इसका वध किया। पुराणों में शंबर को कश्यप और दनु के पुत्रों में से एक बताया गया है जो परमज्ञानी और राजनीतिज्ञ था। एक अन्य शंबर का भी उल्लेख मिलता है जो कंस का अनुयायी था। कृष्ण के पुत्र प्रद्युम्न के हाथों मारे जाने की आकाशवाणी सुनकर यह उन्हें मारने के लिए दौड़ा, किंतु स्वयं ही मारा गया। एक मत के अनुसार शंबर एक पर्वतवासी सामंत था जिससे दिवोदास को युद्ध करना पड़ा।

शंबूक

राम का समकालीन एक व्यक्ति जो शूद्र कुल में उत्पन्न होने के कारण 'शूद्रक' भी कहलाया। यह अपना सेवा कार्य छोड़कर तप करके स्वर्ग प्राप्त करना चाहता था। शूद्र के तप करने से एक ब्राह्मण-पुत्र की अकाल मृत्यु हो गई। इसका कारण पूछने पर नारद ने बताया कि त्रेता युग में ब्राह्मण और क्षत्रिय ही तपस्या करने के अधिकारी हैं। अवश्य ही कोई शूद्र तप कर रहा है। इसका पता चलने पर राम ने शंबूक का वध कर दिया जिससे ब्राह्मण-पुत्र जीवित हो उठा।

ऐसा अनुमान है कि जब समाज संन्यासप्रधान होने लगा और लोग अपने-

अपने नियत कर्त्तव्यों की अवहेलना करने लगे, उस समय लोगों को संन्यासवृत्ति से विरत करने के लिए ऐसी कथाएं साहित्य में आईं।

शंभु

1. ग्यारह रुद्रों में से एक रुद्र।
2. श्रीकृष्ण और रुक्मिणी का एक पुत्र।
3. एक ऋषि जिसने राम को शिव की पूजा और श्राद्ध की विधि बताई थी।
4. एक इंद्र जो सावर्णि मन्वंतर में हुआ।

शंभुजी

छत्रपति शिवाजी का पुत्र और उत्तराधिकारी जो 1680 से 1689 ई. तक गद्दी पर रहा। उसने लगभग नौ वर्ष तक औरंगजेब की विशाल सेना का सफलतापूर्वक सामना किया। परंतु 1689 ई. में मुगलों ने उसे बंदी बना लिया और कुछ दिन बाद औरंगजेब ने उसका वध करवा दिया।

शंभुजी काबजी

शिवाजी का अत्यंत विश्वासपात्र व्यक्ति। जिस समय शिवाजी अफजल खां से भेंट करने गए थे, यह भी उनके साथ गया। जब शिवाजी ने बघनखे से अफजल को घायल किया, उसी समय शंभुजी काबजी ने उसका सिर काट दिया था।

शक

मध्य एशिया में निवास करनेवाला एक घुमंतू जाति-समूह। उस समय ईरान का पूर्वी भाग इनके कारण 'शकस्तान' कहलाता था। बाद में हूणों के आक्रमण के कारण ये भारत की ओर आ गए और गांधार, पंजाब, मथुरा, काठियावाड़ और दक्षिण महाराष्ट्र तक फैल गए। शक शासकों ने 'क्षत्रप' और 'महाक्षत्रप' की उपाधि धारण की। उन्होंने कई शताब्दियों तक पश्चिम भारत में राज्य किया। अंतिम शक क्षत्रप को 388 ई. में चंद्रगुप्त विक्रमादित्य ने परास्त किया था।

महाभारत के अनुसार शकों ने युद्ध में कौरवों का साथ दिया था। ये पहले क्षत्रिय थे, पर बाद में शूद्र बन गए। महाभारत शकों की उत्पत्ति नंदिनी गाय के गोबर से बताता है। इससे प्रतीत होता है कि उस समय इन्हें नीचा समझा जाता था।

शकटार

महानंद के दो मंत्री थे—एक ब्राह्मण और दूसरा शूद्र। ब्राह्मण का नाम था राक्षस

और शूद्र का शकटार। एक बार राजा ने क्रुद्ध होकर शकटार को कैद में डाल दिया। उसके परिवार के सब व्यक्ति भूखे मर गए। बाद में महानंद ने शकटार को राक्षस के नीचे नियुक्त कर दिया। इन कारणों से शकटार महानंद से बदला लेने के लिए बेचैन था।

एक दिन उसने देखा कि एक ब्राह्मण जिसका पैर कुश से कट गया था, उसकी जड़ में मट्ठा डाल कर कुश को समूल नष्ट करने में जुटा है। शकटार ने इस ब्राह्मण को लाकर राजा के यहां श्राद्ध की वेदी पर बैठा दिया। इससे कुपित होकर महानंद ने ब्राह्मण को घसीट कर बाहर निकलवा दिया। यही ब्राह्मण आगे चलकर विष्णुगुप्त चाणक्य या कौटिल्य के नाम से प्रसिद्ध हुआ। शकटार ने चाणक्य की सहायता से महानंद और उसके पुत्रों की हत्या कराकर अपने वैर का बदला लिया।

शकसंवत्

भारत सरकार द्वारा स्वीकृत भारतीय गणतंत्र का राष्ट्रीय संवत्। इसका आरंभ 78 ई. से माना जाता है। साधारणतः इस संवत् का आरंभकर्ता कुषाण शासक कनिष्क प्रथम को मानते हैं। किंतु कुछ विद्वान् इसे किसी अन्य शासक द्वारा चलाया हुआ बताते हैं। भारतीय संवतों में यह सर्वाधिक प्रचलित संवत् है। (दे. संवत पंचांग)।

शकुंतला

मेनका नामक अप्सरा के गर्भ से उत्पन्न ऋषि विश्वामित्र की कन्या जिसका पालन-पोषण कण्व ऋषि के आश्रम में हुआ। मेनका जन्मते ही इसे वन में छोड़कर चली गई। शकुंत पक्षियों ने इसकी रक्षा की, इसीलिए यह शकुंतला कहलाई। ऋषि की अनुपस्थिति में राजा दुष्यंत से इसका गंधर्व विवाह हुआ। किंतु दुर्वासा ऋषि के शाप के कारण इसे दीर्घकाल तक पति के घर से बाहर रहना पड़ा। बाद में पहचान कर दुष्यंत ने इसे अपनाया। शकुंतला के पुत्र भरत का जन्म कण्व ऋषि के आश्रम में हुआ। मान्यता है कि इसी भरत के नाम पर हमारा देश 'भारत' कहलाता है।

शकुनि

प्राचीन साहित्य में इस नाम के कई व्यक्तियों का उल्लेख मिलता है। सबसे अधिक चर्चित नाम गांधारी के भाई और कौरवों के मामा शकुनि का है। सुबल राजा का पुत्र होने के कारण यह सौबल भी कहलाता है।

शकुनि बड़े दुष्ट स्वभाव का था। यह पांडवों से आरंभ से ही द्वेष रखता था।

उन्हें नष्ट करने के लिए सदा दुर्योधन को प्रेरित करता। इसी ने द्यूत क्रीड़ा का आयोजन कराया जिसमें इसकी कपट चाल से युधिष्ठिर द्रौपदी के सहित सब कुछ हार गए और पांडवों को वनवास का दंड भोगना पड़ा। महाभारत युद्ध में यह सहदेव के हाथों मारा गया। कौरवों और पांडवों के बीच शत्रुता बढ़ाने में शकुनि का बड़ा हाथ था।

शक्ति

शक्ति का उल्लेख प्राचीन ग्रंथों में कई संदर्भों में आता है। तांत्रिक और शाक्त किसी पीठ की अधिष्ठात्री को शक्ति मानते हैं। पुराणों के अनुसार विभिन्न देवताओं की विभिन्न शक्तियां होती हैं। विष्णु की शक्तियां कीर्ति, कांति, पुष्टि, शांति, प्रीति आदि कहलाती हैं। रुद्र की शक्तियों के नाम हैं—गुणोदरी, लंबोदरी, खेचरी, मंजरी, गौमुखी, ज्वालामुखी आदि।

देवी भागवत के अनुसार तीन शक्तियां हैं—ज्ञान, क्रिया और अर्थ। महाकाली, महालक्ष्मी और महासरस्वती आद्याशक्ति कहलाती हैं। शक्ति को देवी पार्वती का अवतार माना जाता है। पुराणों में शक्तियों की संख्या 51 बताई गई है। इनके स्थान 'शक्ति पीठ' कहलाते हैं। जब शिव सती की प्राणहीन देह लेकर उन्मत्तों की तरह घूम रहे थे, विष्णु ने उनका आवेश समाप्त करने के लिए चक्र से सती की देह के टुकड़े-टुकड़े करके उन्हें विभिन्न स्थानों में गिरा दिया। ये टुकड़े और आभूषण जिन 51 स्थानों पर गिरे वे 51 शक्तिपीठ बन गए।

शक्तिवासिष्ठ

ऋग्वेद के कई मंत्रों के द्रष्टा एक ऋषि जो वसिष्ठ और अरुंधती के सौ पुत्रों में ज्येष्ठ थे। वैदिक साहित्य में इनके और विश्वामित्र के संघर्ष का उल्लेख मिलता है। सौदास राजा के यज्ञ में इन्होंने विश्वामित्र को पराजित कर दिया था। इस पराजय का बदला लेने के लिए विश्वामित्र ने जमदग्नि से 'संसर्परी विद्या' सीखी और इन्हें भस्म कर दिया।

इन्हें दक्ष से वायु पुराण ज्ञात हुआ था जिसका वर्णन इन्होंने अपने गर्भस्थ पुत्र पराशर (दे.) से किया। पराशर इनकी मृत्यु के बारह वर्ष बाद पैदा हुए।

शक्तिसेन

निघ्न राजा का पुत्र एक यादव राजा। यह सूर्य का बड़ा भक्त था और सूर्य ने इसे स्यमंतक मणि (दे.) दी थी। इसी मणि की चोरी श्रीकृष्ण को लगाई गई थी और दोनों का संघर्ष हुआ। बाद में मणि इसे पुनः प्राप्त हो गई। इसका नाम 'सत्राजित' या 'शुत्रुजित' भी मिलता है।

शची

दानवराज पुलोमा की पुत्री जिसका विवाह इंद्र के साथ हुआ था। जयंत शची का ही पुत्र था। पुलोमा ने देवासुर संग्राम में पहले अग्नि से और दूसरी बार वृत्तासुर से मिलकर इंद्र से युद्ध किया था। इंद्र के हाथों पुलोमा मारा गया और शची इंद्र को मिल गई।

एक बार देवताओं ने नहुष (दे.) को इंद्रपद दे दिया। नहुष की शची पर कुदृष्टि पड़ी। इस पर इंद्र की सलाह से शची ने कहलाया कि यदि तुम सप्त ऋषियों के कंधों पर रखी पालकी में बैठकर आओ तो मैं तुम्हारे साथ चलूंगी। नहुष पालकी में बैठकर ऋषियों से बोला—सर्प-सर्प (जल्दी-जल्दी) इस पर ऋषियों के शाप से वह सर्प बन गया।

ऋग्वेद में शची के नाम के कुछ सूक्त हैं, जिनमें सौत का नाश करने की प्रार्थना की गई है। द्रौपदी शची के अंश से ही उत्पन्न बताई जाती है।

शचीन्द्रनाथ सान्याल

प्रसिद्ध क्रांतिकारी शचीन्द्रनाथ सान्याल का पूरा परिवार देश की स्वतंत्रता के लिए प्रयत्नशील रहा। इनके बड़े भाई रवि सान्याल 'बनारस षड्यंत्र केस' में नजरबंद थे। छोटे भाई भूपेन्द्र सान्याल को काकोरी कांड में सजा मिली। भाई दूसरे जितेन्द्र को सरदार भगतसिंह के साथ लाहौर षड्यंत्र केस का अभियुक्त बनाया गया।

शचीन्द्रनाथ सान्याल प्रथम विश्वयुद्ध के समय क्रांतिकारी रासबिहारी वसु के प्रमुख सहयोगी थे। बनारस षड्यंत्र केस में उन्हें 1915 ई. में आजन्म कैद की सजा देकर अंडमान भेज दिया गया था। युद्ध की समाप्ति पर 1920 ई. में रिहा हुए पर काकोरी कांड में पुनः आजन्म कैद की सजा मिली। 1937 ई. में रिहा हुए, पर 1940 ई. में फिर नजरबंद कर लिए गए। लंबे जेल जीवन के कारण उन्हें क्षय रोग हो गया था। डाक्टरों की राय पर जेल से रिहा हुए, पर कुछ साल बाद ही दिवंगत हो गए।

शतजित

1. जामवंती के गर्भ से उत्पन्न श्रीकृष्ण का एक पुत्र जो यादवों के गृहकलह में प्रभास क्षेत्र में मारा गया।

2. गांधार नरेश का एक पुत्र और शकुनि का भाई जो कौरव पक्ष का एक योद्धा था और महाभारत युद्ध में भीम के हाथों मारा गया।

3. विष्णु का एक नाम।

शतधन्वा

मिथिला का एक भोजवंशीय राजा। यह कलिंग नरेश चित्रांगद की कन्या के स्वयंवर में उपस्थित था। अक्रूर और कृतवर्मा के उकसाने पर यह यादव राजा सत्राजित या समाजित से स्यमंतक मणि छीन कर भागा। श्रीकृष्ण ने इसका पीछा किया और मिथिला के पास इसका वध कर दिया। पर मणि नहीं मिली क्योंकि यह उसे अक्रूर को दे चुका था।

शतपथ ब्राह्मण

इस ब्राह्मण ग्रंथ का संबंध शुक्ल यजुर्वेद की माध्यन्दिनी और काण्व दोनों शाखाओं से है। एक सौ अध्यायों का होने के कारण इसका नाम शतपथ पड़ा है। उपलब्ध ब्राह्मण ग्रंथों में यह प्राचीनतम माना जाता है। ऐतिहासिक दृष्टि से भी इसका बड़ा महत्व है। इस विशाल ग्रंथ में महाभारत में वर्णित अनेक कथाओं के स्रोत पाए जाते हैं। अतः विद्वान् इसे विश्वकोशात्मक ग्रंथ मानते हैं। इसमें विष्णु को सब देवताओं में श्रेष्ठ माना गया है। यह सबसे अधिक नियमबद्ध ग्रंथ बताया जाता है।

शतरूपा

ब्रह्मा की एक मानस कन्या जो उनके बामांग से उत्पन्न हुई थी। इसने दीर्घकाल तक तपस्या करके स्वायंभुव मनु को पति रूप में प्राप्त किया। मनु से इसे सात पुत्र और तीन कन्याएं हुईं। मत्स्य पुराण के अनुसार शतरूपा ने अपने पिता ब्रह्मा से ही मनु, मारीच आदि सात पुत्रों को जन्म दिया।

शतानीक

1. जनमेजय के पुत्र और सहस्रानीक के पिता जो चौथे युग में चंद्रवंश के द्वितीय राजा थे। इन्होंने तीन बड़े-बड़े यज्ञ किए।

2. द्रौपदी के गर्भ से उत्पन्न पांडव नकुल का पुत्र। महाभारत युद्ध के अंतिम दिन अश्वत्थामा ने रात में शिविर में घुसकर अन्य पांडव पुत्रों के साथ इसकी भी हत्या कर दी थी।

शत्रुंजय

1. गुजरात में भाव नगर से 57 कि.मी. दूर पालीताणा नाम का कस्बा है। पालीताणा से 2 कि.मी. की दूरी पर शत्रुंजय पर्वत है। जैन धर्मावलंबी पांच पर्वतों को विशेष रूप से पवित्र मानते हैं—शत्रुंजय, अर्बुदाचल (आबू), गिरिनार कैलास और सम्मेत शिखर (पारसनाथ)।

शत्रुंजय पर्वत की कुल ऊंचाई 4 कि.मी. है। यह स्थान जैन मंदिरों का गढ़ है। इस क्षेत्र में बने हुए छोटे-बड़े मंदिरों की संख्या 3500 बताई जाती है। संसार भर में एक स्थान पर इतने अधिक मंदिर और कहीं नहीं हैं। आदिनाथ, कुमार, विमलशाह आदि के मंदिर अधिक प्रसिद्ध हैं। इनमें से कुछ तो शिल्पकला के उत्तम नमूने हैं। कई में रत्नों की और सोने की प्रतिमाएं स्थापित हैं। शत्रुंजय में अगणित मुनियों ने तपस्या की और मोक्ष प्राप्त किया।

2. धृतराष्ट्र के एक पुत्र का नाम, जिस पर महाभारत युद्ध में भीष्म की रक्षा का भार था। यह भीम के हाथों मारा गया। कर्ण के छोटे भाई और कौरव पक्ष के एक अन्य योद्धा का नाम भी शत्रुंजय था, जो अर्जुन के हाथों मारा गया।

शत्रुघ्न

दशरथ और सुमित्रा के पुत्र तथा लक्ष्मण के सहोदर भाई। ये भरत के अधिक निकट थे। इसीलिए प्राचीन साहित्य में राम-लक्ष्मण और भरत-शत्रुघ्न का नाम साथ-साथ आता है। राम को वनवास देने के निश्चय का, ननिहाल से लौटने पर, इन्होंने भी भरत की भांति प्रबल विरोध किया। मंथरा को तो ये मारने तक को उद्यत हो गए थे। दशरथ को भी बहुत बुरा-भला कहा और इस पीड़ादायक स्थिति को न रोकने के लिए अपने सहोदर लक्ष्मण की भी आलोचना की।

राम के राज्याभिषेक के बाद उनकी आज्ञा से शत्रुघ्न ने लवणासुर का वध करके मधुरा नगरी में अपना राज्य स्थापित किया और उसे 'मथुरा' नाम दिया। वे बारह वर्ष तक वहां राज्य करते रहे। राम के अश्वमेध यज्ञ के घोड़े की रक्षा करते हुए इन्होंने अनेक राजाओं पर विजय पाई।

कुशध्वज जनक की पुत्री श्रुतिकीर्ति इनकी पत्नी थी। काल का आगमन, लक्ष्मण के निर्वाण और राम के महाप्रयाण की तैयारी की सूचना पर ये अपने पुत्र सुबाहु और शत्रुघातिन को मथुरा और शूरसेन देश का राज्य सौंपकर भाई के साथ जाने के लिए अयोध्या आ गए।

शनि

1. सूर्य का पुत्र जो नवग्रहों में पाप ग्रह माना जाता है। इसकी माता का नाम छाया था। शनि अपनी पत्नी की इच्छा पूरी न कर सका। इस कारण पत्नी ने इसे शाप दिया कि यह जिसकी ओर देखेगा, वह भस्म हो जाएगा। बालक गणेश की ओर शनि के देखने से ही बालक का सिर कटकर अलग हो गया था। विश्वामित्र के पचास पुत्र इसी के शाप के कारण म्लेच्छ बन गए थे। शनि का रंग काला है और गृद्ध इसका वाहन है। ज्योतिष के अनुसार शनि जब रोहिणी नक्षत्र को पीड़ित करता है तो वह समय मनुष्यों के लिए अशुभ होता है।

2. यह ग्रह वृहस्पति के बाद दूसरा बड़ा ग्रह है। इसे नंगी आंखों से देखा जा सकता है। शनि के चारों ओर एक आकर्षक घेरा है जो उसका वलय कहलाता है। इसके 21 उपग्रह हैं। यह ग्रह घने बादलों से ढका रहता है, इसलिए इसकी सतह के बारे में अभी तक पता नहीं चला है।

शपथ

सामान्यत: अपनी बात का विश्वास दिलाने के लिए ईश्वर या किसी प्रियजन का नाम लेकर उस बात को कहना शपथ कहलाता है। राजनीतिक व्यवस्था में अपनी बात पर बल देने के लिए नहीं, वरन देश के और देश के संविधान के प्रति निष्ठा व्यक्त करते हुए शपथ ली जाती है। भारत के संविधान में ऐसी शपथ का प्रारूप निर्दिष्ट है। बिना निर्दिष्ट शपथ लिए अपने अधिकारों का प्रयोग दंडनीय अपराध है।

शबर

दक्षिण की रहनेवाली एक जाति जो पहले पेन्नार नदी के क्षेत्र में रहती थी। इनकी कुछ जातियां हिमालय क्षेत्र और राजपूताना में भी थीं। कहते हैं, ये लोग पहले क्षत्रिय थे। बाद में अपने हीन आचरण के कारण म्लेच्छ समझे जाने लगे। एक अन्य विवरण के अनुसार विश्वामित्र के उसी नाम के ज्येष्ठ पुत्र के शाप से ये म्लेच्छ बने। महाभारत में इन्होंने कौरवों का साथ दिया और सात्यिकी (दे.) के हाथों मारे गए।

शबरस्वामी

इन्होंने पूर्व मीमांसा सूत्र का भाष्य लिखा है। इनके संबंध में अन्य विवरण उपलब्ध नहीं हैं। लेखन शैली देखकर विद्वानों ने इनका समय पांचवीं शताब्दी ई. निश्चित किया है। बाद के पूर्व मीमांसाचार्यों ने शबरस्वामी के भाष्य पर वार्तिक लिखे हैं।

शबरी

शबर अर्थात भील जाति में उत्पन्न शबरी के संबंध में भिन्न-भिन्न प्रकार के विवरण मिलते हैं। उसका पिता भीलों का राजा था। शबरी के विवाह का समय निकट आने पर बलिदान के लिए बहुत से बकरे और भैंसे एकत्र किए गए थे। यह देखकर कि उसके विवाह के समय इतने प्राणियों का वध होगा, शबरी ने विवाह न करने का निश्चय किया और वह सदा के लिए वन में चली गई। वन में वह मतंग ऋषि का आश्रम साफ किया करती थी। सीता की खोज में जब राम वहां पहुंचे, तब तक ऋषि का स्वर्गवास हो चुका था। उसने राम से कहा—मैं ऋषि

के आदेश से आपकी प्रतीक्षा कर रही हूं। इसके बाद उसने चख-चखकर एकत्र किए मीठे फल राम और लक्ष्मण को अर्पित किए।

अध्यात्म रामायण के अनुसार शबरी ने हीन जाति की होने के कारण स्वयं को राम की सेवा के अयोग्य बताया तो राम ने कहा—ऊंची-नीची जाति या स्त्री-पुरुष के भेद का ईश्वर प्राप्ति में कोई अर्थ नहीं है। वहां तो केवल भक्ति होनी चाहिए।

एक अन्य विवरण के अनुसार राम-लक्ष्मण का आतिथ्य करने के बाद शबरी ने राम को बताया कि आपके चित्रकूट पर्वत पर पहुंचते ही यहां के सब ऋषि स्वर्गलोक चले गए हैं। मेरे लिए उनका निर्देश है कि मैं आप लोगों का सत्कार करके मुक्ति पाऊं।

यह सुनकर राम ने कहा—तुम आनंदपूर्वक अभीष्ट लोक की यात्रा करो। इस पर शबरी ने तेजस्वी शरीर प्राप्त किया और उस प्रदेश को प्रकाशित करती हुई वह स्वर्ग लोक को चली गई।

शबरीनारायण

बिलासपुर से लगभग 80 कि. मी. दूर शबरीनारायण में नारायण की चतुर्भुज मूर्ति है। मान्यता है कि इस मंदिर का निर्माण शबर जाति के लोगों ने कराया था। माघ पूर्णिमा को यहां बड़ा मेला लगता है।

शबरीमला

केरल प्रदेश के पूर्वी भाग में स्थित एक तीर्थ। यह हरिहर सुत अय्यप्पन या शास्ता का अत्यंत पुराना क्षेत्र है। अय्यप्पन मोहनी रूपधारी विष्णु और शिव के पुत्र माने जाते हैं तथा इसीलिए हरिहर सुत भी कहलाते हैं।

शबरीमला पहुंचने के लिए घने जंगलों और पर्वतों के दुर्गम रास्तों को पार करना होता है। सामान्यतः यहां के मंदिर में वर्ष में केवल एक बार मकर संक्रांति को पूजा होती है। यहां जात-पांत या ऊंच-नीच का कोई भेद नहीं है। परंतु दर्शन करनेवालों को कार्तिक मास से ही कठिन व्रत का पालन करना पड़ता है। बहुत छोटी लड़कियों और वृद्धाओं को छोड़कर महिलाएं यहां नहीं जातीं। दक्षिण में शबरीमला क्षेत्र की बड़ी महिमा है।

शब्द-प्रमाण

न्यायशास्त्र में शब्द को भी प्रमाण माना गया है। आप्तपुरुष का वाक्य शब्द-प्रमाण है। आप्तपुरुष वह है जो जैसा देखे, सुने, अनुभव करे, ठीक वैसा ही कह दे। शब्द-पुराण दो प्रकार के होते हैं—वैदिक और लौकिक। वैदिक शब्द-प्रमाण पूर्ण

और विश्वसनीय होता है, जबकि लौकिक शब्द-प्रमाण में संदेह की संभावना रहती है।

शमीक

अंगिरस कुल का एक ऋषि जो श्रृंगी ऋषि का पिता या। यह सदा मौन रहता, गोशाला में निवास करता और दूध पीते समय बछड़ों के मुंह से निकले फैन को चाट कर तप करता था। एक दिन राजा परीक्षित (दे.) जब शिकार खेलता हुआ उधर आया तो स्वभावत: आजीवन मौन व्रत वाले ऋषि ने उससे भी बात नहीं की। उसके इस व्यवहार से कुपित राजा ने एक मरा हुआ सर्प शमीक के गले में डाल दिया।

पिता के साथ परीक्षित के इस दुर्व्यवहार की सूचना मिलने पर श्रृंगी ऋषि ने उसे शाप दिया कि तक्षक नाग के डसने से सात दिन के अंदर उसकी मृत्यु हो जाएगी। शमीक ने शाप देने के लिए अपने पुत्र की आलोचना की और राजा को भी सावधान किया, किंतु परीक्षित की मृत्यु नहीं टल सकी।

शरतचंद्र

बंगला भाषा के प्रसिद्ध उपन्यासकार शरतचंद्र चट्टोपाध्याय का जन्म 15 सितंबर 1876 ई. को हुआ। बचपन में वे बहुत शरारती और खिलाड़ी थे। घर की आर्थिक स्थिति ठीक न होने के कारण अधिक दिन तक विद्यालयी शिक्षा नहीं प्राप्त कर सके। परंतु बार-बार घर से भाग जाने और घूमते रहने से जीवन की शिक्षा बहुत गहरी पाई। नौकरी की खोज में पहले कलकत्ता और फिर रंगून पहुंचे। उन्होंने 13 वर्ष बर्मा में बिताए।

लेखन का आरंभ 1894 से ही हो गया था। परंतु उन रचनाओं को अपरिपक्व मानकर फाड़ फेंकते रहे। जब शरत के एक मित्र ने उनकी जानकारी के बिना 1907 ई. में 'बड़ी दीदी' उपन्यास का धारावाहिक प्रकाशन आरंभ किया तो लोगों ने उसे छद्म नाम से लिखी रवीन्द्रनाथ टैगोर की रचना समझ लिया था। बाद में वास्तविक लेखक का पता चला। इन्होंने अनेक उपन्यास लिखे जिनके भारत की एक-एक भाषा में कई-कई अनुवाद हुए हैं। शरत ने अपने पात्रों में पतित और गिरे हुए समझे जाने वालों का चित्रण बड़ी सहानुभूति के साथ किया है। उनका मूल मंत्र था—'पाप से घृणा करो, पापी से नहीं।' 16 जनवरी 1938 ई. को जिगर के कैंसर के कारण शरत का देहांत हो गया।

शरत पूर्णिमा

आश्विन महीने की पूर्णिमा को शरत पूर्णिमा कहते हैं। शरद ऋतु वसत की भांति

ही बड़ी मनोरम ऋतु है। वर्षाकाल बीत चुका रहता है। चारों ओर हरियाली रहती है। आकाश निर्मल होने से चंद्रमा का प्रकाश और भी मनोरम हो उठता है। इस पूर्णिमा की अनुपम छटा देखकर ही प्राचीन काल में यह कल्पना की गई कि इस दिन चंद्र-किरणों से अमृत बरसता है। इसी विश्वास के कारण शरत पूर्णिमा को खीर पकाकर रात में बाहर रखने और दूसरे दिन उसका सेवन करने की प्रथा आरंभ हुई। उस दिन सरिता-स्नान का बड़ा महत्व है। लोग व्रत भी रखते हैं।

शरद्वान

धनुर्विद्या के बहुत बड़े ज्ञाता और महान तपस्वी। इनका एक नाम शारद्वत भी मिलता है। शरद्वान महर्षि गौतम के पुत्र थे। इनकी तपस्या से भयभीत होकर इंद्र ने इन्हें रिझाने के लिए एक देव-कन्या को भेज दिया। यद्यपि शरद्वान ने प्रकट रूप से अपनी मर्यादा का निर्वाह किया, फिर भी चित्त में चंचलता आने से इनका रेतस अनजाने ही सरकंडों की झाड़ी में गिर गया। उससे कृप और कृपी नाम की दो संतानें पैदा हुईं। शरद्वान पहले ही वहां से जा चुके थे। वन में महाराज शांतनु की इन बच्चों पर नजर पड़ी और उन्होंने इनका पालन-पोषण किया। यही कृप महाभारत के प्रसिद्ध कृपाचार्य (दे.) थे।

शरभंग

रामायण में वर्णित दक्षिण के वनों में तपस्या करनेवाले एक ऋषि। इनकी उच्च-कोटि की तपस्या के प्रभाव से इन्हें ब्रह्मलोक ले जाने के लिए दिव्य रथ लेकर स्वयं इंद्र आए थे। लेकिन जब ऋषि को ज्ञात हुआ कि वन में विचरते हुए राम, लक्ष्मण और सीता इनके आश्रम की ओर आ रहे हैं तो उन्होंने इंद्र के साथ जाना स्वीकार नहीं किया। राम के वहां पहुंचने और उनके दर्शनों के बाद शरभंग योगाग्नि में प्रविष्ट होकर दिव्यधाम चले गए। इन्होंने राम को मंदाकिनी के तट पर सुतीक्ष्ण ऋषि के आश्रम में तपस्या करने का परामर्श दिया था।

शरभ

1. शिव के गण वीरभद्र का एक अवतार जो उसने नृसिंह को पराजित करने के बाद उन्हें शांत करने के लिए लिया था।
2. शकुनि का भाई जो भीम के हाथों मारा गया।
3. कश्यप और दनु का पुत्र एक दानव।
4. शिशुपाल का एक पुत्र जो पांडवों के पक्ष में था।
5. हरि और पुलह की संतान एक वानर जाति जो विंध्याचल पर्वत पर निवास करती थी।

शरशय्या

महाभारत युद्ध में भीष्म पितामह अर्जुन के बाणों से बुरी तरह घायल हो गए थे। उनके शरीर में इतने बाण लगे थे कि पूरा शरीर भूमि से ऊपर उठा हुआ बाणों की शय्या पर टिका रहा। भीष्म का अंत समय आ चुका था, पर उन्हें इच्छा-मृत्यु का वरदान था। जिस समय भीष्म बाणों से घायल हुए उस समय सूर्य दक्षिणायन में था। मान्यता है कि दक्षिणायन सूर्य में मृत्यु होने से स्वर्ग की प्राप्ति नहीं होती। इसलिए सूर्य के उत्तरायण होने तक भीष्म इसी शरशय्या में पड़े रहे।

शर्मि

महाभारत में वर्णित गंगा-यमुना के मध्यक्षेत्र में रहनेवाले इस नाम के दो ब्राह्मण। समय आने पर यमदूत एक को लेने आए, पर गलती से उसे ले गए जिसका समय अभी पूरा नहीं हुआ था। गलती का पता लगने पर ब्राह्मण को दान देकर ससम्मान वापस भेज दिया गया। किंतु इसी बीच दूसरे ब्राह्मण की मृत्यु का समय बीत चुका था। इसलिए यम से उसे भी नया जीवन मिल गया।

शर्मिष्ठा

दैत्यराज वृषपर्वा की पुत्री जो दैत्यों के गुरु शुक्राचार्य की पुत्री देवयानी (दे.) की सखी थी। एक दिन किसी कारणवश उसने देवयानी को कुएं में डाल दिया। राजा ययाति (दे.) ने उसे निकाला और दोनों का विवाह हो गया। शुक्राचार्य के आग्रह पर, असुर जाति के हित के लिए शर्मिष्ठा ने देवयानी की दासी बनकर जाना स्वीकार किया। वहां ययाति का शर्मिष्ठा से भी संबंध हो गया और उसने तीन पुत्रों को जन्म दिया। इस पर देवयानी के कहने पर शुक्राचार्य ने अपने जामाता को शीघ्र वृद्ध हो जाने का शाप दिया। पर शर्मिष्ठा के पुत्र पुरु ने अपना यौवन अपने पिता ययाति को दे दिया। इस यौवन का दीर्घकाल तक आनंद उठाने के बाद ययाति पुरु को राज्य सौंप कर तपस्या करने चले गए। इसी पुरु के वंश में बाद में दुष्यंत-पुत्र भरत पैदा हुए थे।

शर्याति

वैवस्वत मनु का पुत्र, अश्विनीकुमारों का कृपापात्र और इंद्र का मित्र एक प्रसिद्ध यज्ञकर्ता राजा जिसके घर इंद्र सोमपान के लिए जाया करता था। च्यवन ऋषि ने इसका राज्याभिषेक किया था और इसने अपनी पुत्री सुकन्या का विवाह च्यवन ऋषि से कर दिया।

पौराणिक कथा के अनुसार शर्याति अपनी पुत्री सुकन्या के साथ च्यवन ऋषि के आश्रम में गया। वहां तपस्या में बैठे च्यवन ऋषि की आंखें दीमकों ने ढ़क ली

थीं। सुकन्या ने उत्सुकतावश आंखों में सींकें डाल दीं। इस पर क्रुद्ध ऋषि को शांत करने के लिए शर्याति ने वृद्ध च्यवन के साथ सुकन्या का विवाह कर दिया और अश्विनी कुमारों द्वारा उन्हें नव यौवन भी प्रदान करा दिया। यौवन प्रदान करनेवाली यह औषधि 'च्यवनप्राश' के नाम से प्रसिद्ध हुई।

शल

1. परीक्षित का एक पुत्र जो अयोध्या का राजा था। एक बार इसने ऋषि वामदेव से कुछ समय के लिए घोड़े उधार मांगे। बाद में उन्हें वापस न करके उन पर अपना अधिकार प्रदर्शित करने लगा। इस पर ऋषि द्वारा उत्पन्न चार राक्षसों ने इसका वध कर डाला और इसका भाई शल अयोध्या का राजा बना।
2. भूरिश्रवा (दे.) का भाई एक कुरुवंशी राजा जो द्रौपदी के स्वयंवर और युधिष्ठिर के राजसूय यज्ञ में उपस्थित था।
3. धृतराष्ट्र और कंस के पहलवान जिन्हें भीम और कृष्ण ने मारा।

शल्य

मद्रदेश का राजा जिसकी बहन माद्री का विवाह पांडु के साथ हुआ था। नकुल और सहदेव माद्री के पुत्र थे और यह उन दोनों का मामा था। महाभारत युद्ध के समय पांडवों ने इसके पास अपनी ओर से रण-निमंत्रण भेजा था। जब शल्य एक अक्षौहणी सेना लेकर पांडवों की ओर जा रहा था, दुर्योधन ने बड़ी चतुराई से इसे मार्ग में ही रोककर और आदर-सत्कार करके अपनी ओर मिला लिया।

युद्ध में यह कर्ण का सारथी बना और अनेक प्रकार की हताशापूर्ण बातें कहकर इसने कर्ण का तेज भंग किया। कर्ण की मृत्यु के बाद युद्ध के अंतिम दिन शल्य ने कौरवों की सेना का नेतृत्व किया और युधिष्ठिर के हाथों मारा गया।

शशांक

बंगाल का एक प्रसिद्ध शासक जिसका राज्य पश्चिम में मगध तक और दक्षिण में उड़ीसा की चिल्का झील तक फैला था। शशांक के वंश के संबंध में निश्चित सूचना नहीं है। केवल इतना ज्ञात है कि वह 606 ई. से पूर्व बंगाल का शासक बन चुका था। शशांक ने कन्नौज पर भी अधिकार कर लिया था। इस पर हर्षवर्धन ने कामरूप के शासक से संधि कर ली और दोनों ने मिलकर शशांक को पीछे हटने को बाध्य किया। वह शिव का उपासक था। ह्वेनसांग के वर्णन से ज्ञात होता है कि उसने बौद्धों पर अत्याचार भी किए। उसकी मृत्यु 619 ई. के बाद किसी समय हुई।

शशाद

इक्ष्वाकु राजा के सौ पुत्रों में से सबसे बड़ा। एकबार इसके पिता ने इससे वन जाकर कुछ मांस लाने के लिए कहा। इसने वहां बड़ी संख्या में पशु मारे और भूख लगने पर उनमें से एक खरगोश का मांस खा लिया। पिता ने मांस श्राद्ध के लिए मंगाया था, मांस खाने की सूचना मिलने पर इक्ष्वाकु ने उसी समय इसे राज्य से बाहर निकाल दिया। पिता की मृत्यु के बाद यह अयोध्या की राजगद्दी पर बैठा।

शशिबिंदु

महाभारत में वर्णित चित्ररथ का पुत्र एक यादव राजा। भागवत तथा कुछ अन्य पुराणों में इसकी स्त्रियों की संख्या दस हजार बताई गई है। इनमें से प्रत्येक स्त्री से दस-दस हजार पुत्र उत्पन्न हुए थे। यह यम की सभा में रहकर उसकी उपासना करता था। इसकी पुत्री अयोध्यापति मान्धाता को ब्याही थी।

शांखायन

एक प्रमुख वैदिक आचार्य जिन्होंने ऋग्वेद की संहिता, ब्राह्मण, आरण्यक, उपनिषद् और सूत्रों की रचना की। इनके पिता का नाम ऋषि कुषीतक था, इसलिए इनका रचित वैदिक साहित्य 'शांखायन' अथवा 'कौषीतकी' नाम से जाना जाता है। शांखायन द्वारा प्रवर्तित शाखा की गणना व्यास की शिष्य परंपरा की पांच शाखाओं के अंतर्गत होती है।

शांडिली

1. शांडिल्य ऋषि की कन्या जो ऋषभ पर्वत पर तप करती थी। एकबार ऋषि गालब और पक्षिराज गरुड़ इसके आश्रम में अतिथि बनकर आए। इसने उनका उचित सत्कार किया। इसी बीच गरुड़ के मन में शांडिली को अपने पंखों पर बैठाकर विष्णुलोक ले जाने का विचार आया। इतना सोचने मात्र से उसके सब पंख गिर पड़े। तब दोनों ने शांडिली से क्षमायाचना करके मुक्ति पाई।

2. दक्ष प्रजापति की पुत्री जो धर्म को ब्याही थी। इसका अग्नि की माता के रूप में पूजन होता है। इसके गर्भ से अनल ने जन्म लिया था।

शांडिल्य

गोत्रों की नामावली में यह नाम आता है। इससे प्रकट है कि इस नाम के अनेक व्यक्ति हुए होंगे। प्रमुख शांडिल्य का उल्लेख उपनिषदों आदि में मिलता है। ये एक श्रेष्ठ आचार्य थे और अग्नि-कार्य से संबंधित यज्ञ की सभी क्रियायों के

अधिकारी माने जाते थे। तत्वज्ञाता के रूप में भी इनकी ख्याति है। इनके अनुसार मनुष्य के जीवन का अंतिम ध्येय मृत्यु के बाद आत्मा में विलीन होना है।

रघुवंशी राजा दिलीप के पुरोहित का नाम भी शांडिल्य था। कहीं पर इन्हें ब्रह्मा का सारथी भी बताया गया है। इनका भक्तिसूत्र प्रसिद्ध है जिसमें इन्होंने ज्ञान की अपेक्षा भक्ति की श्रेष्ठता सिद्ध की है।

शांतनु

पुरुवंश के प्रसिद्ध सम्राट जिनका मूल नाम महाभिषध था। शांत स्वभाव के होने के कारण शांतनु नाम पड़ गया। एक अन्य मत के अनुसार इनके स्पर्श से वृद्ध व्यक्ति भी युवा हो जाता और उसे परम शांति मिलती। इसलिए यह नाम पड़ा।

शांतनु की पहली पत्नी गंगा थी जिसके गर्भ से देवव्रत नामक पुत्र उत्पन्न हुआ। बाद में शांतनु वसुराज नामक धीवर की कन्या सत्यवती पर अनुरक्त हो गए। सत्यवती उनसे इस शर्त पर विवाह करने को राजी हुई कि उसकी संतान को ही राज्य का उत्तराधिकार प्राप्त हो। पिता के संतोष के लिए ज्येष्ठ पुत्र देवव्रत ने उसी समय प्रतिज्ञा की कि उत्तराधिकार पर अपना अधिकार छोड़ने के साथ-साथ वे आजीवन अविवाहित रहेंगे। यही देवव्रत महाभारत के भीष्म या भीष्म पितामह के नाम से प्रसिद्ध हुए। सत्यवती के गर्भ से शांतनु के चित्रांगद और विचित्रवीर्य नामक दो पुत्र पैदा हुए।

शाकंभरी देवी

1. उत्तर प्रदेश के सहारनपुर जिले में स्थित एक तीर्थ जहां शाकंभरी देवी की स्वयंभू मूर्ति है। मान्यता है कि यहां पर शंकराचार्य ने भीमा भ्रामरी और शताक्षी की मूर्तियां भी स्थापित कीं। महाभारत और पुराणों के अनुसार देवी ने हजार दिव्य वर्षों तक महीने के अंत में एकबार शाक का आहार करके तप किया था। जब ऋषिगण उनके पास आए तो उनका आतिथ्य भी शाक से ही किया। तब से इनका नाम शाकंभरी पड़ गया। सहारनपुर से लगभग 40 कि. मी. दूर यह स्थान चारों ओर पहाड़ियों से घिरा है। नवरात्र में यहां मेला लगता है।

2. राजस्थान में भी शाकंभरी नाम का एक तीर्थ है। यह स्थान नवलगढ़ स्टेशन से लगभग 50 कि. मी. आगे पर्वत पर स्थित है। इसे सिद्धपीठ कहा जाता है। यहां भी नवरात्र में मेला लगता है।

शाकटायन

कण्व ऋषि के शिष्य और व्याकरणशास्त्र के एक प्रतिष्ठित आचार्य जिनके

व्याकरण को पाणिनी ने सर्वश्रेष्ठ कहा है और अष्टाध्यायी में इनका नामोल्लेख बड़े सम्मान के साथ किया है। अन्यत्र इन्हें शब्दशास्त्र का जनक बताया गया है।

शाकद्वीपीय

भारत की वर्ण-व्यवस्था में ब्राह्मणों का एक वर्ग जिनके पूर्वज मूलतः शकद्वीप के निवासी थे। प्राचीन साहित्य में पृथ्वी के सात द्वीपों का वर्णन आता है। शकद्वीप इन्हीं में से एक और पश्चिम एशिया में कहीं पर था। (भारत को जंबूद्वीप कहते हैं।) शकों ने वहीं से अफगानिस्तान के रास्ते भारत में प्रवेश किया। राजनीतिक विजय तो उनकी हुई, किंतु यहां की संस्कृति ने उन्हें जीतकर भारतीय समाज की वर्ण-व्यवस्था में मिला लिया। यही लोग कालांतर में शाकद्वीपीय ब्राह्मण कहलाए।

पुराणों के अनुसार ये वस्तुतः मग ब्राह्मण थे और इन्हीं के नाम से भारत के एक प्रदेश का नाम मगध पड़ा था। मगध से ये पश्चिम की ओर गए और वहां सीस्तान (शकस्थान) में बस गए। शकों के आक्रमण के बाद जब ये उत्तर भारत में पुनः आए तो शाकद्वीपीय नाम से प्रसिद्ध हुए।

शाकल्य

1. एक प्राचीन वैदिक ऋषि। ये ऋग्वेद की शाकल शाखा के प्रवर्तक माने जाते हैं। इन्होंने ऋग्वेद का पद-पाठ पहले पहल ठीक किया। इनसे पहले मंत्रों को स्मरण रखने में कठिनाई होती थी। शाकल्य ने वाक्यों का संधि-विच्छेद करके पदों को अलग-अलग स्मरण करने की पद्धति चलाई। शाकल्य को कहीं पर देवमित्र का और कहीं पर व्यास का प्रमुख शिष्य बताया गया है।
2. महाभारत में वर्णित एक ब्रह्मर्षि जिनकी सौ वर्ष की तपस्या से प्रसन्न होकर शिव ने बड़ा ग्रंथकार बनने का वर दिया था।
3. मद्रदेश की प्राचीन राजधानी जो अब पाकिस्तान का स्यालकोट नगर है।

शाक्तमत

शक्ति अर्थात् स्त्रीरूप में ईश्वर की कल्पना और पूजा अत्यंत प्राचीन है। वेदों में इसे वाक, श्रद्धा, सरस्वती आदि नाम दिए गए हैं। उपनिषदों में भी यही उल्लेख मिलता है। एक स्थान पर उमा हेमवती (पार्वती) शक्ति के रूप में प्रकट होकर ब्रह्म का उपदेश देती हैं। मार्कण्डेयपुराण, देवीपुराण, कालिकापुराण, रामायण, महाभारत सभी जगह शक्ति का वर्णन है। अद्भुत रामायण में सीता परात्परा शक्ति के रूप में वर्णित हैं। इस प्रकार शाक्तमत आदिकाल से ही चला आ रहा है।

शक्ति की जिन्हें आनंदभैरवी, महाभैरवी, ललिता, त्रिपुरसुंदरी आदि नामों से भी पुकारा जाता है, उपासना की तीन पद्धतियां प्रचलित हैं—1. शिष्ट पद्धति—इसमें अहिंसात्मक ढंग से पूजा होती। 2. भयंकर पद्धति—इसमें बलिदान का भी विधान है और इसका संबंध कापालिकों आदि से है। 3. भावात्मक पद्धति—इसमें उपास्य के साथ तादात्य स्थापित करके पूजा की जाती है।

शाक्तमत में दो संप्रदाय हैं—दक्षिणाचार और वामाचार। वामाचार को कौलाचार भी कहते हैं। दक्षिणाचार में अनुयायी स्वयं को शिव मानकर शक्ति की पूजा करता है। यह अद्वैतवादी विचार है जिसमें शक्ति और शक्तिमान की अभिन्नता की अनुभूति होती है।

वामाचार में लक्ष्य एक होते हुए भी उपासना की प्रणाली भिन्न है। इसमें 'पंचमकार' आवश्यक है। पंचमकारों—मद्य, मांस, मत्स्य, मुद्रा और मैथुन—को लेकर बड़ा भ्रम है। यह भ्रम इस मत के तथाकथित परवर्ती अनुयायियों के आचार-भ्रष्ट होने का परिणाम है। उन्होंने इन विषयों की आंतरिक साधना को त्यागकर इनका बाह्य आशय ग्रहण कर लिया। वस्तुतः वामाचार या कौलाचार उच्चकोटि की योगिक साधना थी।

इसमें मद्य का आशय था सहस्त्रदल कमल में रक्षित ब्रह्मरंध्र की सुधा, पाप-रूपी पशु का ज्ञानरूपी खड्ग से हनन ही मांसाहार है। इडा, पिंगला नाड़ियों में प्रवाहित श्वास-प्रश्वास को मत्स्य कहा गया है तथा प्राणायाम करनेवाला मत्स्य-भक्षी है। मुद्रा कहते हैं असत् संग के त्याग को। सुषुम्ना अथवा कुंडलिनी और प्राण को मिलाना ही मैथुन है।

शाक्य

इस नाम का एक गण छठी शताब्दी ई. पू. में नेपाल की तराई और भारत-नेपाल सीमा से लगे भू-भागों में निवास करता था। इस गणराज्य की राजधानी कपिलवस्तु थी। गौतम बुद्ध के पिता शुद्धोदन इसी गण के प्रमुख थे। शाक्य गण में जन्म लेने के कारण ही गौतम बुद्ध 'शाक्य मुनि' के नाम से भी प्रसिद्ध हुए। शाक्य लोग अपने को सूर्यवंशी मानते थे।

शाक्य मुनि

शाक्यवंश में जन्म लेने के कारण गौतम बुद्ध शाक्य मुनि भी कहलाते थे। वंश का नाम 'शाक्य' पड़ने के संबंध में कहा जाता है कि अयोध्या के इक्ष्वाकुवंश की एक शाखा कपिलमुनि के आश्रमप्रदेश में आकर बस गई थी। यहां पर शाक्य अर्थात् शाल वृक्ष अधिक संख्या में थे, इसलिए यह शाखा भी इन वृक्षों के कारण शाक्य कहलाने लगी।

शाप

प्राचीन काल में ऋषि-मुनि, तपस्वी आदि क्रोध में आकर किसी के अनिष्ट के लिए जो बात कह देते थे, वह शाप कहलाती थी। सामान्यतः शाप किसी बड़े नैतिक अपराध के लिए दिया जाता था। किंतु दुर्वासा ऋषि अपने क्रोधी स्वभाव के कारण छोटी-छोटी बात के लिए भी शाप देने के लिए प्रसिद्ध थे। गौतम ऋषि का अपनी पत्नी अहल्या को शाप देकर शिला बना देना सर्वविदित है। पुराणों के अनुसार कई बार देवता शापग्रस्त हुए थे।

शारदा

कश्मीर की अधिष्ठात्री देवी। इन्हीं के नाम पर वह क्षेत्र शारदामंडल के नाम से भी जाना जाता था। वहां की प्राचीन लिपि का नाम भी शारदा था। मान्यता है कि शारदा लिपि का प्रचलन दसवीं शताब्दी के आसपास हुआ।

शारदा कानून

भारत में उस समय प्रचलित बाल-विवाह की कुप्रथा के विरोध में भारतीय विधान मंडल ने 1929 ई. में एक विधेयक पास किया था। इसका उद्देश्य कानून बनाकर विवाह की उम्र बढ़ाना और बाल-विवाह को रोकना था। इस विधेयक को विधान मंडल के तत्कालीन सदस्य रायसाहब हरविलास शारदा ने प्रस्तुत किया था। इसलिए इस कानून का नाम शारदा कानून पड़ गया।

शारद्वत

(दे. शरद्वान)।

शालिग्राम

विष्णु की मूर्ति का प्रतीक गोल शिलाखंड जो कि नेपाल की गंडकी अथवा नारायणी नदी में प्राप्त होता है। पद्मपुराण के पाताल-खंड में इसका विशेष वर्णन है। वज्रकीट के बनाए चक्रयुक्त शिला अथवा द्वारका में प्राप्त ऐसी ही (गोमती चक्र) शिला शालिग्राम या शालग्राम कहलाती है। चक्रहीन शिला अपूज्य मानी जाती है। सती वृन्दा के शाप से विष्णु को शिला रूप बनना पड़ा और वृन्दा स्वयं तुलसी बन गई जो विष्णु पर चढ़ाई जाती है।

पुराणों में 14 प्रकार की शालिग्राम शिलाएं वर्णित हैं—प्रलंवहन, पुण्डरीक, वैकुंठ, मधुसूदन, सुदर्शन, नर, राम, लक्ष्मीनारायण, वीरनारायण, क्षीरोदशयन, माधव, हयग्रीव, परमेष्ठी और विष्वकसेन।

शालिवाहन

एक भारतीय राजा जिसका वर्णन भारत की लोक कथाओं में मिलता है, परंतु इसके समय का कोई ऐतिहासिक अभिलेख या मुद्रा अभी तक उपलब्ध नहीं है। इसलिए इसकी ऐतिहासिकता संदिग्ध बनी हुई है। कुछ लोग इसे गजनी के शक राजा गज का पुत्र मानते हैं जिसका राज्य दक्षिण भारत में था और गोदावरी के किनारे प्रतिष्ठानपुर जिसकी राजधानी थी। कुछ लोगों के अनुसार शक संवत् इसी ने चलाया था।

शालिहोत्र

महाभारत में वर्णित एक ऋषि जिन्होंने अपनी तपस्या के बल पर आश्रम के पास एक सरोवर और एक वृक्ष का निर्माण किया था। इस सरोवर का जल पीने से भूख भी शांत हो जाती थी। इसके आश्रम में व्यास और पांडव भी ठहरे थे और उन्होंने सरोवर का पानी पीकर अपनी भूख-प्यास मिटाई थी। शालिहोत्र को प्राचीनतम पशु-चिकित्सक माना जाता है जिसे घोड़ों के संबंध में विशेष ज्ञान था। सुश्रुत ने भी यह विद्या इसी से सीखी थी। इसका लिखा हुआ 'शाल्यहोत्र' नामक ग्रंथ बताया जाता है।

शाल्व

चेदिराज शिशुपाल का भाई। जरासंध से इसकी मैत्री थी। इस कारण यह भी श्रीकृष्ण से वैर रखता था। दोनों ने मिलकर कालयवन के द्वारा श्रीकृष्ण का वध करने की भी चेष्टा की और उन्हें विवश होकर राजधानी मथुरा त्यागनी पड़ी थी। जब कृष्ण पांडवों के राजसूय यज्ञ में भाग ले रहे थे, शाल्व ने उनके पुत्र प्रद्युम्न को पराजित कर दिया।

काशिराज की एक कन्या अंबा शाल्व से विवाह करना चाहती थी। किंतु स्वयंबर के समय भीष्म ने तीनों बहनों—अंबा, अंबिका और अंबलिका का अपने भाई के लिए अपहरण कर लिया। बाद में भीष्म के छोड़ने पर जब अंबा इसके पास पहुंची तो शाल्व ने उसे अस्वीकार कर दिया। महाभारत युद्ध में शाल्व ने कौरवों का पक्ष लिया था। शिशुपाल वध के बाद यह कृष्ण के हाथों मारा गया।

शाल्वनगर

राजस्थान के वर्तमान अलवर कस्बे का प्राचीन नाम। यह शिशुपाल के मित्र राजा शाल्व की राजधानी थी। किसी समय शाल्व देश राजा विराट के मत्स्य देश का एक भाग था। सावित्री के पति सत्यवान शाल्व देश के ही राजकुमार थे।

शाहआलम द्वितीय

पिता आलमगीर द्वितीय की हत्या हो जाने के बाद यह 1759 से 1806 ई. तक दिल्ली की गद्दी पर रहा। पर इसे पूरे शासनकाल में संकटों का ही सामना करना पड़ा। अहमदशाह अब्दाली और मराठे दोनों मुगलों की शक्ति को समाप्त करने के लिए प्रयत्न कर रहे थे। इसने अब्दाली से बचने के लिए मराठों से संधि की। मराठों के हार जाने पर शाहआलम ने अवध और बंगाल से सहायता मांगी। लेकिन उसे अंग्रेजों के बढ़ते हुए प्रभाव को रोकने में सहायता नहीं मिली। दूसरे मराठा युद्ध (1803-1805 ई.) के बाद ईस्ट इंडिया कंपनी का दिल्ली पर नियंत्रण हो गया। अंधे और वृद्ध शाह आलम की अंग्रेज कंपनी की पेंशन पर गुजर करते हुए 1806 ई. में मृत्यु हो गई।

शाहजहां

दिल्ली के मुगलवंश का पांचवां बादशाह जिसका नाम पहले शाहजादा खुर्रम था। अपने पिता जहांगीर की मृत्यु के बाद वह शाहजहां की उपाधि धारण करके 1628 ई. में गद्दी पर बैठा। अपने विद्रोही पुत्र औरंगजेब द्वारा 1658 ई. में गद्दी से हटाए जाने तक वह राज्य करता रहा। औरंगजेब ने उसे कैद कर लिया था। उसी हालत में 1666 ई. में शाहजहां की मृत्यु हो गई।

शाहजहां का कार्यकाल बड़ा घटना प्रधान रहा। वह 1648 ई. में अपनी राजधानी आगरा से दिल्ली ले गया। आगरा का लाल किला और विश्वविख्यात ताजमहल उसी के बनवाए हुए हैं। ताजमहल के निर्माण में 22 वर्ष लगे थे।

शाहजी

शिवाजी के पिता। इन्होंने अपनी योग्यता के बल पर एक सैनिक से बढ़ते-बढ़ते निजामशाही के समय उच्च पद प्राप्त कर लिया था। कर्नाटक में इन्हें एक बड़ी जागीर भी मिली थी। अपने पुत्र शिवाजी के लालन-पालन में इन्होंने कोई योग नहीं दिया। पर जब शिवाजी समर्थ होकर बीजापुर पर आक्रमण करने लगे तो इनके प्रयत्न से 1659 ई. में बीजापुर के साथ शिवाजी का अस्थायी समझौता हो गया था। इससे शिवाजी को मुगल साम्राज्य के अन्य भागों पर आक्रमण करने का अवसर मिल गया।

शाहू

शंभुजी (दे.) का पुत्र और छत्रपति शिवाजी का पौत्र। 1689 ई. में जिस समय औरंगजेब ने शंभुजी का वध करवाया, शाहू बहुत छोटा था। उसे भी बंदी बनाकर मुगल दरबार में रखा गया। उसका नाम भी शिवाजी था, परंतु प्रथम शिवाजी में

और इसमें अंतर करने के लिए औरंगजेब ने इसे 'साधु' कहना शुरू किया। इसी से आगे चलकर 'शाहू' नाम पड़ा। 1707 ई. में औरंगजेब की मृत्यु के बाद शाहू को कैद से छुटकारा मिला और उसने महाराष्ट्र जाकर शासन की बागडोर संभाली। एक सुयोग्य व्यक्ति को पेशवा नियुक्त करके शाहू मराठों का एकछत्र शासक बन गया। परंतु शासन का सब भार पेशवा पर छोड़ देने का परिणाम यह हुआ कि 1749 ई. में शाहू की मृत्यु के बाद पेशवा ही मराठा साम्राज्य का शासक बन बैठा।

शिखंडी

पांचाल नरेश द्रुपद का पुत्र। राजा ने इसका विवाह कर दिया था। लेकिन विवाह के बाद पत्नी ने यह भेद खोल दिया कि शिखंडी पुरुष नहीं है। मान्यता है कि बाद में यक्ष की कृपा से यह पुरुष बन गया। महाभारत युद्ध में इसने पांडवों की ओर से भाग लिया। अर्जुन ने शिखंडी की सहायता से ही भीष्म पितामह को पराजित किया। शिखंडी जन्म से स्त्री था। धर्मयुद्ध के नियम के अनुसार स्त्री से युद्ध नहीं किया जा सकता था। इसलिए जब भीष्म ने रणक्षेत्र में अपने सामने अर्जुन के रथ पर शिखंडी को खड़ा देखा तो अपने अस्त्र नीचे रख दिए। इस अवसर का लाभ उठाकर अर्जुन ने उनका शरीर बाणों से भर दिया।

भीष्म के वध में शिखंडी के सहायक होने का प्रसंग भीष्म द्वारा काशीनरेश की पुत्री अंबा के अपहरण की घटना से जोड़ा जाता है। इस अपहरण के कारण अंबा को शाल्व ने अस्वीकार कर दिया था। इसलिए अंबा ने भीष्म से बदला लेने के लिए शिखंडी के रूप में जन्म लिया और भीष्म के अंत का कारण बनी।

शिखा

हिंदुओं का विशेष धार्मिक चिह्न जो सिर के मध्य में बालों के एक गुच्छे के रूप में रखा जाता है। मान्यता रही है कि सिर के इस भाग में ज्ञान तंतुओं का एक समूह रहता है। चूड़ाकर्म संस्कार के समय सिर के सब केश उतार दिए जाते हैं, किंतु उस भाग की रक्षा के लिए केशों का एक गुच्छा छोड़ दिया जाता है। संस्कारी परिवारों में यह प्रथा अब भी प्रचलित है। प्रत्येक धार्मिक कार्य के समय शिखा बांधी जाती है। ब्रह्मचर्य, गृहस्थ और वानप्रस्थ आश्रम में ही शिखा रखने का नियम है। संन्यास आश्रम में शिखा त्याग दी जाती है।

शिलप्पदिकारम्

तमिल भाषा का महाकाव्य, जिसे तमिल के पांच महाकाव्यों में शीर्ष स्थान प्राप्त है। इसे 'काव्य, संगीत एवं नाटक की विशेषताओं से युक्त स्वच्छंद कवितामय

कथा' कहा गया है। कुछ लोग इसे काव्यरूपक भी कहते हैं। तीस सर्गों का यह महाकाव्य चोल, पांड्य और चेर—इन तीन राजवंशों को अपने में समाहित किए हैं। इसके रचयिता चेर राजवंश में उत्पन्न राजपुत्र इलंगो अडिगल बचपन में ही संन्यासी बन गए थे। उनका समय ईसा की दूसरी शताब्दी माना जाता है। कवि ने अपने काव्य में स्थापना की है कि 1. नियति के हाथों कोई बच नहीं सकता, 2. पवित्रता की अर्चना देवता भी करते हैं और 3. शासन में चूकनेवाले राजा को स्वयं धर्म-देवता आकर दंड देता है।

शिव

हिंदू देवताओं की त्रिमूर्ति—ब्रह्मा, विष्णु, महेश—में महेश शिव का नाम है। यही शंकर भी कहलाते हैं। ये सृष्टि का संहार करनेवाले माने जाते हैं। वैदिक देवताओं में 'रुद्र' नाम आया है। विद्वानों का मत है कि पहले 'वरुण' मुख्य देवता थे। जब आर्यों और असुरों के बीच युद्ध लड़ने लगे तो 'इंद्र' की प्रतिष्ठा बढ़ी। इसी प्रकार यजुर्वेद काल में क्रूर कर्म करनेवाले देवता के रूप में 'रुद्र' का प्रभाव बढ़ा।

यही रुद्र पुराणों में शिव, शंकर या महेश के रूप में वर्णित हैं। इनके रूप-वर्णन के अनुसार शिव के सिर पर गंगा, भाल में चंद्रमा, माथे पर तीसरा नेत्र तथा गले में सर्पों और मुंडों की माला रहती है। ये शरीर में भस्म रमाते हैं। वामांग में पार्वती रहती है। नंदी इनका वाहन है और भूत-प्रेत आदि इनके गण हैं। समुद्र-मंथन से प्राप्त विष को धारण करने के कारण ये 'नीलकंठ' कहलाते हैं। जल्दी प्रसन्न होने से 'आशुतोष' कहलाते हैं। इनका अस्त्र धनुषाकार त्रिशूल 'पिनाक' है, अतः ये 'पिनाकी' भी कहलाते हैं। लिंग पुराण के अनुसार इन्हीं के शाप से ब्रह्मा की पूजा नहीं होती, गाय का मुख पूज्य नहीं है तथा केतकी का पुष्प पूजा के काम नहीं आता।

पद्मपुराण के अनुसार भृगु ऋषि के शाप से शिव की मूर्ति लिंग रूप हो गई और इन पर चढ़ा हुआ नैवेद्य ग्रहण नहीं किया जाता। पुराणों में योगिराज के रूप में भी शिव की कल्पना है जो कैलास पर्वत पर निवास करते हैं। इन्हें नाट्य और संगीत का आरंभकर्ता भी माना जाता है।

शिव के उपासक शैव कहलाते हैं। शैवतंत्र के चार प्रमुख भाग हैं—पाशुपत, शैव सिद्धांत मत, वीर शैव मत तथा प्रतिभिज्ञा दर्शन। आजकल भारत में शिव की भक्ति देशव्यापी है तथा शैव और अन्य मतावलंबियों में अंतर नहीं दिखाई देता।

शिवकांची

दक्षिण भारत में शिवकांची का मुख्य मंदिर एकाग्रेश्वर का है। सप्ततीर्थ सरोवर

के पास स्थित इस विशाल मंदिर में तीन द्वारों के भीतर बालुका निर्मित श्यामवर्ण की लिंग मूर्ति के दर्शन होते हैं। यहां एकाग्रेश्वर पर जल नहीं चढ़ता, उनका अभिषेक चमेली के सुगंधित तेल से किया जाता है।

मंदिर के प्रांगण में एक बहुत पुराना आम का वृक्ष है। कहते हैं, एक बार पार्वती ने घना अंधकार उत्पन्न करके संसार को संकट में डाल दिया था। इस पर शिव ने उन्हें शाप दे दिया। पार्वती इसी वृक्ष के नीचे तपस्या करके शाप से मुक्त हुई थीं।

एकाग्रेश्वर मंदिर के निकट ही देवी का मंदिर है। दक्षिण भारत का यह सर्वप्रथम शक्तिपीठ कामाक्षी या कामकोटि कहलाता है। कहते हैं, इसका निर्माण आदि शंकराचार्य ने कराया था। यहां के वामन और सुब्रह्मण्यम मंदिर भी दर्शनीय हैं। शिवकांची के मंदिरों की कुल संख्या 108 बताई जाती है।

शिवपुराण

पुराणों के क्रम में इसका चौथा स्थान है। कुछ पुराण-तालिकाओं में चौथे स्थान पर वायुपुराण का नाम पाया जाता है, पर अधिकांश में शिवपुराण का ही नाम है। जैसाकि नाम ही से प्रकट है, यह शैव पुराण है। एक लाख श्लोकों के इस पुराण का आदि प्रवर्तक स्वयं शिव को माना जाता है। बाद में व्यास ने इसे 25 हजार श्लोकों में संक्षिप्त किया। इसमें विभिन्न कथाओं के माध्यम से शिव का महत्व दर्शाया गया है। इसे सातवीं शताब्दी से पहले की रचना माना जाता है।

शिवपुरी

नर्मदा नदी के उत्तरी तट पर इस स्थान पर स्कंद (दे.) ने तप किया था। इस तप के बाद ही वे देवताओं के सेनापति बने। विष्णु ने दैत्यों का विनाश करने के बाद अपना चक्र शिवपुरी में डाला। चंद्रमा की पत्नी रोहिणी ने यहीं पर तपस्या की। परशुराम ने यहां पर निष्कंटेश्वर की स्थापना की थी।

शिवपुरी के निकट भी कई तीर्थ हैं। नर्मदा के दक्षिणी तट पर मुकुटेश्वर है। कहते हैं, सती देह-त्याग के बाद शंकर मुकुट छोड़कर कैलाश से यहीं आ गए थे! अंबाली में काशिराज की कन्या अंबिका ने तप किया था। एक सोमतीर्थ है, जहां तप करने पर इंद्र को गौतम के शाप से मुक्ति मिली थी।

शिवरात्रि

फाल्गुन मास की कृष्ण चतुर्दशी को शिवरात्रि का व्रत किया जाता है। इसे महा-शिवरात्रि भी कहते हैं। इसी दिन शिव-पार्वती का विवाह हुआ था। इसी तिथि को रुद्र अवतरित हुए। प्रलय के उपरांत इसी तिथि को शंकर ने तांडव नृत्य करते

हुए अपने डमरू की ध्वनि से सर्वत्र ज्ञान-विज्ञान व्याप्त कर दिया था।

शिव सर्वमान्य देवता हैं। उन्हें राजा-रंक सभी की पूजा स्वीकार है। उनके सामने न कोई ऊंचा है, न नीचा। अत: शिवरात्रि का व्रत सभी लोग करते हैं। इस दिन व्रत रखकर रात्रि में जागरण का बड़ा महत्व है। दिन के चार प्रहरों में क्रमश: दूध, दही, घी और शहद से शिवलिंग को स्नान कराकर पूजा की जाती है।

देश के विभिन्न स्थानों में शिव के जो बारह ज्योतिर्लिंग है, उन जगहों में शिवरात्रि के दिन बहुत बड़े मेले लगते हैं। अन्य सभी शिव-मंदिरों में श्रद्धालुओं की बड़ी भीड़ रहती है।

शिवराम राजगुरु

पूना के हरिराजोगुरु के पुत्र शिवराम राजगुरु का जन्म वाराणसी में हुआ था। इन्होंने ब्रिटिश शासन के विरुद्ध क्रांतिकारी आंदोलन में सक्रिय भाग लिया। ये सरदार भगतसिंह के साथी थे। दिसंबर 1928 ई. में लाहौर के सहायक पुलिस सुपरिटेंडेंट को गोली मारते समय भी ये भगतसिंह के साथ थे। बाद में इन्हें पूना के एक मोटर गैरेज से गिरफ्तार किया गया। 1930 ई. में 'लाहौर षड्यंत्र केस' के अभियुक्त के रूप में मुकदमा चला और 28 मार्च 1931 ई. को सुखदेव और भगतसिंह के साथ राजगुरु भी लाहौर सेंट्रल जेल में फांसी पर लटका दिए गए।

शिवाजी

स्वतंत्र मराठा राज्य के संस्थापक शिवजी का जन्म 1627 ई. में पूना में हुआ था। इनके पिता शाहजी (दे.) ने शिवाजी के जन्म के बाद ही अपनी प्रथम पत्नी जीजाबाई को त्याग दिया था। इसलिए शिवाजी का पालन-पोषण और शिक्षा-दीक्षा उनकी माता तथा गुरु समर्थ स्वामी रामदास की देखरेख में हुआ।

शिवाजी में देशभक्ति के भाव बचपन से ही भरे हुए थे। वे लोगों को मुस्लिम शासकों के अत्याचारों से मुक्ति दिलाना चाहते थे। उन्होंने 19 वर्ष की उम्र में पूना के निकट एक दुर्ग पर अधिकार करके अपना अभियान आरंभ किया और शीघ्र ही बीजापुर के सुल्तान के कई किले उनके अधिकार में आ गए। सुल्तान का सेनापति अफजलखां जब धोखे से उन्हें मारना चाहता था, तब शिवाजी ने बघनखे से उसका पेट फाड़ डाला। औरंगजेब के सेनापति शाइस्तखां को अपना पुत्र और हाथ की अंगुलियां गंवाकर भागना पड़ा था।

औरंगजेब ने 1666 ई. में सुरक्षा का आश्वासन देकर शिवाजी को आगरा के मुगल दरबार में बुलाया परंतु धोखे से कैद कर लिया। शिवाजी संन्यासी के वेश में वहां से भी निकलकर महाराष्ट्र पहुंच गए। अंत में बाध्य होकर औरंगजेब को उन्हें राजा स्वीकार करना पड़ा। 1674 ई. में रामगढ़ के किले में शिवाजी का राज्या-

भिषेक हुआ। 1680 ई. में जिस समय उनकी मृत्यु हुई, शिवाजी के राज्य का काफी विस्तार हो चुका था। अपने शौर्य और उपलब्धि से शिवाजी भारतवासियों प्रेरणास्रोत बन गए।

शिवि

1. एक सुविख्यात दानी राजा जो उशीनर के पुत्र होने के कारण शिवि औशीनर भी कहलाते हैं। ये वेदों के मंत्रद्रष्टा और इंद्र के कृपापात्र थे। एक बार इनकी परीक्षा लेने के लिए अग्नि ने कबूतर का और इंद्र ने बाज पक्षी का रूप धारण किया। बाज से भयभीत कबूतर राजा शिवि के पास पहुँचकर प्राण-दान मांगने लगा। इस पर बाज ने शिवि से कहा—यदि तुम इस कबूतर के भार के बराबर मांस अपने शरीर से काटकर दे दो तो मैं इसे छोड़ सकता हूं। शिवि इसके लिए तैयार हो गए। वे अपना मांस काटकर तराजू पर चढ़ाने लगे। परंतु अग्निरूपी कपोत का वजन बढ़ता ही गया। यह देखकर शिवि स्वयं तराजू के पलड़े में बैठ गए। उनकी इस दानशीलता से प्रसन्न होकर अग्नि और इंद्र ने उन्हें अनेक वर दिए। इनकी उदारता की और भी कथाएं मिलती हैं।

2. दक्षिण पंजाब का एक गणराज्य। इसने सिकंदर की अधीनता बिना लड़े उस समय स्वीकार कर ली जब वह भारत पर आक्रमण के बाद वापस लौट रहा था।

शिशुनाग

मगध के एक राजवंश का प्रवर्तक। इसी वंश में बिम्बसार (दे.) नामक राजा हुआ जो गौतम बुद्ध और महावीर स्वामी का समकालीन था। शिशुनाग ने सातवीं शताब्दी ई. पू. में शासन किया। इसके चलाए राजवंश में कुल नौ राजा हुए जिनमें बिम्बसार, अजातशत्रु, उदयन और महानंदी अधिक प्रसिद्ध थे। महानंदी को 470 ई. पू. में नंदवंश के संस्थापक महापद्मनंद ने गद्दी से उतारकर मार डाला था। बिंबसार तथा उसके पुत्र अजातशत्रु के शासनकाल में मगध उत्तरी भारत का सबसे शक्तिशाली राज्य बन गया था। इसी वंश के राजा उदयन ने पाटलिपुत्र नगर बसाया था।

शिशुपाल

चेदि देश का राजा शिशुपाल श्रीकृष्ण का मौसेरा भाई था। जन्म के समय यह अत्यंत कुरूप पैदा हुआ। इसके तीन आंखें और चार हाथ थे। यह गधे की तरह रेंगता था। माता-पिता इसे मार डालना चाहते थे। पर उसी समय आकाशवाणा हुई कि इसे पालो और जिस व्यक्ति की गोद में बैठने पर इसका तीसरा नेत्र और दो भुजाएं लुप्त हो जाएंगी, उसीके हाथों यह मारा भी जाएगा।

इस विचित्र बालक को देखने के लिए अन्य लोगों के साथ-साथ श्रीकृष्ण भी गए। उनकी गोद में बैठते ही शिशुपाल सामान्य बालक हो गया. इससे स्पष्ट हो गया कि वह कृष्ण के हाथों ही मारा जाएगा। अपनी मौसी के अनुरोध पर श्रीकृष्ण ने आश्वासन दिया कि मैं इसके सौ अपराध क्षमा करूंगा और उसके बाद इसे मार दूंगा।

शिशुपाल बड़ा अत्याचारी था। वह कृष्ण की निंदा का कोई अवसर न चूकता। उसने द्वारका नगरी जला डाली। युधिष्ठिर के राजसूय यज्ञ में कृष्ण की जी भर कर निंदा की। यहां तक कह डाला कि 'एक कायर और गाएं चरानेवाले व्यक्ति की तुम प्रशंसा करते हो?' रुक्मिणी को उसने अपनी पत्नी बताया और कहा कि कृष्ण ने उसका अपहरण किया है।

इस प्रकार जब सौ अपराध पूरे हो गए तो कृष्ण ने सुदर्शन चक्र से शिशुपाल का वध कर दिया।

शिप्रा

एक प्रसिद्ध नदी जो मालवा में बहती है। महाकाल की मोक्षदायिनी नगरी अवंतिका या उज्जैन इसी के किनारे स्थित है। श्रीकृष्ण और बलराम के गुरु सांदीपनि मुनि का आश्रम भी इसी शिप्रा नदी के किनारे था।

शिशुमार

1. एक प्रजापति जो स्वयंभुव मन्वंतर में हुआ। इसकी पुत्री का नाम 'भ्रमी' था जिसका विवाह ध्रुव के साथ हुआ था।

2. शर्कर नाम का एक ऋषि जो ग्राह का रूप धारण करके पानी के अंदर रहता था। एक बार इसने इंद्र की अवहेलना की। किंतु शीघ्र ही उसकी सामर्थ्य का पता चलने पर उसकी स्तुति करने लगा।

शीतलाष्टमी

यह व्रत चैत्र शुक्ल अष्टमी को किया जाता है। देवी की पूजा में घी के आठ दीपक दिन-रात जलाए जाते हैं। व्रत के उपरांत शीतला देवी के वाहन गधा, एक झाड़ू और एक सूप का अलग-अलग दान करने का विधान है। यह व्रत संतान के सुख, सौभाग्य, धन-संपत्ति की प्राप्ति और बाधाओं के निराकरण के लिए संतान-वाली स्त्रियां करती हैं। इस दिन लोग ठंडा और बासी भोजन करते हैं।

शीलावती

एक पतिव्रता जिसका पति उग्रश्रवा अत्यंत क्रोधी और लंपट था। उग्रश्रवा के कहने

पर एक बार जब शीलावती उसे कंधे पर बैठाए वेश्या के घर ले जा रही थी, मार्ग में उसका स्पर्श तपस्या कर रहे मांडव ऋषि से हो गया। इस पर ऋषि ने शाप दिया कि सूर्योदय होते ही उग्रश्रवा की मृत्यु हो जाएगी। लेकिन उस पति-व्रता ने सूर्योदय ही रोक दिया। इससे सर्वत्र त्राहि-त्राहि मच गई। सब देवता शीलावती के पास आए, ऋषि का शाप निरस्त हुआ और उग्रश्रवा की जान बच गई।

शुंग

प्राचीन भारत का एक राजवंश जिसकी स्थापना 185 ई. पू. में अंतिम मौर्य सम्राट वृहद्रथ का वध करके उसके सेनापति पुष्यमित्र ने की। इसके शासनकाल में मगध का साम्राज्य अखंड रहा। इसने अनेक युद्धों में विजय पाई और दो बार अश्वमेध यज्ञ किए। अशोक के शासनकाल में बौद्ध धर्म को राज्याश्रय मिलने के कारण हिंदू धर्म में ह्रास के लक्षण प्रकट होने लगे थे। इसने हिंदू धर्म को फिर से आगे बढ़ाया। प्रसिद्ध व्याकरणाचार्य पतंजलि इसीके समय में हुए और वे इसके अश्वमेध यज्ञ के आचार्य थे।

पुष्यमित्र के बाद शुंग वंश में नौ राजा हुए। इस वंश के अंतिम राजा वासुदेव को उसी के मंत्री ने 73 ई. पू. में मार कर इस वंश का अंत कर दिया। इस प्रकार यह वंश 112 वर्ष तक सत्ता में रहा।

शुंभ-निशुंभ

पाताल लोक में निवास करनेवाले दो राक्षस। इनको ब्रह्मा का वरदान था कि सृष्टि का कोई भी पुरुष इनका वध न कर सकेगा। इन्होंने चंड-मुंड, रक्तबीज, धूम्रलोचन आदि राक्षसों की सहायता से लोगों को बुरी तरह सताना आरंभ किया। शुंभ राजा बना और निशुंभ उसका मंत्री। इनके अत्याचारों से जब सर्वत्र त्राहि-त्राहि मचने लगी तो काली ने अवतार लेकर इस राक्षस-समुदाय का पूरी तरह से संहार किया।

शुक

1. रावण का एक गुप्तचर जिसे उसने रूप बदल कर राम के शिविर में भेजा था। वहां विभीषण ने पहचान कर उसे पकड़ लिया और राम के सामने पेश किया। राम ने गुप्तचर को बिना दंड दिए ही छोड़ दिया। इस पर शुक ने रावण से राम के व्यवहार की प्रशंसा करते हुए सीता को वापस करने का परामर्श दिया था। रावण ने फिर उससे गुप्तचर का काम नहीं लिया। शुक पूर्वजन्म में ब्राह्मण था और अगस्त्य ऋषि के शाप के कारण राक्षस बना।

2. दीर्घतमा व्यास का पुत्र एक ऋषि जो अगले जन्म में उपनंद गोप की कन्या बना।

3. एक राजा जिसने अपने वानप्रस्थ आश्रम में पांडवों को अर्थशास्त्र की और अस्त्र चलाने की शिक्षा दी।

शुकदेव

महर्षि व्यास के पुत्र। इनका जन्म शुकी का रूप धारण करके आई घृताची नाम की अप्सरा के गर्भ से हुआ था, इसलिए शुकदेव नाम पड़ा। महान पौराणिक कथाकार शुकदेव बाल्यकाल से ही विरक्त स्वभाव के और तत्वज्ञानी थे। इनके लौकिक गुरु तो वृहस्पति थे, पर भागवत की शिक्षा इन्हें अपने पिता व्यास से ही मिली थी।

एक अन्य कथा के अनुसार एक बार शिव अमर होने के लिए पार्वती को विष्णु सहस्रनाम का उपदेश दे रहे थे। बालक शुक भी चुपचाप छिप कर उस उपदेश को सुन रहा था। शिव को जब इस बात का पता चला तो उन्होंने शुक का पीछा किया। उस समय व्यासजी की पत्नी अपने आंगन में खड़ी जंभाई ले रही थी। शिव से भयभीत शुकदेव ने अपना शरीर छोड़ दिया और वे व्यास-पत्नी के पेट में चले गए। वे बारह वर्ष तक वहां रहे। व्यास अपनी पत्नी को महाभारत, पुराण आदि की कथा सुनाते थे। इस प्रकार शुकदेव ने गर्भ में रहकर ही सारा ज्ञान प्राप्त कर लिया और वे व्यास के पुत्र कहलाए। राजा परीक्षित को सात दिन में भागवत की कथा सुना कर इन्होंने ही मोक्ष का मार्ग दिखाया था।

शुक्राचार्य

असुरों के गुरु जो हिरण्यकशिपु की पुत्री दिव्या और भृगु ऋषि की संतान थे। भृगु-कुल के ऋषियों में च्यवन और शुक्राचार्य सबसे प्राचीन माने जाते हैं। शुक्राचार्य अंगिरस ऋषि के पास शिक्षा प्राप्त करने के लिए गए, पर उनके भेद-भावपूर्ण व्यवहार को देखकर शिव की आराधना करने लगे। शिव ने प्रसन्न होकर इन्हें मृत संजीवनी विद्या सिखाई।

शुक्राचार्य ने सदा असुरों का साथ दिया। देवासुर-संग्राम में ये अपनी विद्या के बल पर मृत असुरों को पुनः जीवित कर देते थे। इस कारण देवताओं को अनेक बार पराजित होना पड़ा। इस पर देवराज इंद्र ने अपने पुत्र कच (दे.) को गुप्त रूप से यह विद्या सीखने के लिए शुक्राचार्य के पास भेजा था। वहां शुक्राचार्य की कन्या देवयानी (दे.) कच से प्रेम करने लगी। जब कच ने उसका प्रणय-निवदेन स्वीकार नहीं किया तो देवयानी ने उसे शाप दे दिया कि सीखी हुई विद्या आवश्यकता के समय निष्फल हो जाएगी।

एक बार शुक्राचार्य ने असुरों की रक्षा का उपाय जानने के लिए दीर्घकालीन तप किया। इससे घबराकर इंद्र ने अपनी कन्या जयंती को इनके पास भेज दिया था। शुक्राचार्य ने उससे विवाह कर लिया। देवयानी उसी की पुत्री थी। गौ नामक इनकी दूसरी पत्नी से उत्पन्न चारों पुत्र देवासुर संग्राम में मारे गए।

विष्णु के वामन अवतार के प्रसंग में भी शुक्राचार्य का उल्लेख मिलता है। जब राजा बलि पृथ्वी का दान कर रहे थे तो संकल्प के जल की धार को रोककर उन्हें दान से विरत करने के लिए शुक्राचार्य जलपात्र की टोंटी के अंदर घुस गए थे। पानी रुकता देखकर टोंटी में सींक डाली गई जिससे शुक्राचार्य की एक आंख फूट गई।

शुक्ल तीर्थ

भड़ोंच से 20 कि.मी. दूर स्थित शुक्ल तीर्थ नर्मदा का श्रेष्ठ तीर्थ माना जाता है। शुक्ल नारायण मंदिर यहां का प्रधान मंदिर है। कहते हैं, चंद्रगुप्त और चाणक्य ने यहां आकर स्नान किया था।

शुक्ल तीर्थ से 2 कि.मी. दूर नर्मदा के द्वीप में वट वृक्षों का एक समुदाय है। इसे 'कबीर वट' कहते हैं। मान्यता है कि कबीरदास ने यहां पर एक दातून गाढ़ दी थी, वही वृक्ष बन गई। यहां एक कबीर मंदिर भी है।

शुक्ल यजुर्वेद

यजुर्वेद का एक भाग जो वाजसनेयी या माध्यंदिनी संहिता भी कहलाता है। अपने गुरु से मतभेद हो जाने के कारण याज्ञवल्क्य (दे.) ने इसे प्रकट किया। इस वेद में वैदिक युग के रीति-रिवाजों का वर्णन है। शतपथ ब्राह्मण ग्रंथ इसी वेद की माध्यंदिनी शाखा में सम्मिलित है।

वस्तुत: यजुर्वेद के दो मुख्य भाग हैं—शुक्ल यजुर्वेद और कृष्ण यजुर्वेद। जिस भाग में पद्यात्मक अर्थात् छंदोबद्ध मंत्र है, उसे शुक्ल यजुर्वेद कहते हैं। जिसमें मंत्र और विधि के गद्य दोनों है, वह भाग कृष्ण यजुर्वेद है।

शुचीन्द्रम

कन्या कुमारी से लगभग 15 कि.मी. दूर शुचीन्द्रम नामक स्थान में शिव का एक बड़ा मंदिर है। यहां जो शिवलिंग है, उसके संबंध में एक कथा प्रचलित है। वाणासुर ने तपस्या करके शिव से यह वरदान प्राप्त कर लिया था कि कोई कन्या ही उसका वध कर सकेगी। इस पर वह बड़ा अत्याचारी हो गया। भयभीत देवता विष्णु के पास गए। उनके परामर्श पर यज्ञ किया गया। यज्ञ-वेदी से कन्याकुमारी का जन्म हुआ।

कन्याकुमारी जब वयस्क हुई तो उसने शिव से विवाह करने की इच्छा प्रकट की। शिव राजी हो गए और कैलास से दक्षिण की ओर चल दिए। यह देखकर देवता चिंतित हो उठे कि विवाह के बाद देवी राक्षस का वध न कर सकेगी। उन्होंने नारद से सहायता मांगी। नारद ने शुचीन्द्रम में किसी न किसी बहाने से शिव को इतनी देर रोक लिया कि सवेरा हो गया और विवाह का मुहूर्त बीत गया। कन्या ने विवाह के लिए एकत्र सामग्री समुद्र में फेंक दी और वह तपस्या करने लगी। इसके बाद ही वाणासुर विवाह का प्रस्ताव लेकर देवी के सामने आया और मारा गया। शिव तभी से शुचीन्द्रम में लिंग या स्थाणु रूप में स्थित हैं।

शुद्धाद्वैत

वल्लभाचार्य द्वारा प्रतिपादित यह दर्शन शुद्धाद्वैत और पुष्टि मार्ग दोनों नामों से जाना जाता है। वल्लभाचार्य ने शंकर के वेदांत से भिन्नता दर्शाने के लिए अद्वैत से पहले शुद्ध शब्द लगाकर यह नाम रखा। यही भक्ति संप्रदाय का पुष्टिमार्ग है। शुद्धाद्वैत दर्शन में वेद-उपनिषद, ब्रह्म सूत्र और गीता। इस प्रस्थानत्रयी के साथ भागवत को भी वेद के समान प्रमाण माना गया है और 'प्रस्थान चतुष्टय' की स्थापना की गई है।

इस मत में माया संबंध से रहित होने के कारण ब्रह्म शुद्ध है और वही एक अद्वैत तत्व है। इसमें ब्रह्म के तीन रूप बताए गए हैं—परब्रह्म, अंतर्यामी और अक्षर ब्रह्म। जिस प्रकार अग्नि से चिनगारियां निकल कर चारों ओर फैलती हैं, उसी प्रकार अक्षर ब्रह्म से अनेक जीवन और जगत निकले हैं।

वल्लभाचार्य का जन्म 1479 ई. में हुआ था। सूरदास सहित अष्टछाप (दे.) के सब कवि इसी मार्ग के अनुयायी थे।

शुनक

शौनक ऋषि के पिता एक राजा का नाम। महाभारत में इसे महर्षि कहा गया है। प्रद्योत राजवंश का संस्थापक भी शुनक नाम का व्यक्ति ही था। पहले यह राजा रिपुंजय का आमात्य था। बाद में इसने राजा का वध करके अपने पुत्र प्रद्योत को गद्दी पर बैठा दिया।

शुनःशेष

दे. देवरात।

शूद्र

प्राचीन भारतीय सामाजिक व्यवस्था में चार वर्णों में से चतुर्थ वर्ण का व्यक्ति।

वर्ण-व्यवस्था का आरंभ कर्म पर आधारित था। बाद में धीरे-धीरे यह जन्म पर आधारित और व्यक्ति के अभ्युदय के मार्ग की बाधा बन गई। इसलिए विचारकों, संतों और समाज सुधारकों ने इसके विरुद्ध आवाज उठाई। शूद्र वर्ण के प्रति होने वाले सामाजिक अन्याय का सब ओर से विरोध होने लगा। अब वर्ण-व्यवस्था व्यवहार में समाप्तप्राय: है और चतुर्थ वर्ण के प्रति मध्यकाल में होने वाला भेद-भाव आज सामाजिक रूप से तो निन्दनीय है ही, कानूनी दृष्टि से दंडनीय अपराध भी है।

शूरसेन

1. एक प्रसिद्ध यादव राजा जो देवमीढ़ राजा के पुत्र थे। इनकी पत्नी मारिबा ने दस पुत्रों को जन्म दिया। इनमें श्रीकृष्ण के पिता वासुदेव सबसे बड़े थे। अन्य पुत्रों के नाम थे—देवभाग, देवश्रवा, आनक, सृंजय, श्यामक, कंक, शमीक, वत्सक और वृक। इनकी चार पुत्रियां भी थीं। उनमें से पृथा को शूरसेन ने अपने मित्र राजा कुंतिभोज (दे.) को गोद दे दिया। इसी कारण वह 'कुंती' (दे.) कहलाई।

2. शत्रुघ्न के पुत्र इक्ष्वाकुवंशी एक राजा का नाम भी शूरसेन था। वह मथुरा में राज्य करता था। इसलिए वह अंचल 'शूरसेन देश' कहलाया।

शूर्पणखा

विश्रवा और कैकसी की पुत्री शूर्पणखा रावण, विभीषण और कुम्भकर्ण की बहन थी। विद्युजिह्व नामक राक्षस से इसका विवाह हुआ था और इसने शंभुकुमार नाम के पुत्र को जन्म दिया।

वनवास काल में दंडकारण्य में राम को देखकर यह उन पर मोहित हो गई। राम ने इसे लक्ष्मण के पास भेज दिया। जब दो में से किसी भाई ने इसका प्रणय-निवेदन स्वीकार नहीं किया तो यह सीता को मारने के लिए झपटी। इसपर लक्ष्मण ने इसके नाक-कान काट दिए।

इस घटना से क्रुद्ध शूर्पणखा अपने भाई रावण के दरबार में पहुंची। उसने राम-लक्ष्मण के अत्याचारों की बात बताई और सीता के सौंदर्य का बखान करके रावण को सीता-हरण के लिए प्रेरित किया।

शृंग

वेताल और कामधेनु का पुत्र। इसकी भक्ति से प्रसन्न होकर शिव ने इसे अपना पार्षद बना लिया था। इसने वरुण के घर में रहने वाली सुरभि-कन्याओं से समस्त गौ-संपत्ति पैदा की थी।

शृंगवेरपुर

प्रयाग के पास का वह स्थान जहां पर वनवास के समय राम, लक्ष्मण और सीता ने गंगा पार की थी। निषादराज गुह का आग्रह मानकर उन्होंने यहां एक रात्रि विश्राम भी किया। यहां गंगा में एक स्थान को विभांडक कुंड कहते हैं। यह नाम शृंगी ऋषि (दे.) के पिता के नाम पर पड़ा है। कुछ दूर रामचौरा गांव में गंगा के किनारे एक मंदिर में राम के चरण-चिह्न बताए जाते हैं।

शृंगार (सोलह)

भारत में आदिकाल से ही स्त्री-पुरुष दोनों अपने-अपने ढंग से शृंगार करते आए हैं। साहित्य में महिलाओं के षोडश शृंगारों का उल्लेख मिलता है। ये हैं—1. अंगों में उबटन, 2. स्नान, 3. स्वच्छ वस्त्र धारण करना, 4. मांग भरना, 5. महावर लगाना, 6. बाल संवारना, 7. तिलक लगाना, 8. ठुड्डी पर तिल बनाना, 9. आभूषण धारण करना, 10. मेंहदी रचाना, 11. दांतों में मिस्सी, 12. आंखों में काजल, 13. सुगंधित द्रव्यों का प्रयोग, 14. पान खाना, 15. माला पहनना, 16. पूर्ण विकसित पुष्प या कली को दंड के सहित धारण करना।

शृंगी ऋषि

1. विभांडक ऋषि के पुत्र एक ऋषि जिनके साथ अयोध्या नरेश दशरथ की पुत्री शांता का विवाह हुआ था। एक बार जब अयोध्या में कई वर्षों तक पानी नहीं बरसा तो इन्हें आमंत्रित किया गया। शृंगी ऋषि के आते ही वर्षा हो गई।

2. अंगिरस के कुल में मृगी से उत्पन्न शमीक के पुत्र एक तपस्वी और क्रोधी ऋषि। इसी ने राजा परीक्षित को तक्षक के डंक से मरने का शाप दिया था क्योंकि परीक्षित ने इसके पिता शमीक के गले में मरा हुआ सर्प डाल दिया था। इसके शाप के कारण ही सात दिन के अंदर परीक्षित (दे.) को सर्प के डसने से मृत्यु हो गई थी।

शृंगीरामपुर

आगरा फोर्ट-गोरखपुर रेल मार्ग पर स्थित सिधीरामपुर स्टेशन के निकट गंगा के दक्षिण तट पर शृंगी ऋषि का मंदिर है। कहते हैं, राजा परीक्षित को शाप देने के बाद शृंगी ऋषि के माथे में सींग निकल आया था। उन्होंने अपने पिता की आज्ञा से अनेक तीर्थों की यात्रा की। अंत में यहां आकर तप करने से उनके मस्तक का सींग गिरा।

यहां से कुछ दूर च्यवन ऋषि का आश्रम था जो अब चियासर कहलाता है। यहां शिव का एक प्राचीन मंदिर है।

श्रृंगेरी

बंगलौर-पूना रेल मार्ग पर बिरूर स्टेशन से लगभग 120 कि. मी. दूर स्थित श्रृंगेरी भारत का प्रमुख सांस्कृतिक क्षेत्र है। आदि शंकाराचार्य द्वारा स्थापित चार मठों में से दक्षिण का मठ श्रृंगेरी में ही है। श्रृंगेरी तुंगभद्रा नदी के तट पर बसा हुआ एक छोटा सा नगर है। नदी पर पक्के घाट बने हुए हैं। घाट के ऊपर ही शंकराचार्य का मठ है। मठ के घेरे में शंकराचार्य द्वारा स्थापित शारदा और महेश्वर के देव मंदिर हैं। कुछ लोगों की मान्याता है कि पहले यहां श्रृंगी ऋषि के पिता विभांडक ऋषि का आश्रम था और मंदिरों की मूर्तियां उनकी स्थापित की हुई हैं। यहां से लगभग 20 कि. मी. दूर श्रृंग गिरि है। यह श्रृंगी ऋषि का जन्म-स्थान माना जाता है।

शेख फरीद

एक ऊंचे सूफी फकीर जिनका पूरा नाम शेख इब्राहीम था और फरीद उपाधि थी। इनकी मृत्यु 1552 ई. में हुई थी। इससे इनके समय का अनुमान लगाया जा सकता है। शेख फरीद के 2 पद और 130 'श्लोकों' का संग्रह गुरु ग्रंथ साहब में मिलता है। पंजाबी-हिंदी भाषा में रचित इनकी रचनाएं गहरी, रसभरी और मर्म को छूने वाली हैं।

शेख सलीम चिश्ती

प्रसिद्ध मुसलमान सूफी संत जो अकबर के शासन काल में आगरा के निकट सीकरी की सूखी पहाड़ियों में रहा करते थे। अकबर के कोई संतान न थी। संतान की लालसा से वह सूफी संत की शरण में गया। कहते हैं, शेख ने उसे तीन पुत्र होने का आशीर्वाद दिया और यह सत्य भी सिद्ध हुआ।

अकबर को विश्वास हो गया कि यदि वह शेख के चरणों के निकट रहेगा तो निश्चय ही उसका भाग्य उदय होगा। इसीलिए उसने सीकरी में एक बड़ी मस्जिद और नगर का निर्माण कराया तथा 'फतेहपुर सीकरी' नाम रखकर उसे अपनी राजधानी बनाया। उसने अपने बड़े पुत्र का नाम भी शेख के नाम पर सलीम रखा था।

शेरशाह (1472-1545 ई.)

शेरशाह जिसका मूल नाम शेरखां सूर था, 1539 से 1545 तक भारत का बादशाह रहा। बिहार के एक साधारण अफगान जागीरदार के घर में पैदा होकर उसने अपने बाहुबल और रणकौशल से पहले बिहार पर अधिकार किया। फिर हुमायूं को पराजित करके कन्नौज तक और बाद में पंजाब तक का क्षेत्र अपने

अधिकार में कर लिया। इस प्रकार पंजाब से असम तक का पूरा उत्तर भारत उसके अधिकार में आ गया। 1545 ई. में कलिंजर के दुर्ग पर अधिकार करते समय बारूद फट जाने से शेरशाह की मृत्यु हो गई। उसने अपने समय में अनेक शासन-सुधार किए।

शेषनाग

भगवान की सर्प की सी आकृति शेषनाग कहलाती है। ये स्वयं नारायण भी हैं और नारायण के लिए शय्या का काम भी देते हैं। भागवत में इन्हें कश्यप और कद्रु का पुत्र कहा गया है। ये पाताल में निवास करते हैं और वहां के अधिराज हैं। प्रलय-काल में जब सारी सृष्टि नष्ट हो जाती है, विष्णु लक्ष्मी के साथ इन्हीं के ऊपर निवास करते हैं। इन्हें सौ फणवाला बताया जाता है। पृथ्वी इन्हीं के एक फण के ऊपर टिकी हुई है। पृथ्वी के विनाश के समय भी बने रहने के कारण इनका नाम शेष पड़ा। नाग की आकृति होने के कारण शेषनाग कहलाए। लक्ष्मण और बलराम शेषनाग के अवतार थे।

इन्हें रुद्र का पुत्र और ज्ञान का अधिष्ठाता भी माना जाता है। गर्ग ऋषि ने ज्योतिष विद्या इन्हीं से सीखी थी। विष्णु क्षीर-सागर में शेषनाग की शय्या बनाकर ही विश्राम करते हैं।

शैवमत

भारत में प्रचलित धार्मिक संप्रदायों में यह प्रमुख संप्रदाय है। वैष्णवों और शाक्तों की तुलना में शैवों की संख्या अधिक है। इस मत में शिव को ही ईश्वर मानकर आराधना की जाती है। हिंदुओं के देवताओं की त्रिमूर्ति—ब्रह्मा, विष्णु और महेश में शिव विद्यमान हैं और इन्हें विनाश का देवता भी माना जाता है।

शैवमत बहुत प्राचीन है। रुद्र की कल्पना में ऋग्वेद में इसका मूल रूप विद्यमान है। यजुर्वेद से ही शिव को ईश्वर माना जाने लगा। महाभारत में यह माहेश्वर संप्रदाय कहलाता था और इसके चार अंग थे—शैव, पाशुपत, कालगमन और कापालिक। बाद में इनकी और भी शाखाएं बनती गईं।

शैव्य

1. शिवि देश का एक राजा जिसे महाभारत में शिवि (दे.) के पिता उशीनर का पौत्र बताया गया है। इसकी पुत्री देविका का विवाह युधिष्ठिर से हुआ था। महाभारत युद्ध में इसने प्रमुख धनुर्धर के रूप में पांडवों की ओर से भाग लिया।
2. सुवीर देश के एक राजा का नाम भी शैव्य था जिसकी पुत्री का विवाह अक्रूर (दे.) से हुआ था।

शैव्या

1. प्रसिद्ध दानवीर राजा हरिश्चंद्र की पत्नी जो काशी के घाट पर बिक गई थी। एकबार राजा हरिश्चंद्र ने अपना संपूर्ण राज्य दान में विश्वामित्र को दे दिया। दान के बाद दक्षिणा देने के लिए जब कुछ न बचा तो राजा ने स्वयं को और पुत्र रोहिताश्व के सहित पत्नी शैव्या को काशी में बेच दिया। शैव्या दासी के रूप में एक ब्राह्मण के यहां काम करने लगी।

इसी बीच रोहिताश्व को सांप ने डस लिया। जब शैव्या उसका शव लेकर श्मशान पर गई तो चांडाल के सेवक के रूप में काम कर रहे राजा हरिश्चंद्र ने कफन का हिस्सा मांगा। देने के लिए पास में और कुछ न होने पर जब शैव्या अपनी साड़ी से टुकड़ा फाड़ने लगी तो सब देवता प्रकट हो गए। विश्वामित्र भी आए। पुत्र जीवित हो उठा। विश्वामित्र ने कहा— राजन, तुम परीक्षा में सफल हुए।

2. इक्ष्वाकुवंशी राजा सगर की पत्नी का नाम।

3. श्रीकृष्ण की पत्नी प्रियंवदा का एक नाम।

शोणितपुर

मध्य प्रदेश में इटारसी से कुछ दूर सुहागपुर के पास प्राचीन शोणितपुर है। यहां नृसिंह भगवान का एक प्राचीन मंदिर है। मान्यता है कि यह शोणितपुर वाणासुर की राजधानी थी। इसी वाणासुर की पुत्री उषा के साथ श्रीकृष्ण के पौत्र अनिरुद्ध का विवाह हुआ था। यहां से कुछ दूर नर्मदा के किनारे ब्रह्मांड घाट पर वराह की मूर्ति है।

शोणितपुर के पास ही पंचमढ़ी है। यहां जटाशंकर महादेव का मंदिर है। कहते हैं, हिरण्यकशिपु ने इन्हीं की आराधना की थी। इसके पास ही नागद्वारी की जलभरी गुफा है, जिसमें बड़े-बड़े सर्प मिलते हैं।

शौनक

1. एक सुविख्यात वैदिक आचार्य जो शुनक राजा के पुत्र थे। इन्होंने ऋग्वेद के द्वितीय मंडल की पुनर्रचना की। ये प्रसिद्ध यज्ञकर्ता के रूप में भी प्रसिद्ध हैं। इनका एक यज्ञ नैमिषारण्य में 12 वर्ष तक चलता रहा। उसमें रोमहर्षण सूत (दे.) ने महाभारत की कथा सुनाई थी। तत्वज्ञानी, शिक्षक और व्याकरणशास्त्र के ज्ञाता के रूप में भी शौनक की ख्याति थी! महाभारत में इन्हें योग और सांख्यशास्त्र में निपुण बताया गया है।

2. एक ब्राह्मण जिसने युधिष्ठिर को उचित-अनुचित की शिक्षा और तप करने का परामर्श दिया था।

शौरसेन

महाभारत के अनुसार आधुनिक ब्रजमंडल का प्राचीन नाम शौरसेन था। यहां बोली जानेवाली भाषा शौरसेनी (दे.) कहलाती थी। यहां शूरसेन नामक राजा का राज्य था। बाद में जरासंध (दे.) के बार-बार के आक्रमणों के कारण शौरसेन-वासियों को अपना क्षेत्र छोड़कर दक्षिण दिशा में चले जाने को बाध्य होना पड़ा। युधिष्ठिर के राजसूय यज्ञ के समय सहदेव ने इन्हें पराजित किया था।

शौरसेनी

600 ई. पू. से लेकर 1000 ई. सन् तक उत्तर भारत में जो भाषाएं बोली जाती थीं, उनका सामान्य नाम प्राकृत था। किंतु प्रदेश-भेद से इनके अलग-अलग नाम पड़े। उस समय मथुरा और उसके आसपास का क्षेत्र शूरसेन कहलाता था। इसे मध्यदेश भी कहते थे। यहां बोली जानेवाली भाषा शौरसेनी कहलाती थी। अन्य क्षेत्रीय रूप थे—पूर्वदेश की मागधी अथवा अर्धमागधी और पश्चिमोत्तर प्रदेश की पैशाची। अशोक के समय के प्राचीन लेखों में इन्हीं प्राकृतों, विशेषतः शौरसेनी का प्रयोग पाया जाता है।

श्यामजी कृष्ण वर्मा

विदेशों में रहकर 30 वर्षों तक देश की स्वतंत्रता के लिए प्रयत्नशील श्यामजी कृष्ण वर्मा का जन्म 4 अक्तूबर, 1857 ई. को गुजरात के कच्छ जिले में हुआ था। स्वामी दयानंद सरस्वती के प्रभाव में आकर आर्यसमाज के प्रचारक बने और संस्कृत भाषा में पारंगत हुए। इसी कारण इनकी नियुक्ति आक्सफोर्ड यूनिवर्सिटी में संस्कृत के सहायक प्रोफेसर के पद पर हो गई।

इंग्लैंड में वकालत पढ़कर भारत में कुछ समय तक वकालत और रियासतों में काम किया, फिर देश की आजादी की मशाल जलाने इंग्लैंड चले गए। वहां से भारत में अंग्रेजों के अत्याचारों की सूचनाएं संसार भर में फैलाते रहे। भव्य भवन खरीदकर 'इंडिया हाउस' बनाया। सावरकर (दे.), मदनलाल ढींगरा (दे.) जैसे देशभक्तों को आश्रय दिया। 'बम बनाने की विधि' छपवाकर भारत में क्रांति-कारियों के पास भेजी। ब्रिटिश सरकार सतर्क हुई तो वहां से पेरिस चले गए। भारत आनेवाले जहाजों में हथियार भेजने का प्रयत्न किया। जब अंग्रेजों के इशारे पर फ्रांस में भी राजद्रोही घोषित किए गए तो स्विटजरलैंड चले गए। जो व्यक्ति देश में संपन्नता का जीवन बिता सकता था, वह देश की आजादी के लिए विदेशों में जूझता हुआ 31 मार्च, 1933 ई. को जिनेवा के एक अस्पताल में सदा के लिए सो गया।

श्यामाप्रसाद मुखर्जी

आपका जन्म 1901 ई. में हुआ था। इंग्लैंड में शिक्षा ग्रहण करने के बाद 1927 ई. में कलकत्ता उच्च न्यायालय में वकालत करने लगे। 1929 ई. में धारासभा के सदस्य निर्वाचित होने के साथ सार्वजनिक जीवन में प्रवेश किया। कलकत्ता विश्वविद्यालय के कुलपति और बंगाल के अर्थमंत्री रहे। 1947 से 1950 ई. तक केंद्र में नेहरू मंत्रिमंडल में उद्योग और आपूर्ति मंत्री थे। बाद में विचारभेद के कारण सरकार से अलग होकर हिंदू महासभा के नेता बन गए। पर वहां की नीति भी रास नहीं आई। 1951 ई. में आपने 'भारतीय जनसंघ' नामक राजनीतिक संस्था की स्थापना की जिसके द्वार सभी जाति और धर्म के लोगों के लिए खुले थे। 1953 ई. में आपका देहांत हो गया।

श्रद्धा

1. अत्रि ऋषि की पत्नी अनसूया (दे.) का एक नाम जो अपने पतिव्रत धर्म के लिए प्रसिद्ध है।
2. कर्दम प्रजापति और देवहूती की कन्या जो अंगिरा ऋषि की पत्नी थी।
3. वैवस्वत मनु की पत्नी जो इक्ष्वाकु आदि दस पुत्रों की माता थी।
4. स्वायंभुव मन्वंतर के दक्ष प्रजापति की कन्या जिसका धर्म के साथ विवाह हुआ था। कामदेव इसी के पुत्र थे।

श्रद्धानंद

स्वामी श्रद्धानंद का पहले का नाम मुंशीराम था। उनका जन्म 1857 ई. में पंजाब के एक सनातनी खत्री परिवार में हुआ था। उनके पिता लाला नानकचंद उत्तर प्रदेश में सुपरिंटेंडेंट पुलिस रह चुके थे। मुंशीराम भी पहले तहसीलदार बने। लेकिन जब अंग्रेज कमिश्नर ने अवहेलना की तो इस्तीफा देकर वकालत करने लगे। इसी बीच महर्षि दयानंद के विचारों के प्रभाव में आकर आर्यसमाज के तत्वावधान में जालंधर में कन्या महाविद्यालय की स्थापना कराई।

1902 ई. में आपने भारतीय ढंग से उच्च शिक्षा प्रदान करने के उद्देश्य से हरिद्वार के निकट 'गुरुकुल कांगड़ी' नामक संस्था की स्थापना की। इनकी लगन और त्यागभावना के कारण लोग इन्हें 'महात्मा मुंशीराम' कहने लगे थे। 1917 ई. में संन्यास लेने के बाद आप स्वामी श्रद्धानंद के नाम से प्रसिद्ध हुए। महात्मा गांधी ने रौलट एक्ट (दे.) के विरोध में आंदोलन छेड़ा तो स्वामीजी दिल्ली में गोरखा सैनिकों की संगीनों के सामने सीना खोलकर खड़े हो गए थे। खिलाफत आंदोलन के दिनों में आपको दिल्ली की जामा मस्जिद में भाषण देने के लिए आमंत्रित किया गया था। यह किसी गैर मुसलमान को मिलनेवाले सम्मान का पहला उदाहरण

था। परंतु यह एकता अस्थायी रही। स्वामीजी अस्वस्थ थे कि 23 दिसंबर, 1926 ई. को अब्दुल रशीद नाम के एक व्यक्ति ने दिल्ली में उनके आश्रम के अंदर घुसकर उनकी हत्या कर दी।

श्रवण कुमार

पुराणों में वर्णित अंचक मुनि के पुत्र जो मातृ-पितृ भक्ति के लिए विख्यात हैं। वे अपने अंधे माता-पिता को बहगी में बैठाकर तीर्थयात्रा कराते थे। एक दिन वे वन के एक सरोवर से माता-पिता के लिए जल लेने गए। उसी वन में अयोध्या के नरेश दशरथ शिकार कर रहे थे। श्रवण कुमार ने जब घड़ा पानी में डुबाया तो उससे निकली आवाज को मृग की आवाज समझकर दशरथ ने शब्दभेदी वाण चला दिया।

जब उन्होंने जाकर देखा तो श्रवण कुमार मरणासन्न थे। श्रवण के बताने पर दशरथ अंचक मुनि के पास गए, सारी बातें बताईं और जल पीने का अनुरोध किया। दुखी मुनि ने जल तो नहीं पिया, दशरथ को शाप दे दिया कि उन्हें भी पुत्र-शोक के कारण प्राण त्यागना पड़ेगा। इसी शाप के कारण राम के वनगमन के बाद दशरथ का देहांत हुआ।

श्रवणबेलगोल

कर्नाटक में मैसूर से लगभग 100 कि. मी. दूर जैन धर्मावलंबियों का प्रसिद्ध तीर्थ श्रवणबेलगोल है। यहां विंध्यगिरि नामक पहाड़ी पर गोमटेश्वर बाहुबली की विशाल मूर्ति विराजमान है। इसकी ऊंचाई 57 फुट है। एक चट्टान को तराशकर बनाई हुई इतनी विशाल मूर्ति संसार में और कहीं नहीं है। इसके निर्माण को एक हजार वर्ष पूरे हो चुके हैं, पर धूप, हवा, वर्षा आदि का इसके सौंदर्य पर कोई प्रभाव नहीं पड़ा।

प्रति बारह वर्ष के बाद इस मूर्ति का 'महामस्तकाभिषेक' समारोह होता है। मूर्ति के पीछे ऊंचा मचान बनाकर वहां से पवित्र पदार्थों से अभिषेक करते हैं। (दे. गोमटेश्वर)।

श्राद्ध

पितरों की तृप्ति के लिए श्रद्धापूर्वक और शास्त्रीय विधि से किया गया धार्मिक कार्य। श्राद्ध-विधि को आरंभ करने का श्रेय निमि (दे.) को दिया जाता है। निमि ने ही सर्वप्रथम अपने पुत्र श्रीमत की असामयिक मृत्यु के एक वर्ष बाद श्राद्धकर्म किया था। भविष्यपुराण में बारह प्रकार के श्राद्ध बताए गए हैं। इनमें नित्य, नैमित्तिक, काश्य, पार्वण, वृद्धि और सुपिंडन मुख्य हैं। (दे. पूर्वजपूजा)।

श्रावस्ती

प्राचीन कोसल राज्य की राजधानी। गौतम बुद्ध अनेक बार यहां पधारे थे और नवी शताब्दी तक यह एक प्रसिद्ध नगर था। इसकी स्थापना इक्ष्वाकुवंशीय राजा श्रावस्त ने राप्ती नदी के किनारे की थी। श्रावस्त का समय श्रीराम से पचास पीढ़ी पहले माना जाता है। राम के पुत्र लव ने कोसल देश की राजधानी अयोध्या से हटाकर श्रावस्ती बना दी थी। इस प्रकार अयोध्या उजाड़ हो गई थी। रघुवंश के अनुसार कुश ने इसे पुन: बसाया।

प्राचीन श्रावस्ती के अवशेष उत्तर प्रदेश के गोंडा जिले में सहेत-महेत नामक स्थान पर बिखरे हुए हैं। यह बौद्ध और जैन दोनों का तीर्थ है। श्रेष्ठी अनाथपिंडक ने यहीं पर भगवान बुद्ध के लिए जेतवन विहार बनाया था।

श्रीकालहस्ती

विल्लुपुरम-गुडूर रेलमार्ग पर कालहस्ती स्टेशन है। इसके पास ही स्वर्णमुखी नदी बहती है। नदी के उस पार एक पहाड़ी है जिसे कैलासगिरि कहते हैं। पहाड़ी के नीचे बहुत बड़े घेरे में कालहस्तीश्वर का विशाल मंदिर है।

मंदिर का शिवलिंग वायुतत्व लिंग है, इसलिए पुजारी भी इसका स्पर्श नहीं करते। लिंग के पास सोने की पट्टी पर माला आदि चढ़ाकर पूजा की जाती है। मान्यता है कि यहीं पर तपस्या करके अर्जुन ने भगवान शंकर से पाशुपात अस्त्र प्राप्त किया था। पार्वती का मंदिर अलग है। कहते हैं, सबसे पहले मकड़ी, सर्प और हाथी ने यहां आराधना की थी। इसी से इसका श्रीकालहस्ती नाम पड़ा।

श्रीनिवास शास्त्री (1869-1946 ई.)

मद्रास के एक गरीब परिवार में जन्मे श्रीनिवास शास्त्री ने अपने जीवन में असाधारण उन्नति की। पहले वे अध्यापक बने। फिर गोखले की 'भारत सेवक समाज' संस्था में शामिल हो गए। 1916 ई. में वाइसराय की प्रशासनिक परिषद् में नियुक्ति हुई। अपने समय के सबसे कुशल वक्ता थे, इसलिए 'लीग आफ नेशंस' में भारत के प्रतिनिधि बनाकर भेजे गए। प्रिवी कौंसिल में सम्मिलित होनेवाले आप तीसरे भारतीय थे। नरम विचारों के श्रीनिवास शास्त्री गांधीजी के निकटस्थ थे। एकबार जेल में आपरेशन के समय गांधीजी ने बेहोशी की दवा लेने से पहले वार्ता के लिए इन्हें ही बुलाया था।

श्रीपाद दामोदर सातवलेकर

वेदों और प्राचीन भारतीय साहित्य को जनसुलभ बनाने के लिए जीवन भर संलग्न सातवलेकर का जन्म 11 सितंबर, 1867 ई. को बंबई के निकट हुआ था।

प्रतिभावान बालक को सात-आठ वर्ष की उम्र में ही वेद जैसे ग्रंथों को पढ़ने में आनंद आने लगा था। उन्होंने कला की शिक्षा ली, लोकमान्य तिलक के पत्र 'केसरी' में अग्रलेख भी लिखते रहे। पर उनका मुख्य क्षेत्र संस्कृत वाङ्मय का अध्ययन और उसे सरल, सुबोध भाषा में प्रामाणिक रूप से लोक-सुलभ बनाना था। आर्यसमाज के प्रभाव से इसमें और प्रोत्साहन मिला। वेदों और उपनिषदों के भाष्य सहित उन्होंने लगभग 400 ग्रंथों की रचना की। 31 जुलाई, 1968 ई. को सातवलेकर स्वर्गवासी हो गए।

श्रीरंगम

तमिलनाडु के त्रिचनापल्ली जिले में श्रीरंगम और त्रिचनापल्ली नगर की वही स्थिति है जो नासिक और पंचवटी की है। दोनों नगर कावेरी नदी के दोनों ओर बसे हैं। कावेरी नदी तीन स्थानों पर धाराओं में बंट गई है और ये धाराएं आगे चलकर मिल जाती हैं। इस प्रकार तीन द्वीप बन गए हैं जो बड़े पवित्र माने जाते हैं। श्रीरंगम इन्हीं में से एक द्वीप है। यहां रंगजी का मंदिर होने से द्वीप का यह नाम पड़ा। 266 बीघे में फैले हुए सात प्राकारों के इस मंदिर में छोटे-बड़े 18 गोपुरम हैं। मंदिर के अंदर श्रीरंगनाथ की शेष शय्या पर शयन किए हुए विशाल चतुर्भुज मूर्ति है जिसका मुख दक्षिण की ओर है। इस मंदिर के संबंध में यह कथा मिलती है—

यह मूर्ति नारायण ने पहले ब्रह्मा को दी थी। इक्ष्वाकु ने कठोर तप करके ब्रह्मा से इसे प्राप्त किया और अयोध्या में स्थापित किया। राज्याभिषेक के समय जब राम सबको मुंहमांगी वस्तु प्रदान कर रहे थे, विभीषण ने उनसे श्रीरंग की मूर्ति मांग ली। लंका में स्थापना के उद्देश्य से विभीषण उसे लेकर चले। मार्ग में विश्राम के लिए विभीषण ने अपने विमान को कावेरी के द्वीप में उतारा। देवता नहीं चाहते थे कि यह मूर्ति लंका चली जाए। विभीषण ने यहां से मूर्ति को ले जाने का यत्न किया तो वह उसे उठा न सके। इस पर श्रीरंग ने कहा—मुझे यहीं रहने दो। राजा धर्मवर्मा ने मुझे पाने के लिए कठोर तप किया है। तुम यहीं आकर मेरा दर्शन किया करो। मैं लंका की ओर मुख करके दक्षिणामुख होकर यहीं रहूंगा।

श्रीलंका

भूगर्भशास्त्रियों के मतानुसार श्रीलंका किसी समय भारत के दक्षिणी प्रायद्वीप से जुड़ा हुआ था, जो बाद में अलग हो गया। इस देश से भारत के निकट के सांस्कृतिक संबंध रहे हैं। प्राचीन साहित्य में अनेक नामों से श्रीलंका का उल्लेख मिलता है, जैसे—ताम्रपर्णी, तपोवन, लंका, रत्नद्वीप आदि।

ईसा से तीसरी शताब्दी पूर्व में अशोक के पुत्र महेंद्र ने श्रीलंका जाकर वहां के नरेश देवानामप्रिय तिस्स को सपरिवार बौद्ध धर्म में दीक्षित किया था। 'त्रिपिटक' नामक बौद्ध धर्म ग्रंथ भी सर्वप्रथम श्रीलंका में ही लिपिबद्ध हुआ। तब से भारत के बौद्ध उच्च अध्ययन के लिए श्रीलंका जाने लगे।

यहां ईसा पूर्व चौथी शताब्दी से 19वीं शताब्दी के आरंभ तक राजतंत्र की परंपरा रही। बाद में कुछ समय तक पुर्तगालियों और डचों के अधिकार के बाद 1814 से 1948 ई. तक ब्रिटिश साम्राज्य के अंतर्गत था। श्रीलंका पर कभी मुस्लिम शासकों का आधिपत्य नहीं रहा। 4 फरवरी, 1948 ई. को यह देश स्वतंत्र हुआ और 1956 ई. में गणतंत्र बन गया।

श्रुतायुध

वरुण और पर्णाशा का पुत्र कलिंग देश का एक राजा। इसे वरुण से एक अभिमंत्रित गदा मिली थी। इसके कारण यह युद्ध में सदा अजेय रहता था। परंतु गदा के साथ एक शर्त यह थी कि यदि युद्ध न करनेवाले पर गदा से प्रहार किया तो यह स्वयं मर जाएगा।

महाभारत युद्ध में यह कौरवों के पक्ष में था। आरंभ में ही जब इसके दो सहायक मारे गए तो क्रोध में आकर इसने अपनी गदा से अर्जुन-सारथी श्रीकृष्ण पर प्रहार किया और फलस्वरूप इसी की मृत्यु हो गई।

श्रुति

इसका शाब्दिक अर्थ है सुनना। परंतु भारतीय परंपरा में श्रुति उस पवित्र ज्ञान को कहते हैं जो सृष्टि के आरंभ में ब्रह्मा या अन्य महान ऋषियों द्वारा सुना गया और जिसे आगे भी परंपरा में ऋषिगण सुनते आए। इसके अंतर्गत वेदों के मंत्र, ब्राह्मण ग्रंथ और उपनिषदों की गणना होती है। आरंभ में जब लिखने की कला का आविष्कार नहीं हुआ था, सारा ज्ञान गुरु-शिष्य परंपरा में सुनकर प्राप्त किया जाता और स्मृति में उसे सुरक्षित रखा जाता था। इसीलिए 'श्रुति' और 'स्मृति' का प्रयोग साथ-साथ होता था।

श्रेष्ठि

प्राचीनकाल में भारत के सामुदायिक जीवन में तीन वर्गों की प्रधानता स्पष्ट दिखाई देती है—राजन्यवर्ग जो प्रजा का रक्षक माना जाता था, विप्रवर्ग जो शिक्षा-दीक्षा और कर्मकांड में पारंगत होता था और श्रेष्ठिवर्ग जो व्यवसाय में संलग्न रहता और धन-संपत्ति से संपन्न होता था।

उक्त दो वर्गों की भांति श्रेष्ठिवर्ग का भी बड़ा सम्मान और प्रभाव था।

नगर श्रेष्ठि का राज दरबार में महत्वपूर्ण स्थान होता था। आवश्यकता पड़ने पर वह राजकोश के अर्थाभाव को भी दूर करता था। प्राचीन साहित्य में नगर श्रेष्ठियों के उल्लेख अनेक प्रसंगों में मिलते हैं। कदाचित् वर्तमान 'सेठ' शब्द श्रेष्ठि का ही परिवर्तित रूप है।

श्रौत धर्म

श्रुति में जिन कर्मों का निर्देश है वे श्रौत कहलाते हैं और स्मृति में विहित कर्म स्मृति हैं। मत्स्य पुराण के अनुसार दान, अग्निहोत्र तथा उससे संबद्ध यज्ञ श्रौत धर्म के लक्षण हैं। यम और नियमों के अनुसार आचरण स्मार्त कहलाता है। स्मार्त धर्म का विधान मनु ने किया। स्मृति से उत्पन्न होने के कारण ही इसका नाम स्मार्त पड़ा। संक्षेप में यज्ञ और वेद संबंधी आचार श्रौत कहलाता है। वर्णाश्रम संबंधी आचार को स्मार्त कहते हैं।

श्वेत

1. कोसल की राजकन्या सुरथा के गर्भ से उत्पन्न मत्स्य नरेश विराट का एक पुत्र। इसने महाभारत युद्ध में पांडवों की ओर से भीष्म और शल्य से युद्ध किया और भीष्म के हाथों मारा गया।

1. शिव का एक अवतार जो वैवस्वत मन्वंतर में दो बार हुआ।

3. एक पापी राजा जो अपने कर्मों के कारण सदा भूख-प्यास से तड़पा करता— यहां तक कि अपना ही मांस खाने लगा। बाद में ब्रह्मा के बताए हुए मार्ग से अगस्त्य ऋषि के दर्शनों के बाद इसे मुक्ति मिली।

श्वेतकेतु

एक विख्यात आचार्य और तत्वज्ञानी के रूप में श्वेतकेतु का वर्णन उपनिषदों में आया है। ये महर्षि उद्दालक के पुत्र थे और देवल ऋषि की कन्या सुवर्चला के साथ इनका विवाह हुआ था। अष्टावक्र इनके मामा थे।

श्वेतकेतु को समाज में वैवाहिक-व्यवस्था का संस्थापक माना जाता है। उस समय तक वर्गों में प्रचलित प्रथा के अनुसार स्त्रियां अपने पतियों के अतिरिक्त अन्य पुरुषों से भी संबंध कर सकती थीं। इसी के अनुसार एकबार उद्दालक ने घर में आए अतिथि को सत्कार स्वरूप अपनी पत्नी भी सौंप दी। श्वेतकेतु ने इसका विरोध किया। उन्होंने घोषणा की कि आज से एक स्त्री एक ही पुरुष से संबंध रखेगी।

श्वेतकेतु भारत के पहले समाज सुधारक प्रतीत होते हैं। पर स्त्री गमन का निषेध करने के साथ-साथ समाज कल्याण की दृष्टि से इन्होंने कई नियम बनाए।

इनके जन्म के संबंध में उल्लेख मिलता है कि ये उद्दालक ऋषि के औरस पुत्र नहीं थे वरन् ऋषि की पत्नी ने उनके एक शिष्य के द्वारा इन्हें उत्पन्न किया था। नंदी द्वारा रचित आदिकामशास्त्र के संक्षेपकर्ता के रूप में भी इनका उल्लेख मिलता है।

गौतम बुद्ध को भी श्वेतकेतु नाम से अभिहित किया गया है।

श्वेत हूंण

हूंणों की एक शाखा जिसने 455 ई. में भारत पर आक्रमण किया। लेकिन तत्कालीन सम्राट स्कंदगुप्त से पराजित होकर उन्हें भागना पड़ा। 484 ई. में वे फारस को रौंदते हुए फिर भारत में घुस आए। इसी शाखा के मिहिरगुल (दे.) ने छठी शताब्दी के आरंभ में उत्तर भारत के एक भाग पर अपना राज्य स्थापित कर लिया। वर्तमान स्यालकोट उसकी राजधानी थी। बाद में मालवा नरेश यशोवर्मा और गुप्तवंश के नरेश बालादित्य ने मिलकर मिहिरगुल को पराजित किया और इस प्रकार हूंण शासन का अंत हुआ। जो हूंण यहां रह गए थे, वे हिंदुओं में घुल-मिल गए।

श्वेतांबर

जैन धर्मावलंबियों का एक संप्रदाय। दो मुख्य संप्रदाय—श्वेतांबर और दिगंबर—कब बने, इसका कोई निश्चित प्रमाण नहीं मिलता। महावीर दिगंबर वेश में रहते थे। उनके निर्वाण के बाद कदाचित् यह सोचकर कि दिगंबर वेश में जन-सामान्य के बीच जाकर लोकसेवा नहीं हो सकती और न धर्म प्रचार हो सकता है, श्वेतांबर संप्रदाय अस्तित्व में आया। श्वेतांबर साधु लंगोटी और चादर रखते हैं। आज तो गृहस्थ जैन की वेश-भूषा देखकर यह कहना कठिन है कि वह श्वेतांबर है या दिगंबर। दिगंबर साधु कमंडल और मोर पंख के अतिरिक्त अपने पास कुछ नहीं रखते। आरंभ में उत्तर भारत में श्वेतांबर अधिक थे और दक्षिण में दिगंबर। भारत में श्वेतांबर जैनियों के 4400 मंदिर बताए जाते हैं।

श्वेताश्वर उपनिषद्

दस प्रधान उपनिषदों के बाद श्वेताश्वर ग्यारहवां और अग्रणी उपनिषद् है। यह कृष्ण यजुर्वेद का अंग है और श्वेताश्वर ऋषि इसके प्रवक्ता हैं। इस उपनिषद् में संन्यासी प्रश्न करते हैं कि इस सृष्टि का कारण ब्रह्म है अथवा और कुछ? हम कहां से आए? किस आधार पर ठहरे हैं? हमारी अंतिम स्थिति क्या होगी? आदि।

ष

षटकर्म

स्नान, संध्या-गायत्री, हवन, पठन-पाठन, देवार्चन और बलि-वैवश्य देव अथवा अतिथि पूजन को षटकर्म कहते हैं। ये कर्म नित्य करणीय हैं।

षटतिला एकादशी

माघ कृष्ण एकादशी षटतिला एकादशी कहलाती है। इस दिन तिल के छः उपयोग करने का विधान है—1. तिल मिश्रित जल से स्नान, 2. तिलों का उबटन, 3. तिलों का हवन, 4. तिल मिले हुए जल का पान, 5. तिलों का दान और 6. तिलों के लड्डुओं का भोजन। मान्यता है कि ऐसा करने से कायिक, वाचिक और मानसिक सभी पाप नष्ट हो जाते हैं।

षटतीर्थ

ये तीर्थ उन तीर्थों से भिन्न हैं जिनकी यात्रा की जाती है। ये हर किसी को सर्वत्र उपलब्ध हैं। ये हैं—1. भक्त तीर्थ—हृदय में बसने वाले भगवान की भक्ति, 2. गुरुतीर्थ—हृदय में ज्ञान का प्रकाश फैलानेवाले गुरु की भक्ति, 3. मातातीर्थ, 4. पितातीर्थ—संतान के लिए माता-पिता का पूजन ही तीर्थ है। 5. पतितीर्थ—पति की पूजा करनेवाली स्त्री को सब तीर्थों का पुण्य घर पर ही मिल जाता है। 6. पत्नीतीर्थ—गुणवती और पुण्यमयी भार्या जिस घर में हो वह घर किसी तीर्थ से कम नहीं।

षड्दर्शन

भारत के आस्तिक दर्शन 6 हैं। प्राचीनकाल में आस्तिक से आशय ईश्वर में विश्वास करनेवाले से नहीं, वरन वेदों को प्रमाण माननेवाले से था। इसलिए सांख्य और मीमांसा जैसे दर्शन भी आस्तिक दर्शन माने जाते हैं जो सृष्टि और प्रलय को नहीं मानते, सृष्टिकर्ता की आवश्यकता नहीं समझते, अनीश्वरवादी दर्शन हैं, पर वेदों में आस्था रखते हैं।

6 दर्शन ये हैं—1. न्याय (गौतम द्वारा प्रवर्तित), 2. वैशेषिक (कणाद द्वारा प्रवर्तित), 3. सांख्य (कपिल द्वारा प्रवर्तित), 4. योग (पतंजलि द्वारा प्रवर्तित,

5. पूर्व मीमांसा (जैमिनि द्वारा प्रवर्तित्त) और 6. वेदांत (वादरायण द्वारा प्रवर्तित) वेदांत को उत्तर मीमांसा भी कहते हैं। अंतिम दो दर्शन वेद के दो भाग 'ब्राह्मण ग्रंथों' और 'उपनिषदों' से संबंध रखते हैं। ब्राह्मण ग्रंथ उपनिषदों से पहले के हैं अत: उनसे संबंधित दर्शन 'पूर्व मीमांसा' कहलाता है। इसीलिए उपनिषदों से संबंधित 'वेदांत दर्शन' का नाम उत्तर मीमांसा भी पड़ गया।

वेदों में आत्मा और परमात्मा संबंधी विचारों के बीज विद्यमान हैं। उनका अंकुरण 'ब्राह्मण' और 'उपनिषदों' में दिखाई देता है। यही अंकुरण पल्लवित होकर 6 आस्तिक दर्शनों का आधार बना। इनका मुख्य वर्ण्य-विषय ब्रह्मांड, ब्रह्म और जीवात्मा के संबंध में विचार रहा है। ये धर्म और आध्यात्म का सामंजस्य करते हैं। इनका आरंभ 1500 ई. पू. से 600 ई. पू. तक माना जाता है।

वेदों को माननेवाले इन 6 आस्तिक दर्शनों के साथ-साथ भारत में वेद को प्रमाण न माननेवाले 6 नास्तिक दर्शन भी विकसित हुए। ये दर्शन हैं—चार्वाक, जैन, वैभाषिक, सौत्रांतिक, योगाचार या विज्ञानवाद और माध्यमिक या शून्यवाद अंतिम चार वस्तुत: बौद्ध दर्शन के ही उपांग हैं जिन्हें आस्तिक दर्शनों की समानता में संख्यापूर्ति के लिए पृथक् कर दिया प्रतीत होता है।

षडानन

शंकर के पुत्र कार्तिकेय (दे.) का नाम। इनका पालन-पोषण चंद्रमा की पत्नी कृतिका ने किया था। इसलिए इनका एक नाम कार्तिकेय पड़ा। इनके 6 मुख थे और इनको पालने में 6 कृतिकाओं ने सहयोग दिया था इसलिए ये षडानन कहलाए। इनका एक नाम षाण्मातुर भी है।

षोडश मातृका

ये सोलह मातृकाएं (दे.)—गौरी, पद्मा, शची, मेधा, सावित्री, विजया, जया, देवसेना, स्वधा, स्वाहा, शालि, पुष्टि, धृति, तुष्टि, मातृ और आत्मदेवता—हैं।

षोडशोपचार

पूजा के सोलह अंग षोडशोपचार कहलाते हैं। ये हैं—आवाहन, आसन, अर्घ्यपाद, आचमन, मधुपर्क, स्नान, वस्त्राभरण, यज्ञोपवीत, गंध, पुष्प, धूप, दीप, नैवेद्य, तांबूल, परिक्रमा, और वंदना।

स

संकर

प्राचीन वर्णव्यवस्था के अनुसार हिंदू समाज चार वर्णों में विभक्त है। विवाह आदि संबंध भी सामान्यत: अपने वर्ण के अंदर ही होते थे। यदि कभी अनुलोम या प्रतिलोम विवाह होते तो इन विवाहों से उत्पन्न संतान पिता के वर्ण की मानी जाती थी। जब समाज में इस प्रकार के विवाह निषिद्ध माने जाने लगे तो भिन्न-भिन्न वर्ण के माता-पिता से उत्पन्न संतति 'संकर' कहलाई और निन्दनीय मानी जाने लगी।

संकिसा

उत्तर-प्रदेश के फर्रुखाबाद जिले में स्थित एक प्रसिद्ध बौद्ध तीर्थ जिसका प्राचीन नाम संकाश्य था। जातक ग्रंथों के अनुसार गौतम बुद्ध की माता महामाया का देहांत पुत्र-जन्म के सातवें दिन ही हो गया था। इसलिए वे अपने ज्ञानी पुत्र के उपदेश सुनने से वंचित रह गईं। स्वर्ग में जब उनकी उपदेश सुनने की प्रबल इच्छा हुई तो गौतम बुद्ध स्वयं वहां चले गए। उन्होंने तीन मास तक माता के पास रह कर उपदेश दिए। बाद में वे संकिसा नामक स्थान पर ही स्वर्ग से नीचे उतरे थे।

खुदाई में यहां अशोक का स्थापित किया हुआ स्तंभ, पुराने भवनों के अवशेष, देवी का मंदिर और नवीं शताब्दी तक के सिक्के मिले हैं। संकिसा को जैनी भी अपना तीर्थ मानते हैं।

संक्रांति

ज्योतिषशास्त्र के अनुसार जिस दिन सूर्य एक राशि से दूसरी राशि में प्रवेश करता है, वह दिन संक्राति कहलाता है। कुल राशियां 12 हैं—मेष, वृष, मिथुन, कर्क, सिंह, कन्या, तुला, वृश्चिक, धनु, मकर, कुंभ और मीन। इनमें से मकर और कर्क की संक्रांति विशेष महत्वपूर्ण मानी जाती है। मकर में सूर्य दक्षिणायन की ओर जाता है और कर्क में उत्तरायन से दक्षिणायन की ओर। ये संक्रांतियां ऋतु-परिवर्तन की सूचक हैं। मकर संक्रांति पर गंगा-स्नान का बड़ा महत्व माना जाता है।

संघमित्रा

प्रसिद्ध बौद्ध भिक्षुणी। उत्तर भारत की बौद्ध कथाओं में राजकुमार महेन्द्र (दे.)

और सघमित्रा को सम्राट अशोक के पुत्र-पुत्री बताया गया है। इनका जन्म अशोक की शाक्य रानी विदिशा के गर्भ से हुआ था। सिंहली बौद्ध ग्रंथ महेन्द्र को बौद्ध भिक्षुओं के एक दल का नेता बताते हैं जो श्रीलंका में बौद्ध धर्म प्रचार करने के लिए गया था। संघमित्रा भी इसी हेतु वहां गई थी। उसने राजा तिस्य के परिवार के साथ अन्य महिलाओं को भी बौद्ध धर्म में दीक्षित किया।

संजय

1. धृतराष्ट्र का सारथी और परामर्शदाता जो सूत जाति में उत्पन्न हुआ था। यह वेदव्यास का कृपापात्र और श्रीकृष्ण का भक्त था। दुर्योधन के अत्याचारों का यह विरोध करता रहा। इसने युधिष्ठिर और धृतराष्ट्र को युद्ध रोकने का परामर्श दिया। पांडव इंद्रप्रस्थ का राज्य मिलने पर शांति के लिए तैयार थे, पर कौरव नहीं माने। इसने धृतराष्ट्र को श्रीकृष्ण के अवतार होने की बात बताई और कुरुवंश के साथ संपूर्ण प्रजा के नाश की आशंका से भी परिचित कराया।

संजय को दिव्य दृष्टिप्राप्ति थी। उसके बल पर यह युद्धभूमि से दूर रहते हुए भी वहां की स्थिति का पूरा वर्णन धृतराष्ट्र के सामने किया करता था। युद्ध की समाप्ति पर राज्यारोहण के बाद युधिष्ठिर ने इसे आय-व्यय निरीक्षण का कार्य सौंपा था। अंत में यह भी धृतराष्ट्र, गांधीरी और कुंती के साथ वन में चला गया और वहीं इसकी मृत्यु हो गई।

2. सौवीर देश का राजा जो विदुला का पुत्र था। पिता की मृत्यु पर जब यह अल्पवय में गद्दी पर बैठा तो सिंधु राजा के आक्रमण के कारण इसे रणभूमि छोड़नी पड़ी। विदुला ने उसे पुनः युद्ध के लिए तैयार किया।

3. जयद्रथ का एक भाई जो अर्जुन के हाथों मारा गया।

संजीवनी विद्या

मान्यता है कि प्राचीन काल में एक ऐसी भी विद्या थी जिससे मृत व्यक्ति को पुनः जीवित किया जा सकता था। दैत्यों के गुरु शुक्राचार्य (दे.) इस विद्या में पारंगत थे। इंद्र का पुत्र कच इसे सीखने के लिए शुक्राचार्य के पास गया था। बाद में कच से यह अन्य देवों को प्राप्त हुई।

संज्ञा

विश्वकर्मा की पुत्री और विवस्वत (दे.) (सूर्य) की पत्नी। इसने मनु, यम और यमी को जन्म दिया। किंतु बाद में सूर्य का तेज न सह सकने के कारण यह तपस्या करने वन में चली गई। इसकी सेविका छाया के गर्भ से सूर्य की मनुसावर्णि, शनैश्चर और तपती नामक संतानें पैदा हुईं। जब सूर्य को छाया के वास्तविक रूप

का पता चला तो वह संज्ञा की खोज में निकला। उत्तर कुरु के एक तपोवन में घोड़ी के रूप में तपस्या करती संज्ञा उसे मिली। सूर्य ने भी अश्व (घोड़ा) का रूप धारण किया और तदुपरांत अश्वरूपिणी संज्ञा के गर्भ से अश्विनीकुमार (दे.) और रेवंत पैदा हुए।

संज्ञा ने विवस्वत के तेज की शिकायत अपने पिता विश्वकर्मा से की तो विश्वकर्मा ने उसके तेज का एक बड़ा अंश लेकर उसी से सुदर्शनचक्र, त्रिशूल और कुबेर का पुष्पक विमान बताया।

संत तुकाराम

महाराष्ट्र के प्रसिद्ध भक्त संत तुकाराम का जन्म 1608 ई. में हुआ था। इनके पिता दुकानदारी का काम करते थे। तुकाराम भी उसी में लगाए गए। लेकिन पिता की मृत्यु के बाद वह कारबार न चला सका। मां के साथ तीर्थ यात्रा से लौटने के बाद ये 'विट्ठल' के ध्यान में अधिक रहने लगे। पत्नी ताना देती, तुकाराम कोई नया धंधा शुरू करते। पर मस्ती में 'अभंग' (दे.) गाते रहने और विट्ठल का ध्यान लगाए रहने से सांसारिक कामों में असफलता ही हाथ लगती। अंत में सब कुछ छोड़कर पांडुरंग की शरण में चले गए। इनके रचे भक्तिरस के अभंग महाराष्ट्र भर में प्रचलित हो गए। संत तुकाराम के संबंध में कुछ दैवी चमत्कार भी बताए जाते हैं। कहते हैं, इनके भक्तिगीतों का बस्ता कई दिन तक नदी में पड़ा रहकर भी सूखा निकल आया था। संत तुकाराम केवल 42 वर्ष ही जीवित रहे, पर उनके 'अभंग' महाराष्ट्र के घर-घर में आज भी जीवित हैं।

संत मत

संत मत का अर्थ है, वह मत जिसमें उसके अनुयायी ने सत् रूपी परमतत्व का अनुभव कर लिया हो और जो ऊपर उठकर इस परमतत्व के अनुरूप बन गया हो। इस मत का प्रचलन किसी एक व्यक्ति विशेष ने नहीं किया। यह किसी विशेष पद्धति से भी संबंधित नहीं है। इसका अनुयायी सब बातें अपने निजी अनुभव से प्रमाणित करता है। जैसा कि कबीर ने कहा है—यह वस्तु अकरणीय है। जिस कारण इसका मर्म केवल स्वानुभूति पर आधारित है।

संत मत के अनुसार परमात्मा और जीव में मूलतः कोई अंतर नहीं है, जब तक उसे इसका बोध नहीं होता, तभी तक जीव परमात्मा को पृथक् मानता है। संत मत की साधना 'सहज साधना' कहलाती है। इसमें न तो संसार त्यागना पड़ता है, न कोई मार्ग विशेष ही ग्रहण करना पड़ता है। इस मत का आरंभ कबीर से माना जाता है।

संदीपनि

श्रीकृष्ण और बलराम के गुरु कश्यप कुल के एक विद्वान् ब्राह्मण थे जो उज्जयनी या अवंति के निवासी थे। उपनयन संस्कार के बाद कृष्ण और बलराम इन्हीं के आश्रम में रहकर विद्याध्ययन करते रहे। इन्होंने उन्हें वेद, उपनिषद, धनुर्वेद, राजनीति, चित्रकला, गणित, गजशिक्षा, अश्वशिक्षा आदि का ज्ञान कराया। धनुर्वेद के ये महान ज्ञाता थे।

विद्याध्ययन पूरा होने पर संदीपनि ने गुरु-दक्षिणा के रूप में समुद्र में डूबे अपने मृत पुत्र को जीवित करने की मांग की थी। श्रीकृष्ण ने इसे पूरा किया। एक अन्य कथा के अनुसार गुरु का पुत्र मरा नहीं था। उसे पंचजन नामक असुर ने पाताल में छिपा रखा था। श्रीकृष्ण ने पंचजन का वध किया और गुरु-पुत्र को छुड़ा लाए। इसी असुर की हड्डियों से उन्होंने अपना पांचजन्य नामक प्रसिद्ध शंख बनाया था।

संध्या

1. एक धार्मिक कार्य जिसका संपादन हिंदुओं का अनिवार्य कर्तव्य माना जाता है। दिन और रात के, रात और दिन के तथा पूर्वाह्न और अपराह्न के संधिकाल में एकाग्र चित्त होकर की जानेवाली उपासना संध्या कहलाती है। वैदिक मान्यता के अनुसार दिव्य ज्योति सूर्य और ब्रह्म की उपासना से अनजान में किए पाप का भी लोप हो जाता है।

2. ब्रह्मा की पुत्री और शिव की पत्नी। शिवपुराण में दी गई कथा के अनुसार जब एकबार ब्रह्मा ने इसके साथ बलातकार करना चाहा तो यह हिरणी का रूप धरकर भाग खड़ी हुई। इस पर जब ब्रह्मा भी हिरन के रूप में इसके पीछे दौड़ा तो शिव ने तीर से ब्रह्मा का सिर काट दिया। ब्रह्मा का यह कटा हुआ सिर आकाश में 'मृगशिरा' नक्षत्र के रूप में विद्यमान है। 'आर्द्रा' नक्षत्र शिव का वाण है। (इस उपमा का अर्थ विचारणीय है। क्या ब्रह्मा का आशय दिन से और शिव का चंद्रमा से रहा होगा?)

संन्यास

प्राचीन आश्रम व्यवस्था में ब्रह्मचर्य, गृहस्थ और वानप्रस्थ इन तीन आश्रमों में रहने के बाद संन्यास आश्रम में प्रवेश करने का नियम था। पुराण के कथानुसार संन्यासी को सभी प्रकार की आसक्ति का त्याग करना चाहिए। उसे ब्रह्मचर्य का पालन करना चाहिए और इंद्रियजित होना चाहिए। अधिक समय तक एक जगह नहीं रहना चाहिए। आहार के लिए भिक्षावृत्ति करनी चाहिए। उसके अंदर आत्मज्ञान का विवेक होना चाहिए। इस आश्रम में प्रवेश करनेवाला व्यक्ति दंड

और कमंडल धारण करता है। वह सदा नारायण का स्मरण करता तथा लोहे और सोने को समान समझता है।

संपाति

1. गीधों की पूजा करनेवाले प्राचीन काल के एक आदिवासी समूह का व्यक्ति जो जटायु (दे.) का भाई था। इनका उल्लेख प्राचीन साहित्य में गीध पक्षी के रूप में आता है। इसने और इसके भाई ने इंद्र से उस समय युद्ध किया जब वह छल-कपट से वृत्तासुर (दे.) का वध करके लौट रहा था। उसी युद्ध में जटायु को बचाने में संपाति के पंख जल गए थे। अंगद आदि से रावण के हाथों अपने भाई के वध की सूचना मिलने पर यह अंगद के कंधे पर बैठकर दक्षिणी समुद्र तक गया और अपने भाई का तर्पण किया।

2. माली नामक राक्षस का पुत्र जो विभीषण का मंत्री था।

संप्रति मौर्य

महाराजा अशोक का पौत्र और कुणाल का पुत्र मगध देश का एक राजा। इसने जैन धर्म के प्रचार के लिए अनेक उपदेशकों को गंधार आदि देशों तक भेजा था। बौद्ध धर्म के प्रचार के लिए जो कार्य अशोक ने किया, लगभग वही कार्य जैन धर्म के लिए उसके पोते संप्रति मौर्य ने किया था।

संभल

उत्तर प्रदेश के इस कस्बे का नाम सतयुग में सत्यव्रत, त्रेता में महद्‌गिरि तथा द्वापर में पिंगल था और कलयुग में संभल है। यहां 68 तीर्थ और 19 कूप हैं। चंद्रशेखर, भुवनेश्वर और संभलेश्वर के तीन शिवलिंग प्रसिद्ध हैं। कातिक मास में इन तीर्थों की चौबीस कोस की परिक्रमा होती है।

कहा जाता है कि कलयुग के अंत में विष्णु भगवान् का यश ब्राह्मण के यहां इसी संभल में फिर अवतार होगा।

संवत्

भारत में दो संवत् अधिक प्रचलित हैं—विक्रम संवत और शक संवत्। विक्रम संवत् का आरंभ 58 ई. पू. से हुआ। यह विक्रम के नेतृत्व में मालव गण की शक लोगों पर विजय का प्रतीक माना जाता है।

शक संवत् 700 ई. से आरंभ हुआ। इसका प्रचलनकर्ता उज्जयनी का शक क्षत्रप चष्टन बताया जाता है।

संवत्सर

भारतीय ज्योतिष की काल गणना में संवत्सर भी एक काल विभाजक है। जिस प्रकार दिनों के नाम बार-बार आते हैं, वर्ष के महीनों के नाम बारह महीने बाद पुन: आते हैं, उसी प्रकार 60 संवत्सरों के नाम भी वर्षों के क्रम से आते रहते हैं। जिस नाम का संवत्सर हो, उसे उस वर्ष का राजा कहा जाता है। संवत्सर का आरंभ चैत्र शुक्ल एक से होता है। संवत्सर प्रतिपदा को पूजा की जाती है। संवत्सर का आरंभ उसी दिन से माना जाता है, जिस दिन ब्रह्मा ने सृष्टि का आरंभ किया और मत्स्यावतार हुआ।

संवरण

अयोध्या का एक राजा जो राजा ऋक्ष का पुत्र था। इसके शासन काल में एकबार भयंकर अकाल पड़ने से लोग अत्यंत दुर्बल हो गए। इसका लाभ उठाकर पांचाल देश के राजा ने अयोध्या पर आक्रमण कर दिया। संवरण भागकर सिंधु नदी के किनारे एक किले में छिपने को बाध्य हुआ। वहीं उसकी गुरु वशिष्ठ से भेंट हुई। वशिष्ठ की सहायता से उसे न केवल अयोध्या मिली, वह चक्रवर्ती राजा बन गया। वशिष्ठ ने ही सूर्य की कन्या तपती से उसका विवाह कराया था।

संवर्त

अंगिरा (दे.) ऋषि के आठ पुत्रों में से एक और वृहस्पति का भाई। यह महान् तपस्वी था, परंतु अपने भाई वृहस्पति से ईर्ष्या करता था। वैदिक साहित्य में इसका उल्लेख यज्ञकर्ता और सूत्रद्रष्टा के रूप में मिलता है। मरुत का यज्ञ, जिसे वृहस्पति ने अधूरा छोड़ दिया था, इसने पूरा कराया। महाभारत युद्ध-भूमि में शर-शय्या पर पड़े भीष्म से मिलनेवाले ऋषियों में यह भी था।

संविधान

किसी देश के शासन को चलाने के लिए निर्धारित नियमों और सिद्धांतों के संग्रह को संविधान कहते हैं। सब देशों के संविधान समान प्रक्रिया से नहीं बने। भारत का संविधान निर्वाचित संविधान परिषद ने बनाया है और लिखित है। ब्रिटेन जैसे देशों के संविधान पुराने कानूनों और परंपराओं से विकसित हुए हैं। संविधान में मुख्यत: इस बात का उल्लेख होता है कि विधायिका, कार्यपालिका और न्यायपालिका का गठन किस प्रकार होगा, कानून किस प्रकार बनाए जाएंगे और उन पर अमल की प्रक्रिया क्या होगी। इनमें उपर्युक्त संस्थाओं के अधिकारों और कर्त्तव्यों का भी निर्धारण होता है। कुछ संविधानों में लोगों के मौलिक अधिकारों और राज्य के नीति निर्देशक सिद्धांतों का भी उल्लेख होता है।

संविधान सभा

अपने देश का संविधान स्वयं बनाने की भारतीय राष्ट्रीय कांग्रेस की मांग पुरानी थी। स्वतंत्रता के साथ संविधान सभा के गठन का प्रश्न अभिन्न रूप से जुड़ा हुआ था। द्वितीय विश्वयुद्ध के बाद जब भारत के पग तेजी से स्वतंत्रता की ओर बढ़ने लगे तो ब्रिटिश सरकार ने संविधान सभा के गठन की मांग स्वीकार कर ली। जुलाई 1946 ई. में इसके सदस्य चुने गए। निर्वाचन में मुस्लिम लीग ने भी भाग लिया। परंतु जब दिसंबर 1946 ई. में संविधान सभा की बैठक आरंभ हुई तो लीग के सदस्य उसमें सम्मिलित नहीं हुए। भारत की संविधान सभा ने 26 नवंबर 1949 को नया संविधान बनाकर तैयार किया। यह 26 जनवरी 1950 ई. से लागू हुआ।

संवैधानिक स्वतंत्रता

हमारे संविधान में नागरिकों को अनेक प्रकार की स्वतंत्रता प्राप्त है। किसी व्यक्ति को बिना कारण बताए गिरफ्तार नहीं किया जा सकता और गिरफ्तारी के 24 घंटे के अंदर उसे न्यायालय के समक्ष प्रस्तुत करना आवश्यक है। किसी नागरिक के साथ धर्म, जाति, लिंग, जन्मस्थान आदि के आधार पर कोई भेदभाव नहीं किया जा सकता। छुआछूत दंडनीय अपराध है। नागरिकों को शांति भंग किए बिना सभा या सम्मेलन करने, संगठन बनाने, देश में बिना रोक-टोक के कहीं आने-जाने, अपनी इच्छा के अनुसार कोई भी रोजगार करने, बोलकर या लिखकर अपनी बात करने, अपनी इच्छानुसार धर्म का पालन करने तथा कहीं भी रहने की स्वतंत्रता प्राप्त है।

संसार

संसार शब्द का प्रयोग पृथ्वी के लिए, जिसमें मनुष्य निवास करता है, किया जाता है। यद्यपि हम जानते हैं कि हमारी पृथ्वी ब्रह्मांड का बहुत ही छोटा भाग है, पर मनुष्य के लिए तो वही सब कुछ है। ज्ञात पृथ्वी का एक तिहाई से ही कम भाग भूमि है। शेष में विशाल महासागर और समुद्र फैले हुए हैं। भूमि के सात बड़े-बड़े क्षेत्र महाद्वीप कहलाते हैं। (एशिया, यूरोप, अफ्रीका, उत्तरी अमेरिका, दक्षिणी अमेरिका, आस्ट्रेलिया और ऐंटार्कटिक)। छोटे-बड़े अनेक द्वीप हैं जिनमें से लगभग 30 हजार केवल प्रशांत महासागर में स्थित हैं।

पृथ्वी के विभिन्न स्थानों की आबोहवा में बड़ा अंतर हैं। ध्रुव प्रदेश सदा बर्फ से ढके रहते हैं। भूमध्य रेखा के निकटवर्ती क्षेत्रों में असाधारण गर्मी पड़ती है। अलग-अलग भागों में विभिन्न मानववंशों के लोग निवास करते हैं। उनका जीवन अपने प्राकृतिक वातावरण के अनुकूल ढल गया है।

अनुमान लगाया गया है कि संसार में मनुष्य 5 लाख वर्ष से रह रहा है। पर उसकी गतिविधियों के संबंध में प्रमाण 5 हजार वर्ष से अधिक पुराने उपलब्ध नहीं हैं। जिन प्राचीन सभ्यताओं के अवशेष उपलब्ध हुए हैं, उनका विकास भारत में सिंधुघाटी, मेसापोटामिया (ईराक), परसिया (ईरान), मिस्र, चीन और यूनान में हुआ था। आधुनिक सभ्यताएं इन्हीं से विकसित हुईं।

संस्कार

संस्कार का अर्थ है, शुद्ध किया जाना। वे कृत्य या विधान संस्कार कहलाते हैं, जो जन्म से मृत्यु पर्यन्त आवश्यक माने गए हैं। संस्कार शब्द अपेक्षाकृत नया है। वेदों और ब्राह्मण ग्रंथों में आधुनिक अर्थ में इसका उल्लेख नहीं मिलता। मीमांसक भी इसका यह अर्थ नहीं करते। संस्कारों का वर्गीकरण गुह्यसूत्रों और स्मृतियों ने किया है। परंतु वहां भी इनकी संख्या के संबंध में मतैक्य नहीं है। यह संख्या कहीं पर दस, कहीं पर बारह और कहीं पर सोलह मानी गई हैं।

मुख्य सोलह संस्कार ये हैं—1. गर्भाधान, 2. पुंसवन, 3. सीमंतोन्नयन, 4. जातकर्म, 5. नामकरण, 6. निष्क्रमण, 7. अन्नप्राशन, 8. चूडाकरण, 9. कर्णवेध, 10. विद्यारंभ, 11. उपनयन, 12. वेदारंभ, 13. केशांत, 14. समावर्तन, 15. विवाह और 16. अन्त्येष्टि।

संस्कृत (भाषा/साहित्य)

संस्कृत का अर्थ है, संस्कार की हुई भाषा। इसकी गणना संसार की प्राचीनतम ज्ञात भाषाओं में होती है। संस्कृत को देववाणी भी कहते हैं। ऋग्वेद संसार का सबसे प्राचीन ग्रंथ है। संस्कृत भाषा के दो रूप माने जाते हैं—वैदिक या छांदस और लौकिक। चार वेद संहिताओं की भाषा ही वैदिक या छांदस कहलाती है। इसके बाद के ग्रंथों को लौकिक कहा गया है।

सबसे प्राचीन संस्कृत ग्रंथ ऋग्वेद के मंत्रों का विषय सामान्यत: यज्ञों में की जाने वाली देवताओं की स्तुति है और ये मंत्र गीतात्मक काव्य हैं। यजुर्वेद की शुक्ल और कृष्ण दो शाखाएं हैं। इसमें कर्मकांड के कुछ प्रमुख पद्यों का और कुछ गद्य का संग्रह है। ईशोपनिषद् इसी का अंतिम भाग है, सामवेद में, जिसका संकलन यज्ञों में वीणा आदि के साथ गाने के लिए किया गया है, 75 मौलिक मंत्रों को छोड़कर शेष ऋग्वेद के मंत्रों का ही संकलन है। अथर्ववेद की भी शौनक और पैप्पलाद नामक दो शाखाएं हैं। इस वेद में जादू-टोना, वशीकरण आदि विषयक मंत्रों के साथ-साथ राष्ट्रप्रेम के सूक्त भी मिलते हैं। यह प्रथम तीन वेदों से भिन्न तथा गृह्य और सामाजिक कार्यकलापों से संबंधित है।

ब्राह्मण ग्रंथों में यज्ञों के कर्मकांड का विवेचन है। प्रत्येक वेद के अलग-अलग

ब्राह्मण हैं। ऋग्वेद, के ब्राह्मण 'ऐतरेय' और 'कौषीतकी', यजुर्वेद का 'शतपथ' और सामवेद का 'पंचविंश' है। ब्राह्मण ग्रंथों के बाद आख्यकों और उपनिषदों का क्रम आता है। उपनिषदों का कर्मकांड से कोई संबंध नहीं है। ये ईश्वर, प्रकृति और उनके पारस्परिक संबंध की ब्राह्म विद्या की विवेचना करते हैं। उपनिषदों की कुल ज्ञात संख्या 18 है जिनमें ये दस प्रमुख हैं—ईश, बृहदारण्यक, ऐतरेय, कौषीतकी, केन, छांद्योग्य, तैत्तरीय, कठ, मंड्रक, और मांडूक्य। ये उपनिषद् प्राचीन हैं। कुछ की रचना बहुत बाद तक होती रही है, जैसे 'अल्लोपनिषद्' जो स्पष्टत: मुसलमानों के आगमन के बाद लिखा गया।

हिंदू समाज वेदों को अनादि और अपौरुषेय मानता आया है। पर आधुनिक विद्वानों के एक वर्ग ने वेदों का रचना-काल 6000 ई. पू. से लेकर 2500 ई. पू. तक तथा ब्राह्मण ग्रंथों और उपनिषदों का समय इसके बाद का निर्धारित किया है।

संस्कृत साहित्य में वैदिक वांङ्मय के बाद व्यास रचित महाभारत और वाल्मीकि रचित रामायण प्रसिद्ध ग्रंथ है। महाभारत को उसके विस्तृत ज्ञान-भंडार को देखते हुए पांचवां वेद भी कहा जाता है। विषय की दृष्टि से रामायण की कथा पहले की (त्रेता युग) की है और महाभारत की बाद (द्वापर युग) की। पर महाभारत का रचना-काल पहले का है। 18 पर्वों का यह ग्रंथ ई. पू. चौथी-तीसरी शताब्दी तक अपना मूल रूप ले चुका था। महाभारत से आख्यानों की परंपरा आरंभ होती है और रामायण से महाकाव्य और खंड काव्यों की; जिस परंपरा में कालिदास जैसे कवि हुए।

पुराणों का अपना महत्व है। ये सृष्टि, लय, मन्वंतरों, प्राचीन ऋषि-मुनियों तथा राजवंशों के चरित्र पर प्रकाश डालते हैं। इनका रचनाकाल दूसरी-तीसरी शताब्दी से आठवीं-नवीं शताब्दी तक माना जाता हैं। इनका महत्व तत्कालीन भारत की सभ्यता और संस्कृति के अध्ययन की दृष्टि से विशेष है। कुल पुराण 18 हैं—विष्णु, पद्म, ब्रह्म, शिव, भागवत, नारद, मार्कण्डेय, अग्नि, ब्रह्मवैवर्त, लिंग, वराह, स्कंद, वामन, कूर्म, मत्स्य, गरुड़, ब्रह्मांड और भविष्य।

स्मृतियां, जिनमें 'मनुस्मृति', 'याज्ञवल्क्य स्मृति', 'नारद स्मृति' और 'पाराशर स्मृति' मुख्य हैं, दूसरी-तीसरी शताब्दी की रचनाएं मानी जाती हैं। 'अमरकोश' की रचना चौथी-पांचवीं ईस्वी में हुई। कौटिल्य का 'अर्थशास्त्र' अपने विषय का एकमात्र ग्रंथ है जिसमें राज्य प्रबंध, राजनीति, सामाजिक, आर्थिक संगठन की सांगोपांग विवेचना की गई है।

संस्कृत साहित्य विविध विषयों का भंडार है। इसका प्रभाव सम्पूर्ण विश्व के चिंतन पर पड़ा है। भारत की संस्कृति का यह एकमात्र सुदृढ़ आधार है। भारत की लगभग सभी भाषाएं अपने शब्द-भंडार के लिए आज भी संस्कृत पर आश्रित हैं।

संस्कृति

सामान्य व्यवहार में 'संस्कृति' और 'सभ्यता' शब्दों का बहुधा समान अर्थ में प्रयोग दिखाई देता है। पर स्थिति ऐसी नहीं है। संस्कृति उन गुणों का समुदाय है जो व्यक्तित्व को समृद्ध और परिष्कृत बनाते हैं। चिंतन और कलात्मक सर्जन की वे क्रियाएं संस्कृति में आती हैं, जो मानव जीवन के लिए प्रत्यक्ष में उपयोगी न दिखाई देने पर भी उसे समृद्ध बनाती हैं। इसमें शास्त्र और दर्शन का चिंतन, साहित्य, ललित कलाएं आदि का समावेश होता है।

इसके विपरीत सभ्यता में उन आविष्कारों, उत्पादन के साधनों, सामाजिक-राजनीतिक संस्थानों आदि की गणना होती है, जिनके द्वारा मनुष्य की जीवन-यात्रा चलती है। संक्षेप में संस्कृति मनुष्य का व्यवहार है और सभ्यता उसके क्रियाकलाप। (दे. सभ्यता और संस्कृति)।

संह्लाद

प्रह्लाद का छोटा भाई और हिरण्यकशिपु का पुत्र जिसकी माता का नाम कयाधु था। मृत्यु के बाद यह वरुण की सभा में रहकर उसका उपासक बन गया। महाभारत के अनुसार मद्र देश का राजा शल्य इसी के अंश से उत्पन्न हुआ।

सकट चौथ (संकष्टहर चतुर्थी)

माघ मास के कृष्णपक्ष की चतुर्थी को यह व्रत किया जाता है। यह गणेश का व्रत है। पुराणों के अनुसार गणेश का जन्म इसी दिन हुआ था। यह व्रत करने से सभी प्रकार के कष्टों से छुटकारा मिल जाता है, ऐसी मान्यता है। लाल फूल, सिंदूर आदि से इस दिन गणेश की पूजा करते हैं। तिल के लड्डुओं का नैवेद्य विशेष रूप से चढ़ाया जाता है। दिन भर निर्जला व्रत रखने और रात में चंद्रोदय के बाद फलाहार करने का नियम है।

सकल नारायण

बस्तर जिले में यह तीर्थ चित्वांगु नदी के पास स्थित है। यहां का मुख्य मंदिर पर्वत की एक अंधेरी गुफा में है। गुफा के अंदर से पानी बहता रहता है। मार्ग संकरा होने के कारण कुछ दूर तक लेटकर जाना पड़ता है। भीतर श्रीकृष्ण की मूर्ति है जिन्हें यहां सकल नारायण कहते हैं। मूर्ति गोवर्धन धारण किए हुए है। चैत्र शुक्ल प्रतिपदा से सात दिन का मेला लगता है। यह इस आंचल का प्रसिद्ध तीर्थ है।

सखाराम प्रमुख देउसकर

बंगाल में राष्ट्रीय जागृति उत्पन्न करनेवालों में प्रमुख देउसकर का जन्म 17 दिसंबर 1869 ई. को बिहार के संथाल परगना में हुआ था। उनके पूर्वज महाराष्ट्र से यहां आकर बस गए थे। देउसकर ने कलकत्ता में सार्वजनिक जीवन आरंभ किया। वे देश की स्वतंत्रता के लिए दीवाने थे। युवकों को प्रेरित करने के लिए उन्होंने 'बुद्धिवर्धिनी सभा' बनाई। बंगला भाषा में 'हितवादी' और हिंदी में 'हितवार्ता' समाचार पत्र निकाले। आपका क्रांतिकारियों से भी संपर्क था और आपका निवास क्रांतिकारियों का मिलन-स्थल बन गया था। आपकी लिखी पुस्तक 'देशेरगाथा' ने अपने समय में जागृति उत्पन्न करने का असाधारण काम किया। आप 'बंगाल के तिलक' कहलाते थे। 23 नवंबर 1912 ई. को 43 वर्ष की उम्र में सखाराम गणेश देउसकर का देहांत हो गया।

सखी संप्रदाय

निम्बार्क मत की एक शाखा जिसके प्रवर्तक हरिदास थे। इस संप्रदाय में श्रीकृष्ण की उपासना सखी भाव से की जाती है। इनके मत से ज्ञान में भवसागर उतारने की क्षमता नहीं है। प्रेमपूर्वक श्रीकृष्ण की भक्ति से ही मुक्ति मिल सकती है। इस संप्रदाय के कवियों की रचनाएं ज्ञान की व्यर्थता और प्रेम की महत्ता का प्रतिपादन करती हैं।

सगर

अयोध्या के प्रसिद्ध सूर्यवंशी राजा जिनके पिता का नाम बाहुक था। सगर का जन्म पिता की मृत्यु के बाद एक ऋषि के आश्रम में हुआ था। इनकी मां को उसकी सौत ने गर्भावस्था में विष (गर) दे दिया था जिससे ये सगर कहलाए।

सगर की दो पत्नियां थीं—केशिनी और प्रभा। केशनी ने असमंजस नामक पुत्र को जन्म दिया। इन्हीं असमंजस के पुत्र अंशुमान, पौत्र दिलीप तथा प्रपौत्र भगीरथ थे।

प्रभा के गर्भ से 60 हजार पुत्र पैदा हुए जिन्हें कपिल मुनि ने शाप से भस्म कर दिया था। महाभारत के अनुसार प्रभा पुत्र प्राप्ति के लिए और्व ऋषि के आश्रम में तपस्या कर रही थी। उसके गर्भ से एक तुंबी पैदा हुई। उसने तुंबी के एक-एक बीज को 60 हजार घृत कलशों में रख दिया जिनसे 60 हजार पुत्र उत्पन्न हुए।

पुत्रों के भस्म होने के संबंध में यह कथा मिलती है—सगर के अश्वमेध यज्ञ का घोड़ा इंद्र ने चुरा लिया और कुछ समय के बाद उसे कपिल मुनि के आश्रम के पास छोड़ दिया। जब सगर के 60 हजार पुत्र तीनों लोकों में अश्व को खोजते हुए

मुनि के आश्रम में पहुंचे तो वहां घोड़े को देखकर उन्होंने कपिल मुनि को अपराधी समझा और उनका अपमान किया। इस पर कपिल मुनि ने सबको भस्म कर दिया था। भगीरथ जब गंगा को धरती पर लाए तभी इनकी मुक्ति संभव हुई।

कुछ विद्वानों का मत है कि 60 हजार पुत्रों से आश्रय उस समय की अयोध्या राज्य की प्रजा है। अकाल के कारण भारी संख्या में लोग मर गए थे। बाद में इसी वंश के राजा भगीरथ ने गंगा को लाकर राज्य को जल-संकट से उबारा और वहां की जनता को नया जीवन प्राप्त हुआ।

सगुणोपासना

ब्रह्म के दो रूप माने गए हैं—निर्गुण और सगुण। निर्गुण दिखाई नहीं देता। उसकी अनुभूति केवल ज्ञान के द्वारा हो सकती है। साधना के द्वारा ऐसे ज्ञान की प्राप्ति सर्वसुलभ नहीं है। दूसरी ओर सगुण गुणों से युक्त होने के कारण इंद्रिय-गोचर है। भगवतगीता में कहा गया है कि निर्गुण अथवा अव्यक्त की उपासना कठिन है। सगुण की उपासना सरल है। सगुण की उपासना पहले प्रतीकों से होती थी। बाद में भगवान के विभिन्न अवतारों की उपासना होने लगी।

सचेतक

संसदीय प्रणाली में वह व्यक्ति जो मतदान के समय अपने दल के सदस्यों की सदन में उपस्थिति के लिए उत्तरदायी होता है। इसे दल का नेता मनोनीत करता है। सदस्यगण अपने दल के निश्चय के अनुसार मतदान करें; यह देखना भी इसका काम है। यही व्यक्ति चर्चा में भाग लेने वाले अपने दल के सदस्यों के नाम भी पीठासीन अधिकारी को देता है।

सतनामी

एक निर्गुण संप्रदाय जिसका उदय 1600 ई. के आसपास माना जाता है। इसके प्रवर्तक के संबंध में कोई जानकारी नहीं है। सत्य नाम (वास्तविक ईश्वर के नाम) की उपासना पर जोर देने के कारण यह सतनामी संप्रदाय कहलाता है। औरंगजेब के समय सतनामियों ने शासन से विद्रोह कर दिया था और वे बड़ी संख्या में मारे गए। 1750 ई. में बाराबंकी के जगजीवनदास ने और बाद में उनके शिष्य दूलनदास ने इस संप्रदाय का पुनर्गठन किया।

इस संप्रदाय पर कबीर के विचारों का प्रभाव दिखाई देता है। इसके अनुयायी मद्य-मांस का सेवन नहीं करते। इनके यहां अवतार और मूर्तिपूजा भी वर्जित है। इनमें प्राचीन काल के अविकसित जीवन की कुछ प्रथाएं अभी तक शेष बताई जाती हैं।

सती

1. दक्ष प्रजापति की पुत्री जो प्रसूति के गर्भ से उत्पन्न हुई थी और देवी का प्रमुख अवतार मानी जाती है। इस अवतार का उद्देश्य नारी शक्ति की सृष्टि करना था। दक्ष द्वारा शिव का अपमान करने पर इसने अपने पिता के यज्ञ-कुंड में कूद कर प्राण दे दिए। दूसरे जन्म में यह हिमालय की पुत्री पार्वती के रूप में पैदा हुई और इसने पुनः शिव का वरण किया।

2. प्रचलित अर्थ में पति की मृत्यु के बाद पति की चिता के साथ उसकी विधवा पत्नी का जलकर प्राण त्याग देना। वैदिक युग में इस प्रथा का प्रचलन बिलकुल नहीं था। महाभारत काल में कुछ राजपरिवारों के संदर्भ में इसका उल्लेख मिलता है, जैसे पांडु की मृत्यु पर माद्री भी सती हो गई थी। परंतु यह क्रूर प्रथा कैसे आरंभ हुई और एक समय यह सामान्य वर्ग तक में कैसे फैली, इसका कोई स्पष्ट प्रमाण नहीं मिलता। विदेशी आक्रमण के समय ऐसी घटनाएं कुछ अधिक हुईं। अकबर ने इसे रोकने का असफल प्रयास किया। बाद में राजा राममोहन राय के प्रयत्न से 1829 ई. में इस पर रोक लग पाई। पंजाब में यह प्रतिबंध 1848 ई. में लगा।

सत्य

1. तीनों कालों में जो एक समान रहे, वह त्रिकालावधि परमात्मा सत्य है। इसे तथ्य, ऋत, सम्यक, भूत आदि नामों से भी जाना जाता है। पुराणों में सत्य का महातम्य बड़े विस्तार से वर्णित है।

2. एक ऋषि का नाम जो युधिष्ठिर की राजसभा में रहते थे।

3. दार्शनिक विवेचना के अनुसार जब हम किसी वाक्य को सुनते हैं तो उसे या तो स्वीकार करते हैं, या अस्वीकार। जब हम स्वीकार करते हैं तो उसे सत्य मानते हैं। अस्वीकार करने पर उसे असत्य कहते हैं। यदि स्वीकार या अस्वीकार करने का निर्णय नहीं हो पाता तो वह अवस्था संदेह की कहलाती है। विश्वास करना सामान्यतः मानसिक अवस्था पर निर्भर करता है। अध्यात्मवाद कहता है कि हमें सत्य की खोज स्वयं अपने अनुभव में करनी चाहिए। वैज्ञानिक क्षेत्र में त्रिकाल सत्य की कल्पना नहीं की जाती। नई खोजों से कल का सत्य असत्य में और असत्य सत्य में परिवर्तित होता दिखाई देता है।

सत्यकाम

एक सुविख्यात तत्वदर्शी जो अपनी सत्यवादिता के लिए भी प्रसिद्ध हैं। ये गौतम ऋषि के पास शिक्षा प्राप्त करने के लिए गए तो नियमानुसार ऋषि ने इनसे इनका गोत्र पूछा। इस पर सत्यकाम ने निर्भीक होकर उत्तर दिया कि मुझे अपने गोत्र का पता नहीं। मेरी माता का नाम जाबाला है और मेरा नाम सत्यकाम।

मेरे पिता अपनी युवावस्था में ही मर गए थे और घर में अतिथि आते ही रहते थे। माताजी को इतना समय ही नहीं मिलता था कि वे पिताजी से उनका गोत्र पूछतीं।

सत्यकाम के स्पष्ट उत्तर से प्रसन्न होकर ऋषि गौतम ने इन्हें अपना शिष्य स्वीकार किया। उन्होंने शिष्य को चार सौ गाएं दीं और एक हजार वर्ष के बाद आने के लिए कहा।

जाबला के पुत्र होने के कारण सत्यकाम जाबालि भी कहलाते थे। गुरु की दी हुई एक हजार वर्ष की अवधि में वायु, अग्नि, सूर्य और प्राणदेवता ने वृषभ, अग्नि, हंस और जलमुर्गी का रूप धारण करके सत्यकाम जाबालि को ब्रह्मज्ञान का उपदेश दिया। समय बीतने पर जब ये ऋषि के आश्रम में लौटे तो इनका चेहरा देखते ही गौतम ने कहा—'संपूर्ण ब्रह्मज्ञान तुझे हो चुका है। जो ज्ञान तुझे हुआ है, उससे अधिक ज्ञान प्राप्त होना इस संसार में असंभव है।'

सत्यभामा

श्रीकृष्ण की आठ पटरानियों में से दूसरी जो यादव राजा सत्राजित की कन्या थी। सत्राजित ने सूर्य से प्राप्त स्यमंतक मणि की चोरी का झूठा दोष श्रीकृष्ण पर लगाया। किंतु जब यह प्रमाणित हो गया कि श्रीकृष्ण निर्दोष हैं तो यादव राजा ने उनसे क्षमायाचना की और अपनी कन्या का उनके साथ विवाह कर दिया।

सत्यभामा एकबार कृष्ण के साथ इंद्रलोक गई और वहां इसने पारिजात का वृक्ष देखा। इसके हठ करने पर कृष्ण इंद्र से युद्ध करके पारिजात वृक्ष ले आए। पांडवों के वनवासकाल में यह कृष्ण के साथ उनसे मिल गई और द्रौपदी से पति को वश में करने का उपाय पूछा। यह बहुत भोली थी। नारद के यह कहने पर कि पारिजात वृक्ष के सहित कृष्ण का मुझे दान कर दो तो तुम्हें अगले जन्म में कृष्ण ही पति मिलेंगे, इसने सचमुच उनका दान कर दिया। बाद में नारद से क्षमा मांगकर और भारी दक्षिणा देकर उन्हें वापस लिया। कृष्ण से इसे दस संतानें हुई थीं।

सत्ययुग

चार प्रसिद्ध युगों में सत्ययुग पहला है। इसे कृतयुग भी कहते हैं। इसका आरंभ अक्षय तृतीया से हुआ था। इसका परिमाण 17,28,000 वर्ष है। इस युग में भगवान के मत्स्य, कूर्म, वराह और नृसिंह ये चार अवतार हुए थे। उस समय पुण्य ही पुण्य था, पाप का नाम भी न था। कुरुक्षेत्र मुख्य तीर्थ था। लोग अति दीर्घ आयुवाले होते थे। ज्ञान-ध्यान और तप का प्राधान्य था। बलि, मान्धाता, पुरुरवा, धुन्धमारिक और कार्तवीर्य ये सत्ययुग के चक्रवर्ती राजा थे। महाभारत के अनुसार

कलियुग के बाद कल्कि अवतार द्वारा पुनः सत्ययुग की स्थापना होगी।

सत्यवती

1. वेदव्यास की माता जिसका बाद में शांतनु से विवाह हुआ और जिसने चित्रांगद एवं विचित्रवीर्य नामक पुत्रों को जन्म दिया था। सत्यवती के जन्म के संबंध में एक कथा मिलती है। इसकी माता अद्रिका जो एक अप्सरा थी, ब्रह्मा के शाप से मछली बन गई थी। मल्लाहों ने जब मछली का पेट चीरा तो उससे सत्यवती निकली। इसके शरीर से मछली की गंध आती थी, इसलिए इसका एक नाम 'मत्स्यगंधा' भी पड़ा। इसे काली, गंधवती, योजनगंधा तथा गंधकाली भी कहते थे।

बड़ी होने पर यह अपने पिता की सहायता के लिए यमुना में नाव चलाने का काम करती थी। वहीं पर पराशर ऋषि इस पर मुग्ध हो गए और उनके संसर्ग से वेदव्यास जो कृष्ण द्वैपायन भी कहलाए, उत्पन्न हुए। ऋषि के आशीर्वाद से सत्यवती का कौमार्य बना रहा और इसका विवाह राजा शांतनु से हो गया।

2. ऋचीक ऋषि की पत्नी का नाम भी सत्यवती था। वह गाधि राजा की कन्या, विश्वामित्र की बहन और जमदग्नि की माता थी। गाधि राजा ने एक हजार श्याम कर्ण घोड़े लेकर इसका विवाह किया था।

सत्यवान

ये सार्वदेश (पूर्वी राजस्थान) के निवासी थे। महाभारत के अनुसार इनके माता-पिता सत्य ही बोलते थे, इसलिए ब्राह्मणों ने इनका नाम सत्यवान रख दिया। राजा अश्वपति की कन्या सावित्री (दे.) से इनका विवाह हुआ। एक ऋषि ने विवाह के पूर्व ही सत्यवान की शीघ्र मृत्यु की भविष्यवाणी कर दी थी।

एक दिन लकड़ी काटते समय सत्यवान गिर पड़े और मरने लगे। इनकी पत्नी सावित्री वहीं थी। उसने यमराज का पीछा किया और उसे सत्यवान के प्राण ले जाने से रोका। सावित्री की भक्ति से प्रसन्न होकर यमराज ने सत्यवान को जीवनदान दे दिया।

सत्यव्रत

1. दक्षिण का एक राजा जो राज्य अपने पुत्रों को सौंपकर तप करने मदुरा नगरी के पास वेगा नदी के तट पर चला गया था। वहीं विष्णु ने इसे महाप्रलय का आभास कराया और प्रलय समाप्त होने पर मत्स्य रूप धारण करके इसे ज्ञान, योग और क्रिया का उपदेश दिया।

2. अयोध्या के त्रिशंकु राजा का एक नाम।

सत्या

1. श्रीकृष्ण की पटरानी जो कोसल नरेश नग्नजित की पुत्री थी। इसके स्वयंवर की शर्त थी कि जो व्यक्ति सात मस्त बैलों से लड़ेगा, उसी के साथ सत्या का विवाह होगा। श्रीकृष्ण ने यह शर्त पूरी करके इसके साथ विवाह किया।

2. धर्म की पुत्री और शुंभ नामक अग्नि की पत्नी जिसके गर्भ से भरद्वाज (दे.) का जन्म हुआ।

सत्याग्रह

सत्याग्रह शब्द का प्रयोग सर्वप्रथम महात्मा गांधी ने 1894 ई. में दक्षिण अफ्रीका की गोरी सरकार के अत्याचारों के विरोध में किया था। सबल के सामने शस्त्र उठाने में असमर्थ होने पर उसे हर प्रकार से तंग करने, छल-कपट से हानि पहुंचाने या उसके शत्रु से संधि करने की नीति पहले से प्रचलित थी। गांधीजी को इसमें छिपी कमजोरी स्पष्ट दिखाई दी। उन्होंने कहा—'सत्याग्रह' सत्य और अहिंसा पर आश्रित मार्ग है। इसमें विरोधी को कष्ट पहुंचाए बिना, स्वयं कष्ट उठाकर सत्य की रक्षा करनी होती है। यह निर्बल का नहीं, परमशूर का अस्त्र है। इसका उपयोग प्रतिपक्षी का हृदय-परिवर्तन करके उसे न्याय के मार्ग पर लाना है।

सत्याग्रह का अभिप्राय है राजनीतिक और सामाजिक अन्यायों को दूर करने के लिए अहिंसा पर आधारित आत्मिक बल का प्रयोग। गांधीजी इसे आत्मशक्ति का पर्याय मानते थे। सत्य और अहिंसा इसके मूल आधार थे और असहयोग, सविनय अवज्ञा, उपवास, शांतिपूर्ण धरना आदि इसके उपकरण। अनुशासन का इसमें बड़ा महत्व था। 1920 ई. के बाद भारत के स्वतंत्रता संग्राम में गांधीजी ने सत्याग्रह के इसी अस्त्र का प्रयोग करके देश के स्वतंत्रता संग्राम का नेतृत्व किया।

सत्येन बोस

भौतिकी के विश्वविख्यात भारतीय वैज्ञानिक प्रोफेसर सत्येन बोस का जन्म 1 जनवरी, 1884 ई. को कलकत्ता में हुआ था। शिक्षा पूरी करने के बाद वे कलकत्ता विश्वविद्यालय में भौतिकी के अध्यापक नियुक्त हुए। 1921 ई. में उन्होंने विज्ञान के विषय 'क्वांटम सांख्यिकी' एक शोधपत्र लिखा। इसके प्रकाशित होते ही विश्व भर के वैज्ञानिकों का ध्यान सत्येन बोस की ओर गया। प्रसिद्ध वैज्ञानिक अलबर्ट आइन्स्टाइन ने इस शोधपत्र का अनुवाद करके जर्मन भाषा में भी प्रकाशित कराया और बोस के कार्य की भूरि-भूरि प्रशंसा की।

बाद में बोस पेरिस गए और कुछ समय तक मदाम क्यूरी के साथ काम

किया। पेरिस से वे बर्लिन पहुंचे। वहां अलबर्ट आइन्स्टीन ने उनका स्वागत किया। इसी समय बोस को ढाका विश्वविद्यालय में भौतिकी का प्रोफेसर बनाने की बात उठी, पर उनके पास पी-एच. डी. की डिग्री नहीं थी। इस पर आइन्स्टीन ने कहा—क्या विज्ञान को सत्येन बोस की देन किसी डिग्री से अधिक नहीं है? वे ढाका विश्वविद्यालय में भौतिकी के विभागाध्यक्ष नियुक्त हो गए।

बाद में बोस शांतिनिकेतन विश्वविद्यालय के कुलपति रहे। उन्हें लंदन की रायल सोसाइटी ने अपना 'फेलो' बनाकर और भारत सरकार ने 'पद्मविभूषण' देकर सम्मानित किया। 4 फरवरी, 1974 ई. को सत्येन बोस का 90 वर्ष की उम्र में देहांत हो गया। उनकी खोज विज्ञान-जगत् में 'बोस सांख्यिकी' के नाम से जानी जाती है।

सत्राजित

एक यादव राजा जो सत्यभामा (दे.) का पिता था। इसने सूर्य से प्राप्त स्यमंतक मणि की चोरी का मिथ्या अभियोग श्रीकृष्ण पर लगाया। जब आरोप मिथ्या सिद्ध हुआ तो इसने अपनी पुत्री सत्यभामा श्रीकृष्ण को सौंप दी। कैंकयराज की दस कन्याएं इसकी पत्नियां थीं जिन्होंने सौ पुत्रों को जन्म दिया। (दे. शक्तिसेन, स्यमंतक मणि, शतधन्वा)।

सत्वत

अंशु का पुत्र यदुवंश का एक प्राचीन राजा जिसने सात्वतवंश चलाया। भागवत संप्रदाय का विकास आरंभ में इसी वंश से हुआ था। इसलिए भागवत संप्रदाय को सात्वत संप्रदाय भी कहते हैं। सत्वत के पुत्र सात्वत को भागवत धर्म का उपदेश नारद ने दिया था। निष्काम कर्म और वासुदेव की आराधना इस धर्म की विशेषता थी। पुराणों में विष्णु के भक्तों को सात्वत कहा गया है। मनुस्मृति में एक संकर जाति के लिए भी यह नाम आया है। कदाचित् भागवत सात्वतों में कुप्रवृत्तियां बढ़ जाने के कारण मनु ने उनकी गणना संकर जातियों में की होगी।

सदानीरा

एक नदी जो प्राचीन ग्रंथों के अनुसार विदेह और कोसल की सीमा बनाती थी। इसका नाम नारायणी और शालग्रामी भी मिलता है। इसका जल सदा पवित्र रहता है, इसलिए इसका नाम सदानीरा पड़ा। सदा भरपूर पानी रहने से भी यह नाम प्रचलित हुआ। वर्तमान गंडक नदी को, जो पटना के पास गंगा में मिलती है, प्राचीन सदानीरा बताया जाता है।

सनक

ब्रह्मा के चार मानसपुत्रों में से एक। ये चार पुत्र थे—सनक, सनंदन, सनत्कुमार और सनातन। सनक को विष्णु का अवतार भी माना जाता है। ये सब भाई जन्म से ही विरक्त थे। ब्रह्मा के मानसपुत्र होते हुए भी इन्होंने कभी प्रजा उत्पन्न नहीं की।

सनकादि

ब्रह्मा के चार मानसपुत्र—सनक, सनंदन, सनत्कुमार और सनातन—सनकादि के नाम से प्रसिद्ध हैं। ये चारों एक ही आयु के थे और सदा साथ रहते थे। इनके मतानुसार बंधनों से मुक्ति का सरल मार्ग योग की तुलना में भगवद् भक्ति है। ये सदा ब्रह्मचारी रहे और ब्रह्मा के आदेश पर भी प्रजा की सृष्टि करने को तैयार नहीं हुए। सृष्टि की आदिसंतान होते हुए भी ये बालक के समान प्रतीत होते थे। एकबार इन्हें विष्णु के पार्षद जय-विजय (दे.) ने विष्णु के दर्शनों के लिए नहीं जाने दिया और द्वार पर ही रोक दिया। इस पर कुपित होकर इन्होंने जय-विजय को राक्षस होने का शाप दे दिया था।

सनत्कुमार

ब्रह्मा के मानसपुत्रों में से एक जिनकी तत्ववेत्ता आचार्य के रूप में भी ख्याति है। ये तत्वज्ञानी, योगवेत्ता, धर्मशास्त्रों के ज्ञाता विरक्त और वीतराग थे। ये हिमगिरि पर निवास करते थे। नारद, सांख्यायन, वृत्तासुर, रुद्र और धृतराष्ट्र को इन्होंने आत्मज्ञान का उपदेश दिया। इनके उपदेश महाभारत और छांदोग्य उपनिषद् में वर्णित हैं। इनके रचित पांच महत्वपूर्ण ग्रंथ बताए जाते हैं।

सनातन गोस्वामी

चैतन्य महाप्रभु (दे.) के प्रमुख शिष्य जो बंगाल के नवाब के उच्च अधिकारी थे। चैतन्य के प्रभाव में आकर इनके अंदर वैराग्य का भाव उत्पन्न हुआ और इन्होंने नौकरी छोड़ने का निश्चय किया। नवाब को जब इसकी सूचना मिली तो उसने सनातन गोस्वामी को जेल में डाल दिया। कुछ दिन बाद छूटने पर वे सीधे महाप्रभु की शरण में पहुंचे और विरक्त होकर कृष्ण की आराधना में लगे रहे। जीवन के अंतिम भाग में वे वृन्दावन चले गए थे। उन्होंने चैतन्य संप्रदाय के संबंध में अनेक गंभीर ग्रंथों की रचना की।

सपिंड

पिंड का अर्थ है, शरीर। एक ही शरीरांश से उत्पन्न अथवा जिनमें समान पूर्वजों

का रक्त है, वे सपिंड कहलाते हैं। पिता की सात पीढ़ी और माता की पांच पीढ़ी के अंतर्गत आनेवाले सपिंड माने जाते हैं। विवाह, अशौच आदि में सपिंड का विचार किया जाता है।

सप्तक

गायन शास्त्र के तीन रूप माने गए हैं—मंद्र, मध्य और तार। इनके सात स्वरों के समार को सप्तक कहते हैं। वे सातों स्वर इस प्रकार हैं—षडज्, ऋषभ, गांधार, मध्यम, पंचम, धैवत और निषाद।

सप्तर्षि

ब्रह्मा के मानसपुत्र सात ऋषियों का समुदाय जो आकाश में सबके उत्तर में दिखाई देता है। विभिन्न मन्वंतरों में प्रजोत्पादन इन्हीं पर निर्भर था। आरंभ में ये सात ही थे। कालांतर में इनकी संख्या बढ़ गई और चारों दिशाओं में प्रत्येक दिशा के अलग-अलग सात ऋषि माने गए। महाभारत में इन्हें दिशाओं का स्वामी बताया गया है।

सप्तर्षि और उनकी पत्नियों के नाम इस प्रकार हैं—मरीचि की पत्नी संभूति, अत्रि की अनुसूया, पुलह की क्षमा, पुलस्त्य की प्रीति, ऋतु की सन्नति, अंगिरा की लज्जा और वशिष्ठ की अरुंधती।

कहीं पर सप्तर्षियों की नामावली इस प्रकार मिलती है—कश्यप, भरद्वाज, गौतम, अत्रि, जमदग्नि, वशिष्ठ और विश्वामित्र।

सप्तद्वीप

पुराणों में वर्णित सात द्वीप ये हैं—जंबूद्वीप, कुशद्वीप, प्लक्षद्वीप, शाल्मलिद्वीप, क्रौंचद्वीप, शाकद्वीप और पुष्करद्वीप। शाल्मलिद्वीप का नाम कहीं पर शालभक्ति द्वीप भी मिलता है। जंबूद्वीप के अंतर्गत ही भारत आता है और सनातनी लोग संकल्प में इसी द्वीप का नाम लेते हैं।

जंबूद्वीप को 8 लाखमील चौड़ा और उतने ही चौड़े सागर से घिरा हुआ बताया गया है। अन्य द्वीपों का आकार क्रमशः अपने से पहले द्वीप से दुगुना चौड़ा है और उसको घेरनेवाला सागर भी पहलेवाले सागर से दुगुना है। पृथ्वी के इन खंडों को बनानेवाले महाराजा प्रियव्रत थे, जिन्होंने अपने पुत्रों को एक-एक द्वीप का अधिपति बना दिया था।

सप्तधातु

सोना, चांदी, लोहा, पीतल, तांबा, जस्ता और सीसा का मिश्रण सप्तधातु कहलाता है।

सप्तधान्य

जौ, गेहूं, मूंग, तिल, धान, उड़द और कोदों।

सप्तनदियां

गंगा, यमुना, गोदावरी, सरस्वती, कावेरी, नर्मदा और सिंधु ये सात भारत की पवित्र नदियां हैं।

सप्तपदी

हिंदुओं के विवाह संस्कार का एक अनिवार्य कृत्य। इसमें वधू-वर के साथ ग्रंथि-बंधन करके अग्नि के चारों ओर सात पग चलती है। सप्तपदी हुए बिना विवाह-संस्कार पूरा नहीं माना जाता।

सप्तपुरियां

भारत में ये सात पवित्र पुरियां मोक्षदायिनी मानी गई हैं—काशी, कांची, मायावती (हरिद्वार), अयोध्या, द्वारावती (द्वारका), मथुरा और अवंतिकापुरी (उज्जैन)।

सप्तबदरी

उत्तराखंड में बदरीनाथ के ये सात क्षेत्र सप्तबदरी कहलाते हैं—आदिबदरी, ध्यानबदरी, वृद्धबदरी, भविष्यबदरी, योगबदरी, नृसिंहबदरी और प्रधानबदरी (बदरीनारायण)।

सप्तसिंधु

इस शब्द का उल्लेख कई अर्थों में मिलता है। एक स्थान पर गंगा की सप्त धाराओं को सप्तसिंधु बताया गया है। वे हैं—शिव की जटाओं से निकलकर पूर्व की ओर बहनेवाली नलिनी, ह्लादिनी और पावनी; पश्चिम की ओर बहनेवाली चक्षु, सीता और सिंधु तथा दक्षिण की ओर बहनेवाली भागीरथी। महाभारत में गंगा, यमुना, सरयू, गोमती, गंडक, प्लक्षगा और रथस्या को सप्तसिंधु कहा गया है। अतिम दो नदियां कौन हैं, यह ज्ञात नहीं है।

सप्त श्रृंग

नासिक से लगभग 50 कि.मी. दूर सप्तश्रृंग पर्वत है। यह सप्तश्रृंगी देवी का स्थान माना जाता है। मूल स्थान तो पतले पर्वत शिखर पर है। वहां केवल उत्सव के समय एक व्यक्ति ध्वजा लगाने जाता है। नीचे गुफा में देवी की मूर्ति

है। इस तीर्थ तक पहुंचने के लिए 750 सीढ़ियां चढ़नी पड़ती हैं। यह स्थान दिव्यपीठ माना जाता है। कहते हैं, राजा सुरथ (दे.) और समाधि वैश्य पर यहां देवी की कृपा हुई थी।

सफला एकादशी

पौष मास की कृष्ण एकादशी सफला एकादशी कहलाती है। इस दिन भगवान विष्णु का व्रत किया जाता है। नैवेद्य में विष्णु को केला, बिजौण, जंबीरी, नारियल, अनार, सुपाड़ी आदि अर्पित करते हैं। फलों का भोग लगने के कारण ही यह एकादशी सफला एकादशी कहलाती है। इस दिन रात्रि में जागरण और हरिभजन का भी विधान है।

सभा

वैदिक युग में जनतांत्रिक संस्थाओं का विकास हो चुका था। इन्हीं में से एक संस्था 'सभा' थी और दूसरी 'समिति'। अथर्ववेद में इन दोनों को प्रजापति की पुत्रियां बताया गया है। सभा का आशय सभास्थल भी होता था और सभा नाम की संस्था की बैठक थी। सभासदों की बड़ी प्रतिष्ठा थी। एक बौद्ध जातक के अनुसार वह सभा सभा नहीं जहां संत लोग न हों, और वे संत नहीं जो धर्म का आचरण और धर्म पर भाषण न करते हों।

सभा का यह रूप धीरे-धीरे बदलने लगा। उत्तर वैदिक काल (600 ई.पू.) का अंत होते-होते राजतंत्र विकसित होने लगा और प्राचीन 'सभा' 'राजसभा' में बदल गई।

सभ्यता और संस्कृति

सभ्यता और संस्कृति शब्दों का प्रयोग बहुधा समानार्थी शब्दों के रूप में कर लिया जाता है, पर वास्तव में इनमें भिन्नता है। अपनी दीर्घकालीन जीवन-यात्रा में मनुष्य ने प्राकृतिक शक्तियों को समझकर अनेक पदार्थों का निर्माण किया। उसने अपनी स्थिति के अनुसार जीवनयापन के लिए अनेक सुविधाएं अर्जित कीं। ये सब मानव की सभ्यता के अंग हैं। इस परिधि में वे सब आविष्कार, उत्पादन के साधन और राजनीतिक तथा सामाजिक संस्थाएं आ जाती हैं, जिनके माध्यम से मनुष्य का व्यक्तिगत और सामाजिक जीवन परिचालित है।

इस जीवन-यात्रा में, सुविधा के उपकरणों का उपयोग करते हुए, मानव का एक विशेष प्रकार का व्यवहार निर्धारित होता है। उसके विचार बनते हैं, चिंतन को स्वरूप मिलता है। इस सबकी अभिव्यक्ति शास्त्र, दर्शन, साहित्य, कला आदि के द्वारा होती है। नैतिकता, परोपकार, जीवनादर्श आदि को अपनी एक विशेष

दिशा मिलती है। ये सब संस्कृति के द्योतक और उसके अंग हैं।

विद्वानों का विचार है कि सभ्यता के उपकरण आरंभ में भौगोलिक कारणों से भिन्न-भिन्न रहे हैं। इसलिए पहले सांस्कृतिक विभिन्नता भी अधिक पाई जाती थी। अब संचार और आवागमन के साधनों ने एक स्थान की समानता के उपकरणों को दूसरे स्थान पर पहुंचाना सुगम कर दिया है। अतः चिंतन में भी भिन्नता कम होने लगी है और आज वातावरण में 'देशीय संस्कृति' के साथ-साथ 'विश्व संस्कृति' की चर्चा सुनाई देने लगी है।

समर्थ स्वामी रामदास

शिवाजी के गुरु समर्थ स्वामी रामदास का जन्म महाराष्ट्र के औरंगाबाद जिले में 1608 ई. में हुआ था। रामदास बड़े ऊधमी थे। 12 वर्ष की उम्र में इनके विवाह की तैयारी हुई। मंडप में जब पुरोहित ने यह मंत्र पढ़ा—'पैरों में गृहस्थी रूपी बेड़ी पड़ रही हैं, सावधान हो जाओ' तो रामदास वहां से भाग खड़े हुए। वे सीधे पंचवटी पहुंचे। वहां उन्होंने ग्यारह वर्ष तक तपस्या की। इसके बाद तीर्थ यात्रा पर निकल गए। इस यात्रा में आपने धर्मशास्त्रों तथा देश की स्थिति दोनों का अध्ययन किया। उनका अद्भुत सामर्थ्य देखकर साधु-संतों ने उन्हें समर्थ कहना आरंभ कर दिया। वे महात्मा होने के साथ-साथ कवि और राजनीतिज्ञ भी थे।

शिवाजी से समर्थ रामदास की भेंट 1659 ई. में हुई। उनके बहुत आग्रह करने पर ही समर्थ रामदास ने शिवाजी का गुरु बनना स्वीकार किया। उनकी वाणी, जिसे उनके शिष्य लिखते जाते थे, लगभग 20 ग्रंथों में संग्रहीत है। 73 वर्ष की उम्र में 1681 ई. में आपने समाधि ले ली। समर्थ रामदास के प्रभाव से ही शिवाजी देश की स्वतंत्रता के लिए अंत तक संघर्ष करते रहे।

समवर्ती सूची

भारत का संविधान संघात्मक है। इसमें केन्द्र सरकार और राज्यों की सरकारों के कार्यक्षेत्र अलग-अलग निर्दिष्ट हैं। लेकिन कुछ विषय ऐसे हैं, जिनके संबंध में कानून बनाने का अधिकार केन्द्र और राज्य दोनों को है। ऐसे विषय संविधान की जिस तालिका में अंकित हैं, वह 'समवर्ती सूची' कहलाती है। समवर्ती सूची के विषयों पर केंद्र और राज्यों द्वारा बनाए कानूनों में यदि कोई अंतर होता है तो केंद्र का बनाया कानून लागू होता है।

समाजवाद

इस शब्द का प्रयोग अंग्रेजी के 'सोशलिज्म' शब्द के लिए होता है। 'कम्युनिज्म'

के लिए हिंदी शब्द साम्यवाद है। पर अपने मूलरूप में दोनों की भावना में कोई अंतर नहीं है।

समाज में कोई भी व्यक्ति एकांगी जीवनयापन नहीं कर सकता। सब मानते हैं कि कोई-न-कोई समष्टिगत शक्ति व्यक्तियों को परस्पर जोड़ती है। समाजवादी विचारधारा के रूपों में, उसके अलग-अलग अनुयायियों या प्रतिपादकों के आधार पर भिन्नता प्रतीत होती है, पर मौलिक स्तर पर उनका आधार समान है।

समाजवाद की दृष्टि में समाज का वर्तमान ढांचा जर्जर है और इसमें परिवर्तन होना चाहिए। इस परिवर्तन के बाद वह समाज को नवीन आदर्श के अनुरूप गठित करना चाहता है और ये आदर्श कोई सैद्धांतिक नहीं हो सकते। इनका संपर्क यथार्थ सामाजिक स्थितियों से होना चाहिए। समाजवाद में मानवकृत विषमता के लिए कोई स्थान नहीं है, अतः सामाजिक न्याय की स्थापना के लिए ऐसी समस्त विषमताओं का अंत आवश्यक है। यह केवल सामाजिक स्थिति में परिवर्तन नहीं, यह तो एक संपूर्ण दर्शन और जीवन की नवीन प्रणाली है।

जीवन की इस नवीन आवश्यकता की ओर पूर्व और पश्चिम के आरंभकाल के विचारकों का भी ध्यान गया था, परंतु उस समय वह एक आदर्श के रूप में ही रह गई। आधुनिक विचारकों ने भी समाजवादी लक्ष्य के आधार पर समाज व्यवस्था में परिवर्तन का सिद्धांत प्रतिपादित किया, पर सामाजिक ठोस यथार्थ से संबंधित न होने के कारण उनके विचार भी एक पवित्र संकल्प मात्र रह गए। इस विचारधारा को पश्चिम के विचारक कार्ल मार्क्स (1818-1883 ई.) ने वैज्ञानिक आधार प्रदान किया। वैज्ञानिक क्रांति से उत्पन्न जटिलताओं में फंसे श्रमिक वर्ग या सर्वहारा को उसकी विचारधारा में अपनी समस्याओं का समाधान दिखाई दिया।

समाजवाद की दृष्टि में समाज का विकास संघर्षों से होता है। ये संघर्ष वर्गों के बीच होते हैं जो आर्थिक आधार पर एक-दूसरे से अलग-अलग हैं। इन संघर्षों से उत्पादन की प्रणालियां बनती हैं। ये प्रणालियां समाज में परिवर्तन के साथ-साथ बदलती रहती हैं तथा नई आर्थिक व्यवस्था अस्तित्व में आती है। किसी समय विशेष में समाज के आर्थिक ढांचे का जो स्वरूप होता है, उसी की प्रतिच्छाया उस युग का साहित्य, दर्शन, कला, विज्ञान आदि है। जब भी यह आर्थिक ढांचा बदलता है तदनुरूप इनमें भी परिवर्तन हो जाता है। हर आर्थिक प्रणाली अपने समय की आवश्यकताओं की पूर्ति के बाद जब अपने भीतर से ही विकार पैदा करने लगती है और युग की मांग पूरी करने में असमर्थ हो जाती है तब उसमें धीरे-धीरे पहले मात्रात्मक और आगे चल कर गुणात्मक परिवर्तन हो जाते हैं और एक नई व्यवस्था जन्म लेती है। यह नई व्यवस्था उस युग की आवश्यकताओं की पूर्ति

कर पाती है। समाजवाद के अनुसार यह तब तक चलता रहेगी, जब तब समाज में आर्थिक वर्ग हैं और उनकी समाप्ति के बाद हर प्रकार के शोषण से युक्त वर्ग विहीन समाज की स्थापना नहीं हो जाती।

समाधि

अष्टांग योग के आठ अंग हैं—यम, नियम, आसन, प्राणायाम, प्रत्याहार, धारणा, ध्यान और समाधि। इस प्रकार समाधि योग की चरम स्थिति है। चित्तवृत्ति के निरोध को योग कहते हैं। समाधि की अवस्था में चित्तवृत्तियों का पूरी तरह से निरोध हो जाता है।

समाधि के दो भेद हैं—संप्रज्ञप्त समाधि और असंप्रज्ञप्त समाधि। संप्रज्ञप्त समाधि में चित्त किसी एक वस्तु पर एकाग्र रहता है। असंप्रज्ञप्त समाधि में ज्ञान, ज्ञाता और ज्ञेय का भेद मिट जाता है।

समावर्तन

यह प्राचीन काल के सोलह संस्कारों में से एक संस्कार था। इसका अर्थ था—विद्याध्ययन करके गुरुकुल से अपने घर लौटना। इस संस्कार के बाद ही ब्रह्मचारी 'स्नातक' कहलाता था। विद्या की उपमा सागर से दी जाती थी। उसमें स्नान करके जो लौटता, वही स्नातक कहलाता।

गुरुकुल में ब्रह्मचारी दो प्रकार के होते थे—एक वे जो विद्या समाप्त करके गृहस्थाश्रम में प्रवेश करना चाहते थे। दूसरे वे जो आजीवन गुरुकुल में रहकर विद्यार्थी जीवन व्यतीत करना चाहते थे। स्नातकों के भी तीन प्रकार थे—

1. विद्या स्नातक—जो केवल विद्या पढ़कर गुरुकुल से घर लौट आता था।
2. व्रत स्नातक—जो विद्या तो कम पढ़ता, तप अधिक करता था।
3. उभय स्नातक—जो विद्या भी पढ़ता और व्रत का भी पालन करता था।

समिधा

यज्ञ में अग्नि प्रज्ज्वलित करने के लिए प्रयुक्त लकड़ी, ईंधन आदि। नौ प्रकार की समिधा गिनाई जाती हैं—रुई, पलास, खैर, आघाड, पीपल, उंवर, शमी, हरली और दर्भ।

समुद्रगुप्त

सम्राट चंद्रगुप्त प्रथम के पुत्र और गुप्त वंश के द्वितीय सम्राट समुद्रगुप्त ने संभवतः 330 से 380 ई. तक राज्य किया। उसने चारों दिशाओं में विजय प्राप्त की। उसका साम्राज्य ब्रह्मपुत्र से यमुना और चंबल तक और हिमालय से नर्मदा तक

फैला था। इस विशाल साम्राज्य की स्थापना के बाद उसने अश्वमेध यज्ञ किया। समुद्रगुप्त बड़ा सुसंस्कृत व्यक्ति था। वह पराजित राजाओं के प्रति दयाभाव रखता था, विद्वानों का संरक्षक था और शास्त्र मर्मज्ञ होने के साथ-साथ कवि तथा संगीतज्ञ भी था।

समुद्रमंथन

इसे प्राचीन साहित्य में 'अमृत मंथन' भी कहा गया है। एक बार जब दुर्वासा ऋषि द्वारा इंद्र को दी हुई माला इंद्र के वाहन ऐरावत हाथी ने पैरों से कुचल दी तो ऋषि ने इंद्र को ऐश्वर्य-नष्ट हो जाने का शाप दे दिया। ऐश्वर्य मद में चूर्ण इंद्र ने एक दिन देवगुरु बृहस्पति का अपमान किया। इस पर नारद ने कहा—गुरु का अपमान करने के कारण तुम्हारी राज्य-लक्ष्मी चली जाएगी। इन कारणों से चारों ओर इंद्र का अपयश फैलने लगा। इस अवसर का लाभ उठाकर पाताल लोक के राजा बलि ने आक्रमण करके इंद्र की राजधानी अमरावती पर अधिकार किया। दानवों से भयभीत होकर ऐरावत, लक्ष्मी, उच्चैःश्रवा आदि समुद्र में कूद गए।

तब भगवान विष्णु ने इंद्र को परामर्श दिया कि दानवों से संधि करके समुद्र-मंथन करो और उसमें डूबे हुए रत्नों को बाहर निकालो। तदनुसार देवों और दानवों ने मंदराचल पर्वत की मथानी और वासुकी नाग की रस्सी बनाकर समुद्र-मंथन किया। जब पर्वत डूबने लगा तो विष्णु ने कच्छप का रूप धारण करके उसे अपनी पीठ पर रोक लिया।

इस मंथन में चौदह रत्न निकले—श्री, विष, रंभा, वारुणी, अमृत, शंख, ऐरावत, धन्वंतरि, धेनु, चंद्रमा, कल्पवृक्ष, मणि, बाज और धनुष। इनमें से काल-कूट विष शंकर ने अपने कंठ में धारण कर लिया। कामधेनु ऋषि-मुनियों को दे दी गई। ऐरावत इंद्र ने लिया। उच्चैःश्रवा सूर्य को और वारुणि दैत्यों को मिली। कल्पवृक्ष और रंभा इंद्र के नंदन वन में चले गए। अमृत घट लेकर धन्वंतरि वैद्य प्रकट हुए थे। इस पर अमृत पान के लिए देवों और दानवों में संघर्ष होने लगा। तब विष्णु ने मोहिनी रूप धारण करके दानवों को भ्रम में डालकर देवों को अमृत पिलाना आरंभ किया। राहु नामक दानव रूप बदल कर देवों के बीच में आ बैठा था। पहचानने पर विष्णु ने उसका सिर काट दिया। (दे. राहु, केतु)।

इंद्र का पुत्र जयंत दानवों से बचने के लिए अमृत-घट लेकर भागा था। मार्ग में जहां-जहां यह घट रखा गया, उन चार स्थानों में प्रति बारह वर्ष बाद मेले लगते हैं। (दे. कुंभ मेले)।

सरदार पटेल

भारतीय स्वतंत्रता संग्राम के चोटी के नेता और स्वतंत्र भारत के प्रथम गृह और

उप प्रधान मंत्री सरदार बल्लभ भाई पटेल का जन्म 21 अक्तूबर 1875 ई. को गुजरात के खेड़ा जिले में हुआ था। उन्होंने पहले गोधरा नगर में वकालत की। बाद में इंगलैंड जाकर बैरिस्टरी की उपाधि प्राप्त की और अहमदाबाद में बस गए। वे बैरिस्टर के रूप में गांधी जी के संपर्क में आए और उनके प्रभाव से वकालत छोड़ कर स्वतंत्रता संग्राम में सम्मिलित हो गए। आपने बारदोली के किसान आंदोलन का सफलता के साथ नेतृत्व किया। इसी पर गांधीजी ने आपको 'सरदार' की उपाधि दी थी।

सरदार पटेल 1931 में कांग्रेस के करांची अधिवेशन के अध्यक्ष चुने गए। आपने प्रत्येक आंदोलन में भाग लिया और जेल की यातनाएं सहीं। 1945 ई. में जेल से छूटने के बाद अंतरिम सरकार में गृह सचिव का पदभार संभाला। 1947 ई. में देश के स्वतंत्र होने पर गृहमंत्री और उप प्रधान मंत्री बनाए गए। इस पद पर रहते हुए 15 दिसंबर 1950 ई. को आपका देहांत हो गया।

सरदार पटेल बड़े दृढ़ निश्चय के व्यक्ति थे। इसीलिए वे 'लौह पुरुष' कहलाते थे। 600 से अधिक देशी रियासतों को भारत में मिलाकर देश को सुदृढ़ करने के ऐतिहासिक कार्य के लिए वे सदा सम्मान के साथ याद किए जाते हैं।

सरदेसाई, गोबिंद सखाराम

मुसलमान और मराठा साम्राज्य के प्रसिद्ध इतिहासकार सरदेसाई का जन्म 17 मई 1865 ई. को एक साधारण परिवार में हुआ। इन्होंने बड़ी कठिनाई से शिक्षा पाई और बड़ौदा नरेश सयाजीराव गायकवाड़ को पुस्तकें पढ़कर सुनाने की नौकरी कर ली। इसी नौकरी में रहते हुए उन्होंने इतिहास की खोज करके भारत का 1000 ई. से 1857 ई. तक का इतिहास 12 खंडों में लिख डाला। पेशवाई दफ्तर के कागजात में से 7,800 पृष्ठों का ऐतिहासिक विवरण 45 खंडों में प्रकाशित कराया। 'पद्मभूतण' से अलंकृत सरदेसाई का 29 नवंबर 1959 ई. को देहांत हो गया।

सरमा

1. विभीषण की पत्नी जो शैलूष नामक गंधर्व की पुत्री थी। इसके नामकरण के संबंध में एक कथा मिलती है। इसका जन्म मानसरोवर के तट पर हुआ था। उस समय सरोवर के पानी को लगातार बढ़ते देखकर इसकी मां ने प्रार्थना की—'मां सर' (सरोवर आगे मत बढ़ो)। पानी का बढ़ना रुक गया तो पुत्री का नाम ही सरमा पड़ गया।

सीताहरण के बाद अशोकवाटिका में यही सीता के साथ रखी गई थी। यह रावण के सब षड्यंत्र बताकर सीता को सांत्वना दिया करती थी।

2. इंद्र की दूत एक कुतिया का नाम जिसे इंद्र ने पापियों के गुप्त धन का पता लगाने के लिए भेजा था। पुराणों में इसे कश्चप और प्रोधा की पुत्री बताया गया है।

सरयू

एक अति प्राचीन और पवित्र नदी जिसका उल्लेख ऋग्वेद में भी मिलता है। सूर्यवंशीय राजाओं की प्रसिद्ध राजधानी अयोध्या इसी के तट पर है। दशरथ और राम के समय में इसके गौरव में और वृद्धि हुई। सगर, रघु और राम ने इसके किनारे अनेक अश्वमेध यज्ञ किए। इसका उद्‌गम हिमालय के स्वर्ण शिखर से गंगा की सात धाराओं में से एक के रूप में माना जाता है। इसके तट पर बसी अयोध्यापुरी श्रीराम की जन्म भूमि के रूप में अत्यन्त पवित्र तीर्थ है।

सरस्वती

1. ब्रह्मा की मानस पुत्री जो विद्या की अधिष्ठात्री मानी गई हैं। इन्हें शतरूपा, वाणी, वाग्देवता, भारती, शारदा, बागेश्वरी आदि नामों में भी पुकारा जाता है। यह सब मनुष्यों की जिह्वा पर वाक् के रूप में विद्यमान रहती हैं। इनकी अकृपा के कारण ही कुंभकर्ण ब्रह्मा से 'निर्देत्व' के बदले 'निद्रत्व' का वरदान मांग बैठा। इन्हें ब्रह्मा की पत्नी भी बताया गया है।

2. एक प्राचीन नदी जिसकी चर्चा ऋग्वेद में भी है। सिरमूर के पर्वतीय भाग से निकल कर यह अंबाला तथा कुरुक्षेत्र होती हुई राजस्थान को जल-सिंचित करती और समुद्र में मिलती थी। अब यह मरुभूमि में लुप्त हो गई है। पुरातत्वविदों ने राजस्थान में इसके प्रवाह-क्षेत्र का पता लगाया है। इस समय यह शुष्क घाटी के रूप में विद्यमान है। इस घाटी में प्राचीन सभ्यता के अवशेष भी मिले हैं। महाभारत की एक कथा के अनुसार उतथ्य ऋषि के शाप से इसका जल सूख गया। प्राचीन काल में सरस्वती का निकटवर्ती प्रदेश ब्रह्मावर्त कहलाता था और वैदिक ज्ञान तथा कर्मकांड के लिए प्रसिद्ध था।

पुराणों के अनुसार सरस्वती नदी अदृश्य रूप से प्रयाग में गंगा और यमुना से मिलकर 'त्रिवेणी संगम' बनाती है।

सरहपाद

वज्रयानी 84 सिद्धों में सरहपाद आदिम सिद्ध माने जाते हैं। इनके जन्मस्थान का पता नहीं है। इनका समय 633 ई. के आसपास माना जाता है। ये उच्च कोटि के विद्वान थे और अनेक वर्षों तक नालंदा विश्वविद्यालय में रहे। सरहपाद के लिखे हुए 32 ग्रंथों का अनुवाद भोटिया भाषा में मिला है। इन्होंने

अपनी रचनाओं में वर्ण-व्यवस्था, ऊंच-नीच का भाव तथा धर्म के नाम पर चलने वाले वाह्याचारों का जोरदार खंडन किया।

सरोजिनी नायडू

भारतीय स्वतंत्रता संग्राम की अग्रणी नेता और अंग्रेजी भाषा में उच्च कोटि की कविता लिखने के कारण 'भारत कोकिला' के नाम से विख्यात सरोजिनी का जन्म 13 फरवरी 1879 ई. को पूर्वी बंगाल में हुआ था। पिता अघोरनाथ चट्टोपाध्याय बड़े विद्वान और ब्रह्म समाजी विचारों के व्यक्ति थे। सरोजिनी अपने वैज्ञानिक पिता के साथ बचपन में ही हैदराबाद चली गईं। वे बड़ी प्रतिभाशाली थीं। ग्यारह वर्ष की उम्र से ही कविता लिखने लगी थीं और 13 वर्ष की उम्र में उन्होंने 1300 पंक्तियों का काव्य रच डाला था। इंगलैंड में शिक्षा प्राप्त करने के बाद उन्होंने अंतर्जातीय विवाह किया और सरोजिनी नायडू बन गईं।

प्रथम विश्वयुद्ध के बाद अंग्रेजों के अत्याचार और उनके विरोध में गांधीजी के आंदोलन को देखकर वे स्वतंत्रता संग्राम में कूदीं तो जीवन भर उसी में रह गईं। वे उच्च कोटि की वक्ता थीं। 1925 ई. में वे कांग्रेस की अध्यक्ष चुनी गईं। इस पद पर आसीन होनेवाली वे भारत की प्रथम महिला थीं। वे गांधीजी की निकट सहयोगी थीं और 1930 ई. से प्रत्येक आंदोलन में गिरफ्तार हुईं। देश की स्वतंत्रता के बाद 1947 ई. में उन्हें उत्तर प्रदेश के राज्यपाल पद पर नियुक्त किया गया। इस पद पर आसीन होनेवाली भी वे प्रथम भारतीय महिला थीं। इसी पर रहते हुए 2 मार्च, 1948 ई. को श्रीमती सरोजिनी नायडू का देहांत हो गया। आधुनिक भारत की महिला जागृति की अग्रदूत के रूप में उनका स्मरण किया जाता है।

सर्प

1. एक नाग जाति जिसके राजा का नाम तक्षक था। कहते हैं, जमीन में घिसट-घिसट कर चलने के कारण इन्हें यह नाम मिला। इस जाति को अनेक बार अकल्पित कष्टों का सामना करना पड़ा। परीक्षित का वध करनेवाले तक्षक नाग से बदला लेने के लिए उसके पुत्र जनमेजय (दे.) ने नाग-यज्ञ में पूरी जाति को समाप्त करना चाहा था। अपनी नानी के कहने पर मरुत ने भी इसी प्रकार का आयोजन किया था जिसे उसकी माता भामिनी ने रुकवाया था।

सविता

वेदों में वर्णित एक विख्यात देवता जो अदिति का पुत्र होने और सब देवताओं से पहले का होने के कारण 'आदित्य' भी कहलाता है। वस्तुतः यह सूर्य है जिसका

ऋग्वेद में मानवीकरण करके वर्णन किया गया है। उदय होनेवाला सूर्य 'सवितृ' कहलाता है और अस्ताचल तक तपनेवाला 'सूर्य'। यह मनुष्य जाति की सारी व्याधियां दूर करके उनकी आयु बढ़ाता है। यह सारे विश्व को उत्पन्न करता है और सब प्राणी इसी पर निर्भर हैं।

पीले केश और स्वर्णिम भुजाओंवाले सविता का रथ दो चमकीले घोड़े खींचते हैं। जन्म से ही इसके अवयव नहीं थे। इसीलिए इसका नाम 'मार्तंड' पड़ा। इसकी पत्नी का नाम संज्ञा (दे.) था जिससे अश्विनी कुमार (दे.) पैदा हुए।

सूर्य की यह स्तुति वैदिक आर्यों ने सृष्टि के लिए उसकी अनिवार्यता के कारण ही की है। सूर्य पर ही प्रकाश, वृष्टि और जीवन निर्भर है।

सविनय अवज्ञा आंदोलन

भारतीय राष्ट्रीय कांग्रेस ने देश की स्वतंत्रता के लिए गांधीजी के नेतृत्व में 1929 ई. के बाद जो आंदोलन चलाए, वे सविनय अवज्ञा आंदोलन कहलाते हैं। सविनय अवज्ञा का अर्थ था—विदेशी सरकार के बनाए हुए अनैतिक कानूनों को शांतिपूर्वक भंग करना। 1929 ई. में पूर्ण स्वतंत्रता का लक्ष्य घोषित करने के बाद गांधीजी ने 6 अप्रैल, 1930 ई. को पहला सविनय अवज्ञा आंदोलन आरंभ किया। इसी क्रम में नमक कानून भंग करने के लिए 12 अप्रैल, 1930 ई. को गांधीजी ने 'डांडी मार्च' किया। इसके बाद पूरे देश में नमक कानून तोड़ा जाने लगा। इससे उत्पन्न जागृति को देखकर ही वाइसराय लार्ड इर्विन को 1931 ई. में गांधीजी से समझौता करना पड़ा था। 'गोलमेज परिषद' की असफलता के बाद भारत लौटते ही जब गांधीजी पुनः गिरफ्तार कर लिए गए तो 1932 ई. में फिर सात्विक आंदोलन भड़क उठा। इस आंदोलन का एक कार्यक्रम किसानों द्वारा लगानबंदी भी था। 1942 ई. का 'भारत छोड़ो' आंदोलन अंतिम सविनय अवज्ञा आंदोलन था जिसकी परिणति 1947 ई. में भारत की स्वतंत्रता में हुई।

सहजोबाई

महात्मा चरणदास की शिष्या सहजोबाई का जन्म मेवात (राजस्थान) में हुआ था। इन्होंने आजीवन ब्रह्मचारिणी रहकर गुरु की सेवा की। इनके प्रसिद्ध ग्रंथ 'सहज प्रकाश' में गुरु भक्ति को सबसे अधिक दर्शाया गया है। इन्होंने निर्गुण और सगुण दोनों पक्षों पर सुंदर रचना की है। कृष्ण-भक्ति के इनके कुछ पद मीराबाई के पदों से मिलते हैं।

सहदेव

1. पांडु के पांच पुत्रों में से एक जो अश्विनीकुमार द्वारा माद्री के गर्भ से उत्पन्न

हुआ था। यह नकुल का छोटा भाई था। इसने भी गुरु द्रोण से शिक्षा प्राप्त की। यह खड्ग-युद्ध में प्रवीण था। युधिष्ठिर के राजसूय यज्ञ में संपूर्ण दक्षिण की विजय इसने ही की थी। यह घोड़ों की चिकित्सा का विशेषज्ञ था और अज्ञातवास में 'जय छल' नाम से विराट की अश्वशाला को देखा करता था। महाभारत युद्ध में इसने शकुनि का वध किया। महाप्रस्थान के समय इसकी उम्र 105 वर्ष थी। इसकी चार पत्नियां थीं। दो पुत्र हुए—द्रौपदी से श्रुतकर्म और विजया से (जो इसके मामा शल्य की पुत्री थी) सुहोत्र।

2. मगध नरेश जरासंध का पुत्र। इसकी दोनों बहनों—अस्ति और प्राप्ति का—विवाह कंस के साथ हुआ था। जरासंध के वध के बाद श्रीकृष्ण ने इसे मगध की गद्दी पर बैठाकर अपना मित्र बना लिया था। महाभारत युद्ध में इसने पांडवों का साथ दिया।

सहस्रबाहु

दे. सहस्रार्जुन।

सहस्रार्जुन

पुराणों में वर्णित कृतवीर्य राजा का पुत्र, जिसका नाम सहस्रबाहु और हैहय भी था। महिष्मती इसकी राजधानी थी। इसका मूल नाम अर्जुन था। दत्तात्रेय की सेवा करके इसने सहस्रबाहु और सिद्धियां प्राप्त कीं। इन सिद्धियों के बल पर इसने एक बार अपने हजार हाथों से नदी को रोक लिया और वह उल्टी बहने लगी। इससे रावण का शिविर बह गया। इस पर जब रावण लड़ने के लिए आया तो सहस्रार्जुन ने सहज ही उसे पकड़कर अपनी राजधानी महिष्मती में कैद कर लिया। इसी ने कपिला गाय को बलपूर्वक ले जाने का विरोध करने के कारण जमदग्नि ऋषि का वध कर दिया था, जिसका बदला ऋषि के पुत्र परशुराम ने क्षत्रिय संहार करके लिया।

सांख्य

कपिल मुनि द्वारा प्रवर्तित दर्शन की पद्धति सांख्य कहलाती है। कपिल का समय बुद्ध से पहले लगभग 700 ई. पू. माना जाता है। इस समय तक ज्ञानमार्ग प्रधान प्राचीन उपनिषदों की रचना हो चुकी थी। कपिल ने इस ज्ञानमार्ग को शृंखला-बद्ध किया। सांख्य परंपरा का प्रभाव जैन दर्शन और महाभारत-गीता पर भी पड़ा है।

इस दर्शन की मान्यता है कि मूलतः पुरुष और प्रकृति ये दो तत्व हैं। पुरुष मूलरूप से अनासक्त होते हुए भी जगत् में प्रकृति के कार्यकलाप में बंधा प्रतीत

होता है। जब वह ज्ञान से इस बंधन को दूर करके अपने वास्तविक अस्तित्व का अनुभव कर लेता है तो यही मोक्ष कहलाता है।

सांख्य दर्शन में ईश्वर की सत्ता नहीं मानी गई है। कुछ विचारक इसीलिए इसे निरीश्वरवादी दर्शन कहते हैं। कुछ का कहना है कि ईश्वर के संबंध में मौन रहने के कारण यह अज्ञेयवादी दर्शन है। सांख्य दर्शन में सृष्टि की उत्पत्ति का क्रम दिया गया है। यह आकाश आदि पांच भूतों और ग्यारह इंद्रियों को ही प्रकृति कहता है। इसी प्रकृति से सारे विश्व की उत्पत्ति होती है। इस दर्शन का सबसे प्राचीन उपलब्ध ग्रंथ ईश्वरकृष्ण रचित 'सांख्यकारिका' है जिसका रचनाकाल 100 ई. के आसपास माना जाता है।

सांची

मध्य प्रदेश के सिहोर जिले में स्थित सांची प्राचीन स्तूप और अन्य भग्नावशेषों के लिए प्रसिद्ध है। इनका पता सबसे पहले 1810 ई. में लगा। यहां का स्तूप एक पहाड़ी पर स्थित है। यह ठोस और गोलाकार है तथा लाल पत्थरों से बना है। स्तूप के चारों ओर पत्थर की बेष्ठनी (रेलिंग) है जिसमें चार प्रवेश-द्वार हैं। प्रवेश-द्वारों में आकर्षक और चित्रमय खुदाई है।

यह स्तूप 250 ई. पू. का निर्मित बताया जाता है। अनुमानतः अशोक ने इसका निर्माण कराया था। यहां के अवशेषों में दूसरी शताब्दी ई. पू. से लेकर 10वीं-11वीं शताब्दी तक के अभिलेख प्राप्त हुए हैं। कहते हैं, फ्रांस के सम्राट नेपोलियन तृतीय ने सांची के आकर्षक द्वारों में से एक को उपहारस्वरूप मांगा था, पर उसे मूल न देकर उसका प्लास्टर का सांचा दे दिया गया। अब सांची पर्यटन केंद्र है। इसके निकट सधारा के एक स्तूप से बुद्ध के शिष्य सारिपुत्त और मौद्गल्यायन के अवशेष प्राप्त हुए हैं।

सांप्रदायिक निर्णय

ब्रिटेन के प्रधानमंत्री रेमजे मैकडानलड ने 4 अगस्त, 1932 ई. को भारत के संबंध में इसकी घोषणा की थी। इसके अनुसार भारत में न केवल मुसलमानों वरन् अनुसूचित जातियों के लिए भी पृथक् निर्वाचन क्षेत्रों की व्यवस्था की गई थी। फूट डालकर राज्य करने की अंग्रेजों की नीति के अंतर्गत वाइसराय की सांठगांठ से 1906 ई. में ही आगा खां के नेतृत्व में इसकी मांग की जाने लगी थी।

1932 ई. के इस निर्णय से हिंदुओं में भी सदा के लिए फूट पड़ने की आशंका को देखकर गांधीजी ने उसी वर्ष आमरण अनशन किया। फलस्वरूप भारतवासियों में सितंबर 1932 ई. में 'पूना पैक्ट' हुआ और सांप्रदायिक निर्णय में संशोधन किया गया। परंतु अंग्रेजों के प्रोत्साहन पर मुसलमानों का एक वर्ग इतना आगे

बढ़ चुका था कि उसकी परिणति 1947 ई. में देश के विभाजन में हुई।

सांब

श्रीकृष्ण का अति रूपवान और पराक्रमी पुत्र जो जांबवती के गर्भ से उत्पन्न हुआ था। कहते हैं, इसकी प्राप्ति के लिए श्रीकृष्ण ने शिव की उपासना की थी। इसने श्रीकृष्ण के साथ अनेक युद्धों में भाग लिया। दुर्योधन की कन्या लक्ष्मणा और सुपरनगरी के राजा वज्रनाभ की कन्या प्रभावती का इसने अपहरण किया। एक बार यह अपने सखाओं के साथ गर्भवती स्त्री का वेश बनाकर दुर्वासा ऋषि के पास गया। इस शरारत से क्रुद्ध होकर ऋषि ने शाप दिया कि इसके गर्भ से मूसल पैदा होगा जो सारे यदुवंश का नाश करेगा।

इसकी सुंदरता पर इसकी अनेक सौतेली माताएं भी मोहित थीं। इसी पर कृष्ण ने इसे कोढ़ी होने का तथा पत्नियों को चोर-लुटेरों द्वारा भगाए जाने का शाप दिया था। सूर्य की उपासना से सांब का कुष्ट रोग तो दूर हो गया, पर द्वारका के डूब जाने पर कृष्ण की पत्नियों का अपहरण हो ही गया।

साइमन कमीशन

ब्रिटिश सरकार ने देश में बढ़ते हुए [illegible] देखते हुए 1919 ई. में भारत में एक शासन-विधान लागू किया था। इसकी प्रगति की जांच करके रिपोर्ट देने के लिए उसने 1927 ई. में सर जान साइमन की अध्यक्षता में एक कमीशन बनाया। इसमें एक भी भारतीय को सम्मिलित नहीं किया गया। कांग्रेस ने इसके बहिष्कार का निश्चय किया। कमीशन के सदस्य देश भर में जहां भी गए, उन्हें हड़तालों और प्रदर्शनों का सामना करना पड़ा। इसी कमीशन के विरुद्ध प्रदर्शन करते हुए लखनऊ में पं. जवाहरलाल नेहरू और पं. गोविंदबल्लभ पंत को अंग्रेजों की पुलिस ने लाठियों से पीटा था। इस कमीशन ने 1930 ई. में अपनी रिपोर्ट दी, पर वह कभी अमल में नहीं आई।

साक्षी गोपाल

जगन्नाथपुरी से लगभग 20 कि. मी. दूर साक्षी गोपाल का प्रसिद्ध मंदिर है। मुख्य मंदिर में गोपाल की बड़ी मनोहर मूर्ति है। समीप ही राधिका का मंदिर है। साक्षी गोपाल मंदिर के सबंध में यह कथा मिलती है—एक वृद्ध ने यात्रा में एक युवक की सेवा से प्रसन्न होकर उसे आश्वासन दिया कि वह अपनी कन्या का विवाह उसके साथ कर देगा। परंतु बाद में उसने इनकार कर दिया। अपमानित युवक ने पंचायत बुलाई। पंचायत ने कहा—तुम्हारे कथन का जो साक्षी हो, उसे बुलाओ।

पंचायत की बात सुनकर भक्त युवक सीधा वृन्दावन गया और गोपाल को अपनी कथा सुनाई। गोपाल युवक की साक्षी देने के लिए चल दिए। शर्त यह थी कि यदि युवक पीछे मुड़कर देखेगा तो गोपाल वहीं पर खड़े हो जाएंगे। इस स्थान पर पहुंचने पर जब गोपाल के नूपुरों की ध्वनि रेत के कारण युवक को नहीं सुनाई दी तो उसने पीछे मुड़कर देख लिया। गोपाल वहीं खड़े हो गए। परंतु अब तक वृद्ध ब्राह्मण और पंच युवक की सामर्थ्य देख चुके थे। ब्राह्मण की पुत्री का उसके साथ विवाह कर दिया गया।

बाद में राधा ने भी गोपालजी के पुजारी के यहां लक्ष्मी नाम की कन्या के रूप में जन्म लिया। युवती होने पर लक्ष्मी की शय्या पर गोपालजी के गले की माला या लक्ष्मी के वस्त्र गोपालजी के बंद मंदिर में मिलने लगे। इस पर वहां राधा की मूर्ति स्थापित करने का निश्चय किया गया। जिस दिन मूर्ति की प्रतिष्ठा होनी थी, ठीक उसी दिन पुजारी की कन्या लक्ष्मी का देहांत हो गया।

सातकर्णी प्रथम

सातवाहन वंश (दे.) का तीसरा शासक। यह अपने वंश का बड़ा प्रतापी शासक था। इसने अपने शासनकाल में अश्वमेध यज्ञ किया। इसके प्रताप के कारण इसके उत्तराधिकारी शासक भी अपने नाम के साथ 'सातकर्णी' शब्द लगाते रहे।

सातत्व

1. एक यादववंशी राजा जो 'सातत्व' राजवंश का आरंभकर्ता था। सात्यकि (दे.) नामक योद्धा का जन्म इसी वंश में हुआ था। इसने सातत्व धर्म का भी आरंभ किया जिसका विस्तृत उल्लेख महाभारत के शांतिपर्व में मिलता है।
2. श्रीकृष्ण का एक नाम जिस पर सातत्व धर्म संप्रदाय बना।

सातवाहन वंश

इस वंश का आरंभ 60 ई. पू. के लगभग सिभुक अथवा सिंधुक नामक व्यक्ति ने दक्षिण में कृष्णा और गोदावरी नदियों की घाटी में किया था। इसे आंध्र राजवंश भी कहते हैं। वंश के संस्थापक सिभुक ने 60 ई. पू. से 37 ई. पू. तक राज्य किया। उसके बाद उसका भाई कृष्ण और फिर कृष्ण का पुत्र सातकर्णी प्रथम (दे.) गद्दी पर बैठा। इसी के शासनकाल में सातवाहन वंश को सबसे अधिक प्रतिष्ठा प्राप्त हुई। वह खारवेल (दे.) का समकालीन था। उसने गोदावरी के तट पर प्रतिष्ठानगर को अपनी राजधानी बनाया। इस वंश में कुल 27 शासक हुए। ये हिंदू धर्म के अनुयायी थे। साथ ही इन्होंने बौद्ध और जैन विहारों को भी सहायता प्रदान की।

सात्यकि

सातत्व या सत्यक नामक यादव राजा का पुत्र सात्यकि कृष्ण और पांडवों का घनिष्ठ मित्र था। इसे दारुक, युयुधान और शैनेय भी कहते हैं। यह श्रीकृष्ण को अपना ज्येष्ठ मित्र और अर्जुन को अस्त्र विद्या का गुरु मानता था। इसलिए जीवन भर दोनों की सहायता करता रहा।

वाणासुर के युद्ध में सात्यकि कृष्ण के साथ था। जरासंध के आक्रमण के समय मथुरा नगरी के एक द्वार की इसी ने रक्षा की। जब कृष्ण पांडवों के दूत बनकर गए तो दुर्योधन ने उन्हें कैद करने का षड्यंत्र रचा था। सात्यकि ने निर्भय होकर उस सभा में प्रवेश किया और दुर्योधन की चाल सफल नहीं हो पाई। पांडवों के वनवास के समय यह कौरवों को मारकर अभिमन्यु को हस्तिनापुर का राजा बनाना चाहता था। इस पर श्रीकृष्ण ने इसे पांडवों की उस प्रतिज्ञा का स्मरण कराया जिसके अनुसार किसी अन्य का जीता हुआ राज्य उन्हें स्वीकार नहीं था।

महाभारत युद्ध में कृष्ण और अर्जुन के बाद सबसे अधिक पराक्रम सात्यकि ने ही दिखाया। कहीं-कहीं इसे कृष्ण का सारथी भी बताया गया है।

साधन

योग के ये आठ अंग ही साधन कहलाते हैं—

1. यम—मन, वचन और कर्म के संयम को यम कहते हैं। इसमें अहिंसा, सत्य, अस्तेय, अपरिग्रह और ब्रह्मचर्य सम्मिलित हैं। 2. नियम—इसमें तन-मन की पवित्रता, तप और स्वाध्याय का समावेश होता है। 3. आसन—इस प्रकार बैठना जिसमें चित्त को स्थिरता और सुख मिले। 4. प्राणायाम। 5. प्रत्याहार—इंद्रियों को विषयों से हटाकर अंतर्मुखी करना। 6. धारणा—चित्त को किसी एक स्थान पर स्थिर करना। 7. ध्यान—किसी एक वस्तु का देर तक ध्यान करना। 8. समाधि (दे.)।

साधुद्विज

हिमालय और मैनाक पर्वतों द्वारा शिव की उपासना देखकर देवता और ऋषि घबरा गए। उन्हें आशंका हुई कि तपस्या और उपासना से हिमालय को मोक्ष मिल गया तो संसार बड़े संकट में पड़ जाएगा। उन्हें इस तपस्या से विरत करने के लिए देवता और ऋषिगण शिव के पास पहुंचे।

शिव ने उनकी सहायता करना स्वीकार किया और साधु नाम के ब्राह्मण का वेश धरकर तपस्या कर रहे पर्वतों के पास पहुंचे। वहां उन्होंने शिव की खूब निंदा की और पर्वतों को शिव से विमुख कर दिया। शिव का यही अवतार 'साधुद्विज' कहलाता है।

साबरमती

गुजरात में अहमदाबाद नगर के मध्य से साबरमती नाम की एक छोटी नदी बहती है। कुछ विद्वानों का मत है कि पौराणिक ऋषि दधीचि का आश्रम वर्तमान अहमदाबाद के पास इसी नदी के किनारे स्थित था।

वर्तमान काल में गांधीजी के आश्रम के कारण साबरमती नामक स्थान को अंतर्राष्ट्रीय ख्याति प्राप्त हो गई। सामाजिक कुरीतियों के विरुद्ध संघर्ष, पिछड़े हुए लोगों की उन्नति के लिए प्रयत्न और स्वतंत्रता संग्राम का नेतृत्व 1930 ई. तक गांधीजी यहीं से करते रहे। 1930 ई. में नमक सत्याग्रह के समय जब उन्होंने डांडी के लिए कूच किया तो घोषणा की थी कि देश के स्वतंत्र होने तक वे साबरमती आश्रम वापस नहीं आएंगे। अब यहां का आश्रम गांधीवादी रचनात्मक प्रवृत्तियों का केंद्र है।

सामंतवाद

आर्थिक और राजनीतिक क्षेत्र में सामंतवाद पूंजीवाद से पहले की स्थिति है। इसमें आर्थिक व्यवस्था कृषि पर आधारित थी। प्रजा से राजा का सीधा संबंध नहीं था। राजा सामंतों या 'कुलीनों' को बड़े-बड़े भू-क्षेत्र इस शर्त पर दे देता था कि वे उसे नियमित रूप से धन तो देंगे ही, आवश्यकता पड़ने पर सैनिक सहायता भी देंगे। ये सामंत भी इन्हीं शर्तों पर अपनी रिआया को भूमि दिया करते थे। भूमि को जोतने-बोनेवालों की स्थिति दासों के समान थी। सामंत उनके साथ मनमाना व्यवहार करते और जब चाहते, भूमि एक से लेकर दूसरे को दे देते। औद्योगिक क्रांति के बाद शहरों में श्रमिकों की जो भीड़ बढ़ी, उसके मूल में एक अंश तक सामंतों के सताए हुए खेतिहर दास ही थे।

सामवेद

चार वेदों में सामवेद का नाम तीसरे क्रम में आता है। पर ऋग्वेद के एक मंत्र में ऋग्वेद से भी पहले सामवेद का नाम आने से कुछ विद्वान् वेदों को एक के बाद एक रचना न मानकर प्रत्येक को स्वतंत्र रचना मानते हैं।

सामवेद में गेय छंदों की अधिकता है जिनका गान यज्ञों के समय होता था। 1824 मंत्रों के इस वेद में 75 मंत्रों को छोड़कर शेष सब मंत्र ऋग्वेद से ही संकलित हैं। इस वेद को संगीतशास्त्र का मूल माना जाता है। इसमें सविता, अग्नि और इंद्र देवताओं का प्राधान्य है।

सामुद्रिक विद्या

मनुष्य के शरीर के लक्षणों को देखकर शुभाशुभ बतानेवाली विद्या सामुद्रिक विद्या

कहलाती है। इस विद्या के ज्ञाता शरीर में पाए जानेवाले इन 32 लक्षणों को देखकर फल बताते हैं—छत्र, कमल, धनुष, रथ, वज्र, कांसव, अंकुश, निहीर, स्वस्तिक, तोरण, चामर, वृक्ष, चक्र, शंख, सिंह, हस्ती, समुद्र, कलश, प्रासाद, मच्छ, यव, स्तंभ, सूर्य, कमंडल, पर्वत, चवरी, दर्पण, द्रक्षा, पताका, लक्ष्मी, पुष्पमाला और मयूर।

साम्यवाद

यह शब्द अंग्रेजी भाषा के 'कम्युनिज्म' शब्द के अर्थ में प्रयुक्त होता है। इसका आधुनिक प्रयोग पेरिस (फ्रांस) के 1834-1839 के क्रांतिकारी संगठनों के बाद आरंभ हुआ। कार्ल मार्क्स और उसके सहयोगी एंजिल्स ने समाजवाद (सोशलिज्म) और साम्यवाद (कम्युनिज्म) का प्रयोग समानार्थी शब्द के रूप में किया है। परंतु रूस के क्रांतिकारी लेनिन ने अपने संगठन को पुराने समाजवादी आंदोलन से पृथक् करके 'साम्यवाद' नाम देना उचित समझा। आधुनिक विचारक समाजवाद को क्रांति की आरंभिक सीढ़ी और साम्यवाद को अंतिम सीढ़ी मानते हैं।

साम्यवाद की मान्यता है कि समाज में शोषक और शोषित, बुर्जुवा और सर्वहारा, पूंजीपति और श्रमिक ये परस्पर संघर्षरत वर्ग हैं। यह विचारधारा वैयक्तिक के स्थान पर सामूहिक या सार्वजनिक उत्पादन, वितरण और व्यवस्था की स्थापना चाहती है। समाजवाद जहां क्रांति के लिए शांतिमय तरीकों का समर्थक है, साम्यवाद इसके लिए बल प्रयोग और सर्वहारा के अधिनायकत्व का समर्थन करता है। यह विचारधारा संघर्षरत शोषित वर्ग को संगठित करने पर अधिकाधिक जोर देती है।

सायण

वेदों के सर्वमान्य भाष्यकर्ता सायण दक्षिण भारत के निवासी थे। इनका समय सोलहवीं शताब्दी माना जाता है। पहले ये विजयनगर राज्य के मंत्रि थे। बाद में संन्यास ले लिया और श्रृंगेरी मठ के अधिष्ठाता बन गए। अपने जीवन के पच्चीस वर्षों में ये वेदों के भाष्य करते रहे। सायण से पहले किसी ने भी समस्त वेद ग्रंथ राशि का इतना सुविचारित भाष्य नहीं किया था। इनके भाष्य में वैदिक विधि-विधानों का भी स्पष्टीकरण है और उनके आध्यात्मिक अर्थ का भी। लोग यह मानते हैं कि वेदों के विषम दुर्ग के रहस्य को खोलने के लिए सायण-भाष्य सचमुच चाबी का काम करता है।

सारनाथ

काशी अथवा वाराणसी से लगभग 10 कि.मी. दूर स्थित सारनाथ प्रसिद्ध बौद्ध

तीर्थ है। पहले यहां घना वन था और मृग-विहार किया करते थे। उस समय इसका नाम 'ऋषिपत्तन मृगदाय' था। ज्ञान प्राप्त करने के बाद गौतम बुद्ध ने अपना प्रथम उपदेश यहीं पर दिया था।

सम्राट अशोक के समय में यहां बहुत से निर्माण-कार्य हुए। शेरों की मूर्ति वाला भारत का राजचिह्न सारनाथ के अशोक के स्तंभ के शीर्ष से ही लिया गया है। यहां का 'धमेक स्तूप' सारनाथ की प्राचीनता का आज भी बोध कराता है। विदेशी आक्रमणों और परस्पर की धार्मिक खींचातानी के कारण आगे चलकर सारनाथ का महत्व कम हो गया था। मृगदाय में सारंगनाथ महादेव की मूर्ति की स्थापना हुई और स्थान का नाम सारनाथ पड़ गया।

बीच में लोग इसे भूल गए थे। यहां के ईंट-पत्थरों को निकालकर वाराणसी का एक मुहल्ला ही बस गया। 1905 ई. में जब पुरातत्व विभाग ने खुदाई आरंभ की तब सारनाथ का जीर्णोद्धार हुआ। अब यहां संग्रहालय है, 'मूलगंध कुटी विहार' नामक नया मंदिर बन चुका है, बोधिवृक्ष की शाखा लगाई गई है और प्राचीन काल के मृगदाय का स्मरण दिलाने के लिए हरे-भरे उद्यानों में कुछ हिरन भी छोड़ दिए गए हैं। संसार भर के बौद्ध तथा अन्य पर्यटक यहां आते रहते हैं।

सारस्वत

1. ऋषि दधीचि का पुत्र जो इंद्र की भेजी हुई अलंबुषा नाम की अप्सरा के गर्भ से उत्पन्न हुआ था। महाभारत के अनुसार अप्सरा को देखकर ऋषि का रेतस् सरस्वती नदी में गिरा जिससे नदी को पुत्र की प्राप्ति हुई। सरस्वती नदी के नाम से यह सारस्वत कहलाया।

एकबार देश में बारह वर्षों तक अकाल पड़ा। सब ऋषि वेदाध्ययन छोड़कर इधर-उधर भटकने लगे। परंतु यह नदी के तट पर वेदाभ्यास करता रहा। अकाल की समाप्ति पर इसने ही सब ऋषियों को विस्मृत वेद-विद्या से परिचित कराया। साठ हजार ऋषियों ने इसके आश्रम में आकर शिक्षा ग्रहण की। तैत्तरीय संहिता का 'सारस्वत पाठ' आज भी प्रचलित है।

2. सरस्वती नदी के किनारे बसे ब्राह्मणों का एक वर्ग जो अधिकतर पंजाब में है।

सारिपुत्त

गौतम बुद्ध का दूसरा प्रमुख शिष्य जो महामौद्गल्यायन (दे.) का बाल-मित्र भी था। इसने भी राजगृह में गौतम बुद्ध से दीक्षा ली। यह भाषण देने की अपनी क्षमता के लिए प्रसिद्ध था। बौद्ध धर्म संघ की व्यवस्था का पूरा उत्तरदायित्व इसी के ऊपर था। इसकी मृत्यु गौतम बुद्ध से पहले हुई।

सालारजंग संग्रहालय

हैदराबाद में स्थित सालारजंग संग्रहालय भारत में विश्व भर की कलाकृतियों का प्रमुख संग्रहालय है। इसमें एकत्र अनुपम कृतियों का संग्रह हैदराबाद के एक बड़े तालुकेदार, जो कुछ समय के लिए निजाम के प्रधानमंत्री भी रहे, मीर यूसुफअली खां सालारजंग तृतीय (1889-1949 ई.) ने किया था। वे विभिन्न देश की यात्रा करके वहां की प्रसिद्ध कला-कृतियां भारत लाए। सालारजंग की मृत्यु के बाद इन कृतियों को संग्रहालय के रूप में सुसज्जित किया गया। सालारजंग संग्रहालय लोकसभा द्वारा राष्ट्रीय महत्व का संस्थान घोषित किया गया है।

यहां पर विश्वकला और भारतीय इतिहास से संबंधित दुर्लभ वस्तुएं संग्रहीत हैं। सुविधा की दृष्टि से उन्हें कई भागों में विभक्त किया गया है। पूर्वी भाग पुनः भारतीय, परशियन, तुर्की, चीनी और जापानी उपभागों में बंटा है। भारतीय खंड में नूरजहां की रत्नजटित कटार, जहांगीर का खंजर, औरंगजेब की तलवार, टीपू सुल्तान का साफा जैसी दुर्लभ चीजें देखने को मिलती हैं। शाहजहां का निजी एलबम, कांगड़ा और राजपूत शैली के चित्र और राग-रागनियों के चित्रों का पूरा संग्रह आदि भी यहां प्रदर्शित हैं। धातु की मूर्तियों तथा अन्य भारतीय चित्रकारों के चित्रों को भी समुचित स्थान दिया गया है।

चीन में बने चीनी-मिट्टी के अलंकृत पात्र, जापान की कशीदाकारी, बर्मा की लकड़ी की वस्तुएं, इटली की संगमर्मर की मूर्ति आदि देखकर सालारजंग की कला की परख का लोहा मानना पड़ता है।

साल्व

प्राचीन काल का एक मानव-समुदाय जो वर्तमान दक्षिणी पंजाब और उत्तर राजस्थान में निवास करता था। एक अन्य विवरण के अनुसार ये लोग कुरुक्षेत्र के आसपास रहते थे। महाभारत युद्ध में इन्होंने कौरवों का साथ दिया।

सावर

शिवजी द्वारा रचे हुए स्वयंसिद्ध मंत्र, जिनको जपने या सिद्ध करने की आवश्यकता नहीं पड़ती। शिवजी एक समय पार्वती के साथ किरात देश में निवास कर रहे थे। उस समय कलिकाल के जीवों का उद्धार करने के लिए पार्वती के अनुरोध पर शिवजी ने इन मंत्रों की रचना की।

सावरकर, विनायक दामोदर (1883-1966 ई.)

प्रसिद्ध क्रांतिकारी सावरकर का जन्म नासिक के समीप एक गांव में हुआ था। उन्होंने 14-15 वर्ष की उम्र में ही अपनी कुल देवी के सामने देश की स्वतंत्रता के

लिए जीवन भर संघर्ष करते रहने की प्रतिज्ञा की थी। 1906 ई. में बैरिस्ट्री की शिक्षा के लिए इंग्लैंड गए और वहां भी क्रांतिकारी संगठन में लग गए। 1909 ई. में जब मदनलाल धींगड़ा (दे.) ने वाइली की हत्या कर दी तो इस षड्यंत्र में सम्मिलित बताकर सावरकर को गिरफ्तार कर लिया गया।

मुकदमा चलाने के लिए उन्हें भारत रवाना किया गया। सावरकर ने फ्रांस के निकट जहाज से समुद्र से कूदकर निकलने का प्रयत्न किया, पर फ्रांस की पुलिस ने गिरफ्तार करके उन्हें अंग्रेजों के हवाले कर दिया। भारत में उन पर मुकदमा चला और काले पानी की सजा देकर 1911 ई. में अंडमान भेज दिया गया। वहां से वे 1937 ई. में कांग्रेस सरकारें बनने पर ही मुक्त हो सके। बाद में वे हिंदू महासभा में सम्मिलित हो गए और छः बार उसके अध्यक्ष बने। सावरकर ने अनेक ग्रंथों की रचना की।

सावर्णि

1. आठवें मन्वंतर का मनु। सूर्य की पत्नी संज्ञा (दे.) जब अधिक समय तक उसका तेज सहन नहीं कर पाई तो उसने अपनी सेविका छाया को (जिसका वास्तविक नाम सवर्णा था) सूर्य के पास भेज दिया और स्वयं घोड़ी का रूप धारण करके तपस्या करने चली गई। इसी सवर्णा के गर्भ से सूर्य पुत्र सावर्णि का जन्म हुआ।

2. सत्ययुग के एक ऋषि जिन्होंने छः हजार वर्षों तक शिव की तपस्या की। प्रसन्न होकर शिव ने इन्हें अजर, अमर और प्रसिद्ध ग्रंथकार होने का आशीर्वाद दिया। बाद में ये इंद्र की सभा के एक सभासद भी बने।

सावित्री

1. मद्र देश के राजा अश्वपति की पुत्री जिसने शाल्व नरेश सत्यवान से विवाह किया था। यह अत्यंत रूपवती थी, इसलिए राजकुमार इससे विवाह करने में हिचकते थे। यह स्थिति देखकर सावित्री ने अपने लिए वर स्वयं खोजना आरंभ किया और सर्वगुण संपन्न सत्यवान को पसंद किया। किंतु सत्यवान की एक वर्ष में ही मृत्यु हो जानेवाली थी।

नारद मुनि ने यह बात सावित्री को बताई और सत्यवान से विवाह न करने की राय दी। पर वह न मानी और विवाह हो गया। पति की मृत्यु की तिथि को जब चार दिन शेष रह गए तो सावित्री खड़ी रहकर दिन-रात तपस्या करने लगी। अंत में जब यम आया तो अनुनय-विनय द्वारा और अनेक प्रश्न पूछकर उसे निरुत्तर करके सावित्री ने अपने पति के प्राण बचा लिए। उसके बाद सत्यवान ने चार सौ वर्षों तक राज्य किया।

सावित्री पातिव्रत धर्म की आदर्श मानी जाती हैं। आज भी सुहागिन स्त्रियां जेष्ठ की अमावस्या को व्रत रखती हैं और सावित्री की कथा सुनती हैं। गर्मी से बचने के लिए यह कथा और पूजन वटवृक्ष के नीचे किया जाता है। इसीलिए इसका नाम 'वट सावित्री' (दे.) पड़ गया।

(2) सूर्य और वृष्णि की कन्या एक देवी जो गायत्री मंत्र की अधिष्ठात्री मानी जाती है।

(3) ब्रह्मा की पत्नी शतरूपा का एक नाम।

साहित्य

साहित्य का शाब्दिक अर्थ होता है, शब्द और अर्थ का साथ होना। परंतु अपने रूढ़ अर्थ में इसका आशय मनुष्य के विचारों की अभिव्यक्ति है। 650 ई० के लगभग से इस शब्द का प्रयोग 'शास्त्र' और 'काव्य' दोनों के लिए होने लगा था। प्राचीन आचार्यों ने 'शास्त्र' के दो भेद किए हैं—अपौरुषेय और पौरुषेय। अपौरुषेय में श्रुति वेदांग, व्याकरण, छंद, अलंकार आदि की गणना की गई और पौरुषेय में पुराण, न्याय, मीमांसा, स्मृति आदि की।

'काव्य' के अंतर्गत कविता, नाटक, उपन्यास आदि का समावेश था। इस प्रकार इस समय समस्त लिपिबद्ध मानव ज्ञान 'सहित्य' के अंतर्गत आता था। इसके लिए दूसरा समानार्थी शब्द था—'वांङ्‌मय'।

परंतु कालांतर में 'साहित्य' और 'वांङ्‌मय' समानार्थी नहीं रह गए। अब साहित्य में ललित या सरस रचनाओं का ही समावेश होता है, जैसे—कविता, कहानी, उपन्यास, नाटक, रचनाएं जैसे—इतिहास, राजनीति, दर्शन, विज्ञान आदि की गणना वांङ्‌मय के अंतर्गत मानी जाती हैं। 'वांङ्‌मय' अधिक व्यापक शब्द है और साहित्य की रचनाओं की भी इसके अंतर्गत गणना होती है।

साहित्य अकादमी

भारतीय साहित्य के संवर्धन के लिए भारत सरकार द्वारा स्थापित एक स्वायत्त-शासी संस्था। इसका उद्‌घाटन 12 मार्च 1954 ई. को हुआ था। इस संस्था का प्रबंध विभिन्न क्षेत्रों के 70 चुने हुए विद्वानों की एक परिषद् के हाथ में है। इस परिषद् के पहले अध्यक्ष पं० जवाहरलाल नेहरू थे।

अकादमी के उद्देश्य इस प्रकार बताए गए हैं—"भारतीय साहित्य के विकास के लिए कार्य करने वाली एक राष्ट्रीय संस्था, जिसका उद्देश्य होगा ऊंचे साहित्यक प्रतिमान कायम करना, विविध भारतीय भाषाओं में होनेवाले साहित्यिक कार्यों को अग्रसर करना और उनमें मेल पैदा करना तथा उनके माध्यम से देश की सांस्कृतिक एकता का उन्नयन करना।"

यह संस्था साहित्य निर्माण को प्रोत्साहित करती तथा साहित्यकारों को पुरस्कृत और सम्मानित करती है।

साहित्य और संस्कृति

साहित्य और संस्कृति का अभिन्न नाता है। इनके बीच विभाजक रेखा नहीं खींची जा सकती। संस्कृति उन गुणों का समुदाय है जो व्यक्तित्व को समृद्ध और परिष्कृत बनाते हैं और जोवन के इन मूल्यों का विवरण ही साहित्य के विविध रूपों में हमारे सामने आता है। इस प्रकार साहित्य सांस्कृतिक जीवन की अभिव्यक्ति के साथ-साथ उसका रक्षक और संवाहक भी है। किसी समाज की सांस्कृतिक स्थिति का बोध उसके साहित्य से ही होता है। जिसका साहित्य जितना समृद्ध है, वह समाज सांस्कृतिक दृष्टि से उतना ही उन्नत माना जाता है। प्राचीन भारतीय संस्कृति का विश्व की अन्य संस्कृतियों की तुलना में अधिक सम्मान हमारे वैदिक तथा परवर्ती साहित्य के कारण ही होता है।

दूसरी ओर किसी समाज की सांस्कृतिक स्थिति साहित्य सृजन को भी प्रभावित करती है। सांस्कृतिक दृष्टि से उन्नत समाज में ही उच्चस्तरीय साहित्य की रचना संभव है। इस प्रकार साहित्य और संस्कृति अन्योन्याश्रित हैं। (दे. साहित्य, संस्कृति, सभ्यता और संस्कृति)

सिंधी (भाषा)

इस भाषा के आरंभ के संबंध में कोई निश्चित जानकारी उपलब्ध नहीं है। आधुनिक सिंधी जिस अरबी लिपि में लिखी जाती है, उसका प्रचलन यहां 1853 ई. से माना जाता है। कुछ विद्वानों का मत है कि सिंधी का कुछ न कुछ संबंध प्राचीन सिंधु सभ्यता की भाषा से हो सकता है। इस भाषा के प्राचीन साहित्य की परंपरा मौखिक रही है। पीर सद्रुद्दीन जिनका समय 1290 और 1409 ई. के बीच किसी समय माना जाता है और जो इस्लाम के मिशनरी थे, धार्मिक सिंधी साहित्य के आरंभकर्ता माने जाते हैं। बाद के रचनाकारों में सूफी कवि वाजीकाजनु शाह हनात, शाह अब्दुल लतीफ, सहाल, दलपत आदि उल्लेखनीय हैं। आधुनिक रचनाकारों में मिर्जा कालिम बेग (1853-1929 ई.) का नाम आता है। इनके नाम से लगभग 300 रचनाएं प्रचलित हैं।

सिंधुघाटी सभ्यता और संस्कृति

सन् 1920-22 ई. में भारत के पुरातत्व विभाग को एक असाधारण उपलब्धि हुई। यह थी तत्कालीन सिंध और पंजाब के मोहनजोदड़ो और हड़प्पा में प्राचीन काल की विकसित सभ्यता का पता लगना। खुदाई में उपलब्ध सामग्री से ज्ञात

होता है कि 7 हजार से लेकर 6 हजार वर्ष ईसा पूर्व में भारत में एक विकसित सभ्यता विद्यमान थी।

यहां के लोग देवों और देवियों की पूजा करते थे। वे नृत्य, संगीत और मूर्तिकला जानते थे। उनके भोजन में गेहूं, जौ और चावल के साथ घी, तिल, शाक, खजूर और तरबूज भी शामिल था। वे सिक्कों का प्रयोग करते थे जिनमें पशुओं की आकृति और चित्रलिपि के संकेत बने हैं। पशु-पालन का प्रचलन था। सिलाई तो वे नहीं जानते थे, पर रुई और रेशों से वस्त्र बनाने की कला उन्हें ज्ञात थी। स्त्री-पुरुष दोनों ही कलापूर्ण ढंग से बालों का शृंगार करते और आभूषण पहनते थे। तांबे और कांसे का भी प्रयोग होता था।

यहां के नगर बड़े नियोजित थे। पानी के निकास की सुंदर व्यवस्था थी। खुदाई में मिट्टी के बड़े-बड़े बर्तन, खिलौने आदि भी मिले हैं। विशेष लिपि में लिखी हुई इबारतें भी प्राप्त हुई हैं, परंतु अभी तक उसका सर्वमान्य पाठ निश्चित नहीं हो पाया। यह सभ्यता कैसे विकसित हुई और कैसे पूरी तरह से लुप्त हो गई, यह अभी तक विद्वानों के अनुमान का विषय बना हुआ है।

सिंहाचलम्

दक्षिण में बाल्टेयर नगर के निकट सिंहाचलम् वराह और लक्ष्मी-नृसिंह स्वामी के मंदिरों के कारण बहुत प्रसिद्ध है। मंदिर की मूर्ति वराह मूर्ति जैसी दिखाई देती है, किंतु उसे नृसिंह मूर्ति कहते हैं। मान्यता है कि हिरण्यकशिपु ने अपने पुत्र प्रह्लाद को समुद्र में गिराकर उसके ऊपर यह पर्वत रख दिया था। परंतु भगवान ने प्रकट होकर स्वयं इस पर्वत को धारण कर लिया और प्रह्लाद की रक्षा की। यहां मंदिर की चार दीवारों में गोपुरम हैं। सोलह खंभों के एक मंडप में सुंदर आभूषणों से जटित काले पत्थर का एक रथ है, जिसे दो घोड़े खींच रहे हैं। निकट ही पहाड़ी में 'गंगाधार' नाम का एक झरना है। बैशाख मास के अक्षय तृतीया को छोड़कर वर्ष भर यहां की मूर्ति चंदन से ढकी रहती है।

सिकंदर

मैसिडोनिया का राजा जिसने 326 ई. पू. में भारत पर आक्रमण किया। उस समय सिंध और पंजाब के छोटे-छोटे राज्य और गणराज्य परस्पर लड़ा करते और एक-दूसरे से बदला लेने की ताक में रहते थे। इसी कारण तक्षशिला का राजा आंभि सिकंदर से मिल गया और उसने राजा पुरु को हराने में उसका साथ दिया। पुरु के शरीर में नौ घाव लगने पर भी वह युद्ध-भूमि में डटा रहा था। एक अन्य गणराज्य मसग में पुरुषों के साथ-साथ स्त्रियों ने भी सिकंदर के विरुद्ध हथियार उठा लिए थे।

सिंध और पंजाब के अलग-अलग राज्यों में विजय प्राप्त करने और कत्लेआम में सफल होने पर भी सिकंदर की सेना भारतीयों की वीरता से भयभीत हो गई। आगे उसे मगध राज्य से टक्कर लेनी थी। मगध की शक्ति के संबंध में सुनकर सिकंदर की सेना में आतंक फैल गया। उसने आगे बढ़ने से इनकार कर दिया। अत: 19 महीने तक भारत में अभियान चलाने के बाद सिकंदर को वापस चला जाना पड़ा। 323 ई. पू. में सिकंदर की मृत्यु हो जाने पर उसके जीते हुए क्षेत्र भी उसके उत्तराधिकारियों के हाथ से निकल गए।

सिक्ख

गुरु नानकदेव (1469-1538 ई.) के अनुयायी सिक्ख कहलाते हैं। नानकदेव ने कुछ हिंदुओं को शिक्षा देकर 'सिक्ख' बनाया। सिक्ख मत सभी धर्मों के आधारभूत सिद्धांतों में विश्वास करता है। उसमें सांप्रदायिकता या जातिभेद नहीं है। नानक देव की मृत्यु के बाद सिक्खों के नौ गुरु और हुए—गुरु अंगद, अमरदास, रामदास, अर्जुनदेव, हरगोविंद, हरराय, हरकिशन, तेजबहादुर और गुरु गोविंदसिंह।

गुरु रामदास के समय (1574-1581 ई.) में अमृतसर बना। गुरु अर्जुनदेव ने गुरु ग्रंथ साहब का संकलन किया। उन्होंने दया करके जहांगीर के विद्रोही पुत्र खुसरो को शरण दे दी थी, इसलिए जहांगीर ने उनका वध कर दिया। अर्जुनदेव के पुत्र हरगोविंद ने सिक्खों का सैनिक संगठन बनाया। नवें गुरु तेजबहादुर ने जब औरंगजेब के कहने पर इस्लाम धर्म स्वीकार नहीं किया तो उनका सिर उतार लिया गया।

गुरु गोविंदसिंह ने सिक्खों को और संगठित किया। उन्होंने इस पंथ का नाम खालसा (पवित्र) रखा। कंघी, कच्छा, केश, कड़ा और कृपाण धारण करना सिक्खों के लिए अनिवार्य किया। सिक्ख समुदाय में गुरु गोविंदसिंह का इतना मान था कि उनके बाद और कोई गुरु नहीं बना। 'आदिग्रंथ' गुरु ग्रंथ साहब को ही गुरु के स्थान पर मान लिया गया।

सिक्किम

भारतीय संघ के इस छोटे-से पहाड़ी राज्य के उत्तर में तिब्बत, पश्चिम में नेपाल, पूर्व में भूटान और दक्षिण में पश्चिमी बंगाल है। यह पहले एक पृथक् क्षेत्र था। 26 अप्रैल, 1975 ई. को संविधान संशोधन द्वारा सिक्किम भारतीय संघ का एक राज्य बन गया। इसकी राजधानी गांतोक है।

इस राज्य के एक तिहाई क्षेत्र में घने वन हैं। कृषि जीविका का मुख्य आधार है। संतरा और इलायची की पैदावार अधिक होती है। अब चाय के बगीचे और पर्यटन उद्योग को बढ़ाने का भी प्रयत्न किया जा रहा है। सिक्किम में

मुख्यतः लेपचा और भुटिया नस्ल के लोग रहते हैं और उनकी अलग-अलग भाषाएं हैं, परंतु नेपाली यहां बोलचाल की आम भाषा है।

सिद्ध

जो लोग अलौकिक सिद्धियों से परिपूर्ण हों, साधना के द्वारा जिन्होंने चमत्कारपूर्ण शक्तियों को अपने वश में कर लिया हो, उन्हें सिद्ध कहते हैं। इन्हें अजर और अमर तथा डकिनियों व यक्षों का स्वामी माना जाता है। इन सिद्धों का मुख्य आवास देश के पूर्व भाग में होने पर भी ऐसा प्रतीत होता है कि उन्होंने भारत के सभी सिद्धपीठों की साधना की। अलग-अलग संप्रदायों में सिद्धों की अलग-अलग संख्या मिलती है।

इनके छह प्रकार बताए गए हैं—नित्यसिद्ध, अचानक सिद्ध, स्वप्नसिद्ध, दैवसिद्ध, कृपासिद्ध और हस्तसिद्ध।

'रसयोग सागर' में इनकी संख्या 32 दी गई है—अगस्त्य, अग्निवेश, अन्नपोतसदस, अष्टावक्र, अश्विन, कालनाथ, काश्यप, काशीराज, कृष्णात्रेय, गहनानंद, गोरखनाथ, चंद्रन, चंद्रनाथ, त्रिपुरांतक, धनवंतरि, नंदिनाथ, नागार्जुन, नित्यनाथ, भृगु, भैरव, भालुकि, मंजुनाथ, मंथानभैरव, मत्स्येंद्रनाथ, रेपणसिद्ध, वासुदेव, विष्णु, वैद्यनाथ, शंभु, पूज्यपाद, सिद्धनाथ और सोमनाथ।

नाथपंथ में ये चौरासी सिद्ध गिनाए गए हैं—मीताशित, जोगवती, प्रज्ञा, उद्भट, अनुग्रह, चैतन्य, निग्रह, राज चैतन्य, कला चैतन्य, नाम चैतन्य, श्रीचैतन्य, दिव्यचैतन्य, प्रज्ञा चैतन्य, शाम चैतन्य, विज्ञान चैतन्य, पंच चैतन्य, आतम चैतन्य, वैराग्य चैतन्य, प्रसपक चैतन्य, निर्वाण चैतन्य, मेधा चैतन्य, विद्या चैतन्य, सिद्ध चैतन्य, मानसिद्ध, रंगवार, देवदारू, कामसिद्ध, कवीशानंद, ब्रह्मावार, राजेवार, सिद्धवार, विश्वरूप, उन्मत्त भैरव, वागानंद, शगतानंद, भूत भैरव, मूतिस्याट, विराट भैरव, मूर्तिचालना, स्वराभैरव, वांच्छानंद, गोचरानंद, सम्राट भैरव, असितोयानंद, वटुकानंद, आनंद भैरच, वरीनंद, आजमतनंद, रुरु भैरव, गुप्तनंद, चंडानंद, क्रोधानंद, महेंद्रानंद, कपिलीसिद्ध, भीष्णानंद, दिव्यानंद, बोधानंद, कलानंद, विलासानंद, आनंद सरस्वती, मेधा सरस्वती, चिदानंद सरस्वती, प्रज्ञा सरस्वती, श्रीनाथ सरस्वती, कला सरस्वती, सापोट सरस्वती, शुभगानंद, देव सरस्वती, विराट सरस्वती, स्वार सरस्वती, परमछपानंद, समरसानंद, महानंद, भोगानंद, ब्रह्मानंद, चक्रवर्ती, शंकानंद, चिरानंद, पूर्णानंद, शुकानंद और वनानंद।

इसी प्रकार वज्रयान संप्रदाय के भी इन चौरासी सिद्धों के नाम मिलते हैं—लूहिपा, लीलपा, विरूपा, डोम्भिपा, सहरपा, कंकालीपा, मीनपा, गोरक्षाप, चोरंगीपा, वीणापा, शांतिपा, तंतिपा, चमरिपा, खड्गपा, नागार्जुन, कण्हपा,

कर्णरिपा, धनगपा, नारोपा, शालिपा, तिलोपा, छत्रपा, भद्रपा, दोखंधिपा, अजोधिपा, कालपा, धोमिपा, कंकणपा, कमदिपा, डेंगिपा, भेदपा, तंधेपा, कुकुरिपा, कुचिपा, धर्मपा, महीपा, अचलिपा, भलहपा, नलिनपा, भुसुकपा, इंद्रभूत, कोकोपा, कुठालिपा, कमदिपा, जालंधरपा, राहुलपा, धर्ववरिपा, धोकरिपा, मेदनीपा, पंकजपा, घंटापा, जोगिपा, चेलुकपा, गुंडरिपा, लंचिकपा, निर्गुणपा, जयानंत, चर्पटीपा, चंपकपा, भिखनपा, भालिपा, कुमरिपा, चत्रिपा, मणिभद्रा, मेखलापा, काखवलापा, कलकलपा, कंतासिपा, धुहुलिपा, उधालिपा, कपालपा, किलपा, सागरपा, सर्वभक्षपा, नागबेधिपा, द्वारिकपा, पुतुलिपा, पनहपा, कांकालिपा, अनंगपा, लक्ष्मीकरा, समुपा और भलिपा।

सिद्धपुर

आबू रोड से लगभग 40 कि. मी. दूर सरस्वती नदी के तट पर बसा सिद्धपुर गया की भांति ही श्राद्ध के लिए प्रसिद्ध है। गया में मुख्यत: पिता का श्राद्ध होता है और सिद्धपुर में माता का। इसे मातृगया क्षेत्र भी कहते हैं। इसका प्राचीन नाम श्रीस्थल है। प्राचीन काल में महर्षि कर्दम का आश्रम यहीं था। कपिल मुनि की जन्मभूमि भी यही है। मान्यता है कि समुद्रमंथन से निकली लक्ष्मी के साथ नारायण ने यहीं निवास किया था। स्वायंभुव मुनि ने यहीं आकर अपनी कन्या देवहूती महर्षि कर्दम को सौंपी थी। यहां के विंदु सरोवर और अल्पा सरोवर में स्नान और तर्पण करने से ही परशुराम मातृहत्या के पाप से मुक्त हुए थे। यहां एक विशाल रुद्रमहालय मंदिर था जो अलाउद्दीन के समय में नष्ट कर दिया गया।

सिद्धार्थ

1. बौद्ध धर्म के प्रवर्तक गौतम बुद्ध का बचपन का नाम। बाद में इन्हें विष्णु का अवतार माना गया।
2. वाल्मीकि रामायण के अनुसार राजा दशरथ के इस नाम के एक मंत्री थे।
3. महाभारत में वर्णित एक राजा जो क्रोधवश संज्ञक दैत्य के अंश से उत्पन्न हुआ था।
4. कार्तिकेय के एक सैनिक का नाम।

सिद्धि

1. योग और तंत्र के अनुसार साधक को साधना के द्वारा जो उपलब्धि होती है वही सिद्धि होती है। और, सिद्धि प्राप्त करनेवाला ही सिद्ध (देव) कहलाता है। भागवत में ये आठ सिद्धियां वर्णित हैं—अणिमा, महिमा, गरिमा, लघिमा, प्राप्ति, प्राकाम्य, ईश्वत्व और वशित्व।

पुराण इन आठ सिद्धियों का वर्णन करते हैं—अंजन, गुटिका, पादुका, धातुभेद, वेताल, वज्र, रसायन और योगिनी।

पातंजलि योगसूत्र में पांच सिद्धियां गिनाई गई हैं—जन्मसिद्धि, औषधिसिद्धि, मंत्रसिद्धि, तपसिद्धि और समाधिसिद्धि।

सिद्धियां अधम, मध्यम और उत्तम तीन प्रकार की बताई जाती हैं। बौद्ध परंपरा सामान्य और उत्तम, दो ही प्रकार की सिद्धियां मानती हैं। गोरखबानी में सिद्धियों की संख्या 24 बताई गई है।

2. अग्नि और सरयू का वीर नामक पुत्र, जिसने अपनी प्रभा से सूर्य को आच्छादित कर दिया था।

3. कुंती के रूप में पृथ्वी पर अवतीर्ण एक देवी का नाम।

4. शिवपुराण के अनुसार गणेश की दो पत्नियों—ऋद्धि-सिद्धि—में से एक का नाम, जिसने 'क्षेत्र' नामक पुत्र को जन्म दिया था।

सिद्धेश्वर

बेलगांव के निकट पर्वत के ऊपर सिद्धेश्वर का मंदिर है जिसमें शिव की लिंगमूर्ति स्थापित है। सोल्हापुर के प्रसिद्ध संत वेणुसिद्ध ने यहां तपस्या की थी। इससे कुछ ही दूर रामतीर्थ है। मान्यता है कि वनवास के समय राम ने यहां शिवलिंग की स्थापना करके पूजा की थी।

सिराजुद्दौला

बंगाल का नवाब जो 20 वर्ष की उम्र में गद्दी पर बैठा और अप्रैल 1756 ई. से जून 1757 ई. तक ही गद्दी पर रह सका। उसने केवल चार दिन का घेरा डालकर अंग्रेजों को कलकत्ता छोड़ने के लिए बाध्य किया था। जो अंग्रेज पकड़े गए थे, उन्हें किले के अंदर एक कोठरी में बंद कर दिया गया। अनेक व्यक्ति उसी के अंदर मर गए। अंग्रेज इतिहासकारों ने इसे 'काल कोठरी' कहा है, पर नवाब को इस कोठरी की जानकारी नहीं थी।

अनुभवहीन नवाब अदूरदर्शी था। उसने भागते हुए अंग्रेजों का पीछा नहीं किया और उन्हें फिर से संगठित होने का मौका मिल गया। पलासी के युद्ध में 23 जून, 1757 ई. को नवाब के मुसलमान और हिंदू सेनानायकों ने भी उसके साथ धोखा किया। हारा हुआ नवाब पकड़कर मार डाला गया।

सिस्टर निवेदिता

स्वामी विवेकानंद (दे.) की प्रमुख शिष्या जो आयरलैंड की निवासी थी और जिसका पहले का नाम मार्गरेट नोबुल था। उनकी भेंट स्वामी विवेकानंद से लंदन

में हुई और प्रभावित होकर उन्होंने भारत आकर दीक्षा ले ली। स्वामीजी के जीवन काल तक वे रामकृष्ण मिशन के लिए काम करती रहीं। अरविंद घोष जैसे व्यक्तियों से भी उनका घनिष्ठ परिचय था और वे भारत की स्वतंत्रता की प्रबल समर्थक थीं। स्वामीजी की मृत्यु के बाद सिस्टर निवेदिता ने स्वयं को मिशन के सीमित कार्य से हटाकर संपूर्ण भारत की सेवा में लगा दिया।

सीता

विदेह देश के राजा सीरध्वज जनक की पुत्री और श्रीराम की पत्नी सीता के संबंध में अनेक विवरण मिलते हैं। वाल्मीकि 'रामायण' के अनुसार यह भूमि के अंदर से जनक को उस समय मिलीं जब राजा यज्ञ-भूमि तैयार करने के लिए हल चला रहे थे।

'आनंद रामायण' में इन्हें पद्माक्ष राजा की पुत्री बताया गया है जो विष्णु द्वारा प्रदत्त महालिंग से निकली थीं। इनका नाम पद्मा रखा गया। इनके स्वयंवर में जब दैत्यों ने बहुत उपद्रव किया तो ये अग्नि में प्रविष्ट हो गईं और खोजने पर भी दैत्यों को नहीं मिलीं। एकबार जब पद्मा अग्निकुंड से बाहर निकलकर बैठी थीं तो रावण ने अपने विमान से इन्हें देखा और कामातुर होकर इनकी ओर दौड़ा। इस पर पद्मा फिर अग्निकुंड में समा गईं। रावण ने कुंड खोद डाला, पर वहां केवल पांच रत्न मिले। इन रत्नों की पेटिका रावण ने मंदोदरी को दी। मंदोदरी ने पेटिका खोली तो उसके अंदर कन्या के रूप में पद्मा प्रकट हुई। मंदोदरी की प्रार्थना पर रावण ने कन्या को पुनः पेटी में बंद किया और पेटी मिथिला में गड़वा दी। पेटी में बंद होते समय कन्या ने रावण को शाप दिया कि मैं तुम्हारा और तुम्हारे परिवार का नाश करने के लिए लंका में फिर आऊंगी। वह गाड़ी हुई पेटी मिथिला के एक ब्राह्मण को मिली। ब्राह्मण ने उसे राजा को सौंप दिया और राजा ने कन्या का पुत्रीवत पालन-पोषण किया।

'अद्भुत रामायण' में भिन्न कथा है। रावण ऋषियों पर अत्याचार करता था। वह उनके शरीर में बाण चुभाता और रक्त निकालकर एक घड़े में जमा करता था। उसी वन में गृत्समद नामक ऋषि कन्या की इच्छा से तप कर रहे थे। वे कुशा के अगले भाग का दूध निकालकर एक घड़े में रखते थे। रावण ने ऋषि का घड़ा चुरा लिया और दूध को रक्तवाले घड़े में डालकर उसे रखने के लिए मंदोदरी को दे दिया। एक दिन मंदोदरी ने रावण के अत्याचारों से तंग आकर आत्महत्या के उद्देश्य से वह रक्त मिला हुआ घड़े का दूध पी लिया। इससे वह गर्भवती हो गई। अपने इस गर्भ को मंदोदरी ने भूमि में गाड़ दिया। इसी से सीता पैदा हुई और जनक ने उसे पाला।

'देवी भागवत' में एक अलग कथा है। रावण ने जब मय राक्षस की पुत्री

मंदोदरी से विवाह करना चाहा तो मय ने बताया कि मंदोदरी की पहली संतान कुलघातक सिद्ध होगी। मंदोदरी की प्रथम संतान जब कन्या पैदा हुई तो रावण ने उसे पेटी में बंद करके जनकपुरी में गड़वा दिया था।

सीता के स्वयंवर, वनवास, अपहरण, अग्निपरीक्षा, पुनः वनगमन, लव-कुश का जन्म और अंत में भूमि-प्रवेश की कहानी सर्वविदित है। सीता का चरित्र-चित्रण आदर्श भारतीय नारी के रूप में किया जाता है।

सीतामढ़ी

प्राचीन मिथिला का एक नाम। बिहार में लखनदेई नदी के पश्चिमी तट पर सीतामढ़ी बस्ती है। यहां से लगभग 2 कि. मी. दूर पुनउड़ा गांव में एक पक्का सरोवर है। निमिवंश के राजा सीरध्वज अकाल पड़ने पर सोने के हल से यज्ञभूमि जोत रहे थे। यहीं पर भूमि से सीता निकलीं थीं। सीतामढ़ी के घेरे के भीतर सीता, राम, लक्ष्मण, शिव, हनुमान और गणेश के मंदिर हैं।

सीरध्वज

विदेह देश के सुविख्यात राजा जनक का नाम। 'सीर' का अर्थ है हल। एक मत के अनुसार इनकी पताका पर हल का चिह्न बना था, इसलिए ये सीरध्वज कहलाए। अन्य मत के अनुसार यज्ञ के लिए भूमि जोतते समय इनके हल के अग्रभाग से सीता प्रकट हुई थी, इसलिए इनका नाम सीरध्वज पड़ा।

ह्रस्वरोमा के पुत्र सीरध्वज और कुशध्वज दो भाई थे। सीता-स्वयंवर के बाद दशरथ के चार पुत्रों के साथ इन दोनों भाइयों की चार पुत्रियों का विवाह हुआ था।

सुंद और उपसुंद

ये दोनों राक्षस निकुंभ के पुत्र थे। इन दोनों में बड़ा स्नेह था। इन्होंने संसार को जीतने के लिए घोर तपस्या की। ब्रह्मा ने प्रसन्न होकर इन्हें अनेक वर दिए। उनमें से एक वर यह भी था कि अपने भाई के अतिरिक्त इन्हें कोई और मार न सकेगा। ब्रह्मा से वर मिलने पर इन्होंने पृथ्वी पर भयंकर अत्याचार आरंभ किए और सब यज्ञ आदि बंद करा दिए। इस पर ब्रह्मा ने दोनों भाइयों में कलह कराकर उन्हें समाप्त करने का निश्चय किया। अत्यंत सुंदरी अप्सरा तिलोत्तमा उनके पास भेजी गई। उसके आकर्षक नृत्य पर दोनों मोहित हो गए और उसे प्राप्त करने के लिए परस्पर युद्ध करने लगे तथा इसी में दोनों की मृत्यु हो गई।

सुंदरदास

दादूदयाल के प्रमुख शिष्य और निर्गुण संत कवि सुंदरदास का जन्म जयपुर राज्य की पुरानी राजधानी द्यौसा में 1596 ई. में हुआ था। ये 6-7 वर्ष की बाल्यावस्था में ही दादूदयाल की शरण में आ गए थे। बाद में लगभग 20 वर्ष तक काशी में रहकर संस्कृत साहित्य का गहन अध्ययन किया। उसके बाद 12 वर्ष तक कठोर साधना और योगाभ्यास करते रहे। दादूमत के प्रचार के लिए इन्होंने देशाटन भी बहुत किया। सुंदरदास पहुंचे हुए परम वीतरागी संत और क थे। ये शांतवरस के आचार्य माने जाते हैं। इनकी 42 रचनाएं प्राप्त हैं। 1689 ई. में सुंदरदास का निधन हो गया।

सुकन्या

राजा शर्याति की पुत्री जिसका बाद में च्यवन ऋषि के साथ विवाह हुआ। एक बार जब च्यवन ऋषि घोर तपस्या कर रहे थे, उनके चारों ओर दीमकों ने बांबी (बाल्मीकि) बना ली थी। उसके अंदर से झांकती हुई ऋषि की आंखों को जुगनू समझकर बालिका सुकन्या ने लकड़ी से फोड़ दिया। अपने अपराध का बोध होने पर वह ऋषि की सेवा करने लगी। उसकी सेवा से प्रभावित होकर अश्विनीकुमारों ने एक सरोवर बनाया जिसमें स्नान करके च्यवन ऋषि सुंदर युवक हो गए। बाद में सुकन्या च्यवन ऋषि की पत्नी बन गई।

सुकर्मा

1. एक आचार्य। ब्रह्मांडपुराण के अनुसार जिन्होंने समवेद की एक हजार शाखाएं तैयार की थीं। इन्हें आचार्य जैमिनि का शिष्य बताया जाता है। ये वर्जित तिथियों में भी वेदसंहिताएं पढ़ाया करते थे। इससे क्रुद्ध होकर इंद्र ने इनके सब शिष्यों को मार डाला। किंतु सुकर्मा ने इंद्र को प्रसन्न करके उन्हें पुनः जिला दिया।
2. पद्मपुराण के अनुसार एक पापी पुरुष जो गीता के दूसरे अध्याय का पाठ करने से जीवनमुक्त हो गया।
3. विषकंभ आदि योगों में से एक योग। इस योग में उत्पन्न बच्चे परोपकारी और यशस्वी होते हैं तथा सदा प्रसन्न रहते हैं।

सुकृष

एक दानी ऋषि जो विपुलस्वत ऋषि के पुत्र थे। ये सत्य के लिए भी प्रसिद्ध थे। एकबार इंद्र ने पक्षी का रूप धारण किया और इनके पास आकर नर-मांस का भोजन मांगा। ऋषि ने पक्षी की याचना स्वीकार की और अपने चारों पुत्रों के शरीर से मांस ले लेने के लिए कहा। परंतु ऋषि-पुत्र अपना मांस देने के लिए

राजी नहीं हुए। इस पर सुकृष ने उन चारों को पक्षी बन जाने का शाप दे दिया और स्वयं अपना मांस निकालने को तैयार हो गया। यह देखकर इंद्र ने प्रकट होकर उसे महाज्ञानी होने का आशीर्वाद दिया और आश्वासन दिया कि तुम्हारी तपस्या में कभी बाधा उत्पन्न नहीं होगी।

सुग्रीव

किष्किंधा का एक वानर राजा जो बाली का छोटा भाई था। एक स्थान पर इसे ऋक्षरजस नामक वानर का पुत्र बताया गया है जो उसकी ग्रीवा से उत्पन्न होने के कारण सुग्रीव कहलाया। एकबार मायावी राक्षस से युद्ध के समय बाली दीर्घकाल तक गुफा के अंदर से बाहर नहीं आया। गुफा के अंदर से रक्त निकलने लगा तो सुग्रीव ने बाली को मृत समझ लिया और वह स्वयं राजा बन गया।

जब बाली राक्षस को मारकर किष्किंधा आया तो उसने सुग्रीव को भ्रातृ-द्रोही बताकर राज्य से निकाल दिया और उसकी पत्नी को भी रख लिया। बाद में ऋष्यमूक पर्वत पर सीता को खोज रहे राम और लक्ष्मण से इसकी भेंट हुई। राम की सहायता से बाली का वध हुआ और किष्किंधा का राजा बनते समय इसने सीता की खोज में सहायता देने का वचन दिया। जब यह राजसी भोग-विलास में पड़कर अपना वचन भूल गया तो एकबार लक्ष्मण इसे मारने के लिए तैयार हो गए थे। बाद में यह सीता की खोज और राम-रावण युद्ध में बराबर राम के साथ रहा।

सुचंद्र

एक राजा जिसे काली की कृपा से एक कवच प्राप्त हुआ था। इस कवच के कारण यह युद्ध में अजेय हो गया। परशुराम और कार्तवीर्य के बीच हुए युद्ध में यह कार्तवीर्य के साथ था। कवच के कारण परशुराम का हर प्रहार व्यर्थ जाता था क्योंकि इसके रथ में अवतीर्ण काली उनके सारे अस्त्रों को खा डालती थी। इस पर परशुराम ने उससे कवच उतारने की प्रार्थना की। उसने कवच उतारकर परशुराम को दे दिया। ब्रह्मांडपुराण के अनुसार उसके बाद ही सुचंद्र परशुराम के हाथों मारा गया।

सुतसोम

भीमसेन और द्रौपदी का पुत्र एक पांडव राजकुमार। इसकी उत्पत्ति विश्वदेवों के अंश से बताई जाती है। महाभारत युद्ध में यह अश्वत्थामा, दुर्मुख, विकर्ण आदि से लड़ा। अंत में अश्वत्थामा द्वारा रात में मारे गए पांडव कुमारों के साथ इसकी भी मृत्यु हो गई।

सुत्तपिटक

एक प्रसिद्ध बौद्ध ग्रंथ जो त्रिपिटक का पहला पिटक है। इसमें पांच निकाय अथवा समूह हैं। इस पिटक में गौतम बुद्ध और उनके प्रसिद्ध शिष्यों के उपदेशों का संग्रह है। इसकी भाषा गद्य और पद्यमय दोनों है। यह त्रिपिटक का सबसे महत्वपूर्ण भाग माना जाता है। बुद्ध की जीवनी, धर्म, दर्शन, तत्कालीन इतिहास सभी का इसमें समावेश है। बोधगया में बुद्धत्व प्राप्ति से लेकर कुशीनगर में महापरिनिर्वाण तक 45 वर्ष भगवान बुद्ध ने जो लोक-सेवा की उसका विवरण भी सुत्तपिटक में मिलता है।

सुदक्षणा

इक्ष्वाकुवंशी राजा दिलीप की पत्नी। एकबार यह सुरभि गौ की पूजा करना भूल गई। इस पर सुरभि ने शाप दिया कि उसकी पुत्री नंदिनी की सेवा के बाद ही सुदक्षणा को पुत्र की प्राप्ति होगी। दिलीप और सुदक्षणा ने जी जान से नंदिनी की सेवा की। एकबार जब वन में शेर नंदिनी को खाने के लिए आगे बढ़ा तो राजा ने अपने को ही उसके सामने प्रस्तुत कर दिया था। बाद में सुदक्षणा के गर्भ से रघु नाम के प्रतापी पुत्र का जन्म हुआ जिससे सूर्यवंश चला।

सुदक्षिण

काशिराज का पुत्र जो श्रीकृष्ण से शत्रुता रखता था। श्रीकृष्ण द्वारा अपने पिता के वध का बदला लेने के लिए इसने वाराणसी में शिव की घोर तपस्या की। प्रसन्न होकर शिव ने इसे दक्षिणाग्नि के पास भेज दिया। इसने दक्षिणाग्नि की आराधना की जिससे 'अभिचार' नामक भयंकर अग्नि प्रकट हुई। वह चारों ओर सब कुछ भस्म करती हुई द्वारका की ओर बढ़ी। श्रीकृष्ण उस समय चौरस खेलने में मग्न थे। उन्होंने तत्काल सुदर्शन चक्र छोड़कर अग्नि को लौटा दिया। अब वह वाराणसी की ओर लौटी और उसने सुदक्षिण तथा उसके सब साथियों को भस्म कर दिया।

सुदर्शन

1. मनुवंश के दीर्घबाहु राजा का पुत्र जिसका विवाह काशिराज की कन्या से हुआ था। यह संपूर्ण पृथ्वी को जीतकर चक्रवर्ती सम्राट बन गया था। स्वप्न में महाकाली देवी से यह सूचना मिलने पर कि जल-प्रलय होनेवाला है, यह अपनी पत्नी और पुरोहित वशिष्ठ के साथ हिमालय की एक गुफा में चला गया। प्रलय की समाप्ति पर 10 वर्ष के बाद यह अयोध्या लौटा और राज्य करने लगा।

2. देवी भागवत में वर्णित एक राजा जिसे सौतेली मां के षड्यंत्रों के कारण राज्य

से हाथ धोना पड़ा। इसने अपनी माता के साथ भरद्वाज ऋषि के आश्रम में देवी की उपासना की। फलस्वरूप एक स्वयंवर में शशिकला नामक राजकन्या ने इसका वरण कर लिया और कुछ समय बाद इसका राज्य भी मिल गया।

3. भगवान विष्णु के चक्र का नाम जो उन्होंने खांडव वन जलाने के लिए अग्नि को दिया था। इसी सुदर्शन चक्र की सहायता से विष्णु ने दुर्वासा के शाप से उत्पन्न कृत्या नाम की राक्षसी का वध किया और राजा अंबरीष की रक्षा की।

4. एक विद्याधर जो आंगिरस ऋषि के कारण सर्प बन गया था। एकबार इसने नंद का पैर पकड़ लिया था। छुड़ाने के लिए जब कृष्ण ने इसका स्पर्श किया तो शाप-मुक्त होकर यह पुनः विद्याधर बन गया।

5. दुर्योधन की कन्या सुदर्शना और अग्निदेव का एक पुत्र जो गृहस्थाश्रम में अतिथि सत्कार आदि करने के कारण मृत्यु पर विजय प्राप्त करके ब्रह्मलोक चला गया था।

सुदामा

1. कृष्ण का भक्त एक ब्राह्मण और सांदीपनि के आश्रम में उनका सहपाठी। भागवत में इसे कुचैल (हीन वस्त्रोंवाला) कहा गया है। यह बड़ा विरक्त और ज्ञानी था। जो कुछ सरलता से मिल जाता, उसी में निर्वाह करने की वृत्ति के कारण अत्यंत दरिद्र भी था। अपनी पत्नी के आग्रह पर यह कृष्ण के पास पहुंचा। दोनों बाल सखा बड़े प्रेम से मिले। मांगकर लाए हुए इसके च्यूड़े कृष्ण ने स्वाद लेकर खाए।

सुदामा ने कुछ समय आनंद से द्वारका में बिताया। न इसने कुछ मांगा, न प्रत्यक्ष में कृष्ण ने कुछ दिया ही। अंत में यह सोचकर सुदामा अपने घर के लिए चल दिया कि संपत्ति मिलने पर भगवान की भक्ति से मेरा ध्यान हट न जाए, इसीलिए कृष्ण ने मुझे कुछ नहीं दिया।

किंतु वह जब लौटकर सुदामापुरी (वर्तमान गुजरात का पोरबंदर) पहुंचा, वहां उसकी झोपड़ी के स्थान पर धन-धान्य से भरा-पूरा भव्य भवन खड़ा था। भागवत में सुदामा के दरिद्र-हरण की कथा विस्तार से दी गई है।

2. एक गोप का नाम जो कृष्ण के आठ प्रमुख गोप सखाओं में से था।

3. कंस का एक माली जिसने मथुरा आने पर कृष्ण-बलराम को मालाएं अर्पित की थीं।

4. उत्तर भारत का एक लोक-समूह जिस पर अर्जुन ने विजय पाई थी।

5. एक यादव राजा जो मथुरा पर जरासंध के आक्रमण के समय नगर के उत्तरी द्वार का रक्षक था।

सुदास

उत्तर पांचाल का एक प्रसिद्ध राजा जो दिवोदास (दे.) का पौत्र था। एक युद्ध में जो 'दासराज युद्ध' कहलाता है, इसने दस से अधिक राजाओं पर विजय प्राप्त की थी। पहले इसके पुरोहित विश्वामित्र थे। बाद में इसने वशिष्ठ को अपना पुरोहित बना लिया। इसके पराक्रम का उल्लेख ऋग्वेद में भी पाया जाता है। शिव ने काशी इसी सुदास से ली थी।

सुदेव

1. राजा अंबरीष का एक सेनापति जो धर्मयुद्ध में मरने के कारण अंबरीष से पहले ही स्वर्गलोक चला गया था। यह यज्ञ आदि कुछ नहीं करता था। इसके स्वर्गारोहण पर आश्चर्य प्रकट करते हुए जब अंबरीष ने इंद्र से पूछा तो इंद्र ने उत्तर दिया कि धर्म-युद्ध में मृत्यु प्राप्त होने का पुण्य यज्ञ-यागों के पुण्य से कहीं अधिक है।

2. एक राजा जो पहले क्षत्रिय था, पर च्यवन ऋषि के पुत्र प्रमति ऋषि के शाप से वैश्य बन गया। इसने ऋषि की पत्नी पर बलात्कार होते देखा था किंतु उसकी रक्षा के लिए क्षत्रिय धर्म का पालन नहीं किया।

3. एक ब्राह्मण जिसे विदर्भ नरेश ने दमयंती की खोज के लिए भेजा था। इसने चेदिराज के महल में दासी के रूप में रह रही दमयंती को पहचान लिया था।

सुधन्वा

1. सांकास्य नगरी का एक राजा जो सीरध्वज जनक का समकालीन था। उसने सीता से विवाह करने की इच्छा प्रकट की थी। जनक के अस्वीकार कर देने पर सुधन्वा ने मिथिला पर आक्रमण कर दिया और युद्ध में मारा गया।

2. अंगिरा ऋषि का पुत्र एक तत्वदर्शी आचार्य। इसने एक कन्या के शरीर में प्रविष्ट होकर एक आचार्य को आत्मज्ञान कराया था।

3. अंगिरा ऋषि का एक अन्य पुत्र। इसने केशिनी राजकन्या की प्राप्ति के लिए शर्त लगाकर विरोचन दैत्य को पराजित किया।

सुधर्मा

1. एक राजा जिसको भीमसेन ने दिग्विजय के समय परास्त किया था। किंतु भीम इसके पराक्रम से इतने प्रभावित हुए कि इसे अपना सेनापति बना लिया। महाभारत युद्ध के बाद जो वीर बच गए थे, यह भी उनमें से एक था।

2. अक्रूर और अश्विनी का पुत्र एक यादव राजा।

3. उत्तम मन्वंतर का एक देव-समूह जिसमें बारह देवता सम्मिलित थे।

सुधाकर द्विवेदी

ज्योतिष, गणित और साहित्य के उद्भट विद्वान् सुधाकर द्विवेदी का जन्म 26 मार्च, 1860 ई. को वाराणसी में हुआ था। वे 22 वर्ष की उम्र में ही विविध विषयों के प्रकांड विद्वान् हो गए थे। संस्कृत विद्यालय में अध्यापन कार्य करने के साथ-साथ प्राचीन परंपरा के अनुसार अपने निवास पर भी भारत भर से आए विद्यार्थियों को पढ़ाते रहे। आपने गणित और ज्योतिष पर उच्च स्तर के 51 ग्रंथ संस्कृत और हिंदी भाषा में लिखे।

द्विवेदीजी साहित्यकार और कवि भी थे। साहित्यिक विषयों पर आपने 14 ग्रंथों की रचना की। हिंदी भाषा और देवनागरी लिपि को उत्तर प्रदेश की अदालतों में स्थान दिलानेवालों में भी आप अग्रणी थे। 28 नवंबर, 1910 ई. को द्विवेदीजी का देहांत हो गया।

सुनंदा

दुष्यंत के पुत्र सम्राट भरत की पत्नी का नाम जो काशिराज सर्वसेन की पुत्री थी। दमयंती की मौसेरी बहन का नाम भी सुनंदा था जो चेदिराज वीरबाहु की पुत्री थी।

सुनर्तकमर

रुद्र संहिता के अनुसार शिव का एक अवतार। पार्वती जब शिव को प्राप्त करने के लिए तपस्या कर रही थीं, उस समय यह प्रकट हुआ और इसने पार्वती की मनोकामना पूर्ण करने का संकेत दिया। किंतु बाद में एक बड़े विचित्र वेश में उनके सामने उपस्थित हुआ। इसके बाएं हाथ में सिंगी थी, दाहिने में डमरू था, पीठ पर लाल रंग का वस्त्र पड़ा था। अलख जगाकर इसने पार्वती से भिक्षा देने का अनुरोध किया। किंतु इस रूप में भी पार्वती ने उन्हें पहचान लिया और विवाह की प्रार्थना की।

सुनामा

1. मथुरा नरेश उग्रसेन का पुत्र और कंस का भाई। कंस ने इसे अपना सेनापति और घुड़सवार सेना का प्रधान नियुक्त किया था। महाभारत युद्ध में इसकी मृत्यु हुई।

इस नाम का एक राजा द्रौपदी के स्वयंवर में भी उपस्थित था।

सुनीति

महाराजा उत्तानपाद की दो रानियां थीं—सुनीति और सुरुचि। सुनीति के पुत्र

का नाम ध्रुव था और सुरुचि के पुत्र का उत्तम। राजा सुरुचि और उत्तम को अधिक प्यार करता था। मां के प्रति पिता और सौतेली मां के व्यवहार से दुखी होकर ध्रुव वन में जाकर तपस्या करने लगे। प्रसन्न होकर भगवान ने उन्हें 36 सौ वर्ष तक राज्य करने का वर दिया। अपने भाई के वध का बदला लेने के लिए ध्रुव ने अलकापुरी पर आक्रमण करके यक्षों को पराजित किया था।

यह भी उल्लेख मिलता है कि विष्णु ने इन्हें सब लोकों, ग्रहों, नक्षत्रों के ऊपर अचल स्थिर रहने का वर दिया था। यही ध्रुव अब उत्तर दिशा में चमकनेवाला तारा है।

सुनीथा

यम की पुत्री जो अंगराज को ब्याही थी। वेन (दे.) इसी का पुत्र था। पुत्र की मृत्यु के बाद अपने वंश की परंपरा बनाए रखने के लिए इसने उसके शरीर का मंथन किया जिससे पृथुवैन्य और निषाद नाम के दो पुत्र उत्पन्न हुए। पद्मपुराण के अनुसार वेन नाम का दुष्ट पुत्र एक गंधर्व के शाप के कारण इसके गर्भ से उत्पन्न हुआ था क्योंकि इसने तपस्या में रत गंधर्व को सताया था।

सुपर्ण

1. महाभारत में वर्णित एक ऋषि जिन्होंने संयमपूर्वक तपस्या करके स्वयं भगवान से ज्ञान प्राप्त किया था।

2. पक्षिराज गरुड़ के और कश्यप ऋषि के पुत्रों के नाम भी सुपर्ण थे।

सुप्रभा

1. कृशाश्व प्रजापति की दो पुत्रियों में से एक का नाम। इन प्रतिभाशाली बहनों ने मिलकर सौ संहारक अस्त्रों का निर्माण किया था जो बाद में ऋषि विश्वामित्र को प्राप्त हुए।

2. नाभाग राजा की पत्नी जो अगस्त्य ऋषि के शाप के कारण वैश्य बन गई। बाद में इसके पुत्र ने क्षत्रियोचित व्यवहार करके पुनः अपना स्थान प्राप्त किया।

3. श्रीकृष्ण की एक पत्नी का नाम भी सुप्रभा था।

सुबल

गांधारी और शकुनि का पिता गंधारनरेश जो प्रह्लाद के शिष्य नग्नजित के अंश से उत्पन्न हुआ था। महाभारत के अनुसार जब भीष्म ने अंधे धृतराष्ट्र के लिए गांधारी को मांगा तो उच्च कुल और राज्याधिकार का विचार करके यह न केवल राजी हुआ, वरन् इसने अपनी दस अन्य कन्याएं भी विवाह में धृतराष्ट्र को दे

दीं। युधिष्ठिर के राजसूय यज्ञ में भी इसने भाग लिया था।

सुबाहु

1. सुंद और ताड़का का पुत्र एक राक्षस जो मारीच का भाई था। विश्वामित्र ऋषि के यज्ञ को ध्वंस करते समय राम के हाथों मारा गया।

2. दमयंती का मौसेरा भाई और चेदिनरेश वीरबाहु का पुत्र। इस संबंध के कारण ही दमयंती दासी के वेश में इसके यहां छिपी थी।

3. वनवासी किरात, कुलिंद आदि लोगों का प्रमुख जो हिमालय की तलहटी में निवास करता था। वनवासकाल में पांडव भी कुछ दिन यहां रहे थे। महाभारत युद्ध में यह पांडवों के साथ था।

4. शत्रुघ्न का पुत्र जिसे शत्रुघ्न ने मथुरा का राज्य सौंपा था।

सुब्रह्मण्य क्षेत्र

कर्नाटक के दक्षिण कनाड़ा जिले में स्थित यह क्षेत्र कौमार क्षेत्र भी कहलाता है। पुराण इसकी बड़ी महत्ता बताते हैं और परशुराम क्षेत्र के सात तीर्थों में इसकी गणना होती है। सुब्रह्मण्य नाम के गांव में मयूरवाहन भगवान सुब्रह्मण्य स्वामी का विशाल मंदिर है। यहां यात्री नवंबर से मई महीने तक ही जाते हैं क्योंकि बरसात में रास्ते बंद हो जाते हैं। मुख्य मंदिर के अतिरिक्त यहां के कुक्केलिंग, भैरव, उमा-महेश्वर तथा नृसिंह मंदिर भी प्रसिद्ध हैं।

सुब्रह्मण्य भारती

तमिल भाषा के प्रसिद्ध राष्ट्रीय कवि सुब्रह्मण्य भारती का जन्म 11 दिसंबर, 1882 ई. को हुआ था। आरंभिक शिक्षा तमिलनाडु में प्राप्त करने के बाद आप 1898 ई. में वाराणसी चले गए और 1901 ई. तक वहां रहे। आपने इलाहाबाद विश्वविद्यालय की प्रवेशिका परीक्षा पास की। 'भारती' की पहली काव्य-पुस्तक 1904 ई. में प्रकाशित हुई। आपने अनेक राष्ट्रीय पत्र-पत्रिकाओं का भी संपादन किया।

1908 ई. में 'भारती' पांडिचेरी चले गए जहां उस समय फ्रांसीसियों का राज्य था। 1918 ई. में वहां से लौटने पर अंग्रेज सरकार ने कुछ समय के लिए आपको नजरबंद भी कर दिया था। 1919 ई. में भारती का गांधीजी से संपर्क हुआ। आपकी कविताओं का स्वर सदा राष्ट्रीय रहा और उनसे देश के स्वतंत्रता संग्राम को बड़ी प्रेरणा मिली। आपकी कृतियों में 6 विशेष महत्वपूर्ण मानी जाती हैं। 12 सितंबर, 1921 ई. को सुब्रह्मण्य भारती का निधन हो गया।

सुभद्रा

रोहिणी के गर्भ से उत्पन्न वसुदेव की पुत्री जो बलराम और कृष्ण की छोटी बहन थी। स्कंदपुराण के अनुसार वह पूर्व जन्म में गालव ऋषि की कन्या माधवी थी। एकबार ऋषि इसे अपने साथ विष्णु के पास ले गए। बालसुलभ चंचलता के कारण यह वहां आसन पर बैठ गई। यह देखकर क्रुद्ध लक्ष्मो ने इसे 'अश्वमुखी' कन्या बन जाने का शाप दिया। जब इसका जन्म हुआ तो कृष्ण और बलराम की प्रार्थना पर ब्रह्मा ने 'भद्रमुखी' बना दिया। इसी से इसका नाम सुभद्रा पड़ा।

बलराम सुभद्रा का विवाह दुर्योधन से करना चाहते थे। परंतु जब अर्जुन ने इसे देखा तो मोहित हो गए। श्रीकृष्ण ने भी उनकी सहायता करना स्वीकार किया। एक दिन सुभद्रा रैवतक पर्वत पर उत्सव में भाग लेने गई थी। अर्जुन ने साधु का वेश बनाकर उसका हरण कर लिया। भागते समय अर्जुन का रथ सुभद्रा ने ही हांका था। कृष्ण के समझाने पर बलराम भी राजी हो गए और इन दोनों का विवाह हो गया।

महाभारत का पराक्रमी वीर अभिमन्यु अर्जुन-सुभद्रा का ही पुत्र था। पांडवों के वनवास के समय सुभद्रा अभिमन्यु के साथ द्वारकापुरी में रही थी।

सुभाषचंद्र बोस

आप भारतीय स्वतंत्रता संग्राम के प्रथम पंक्ति के नेता थे। 'आजाद हिंद फौज' के गठन के बाद से 'नेताजी सुभाषचंद्र बोस' के नाम से अधिक प्रसिद्ध हुए। श्री बोस का जन्म 23 जनवरी, 1897 ई. को कटक में हुआ था। यद्यपि इनकी शिक्षा आरंभ से ही अंग्रेजी वातावरण में हुई पर आकर्षण रामकृष्ण परमहंस और स्वामी विवेकानंद के विचारों के प्रति भी हो गया था। सुभाष को आई.सी.एस. की परीक्षा उत्तीर्ण करने के लिए इंग्लैंड भेजा गया। उसमें सफल भी हुए, परंतु एक वर्ष के परीक्षण काल की समाप्ति के पहले ही आई.सी.एस. से त्यागपत्र दे दिया। भारत आकर आप स्वतंत्रता संग्राम में सम्मिलित हो गए। बंगाल के क्रांतिकारियों के प्रति सहानुभूति रखने का आरोप लगाकर ब्रिटिश सरकार ने एक वर्ष के लिए बर्मा के माले जेल में बंद कर दिया।

उस समय भारत में एक विचारधारा के नरम राजनीतिज्ञ ब्रिटिश साम्राज्य के भीतर 'औपनिवेशिक स्वराज्य' से ही संतोष कर लेने के पक्षपाती थे। लेकिन सुभाष बाबू और जवाहर लाल नेहरू ने इस विचारधारा का कड़ा विरोध किया। उनके इन दृढ़ विचारों का परिणाम था कि 1929 ई. में कांग्रेस ने पूर्ण स्वतंत्रता को अपना ध्येय घोषित किया।

1930 ई. के सत्याग्रह में सुभाष बाबू गिरफ्तार हुए। पर बीमारी के कारण चिकित्सा के लिए विदेश जाने की अनुमति मिल गई। 1936 ई. में भारत लौटने

पर पुनः गिरफ्तार कर लिए गए और 1937 ई. के चुनावों के बाद ही बाहर आ सके।

कांग्रेस के हरिपुरा अधिवेशन (फरवरी 1938 ई.) के आप अध्यक्ष चुने गए। 1939 ई. में गांधीजी द्वारा समर्थित प्रत्याशी पट्टाभि सीतारामैया को पराजित कर वे दूसरी बार कांग्रेस के अध्यक्ष बने। परंतु सब विचारों के लोगों को साथ लेकर स्वतंत्रता संग्राम को आगे बढ़ाने के उद्देश्य से बहुमत ने त्रिपुरा कांग्रेस में जिसके अध्यक्ष सुभाष बाबू चुने गए थे, यह प्रस्ताव स्वीकार किया कि वे अपनी कार्य-समिति का गठन गांधीजी से परामर्श लेकर करें। सुभाष बाबू ने इस निर्णय के विरोध में कांग्रेस के अध्यक्ष पद से इस्तीफा दे दिया और 'फारवर्ड ब्लाक' नामक राजनीतिक दल का गठन किया।

जुलाई 1940 ई. में बोस बाबू को कलकत्ता के उनके मकान में नजरबंद कर दिया गया था। वहां से वे जनवरी 1941 ई. में वेश बदल कर निकल गए और काबुल तथा मास्को के रास्ते बर्लिन पहुंचे।

इसके बाद की नेताजी की कहानी बड़ी रोमांचक और साहसपूर्ण है। वे पनडुब्बी में बैठकर तीन महीने में पूर्वी एशिया पहुंचे और 'आजादहिंद फौज' (दे.) का पुनः गठन करके स्वतंत्रता के प्रयत्नों में नया जीवन डाल दिया। अमरीका द्वारा जापान के ऊपर परमाणु बम गिराने से विश्व-युद्ध समाप्त हो गया। इसके बाद ही यह समाचार मिला कि 18 अगस्त 1945 ई. को फारमोसा के ताइपेह नामक स्थान में एक विमान दुर्घटना में नेताजी का देहांत हो गया।

सुमंत

1. अयोध्या नरेश दशरथ के आठ प्रधानों में से एक जो राम-लक्ष्मण को वनवास के समय रथ में बैठाकर वन में छोड़ने गए थे। इन्होंने कैकेयी की आलोचना की थी और राम को लौटाने का प्रयास भी किया था। राम के राज्यकाल में सुमंत उनके मंत्री थे। वनवास से लौटने पर जब सीता के चरित्र की आलोचना हुई तो उन्हें वन में छोड़ने के लिए ये भी साथ गए थे।

2. कल्कि के तीन भाई—सुमंत, प्राज्ञ और कवि। पुराणों के अनुसार इनकी सहायता से अधर्म का नाश और धर्म की स्थापना होगी।

सुमति

पुराणों में इस नाम का उल्लेख कई रूपों में आता है—1. राजा सगर की दो पत्नियों में से एक का नाम जो 60 हजार पुत्रों की माता थी। 2. कल्कि की माता का नाम जो विष्णुयशा की पत्नी थी। 3. एक राजा जो भरत एवं पंचजी के पुत्रों में से एक था। यह ऋषभदेव का उपासक था। जैन इसे देवता मानते हैं। 4. विशाल

नगरी का एक राजा जो दशरथ का समकालीन था। यह राजा जनमेजय का पिता था। राम और लक्ष्मण—विश्वामित्र के साथ मिथिला जाते समय इसके राज्य में रुके थे। 5. एक ऋषि जो शरशय्या पर पड़े भीष्म पितामह से मिलने आए थे।

सुमित्रा

अयोध्या नरेश दशरथ की तीन पत्नियों में से एक जो मगध देश के शूर राजा की कन्या थी। लक्ष्मण और शत्रुघ्न इसी की संतान थे। जितना प्रेम लक्ष्मण का राम से था, उतना ही शत्रुघ्न का भरत से था। इसका कारण यह बताया जाता है कि पुत्रेष्टि यज्ञ के बाद कौशल्या के दिए हुए चरु से लक्ष्मण का और कैकेयी के दिए हुए चरु से शत्रुघ्न का जन्म हुआ था।

सुमित्रा पुत्र लक्ष्मण राम के वनवास काल में 12 वर्षों तक सोए नहीं। इसीलिए वे रावण-पुत्र मेघनाद को मार सके। सुमित्रा अत्यंत विवेकशील और धर्मनिष्ठ थी। राम के वन गमन के समय इसने कौशल्या को बड़ी सांत्वना दी थी।

सुमित्रानन्दन पन्त

हिंदी कविता के एक युगप्रवर्तक कवि सुमित्रानन्दन पन्त का जन्म 1900 ई. में 20 मई को हुआ था। इनका जन्म ग्राम कौसानी अल्मोड़ा जिले में पड़ता है। मूलतः ये प्रकृति और जीवन के सौंदर्य पक्ष के विलक्षण चितेरे थे। इनकी कविताओं में 'सुंदरम्' तत्त्व की प्रमुखता है, किंतु 'सत्यम्' और 'शिवम्' तत्त्वों की भी उपेक्षा नहीं हुई है। आरंभ में ये प्रकृति की ओर उन्मुख थे, फिर जीवन की ओर मुड़े और अंत में अध्यात्मकता की ओर। 'पल्लव', गुंजन', 'वीणा', 'युगबाणी', 'ग्राम्या', 'स्वर्णकिरण', 'रजत शिखर', 'लोकायतन', 'चिदंबरा' आदि इनकी उल्लेखनीय काव्य-कृतियां हैं। 'चिदंबरा' पर 1969 ई. में इन्हें 'ज्ञानपीठ पुरस्कार' मिला था। इनका देहावसान 29 दिसंबर 1977 ई. को हुआ।

सुमुख

1. चिकुर नामक नाग का पुत्र जो ऐरावत कुल में उत्पन्न हुआ था। इंद्र के सारथी मातलि की पुत्री गुनकेशी के साथ इसका विवाह हुआ था। जिस समय इसका विवाह निश्चित हुआ, नागों का शत्रु गरुड़ इसे खाने के लिए आ धमका। परंतु मातलि की प्रार्थना पर इंद्र ने इसे अमर बना दिया। इससे क्रुद्ध होकर जब गरुड़ इंद्र और विष्णु से बदला लेने की बात सोचने लगा तो विष्णु ने सुमुखि नाग को उठाकर गरुड़ की छाती पर रख दिया तब से वहीं उसका निवास हो गया।
2. एक ऋषि जो नारद के साथ युधिष्ठिर की राजसभा में उपस्थित थे।
3. गरुड़ के एक पुत्र का नाम।

सुमुखी

अश्रुसेन नामक नाग की माता, जिसके पुत्र का खांडव वन जलाते समय अर्जुन ने वध कर दिया था। इसका बदला लेने के लिए महाभारत युद्ध में इसने कर्ण के सर्पमुखी बाण पर बैठकर अर्जुन पर आक्रमण किया। परंतु श्रीकृष्ण ने, जो युद्ध में अर्जुन के सारथी थे, रथ के घोड़े बैठा दिए। इससे सर्पबाण अर्जुन को न लगकर भूमि पर जा गिरा और अर्जुन ने सुमुखी का वध कर दिया।

सुरथ

1. जयद्रथ (दे.) और दुःशला के पुत्रों में से एक। युधिष्ठिर के अश्वमेध यज्ञ के घोड़े की रक्षा करता हुआ जब अर्जुन इसके त्रिगर्त देश में पहुंचा तो इसने भय से प्राण त्याग दिए क्योंकि अर्जुन के हाथों जयद्रथ का वध हो चुका था। किंतु श्रीकृष्ण ने इसे पुनः जीवित कर दिया।

2. कुण्डल नगर का एक राजा जिसने राम के अश्वमेध यज्ञ के घोड़े को पकड़कर शत्रुघ्न को मूर्छित कर दिया था और हनुमान, सुग्रीव आदि को कैद कर लिया था। पद्मपुराण के अनुसार इस पर राम ने स्वयं जाकर इसे परास्त किया।

सुरभि

1. दक्ष प्रजापति और असिन्की की पुत्री कामधेनु नामक गाय का नाम। यह स्वर्ग से भी श्रेष्ठ गोलोक में निवास करती थी। कश्यप ऋषि से इसे नंदिनी नामक गाय पुत्री के रूप में प्राप्त हुई। बाद में यही नंदिनी वशिष्ठ ऋषि के पास रही। सुरभि को सभी गाय-बैलों की जननी माना जाता है। महाभारत के अनुसार एक बैल पर किसान का अत्याचार देखकर इसने इंद्र से शिकायत की थी। विष्णु पुराण के अनुसार यह देव-दानवों द्वारा समुद्र-मंथन से निकली थी।

2. ब्रह्मा के हुंकार से उत्पन्न एक गाय जिसके थनों से टपके दूध से क्षीरसागर बना। इसकी सुरूपा, हंसिका, सुभद्रा और सर्वकामदुधा नामक चार कन्याएं थीं।

गाय के लिए सामान्य रूप से भी 'सुरभि' शब्द का प्रयोग होता है क्योंकि वह समृद्धि प्रदात्री है।

सुरसा

1. कश्यप और क्रोधवशा की कन्या तथा समुद्र में निवास करनेवाली नागों की माता जिसके पुत्र का नाम कंक था। जब हनुमान सीता की खोज में लंका जा रहे थे, तो देवताओं ने सुरसा के माध्यम से उनके पराक्रम की परीक्षा ली। सुरसा ने राक्षसी का रूप धारण करके हनुमान का मार्ग रोक लिया। वह उन्हें खाने के लिए

अपना मुंह फैलाती गई। वह अपने को जितना बड़ा बनाती, हनुमान उससे अधिक विशाल होते जाते। यह देखकर सुरसा बोली—मुझे वर प्राप्त है। इसलिए मेरे मुंह में प्रवेश किए बिना तुम आगे नहीं जा सकते। यह सुनते ही हनुमान ने अपना शरीर अंगूठे के बराबर छोटा कर लिया और सुरसा के मुंह के अंदर जाकर तुरंत बाहर निकल आए। अब तो सुरसा नाग माता के रूप में आ गई और उसने प्रसन्न होकर हनुमान को मनोकामना पूर्ण होने का आशीर्वाद दिया।

2. वायुपुराण में वर्णित एक अप्सरा जिसने अर्जुन के जन्म-महोत्सव के अवसर पर नृत्य किया था।

सुरसादि वर्ग

इस वर्ग में तुलसी, सफेद तुलसी, काली तुलसी, गंध तृण, गंधज घास, कसौंधी आदि की गणना होती है। वैद्यक में विविध रोगों के निवारण के लिए इनका प्रयोग प्राचीन काल से होता आया है।

सुरा

वरुण और देवी की कन्या जो मद्य की अधिष्ठात्री देवी मानी जाती है। यह समुद्र-मंथन से निकली थी।

सुरेन्द्रनाथ बनर्जी

अपने समय के प्रसिद्ध राष्ट्रवादी नेता सर सुरेन्द्रनाथ बनर्जी ने जीवन का आरंभ ब्रिटिश सरकार के अधीन एक आई. सी. एस. अधिकारी के रूप में किया। परंतु एक मुकदमे का फैसला अनियमित रूप से करने का आरोप लगाकर उन्हें नौकरी से निकाल दिया गया। उन्होंने बैरिस्टर बनना चाहा, पर अंग्रेज सरकार से इसकी भी अनुमति नहीं मिली। बाद में उन्होंने अध्यापक और सार्वजनिक कार्यकर्ता के रूप में जीवन बिताया।

बंगाल में राष्ट्रीयता की भावना का विस्तार करनेवालों में वे अग्रणी थे। 'बंगन्भंग' (दे.) के समय उन्होंने विदेशी सरकार से पूरी तरह असहयोग किया। सुरेन्द्रनाथ बनर्जी संवैधानिक तरीकों में विश्वास करते थे। इसलिए 'बंगभंग' वापस होने के बाद वे ब्रिटिश सरकार की संस्थाओं से सहयोग करने लगे और गांधी जी असहयोग आंदोलन से भी असहमत रहे। ब्रिटिश सरकार ने उन्हें सर की उपाधि दी। फिर भी, उनकी गणना आरंभिक वर्षों के प्रथम कोटि के राष्ट्रनिर्माताओं में होती है। वे 1895 और 1902 ई. में भारतीय राष्ट्रीय कांग्रेस के अध्यक्ष भी निर्वाचित हुए थे।

सुलभा

1. महाभारत में वर्णित प्रधान नामक राजा की पुत्री जो एक संन्यासिनी कुमारी थी। इसने तत्व-ज्ञान के संबंध में मिथिला नरेश जनक से वाद-विवाद किया था।

जनक का कहना था कि जिस प्रकार भूमि से बाहर रखा बीज अंकुरित नहीं होता, उसी प्रकार गृहस्थाश्रम में रहते हुए भी मेरे मन में विषयों की उत्पत्ति नहीं होती। इसके उत्तर में सुलभा ने कहा—जिस प्रकार लकड़ी पर पड़ी हुई पानी की बूंदों का उससे तात्कालिक संबंध तो है, किंतु दोनों का एकाकार होना असंभव है। उसी प्रकार आत्मा और इंद्रियभोग का एक साथ रहना असंभव है। इसने जनक से फिर कहा—तुम मेरा परिचय पूछ रहे हो और स्वयं को मोक्ष-धर्म का ज्ञानी कहते हो। यदि सचमुच तुम ज्ञानी होते तो ऐसे अनभिज्ञता के प्रश्न न पूछते। सुलभा की तर्कपूर्ण बातों से राजा जनक का गर्व जाता रहा।

2. एक विख्यात ऋग्वेद कालीन तत्ववादिनी महिला जो ऋषि कुणिगर्ग की पुत्री थी।

सुलोचना

रावण के पुत्र मेघनाद की पत्नी जो कश्यप ऋषि की पोती और वासुकी नाग की पुत्री थी। जब लक्ष्मण ने मेघनाद का वध किया तो सुलोचना के पतिव्रत के प्रभाव के कारण पति का हाथ कटकर उसके पास जा गिरा। उसने अपने प्रभाव से पति के कटे हुए हाथ से ही लिखकर युद्ध का सारा हाल जान लिया और दूर से ही मेघनाद के चेहरे पर मुस्कराहट उत्पन्न कर दी। अंत में उसने भी पति के साथ प्राण त्याग दिए।

सुवर्चला

1. देवल ऋषि की कन्या जिसने स्वयंवर में श्वेतकेतु औद्दालक का वरण किया था। यह अत्यंत विदुषी थी। महाभारत के अनुसार स्वयंवर के समय इसने तत्व-ज्ञान के संबंध में गंभीर वार्तालाप किया था।

2. सूर्य की एक पत्नी का नाम।

सुवर्चसा

1. दधीचि ऋषि की पत्नी प्रतिथेयी का एक नाम। इसे बताए बिना इंद्र आदि ने जब दधीचि की अस्थियां ले लीं तब इसने देवताओं, विशेष रूप से इंद्र को पशु बनने और वंश-नाश का शाप दिया। यह पति के साथ सती होना चाहती थी, किंतु उसी समय आकाशवाणी हुई कि वह गर्भवती है। यह जानते ही सुवर्चसा ने पत्थर से

अपना पेट चीर कर गर्भ को बाहर निकाला और पीपल के पेड़ के पास रख दिया तथा स्वयं सती हो गई। इसके गर्भ से निकला दधीचि का वह पुत्र पीपल के पेड़ के निकट पैदा होने के कारण पीप्पलाद (दे.) के नाम से प्रसिद्ध हुआ।

2. एक्वाकब वंश का एक राजा जो मरु राजा का पुत्र था। पुराणों के अनुसार कलियुग में जब सब राजवंश नष्ट हो जाएंगे, तब बचे हुए तीन वंशों में यह भी एक होगा।

सुवर्णष्ठीवी

शृजय शैव्य नामक राजा का पुत्र जिसका मल-मूत्र आदि सब सोने का होता था। महाभारत के अनुसार चोरों ने इसी कारण इसका अपहरण करके वध कर दिया। किंतु नारद ने इसे पुन: जीवित कर दिया।

यह बड़ा गुणी था। इस कथा के अनुसार इसके गुणों को देखकर इंद्र को भय हुआ कि कहीं यह इंद्र पद न प्राप्त कर ले। इसलिए उसने 15 वर्ष की आयु में ही व्याघ्र के द्वारा इसका वध करवा दिया। परंतु नारद की कृपा से इसे पुनर्जीवन प्राप्त हो गया। इसकी सुकुमारी नाम की बहिन नारद की पत्नी बताई जाती है।

सुशर्मा

त्रिगर्त देश का राजा जो आरंभ से ही कौरवों का पक्षधर था और पांडवों से बैर करता था। अज्ञातवास के समय इसी ने विराट की गायों का अपहरण करके विराट को बंदी बना लिया था। किंतु बाद में भीमसेन ने इसे कैद कर युधिष्ठिर के सामने पेश किया तो उन्होंने इसे मुक्त कर दिया। महाभारत युद्ध में इसने और इसके भाइयों ने अर्जुन-वध की प्रतिज्ञा की थी, पर सब उसी के हाथों मारे गए।

सुश्रुत

शल्य चिकित्साशास्त्र के प्रख्यात ज्ञाता सुश्रुत गाधिराज के पौत्र और विश्वामित्र के पुत्र थे। इन्होंने आदि आचार्य काशिराज धन्वंतरि दिवोदास से शिक्षा पाई थी। ये उनके सात प्रमुख शिष्यों में से थे। इनका रचित ग्रंथ 'सुश्रुत-संहिता' आयुर्वेद का प्रमुख ग्रंथ माना जाता है।

सुषेण

1. धर्म नामक वानर का पुत्र जो योद्धा होने के साथ-साथ प्रसिद्ध वैद्य भी था। वानर दल इसी के नेतृत्व में सीता को खोजने के लिए पश्चिम दिशा में गया था। राम-रावण युद्ध में भी इसने भाग लिया था। जब शक्ति लगने से लक्ष्मण मूर्छित हो गए तो हनुमान से संजीवनी औषधि मंगाकर लक्ष्मण की मूर्छा इसी ने दूर की

थी। बालि की पत्नी तारा इसी की कन्या थी।

2. एक नाग का नाम जो जनमेजय के सर्प यज्ञ में जला था।

3. जमदग्नि का पुत्र और परशुराम का भाई। इसने माता का सिर काटने की पिता की आज्ञा का पालन नहीं किया। इस पर जमदग्नि ने इसे शाप दे दिया था। बाद में परशुराम ने इसे शाप-मुक्त कराया।

4. कर्ण का पुत्र जो द्रौपदी के स्वयंवर के समय भी उपस्थित था। महाभारत युद्ध में कौरव-पक्ष का साथ देते हुए यह यादव राजा सात्यकि के हाथों मारा गया।

सुहोत्र

1. पांडव सहदेव का पुत्र जिसकी माता विजया को सहदेव ने स्वयंवर में जीता था।

2. भूमन्यु का पुत्र और राजा भरत का पौत्र। यह अत्यन्त दानवीर और अतिथि सेवा परायण था। इसकी दानवीरता से प्रसन्न होकर एकबार इंद्र ने एक वर्ष तक इसके राज्य में सोने की वर्षा कराई। किंतु सुहोत्र ने इस प्रकार प्राप्त सारा धन ब्राह्मणों को दे दिया। महाभारत में इसके हस्ति नामक पुत्र का उल्लेख मिलता है जिससे आगे चलकर हस्तिनापुर का पुरुवंश आरंभ हुआ।

सूत

मनुस्मृति में क्षत्रिय पिता और ब्राह्मण माता की संतान को सूत कहा गया है। सूत जाति के लोग रथ चलाने का काम करते थे। रोमहर्षण नामक सूत वेदव्यास के शिष्य थे। व्यास ने उन्हें महाभारत और समस्त पुराण पढ़ाए थे। नैमिषारण्य में यही रोमहर्षण सूत ऋषियों को पुराणों की कथाएं सुनाया करते थे।

सूत्र

वेदों में जो विषय प्रतिपादित हैं, उनको स्मरण करके उन्हीं के आधार पर आचार-विचार को बतानेवाले शब्दों को स्मृति कहते हैं। स्मृति जिन कर्मों को बताती है, वे कर्म स्मृति कर्म कहलाते हैं। यज्ञों का विधान जब बहुत बढ़ गया तो उसे स्मरण रखना असंभव प्रतीत होने लगा। इसलिए उन सब बातों को स्मरण रखने के लिए छोटे-छोटे सूत्रों का निर्माण किया जाने लगा। सूत्रों की संख्या बढ़ती गई और प्रत्येक विद्वान् ने इनकी रचना की।

भारतीय दर्शनशास्त्र और व्याकरण के ग्रंथ सूत्र रूप में ही मिलते हैं। ये सूत्र देखने में छोटे होते हुए भी इतने गूढ़ अर्थों से युक्त होते हैं कि आगे चलकर इनके भी भाष्य लिखे गए। सूत्र-ग्रंथों की संख्या भिन्न-भिन्न पाई जाती है। इनमें कल्प-

सूत्र, श्रौतसूत्र, गृह्यसूत्र, धर्मसूत्र आदि मुख्य हैं। यह सूत्र-साहित्य वेदांग कहलाता है और लगभग सभी विषयों पर सूत्र-ग्रंथों की रचना हुई है।

सूफी

इस्लाम धर्म को माननेवाले उन रहस्यवादी साधकों को जो संन्यासियों का सा जीवन बिताते हुए विरक्त, संसार-त्यागी और परमात्मा के प्रेम में बेसुध रहते थे, सूफी नाम दिया गया है। इस मत में कुरान द्वारा प्रतिपादित परमात्मा के स्वरूप को स्वीकार करके एकेश्वरवाद में विश्वास किया जाता है। पर सूफी एकेश्वरवाद की परिभाषा अपने ढंग से करते हैं। इनके कई संप्रदाय हैं जिनका आरंभ ईसा की सातवीं-आठवीं शताब्दी से माना जाता है। उस समय अरब में अनेक प्रसिद्ध साधक थे जिनके नाम पर ये संप्रदाय बने। भारत में चार सूफी संप्रदाय प्रमुख माने जाते हैं—चिश्तिया, कादिरिया, सुहरावर्दिया और नक्शबंदिया। इनमें चिश्ती संप्रदाय का विशेष महत्व है। इस संप्रदाय में संगीत को प्रधानता दी जाती है। सूफियों के दर्शन को 'तसव्वुफ' कहते हैं।

सूरत

ताप्ती नदी के निकट बसा यह प्रसिद्ध नगर अनेक मंदिरों के साथ-साथ ताप्ती नदी के अश्विनीकुमार घाट के लिए भी प्रसिद्ध रहा है। कहते हैं, यहीं पर देवताओं के वैद्य अश्विनीकुमारों ने तपस्या की थी। यहां उनके द्वारा स्थापित अश्विनी-कुमारेश्वर शिवलिंग विद्यमान है। इसे वैद्यराज महादेव मंदिर भी कहते हैं।

सूरत का अंबादेवी का विशाल मंदिर भी प्रसिद्ध है। इस मंदिर में देवी की मूर्ति एक रथ में स्थित है जिसमें दो घोड़े और दो सिंह बने हैं।

सूरदास

हिंदी भाषा के प्रसिद्ध भक्त कवि सूरदास का जन्म अनुमानतः 1478 ई. के आस-पास दिल्ली के निकट सीही नाम के गांव में एक अत्यंत निर्धन सारस्वत ब्राह्मण परिवार में हुआ था। कहा जाता है कि वे जन्मांध थे, पर उनमें 'सगुन' बताने की अद्भुत शक्ति थी। संगीत में भी वे आरंभ से ही प्रवीण थे। 18 वर्ष की उम्र में वे आगरा-मथुरा के बीच यमुना के किनारे गौ-घाट पर आकर रहने लगे। सूरदास वैराग्य भावना से प्रेरित होकर स्वयं को भगवान का दास समझते और भक्ति के पद रचा तथा गाया करते थे।

वल्लभाचार्य ने सूरदास को कृष्ण की लीला से परिचित कराया और दीनता के भाव से मुक्ति दिलाई। इसके बाद तो वे जीवनपर्यंत कृष्ण की विविध लीलाओं का अतुलनीय ढंग से वर्णन करते रहे। शीघ्र ही उनकी ख्याति चारों ओर फैल

गई। अकबर ने उनसे मिलने की इच्छा प्रकट की। तानसेन के प्रयत्न से मथुरा में दोनों की भेंट भी हुई। अकबर ने उनके रचित पद सुने। कहते हैं कि उसने यह इच्छा प्रकट की कि सूरदास उसका भी यशगान करें। परंतु सूरदास ने यह कह कर इनकार कर दिया कि मेरे मन में कृष्ण के अतिरिक्त किसी अन्य के लिए स्थान नहीं है। अकबर ने दो बार उन्हें बहुत सा द्रव्य देना चाहा। सूरदास ने उसे भी अस्वीकार करते हुए कहा कि भविष्य में मुझसे अब कभी मत मिलना।

सूरदास के जन्मांध होने के संबंध में विद्वानों में मतभेद है। उनकी रचनाओं के दृश्यवर्णन देखते हुए कुछ लोगों का मत है कि कभी उनके चर्मचक्षु अवश्य रहे होंगे।

सूरदास की रचनाएं 'सूरसागर' में संग्रहीत हैं। जन्म की भांति ही इनकी निधन तिथि भी अनुमानित है। संभवत: ये 1582-83 ई. में गोलोकवासी हुए थे।

सूरवंश

1. 1540 ई. से 1555 ई. तक दिल्ली पर शासन करनेवाला वंश जिसका संस्थापक शेरशाह सूर था। 15 वर्ष की अवधि में इस वंश के तीन शासक हुए। अंतिम शासक आदिलशाह था। 1556 ई. में पानीपत की दूसरी लड़ाई में अकबर की विजय के बाद इस वंश का अंत हो गया।

2. बंगाल का एक राजवंश जो 11वीं शताब्दी तक बड़ा शक्तिशाली था। इस वंश का प्रवर्तक गौड़ अथवा लक्षणावती का राजा आदिसूर था। इसका समय 700 ई. के बाद माना जाता है। आदिसूर ने सनातन हिंदू धर्म की प्रतिष्ठा के लिए कान्यकुब्ज से पांच श्रेष्ठ ब्राह्मणों को बुलाकर अपने राज्य में बसाया था।

सूर्य

वैदिक और पौराणिक साहित्य में वर्णित देवमंडल का एक प्रधान देवता। यह वस्तुत: सूर्य का मानवीकरण प्रतीत होता है। इसके अन्य नाम हैं—सविता, उषा, विवश्वत आदि। अथर्ववेद में सात और महाभारत में बारह नाम गिनाए गए हैं। हैं। ऋग्वेद में इसे विश्व की आत्मा और पिता माना गया है। इससे प्रतीत होता है कि पृथ्वी की उत्पत्ति सूर्य से होने की आधुनिक वैज्ञानिक मान्यता से वैदिक काल के लोग परिचित थे।

पुराणों में सूर्य को कश्यप ऋषि की पत्नी अदिति का पुत्र आदित्य बताया गया है। वेद के अनुसार यह देवताओं का मुख है। स्वास्थ्य से सूर्य का सीधा संबंध है। यह रोगों को दूर भगाता है। सूर्य के रथ को घोड़े खींचते हैं। कहीं पर इसे उषा का पुत्र और उसके पीछे आने के कारण उसका प्रेमी बताया गया है।

विश्वकर्मा की पुत्री संज्ञा (दे.) के साथ सूर्य का विवाह हुआ था। किंतु वह उसका तेज सहन न कर सकने के कारण सूर्य के पास अपनी छाया छोड़कर चली गई थी। सूर्य की पत्नियों के नाम संज्ञा, राज्ञी, प्रभा और छाया मिलते हैं। प्रभात, सार्वाण, शनि और तपती उसके पुत्र हैं।

सूर्य की उपासना की परंपरा अत्यंत प्राचीन रही है। ईसा पूर्व से ही यह भारत और ईरान में प्रचलित थी। भविष्य पुराण के अनुसार श्रीकृष्ण के पुत्र सांब को कुष्ठ रोग हो गया था। उसे दूर करने के लिए सूर्य मंदिर की स्थापना और पूजा के हेतु पूर्वी ईरान से मग ब्राह्मण बुलाए गए थे। पुराणों में भविष्य और ब्रह्म-वैवर्त पुराण सूर्य से संबंधित हैं।

सूर्यकांत त्रिपाठी 'निराला'

हिंदी के इस तेजस्वी युगप्रवर्तक कवि का नाम यद्यपि छायावाद युग की 'त्रयी' (प्रसाद-पंत-निराला) में बड़े आदर के साथ शुमार किया जाता है, किंतु इनकी काव्य-प्रवृत्तियां छायावाद तक ही सीमित नहीं रहीं। जीवन के कटु यथार्थ का, कठोर वास्तविकताओं का अत्यंत प्रभावशाली चित्रण इनकी कविता में हुआ है। जीवन भर ये अभावों के बीच झूलते रहे, लेकिन फक्कड़पन और अलमस्ती ने कभी इनका दामन नहीं छोड़ा। इनकी अतुकांत कविताओं में स्वतःस्फूर्त विद्रोह का स्वर काफी प्रबल है, साथ ही सहज गत्यात्मकता और गीतात्मकता भी। 'परिमल', 'गीतिका', 'नये पत्ते', 'बेला' आदि इनके बहुचर्चित काव्य-संग्रह हैं। इनका जन्म 1896 ई. में वसंतपंचमी के दिन हुआ था और 15 अक्तूबर 1961 ई. को ये चिरनिद्रा में लीन हुए।

सूर्यवंश

प्राचीन काल में सूर्य और चंद्र क्षत्रियों के दो प्रधान वंश थे। भागवत के अनुसार सूर्यवंश के आदिपुरुष इक्ष्वाकु थे जिन्होंने त्रेता युग में अयोध्या में राज किया। इससे पहले कश्यप थे। कश्यप के पुत्र सूर्य और सूर्य के पुत्र वैवस्वत मनु हुए। इन्हीं वैवस्वत मनु के पुत्र इक्ष्वाकु थे। इसी वंश में बाद में दशरथ, राम, लव-कुश आदि का जन्म हुआ।

सूर्यषष्ठी व्रत

यह व्रत कार्तिक शुक्ल षष्ठी को किया जाता है। कहीं-कहीं इसे डाला छठ भी कहते हैं। यह व्रत स्त्रियां पुत्र और पति के कल्याण तथा ऐश्वर्य की कामना के लिए करती हैं। यह पूरे दिन-रात का निर्जला व्रत है। सायंकाल किसी नदी अथवा जलाशय के समीप जाकर अस्त होते हुए सूर्य की पूजा की जाती है। रात्रि में

जागरण और कीर्तन होता है। सप्तमी को सूर्योदय के बाद स्नान करके और सूर्य को अर्घ्य देकर व्रत का पारण करते हैं।

सृंजय

1. एक मानव समुदाय जो वैदिक साहित्य के अनुसार दिवोदास (दे.) के साथ सिंधु नदी के पश्चिम में निवास करता था। अथर्ववेद में उल्लेख आया है कि किसी दैवी आपत्ति से यह नष्ट हो गया। संहिता इसके नष्ट होने का कारण संस्करण संबंधी कोई त्रुटि बताती है। इस समुदाय के अंतिम राजा का राज्याभिषेक नारद ने किया था।

2. भागवत के अनुसार जनमेजय के पिता का नाम।

3. एक लोकसमूह जिसने महाभारत युद्ध में पांडवों का पक्ष लिया था।

सैयद अहमद खां (1817-1898 ई.)

भारतीय मुसलमानों के नेता। वे साधारण शिक्षा प्राप्त करके अंग्रेजों की ईस्ट इंडिया कंपनी में नौकरी करने लगे। अंग्रेजी भाषा का अधिक ज्ञान न होने के कारण वे नौकरी में मुंशिफी से आगे नहीं बढ़ पाए। 1857 ई. के स्वतंत्रता संग्राम का विरोध करने में उन्होंने पूरी वफादारी से अंग्रेजों का साथ दिया।

सरकारी सेवा से अवकाश लेने के बाद वे मुसलमानों की उन्नति और उन्हें अंग्रेजी शिक्षा के निकट लाने के लिए काम करते रहे। 1875 ई. में सर सयैद ने अलीगढ़ में 'मुहम्मडन एंग्लो ऑरियन्टल कालेज' की स्थापना की जो अब 'अलीगढ़ मुस्लिम यूनिवर्सिटी' बन गया है। वे इंगलैंड भी गए और अंग्रेज सरकार ने उन्हें 'सर' की उपाधि दी। आरंभ में सर सयैद अहमद खां हिंदू-मुस्लिम एकता के समर्थक थे। बाद में अज्ञात कारणों से उनके विचारों और व्यवहार में अंतर आ गया।

सैरिन्ध्री

वनवास के अंतिम वर्ष अज्ञातवास के समय पांडव मत्स्य देश के नरेश विराट के यहां नाम बदल कर रहे थे। उस समय द्रौपदी सैरिन्ध्री (सैरन्ध्री) के नाम से विराट के रनिवास में दासी के रूप में रही। उस पर कुदृष्टि डालने के कारण भीम ने यहीं पर कीचक का वध किया था।

सोम

1. वेदों में वर्णित एक देवता जिसका अग्नि और इंद्र के बाद तीसरा स्थान है। इसकी कल्पना स्वर्गीय लता के रस और चद्रमा से की गई है। यह रस देवता और

मनुष्य दोनों के लिए स्फूर्तिदायक माना जाता है। वैदिक साहित्य में सोमरस तैयार करने, यज्ञों में उसके बहुविधि प्रयोग और देवताओं को समर्पित करने का विस्तृत उल्लेख है। इंद्र और वायु को सबसे अधिक सोमरस पीनेवाला बताया गया है।

पुराणों के अनुसार दक्ष प्रजापति की 27 कन्याएं सोम को ब्याही थीं। वह रोहिणी को छोड़कर अन्य सबकी उपेक्षा करता था। इस पर दक्ष ने उसे लुप्त हो जाने का शाप दिया और वह समुद्र में चला गया। इस शाप के कारण जब सब कुछ क्षीण होने लगा तो विष्णु के कहने पर देव और दानवों ने समुद्रमंथन किया। उसी से सोम पुनः प्रकट हुआ।

2. पुराणों में वर्णित अमृत रस युक्त चंद्रमा जो शुक्ल पक्ष में एक-एक करके बढ़ता और कृष्ण पक्ष में घटता है। इसकी सोलह कलाओं में से पंद्रह कलाएं देवता ग्रहण कर लेते हैं और सोलहवीं अमावस्या जल और औषधि में प्रविष्ट हो जाती है।

सोमक

सृंजय (दे.) लोगों का राजा जो रामदेव ऋषि का आश्रयदाता था। पुराण इसे सहदेव का पुत्र और पांचाल देश का राजा बताते हैं। महाभारत में इसके द्वारा किए गए नरमेध की कथा दी गई है। इसकी सौ पत्नियां थीं, किन्तु पुत्र केवल एक था। अधिक पुत्रों की कामना से इसने पुरोहित के परामर्श पर एकमात्र पुत्र की बलि दे दी। उस नरमेघ यज्ञ के धुंए से इसे सौ पुत्र प्राप्त हुए। मृत्यु के बाद इसे स्वर्ग और नरमेध का परामर्श देनेवाले पुरोहित को नर्क मिला तो सोमक पुरोहित का साथ छोड़ने को राजी नहीं हुआ तब इसकी निष्ठा से प्रसन्न होकर यमराज ने दोनों को स्वर्ग भेज दिया।

सोमकीर्ति

कुरुक्षेत्र की सीमा में स्थित एक प्राचीन तीर्थ। महाभारत के अनुसार यहां स्नान करने से राजसूय यज्ञ का फल मिलता है। बदरीनाथ के निकट भी एक सोमकुंड नामक तीर्थ का वर्णन मिलता है। यहां पर तपस्या कर रहे चंद्रमा को विष्णु ने दर्शन दिए थे।

सोमदत्त

कुरुवंशी राजा जो भूरिश्रवा (दे.) का पिता था। देवकी के स्वयंवर में जब शनि नाम के यादव ने वसुदेव के लिए देवकी का हरण कर लिया तो सोमदत्त ने उसका विरोध किया इस पर शनि ने इसे भूमि पर पटककर लात मारी और तरह-तरह से अपमानित किया। इस अपमान का बदला लेने के लिए सोमदत्त ने रुद्र की तपस्या की और प्रसाद में भूरिश्रवा जैसा पुत्र प्राप्त किया। महाभारत युद्ध में

भूरिश्रवा ने शनि यादव के पुत्र युयुधानु सात्यकि को इसी प्रकार अपमानित करके अपने पिता का बदला ले लिया। बाद में अर्जुन द्वारा अनुचित ढंग से सात्यकि की सहायता करने के कारण उसके हाथों भूरिश्रवा का वध हुआ।

सोमनाथ

गुजरात के वेरावल या प्रभास क्षेत्र में जितने तीर्थ हैं उनमें सोमनाथ सबसे प्रसिद्ध है। यह शिव के द्वादश ज्योतिर्लिंगों में से एक है। इसका इतिहास बड़ा प्राचीन है। इस मंदिर का भंडार रत्नों से भरा हुआ था। पूजा के समय बजनेवाली घंटियां ही दो सौ मन सोने की जंजीर से लटकी रहती थीं। दो हजार पुजारी पूजा कराते थे। अभिषेक के लिए नित्य हरिद्वार से गंगा-जल मंगाने की व्यवस्था थी।

मंदिर की यही संपदा लुटेरों के लालच का कारण बनी। पहली बार 1026 ई. में महमूद गजनवी ने सोमनाथ के मंदिर को लूटा। शिवलिंग को तोड़ डाला और मंदिर में आग लगा दी। मंदिर फिर बना और फिर लूटा गया। इस प्रकार यह सात बार बना और नष्ट हुआ।

देश के स्वतंत्र होने पर राष्ट्रीय महत्व के इस मंदिर की ओर ध्यान गया। सरदार बल्लभ भाई पटेल की प्रेरणा से प्राचीन मंदिर के स्थान पर एक नया विशाल मंदिर बन चुका है। नए मंदिर में शिवलिंग की स्थापना के समारोह में देश के प्रथम राष्ट्रपति डा. राजेन्द्र प्रसाद भी उपस्थित थे। इस मंदिर के निकट ही एक संग्रहालय है। जिसमें प्राचीन मंदिर के अवशेष रखे हुए हैं। निकट ही अहिल्याबाई का बनवाया मंदिर भी है।

यहां से कुछ दूर यादव स्थली है जहां लड़कर यदुवंशी समाप्त हुए थे। एक अन्य स्थान 'भालक तीर्थ' है। यहीं पर एक भील ने भ्रमवश श्रीकृष्ण के पैर में तीर मार दिया था जिससे वे गोलोकवासी हो गए।

सोमनाथ के संबंध में एक कथा भी मिलती है। दक्ष प्रजापति ने अपनी 27 पुत्रियां चंद्रमा को ब्याह दीं। जब चंद्रमा ने रोहिणी को छोड़कर अन्य की उपेक्षा की तो दक्ष ने उसे क्षय हो जाने का शाप दिया। सोमनाथ में तपस्या करने से चंद्रमा क्षय से मुक्त हुआ था।

सोमवती अमावस्या

अमावस्या की गणना सामान्य रूप से भी विशिष्ट पर्व के रूप में की जाती है। यदि अमावस्या सोमवार को पड़ती है तो उस दिन व्रत रखना विशेष रूप से फलदायी माना जाता है। उस दिन गंगा-स्नान का बड़ा महत्व है। धर्मशास्त्रों में कहा गया है कि सोमवती अमावस्या का स्नान और दान सभी पापों का नाश करता है। उस दिन व्रत रखने से अक्षय धन-संपत्ति की प्राप्ति होती है। इस व्रत में पीपल के वृक्ष

की जड़ में विष्णु की पूजा करने और प्रदक्षिणा करते हुए वृक्ष के चारों ओर 108 बार कच्चा सूत लपेटने का विधान है।

सोरों

उत्तर प्रदेश के एटा जिले में गंगा नदी के निकट स्थित एक प्राचीन प्रसिद्ध तीर्थ। पौराणिक कथाओं के अनुसार पृथ्वी का आविर्भाव सर्वप्रथम यहीं हुआ था। इसे 'वराह क्षेत्र' या 'सूकर क्षेत्र' भी कहते हैं। किसी समय यह स्थान एकदम गंगा के तट पर था, पर अब गंगा दूर हट गई है। घाटों के किनारे एक लंबा सरोवर है जो बूढ़ी गंगा कहलाता है। यहां अनेक मंदिर हैं। इस क्षेत्र की परिक्रमा का भी नियम है। लोग बूढ़ी गंगा में अस्थि-विसर्जन के लिए आते हैं।

कुछ लोग सोरों को संत तुलसीदास की जन्मभूमि मानते हैं।

सोलह महाजनपद

भारत के सोलह महाजनपदों का उल्लेख ईसा पूर्व छठी शताब्दी से भी पहले का है। ये महाजनपद थे—

1. कुरु—मेरठ और थानेश्वर; राजधानी इन्द्रप्रस्थ।
2. पांचाल—बरेली, बदायूं और फर्रुखाबाद; राजधानी अहिछत्र तथा काम्पिल्य।
3. शूरसेन—मथुरा के आसपास का क्षेत्र; राजधानी मथुरा।
4. वत्स—इलाहाबाद और उसके आसपास; राजधानी कौशांबी।
5. कोशल—अवध; राजधानी साकेत और श्रावस्ती।
6. मल्ल—जिला देवरिया; राजधानी कुशीनगर और पावा (आधुनिक पडरौना)।
7. काशी—वाराणसी; राजधानी वाराणसी।
8. अंग—भागलपुर; राजधानी चंपा।
9. मगध—दक्षिण विहार; राजधानी गिरिव्रज (आधुनिक राजगृह)।
10. वज्जि—जिला दरभंगा और मुजफ्फरपुर; राजधानी मिथिला, जनकपुर और वैशाली।
11. चेदि—बुंदेलखंड; राजधानी शुक्तिमती (वर्तमान बांदा के पास)।
12. मत्स्य—जयपुर; राजधानी विराट।
13. अश्मक—गोदावरी घाटी; राजधानी पांडन्य।
14. अवंति—मालवा; राजधानी उज्जयनी।
15. गांधार—पाकिस्तान स्थित पश्चिमोत्तर क्षेत्र; राजधानी तक्षशिला।
16. कंबोज—कदाचित आधुनिक अफगानिस्तान; राजधानी राजापुर।

इनमें से क्रम संख्या 1 से 7 तक तथा संख्या 11 के आठ जनपद अकेले उत्तर प्रदेश में स्थित थे। काशी, कोशल और वत्स की सर्वाधिक ख्याति थी।

सोहनलाल पाठक

राष्ट्रसेवी सोहनलाल पाठक का जन्म 1883 ई. में अमृतसर में हुआ था। आपने अध्यापन-कार्य से जीवन आरंभ किया। लाला लाजपत राय आदि से संपर्क रखने के कारण विद्यालय से निकाल दिए गए। कुछ दिन लालाजी के उर्दू पत्र 'बंदेमातरम्' में काम किया। 1914 ई. में अमेरिका जाकर गदर पार्टी में सम्मिलित हो गए। भारतीय सिपाहियों को अंग्रेजों के विरुद्ध प्रेरित करने के उद्देश्य से इन्हें मलाया, सिंगापुर और बर्मा भेजा गया। इनके प्रयत्न से सिंगापुर में कुछ सिपाहियों ने विद्रोह किया जो बलपूर्वक दबा दिया गया। पाठक इसी काम के लिए बाद में बर्मा आए, पर गिरफ्तार कर लिए गए। सरकार के विरुद्ध षड्यंत्र का अभियोग लगाकर 10 फरवरी, 1916 ई. को मांडले जेल में इन्हें फांसी दे दी गई।

सोहम्

वेदांत में ब्रह्म और जीव को एक ही माना गया है, दोनों में कोई अंतर नहीं। इसलिए वेदांती कहता है : 'सोहम्'—मैं वही हूं अर्थात् मैं ब्रह्म हूं। उपनिषदों में इसी बात को 'अहं ब्रह्मास्मि' तथा 'तत्वमसि' कहकर व्यक्त किया है।

सौति

रोमहर्षण सूत नामक पुराणवेत्ता आचार्य के पुत्र और शिष्य जिन्हें पुराणों में 'जगतगुरु' और 'महामुनि' कहा गया है। सौति ने ही नैमिषारण्य में ऋषियों को महाभारत की कथा सुनाई थी।

महाभारत की कथा विभिन्न अवसरों पर तीन आचार्यों ने सुनाई। सर्वप्रथम थे व्यास, जिन्होंने 'जय' नामक अपना ग्रंथ अपने शिष्य वैशंपायन को सुनाया। उस ग्रंथ में पर्याप्त परिवर्तन करके 'भारत' नाम से उसे वैशंपायन ने जनमेजय राजा को सुनाया। इसी ग्रंथ में सौति ने अनेक आख्यान जोड़े और 'हरिवंश' नामक एक स्वतंत्र ग्रंथ भी जोड़ दिया। इसी ग्रंथ का पाठ सौति ने नैमिषारण्य में में शौनकादि ऋषियों के सामने किया। वर्तमान समय में उपलब्ध महाभारत जो बढ़ते-बढ़ते एक लाख श्लोकों का है, इन्हीं सौति रचित बताया जाता है, यद्यपि इस ग्रंथ के आदिप्रवर्तक व्यास थे।

सौभरि

ऋग्वेद के मंत्रद्रष्टा एक ऋषि जिन्होंने मान्धाता की 50 कन्याओं के साथ विवाह

किया था। एकबार यमुना नदी के किनारे तपस्या करते समय मछलियों को रति-क्रीड़ा में लगा देखकर इनके मन में विवाह की इच्छा उत्पन्न हुई। ऋषि मान्धाता के पास पहुंचे और उनसे एक कन्या देने का अनुरोध किया। वृद्ध सौभरि को देखकर मान्धाता ने उन्हें टालने के उद्देश्य से कहा—मेरी 50 कन्याएं हैं। उनमें से जो आपको पसंद करे, उसके साथ आप विवाह कर लें।

सौभरि मान्धाता की नीयत समझ गए। उन्होंने योगबल से तत्काल अपना वृद्ध रूप त्यागा और सुंदर नवयुवक का रूप धारण करके मान्धाता की कन्याओं के सामने जा खड़े हुए। उन पचासों ने सौभरि का वरण कर लिया। बाद में उन्हें विरक्ति हुई और अपने पीछे पांच सौ पुत्रों को छोड़कर उन्होंने समाधि ले ली।

सौरमंडल

1. सामान्यत: सूर्य तथा उसके प्रमुख ग्रह, यथा—बुध, शुक्र, मंगल, बृहस्पति, शनि, चंद्रमा और पृथ्वी। इन ग्रहों की गणना सौरमंडल में की जाती है।
2. जब सूर्य स्वर्ग और भूमि के बीच बारह महीनों में मेष, वृष आदि बारह राशियों का चक्कर पूरा करता है तो एक वर्ष होता है। भारतीय कालगणना में इसी को संवतसर कहा जाता है। इस सौरमंडल में चंद्रमा, नक्षत्रमंडल, बुद्ध ग्रह, अंगारक, बृहस्पति, शनि, सप्तर्षि, ध्रुव नक्षत्र आदि आते हैं।

सौर पुराण

यह उपपुराण है और क्रमानुसार सोलहवां उपपुराण माना जाता है। यद्यपि इसके नाम से अनुमान होता है कि इसका संबंध सूर्य से होगा, पर ऐसा नहीं है। यह शिव संबंधी उपपुराण है। हां, सूर्य ने इसे मनु से कहा है। इसका मुख्य उद्देश्य शिव और विष्णु के भक्तों में प्रचलित विवाद को मिटाना और समाज में सामंजस्य स्थापित करना है। इसमें कहा गया है कि शिव और विष्णु में भेद देखने से पाप लगता है।

सौर संप्रदाय

सूर्य की उपासना करनेवाला यह संप्रदाय वैष्णव संप्रदाय की ही उपशाखा माना जाता है। यह अत्यंत प्राचीन है क्योंकि ऋग्वेद में भी सूर्य की पूजा का उल्लेख मिलता है। परंतु संप्रदाय के रूप में यह स्पष्ट रूप से महाभारत काल में सामने आया। इसके अनुसार सूर्य ही सनातन ब्रह्म, सबका मूल कारण और उद्गम है। पांचवीं से लेकर दसवीं-ग्यारहवीं शताब्दी तक उत्तर भारत में सौर संप्रदाय का प्रचलन अधिक था। सूर्य-मंदिरों का निर्माण भी इसी अवधि में हुआ। बाद में आदित्यवर्ग के देवताओं को वैष्णव संप्रदाय द्वारा अपने में मिला लेने की प्रवृत्ति के

कारण पृथक् रूप से सौर संप्रदाय का ह्रास होने लगा।

स्कंद

शिव के पुत्र और देवताओं के सेनापति एक देवता जिनका अवतार तारकासुर का वध करने के लिए हुआ था। ब्रह्मांडपुराण में इन्हें शिव के रज से और महाभारत में अग्नि के रज से उत्पन्न बताया गया है। इनका एक नाम कार्तिकेय भी है।

तारकासुर राक्षस को ब्रह्मा ने वर दिया था कि सात दिन के शिशु के अतिरिक्त कोई उसका वध नहीं कर सकेगा। स्कंद के उत्पन्न होते ही सभी देवताओं ने इन्हें अपने अस्त्र प्रदान किए और अपना सेनापति बनाया। जन्म के ठीक सातवें दिन स्कंद ने तारकासुर का वध कर दिया।

पुराण में यह भी उल्लेख मिलता है कि बाद में स्कंद असंयमित जीवन बिताने लगा था। उसे सुमार्ग पर लाने के लिए माता पार्वती ने संसार की सभी स्त्रियों में उसे अपना ही रूप दिखाना आरंभ कर दिया। इससे स्कंद कुमार्ग से हट गया और पूजनीय बन गया।

कहीं-कहीं स्कंद को शिव का अवतार भी कहा गया है। संहिता और सूत्रग्रंथों में भी इसका उल्लेख मिलता है। स्कंद या कार्तिकेय की पूजा का प्रचलन बहुत पुराना है। इनकी कुमारावस्था की मूर्ति निर्मित होती है। मूर्ति के सामान्यतः छह सिर होते हैं। मयूर स्कंद का वाहन है। पतंजलि के महाभाष्य में स्कंद की मूर्तियों का उल्लेख है। कुषाणों ने इन्हें अपनी मुद्राओं में स्थान दिया है। चालुक्य वंश ने स्कंद को अपना इष्टदेव माना है। इनके कई नाम प्रचलित हैं—कुमार, कार्तिकेय, महासेन, सुब्रह्मण्य, षडमुख, सेनापति आदि। योगमार्ग में भी स्कंद को शक्ति का प्रतीक माना जाता है। स्कंद की पूजा का प्रचलन दक्षिण भारत में अधिक है।

स्कंदगुप्त

गुप्तवंश का अंतिम सम्राट जो अपने पिता कुमारगुप्त के बाद 455 ई. में गद्दी पर बैठा और 468 ई. तक शासनारूढ़ रहा। उसका 13 वर्ष का शासनकाल अधिकतर युद्ध में ही बीता। हूंण बार-बार आक्रमण करते रहे। यद्यपि उन्हें हर बार पराजय का मुख देखना पड़ा, फिर भी इन आक्रमणों से राज्य की आर्थिक स्थिति को बड़ा आघात पहुंचा।

स्कंद पुराण

पुराणों के क्रम में इसका तेरहवां स्थान है। अपने वर्तमान में इसके खंडात्मक और संहितात्मक दो रूप उपलब्ध हैं और दोनों में से प्रत्येक में 81 हजार श्लोक हैं। इस प्रकार यह आकार की दृष्टि से सबसे बड़ा पुराण है।

इसमें स्कंद (कार्तिकेय) द्वारा शिवतत्व का वर्णन किया गया है। इसीलिए इसका नाम स्कंदपुराण पड़ा। इसमें तीर्थों के उपाख्यानों और उनकी पूजा-पद्धति का भी वर्णन है। 'वैष्णवखंड' में जगन्नाथपुरी का और 'काशीखंड' में काशी के समस्त देवताओं, शिवलिंगों का आविर्भाव और महात्म्य बताया गया है। 'आवन्त्य-खंड' में उज्जैन के महाकलेश्वर का वर्णन है।

हिंदुओं के घर-घर में प्रसिद्ध 'सत्यनारायण व्रत' की कथा 'रेवाखंड' में मिलती है। तीर्थों के वर्णन के माध्यम से यह पुराण पूरे देश का भौगोलिक वर्णन प्रस्तुत करता है।

स्कंदपुराण का मूल रचनाकाल सातवीं शताब्दी माना जाता है, पर इसमें समय-समय पर सामग्री जुड़ती गई है। इसके वृहदाकार का यही कारण है।

स्थाण्वीश्वर

वर्तमान थानेश्वर का प्राचीन नाम। अंबाला के निकट यहां पर शिव का एक प्रसिद्ध मंदिर है। प्राचीन समय में यहां सरस्वती नदी बहती थी। पुराणों में इस तीर्थ की बड़ी महत्ता बताई गई है।

स्नातक

प्राचीन भारत में शिक्षा के लिए ब्रह्मचारी यज्ञोपवीत संस्कार के बाद गुरुकुल में प्रवेश करता था। शिक्षा पूरी होने पर, उसे याज्ञी स्नान कराया जाता और 'स्नातक' की संज्ञा मिलती थी। शिक्षा-संस्कार और विनय की पूर्णता अथवा अपूर्णता की दृष्टि से स्नातकों के तीन प्रकार माने जाते थे—1. विद्यास्नातक—जिसने केवल वेदाध्ययन पूर्ण किया हो। 2. व्रतस्नातक—जिसने ब्रह्मचर्य आश्रम के व्रतों और नियमों का पालन तो किया हो किंतु वेदाध्ययन में पूर्णता प्राप्त न की हो। 3. विद्याव्रत स्नातक—जिसे वेदाध्ययन और नियम-पालन में समान सिद्धि हो।

स्नान

स्नान के तीन मुख्य भेद बताए गए हैं—1. नित्य स्नान—प्रत्येक दिन का धार्मिक कृत्य। 2. नैमित्तिक स्नान—ग्रहण, अशौच आदि में किया गया स्नान। 3. काम्य स्नान—तीर्थों में किया गया स्नान। इन तीन प्रकारों के अतिरिक्त सात प्रकार के स्नान और बताए गए हैं—1. मान्त्र (मंत्र से स्नान), 2. भौम (मिट्टी से स्नान), 3. आग्नेय (अग्नि से स्नान), 4. वायव्य (वायु से स्नान), 5. दिव्य (वर्षा से स्नान), 6. वारुण (जल से स्नान) और 7. मानस (मानसिक स्नान)।

स्मृति

धर्मशास्त्र और व्यवहार के क्षेत्र में श्रुति (वेद) और सूत्र ग्रंथों के बाद स्मृतियों का ही स्थान है। कालांतर में स्मृति का अर्थ ही धर्मशास्त्र हो गया। इनका रचनाकाल 200 ई.पू. से 800 ई. तक माना जाता है।

स्मृतियों में मनुस्मृति और याज्ञवल्क्य स्मृति सबसे महत्वपूर्ण हैं। मनुस्मृति में आचार और याज्ञवल्क्य स्मृति में व्यवहार (कानून) के विषयों की प्रधानता है। कुल स्मृतियां कितनी मानी जाएं, इस पर बड़ा मतभेद है। प्राचीन ग्रंथों में उनकी संख्या भिन्न-भिन्न अंकित है। फिर भी जो स्मृतियां मिलती हैं और मुख्य रूप से मानी जाती हैं, वे 17 हैं—मनु, याज्ञवल्क्य, पाराशर, नारद, बृहस्पति, कात्यायन, अंगिरा, दक्ष, पितामह, पुलस्य, प्रचेतस्, प्रजापति, मरीचि, यम, विश्वामित्र, व्यास और हारीत।

सभी स्मृतियों के वर्णित विषय आचार, व्यवहार और प्रायश्चित इन तीन भागों में विभाजित किए जाते हैं। सबसे प्राचीन होने पर भी मनुस्मृति और याज्ञवल्क्य स्मृति की आज भी सर्वाधिक मान्यता है।

स्मार्त

स्मृतियों में दिए गए आचार-विचारों का पालन करनेवाले स्मार्त कहलाते हैं। आचरण की दृष्टि से वैष्णवों के दो भेद माने जाते हैं—'स्मार्त' और 'भागवत'। जो वैष्णव स्मृतियों में वर्णित परंपरागत धर्म का पालन करते हैं, वे स्मार्त कहलाते हैं। जो लोग परंपरा और विधि के स्थान पर विष्णु की भक्ति और आत्मसमर्पण को बल देते हैं, वे भागवत कहलाते हैं।

स्यमन्तक मणि

यादव राजा सत्राजित को सूर्य के प्रसाद से प्राप्त एक मणि जो अत्यंत तेजस्वी, रोगनाशक, समृद्धि बढ़ानेवाली तथा नित्य स्वर्ण देनेवाली थी। श्रीकृष्ण ने इसे राजा उग्रसेन के लिए मांगा, पर सत्राजित ने अस्वीकार कर दिया।

एक दिन सत्राजित का छोटा भाई प्रसेनजित मणि को गले में पहनकर शिकार खेलने गया। वहां एक सिंह ने उसे मारकर मणि ले ली। बाद में जांबवान रीछ ने सिंह को भी मार डाला और मणि लेकर अपनी गुफा में घुस गया। भाई के वन से न लौटने और मणि के खो जाने पर सत्राजित ने द्वारकावासियों के बीच यह आरोप लगाया कि शायद मणि के लोभ में श्रीकृष्ण ने प्रसेनजित को मारकर मणि ले ली है।

इस मिथ्यावाद को मिटाने के लिए कृष्ण मणि की खोज में निकले। पद-चिह्नों के सहारे वे जांबवान की गुफा तक पहुंचे। दोनों में भयंकर युद्ध हुआ। अंत

में श्रीकृष्ण की सामर्थ्य देखकर जांबवान ने अपनी कन्या जांबवती और मणि उन्हें दे दी। द्वारका लौटकर श्रीकृष्ण ने मणि सत्राजित को देकर अपने ऊपर लगा चोरी का कलंक मिटाया। सत्राजित ने श्रीकृष्ण से क्षमा मांगी और अपनी कन्या सत्यभामा का उनके साथ विवाह कर दिया।

परंतु अक्रूर और कृतवर्मा सत्यभामा से विवाह करना चाहते थे। उन्होंने श्रीकृष्ण की अनुपस्थिति में शतधन्वा के हाथों सत्राजित का वध करवाकर मणि पर अधिकार कर लिया। बाद में सत्यभामा से सूचना मिलने पर श्रीकृष्ण ने शतधन्वा का वध किया। किंतु मणि पहले ही अक्रूर को मिल चुकी थी और उसी के पास रही।

स्वर्ग

पुराणों में सात लोकों की कल्पना की गई है। वे सूर्यलोक से लेकर ध्रुवलोक तक फैले हुए हैं। इन्हीं में से एक लोक स्वर्गलोक भी है। यह प्रधान रूप से देवताओं का निवास-स्थान माना जाता है। इस संसार में जो व्यक्ति पुण्य और सत्यकर्म करता है, उसकी आत्मा मृत्यु के बाद इसी लोक में निवास करती है। विष्णु पुराण के अनुसार यहां किसी प्रकार का कष्ट नहीं है। न जन्म है और न मृत्यु का भय। यहां निवास करने की अवधि प्राणी के पुण्य-कर्मों से निर्धारित होती है। पुण्यों की अवधि समाप्त होने पर वह कर्मों के अनुसार फिर शरीर धारण करता है। यह क्रम उस समय तक चलता रहता है, जब तक वह पूर्ण रूप से मुक्त होकर मोक्ष नहीं पा लेता। स्वर्ग को इंद्रभुवन, द्यो, सुरलोक, ऊर्ध्वलोक आदि भी कहते हैं।

स्वदेशी आंदोलन

भारत में स्वदेशी आंदोलन यद्यपि 'बंगभंग' (दे.) के समय विशेष रूप से फैला, परंतु इस विचार का आरंभ काफी पहले हो चुका था। 1872 ई. में 'बंगदर्शन' में बंकिमचंद्र ने लिखा—'जो विज्ञान स्वदेशी होने पर हमारा दास होता, वह विदेशी होने के कारण हमारा प्रभु बन बैठा है। हम लोग दिन-पर-दिन साधनहीन होते जा रहे हैं।' इसी प्रकार 'मुखर्जीज मैगजीन' में 1874 ई. में लिखा गया था—'आइए हम सब लोग संकल्प करें कि विदेशी वस्तु नहीं खरीदेंगे। ···भारत की उन्नति भारतीयों द्वारा ही संभव है।' बाद में बंगभंग और गांधीजी की असहयोग की विचारधारा ने इस आंदोलन को बहुत आगे बढ़ाया।

स्वधा

दक्ष प्रजापति की एक पुत्री जो अग्नि या प्रसूति के गर्भ से उत्पन्न हुई थी। इसकी

तीन मानस-पुत्रियां—मेघा, धन्वा और कलावती एकबार विष्णु के दर्शन के लिए गई थीं। उसी समय सनकादि भी वहां पहुंचे तो ये उनके स्वागत में खड़ी नहीं हुईं। इस पर सनत्कुमारों ने इन्हें मनुष्यों की स्त्री बनने का शाप दे दिया। इसी शाप के कारण मेघा को हिमालय की पत्नी, धन्वा को राजा जनक की पत्नी और कलावती को वृषभानु वैश्य की पत्नी बनना पड़ा था।

स्वयं रामदेव

15वीं शताब्दी के धर्म प्रचारक हरिव्यासदेव के शिष्य जिन्होंने पंजाब में वैष्णव धर्म का प्रभाव बढ़ाने में महत्वपूर्ण योग दिया। उस समय गोरखपंथी साधु साधना के पथ से हट गए थे और वैष्णवों से उनका संघर्ष होने लगा था। स्वयंभू रामदेव ने अपने भजनों और साधना से गोरखपंथी नाथों का हृदय परिवर्तन करके यह संघर्ष समाप्त कराया।

स्वयंप्रभा

रावण की पत्नी मंदोदरी की माता। यह इंद्र की सभा की एक अप्सरा थी जिसका मय दानव ने अपहरण कर लिया था। सीता की खोज में जाते समय हनुमान से इसकी भेंट हुई थी। उनसे सीताहरण का समाचार सुनकर स्वयंप्रभा ने वानरों को आगे बढ़ने में सहायता प्रदान की थी।

स्वयंवर

विवाह की एक प्रथा जिसमें कन्या सार्वजनिक रूप से स्वयं अपने वर का चुनाव करती थी। वैदिक काल में यह प्रथा चारों वर्णों में प्रचलित थी। रामायण और महाभारत काल में यह राजन्य वर्ग तक सीमित हो गई। उनमें भी इसका रूप संकुचित हो गया। पिता द्वारा निर्धारित शर्त पूरी करनेवाले के साथ कन्या का विवाह कर दिया जाता था। सीता का स्वयंवर ऐसा ही था। मध्यकाल में भी इस प्रथा के कुछ उल्लेख मिलते हैं, जैसे संयोगिता द्वारा पृथ्वीराज का वरण। आगे चलकर जब स्त्रियों के अधिकार सीमित हो गए तो वे इस सुविधा से भी वंचित हो गईं।

स्वरभानु

ऋग्वेद में वर्णित एक असुर जो सूर्य को ग्रसता है। पुराणों में इसे राहु (दे.) कहा गया है। एकबार इसने सूर्य को ढककर सारी सृष्टि को दयनीय स्थिति में डाल दिया। तब देवताओं ने साम का पाठ करके इससे मुक्ति पाई। एक स्थान पर इसे कश्यप और दनु का पुत्र बताया गया है।

स्वराज्य पार्टी

1922 ई. में कांग्रेस का सत्याग्रह आंदोलन शिथिल हो जाने पर चित्तरंजनदास (दे.) और मोतीलाल नेहरू (दे.) के नेतृत्व में कांग्रेस जनों ने 'स्वराज्य पार्टी' नामक राजनीतिक दल बनाया। यह दल संगठन में विचार-भेद के कारण बना। कुछ लोग कौंसिलों के चुनाव में भाग लेकर अंग्रेज सरकार के लिए भीतर से भी समस्याएं पैदा करना चाहते थे। दूसरे लोग इस विचार से सहमत नहीं थे। बाद में कांग्रेस ने यह निर्णय किया कि जो लोग कौंसिलों के चुनाव में भाग लेना चाहते हैं, उन्हें ऐसा करने दिया जाए। इस प्रकार 'स्वराज्य पार्टी' अलग दल रहते हुए भी उसके सदस्य कांग्रेस के सदस्य बने रहे। इस पार्टी के घोषणा-पत्र में कहा गया था—'स्वराज्य पार्टी कांग्रेस के अंदर एक पार्टी है। अतएव वह कांग्रेस का एक हिस्सा है। स्वराज्य पार्टी का प्रथम और प्रमुख कर्त्तव्य कौंसिलों के भीतर और बाहर कांग्रेस की प्रतिष्ठा की रक्षा करना है।'

स्वरोचिष्

राजा मनु और वरुथनी का पुत्र एक राजा जिसे समस्त प्राणियों की भाषा आती थी। इसने पूर्व में विजय, उत्तर में नंदवती और दक्षिण में तालनगर नामक नगर बसाये थे। हंसों के एक जोड़े ने एकबार स्वरोचिष् को विलासी कहकर आलोचना की। यह सुनकर राजा विरक्त हो गया और वन में चला गया। बाद में वन देवता की कृपा से इसे द्विमति नाम का पुत्र प्राप्त हुआ जो चक्रवर्ती सम्राट बना।

स्वस्तिक

1. एक मांगलिक प्रतीकचिह्न, जो शुभ अवसरों पर अंकित किया जाता है। स्वस्तिक का शाब्दिक अर्थ है—जो स्वस्ति अथवा क्षेम का कथन करता है। यह सिद्धिदायक और विघ्नविनाशक गणेश का लिप्यात्मक स्वरूप है।

2. एक मंत्र जो शुभ और शांति के लिए प्रयुक्त होता है। गृहनिर्माण, यात्रारंभ और पुत्रजन्म के समय इस मंत्र को बोलने की परंपरा रही है।

3. महाभारत के अनुसार गिरिव्रज में रहनेवाला एक नाग, जो वरुण की सभा में उसकी उपासना करता था।

स्वाहा

अग्नि की पत्नी जिसको अत्यधिक तप करने के कारण देवताओं का अंश पहुंचाने का शुभ कार्य सौंपा गया। स्कंद (दे.) इसका पुत्र बताया जाता है। स्कंद ने ही इसे आशीर्वाद दिया कि लोग अग्नि में आहुति देते समय 'स्वाहा' कहकर सदा तुम्हारा स्मरण करेंगे।

ह

हंस

1. कश्यप और अरिष्टा का पुत्र एक गंधर्व जिसके अंश से धृतराष्ट्र उत्पन्न हुआ था।

2. विष्णु का एक अवतार जिसने ब्रह्मा की उपस्थिति में सनकादि ऋषियों को योग की शिक्षा दी थी। यह शिक्षा महाभारत में 'हंस गीता' के नाम से संकलित है।

3. जरासंध का एक मंत्री जिसने अपने भाई बिंभक के साथ तपस्या करके शिव से युद्ध में अजेय होने का वरदान प्राप्त कर लिया था। इसके बाद ये लोगों को सताने लगे। इसी क्रम में जब इन्होंने दुर्वासा को कष्ट पहुंचाया तो ऋषि ने शाप दिया कि तुम विष्णु के हाथों मारे जाओगे।

अपने उन्माद में हंस ने राजसूय यज्ञ की घोषणा की और श्रीकृष्ण के पास अधीनता स्वीकार करने तथा कर देने का संदेश भेजा। इस पर श्रीकृष्ण ने उसे युद्ध के लिए ललकारा और धकेलकर पाताल में फेंक दिया जहां सांपों के डसने से उसकी मृत्यु हो गई।

हंसराज, महात्मा

दयानंद ऐंग्लो वैदिक (डी.ए.वी.) शिक्षा संस्थाओं के संस्थापक और प्रसिद्ध समाज सुधारक महात्मा हंसराज का जन्म 19 अप्रैल 1864 ई. को पंजाब में होशियारपुर के निकट हुआ था। शिक्षा पूरी करने के बाद आप स्वामी दयानंद सरस्वती (दे.) के प्रभाव में आए। 1883 ई. जब स्वामीजी को जहर देकर मार डाला गया तो पंजाब के आर्यसमाजियों ने भारतीय शिक्षा पद्धति के आधार पर डी.ए.वी. स्कूल और कालेज खोलने का निश्चय किया। जब यह योजना धन की कमी के कारण कार्यान्वित होती न दिखाई दी तो महात्मा हंसराज ने इस काम के लिए निःशुल्क अपना जीवन-दान कर दिया। देश भर में फैले हुए डी.ए.वी स्कूल और कालेज उन्हीं के प्रयत्नों के परिणाम हैं।

महात्मा हंसराज समाज सुधारक भी थे। बाल-विवाह का विरोध करने के लिए उन्होंने इंटर तक की कक्षाओं में विवाहित लड़कों के प्रवेश पर रोक लगा दी थी। उनके छात्रावासों में हरिजन छात्र भी सवर्णों के साथ रहते और भोजन करते थे। उन्होंने बालिकाओं की शिक्षा के लिए भी अनेक स्कूल खोले। उन्हें राज-

नीतिक महत्वाकांक्षा छू भी नहीं गई थी। वे स्वयं को 'नींव का पत्थर' कहते थे। लगभग 60 वर्ष तक रचनात्मक कार्यों में लगे रहने के बाद 15 नवंबर 1938 ई. महात्मा हंसराज का देहांत हुआ।

हजारीप्रसाद द्विवेदी

बचपन का नाम बैजनाथ द्विवेदी। श्रावण शुक्ल एकादशी संवत् 1964 (1907 ई.) का जन्म। जन्मस्थान दुबे का छपरा ओझबालिया, बलिया, उत्तर प्रदेश। पिता श्री अनमोल द्विवेदी और माता श्रीमती ज्योतिष्मती। 1927 ई. में श्रीमती भगवती देवी के साथ विवाह। 1929 ई. में संस्कृत साहित्य में शास्त्री और 1930 ई. में ज्योतिष विषय लेकर शास्त्राचार्य की उपाधि पाई।

8 नवम्बर 1930 ई. को हिंदी शिक्षक के रूप में शांतिनिकेतन में कार्यारंभ, वहीं अध्यापन 1930 ई. से 1950 ई. तक। 1941 ई. से 1947 ई. तक 'विश्वभारती' का संपादन। 1952 ई. से 1953 ई. तक काशी नागरी प्रचारिणी सभा के अध्यक्ष। साहित्य अकादमी दिल्ली की साधारण सभा और प्रबन्ध समिति के सदस्य। राजभाषा आयोग के राष्ट्रपति-मनोनीत सदस्य 1955 ई.। 1957 ई. में राष्ट्रपति द्वारा 'पद्मभूषण' उपाधि से सम्मानित। 1973 में केन्दीय साहित्य अकादमी द्वारा पुरस्कृत। जीवन के अंतिम दिनों में 'उत्तर प्रदेश हिंदी संस्थान' के उपाध्यक्ष रहे। 19 मई 1979 ई. को देहावसान 'वाणभट्ट की आत्मकथा', 'चारूचन्द्रलेख', 'अनामदास का पोथा' और 'पुनर्नवा', उपन्यासों के अलावा द्विवेदीजी के सैकड़ों साहित्यिक निबन्ध हजारीप्रसाद द्विवेदी ग्रंथावली के 11 खंडों में प्रकाशित हैं।

हठयोग

योग की एक प्रमुख साधना-पद्धति जिसमें श्वास-निरोध के द्वारा कुंडलिनी को जगा कर ऊपर की ओर प्रेरित किया जाता है। इसका मुख्य प्रचलन शैवों में रहा है जिनमें मत्स्येंद्रनाथ और गोरखनाथ प्रमुख थे। बौद्धों ने भी हठयोग को अपनाया। यह चित्तवृत्तियों के प्रवाह को संसार की ओर जाने से रोककर अंतर्मुखी करने की प्राचीन साधना पद्धति है।

हडप्पा

प्राचीन सिंधु घाटी सभ्यता का एक प्रमुख केन्द्र जो अब पाकिस्तान के मांटगोमरी ज़िले में पड़ता है। पुरातत्व की खुदाई में यहां पर एक व्यवस्थित नगर के अवशेष मिले हैं। यह नगर लगभग 3 मील के घेरे में बसा हुआ था। उसमें अनाज के गोदाम, श्रमिकों का निवास, चारों ओर ऊंची दीवारों से घिरा हुआ और बड़े-बड़े

द्वारों से युक्त किला और श्मशान भूमि तक के अवशेष पाए गए हैं। यहां बहुत-सी मोहरें भी निकली हैं, किंतु उनकी लिपि अभी तक पढ़ी नहीं जा सकी। जो कुछ उपलब्ध हुआ है उससे विदित होता है कि प्राचीन काल में यहां बड़ी उन्नत सभ्यता विद्यमान थी।

हनुमान

अंजनी के गर्भ से उत्पन्न केसरी के पुत्र हनुमान को वायु या मरुत देवता का पुत्र भी कहा जाता है। केसरी सुमेरु पर्वत पर रहनेवाले वानरों का राजा था। हनुमान की मां अंजनी फलों के लिए वन में गई हुई थी। वहीं इनका जन्म हुआ। तुरंत ही इन्हें भूख का अनुभव हुआ और सूर्य को फल समझ कर उसे खाने के लिए दौड़े। सूर्य इनकी चपेट में आकर कराह उठा। इस पर इंद्र ने वज्र से प्रहार किया जिससे इनकी ठोड़ी (हनु.) टेढ़ी हो गई और हनुमान नाम पड़ गया।

अपने पुत्र पर इंद्र का प्रहार देखकर पवन ने चलना बंद कर दिया। इस पर घबराए हुए देवता दौड़े-दौड़े वहां आए और हनुमान को उड़ने की तथा नाना रूप धारण करने की शक्तियां दीं एवं उन्हें अमरता का वरदान दिया। हनुमान का एक नाम बजरंगबली भी है। इनका शरीर वज्र का बना हुआ माना जाता है।

राम-भक्तों में हनुमान सर्वश्रेष्ठ हैं। इन्होंने अतुलित पराक्रम और चातुर्य से सीता की खोज की। राम-रावण युद्ध में पग-पग पर इनके शौर्य का परिचय मिला। इन्होंने रावण के कई सेनापतियों का वध किया और लक्ष्मण के मूर्छित हो जाने पर हिमालय से पूरा पर्वत ही उठा लाए। हनुमान ब्रह्मचारी थे, फिर भी कहते हैं कि इनके पसीने की बूंद से एक मगर ने मकरध्वज को जन्म दिया। अहिरावण-महिरावण युद्ध के समय उसकी हनुमान से भेंट हुई थी।

हम्मीरदेव

रणथंभौर का प्रसिद्ध चौहान राजा जो 1282 ई. में गद्दी पर बैठा और 1301 ई. में मृत्यु तक शासनारूढ़ रहा। हम्मीर बडा प्रतापी और आन-बान का शासक था। उसने राजपूताना में आबू तक और मालवा में उज्जैन तक अपने राज्य की सीमा बढ़ा ली थी। वह बड़ा शक्तिशाली था। इसीलिए जलालुद्दीन खिलजी को 1291 ई. में रणथंभौर का किला जीतने का प्रयत्न छोड़ देना पड़ा। उसने दो बार फिर सुल्तान के आक्रमणों को विफल किया। 1301 ई. में जब सुल्तान ने स्वयं आकर तीसरी बार घेरेबंदी की, तभी हम्मीर पराजित हुआ।

हयग्रीव

इसका उल्लेख कई संदर्भों में मिलता है। देवी भागवत के अनुसार इस असुर ने

तपस्या करके वर प्राप्त कर लिया था कि हयग्रीव के अतिरिक्त अन्य कोई इसे मार न सकेगा जब इसका उत्पात बहुत बढ़ गया तो विष्णु ने 'हयग्रीव' अवतार लेकर इसका वध किया।

दूसरी कथा के अनुसार मधु और कैटभ दैत्य ब्रह्मा की सुप्तावस्था में वेदों को चुराकर पाताल ले गए तो विष्णु ने उन्हें वापस लाने के लिए 'हयग्रीव' अवतार धारण किया। अन्यत्र वेदों को चुराने वाला हयग्रीव दैत्य बताया गया है। उनका पुनः उद्धार करने के लिए विष्णु ने मत्स्यावतार लिया था।

हरगोविंद खुराना

विश्वव्यापी ख्याति के वैज्ञानिक डा. हरगोविंद खुराना का जन्म 1922 ई. में अविभाजित भारत के रामपुर (जिला मुल्तान, पंजाब) कस्बे में हुआ था। आप अपने चार भाइयों में सबसे छोटे थे। हरगोविंद बचपन से ही बड़े प्रतिभाशाली थे। इन्हें शिक्षार्थी जीवन में अनेक छात्रवृत्तियां मिलती रहीं। 1945 ई. में पंजाब विश्वविद्यालय से एम० एस-सी० करने के बाद आप भारत सरकार की छात्रवृत्ति पर इंगलैंड गए और वहां से डाक्टरेट किया। कुछ समय तक स्विटजरलैंड में भी शोध कार्य करते रहे।

भारत आने पर डा. को खुराना कोई उपयुक्त काम नहीं मिल सका। अतः बाध्य होकर उन्हें इंगलैंड के केंब्रिज विश्वविद्यालय चला जाना पड़ा। 1952 ई. में आप कनाडा की ब्रिटिश कोलंबिया अनुसंधान परिषद के अध्यक्ष पद पर गए और 1960 ई. में अमरीका के विस्कानसिन विश्वविद्यालय चले गए। वहां अपने वैज्ञानिक शोध कार्य के लिए डा० खुराना को दो अन्य अमरीकी वैज्ञानिकों के साथ 1968 ई. में नोबेल पुरस्कार से सम्मानित किया गया। उनकी इस महत्वपूर्ण खोज से अनुवंशिकीय रोगों का निदान सुगम हो गया है। डा. खुराना ने अमरीका की नागरिकता ग्रहण कर ली है।

हरगोविंद, गुरु

गुरु हरगोविंद सिक्खों के छठे (1606-1645 ई.) गुरु थे। जहांगीर के आदेश पर गुरु अर्जुनदेव को फांसी हो जाने पर वे गद्दी पर बैठे। गुरु हरगोविंद ने अपने अनुयायियों को शस्त्र धारण करने के लिए तैयार किया और उनकी एक छोटी-सी सेना संगठित की। यह देखकर जहांगीर ने उन्हें गिरफ्तार करके 12 वर्ष तक जेल में रखा। रिहा होने पर गुरु ने शाहजहां के विरुद्ध विद्रोह किया और 1628 ई. में अमृतसर के निकट उसकी सेना को परास्त कर दिया। किन्तु जब शाही सेना का दबाव बढ़ा तो गुरु को कश्मीर के पहाड़ों में चला जाना पड़ा जहां 1645 ई. में उनकी मृत्यु हो गई।

हरि

1. विष्णु का एक अवतार, राम और कृष्ण का एक नाम।

2. तारकाक्ष नामक असुर का पुत्र जिसने तपस्या द्वारा ब्रह्मा को प्रसन्न करके उनसे वरदान प्राप्त कर लिया और असुरों के तीनों पुरों में मृत संजीवनी वापियों का निर्माण किया।

3. अकंपन नामक राजा का पुत्र जो इंद्र के समान पराक्रमी और अस्त्र-विद्या में निपुण था। महाभारत युद्ध में इसने पांडवों का साथ दिया।

4. हरिमेधा और हरिणी का पुत्र तामस मन्वंतर का एक अवतार जो गजेन्द्र के मोक्ष हेतु हुआ था।

हरिकृष्ण

क्रांतिकारी हरिकृष्ण का जन्म 1909 ई. में उत्तर पश्चिमी सीमा प्रांत (अब पाकिस्तान) में हुआ था। वे बचपन से ही 'खुदाई खिदमतगार' नामक स्वतंत्रता के लिए प्रयत्नशील आंदोलन में भाग लेने लगे। साथ ही क्रांतिकारी संगठन 'नौजवान भारत सभा' के भी सदस्य थे। 1930 के सविनय अवज्ञा आंदोलन में भाग लेने के साथ-साथ उन्होंने पंजाब के गवर्नर ज्योफ्री को मारने की योजना बनाई। लाहौर विश्वविद्यालय के दीक्षांत समारोह के अवसर पर उस पर गोली चलाने के अभियोग में 9 जून 1931 ई. को इन्हें मियांवाली जेल में फांसी पर चढ़ा दिया गया।

हरिजन

पहले जमाने में जिन लोगों को अस्पृश्य, अछूत या अंत्यज कहा जाता था, गांधीजी उन्हें 'हरिजन' नाम से संबोधित करने लगे थे। यह नाम उन्हें गुजरात के एक अंत्यज समझे जाने वाले भाई ने ही सुझाया था। उसने 1932 ई. में गांधीजी को गुजराती भाषा के एक भजन का संदर्भ देते हुए लिखा कि अंत्यजों को 'हरिजन' नाम क्यों न दिया जाए। उस भजन में ऐसे व्यक्ति को हरिजन कहा गया है, जिसका इस संसार में हरि के अतिरिक्त कोई दूसरा सहायक नहीं है। गांधी जी को यह सुझाव अच्छा लगा और तब से 'हरिजन' शब्द का प्रयोग चल पड़ा।

हरितालिका व्रत

भाद्रपद मास के शुक्ल पक्ष की तृतीया को हरितालिका व्रत किया जाता है। इसे 'तीज' भी कहते हैं। मान्यता है कि यह व्रत सबसे पहले शंकरजी से विवाह की कामना से पार्वती ने किया था। यह सधवा स्त्रियों का व्रत है। वे इस दिन नए वस्त्र धारण करती हैं और पुत्रियों तथा बहनों को भी वस्त्र देती हैं। प्रातःकाल तिल

और आंवले का उबटन लगा कर स्नान किया जाता है। फिर शिव-पार्वती का पोडशोपचार पूजन करते हैं। इसमें दिन-रात निर्जला व्रत किया जाता है और रात्रि भर जागरण और कीर्तन करते हैं।

हरिदास

प्रसिद्ध संगीताचार्य स्वामी हरिदास के जन्म-काल और जन्म-स्थान के संबंध में प्रामाणिक जानकारी उपलब्ध नहीं है। परंतु इतना स्पष्ट है कि अकबर (दे.) के सिंहासनारूढ़ होने से पहले ही ये प्रसिद्ध हो चुके थे। व्रज इनका क्षेत्र था। वहां आठों पहर राधाकृष्ण के लीला-विहार के पद गाते और मस्त रहते थे। निंबार्क संप्रदाय इनका जन्म 1490 ई. में मानता है।

हरिदास संगीतशास्त्र के प्रसिद्ध आचार्य थे। तानसेन ने संगीत की शिक्षा इन्हीं से ली थी। इन्होंने बड़े ही ललित पदों की रचना की है। वृन्दावन में निंबार्क संप्रदाय के स्थान के संस्थापक यही थे। त्यागी इतने कि एक कौपीन और मिट्टी का करवा ही अपने पास रखते थे। इनका संगीत सुनने के लिए बड़े-बड़े राजे-महाराजे इनके निकुंज के बाहर खड़े रहते। 1575 ई. में इनका निधन हुआ।

हरिद्वार

तीर्थ के रूप में हरिद्वार की बड़ी महिमा है। गंगा के किनारे बसा यह नगर पवित्र सप्तपुरियों में से एक है। इसे मायावती भी कहते हैं। यहां पांच उपनगर हैं—मायापुर, हरिद्वार, कनखल, ज्वालापुर और भीमगोडा।

हरिद्वार विष्णु के धाम बदरीनाथ का प्रवेश द्वार है। बारह वर्ष बाद यहां कुंभ मेला लगता है। यहां की हरि पैंड़ी पर स्थित ब्रह्मकुंड में स्नान का बड़ा महत्व है। पहाड़ की आमने-सामने की दो चोटियों पर मनसा देवी और चंडी देवी के दो मंदिर हैं। मनसा देवी तक अब रज्जु मार्ग (रोप-वे) बन गया है।

ब्रह्मकुंड के बीच में गंगा का मंदिर है। यहां पर सायंकालीन आरती बहुत दर्शनीय होती है। बिल्वेश्वर, दक्षेश्वर, वीरभद्रेश्वर, चौबीस अवतार और सत्यनारायण मंदिर और भारत माता मंदिर यहां के अन्य प्रमुख मंदिर हैं।

हरिहर

तुंगभद्रा नदी के किनारे स्थित यह स्थान प्राचीन काल में गुहारण्य कहलाता था। यहां हरिहर का पुराना मंदिर है। मूर्ति का आधा भाग विष्णु का है और आधा शिव का। उपलब्ध कथा के अनुसार यहां वन में गुह नाम का राक्षस निवास करता था। इसलिए इसका नाम गुहारण्य पड़ा। ब्रह्मा से वरदान पाकर जब गुह ने भीषण अत्याचार आरंभ किए तो देवताओं की प्रार्थना पर विष्णु ने आधा अंग शिव का

धारण करके उसका वध किया। यहां के मंदिर में त्रिशूलधारी वही मूर्ति है।

हरिहर क्षेत्र

बिहार प्रदेश का तीर्थ जो गंगा और बड़ी गंडक के संगम पर पटना के पास, सोनपुर में स्थित है। ऋषियों ने इसे गया और प्रयाग से भी श्रेष्ठ माना है। यह विष्णु और शिव का संयुक्त तीर्थ है। कार्तिक पूर्णिमा को यहां बहुत बड़ा मेला लगता है। सोनपुर का यह मेला भारत के प्रसिद्ध मेलों में गिना जाता है।

पुराणों के अनुसार गज और ग्राह का युद्ध यहीं पर हुआ था। गज की पुकार सुनकर विष्णु ने उसे ग्राह के मुख से मुक्त कराया। बाद में विष्णु ने शिवलिंग की स्थापना करके उसकी पूजा की। विष्णु द्वारा स्थापित लिंग 'हरिहरनाथ' कहलाता है और पूरा क्षेत्र 'हरिहर क्षेत्र' के नाम से विख्यात है।

यह भी मान्यता है कि किसी समय यहां वैष्णवों और शैवों में बड़ा विवाद हुआ, किंतु बाद में सुलह हो गई और शिव तथा विष्णु की मूर्तियां एक ही मंदिर में स्थापित हुईं। कार्तिक का मेला इसकी स्मृति में लगता है।

हरियाणा

इस राज्य का भारत के प्राचीन इतिहास में बड़ा महत्वपूर्ण स्थान रहा है। कौरवों-पांडवों की समर-भूमि कुरुक्षेत्र इसी राज्य में है। देश पर मुसलमानी आक्रमण से पूर्व हरियाणा का बड़ा महत्व था। उसके बाद दिल्ली इस पर छाया रहा। 1857 ई. के स्वतंत्रता संग्राम के बाद अंग्रेजों ने या तो यहां की देशी रियासतों को अपने राज्य में मिला लिया या पटियाला, नाभा और जिन्द जैसी अपने संरक्षण की रियासतों को दे दिया। इस प्रकार हरियाणा, पंजाब प्रांत का एक हिस्सा बन गया। 1966 ई. में यह पृथक राज्य बना। तब से हरियाणा ने कृषि और उद्योग दोनों क्षेत्रों में बहुत उन्नति की है। इसकी राजधानी चण्डीगढ़ है।

हरिवंश

यद्यपि सोलह हजार से अधिक श्लोकों का यह स्वतंत्र ग्रंथ है, पर पुराणों या उपपुराणों की तालिका में इसका नाम नहीं मिलता। इसलिए अधिकांश विद्वान् इसे स्वतंत्र पुराण ग्रंथ न मानकर महाभारत का खिल (परिशिष्ट) मानते हैं। इसकी रचना सौति (दे.) ने की। व्यास और वैशंपायन ने जिस महाभारत ग्रंथ की रचना की, उसमें यद्यपि महाभारत युद्ध का पूरा वृत्तांत आ गया है, परंतु कृष्ण और यादव वंश के संबंध में विवरण की कमी है। मुख्यत: इसी कमी को पूरा करने के लिए सौति ने 'हरिवंश' की रचना की। साथ ही इसमें ध्रुव, दक्ष और उसकी पुत्रियां, राजेवेन, पृथु, विश्वामित्र, वशिष्ठ आदि के आख्यान भी वर्णित हैं।

हरिव्यासदेव

पंद्रहवीं शताब्दी के निंबार्क संप्रदाय के वैष्णवाचार्य हरिव्यासदेव ने अपना जीवन धर्म प्रचार, तीर्थ यात्रा और ग्रंथ-रचना में लगाया। इन्होंने अपने शिष्यों को भी देश के विभिन्न भागों में भेजा। हिमालय क्षेत्र के प्रसिद्ध देवी मंदिर में होने वाली पशु-बलि को रोकने का श्रेय इन्हें और इनके सहयोगी साधुओं को है। तभी से देवी का वह स्थान 'वैष्णी देवी' या 'वैष्णो देवी' (दे.) के नाम से विख्यात हुआ।

हरिशयनी एकादशी

आषाढ़ शुक्ल एकादशी हरिशयनी एकादशी कहलाती है। पुराणों की कथा के अनुसार इस दिन विष्णु क्षीरसागर में चार मास तक शयन के लिए चले जाते हैं। वे त्रिभुवन के रक्षक हैं, इसलिए उनके शयनकाल में संपूर्ण जगत सो जाता है। आषाढ़ शुक्ल एकादशी से कार्तिक शुक्ल एकादशी तक का चार महीने का समय 'चातुर्मास व्रत' कहलाता था। भगवान बुद्ध और महावीर भी इस अवधि में एक ही स्थान पर रहते थे। वैष्णवों में भी इन चार महीनों में विभिन्न प्रकार के व्रत-अनुष्ठानों का नियम था। हरिशयनी से चार महीने तक अब भी हिंदुओं में विवाह आदि शुभ कार्य वर्जित माने जाते हैं।

चार मास की अवधि बीतने के बाद विष्णु कार्तिक शुक्ल एकादशी को उठते हैं। इसलिए वह एकादशी 'देवोत्थानी' या हरिबोधिनी' एकादशी कहलाती है।

हरिचन्द्र

इक्ष्वाकु वंशी राजा हरिश्चन्द्र को कहीं पर राजा त्रिशंकु का और कहीं पर राजा सत्यव्रत का पुत्र बताया गया है। पहले इनके पुरोहित विश्वामित्र थे। बाद में इन्होंने वशिष्ठ को अपना पुरोहित बना लिया और विश्वामित्र को अपमानित होना पड़ा। पुराणों में विश्वामित्र द्वारा इस अपमान का बदला लेने की अनेक कथाएं अंकित हैं।

दक्षिणा की पूर्ति के लिए अपनी संपूर्ण संपत्ति देकर भी जब ये विश्वामित्र को संतुष्ट न कर सके तो राजा हरिश्चंद्र को अपनी पत्नी तारामती और पुत्र रोहित को एक वृद्ध ब्राह्मण के हाथ तथा स्वयं को श्मशान के चांडाल के हाथ बेचना पड़ा। पर विश्वामित्र यहीं नहीं रुके। उन्होंने माया रचकर रोहित को सांप से डंसवाकर मरवा डाला। तारामती पुत्र का शव उसी श्मशान में ले गई जहां पर हरिश्चंद्र शव-दाह से पहले कर वसूल करते थे। हरिश्चंद्र के आग्रह पर जब तारामती अपनी पहनी हुई साड़ी का आधा भाग फाड़कर कर के रूप में देने को हुई तभी विश्वामित्र प्रकट हुए और उनका पुत्र भी जीवित हो उठा।

एक अन्य कथा के अनुसार अपनी दानशीलता के कारण हरिश्चंद्र इंद्र की सभा में अन्य राजाओं की उपेक्षा अधिक सम्मान पाते थे। इंद्र ने इनकी दानशीलता की परीक्षा लेने का काम विश्वामित्र को सौंपा था।

हर्यश्व

अयोध्या के एक राजा जो संतान प्राप्ति के लिए तपस्या करते रहते थे। विश्वामित्र को आठ सौ श्यामकर्ण घोड़े गुरुदक्षिणा में देने के लिए जब गालव (दे.) घूम रहे थे तो उन्होंने ययाति (दे.) की कन्या माधवी पुत्रोत्पादन के लिए हर्यश्व को देकर उनसे भी दो सौ श्यामकर्ण घोड़े प्राप्त किए थे। हर्यश्व ने वसुमना नामक पुत्र उत्पन्न करने के बाद माधवी गालव को लौटा दी थी।

हर्षचरित

सम्राट हर्षवर्धन के राजकवि वाण द्वारा रचित संस्कृत ग्रंथ, जिसे कवि ने स्वयं आख्यायिका कहा है। आख्यायिका में ऐतिहासिक आधार होता है। हर्ष का समय (606 ई. से 648 ई.) निश्चित है। वाण भी सातवीं शताब्दी के पूर्वार्ध में हुए। अत: 'हर्षचरित' में सातवीं शताब्दी की भारतीय संस्कृति का बहुत कुछ प्रामाणिक रूप झलकता है। आख्यायिका हर्ष के आरंभिक जीवन से आरंभ होकर विंध्यावटी में बहन राजश्री से भेंट होने पर पूरी होती है। आठ उच्छ्वासों के इस ग्रंथ में हर्ष की शासन-व्यवस्था के साथ-साथ उस समय के सामाजिक जीवन का विषयचित्रण प्रस्तुत किया गया है।

हर्षवर्धन

थानेश्वर और कन्नौज के राजा हर्षवर्धन अंतिम प्रभावशाली हिंदू सम्राट थे। ये थानेश्वर नरेश प्रभाकरवर्धन के द्वितीय पुत्र थे और 590 ई. में पैदा हुए। हर्ष की बहन राजश्री (दे.) के पति कन्नौज नरेश गृहवर्मन की मालवा के राजा ने हत्या कर दी थी। राजश्री प्राण बचाकर विंध्याचल के जंगलों में चली गई। हर्ष के बड़े भाई राज्यवर्धन ने अपने बहनोई की हत्या का बदला लेने का प्रयत्न किया, पर वे बंगाल के राजा शशांक के द्वारा मारे गए। इस स्थिति में छोटे भाई हर्षवर्धन ने 606 ई. में शासन अपने हाथ में लिया और 647 ई. में मृत्यु होने तक वे गद्दी पर आसीन रहे।

हर्ष ने सर्वप्रथम अपनी बहन को खोज निकाला। वे उसके जीवनकाल तक उसके प्रतिनिधि के रूप में ही कन्नौज का शासन करते रहे। हर्ष का काफी समय युद्धों और राज्य-विस्तार में बीता। मगध, कश्मीर, गुजरात और सिंध पर विजय प्राप्त करके उन्होंने एक विशाल साम्राज्य स्थापित किया। उत्तर में हिमालय,

दक्षिण में नर्मदा नदी, पूर्व में गंजाम और पश्चिम में बल्लभी तक फैले इस साम्राज्य की राजधानी कन्नौज थी। हर्ष ने चीन के सम्राट से भी राजनीतिक संपर्क स्थापित किया और वहां का यात्री ह्वेनसांग (युवानच्वांग) इनके समय में भारत आया। उसके लिखे यात्रा-वर्णन और वाण लिखित ग्रंथ 'हर्षचरित' में उस समय का विस्तृत विवरण उपलब्ध है।

हर्ष योग्य शासक होने के साथ-साथ स्वयं उच्चकोटि के कवि और विद्वानों के संरक्षक थे। इन्होंने भी अशोक की भांति जनसाधारण के हित के अनेक कार्य किए। ये सब धर्मों का समान आदर करते तथा हर पांचवें वर्ष राजकोष में एकत्र समस्त धन प्रयाग में संगम पर दान कर दिया करते थे।

हर्ष ने संस्कृत में तीन ग्रंथों की रचना की और 'कादंबरी' तथा 'हर्षचरित' के लेखक वाण जैसे विद्वान् को संरक्षण प्रदान किया।

हलधर

रोहिणी के गर्भ से उत्पन्न वसुदेव के पुत्र जो श्रीकृष्ण के बड़े भाई थे। (एक स्थान पर इन्हें भी देवकी का ही पुत्र बताया गया है जो पैदा होने के बाद रोहिणी के पास पहुंचा दिए गए थे)। इनके नाम बलदेव, बलराम, बलभद्र और सीरायुध भी मिलते हैं। हल इनका अस्त्र था, इसलिए ये 'हलधर' नाम से प्रसिद्ध हुए। एकबार इन्होंने हल से यमुना को खींच लिया था। इसलिए एक नाम 'यमुनाविध' भी पड़ गया। हलधर कृष्ण के समान ही पराक्रमी थे। दुर्योधन और भीम को गदायुद्ध की शिक्षा इन्होंने ही दी थी।

भागवत तथा अन्य पुराणों में हलधर या बलराम का उल्लेख अवतार के रूप में हुआ है, पर महाभारत में इनका वर्णन अधिकतर मनुष्य रूप में ही मिलता है।

हलाहल

देवों और दानवों में एकबार कुछ मैत्री थी। उन्होंने समुद्र का मंथन करने का निश्चय किया। समुद्र को रत्नाकर कहते हैं, उसे मथकर रत्न निकालने की तैयारी हुई। मदराचल पर्वत की मथनी बनी और वासुकी नाग की रस्सी। समुद्र-मंथन आरंभ हुआ। इससे अनेक रत्न निकलने लगे जिन्हें दोनों पक्षों ने बराबर बांट लिया। इसी क्रम में जब हलाहल (भयंकर विष) निकला तो उसे ग्रहण करने के लिए कोई तैयार नहीं हुआ। इस पर शिव ने उसे अपने कंठ में रख लिया। हलाहल के प्रभाव से उनका गला नीला पड़ गया। इसी कारण शिव का एक नाम 'नीलकंठ' हो गया।

हस्तिनापुर

उत्तर प्रदेश में मेरठ के निकट स्थित महाराज हस्ती का बसाया हुआ एक प्राचीन नगर जो कौरवों और पांडवों की राजधानी थी। इसका महाभारत में वर्णित अनेक घटनाओं से संबंध है। यहीं पर युधिष्ठिर जुए में द्रौपदी के सहित अपना सब कुछ हार गए थे। पांडवों की ओर से शांतिदूत बनकर श्रीकृष्ण यहीं धृतराष्ट्र की सभा में आए थे। अपने पिता शांतनु की सत्यवती से विवाह करने की इच्छा पूरी करने के लिए भीष्म पितामह ने अपना उत्तराधिकार छोड़ने और आजीवन अविवाहित रहने का प्रण यहीं पर किया था।

द्रौपदी से विवाह के बाद कुछ समय के लिए पांडवों ने दिल्ली के निकट इंद्रप्रस्थ को अपनी राजधानी बनाया था, किंतु महाभारत युद्ध के बाद उन्होंने हस्तिनापुर को ही राजधानी रखा।

हस्तिनापुर जैन धर्मावलंबियों का भी प्रसिद्ध तीर्थ है। यहीं पर राजा श्रेयांस ने आदितीर्थंकर ऋषभदेव को ईख के रस का दान दिया था। इसलिए इसको 'दानतीर्थ' कहते हैं। इसका संबंध शांतिनाथ, कुंतुनाथ और अरहन्नाथ नामक तीर्थंकरों से भी है। यहां अनेक जैन धर्मशालाएं और मंदिर हैं। खुदाई में यहां अनेक प्राचीन खंडहर मिले हैं।

हाटकेश्वर

गुजरात में मेहसाणा से लगभग 40 कि. मी. दूर बडनगर का हाटकेश्वर मंदिर शिव के प्रमुख लिंगों में माना जाता है। यह नागर ब्राह्मणों का कुलदेवता है। स्कंदपुराण में इसकी महिमा का बखान है। कहते हैं, वामन अवतार में तीनों लोकों को नापते समय विष्णु ने अपना पहला पग यहीं रखा था। इसका प्राचीन नाम चमत्कारपुर है। परमधाम जाने से पूर्व श्रीकृष्ण यहां आए थे। पांडवों ने भी यहां की यात्रा की। बडनगर में हाटकेश्वर मंदिर के अतिरिक्त और भी कई मंदिर हैं।

हारीत

1. अंगिरस के कुल में उत्पन्न एक तत्वज्ञाता जिनकी 'हरितगीता' प्रसिद्ध है।
2. युधिष्ठिर की सभा के एक ऋषि जो शरशय्या पर पड़े भीष्म को देखने गए थे।
3. एक ब्राह्मण जिसने राजा दिलीप को माघ-स्नान का महत्व बताया था।
4. एक स्मृतिकार जिनके पुत्र का नाम कमठ था। इनका कहना था कि ब्रह्म-वादिनी स्त्रियों को उपनयन और वेदाध्ययन का अधिकार होना चाहिए।

हार्डिज

यह भारत के गवर्नर जनरल (1844 से 1848 ई. तक) लार्ड हार्डिज का पौत्र था और 1910 से 1916 ई. तक भारत का वाइसराय रहा। इसके समय में अनेक घटनाएं घटीं। जार्ज पंचम ने भारत की यात्रा की। दिल्ली का शानदार दरबार हुआ। भारत की राजधानी कलकत्ता से दिल्ली आई। 'बंग-भंग' वापस हुआ तथा बंगाल का पुनर्गठन किया गया। 1912 ई. में जब यह औपचारिक रूप से जुलूस के साथ दिल्ली में प्रवेश कर रहा था तो इसके ऊपर क्रांतिकारी रासबिहारी वसु (दे.) ने बम फेंका जिससे यह घायल हो गया। 1914 ई. का प्रथम विश्वयुद्ध भी इसी के समय आरंभ हुआ जिसमें इसने भारत के साधनों को भी झोंक दिया था।

हिडिम्ब

एक नरभक्षी राक्षस जो वन में शालवृक्ष पर रहता था और जंगल से होकर जा रहे यात्रियों को खा जाता था। एकबार उस वन में सो रहे पांडवों को देखकर इसने अपनी बहन हिडिबा को उनका वध करने के लिए भेजा। किंतु हिडिबा भीमसेन पर मोहित हो गई। यह देखकर हिडिब ने भीमसेन को युद्ध के लिए ललकारा और उसी के हाथों मारा गया।

हिडिम्बा

राक्षस हिडिब (दे.) की बहन जिसने पांडव भीमसेन से विवाह किया। पांडवों और कुंती ने इस राक्षस कन्या के साथ भीमसेन के विवाह के समय यह शर्त रखी थी कि केवल एक पुत्र उत्पन्न होने तक यह भीमसेन की पत्नी रहेगी। इसलिए घटोत्कच (दे.) नामक पुत्र के पैदा होते ही इसका और भीमसेन का संपर्क छूट गया।

हितहरिवंश

राधावल्लभ वैष्णव संप्रदाय के प्रवर्तक हितहरिवंश का जन्म 1502 ई. में मथुरा के निकट हुआ था। उस समय इनके माता-पिता ब्रज की यात्रा पर आए थे। हितहरिवंश का आकर्षण बचपन से ही राधा-कृष्ण की लीलाओं की ओर था। उन्होंने किसी को अपना गुरु नहीं बनाया। राधा को ही अपनी इष्ट देवी और गुरु माना।

हितहरिवंश गृहस्थ थे और उनका अनुभव था कि गृहस्थ आश्रम में रहकर भी ईश्वर की आराधना की जा सकती है। उन्होंने अपने जीवन का अधिकांश समय वृन्दावन में बिताया। राधावल्लभ संप्रदाय में राधा को कृष्ण से भी श्रेष्ठ स्थान

पर प्रतिष्ठित किया गया है। इसमें राधा को रस-रूप और ब्रह्मांड में नित्य क्रीड़ा करनेवाली अनादि शक्ति का रूप माना गया है। यहां कृष्ण की स्थिति गौण और राधा के बाद है। 1552 ई. में हितहरिवंश का निधन हो गया।

हितोपदेश

पशुओं की कथा को आधार बनाकर नीतिशास्त्र, राजनीति और सामाजिक नियमों की शिक्षा देनेवाली भारत भर में आज भी प्रसिद्ध पुस्तक 'हितोपदेश' की रचना 14वीं शताब्दी में हुई थी। इसके लेखक नारायण पंडित बंगाल नरेश धवलचंद्र के दरबार में थे। यह ग्रंथ 'पंचतंत्र' (दे.) की कथाओं के आधार पर लिखा गया है और लेखक ने स्वयं इसे स्वीकार किया है। अधिकांश पुस्तक गद्य में है और बीच-बीच में पद्य का समावेश किया गया है। सीधी और सरल शैली की इस पुस्तक का देश भर में संस्कृत भाषा की प्रथम पुस्तक के रूप में उपयोग होता है।

हिन्दी

यह उत्तर प्रदेश, बिहार, दिल्ली, राजस्थान, मध्य प्रदेश, हरियाणा और हिमाचल प्रदेश की प्रधान साहित्यिक भाषा है। सामान्यतः यह आज पूरे भारत में समझी और बोली जाती है। भारतीय संविधान की धारा 343(1) के अंतर्गत इसे देश की राजभाषा भी घोषित किया गया है।

भाषा वैज्ञानिकों का मत है कि 'हिंदी' शब्द की उत्पत्ति 'हिंद' शब्द से हुई है जिसका उल्लेख ईरानियों की प्राचीन धर्म-पुस्तक आवेस्ता में भी पाया जाता है। इस शब्द के अर्थ का कई रूपों में विकास हुआ। एक तो था व्यापक अर्थ। इस रूप में भारत में बसने से पहले मुसलमान व्यापक अर्थ में इस शब्द का प्रयोग करते थे। जब उन लोगों का परिचय भारत की प्राचीन और आधुनिक भाषाओं से हुआ तो मध्यदेश अथवा पूर्वी पंजाब, उत्तर प्रदेश, बिहार के कुछ भाग और राजस्थान की बोली के अर्थ में 'हिंदी' शब्द प्रयुक्त होता रहा। यद्यपि राजस्थानी (मेवाड़ी, जयपुरी, मेवाती, हाड़ौती), पहाड़ी (कुमाउंनी, गढ़वाली, नेपाली) तथा बिहारी (मैथिली, मगही, भोजपुरी) भी हिंदी की तीन उपभाषाएं मानी जाती हैं, पर मुसलमानों ने इन सबका प्रयोग नहीं किया। उन्होंने दिल्ली और मेरठ की बोली—आधुनिक खड़ी बोली—को ही अपनाया। इसलिए 'हिंदी' का उनके द्वारा इस विशेष अर्थ में प्रयोग किया गया। मुस्लिम शासकों और संतों के द्वारा भाषा का यही रूप अंतरप्रांतीय भी बना। 19वीं शताब्दी में 'हिंदुस्तानी' शब्द का भी हिंदी के इसी रूप के लिए प्रयोग होता था।

यद्यपि आधुनिक हिंदी का मूल आधार खड़ी बोली है, पर उसको पंजाबी,

राजस्थानी और सबसे अधिक ब्रज और अवधी ने परिपुष्ट किया है।

जनसंख्या की दृष्टि से विश्व की सर्वाधिक प्रचलित भाषा अंग्रेजी मानी जाती है। उसके बाद चीनी और हिंदी का क्रम आता है। हिंदी देवनागरी लिपि में लिखी जाती है जिसका विकास ब्राह्मी लिपि से हुआ है।

हिन्दी साहित्य सम्मेलन

हिंदी भाषा और देवनागरी लिपि के प्रचार-प्रसार के लिए इस संस्था की स्थापना 1910 ई. में की गई। इसका प्रधान कार्यालय इलाहाबाद में है। इसके प्रथम अधिवेशन की अध्यक्षता पंडित मदनमोहन मालवीय ने की थी। राजर्षि पुरुषोत्तमदास टंडन सचिव चुने गए थे। सम्मेलन ने देश भर में और देश के बाहर भी विभिन्न परीक्षाएं चलाकर हिंदी के प्रचार का प्रशंसनीय कार्य किया। किसी समय सम्मेलन द्वारा दिया जानेवाला 'मंगलाप्रसाद' पुरस्कार हिंदी का सर्वोच्च पुरस्कार माना जाता था।

हिन्दू

इस शब्द से आज एक धर्म और जाति का बोध होता है, परंतु प्राचीन काल में इससे उस देश का बोध होता था जहां सिंधु नदी बहती है। वेद में भी 'सप्तसिंधव' का प्रयोग देश के अर्थ में हुआ। संस्कृत भाषा में 'स' का 'ह' हो जाने की परंपरा रही है। इसी प्रकार ईरानी भाषा में भी संस्कृत का 'स' 'ह' हो जाता है—मास (माह), सप्ताह (हफ्ता) आदि। इन्हीं कारणों से सिंधु का हिंद या हिंदू हो गया। सप्त सिंधु 'हफ्त हेन्दु' का रूप लेता हुआ हिंद हो गया और यहां रहनेवाले लोग—बिना धार्मिक भेदभाव के 'हिंदू' कहलाए। इस प्रकार यह एक भौगोलिक शब्द था। कालांतर में इसका प्रयोग हिंद के धर्म के लिए भी होने लगा।

मुसलमानों के आक्रमण से पहले तक यही क्रम रहा। कितनी ही विदेशी जातियां—शक, तुष्वर, हूण, गुर्जर, खस, अहोम आदि यहां आईं। ये सब हिंद में आकर 'हिंदू' हो गईं—भौगोलिक दृष्टि से भी और धर्म की दृष्टि से भी। उन्होंने देश के परंपरागत वैदिक धर्म से तो बहुत कुछ लिया ही, अपने धर्म का भी उस पर प्रभाव डाला।

लेकिन बाद में प्रसारवादी इस्लाम के आने के बाद यह क्रम जारी नहीं रह सका, यद्यपि आरंभ में मुसलमानों के लिए भी 'हिंद' शब्द का प्रयोग मिलता है। नवलकिशोर प्रेस, लखनऊ से 1866 ई. में प्रकाशित 'मसनरी मौलाना मानवी' में एक जगह लिखा है—'चार हिंदू मुसलमान एक मस्जिद में गए और इबादत के लिए सिजदा करने लगे।'

सांस्कृतिक संक्रमण के कारण हिंदू धर्म मात्र वैदिक धर्म नहीं रह गया। आर्य

होम करते थे, उन्होंने द्रविड़ों से पूजा करना सीखा। हिंदू धर्म में समयानुसार संशोधन भी होते रहे, पर उसकी ग्रहणशीलता बनी रही। बौद्ध और जैन धर्म प्रतिक्रिया के रूप में आए तो हिंदू धर्म ने बुद्ध को भी अपना अवतार मान लिया और जैनियों की अहिंसा उसके लिए भी परम धर्म बन गई।

शंकराचार्य, रामानुज, मध्वाचार्य आदि जैसे सुधारकों और संतों ने हिंदू धर्म को युगानुरूप नई दिशा दी। दयानंद सरस्वती जैसे महर्षियों ने उसे गतिशील बनाया। आज संक्षेप में उसे हिंदू कहते हैं जो वेद और आगम (दे.) दो में से कम-से-कम एक को अवश्य मानता है। ईश्वर में भी विश्वास करे तो वांछनीय है, पर यह आवश्यक नहीं। पुनर्जन्म और कर्म के सिद्धांत में उसका विश्वास होना चाहिए। इसमें व्यक्तिगत मुक्ति अंतिम लक्ष्य है। और उसे प्राप्त करने के लिए अनेक विकल्प उपलब्ध हैं। सहिष्णुता इस धर्म की एक प्रमुख विशेषता है।

हिन्दू पदपादशाही

इसका अर्थ था भारत से मुसलमानी शासन समाप्त करने के लिए सभी हिंदू राजाओं का एक हो जाना। दूसरे पेशवा बाजीराव प्रथम (1720-1740 ई.) इसके लिए प्रयत्नशील थे। आवश्यकता इस बात की थी कि उस समय के प्रभुता प्राप्त मराठे अन्य हिंदू राजाओं के साथ मैत्री और बराबरी का व्यवहार करें जिससे स्वराज्य की स्थापना में सभी का सहयोग प्राप्त हो। किंतु तीसरे पेशवा बालाजी बाजीराव (1740-1761 ई.) में इस नीति को त्याग कर मराठा प्रभुत्व स्थापित करने की चेष्टा की। वह हिंदू और मुसलमान दोनों को समान रूप से लूटने लगा और 'हिंदू पदपादशाही' का विचार समाप्त हो गया।

हिमाचल प्रदेश

देश के उत्तर-पश्चिम में स्थित यह सीमावर्ती राज्य एक ओर तिब्बत से लगा हुआ है। यह पूर्णतः पहाड़ी राज्य है। उत्तरी भाग जाड़ों में बर्फ से ढका रहता है। चिनाब, रावी, व्यास, सतलुज और यमुना यहां की मुख्य नदियां हैं, कृषि और बागवानी यहां की अर्थ-व्यवस्था का आधार है। शिमला, डलहौजी, कुल्लू आदि पर्यटन स्थल हैं।

1948 ई. में पंजाब की लगभग 80 पहाड़ी रियासतों को मिलाकर हिमाचल प्रदेश नाम का एक केन्द्र शासित प्रदेश बनाया गया था। 26 जनवरी 1971 को इसे पूरे राज्य का दर्जा दिया गया। इसकी राजधानी शिमला है।

हिमालय

1. भारतवर्ष का सबसे ऊंचा पर्वत जो उत्तर में देश की लगभग 2500 कि. मी.

लंबी सीमा बनाता है और देश को उत्तर एशिया से पृथक् करता है। कश्मीर से लेकर असम तक इसका विस्तार है। हिमालय पर्वतमाला की गणना वैज्ञानिक विश्व की नवीन पर्वतमालाओं से करते हैं। इसका निर्माण सागर-तल के उठने से आज से पांच-छह करोड़ वर्ष पहले हुआ। हिमालय को अपनी पूरी ऊंचाई प्राप्त करने में 60 से 70 लाख वर्ष लगे।

2. पुराणों के अनुसार हिमालय मैना का पति और पार्वती का पिता है। गंगा इसकी सबसे बड़ी पुत्री है। भगवान् शंकर का निवास कैलाश यहीं है। महाभारत के अनुसार पांडव स्वर्गारोहण के लिए यहीं आए थे। युधिष्ठिर देवरथ में बैठकर जब सशरीर स्वर्ग जाने लगे तो उनकी इंद्र से भेंट यहीं हुई थी।

हिरण्यकशिपु

कश्यप और दिति की दैत्य संतानों में सबसे प्रमुख जो दैत्य कुल का आदि पुरुष माना जाता है। दैत्यों में तीन इंद्र हुए हैं—हिरण्यकशिपु, प्रह्लाद और बलि। इसके बाद इंद्र पद सदा के लिए देवताओं के पास चला गया।

हिरण्यकशिपु का जन्म दिति के गर्भ से उस समय हुआ जब वह कश्यप ऋषि के अश्वमेध यज्ञ के समय हिरण्य (सुवर्ण) के आसन पर बैठी हुई थी। इसीसे यह हिरण्यकशिपु कहलाया। इसके भाई हिरण्याक्ष (दे.) का विष्णु ने वध कर दिया। उसका बदला लेने के लिए हिरण्यकशिपु ने ब्रह्मा की घोर तपस्या की। प्रसन्न होकर ब्रह्मा ने वर दिया कि इसे घर में या बाहर, दिन में या रात में, मनुष्य अथवा पशु, शस्त्र से अथवा अस्त्र से मार न सकेगा।

एक समय जब हिरण्यकशिपु तपस्या कर रहा था, इसकी गर्भवती स्त्री को नारद ने विष्णु-भक्ति का उपदेश दिया। इससे गर्भस्थ शिशु प्रह्लाद भी विष्णु-भक्त बन गया। हिरण्यकशिपु ने प्रह्लाद को विष्णु-भक्ति से विरत करने के अनेक प्रयत्न किए, पर वह विचलित नहीं हुआ। अंत में प्रह्लाद पर हो रहे अत्याचारों के कारण एक खंभे से विष्णु ने नृसिंह अवतार लिया और सायंकाल के समय, देहरी पर, अपने नाखूनों से हिरण्यकशिपु का वध कर डाला।

हिरण्यकशिपु को पूर्वजन्म में विष्णु का जय (दे.) नायक द्वारपाल बताया जाता है जो सनकादि ऋषियों के शाप के कारण असुर बना। अगले जन्म में यही रावण के रूप में पैदा हुआ। वह स्थान जहां हिरण्यकशिपु का वध हुआ था, बिहार के पूर्णियां जिले में बताया जाता है।

हिरण्यकेशी

एक प्राचीन आचार्य जिन्होंने अनेक सूत्र-ग्रंथों की रचना की। इनकी शाखा के लोग अब भी सह्याद्रि के पश्चिम में निवास करते हैं। इनका अनुमानित समय पांचवीं

शताब्दी ई.पू. माना जाता है।

हिरण्यगर्भ

सोने के अंडे के रूप में सबसे पहले इसी की उत्पत्ति हुई। कुछ समय बाद सूर्य के तेज से इस स्वर्णमय अंडे से ब्रह्मा निकले। बाद में ब्रह्मा ने इसके दो खंड किए जिससे ऊपरी भाग से स्वर्ग की और नीचे के भाग से पृथ्वी की सृष्टि हुई। हिरण्य गर्भ की उत्पत्ति नारायण की प्रेरणा से हुई थी।

हिरण्यवर्मा

महाभारत में वर्णित दशार्ण देश का राजा जिसने अपनी कन्या शिखंडी (दे.) को ब्याही थी। जब इसे ज्ञात हुआ कि द्रुपद-पुत्र शिखंडी में पुरुषत्व नहीं है तो इसने राजा द्रुपद पर आक्रमण कर दिया। लेकिन जब इसे युद्ध-क्षेत्र में अपना जामाता शिखंडी के पुरुषत्व का पता चल गया तो वह जामाता का सम्मान करके अपने घर लौट गया।

हिरण्यपुर

ब्रह्मा का बनाया हुआ एक नगर जो विमान की भांति आकाश में संचरण किया करता था। इसमें पौलभ और कालेय नामक दानव निवास करते थे। बाद में अर्जन ने इसे ध्वस्त किया।

हिरण्याक्ष

कश्यप और दिति का पुत्र जो हिरण्यकशिपु का भाई था। यह बड़ा पराक्रमी था और देवों को सताया करता था। इसके भय से देवगण भाग खड़े हुए। अंत में विष्णु सामना करने के लिए आए। जब विष्णु की विजय होने लगी तो हिरण्याक्ष पृथ्वी लेकर भागा। विष्णु ने पीछा किया और वराह रूप धारण करके इसका बध किया।

भागवत के अनुसार यह पृथ्वी को लेकर समुद्र में चला गया था। वराह रूपी विष्णु ने पृथ्वी को बाहर निकाला। यह दैत्य उनके पांव के नीचे दबकर मर गया। इसके वध का बदला इसके भाई हिरण्यकशिपु ने देवों से लेना चाहा, पर वह भी नृसिंह अवतार के हाथों मारा गया।

हीनयान

बौद्ध धर्म की एक प्राचीन शाखा जो इस धर्म के आरंभिक रूप को मानती है। दूसरी शाखा का नाम महायान (दे.) है।

'हीन' शब्द से गिरे हुए या नीचे का जो बोध आज होता है, आरंभ में हीनयान का यह आशय नहीं था। इसका अर्थ था, देवता या स्वर्ग की स्थिति में विश्वास न करना। हीनयान के अनुसार गौतम बुद्ध महामानव थे। वह उन्हें आदर और सम्मान का पात्र मानता है। उसमें महायान की भांति गौतम को अलौकिक और अमानत रूप प्रदान नहीं किया जाता। हीनयान में भिक्षु अष्टांगिक मार्ग (दे.) का अनुगमन करता है और चार आर्य सत्यों में विश्वास करता है।

ऐसा प्रतीत होता है कि जब बौद्ध धर्म का विस्तार हुआ और पालि भाषा के स्थान पर संस्कृत का प्रयोग होने लगा, नये मत-मतांतरों को प्रश्रय मिलने लगा, पुराने मूल रूप से कुछ हटकर महायान संप्रदाय का आविर्भाव हुआ तो अपनी उच्चता सिद्ध करने के लिए महायान के अनुयायियों ने हीनयान के 'हीन' शब्द में निम्नता के भाव का आरोपण किया। वास्तव में हीनयान ही बौद्ध धर्म का आदि रूप था जिसका उल्लेख ई.पू. 350 ई. के प्राप्त पालि साहित्य में भी पाया जाता है। अब बौद्धों में यह विभेद समाप्तप्राय है।

हुमायूं

मुगल वंश के संस्थापक बाबर (दे.) का लड़का और उत्तराधिकारी जो 1530 ई. से 1540 ई. तक और फिर 1555 ई. से 1556 ई. तक गद्दी पर रहा। उसे अपने पिता का जीता हुआ एक बड़ा साम्राज्य मिला था, गुजरात और मालवा पर उसने स्वयं विजय पाई थी। परंतु रंगरेलियों में डूब जाने के कारण गुजरात और मालवा शीघ्र उसके हाथ से निकल गए। बंगाल और बिहार के अफगान सरदार शेरखां सूर (दे.) ने अपनी शक्ति बढ़ा ली और दो बार हुमायूं को पराजित करके वह शेरशाह के नाम से दिल्ली का शासक बन बैठा। हुमायूं सहायता के लिए भागता फिरा। इन्हीं दिनों उसने विवाह किया और 1542 ई. में उसका पुत्र अकबर पैदा हुआ।

बाद में हुमायूं फारस पहुंचा और वहां के शाह से सहायता लेकर अफगानिस्तान का शासक बन गया। 1555 ई. में जिस समय दिल्ली में शेरशाह के उत्तराधिकारियों में संघर्ष चल रहा था, हुमायूं ने अवसर का लाभ उठा कर जुलाई 1555 ई. में आगरा और दिल्ली पर अधिकार करके सत्ता पुनः अपने हाथों में ले ली। परंतु जनवरी 1556 में अपने पुस्तकालय की सीढ़ियों से गिर जाने के कारण उसकी मृत्यु हो गई।

हुविष्क

कुषाण राजा कनिष्क (दे.) का पुत्र और उत्तराधिकारी जिसने लगभग 162 ई. से 180 ई. तक राज्य किया। इसके शासनकाल के सिक्के अनेक स्थानों में

और बड़ी मात्रा में मिले हैं। इन पर भारतीय, ईरानी और यूनानी देवी-देवताओं के चित्र अंकित हैं। इससे ज्ञात होता है कि कनिष्क का जीता हुआ पूरा राज्य इसके अधिकार में था और उसका विस्तार पूर्व में पाटलिपुत्र तक था।

हूंण

यह मध्य एशिया की एक खानाबदोश जाति थी। हूंणों ने पांचवीं शताब्दी के मध्य में भारत पर पहला आक्रमण किया। 455 ई. में स्कंदगुप्त (दे.) ने उन्हें पीछे धकेल दिया था। परंतु बाद के आक्रमण में 500 ई. के लगभग हूंणों का नेता तोरमाण मालवा का स्वतंत्र शासक बन गया। उसके पुत्र ने पंजाब में स्यालकोट को अपनी राजधानी बनाकर चारों ओर बड़ा आतंक फैलाया। अंत में मालवा के राजा यशोधर्मा और बालादित्य ने मिलकर 528 ई. में उसे पराजित कर दिया। लेकिन इस पराजय के बाद भी हूंण वापस मध्य एशिया नहीं गए। वे भारत में ही बस गए और उन्होंने हिंदू धर्म स्वीकार कर लिया।

हेमा

एक अप्सरा जिसे देवताओं ने मय दानव को दे दिया था। वह मय के साथ सहस्रों वर्षों तक रही। उसने दो पुत्र और एक पुत्री को जन्म दिया। रावण की रानी मंदोदरी मय दानव से उत्पन्न हेमा की ही पुत्री थी। एकबार यह स्वर्गलोक आई तो लौटकर मय दानव के पास नहीं गई। मय हेमा के लिए निर्मित सुवर्णनगर में अकेला रह गया।

एक अन्य संदर्भ के अनुसार हेमा इंद्र की सभा की अप्सरा थी। मय ने इसका अपहरण कर लिया था। इंद्र ने मय का वध करके उसकी बनाई हुई सुवर्ण नगरी हेमा को दे दी थी।

हेमू

इसका जन्म मेवात के एक वैश्य परिवार में हुआ था। अपनी योग्यता से यह शेरशाह के वंश के तीसरे राजा आदिलशाह (1554-56 ई.) का दीवान बन गया था। आदिलशाह ने राज्य का सब काम हेमू के ऊपर छोड़ रखा था। 1556 ई. में हुमायूं की मृत्यु का लाभ उठाकर हेमू ने आगरा और दिल्ली पर अधिकार कर लिया और 'राजा विक्रमाजीत' के नाम से स्वतंत्र राजा बन बैठा। इस पर हुमायं के पुत्र अकबर के साथ 5 नवंबर, 1556 ई. को उसका पानीपत का दूसरा युद्ध हुआ। हेमू ने बड़ी वीरता और कुशलता दिखाई, परंतु आंख में तीर लग जाने से वह गिरकर अचेत हो गया। इससे उसकी सेना में भगदड़ मच गई। हेमू पकड़ा गया। बैरम खां के कहने पर अकबर ने तलवार से उसका सिर उड़ा दिया।

हेलियोडोरस

तक्षशिला का निवासी जो तक्षशिला के यवन राजा का दूत बनकर 140 ई.पू. में विदिशा आया था। इसने भागवत धर्म अपना लिया था। इसने विष्णु के एक गरुड़स्तंभ की स्थापना की। उस स्तंभ के लेख से ज्ञात होता है कि इसे महाभारत की भी जानकारी थी। इससे यह भी विदित होता है कि ईसापूर्व की दूसरी शताब्दी में यवनों ने हिंदू धर्म स्वीकार करना आरंभ कर दिया था।

हैहय

एक क्षत्रिय वंश जिसमें कार्तवीर्य (दे.) नामक पराक्रमी राजा पैदा हुआ। इसने रावण को भी हराकर बंदी बना लिया था। इसी ने कपिला गाय के लिए परशुराम के पिता जमदग्नि का वध कर डाला था। जिस कारण क्रुद्ध होकर परशुराम ने इसके सहित हैहय कुल के क्षत्रियों का अनेक बार संहार किया।

होलिका

हिरण्यकशिपु की बहन जिसे अग्नि से न जलने का वरदान प्राप्त था। अपने भाई की आज्ञा से वह प्रह्लाद को गोद में लेकर अग्नि में बैठी, किंतु स्वयं जल गई और प्रह्लाद को कुछ भी नहीं हुआ। यह कथा ईश्वर-भक्ति के प्रभाव के प्रमाण के रूप में बहुत प्रचलित है।

होली या होलिकोत्सव

भारत का एक प्रमुख त्यौहार जो प्रतिवर्ष फाल्गुन पूर्णिमा को धूमधाम और उल्लास के साथ मनाया जाता है। प्राचीन संस्कृत साहित्य में इसका उल्लेख 'वसंत महोत्सव' या 'काम महोत्सव' के रूप में मिलता है। यह प्राचीन काल से ही सब वर्णों की निकटता का भी त्यौहार रहा है। उस दिन सभी वर्णों के लोगों का परस्पर गले मिलने का विधान है।

इसका संबंध होलिका (दे.) द्वारा प्रह्लाद को गोद में लेकर आग में बैठने की कथा से भी जोड़ा जाता है। यह समझकर कि हरि भक्त प्रह्लाद जलकर मर जाएगा, राक्षस नाचने-गाने, कूदने, शोर मचाने और मद्यपान करके अपनी प्रसन्नता व्यवत करने लगे थे। आज भी उसी घटना की स्मृति में होलिका दहन होता है। प्राचीन समय में यह त्यौहार मुख्यतः चतुर्थवर्ण का त्यौहार माना जाता था। अब यह देश का सबसे लोकप्रिय और मस्ती का त्यौहार है।

ह्यूम

ऐलन आक्टोवियन ह्यूम (1829-1912 ई.) ईस्ट इंडिया कंपनी (दे.) का

अधिकारी था जो 1857 ई. के स्वतंत्रता संग्राम के समय इटावा जिले में मजिस्ट्रेट था। संग्राम को बर्बरतापूर्ण अमानुषिक दमन के द्वारा दबा देने के बाद भी जनता में व्याप्त असंतोष और भीतर-ही-भीतर हो रही सशस्त्र संघर्ष की तैयारी का उसको पता था। 1882 ई. में इंडियन सिविल सर्विस से अवकाश ग्रहण करने के बाद ह्यूम भारत में ऐसे संवैधानिक संगठन की तैयारी में लग गया जिससे भारतीयों के मनोभावों का पता लग सके, वे प्रकट हो सकें। उसके इस काम में तत्कालीन वायसराय और गवर्नर जनरल लार्ड डफरिन की भी सहमति थी। 1885 ई. में बंबई में हुए कांग्रेस के प्रथम अधिवेशन का संयोजक ह्यूम ही था। 1906 ई. तक वही इस संस्था का प्रधानमंत्री भी रहा।

ह्वेनसांग

प्रसिद्ध चीनी बौद्ध विद्वान् और यात्री जो धर्म-विषयक अपनी जिज्ञासा की शांति के लिए मध्य एशिया के स्थल मार्ग से सन् 627 ई. में भारत आया। उसने पहले कश्मीर में और फिर नालंदा (बिहार) में बौद्ध दर्शन का गहन अध्ययन किया। वह भारत के विभिन्न स्थानों की यात्रा पर भी गया। कन्नौज में सम्राट हर्षवर्धन ने उसका स्वागत किया।

ह्वेनसांग ने भारत में रहकर संस्कृत भाषा में बौद्ध धर्म पर दो ग्रंथों की रचना की। 645 ई. में बुद्ध की सात मूर्तियां और संस्कृत के 657 ग्रंथ लेकर वह स्वदेश लौटा। अपने देश जाकर उसने 75 ग्रंथों का चीनी भाषा में अनुवाद किया।

भारतीय संस्कृति कोश : नई प्रविष्टियाँ

अकबर

वर्ष 1542 में जन्मे और 1556 में ही गद्दी पर बैठने वाले मुगल बादशाह का असली नाम जलालुद्दीन मोहम्मद था। अकबर ने आगरा में अपनी राजधानी बनाई थी। अकबर का नाम उसकी उदारता और हिन्दू-मुस्लिम एकता के लिए विशेष रूप से लिया जाता है। हालाँकि वह एक कठोर प्रशासक था लेकिन उसके दरबार में हिन्दू विद्वानों और कलाकारों का विशेष सम्मान था। उसकी सेना में भी हिन्दू योद्धा शामिल थे। उसने एक राजपूत राजकुमारी से विवाह किया था, और एक नया धर्म ''दीने इलाही' भी चलाने का प्रयत्न किया था, जिसमें हिन्दू मुस्लिम सद्भाव का विचार था।

आंगन

भारतीय संस्कृति और उसके मूल्य बोध में आंगन एक बेहद महत्त्वपूर्ण भूमिका निभाता है। समूचे घर के परिसर में कमरे का प्रकोष्ठ एक बंद चहारदीवारी का अनुशासन रचते हैं। आंगन, घर की अंतरंगता और अनुशासन को बनाए रखते हुए किंचित् उन्मुक्त परिवेश बनाता है। यहाँ से आकाश, चाँद और तारे दिखते हैं, धूप आती है और बारिश का स्वागत, बिना घर की ड्योढ़ी लांघे किया जा सकता है। इस नाते आंगन बहुत से उल्लास और निजता से दुख-सुख का साझीदार हिस्सा होता है, जो भीतर का बहुत कुछ बाहर नहीं जाने देता फिर भी बाहर का एक विकल्प होता है।

आखेट

सामन्ती व्यवस्था में राजा और उसके योद्धाजन को निरन्तर वीरोचित भाव बनाए रखना होता था, जबकि युद्ध प्रायः स्थायी कार्यक्रम नहीं होते थे। ऐसे में युद्ध के अभ्यास जैसी स्थिति जंगल में जाकर शिकार खेलने के जरिये रची जाती थी। जंगल में शिकार खेलने का क्रम आखेट कहलाता था।

आरती

हिन्दू पूजा-अर्चना की पद्धति में आराध्य के गुणगान और माहात्म्य का गायन आरती कहा जाता है। अलग-अलग देवी-देवताओं की आरती भक्तगणों के बीच आदिकाल से प्रचलित है और उसमें नई प्रस्तुतियाँ भी जुड़ रही हैं। आरती का गायन श्रद्धापूर्वक किया जाता है और प्रायः इसमें थाली में दीप जलाकर पुष्प-अक्षत के साथ उसे आराध्य के सामने उसके मुख मंडल के चारों ओर दीप्त किया जाता है। भक्ति प्रसंग के अतिरिक्त आरती की परम्परा सामाजिक कार्यों में भी है जिसमें विवाह के अवसर पर दूल्हे की आरती उतारना प्रमुख है।

आरसी

आरसी दर्पण का पर्यायवाची शब्द है। भारतीय संस्कृति में स्त्री के श्रृंगार पक्ष का बहुत महत्त्व है। श्रृंगार घर-परिवार में दैनंदिनी की तरह है, तो विशेष अवसरों पर या मंच पर और भी महत्त्वपूर्ण हो जाता है। स्त्रियाँ श्रृंगार की पहली तृप्ति दर्पण में अपनी छवि निहार कर पाती हैं।

आलता

श्रृंगार की लोक रीति में विशेष रूप से उत्सव के प्रतीक के रूप में स्त्रियाँ पैरों में गहरा लाल रंग लगाती हैं, जिसे महावर या आलता कहा जाता है। पैर के सभी नाखून रंगते हुए एक धारी अंगूठे से चलकर एड़ी रंगती हुई छोटी उंगली तक आती है और पैर के पंजों को फूल पत्तों की आकृतियों से सजाया जाता है।

आहुति

भारतीय यज्ञ विधान में अग्नि को प्रकाश और ऊर्जा के रूप में प्रस्तुत मानकर उसकी मंत्रोच्चार के साथ पूजा की जाती है। यज्ञ में समर्पण भाव के प्रतीक के रूप में, मंत्रोच्चारण के साथ-साथ नियत विधान के अनुसार अग्नि में घृत और सुगंधित सामग्री डालते हैं। इस समर्पण कृत्य को आहुति देना कहते हैं।

ईंगुर/सिन्दूर

हिन्दू संस्कृति में विवाहित स्त्रियों के लिए जिन सौभाग्य चिह्नों को महत्त्वपूर्ण स्थान प्राप्त है, उनमें सिन्दूर प्रमुख है। विवाहित स्त्रियां सिन्दूर को अपने सिर में मांग के बीच भरती हैं। सिन्दूर का एक पर्यायवाची शब्द ईंगुर भी है। ईंगुर का प्रयोग केवल विवाहित स्त्रियां ही करती हैं, ऐसा संस्कृति का प्रावधान है। अन्य जन के लिए माथे पर टीका रोली का लगाया जाता है।

उबटन

स्त्री शृंगार के प्रसंग में त्वचा का स्वच्छ, सुकोमल और सुगन्धित होना विशेष अर्थ रखता है। आदि काल से स्त्रियां अपनी त्वचा को इन अर्थों में सुन्दर बनाने के लिए विविध उपाय करती हैं, जिनमें से एक है उबटन का प्रयोग। उबटन में विविध चूर्ण पदार्थों, जैसे हल्दी, चंदन, बेसन आदि को सुगन्धित तेल, गुलाब जल तथा विशिष्ट अर्क के साथ घोला जाता है और इस प्रकार से बना लेप शरीर पर मला जाता है। उबटन का प्रयोग नवजात शिशु के लिए भी किया जाता है, ताकि जन्म के बाद की उनकी त्वचा कोख की कैद से उपजी सिकुड़न से मुक्त हो सके। उबटन त्वचा को निरोग रखने के लिए भी प्रयुक्त होता है। कहीं-कहीं यह परम्परा है कि होली के दिन, माएँ बच्चों को उबटन लगाती हैं और देह से उसे छुड़ाने से उतरे उबटन को होलिका दहन में डाल देती हैं। इससे यह माना जाता है कि बच्चे की व्याधियाँ अग्नि को समर्पित हो गईं।

एनीबेसेंट

मूलतः इंग्लैण्ड की निवासी श्रीमती एनीबेंसेट का जन्म 1847 में हुआ था। वह सन् 1893 में भारत आईं और उन्होंने भारतीय राजनीति में अपनी सक्रियता दिखाई। वह भारत की स्वाधीनता की पक्षधर थीं, जिसके लिए उन्हें ब्रिटिश सरकार का दण्ड भी झेलना पड़ा। उन्होंने सर्वधर्म समन्वय की दृष्टि से थियोसोफिकल सोसायटी की स्थापना की। वह लम्बे समय तक बनारस (वाराणसी) में रहीं और उन्होंने सेन्ट्रल हिन्दू स्कूल की स्थापना की, जिसे बनारस हिन्दू विश्वविद्यालय का बीज संस्थान माना जा सकता है। उन्होंने डॉ. भगवान दास के साथ मिलकर भगवद् गीता का अंग्रेज़ी में अनुवाद भी किया।

कंचुकी

कंचुकी स्त्रियों का एक कलात्मक परिधान है, जो वक्ष स्थल को मर्यादा पूर्वक ढकते हुए, उसके सौंदर्य को उभारता है।

एक दूसरे अर्थ में कंचुकी, बड़े राजमहलों में नियुक्त अंतःपुर के द्वार रक्षक को कहा जाता है।

कंदील

समाज-परिवार में विभिन्न अवसरों/समारोहों पर प्रकाश की उपस्थिति को अनिवार्य माना गया है। प्रकाश का आदिस्रोत सूर्य है, लेकिन रात में प्रकाश का उपक्रम दीये से होता आया है। भारतीय संस्कृति में प्रकाश को एक सम्पूर्ण भाषा माना गया है, इसलिए विभिन्न सांस्कृतिक कार्यक्रम, प्रकाश व्यवस्था का विशिष्ट आयोजन

रचते हैं। कंदील उन्हीं में से एक है। इसे एक आदिकालीन उपकरण कह सकते हैं, जिसमें भीतर दीया रखने का स्थान होता है और बाहर एक परिधि संरचना, जिसमें प्रकाश बाहर जाने के लिए झरोखे बने होते हैं। इन झरोखों पर रंगीन कागज़ भी मढ़ दिए जाने का प्रावधान है, जिससे रंगीन प्रकाश बाहर आता है।

करधनी

काले रंग के सूत से बनाया हुआ एक बंधना, जिसे बालक की कमर में बांधा जाता है। इस बंधने में एक तांबे का छेदवाला पैसा, जो 1950 के दशक तक चलता रहा था, टाँकने की परम्परा है। इसका मुख्य उद्देश्य, बालक को बुरी नज़र से बचाने का है, जिसे एक लोक विश्वास के कारण ऐसी मान्यता मिली हुई है। मूलतः यह एक सांस्कृतिक अवधारणा है कि काले रंग की छटा, बुरी नज़र को बचा ले जाती है, भले ही प्रायः काला रंग, सौन्दर्य में वृद्धि करता दीख पड़ता है।

कथा

भारतीय संस्कृति के परिदृश्य में, कथा का व्यापक अर्थ वृत्तान्त है। साहित्य के सन्दर्भ में कथा को कहानी के उस स्वरूप में स्वीकार किया जाता है, जिसमें रचनात्मक दायित्व निहित हो। भक्ति के संदर्भ में कथा, ऐसा वृत्तांत है, जो पर्व, आयोजन या देवी-देवता विशेष रूप से जुड़ी प्रासंगिक प्रस्तुतियाँ भक्तों के सामने लाते हैं। कथा, चाहे वह साहित्य के प्रसंग में हो या भक्ति प्रसंग में, श्रोताओं/पाठकों के बीच विश्वसनीय संप्रेषण रचने का माध्यम है।

करबला

मुस्लिम धार्मिक विश्वास के अनुसार, अरब में वह स्थान जहां हसन और हुसैन, हज़रत मोहम्मद साहब के बेटे, दफनाए गए थे, करबला था। मुस्लिम समुदाय प्रतीक रूप में इस घटना को एक दुखद प्रसंग की तरह याद करता है। हसन-हुसैन की मैयत के सांस्कृतिक रूप ताज़िये कहलाते हैं जिन्हें मोहर्रम के दिन एक निर्दिष्ट स्थान पर दफन कर दिया जाता है। ताज़िये दफनाने वाली जगह करबला कहलाती है।

करवा

अपनी संरचना में करवा एक मिट्टी की हांडी जैसा पात्र है, जिसमें टोंटी निकली होती है। यह पात्र अपनी सांस्कृतिकता एक पर्व विशेष के कारण स्थापित करता है, जिसमें विवाहित स्त्रियां अपने पति के लिए मंगलकामना करती हुई व्रत रखती हैं और इसी करवे से उगते चंद्र को जल चढ़ा कर अपना दिन भर का कठिन

व्रत का समापन करती हैं। यह पर्व करवा चौथ कहलाता है और कहा जाता है कि करवे की टोंटी से सर्दी का मौसम निकलता है। अर्थात् यह पर्व शिशिर ऋतु का द्वार खोलता है।

कव्वाली

उर्दू के काव्य में नज़्म, ग़ज़ल और शायरी के साथ-साथ एक और लोकप्रिय विधा का प्रचलन है, वह है कव्वाली। कव्वाली गेय काव्य की बानगी है, जिसमें दो दल आमने-सामने बैठकर सवाल-जवाब की शैली में आशु रचना का कौशल तो दिखाते ही हैं, बात के कथ्य का निरुत्तर कर देने वाला पूरा क्रम भी दिखाते हैं। यह अनिवार्यता तो नहीं है, लेकिन प्रायः इसमें एक दल में महिलाएँ और दूसरे में पुरुष होते हैं और दूसरा प्रारूप एक मुकाबले की तरह चलता है। प्रेम और रूमानियत के अतिरिक्त बहुत से प्रासंगिक सामाजिक प्रश्न भी कव्वाली के माध्यम से संबोधित किये जाते हैं। इस सबसे इतर, भक्ति काव्य की तरह भी कव्वाली गाई जाती है, इसे नातिया कव्वाली कहते हैं।

गरबा

गरबा गुजरात का, महिलाओं के द्वारा बेहद उत्साह से किया जाने वाला सामूहिक नृत्य है। इसमें स्त्रियाँ सामूहिक रूप से गाती हुई घड़ा साथ में लेकर नृत्य करती हैं। घड़ा भंडारण का प्रतीक है, और इस नाते, इस नृत्य की संस्कृति में परिपूर्ण भंडार और वैभव की कामना भी है और उसका किंचित ज्ञापन भी।

गिद्दा

पंजाब की लोक परम्परा के अंतरंग उत्साह से किया जाने वाला नृत्य गिद्दा है। इसमें दो सहेलियां एक दूसरे की हथेलियां अपने हाथों में लेकर गोल-गोल घूमती हैं। यह नृत्य मूलतः नवयुवतियाँ/सहेलियाँ आपस में करती हैं। इसे एक खेल भी क़हा जा सकता है। युवकों में गिद्दा नहीं होता। इस नृत्य के साथ गीत संगीत को कोई परिपाटी नहीं मिलती।

गुटका

विशुद्ध भाषा के दृष्टिकोण से किसी भी बड़े आकार की वस्तु के छोटे आकार में अनुकृति को गुटका कहा जाता है। लेकिन सांस्कृतिक सन्दर्भ में इसे किसी भी वस्तु के सन्दर्भ में नहीं कहा जाता। वस्तुतः धर्म और भक्ति के प्रसार-प्रयास में, बड़े आकार की पुस्तकों को छोटे आकार के जेबी संस्करणों में रूपान्तरित किया

गया, ताकि जन समुदाय को उसे रखने संभालने में सुविधा हो। रामायण, गीता तथा अन्य भजनावलियां गुटका रूपों में मिलने लगीं। इस तरह गुटका संस्कृति ने अपना विशेष स्थान बनाया। भक्ति सामग्री के अतिरिक्त भाषा के प्रसार में इसका उपयोग हुआ और गुटका शब्दकोश आज भी अपनी लोकप्रियता बनाए हुए हैं।

चन्दन

यूँ तो चन्दन एक वनस्पति की प्रजाति है, लेकिन इसके कुछ विलक्षण गुणों के कारण इसे भारतीय सन्दर्भ में विशेष स्थान प्राप्त है। पूजा अर्चना में इसे घिसकर इसका तिलक लगाया जाता है। इसकी सुगन्ध अद्भुत है। इसकी तासीर ठंडी है, इस वजह से इसके वृक्ष पर साँप लिपटे रहते हैं, किन्तु उनका इसके वैशिष्ट्य पर कोई प्रभाव नहीं पड़ता। धार्मिक अवसरों के अतिरिक्त चन्दन का प्रयोग औषधियों में और श्रृंगार के उपक्रम में भी किया जाता है। इसकी लकड़ी का बुरादा बनाया जा सकंने के कारण इसका उपयोग कई गुना बढ़ जाता है। काष्ठ शिल्पी चन्दन की लकड़ी से मूर्तियाँ बनाते हैं और इसका तेल भी अपनी सुगन्ध-मयी ठंडी तासीर के कारण बहुत उपयोगी है।

चौपड़

चौसर की आकृति बनाकर खेला जाने वाला एक खेल है, जिसे पांसे या कौड़ियों की सहायता से खेला जाता है। यह खेल बुद्धि की युक्ति के अलावा अनियंत्रित संभावनाओं से भी प्रभावित होता है, इसलिए इसमें भाग्य का भी एक पक्ष शामिल होता है। यह खेल मनोरंजन भी है और जुआ भी, जो शुरू में राजा-रजवाड़ों में खेला गया और वहाँ से जनसामान्य तक आया।

खेल के अतिरिक्त, राजस्थान में नगर के विभिन्न चौराहों को भी चौपड़ कहा जाता है, वह स्थल जहाँ से चार मार्ग अलग-अलग दिशाओं में जाते हैं।

जनेऊ/यज्ञोपवीत

भारत में, हिन्दू संस्कृति के अनुसार किशोर से युवा होते ही कुछ संस्कारगत प्रतिबंधों की दीक्षा दी जाती है जिसका पालन उसे आजीवन करना होता है। उसी दीक्षा की सतत् स्मृति के रूप में एक, तीन धागों की संरचना युवक को पहननी होती है, जो उसे हमेशा उस प्रतिबंध की याद दिलाती है। यह एक पवित्र सूत्र है। इसे भूमि का या अशुद्ध स्थल का स्पर्श नहीं करना चाहिए। इसीलिए सामान्यतः कमर तक झूलता यह सूत्र, शौचादि के लिए भूमि पर बैठते समय कान पर चढ़ानें का आदेश है, ताकि वह भूमि तक न पहुँचने पाए।

परम्परागत रूप से युवक का विवाह होने से पहले उसका जनेऊ धारण करने का संस्कार ज़रूर हुआ होना चाहिए, जिसे यज्ञोपवीत संस्कार कहते हैं।

तेरही

हिन्दू शास्त्र विधान के अनुसार मनुष्य की मृत्यु के पश्चात् उसके अनुजनों को कुछ पारम्परिक रीतियों का निर्वाह करना पड़ता है, जिनके केन्द्र में यह विश्वास होता है कि देह से मुक्त होने के बाद आत्मा को शान्ति पहुँचे। इसी रीतिक्रम में मृत्यु के तेरहवें दिन का विधान सम्पन्न करने की क्रिया को तेरही कहा जाता है। मान्यता है कि इस विधान के बाद परिवार में मृत्यु से उत्पन्न अशुद्धियाँ तथा औपचारिक शोक का परिवेश समाप्त हो जाता है तथा सामान्य जीवन लौटने की शुरुआत होती है।

दत्तक पुत्र

देश की पौराणिक संपदा में ऐसे अनेकों विकल्प देखे जा सकते हैं जो निस्संतान दम्पती को सन्तान प्राप्ति का सुख दे सकते हैं। समय के साथ बहुत-सी ऐसी पारंपरिक प्रणालियों का रूप बदला और किंचित उनका लोप भी हुआ। ऐसे में जब ब्रिटिश राज में लार्ड डलहौज़ी ने निस्सन्तान राजाओं की रियासत पर अंग्रेज़ सरकार के कब्ज़े का कानून बनाया, तब संतान को गोद लेने का विकल्प सामने आया और इस प्रकार गोद लिया गया पुत्र दत्तक पुत्र कहलाया। महारानी लक्ष्मीबाई ने इसी विकल्प को चुन कर झांसी का राज्य बचाने का कदम उठाया था।

दलित

आदिकालीन मनुवादी दैवी व्यवस्था के अनुसार पूरा हिन्दू समाज चार वर्णों में विभक्त माना गया—ब्राह्मण, क्षत्रिय, वैश्य एवं शूद्र। शूद्रों को इस व्यवस्था ने अनेक अमानवीय व्यवहार से त्रस्त रखने का प्रावधान बनाया। उन्हें अस्पृश्य यानी अछूत कहा गया। इस अमानवीयता का विरोध करते हुए इन्हें गांधीजी ने हरिजन कहना शुरू किया। बाद में अंबेडकर ने इन्हें हरिजन की बजाय दलित नाम दिया। दलित कहलाने से उनमें एक सतत् आक्रोश भरने का मंतव्य अंबेडकर का था, जबकि हरिजन कहे जाने से यंत्रणाओं के बीच एक संतोष जुटाने का संदेश था। इस तरह दलित शब्द, वर्ण व्यवस्था के इस वर्ग को परिभाषित करता है, जिन्हें मनुवादियों ने शूद्र कहा था।

दिठौना

भारतीय संस्कृति की परम्परा में मनुष्य का बाल रूप सबसे ज्यादा मंत्रमुग्ध करने

वाला माना जाता है। बालक चाहे वह किसी वर्ग, धर्म या परिवेश का हो, मोहित करता है। इसलिए बालक के परिजन, विशेष रूप से उसकी मां उसे सबसे बड़ी सम्पदा मानती है और इस नाते उसे लगता है कि उसका बालक सबकी ईर्ष्यालु नज़रों के घेरे में है। ऐसे में, एक लोक-विश्वास के चलते, वह एक काजल का काला टीका बालक के मुख मंडल पर कहीं, प्रायः माथे पर लगा देती है, जिसे दिठौना कहते हैं। ऐसा ही उपक्रम बालक को एक काली करधनी पहनाकर, जिसमें तांबे का छेद वाला सिक्का गुंधा हो, पहना कर किया जाता है। दिठौना एक तरह की विश्वाससम्मत आड़ है, जो बालक को बुरी नज़र से बचाती है।

हाल के समय में यह परिपाटी अन्य संपत्ति पर भी लागू हो गई है। प्रायः लोग अपने नये मकान पर ऐसा ही कुछ आयोजन करते हैं। अंग्रेज़ी में इसे 'टचवुड' जैसे विश्वास से जोड़ा जा सकता है।

नमाज़

भारतीय संस्कृति में विभिन्न धर्मों के लोगों का संवैधानिक और विधिसम्मत अधिकार है। इस नाते, नमाज़ भी भारतीय संस्कृति से जुड़ी है। नमाज़ मुस्लिम संप्रदाय की पूजा पद्धति है। मुस्लिम मूर्तिपूजक नहीं है, लेकिन वह अपने अल्लाह की नियम-पूर्वक दिन में पाँच बार नमाज़ पढ़कर पूजा करते हैं। नमाज़ मस्जिद के अलावा किसी भी जगह पर, जाज़िम बिछा कर और वुज़ू (हाथ धोकर) करके पढ़ी जा सकती है।

नाटक/नाट्य/नुक्कड़ नाटक

संस्कृति के रचनात्मक पक्ष में नाटक एक विशिष्ट विधा है, जिसमें किसी भी कालखण्ड, यानी भूत, वर्तमान या भविष्य की रचनात्मक प्रस्तुति जनसमूह को दिखाई जाती है। नाटक का एक चरण विषय को लिपिबद्ध करना होता है, दूसरे पक्ष में इस पाण्डुलिपि का प्रस्तुतीकरण किया जाता है। अभिनय, प्रकाश एवं ध्वनि संयोजन और यथाशिल्प मंच संव्यूहन इसके उपकरण हैं। बिना किसी विशेष मंच के, सीधे जनसमूह के बीच खेला जाने वाला नाटक नुक्कड़ नाटक कहलाता है। यह जनवादी शिल्प का नाटक है।

नेग

भारतीय संस्कृति में समाज के साथ-साथ पारिवारिक सम्बन्धों को भी सुदृढ़ करने की अनेक परम्पराएँ हैं। परिवार में विभिन्न अवसरों में, विशेष रूप से जब कोई सदस्य किसी नई पारिवारिक भूमिका में उतर रहा हो, तो परिपाटी के अनुसार सम्बन्धित दूसरे सदस्य उसकी खुशी में हिस्सेदारी करते हैं। यह नेग इसी हिस्सेदारी

का शब्द है, जिसमें जुड़ाव के अधिकार की स्थापना होती है। जैसे युवक के विवाह के अवसर पर उसका बहनोई दरवाज़े पर तोरण बाँधता है और उसके बदले युवक को कुछ उपहार उसे देना होता है, वह नेग कहलाता है। ऐसे उपहार देने की परिपाटी विभिन्न अवसरों पर अलग-अलग सम्बन्धियों की देखी जा सकती है, जैसे बच्चे के जन्म पर बुआ काजल लगाने का नेग माँगती है। अधिकांशतः ऐसे नेग स्त्रियों के अधिकार क्षेत्र में स्थापित किए गए हैं, ताकि उनके भीतर उनका अधिकार बोध और सम्मान बना रहे।

पत्रा/पंचांग/जंत्री

किसी भी दिए हुए बड़े काल खण्ड के बीच समय की छोटी से छोटी इकाई के लिए भी विभिन्न ग्रहों की स्थिति और उसके विभिन्न राशियों पर होने वाले प्रभाव, जिस पुस्तक से जाने जा सकते हैं उसे पंचांग या पत्रा कहते हैं। प्रायः पंचांग एक वर्ष की अवधि के लिए बनाए जाते हैं, लेकिन उन पर ऐसा कोई प्रतिबंध नहीं है। पंडितगण गहन अतीत से लेकर सुदूर भविष्य की फलित गणना उपलब्ध पंचांग से कर लेते हैं।

सामाजिक कार्यों में राशि विशेष के जातकों के लिए शुभ मुहूर्त (साइत) की खोज और पर्व त्यौहारों की तिथि पंडित पंचांग के सहारे ही निकाल पाते हैं।

परंपरा/परिपाटी

किसी भी संस्कृति में आदि मूल्यों का निर्वाह दूर तक, आने वाले हरेक युग में हो पाए, इसका दायित्व जिस प्रक्रिया पर है, उसे परम्परा या परिपाटी कहते हैं। उदाहरण के लिए सत्य की असत्य और अन्याय पर विजय के प्रतीक के रूप में रामकथा यानी रामलीला का मंचन गाँव-गाँव तक में सतयुग से होता आ रहा है और विजयादशमी के दिन रावण का पुतला जलाया जाता है। यह परम्परा है, जो संस्कृति का निर्वाह करती आ रही है। परम्पराएं या परिपाटी समय के साथ अपना स्वरूप बदलती हैं, लेकिन उनका मूल अभीष्ट अक्षुण्य रहता है।

फादर कामिल बुल्के

1909 में बेल्जियम में जन्मे फादर कामिल बुल्के अपने शुरुआती दौर में विज्ञान और इंजीनियरिंग के छात्र रहे लेकिन बाद में उन्होंने इलाहाबाद से हिन्दी में भी एम. ए. किया और पूरी तरह भारतीय हो गए। उन्होंने रामकथा की उत्पत्ति और विकास पर डी. फिल भी इलाहाबाद विश्वविद्यालय से की। उन्होंने भारत और पश्चिमी जगत को जोड़ने के काम में महत्त्वपूर्ण योगदान दिया। उनके प्रयास से भाषा और शब्दकोश पर्याप्त रूप से समृद्ध हुए।

भांगड़ा

अपनी सांस्कृतिक विपुलता के लिए पंजाब विशेष रूप से विख्यात है। वहाँ के गीत संगीत में सामूहिकता है और भांगड़ा भी इसी प्रकार एक सामूहिक रूप से किए जाने वाले नृत्य की शैली है। यह नृत्य बेहद उत्साह से भरा, स्थानीय लोक वाद्यों के साथ किया जाता है। शुरू में, यह नृत्य पुरुष ही करते थे। अपनी रंग-बिरंगी पोशाक में और तुर्रेदार टोपी में उनकी छटा देखते ही बनती है। अब इस नृत्य में महिलाएँ भी आ जुड़ी हैं। वैसे तो इसका चलन वर्ष भर होता है, लेकिन बैसाखी पर इसकी विशेष परम्परा है।

भजन

हिन्दू अध्यात्म प्रसंग में दो धाराएँ मानी जाती हैं, एक भक्ति धारा और एक ज्ञान धारा। भक्ति धारा का विश्वास है कि ईश्वर की सतत् स्मृति ही चित्त मन को ईश्वर योग्य बनाने के लिए पर्याप्त है, जबकि ज्ञानधारा में अकूत मनन-चिंतन, शास्त्रों का पठन-पाठन आता है। सामान्यजन के लिए भक्तिधारा सरल है और इस क्रम में ईश्वर के सतत् स्मरण की एक रीति ऐसे गेय पदों का उच्चारण है, जिनका अर्थ भी जानना भक्त के लिए आवश्यक नहीं है। उसमें वन्दना है और गायन में लीन हो जाने का भाव है। ऐसे पद, भजन कहलाते हैं, जो सगुण धारा और निर्गुण धारा, यानी ईश्वर के मूर्त और अमूर्त दोनों रूपों के लिए समान रूप से भक्त जनों को उपलब्ध हैं।

मंडप/पंडाल

किन्हीं विशेष अवसरों पर, जहाँ परिवार-समाज के अनेक लोग खुले स्थान में एकत्रित होते हैं, और वहां अस्थायी तौर पर एक छत की आवश्यकता होती है, तो एक अलंकृत-सा, अवसर के अनुकूल सज्जा लिये परिसर तैयार कर लिया जाता है, उसे मंडप कहते हैं। पूजा तथा अन्य किन्हीं सामाजिक-पारिवारिक समारोहों पर मंडप बनाना एक अनिवार्यता होती है। मंडप के लिए एक दूसरा शब्द पंडाल भी प्रयोग में आता है, लेकिन मंडप एक छोटी संरचना है जब कि पंडाल बड़ा बनाया जाता है।

मुकुट

केवल भारतीय संस्कृति में ही नहीं बल्कि समूचे विश्व की विविध संस्कृतियों में सिर पर पहनने वाले परिधान का बहुत महत्त्व है। टोपी और पगड़ी, भारतीय परिदृश्य में इसी क्रम में आते हैं। पुराने समय के सामंती युग में ऐसे ही राजसी लोगों के बीच सिर पर जो परिधान धारण किया जाता रहा है, उसका नाम मुकुट

है। स्वर्ण और रत्नमंडित मुकुट राज परिवार का वैभव, उसके मान का प्रतीक रहा है। इसका प्रयोग न केवल पुरुष, बल्कि रानी, साम्राज्ञी के लिए भी प्रचलित रहा है, भारतीय संस्कृति में इसका उल्लेख न केवल हिन्दू राजाओं के लिए मिलता है, बल्कि मुगल बादशाहों और रानियों के लिए भी मुकुट का रिवाज रहा है। वहाँ इसे ताज का नाम दिया गया है।

मुखौटा

नृत्य और अभिनय का भारतीय संस्कृति में बहुत महत्त्वपूर्ण स्थान है और संस्कृति का यह पक्ष बहुत-से ऐसे उपकरणों की कल्पना करता है, जो अभिव्यक्ति के साथ-साथ कलात्मकता भी सामने लाते हैं। मुखौटे उन्हीं में से एक उपकरण हैं। मिट्टी, कागज या कागज़ की लुगदी से विभिन्न देवी-देवताओं, मिथकीय पात्रों या पशुओं की मुखाकृति रचकर उन्हें चेहरे पर पहन लेने का उपक्रम, मुखौटे धारण करना कहलाता है। मुखौटा पहनने वाला उस चरित्र या पात्र के रूप में स्वयं को व्यक्त करता है, जिसकी आकृति उसने मुखौटे पर रची होती है। भाषा के प्रयोग के रूप में, छद्म व्यवहार के लिए भी मुखौटे का इस्तेमाल होता है।

यजमान

आदिकाल से भारतीय जीवन पद्धति पर आस्तिकता का बड़ा प्रभाव रहा है। इसमें दिन-प्रतिदिन तिथियों की ग्रहदशा समझ कर उसी के अनुसार अनुकूल और प्रतिकूल प्रभावों को जानने और मानने की परम्परा रही है। सामान्यतः ग्रहदशा और उसके अनुशासन का ज्ञान सदैव पंडित का दायित्व रहा है और वह सामान्य जन को इसकी जानकारी विधि और प्रयोजन सहित देता रहता है। पारंपरिक रूप से हर पंडित के पास कुछ परिवारों का दायित्व होता था, कि वह उन्हें समय-समय पर स्थिति सापेक्ष जानकारी देता रहे। वह परिवार उस पंडित के यजमान कहलाते थे। यह परम्परा अभी भी जारी है।

रंगोली

भारत एक उत्सवधर्मी देश है। जिसमें पर्व त्योहार से लेकर मेहमान का आना या पारिवारिक आयोजन भी समारोह का रूप ले लेते हैं। भारतीय संस्कृति में किसी भी उत्सव या समारोह का भाव व्यक्त करने के विविध तरीके हैं, उनमें से एक तरीका रंगोली है। इसमें, घर या समारोह-स्थल के द्वार पर महिलाएँ घरेलू वस्तुओं के उपयोग से सुन्दर आकृतियाँ बनाती हैं, जो घर-परिवार के लोगों के स्वागत भाव को दर्शाती हैं। यह स्वागत अतिथि का, देवता-देवी, किसी का भी हो सकता है। रंगोली संस्कृति के साथ धार्मिक आस्था की संविद अभिव्यक्ति है।

रोज़ा

जिस तरह हिन्दू विधान में विभिन्न पर्वों पर व्रत का नियम है उसी तरह मुस्लिम संप्रदाय में भी है, जिसे रोज़ा कहा जाता है। मुस्लिम रीति के अनुसार रमज़ान के महीने में प्रतिदिन सुबह से लेकर शाम को निर्धारित समय तक ऐसा व्रत रखा जाता है, जिसमें कुछ खाना-पीना तो दूर, थूक तक गटकना वर्जित है। पूरे रमज़ान के महीने भर एक दिन का रोज़ा, उस दिन की गिनती के अनुसार बताया जाता है, जैसे पहला रोज़ा, दूसरा, पांचवां आदि।

शतरंज

यह सामन्ती युद्ध-कौशल के रूप में खेले जाने वाला बेहद बुद्धिमत्तापूर्ण खेल माना जाता है। मुगल काल से चला आ रहा यह खेल अब अन्तरराष्ट्रीय प्रतिष्ठा पा चुका है। दो पक्षों द्वारा, काले सफेद मोहरों के साथ, सोलह गुणा सोलह वर्गों में बंटे बोर्ड पर मोहरे लगाए जाते हैं। बादशाह, हाथी, घोड़े, ऊँट और प्यादे बने मोहरे अपनी-अपनी चाल चलते हैं। बहुत देर तक चलने वाला यह खेल, खिलाड़ियों की सुध-बुध भुला देने के लिए मशहूर है।

श्राप

कोई सिद्ध व्यक्ति, चाहे वह स्त्री हो या पुरुष—यदि कोई अनीतिकारक घटना देख कर उसके कारक को दण्डित करना चाहता है और इस आशय से उसके वर्तमान और भविष्य को प्रभावित करता हुआ कोई निर्णय घोषित करता है, तो उसे श्राप कहते हैं। श्राप को सिद्ध व्यक्ति की आहत आत्मा का आर्तनाद माना जाता है। जब दशरथ के बाण से श्रवण कुमार का वध उस समय हो गया, जब वह अपने अंधे माता-पिता को पानी पिलाने के लिए जल ले रहा था, तब श्रवण कुमार के माता-पिता ने श्राप दिया था जिसके फलस्रूप दशरथ को राम के बनवास से उपजे पुत्र-विरह के शोक में प्राण त्यागने पड़े थे।

संझवाती

सूर्यास्त की ओर बढ़ती बेला, ज़िसमें रात के आने की आहट होती है, सांझ कहलाती हैं। भारतीय परम्परा में समय के हर खण्ड को अपनी तरह से सम्मान देने का प्रावधान है। यह समय दीया बत्ती जलाने का तो है ही, परम्परा इसमें आराधना के स्वर भी जोड़ती है, इसलिए मात्र दीया जलाने का उपक्रम न करके विधिवत प्रकाश का नमन करते हुए एक दैनंदिनी का निर्वाह संझवाती कहलाता है। इसमें रात्रि के गहन अंधकार का मुकाबला करने की सद्वृत्ति जुटाने का भाव निहित है।

साइत

भारतीय ज्योतिष विद्या बीतते हुए या आने वाले समय के एक छोटे से छोटे अंश को इस दृष्टि से परिभाषित करती है कि इस समय विभिन्न ग्रहों की क्या स्थिति है, और उस स्थिति का विभिन्न राशियों के जातकों पर क्या प्रभाव पड़ेगा। किसी भी समय की इस गणना को साइत कहा जाता है।

संपुट

देवनागरी में लिखित और हिन्दी/अवधी रचित तुलसीदास कृत रामचरित मानस को हिन्दू समाज का सर्वाधिक लोकप्रिय भक्ति काव्य माना जा सकता है। उसकी लोकप्रियता और उसके प्रति भक्तों का विश्वास इससे समझा जा सकता है कि यथोचित अवसरों पर परिवारों में संपूर्ण रामचरित मानस के अखण्ड पाठ की मनोहारी परम्परा है। इस अखण्ड पाठ में आमूल काव्य रचना से एक चौपाई चुन ली जाती है, जिसे हर अध्याय के पहले और चौपाई तथा दोहे के संधि स्थल पर अतिरिक्त रूप से पढ़ा जाता है इसे संपुट कहते हैं। एक अति लोकप्रिय सम्पुट के रूप में, 'मंगल भवन अमंगल हारी, द्रवहु सो दशरथ अजर बिहारी' को लिया जा सकता है।

स्वयंवर

सामन्ती व्यवस्था में प्रचलित यह एक संस्कृतिसम्मत विवाह-प्रथा है, जिसमें विवाह-योग्य कन्या उन सब प्रस्तावित वरणयोग्य पुरुषों में से एक को स्वेच्छा से चुनती है, जिन्हें उसके अभिभावक आमन्त्रित करते हैं। इस प्रथा में किसे आमंत्रित किया जाना है, इसका अधिकार प्रायः कन्या के पिता को होता है, जिसे वह अपने विवेक और विभिन्न पक्षों पर विचार के आधार पर तय करता है। परम्परा के अनुसार अनेक में से एक को कन्या चुन लेती है और उसी से विवाह किया जाता है, और शेष सम्मानपूर्वक विदा कर दिए जाते हैं। कई बार इस आमंत्रण और वरण के बीच कोई शर्त भी रखी जाती है, जैसे जनक ने धनुष पर प्रत्यंचा चढ़ाने की रखी थी। स्वयंवर में ऐसी शर्त भी रख सकना मान्य है।

सोमरस

भारतीय हिन्दू मिथकीय कथा के अनुसार देवताओं और असुरों में संग्राम के दौरान सागर मंथन हुआ था, जिसमें से निकले चौदह रत्नों में से एक रत्न वारुणी को भी बताया गया, जिसका प्रचलित अर्थ मदिरा है। मदिरापान की परम्परा देवताओं और असुरों दोनों में ही पाई गई, जैसाकि हिन्दू मिथक कथाएं बताती हैं। देवताओं ने मदिरा को सोमरस के समतुल्य रखा, जो कि एक विशेष लता से प्राप्त होता था।

भारतीय संस्कृति कोश

प्रविष्टियों की सूची

विषय	पृष्ठ

विषय	पृष्ठ